वे दिन वे लोग

एक संस्मरण यात्रा

वे दिन वे लोग

एक संस्मरण यात्रा

गांधी विचार को समर्पित रचनात्मक कार्यकर्ता के जीवन अनुभव

राधा भट्ट

वाणी प्रकाशन

प्रकाशन के उत्कृष्टतम 61 वर्ष

vaniprakashan.com

सजिल्द पहला संस्करण : 2024

वाणी प्रकाशन

4695, 21-ए, दरियागंज, नयी दिल्ली-110 002

फ़ोन : +91 11 23273167, 23275710

शाखाएँ

अशोक राजपथ, पटना-800 004, बिहार

कॉफ़ी हाउस कैम्पस, महात्मा गांधी मार्ग, प्रयागराज-211 001, उत्तर प्रदेश

महात्मा गांधी अन्तरराष्ट्रीय हिन्दी विश्वविद्यालय, वर्धा-442 001, महाराष्ट्र

36/ए, शेक्सपियर सरणी, रानी बिरला गर्ल्स कॉलेज के पास, कोलकाता-700 017, प. बंगाल

sales@vaniprakashan.in
vaniprakashan@gmail.com

Ve Din Ve Log : Ek Sansmaran Yatra
by Radha Bhatt

ISBN : 978-93-5775-051-6
Memoirs

मूल्य : ₹ 1350

जी.एस. ऑफ़सेट, दिल्ली-110 095 में मुद्रित

वाणी प्रकाशन का लोगो मक़बूल फ़िदा हुसेन की कूची से

आभार

यह जो स्मरणांजलि लिखी है, न तो आत्मकथा है, न ही मेरी जीवन कहानी। बस मात्र कुछ संस्मरण हैं, जो लिखते समय मन में उभर आये। लिखने की तब उम्र बढ़ चुकी थी और आत्मकथा जैसा सिलसिलेवार व्यवस्थित लेखन होना, मुझे सम्भव नहीं लगता था। यद्यपि मेरे मित्रों, हितैषियों या मेरे जीवनकर्ता को जानने वालों का आग्रह था कि मैं अपनी जीवन-कथा लिखूँ। आग्रहकर्ताओं में थे शेखर पाठक। उनके स्नेहपूरित तगादों का परिणाम हुआ कि मैंने संस्मरण लिखना प्रारम्भ किया। 'उत्तरा' महिला पत्रिका ने इसकी अनेक किस्तों को प्रकाशित किया। उमा और अन्य सम्पादकों का धन्यवाद।

मेरे ऊपर कुछ सामाजिक कामों की ज़िम्मेदारी तब भी थी ही या यों कहूँ स्वेच्छा से मैंने ज़िम्मेदारियाँ स्वीकार कर रखी थीं। अतः लेखन-कार्य में उनके कारण कुछ व्यवधान आता था। बाधाओं के बावजूद, मैं उन्हीं के बीच से समय निकालकर लिखती रही। श्री रामचन्द्र प्रधान जी ने मेरी इस रचना के कुछ अध्याय पढ़े थे। जब-जब मैं लिखना रोक देती या उसमें ढिलाई करती, तब प्रधान जी मुझे लगातार प्रेरित करते रहे कि मैं लिखूँ व इस रचना को पूरी करूँ। अतः मेरी इस अनगढ़ रचना में मदद करने के लिए मेरे सर्वप्रथम धन्यवाद इनको जाते हैं।

पाण्डुलिपि तैयार हो जाने पर उसका प्रथम टंकण मेरी छात्रा, हमारी साथी कार्यकर्ता तारा कोरंगा ने किया। कान्ति भट्ट ने उनकी सहायता की। शेखर व श्री प्रधान जी ने पूरी टंकित सामग्री पढ़ी। मुझे उत्साहवर्धक शब्दों में आश्वस्त किया कि पुस्तक पढ़ी जाने लायक बनी है। ऐसे प्रोत्साहनों से पुस्तक के लिए मेहनत करने का मेरा हौसला बना रहा।

मेरी सहयोगी नीमा वैष्णव ने पाण्डुलिपि को प्रकाशक के पास भेजने लायक बनाने, प्रूफ़ रीडिंग, चित्रों को एकत्र करने एवं प्रकाशक से आवश्यक सम्पर्क बनाने आदि जैसे कामों में मेरी भरपूर सहायता की। मेरा बहुत ख़याल रखा। प्रेमपूर्वक की

गयी ऐसी सहायता के लिए आन्तरिक आभार या धन्यवाद के शब्द पूरा भाव नहीं व्यक्त कर सकते, पर मैं इन्हीं शब्दों को स्नेहसिक्त करने से बढ़कर और कर भी क्या सकती हूँ?

लक्ष्मी आश्रम तथा अन्य तमाम संस्थाओं, जिनसे मैं जुड़ी रही तथा जिन मित्रों के साथ मैं सामाजिक कार्य करती रही, उन सबको भी मैं बहुत आत्मीयता से याद करती हूँ। यह विशाल परिवार मेरी जमा पूँजी है।

एक पुस्तक पर एक लेखक का नाम अंकित रहता है पर उसके लिए कितने लोगों की मेहनत लगती हैं यह शायद पुस्तक पढ़ते समय गहरे मन से आँक नहीं पाते हैं। मैं वाणी प्रकाशन को उनके उस पत्र के लिए धन्यवाद देती हूँ जिसमें उन्होंने इस पुस्तक को प्रकाशित करने की स्वीकृति में भी भावनापूर्ण शब्द लिख भेजे थे। ये शब्द थे, 'इस पुस्तक को प्रकाशित करके हमें गर्व होगा।' एक प्रकाशक के इस मानवीय संस्पर्श के लिए अनेकानेक धन्यवाद।

आशा है, सहृदय पाठक तमाम स्नेहीजनों के संयुक्त प्रयास से बनी इस पुस्तक को पढ़ने में रुचि लेंगे। यह एक सुदूर छोटे से पहाड़ी गाँव में पैदा हुई बालिका के जीवन संस्मरण हैं। जिसमें उसके राष्ट्रीय व अन्तर्राष्ट्रीय स्तर तक पहुँचने की झलकियाँ समायी हैं।

राधा भट्ट

लक्ष्मी आश्रम, कौसानी

एक भरपूर इन्सान बनने की कहानी

आज से 90 साल पहले कुमाऊँ के एक गाँव में राधा बहन ने जन्म लिया था। पण्डित ने गणना में पाया कि बेटी अशुभ नक्षत्र में पैदा हुई है और पिता के लिए बहुत अनिष्टकारी सिद्ध हो सकती है। उस पिछड़े और कट्टर समाज में पण्डित के कथन के आगे नवजात के दादा शुरुआती तर्कों के बाद चुप हो गये। दादी अधिक चिन्तित थीं।

नवजात को ज़िन्दा रहना था, कई काम करने थे और अगली सदी और सहस्राब्दी में प्रवेश करना था। सबसे पहले उसके जन्म की सूचना डाक से पाने वाले फ़ौजी पिता का पत्र आया कि यह बहुत बड़ी ख़ुशख़बरी है और उन्हें प्रमोशन मिला है। अपने प्रमोशन को उन्होंने बिटिया के शुभआगमन के साथ जोड़ा था। कुछ ही दिनों में जब पुरोहित ने जन्म के समय की पूरी पड़ताल कर नवजात की सही जन्म कुण्डली बनायी तो उसमें कोई दोष नज़र नहीं आया। पण्डित का अनुमान ग़लत था। इस तरह एक जीवन और उसे सार्वजनिक कार्यों में लगाने की कोशिश यादगार कहानी बन सकी।

आइए, उनके जीवन के आयामों की झलक देखने की कोशिश करते हैं।

•

16 अक्टूबर 1933 को जब राधा ने जन्म लिया तब वह अपने माता-पिता की दूसरी सन्तान बनी। पहली सन्तान उसके इकलौते भाई प्रेम प्रकाश थे। अल्मोड़ा तथा नैनीताल ज़िलों की सीमा के पास स्थित धुर्का मल्ला सालम पट्टी का दूरस्थ गाँव था। लड़कियों की शिक्षा तो तब अल्मोड़ा-नैनीताल शहर के सवर्ण परिवारों में ही ठीक से शुरू नहीं हो सकी थी तो यहाँ कहाँ सम्भव होती। लड़के भी प्राइमरी शिक्षा हेतु तभी जाते, जब पास में स्कूल होता।

राधा का परिवार मूलतः ब्राह्मण-किसान का था। खेती और पशुपालन करता था। उसके पिता कमलापति 'सिंह' बन कर फ़ौज में भर्ती हो गये थे। अभी ब्राह्मणों

और शिल्पकारों की फ़ौज में भर्ती शुरू नहीं हुई थी। पर 'सिंह' या 'थापा' शब्द अपने नाम के साथ जोड़कर 'मार्शल' (Martial) बना जा सकता था। कमलापति की फ़ौज की नौकरी परिवार के लिए बहुत अच्छी सिद्ध हुई। वे अपने गाँव-इलाक़े के पहले ऐसे व्यक्ति बने, जिन्होंने 'देश दुनिया' देखी थी। अपने समाज के बच्चों की शिक्षा की सुध लेने वाले भी वे गाँव-बिरादरी में पहले ही थे।

शायद बरेली छावनी में पहली बार राधा के छह-सात साल के दाज्यू (बड़े भाई) ने स्कूल जाना शुरू किया। राधा के स्कूल जाने का रास्ता अभी बन्द था। वह पढ़ने की ज़िद कर रही थी। ज़िद उसका जन्मजात गुण था। पर वहाँ भी कोई फ़ौजी अपनी बेटी को स्कूल नहीं भेजता था। जब पिता ने राधा को स्कूल भेजने बाबत पण्डित जी को कहा तो उनका उत्तर था कि बेटी को स्कूल मत भेजो, वह हाथ से निकल जायेगी। पिता ने असहमति जताते हुए कहा कि उसे तो पढ़ना ही है। पण्डित जी हतोत्साहित करते रहे। पर राधा की पढ़ाई का श्रीगणेश भी उन्होंने किया। राधा पण्डित जी की मार पड़ने पर रोती पर पढ़ाई नहीं छोड़ती। आश्चर्य कि जब पण्डित जी स्थानान्तरित हुए तब पिता से कह गये कि बेटी को स्कूल अवश्य पढ़ाना।

•

दूसरे विश्वयुद्ध के दौर में पिता रण क्षेत्र को गये और बच्चे गाँव लौटे। इसी बीच सभी बच्चों की शिक्षा को ध्यान में रखते हुए पिता ने रामगढ़ में छोटा-सा एक मकान किराये पर लिया, जिसके चारों तरफ़ फलदार पेड़ भी थे। अब पूरा परिवार दादा जी के साथ रामगढ़ आ गया और गाँव में सिर्फ़ दादी व चाचा का परिवार बना रहा। इस तरह सभी बहनों को शिक्षित होने का मौक़ा मिला, जो उस दौर में दुर्लभ ही कहा जायेगा। राधा की ज़िद केवल अपने जीवन को एक विशेष दिशा देने की ही स्वप्रेरणा नहीं साबित हुई वरन् प्रकारान्तर में सभी बहनों के लिए शिक्षा के द्वार खोलती गयी। वे सभी अपने जीवन के बारे में निर्णय लेने की क्षमता पाती गयीं और उनको सामाजिक योगदान का मौक़ा भी मिला।

परिवार का दादा जी और ईजा के साथ रामगढ़ आना, इस घर में एक बहुत बड़े शैक्षिक बदलाव की शुरुआत थी। सबसे क़रीब रामगढ़ का हाईस्कूल था, जहाँ राधा के भाई अध्ययन हेतु जाते थे। पिता के खुलेपन और दुनिया देखी होने के कारण राधा को भी प्राइमरी स्कूल में प्रवेश का मौक़ा मिला। स्कूल जाने का सौभाग्य पा सकने वाली वह आसपास के अनेक गाँवों की पहली लड़की थी। तेज़ दिमाग़ और हर चीज़ सीखने की गहरी ललक के कारण जल्दी ही वह अपनी कक्षा में अलग पहचानी जाने लगी। शिक्षकों की प्रिय बनी और सहपाठियों की भी। कक्षा छह तक

यह सिलसिला चल निकला। पहले मल्ला रामगढ़ के प्राइमरी में और फिर तल्ला रामगढ़ के नारायण स्वामी हाईस्कूल में यह पढ़ाई हुई। पर इसके आगे तो रास्ता बन्द था। सिर्फ़ साधन सम्पन्न परिवारों की लड़कियाँ इसके बाद की पढ़ाई के लिए अल्मोड़ा या नैनीताल के कन्या कॉलेजों में भेजी जाती थीं पर राधा के माता-पिता अपनी बेटियों को शिक्षा के लिए बाहर भेजने की नहीं सोच पा रहे थे। भाई ने अपनी आगे की पढ़ाई के लिए बरेली में अपने स्तर से कोशिश की। उन्हें पिता का सहयोग मिला पर राधा का शिक्षा प्रवाह यकायक रुक गया। छठी कक्षा के बाद सातवीं तथा आठवीं में पढ़ने के लिए राधा व उनकी सहपाठिनों ने संघर्ष कर अपने लिए सशर्त अनुमति प्राप्त की। आठवीं के बाद फिर रास्ता बन्द हो गया।

●

तमाम रिश्तेदार उनके पिता से कहते कि तुम पाँच बेटियों के बाप हो। लड़कियाँ बड़ी हो रही हैं। इनके विवाह कब करोगे? ख़ुद तो रिटायर हो गये हो पर छह बच्चों में से कोई अभी अपने पैरों पर खड़ा नहीं हो पाया है। समाज के ढाँचे में उनकी ज़िन्दगी को जमाया नहीं गया है। पिता समय से पहले फ़ौज से अवकाश लेकर आये थे। आर्थिक आधार कमज़ोर था। इसके लिए उन्होंने रामगढ़ में बेकरी और भाबर में घास के ठेके लेने का काम किया था। उनके मन में अपने सभी बच्चों के लिए ऊँचे सपने थे और वे उन्हें साकार करने के लिए आर्थिक आधार खोज रहे थे। बेटे को विज्ञान विषय में बरेली कॉलेज में अध्ययन का आर्थिक भार पिता ने उठाने का साहस किया था। पर अतिरिक्त आय की उनकी दोनों कोशिशें सफल नहीं हो पायी थीं। हाँ अपनी मेहनत से बनाये गये सुन्दर बग़ीचे में भविष्य में आर्थिक आधार खड़ा होने के पूरे आसार दिखने लगे थे।

एम.ए. करने का सपना देख रही उनकी दूसरी सन्तान अपने लिए तब आठवीं से आगे की राह तलाश रही थी। राधा ने सुना था कि महादेवी वर्मा ग़रीब लड़कियों की शिक्षा की व्यवस्था करती हैं। गर्मियों में महादेवी जी मल्ला रामगढ़ अपने कॉटेज में आयी थीं। राधा बिना किसी को बताये उनके पास गयी। आगे की पढ़ाई के लिए उनकी सहायता माँगी और उनसे यहाँ तक कहा कि मैं आपके बर्तन माँजूँगी, कपड़े धोऊँगी, झाड़ू-पोछा करूँगी। बस मुझे अपने साथ ले जाकर प्रयाग महिला विद्यापीठ में पढ़ने का मौक़ा दे दीजिए। महादेवी ने उत्साहित तो नहीं किया पर कहा कि पहले अपने पिताजी से पूछो, उनकी राय लो।

पिता को सब बताया। यह भी कि उनके घर के काम करने का प्रस्ताव उसने ख़ुद रखा था, ताकि वह आत्मनिर्भर होकर अपनी पढ़ाई ज़ारी रख सके। पिता ने

इसकी इजाज़त नहीं दी क्योंकि उनमें आत्मसम्मान और कर्मठता की भावना अपने चरम पर थी। महादेवी वर्मा का दिया एक दूसरा सुझाव भी राधा के मन में था। प्रयाग महिला विद्यापीठ द्वारा लड़कियों के लिए व्यक्तिगत परीक्षार्थी के रूप में 'विद्या विनोदिनी' की परीक्षा यदि एडवांस्ड अंग्रेज़ी भाषा के साथ दी जाये तो इसकी दसवीं कक्षा के बराबर मान्यता थी। राधा ने इस परीक्षा की खोज प्रारम्भ की। पिता का सहयोग मिला। वे स्वयं हल्द्वानी गये और परीक्षा काल में बेटी के लिए खाना बनाया, बरतन धोये। बेटी ने मेहनत की और परीक्षा अच्छी श्रेणी में पास की।

●

सौभाग्य से तभी नारायण स्वामी हाईस्कूल, रामगढ़ ने इंटर की कक्षाएँ शुरू कीं। हाईस्कूल की कक्षाओं में तो लड़कियों के प्रवेश का निषेध था। कारण बताये गये थे कि यह लड़कियों के बड़े होने की उम्र होती है और सहशिक्षा में लड़के और लड़कियाँ बिगड़ सकते हैं आदि। तब राधा और उसकी सहेलियाँ अपने निवेदन और तर्कों को लेकर स्वामी जी और उनके माध्यम से प्रबन्ध समिति के अन्य सदस्यों से मिलने गयीं। उस उम्र में ग्रामीण बालिकाओं का यह प्रयास अद्‌भुत था। इसका असर हुआ। दूसरी तरफ़ जब इंटर की कक्षाओं के लिए लड़कों की संख्या वांछित से कम होने पर मामला अटका और मान्यता मिलना या उसके लिए आवेदन करना भी मुश्किल हुआ तो प्रबन्धन द्वारा लड़कियों को प्रवेश देने का निर्णय हुआ। कभी-कभी संयोग भी सौभाग्य का कारण बनता है।

इस तरह राधा और उनकी सहेलियों के जीवन में शिक्षा का रुका हुआ आफ़ताब फिर उगा और फिर इतनी रोशनी हो गयी कि यह शिक्षा प्रवाह नहीं रुका। तब शिक्षा के लिए तड़प रही राधा भविष्य में हज़ारों लड़के-लड़कियों की शिक्षिका बनी। राधा अपना नाम और स्थान लगातार कक्षा और विद्यालय में शिखर पर टिकाये रही। किताबी पढ़ाई के अलावा उसकी खेलों और वाद-विवाद प्रतियोगिता में रुचि थी। वह कविता लिखने लगी थी। *तुम जान न पाये मैं क्या हूँ!* कविता उसने सातवीं कक्षा में लिखी थी। यह उसके व्यक्तित्व का बहुमुखी विकास था। उसे शिक्षक भी बहुत सृजनशील और प्रेरक मिले। वह ज़माना ही निर्माता शिक्षकों का था। लेकिन इसके बाद फिर शिक्षा की गति में सब कुछ ठहर गया। परिवार की चिन्ता अब राधा की शिक्षा की नहीं विवाह की होने लगी थी। जल्दी विवाह–ख़ासकर लड़कियों का–तब एक बड़ा सामाजिक रोग था। सोलह साल की राधा तो उनकी नज़रों में काफ़ी बड़ी हो चुकी थी।

उसके दाज्यू ने अख़बार में लक्ष्मी आश्रम की सूचना दिखाई और रामगढ़ में पिता को चाय के एक दुकानदार ने सरला बहन और लक्ष्मी आश्रम के बारे में बताया। उसकी ज़िद ने पिता को मना लिया। पिता को अभी भी यह अन्दाज़ा नहीं था कि लड़की कौसानी पढ़ने जा रही है या पढ़ाने अथवा दोनों काम एक साथ करेगी? वह वहाँ रहेगी या लौटेगी? वह वहाँ कैसे रहेगी? वह पैदल चलने का ज़माना था और हर जगह दूर लगती ही नहीं थी, होती भी थी। पहाड़ों में बीहड़ता बहुत ज़्यादा थी। जंगली जानवरों का भय था। गाँव दूर-दूर थे।

बेटी को कौसानी ले जाते समय पिता के मन में यह भाव था कि राधा उनके साथ घर वापस आ जायेगी। ऐसी अजनबी और सुदूर जगह में वह कैसे रहेगी? परन्तु राधा के मन में स्पष्ट था कि घर व विवाह से दूर कौसानी जाना ही होगा ताकि उसके जीवन का अगला महत्त्वपूर्ण अध्याय शुरू हो सके। इससे उत्तराखण्ड के सामाजिक-शैक्षिक जीवन के अनेक आगामी अध्याय भी जुड़ने वाले थे।

●

सरला बहन (5 अप्रैल 1901—8 जुलाई 1982) ने राधा की आँखों में उम्मीद और कौतूहल साथ-साथ देखा था। उनको लगा कि उन्हें अपने कार्य को आगे बढ़ाने और महिला शिक्षा के नये प्रयोग करने के लिए राधा की तरह की लड़कियाँ चाहिए, जो अपने व्यक्तित्व के विकास के साथ लक्ष्मी आश्रम में आ रही लड़कियों को दिशा देने और सृजनात्मकता से भरने का काम करेंगी। उन्हें अपनी जड़ों को समझने, उनसे जुड़ने और वांछित परिवर्तन के लिए भी प्रेरित करेंगी। लन्दन में जन्मी कैथरीन मैरी हाइलमैन को महात्मा गांधी ने सरला नाम दिया। यह नाम उन्होंने कैथरीन को उस सरला की याद को सदा जीवित रखने के लिए दिया था, जो रवीन्द्रनाथ टैगोर की भांजी थी। असाधारण रूप से प्रतिभाशाली (वक़्ता, बहुभाषी लेखिका, गायिका, सम्पादिका, संग्रामी, विद्रोही) थी और एक विधुर पंजाबी चौधरी की तीसरी पत्नी बनी। गांधी का उससे एक अनोखा प्यार हुआ था।

कैथरीन के 1932 में भारत आने तक पहली सरला से गांधी का रिश्ता धूमिल हो गया था। नयी सरला आश्रम के बाद उदयपुर रहीं। पर स्वास्थ्य की दिक़्क़त के कारण वे 1940 में कुमाऊँ आयीं। चनौदा गांधी आश्रम में शान्ति लाल त्रिवेदी के साथ उन्होंने कार्य शुरू किया। सरला 1942 के आन्दोलन की नेत्री रहीं। उन्हें अल्मोड़ा ज़िले के सबसे 'ख़तरनाक' व्यक्तियों में गिना गया था। आज़ादी के बाद उनका रास्ता सत्तारूढ़ हो चुके संग्रामियों से अलग था। वे नयी तालीम का प्रयोग स्त्रियों के

बीच करना चाहती थीं। यह करते हुए वे उन सवालों और समस्याओं से दूर नहीं, क़रीब जाती रहीं, जो आम भारतीय या पर्वतवासी के थे।

यों तो राधा होलडाल और बक्सा लेकर कौसानी आयी थी फिर भी पिता ने सोचा था कि अगले दिन वह उनके साथ घर लौट जायेगी। पिता का अनुमान ग़लत निकला। राधा उस दिन से लक्ष्मी आश्रम और कौसानी की हो गयी। यह दिसम्बर 1950 की बात थी। पिता के मन में तब अपनी बेटी के भविष्य को लेकर अनिश्चितता जन्म ले रही थी पर बाद में उन्हें यह निर्णय सही लगा था। उनकी सभी बेटियाँ यहाँ शिक्षित-दीक्षित हुईं। बाद में पिता अपनी आय से कुछ राशि आश्रम को भेजते थे। वे फ़ौज में रहते हुए 'वर्धा रिटर्न' भी हो चुके थे।

•

स्वाभाविक ही माता-पिता को राधा के विवाह की चिन्ता होने लगी और फिर अन्य बेटियों के विवाह की। राधा सबसे बड़ी थी। अतः शुरुआत उसी से होनी थी। विवाह तय करने के अनेक प्रयास नाते-रिश्तेदारों के द्वारा भी हुए। कितनी ही बार वर पक्ष वाले उसके घर आये। शायद दो दर्जन से अधिक बार। राधा बेझिझक उनके सामने गयी। पर राधा की प्रारम्भिक स्वायत्तता ही इतनी मज़बूत निकली कि कोई उसे मना नहीं सका। कोई लड़का उसके मन आया भी नहीं। कदाचित उसके लिए कोई लड़का बना ही नहीं था। कुमाऊँ की इस लड़की का आन्तरिक संकल्प इतना दृढ़ था कि वह माता-पिता ही नहीं सारे समाज व उसकी लड़कियों के लिए बनी परम्परागत सोच को चुनौती दे रहा था। उसकी आकांक्षा को नहीं समझने वाले समाज को देखकर उसे कभी रोना भी पड़ता था पर वह किसी हालत में अपनी समाजसेवा करने व उसके लिए अविवाहित रहने के लक्ष्य से रंच मात्र भी डिगती न थी। उसके इस निर्णय के बाद बहनों ने बहुत सादगी से अन्तर्जातीय और अन्तरक्षेत्रीय विवाह किये।

कौसानी में नयी तालीम को पहाड़ी परिवेश में यहाँ के समाज से आयी, कठिन जीवन जी रहे परिवारों से निकली लड़कियों के बीच इस तरह स्थापित करना था कि वे स्वाभाविकता से इसमें रम सकें और अपने-अपने जीवन के लिए उससे कोई प्रेरणा और पाठ अर्जित कर सकें। राधा के सामने नयी तालीम की शिक्षिका और सामाजिक कार्यकर्ता के साथ संस्था संचालक का व्यक्तित्व भी विकसित करने की चुनौती थी। साधन बहुत कम थे और चुनौतियाँ काफ़ी ज़्यादा। अपने आपको 'अकेले' जीवन की ओर ले जाना; पर सामाजिक कार्यों में उसे लगाने का सपना भी साथ जुड़ा था। 18 साल की राधा 1952 में बुनियादी शिक्षा के प्रशिक्षण के लिए सेवाग्राम हो आयी। तब से अनेक प्रान्तों में उसकी मित्र मण्डली बनी और फिर बढ़ती गयी।

उसकी अनेक कार्यकर्ता साथी एक-एक कर विवाह संस्था में बँध रही थीं। पर यह सब उसको कहीं विह्वल या विवश नहीं कर पा रहा था। यह ज़रूर था कि उसके जीवन में सरला बहन की प्रेरणा और प्रत्यक्ष उपस्थिति थी। सरला बहन बहुत विपरीत परिस्थितियों का सामना करते हुए और तमाम नयी चुनौतियों को एक-एक कर सुलझाते हुए यहाँ तक पहुँची थीं। जर्मन मूल की अंग्रेज़ लड़की एक अन्य देश में आकर उस देश की हो गयी। वह पहले स्वतन्त्रता संग्रामी बनीं और फिर सामाजिक योद्धा। सरला बहन गांधीवादी आदर्शों को उनकी सम्पूर्णता में और कतिपय कठोरता के साथ अपने आप तथा अन्य पर लागू करती थीं। पर राधा के सामने व्यावहारिकता के अपने तक़ाज़े थे और चुनौतियाँ भी। अच्छी चीज़ें और अच्छे काम 'अति' पर जाकर नहीं हो पाते थे। वे सदा एक मध्यम मार्ग का तक़ाजा करते थे। राधा को गांधी और सरला से बह कर आ रहे अनुभवों और आदर्शों से सीखना था। व्यावहारिकता का ऐसा मध्यमान तलाशना था, जहाँ आदर्शोन्मुखी लड़कियाँ जीवन की जटिलताओं को सिर्फ़ समझें ही नहीं, अपने तथा सामाजिक जीवन को भी अर्थवान बनाने का उद्यम कर सकें।

इसलिए अनेक बार राधा ने सरला बहन से आ रहे निर्देशों के मुक़ाबले अपने अनुभवों से आ रहे संकेतों को भी माना। यह शायद इसलिए ज़रूरी था कि कोई सामाजिक कार्यकर्ता या शिक्षक एक संकुचित या सीमित आदर्शवाद या द्वीप में नहीं रह सकती। इस समाज की वास्तविकताओं से टकराने के लिए यही व्यावहारिकता का तक़ाज़ा था। आश्रम से निकली हर स्नातिका को पूर्णकालिक सामाजिक कार्यकर्ता, शिक्षक या नौकरीपेशा नहीं बनना था। उनमें से अनेक को पत्नी, बहू और माँ भी बनना था और अपने बच्चों को अपने से दो क़दम और आगे ले जाना था। कभी-कभी पड़ोस या समाज को भी। क्योंकि वे लक्ष्मी आश्रम से एक सामाजिक चेतना लेकर निकलती थीं, तो श्रम और शिक्षा को जोड़ने का काम उनके स्वभाव का हिस्सा बन जाता था। इस तरह अनेक बार राधा ने स्वतन्त्र निर्णय लेने का जोखिम भी उठाया।

•

आज़ादी के बाद गांधी के कई राजनैतिक उत्तराधिकारियों ने भारत की राजनैतिक सत्ता सँभाली। कुछ प्रतिपक्ष में गये। कुछ गांधी के रचनात्मक कार्यों की दिशा में। उन्होंने कई नयी संस्थाओं को बनाया। कुछ भूदान-सर्वोदय की धारा को जन्म और विकास दे सके। राममनोहर लोहिया के शब्दों में कहें तो तब 'सरकारी', 'मठी' और 'कुजात' नामक तीन प्रकार के गांधीवादी थे। सर्वोदय कार्यकर्ताओं में सभी प्रकार

के गांधीवादी थे। मठी और कुजातपन का मिला-जुला रूप विनोबा, जयप्रकाश, सरला बहन आदि में देखा जा सकता था। अभी इन गांधीवादी प्रकारों की तरफ़ जाना सम्भव नहीं है। पर इनमें पूरी तरह संलग्न महिलाओं की संख्या बहुत अधिक नहीं थी।

सबसे बड़ी चुनौती थी कि विभाजित भारत की समकालीन परिस्थितियों में कैसे राजसत्ता के मुक़ाबले सामाजिक शक्ति को सुसंगठित और गहरा किया जा सके। दार्शनिक रूप से यह गांधी विचार ग्लेशियर था, जहाँ से विचार, आचार और व्यवहार निकल रहे थे। इन्हें व्यवस्थित नदी-नहरों में बदलकर भारतीय समाज की आर्थिक-सांस्कृतिक सिंचाई होनी थी ताकि सामाजिक-आर्थिक फ़सल ठीक हो सके। अब नये भारत के पास आज़ाद देश का गणतान्त्रिक संविधान था। इसी के साथ राष्ट्रीय संग्राम के दौर में विकसित सपने भी। इन सपनों को भारतीय पुनर्जागरण, राष्ट्रीय संग्राम और कुछ नामों में कहें तो 1857 के संग्रामियों से गांधी, नेहरू, पटेल, सुभाष, आम्बेडकर, मौलाना आज़ाद, भगत सिंह, ख़ान अब्दुल गफ़्फ़ार ख़ान, सरोजिनी नायडू, कमलादेवी चट्टोपाध्याय आदि (हमारे अपरिचय के बावजूद ये नाम सैकड़ों में जा सकते हैं) की विरासत इसमें थी। इसमें ग़ालिब, मीर, ज्योतिबा फुले, विवेकानन्द, रवीन्द्रनाथ टैगोर, वल्लथोल, प्रेमचन्द आदि के द्वारा रची गयी सांस्कृतिक रोशनी भी थी।

यह भूदान से जुड़ा कार्यकलाप भूमि तथा संसाधनों सम्बन्धी समझ तो देने की कोशिश करता रहा पर उसका पूरा समाधान नहीं हो सका। उसे सरकार भी नहीं कर सकी। तब खेती की ज़मीन का सवाल था, जो आज सामुदायिक प्राकृतिक सम्पदा पर कारपोरेट के आपराधिक हमले तक पहुँच गया है। किसान तो इतिहास के हर दौर में त्रस्त रहा और किसी भी दौर से अधिक त्रस्त है अभी। भारतीय नागरिकों/मतदाताओं द्वारा चुनी गयी सरकारें बहुत से काम करती गयीं और बहुत से काम नहीं कर सकीं।

शिक्षा, संचार, विज्ञान-तकनीक, प्रबन्धन और अभियान्त्रिकी में देश की उपलब्धियाँ कम नहीं थीं। फिर भी देश के कोने-अँतरों की ज़रूरतें, सदियों से अपनी अलग दुनिया में रहे समुदायों की आकांक्षाएँ और गतिशीलता को समग्रता में नहीं समझा जा सका। एक देश और समाज के रूप में अपनी कमियों की पड़ताल करना नेतृत्व नहीं सीख सका। फिर भी गणतन्त्र के संविधान ने भारतीय समाज को आधुनिक दुनिया में अपनी विविधता और विरोधाभासों के बीच जीने और अधिक मुकम्मल भविष्य बनाने के लिए जनतान्त्रिक होते चले जाने की सम्भावना छोड़ी थी। इसका टिकना समतामूलक और जाति-सम्प्रदाय से बाहर निकले समाज की

रचना से जुड़ा था। दरअसल हमने 1947 के बाद ही देश को जानना शुरू किया था। तब तक भारतीय पुनर्जागरण की कमज़ोरियाँ और औपनिवेशिक चतुराई भारत का कृत्रिम विभाजन करने में कामयाब हो चुकी थी।

•

भूदान और सर्वोदय आन्दोलन ज़मीन के प्रश्न को चाहे पूरा हल न कर पाया हो पर उसने उसे देश के चिन्तन के केन्द्र में तो ला ही दिया था। इस आन्दोलन का सबसे बड़ा योगदान शायद यह माना जाना चाहिए कि इसने देश के अलग-अलग प्रान्तों-अंचलों में ऐसे सामाजिक कार्यकर्ताओं को विकसित किया, जिनमें एक रचनात्मक संवेदना और प्रयोगशीलता भरी हुई थी। स्वाभाविक था कि उनका दिमाग़ बहुत खुला हुआ था। इस समझदारी ने उन्हें अपने समाज की अन्य वास्तविकताओं को समझने का विवेक और बरकत दी।

ज़मीन के साथ जंगल, पानी, जानवर, खेती, महिलाओं-दलितों-जनजातियों की स्थिति, छुआछूत, नशे के दुष्प्रभाव, पलायन, शिक्षा और चिकित्सा, कुटीर उद्योग, हस्तशिल्प आदि इन सबकी ओर देखने की क्षमता और दृष्टि दी। इस दौर ने देश के अन्य अंचलों की तरह उत्तराखण्ड को भी अनेक प्रयोगशील और क्षमतावान सामाजिक कार्यकर्ता दिये। इनमें राष्ट्रीय संग्राम से निकले तपे-तपाये सरला बहन और शान्तिलाल त्रिवेदी या नौजवान मानसिंह रावत, सोहनलाल भूभिक्षुक, सुन्दरलाल बहुगुणा, चण्डीप्रसाद भट्ट, सदन मिश्र, आनन्द सिंह बिष्ट, कामेश्वर प्रसाद बहुगुणा, शेरसिंह कार्की, योगेश बहुगुणा, घनश्याम शैलानी आदि के साथ विमला नौटियाल, राधा भट्ट, शशिप्रभा रावत, देवकी कुंजवाल आदि तेजस्विनी युवतियाँ भी थीं। बहुत से प्रशिक्षु आन्दोलनों के विद्यालय से ग्रेजुएट बनने को तत्पर थे।

इस तरह उत्तराखण्ड की समस्याओं और चुनौतियों की पड़ताल कर उनके निदान के लिए संस्थागत नवनिर्माण के कार्यों के साथ सामाजिक आन्दोलन विकसित कर सरकार को ग़लत नीतियाँ त्यागने और उचित नीतियाँ लागू कराने के अभियान शुरू किये गये। जो समाज बीसवीं सदी की शुरुआत से ही राष्ट्रीय संग्राम में हिस्सेदारी के साथ स्थानीय सामाजिक आन्दोलनों को जन्म देने लगा था, उसकी इस परम्परा की ज़रूरत आज़ादी मिलने के बाद भी बनी हुई थी। वास्तव में उसका विकल्प ही न था। क्योंकि दलीय राजनीति वोट पाने के बाद अपने दल और बड़ी सीमा तक निहित स्वार्थों से अति प्रभावित हो जाती थी। कभी-कभी ऐसा लगता था जैसे संसद और विधान सभाओं/परिषदों के लिए चुने गये प्रतिनिधि चुनाव के बाद

मतदाताओं के नहीं बल्कि दलों और दलों में प्रभावी निहित स्वार्थों के प्रतिनिधि या प्रतीक हो जाते थे। ऐसे में राजनीतिक प्रतिपक्ष के साथ सामाजिक प्रतिपक्ष की भी बहुत अधिक ज़रूरत थी। समाज की इस आवश्यकता को राधा ने भी समझा और पूरी सक्रियता से उसके निराकरण के लिए आन्दोलन खड़े किये।

●

इसी दौर के राधा के जीवन के दो प्रसंग बहुत यादगार रहे। पहला था कौसानी का संस्थागत जीवन छोड़कर 1960 में बने पिथौरागढ़ ज़िले के बौंगाड़ गाँव में पूरी तरह जनाधारित सामाजिक कार्य की शुरुआत करना और दूसरा था शराबबन्दी आन्दोलन में गहन हिस्सेदारी करके नेतृत्व की ऊपरी पायदान तक पहुँचना।

सरला बहन अपनी शिष्या में और अधिक स्वायत्तता और आत्मनिर्भरता देख रही थीं। कौसानी लक्ष्मी आश्रम में एक संस्थागत सुरक्षा थी और बड़ी सीमा तक परिसर के भीतर ही रहना होता था। कभी-कभी परिसर के बाहर काम करना पड़ता था। पर सामूहिक रूप से। सर्वोदय और भूदान के आन्दोलन भी सामूहिकता में और राष्ट्रीय चर्चा के साथ प्रौढ़ हो रहे थे। उनमें सत्तापक्ष से किसी अवरोध या हस्तक्षेप की तथा सहायता की सम्भावना कम थी। यह आन्दोलन भूमिदान को नागरिक या समुदाय की इच्छा पर छोड़ता था। यह किसी व्यक्ति को लक्ष्य पूर्ति के लिए सहयोग देने के लिए आन्तरिक रूप से प्रभावित करने पर ही सम्भव था। यह रचनात्मकता का कठिन और विकसित रूप था पर यह राज्य की भूमि सम्बन्धी नीतियों को प्रभावित कर सके या राज्य इससे स्वत: ही प्रेरित हो सके, इसकी गारंटी नहीं थी। सरकार का एकाधिकारी दृष्टिकोण भी कुछ अंशों में इस आन्दोलन के कमज़ोर हो जाने का कारण बना था।

बौंगाड़ गाँव में अकेले वहाँ के ग्रामीणों के बीच काम करना एक गहन तपस्या थी। एक पदयात्रा में इस छोटे से गाँव में जाने का उसे मौक़ा मिला था और यहाँ काम करने का मन राधा ने स्वयं बनाया था। पिछड़े और सैन्य बहुल इलाक़े में कितनी ही तरह से ग्रामीणों को सुसंगठित करना और उनको सर्वोदय के आदर्शों के अनुरूप ढालना इतना सरल न था। अपने दैनन्दिन जीवन और ज़रूरतों को पूरी तरह लोकनिर्भर बनाना इस काम का आधार था। यहाँ उसने नशामुक्ति, शिक्षा प्रसार, स्वास्थ्य और सफ़ाई सम्बन्धी चेतना, सर्वोदय पात्र की छोटी-छोटी बचतों से बड़ी सामूहिक धनराशि बनाना, अन्धविश्वासों से ग्रामीणों को बाहर निकालना तथा पारम्परिक ग्रामीण सामूहिकता को अधिक सकारात्मक कार्यों की ओर मोड़ने का काम किया।

इस दौर के अनुभव बहुत मार्मिक हैं। उन्हें पढ़ते हुए आँखें बरबस भर आती हैं। मानवीय प्यार और विश्वास कितना गहरा हो सकता है और किस तरह के परिणाम ला सकता है, यहाँ इसे समझा जा सकता है। बिशन दा जैसे संवेदनशील ग्रामीण का सहयोगी के रूप में मिलना, शिक्षिका गंगा का सहेली और एक छोटे भुला गोपाल का पुत्रवत बनना और उस किशोर को मौत के मुख से खींच ले आना, यह सब कितना गहरा और आत्मिक अनुभव रहा होगा! कितने अद्‌भुत, कभी न भुलाये जाने वाले वे क्षण रहे होंगे जब राधा के बीमार और बहुत अधिक सिरदर्द होने पर अपने बच्चों को दूध पिलाने वाली ग्रामीण माताएँ हर डेढ़-दो घण्टे में उसके सिर में अपना दूध निथार जाती थीं! अपनी 'गुस्याणा' (ननद/बहन) की उनको कितनी अधिक चिन्ता थी!

बौंगाड़ के सुदूर ग्रामीण क्षेत्र में सर्वोदय विचार की बड़ी हस्तियाँ भी पधारी थीं। जैसे सरला बहन, अमरनाथ भाई, सुन्दरलाल बहुगुणा आदि। इस बीच स्थानीय सामाजिक शक्ति सुसंगठित होती गयी। अपने दिन पर दिन नष्ट किये जा रहे पंचायती वन को कैसे महिलाओं ने सँभाला और विकसित किया, यह एक और कहानी इस दौर से जुड़ी है। पाँच साल बाद राधा को जब कौसानी लौटना था तब फिर एक सजल दृश्य की रचना हुई। गाँव के सीमान्त तक अपनी 'गुस्याणा' को छोड़ने आयी बहनें और भाई कितना रोये थे! यह विदाई किसी सामाजिक कार्यकर्ता और स्वयं सामाजिक कर्म की अनूठी पूँजी थी।

यह बताना उचित होगा कि देश और उत्तराखण्ड में सर्वोदय के कार्यकर्ता आश्रम या संस्था बना रहे थे। उन्होंने ग्राम समुदायों के साथ लगातार काम भी किया। पर उन्होंने लोगों के साथ इस प्रकार कुछ समय तक स्थायी रूप से रहकर आगे बढ़ने का जोखिम नहीं उठाया था। यह कदाचित राधा ने अकेले ही किया था। इसी तरह का काम बाद में अन्य बहनों ने धौलादेवी क्षेत्र में किया। राधा पाँच साल के इस अनोखे अनुभव के बाद कौसानी लौटी और उसने अपने को बहुत अधिक ऊर्जा से लैस पाया। 1965 में वह डेनमार्क के फोक हाईस्कूल के छह माह के 'विंटर कोर्स' के लिए गयी। उत्तराखण्ड 1962 के भारत-चीन युद्ध के बाद 1965 के भारत-पाकिस्तान युद्ध के दबाव में था। सैनिक परिवारों में 'तार' (शहीद होने की सूचनाएँ) आ रहे थे।

यही वह समय था जब जोशीमठ के एक सर्वोदय सम्मेलन में 'इनर लाइन' में किसी 'विदेशी' (सरला बहन ने कभी किसी देश की नागरिकता के लिए औपचारिक निवेदन नहीं किया था) का जाना सम्भव न होने के कारण सरला बहन ने उत्तराखण्ड से चले जाने का कठिन निर्णय लिया था। अब उत्तराखण्ड का पहला शराबबन्दी

आन्दोलन रूपी प्रतिकार प्रकट होने वाला था। नशे का दैत्य अब बच्चा नहीं था। इसने यहाँ के ग्रामीण जीवन पर विपरीत प्रभाव डालने शुरू कर दिये थे। नशा आर्थिक चोट करने के साथ-साथ सामाजिक शान्ति को गहरी क्षति पहुँचाता है। इससे अधिक यह बच्चों और महिलाओं के जीवन को अधिक दुष्कर बनाता है। रंज से भी भर देता है। नशे का यह तन्त्र जब पटवारी, शिक्षक और विकासकर्मियों के बाद पूर्व सैनिकों और आम पुरुषों तक पहुँचता है तो पहाड़ का आत्मनिर्भर जीवन अत्यन्त गहरे तनाव, घुटन और ग़रीबी से घिरने लगता है।

●

नशे के ख़िलाफ़ प्रतिकार को राष्ट्रीय संग्राम के दौर में गांधी ने पहचाना था। आज़ादी के बाद इसकी तरफ़ सबसे सुसंगठित ध्यान सामाजिक कार्यकर्ताओं ने दिया। यों कांग्रेसी, साम्यवादी और समाजवादी कार्यकर्ता भी इसके ख़िलाफ़ लगातार सक्रिय रहे पर सरकारों द्वारा विकास के तन्त्र में नशाबन्दी और आबकारी के बारे में साथ-साथ सोचा गया। यानी सरकार मद्य निषेध विभाग द्वारा नशे के दुष्परिणामों के पोस्टर छापती थी और उसी का आबकारी विभाग हर साल शराब तथा अन्य नशों की नीलामी कराता था। धीरे-धीरे नशा एक ऐसा षडयन्त्र बनता गया, जिसने ग़रीबों को और ग़रीब ही नहीं, अपाहिज भी बनाया। दूसरी ओर उस व्यापार से जुड़े लोग पूँजीपति बनते गये।

इसका स्वास्थ्य, शिक्षा तथा सामाजिक सौहार्द पर असर गया। विवाह समारोह ही नहीं, जीवन की अन्तिम यात्राएँ भी नशे से भरपूर होने लगीं। सड़क दुर्घटनाओं का बढ़ना और लीवर सिरोसिस से हज़ारों लोगों का ग्रस्त होना इसके अन्य दुष्परिणाम थे। सेना में भर्ती पर भी इसका असर बताया गया, जिसे एक जरनल ने 1984 के 'नशा नहीं रोज़गार दो आन्दोलन' के समय उजागर किया था। नशा इतिहास ही नहीं है, इस नये राज्य का अत्यन्त कटु यथार्थ भी है। यह अलग से समाज को बेआवाज़ भी बनाता है।

नशाबन्दी आन्दोलन के शीर्ष पर सरला बहन थीं और नेतृत्व की दूसरी पंक्ति के तमाम साथियों में राधा भी थी। यह आन्दोलन गरुड़, रवाँईंखाल, कोटद्वार, लैंसडाउन, चन्द्रापुरी, टिहरी, घणसाली तक फैलता चला गया। इसी दौर में राधा को ज़िन्दगी की पहली गिरफ़्तारी और जेल जाने का अनुभव हुआ। यह अनुभव पौड़ी ज़िले में मिला। कोटद्वार से गिरफ़्तार कर उसे तथा दीक्षा बहन को पौड़ी जेल ले जाया गया। दूसरे दिन महिलाओं की एक और टोली जेल लायी गयी। यह राधा की नेतृत्व क्षमता तथा समझ का एक उत्तम उदाहरण था। टिहरी और चमोली की

महिलाओं ने भी जेल में जाने का पहला अनुभव इसी समय अर्जित किया था। जेल से निकलने के बाद फिर सरकार से संवाद करने भी राधा को जाना पड़ा। एक और बार वे जेल गयीं।

•

सरला बहन ने अब धीरे-धीरे अपने स्वास्थ्य के कारण समाज कार्यों से अवकाश लेना शुरू कर दिया। धरमघर में स्थित 'हिमदर्शन कुटीर' में जाकर उन्होंने रहना शुरू किया। पर बीमारी के कारण बार-बार उन्हें कौसानी, अल्मोड़ा और नैनीताल आना पड़ता। उनको इधर-उधर ले जाने का काम मुख्यत: राधा ही करती थी।

1962 के बाद सरला बहन के विधिवत भारतीय नागरिक न होने के कारण सीमान्त-जोशीमठ के एक सर्वोदय सम्मेलन में जाने में जो अवरोध आया उसने उन्हें बहुत भावुक कर दिया पर वे स्वयं पर भी कठोर बनी रहीं। उन्होंने उत्तराखण्ड छोड़ने का निर्णय लिया। उस दौर में वे देश भर में यात्रारत रहीं। साथ ही कौसानी की अपनी बेटियों को लगातार पत्र भेजती रहीं। फिर वापस भी आयीं। बहुत बाद में राधा ने मोरारजी देसाई के प्रधानमन्त्री काल में सरला बहन को तकनीकी रूप से भारत के नागरिक की तरह रहने की अनुमति दिलाने में कामयाबी पायी। उसके लिए यह अपनी दूर छिटक गयी माँ को अपने पास ले आने जैसा था। अब सरला बहन के जीवन के कुछ ही साल शेष थे। 1982 में उनका निधन हुआ।

•

सरला बहन के उत्तराखण्ड छोड़ने के बाद से ही राधा के सामने लक्ष्मी आश्रम के सुसंचालन के अलावा देश और क्षेत्र की संस्थाओं और कार्यकर्ताओं के साथ सहयोग, सहभाग की चुनौती भी थी। यह सब वे करती रही थीं। 23 साल तक वे लक्ष्मी आश्रम की मन्त्री रहीं। सरला बहन के देहावसान के बाद उनका अभिमत व प्रत्यक्ष मार्गदर्शन नहीं रहा। राधा ने उनके साथ बिताये लम्बे अन्तराल में उनको जितना समझा था वही तत्त्व उसे मार्गदर्शन देता रहा। उत्तराखण्ड के अधिकांश सामाजिक आन्दोलनों में वह हिस्सेदार रहीं, बल्कि पूरे लक्ष्मी आश्रम ने उनमें हिस्सेदारी की। चिपको, 'नशा नहीं रोज़गार दो', टिहरी तथा पंचेश्वर बाँध विरोधी आन्दोलन के साथ अनेक स्थानों पर खड़े हुए खनन विरोधी आन्दोलनों में वह साथ रहीं। खीराकोट (कौसानी के पास) और चौड़ास्थल (कपकोट्ध) के खनन विरोधी आन्दोलनों की कल्पना उसके बिना नहीं की जा सकती है।

पर उसने तथा आश्रम के साथियों ने अन्य स्थानों या आन्दोलनों की तरह यहाँ भी स्थानीय लोकसमाज को ही आगे रखा। वह स्वयं पूरी तरह आन्दोलन में रहते

हुए भी ग्रामीण समाज—विशेष रूप से ग्रामीण महिलाओं—को प्रकाश में लायीं। यही बात कोसी नदी के जलागम के बांज के जंगलों के संरक्षण से जुड़ी है। कैसे वह स्वयं और उसके नेतृत्व में बसन्ती बहन चुपचाप ग्रामीण महिलाओं को संगठित करती रहीं, यह एक कम जानी हुई कहानी है। देश के विभिन्न इलाक़ों की अनेक पदयात्राओं, साइकिल यात्राओं या आन्दोलन यात्राओं में राधा शामिल होती रही। वह इन यात्राओं की प्रेरक होने के साथ लगातार सहयात्री भी बनी रहती थी।

●

उसके जीवन का एक महत्त्वपूर्ण समय यूरोप के फोक हाईस्कूलों में शिक्षित होने और अन्य को शिक्षित करने से जुड़ा है। दरअसल इस अनुभव ने उसके भीतर स्थापित नयी तालीम के गांधी विचार को अधिक गहरा और व्यावहारिक बनाया। यूरोप के अनेक देशों में स्थापित फोक हाईस्कूलों की यह शैक्षिक-परम्परा वहाँ के युवाओं को अनेक तरह से निर्मित करती रही है। विशेष रूप से दो विश्वयुद्धों से ध्वस्त समाज और फासीवादी क्रूर अनुभव से निकले देश इन स्कूलों का उपयोग नयी पीढ़ी को पिछली पीढ़ी से अधिक समझदार और सीमित राष्ट्रवाद से आगे निकलकर समतावादी समाज और लोक कल्याणकारी राज्य निर्माण की ओर ले जाने में कर सके। यूरोप प्रवास ने राधा में एक अलग क़िस्म का आत्मविश्वास भरा। इसी दौर में उसने अनेक लेख और किताबें लिखीं। अनुवाद के काम किये। 'माना हिमालय की बेटी' जैसी रचना उसी दौर में लिखी गयी।

जिस तरह सरला बहन ने राधा को नये प्रयोग करने की ही नहीं, अपनी तरह से लक्ष्मी आश्रम को चलाने की स्वतन्त्रता दी, ठीक वैसे ही राधा ने अपने सहयोगियों को बारी-बारी से संस्था चलाने की ज़िम्मेदारी दी। सभी ने बख़ूबी अपनी भूमिका निभायी और बिना बोझिल हुए और बोझ महसूस किये काम किया। लगभग दो दशक ऐसे बीते जब राधा इन्दौर तथा दिल्ली में मुख्य रूप से रही। इन्दौर में कस्तूरबा ट्रस्ट और दिल्लो में गांधी शान्ति प्रतिष्ठान की अध्यक्षता की ज़िम्मेदारी उसके कन्धों पर डाली गयी। उसने अपने कार्यकाल में दोनों संस्थाओं को अधिक सक्रिय करने में योग दिया। गांधी शान्ति प्रतिष्ठान की तो मूल पूँजी को भी बढ़ाया। यह सहयोग उसी कांग्रेस सरकार से लिया गया जिसने एक दौर में गांधीवादी संस्थाओं की अवहेलना ही नहीं उनका विरोध तक करना शुरू कर दिया था। हिमालय सेवा संघ और दिल्ली हाट से भी वह जुड़ी रही।

तमाम संस्थाओं के संचालन के समय उसने देश के जन आन्दोलनों और रचनात्मक कार्यकर्ताओं को लगातार जोड़ने और उनके कार्यक्रमों में जाकर उन्हें

सक्रिय करने का सिलसिला ज़ारी रखा। इस दौर में असम से मसूरी और लद्दाख से अलवर और दक्षिण तक की संस्थाओं में जाने, उनके कार्य को समझने और अन्यत्र के कार्यकर्ताओं और विशेष रूप से युवाओं को उससे जोड़ने का काम भी किया।

●

और फिर 80 को पार कर चुकी राधा हिमालय में लौट आयी। *ज्यों-की-त्यों धर दीनि चदरिया*। वह कौसानी में लक्ष्मी आश्रम के परिसर में स्थित उस पुराने घर में लौट आयी, जहाँ से उसने तमाम उड़ानों को भरा था। यहीं से वह 'नदी बचाओ यात्रा' सहित अन्य अभियानों और कार्यकलापों को पुनः मार्गदर्शन देने लगी। पंछी लम्बी उड़ान के बाद फिर जहाज़ पर लौट आया। उसी नीड़ में जिसे कभी सरला बहन ने तिनके-तिनके जोड़ कर बनाना शुरू किया था।

●

हम कई मित्र दो दशकों से दीदी को मना रहे थे कि अपने संस्मरण-जीवनानुभव-लिखने की कृपा करें। बहुत मुश्किल से वे मानीं। पहले छोटे-छोटे आलेख 'उत्तरा' के लिए लिखने शुरू किये। कुछ विस्तार देने का आग्रह किया गया। तो बहुत-सा और उनको याद आ गया। कुछ और समय निकल गया पर एक साल पहले उन्होंने तमाम अध्यायों को क्रम और विस्तार दे दिया।

इससे पहले उन्होंने गांधी विचार, सामाजिक आन्दोलनों, विभिन्न यात्राओं, तिब्बत के बौद्ध भिक्षुओं के प्रतिकार, बड़े बाँधों की विडम्बना, चार धाम सड़क परियोजना के परिणाम सहित विश्वव्यापी अहिंसक प्रतिकारों के मिज़ाज के अपने प्रत्यक्ष अनुभव पर लिखा। इन तमाम लेखों से उनकी संवेदनशीलता के आयामों का पता लगाया जा सकता है। संवेदनशीलता कभी एक आयामी या किसी ख़ास मौक़े पर पिघलने वाला तत्त्व नहीं है। यह हर बार एक अलग क़िस्म की व्यापकता लिए होती है।

●

मैंने पहली बार राधा दीदी को 50 साल पहले अल्मोड़ा में देखा था। वे सरला बहन के साथ अल्मोड़ा आयी थीं। मैं अपनी पढ़ाई के अन्तिम साल में था। उस दिन मेरे साथी शमशेर बिष्ट और मेरा ज़िला परिषद के बंगले में मोहन सिंह मेहता, पी.सी. जोशी, सरला बहन और राधा दीदी से साथ-साथ मिलना हुआ था। यह हमारे वास्ते अल्मोड़ा शहर, राष्ट्रीय संग्राम के साथ आज़ादी के बाद के सामाजिक आन्दोलनों को जानने की शुरुआत थी।

इन 50 सालों में दीदी ने पहाड़ और देश के तमाम इलाक़ों के साथ दुनिया के अनेक देशों की यात्राएँ कीं और वहाँ से अर्जित शैक्षिक अनुभवों के साथ सम्पन्न होती गयीं। आज शताब्दी से बस दस साल पीछे खड़ी दीदी ने निरन्तर यात्राओं के साथ लगातार मुड़कर भी देखा। यह स्वयं का 'बनना' कई और साथियों और सहयोगियों को 'बनाना' भी था। यह रचनात्मक और सामाजिक आन्दोलनों के साथ गांधी विचार को अपने जीवन और समाज में उतारने का लम्बा सिलसिला था। यह इतिहास निर्माण था और असली रचनात्मक काम भी। यह एन.जी.ओ. संस्कृति के उदय से पहले का समाज परिवर्तन व समाज निर्माण के दौर का ठोस काम था। इसमें समाज तथा राजनीति में तमाम विरोधाभासों के बावजूद निवेदन, संवाद और संघर्ष क्रमशः या एक साथ सम्भव था। तब राजसत्ता कभी-कभी जन आन्दोलनों के आगे झुकती और पसीजती थी। कुछ न कुछ लाज-शरम थी, अतः संवाद की सम्भावना थी।

हाल के सालों में उन्हें भी राजसत्ता के अहंकार और छोटेपन का अहसास हुआ है। संवादहीनता, कुतर्क और अफ़वाह पर टिकी राजनीति से उन्हें दो-चार होना पड़ा। पर जनशक्ति पर उनका विश्वास क़ायम रहा। साम्प्रदायिकता, जातिवाद, धार्मिक संकीर्णता, ग़रीबी, आर्थिक तथा लैंगिक ग़ैर-बराबरी के साथ कारपोरेट्स के आगे नतमस्तक राजनीति के बीच निराश तो हर कोई है, पर वे इसे असली सामाजिक और राजनैतिक कार्यकर्ताओं के लिए ही नहीं बल्कि सभी भारतीय नागरिकों के लिए चेतावनी, चुनौती, चिनगारी और नये काम करने का मौक़ा मानती हैं।

इस 'जीवन यात्रा' में भी उन्होंने अपने व्यक्तित्व को भरसक छिपाया है पर यहाँ शायद ज़्यादा छिपाना सम्भव नहीं था। उनकी गुरु माँ सरला बहन आज़ादी के बाद सर्वोदय-भूदान यात्राओं तथा सामाजिक-पारिस्थितिक आन्दोलनों में व्यस्त रहीं पर राधा दीदी को और बड़े भौगोलिक विस्तार में काम करना पड़ा। इसमें कितने सारे पक्ष तो छिपाये नहीं छिप सकते थे।

मैं अभी भी इस पुस्तक में कितने ही और आयामों को जोड़ने का आग्रह करना चाहता था। पर अब यह सम्भव नहीं। शायद इस किताब के अगले संस्करण में कुछ और जुड़ जाये, यदि दीदी को लगा तो। वर्ना जो कोई भविष्य में उनकी जीवनी पर काम करेगा तो कितने ही और पक्ष उजागर होंगे। जैसे कि उनका संघर्ष परिवार में अपनी शिक्षा के अधिकार को पाने के लिए हुआ तो स्कूल में लड़कियों को प्रवेश देने के लिए। सार्वजनिक जीवन में उन्हें अपने पुरुष सहयोगियों से लड़ना पड़ा तो सरकार और प्रशासन से भी। नदियों, जंगलों तथा पर्यावरण की सुरक्षा हेतु उन्हें अपने ही समाज और अपने ही लोगों से लड़ना पड़ा। क्योंकि उन्होंने विवाह नहीं

किया इसलिए वे शादीशुदा महिला कार्यकर्ताओं से भिन्न संघर्ष कथा रचने का मौक़ा भी पा सकीं। और भी कितने ही पक्ष होंगे जैसे उन्होंने अन्ततः अपने आपको एक अनोखी माँ के रूप में विकसित कर लिया, जो सौभाग्य उनकी गुरु सरला बहन को भी नहीं मिला था। पर यह पक्ष तो भविष्य के उस जीवनीकार के लिए है, जिसे अभी हम नहीं जानते हैं।

अब उनके जीवनानुभवों और आपके बीच में इन अनावश्यक पर राधा दीदी की इच्छा से लिखे गये पन्नों को मैं आगे बढ़ने से रोकता हूँ।

यह एक बड़े और गहरे होते हुए मनुष्य की और उसके साथ ही एक स्त्री की जीवनगाथा है।

5 अप्रैल 2023

शेखर पाठक

अनुक्रम

1

मेरा जन्म स्थान : धुर्का गाँव

उत्तराखण्ड में राजस्व व्यवस्था की दृष्टि से ज़िलों का पूरा भूभाग पट्टियों में विभाजित था और आज भी है। यदि हम अल्मोड़ा ज़िले में अपनी खोज प्रारम्भ करना चाहते हैं तो हमें वह अल्मोड़ा नगर से प्रारम्भ करनी होगी। यह नगर ज़िले की राजधानी है। यह नगर ख़ास पट्टी में स्थित है। ख़ास पट्टी की सीमाओं से जुड़ी हैं सालम पट्टी की सरहदें। सालम पट्टी के मध्य में पनार नदी बहती है। इसी नदी के उत्तरी भाग को 'मल्ला सालम' कहा जाता है और दक्षिणी भाग को तल्ला सालम कहते हैं। मल्ला सालमवासियों को यदि अल्मोड़ा या उसके भी दक्षिण में मैदानी भाग की ओर जाना होता था तो उन्हें पनार नदी को पार करके 'तल्ला सालम' से होते हुए ख़ास पट्टी में प्रवेश करके अल्मोड़ा पहुँचना होता था। यदि सीधे ही मैदान की ओर जाना होता तो अल्मोड़ा ज़िले की सरहदें पार करके नैनीताल ज़िले में प्रवेश करते व उसके पर्वतीय भाग को पार करते हुए और भी दक्षिणाभिमुख चलते हुए उसी ज़िले की तलहटी मैदानी भाग में प्रवेश कर लेते थे, जहाँ उन्हें ट्रेन के दर्शन होते थे।

ऐसे सुदूर पर्वत क्षेत्र में बसा था मेरा गाँव धुर्का। तल्ला सालम का इतिहास देश के आज़ादी के आन्दोलन काल में बहुत क्रान्तिकारी और उज्ज्वल रहा है। तल्ला सालम से कई स्वतन्त्रता सेनानी निकले थे। यह उन्हीं वीर पुत्रों का साहस और जज़्बा था कि उन्होंने अपने क्षेत्र की एक ऊँची गोल पहाड़ी की चोटी धामदेव पर तिरंगा झण्डा फहराकर घोषित किया था कि वे ब्रिटिश राज्य से मुक्त एक स्वतन्त्र देश हैं जबकि देश में ब्रिटिश राज्य ही शासन कर रहा था और उसकी दमनकारी कारगुज़ारियाँ अत्यन्त क्रूरतापूर्ण थीं। आज़ादी के आन्दोलन के समय ब्रिटिश घुड़सवार सेना ने सालम के गाँवों की खड़ी फ़सलों को रौंद दिया था। घरों को लूट लिया था और जला दिया था। इन घरों में रहने वाली स्त्रियाँ अपने बच्चों को लेकर गुफ़ाओं में तीन दिनों तक भूखी-प्यासी छिपी रही थीं, पर इस भयंकर दमन के

बाद भी क्रान्तिकारी सालमवासियों के हौसले पस्त नहीं हुए थे। वे अपनी अहिंसक लड़ाई लड़ते ही रहे थे। मैं नहीं जानती कि मल्ला सालम के निवासी इस प्रकार के क्रान्तिकारी सत्याग्रह में सीधे जुड़े थे या नहीं, पर जानकारी में है कि कुछ लोग अवश्य थे जो गांधी विचार से जुड़े थे, खादी पहनते थे और आज़ादी के आन्दोलन के सहायक होते थे।

ऐसे उस ऊर्जावान प्रदेश के एक छोटे-से गुमनाम जैसे गाँव में मेरा जन्म हुआ था। मेरे गाँव धुर्का को लोग जानते थे तो केवल दुर्गा भगवती के प्रसिद्ध प्राचीन सौम्य मन्दिर के कारण। बड़ी होने पर मुझे जिज्ञासा हुई थी कि इस गाँव व इसके प्रसिद्ध मन्दिर, जिसको यह गाँव समर्पित है, का कोई इतिहास तो होगा ही। वह क्या है? मैंने धुर्कावासी अपने एक चचेरे भाई अम्बादत्त भट्ट से गाँव का इतिहास तथा अपने परिवार की वंशावली खोजकर मुझे बताने का निवेदन किया। उन्होंने कई गाँवों के बुजुर्गों व वरिष्ठ नागरिकों से पूछकर गाँव का इतिहास व अपने परिवार की वंशावली मुझे भेज दी थी। मुझे लगता है कि शायद यह लिखित इतिहास नहीं रहा होगा। यह श्रुतइतिहास पीढ़ी-दर-पीढ़ी उन गाँवों, घाटियों व पहाड़ों में सदियों से चलता रहा होगा। कहते हैं, लगभग सन् 1500 की बात है तब धुर्का गाँव में माँ भगवती दुर्गा का प्रसिद्ध मन्दिर इस गाँव के पर्वत शिखर पर अवस्थित था। धुर्का गाँव के निवासी उसके पुजारी थे, जो 'धुर्की ब्राह्मण' कहलाते थे। यह मन्दिर वर्तमान समय की तरह तब भी मल्ला सालम पट्टी ही नहीं उसके आसपास की कई घाटियों व पर्वतीय ढलानों पर बसे गाँवों में देवी के साक्षात् रूप की श्रद्धा पाता था। नवरात्रियों आदि पर्वों पर दूर-दूर से स्त्री-पुरुष आकर मन्दिर में पूजा करते थे। मन्दिर में दो 'तामी' यानी एक सेर का प्रसाद-भोग प्रतिदिन चढ़ाया जाता था।

एक समय ऐसा आया कि धुर्का गाँव में अकाल का प्रकोप हो गया। इस कारण मन्दिर के पुजारी देवी को प्रसाद चढ़ाने में असमर्थ हो गये। ऐसे भी दुर्दिन आये कि मन्दिर में भोग लगना बिल्कुल ही बन्द हो गया। क्षेत्रवासियों के विश्वास के अनुसार देवी को भूखा रखना अक्षम्य अपराध था। इस कारण क्षेत्रवासी धुर्की ब्राह्मणों पर नाराज़ हो गये। उन्हें कोसने लगे। घर-घर इस बात की चर्चा होने लगी। लोगों को भय था कि इस अक्षम्य अपराध के लिए पूरे क्षेत्र पर कोई शाप, कोई आपदा न टूट पड़े। क्षेत्रवासियों ने इस समस्या का हल ढूँढ़ने के लिए आपसी विचार-विनिमय किया। गाँव के सयाने एक साथ बैठे। सबने सोचा कि एक सक्षम पुजारी की नितान्त आवश्यकता है, पर कौन है इस क्षेत्र में जो ऐसे पुजारी की खोज कर सके?

उस काल में उस क्षेत्र के सर्वाधिक मान्य व प्रभावी व्यक्ति भाना चिलवाल थे, जो कैलढुंगा गाँव में रहते थे। वे क्षेत्र के अच्छे समृद्ध व्यक्ति थे और ज़रूरतमन्दों की सहायता करने के लिए भी प्रसिद्ध थे। कैलढुंगा गाँव में पानी का एक बड़ा व अच्छा नौला था, जिससे चिलवालजी का घोड़ा पानी पीता था। वह नौला आज भी 'घोड़ा नौला' के नाम से जाना जाता है। दुर्गा भगवती मन्दिर की समस्या के लिए क्षेत्रवासी चिलवालजी के पास पहुँचे। क्षेत्र के सयानों की सभा में निर्णय हुआ था कि मन्दिर में प्रतिदिन भोग लगे, यह अनिवार्य है। उसके लिए एक पुरुषार्थी व मेहनती पुजारी ढूँढ़ा जाये जो खेतों में अच्छी फ़सलें भी उगाये और प्रतिदिन मन्दिर में पूजा व भोगप्रसाद भी करे। चिलवालजी को उन्होंने इस निर्णय से अवगत कराया, पर ऐसा पुजारी कहाँ से ढूँढ़ें? इसमें भाना चिलवाल की सहायता चाहिए थी। चिलवालजी ने सहर्ष यह ज़िम्मेवारी उठा ली। दूसरे दिन ही भाना चिलवाल अपने घोड़े पर सवार होकर इस खोजयात्रा पर चल दिये। उनके घोड़े ने हिमालय विस्तार की चोटियाँ पार कीं व तालों (तालाबों) के क्षेत्र में पहुँच गया। अपने मालिक के साथ घोड़ा कुमाऊँ की प्रकृति का आनन्द भी लेता था और घहराती नदियों पनार, कोसी, रामगंगा की जलराशियों को एक ही छलाँग में लाँघ लेता था। दिन-रात चलते-चलते वह हिमालय की तलहटी में पहुँचा। भाबर की निराली समतल भूमि में घोड़ा सरपट दौड़ा। पहर बीता कि वह तराई के बियाबान जंगलों में था। चिलवालजी ने अपनी खोजयात्रा इस ख़तरनाक वनक्षेत्र के शेरों, हाथियों, साँपों व अजगरों के बीच भी चालू रखी। अब वे मैदानी भाग में आ गये, जहाँ गंगा-यमुना-सरस्वती जैसी विशाल नदियाँ बह रही थीं। इस भूभाग को कुमाऊँवासी 'देश' कहते थे और यहाँ के निवासियों को 'देशाई' कहकर पुकारते थे। देश के लम्बे-चौड़े खेतों में अद्‌भुत फ़सलें लहरा रही थीं। उन गाँवों की समृद्धि का अनुमान लगाते हुए भाना चिलवाल बढ़ते जा रहे थे, मानो उन्हें कोई शक्ति, कोई पवित्र गन्तव्य की आकर्षण ज्योति खींचे ले जा रही थी। अन्त में वे पावन सुरसरि नाम की नदी गंगा के तट पर काशी पहुँचे।

घोड़ा आराम करने लगा और भाना चिलवाल काशी नगरी की गलियों में एक पुजारी ढूँढ़ने लगे। काशी विश्वनाथ शंकर भगवान की नगरी वहाँ के अनेक घाट और अनेक भक्त पुजारी, पर वह कौन हो सकता था जो चिलवाल जी के आमन्त्रण को स्वीकार करे व शिव की नगरी काशी को छोड़े? खोजते-खोजते उन्हें एक दुर्गादेवी भक्त पुजारी मिल गये, जो हिमप्रदेश की सुदूर कन्दराओं में छिपे धुर्का गाँव के दुर्गा मन्दिर की सेवा करने व पर्वतप्रदेश में कठिन जीवन बिताने को तैयार हो गये। पर्वतवासिनी दुर्गा भगवती के प्रति उनके मन में असीम श्रद्धा उपज गयी।

वे भाना चिलवाल के साथ उनके घोड़े की पीठ पर सवार होकर कूर्मांचल प्रदेश की यात्रा करने को तैयार हो गये। फिर से घोड़ा नदियों, मैदानों, घाटियों व पर्वतों को लाँघता हुआ पनार नदी को पार करके मल्ला सालम पट्टी पहुँचा, जहाँ घर-घर दुर्गा-स्तवन, दीपकों की सौम्य ज्योति के प्रकाश में स्त्री-पुरुषों के समवेत स्वरों में कीर्तन गूँज रहे थे। इस वातावरण ने पुजारी माणकचन्द्र भट्ट जी के भक्त हृदय को भावविभोर कर दिया।

भाना चिलवाल ने माणकचन्द्र भट्ट जी को एक गाँव की जितनी विशाल पहाड़ी भूमि (जो बाद में 'पपोली गाँव' कहलायी) खाने-कमाने को दे दी और माँ दुर्गा भगवती का मन्दिर पूजा के लिए दिया, क्षेत्रवासियों ने माणकचन्द्र भट्ट को नये पुजारी के रूप में सर-आँखों पर ले लिया। पुराने पुजारी धुर्की ब्राह्मण स्वयं भी लज्जित थे ही, अब वे मन्दिर-पूजा के काम से भी हट गये थे। कहा जाता है कि लज्जावश वे अपना सामान, परिवार तथा गायों, बकरियों आदि को लेकर एक रात गाँव छोड़कर चले गये। मन्दिर की निशानी वहाँ की कुछ मूर्तियाँ और बर्तन वे अपने साथ ले गये। दूर सुदूर सोर (पिथौरागढ़) और कत्यूर (उन दिनों ये स्थान सुदूर माने जाते थे, में जाकर बस गये।) धुर्कियों के गाँव छोड़ देने के बाद क्षेत्रवासियों ने सभा करके धुर्का गाँव भी माणकचन्द्र भट्ट को दे दिया। भट्ट जी की वंशबेल कई गाँवों तक फैली, किन्तु दुर्गाभगवती के मन्दिर की सेवा धुर्का निवासी भट्ट परिवार ही सदियों तक करता रहा और आज भी वे ही करते हैं। धुर्का गाँव में भट्ट लोग ही आज भी निवास करते हैं। वर्षोपरान्त माणकचन्द्र भट्ट जी की परिवार संख्या बढ़ गयी तो उन्हें गौचरभूमि के रूप में 'कूरी,' 'डमरिया' की भूमि भी दे दी गयी। इस प्रकार भट्ट परिवार धुर्का, पपोली, कूरी और डमरिया गाँव में बसा हुआ है। ये सभी गाँव मल्ला सालम पट्टी में आते हैं।

इस पुराने वंश में बींसवीं सदी के पूर्वार्द्ध में मेरा जन्म धुर्का गाँव की भूमि पर हुआ। वह पिछला इतिहास किसी न किसी भावअंश में हम धुर्का वासियों के रक्त में आया ही होगा और माणकचन्द्र भट्ट का कोई भक्ति अंश सम्भव है, मैंने भी पाया होगा।

2

जन्मकथा : जो ईजा से सुनी

कार्तिक महीना शुरू हो गया था। हमने धुर्का गाँव के उपराऊ खेतों से मादिरा, मडुवा आदि सब समेट लिया था, पर अभी तक मडुवे का नलुवा (पौधे) काटना बाक़ी था। धुर्का गाँव की किसान महिलाएँ कमर झुकाये नलुवा काटने व सुखाने में लगी थीं। जिधर नज़र दौड़ाओ, दूर-दूर तक उन छोटे-छोटे सँकरे खेतों में नलुवा काटती महिलाएँ झुकी हुई दिखाई देती थीं। पुरुष गाज्यो (सुखायी गयी घास) के लूटों के लिए (heystaeks) टान ठोककर लुट्यासे (लम्बे खम्बे) गाड़कर उन पर गाज्यो चढ़ाकर लूटे बना रहे थे। बच्चे गाज्यो की 'पूलियाँ' ढोकर लूटे के पास ला रहे थे। गाँव का हर व्यक्ति जुटा था, मनुष्यों व पशुओं के लिए आहार सँभालने में।

उस दिन दिनभर मैंने नलुवा काटा। अकेले ही उसको सुखाने डाला। मैं पचासों बार झुकी, पचासों बार उठी। तेरे चाचा-चाची दूसरी 'सार' (खेती का क्षेत्र) में कटी सूखी गाज्यो को समेटने व लूटे लगाने में लगे थे। अँधेरा होने से कुछ पहले मैं नलुवा का एक भारी गट्ठर लेकर घर पहुँची और गोठ के सामने उसे डाल दिया। मैं थक कर चूर हो गयी थी, अतः आँगन की दीवाल पर बैठ गयी। तेरे दादा जी 'सगड़' (अँगीठी) में आग जलाने के लिए 'कठघव' (ईंधन की लकड़ी के ढेर) से लकड़ी लेने आये तो वे नलुवे के गट्ठर को किनारे की ओर खिसकाने लगे। तुरन्त बोले, "ये तू लायी है, ब्वारी? ये तो तेरे लिए बहुत ही भारी है पोथी (बच्ची)। तुझे ऐसा नहीं करना चाहिए। तेरी सास 'छाना' गयी है अन्यथा वह तुझे ऐसा भारी काम नहीं करने देती।" उन्होंने ये शब्द बड़े कोमल स्वर में प्रेमपूर्वक कहे थे। मैं अपने ससुर जी के इन शब्दों से निहाल हो गयी, परन्तु ससुर के प्रति बहू की जो एक मर्यादा होती है, उस लिहाज़वश मैंने सिर झुका लिया और मौन रही। मैं जानती थी कि मेरे परिवार में मुझे सब 'लाटी ब्वारी' (भोली बहू) कहकर प्यार व्यक्त करते थे। मैं काम साफ़-सुथरा करती थी, पर धीमी गति से। मेरी सफ़ाई, ईमानदार मेहनत और शान्त

स्वभाव सबको प्रिय था, किन्तु उस सारे दिन की वह मेहनत मेरे व मेरे गर्भ में पल रहे बच्चे के लिए ठीक न थी। मैंने गाँव की महिलाओं से सुन रखा था कि आठवें माह में सावधानी बरतनी चाहिए क्योंकि अठवाँसी बच्चा कम ही जीवित रहता है, पर असोज के महीने पर किसी का क्या बस चलता?

उस दिन शाम तेरी चाची भोजन तैयार करने लगी तो मैं चुपचाप जाकर अपने कमरे में फीणे (विशेष चटाई) के ऊपर लेट गयी। मेरा शरीर थक कर चूर था, पर मुझे अपने पेट में कुछ 'असज' (असहज) सी लग रही थी। हमारा यह दुमंज़िला मकान पूरे गाँव में सबसे बड़ा था। इसे तेरे बाबू ने अपनी पसन्द से बनाया था, जिसमें बहुत बड़ा एक 'चाख' (बन्द बरामदा) आगे की ओर और एक छोटा चाख पीछे की ओर भी था। तेरे दादा जी सामने वाले चाख में ही सोते थे। तेरे चाचा-चाची भीतर के कमरे में और मैं उसी से जुड़े अपने कमरे में, जो मेरा और तेरे बाबू का कमरा था। तेरा दाज्यू (बड़ा भाई) चार वर्ष का प्रकाश उस शाम मेरे पास आया ही नहीं। अपने चाचा से उसका बहुत जुड़ाव था। उन्हीं के साथ सोता भी था। अत: खाना खिलाकर उसे उन्होंने सुला दिया था।

सब अपनी-अपनी जगहों पर सो गये। मुझे भी तुरन्त नींद आ गयी, पर बाद में मुझे बाहर जाने की ज़रूरत महसूस हुई। तब हमारे घर के पास में कोई शौचालय और स्नान की जगह नहीं थी। रात में जाना पड़े तो हमें पास के खेतों में जाना पड़ता था। मैं एक बार बाहर गयी, फिर दुबारा और जब तिबारा मैंने चाख का दरवाज़ा बाहर जाने के लिए खोला तो तुम्हारे दादा जी ने चाख के दूसरे कोने में अपने बिस्तर में लेटे-लेटे ही पूछा, "तुम दो-तीन बार बाहर चली गयी हो बहू? क्या तुम्हें कोई तकलीफ़ हो रही है?"

"हाँ मुझे दर्द हो रहा है," मेरा नम्र और संक्षिप्त उत्तर था। यह मैंने पहले नहीं कहा था क्योंकि दिनभर कठिन श्रम किये हुए परिवारजनों को मैं तकलीफ़ नहीं देना चाहती थी। परन्तु तेरे दादा जी को चिन्ता हुई कि आठवें माह में होने वाले इस प्रसव में कुछ अनहोनी न हो जाये। अत: उन्होंने तुम्हारे चाचा जी को जगाया और कहा कि गाँव की उस महिला को बुला लाओ जो स्वै (दाई) की तरह मदद करती है। जल्दी ही वह सयानी दयालु महिला आ गयी। मेरा अकेलापन दूर हुआ। उसने आते ही कहा, "मुझे कल अपनी गाय दुहनी है, क्योंकि मेरी बहू मायके गयी है और मेरी गाय केवल उसे और मुझे ही दुहने देती है। मैं तुम्हें थोड़े समय ही मदद करूँगी, तुम्हारे 'नातक' की छूत मुझे नहीं लगनी चाहिए।" उसने मेरी पीठ व कमर को सहलाया। मुझे बताया कि बच्चा ठीक स्थिति में है। वह चिन्तित थी कि आठवें

महीने का बच्चा कैसे बचेगा? तू पैदा हुई कि वह दाई उछलकर दूर हो गयी अन्यथा उसे नातक की छूत लग जाती। तब वह अपनी गाय नहीं दुह पाती। दुहती तो उसकी गाय बिगड़ जाती।

मेरे शरीर में शक्ति नहीं रह गयी थी, किन्तु प्रसव के बाद की सारी क्रिया मैंने ही की, क्योंकि तेरी चाची को वह सब आता ही न था। उसने दूर से ही मदद की। तू पैदा हुई तो दाई-महिला ने 'चाख' में जाकर दादा जी को बताया; "आपकी नातिनी हुई है, भगवती की कृपा से तुम्हारे परिवार व गाँव के लिए लहणि (शुभ) हो।"

"जीती रहो, बहू तो ठीक है न? और बच्ची कैसी है?" दादा जी ने आशीर्वाद देते हुए पूछा।

"बहू अभी तो ठीक ही लग रही है, पर बच्ची बहुत कमज़ोर है। उसका सिर बहुत कोमल है। लगता है, हड्डियों पर एक झिल्ली मढ़ी है बस। मैंने दूर से इतना ही देखा है।" उस सयानी महिला ने बताया और दादा जी के साथ पूरे परिवार ने सुना। "माँ भगवती उसकी रक्षा करे", दादा जी ने कहा, "मेरे बेटे की यह पहली बिटिया लम्बी उमर जिये।"

"अब तो ज़रूर जियेगी ये भाऊ, क्योंकि माता धुर्कादेवी के लिए आपकी भक्ति अपार है और आपने इस गाँव के कितने बच्चों के प्राण अपनी जड़ी-बूटी से बचाये हैं। क्यों नहीं सुनेगी मैया तुम्हारी धात (पुकार) को?" यह कहते हुए वह रात में ही अपने घर को चली गयी।

मैं कहीं सपनों जैसी बेहोशी में यह वार्तालाप सुन रही थी। मैंने यह भी सुन लिया था कि उस महिला के पहले वचन पर ही तेरे दादा जी बाहर गये और उन्होंने आकाश में तारों की स्थिति देखी ताकि जन्म का सही समय बताया जा सके। तब हमारे घर में समय देखने के लिए कोई घड़ी नहीं थी। बाद में तेरे बाबू पलटन से एक घड़ी लाये थे, तो उसको चाबी देने का अन्दाज़ सबको नहीं आता था। तेरे चाचा को आता था, तो वो भी भूल जाते थे, तभी तो घड़ी ज़्यादातर बन्द ही रहती थी।

दूसरी सुबह गाँव के पुरुष-महिलाएँ सभी हमारे घर आये। तेरे दादा जी फिण बिछाकर और हुक़्क़ा-चिलम लेकर आँगन में बैठे थे। आने वाले पुरुषों को वे घर के तम्बाकू की दो फूँक लगाने का आह्वान कर रहे थे। बेटा हुआ होता तो शायद गुड़ भी बाँटते। तभी हमारे गाँव से दूर के गाँव के एक युवा ब्राह्मण अपना पोथी-पत्रा लिए उधर से निकले। तेरे दादा जी को मानो मुँहमाँगी मुराद मिल गयी। उन्हें बुलाया, अलग से आसन देकर बिठाया और ताज़ा हुक़्क़ा भरकर उन्हें पेश किया। कुशल बात, बच्चे परिवार, धौ-धिनाली की चर्चा के बाद तेरे दादा जी ने कहा, "पण्डित जी,

हमारे घर में मेरे बड़े बेटे की एक कन्या कल रात पैदा हुई है। ज़रा गणना करके देखिये कि वह हमारे परिवार के लिए कैसी है? उसके ग्रह-नक्षत्र उसके और हमारे परिवार के भविष्य के लिए क्या लेकर आये हैं?"

पण्डित जी ने अपना बस्ता खोला, पत्रा निकाला और तेरे दादा जी से पूछा, "जन्म का ठीक समय क्या था?" तेरे दादा जी ने तारों की वह स्थिति बता दी, जो उन्होंने रात में दर्ज की थी। पण्डित अपने पत्रे में गणना कर रहे थे। तेरे दादा जी व वहाँ बैठे अन्य ग्रामीण यह जानते थे कि पण्डित नौसिखिया है, पर उसकी गणना पर सबको पूर्ण विश्वास था। गणना में कुछ देर अवश्य लगी, परन्तु पण्डित जी ने अपनी गणना के परिणाम को पूरे आत्मविश्वास व गम्भीरता से समझाकर प्रस्तुत किया।

"देखो, ये कार्तिक के महीने की तीन गते हैं। इस महीने के इन तीन दिनों पर इस बार मूल नक्षत्र पड़ा है। अगर कन्या पहले मूल में पैदा होती तो वह अपनी माँ के लिए सारी (सख़्त या अशुभ) होती, परन्तु वह दूसरे मूल की आख़िरी घड़ी में पैदा हुई है, जबकि दूसरा मूल अस्त हो रहा था। अस्त होता मूल बड़ा क्रूर और पीड़क होता है। यह दूसरा मूल पिता के लिए है इसलिए कन्या अपने पिता के लिए बहुत कठोर है। मेरा विश्वास है कि इस कन्या पर पहली डीठ पड़ते ही इसका पिता मृत्यु को प्राप्त होगा।" पण्डित इस बात को उगलकर थोड़ा रुका, मानो अपनी साँस को स्थिर कर रहा हो। तेरे दादा जी व अन्य लोग अवाक् थे।

सुन्न पड़ गये लोगों को जगाते हुए जैसे पण्डित जी ने फिर से कहा, "माफ़ करिये, सुबह-सुबह आकर मैंने आपको बड़ी कठिन जानकारी दी है, परन्तु हर कठिनाई का इलाज भी होता है। बुरे ग्रहों को शान्त भी किया जाता है। हाँ, यह मूल के नक्षत्र किसी पूजा-अर्चना से शान्त नहीं होते।" पण्डित स्वयं ही दुखी हो गये थे। फिर भी तेरे दादा जी को शान्त करने के लक्ष्य से उन्होंने जोड़ा, "चिन्ता न करें जजमान, हम सभी उस परमात्मा के हाथों के खिलौने हैं। मनुष्य के हाथ में कुछ भी नहीं है। वह तो सृष्टि का एक अदना-सा जीव है।" वह जाने को उद्यत हुए तो सबने नमस्कार के लिए हाथ ऊँचे करके जोड़ दिये, परन्तु तेरे दादा जी ब्राह्मण को दक्षिणा देना न भूले। उन्होंने उठकर कुछ अनाज बाँध दिया और कुछ सिक्के थमा दिये।

तेरे दादा जी बड़े गैल (गहरे) व्यक्ति थे। इस आघात को वे शान्ति से झेल रहे थे। मन-ही-मन विचार कर रहे थे। आने वाले किसी से उन्होंने इसकी चर्चा नहीं की, परन्तु शाम को जब तेरे चाचा जी खेत से आये तब उनको यह सारी बात जो ब्राह्मण ने कही थी, बता दी। सब सुनने के बाद तेरे चाचा जी उत्तेजित जैसे होकर बोले,

"नहीं, नहीं यह सब झूठ है। यह सच नहीं हो सकता। मैं उस अनपढ़ ब्राह्मण की गणना पर विश्वास नहीं करता।"

तेरे दादा जी शान्त स्वर में ही बोले, "सही कहते हो। वह संस्कृत भाषा का जानकार नहीं है, जो ज्योतिष विद्या के लिए ज़रूरी है, पर वह अपने पत्रे की सहायता से समय व ग्रह-नक्षत्रों की गणना कर सकता है। हम उसकी गणना को नकार नहीं सकते। इसी काम की रोटी तो वह खा रहा है।"

तेरे चाचा जी इस बात को समझ गये होंगे, इसलिए वे चुप रहे व गम्भीर हो गये। क्योंकि उन्हें समझ में आ गया कि हम किस अनहोनी घटना में फँस गये थे।

गाँव में यह समाचार एक मुख से दूसरे मुख तक 'बणाग' (वनाग्नि) की तरह फैल गया था। सारे गाँव में एक ही विषय था जो सबकी चर्चा का कारण बना था। वे लोग हमारे घर में आकर भी बातें करते। हरेक की चिन्ता थी कि अब क्या होगा? मैं उनकी कुछ आधी-अधूरी बातें अपने कमरे से सुन लेती थी, पर परिवार के सयानों ने सीधे-सीधे यह सब मुझे नहीं बताया था। शायद मुझे नाज़ुक स्थिति में देखकर या फिर ऐसे मामले में मैं कर ही क्या सकती थी, यह सोचकर उन्होंने हम घर की स्त्रियों को इस चर्चा से अलग ही रखा था।

तीसरे-चौथे दिन से मैं बाहर जाकर कुछ छोटे-मोटे काम करने लगी थी। तब गाँव की स्त्रियों ने ब्राह्मण की भविष्यवाणी और लोगों की चिन्ता पूरे विस्तार से बतायी। मेरे लिए तो मानो सिर पर आकाश टूट पड़ा। मैं पूरी की पूरी काँप गयी, यह सोचकर कि मेरी गोद की बेटी मेरे प्रियपति की मौत का कारण बनेगी? मैं किसको बचाऊँ किसको छोड़ूँ? मैं किसी को नहीं छोड़ सकती थी। मेरा दिल तेरे व तेरे पिताजी के बीच झूल रहा था। मैं दोनों को अपनी ममता से ढक कर छिपा लेना चाहती थी। हर तूफ़ान से बचा लेना चाहती थी, पर कैसे? ब्राह्मण के वचनों पर मेरा पूरा विश्वास था। वे झूठे नहीं हो सकते थे, किन्तु मैं हज़ार बार भगवती को रो-रोकर मनाती कि ब्राह्मण की गणना ग़लत हो जाय। मेरी रातें व दिन रो-रोकर बीत रहे थे।

तुम्हारी दादी यह सब सुनेगी, तो क्या कहेगी? यह एक और भय था, जो बीच-बीच में मेरे मन में कौंध जाता था। मुझे मालूम था, वे तुम्हारे बाबूजी को बेहद प्यार करती थीं। उनका पहला बेटा गाँव का सबसे सुन्दर, सुशोभन उत्साही युवक, गाँव से बाहर जाने वाला पहला व्यक्ति था। उनके कारण परिवार का कितना मान, कितनी इज़्ज़त थी इलाक़े में। मुझे लगता था, मैं तुम्हारी दादी को अपना चेहरा नहीं

दिखा पाऊँगी। उनको तुम्हारे जन्म की जानकारी मिली नहीं कि वे एक शाम गाय बकरियों को जल्दी गोठ में बाँध कर डेढ़ मील की धार (पहाड़ी) चढ़कर गाँव आ गयीं। उनकी साँस फूल रही थी, किन्तु तो भी उनके क़दम पूरी तेज़ी-से चल रहे थे क्योंकि उन्हें अपनी नवजात नातिनी को देखकर रात के लिए वापस छाना ही जाना था। रास्ते में ही गाँव की महिलाओं ने रिश्ते के अनुसार उनका अभिवादन किया, पर वे किसी के पास बोलने को रुकी नहीं। तभी एक मायके में आयी हुई स्त्री सामने आयी। उससे बातें करना लाज़िमी हो गया, अतः तुम्हारी दादी रुक गयीं। महिला ने उन्हें 'ज्याड़जा पैलाग' कहकर प्रणाम किया। बातों के बीच उस स्त्री ने कह ही तो दिया, "शिबौ! कमलदा की बेटी सख़्त मूल में पैदा हुई है, पण्डित जी कह गये हैं कि अपने बाप की पहली डीठ (नज़र) पड़ते ही... बाप ही जो नहीं रहेगा तो... आपके परिवार पर यह कैसी विपदा आ गयी?" "हे भगवती," कहते हुए उसने पर्वत की चोटी पर स्थित गाँव की इष्टदेवी दुर्गा मैया के मन्दिर की ओर हाथ जोड़ दिये। तेरी दादी के तो होश ही उड़ गये मानो वज्रपात ही हो गया हो और उसने उनके हृदय के टुकड़े-टुकड़े कर दिये हों। वह लगभग भागती हुई घर की ओर आयीं और धड़ाक-से चाख में पहुँच गयीं।

"हे भगवती! तूने इस लड़की को हमारे घर में क्यों भेजा?" कहते हुए वे धप्प-से नंगी पाल पर बैठ गयीं। "मेरा वह असाधारण बेटा अपनी ही नवजात बेटी के कारण मर जाने वाला है क्या? इस लड़की के लिए, जो हमारे घर में पैदा हो गयी है। अब क्या करना होगा?" आकाश की ओर देखकर वे ज़ोर-ज़ोर से कह रही थीं। मैं अपने कमरे में आकर तुम्हें दूध पिला रही थी और उनके ये शब्द मेरे कानों में पड़कर कलेजे को चीर रहे थे। आँसुओं के अलावा मेरे पास और क्या था?

तब तेरी दादी ने चाख के दूसरे छोर पर अपने आसन पर बैठे दादा जी की ओर देखा और पूछा, "जो हमारे लिए दुर्भाग्य का पहाड़ ले आयी है, उस 'चिहड़ी' (छोकरी) के लिए क्या करने का सोचा है तुमने? यह कपूत तभी तो समय से पहले पैदा हो गयी है।"

दादा जी मौन रहे। इसलिए नहीं कि वे कम बोलने वाले व्यक्ति थे वरन् इसलिए कि वे जानते थे कि दादी के सवालों का कोई जवाब नहीं था, परन्तु उनकी चुप्पी ने दादी के घायल दिल में ग़ुस्से की जलन पैदा कर दी। दादी लगभग चिल्ला उठीं, "हमारा कपाल फूट रहा है। हमारी तक़दीर धूल में लुट रही है और तुम बैठे शान्ति से तम्बाकू पी रहे हो। क्या हो गया तुम्हारे दिल और दिमाग़ को?"

तेरे दादा जी उतने ही शान्त स्वर में बोले, "इस समस्या का हल मेरे बस से बाहर है। मैंने इसे माँ भगवती पर छोड़ दिया है। उन्होंने ही इस बच्ची को संसार में

भेजा है। इसके जीवन से भी मैया कुछ करना चाहती होगी, सब माँ की शक्ति से होता है। भागी (भाग्यवान), तुम अपने मन को क्यों कड़वा कर रही हो? उसको क्यों जला रही हो?" तेरी दादी मन प्राण से अपने अत्यन्त लाड़ले, सर्वश्रेष्ठ, हिम्मतदार बेटे की ज़िन्दगी बचाने की चिन्ता से व्यथित थीं। उन्हें तेरे दादा जी की इन दर्शनभरी बातों का एक शब्द भी अच्छा नहीं लगा बल्कि इससे उनका क्रोध भड़ककर रौद्र रूप में फूट पड़ा। उन्होंने सीधे तनकर खड़ी होकर दादा जी को अपनी अँगुली दिखाते हुए कहा, "मैं कह रही हूँ, कान खोलकर सुन लीजिए। मैं अपने प्यारे बेटे को बचा कर रहूँगी। इस 'चिहड़ी' को इस घर से दूर हटाना ही होगा, चाहे कहीं दे दो, चाहे फेंक ही दो या मार दो। यह है क्या? केवल पानी का एक बुलबुला ही तो है। इस मच्छर को मारे की हत्या भी नहीं लगेगी। ऐसी कुलच्छिनी को तो जीने से अच्छा है कि मर ही जाय। लड़की ही तो है यह। लड़की को जीवन में क्या सुख देखना है, जिसके लिए जीना ज़रूरी हो?" तेरी दादी भावावेश में हाँफ गयी थीं। वे थोड़ा रुकीं। "दऽ मेरा बेटा, तेरी बलाएँ लूँ मेरे बच्चे, कौन-से मुलुक में न जाने घर से बाहर परदेश की रोटी तोड़ रहा है? अनजाने लोगों के बीच अनजानी भूमि में अपनी ज़िन्दगी खपा रहा है केवल इस परिवार को पालने, इसको बेहतर बनाने के लिए। यहाँ ऐसी कुऔलाद पैदा हो रही है। हुँह! भगवती उसको सदा दैण (दाये यानी अनुकूल) रहे। उसके पैर में काँटा भी न चुभे।"

उनकी आँखों से आँसुओं की धाराएँ बहने लगीं। वे उठीं और बिना विदा लिए घर से बाहर निकलने लगीं। तब तेरे चाचा जी उनके साथ दरवाज़े तक गये और बोले, "ईजा, ऐसे शब्द नहीं कहिए। इस परिवार में किसी का भी कोई बुरा नहीं होने वाला है। शान्ति से देखती रहो, सब भला ही होगा।" तेरी दादी को मानो बिच्छू घास छू गयी। फिर से चिल्लायी, "यह शान्ति से देखने का मामला नहीं है, बेटा। मुझे तो साफ़ दिख रहा है कि तुम लोगों का दिल और दिमाग़ इस छोटी-सी दुर्भाग्य की पुतली ने अपनी माया में जकड़ लिये हैं। मैं न तुम पर विश्वास करती हूँ न तेरे बौज्यू पर। तुम सब अच्छी तरह सुन लो। मैं इस घर से जाने को जा रही हूँ। वापस तब तक नहीं आऊँगी, जब तक ये लड़की यहाँ से निकालकर कहीं नहीं भेज दी जाती या फिर मर नहीं जाती। इस देली में तब तक पैर नहीं रखूँगी।" उनकी वाणी दृढ़ और संकल्पित थी। पीछे से तेरे दादा जी बोले, "चुप कर, साँझ की वेला में ऐसी कुमति? मेरे घर में यह हुड़दंग नहीं चलेगा। दो वेलाएँ एक हो रही हैं, मेरा पूजा का समय है। तुम कौन होती हो उस बच्ची को मारने वाली? तुम्हें क्या पता ये बच्ची ख़ुद में भगवान है, बाल भगवान। उसको प्यार करते हैं, उसकी पूजा करते हैं। तू उसको गाली दे रही है? यह सब मेरे घर में नहीं चलेगा।"

"तुम रहो अपने घर में। अपने भगवान को पूजो। मैं जाती हूँ अपनी गायों व बकरियों के पास। मेरे बेटे को कुछ हुआ तो तुम जानना, कहे देती हूँ। ये देली तुम्हीं को मुबारक हो।" और बिना विदाई लिये वे चली गयीं।

मैंने कमरे से उनकी पूरी बातें सुनीं और मेरे आँसू मेरी छाती भिगोते रहे। बेचारी माँ अपने लाल को काल के मुँह से भी छीन लाने को तैयार थीं। वे लगभग दौड़ती हुई-सी छाना को चली गयीं। उन्हें अँधेरा होने से पहले डेढ़ मील का जंगल पार करना था। फिर अपने लिए दो रोटी बनायेंगी। क्या पता, ऐसे दर्द भरे दिल से खा भी पायेंगी या नहीं? मैं उस शाम बराबर उनके बारे में सोचती रही। मैं सोचने लगी थी कि कहीं यह मेरा ही अपराध तो नहीं है? मेरी मौन व्यथा, शब्द रहित दुख को सुनने वाला कौन था?

गाँव भर में चर्चा थी। सुबह, शाम, दोपहर, गली-ग्वेट, धारा-नौला, हर कोने-नुक्कड़ पर एक ही बात थी, "उस दुखदात्री लड़की से कैसे छुटकारा लिया जाय?" हर स्त्री, हर पुरुष के पास एक सुझाव था। तेरे चाचा जी ने तेरे बाबूजी को सारी बातें विस्तार से लिखते हुए एक चिट्ठी भेज दी थी और सब उनकी सलाह की प्रतीक्षा करने लगे थे। एक दिन तेरी सबसे बड़ी बुआ आयीं। उन्होंने रोते हुए कहा "मेरे दाज्यू की बेटी को मारना नहीं, उसे मुझे दे दो। मेरा तीन माह का बेटा है। मैं उसके साथ इसे भी दूध पिला लूँगी।"

"नहीं-नहीं, यह तो हो ही नहीं सकता। तुम्हारा गाँव इतना नज़दीक है। कभी भी तुम्हारे दाज्यू को यह दिखाई दे सकती है। हमें तो इसे दूर-दूर, इतनी दूर भेज देना चाहिए कि इसके पिता की इस पर नज़र पड़ने की सम्भावना ही न रहे।" गाँव के सयाने व्यक्ति ने उनको उत्तर दिया।

"हम उसे 'सोर' (पिथौरागढ़) क्यों न पहुँचा दें? (उन दिनों हमारे उस छोटे और बन्द जैसे गाँव में सोर मानो दुनिया की सबसे दूर की जगह थी) हम वहाँ के गाँव में जाने को तैयार हैं, कोई दूध पिलाती माँ मिल ही जायेगी। क्या पता, कोई नि:सन्तान जोड़ा मिल जाये।" एक नौजवान ने उत्साह से कहा, "कोई न कोई गोद तो इसे मिल ही जायेगी।"

कुछ देर सोचने के बाद तेरे दादा जी ने गम्भीर होकर कहा, "यह भी सम्भव नहीं है। मेरा बेटा फ़ौज की नौकरी में है। वह देश के किसी भी कोने में जा सकता है, और तो और देश से बाहर भी जा सकता है। सोर भेजना पूरी तरह सुरक्षित नहीं होगा। हाँ, तुमने यह ठीक कहा। इस लड़की का अशकुनी चेहरा तो उसके पिता की नज़र से इतनी दूर कर देना होगा कि जीवन भर इसके चेहरे पर उनकी डीठ पड़ने की दूर तक भी सम्भावना न रहे।"

जब बच्ची को जीवित रखते हुए दृष्टि बाहर दूर भेजने के सुझाव सफल नहीं हुए तो लोग मार देने की योजना बनाने लगे। कोई एक विषैली जड़ी बताता, तो कोई एक ज़हरीली पत्ती, जिसे उसके मुँह में रख देना ही काफ़ी होगा, पर कोई सर्वसम्मत निर्णय नहीं हो पाया। सारे गाँव का माहौल चिन्ता व तनावमय था।

मैं सोचती थी कि किसी भी जुगुत से मेरी बेटी ज़िन्दी रहती, चाहे दूर भेज दें क्योंकि तभी तो उसके बाबू ज़िन्दा रह सकेंगे। कम-से-कम कभी-न-कभी मैं उसको देखने तो जा सकती। उसके सिर पर अपना हाथ रख सकती। उसे कुछ खाने-पहनने को दे सकती, परन्तु सोर कितनी दूर होगा? सौ मील? उतना भी मैं चल ही लेती। फिर इस नाज़ुक जान को अपनी छाती से, अपनी गोदी से दूर करने की कल्पना से मेरे दिल में दर्द की एक हूक उठती थी।

रोज़-रोज़ की इन अनिश्चित उलझी-पुलझी बातों को सुनते, सोचते-सोचते तेरे दादा जी भी शायद भ्रमित हो गये थे। उनके मन की शान्ति व उनका भरोसा डगमगाने लगा था। एक सुबह उन्होंने मुझे पूछा, "घर में इन दिनों सब अस्त-व्यस्त हैं। तुम्हें ठीक से खाना भी दिया जा रहा है कि नहीं?"

"हाँ-हाँ, मुझे रोटी और दाल अच्छी तरह से मिलती है। दिन में जितनी बार भूख लगी, उतनी बार मेरी देवरानी मुझे ताज़ी रोटी बनाके देती है। सब्जी और भात का मैंने बच्ची के लिए 'बारा' (परहेज़) किया है।" मैंने कहा।

"अरे! केवल रोटी और दाल? हाँ घी, दूध, दही ये चीज़ें तो तुझे देनी ही नहीं हुईं, और क्या दिया जाय? मैं तुझे शहद देता हूँ। रोटी में डालकर खाना।" कहते हुए दादा जी ने शहद की एक बोतल मुझे दे दी। मैं तो अपने ससुर जी की इस प्रेमल, मातृवत् सार सँभाल से निहाल हो गयी। उसी समय से अपनी रोटी में ख़ूब शहद डालकर खाने लगी। तुम्हारे जन्म को छह सात दिन हो चुके थे। मैं मौसम अच्छा होने पर नज़दीक के खेतों और सब्ज़ी के बाड़ों में गुड़ाई-निराई करने जाने लगी थी। सब्ज़ी के छोटे पौधों के बीच उगी छोटी घास की निराई कर रही थी, तभी हमारे गाँव की एक सयानी महिला आ गयी और पूछने लगी, "तुम क्या खाती हो? मैं कसम से कहती हूँ कि तुझको ठीक से खाना नहीं दिया जाता होगा क्योंकि तुमने एक असकुनी सन्तान को पैदा किया है। तुम्हें अभी भी भूख लगी है क्या? मैं तुम्हारे लिए थोड़े कच्चे चावल ले आती हूँ। मुँह में डालकर चबाती रहोगी तो थोड़ा आधार हो जायेगा। कहते हैं कि चावल के खाजे खाने से बच्चे के शरीर पर 'लेजी' हो जाती है। ज़्यादा ठीक होगा कि मैं तुम्हारे लिए मादिरा का जौला पकाकर लाती हूँ।"

"न रे दीदी! मेरे लिए खाने की कमी नहीं है। मुझे दिन में कई बार रोटी और दाल खाने को देते हैं। सब्ज़ी और भात तथा घी का मैंने बारा कर रखा है, जैसा कि बेटा पैदा होने पर किया जाता है। मैं अपनी बेटी को बेटा ही मानती हूँ और सब परहेज़ कर रही हूँ ताकि वह स्वस्थ रहे, अगर लोग उसे ज़िन्दा रहने देंगे तो।" गहरी साँस छोड़ते हुए मैंने कहा। "ठीक ही कह रही है बैणा, मुझे उस नन्ही जान के जीने के कम ही आसार दिखते हैं। यह तो बता कि परिवार के मुखिया की दृष्टि से तेरे ससुर क्या कह रहे है?"

"निश्चित रूप से मेरे ससुर जी बड़े गहरे गम्भीर और मज़बूत दिल के मुखिया व्यक्ति हैं, पर मेरी सास कम नहीं हैं। हमारे घर में कई फ़ैसले तो वे ही करती हैं। मेरे ससुर मेरी बेटी को बचा लेंगे, पर सास? ससुर जी इतने दयावान हैं उन्होंने मुझे ठीक खुराक मिले, यह सोचकर एक पूरी बोतल शहद की दी है, जिसे मैं अपनी रोटी के साथ खाती हूँ। मैंने उसमें से काफ़ी शहद खा भी लिया है", शहद की बात सुनते ही महिला चौंक गयी, और उसकी आँखें डर से पूरी फैल गयीं। "शहद?" वह बोली, "तुमने काफ़ी मात्रा में शहद खा लिया है?" वह चिल्ला उठी और मैं सहम गयी कि अब और कौन-सी मुसीबत आ गयी?

स्त्री एक घड़ी चुप रही मानो उसकी वाणी कहीं घुट कर रह गयी हो! फिर बोली, "यह तेरी बेटी को मारने की छिपी साज़िश है। शहद और इतनी अधिक मात्रा में, बच्चे का नाजुक शरीर उसकी गर्मी को सहन नहीं कर सकता।" अपनी जानकारी के अनुसार उसने बताया, "पहले तो वह बचेगी नहीं, बच गयी तो उसकी आँखें 'बुसी' (बुझ) जायेंगी। सोचो, एक लड़की वह भी अन्धी? उसका भला क्या भविष्य होगा?"

मैं उसी पल टटोल-टटोलकर राह में क़दम ठिठकाती लड़की का चित्र अपने मन में देखने लगी और रुआँसी होकर कहने लगी, "नहीं-नहीं, दीदी, ऐसा नहीं, कहिए मेरी बेटी की गहरे 'नौलों' जैसी सुन्दर आँखें, उन्हें कहीं से एक छोटी खरोंच भी न लगे।" मेरे मन में एक और चिन्ता आकर बस गयी।

रात में भी जब कभी नींद खुलती मैं उस छोटी-सी बच्ची के बदन पर हाथ फिराकर देखती कि वह मर तो नहीं गयी? सुबह ज्योंही पौ फटती, मैं उसे बाँहों में लेकर देली में ले जाती और गहरी नींद से उसे जगाती। जब बच्ची कुनमुनाकर अपनी सुन्दर काली भँवर-सी आँखें खोल देती तो मुझे सन्तोष हो जाता कि आँखें सही सलामत हैं। अभी बुसी नहीं गयीं।

इसके दो-तीन दिन बाद तेरे दादा जी ने मुझे पूछा, "ब्वारी, तुमने मेरा दिया शहद खाया?"

"हाँ मैंने ख़ूब खाया।"

"हरे राम, तुम्हें पता नहीं था कि अधिक शहद छोटे शिशुओं के लिए हानिकारक है?"

"हाँ अब तो मुझे मालूम है, जबकि जानने से पहले मैंने कई बार उसे खा लिया था, लेकिन अब मैंने पक्की ठान ली है कि इसकी एक बूँद भी नहीं खाऊँगी। शायद मेरी बच्ची के प्राण भी बच जायें और आँखें भी बच जायें।"

मैंने मज़बूती से अपना निर्णय और अपनी बच्ची को बचाने की तमन्ना उनके सामने व्यक्त कर दी। तेरे दादा जी पहले ही पश्चात्ताप में थे, बोले--"तुमने बिल्कुल ठीक निर्णय लिया है। मुझे पछतावा हो रहा है कि मैं भ्रमित हो गया था। कहीं-न-कहीं मेरे मन में छिपी मंशा अपनी मासूम नातिनी को मारने की थी। कुछ समय के लिए मेरा उस सर्वशक्तिमान पर से विश्वास उठ गया था। अपने बेटे के लिए मेरे अन्धे प्रेम ने मुझे अन्धा बना दिया था। मुझे माफ़ करना, ब्वारी!"

"अब मेरा अन्तस्थल साफ़ है। वह मुझे बताता है कि जो होगा हम सबके लिए अच्छा ही होगा। तुम अपनी बच्ची और अपने पति की चिन्ता नहीं करना। माँ भगवती सबका कल्याण करेंगी।" तेरे दादा जी ने अपना विश्वास व अपना मूल स्वभाव फिर से प्राप्त कर लिया था।

दिन बीतते गये, पर मेरी बेटी को न तो कोई मार ही सके न उसको दूर भेजने का कोई स्थान ही ढूँढ़ पाये। अभी तक तेरे पिताजी का पत्रोत्तर भी नहीं पहुँचा था। वे बड़े कठिन दिन थे मेरे लिए और तेरे दादा जी के लिए। मैं सोचती हूँ, तेरी दादी के लिए भी। 12वें दिन की सुबह आयी। यह बच्चे के नामकरण संस्कार का दिन था और साथ ही मेरी नातक छूत दूर करने का भी दिन था। मैं अँधेरे में ही ठण्डे पानी से नहा आयी थी और अपनी ओढ़ने-बिछाने वाली चादरें धो आयी थी। मैंने तुम्हारे जन्म के उस कमरे का फ़र्श गाय के गोबर और मिट्टी से लीप दिया था। तुम्हारी चाची घर के अन्य कमरों व चाख को लीप रही थी। तेरे चाचा हमारे परिवार के पुरोहित को बुलाने गये थे और तेरे दादा जी पूजा के लिए फल-फूल, दूब, समिधा, धूप-दीप, शंख-घण्टी आदि को एक स्थान पर रख रहे थे, जहाँ पर पुरोहित जी आकर नामकरण संस्कार की पूजा करायेंगे।

बस उसी क्षण तेरी दादी ने घर के अन्दर क़दम रखा। वे बहुत उत्तेजित थीं और दृढ़तापूर्वक आक्रामक होकर आयी थीं। वे क्षुब्ध थीं कि उनके परिवारजन

साहसहीन थे, जो एक अशुभ बच्ची को रास्ते से हटा नहीं पाये थे। अतः उन्होंने स्वयं इस ज़िम्मेवारी को अपने हाथ में ले लिया था।

"सुनो, मैं आ गयी हूँ। तुम लोगों के कलेजों में तो इतना भी दम नहीं रहा कि इस लड़की को घर से बाहर कर देते, जोकि अभी हमारे परिवार की अंग भी नहीं बनी है। ये है क्या? मिट्टी के नीचे का एक अंकुर, जो अभी ऊपर भी नहीं आया है। ये है क्या? ये जंगल की वह घास है जो हर चौमासे में उगती है और काट दी जाती है। ये केवल एक लड़की ही तो है। इसके जीवन में कौन-सा सुख लिखा हुआ है? इसके बिना दुनिया में कौन-सी कमी आने वाली है? मैंने तय किया है कि मैं इसको ज़िन्दा ही मिट्टी में गाढ़ दूँगी।"

उनके हाथ में एक बड़ा-सा 'कहौल' (मिट्टी खोदने का औज़ार) था। उसे मुझे दिखाते हुए वे बोलीं, "ब्वारी, इसको क्यों नहला रही है? इसको इधर फेंक, मैं इसे 'छीड़ के मुन' में ले जाती हूँ, जहाँ मर जाने के बाद छोटे बच्चों को गाड़ा जाता है। मुझे कोई डर नहीं है। मैं गड्ढा खोदूँगी, इसे उसमें दबाकर ऊपर से पत्थर रख दूँगी। ये मेरे पाले-पोसे जवान बेटे को खाने वाली जियेगी नहीं तो खायेगी कैसे?"

उनकी तेज़ आवाज़ उत्तेजना से फट जैसी रही थी। आँखें मानो जलती मशालें बन गयी थीं। पूरा शरीर काँप रहा था। ऐसी तेरी दादी राख की रेखा के बाहर खड़ी थीं। वे 'छूत' के प्रति बहुत संवेदनशील थीं। उन्हें छूत लगने का डर था अन्यथा वे कूदकर मेरे हाथों से बच्ची को छीन लेतीं। मेरे हाथों में गीली बच्ची थी, मेरे हाथ काँप रहे थे। मेरी आँखें भय से विस्फारित हो गयी थीं। मैं किंकर्तव्यविमूढ़-सी दादी को देख रही थी। क्या करूँ? सास की आज्ञा मानूँ? बच्ची को उन्हें दे दूँ या अपने कलेजे के टुकड़े को कहीं छिपाकर इसे बचा लूँ, पर कैसे? यहाँ तो मानो साक्षात् मौत ही सामने थी, किसी दुश्मन को भी कभी ऐसी घड़ी न झेलनी पड़े।

"ये क्या बक रही है तू? जा यहाँ से" तेरे दादा जी ने कमरे में आते हुए डाँटकर कहा। उस दिन ही वे पहली बार मेरे कमरे में आये थे। "अरी भागवान, इस बच्चे को भगवती ने भेजा है इस दुनिया में। इसमें भी उसका कोई हेतु है। तुम अपने बेटे की ज़िन्दगी को बचाने वाली कौन होती हो? और इसको मारने वाली भी कौन होती हो? मैं तुझे कहता हूँ कि प्राणों को बचाने वाला बस वह एक प्राणों का सृजनहार ही है। आज का दिन हमारे परिवार का इस बाल-आत्मा का शुभ दिन है। तुम भी इसमें शामिल हो जाओ। भगवती पर भरोसा रखो।" तेरी दादी ज़ोर-से रो उठीं। "माँ भगवती, रक्षा कीजिए" कहकर वे कमरे से निकल गयीं।

ब्राह्मण पुरोहित लक्ष्मीदत्त बहुगुणा आ गये थे। उन्हें बैठने को फीणा व पीने को ताज़ा हुक़्क़ा देते ही बेचैन और भावुक होकर तेरे दादा जी ने तुरन्त पूछ लिया,

"आपने नवजात के बारे में कोई गणना अभी तक तो नहीं की होगी न? आपको पता हुआ कि नहीं? पिछले ये बारह दिन हमारे लिए भयंकर यन्त्रणा के दिन थे। बताइये, कैसे हम अपने बेटे के प्राण बचायें? हम इस बच्ची को कहीं दूर कहाँ भेज दें या फिर इसको मारना ही पड़ेगा?"

"हाँ, हाँ जजमान, मैंने सारी कथा अपने घर से यहाँ आने तक सुन ली है, परन्तु मैंने स्वयं जब तक गणना नहीं की, मैं किसी के बताये गये भविष्य पर विश्वास नहीं करता। मैं गणना करूँगा और अगर ज़रूरी होगा कि लड़की को हटाना है तो मैं आपकी मदद भी करूँगा। रास्ता निकलेगा। तुम्हारे बेटे के लिए कोई अशुभ नहीं होगा। ग्रहों-नक्षत्रों को शान्त करने के कई विधि-विधान हैं।" शान्त स्वर में पुरोहित जी ने कहा।

तेरी दादी को आशा की किरण दिखाई देने लगी तो वे निकट आ गयीं और बोलीं, "मेरे बेटे के लिए अलच्छण न करे तो मैं इस अभागी को क्यों नहीं प्यार करूँगी? हमारे परिवार के भविष्य की यह पहली ही तो लड़की है। हमारे इस परिवार में लड़कियों की क़दर की जाती है। मेरी ही चार लड़कियाँ हैं। हमने उन्हें प्यार से पाला है। इसे भी पालेंगे, पर पण्डितज्यू, कैसे भी आप मेरे बेटे को बचा लें," उनका गला रुँध आया था।

पुरोहित जी ने जन्म का समय पूछा तो दादा जी ने उन्हें जन्म के समय के तारों व ग्रहों की स्थिति बता दी। पण्डित जी पत्रे, पंचांग और उनकी ज्योतिष की विशेष पुस्तकों के आधार पर गणना करने लगे। उन्हें समय लगा। इधर, तेरे दादा मानो साँस रोककर धड़कते हृदय के साथ प्रतीक्षा कर रहे थे कि पण्डित जी के मुँह से कहीं पूर्ववत् वही वज्रपात न हो जाये। पण्डित जी ने सिर उठाया और पूछा, "जजमान, तुम मुझे बता सकते हो कि बच्चे के जन्म के कितनी देर बाद पौ फटी थी?"

"ज़्यादा से ज़्यादा तीन घण्टे," दादा जी ने कहा। "मैं अच्छी तरह समझता हूँ कि तारों की स्थिति के आधार पर गणना करने में बड़ी सावधानी बरतनी होती है।" अब पुरोहित जी ने पोथी से सिर उठाया और आत्मविश्वासपूर्वक कहा, "यह बच्ची कार्तिक मूल के दूसरे दिन नहीं पैदा हुई है। यह आधी रात में जब दूसरा मूल अस्त हो चुका था, उसके बाद तीसरे मूल में पैदा हुई है।" तेरी दादी व तेरे चाचा और भी निकट खिसक आये।

"देखो जजमान, कौन कहता है कि तुम्हारी नातिनी अपने पिता के लिए अशुभ है? पिता को पिड़ाने वाला (कष्ट देने वाला) दूसरा मूल था, तीसरा मूल स्वयं बच्ची के लिए पीड़ादायक है, किसी भी दशा में पिता के लिए नहीं। उदय होता तीसरा मूल आपकी नातिनी को तो यशस्वी बनायेगा ही, जिससे उसके पिता को आनन्द मिलेगा ही,

इसके उज्ज्वल, तेजस्वी व्यक्तित्व से परिवार को भी यश मिलेगा। केवल मूल इसे ऐश व आराम से नहीं रहने देगा।"

तेरी दादी और दादा जी ख़ुशी के आँसुओं में नहा गये। दोनों ने पण्डित जी को 'दै जी रया' कहकर धन्यवाद दिया और तेरे दादा जी दौड़कर मेरे कमरे में आये, "ब्वारी, अब कोई चिन्ता न करना। तेरी बेटी अपने पिता और किसी भी परिवारजन के लिए अशुभ नहीं है। वह तो सारे परिवार की सौभाग्य है।" मेरा दिल ख़ुशी से उछल पड़ा। मैंने तेरे पिताजी और तुझे, दोनों को पा लिया था। उसी दिन तेरे बाबू का पत्र लेकर डाकिया आया।

तेरे चाचा ने लिफ़ाफ़ा खोलकर पत्र ज़ोर से पढ़ा ताकि सब सुनें। मैंने भी सुना। पत्र देशी भाषा में था, "सिद्धि श्री सर्वोपमायोग्य बौज्यू के चरण कमलों में आपके पुत्र कमलापति का सादर प्रणाम स्वीकार हो। आगे आपका पत्र प्राप्त हुआ। मेरा कहना है कि कोई बेटी कभी भी अपने पिता के लिए अशुभ नहीं हो सकती। आपने उसे मेरे लिए अशुभ लिखा है, पर मुझे यहाँ विश्वास हो गया है कि वह मेरे लिए शुभ है क्योंकि उसके जन्म के बाद ही मुझे मेरी पदोन्नति का आदेश-पत्र मिला है। आप लोग उसे लड़की मानकर उसकी ज़िन्दगी को हेय मान रहे होंगे, परन्तु मेरे लिए लड़की या लड़का, सभी की ज़िन्दगी एक समान महत्त्वपूर्ण है। इसलिए मेरी बेटी को कहीं दूर भेजने का विचार भी न करें। मेरे लिए यह असह्य होगा। मैं छह महीने बाद अपनी सालाना छुट्टी में आऊँगा और तब उसको स्वस्थ व मज़बूत देखना चाहता हूँ। कृपया उसकी अच्छी देखभाल करें।"

लोगों के मनों के रहे-सहे शंका के बादल भी पूरी तरह उड़ गये। नामकरण की पूजा बड़े शान्त व स्वच्छभाव से सम्पन्न हुई। गाँव के लोगों ने हँसते-गाते नामकरण का भात खाया।

3

मेरी दादी

मेरी दादी बहुत कर्मठ और प्रेमल थीं। मैं जब अपनी किशोरावस्था में थी, तब वे धुर्का से हमारे पास रामगढ़ ज़िला नैनीताल आयी थीं। मैंने उन्हें देखा था। हल्के-फुल्के शरीर और मध्यम क़द-काठी की वे बड़ी फुर्तीली महिला थीं। खेती के हर काम में वे कुशल थीं। धुर्का और छाना, दोनों जगहों में मडुवा, मादिरा, कौणी, धान, भट, गहत, माँस (उड़द) की फ़सलों को बोने से लेकर लवाने, चूटने, फटकने व सुखा-तपाकर भकार में रखने तक की हर प्रक्रिया में कुशल ही नहीं, स्मार्ट थीं। उनकी कार्यशैली की सुघड़ता और तेज़ी को कोई नहीं छू सकता था। उसके साथ-साथ वे एक सफल मैनेजर भी थीं। घर के भीतर बच्चों और बड़ों को क्या खिलाना, क्या पहनाना और कब किसको क्या भेजना, बड़े परिवार में काम का बँटवारा कैसे करना, यह उनका रोज़ का काम था। वे इसे प्रतिदिन सहज भाव से करती थीं।

घर की ऊपरी मंज़िल में बारह लोगों का परिवार एक चूल्हे पर भोजन करता था और निचली मंज़िल यानी गोठ में दो-तीन गायें, बैलों की एक जोड़ी और भैंस, कुछ बछिया-बछड़े व थोरियाँ और आठ-दस बकरियाँ होती थीं। मेरी दादी गोठ के इन पशुओं को भी वैसा ही प्यार करती थीं जैसा ऊपरी मंज़िल के मानवों को करती थीं। हमारे दो बैल थे, एक ग्याँव तथा दूसरा हँसिया। हँसिया मारने आता था। हम सब उससे डरते थे, किन्तु मेरी दादी उसकी गरदन में दोनों बाँहें डालकर झूल जाती थीं, और मरखना हँसिया उनको अपनी गरदन दे देता था।

फ़सलों को समेटने और जाड़ों की फ़सल बो देने के बाद दादी का मुख्य काम होता था—गायों, बैलों व बकरियों को चुगाने ले जाना और दिनभर उनके पीछे-पीछे घूमते जाना। वह कभी-कभार ही उनको हाँकती या लकड़ी से मारती थीं। उनके हाथ की लकड़ी भी तो चौलाई की हरी डण्डी होती थी। हम बच्चे उस समय बहुत ख़ुश होकर गोठ की ओर चले जाते थे, जब गोधूलि वेला में गाय, बैल, बकरियाँ

जंगल में दिनभर चुगने के बाद घर वापस आती थीं। वे साग-सब्ज़ी के बाड़े में मुँह न डालें, इसकी पहरेदारी में हम डण्डे लेकर खड़े हो जाते थे। हँसिया से बचते हुए उनको गोठ की ओर को हाँकते हुए हम किसी गाय की पीठ पर डण्डा भी जमा देते थे। तब पशुओं की क़तार में सबसे पीछे आ रही दादी वही से हमें बरजती हुई चिल्लातीं, "हाँ हाँ—नहीं मारो, नहीं मारो। उनको भी तुम्हारी जैसी चोट लगती है।"

दादी के पशु प्रेम की एक बड़ी आनन्ददायी कथा है। गाँव का एक परिवार अपने रिश्ते में एक शादी में शामिल होने के लिए चार-पाँच दिनों के लिए धुर्का से बाहर गाँव गया। उनकी दो-तीन बकरियाँ थीं। उन्होंने दादी को पूछा, "काखी, मेरी दो-तीन बकरियों को भी अपनी बकरियों के साथ रख लोगी चार-पाँच दिनों के लिए?" गाँव में दादी की पहचान ही यह थी कि वे सबकी मदद प्रेम से करती थीं। दादी ने उत्साह से कहा, "क्यों नहीं, किसनुवा? तेरी बकरियों को भी मैं अपने पशुओं के साथ छाना ले जाऊँगी। वहाँ ख़ूब घास-पात चरने को मिलेगा। तेरी बकरियाँ दुबलायेंगी नहीं।"

जाड़ों के दिन थे, मडुवा की 'सार' परती छोड़ी गयी थीं। गधेरे (छोटी नदी) के किनारे के उन्हीं खेतों में दादी गाय-बकरियों को चुगा रही थीं। हाथ में छोटी-सी चौलाई की सूखी डण्डी लेकर दादी भीड़े (मेंड़) पर बैठी घाम ताप रही थीं। तभी गधेरे में कुंज की झाड़ियों से निकलकर एक बाघ एक बकरी पर झपट पड़ा। दादी ने न आव देखा न ताव। दौड़ी और चुवे की डण्डी से बाघ को मारने लगीं, "इसको मत खा, ये किसनुवा की बकरी है", कहते-कहते ज़ोर से 'ह्वाँ ह्वाँ' करके रोने भी लगीं। चाचा जी कई खेतों की दूरी पर थे। उन्होंने दादी को रोते-चिल्लाते सुना। वह भयंकर दृश्य देखा तो उन्होंने ज़ोर-से 'हाकाहाक' लगायी और बाघ बकरी को घसीटकर गधेरे में ग़ायब हो गया। सारे पशु, गाय, बकरियाँ पूँछ उठाकर घर की ओर भाग निकलीं, पर दादी मेंड़ में बैठकर रोने लगीं, "अब मैं किसनुवा से किस मुख से यह सब कहूँगी? उसकी बकरी कहाँ से लाऊँ? हाय-हाय, इस बाघ का मर जाये पालनीया। इसने किसनुवा की ही बकरी ले जानी थी? हमारी ले जाता। अब क्या कहेगा किसनुवा मुझसे?" चाचा जी ने गायों को घर की ओर हाँका और दादी का हाथ पकड़कर उठाया, "उठ, नहीं तो बाघ तुझे भी ले जायेगा। रोती क्यों है? किसनुवा को हम अपनी एक बकरी दे देंगे। कुछ नहीं कहेगा वह तुझसे।"

यह कथा मैंने अपने परिवार में विभिन्न लोगों से बार-बार सुनी थी। लोग हँसते-हँसते इस अकल्पनीय कथा को कहते थे। यदि मेरे पिताजी इसका वर्णन करते तो वे आख़िर में कहते, "ऐसी थीं मेरी ईजा" और उनकी आँखों में तरलता झलक आती थी।

उस छोटी उम्र में मेरा मन सवाल करता था, 'बाघ भी क्या प्रेमल दादी को जानता था? वह उस पर झपटा क्यों नहीं?'

दादी की कहानियाँ क्या कहूँ? जब मेरे पिताजी मथुरा में अपनी फ़ौजी यूनिट के साथ नियुक्त थे, तब उन्होंने गाँव के कई सयाने गाँववासियों को मथुरा, वृन्दावन की तीर्थयात्रा करने का विचार दिया था। उनमें से कोई भी बस और रेल की यात्रा के अनुभवी नहीं थे, पर पिताजी ने अल्मोड़ा तथा काठगोदाम में अपने परिचितों को ज़िम्मा दिया था कि उन्हें बस व रेल में चढ़ा दें। यह 8-10 लोगों का तीर्थयात्री दल मथुरा स्टेशन पर उतर गया। ठण्डी रात थी, वे सब उकड़ूँ करके प्लेटफ़ॉर्म के फ़र्श पर बैठ गये। उनके बीच मेरी दादी भी एक तीर्थयात्री थीं। मेरे पिताजी अपनी ड्यूटी से निकलकर अपनी सैनिक वर्दी में ही उन्हें लेने रेलवे स्टेशन पहुँचे। जैसे-जैसे वे उस उकड़ूँ बैठे झुण्ड के निकट जाते, झुण्ड के लोग डरकर एक-दूसरे पर और भी चिपकते जाते थे, "ये पुलिस वाला अब हमको पकड़ता है" कहते हुए वे डर से काँप रहे थे। तभी मेरी दादी झुण्ड में से उठीं, "ये तो मेरा कमलू है" कहकर दौड़ीं व पिताजी को गले लगा लिया।

मथुरा, वृन्दावन व बरसाना की उस पूरी यात्रा में अधिकांश सफ़र ताँगे पर करना होता था। दादी ने ताँगे वाले की चाबुक देखी और साथ ही घोड़े की पीठ पर चाबुक के दाग़ भी देखे। चाबुक फटकारते हुए घोड़े को चलाते वे देख नहीं सकीं। उनका करुणापूर्ण हृदय द्रवित हो गया और उन्होंने ताँगे पर बैठने से इनकार कर दिया। दादा जी की मान-मनावन पर भी नहीं मानीं। सारा दल ताँगे पर बैठकर मजे-से हिचकोले लेते यात्रा करता और मेरी दयालु दादी उस डामर की कड़ी सड़क पर ताँगे के पीछे नंगे पाँव दौड़ती जातीं। ताँगे की गति अधिक तेज़ नहीं रही होगी, इसीलिए वह अपने दल से अलग नहीं पड़ी थीं।

मुझे दादी के जीवन का जो उत्तम अंश महसूस होता है, वह था, उनका अपने छोटे-से गाँव के हर परिवार के प्रति सार्वभौम प्रेम। हमारे परिवार में शाम का भोजन एक क्रम से खिलाया जाता था। खाना तैयार हो जाने पर सर्वप्रथम बच्चों को खाना परोसा जाता था। उनके बाद घर के पुरुष खाना खाते थे और अन्त में खाना पकाने वाली बहुएँ और दादी या कोई अन्य स्त्री, जैसे बुआ आदि। जब महिलाओं की थालियाँ परोसी जाने लगतीं तो दादी घर के आँगन की सपील (नीची दीवार) में खड़ी होकर पूरे गाँव को धात (आवाज़) लगाकर कहतीं, "सबने खा लिया?"

जब दादी गाँव में होतीं, छाना नहीं गयी होतीं, तो यह उनका प्रतिदिन का नियम था। यह बात वह छोटा-सा पूरा गाँव जानता था। एक सिरे से दूसरे छोर तक हर घर

से कोई बाहर निकलता, कोई महिला कोई पुरुष या कोई बच्चा और कहता, "हाँ, खा लिया, ज्यड़जा।" कोई कहती, "खा लिया ओ, ज्यू" और कोई कहता, "आमा, खाना बन रहा है अभी खाते हैं।"

''हो होई (अच्छा है हाँ), तो अब मैं भी खाती हूँ।" दादी सारे गाँव की खाने की चिन्ता से अपने खाने के पूर्व निश्चिन्त हो जातीं।

धुर्का पहाड़ी की गोल-सी चोटी पर बसा हुआ छोटा-सा गाँव है। गाँव से और भी ऊँची चोटी पर जंगल के बीच दुर्गा देवी का मन्दिर है। पूरे गाँववासी इस मन्दिर के पुजारी हैं। परम्परागत रूप से वे मन्दिर की पूजा-अर्चना बारी-बारी से करते आये हैं और पहाड़ी पर बने सँकरे खेतों में असिंचित खेती भी। टुकड़ों में बँटी होने से खेती की ज़मीन किसी परिवार के पास अपर्याप्त होती थी। ऐसे परिवार अगली फ़सल आने के पूर्व कुछ सप्ताहों के लिए अन्न रहित हो जाते थे। तब ऐसे लोग दादी के पास आते और कहते, "हमारे लिए खाने का इन्तज़ाम कर दे, ज्यड़जा या काखी।" दादी जानती थीं कि गाँव में किसके भकार में अभी भी पर्याप्त अन्न होगा। वे उनकी भूमि का रक़बा भी जानती थीं और पिछली फ़सल में उनकी उपज क्या हुई, यह भी जानती थीं। माँगने वाले को उसी घर में ले जाकर कहतीं, "इसको अमुक नाली मडुवा दे दे, अमुक नाली मादिरा दे दे। अगली फ़सल तैयार होने पर ये तुमको वापस दे देगा।" दादी का वचन सबके लिए सदा-सर्वदा प्रस्तुत प्रेम व सहयोग से भीगा वचन होता था। उसे कौन नहीं मानता?

मेरी दादी गाँव की जीवनी शक्ति थीं। ऐसी दादी मेरे जन्म पर मेरे प्रति निर्दय हो गयी थीं। भला हो हमारे पारिवारिक पुरोहित का कि उन्होंने सबके मनों में बैठ गये भ्रम को दूर कर दिया, पर कहते हैं दादी ने हमारे पुरोहित की गणना को बुद्धि व श्रद्धा के साथ मान तो लिया, पर अपने प्राण प्यारे पुत्र के प्रति उनके अन्तर्मन में बैठा भय पूरी तरह से हटा नहीं था। मेरी माँ खेतों में काम करने जातीं उसके पूर्व अपनी मात्र कुछ सप्ताह आयु की बेटी की मालिश करके नहलाकर, दूध पिलाकर चँवर में साफ़ बिस्तर पर सुला जातीं। कुछ समय बीतता। शायद 2-3 घण्टे में बेटी जग जाती। कुछ देर में भूख से रोने लगती, किन्तु दादी माँ को बुलाती नहीं थीं कि आकर दूध पिला जायें। रोते-रोते गला सूख जाता। फिर से बेटी सो जाती, अपने ही मल-मूत्र से लिपटकर। खेत का काम पूरा होता, माँ घर आतीं तब सफ़ाई करतीं और पातीं कि बच्ची का स्वर रोने के कारण घिस गया है, पर वह भी बहू थीं और उस पर भी 'लाटी ब्वारी'। वह तो चुप ही रह जातीं।

इस नाटक का शिखर बिन्दु तब आया जब मेरे जन्म के 6 माह बाद मेरे बाबूजी छुट्टी पर घर आये। हमेशा की तरह पूरे गाँव के पुरुष पहले व बाद में महिलाएँ हमारे घर में घिर आयीं। बाबूजी ने हर एक को गोला (नारियल), मिश्री व चना भेंट में दिया। कुछ वृद्धों को तम्बाकू की पिण्डी, कुछ बच्चों को गट्टे खाने को दिये। हर बार की तरह दादी जी ने, "आ गया मेरा पोथिला (बच्चा)" कहकर बाबूजी को अपनी गोद में खींच लिया। बाबूजी, "ईजा छोड़, क्या कर रही है?" कहकर उनकी बगल में ही बैठ गये। दादी उनके सिर को सहलाती रहीं। कुशल बात पूछने का क्रम पूरा हुआ नहीं कि बाबूजी ने निःसंकोच पूछ लिया, "मेरी बेटी कहाँ है?"

वह समय ऐसा था कि औसत में युवा पिता अपने बच्चे के बारे में सबके सामने बोलते तक न थे, परन्तु बाबूजी उस विशेष बेटी को देखने के लिए उतावले हुए थे, जिस पर उनकी दृष्टि पड़ते ही उनका प्राणान्त होने की भविष्यवाणी की गयी थी। उनका उतावलापन और दूसरी ओर दादी के अन्तर्मन में छिपा भय, बाबूजी का हाथ पकड़कर उन्हें बिठाते हुए वे बोल उठीं, "रहने दे उस कुलच्छनी को। क्या देखना है उसको? चिहड़ी (छोरी) ही तो है।" पर बाबूजी ने अपनी ममतामयी माँ की बात नहीं मानी। वे उठे और भीतर के कमरे में गये। वहाँ मेरी ईजा का मन भी दादी की तरह ही काँप रहा था कि कहीं बच्ची की आवाज़ सुनकर ही उनके प्राण प्यारे पति को 'कुछ' न हो जाय, अतः चँवर में सोयी बच्ची के ऊपर उन्होंने कई कम्बल, चादरें व कपड़े डाल दिये थे ताकि उसकी आवाज़ बाहर तक न जा सके।

"कहाँ है बेटी?" बाबूजी का स्वर माँ के कानों में गया, तो उनके मुँह से बोल भी नहीं फूटा। ईजा ने हाथ की उँगली चँवर की ओर फैला दी। बाबूजी ने कम्बल हटाये, कपड़े और चादरें हटायीं और यह कहते हुए सोयी बेटी को गोद में ले लिया, "तुमने इतनी छोटी बच्ची के ऊपर इतने भारी कपड़े व कम्बल डाल दिये कि उसका दम ही घुट जाता। क्या हो तुम लोग भी?"

बेटी को गोद में लेकर वे सबके बीच आये। बच्ची भी जाग गयी। उसने टुकुर-टुकुर अपने पिता को देखा। बाबूजी ने सबकी ओर मुख़ातिब होकर कहा, "देखो, इसने मुझे देखा और मैंने भी इसको देख लिया। क्या मुझे कुछ हुआ? आप लोग कैसी-कैसी बातों पर आँख मूँदकर विश्वास कर लेते हो?"

दादा जी ने कहा, "तुम ठीक कहते हो। हमने अन्धे होकर ही उस ब्राह्मण की बात पर एकदम विश्वास कर लिया था। अपनी बुद्धि व विवेक, कुछ भी नहीं लगाया था।" बाबूजी पूरे दो माह की छुट्टी में आये थे। आने के दूसरे ही दिन से उन्होंने प्रतिदिन बेटी की मालिश करना, स्नान कराना और रोयी नहीं कि माँ को बुलाना,

ताकि वह दूध पिलाये आदि को अपनी दिनचर्या का स्थायी अंग बना लिया और बेटी के दिन फिर गये। वह घर की बड़ी बेटी का मान पाने लगी।

हाँ, तो दादी रामगढ़ ज़िला नैनीताल आयी थीं, जहाँ बाबूजी ने ज़मीन ख़रीदी थी और मकान बनवाया था ताकि हम सभी भाई-बहन वहाँ रहकर शिक्षा प्राप्त कर सकें और वे बग़ीचा लगाने का अपना चिर प्रतीक्षित शौक़ पूरा कर सकें। हमारे परिवार के साथ हमारे दादा जी रहते थे। अभी बाबूजी ने फ़ौज से पूर्ण अवकाश नहीं लिया था। वे अपनी वार्षिक छुट्टियों में दो-दो महीना घर में रहकर ग़ज़ब का शरीर श्रम करके स्वयं ही उस ऊबड़-खाबड़ भूमि को खोदते, सँभालते और समतल छोटी सँकरी क्यारियों का निर्माण करके उन पर विभिन्न प्रजाति के सेब, आड़ू, प्लम, ख़ुबानी के पौधे लगाते थे। मेहल के पेड़ों पर नाशपाती की ग्राफ्टिंग करते थे। काँटों की झाड़ियों को काटते व जलाते थे और एक सुन्दर फल-बाग़ धीरे-धीरे उभर आया था। उस पत्थरों से भरे तीखे ढलान पर कभी ऐसा बाग़ लहरा उठेगा, इसकी लोग कल्पना भी नहीं कर पाते थे, परन्तु धुन के पक्के और अथक श्रम करने वाले मेरे बाबूजी ने यह कर दिखाया था। अभी फलों के वृक्ष छोटे थे, अत: उनके साथ-साथ आलू बोये गये थे। पूरा ढलान आलू के श्यामल रंग के पौधों की गहरी हरियाली से ढका हुआ था। दादी यह सब देखकर ख़ुश हो गयीं। उनका मन रम गया इस बाग़ में।

दादा जी ने कहा, "तू रह जा न यहाँ? यहाँ भी तेरे नाती-पोते हैं। खाने को दूध, दही, घी सब है, केवल अनाज तो बाज़ार का है।" पर दादी जी तो स्पष्ट मन-मस्तिष्क वाली थीं। झट-से बोलीं, "ना, ना, ना मैं यहाँ रहूँगी, तो वहाँ का क्या होगा? धुर्का और छाना, दो जगहों की खेती का कारबार गोपाल (चाचा जी) नहीं सँभाल पायेगा।"

आलुओं में उकेर लगाने (मिट्टी चढ़ाने) का समय था। ईजा घर के भीतर के तथा गाय-भैंसों के कामों को निपटा के प्रतिदिन कुछ घण्टों के लिए उकेर लगाने का काम करती थीं। छुट्टी के दिन व स्कूल से आने पर मैं भी खेत में काम करती। दादी को लगा, इस धीमी गति से काम कब पूरा होगा? उन्होंने पहुँचने के तीसरे दिन से ही इस काम को उठा लिया। वह सुबह ही कुटली हाथ में लेकर, कमर में बँधी धोती का दूसरा सिरा सिर पर बाँधकर और घाघरे को पिण्डलियों तक ऊँचा चढ़ाकर खेत में पहुँच जातीं और दोपहर के भोजन तक कमर झुकाये निरन्तर काम करती रहतीं। न उन्हें घाम का ताप रोक पाता, न ही वर्षा का पानी। दोपहर के भोजन के लिए धाद लगाई जाती, तब आतीं।

मैं स्कूल से लौटने के बाद शाम को दादी जी के साथ आलू के खेत में काम करने लगभग रोज़ ही जाती थी। एक दिन दादी कहने लगीं, "तू स्कूल की पढ़ाई में बहुत होशियार है, बल (सुना है)। लिक्चर भी देती है, बल। तेरे स्कूल के मास्टर तेरी बहुत बड़ाई करते हैं। तेरे जन्म पर मैंने तेरे लिए बहुत बुरा किया, क्या-क्या नहीं बोला? पोथी, (बच्ची) तू मुझे माफ़ कर देना। हम लोगों की अक्ल इतनी ही हुई।" दादी कुछ देर के लिए पास के एक पत्थर पर बैठ गयी थीं। फिर से बोलीं, "तू ब्याह करने के लिए मना करती है सुना? यह तो महाअपशकुन होता है। ऐसे बचन तो दुश्मन भी न बोले।" दादी ने मुझे अपने नज़दीक बुला लिया और मेरे सिर पर हाथ फेरते हुए बोलीं, "बता पोथी, तू ही बता, तुझे कैसी जगह ब्याह करना पसन्द है? जहाँ आलू और फल-फूल के बग़ीचे होते हैं या जहाँ धान या गेहूँ होते हैं। मडुवा-मादिरा के मुलुक तो हम अपनी ऐसी अच्छी नातिनी को देंगे ही नहीं।" शुक्र कि मैंने हमेशा की तरह तड़ाक-से नहीं कहा, "मैं तो शादी ही नहीं करने वाली हूँ, जगह की बात ही कहाँ उठती है?" अपने शब्दों को होंठों के बीच ही क़ैद करके मैं चुप रही।

दादी ने मुझे पेड़ पर चढ़कर बाँज की पत्तियाँ काटने का एक विशेष तरीक़ा भी सिखाया था। ये कब सिखाया होगा, ठीक से स्मृति में नहीं आता। शायद तभी सिखाया होगा, जब वे रामगढ़ आयी थीं या उसके पहले कभी सिखाया हो।

उन्होंने मुझे कहा था, "पेड़ पर चढ़ने से पहले पेड़ के सामने खड़ी हो जाओ, पत्तियाँ काटने के लिए जो दराँती तुम्हारे हाथ में है, उसे अपनी पीठ की ओर कमर में खोंस लो। अब दोनों हाथों को जोड़कर यह प्रार्थना करो, "ईश्वरो भगवान, म्येरि हाथि खुटिक पाप माफ करिया" (हे ईश्वर भगवान मेरे हाथों व पैरों का पाप माफ़ कीजिए।) मैंने दादी से तुरन्त पूछ लिया, "मेरे हाथों और पैरों ने क्या पाप किया है जो मैं माँफ़ी माँगूँ! क्या पेड़ ईश्वर भगवान है?"

दादी इसे भी समझा देती थीं, वे कहतीं, "तुम पेड़ पर अपने पैरों से चढ़ती हो यानी ईश्वर को पैर लगाती हो। इसी प्रकार हाथों से दराँती के द्वारा पेड़ की पत्तियाँ काटती हो तो पेड़ को दर्द होता है, पर क्या करें? यह मनखी जनम तो पाप जनम ही है। इसको ज़िन्दा रखने के लिए इतना पाप करना ही पड़ता है और इसीलिए सबसे पहले पेड़ से माफ़ी माँग लेनी है। पेड़ भगवान का ही रूप है। गेहूँ, धान, मडुवा, मादिरा—सब भगवान हैं। पेड़ के बिना इन्सान ज़िन्दा नहीं रह सकता, इसलिए वह भगवान है। अपने को ज़िन्दा रखने को जितना ज़रूरी है, उससे उतना ही लेना है। उससे एक पत्ती भी ज़्यादा नहीं लेनी है।"

आज की मेरी समझ के अनुसार दादी ने मुझे पेड़ों के प्रति संवेदना का यानी पर्यावरण सन्तुलन का और वनस्पति के प्रति अहिंसा का पहला पाठ पढ़ाया था। यह सूक्ष्म अहिंसा का पाठ था।

दादी ने आलू की खेती का वह एक महीने का काम दस दिन में पूरा कर दिया। शाम को दादा जी और मेरी माँ को वे यह बता ही रही थीं कि आलू उकेर का काम पूरा हो गया। तभी धुर्का से एक मेहमान ने घर में क़दम रखा। दादा जी धुर्का से आने वालों की सदा ही प्रतीक्षा करते थे। उनका अच्छा स्वागत होता था। आशल-कुशल चल रही थी कि उन्होंने बताया, "चाचा जी दो-चार दिनों से बीमार पड़े हैं।" दादी के तो प्राण चाचा जी के लिए तड़प उटे। "गोपाल, कैसा होगा मेरा बेटा?" की रट लगा दी। मेहमान दूसरी सुबह ही वापस धुर्का जाने वाले थे, पर आम रास्ते से नहीं, किसी अपेक्षाकृत छोटे रास्ते से ताकि वे उस दिशा में पड़ने वाले एक गाँव में एक सन्देश भी दे दें व रात तक अपने घर पर भी पहुँच जायें। दादी उनके साथ जाने को तैयार हो गयीं।

दादा जी ने कहा, "एक दिन में इतना लम्बा रास्ता इस उम्र में तेरे बस का नहीं है बाद में किसी दूसरे के साथ जायेगी। जैसे दो दिन में यहाँ आयी है वैसे ही दो दिन में आराम से वापस चली जायेगी। उतना बड़ा गाँव है। सब गोपाल की मदद करेंगे। वह अकेला नहीं है।"

"अभी हाथ आया साथ छोड़ दूँ? बाद में कौन आने वाला है जिसके साथ मैं जाऊँगी? 'आजै कि ख्यास भोलैकि आष' ऐसा मैं नहीं करती।" दादी बोलीं।

"ना आमा, मेरे बराबर आप नहीं दौड़ सकेंगी। आप बाद में ही आइये तो ठीक रहेगा", नवयुवक मेहमान ने कहा। दादी तब कितनी उम्र की रही होंगी, मुझे ठीक से नहीं मालूम, तो भी पैंसठ-सत्तर वर्ष के आसपास होंगी, ऐसा अनुमान लगाती हूँ। जो भी हो, दूसरी सुबह अँधेरे में ही दादी उस युवक के साथ निकल पड़ीं। वे दिन भर दौड़ती रहीं, शाम भी ढल गयी। धीरे-धीरे अन्धकार छाने लगा। अभी घर लगभग एक मील दूर था। गधेरे के पत्थरों के बीच से राह खोजनी थी, क्योंकि वहाँ कोई चालू पगडण्डी तो थी ही नहीं। बड़े-बड़े पत्थर से पत्थर पर कूदते हुए पैर फिसला और दादी दो बड़े भारी-भरकम गोल पत्थरों के बीच फँस गयीं। चोट तो लगी ही होगी, पर दादी उसके कारण रुकने वालों में नहीं थीं। किसी प्रकार वहाँ से निकलीं और घर पर पहुँच गयीं।

दूसरे दिन से वे बिस्तर से नहीं उठ पायीं। लोगों ने कहा गधेरे में गिरी थीं, वहाँ का छल (भूत) लग गया होगा। मन्त्र बभूत भी किया, पर कोई फ़र्क़ नहीं हुआ।

वास्तव में दादी ने अपनी प्राण-शक्ति को थकाकर शून्य कर दिया था। अपनी शारीरिक ऊर्जा को अन्तिम बिन्दु तक खींच लिया था। वे कुछ दिनों उसी प्रकार बिस्तर में पड़ी रहीं और एक दिन ऐसे देश को चल दीं, जहाँ से कितना ही दौड़ें पर अपने बेटे गोपाल के पास वापस नहीं आ सकतीं थीं।

दादी के इहलोक से चले जाने के बाद मुझे दादी की बहुत याद आती, विशेषत: जब जाड़ों की ठण्डी रातों में हम आग जलाकर उसे घेरकर बैठ जाते थे व कुछ आणे व कथा-बाथा करते हुए अपने हाथों को आग के ऊपर सेंकते रहते थे। दादी आग के ऊपर हाथ सेंकने से मना करती थीं, पर उनके साथ इसी तरह आग के चारों ओर बैठ के हम कहते थे, "आमा, अब कथा कह।" मैं, दाज्यू, कान्ति (मेरी बहन) लछिमा (चचेरी बहन) और कुछ पड़ोसियों के हमारे हमउम्र बच्चे दादी से कथा सुनते। दादी के घुटने के पास सटकर बैठने की हम लोगों में होड़ लगती। दादी 'महाभारत' और 'रामायण' की कथाएँ सुनातीं। कुँवारी कुन्ती की कहानी कहतीं। "कुन्ती नहा रही थी, इतने में सूर्योदय हो गया। उसकी किरणें कुन्ती के नंगे बदन पर पड़ गयीं और कुन्ती गर्भवती हो गयी। उसका सूरज जैसा गोरा लड़का हो गया। उसने उसको गंगज्यू को सौंप दिया।" इस तरह उनकी कहानी बढ़ती जाती। साथ ही वे हमें हिदायत भी देतीं कि कुँवारी लड़कियों को सूर्योदय के समय नंगे बदन नहीं नहाना चाहिए। वे राजकुमार की कहानी भी कहतीं। वह सच्चा-ईमानदार व चतुर विवेकी और वीर भी होता था। उसके विरुद्ध किये गये सभी षड्यन्त्रों से वह अपने को बचा लेता था। आज की दृष्टि से यह कहानी जासूसी कहानी की श्रेणी में रखी जा सकती है। 'काफल पाको मील नी चाखो', 'पुरै पोथी पुरै पुरै पुरै' तथा 'जूँहो जूँहो, जूँहो' जैसी चिड़ियों की लोक कथाएँ भी हमने उनसे सुनी थीं। ऐसी बहुमुखी प्रतिभा सम्पन्न मेरी दादी नहीं रही थीं। परिवार उदास हो गया था। आज मैं सोचती हूँ, मेरी दादी महिला सशक्तीकरण की बेजोड़ नमूना थीं।

4

मेरे दादा जी

दादी जितनी उतावली थीं, दादा जी उतने ही गम्भीर व शान्त थे। उनके साथ मैं रामगढ़ में अपने बड़े भाई व बाद में ईजा, बहनों व भाई के साथ कुछ साल लगातार रही थी। उसके पूर्व भी जब-जब हमारा परिवार बाबूजी के साथ आर्मी कैंट क्षेत्रों में रहकर वापस गाँव आता, तब भी दादा जी के साथ हम रहते आये थे, परन्तु उस काल की मुझे स्पष्ट यादें नहीं हैं। वह दूसरा विश्वयुद्ध का काल था। बाबूजी को अपनी सैनिक टुकड़ी को लेकर जापानी सेना से मुक़ाबला करने युद्धभूमि में यानी असम क्षेत्र के जंगलों में जाने का आदेश मिला था। वे तब सूबेदार थे। युद्धभूमि में जाने के पूर्व उन्हें अपने परिवार से मिलने के लिए संक्षिप्त अवकाश मिला था। भावुक मन वाले मेरे बाबूजी एक तरह से अपने गाँव व परिवार से अलविदा कहने के भाव से आये थे। उन्हें अपने बच्चों के भविष्य की चिन्ता भी थी। "अगर मैं युद्धभूमि से वापस नहीं आया तो मेरे बच्चों की शिक्षा का क्या होगा?"

इस प्रश्न का हल भी उन्होंने निकाल लिया था और उसके लिए दादा जी को राज़ी कर लिया था। यद्यपि दादा जी उस समय स्कूल और शिक्षा पर विशेष विश्वास नहीं करते थे। वे कहते थे, "सब देने वाली धरती माता है। उसकी सेवा करने से कोई भूखा, नंगा नहीं रहता, और उससे अधिक क्या चाहिए?" ऐसा उनका दृढ़ विश्वास था, परन्तु पूरे गाँव में सर्वश्रेष्ठ अपने इस योग्य बेटे की बात तो वह चाहकर भी कभी टालते न थे। अतः मुझे व मेरे दाज्यू को स्कूली पढ़ाई के लिए रामगढ़ भेजने की बाबूजी की योजना में उन्होंने सहमति दे दी थी क्योंकि वहाँ एक हाईस्कूल नारायण स्वामी जी के नाम पर था, जो स्वामी जी ने ही प्रारम्भ कराया था। अभिभावक के रूप में हमें खिलाने-पिलाने और उस स्कूल में भेजने की ज़िम्मेदारी भी दादा जी ने स्वीकार ली थी। अपनी उम्र के उस पड़ाव में शायद वे गाँव से दूर जाना तो नहीं ही चाहते होंगे, क्योंकि मुझे मालूम है कि वे अपने गाँव के लोगों के लिए बाद में

भी तरसते रहते थे। रामगढ़ के अपने मित्रों के साथ वे धुर्का गाँव के लोगों की बात करते थकते नहीं थे, तो भी हमारी शिक्षा के लिए उन्होंने कितना त्याग किया था, सारा परिवार धुर्का में था और वे रामगढ़ में अकेले थे।

दादा जी का पूरा जीवन मुख्यतः धुर्का व छाना के बीच गुज़रा था। अपनी युवावस्था में केवल कुछ सालों के लिए वे रामगढ़ में अंग्रेज़ों के फल-बाग़ों में काम करने चले गये थे, जहाँ वे माली के रूप में काम करते थे और आठ आना मासिक वेतन पाते थे। उनकी कुशलता व ईमानदारी देखकर बाद में मालिक ने उनका वेतन एक रुपया कर दिया था। वे बताते थे कि विक्टोरिया का लटी वाला सिक्का हाथ में आने पर मन गर्व से भर जाता था। उसी काल में कभी उन्हें किसी वैद्य के सम्पर्क में रहने का भी अवसर मिला था, जिससे उन्होंने कुछ जड़ी-बूटियों की पहचान और उनके उपयोग की जानकारी अपनी रुचि के आधार पर हासिल कर ली थी। अपनी सच्चरित्रता व श्रमशीलता से वे और भी प्रगति करते पर उन्हें घर वापस आना पड़ा क्योंकि वे एक ही भाई थे और खेती को सँभालने में किसी पुरुष की ज़रूरत दादी को बड़ी तीव्रता से लगने लगी थी।

दादा जी लटी वाले चाँदी के कुछ सिक्के अपनी कमर के साफ़े में बाँधकर घर आ गये। सही में कहें तो परिवार ग़रीब था। ज़मीन अधिक थी, पर सब असिंचित थी। यों तो गाँव के सभी की लगभग वही स्थिति थी। ज़्यादातर धुर्का, पपोली व बयाली तीन गाँवों में उन लोगों की छोटी-छोटी हिस्सेदारी थी। दादा जी का परिवार धीरे-धीरे बढ़ने लगा। सबसे बड़े दो पुत्र थे और बाद को चार कन्याएँ थीं। अतः दादा जी ने छाना की ज़मीन दरख़्वास्त में प्राप्त कर ली थी। छाना यानी चौमासे में गायों को जंगल के बीच पालने को ले जाने वाली जगह, यानी 'खरिक'। उसी जगह पर एक छोटी नदी व एक गधेरे (पतली जल धारा) से घिरी हुई सुन्दर उपजाऊ ज़मीन दादा जी को दरख़्वास्त में मिल गयी। यह पनार नदी का जलागम क्षेत्र था। वह छोटी नदी पनार में मिलती थी। पनार तल्ला सालम व मल्ला सालम पट्टियों की सीमा बनाती थी। तल्ला सालम माने कुछ पढ़ा-लिखा कुछ सुविधाओं वाला, दुनिया को जानने वाले लोगों का क्षेत्र और मल्ला सालम का अर्थ था, एक अँधेरा क्षेत्र जहाँ न स्कूल था न अस्पताल। न ही वे लोग अपने गाँवों से कहीं बाहर जाते थे। ऐसी स्थिति में गाँव का हर व्यक्ति अपने जीने के लिए एक-दूसरे की अनिवार्य मदद का अवलम्बन चाहता था। बड़ी निकटता से एक-दूसरे में गुँथे हुए लोगों के ऐसे गाँवों में एक, दादा जी का वह पुश्तैनी गाँव धुर्का भी था, जहाँ दुख सबको एक साथ दर्द करने लगता था और सुख में वे लोग आसानी से एक साथ हर्ष मग्न हो जाते थे।

मैंने स्वयं देखा था कि उन लोगों की हँसी बच्चों की तरह निश्छल थी। हँसी आ गयी तो उनके पूरे तन-मन को हिला देती थी और रोकने से भी न रुकती थी।

वे लोग आदिवासियों की तरह लँगोट नहीं पहनते थे, पर उनकी छोटी धोती घुटनों को मुश्किल से ही छूती थी। कपड़ों को राख से धोते थे व बालों को भेकुल पेड़ की छाल या चिफलुआ पौधे आदि की जड़ को कूटकर बनायी गयी लार से धोते थे। उनके कपड़े यदि प्रारम्भ में सफ़ेद भी रहे हों तो बाद में राख के रंग के ही हो जाते थे। उस असिंचित भूमि से जीवनयापन करने वाले वे लोग लगभग स्वावलम्बी जीवन जीते थे। केवल गुड़, नमक, सीरे और कपड़े के लिए वे दो दिन-दो रात की पद्‌यात्रा करके हल्द्वानी मण्डी जाते थे। शायद अल्मोड़ा में मण्डी का जैसा अच्छा सस्ता सामान नहीं मिलता होगा जबकि अल्मोड़ा उनके ज़िले की राजधानी और हल्द्वानी से अपेक्षाकृत निकट था।

उन लोगों की ज़रूरतें बहुत कम थीं और वे उन ज़रूरतों को अपने आसपास से ही पूरा करने में माहिर थे। हर घर में तम्बाकू पीने के लिए या तो नार्यूल (खोखले नारियल में पानी भरकर, एक डण्डी फूँक लेने के लिए और एक खोखली डण्डी के ऊपर कुछ छोटी आकार की हुक़्क़ा में तम्बाकू और उसके ऊपर अँगारे होते थे।) होती या फिर पीतल की चिलम। मेरे दादा जी तम्बाकू के बीज बोते और उसके पौधों के परिपक्व होने पर उनका चूर्ण करते व सीरे को उसमें मिलाकर बाक़ायदा उसकी पिण्डी बना लेते। "घर का तम्बाकू है। एक फूँक लगाओ तो सही", कहकर आने वालों का स्वागत करते। उस तम्बाकू के धुएँ की मीठी-सी सुगन्ध मुझे भी अच्छी लगती थी। दादा जी के पास लोग घिरे ही रहते थे, किसी न किसी समस्या के सुलझाव के लिए या फिर कुछ नयी ख़बर बताने के लिए, जो किसी ने दोड़म (निकटस्थ छोटी बाज़ार) जाकर सुनी होगी।

एक और भी विशेष गुण, जिससे दादा जी गाँव की सेवा करते थे, वह था उनका जड़ी-बूटी का ज्ञान। गाँव में किसी बच्चे, बूढ़े या जवान, स्त्री या पुरुष को बुख़ार आ जाये, डायरिया हो जाये, ददूरे (छोटी माता) निकल आये, कट जाये, चोट लग जाये तो लोग दौड़कर दादा जी के पास आते। हलकी तकलीफ़ रहने पर कुछ भी इलाज न करने की लोगों की मान्यता थी। तकलीफ़ कुदरती तौर पर ठीक हो जायेगी, यह उनका विश्वास था। रोग कुछ बढ़ जाये तो दादा जी को बुला ले जाते और दादा जी कभी-कभी तो रास्ते चलते खेतों की मेंड़ों पर ही कुछ जड़ी-बूटी पा लेते और बीमार के पास जाकर उसको धोते-पोंछते या घोटते-छानते, जो विधि के अनुसार करना होता, करते और जैसे सेवन करवाना हो, वैसे बीमार को

सेवन करवाते। पर बड़ी बात थी कि वे बीमार को छोड़कर घर नहीं चले जाते थे। उसके पास बैठे रहते या तो हाथ से सहलाते रहते या उसे दिलासा दिलाते रहते कि वह जल्दी ही ठीक हो जायेगा। मुझे लगता है, उनके न जानते हुए भी यह उनकी मनोचिकित्सा औषधि से भी अधिक असर करती थी। रोगी के पूरे परिवार का माहौल आशान्वित हो उठता था। दादा जी रामगढ़ चले गये, तो वे स्वयं भी अपनी उस सेवा की प्रवृत्ति का अभाव महसूस करते थे और गाँव भी उस सेवा के लिए तरसता था।

रामगढ़ में दादा जी हम दोनों भाई-बहनों को प्रेम से खिलाते थे। यद्यपि मैंने उन्हें धुर्का या छाना में कभी खाना पकाते हुए नहीं देखा था, पर रामगढ़ में तो वे एक कुशल रसोइया थे। उनका विश्वास था कि बच्चे को ही नहीं, बूढ़ों को भी घी जमकर खाना चाहिए। इसी से स्वास्थ्य अच्छा रहेगा। मल्ला सालम के हमारे गाँवों से कभी-कभी लोग घी बेचने आते थे। मेरे दादा जी हमें खिलाकर स्कूल भेजने के बाद आँगन की उस दीवार पर अपनी चिलम लेकर बैठ जाते, जिसके दो क़दम नीचे से मुक्तेश्वर से भवाली-भीमताल-हल्द्वानी की ओर पैदल जाने वाली सड़क थी। उन्हें जो राह चलता आदमी दिखता, वे पूछ लेते, "कहाँ से आ रहे हो? कहाँ जा रहे हो, थक गये होगे, एक फूँक तम्बाकू की लगा लो, थोड़ा पटै विषैंलो (विश्राम कर लो।)" नेकी और पूछ-पूछ? कई लोग ख़ुशी-ख़ुशी आ जाते उस बूढ़े के पास गप्पें लगाने, तम्बाकू की तौंस मिटाने। यदि दादा जी देखते कि कोई कन्धे पर सिक (जालीदार झोला) पर हड़पिया (काठ की बरनी विशेषतः घी रखने के लिए) या छोटी कण्टरी लटकाये जा रहा है तो उसे वे बुला ही लेते। उसके घी को सूँघकर थोड़ा-सा हथेली के पिछले भाग पर मलकर जाँचते। उन्हें सौदा जमता हुआ लगता तो एक छोटी नहीं, बड़ी-सी घी की डली मुँह में डाल लेते और घी ख़रीद लेते। दाम होता, अधिक-से-अधिक पाँच रुपये सेर। इस प्रकार हमें रोज़ घी खिलाने का प्रबन्ध वे बैठे-बैठे ही कर लेते।

दादा जी बहुत मिलनसार थे। खान नाम के उस गाँव, जिसमें दरम्वाल लोग रहते थे, सभी से दादा जी की मित्रता हो गयी थी। कभी दादा जी कोई अच्छी सब्ज़ी बनाते या खीर-हलुआ जैसे पकवान बनाते तो एक छोटे लोटे में भरकर किसी-न-किसी परिवार के पास दे आने के लिए मुझे भेजते थे। दाज्यू ऐसे काम करने को राज़ी नहीं होते थे, तो मुझे ही जाना होता था। छोटी-सी पगडण्डी से दो-तीन खेत नीचे उतरकर फिर सीधे रास्ते से 10 मीटर पर गाँव में उनकी बाखली (क़तारबद्ध घर) में वह घर था, जहाँ लोटा देना था। शाम के झुटपटे में इतना भी मेरे लिए बहुत भारी होता था। मैं डरती थी क्योंकि गाँव के लोगों से मैंने भूतों की बहुत-सी कहानियाँ

सुनी थीं। मेरे मन पर ऐसी छाप डाली गयी थी कि जैसे मानवों का संसार है वैसा ही भूतों का भी संसार है। अत: वे अँधेरा होते ही किसी भी कोने पर मिल सकते हैं। ऐसी बहुत सारी कथाएँ या घटनाएँ मेरी सहेली को मालूम थीं और वह मुझे बताती रहती थी। उसके पहले मेरा भूतों से कोई परिचय नहीं था।

दादा जी हम दोनों को प्यार से खिलाते व आराम से रखते थे, पर ग़लती या शैतानी करने पर एक डण्डी से पीठ पर मारने में भी विश्वास करते थे। उनकी डण्डियाँ दाज्यू ही ज़्यादा पाते थे। मुझे तो कभी-कभी ही वह स्वाद मिलता था। वे मुझे चूल्हे में आग जलाने का व सिल पर मसाले पीसने का काम करने को कहते। उन दिनों दियासलाई रखने का रिवाज़ बहुत प्रचलित नहीं था। सग्गड़ (चौकोर अँगीठी) में राख के नीचे जलते अंगारों को छिपाकर रखते थे और जब दूसरी बार आग जलाने की आवश्यकता होती तो राख हटाकर अंगारा निकाल लेते। रात को सोने से पूर्व नियम से अंगारा राख में ढकने का एक पक्का नियम होता था। यदि कभी राख के अन्दर हवा घुसने से अंगारा छोटा रह जाता तो उससे आग सुलगाना कठिन हो जाता था। उसमें सूखी घास व पतली लकड़ियाँ लगाकर मैं फूँक मारती जाती थी। दादा जी कहते, "जो एक छोटी चिंगारी से आग जला दे, वह अच्छी घरणी (गृहिणी) बनती है।" अच्छी बनने के जोश में भले ही वह गृहिणी ही क्यों न हो, मैं गला सूखने तक फूँक मारती जाती और अन्त में कुछ धुआँ उठता और धप करके आग जल जाती। इतनी मेहनत पड़ती तो भी दादा जी एक बूँद मिट्टी तेल नहीं देते। उन दिनों यानी विश्व युद्ध के बाद मिट्टी तेल एक दुर्लभ वस्तु की तरह मिलता था। राशन के नाम से तीता बाजरा मिलता। अत: दादा जी खान गाँव के किसानों से गेहूँ व हाथ कुटे चावल ख़रीदने के लिए उनकी ख़ुशामद करते थे। आग जलाने की तरह वे मुझे सिल पर पूरी हल्दी, धनिया, जीरा आदि मसाला पीसना भी सिखाते और कहते, "जिसके पिसे हुए मसाले नौणी (मक्खन) जैसे मुलायम बन जाते हैं, वह ससुराल में सबसे अच्छी बहू होती है।"

अच्छे कामों को देखकर वे शाबाशी देते थे, पर ग़लत होने पर डण्डी से पीटते भी थे। मेरी ड्यूटी लगायी थी कि मैं तल्ला रामगढ़ की बाज़ार के पास ही एक घर से हमारे पीतल के एक चमकदार लोटे में दूध लेकर आऊँ। स्कूल जाने के पहले दूध लाकर रसोईघर में रख जाती थी। उस दिन भी रोज़ की तरह दूध का लोटा लेकर घर की ओर की चढ़ाई चढ़ रही थी कि देखा, सड़क के किनारे बहुत सारे बच्चे व कुछ बड़े भी नीचे की ओर कुछ देख रहे थे। मेरा बालमन अपनी उत्सुकता

का संवरण नहीं कर पाया। मैं भी उनके बीच खड़ी हो गयी। देखती क्या हूँ कि नीचे एक छोटे-से घर के आँगन में एक काले बकरे को काटने की तैयारी हो रही थी। एक आदमी ने तेज़ धारदार बड़े से बड्याठ से बकरे की गर्दन एक ही चोट में अलग कर दी। उसकी धड़ की ओर के हिस्से से रक्त का फ़व्वारा फूट पड़ा। उस घर की महिला ने उस रक्त धारा के नीचे एक बड़ी-सी परातनुमा थाली लगा दी और थाली भर ख़ून वह महिला खड़े-खड़े ही गटक गयी। उसके बाद उसने हँसते हुए हम दर्शकों की ओर देखा। ख़ून से रँगे लाल होंठ और उनके बीच सफ़ेद दन्तपंक्ति, देखते ही मैं काँप गयी और दूध का लोटा मेरे हाथ से नीचे गिर पड़ा। उसका आधे से ज़्यादा दूध बह गया। मैंने जल्दी लोटा सँभाला और काँपती टाँगों से मैं घर की ओर तेज़ी-से चल दी। आधे दूध का क्या करूँ? दादा जी की डण्डी की मार अपनी पीठ और कमर पर महसूस करने लगी। चलते-चलते एक सार्वजनिक नल दिखाई दिया। तुरन्त डर से सहमे दिमाग़ में एक खुराफ़ात पैदा हुई और लोटे का शेष भाग मैंने नल के पानी से भर दिया।

दादा जी रसोई घर के सारे काम निपटाकर अपनी हुक्क़ा-चिलम लेकर आँगन की दीवार पर बोरा बिछाकर बैठ गये थे और तम्बाकू गुड़गुड़ा रहे थे। वहीं से बोले, "आज देर क्यों की? अब जल्दी कर स्कूल के लिए देर हो गयी। दूध को अलमारी में रखकर उसका दरवाज़ा बन्द कर देना, नहीं तो बिल्ली उसे गिरा देगी।" मुझे थोड़ी ख़ुशी हुई कि दादा जी ने रोज़ की तरह दूध का लोटा अपने हाथ में नहीं लिया। मैंने कुछ घण्टों की उस बचत से ही ख़ुशी मना ली। बस्ता पकड़ा और भागते हुए स्कूल को दौड़ गयी।

किन्तु शाम को तो उसी घर में उन्हीं दादा जी के पास आना था। स्कूल से घर वापसी पर मेरे पैर आगे नहीं बढ़ रहे थे। आँखों के आगे दादा जी और उनके हाथों की डण्डी दिखायी पड़ती और पैर थम जाते। मेरी उँगलियाँ काँप रही थीं। किसी तरह घर पहुँची। देखा, दाज्यू आज मुझसे पहले घर पर पहुँच गये थे। उन्होंने पूछा, "देर में क्यों आयी?" बस्ता रखते हुए सिर झुकाये ही मैंने कहा, "यों ही।" दादा जी ने दूसरे कमरे से सुन लिया। वे ग़ुस्से से तमतमाते हुए आये। शायद उन्होंने दिनभर मथकर अपना ग़ुस्सा बहुत तेज़ कर लिया था। एक हाथ से मेरे छोटे-से कान को पकड़ा और दूसरे हाथ में डण्डी पकड़ी थी। मुझे वे अपने प्यारे दादा जी नहीं बल्कि ख़ूँख़ार खलनायक जैसे लग रहे थे। चिल्लाकर बोले, "सारा दूध पी गयी और लोटे में पानी भरकर रख गयी। ले, और पियेगी दूध?" और डण्डी से मेरी पीठ और कमर पर तड़ातड़ मारने लगे, "आज तुझे रात भर गोठ्या दूँगा, खाना भी नहीं मिलेगा, बिस्तर भी नहीं।"

मैं रोती जा रही थी। कान ऐसा हो गया था कि शायद उखड़ ही जाता। मेरा सारा बल क्षीण हो गया था। वास्तविक घटना बताने का साहस भी नहीं हो रहा था।

दाज्यू गम्भीर होकर इधर-उधर बेमतलब ही चल-फिर रहे थे। ज़्यादातर तो उन्हें डण्डी की मार का सामना करना पड़ता था, पर वे एक डण्डी पड़ते ही भाग खड़े होते थे और दादा जी के हाथ नहीं पड़ते थे। अभी उनके मन में क्या चल रहा था, पता नहीं। शायद बाद को वे मुझे इस मार के लिए चिढ़ायेंगे, ऐसा मैंने सोचा।

अन्त में दादा जी ने कान छोड़ दिया और "देखा, ऐसी बिगड़ गयी है अभी से। अभी तो मिट्टी के नीचे की ही है, तो भी ऐसी चालाकी करती है।" कहते-कहते रसोईघर की ओर चले गये। मैं वहीं बैठी-बैठी सुबकती रही। मुझे सुनने वाला और ढाढस बँधाने वाला वहाँ कौन था? दादा जी ने अँधेरे गोठ में बन्द नहीं किया था, वही ख़ुशक़िस्मती थी। खाना बना लेने के बाद दादा जी दाज्यू को खाना देने के पूर्व थाली में दो चुपड़ी गरम रोटी, सब्ज़ी और गुड़ का एक टुकड़ा रखकर मेरे सामने ले आये और प्यार से मेरे सिर पर हाथ रखकर बोले, "खा पोथी, अब से ऐसी ग़लती नहीं करना, हाँ। उठ, खा ले।" मैं दादा जी के घुटने पकड़कर उनसे चिपक गयी और हिचकी भर-भर कर कहने लगी, "मैंने दूध नहीं पिया, मेरे हाथ से लोटा गिर... दूध बह गया। मुझे आपका डर लग गया। तब...तब...तब..." मैं और भी ज़ोर-से रोने लगी। दादा जी समझ गये। उन्होंने मुझे अपनी गोद की ओर ले लिया। मेरे आँसू पोंछ दिये। दाज्यू से पानी मँगाकर एक तसले में मेरा मुँह-हाथ धुलाया और ख़ुद रोटी का ग्रास तोड़कर मेरे मुँह में डाला। वे मेरी बात को सच मानते थे। कहते भी थे, "ये झूठ नहीं बोलती।"

दूसरे-तीसरे रोज़ मैंने सुना वे किसी से कह रहे थे, "इन बच्चों का पिता कहाँ और माँ कहाँ? यहाँ तो जो हूँ मैं ही हूँ। पढ़ाई के नाम पर इतने छोटे बच्चों को भी वनवास दे रखा है, क्या बताऊँ।" यह था मेरे दादा जी का आन्तरिक स्वरूप।

रामगढ़ में कुछ सालों से एक ही स्थान पर रहने के कारण उनकी दूर-दूर तक जाने चलने की आदत छूट गयी थी। वे दिनभर आँगन की दीवार पर बैठे-बैठे ही समय बिता देते थे। जब नयी ज़मीन में हमारे नये मकान का निर्माण प्रारम्भ हुआ, तब वे धीरे-धीरे वहाँ जाते थे और रविवार को हमें भी साथ ले जाते थे। वहाँ मकान का निर्माण करने वाले मज़दूर, राजमिस्त्री, बढ़ई आदि सभी धुर्का के या वहाँ के आसपास के गाँवों के सभी उनके परिचित लोग थे। दादा जी उनसे मिलकर और अपनी मल्ला सालम के लहजे में कुमाउँनी भाषा बोलकर बहुत ख़ुश होते थे। सालम के लहजे व रामगढ़ के लहजे में अन्तर था। यद्यपि भाषा तो कुमाउँनी ही थी,

पर अपने-अपने लहजे में बोलना ऐसा स्वाद देता है मानो अपने घर के नौले या धारे के पानी का स्वाद हो।

घर बन गया और हम किराये का घर छोड़कर नये घर में आ गये। हमारे लिए स्कूल थोड़ा दूर हो गया, पर दौड़ने, भागने, लकड़ी बीनने के लिए ख़ूब बड़ा क्षेत्र मिल गया। बाद को ईजा मेरी तीन बहनों को लेकर धुर्का से आ गयीं, तो गाय-भैंस भी गोठ में बँध गयीं। कुमाउँनी कृषक लड़की की तरह मेरी दिनचर्या प्रारम्भ हो गयी। दादा जी मेरी ईजा से कहते रहते, "इसके पिता ने इसे पढ़ने के लिए यहाँ भेजा है। इसे पढ़ने का समय भी देना, केवल काम ही नहीं करवाना।" "काम भी सीखना ही है। अब बड़ी हो गयी है।" यह ईजा का दृष्टिकोण होता।

धुर्का बयाली, पपोली या काना, बलसुना, जागेश्वर, देवली आदि सालम के गाँवों से कोई-न-कोई हमारे घर पर आते रहते। उनसे दादा जी न जाने कितने छोटे-बड़े हज़ारों प्रश्न पूछते। यदि बताया जाता कि अमुक का देहान्त हो गया था तो वे तुरन्त प्रश्न करते, "उसके ऊपर किसी प्रकार का ऋण तो नहीं था?" यदि उत्तर 'हाँ' में रहा तो बहुत दुखी होकर कहते, "अरे, वह अभागा अगले जन्म के लिए भी क़र्ज़दार बनकर चला गया।" ऋण का उनकी नैतिकता में कोई स्थान ही नहीं था। वे कहते थे, "क़र्ज़ लेने से भूखों मरना अच्छा।" क़र्ज़ लेकर उसे न चुका पाना तो मानो महापातक ही था उनकी नीतिमत्ता में।

दादी के निधन के बाद वे बहुत उदास हो गये थे। बार-बार कहते, "वह मुझे छोड़कर क्यों चली गयी?" उनका मन उखड़ ग़या था। पहले वे पिताजी के पत्रों के लिए पूछते रहते थे, "चिट्ठी आयी क्या तेरे बाबू की?" अब वह भी नहीं पूछते। किसी काम को करने या न करने की सलाह लेते तो कह देते, "जीऽकरछा (जो कुछ भी करो)।" दादा जी इतने अनमने हो गये थे। बस, उनका स्नान-ध्यान व उनकी संध्या नियमित चलती और दिनभर में दो-चार बार 'माँ उठा ले अब' की गुहार चलती रहती।

बाबूजी दादी के निधन के छह माह बाद छुट्टी में जब घर आये तो दादा जी ने बाबूजी से प्रतिदिन अपना ज़िदभरा अनुरोध लगाये रखा कि उन्हें धुर्का पहुँचा दिया जाय। "मैं वहीं मरना चाहता हूँ, ताकि उसी तिथाण (श्मशानघाट) में मेरा अग्नि संस्कार हो, जहाँ तेरी माँ का हुआ है। मेरे सपनों में वह मुझे बुला रही है। इस लोक में अब न सही, उस लोक में तो हम मिलेंगे।" उन्हें धुर्का पहुँचाना ही पड़ा। शायद वहाँ पहुँचकर उन लोगों के चेहरों को देखकर, उन बोलों को सुनकर उन्हें आत्मिक

सन्तोष मिला होगा क्योंकि वे चेहरे व बोल उनके चिर परिचित व जीवन से जुड़े लोगों के थे। उनको दादी जी का बुलावा भी पूर्ववत् तीव्रता से महसूस होता रहा। दादी जी के जाने के एक साल बाद दादा जी भी बिना किसी रोग के गोलोकवासी हो गये। किसी प्रकार का शारीरिक दुख-दर्द उनकी मृत्यु का निमित्त नहीं बना। हमने यों भी दादा जी को कभी बीमार होते नहीं देखा था। कभी-कभी सामान्य सर्दी-जुकाम मात्र ही होता था।

सोचती हूँ, दादा जी व दादी के सम्बन्धों की वह आत्मिक प्रगाढ़ता ही थी जो शारीरिक और भौतिक न होकर आन्तरिक जुड़ाव की मिसाल बन गयी थी। यह मिसाल पूरे गाँव के लिए, और हम सबके लिए भी, जो उनकी भावी पीढ़ी थे।

5

हमारी ईजा

'माँ' के लिए प्रयुक्त होने वाला 'ईजा' कुमाउँनी भाषा का ममत्वपूर्ण शब्द है। हर ईजा ममतामयी ही होती है, परन्तु मुझे लगता है मेरी ईजा विशेष ममतामयी थीं। वे शान्त, सुशील व धीरता की प्रतिमूर्ति ही थीं। बड़े कष्टों व संकट भरे काल में भी उनकी धैर्यशक्ति बनी रहती थी और उसमें से पार पाने को वे कोई व्यावहारिक राह निकाल ही लेती थीं। कुछ बड़े होने पर हम कई बार सोचते थे कि ईजा पर सीमा से अधिक बोझ और ज़्यादती का दबाव डाला जा रहा है। हमारे मन तिलमिलाने लगते, पर वे उसका भी धैर्यपूर्वक आनन्द लेती थीं और उनके चेहरे की मुस्कान कम नहीं होती थी।

सात वर्ष की उम्र में उनका विवाह हो गया था और वे अपने जन्मस्थान और पितृगृह पोखरी गाँव को छोड़कर धुर्का गाँव (दूरी 12 मील) की निवासी बन गयीं। ईजा का पितृगृह उस काल के पैमाने से उनकी ससुराल से अधिक समृद्ध था। उनके परिवार के पास खेती की ज़मीन अन्य परिवारों से कुछ अधिक ही थी। इससे भी बड़ा धन था, उनके गोठ में बँधी चार-चार भैंसें, उतनी ही गायें और बकरियाँ। उनके घर में घी से भरे चिकने हड़पिये (काष्ठ निर्मित बड़े-बड़े पात्र) दस-बारह तक की संख्या में हमेशा रखे रहते। उनके अपने गाँव में ही नहीं, पास-पड़ोस के गाँवों में होने वाली शादियों में इसी घी के पकवान बनते थे। लोग आते, शादी का शुभ समाचार बताते और नाना जी उन्हें घी के हड़पिये उठा ले जाने को कहते। उसका सौदा नहीं होता था। उसकी क़ीमत नहीं माँगी जाती थी। हर रोज़ ही छाछ मथी जाती थी। ताज़ा मक्खन मडुवे व गेहूँ की गरम रोटियों पर पूरे परिवारजन खाते थे और पानी के बदले छाछ पीते थे। पास-पड़ोस के परिवारों में भी बाँट देते थे। अगर दूसरे-तीसरे दिन के लिए शेष रह जाये, तो या तो भैंसों को पिला देते थे अथवा खाद के ढेर में डाल देते थे।

नाना जी के परिवार में तीन बेटियाँ थीं, जो सारे पशुपालन व गौपालन के साथ खेती के काम को उठा लेने की अद्‌भुत कार्यशक्ति रखती थीं। स्वयं नाना जी एक कुशल किसान व गौपालक थे। उनके खेतों में मीठे स्वादिष्ट मोटे-मोटे केले होते थे। उनका परिवार एक श्रमपूर्ण, परन्तु पुष्टिदायक जीवन जी रहा था। मेरी ईजा ऐसे इफ़रातपूर्ण घर से आयी थीं।

ईजा बताती थीं कि उम्र के विषम वर्षों में शादी नहीं की जाती थी। इसलिए उनकी उम्र में गर्भ में बिताये उनके नौ माह भी जोड़ दिये गये क्योंकि परिवार के पुरोहित ने आग्रहपूर्वक कहा था कि इसी वर्ष में विवाह करना उनके जीवन के लिए मंगलमय होने वाला है। बस, सभी ने मान लिया कि वधू आठ वर्ष की है। "अष्टवर्षात भवेत गौरी..." का संस्कृत श्लोक गाकर पुरोहित जी ने सभी सयानों को प्रभावित कर दिया और अपनी विद्वत्ता की मोहर लगा दी, विवाह के निर्णय पर। ब्राह्मण पुरोहितों की कितनी पकड़ थी, उस काल के आम जनमानस पर और समाज के संचालन पर, मैं उस काल की यानी आज से सौ सवा सौ साल पहले की बात याद करती हूँ, तो आज के पढ़े-लिखे लोगों के इस समाज को भी जाँच करके देखती हूँ। यह समाज पुरोहितों के क़ब्ज़े में आज भी संस्कृति और धर्म के नाम से फँसा हुआ ही है। आज भी पुरोहित जिस माह में विवाह के लिए शुभ लग्न नहीं होते तो उसमें भी लग्न घड़ी निर्धारित कर देते हैं। श्राद्धपक्ष में रात के 10 बजे भी श्राद्ध-पूजा करवा देते हैं और उसे हम शिक्षित, वैज्ञानिक व समाजशास्त्री स्वीकार करते हैं।

हाँ, तो मेरी ईजा की उस खेलने-मस्त रहने की आयु में शादी हो गयी। 'दुर्आगमन' नहीं किया गया। उस रिवाज़ की पूर्ति शादी के दिन ही दो बार देलीपूजा करके (मुख्य दरवाज़े पर फूल व अक्षत चावल चढ़ाकर) और दो बार सयानों के चरणों में ढोक देकर (प्रणाम करके) पूरी कर दी गयी थी। शादी बसन्तपंचमी को हुई थी और आठ-दस दिनों के बाद ही नाना जी होली के लिए बेटी को मायके ले जाने धुर्का पहुँच गये थे। ईजा कहती थीं, "तब तक मैंने तेरे पिताजी के चेहरे पर नज़र तक नहीं डाली थी।" बाबूजी उम्र में ईजा से दस वर्ष बड़े थे, इसलिए तब ईजा को उनसे एक प्रकार की झिझक होती थी। ईजा अपनी हमउम्र या अपने से कुछ छोटी ननदों के साथ रहतीं और उनके साथ कुछ काम करतीं अथवा अकेली बैठकर रोती थीं।

नाना जी के आने से उनकी ख़ुशी की सीमा नहीं रही। उन्हें एक ख़ुशी इस बात की भी थी कि मायके जाकर वे अपनी भारी घेरदार घाघरी, आँगड़ी को उतारकर अपनी हल्की-सी झगुली (लम्बी फ्रॉक) पहन लेंगी। घाघरी उन्हें भारी लगती थी, पर रिवाज़ के अनुसार शादीशुदा स्त्री, चाहे सात साल की बच्ची ही हो, को घाघरी ही

पहननी पड़ती थी। झगुली तो कुँवारी लड़कियों की पोशाक थी। ईजा के लिए ये लेश लगी सुन्दर घाघरी ही मुसीबत हो गयी थी। शादी के समय पोखरी से धुर्का तक की 12 मील की दूरी ईजा ने पालकी में बैठकर पूरी की थी। तब घाघरे की परेशानी आड़े नहीं आयी थी, परन्तु अब नाना जी के साथ मायके पैदल चलते समय घेरदार घाघरी मुश्किल पैदा कर रही थी। इसके बोझ को लेकर चलते हुए वे थक जाती थीं। इस कारण नाना जी को उन्हें बीच-बीच में अपने कन्धों पर बिठाकर ले जाना पड़ा था।

ईजा लम्बे समय के लिए मायके गयी थीं, पर वह समय तो और भी लम्बा हो गया। महीनों व एक साल का ही नहीं, कई सालों तक वे धुर्का नहीं आयीं। धुर्का से उन्हें बुलाने भी कोई नहीं आये, जबकि उन खेतिहर श्रमिक परिवारों के लिए बहू चाहे आठ-दस साल की ही क्यों न हो, एक श्रमिक थी। गायों व बकरियों को चुगाने जंगल में ले जाने वाली ग्वालिन, नौला (पीने के पानी का कम गहराई वाला कुआँ) से छोटी गागर में पानी भर के सिर पर उठा लाने वाली पनिहारिन, घर-आँगन को झाड़ू देने व लीपने-पोतने वाली, खाने के बरतनों को माँजने वाली तथा जंगल से ईंधन की लकड़ी बटोरकर लाने वाली एक गृहिणी, ऐसी कितनी ही भूमिकाएँ उन्हें ससुराल में निभानी थीं। श्रम की इस मदद का लोभ उनकी सास ने शायद इसलिए छोड़ दिया होगा क्योंकि उनके पास ईजा की हमउम्र ननदें थीं ही।

आने-जाने वाले अपने गाँव के लोगों के साथ नाना जी व दादा जी एक-दूसरे की आशल-कुशल पूछते रहते थे। कभी-कभी अपने खेतों की उपज की भेंटें भी इसी प्रकार भेजी जाती थीं, पर बहू को लिवाने की राह में बाधा एक ही थी कि हमारे बाबूजी कहीं परदेश चले गये थे, जो अपने गाँवों व इलाक़े में सीमित रहने वाले उस गाँव के लिए एक अनहोनी घटना थी, विशेषत: ब्राह्मण पुजारियों के गाँव धुर्का के लिए यह और भी असम्भव सम्भावना थी। धुर्का व पोखरी के गाँव वासी यह विश्वास नहीं कर पाते थे कि कोई व्यक्ति गाँव व अपने पहाड़ से इतनी दूर चला जाये कि वहाँ से कोई आने-जाने वाला भी न मिले, जिसके साथ कम-से-कम अपनी कुशल का सन्देश भेज सके। वे लोग पढ़े-लिखे नहीं थे। स्वयं बाबूजी भी उस उम्र में पढ़े-लिखे न थे। अत: चिट्ठी-पत्री का चलन नहीं था। डाकघर भी मीलों दूर कहीं होगा। उसकी जानकारी भी बिरलों को ही होगी। बाबूजी की यात्रा तो जैसे मार्कोपोलो की जैसी खोजक यात्रा हो गयी थी।

ईजा मायके में आनन्द से थीं। जब साल दर साल कई साल बीतते गये, उनके पति की कोई सूचना न थी। वे बड़ी होती जा रही थीं तो उनका सुगठित शरीर, सुन्दर चेहरा और उनकी मेहनत की कार्यदक्षता को देखकर लोग सोचने लगते कि

वह अपने उपयुक्त स्थान पर नहीं है। उसकी शोभा तो उसकी ससुराल में ही होती। गाँव की स्त्रियाँ 'शिबौ-शिबौ' कहकर उन पर दया दिखातीं। गाँवों के लोगों को लगने लगा था कि शायद उनके पति अब जीवित नहीं रहे होंगे। कोई ज़िन्दा होने के बावजूद चार-पाँच सालों तक परदेश में ही रहे, घर नहीं आये, उनके लिए यह अविश्वसनीय था। "क्या होगा इस प्यारी-सी कर्मठ बालिका का जीवन?" नाना व नानी इसकी चिन्ता करने लगे थे। उन्होंने अपनी छोटी बेटी का विवाह कर दिया था। विवाह के बाद वह एक साल मायके रहकर अब ससुराल चली गयी थी। धुर्का में दादा जी का परिवार भी इसी प्रकार चिन्ताकुल हो गया था।

तभी घनघोर जाड़ों के एक वर्षा-बादल-बर्फ़ के अति ठण्डे दिन बाबूजी लम्बा फ़ौजी ब्रांड कोट पहनकर पोखरी पहुँच गये। उसके एक दिन पहले ही वे अपने घर धुर्का पहुँचे थे। उनके पास अवकाश के बहुत कम दिन थे। अत: उन्हें जल्दी ही वापस भी जाना था। उन दिनों हमारे गाँवों में यात्रा करने की एक तयशुदा सोच थी। "एक दिन पहुँचने का, एक दिन पटै बिसाने (थकान मिटाने) का और एक दिन वापस आने का।" उसी नियम से बाबूजी पोखरी में रहे और तीसरे दिन मेरी कम बोलने वाली ईजा को लेकर वापस धुर्का आ गये। इस अप्रत्याशित संक्षिप्त भेंट से नाना-नानी व उनका परिवार ही नहीं, पूरे गाँव के लोग सारा दुखभरा अतीत भूलकर वर्तमान की ख़ुशी में झूम उठे थे। सुन्दर, गौरवर्ण, सुपुष्ट नवयुवक, उनका यह दामाद जीवित तो था ही, फ़ौज की प्रतिष्ठित नौकरी में भी जुड़ गया था मानो उनके लिए यह एक विशेष उपलब्धि थी।

अब ईजा बड़ी हो गयी थीं। वे घाघरी को सँभालते हुए बारह मील चलने में कोई कष्ट या असुविधा नहीं महसूस करती थीं। वे बाबूजी के पीछे चलती रहीं। रास्ते में उन दोनों ने, "थक तो नहीं गयी? यहाँ विश्राम कर लेते हैं, कुछ खा-पी लेते हैं, पानी पी लो।" जैसे छोटे-छोटे वाक्यों के अतिरिक्त कुछ भी ज़्यादा नहीं बोला और ईजा ने तो 'हाँ-हूँ' मात्र ही बोला, ऐसा ईजा मुझे बताती थीं। मैं आशा करती हूँ, उस दिन 12 मील की पदयात्रा में ईजा ने शायद बाबूजी के सुशोभन सुन्दर चेहरे पर तो दृष्टि डाली ही होगी, कौन जाने?

बाबूजी अपनी संक्षिप्त छुट्टियाँ बिताकर चले गये। ईजा अपनी ससुराल में गृहस्थी की दिनचर्या में जुट गयीं। चार-पाँच वर्ष की इस बीती अवधि में उनकी हमउम्र ननदों की शादियाँ हो गयी थीं और घर में एक देवरानी आ गयी थी। ईजा इस नयी देवरानी से तालमेल बिठाकर चलने का प्रयास करने लगीं, पर दोनों के स्वभाव व कार्यशैली में बहुत अन्तर था। धीमी गति से पर साफ़ अच्छा काम करने

वाली ईजा चाची की तीव्र गतिशीलता को नहीं पकड़ पाती थीं। घास काटने दोनों साथ-साथ जातीं तो सही, पर चाची ईजा को जंगल में अकेली छोड़ आधा घण्टा पहले ही घास का गट्ठर सिर पर उठाये घर पहुँच जातीं। ईजा के गट्ठर के लिए तब तक पूरी घास नहीं हुई होती थी। वे बाद में कुछ देर से घास का गट्ठर लिये पहुँच पाती थीं। देर से आने के बावजूद दादी ईजा को डाँटती न थीं क्योंकि वे काम की गुणवत्ता को पहचानती थीं। उनकी वे दोनों बहुएँ एक उम्र की थीं। शायद चाची ही कुछ महीने बड़ी थीं।

दादी उन दोनों को काम पर साथ-साथ ही भेजती थीं, किन्तु ईजा हमेशा अकेली छोड़ दी जाती थीं। दोनों मडुवा (रागी) के खेत की गोड़ाई करने जातीं। एक साथ ही खेत के एक छोर पर से अपने-अपने भाग की गोड़ाई प्रारम्भ करतीं। कुछ समय के बाद चाची अपना हिस्सा गोड़ती हुई खेत के दूसरे छोर पहुँच जातीं और ईजा अभी आधे खेत ही पहुँचीं होतीं, "दीदी, तुम तो खेत को मानो मक्खन बना रही हो।"

"छाव हाथ (तेज़ हाथ) करना सीखो," चाची ईजा से कहती थीं। ईजा को तब ख़ुशी होती जब एक सप्ताह बाद उस खेत में दादी आतीं और आधे खेत यानी चाची की गोड़ाई वाले भाग में उग आयी खरपतवार को देखकर बिना किसी का नाम लिए कहती, "कितना झाड़ (खरपतवार) उग आया है? गुड़ाई करने का कोई रत्थ (तरीक़ा) हुआ ये?" फिर धीमे मुलायम स्वर में कहतीं, "इनके हाथों को सियार खाये।" उसी प्रकार चाची की घास की गट्ठी की पूलियाँ खोलकर गायों के सामने डालते हुए जब घास के साथ काट दी गयीं काँटेदार टहनियाँ उनके हाथों में चुभतीं, तो चिढ़कर कहतीं, "घास काटते समय इनकी आँखें कहाँ खो गयी थीं? ये काँटे इनको नहीं दिखे? गाय के मुँह में भी चुभेंगे ये।" ईजा को अप्रत्यक्ष रूप से सफ़ाई से काम करने का प्रमाण-पत्र इन शब्दों से ही मिल जाता। ईजा इससे ही सन्तुष्ट रहती।

ईजा अपने खेती-गौपालन के काम में धँस गयी थीं और बाबूजी अपनी सेना की सेवा में। साल-डेढ़ साल में एक बार वे छुट्टी पर घर आते। घर में ही नहीं, पूरे गाँव में उनके आने से बहार आ जाती। सारा गाँव उनके चारों ओर जुट जाता था। बाबूजी बहुत मेहनती थे। उन्हें छोटे से छोटे काम को करने में भी कोई संकोच नहीं था। वर्षा ऋतु में टूट गयी खेतों की दीवालों की चिनाई करने में एक मज़दूर से भी अधिक कुशलता व मेहनत से जुट पड़ते। दिनभर की मेहनत के बाद शाम को गाँव के स्त्री-पुरुष भी हमारे चाख में जुड़ आते। चाख भर जाता। अपने खेत में उगाये तम्बाकू की भीनी-भीनी ख़ुशबू फैल जाती। कभी-कभी कोई सयानी महिला अपने घर से दही की ठेकी (दही जमाने का काष्ठपात्र) ले आती। "हाड़ी ले!!

(करुणा मिश्रित प्यार भरा शब्द) परदेश की रोटी खाते हो, एक दिन घर-गाँव का दही खा जाओ।" वह दही से भी अधिक स्निग्ध शब्दों में कहती। बाबूजी गाँव में हर व्यक्ति स्त्री-पुरुष, बाल-वृद्ध के लिए कुछ न कुछ भेंट लाते थे, जो उस छोटे-से गाँव को एक परिवारभाव में बाँध देता था। मित्र व रिश्तेदार दूर गाँवों से भी आते। ईजा की ननदों व ननदोइयों का जमघट सप्ताह भर तक जमा रहता। एक दिन दुर्गा-मन्दिर में पूजा होती और सारा गाँव वहाँ उमड़ पड़ता।

इस सारे माहौल से लबरेज़ डेढ़-दो माह ईजा बड़ी ख़ुश रहतीं। बाबूजी की सक्रियता, लोगों से मिलने वाला प्यार व सम्मान और विभिन्न आयोजनों की उत्साहभरी रंगत में वह अपना भाग भी शामिल करती थीं व अपने पति की प्रशंसा में अपना हिस्सा भी महसूस करती थीं, उससे गौरवान्वित होती थीं। अब बाबूजी एकान्त में उनका दुख-दर्द, उनकी आवश्यकताएँ तथा भला-बुरा पूछते थे व उनसे बोलने में ईजा का संकोच भी धीरे-धीरे घटता गया था। वे मितभाषी थीं। चुगली व शिकायत के रूप में नहीं, पर वास्तव में उन्हें सालभर जो अकेलापन भोगना पड़ता था, उसे उन्होंने बाबूजी के सामने एक बार पूरी मिन्नत के साथ कह दिया। गाँव में एक भी जोड़ा नहीं था, जिसमें पति और पत्नी दूर-दूर रहते हों। मात्र ये ही दो व्यक्ति थे, जो साल के दस माह एक-दूसरे से दूर ही रहते थे, पर उसका कोई हल न था। अत: बात आयी-गयी हो गयी। जब अगले वर्ष बाबूजी फिर से छुट्टी में आये, तब ईजा ने यही बात फिर से दुहराई। केवल कोरे शब्दों में नहीं वरन् उन्हें अपनी अश्रुधाराओं से भिगोकर पेश किया।

"अगले वर्ष मुझे फ़ैमिली क्वार्टर मिलेगा, तब तुझे मैं अपने साथ ले जाऊँगा।" कहकर बाबूजी ने ईजा को हल्का-सा भरोसा दिया, परन्तु ईजा की विरह वेदना इस भरोसे से कई गुना अधिक प्रबल थी। बाबूजी की छुट्टियाँ पूरी हुईं और उनकी विदाई का दिन आ पहुँचा। सुबह से ही तैयारियाँ होने लगीं। इस बार वे धुर्का गाँव से अलग छाना वाले हमारे घर से विदा हो रहे थे, इसलिए गाँव से कम लोग ही विदाई के समय आ पाये थे। केवल बलू जिठबौज्यू (बालादत्त ताऊ जी) भोर में ही पहुँच गये थे, क्योंकि वे अल्मोड़ा तक बाबूजी का बक्सा-बिस्तर ढोकर ले जाते थे। उन्होंने ये सामान आँगन में रख लिए थे। दादी पिताजी को टीका-पिठाई (रोली) पुष्प-अक्षत, शकुन का दही सब कर ही रही थीं, यह सब देख-देखकर ईजा का कलेजा मुँह को आ रहा था। वे पीछे कहीं खड़ी थीं। उनकी ओर किसी का ध्यान नहीं था। उनकी सबसे निकट सहेली चाची ही थीं। वे ईजा को निरन्तर आँसुओं में नहाते देख रही थीं। न रोने को भी कह रही थीं। उनके साथ रहने की कोशिश भी

कर रही थीं, परन्तु उन्हें ईजा के दिल के हाल की अनुभूति नहीं हो सकती थी; उन्हें अलग रहने का वह विरह नहीं भोगना पड़ा था क्योंकि उनके पति तो घर पर ही रहते थे। अत: हमेशा उनके साथ ही थे।

यों तो बाबूजी के विदा होने पर जो भी उपस्थित होते सभी स्त्री-पुरुषों की अश्रुधाराएँ बहने लगती थीं। बाबूजी उन्हें समझाते हुए अपनी आँखें भी पोंछते थे, परन्तु ईजा लोक-लाज के कारण बाबूजी के निकट नहीं जाती थीं। कहीं ओने-कोने में वह भी आँसू बहातीं, सिसकियाँ भरती थीं, पर इस बार की विदाई में जब बाबूजी बौनाव (घर की सीढ़ी की चौंकी) उतरने लगे तो ईजा उनके बिल्कुल पास जाकर फफक-फफककर रोने लगीं। बाबूजी ने अचकचाकर समझाइश के कुछ वाक्य कहे और दादी ने ईजा को अपने आलिंगन में ले लिया। बाबूजी बलू जिठबौज्यू को साथ लेकर आगे बढ़ गये।

सिलौट (छोटी नदी के उस पार का छायादार ढलान, जहाँ हमारी खेती के सीढ़ीदार सँकरे खेत थे) की धार (रिज) को पार करने तक विदा करने वाले स्त्री-पुरुष व बच्चे जाने वाले उन दो राहियों को देखते रहे। दादी भरे गले से पर ज़ोर-ज़ोर से कह रही थीं, "कमलू च्यला, बेर आये पोथी। त्यार खुट कान लै न बुड़ो ईजा (बेटे कमल जल्दी वापस आना, तुम्हारे पैर में काँटा तक न चुभे यानी तुम्हें कोई काँटा चुभने जैसी छोटी तकलीफ़ भी न आये) भगवती रक्षा करिया।" शायद दादी के कुछ शब्द उस पार तक पहुँच रहे होंगे, अन्यथा बाबूजी जानते ही थे कि उनकी ईजा के आशीर्वचन क्या होते थे? दोनों यात्री धार के पीछे को जाते एक नज़र अपने घर की ओर देखकर ओझल हो गये। विदा करने वाला समूह बिखर गया। इस पूरे समय तक मेरी ईजा कहीं नेपथ्य में जैसे चली गयी थीं। वहीं से वे उन दोनों यात्रियों को पहाड़ी पगडण्डी पर जाते देख रही थीं।

जब बाबूजी धार के पीछे ओझल हो गये तब एक बार ईजा को पुन: लगा, जैसे किसी ने उनसे उनका अनमोल धन छीन लिया है। वे उठीं और उसी पगडण्डी पर भागने लगीं। अब सभी परिवार-जन घर के भीतर चले गये थे, अत: किसी ने उनको जाते हुए नहीं देखा। ईजा तेज़ी-से चलती रहीं। अपने दमभर अपने घाघरे का छोर उठाये दौड़ती रहीं, किन्तु उन्हें बाबूजी दृष्टिगोचर नहीं हुए। छोटे एकाध गाँव या राह चलते कोई लोग मिलते तो ईजा उनसे पूछतीं, "आगे जाते दो बटोही आपने देखे क्या? एक की पीठ पर बोझा है और दूसरे के कन्धे पर फ़ौजी झोला।" लोग कहते, "हाँ-हाँ, इसी रास्ते पर कुछ ही दूर गये होंगे, पर तुम क्यों ऐसी दौड़ी चली जा रही हो?"

ईजा भागते-भागते कहतीं, "वो कुछ सामान भूल गये हैं।" बस, पीछा छुड़ाकर आगे दौड़ जातीं। आख़िर उन्हें पनार नदी के किनारे दोनों विश्राम करते हुए दिखाई दे गये। ईजा दौड़कर उनके कुछ निकट तो पहुँच गयीं, पर उनके सामने जाने में हिचक गयीं। वहीं खड़ी हो गयीं। कुछ देर में बाबूजी उठे। शायद अब उन्हें आगे बढ़ना था, तभी उनकी नज़र कुछ दूरी पर बुत की तरह खड़ी किसी लड़की पर पड़ी। ईजा सीधे उनकी ओर चेहरा न करके बगल से खड़ी थीं। अतः बाबूजी ने कहा, "अरे देखो तो बलूदा, वह बालिका कौन है?" ईजा निकट गयी और रोते-रोते इतना ही कहती रही, "मुझे अपने साथ ले चलें।" तीनों बैठ गये। बाबूजी ने ईजा को ख़ूब प्यार से समझाया कि बिना फ़ैमिली क्वार्टर मंजूर हुए वे उन्हें नहीं ले जा सकते। अगले वर्ष छुट्टी में आने से पहले फ़ैमिली क्वार्टर मंजूर कराके लायेंगे। तब उन्हें घर से अच्छी तरह विदा कराके ले जायेंगे आदि-आदि। अन्त में बाबूजी ने कहा, "एक साल और भी रुक जा।" ईजा "एक साल...?" कहकर फफक पड़ीं। जो भी हो, अन्त में उन्हें मानना ही पड़ा। बाबूजी ने कहा, "यार बलूदा, इसको सिलौट की धार के उस ओर जहाँ से हमारा घर दिखाई देता है, वहाँ तक पहुँचाकर आओ। मैं यहाँ तुम्हारा इन्तज़ार करूँगा।" अब ईजा ने मन में दृढ़ता से तय कर लिया था और वह मज़बूत क़दमों से घर की ओर पगडण्डी चढ़ने लगीं। बलूदा को उनके साथ जाने की ज़रूरत नहीं रही।

मेरा सौभाग्य था कि मैं ईजा की सबसे बड़ी बेटी थी। बड़ी बेटी कुछ अंशों में सहेली जैसी ही होती है। इसी कारण वे अपने जीवन की ऐसी मार्मिक घटनाएँ मेरे साथ साझा कर पायीं। मैंने बौंगाड़ गाँव में जनाधारित सेवा करते हुए भी फ़ौजी युवकों की पत्नियों को विदावेला में फूट-फूट कर रोते देखा था। मैंने उन्हें उदास गीतों को गाते-गाते फफक पड़ते सुना था। कभी-कभी किसी भाभी ने मुझसे अपनी विरह व्यथा भी साझा की थी। मुझे उन मौक़ों पर अपनी ईजा याद हो आती थीं। एक फ़ौजी की पत्नी को पति के जीते जी क्या नहीं झेलना पड़ता है? और जब कभी युद्ध भूमि से तिरंगे में लिपटी उनकी मृत देह पहुँचती है, तब तो और भी विकट हो जाता है जीवन जीना। लोग युद्ध, सेना, सैनिक और सैनिकों की विधवाओं को क्यों गौरव से महिमामण्डित करते हैं?

एक वर्ष के इन्तज़ार के बाद बाबूजी ईजा को अपने साथ ले गये। मुझे नहीं मालूम कि पहली बार जब ईजा बाबूजी के साथ गयीं तब बाबूजी मेरठ या बरेली किस छावनी क्षेत्र में नियुक्त थे? ईजा ने तब तक न तो हिन्दी का एक शब्द बोला था, न सुना ही था। उनके पड़ोस के फ़ैमिली क्वार्टर में जो महिलाएँ थीं, उनकी भाषाएँ,

पूर्वी उ.प्र., बिहार या पश्चिमी उ.प्र. की, जो भी थीं, उन्हें भी ईजा ने कभी सुना न था। बाबूजी के साथ पहली बार वे बस में व रेल में बैठी थीं। इसके कारण घर में पहुँचने पर भी तीन दिन तक उन्हें पूरा घर घूमता हुआ लगता था। अतः इन तीन दिनों तक बाबूजी को या तो स्वयं खाने के लिए कुछ बनाना पड़ा था या मैस से खाना मँगाना पड़ा था। यों भी बाबूजी दिनभर अपनी ड्यूटी पर जाते और अकेली ईजा उस घर में एक तरह से क़ैद रहतीं। कहाँ रह गये गाँव के वे मुक्त दिन? वे हँसती, बोलती, प्यार भरी सहेलियाँ? भाषा की सीमा बँध गयी थी। उनके लिए दुनिया ही बदल गयी थी।

तभी एक मुसीबत और भी आ गयी। एक रात बाबूजी को तीव्र ज्वर हो आया। वे बीमार पड़ गये। सुबह उठ नहीं पाये। ईजा के तो हाथ-पाँव फूल गये। वह क्या करे? बाबूजी सुबह परेड कराने नहीं जा पाये, तो एक सिपाही ने आकर दरवाज़ा खटखटाया। बाबूजी ने उसे कुछ बताया और वह लौटा। कुछ देर में अस्पताल की एम्बुलेंस आ गयी और बाबूजी को उसमें लिटा दिया गया। यह ऐसा दृश्य था, जो ईजा ने कभी देखा न था। बाबूजी जाते समय कह गये, "मैं अस्पताल जाता हूँ। चिन्ता नहीं करना, अच्छा होकर आ जाऊँगा।" यह कैसा अस्पताल? यह किसकी गाड़ी? कब आयेंगे? अकेले घर में ईजा घबरा गयीं। एक बड़े परिवार में रहने वाली यहाँ निपट अकेली थीं।

एक पूरा दिन व एक पूरी रात बीत गयी। दूसरे दिन सुबह ही किसी ने आँगन की दीवार के ऊपर से बाबूजी के पहने हुए कपड़े अन्दर फेंके। अब तो ईजा के होश ही उड़ गये। उन्होंने सोचा, "मर तो नहीं गये अन्यथा कपड़ों के बिना भला कैसे रह सकते हैं?" कपड़ों को छाती से लगाकर ख़ूब रोती रहीं। कहाँ का खाना? और तो और, पानी भी मुँह में नहीं डाला। रात बैठकर बितायी। दूसरी सुबह बड़ी मुश्किल से हिचकते-हिचकते अपने घर का बाहर का दरवाज़ा खोला। पहले यह दरवाज़ा हमेशा बन्द ही रहता था। घबराई हुई-सी पड़ोसन के पास गयीं। दोनों अपनी-अपनी भाषा में बोलीं तो भी इससे ईजा समझ पायीं कि बाबूजी को अस्पताल के कपड़े पहनाये गये होंगे।

एक-दो दिन बाद उसी पड़ोसन के पास जाकर उन्हें पता चला कि बाबूजी को बड़ी माता (चेचक) निकल आयी थीं, अतः इलाज में लम्बा समय लगेगा। पड़ोसन ईजा के घर में आने लगी। ज़िद करके उनके लिए कुछ खाना बनाती व उन्हें आग्रहपूर्वक खिलाती। ईजा को पड़ोसन का एक सहारा मिल गया और कुमाउँनी के अतिरिक्त दूसरी भाषा कानों में गयी व धीरे-धीरे उनकी ज़बान पर भी आने लगी। विपत्ति में भी कुछ सम्पत्ति छिपी होती है, जिसे पहचानना पड़ता है।

न्यायमूर्ति चन्द्रशेखर धर्माधिकारी कहते थे, "विधवा होने के बाद स्त्री की भीतरी शक्ति जाग्रत होती है। उसे अपने आत्मबल से कुछ करने का साहस मिलता है।" मेरी ईजा विधवा तो बहुत बड़ी उम्र में हुईं, पर बाबूजी की अनुपस्थिति की उस छोटी-सी अवधि में उनका साहस उजागर हुआ। स्वयं अपनी समस्याओं का निवारण करने का आत्मबल जागा।

बाबूजी अस्पताल से कमज़ोर और शक्तिहीन बनकर आये तो ईजा ने उन्हें ठीक से ख़ुराक देने व समय पर दवा खिलाने की ज़िम्मेवारी उठा ली। यह भी गाँव की एकमात्र श्रम करने वाली बहू के लिए एक नया काम था। घड़ी में समय देखना सीखा व उसके अनुसार दवाएँ व भोजन देने की समयबद्धता भी सीखी।

जब बाबूजी ने कुछ शक्ति अर्जित कर ली, तब एक दिन उन्होंने ईजा को अपने पुनर्जीवन पाने की घटना बतायी। जो इस प्रकार थी। चेचक का बुख़ार बाबूजी के सिर चढ़ गया था। नर्स बार-बार थर्मामीटर लगाती और बुख़ार को उतरते न देखकर उतनी ही बार दवा भी देती जाती। तब अचानक बुख़ार तेज़ी-से उतर गया, शरीर ठण्डा हो गया और नब्ज़ ग़ायब-सी हो गयी। "ये मरीज़ गया" नर्स ने घोषित कर लाश उठाने के लिए सम्बन्धित कर्मचारियों को बता दिया। लाश शवगृह में रख दी गयी। कर्मचारी आधे-पौन घण्टे बाद दुबारा शवगृह में गया, तो देखा यह लाश तो साँस ले रही थी। वह दौड़ा और नर्स को बताया। नर्स के तो होश उड़ गये। तुरत-फुरत 'बैड' तैयार किया और उस (लाश?) को लाकर पुनः बैड में डाला। नर्स बच गयी दण्ड पाने से क्योंकि अभी डॉक्टर राउंड पर नहीं आये थे।

उस बेहोशी में बाबूजी ने सपना देखा माँ देवी दुर्गा आयीं और बोलीं, "अभी मृत्युलोक में ही रहो। तुम्हारी रक्षा की जायेगी, पर तुम प्रतिमाह पूर्णमासी का व्रत लिया करना।" बाबूजी ने तय करके ईजा से कहा, "अब से मैं पूर्णमासी का व्रत लूँगा" और उसी समय ईजा ने भी कहा, "मैं भी पूर्णमासी का व्रत लूँगी।" दोनों ने जीवन भर प्रतिमाह निष्ठापूर्वक व्रत का पालन किया। बाबूजी की मृत्यु के कुछ वर्ष पूर्व उन दोनों ने ही अपने व्रत का समापन किया था।

जहाँ तक मुझे याद है, ईजा दो-तीन बार इसी प्रकार फ़ैमिली क्वार्टर्स में बाबूजी के साथ रहने गयीं। हर बार दो या तीन साल की अवधि तक वहाँ रही होंगी। क्वार्टर हर बार कुछ बड़ा होता था और कुछ अधिक सुविधाओं वाला और बड़े परिसर वाला भी होता था। यह बाबूजी के बढ़ते रैंक के अनुसार हुआ करता था। ईजा भी उसी गति से उस दुनिया के तौर-तरीक़ों के लिए विकसित होती जाती थीं। बाद के वर्षों में हम बच्चे भी हुआ करते थे। पहले मेरे बड़े भाई प्रेम प्रकाश, फिर अगले

कुछ वर्षों बाद मैं और अगले तीनेक वर्ष बाद मेरी छोटी बहन कान्ति। उसके बाद की बहनें छावनी के फ़ैमिली क्वार्टर्स में नहीं गयीं, ऐसी मेरी याद है।

इन्हीं सालों के बीच ईजा का पहनावा भी बदला। उन्होंने घाघरे के बदले साड़ी पहनना सीखा। उसके ऊपर पश्चिमी उत्तर प्रदेश में पहनी जाने वाली कुर्ती पहनने लगीं। बाबूजी ने उनके लिए वहीं की शैली के कुछ आभूषण भी बनवा दिये थे, जिन्हें पहाड़ में आकर कभी नहीं पहना गया। पर हमने कभी-कभी उन्हें देखा था, जो ईजा के बक्से में रखे रहते थे। ख़ूब छम-छम करने वाले पैरों के झाँवर, चाँदी की पायल, बिछुवे, कमर की करधनी, गले के हार और हाथों की चूड़ियाँ। उस समय धुर्का की किसान महिलाएँ हाथों में चूड़ियाँ भी शादी-ब्याह के अलावा के समय में नहीं पहनती थीं। वे तो गले में चाँदी का भारी 'सुता' और हाथों में चाँदी के 'धागुले' ही हमेशा पहने रहती थीं। हमने परिवार के रामगढ़ आ जाने के पूर्व तक ईजा को इन्हीं आभूषणों को पहने देखा था। एक स्थायी ज़ेवर या उनके सुहागिन होने का निशान था, गले में काले चरेऊ (मंगलसूत्र) की माला। अधिकतर उनके पास काले चरेऊ की दो-तीन मालाएँ होती थीं। एक को पहने रखती थीं और बाक़ी रखे रखती थीं, ताकि गले वाली माला मौली जाये यानी टूट जाये तो तुरन्त दूसरी माला गले में पहन ली जाय। बिना चरेऊ माला का गला उनके पति के लिए अमंगल कारक माना जाता था। वे चरेऊ माला विहीन गला किसी कारण कुछ देर रह गया तो उतनी देर पानी पीना तो दूर, थूक भी नहीं घूँटती थीं। यह उनके सुहाग का चिह्न जो था और उनके पति परदेश में थे, इसलिए वे और भी सावधान थीं।

उस वक़्त अपने गाँव में ईजा एक बिरली महिला थीं जो गाँव से बाहर सालो-साल और कई बार रह आयी थीं। गाँव की अपनी जैसी ही अन्य महिलाओं से उन्होंने अधिक बड़ी दुनिया को देखा था। इससे गाँव में उनका रुतबा बढ़ गया था और उनका दृष्टिकोण भी विस्तारित हुआ था। लोग उनका बहुत सम्मान करते थे, परन्तु उनकी मौलिक नम्रता व सहजता इतनी स्वभावगत थी कि उन्हें अहंकार या अभिमान अथवा अपनी विशेष उपलब्धियों का मान कभी नहीं हुआ। वे आजीवन एक मेहनती और भोली कृषक महिला ही बनी रहीं।

ईजा का एक गुण था कि वे बाबूजी के प्रगतिशील विचारों को समझने का प्रयास करती थीं। समझकर उन्हें मान लेतीं व उन्हें क्रियान्वित भी करतीं, जैसे—बच्चों–लड़के व लड़कियों को पढ़ाई करानी चाहिए, इसे उन्होंने मान लिया था; किन्तु तो भी वे सोचती थीं लड़कियाँ परम्परागत परिवारों में ही ब्याही जायेंगी, अतः उनको खेती-गौपालन और गृह-कार्य के सारे काम सीख कर एक किरसाण बहू

(परिश्रमी बहू) बनाने को तैयार करना चाहिए। ऐसे परिवार में उनकी बेटियों को कैसे रहना, बोलना व व्यवहार करना होगा, यह सिखाने का भी वे हर समय ध्यान रखती थीं। अपनी किशोरावस्था में मैं कविताएँ रचा करती थी, अतः घास काटते हुए निरन्तर कविता की पंक्तियों को गुनगुनाती रहती थी। ईजा का ध्यान इस पर गया, तो उन्होंने मुझे टोकते हुए कहा, "क्या ससुराल में भी ऐसी ही गुनगुनाहट लगाये रखेगी? लोग क्या कहेंगे?" एक दिन मैं अपने फल बाग़ में भैंस के लिए चारा काटने गयी। एक ऊँचे भीड़े (सीढ़ीदार खेत की दीवार जैसी ऊँची मेंड़) से घास काट रही थी। साथ ही स्कूल में होने वाली वाक् प्रतियोगिता के लिए अपना भाषण भी सोच रही थी व उसे बोलकर याद भी कर रही थी। जोश में आकर मैंने घास काटना तो बन्द कर दिया, हाथ की दराँती नीचे रख दी और भीड़े की ओट में हाथ हिला-हिलाकर भाषण देने लगी। कहीं से ईजा ने देख लिया तो बोली, "तू नाच जैसा क्या कर रही थी? तेरे बाबूजी तुझे नाचते देखते तो क्या कहते?"

मैं जिस दिन प्राइमरी विद्यालय में पढ़कर जब पाँचवीं कक्षा में श्री नारायण स्वामी हाईस्कूल में अपना नाम प्रविष्ट कराने गयी, उस दिन ईजा ने मेरे सामने एक शर्त रखी थी, गायों-भैंसों के लिए एक-एक गट्ठी यानी एक सिर बोझ घास प्रतिदिन सुबह व शाम लाओगी, तब ही दिन में स्कूल में जाओगी। हर प्रकार से वे हमें परम्परागत कृषक जीवन से जोड़े रखना चाहती थीं। उन्होंने स्वयं को भी आजन्म उस जीवनशैली में जोड़े रखा था। हमारा हाईस्कूल रामगाड़ नदी के किनारे बना था। रामगाड़ नदी के नाम से उस घाटी और वह पूरा क्षेत्र रामगढ़ कहलाता था। मेरे बचपन में नदी के आसपास के क्षेत्र व ऊपर के कुछ ढलानों तक अनाजों, दालों, सब्ज़ियों आदि की खेती होती थी, पर उससे भी ऊपर पर्वतों की ऊँची चोटियों तक कई प्रजातियों के सेब, आड़ू, नाशपाती, ख़ुबानी, प्लम और चेरी आदि फलों के छोटे व बड़े-बड़े बाग़ान थे। इसी के अनुरूप धान्यप्रधान और मुद्राप्रधान, दो तरह की जीवनशैलियाँ रामगढ़ निवासियों में प्रचलित थीं। ईजा रामगढ़ आकर इन दोनों के बीच सन्तुलन साधती थीं, किन्तु मूलतः वे श्रमप्रधान धान्यकृषि की शैली में जीती थीं।

रामगाड़ नदी में कई पनचक्कियाँ चलती थीं, जिनमें लोग अपना अन्न पिसाते थे। पैसा प्रधान शैली वाले लोग बाज़ार से आटा ख़रीदते थे। ईजा अपने फल बाग़ में जहाँ सम्भव था, वहाँ गेहूँ, जौं, मडुवा व दालें पैदा करती थीं और बाज़ार से भी गेहूँ ख़रीदती थीं। गेहूँ अथवा मडुवा को सुखा-तपा कर छींट-फटककर एक दस किलो अनाज का थैला भरकर तैयार कर देतीं और मेरे स्कूल जाते समय मेरे सिर में रख देतीं।

कहतीं, "स्कूल पहुँचने के पूर्व इसे घराट (पनचक्की) में पीसने के लिए रख देना। विद्यालय की छुट्टी होने पर आटे का थैला घराट जाकर उठा लाना।" अनाज पिसाने का यह काम सालों साल इसी तरह मैं करती रही थी। मेरे साथ जो थोड़ी-सी लड़कियाँ हाईस्कूल में पढ़ने आती थीं, उनमें से कोई भी थैला सिर पर रखकर नहीं आती थीं। लड़कों से तो स्कूल जाते हुए कोई भी यह काम नहीं कराते थे, तो भी मुझे कुछ अस्वाभाविक नहीं लगता था। यह संस्कार ईजा ने हममें डाला था।

एक दिन मैं अपनी साथी छात्राओं के साथ गप्पों में ऐसी भूली कि घराट से आटे का थैला लाना भूल गयी। घर पहुँची तो ईजा ने कहा, "आटा लाना कैसे भूल गयी? रोटी खाना तो नहीं भूलती?" मेरे दाज्यू भी उसी विद्यालय में बड़ी क्लास में पढ़ते थे। उन्होंने ऊपर से एक और ताना कसा, "भूलेगी क्यों नहीं? लड़कियों के साथ गप्पें हांकते हुई ऊँची गर्दन करके आकाश की ओर देखकर चलती है। ज़मीन पर आँखें हों, तब तो याद रहेगा।" ईजा ने दृढ़ता से कहा, "नाश्ते की रोटी घी और गुड़ के साथ खाओ और वापस जाकर घराट से थैला ले आओ।" फिर से स्पष्ट हिदायत देती हुई बोलीं, "हमेशा गर्दन नीचे करके चलना। लड़की को ऊँची गर्दन शोभा नहीं देती।" मैं आटे का थैला तो लायी ही, गर्दन झुकाकर व नज़रें नीची रखने के प्रति उस दिन से अधिक ही सतर्क हो गयी। यों तो हम सभी लड़कियाँ दुकानों के सामने से गुज़रते हुए या सामने से हमारे शिक्षकों के आने पर सिर झुकाकर ही चलती थीं, पर उस दिन से मैं विशेष सतर्क हो गयी थी।

ऐसी एक अन्य बात याद आ गयी जो पुनः ईजा की उस ज़िम्मेवार भावना को व्यक्त करती है, जिसमें वे अपनी बेटियों को ससुराल की शालीन बहू के रूप में तैयार करने की अपनी ज़िम्मेवारी निभा रही थी। ईजा कहती थीं, ठाड़ नाक (ऊँची नाक) वाली बहू अच्छी नहीं होती और मेरी नाक कुछ ऊँची तो थी ही। इसके अनुरूप मेरा स्वभाव भी था। मैं बात को चुपचाप-से नहीं मान लेती थी। अपना दिमाग़ चलाती थी। बोलने में यानी जवाब देने में तेज़ भी थी, और जब बात पसन्द न आये तो मुझे ग़ुस्सा भी आता था। भले ही चिल्लाती न थी, पर मुँह बिगाड़कर नाराज़ी जताती थी। ये सभी लक्षण ईजा को पसन्द नहीं आते थे। घर में तो निभ जाती है, पर ससुराल में कैसे निभेगी, यह उनका भय था। यह ऊँची नाक ही इस तेज़ स्वभाव का कारण मानी गयी थी, अतः उन्होंने मुझे हर रोज़ अपनी नाक को हल्के-से दबाकर नीची करने को कहा। मेरी नाक तो नीची हो गयी, पर स्वतन्त्र सोच की और दिमाग़ चलाने की न तो मेरी आदत कम हुई न ही जो पसन्द न हो, उसको स्वीकार न करने वाली तेज़ी और ग़ुस्सा कम हुआ। बेचारी नाक का उससे

सम्बन्ध ही क्या था? कोई मानने वाला हो तो कहेगा कि यह स्वभाव तो उन प्रखर नक्षत्रों की उपज था, जिसमें मेरा जन्म हुआ था।

ईजा अपने फलबाग़ की पूरी घास हम बहनों की मदद से स्वयं ही काटकर गाज्यो (जाड़ों में पशुओं को दिया जाने वाला सूखा चारा) बनाती थीं। मैं स्कूल जाने के पूर्व के कुछ घण्टे सुबह और शाम के कुछ घण्टे अँधेरा होने तक गाज्यो काटती थी। ईजा अन्य लोगों की तरह मज़दूरों से यह काम नहीं कराती थीं। वह स्वयं घास काटती हुई काँटों की झाड़ियों को भी काट देती थीं। इस तरह हम फलों के पेड़ों के लिए एक साफ़-सुथरा बाग तैयार कर देती थीं। रविवार व छुट्टी के दिन मैं दिन भर ईजा के साथ घास काटती थी। यह अक्टूबर के अन्तिम सप्ताह की बात है, हम दोनों गाज्यो काटने में व्यस्त थीं। तभी नदी पार के गाँव की निवासी एक महिला वहाँ पहुँची। पूछने लगी, "मैं नदी पार पहाड़ के उस ढलान से देखती हूँ कि आपके बग़ीचे के 'भीड़ों' की घास इतनी सफ़ाई से काटी गयी होती है कि ज़मीन चमकने लगती है। घास काटने में इतनी कुशल कौन है?"

"यह मेरी बेटी है जो ऐसी सफ़ाई से घास काटती है। इसका हाथ (घास काटने में) इतना साफ़ है। यहाँ से पाँच मील दूर शौली के जंगल से घास काटकर जब यह गाँव की अन्य घस्यारियों के साथ आती है तो इसके सिर पर की घास की गट्ठी को देखकर देखने वाले पूछते हैं, "ये लड़की क्या किसी दूसरे जंगल से ऐसी सुन्दर और उजली घास लायी है? अन्यों के सिर पर के गट्ठर तो वैसे सुन्दर नहीं दिखते।" "मेरी बेटी घास काटने, बाँज के ऊँचे पेड़ों पर चढ़कर उसकी पत्तियाँ काटने और सिर पर भारी बोझ लाने में बहुत कुशल है।" ईजा ने गर्व से उस महिला को बताया। फिर कुछ धीमे स्वर में बोलीं, "स्कूल में भी यह लिखाई-पढ़ाई में बहुत अच्छी है। अपनी क्लास में फ़र्स्ट आती है।" यह आख़िरी पंक्ति उन्होंने और भी धीमे स्वर से कही, तो मुझे समझ में आया कि ईजा की हमारे जीवन व उसके काम के लिए प्रमुख प्राथमिकताएँ क्या थीं?

हमारे जीवन के प्रति ईजा के दृष्टिकोण को परिलक्षित करने वाली एक अन्य घटना मुझे याद आ रही है। शायद तब मैं छठी कक्षा में पढ़ती थी और हाईस्कूल में जाती थी। मेरी सहपाठियों की सलवार-सूट की पोशाकें देखकर मैंने भी अपने लिए एक जोड़ी सलवार-सूट ज़िद करके बनवायी थी। उन दिनों लड़कियों की यह पोशाक अति आधुनिक मानी जाती थी। समाज उसको किन नज़रों से देखता था, यह उन दिनों प्रचलित इस गीत की पंक्ति से समझ में आता था, "सलवार वाली लड़की ने बिगाड़ो ज़माना, व कुर्ते वाली लड़की ने बिगाड़ो ज़माना।"

पर मैं अपनी नयी पोशाक से ख़ुश थी क्योंकि मैं इससे अपनी अन्य सहपाठियों की बराबरी में आयी थी अन्यथा अपनी सूती मन्द रंग की साड़ी से मैं अपने को उनसे कमतर मानती थी। उस दिन मैं अपनी नयी पोशाक पहने हाथों में अपनी किताबें व कॉपियाँ थामे, दूसरे हाथ में स्याही की दवात व होल्डर लेकर घर के दरवाज़े से बाहर निकली तो मैंने एक अधेड़ उम्र के सामान्य से कुछ छोटे क़द के सरल भाव वाले किसान व्यक्ति को अपने आँगन में देखा। उनका साफ़ धुला, पर घिसा हुआ-सा पायजामा और सलवटों से मुड़ा-तुड़ा-सा मोटे कपड़े का कमीज़, उसके ऊपर काली ऊनी वास्कट, सिर पर काली टोपी और हाथों में एक अच्छी चिकनी-चुपड़ी दही की ठेकी, जिसके ऊपर ख़ूब सुन्दर हरी पालक का एक मुट्ठा रखा था, इसे लिए वे आँगन में खड़े थे। "तेरी ईजा कहाँ है, भाऊ (बच्ची)?" उन्होंने पूछा। "भीतर" मैंने उनको अभिवादन में हाथ जोड़ते हुए कहा। मुझे यह अच्छा नहीं लगा था कि स्कूल को जाते हुए मेरे गतिशील क़दमों को रोकने वाला यह क्यों आया? ये कौन आया?

"जाकर उन्हें बता दे कि मैं आया हूँ।" उन्होंने मुझे आदेशित किया और मैं जिस तेज़ी से बाहर निकली थी, उसी तेज़ी से भीतर को मुड़ी और रसोई के बाहर से ही चिल्लाकर बोली, "ईजा, एक व्यक्ति आये हैं।" उनका हुलिया संक्षेप में बताते हुए यह ज़रूर बता दिया कि "दही की ठेकी व हरी पालक लेकर आये हैं।"

ईजा कुछ क्षण चुप रहीं। शायद आगन्तुक कौन हो सकते हैं, इसका अनुमान लगा रही होंगी। इतने में तो मैं लौट पड़ी क्योंकि स्कूल जाने का समय हो चुका था, पर ईजा ने ज़ोर से कहा, "तू अब बाहर नहीं जाना। आज स्कूल भी नहीं जायेगी। आज हमारे घर के लिए कितना सौभाग्य का दिन है कि कोई हमारे दरवाज़े पर दही और हरा साग का शगुन लेकर आया है। वे तुझे ही माँगने आये हैं। तू सलवार-कमीज़ पहनकर अब उनके सामने नहीं जाना, मैं उनका स्वागत-सत्कार करने जाती हूँ।"

मेरे कानों में ये सब शब्द पड़ गये, पर मैं कहाँ मानने वाली थी? मैं उन सज्जन के सामने ही गर्दन ऊँची करके स्कूल को चली गयी। ईजा ने ही उन्हें भीतर आदरपूर्वक बिठाया होगा, उनसे बातें की होंगी।

शाम को स्कूल से लौटने पर मुझे अपनी बेअदबी पर ईजा से ख़ूब डाँट सुननी पड़ी। साथ में उपदेश भी मिला कि अपनी इस अकड़ के साथ तुम सुखी नहीं रह सकोगी। इस घटना से फिर से पुष्ट हुआ कि ईजा मेरे लिए किस शगुन और किस सुखभरी ज़िन्दगी की अपेक्षा रख रही थीं।

दादा जी के स्वर्गवास के बाद रामगढ़ में हम पाँच बच्चों व बुआजी व चाचाजी के दो बेटों (जिन्हें पढ़ने के लिए बाबूजी हमारे साथ ले आये थे) के साथ ईजा अकेली रहती थीं और पूरी ज़िम्मेदारियाँ वहन करती थीं। यह देखकर बाबूजी ने हमारी निकट बिरादरी के एक युवा, जो रिश्ते में हमारे चाचा लगते थे, को हमारे साथ सहायक या नौकर के रूप में रखा था। देबूका (देवीदत्त भट्ट काका) हमारे परिवार के एक सदस्य जैसे ही हमारे साथ रहते थे। परिवार में आने वाले भारी काम तथा फल बाग़ से सम्बन्धित काम उनके ज़िम्मे होते थे। हमने उन्हें कभी नौकर की तरह नहीं माना। यद्यपि बाबूजी उन्हें प्रतिमाह वेतन भेजते थे। घर की व्यवस्था, राशन व अन्य सामानों की ख़रीददारी, बच्चों के स्कूल की आवश्यकता की पूर्ति करना तथा गाय-भैंस आदि की देखभाल, अतिथियों का स्वागत-सत्कार और भोजन बनाना आदि सारे काम ईजा ही सँभालती थीं। वे शाम तक तन व मन से थक जाती थीं, तब रात को बिस्तर में लेटते हुए एक लम्बी साँस लेते हुए कहतीं, "ईश्वर भगवान, कैसे होंगे वे? उनकी रक्षा करना, माँ भगवती!" बाबूजी के पत्रों की प्रतीक्षा वे बड़ी तीव्रता से करती थीं। उनका पत्र आता तो ख़ुश हो जातीं और तुरन्त उसे हमसे पढ़वाती थीं। दूसरे ही दिन हमसे पत्र का उत्तर भी लिखवाती थीं। स्कूल जाते हुए हमें पत्र डाक के लाल डिब्बे में डालने के लिए हाथ में देतीं। शाम को यह पूछना नहीं भूलतीं, "चिट्ठी डाक में डाली थी? कहीं तुम्हारे बस्ते में ही तो नहीं पड़ी है?" उनको यह खटकता था कि वे ख़ुद से बाबूजी को पत्र नहीं लिख सकती थीं। एक दिन हमने भेजे जाने वाले पत्र में ईजा को अक्षर से अक्षर मिलाकर और कहीं-कहीं उनका हाथ पकड़कर तीन-चार पंक्तियाँ उनके हाथों से ही लिखवाई थीं।

ईजा पर आ रहे परिवार और फल-बाग़ के कार्यों के बोझ के कारण बाबूजी पेंशन पर घर आ गये। इसके लिए उन्होंने 'सूबेदार मेजर' का प्रमोशन भी छोड़ दिया था, उनके आने से ईजा का बोझ व दुश्चिन्ताएँ, दोनों ही दूर हो गयीं।

बाबूजी ईजा के हर काम में हाथ बँटाते। ईजा खाना बनातीं तो वे गोठ का गोबर निकालकर सफ़ाई कर देते या बग़ीचे से घास काट कर भैंस के लिए चारा ले आते। यदि ईजा बाहर के कामों के लिए जातीं क्योंकि बाहर के काम ईजा को ज़्यादा पसन्द थे तो बाबूजी घर में खाना बनाकर तैयार कर देते।

ईजा मिलनसार स्वभाव की थीं। हमारी निकट से निकट की पड़ोस भी कम-से-कम एक फलांग की दूरी पर थी, तो भी कभी-कभी उन घरों की महिलाएँ ईजा को मिलने आतीं। ईजा हार्दिक प्रसन्नता से चहक उठतीं। उनका स्वागत-सत्कार करतीं, उनसे ख़ूब गपशप लगातीं, हँसतीं-हँसातीं और उनकी कोई भी व्यथा-कथा

सुनकर 'शिबौ-शिबौ' कहती हुई रुआँसी भी हो जातीं। ऐसे प्रवाह में समय जाने का ध्यान भी उन्हें नहीं रहता। शाम के कामों को शुरू करने के लिए देर होने लगती, तब स्त्रियाँ जातीं और ईजा जल्दी-जल्दी गायो, भैंसों या चूल्हे-चौके के काम में झटपट लग जातीं, तो भी बाबूजी समय पालन की सीख देते हुए उन्हें टोके बिना नहीं रहते। वे चूँकि जीवनभर फ़ौजी अनुशासन में मिनिट से मिनिट समय पालन के आदी रहे थे, अतः उन्हें समय के प्रति ढिलाई जमती नहीं थी। ऐसे मौक़ों पर ईजा कभी पलटकर कुछ बोलती न थीं। बस, हमारी ओर देखकर मुस्कुरा देती थीं और काम में जुट जाती थीं।

हमारी ईजा कला प्रेमी, उत्सव प्रिय और सुन्दर वस्त्रों की शौक़ीन थीं। अपनी युवावस्था या शायद किशोरावस्था से ही वे 'बिणाई' बजाती थीं। जब तक वे धुर्का के ग्रामीण वातावरण में रहीं, यह 'बिणाई' उनके गले में एक सुन्दर रंगीन डोरी में सदा ही लटकी पड़ी रहती थी। उन दिनों जब घास या लकड़ियों की गट्ठी बना ली जाती जब उसे उठाकर घर की ओर चलने का समय होने लगता तो उसके पहले वे अपनी साथी महिलाओं के साथ एक घड़ी बैठकर अपनी 'बिणाई' की हल्की व भावुक मधुर-स्वर लहरी में खो जातीं। जब कभी गायों को चुगाने जातीं या अनाज पिसाने घराट पर जातीं तो बैठने का अच्छा समय मिल जाता, अन्यथा कुमाऊँ की किसान महिलाओं को विशेषतः बहुओं को बैठने का इफ़रात-समय कहाँ मिलता है? ऐसे समय में डोरी में बँधी ईजा की बिणाई हाथों में आ जाती और मुँह में दाँतों के बीच उसके बाजुई भीतों को हल्के-से दबा लेती। दूसरे हाथ की एक अँगुली से बिणाई तार पर धीरे-धीरे झंकार देतीं और एक स्वर गूँज उठता, जिसमें मेरी ईजा व उनकी साथी महिलाएँ डूब जातीं।

धुर्का में ही नहीं, रामगढ़ में भी शादी-ब्याह, यज्ञोपवीत, नामकरण आदि के अवसरों के निमन्त्रण मिलते रहते थे। ईजा अच्छे वस्त्र पहनकर उनमें पूर्ण उत्साह से ख़ूब शिरकत करती थीं। महिला संगीत और रत्याली (बारात के वधू घर के लिए जाने के बाद उस रात को महिलाओं द्वारा होने वाला नृत्य, गीत का रंगीला कार्यक्रम) में भी महिलाओं के गीत सुनने व नृत्य देखने में उन्हें ख़ूब आनन्द आता था। उनका स्वर कोमल व मधुर था और कुछ गीत व भजन उन्होंने सुन-सुन कर अनायास ही सीख लिए थे, पर नृत्य या संगीत की कोई कलात्मक विधि उन्हें नहीं आती थी। उक्त अवसरों पर जब ढोलक-मँजीरे पर मस्त धुन चल रही हो, तब ईजा भी ठुमके लगाकर नाचने लगती थीं। उनके शरीर में एक लय-ताल तो थी ही।

उनके इस सहज नृत्य की एक मार्मिक याद मेरे अन्तर में बसी हुई है। उस वर्ष की होली मार्च के चौथे सप्ताह में पड़ी थी। उन दिनों ईजा लक्ष्मी आश्रम में रहा करती थीं। आश्रम में छात्राएँ और दीदियाँ होली ख़ूब मस्ती से, पर शालीनता से मनाती थीं। उस दिन होलिका दहन का अवसर था। आँगन में आग की धूनी जलाकर उसके चारों ओर रंगारंग कार्यक्रम बहनें कर रही थीं। ईजा अपनी आयु के चौथे कमज़ोर कालखण्ड में तो चल ही रही थीं, उन दिनों कुछ अस्वस्थ भी थीं। परन्तु इसके बावजूद भी वे रंगीन होली के ऐसे रंगीन मौक़े को नहीं छोड़ना चाहती थीं, जिसमें नाच, गीत व सामूहिक नृत्यों के साथ-साथ प्रहसन, हास्य रस के नाटक, नकलें लगाना आदि सभी विनोदपूर्ण कार्यक्रम हो रहे थे। वे उसमें शामिल होने अपने कमरे से चलकर आ गयीं। यही नहीं, दो कार्यक्रमों के अन्तराल में बिना किसी के निवेदन के स्वयं ही खड़ी हो गयीं, यह कहते हुए, "अब मैं भी नाचती हूँ।" लड़कियाँ ख़ुशी से चिल्लायीं, "हाँ आमा, आप नाचिये।" ईजा नाचने लगीं। ढोलक-मँजीरे की ताल पर पाँच-छह मिनट वे नाचती रहीं। फिर थक कर बैठ गयीं। उसके 12-15 दिनों के बाद तो वे संसार छोड़कर भी चली गयीं। उनका देहावसान 8 अप्रैल 1986 को हुआ था। लगा था, जैसे जीवन के अन्तिम दिनों तक उनके मन की उमंग बनी हुई थी।

ईजा को ईश्वर पर पूरा भरोसा था। वे कहती थीं, "दुनिया में जो भी भला-बुरा हो रहा है, सब ईश्वर कराता है। जिसे हम बुरा कहते हैं, उसमें भी कुछ भला छिपा है। हमारी मानवीय दृष्टि उसे देख नहीं पाती, बस यही फ़र्क़ है। ईश्वर तो सदा-सर्वदा भला ही करता है।" परन्तु ईजा बहुत कट्टर पूजा-पाठी और कर्मकाण्डी नहीं थीं। रस्मों व दस्तूरों की भी रुचि उन्हें न थी। शादी-ब्याह की सारी रस्में उन्हें जब दूसरी महिलाओं ने बतायीं तब उन्होंने अपने इकलौते बेटे की शादी में अपना परम्परागत भाग अदा किया था। उनकी बेटियों ने या तो शादी ही नहीं की या फिर गांधी विचार अथवा आर्यसमाज या सरल व संक्षिप्त पद्धतियों से कीं, जहाँ परम्परागत रीति-रिवाज़ का कोई स्थान न था। इतना दृढ़ संस्कार अवश्य ईजा में सदा बना रहा कि सुबह स्नान करके तथा शाम को हाथ-पाँव धोकर द्‌याप्ता थान (घर में बना देव स्थान) पर दिया जला देना व थोड़ी देर हाथ जोड़े हुए माँ दुर्गा, परिवार की इष्ट देवी का ध्यान करना। विधिपूर्वक लम्बे पूजा-पाठ का ज़िम्मा उन्होंने पिताजी पर छोड़ दिया था।

ईजा की कथा-शक्ति बड़ी प्रभावी थी। हमारे बचपन में वे कभी-कभी हमें कथा सुनाती थीं। उनका कथा भण्डार दादी के जैसा समृद्ध नहीं था।

ईजा शान्त व सहनशीलता प्रवण थीं तो बाबूजी प्रखर, तेज़ स्वभाव व तीव्रता प्रवण थे, परन्तु दोनों के स्वभाव में प्रेमभाव सर्वोपरि था। ईजा का कम बोलना बाबूजी को सम कर देता था, लेकिन निर्णायक मौक़ों पर ईजा निर्णायक स्वर में कारण सहित बोलकर बाबूजी के निर्णय को भी प्रभावित कर देती थीं। इसीलिए शायद हमारे दाज्यू अपने लिए कुछ निर्णय करवाना हो तो ईजा को ही बताते थे ताकि वे बाबूजी से उसे मनवा लें। मेरी बहनों ने आदर्श एवं विचारपूर्वक अन्तर्जातीय विवाह किये। बाबूजी के रहते इन विवाहों के निर्णयों में ईजा भी अपनी राय के साथ शामिल रहीं। पर बाबूजी के देहावसान के बाद हुई मेरी सबसे छोटी बहन की अन्तर्जातीय शादी का प्रस्ताव आने पर ईजा ने ही उसे स्वीकृत करने का निर्णय लिया। यहाँ तक कि इस निर्णय के विपरीत बोलने वाले जाति-भेद मानस वालों की एक न सुनी। उसके बाद पोतियों की शादियाँ भी अपरम्परागत विधियों से सम्पन्न करने का मौक़ा आया तो उनको स्वीकार करने में उन्होंने हिचक नहीं दिखायी। बेटियों व पोतियों के ससुराल वाले परिवारों को वे अपनी आत्मीयता से जोड़ लेती थीं।

ईजा बाबूजी के स्वभावों की भिन्नता ने शायद जीवन यात्रा को आसान बनाया था। सबसे बड़ी बात थी, दोनों में स्नेह तत्त्व की प्रमुखता। ईजा को पेप्टिक अल्सर की तकलीफ़ उनकी प्रौढ़ावस्था में प्रारम्भ हुई। खाने के बाद उन्हें उल्टियाँ हो जाती थीं। उल्टी की आवाज़ें सुनते ही बाबूजी चिन्तित हो जाते। उसके उपचार के लिए उस काल में जो उपलब्ध था, उसमें पहले ऐलोपैथी बाद में आयुर्वेदिक डॉक्टरों की दवाएँ कराने वे ईजा को लेकर अपनी पहुँच तक कहीं-कहीं गये, पर ऑपरेशन के नाम से दोनों ही घबराते थे। शायद उनके मन में कोई ग़लतफ़हमी होगी।

एक बार बाबूजी कुछ विशेष कार्यवश मुझे व मेरी बहनों को मिलने लक्ष्मी आश्रम, कौसानी आये। पहली शाम आये और दूसरी सुबह घर जाने की तैयारी करने लगे। हमने एक दिन और भी रुक जाने का अनुरोध किया तो वे बोले, "मैं नहीं चाहता कि तुम्हारी माँ को मैं दो दिन से अधिक अकेली छोड़ूँ। उसे समय से दवा दूँगा, समय से खाना दूँगा और उसके हाथ के कुछ काम भी मैं कर दूँगा, जिससे उसे आराम मिले।" कुछ रुककर भावभरे शब्दों में बोले, "उसने जीवनभर बहुत मेहनत की है, बेटा। कभी उसे आराम नहीं मिला। उसके सहारे से ही मैं जीवन में कुछ कर पाया। उसने मेरी सेवा जीवन भर की, मैं सोचता हूँ मैं भी उसकी सेवा कर पाऊँ। वह अकेली मेरी प्रतीक्षा कर रही होगी।" यह कहकर वे कौसानी से जाने वाली पहली बस से वापस चले गये।

कई चिकित्सकों के द्वारा इलाज किये जाने से उनके अल्सर की तीव्रता कम तो हो गयी, पर उनका रोग जड़ से नहीं गया। उसके कारण वे दुबली-पतली होती गयीं। बाबूजी कहते, "तुम्हारी ईजा के शरीर में अब मुट्ठीभर हड्डियाँ ही रह गयी हैं। जिस दिन वह हमें छोड़कर चली जायेगी, तब इस घर (परिवार) का क्या होगा?" शायद अपने पुरुष अहंभाव के कारण वे "मेरा क्या होगा?" नहीं कहते थे, पर वास्तव में ईजा के बिना वे अपने जीवन की कल्पना नहीं कर पा रहे थे।

बाबूजी ईजा के लिए चिन्तित थे, किन्तु बिल्कुल ही विपरीत घटित हो गया। लगभग चार मांह तक रोग शय्या में रहकर और उस लम्बी अवधि में ईजा की अथक सेवाएँ पाकर बाबूजी ही संसार से विदा हो गये। ईजा के जीवन का वह एक प्रकाश मानो बुझ गया। वे शब्दश: उस घर में अकेली हो गयीं, जहाँ कभी एक भरे-पूरे परिवार की उन्होंने परवरिश की थी। उनका वह परिवार अब दुनियाभर में फैल गया था। कोई कुछ महीने उनके साथ भले ही रहने को आ गयी, पर सदा साथ रहने की सम्भावना किसी की न थी। ऐसे समय में जब ज़िन्दगी एक टूटे खँडहर-सी हो रही थी, मेरे मामाजी ने अपने मझले बेटे को ईजा के साथ रहने को भेज दिया। उस पन्द्रह-सोलह वर्ष के किशोर बच्चे के साथ ईजा को दिन में समय पर भोजन व नाश्ता बनाने का आधार मिल गया और स्वयं भी खाने का निमित्त बन गया। बहनें आती रहीं, किसी तरह एक साल पूरा हुआ। ईजा का पहला पोता भी इस काल में पैदा हुआ। दाज्यू-भाभी घर पर आ गये, किन्तु ईजा अपने मन की रिक्तता को भर नहीं पा रही थीं। वार्षिक श्राद्ध के बाद मैं कुछ दिनों के लिए उनके साथ रह गयी थी। मैंने देखा, वे निरन्तर कमज़ोर होती जा रही थीं।

एक दिन आधी रात में मेरी नींद खुली तो देखा कि ईजा अपने बिस्तर में नहीं थीं। मैं बाहर आयी। वे घर के आसपास कहीं न थीं। बग़ीचे की क्यारियों से नीचे उतरी तो देखा ईजा सेब के एक पेड़ के नीचे बैठी रो रही थीं। वे याद कर रही थीं, "इस पेड़ की प्रूनिंग करते हुए पिताजी ने चाय मँगायी थी और ईजा चाय लेकर आयी थीं। दोनों ने इसी पेड़ के नीचे चाय पी थी। आज वे कहाँ चले गये?" ईजा उनको खोज रही थीं, इतनी लम्बी अवधि बीत जाने के बाद भी उनकी रात की नींदें व दिन का भोजन सामान्य व सहज नहीं हुए थे। उस रात ही मैंने तय किया कि ईजा को इन सेब के पेड़ों, इस फल बाग़ के परिसर तथा इस घर से दूर कुछ लम्बे समय के लिए ले जाना चाहिए अन्यथा यह यादें धूमिल नहीं होंगी।

यह निर्णय मैंने किया तो सही पर इसको क्रियान्वित करना आसान न था, "तुम्हारे बाबूजी की जगह को मैं नहीं छोड़ूँगी," ईजा का यह आग्रह बहुत दृढ़ था।

उनको अगले ही वर्ष मृत्यु के मुँह में न जाने देने का मन बनाकर मैं ज़बर्दस्ती उन्हें 'केवल एक मांह के लिए' कहकर साथ में लक्ष्मी आश्रम ले गयी। केवल एक माह वहाँ रहने के लिए वे राज़ी हुईं, पर उनकी सरलता का लाभ लेकर हमने उन्हें छह माह तक रामगढ़ नहीं पहुँचाया। इस लम्बी अवधि में तो वे आश्रम परिवार की आमा (दादी) ही बन गयीं। आश्रम में उनका मन लग गया मानो रामगढ़ और आश्रम उनके दो घर हो गये। इस प्रतीति से उन्हें एक नवीनता का अनुभव हुआ। एक नये स्थान से, नये लोगों, विशेषत: प्रेमल बच्चियों से उनका लगाव जुड़ गया, तो वे अपने मन की बिछोह व्यथा को जीत पायीं। आश्रम में भी उन्होंने एक उपयोगी व्यक्ति का स्थान बना लिया था। आश्रम गौशाला में कोई पशु बीमार हो, तो ईजा को पुकारा जाता और वे अपने अनुभवजन्य नुस्ख़ों का प्रयोग करके निश्चित रूप से उन्हें सहायता करती थीं और उन्हें सिखा भी देती थीं। वे छोटी पशु डॉक्टर जैसी ही थीं। उनकी सम्पर्कशीलता ने यहाँ भी अपना रंग जमाया था। आश्रम के आसपास के परिवारों में जाकर कभी-कभी वे एक-दो घण्टे गपशप लगाने में भी बिताती थीं। उनका सम्पर्क बिना भाषा जाने ही आश्रम में आने वाले अतिथियों तक पहुँच जाता था। ईजा को पता था कि अभिवादन का एक शब्द है—'गुड मॉर्निंग'। मेरी निकट मित्र मेरिया थ्यूगर आश्रम में आया करती थीं। वे डेनिश शिक्षिका व लेखिका थीं। ईजा की व उनकी एक आत्मीयता जुड़ गयी थी, जो बिना प्रत्यक्ष वार्तालाप के ही बढ़ती गयी थी। ईजा के पास उनसे बोलने का एक ही शब्द था—'मॉर्निंग-मॉर्निंग'। दिन के किसी भी पहर में वे मिलतीं तो ईजा हमेशा 'मॉर्निंग-मॉर्निंग' कहकर अभिवादन करतीं और हँस पड़तीं। सुबह के आठ बजे या शाम के पाँच बजे तक अभिवादन 'मॉर्निंग-मॉर्निंग' जुड़े हुए हाथ और वह मधुर हँसी। कुछ वर्षों पूर्व मैं डेनमार्क गयी थी तो अपने उम्र के चौरानवेवें वर्ष में मेरिया ईजा को उनकी खिलंदड़ तरीक़े से कही जाने वाली 'मॉर्निंग-मॉर्निंग' और उनकी उस विशेष लुभावनी हँसी को याद कर रही थीं। "माई ग्रेट फ्रेंड विथ हूम आई डिडंट स्पीक विथ वर्ड्स बट विथ आईज़।" (मेरी बहुत अच्छी मित्र, जिससे मैं शब्दों से नहीं आँखों से बोलती थी।) मेरिया का कहना था।

इस प्रकार आश्रम में रहना ईजा को अनुकूल हो गया था। वे अपने पास सब्ज़ियों के बीज छोटी-छोटी पोटलियों में बाँधकर रखतीं। जब जिस बीज को बोने का समय आता, उन पोटलियों को खोलतीं और अपने निवास के आसपास किसी कोने में बेलवाली बींस बो देतीं, किसी पेड़ के नीचे 'गेठी' बो देतीं या कहीं-कहीं ककड़ी, तुरई व लौकी के बीज डाल देतीं। ये बेलें बड़ी होतीं, फूलतीं-फलतीं

तो ईजा ख़ुद इनको बढ़ते हुए देखने का आनन्द लेतीं। उन्हें खाद व पानी देतीं। उन पौधों को दूसरों को दिखाने में भी उन्हें स्वयं अच्छा लगता था। उनकी उपज को देने व बाँटने में वे बड़ी सार्थकता का अनुभव करतीं।

मेरी ईजा एक काम और भी करती थीं। वह था, जब-जब मैं प्रवास पर कहीं को जाती तो वे चिन्ता करना प्रारम्भ कर देतीं और मेरे वापस आने तक चिन्ता करती ही रहतीं। यदि वापस आने में मुझे एक दिन की देर हो जाये तो उन्हें नींद भी नहीं आती। सोचती रहतीं, "कहीं पहाड़ से बस तो नहीं लुढ़क गयी?" मैं उनसे विदा होते समय विनोद में कहती, "ईजा, मैं अमुक दिनों के लिए यात्रा पर जा रही हूँ। आपको भी इतने समय तक का चिन्ता करने का काम मिल गया।" फिर सरल भाव से उन्हें समझाती कि मुझे यात्रा में क़ोई ख़तरा नहीं। खाना-सोना आराम सब ठीक से मिलने वाला है। शायद इससे उनकी चिन्ता कुछ तो कम होती होगी। इस प्रकार छह माह या एक साल की अवधि के लिए वे आठ-नौ सालों के अन्तर में कई बार आयीं। यहीं वे अन्तिम बार अस्वस्थ हो गयीं।

उनका अन्तिम और जानलेवा रोग वही अल्सर था, जो कम-ज़्यादा आधी ज़िन्दगी के एक लम्बे काल तक उनका साथी रहा था। अल्मोड़ा के ज़िला अस्पताल के प्राइवेट रूम में वे मृत्यु-शय्या पर पड़ी थीं। मैं उनकी सेवा में थी। उसी दिन मुझे बुलाकर डॉक्टर ने कहा था, "आप चाहें तो अपनी माताजी को कहीं बेहतर अस्पताल में ले जायें।" मैं डॉक्टर के इस वाक्य में छिपे सन्देश को समझ गयी। मैंने कहा, "यहाँ बिस्तर पर अपने लोगों के सामने से वे सदा के लिए विदा हों, यह मुझे मान्य है, परन्तु दूसरे अस्पताल की खोज में वाहन के झटकों व यात्रा से परेशान होती हुई कहीं आधी राह में वे अन्तिम साँस लें, यह मैं नहीं चाहती।"

मैंने पिछले दिन ही दाज्यू को बुला लिया था। उस दिन सुबह उनसे बातें करके ईजा सन्तुष्ट हुई थीं। बाज़ार में जाकर कौसानी से कान्ति को बुलाने के लिए फ़ोन कर दिया था। मैं उस दिन ईजा के पास एक या डेढ़ घण्टा बैठी रही, वे बातें करती रहीं। उन्हें लग रहा था कि वे अब नहीं रहेंगी। मैंने उनके मन में डाला था कि यदि वे नहीं रहीं तो बाबूजी के पास चली जायेंगी, यदि ठीक हो गयीं तो हमारे साथ रहेंगी। अचानक इस वाक्य को सुनने से उन्हें एक प्रसन्नता भरी राह मिली थी। "हाँ-हाँ, यह कितना सही कहा तुमने।" वे बोली थीं, और उनके चेहरे पर एक चैन फैल गया था मानो उन्होंने स्वयं को किन्हीं अदृश्य हाथों में सौंप दिया हो। "अब मैं तेरे बाबूजी के पास ही जाना चाहती हूँ।" उन्होंने कहा। वे सजग व स्थिर थीं। मैं दस क़दम पर कुछ लेने गयी, बस उसी क्षण उनकी तबीयत बिगड़ी। कोई मुझे बुलाने मेरे पीछे दौड़ी,

मैं भागकर आयी। उनकी वाणी बन्द हो चुकी थी, पर आँखें कुछ कह रही थीं। मैंने उनके कान में कहा, "ईजा, आप क्या बाबूजी के पास जा रही हैं?" उनकी आँखों ने निश्चित रूप से कुछ कहा, शायद वह ईजा के शब्दों में "होई जाणयूँ" (हाँ, जा रही हूँ) होगा। हम भाई-बहन मातृविहीन हो गये। पितृविहीन तो 10 वर्ष पूर्व ही हो गये थे। कान्ति व अन्य दो बहनें 'गीता' के पवित्र शब्दों द्वारा ईजा को विदा दे रही थीं। "वासांसि जीर्णानि यथा विहाय...।"

ख़बर को मानो पंख लग गये। अल्मोड़ा में जो ज़िले भर के मान्य प्रतिष्ठित लोग थे, वे सब कुछ मिनटों के भीतर ईजा की मृत देह के चारों ओर थे। जीप ट्रेलर के साथ कौसानी से आ चुकी थी। स्ट्रेचर पर मृत देह को लेकर ग़मगीन चेहरों वाले वे सद्भावी संवेदनशील लोग जीप तक गये। ट्रेलर में उस देह को सँभालकर रखा गया, जिसे अब दुख-सुख का भान ही न था। हम रामगढ़ को चले क्योंकि ईजा की इच्छा थी कि उनका अग्नि संस्कार उसी श्मशान घाट पर हो, जहाँ बाबूजी का हुआ था। हम अँधेरे में नौ बजे तक रामगढ़ पहुँचे होंगे। भाभी ने उसी बरामदे को लीप-पोतकर फूलों सहित तैयार किया था, जहाँ दस वर्ष पूर्व बाबूजी की मृत देह रखी गयी थी। रात भर वहीं इस देह ने भी विश्राम किया और दूसरे दिन हमारा आँगन रामगढ़वासियों से भर गया। वे ईजा की अर्थी उठाकर उसी श्मशान घाट पर ले गये, जहाँ दस वर्ष पूर्व बाबूजी की देह पंचतत्त्व में विलीन हो गयी थी। ईजा की चिता से उठते धुएँ को भी हम यानी मैं व भाभी अपने घर की सीढ़ियों में बैठी उसी प्रकार आकाश में विलीन होते देख रही थीं, जैसे दस वर्ष पूर्व बाबूजी की चिता को ईजा के साथ बैठकर मैंने देखा था। मेरा थका मन अन्दर ही अन्दर कह रहा था "विदा.. विदा ईजा... अलविदा..."

6

हमारे बाबूजी

बचपन में हम उन्हें 'बाज्यू' कहकर पुकारते थे। यह शब्द धुर्का व पट्टी मल्ला सालम की भाषा-बोली में 'पिताजी' के लिए उपयुक्त होता था। रामगढ़ आकर हम उन्हें 'बाबू' कहकर सम्बोधित करने लगे, जैसा कि रामगढ़ में हमारी उम्र के बच्चे अपने पिताजी के लिए कहा करते थे। मेरे जन्म व मेरी शैशवावस्था का मेरे बाबूजी के साथ एक नाज़ुक और बहुत निकट का सम्बन्ध स्वत: ही बन गया था। जब मेरे जन्म का वह विवाद उठा कि बाबूजी की नज़र भी मेरे चेहरे पर नहीं पड़नी चाहिए अन्यथा वे जीवित भी नहीं रहेंगे, तब बाबूजी मुझे मृत्यु से बचाने वाले रक्षक बनकर सामने आये थे। उनके पत्र ने अन्धविश्वास में उलझे व डरे हुए परिवार व गाँव को कोई अनिष्ट क़दम उठाने से रोक दिया था। "कोई बेटी अपने पिता के लिए अशुभ नहीं हो सकती," उनके इस वाक्य में बदले हुए सोच की ताज़ी हवा का झोंका था। "मेरी बेटी के लिए कुछ ग़लत किया तो मुझसे बुरा कोई न होगा," में मेरे लिए एक कवच था और "उसके पैदा होने के बाद मुझे प्रमोशन मिला, अत: वह अशुभ नहीं मेरे लिए शुभ है" लिखकर उन्होंने अन्धविश्वास ग्रसित समाज की बोलती ही बन्द कर दी थी।

फिर इस घटना के छह-सात माह बाद उन्होंने अपनी दो माह की छुट्टी में मुझे अपने हाथों में पाला था। पिता होते हुए भी एक माँ की प्यारभरी सेवा दी थी। उनके द्वारा की गयी मालिश, नहलाने, खिलाने और सुलाने से मैं बढ़ी थी। जीवन का वह वाक़या कहीं उनके दिल की किसी गहराई में रहा होगा, ऐसा मुझे लगता है क्योंकि जब मेरी कोई सफलता या प्रशंसा की बात उनके सामने आती तो उनकी आँखों की तरलता में वह तैर जाता था। गौरवान्वित होते हुए वे कहते थे, "ठीक ही कहा था पुरोहित पण्डित लक्ष्मीदत्त बुघाणी ने कि यह बेटी अपने पिता का यश बढ़ायेगी।"

कुमाऊँ की पर्वत शृंखलाओं और वादियों से घिरे उस अपने में सिकुड़े धुर्का गाँव से निकलकर नयी जीवन-राह खोजने के लिए गाँव की सरहदें लाँघने वाले गाँव के पहले अनपढ़ युवक थे मेरे बाबूजी, जिन्हें कुछ गाँव के अनौपचारिक स्कूल के

पण्डितजी ने पहली कक्षा में फेल कर दिया था क्योंकि वे पण्डित जी की माँ के श्राद्ध के लिए वांछित सामग्री नहीं ले जा पाये थे। अपने अकेले दम पर एक अनजाने समाज सागर में कूद पड़ने का यह साहस उस काल की स्थितियों के लिए एक अदम्य साहस ही था। यहीं से उनकी एक परिवर्तनकर्ता और नयी राह के खोजक की अन्त:स्फूर्ति और मनोभूमिका सामने आती है। आम लोग शादी के बाद घर की ओर आकर्षित होते हैं, परन्तु बाबूजी घर से निकल गये क्योंकि उनके पास शादी से अधिक महत्त्वपूर्ण कुछ खोजने को था।

मुझे नहीं मालूम कि उन चार-पाँच वर्षों में घर-गाँव से बाहर वे कहाँ-कहाँ भटके होंगे? ब्रिटिश सेना में भर्ती होने की अपनी महत्त्वाकांक्षा को मूर्त रूप देने में उन्हें कठिनाई हुई थी, यह मुझे मालूम है। वे सुन्दर, सुशोभन, स्वस्थ युवक थे। पुष्ट, ऊँची देहयष्टि और स्फटिक श्वेत दन्त पंक्ति, प्रभावशाली व्यक्तित्व तथा सभ्य वाणी-व्यवहार था, किन्तु ब्राह्मण कुल से होने के कारण उन्हें सेना में प्रवेश नहीं मिला। बाबूजी का स्वभाव था कि जो ठान ली, उसको करके ही छोड़ना। दुबारा प्रयास किया। इस बार पण्डित कमलापति भट्ट नहीं, 'कमलापति सिंह' होकर। सेना में प्रवेश मिल गया। एक साध पूरी हो गयी। सेना में ही पढ़ाई की। हिन्दी व अंग्रेज़ी पढ़ना सीखा। रोमन लिपि में हिन्दी की पढ़ाई व लिखाई करते थे। रोमन में पढ़ने से हिन्दी शब्दों का उच्चारण प्रचलित तरीक़े से नहीं करते थे। रोमन में ही हिन्दी भी पढ़ते, अत: उसका वैसा ही उच्चारण भी करते थे।

सेना के प्रशिक्षण काल से कुछ अवकाश मिला तो वे वर्षों बाद घर गये। तभी ईजा को लेने उनके मायके भी गये। सेना में जाने से ही उनके लिए धुर्का की ज़िन्दगी की सीमित सोच की दीवारें ढह गयीं। सेना की सेवा के दौरान उन्हें अपना पूरा देश ही नहीं, देश के बाहर की दुनिया का भी एक अंश देखने को मिला। ब्रिटिश फ़ौज की वह टुकड़ी किन्हीं कारणों से खाड़ी देशों में भेजी गयी होगी, जहाँ उन्होंने भारत से भिन्न भी कुछ जीवन देखा। वे उस समय के शिक्षित परिवारों, उनके जीवन स्तर और उनका व्यवहार भी देख रहे थे। उनका मानस बदल रहा था। वे नये विचारों के प्रति उत्सुक और आकर्षित हो रहे थे। उसके साथ-साथ अपने व अपने परिवार की जीवनशैली को बदलने का उत्साह उनमें पैदा हो रहा था।

उन्हें अपने चिन्तन में यह स्पष्ट होने लगा था कि पहाड़ी दुर्गम कन्दराओं, जंगलों व विषम स्थितियों से घिरा हुआ उनका ग्रामीण समाज कई प्रकार से एक डरा हुआ समाज था। वे लोग पुरानी रूढ़ियों से भी डरते थे और नयी बात, नयी शुरुआत से भी क्योंकि उन्हें उसका ज्ञान न था। अज्ञान ही डर का कारण था।

इससे जीवन का आरोहण रुक-सा गया था। ज़िन्दगी किसी डबरे में सिमट-सी गयी थी। मैं आज सोचती हूँ, वह समाज सीमित था, पर अपने में सन्तुष्ट और एक-दूसरे से घनिष्ठ जुड़ाव वाला था, पर मेरे बाबूजी तो उस समय की दृष्टि से किसी विकास की खोज में थे। वे कहा करते थे, "धुर्का जैसे गाँव के हम व हमारे लोग आदिवासी नहीं कहलाते, पर आदिवासियों से भी पिछड़ी ज़िन्दगी जी रहे हैं।" बाबूजी ने पीढ़ियों से पोषित भ्रमों, जैसे जागर लगाना, देवता, भूत या छल पूजना आदि को मिटाने के प्रयास किये। स्वयं अपने जीवन से जागर, बलि प्रथा, छल पूजना आदि को हटा दिया। धुर्का गाँव के निवासी दुर्गा देवी के मन्दिर के आधिकारिक पुजारी थे और देवी की पूजा बकरों की बलि चढ़ाकर की जाती थी, पर जब से समझ आयी, बाबूजी ने कभी बलि की भेंट नहीं चढ़ाई। उन्होंने देवी माँ को नारियल फल चढ़ाना प्रारम्भ किया। वे अपनी इष्ट देवी को बहुत मानते थे। गाँव से रामगढ़ आ जाने पर उन्होंने अपने घर के पास ही एक छोटे-से देवी मन्दिर का निर्माण किया था। वे प्रतिदिन उसमें पूजा करते थे। सुबह पौ फटने के बहुत पहले उनका स्नान व पूजा, दुर्गासप्तशती का पाठ पूरा होकर शंखध्वनि बज उठती थी। हम उस शंखध्वनि को सुनकर ही बिस्तरों से उठते थे।

वे गहरे धार्मिक व्यक्ति थे। अपने ढंग से 'गीता' का भी अध्ययन उन्होंने किया था। उनकी इसी नीतिमत्ता व धर्मचेतना के कारण वे उस गाँव के आदर्श पुरुष माने गये थे। बाबूजी का हृदय उदार व विशाल बनता गया था। जब वे फ़ौज से छुट्टियों में धुर्का गाँव आते थे तो केवल अपने संयुक्त परिवार ही नहीं, केवल अपने निकट पड़ोसी ही नहीं, 22-25 आवासियों वाले उस पूरे गाँव के हर परिवार के लिए नारियल व मिश्री लाते थे। प्रौढ़ों व वृद्धों के लिए तम्बाकू की पिण्डी लाते थे। (तब चाय का प्रचलन उन गाँवों में नहीं था) और माताओं-बहनों व बहुओं के लिए सूती साड़ियाँ लाते थे। पूरे गाँव के लिए उनका छुट्टी पर आना मानो एक उत्सव या त्यौहार ही हो जाता था।

इसी विचार-आरोहण की प्रक्रिया में उन्होंने अपने बच्चों को शिक्षा दिलाने का निश्चय किया। परिवार, गाँव व क्षेत्र में इस प्रकार के नये विचारों के प्रति उपेक्षा भाव था। शायद गाँव को भय था कि उनकी स्थापित जीवनशैली कहीं लीक से लुढ़क न जाये, पर बाबूजी को तो अपने परिवार से प्रारम्भ करके गाँव की नयी पीढ़ी को भी परिवर्तित करना था, जिसका प्रारम्भ वे अपने स्वयं के परिवार से करना चाहते थे। यही सही प्रारम्भ भी था। 'चैरिटी बिगिंस फ्रॉम होम।'

मैं सोचती हूँ, उनकी जीवनशैली में मूल्यों का व्यवहार परिवर्तन वास्तव में तब से प्रारम्भ हुआ, जब वे अपनी युवा पत्नी, जो हिन्दी बोलना तो दूर, जिन्होंने किसी को हिन्दी में बोलते हुए भी न सुना था न देखा था, को अपने साथ सेना की छावनी में रहने ले गये। मैं सोचती हूँ, वह शायद बरेली की सैनिक छावनी थी क्योंकि उस यात्रा में ईजा की हालत बस में चक्कर और उल्टियाँ आने से ख़राब हुई थी। बाद में ट्रेन में भी उन्हें चक्कर आते रहे थे, क्योंकि उसके पहले वे कभी किसी प्रकार के वाहन में नहीं बैठी थीं। छावनी के उस फ़ैमिली क्वार्टर में स्वयं ईजा के जीवन में परिवर्तन आना प्रारम्भ हुआ। बाबूजी ने, जहाँ तक मुझे कुछ सुनी हुई बातों की धुँधली, अधमिटी-सी याद है, ईजा को भी ख़ुद से ही पढ़ाने-लिखाने की कोशिश भी की थी, परन्तु वहाँ से गाँव में आकर ईजा ने अपनी निकटतम सहेली को भी यह बात नहीं बतायी होगी अन्यथा उनका जमकर मखौल उड़ाया जाता और बात एक घण्टे में पूरे गाँव में फैल जाती। लोग हँसते और ताने कसते।

हमारे गाँव ही नहीं, उस क्षेत्र के अनेक गाँव के लोग इसी प्रकार शिक्षा पाने पढ़ाई-लिखाई को जीवन के लिए अनावश्यक मानते थे। वे लड़कों की पढ़ाई को भी जीवन के लिए उपयोगी नहीं मानते थे क्योंकि उनकी जीवनचर्या धरती और मिट्टी के साथ चल रही थी और इस काग़ज़ी पढ़ाई, इस हवाई जानकारी का कोई सन्दर्भ उनके जीवन से नहीं जुड़ा था। "पढ़ना क्यों? क्या अब वह हल नहीं चलायेगा?" उनका रटा-रटाया जुमला था। लड़कियों की पढ़ाई पर तो मुँह बिचकाते व कहते, "अब क्या वह मडुवा (रागी) नहीं गोड़ेगी? घास नहीं काटेगी?" उनके मन मानस में लड़की घास काटने व मडुवा गोड़ने मात्र के लिए ही जन्मी थी। ऐसे विपरीत मानस को लाँघकर अपने बच्चों को शिक्षा देने का संकल्प यदि पूर्ण दृढ़ हो, तभी सफल हो सकता था। साथ में एक बाधा यह भी थी कि हमारे गाँव से सात-आठ किमी. की दूरी तक विद्यालय का नाम भी न था। अटूट प्रतिबद्धता और अदम्य संकल्प शक्ति के बिना बाबूजी का यह शिक्षा अभियान सफल नहीं हो सकता था। मेरे बाबूजी में निश्चित रूप से ये दोनों शक्तियाँ थीं।

जब मैं और मेरे दाज्यू छोटे रहे होंगे तब एक बार पुनः हमारा परिवार सेना-छावनी के फ़ैमिली क्वार्टर में रहने गया। वहाँ के सैनिक स्कूल में दाज्यू की विधिवत् पढ़ाई शुरू की गयी। शायद उसके पूर्व किसी प्रकार उन्हें थोड़ा-बहुत घर पर ही पढ़ाया गया था, जिससे वे एकदम प्रारम्भिक क्लास से आगे की क्लास में प्रवेश पा सके। वे रोज़ सुबह साफ़ गणवेश व चमकते बूट पहनकर और

एक बैग पीठ पर लेकर स्कूल को निकलते तो मुझे उनके साथ स्कूल जाने का आकर्षण होता।

बाबूजी अपने काम पर चले जाते। तब ईजा ही घर पर होतीं। मैं उनके सामने विद्रोही मुद्रा में रोना-धोना मचाती कि मुझे स्कूल क्यों नहीं भेजते? वे मुझे जितना ही मनातीं, कुछ खाने को देतीं, मैं उतनी ही ज़ोर-से पैर पटकती, आँसू बहाती, हंगामा मचाती और एक ही वाक्य रटती जाती, "मुझे भी पढ़ना है।" दो-चार दिनों तक ईजा को रोज़ सबेरे यह तमाशा झेलना पड़ा, तो उन्हें बाबूजी को बताना ही पड़ा, "ये हर रोज़ बहुत तंग कर रही है। इसे दो-चार झापड़ लगाइये, तो ठीक हो जायेगी।" परन्तु बाबूजी ने झापड़ नहीं लगाये बल्कि अपनी यूनिट के मन्दिर के पुजारीजी के पास गये। उनसे निवेदन किया कि वे सुबह की मन्दिरसेवा के बाद दिन के अपने ख़ाली समय में एक घण्टा उनकी बेटी को पढ़ना-लिखना सिखा दें। लड़की को पढ़ाने की बात सुनते ही पुजारीजी तो चौंक पड़े। फटाक-से बोले, "लड़की को कभी मत पढ़ाना, हवालदार!! नहीं तो वह हाथ से निकल जायेगी।" बलिया के रहने वाले पुजारीजी ने उस काल में वहाँ का सामान्य मानस व्यक्त किया था। उन्होंने अपना अनुभव बताया, पर बाबूजी अपनी धुन की रौ में उनकी नेक सलाह नहीं मान सके। बोले, "आप पढ़ाते हुए उसे पीटिये, मारिये ताकि वह ख़ुद ही पढ़ना छोड़ देगी तो देखेंगे। अभी तो कृपा करके कुछ समय निकालें।"

दूसरे ही दिन बाबूजी ने मेरे लिए काली पाटी और सफ़ेद खड़िया तैयार कर दी। उसे देखकर मेरा मन बाँसों उछलने लगा। पण्डितजी दूसरे दिन से दोपहर में आने लगे। मैं पहली बार उनके पास अपनी पाटी और दवात लेकर बैठी। देखा, पण्डित जी के चेहरे पर ज़रा भी मुस्कान नहीं थी। एक प्रकार का सख़्तभाव उनकी काली दाढ़ी से और कठोर लग रहा था। मेरे बाबूजी का चेहरा तो साफ़, कोमल था और कभी-कभी ही कठोर होता था अन्यथा तो उनकी हँसी चेहरे पर बिखरी रहती थी, पर ये पण्डितजी कैसे हैं? मैं कुछ डर गयी। पहले ही दिन से दहशत मन में भर गयी, पर बाबूजी तहेदिल से मुझे पढ़ाना चाहते थे और मेरा बाल हृदय भी ईमानदारी से पढ़ना चाहता होगा। अत: दहशत को दबाकर मैं पढ़ने लगी। दस-पन्द्रह दिनों में ही छोटी-बड़ी ग़लतियाँ आने लगीं, जैसे, "यह 'ह' इतना लम्बा कैसे बना दिया?" पण्डितजी पूछते, "किस हाथ की अँगुलियों ने ऐसा 'ह' लिखा? फ़र्श पर हाथ रखो।" उनके पास हर समय रहने वाली उस बेंत से वे मेरी हथेली पर नहीं, उल्टे हाथ की अँगुलियों पर मारते थे। दर्द से मेरे गालों पर आँसू लुढ़क पड़ते। गिनती बोलते-बोलते कभी-कभी मैं पन्द्रह के बाद अट्ठारह बोल जाती, तो कहते,

"कैसे भूल गयी? बाहर जाओ, दो कंकड़ लाओ, उनको एक कान की पतली गोदनी के नीचे व एक ऊपर रखो, अब कंकड़ों को दबाओ।" मेरी अँगुलियाँ काँपतीं, पर मैं दबाती न थी। तब पण्डितजी अपने हाथ से मेरी अँगुलियों को एक पल के लिए स्वयं ही दबा देते। कंकड़ों से मानो मेरे कान की गोदनी दर्द से तड़प उठती। ऐसा लगता मानो प्राण ही निकल जायेंगे। मैं तो उनके दबाने के पूर्व ही होंठ टेढ़े करके रोने लगती।

एक घण्टे की मेरी पाठशाला पूरी करके मैं भीतर ईजा के पास जाती तो वे कहतीं, "हर रोज़ आँसुओं की धाराओं के दाग़ गालों पर लेकर भीतर आती हो। ऐसी पढ़ाई करनी ही क्यों है, जिसमें रोज़-रोज़ प्राण झुरते हों? कल से मत जाना पढ़ने को।" पर दूसरे दिन फिर पण्डितजी आते। दरवाज़ा खटखटाते और मैं पाटी लेकर हाज़िर हो जाती। ईजा को मेरा यह पागलपन समझ में नहीं आता, परन्तु वे वहाँ के रिवाज़ के अनुसार परपुरुष के सामने नहीं जा सकती थीं अन्यथा सम्भव है, वे पण्डितजी से पूछ ही लेती, "मेरी फूल-सी बिटिया की यह कैसी पढ़ाई हो रही है?" ईजा बाबूजी के सामने अवश्य घुनघुनायी। बाबूजी ने एक भारी वाक्य कहकर उन्हें चुप करा दिया था, "ज्ञान सेंत-मेंत में नहीं प्राप्त होता। कष्ट तो उठाना ही पड़ेगा।"

लगभग एक साल के बाद पण्डितजी का तबादला हो गया और उनकी विदाई-पार्टी आयोजित की गयी। बाबूजी का पार्टी में जाना तो अनिवार्य ही था क्योंकि उन पर पण्डितजी का उपकार था कि उन्होंने मुझे एक साल तक पढ़ाया था। बाबूजी ने मुझे भी साथ ले लिया यह कहकर कि "वे तुम्हारे गुरुजी हैं। तुम भी उन्हें धन्यवाद का नमस्कार कहने चलो।" यही उन्होंने पण्डितजी से मिलकर उन्हें भी कहा, "आपने इसको पढ़ाया, इसके ज्ञान-चक्षु खोले हैं, यह आपको धन्यवाद का प्रणाम करने आयी है।" मैं बाबूजी की टाँगों के पीछे छिपी जा रही थी। पण्डितजी ने गोद में उठा लिया। मैं तो सिहर गयी। शायद इसलिए कि उनके साथ यह रिश्ता यानी गोद में जाने की सहजता कभी बनी ही न थी। उनकी कठोर मूर्ति और उसका डर, इसकी ही मुझे आदत थी। पण्डितजी ने मुझे अपने कन्धे से लगाते हुए एक महत्त्वपूर्ण बात कही, "पण्डित, इस बेटी को जहाँ तक हो सके, वहाँ तक तुम ज़रूर पढ़ाना। ये बहुत होशियार है।" पण्डितजी अपने पुराने मानस व विश्वास को बदल चुके थे। कौन जाने 'लड़की के हाथ से निकल जाने' का भय अब भी उनके मन में था या नहीं? उनके शब्दों ने मेरे बाबूजी का सीना चौड़ा कर दिया था और उनके संकल्प को और मज़बूत कर दिया था। ऐसी थी मेरी पढ़ाई की शुरुआत, जिसमें मेरे बाबूजी ने अपने दृढ़ संकल्प को धरातल पर उतारने की अथक कोशिश

की थी। मेरी पढ़ाई की यह स्रोतस्विनी कितनी बाधाओं व विघ्नों के बीच भी कब तक बहती रही और कब उसका भरापूरा प्रवाह रेत में विलीन हो गया, यह अगले अध्यायों में आयेगा।

मेरठ छावनी की एक घटना बाबूजी के स्वभाव को समझने में सहायता करेगी। वे गर्मियों के दिन थे, बाबूजी 'लंच आवर्स' में घर पर आये और भोजन करके लेट गये। अर्दली सूरजबख़्श सिंह छत से लटके पंखे की डोरी खींचकर उनको पंखा झलने लगा। सोने के पूर्व बाबूजी ने दाज्यू और मुझे हिदायत दी, "बाहर बहुत गर्मी है, धूप में नहीं जाना है। कमरे में रहकर अपना होमवर्क (पढ़ना-लिखना आदि) करना नहीं तो लू लग जायेगी।" यह कहकर बाबूजी अपने कमरे में जाकर सो गये। उनकी नाक बजने लगी तो दाज्यू ने खुसपुस स्वर व आँखों की भाषा में मुझसे कुछ कहा और दबे पाँव हम बाहर निकल गये। घर के पास ही इमली का बड़ा-सा पेड़ था। वही हमारे आकर्षण का केन्द्र था। दाज्यू उस पर ऊपर की शाखाओं में चढ़कर इमली तोड़ने लगे, और मैं नीचे की डाल पर बैठी इमली खा रही थी। वह खटमिट्ठा स्वाद! कितना समय बीता, हमें इसका ख़याल ही कहाँ था? बाबूजी उठे तो देखा, बच्चे नदारद। फ़र्श पर हमारे काग़ज़-पत्र, किताब-दवात और क़लम-पेंसिलें बिखरी पड़ी थीं। उनकी अवज्ञा की गयी। उनके क्रोध को जाग्रत करने के लिए इतना ही काफ़ी था। ग़ुस्से में उन्होंने अपना काला रोलर हाथ में लिया और बाहर निकले। दाज्यू यद्यपि पेड़ पर मुझसे भी ऊपर चढ़े थे, पर बाबूजी को देखते ही वे फुर्ती-से नीचे उतरे और छोटा-सा सूखा नाला फाँदकर उस पार मैदान में भाग गये। मैं तो नीचे की टहनी पर थी। उस पर से उतरने में मुझे इतना समय लगा कि बाबूजी पास में आ गये। उन्होंने रोलर से मुझे मारा तो वह मेरी कलाई में लगा और काँच की एक चूड़ी टूट गयी, उसका एक टुकड़ा कलाई में चुभ भी गया। कुछ ख़ून भी निकल आया। तो भी मैं भागकर दाज्यू के पीछे ही चली गयी। बाबूजी ग़ुस्से में बड़बड़ाते हुए घर के भीतर जाते हुए कह गये, "चलो, जल्दी घर के भीतर आओ।" पर हम घर के भीतर जाते भी तो कैसे? हम विद्रोही बन गये थे। मेरे हाथ से निकली ख़ून की दो बूँदों ने हमें भी नाराज़ कर दिया था। दाज्यू ने ही इस घटना को यह रूप दिया था, "बाबूजी कैसे निर्दयी हैं? उन्होंने तेरे हाथ में मार दिया, ख़ून भी निकाल दिया। हम उनके घर में नहीं जायेंगे।"

दाज्यू मेरा हाथ पकड़कर, मैदान में कहीं भी चलते रहे। कुछ नयी जगहें, जहाँ मैं इसके पहले कभी गयी ही नहीं थी। कुछ नयी झाड़ियाँ, बड़े-बड़े पेड़, उनके बड़े-बड़े सूखे पत्ते ज़मीन पर गिरे हुए। हमारे घरों की क़तार के पीछे दूर कहीं कूड़ा

डालने का एक स्थान। उस पर कूड़े का बहुत बड़ा-सा ढेर। यह सब नया-नया देखने का मेरे मन में आश्चर्य था, पर नयेपन का डर भी था। मैंने कूड़े का ढेर देखते ही दाज्यू का हाथ कस के पकड़ लिया था क्योंकि इतने बड़े ढेर को देखकर मैं डर गयी थी। दाज्यू डरना तो दूर, उस ढेर में से कुछ खोजने लगे थे। उसमें से उन्होंने एक घिसी-पिटी पीतल की मूठ वाली छड़ी ढूँढ़ ली थी। उसे घुमाते हुए वे मुझे लेकर हमारे घर के पिछवाड़े के लॉन से बाहर बने हेज (हरी बाड़) के पीछे की खुली जगह में पहुँच गये। वहाँ पहुँचकर शायद दाज्यू का मार्गदर्शन पूरा हो गया। अतः हेज के पीछे हम दोनों बैठ गये। एक बार पुनः बाबूजी के प्रति विद्रोह का झण्डा उठाते हुए दाज्यू ने कहा, "कितने निर्दयी हैं? हम उनके घर में नहीं रहेंगे। बाबूजी के घर में नहीं रहेंगे", इस वाक्य ने मुझे भय से मानो हिला दिया।

"नहीं रहेंगे? फिर रात में कहाँ सोयेंगे?" मैंने डरकर पूछा, "यहीं सोयेंगे। इस हेज के किनारे पर सो जायेंगे।" दाज्यू ने कहा। मैंने इधर-उधर देखकर अपना मन तैयार कर लिया और कहा, "अच्छा? हाँ, यहीं सो जायेंगे।" अब हम रात के लिए व्यवस्थित हो गये थे, पर खाने का क्या होगा? यह सवाल अनुत्तरित था।

हमारे घरवालों की आँखें बराबर हमारा पीछा कर रही थीं। वे देख रहे थे कि हम आसपास ही मँडरा रहे थे। अब सूर्यास्त का समय भी समीप था। इतनी देर घर से बाहर रखकर उन्होंने हमें काफ़ी सज़ा दे दी थी, अतः थोड़ी देर में सूरजबख़्श सिंह आ गये। "चलो घर को, साहब बुला रहे हैं।" उन्होंने कहा। दाज्यू ने तुरन्त उत्तर दिया। "नहीं, हम घर नहीं जायेंगे। हम नाराज़ हैं। देखो राधा का हाथ। हम रात को यहीं पर सोयेंगे"। मैं केवल दाज्यू व सूरजबख़्श का चेहरा बारी-बारी से देखे जा रही थी। सूरजबख़्श हँसे और "चल बिटिया" कहकर उन्होंने हम दोनों की एक-एक बाँह पकड़ी और उछालकर हमें अपने दायें-बायें कन्धों पर बिठा लिया। सूरजबख़्श गहरे साँवले रंग के थे। ख़ूब हट्टे-कट्टे और लम्बे-चौड़े। जब वह हमें घर की ओर ले चले, तो लगता था मानो एक काले सुमेरु पर्वत पर दो उजली मूर्तियाँ रखी हों। दाज्यू और मैं शान्ति से सूरजबख़्श की सवारी कर रहे थे। कन्धों से उतरने की कोई छटपटाहट दाज्यू में ही न थी, मुझमें तो कहाँ से होती? इसका अर्थ निर्दयी बाबूजी के दयापूर्ण घर में जाने की आकुलता हमारे मन की गहराई में थी ही, विद्रोह तो ऊपर से था। घर पर ले जाकर सूरजबख़्श ने हमें उतार दिया। मैं दौड़कर ईजा से चिपक गयी। दाज्यू को भी ईजा ने अपनी ओर खींच लिया। बाबूजी ने ईजा से कहा, "आज बच्चों के लिए अच्छी-सी खीर बनाओ। सूरजबख़्श कैंटीन से दूध लेकर आये।" फिर बोले, "मैं इन दोनों को नहलाता हूँ। दिन भर नंगे पाँव कहाँ-कहाँ तो

चलते रहे हैं?" साबुन-पानी से हमें नहलाते हुए बाबूजी हमें बताते रहे कि लू कैसे लगती है और उससे लोग कैसे बीमार हो जाते हैं? हम अपने निर्दयी बाबूजी की सहृदय स्नेहसेवा से उल्लसित हो गये। स्नान के बाद स्वच्छ कपड़ों में हमने बाबूजी के साथ बैठकर खीर खायी। ईजा हमें परोस रही थीं। पारिवारिक ऊष्मापूर्ण वातावरण ने हमारे मनों को शान्त व स्वच्छ बना दिया था।

मेरठ छावनी की ही एक और स्मृति है। वहाँ का ग्रीष्म ताप हम पहाड़ियों के लिए कष्टकारक तो होता ही था। साथ में कभी कुछ फोड़े-फुंसियाँ भी निकल आती थीं। जब मौसम बदलता था और मानसून पहुँचता था, वर्षा की पहली फुहार झमाझम बरस उठती थी। तब बाबूजी स्वयं भीगते हुए हमारे घर के बीच में चारों ओर से घिरे आँगन को झाड़कर सारी धूल बहा देते थे। उसकी निकास-नाली पर एक बड़े-से कपड़े को ठूँसकर पानी को बहने से रोक देते। उनके इस सफ़ाई काम में हम दोनों भाई-बहन भी जुड़ जाते। छोटी बहन कान्ति इतनी छोटी थी कि उसे पानी में नहीं उतरने देते थे, पर हम भी तो सफ़ाई कम करते, अपने चेहरों को आकाश की ओर करके उन पर वर्षा की बूँदों के गिरने का आनन्द अधिक लेते थे। आँगन में इतना पानी जमा हो जाता कि वह साफ़ पानी का सुन्दर तालाब बन जाता। बाबूजी हमें उस तालाब में देर तक खेलने देते। हम एक-दूसरे पर पानी उछालते, दोनों हाथों से पानी को छपकाते। बाबूजी का कहना था, "चौमासे की पहली वर्षा ग्रीष्मऋतु की सारी गरमी को निकालने वाली स्वास्थ्यवर्द्धक वर्षा होती है।" बाबूजी के साथ इस प्रकार के मुक्त क्षण हमें कम ही मिलते थे। ज़्यादातर तो हम उनसे डरते ही थे, क्योंकि वे अनुशासन का आग्रह रखते थे। वर्षा उत्सव जैसे ऐसे क्षणों में वह डर न जाने कहाँ काफ़ूर हो जाता था? बस, आनन्द ही आनन्द रह जाता था।

बाबूजी की दृष्टि से उनकी फ़ौजी नौकरी और उनके परिवार में सब ठीक से चल रहा था, तभी द्वितीय विश्वयुद्ध फूट पड़ा था। उनकी सेना में सनसनी फैल गयी। सब काम तेज़ी से होने लगे। सबको दिन-रात सावधान रहना था। कभी भी किसी बटालियन को कूच का आदेश मिल सकता था। जो फ़ौजी अपना परिवार लेकर छावनियों में रह रहे थे, उन्हें अपने परिवारों को अपने घरों पर पहुँचाने के लिए छुट्टियाँ दे दी गयी थीं। हर क्वार्टर में सामान पैक हो रहा था। जाने के पूर्व एक-दूसरे के परिवार से विदाई लेने का ताँता लगा था। आँखों में डर, चेहरों पर तनाव तथा वाणी में अनिश्चितता के बीच की ये विदाइयाँ कभी तो खड़े-खड़े ही सम्पन्न होती थीं। बैठने व आराम से बतियाने का समय या दिल में धैर्य न था। उस वातावरण में बाबूजी कुछ गम्भीर व सख़्त नज़र आते थे। वे हम सबको हमारे

माल-असबाब सहित धुर्का ले आये। उनके पास छुट्टियों के दिन बहुत सीमित थे। बाबूजी का मन-मस्तिष्क बहुत दूर की सोच रहा था, "मुझे भी युद्ध क्षेत्र में जाना ही पड़ेगा। वहाँ से जीवित लौटूँ या न भी लौटूँ, शायद नहीं ही लौटूँगा। इसी दिन के लिए ही तो यह ज़िन्दगी हमने सेना को सौंपी है। तब मेरे मिशन का क्या होगा? बच्चों की शिक्षा का क्रम आगे कैसे चलेगा? इस गाँव में तो उसका कोई अवसर मिलेगा नहीं।"

उन्हें नैनीताल ज़िले के रामगढ़ स्थान का ध्यान आया। रामगढ़ में सेब, आड़ू, ख़ुबानी, प्लम, नाशपाती आदि के बड़े-बड़े बाग़ थे। उस काल में उनके मालिक अधिकांश तो अंग्रेज़ लोग ही थे। हमारे गाँवों के कुछ नवयुवक इन बाग़ानों में नौकरियाँ करते थे। उन्हीं से पता चला था कि रामगढ़ में दो प्राइमरी स्कूल बड़े लम्बे समय से थे और उससे अगली क्लासों के लिए हाईस्कूल हाल में ही आर्यसमाज के संन्यासी श्रीनारायण स्वामीजी ने प्रारम्भ करवा दिया था। जहाँ रामगढ़ व आसपास के बच्चे कम-से-कम हाईस्कूल तक की पढ़ाई तो कर ही लेते थे। हाईस्कूल उन दिनों की सोच के अनुसार गाँववासियों के लिए उच्चतम शिक्षण माना जाता था। अगली सुबह ही बाबूजी रामगढ़ के लिए चल दिये। उन पहाड़ों में तब यात्रा का एकमात्र तरीक़ा चलना ही था। सामान्य तौर पर दो दिन की यात्रा को एक दिन में पूरी करके रात के पहले प्रहर तक वे रामगढ़ पहुँचे। दूसरे दिन हाईस्कूल से एक किमी. की दूरी पर एक गाँव खान, बोहराकोट में एक मकान की ऊपरी मंज़िल किराये पर लेने में बाबूजी सफल हो गये। उस गाँव के लोग बाबूजी के मिलनसार स्वभाव, शालीन वाणी तथा सेना में सूबेदार के पद से प्रभावित हो गये थे। अतः उन्होंने गाँव से कुछ हटकर अपने छोटे से बग़ीचे के बीच बने एक मकान को किराये पर देना स्वीकार कर लिया अन्यथा उनके गाँव में मकान किराये पर देने का रिवाज़ था ही नहीं।

बाबूजी रामगढ़ से वापस धुर्का आये। सर्वप्रथम दादा जी को उनका शिक्षा-मिशन समझाने का प्रयास किया। बाबूजी के इस पागलपन की उपयोगिता को दादा जी कितना समझे व कितना माने, यह तो वे ही जानें, परन्तु "यह आदमी जो एक निराले रास्ते पर चलकर आज गाँव का एक प्रभावशाली शख़्स बना है, तो समझदार तो होगा ही," यह सोचकर दादा जी इस निर्णय पर सहमत हो गये कि वे अपने पोते-पोती को पढ़ाने के लिए धुर्का छोड़कर रामगढ़ जायेंगे। यद्यपि दादा जी की मनोभावना के लिए यह आत्मबलिदान जैसा एक कठिन क़दम था। उस ज़माने का मिज़ाज ही भिन्न था। लोग अपने घर-परिवार में ताज़िन्दगी एक-सी सुबह और

एक-सी शाम देखते हुए परम सन्तुष्ट रह लेते थे। उनकी दुनिया एक-सी और छोटी, किन्तु सुखदायी थी। उन लोगों को परदेश का आकर्षण व मज़ा न था। दादा जी अपने परिवार के मुखिया थे—मुखिया बिना परिवार कैसे चलेगा? दूसरी ओर, गाँव के लिए वे बहुत मूल्यवान व्यक्ति थे। बिना नियुक्ति के वे अप्रशिक्षित, पर बड़े कुशल व सहृदय वैद्य थे। उनके अतिरिक्त कोई भी अन्य व्यक्ति गाँव को स्वास्थ्य की ये सेवाएँ उनकी अनुपस्थिति में दे सके, इसकी सम्भावना नहीं थी, और वैद्य ही नहीं वे गाँव के न्यायाधीश, प्रधान और नि:शुल्क सलाहकार भी थे।

गाँव भी अपनी इस अप्रत्याशित हानि को समझकर विचलित था। दादा जी का स्वभाव जिस प्रकार दोस्ती लगाने व दोस्ती निभाने का था, रिश्ते बनाने व रिश्ते जोड़ने का था, वैसा व्यक्ति कहाँ से मिलेगा? इधर दादा जी को भी ऐसे सीधे, सरल, निष्कपट दूसरों के लिए जीने वाले लोग कहाँ मिलेंगे? दादा जी अपने लोगों के बीच जीना व उसमें सार्थक आनन्द लेना जानते थे। ऐसी भरी-पूरी उद्देश्यपूर्ण अपनी दुनिया को छोड़ना व अपरिचित लोगों के बीच जाकर रहना, दादा जी को धर्मसंकट में डाल रहा था, परन्तु दूसरी ओर एक बड़ी महत्त्वपूर्ण घड़ी दादा जी के सामने थी। युद्धभूमि में अपना बलिदान देने के भाव से विदा होकर जाने वाला उनका सर्वगुण सम्पन्न अपना लाड़ला बेटा, और उस बेटे की अपने जीवन-मिशन की पूर्ति के लिए की गयी एक याचना। हमारी 'संस्कृति' त्याग पर जीती है, इसी भाव से उन्होंने निर्णय लिया और वे अपनी उस ढलती उम्र में गृहत्याग व ग्रामत्याग के लिए तैयार हो गये। दादीजी व चाचाजी ने भी दो गाँवों की खेती, पच्चीसों पशुओं (गायों, भैंसों व बकरियों) व बाबूजी के परिवार सहित सारे दस-बारह सदस्यों को सँभालने का ज़िम्मा उठा लिया।

दूसरे दिन खच्चर पर सामान लादा गया। बिस्तर, कपड़े, बर्तन-भांडे, जूते-चप्पल व दादा जी की चिलम भी। बाबूजी ने पहाड़ की चोटी पर स्थित माँ दुर्गा के मन्दिर की ओर अपने दोनों हाथ जोड़े और गद्गद भाव से उन्होंने कहा, "देवी प्रपन्नार्ति हरे प्रसीद प्रसीदमातर्जगतोखिलस्य, प्रसीद विश्वेश्वरि पाहि विश्वम् त्वमीश्वरीदेवि चराचरस्य।"

धुर्का गाँव के लोगों का जीवन 'देवी' के लिए था और उसी पर आधारित भी था। वही उनके जीवन को जैसे चाहे वैसे संचालित करती थी, यह उनका विश्वास था। दादा जी एक दिन पूर्व पहाड़ की चढ़ाई चढ़कर देवी मन्दिर में गये थे, अपने गाँव के नौले का स्वच्छ पानी ताँबे की गागर में भरकर स्वयं अपने कन्धे में ढोकर वहाँ ले गये थे और उस जल से माँ का अभिषेक किया था। देवी के मन्दिर में एक

पाषाण, उभरी हुई प्रस्तर मूर्ति ही देवी माँ के रूप में पूजी जाती थी, जिनके ऊपर मन्दिर की सुन्दर इमारत निर्मित की गयी थी। दादा जी को भी निश्चित न था कि भविष्य में कब पुनः इस जीवनरक्षिका माँ के द्वार पर वे आ पायेंगे। वह भावपूर्ण दिन था। वे सबसे विदा ले रहे थे। केवल धुर्का ही नहीं, पपोली, बयाली व झालडुंगरा तथा देवली, कांडा आदि से लोग आये थे।

जाने के दिन भी कुछ लोग निकटवर्ती घरों से आ गये थे। कुछ जंगली फूल उनके हाथों में थे और कुछ थोड़े से अक्षत भी थे। सबसे महत्त्वपूर्ण था, उनकी पलकों के भीतर तैरता वह आप्त जल, जो अदृश्य-सा झिलमिला रहा था। दादा जी ने माँ भगवती को प्रणाम किया और चल पड़े। बाबूजी ने देवी से क्या चाहा? क्या वे अपने मिशन की सफलता के लिए देवी का आशीर्वाद माँग रहे थे या युद्ध में अपनी रक्षा हेतु माँ का कृपा-कवच चाह रहे थे अथवा धुर्का से रामगढ़ की दो दिन की सुरक्षित यात्रा के लिए माँ की 'दैण' दृष्टि (दयादृष्टि) चाह रहे थे, कह नहीं सकते, पर वे दोनों (बाप-बेटे) भावों से और जीवन के संकल्प-विकल्पों से भरे हुए थे। वह विदाई मार्मिक थी। एक वयस्क दादा अपनी उस उम्र में अपना घर व गाँव छोड़ रहे थे जबकि उस उम्र में लोग बाहर गये हों, तो घर लौट आते हैं। एक युवा अपने चार बच्चों, उनकी माँ व अपने माता-पिता तथा संयुक्त परिवार को छोड़कर युद्धभूमि के लिए विदा हो रहा था और दो छोटे बच्चे माँ का स्नेहांचल छोड़ एक अपरिचित स्थान में रहने जा रहे थे। हमारी यात्रा पदयात्रा थी। सामान से लदे खच्चर के साथ हम चारों पैदल चल रहे थे। पहाड़ी रास्तों पर कहीं चढ़ाई, कहीं उतार व कहीं छोटी-छोटी जल धाराओं के तेज़ प्रवाह को लाँघ के पार करते हुए हम बढ़ते ही जा रहे थे। बीच-बीच में छोटे गाँव मिलते। किसी गाँव में बाबूजी के परिचित कोई पूर्व सेनाधिकारी मिलते, कहीं दादा जी के दूर के रिश्तेदार भी मिल जाते। परिचित हो या अपरिचित सभी कहते, "झिट्ट भैटो धैं, पटै बिसाओ" (थोड़ा बैठो तो, थकान मिटाओ)। फिर हुक़्क़ा तैयार हो जाता और हम बच्चों के हाथ में कुछ खाने को दे दिया जाता। यह यात्रा बिल्कुल भी आयोजित न थी। यहाँ तक कि हम अपनी यात्रा-रूट से भी कुछ अनभिज्ञ थे क्योंकि किसी गाँव में हम अगले गाँव तक पहुँचने का सही रास्ता भी पूछते थे। हम पहली रात किसी गाँव में रात्रि विश्राम के लिए रुके थे, वह भी पहले से सुनिश्चित नहीं किया गया था। जहाँ सूर्यास्त हुआ, वहीं हम रात्रि विश्राम के लिए स्थान की खोज करने लगे थे। बाबूजी ने एक-दो घरों में रात को रहने के लिए पूछा। उनके पास चार लोगों के लिए पर्याप्त स्थान नहीं था, अतः वे दुखी हुए कि हमें रात्रि विश्राम की सुविधा नहीं दे सके, और उन्होंने ही हमें

ऐसा परिवार भी बताया जिनके पास हमारे लिए पर्याप्त स्थान था। उस घर-परिवार व उस रात की कोई भी स्मृति मेरे मन में शेष नहीं है।

दूसरे दिन मैं शायद कुछ थक गयी थी। बाबूजी ने मुझे अपनी पीठ में रखकर कुछ समय तक यात्रा की थी, ऐसा ख़याल मेरे मन में है। मैं अनुमानतः सोचती हूँ कि मैं सात या साढ़े सात वर्ष की रही हूँगी, तो दाज्यू दस या साढ़े दस वर्ष के रहे होंगे। हम दोनों को देखकर गाँव के लोग विशेषतः स्त्रियाँ ऐसी दया करती थी, मानो हम घर छोड़कर वनवास में जा रहे हों।

यात्रा के दूसरे दिन दाज्यू व मुझे थकी हुई शक्ल में देखकर हम दोनों को ही खच्चर की पीठ में लदे सामान के ऊपर बिठा दिया गया। खच्चर भी थका ही रहा होगा। आधा घण्टा उसने हमारे अतिरिक्त बोझ को ढोया, पर उसके बाद उसने अपनी पीठ को ऐसे हिलाया कि सामान सहित हम दोनों को नीचे गिरा दिया। सबसे नीचे मैं, ऊपर से दाज्यू और हमारे ऊपर सारा सामान। मेरा माथा एक पत्थर से टकराया और बायीं भौंह में आँख के ऊपर एक घाव हो गया। ख़ून बहने लगा और दो दिन में पहली बार मैं चिल्लायी, "ओ ईजा"...गाँव से दूर, कहीं भी मानव जात का निशान नहीं था कि किसी से कुछ दवा माँग ली जाये। तब गाँव के पास सरकारी अस्पताल नहीं थे, परन्तु हर घर में कुछ जड़ी-बूटी या आयुर्वेदिक दवाएँ हुआ करती थीं या फिर सब रोगों की एक दवा किसी फ़ौजी के घर में 'बरांडी' शराब होती थी जो एक या दो घूँट की मात्रा में दवा के रूप में उपयोग में लायी जाती थी। हमारे लिए उक्त सुविधा उपलब्ध न थी, पर हमारा सौभाग्य था कि वैद्य हमारे साथ ही थे। दादा जी ने पास की प्रकृति प्रदत्त जल धारा से मेरा घाव धोया। बाबूजी ने अँगूठे से घाव को दबा दिया तो ख़ून बहना बन्द हो गया। घाव हो जाने पर काम आने वाली वांछित पत्तियाँ दादा जी ने खोजीं। 'पोदिनी झाड़' पास में ही मिल गया। उसे धोकर साफ़ हाथों से मसलकर उसके रस की बूँदें घाव में टपका दीं और दादा जी ने मसली हुई पत्तियों का 'पेस्ट' भी घाव के ऊपर लगा दिया, और बाबूजी के सामान में से एक साफ़ रूमाल निकालकर उससे घाव सहित सिर बाँध दिया। यह सब करते समय खच्चर को आराम व पास की हरी दूब चरने को मिल गयी। फिर से सामान उसकी पीठ पर चढ़ाया और हम सभी आगे को चल दिये।

रास्ते में महिलाओं के छोटे-छोटे झुण्ड सिर पर घास या लकड़ी के भारी गट्ठर लिये हमें मिलते थे। भारी बोझ होते हुए भी वे हमें देखते ही खड़ी हो जातीं और पूछने लगतीं, "आप लोग कहाँ? क्यों? किसलिए जा रहे हैं?" हमारे मक़सद को सुनकर वे आश्चर्य चकित-सी होकर पूछतीं, "क्या इस छोटी-सी बिटिया को अपनी

माँ की याद नहीं आती?" मेरे बाबूजी हँसते हुए मज़े से कहते, "केवल खच्चर की पीठ से गिरने पर ही अपनी ईजा को याद करती है।" महिलाएँ "शिबौ-शिबौ" (हाय रे) कहती हुई अपने सिर के बोझों को सँभालती और कमर लचकाती हुई आगे बढ़ जातीं।

शाम को हम रामगढ़ के उस किराये के मकान में पहुँचे। हमारे लिए मकान को खोलने के लिए चाबी लेकर उस परिवार की मालकिन दादी आयीं। गौर वर्ण, ऊँची क़द-काठी की दादी हँसमुख विधवा थीं। उनके साथ में उनका नौजवान बेटा मनोहर भी आया। हमें यानी दाज्यू और मुझे, जल्दी ही पता लग गया कि मनोहरदा बहरे थे। उनकी कमज़ोर श्रवण शक्ति उनकी पढ़ाई में बाधक बनी होगी, पर घर बग़ीचे व खेती की सार सँभाल में वे कुशल व समझदार थे। दादी ने हमारे सिरों पर प्यार से हाथ फेरा और मनोहरदा ने हमें बग़ीचे में बना एक अस्थायी शौचालय दिखाकर कहा, "शौच यहीं जाना है, ऊपर से मिट्टी डालनी है, बग़ीचे में कहीं भी गन्दगी नहीं करनी है।" हम बच्चों ने सिर झुकाकर उनकी हिदायतें स्वीकार कर लीं। पीने अथवा अन्य उपयोग का सभी पानी हमें एक फर्लांग की दूरी से सिर पर ढोकर लाना था। यह धुर्का के नौले के बराबर ही दूरी थी। यह स्पष्ट था कि पानी ढोने का काम दाज्यू और मुझे ही करना था। दादा जी खाना बनाना, कपड़े धोना तथा चूल्हे के लिए ईंधन लाना आदि अन्य सारे काम करते थे।

दूसरे दिन बाबूजी ने मल्ला रामगढ़ जाकर प्राइमरी स्कूल में मेरा नाम दूसरी कक्षा में लिखाया और तल्ला रामगढ़ जाकर नारायण स्वामी हाईस्कूल में दाज्यू का नाम पाँचवीं में लिखाया। दो दिन वहीं रुककर वे गाँव के लोगों से मिले। हमारी रहने-सहने की व्यवस्थाएँ, जैसे राशन-पानी, दूध, घी, तेल जैसी सभी वस्तुओं के प्रबन्ध किये। उन्होंने घर में एक स्थान पर दुर्गादेवी का एक चित्र रख दिया। एक मिट्टी का दीया, कुछ काग़ज़ के फूल और कुछ रूई और तेल की एक शीशी भी वहीं रख दी। यह हमारे लिए देवी की पूजा का स्थान था। बाबूजी ने हमें इस छोटे मन्दिर को दिखाते हुए कहा, "तुम दोनों भाई-बहन शाम को हाथ-पाँव धोकर, इस दीपक को जलाना और यहाँ पर आरती करना।"

अगले दिन बाबूजी जीवन और मृत्यु की सम्भावनाओं में डूबते-उतराते अपने कर्तव्य पथ पर आगे बढ़ गये। दादा जी उस दिन उदास हो गये। शायद उन्होंने खाना भी न खाया हो, पर हम दोनों भाई-बहन स्थिति की गम्भीरता को नहीं समझते थे। केवल हमने उस दिन आरती करना प्रारम्भ किया। दादा जी ने दीया जलाने में हमें मदद दी और कहा, "माँ भगवती से हाथ जोड़कर माँगना, हमारे बाबूजी की रक्षा करिए।"

बाबूजी के दो-तीन पत्र आये। अन्तिम पत्र में था कि उनके नेतृत्व में उनकी यूनिट को शीघ्र असम के सीमान्त जंगलों में मोर्चा लेने के लिए कूच करने का आदेश मिल चुका था। उसके बाद उनके पत्र आने बन्द हो गये। दादा जी की उदासी बनी रही। अभी तक उनकी आसपास के लोगों से मित्रता नहीं स्थापित हुई थी। वे अकेले थे। हम चलते-फिरते, उठते-बैठते उनके मुँह से एक ही वाक्य उच्चरित होते हुए सुनते, 'भगवती मैया, रक्षा कीजिए'। दाज्यू और मैं भी कुछ मन्द पड़ गये थे। कहाँ और किससे खेलें? जब हम दोनों पानी के धारे पर पानी भरने जाते तो वहाँ दो-चार लड़के-लड़कियाँ भी पानी भरने आये रहते, पर वे पहले पानी भरने के लिए झगड़ते थे। इससे हम दोनों डर जाते थे। उनसे दोस्ती का हाथ नहीं बढ़ा पाते थे। कितना समय ऐसे बीता, यह याद नहीं है। बाबूजी के पत्र कितने महीनों तक नहीं आये, यह भी आज तो ध्यान में नहीं आता, परन्तु रामगढ़ के वे पहले महीने बहुत अनचाहे-से दिन थे, ऐसी छाप मन पर पड़ी है।

फ़ौज से निवृत्ति पाकर जब बाबूजी स्थायी रूप से परिवार के साथ रहने को आ गये तब कभी उन्होंने द्वितीय विश्व युद्ध में अपनी भागीदारी की रोमांचक कहानी सुनाई थी। अभी तक उस कहानी का जितना भी भाग मेरी स्मृति में शेष है, वह इस प्रकार है—"जापानी सेना देश की सीमा के निकट आ रही थी। बाबूजी मोर्चे पर अपनी सेना के साथ सघन जंगलों, उनकी गीली, नमीपूर्ण धरती पर रेंगते हुए और रातें नम ही नहीं रिस आये पाने से भरती जाती खाइयों में बिताते थे। सुबह या आधी रात में पहने गये भारी बूट और घुटनों तक कसी गयी पट्टियाँ रात को तब खोली जातीं जब दूसरे सैनिक ड्यूटी पर आते और उन्हें सोने के कुछ घण्टे मिलते। वे पट्टियाँ खोलते तो उनके अन्दर से ख़ून पीकर मोटी हो गयी कई जोंकें 'फ़त फ़त' करते नीचे गिरती थीं। कभी बाबूजी की सेना जापानी सेना को मीलों खदेड़ देती, पर कभी उनकी सेना हमारी किसी खाई तक भी घुस आती। मौत के इस खेल में कई लहूलुहान घायलों को मुख्य केन्द्र पर इलाज के लिए भेजना पड़ता और कई मृत साथियों को सैल्यूट करके विदा करना होता।"

बाबूजी की खाई सरहद के सबसे निकट और पहले नम्बर की खाई थी। दिन का समय था, पर सघन वनराशि की गहरी छाया से झुटपुटा अँधेरा-सा फैला था। सैनिक विभिन्न दिशाओं में मोर्चा ले रहे थे, क्योंकि जापानी सेना की एक टुकड़ी अर्धचन्द्राकार में इसी खाई को लक्ष्य करके आगे बढ़ रही थी। दो-चार सैनिक खाई में थे। वे जापानी सैनिकों पर धड़ाधड़ गोलियाँ चला रहे थे, किन्तु अन्त में उनकी गोलियों की आवाज़ें बन्द हो गयीं। वे सब मारे जा चुके थे। इधर एक सनसनाती हुई

गोली आयी और बाबूजी के बायें घुटने में घुस गयी। वे लुढ़ककर खाई में गिर गये। जापानी सैनिक तीन या चार की संख्या में आये, खाई में घुस गये। उन्होंने प्रत्येक मृत देह को अपने बूटों से एक-एक ठोकर लगायी और मृतकों के बीच पड़े बाबूजी को भी एक ठोकर लगायी। सब मृत हैं, यह मानकर वे आगे की खाई की ओर दौड़ गये।

अब बाबूजी अपने घुटने से गोली निकलवाने के लिए मुख्य केन्द्र में स्थित स्वास्थ्य केन्द्र में जाने की तरकीब सोचने लगे थे, परन्तु कैसे जायें? उनकी खाई के सारे संचार साधन तोड़ दिये गये थे। वे चारों ओर से शत्रुओं से घिरे हुए थे। वे उठे नहीं कि किसी भी दिशा से कोई अदृश्य गोली आकर उनका काम तमाम कर देती, परन्तु शरीर के भीतर घुसी गोली तथा घाव से बहते ख़ून को देखते हुए एक मिनट गँवाना मानो मौत के मुँह में समा जाना था। वे पीठ के बल रेंगते हुए अपने कुतुबनुमा की सहायता से मुख्य स्वास्थ्य केन्द्र की ओर बढ़ने लगे। वे उठ नहीं सकते थे। उकड़ूँ होकर भी चलना ख़तरनाक था। रेंगते-रेंगते वे अगली खाई के पास चलती गोलियों की दनादन आवाज़ें सुन रहे थे। ये उनकी ही मशीनगनें थीं। दूसरी ओर से चलती रही गोलियाँ धीमे-धीमे कम होती गयीं और मशीनगनें निरन्तर हावी होती गयीं। बाबूजी सोच रहे थे, मेरी अगली खाई ने पिछली खाई की मौत का बदला ले लिया था, पर उन्हें अपने प्राण भी बचाने थे। वे पीठ के बल घिसटते रहे। काँटों, पत्थरों, ऊबड़-खाबड़ ज़मीन पर झाड़ियों में उलझते हुए लगातार बढ़ते रहे। वर्दी पीठ पर फट गयी। पीठ की चमड़ी छिल गयी और रक्त बहने लगा। अब मुख्य केन्द्र पर पहुँचने ही वाले थे।

प्रहरी ने देखा, लताओं से बने गेट के पास कोई व्यक्ति रेंग रहा है। बन्दूक तान ली। दुश्मन? उसने सोचा। नहीं, वर्दी तो भारतीय फ़ौज की है, पास गया। बाबूजी टूटे स्वर, टूटी वाणी और टुकड़ों-टुकड़ों में बोले, "खाई नम्बर-1 दुश्मन हैज़ टेकन ओवर... चार डैड बाडीज़,... मेरे घुटने में गोली...।" और बेहोश हो गये। यह दिलेरी इतना साहस क्या कमलापति के साथ ज़बरदस्ती लगा दिये गये 'सिंह' का करिश्मा था? नहीं, बाबूजी में स्वयं से साहस व कष्ट सहन करने की बेजोड़ अदम्य शक्ति निहित थी।

अपने समय से युद्ध समाप्त हो गया। बाबूजी मौत से प्रत्यक्ष लड़कर जीवित वापस आ गये। जीवन फिर से पूर्ववत् अपनी पटरी पर आ गया। बाबूजी एक संक्षिप्त विशेष छुट्टी में घर आये और हमें मिलने रामगढ़ भी आये। वे बायीं टाँग से लँगड़ाकर चल रहे थे,पर उनके चेहरे पर गर्व का प्रकाश फैला हुआ था। दादा जी अपने बेटे को जीवित देख भावुक हो गये। उनका गला भर आया। उन्होंने बाबूजी को

छाती से लगा लिया। बाबूजी अपनी छावनी में जाकर अब दादा जी को पत्र लिखते तो उसी लिफ़ाफ़े में दाज्यू व मेरे लिए भी पत्र लिखकर भेजते थे। दादा जी को उनका सम्बोधन होता, "सिद्धि श्री सर्वोपमायोग्य बौज्यूनाक चरणन में आपूँ को पालनीय पुत्र कमला को सादर चरण स्पर्श नमस्कार।" और हमारे संयुक्त पत्र में लिखते, "चिरंजीवी सुपुत्र प्रकाश एवं सुपुत्री राधा को बहुत सारा प्रेम प्यार आशीर्वाद।"

उस काल में मेरे लिए अलग से लिखा एक पत्र आज भी मेरे मन में हू-ब-हू चित्रित है। उस पत्र के ऊपर एक ऐसी युवती का चित्र चिपकाया था, जो शायद फ़ौज में जूनियर ऑफ़िसर या कोई भी महत्त्वपूर्ण पदाधिकारी बनकर आयी थी। उसके नीचे की पंक्तियों में बाबूजी ने लिखा था, 'मैं अपनी बेटी को ऐसी देखना चाहता हूँ।' पत्र का प्रारम्भ इन पंक्तियों से किया था, 'मेरी भव बाधा हरो, राधा नागर सोय...' लाल-नीली पेंसिल के दोनों सिरों से सुन्दर अक्षरों में लिखे उस पूरे पत्र की दो पंक्तियाँ लाल व दो नीली थीं। कहते हैं, उम्र व अक्ल को भेंट नहीं होती। मुझे भी तब अक्ल न थी। वास्तव में उस पत्र को सहेजकर रखना चाहिए था। स्कूल की इस कॉपी से उस कॉपी में भटकता हुआ वह न जाने कब कूड़ेदान में चला गया। आज मैं सोचती हूँ कि स्वयं बाबूजी के ऐसे पत्र ही मेरे मन में प्रचलित सामान्य वैवाहिक जीवन से अलग एक महत्त्वपूर्ण व्यक्ति बनने की महत्त्वाकांक्षा को जन्म नहीं देते होंगे? वे अपनी महत्त्वाकांक्षाओं का बीज हमारे मनों में बो रहे थे। 'मेरी बेटी इस युवा सेनाधिकारी जैसी बनेगी' बाबूजी के इन वाक्यों ने मेरे किशोर मन के महत्त्वाकांक्षी सपनों को पंख लगा दिये थे, यह मुझे ठीक से याद है।

वे फ़ौज से छुट्टियों में गाँव आते तो हमारे पर्वतीय ग्रामीण समाज के सोच से उनका पाला पड़ता। हमारे उन गाँवों का समाज बेटे को पढ़ाना भी फ़िज़ूल समझता था। ऐसी आम मानसिकता के विपरीत बाबूजी बेटियों को भी पढ़ा रहे थे। दादी कहतीं, "अब पढ़कर तेरी बेटियाँ कुर्सी में बैठेंगी क्या? देख लेना, उसे मडुवा तो गोड़ना ही पड़ेगा।" "ईजा! मेरी बेटी मडुवा भी गोड़ लेगी, घास भी काट लेगी, पर पढ़-लिखकर गोड़ेगी। मैं अपनी सभी बेटियों को पढ़ने के लिए स्कूल में भेजूँगा।" वे दृढ़ निश्चय के साथ कहते और परिवार और सारे समाज के सामने चट्टान की तरह अड़े रहते।

ये आज से लगभग 80 वर्ष पूर्व की बातें हैं। आज के समय में हमारे बाबूजी की दृढ़ता और समाज के साथ हो रहे संघर्ष का अनुमान लगाना कठिन होगा, और कठिन होगा यह समझना कि अपनी मिशन-धारा को अजस्र रूप से बहाने में भी उन्हें कितने रोड़ों ही नहीं, चट्टानों को भी राह से हटाना पड़ा था।

मैं तब सातवीं में पढ़ती थी। बाबूजी के अनन्य हितैषी, जिनकी सलाह को वे बहुत मानते थे, जिनका तहेदिल से आदर करते थे, ऐसे उनके मौसेरे भाई ने उन्हें कहा, "ये तुम्हारी बड़ी बेटी सयानी हो गयी है। इसके पीछे भी तो दूसरी बेटियाँ हैं, उनकी शादियाँ भी होनी हैं। अब पहले इसकी शादी कर दो।"

"नहीं-नहीं, मेरी बेटी अभी छोटी है। उस पर शादी का बोझ मैं अभी नहीं डालूँगा। उसे अभी पढ़ने देना है।" बाबूजी के इस कथन को टके-सा प्रमाणभूत उत्तर दिया था उनके हितैषी बड़े भाई ने, "पागल हो क्या? इसकी उम्र से छह माह छोटी तुम्हारी भतीजी की शादी पिछले वर्ष धुर्का में हो गयी। उसने ससुराल जाकर अपने कारोबार को सँभाल लिया है। यह उससे छह माह बड़ी होकर भी तुम्हारी नज़रों में छोटी कैसे है?" उन्होंने नाराज़ी भरे स्वर में कहा था। बाबूजी बड़े भाई के प्रति आदर भरे लिहाज़ के कारण चुप रह गये, पर वे समाज में जैसे चलता आया था, वैसा ही स्वीकार करने को पैदा नहीं हुए थे। उन्हें बदलाव लाना था, जिसके लिए उनमें एकनिष्ठ प्रतिबद्धता भरी हुई थी। ख़ुद से, स्वयं के परिवार से और अपनी परिधि में आने वाले बच्चों में वे बदलाव ला रहे थे। अपने सगे भतीजों, अपनी बहनों के बेटों को भी वे अपने घर पर रखकर स्कूल में पढ़ा रहे थे। उन परिवारों को अपनी बेटियाँ पढ़ानी ही न थीं, अन्यथा बाबूजी उन्हें पढ़ाने को भी तैयार थे। वे सबसे कहते, "बेटी को घटिया मत समझो। हमारे समाज ने बेटी को तुच्छ समझ रखा है, उसे कमज़ोर बनाकर रखा है, जबकि वही माँ दुर्गा की शक्ति है। उन्हें मौक़ा दोगे तो वे बेटों का मुक़ाबला करेंगी। मौक़ा नहीं दोगे तो हमारा समाज सदा कमज़ोर और पिछड़ा ही रहेगा।"

लोग उनकी बातों की खिल्ली उड़ाते, क्योंकि वह ज़माना ही ऐसा था कि बेटी को इसीलिए पाला जाता था कि वह एक ऐसी मज़दूर थी, जिसके हाथों में मज़दूरी नहीं चुकानी पड़ती थी। उसकी एक ही क्वालिफ़िकेशन होती थी, 'किरसाण' (परिश्रमी) होना और लड़की भी अपनी सार्थकता बैल की तरह दिनभर जुते रहने में ही समझती थी। बाबूजी की बातें लोगों को पूरी तरह अव्यावहारिक व अकल्पनीय लगती थीं। लड़की के हाड़तोड़ श्रम के बिना पहाड़ी जीवन की गाड़ी कैसे चलेगी? पढ़ने के बाद वह ऐसा श्रम करेगी क्या? जब यही करेगी तो पढ़ना क्यों है, ऐसी अनेक शंकाएँ लोगों के मन में उठती थीं। बाबूजी पढ़ाई के साथ श्रम को स्थान अपने विचारों में ही नहीं व्यावहारिक जीवन में भी देते थे। हम सब बहनें पढ़ती थीं, पर एक किसान लड़की की तरह श्रम भी करती थीं, जो बाबूजी व ईजा की पद्धति ही थी।

जब बाबूजी से मिलने कोई आते तो परम्परा के अनुसार पूछते, "कुशल बात अच्छी है?" दूसरा प्रश्न होता, "बच्चे कितने हैं?" बाबूजी कहते, "मेरे छह बच्चे हैं।" आगन्तुक फिर से पूछते, "अरे पूछ रहा हूँ, कितने लड़के हैं?" बाबूजी दृढ़ता से कहते, "छहों मेरे बेटे ही हैं।" मैं जब हाईस्कूल की पाँचवीं तथा उससे ऊपर की कक्षाओं में पढ़ती थी, तब अपनी कक्षा के तीस लड़कों व तीन लड़कियों के बीच मैं सर्वप्रथम आती और अपना परीक्षा-फल पाकर फूली न समाती। तब उस परीक्षा-फल की क़ीमत आँकने वाले बाबूजी ही होते थे। परिवार के अन्य सदस्य उसे नहीं समझते थे। बाद को दाज्यू भी समझते थे और दा'द देते थे। वाक् प्रतियोगिता, भाषण देना या कविताएँ रचना व उसका पाठ करने में मिलने वाले पुरस्कारों को देखकर 'वाह' उनके ही मुख से निकलता था। मेरे कोई भी शिक्षक जब कभी बाबूजी से मिलते और मेरी प्रतिभा की तारीफ़ करते तो वे गौरवान्वित हो उठते। मेरी मार्कशीट पर 'बहुत होनहार बालिका' (Very Good Girl) पढ़कर वे बहुत ख़ुश हुए थे और भावुकता में भरकर बोले थे, "इसकी प्रतिभा को मौक़ा देने के लिए हमारा यह ग़रीब परिवार भला क्या कर सकता है?... कहीं धनी घर में जन्म लेती..."

रामगढ़ का हमारा घर एकान्त स्थान में था। गाँवों की तरह उसके निकट आसपास में कोई अन्य परिवार न था। दादा जी के निधन के बाद कोई सयाना पुरुष हमारे परिवार में नहीं था। अतः फ़ौज में रहते हुए बाबूजी को परिवार की चिन्ता रहती थी क्योंकि हमारा परिवार रामगढ़ के लिए नया यानी बाहर से आया हुआ परिवार था। बाबूजी को प्रमोशन मिलने ही वाला था, किन्तु उस अवसर को छोड़कर उन्होंने सेना से निवृत्ति लेकर घर आने का निर्णय ले लिया। उसके बाद के कुछ साल आर्थिक दृष्टि से बड़े कठिन थे। अब वेतन न था। पेंशन बहुत कम थी। बग़ीचा अभी नया था। उससे आय आने में अभी समय लगने वाला था। उसके ऊपर एक मुक़दमा भूमि के सम्बन्ध में बाबूजी पर झूठे ही लाद दिया गया था। रामगढ़ के धनी और प्रतिष्ठित व्यक्ति के द्वारा किया गया यह मुक़दमा बाबूजी को अपनी इज़्ज़त का सवाल लगता था।

यह मुक़दमा लोअर कोर्ट में शुरू हुआ और हाईकोर्ट तक पहुँचा। तब हमारी हाईकोर्ट इलाहाबाद में होती थी। हर कोर्ट में बाबूजी जीतते थे, किन्तु धन की इफ़रात की मानसिकता व बड़े नाम पर बट्टा न लगे, इस समझ से वह धनी व्यक्ति अगली कोर्ट में केस को ले जाते थे। साथ ही, उन्हें इस मामले में उकसाने वाले स्थानीय लोग भी थे। जब हाईकोर्ट में भी बाबूजी की जीत हुई, तो वे सीधे धनी व्यक्ति के पास गये उनसे मित्रता का हाथ बढ़ाया। धनी व्यक्ति स्वयं में सरल थे, पर शायद

कान के कच्चे रहे होंगे। बाबूजी जब मित्रता का प्रस्ताव लेकर गये तो वे ख़ुश हो गये। उन्हें दाज्यू की शादी का निमन्त्रण दिया तो पहाड़ी चढ़कर हमारे घर पर आये। बहुत कठिन कहानी का एक सुखद पटाक्षेप हुआ, पर उस कहानी ने रिटायरमेंट के तुरन्त बाद बाबूजी की आर्थिकी को लम्बे समय तक के लिए बुरी तरह से तोड़ दिया था, ठीक एक ऐसे समय, जब दाज्यू बरेली कॉलेज से विज्ञान विषय से स्नातक का अध्ययन कर रहे थे। हम सभी बहनें भी पढ़ रही थीं और हमारे घर में चाचाओं, बुआओं के बेटे भी पढ़ रहे थे।

सारी दिक़्क़तों के बावजूद बाबूजी ने अपना शिक्षा मिशन तो चालू ही रखा और प्रयास किया कि कुछ रोज़गार प्रारम्भ करें, जिससे आयवृद्धि हो सके। जीवनभर एक विशेष घेरे में बँधा हुआ सेना का सीमित अनुभव बाबूजी के पास था। अतः समाज के बीच अनुकूल रोज़गार खोजने में उनको समय लगा। उसमें भी अपनी अनुभवहीनता के कारण उन्हें नुक़सान ही हुआ। उन्होंने एक बेकरी शुरू की। ब्रेड, बिस्किट तथा ऐसी अन्य चीज़ें बनने लगीं, और मल्ला रामगढ़ से तल्ला रामगढ़ तक की पचासों दुकानों में बिकने भी लगीं। चाय की दुकानें और छोटे-छोटे रेस्टोरेंट उनके ग्राहक थे। वे लगभग रोज़ ही माल ख़रीदते थे पर अधिकांश उधार में। उधारी उगाहने का काम बहुत कठिन था। किसी ने तो पूरा माह बीत जाने पर एक पैसा भी नहीं चुकाया था। एक दिन ऐसे ही एक ग्राहक से बाबूजी का झगड़ा हो गया क्योंकि मेरे फ़ौजी बाबूजी को यह असह्य लगता था कि कोई चुकाने का दिन व समय तय करे व स्वयं ही वादा करके उस वादे को निभाये नहीं। बाबूजी को देर से किन्तु तेज़ ग़ुस्सा आता था। वादे के अनुसार उधारी न देकर सीनाज़ोरी करने वाले उस बेईमान व्यक्ति के चेहरे पर उन्होंने एक ज़बरदस्त थप्पड़ जड़ दिया। थप्पड़, फ़ौजी हाथ का था। उसकी नाक से ख़ून निकल आया। घर पहुँचकर बाबूजी उसी ख़ून के कुछ छींटे जो उनके कोट पर आ गये थे, को ब्रश से धो रहे थे। तब बिना किसी को सम्बोधित किये उन्होंने घोषणा कर दी, "आज से बेकरी बन्द। जिसने उधारी नहीं दी, वह अगले जन्म में देगा या कभी नहीं देगा। मैं नहीं माँगूगा। उस पैसे से उसका परिवार सुखी रहे।"

फिर एक दूसरा काम खोजा। सर्दियों में तराई के जंगलों की घासें जलाई जाती थीं। उसे जलाने के ठेके वन विभाग दिया करता था। बाबूजी ने एक बड़े कम्पार्टमेंट का ठेका ले लिया। काम चल पड़ा। मज़दूरों को काम बताकर उनके राशन आदि की व्यवस्था कर बाबूजी रामगढ़ घर के कुछ कामों को निपटाने आये। तब बस की सेवाएँ कम थीं और जो थीं, वह भी अनियमित थीं। बस यात्रा के बाद भी जंगल में

पहुँचने के लिए कई मील पैदल चलना पड़ता था। उस दिन बस बहुत विलम्बित हो गयी। जंगल में घुसने से पहले ही अँधेरा घिरने लगा, पर यह फ़ौजी कई डरों को पार कर चुका था, अत: अँधेरे के बावजूद चलता ही रहा। बीच सघन जंगल में चले जा रहे थे कि बीच जंगल में एकदम सामने दो तेज़ आँखें चमक उठीं। फिर धीरे-धीरे आकृति भी स्पष्ट होने लगी। तराई के असूर्यस्पर्शी जंगलों का अजेय राजा सामने था। दुर्गाभक्त बाबूजी ने दोनों हाथ जोड़ दिये और आँखें बन्द करके खड़े रहे। मन में कहने लगे, "तुम तो माँ के वाहन हो, माँ की पवित्र सवारी हो, तुम्हें प्रणाम।" मृत्यु की प्रतीक्षा करते हुए कितनी देर खड़े रहे, उन्हें कुछ मालूम न पड़ा। यह भी मन में आया, "रामगढ़ में परिवार सोचेगा, मैं तराई में हूँ और मज़दूरों का अनुमान होगा कि मैं रामगढ़ में हूँगा। मेरी मृत्यु का पता भी कैसे चलेगा? मेरे शरीर का कुछ निशान किसी को कैसे मिले क्योंकि इस भयंकर वन में दिन के प्रकाश में भी कौन आने वाला है?"

तभी कुछ दूरी पर से एक दहाड़ आयी। शेर किसी दिशा की ओर जा चुका था। बाबूजी ने आँखें खोलीं, उनकी टाँगें काँप रही थीं। सारा शरीर पसीने से तर-ब-तर भीगा था। माँ दुर्गा को धन्यवाद का प्रणाम करके वे चल पड़े और मज़दूर कैम्प में पहुँच गये। एक बार पुन: मृत्यु का सामना करके वे जीवित बच गये थे।

उन दिनों हमारे परिवार में हम छह या सात बच्चे थे, जो स्कूल जाते थे। सबके लिए नये कपड़े ख़रीद पाना बाबूजी के लिए कठिन हो गया था। उन्होंने एक दर्ज़ी को घर पर बुला लिया था। अपनी पैंट और शर्ट्स निकालीं, जो सेना में रहते हुए उन्होंने अपने लिए शौक़ से ख़रीदी होंगी। दर्ज़ी को कहा, "इन्हें काटकर बच्चों की नाप के कपड़े सिल दो।" स्कूल से घर पहुँचने के बाद प्रतिदिन मैं स्कूल समय के लिए पहनी जाने वाली सूती साड़ी ठीक से तह करके सँभाल देती और वही ख़ाकी या दूसरे रंग की पैंट-शर्ट पहन लेती। वह ख़ाकी जीन का कपड़ा बांज के पेड़ों पर चढ़ने के लिए भी सुविधाजनक था। न फटता था, न ही टाँगों में खरोंच या रगड़ लगती थी। कुछ सालों तक घर में वही हमारी पोशाक रही थी।

यों तो हमारा परिवार अमीर क़िस्म का कभी नहीं रहा, पर बाबूजी के रिटायरमेंट के तुरन्त बाद के वे 6-7 साल बड़ी कठिन अर्थव्यवस्था में बीते थे। किन्तु बाबूजी ने मेरी बुआ व चाची के बेटों को पढ़ने की सुविधा देने का अपना संकल्प कभी ढीला नहीं किया। ठीक इसी कठिन समय में मैंने आठवीं कक्षा उत्तीर्ण कर ली थी। यहाँ तक तो विशेष अनुमति लेकर और विशेष शर्तों का पालन करके हम आठ-दस लड़कियों ने लड़कों के लिए माने गये उस नारायण स्वामी हाईस्कूल में पढ़ने का

अवसर पाया था, परन्तु नौवीं तथा दसवीं में पढ़ने के लिए लड़कियों को बिल्कुल भी अनुमति नहीं मिली थी।

मैं अपनी पढ़ाई आगे बढ़ाने के लिए छटपटा रही थी। साथ ही, परिवार की आर्थिक स्थिति से भी परिचित थी। इसीलिए बाबूजी पर दबाव डालना नहीं चाहती थी, किन्तु अपनी अकुलाहट ईजा के सामने व्यक्त कर देती थी। मैं सोचती, अध्ययन की यह ज्योति बाबूजी ने ही तो जलायी थी। बेटी होते हुए भी मुझे पढ़ने को भेजा। पढ़ने में प्रोत्साहन भी दिया। मेरे मन में महत्त्वाकांक्षा भी जगायी, पर अब मैं ऐसे अन्धे मोड़ पर खड़ी थी, जहाँ मेरी दुनिया को कोई रोशनी नहीं मिल रही थी। मुझे यह मालूम था कि मेरी शिक्षा के प्रति उनका मन आज भी वैसा ही था, पर उनके पास इतना धन व आमदनी न थी कि वे मुझे नैनीताल जैसी जगह में छात्रावास में रखकर पढ़ा सकें। उस अवधि में उन्हें मन मारकर रह जाना पड़ा था, जबकि उनकी वित्तीय स्थिति सुधर जाने पर तो उन्होंने मेरी छोटी बहनों को पढ़ने के लिए लोकभारती विश्वविद्यालय, सणोसरा, भावनगर, गुजरात तक भेजा और उनके ख़र्चे वहन किये थे।

मैं सोते समय बिस्तर में लेटकर अपनी भावी शिक्षा के मनसूबों के ताने-बाने बुना करती थी। मुझे लगा कि अपनी राह मुझे ख़ुद से खोजनी पड़ेगी। मैंने सुना था, महादेवी वर्मा ग़रीब बालिकाओं को शिक्षा देने की व्यवस्था करती थीं। वह गर्मियों के दिन थे और वे रामगढ़ स्थित अपने कॉटेज में रहने आयी थीं। मैंने अपनी पढ़ाई चालू रखने के लिए उनकी सहायता माँगी और पढ़ने की उत्कटता में उनके सामने सम्पूर्ण समर्पण करते हुए कहा कि "मैं आपके बर्तन माँजूँगी, आपके कपड़े धोऊँगी, झाड़ू-पोंछा करूँगी। बस, आप मुझे पढ़ने के लिए अपने साथ ले जाइए और अपने प्रयाग महिला विद्यापीठ में मुझे पढ़ने का अवसर दे दीजिए।" उन्होंने कई प्रकार से मेरे उक्त प्रस्ताव पर मुझे हतोत्साहित किया और अन्त में कहा, "तुम्हारे पिताजी क्या कहते हैं? तुमने उनसे पूछा नहीं? पहले उनसे पूछकर आओ।"

बाबूजी को यह बताना कि मैं स्वयं अपने अभिक्रम से महादेवी वर्मा को मिलने गयी थी, मुझे कुछ कठिन लग रहा था, पर मैंने उन्हें सब बताया। मैंने यह भी बताया कि उनके घर के काम करने का प्रस्ताव मैंने स्वयं रखा था ताकि मुझे आपसे कुछ भी पैसा न माँगना पड़े। मैं आत्मनिर्भर होकर अपनी पढ़ाई आगे बढ़ा सकूँ। मैं सोच रही थी, मैंने यह बहुत समझदारी का सुझाव रखा था और बाबूजी की ओर आशा लगाये देख रही थी कि वे मुझे इसकी इजाज़त दे देंगे।

"मेरी बेटी किसी के कपड़े-बर्तन नहीं धोयेगी। यह विचार तुम्हारे मन में आया ही कैसे? जैसे भी जीना है यहाँ जियेंगे। मरना ही हो तो भी साथ-साथ यहीं मरेंगे।" फिर साफ़ और कुछ ऊँचे स्वर में बोले, "हम ग़रीब हैं पर हमारी भी इज़्ज़त है।" यह इज़्ज़त बाबूजी की एक अद्‌भुत ज़िद थी। यह ऐसी 'बट' थी जो कभी ढीली नहीं पड़ती थी। यह था कभी न झुकने वाला उनका स्वाभिमान जो भूखा रह सकता था पर आँखें नीची नहीं कर सकता था। उनकी इज़्ज़त की इस कसौटी पर हम कभी-कभी फेल हो जाते थे।

हमारे परिवार के सभी जन एक पहाड़ी किसान की तरह मेहनतकश जीवन जीते थे। गायों-भैंसों के लिए घास काटना, गोबर साफ़ करना, खेतों में फल के वृक्षों के लिए खाद ढोना, लकड़ी काटना, बग़ीचे को खोदना, सब्ज़ियाँ उगाना, दूर से पानी ढोना—सारे काम हम सब मिलकर करते थे। बाबूजी बग़ीचे में स्वयं खुदाई करते थे। खेतों की दीवारों की स्वयं चिनाई करते, फल वृक्षों की प्रूनिंग करते, काँटेदार झाड़ियों को काटकर साफ़ कर देते, यहाँ तक कि गायों के लिए घास काटने, गौशाला में गोबर साफ़ करने व दूर से पानी ढोकर लाने जैसे कामों को भी वे बेहिचक करते थे, जो अमूमन स्त्रियों के काम माने जाते थे।

हमारी श्रमशीलता पर बाबूजी को गर्व होता था। गाय-भैंस उनकी बछियाँ व थोरी—लगभग छह पशुओं के लिए वर्षभर का चारा हमारे बग़ीचे में पैदा हो जाता था। पर कभी-कभी वर्षा की कमी रही, तो सर्दी के लिए सूखी घास की कमी हो जाती थी। तब हम विद्यालय के शीतकालीन अवकाश के दिनों में अपने घर से पाँच मील दूर के जंगल से एक दिन में एक गट्‌ठर घास काटकर सिर पर उठाकर लाती थीं। इसके लिए अधिकांश मैं ही गाँव की अन्य घस्यारियों के साथ जाती थी। मेरी दूसरी बहनें अभी इस कठिन काम के लिए छोटी थीं। घस्यारियों के साथ दस मील चलना, जंगल में घास काटना और उसका बोझ पाँच मील चढ़ाई-उतारवाली पगडण्डियों पर ढोना बहुत थकाने वाला काम होता था। राह में कोई विशेष बस्ती नहीं थी। बस, घस्यारियों का ही कोलाहल होता। मुझे इसमें आनन्द आता था। बाबूजी की श्रमशीलता ही नहीं वरन् श्रम में शान मानने वाले उनके उदाहरण ने तथा पहाडों के स्रोतों के पानी व वहाँ की चट्टानों ने हममें अदम्य शक्ति भर दी थी।

ईजा को गायें और भैंसें अपने बच्चों की तरह लाड़ली थीं। सर्दी के चार महीने सारी हरी घास पाले व हिमपात से जलकर सूख जाती थी। तब ईजा की लाड़लियों को हरी घास कहाँ से मिले? जब ईजा दूध दुहने जातीं तो "हूँ-फूँ" करके वे ईजा की ओर आँखें गड़ाकर हरी घास माँगतीं। उतनी ही बार ईजा का दिल पिघल जाता,

"क्या करूँ? कहाँ से लाऊँ हरी घास?" वे सोचतीं। पड़ोसनों ने उन्हें बताया कि रैतखान के बाँज के जंगल की गहरी जगहों में जहाँ सघन छाया बिछी हुई होती है, वहाँ हरी घास मिल रही है। बस, फिर क्या था? ईजा ने ठान लिया कि हम अपने प्यारे पशुओं के लिए कुछ हरी घास ले आयें, पर शायद उन्हें शंका थी कि बाबूजी रैतखान के जंगल की ओर नहीं जाने देंगे, क्योंकि उसके लिए हमारी छोटी-सी बाज़ार को पार करके जाना पड़ता था, जो हमारे उस क्षेत्र की मुख्य बाज़ार मानी जाती थी। उस दिन बाबूजी पूरे दिन के लिए किसी काम के लिए निकल गये, रात तक ही वापस आने वाले थे।

ईजा हम दो बहनों को साथ लेकर पड़ोसी घस्यारियों के दल के साथ हरी घास लेने चल दीं। राह में अनिवार्य रूप से पड़ने वाली 'डाकबंगलैकि बाज़ार' के लिए एक अघोषित, किन्तु अनिवार्य 'रूल ऑफ कंडक्ट' हमारे परिवार में था कि वहाँ साफ़ व्यवस्थित कपड़े पहनकर ही जाना है पर आज हम घर में पहने जाने वाले सामान्य वस्त्रों में बाज़ार को पार कर रही थीं, क्योंकि घास काटने में बढ़िया वस्त्र तो नहीं पहने जाते, घर में पहने जाने वाले सामान्य वस्त्र ही पहने जाते हैं। हमने यह भी बात कर ली थी कि घस्यारियों के झुण्ड में हमें देखता भी कौन है? किसी ने देख भी लिया तो पहचानेगा नहीं। वापसी में तो घास का बड़ा बोझ सिर से चेहरे तक को ढक ही देगा। हम निश्चिन्त होकर चल दिये।

हमारे सौभाग्य से हमें बहुत सुन्दर मुलायम हरी घास काटने का मौक़ा मिल गया, पर दुर्भाग्य कि हमारे पहुँचने से पूर्व ही बाबूजी घर पर पहुँच गये थे। उन्हें पता चला कि ईजा अपनी दो किशोर बेटियों को साथ लेकर बाज़ार से होकर घास लेने गयी थीं। और उससे भी बुरा कि घरेलू वस्त्रों में गयी थी, तो इज़्ज़त के पुजारी बाबूजी का ख़ून खौल गया। "हमारी इज़्ज़त, हमारी बेटियाँ सामान्य से वस्त्रों में बाज़ार के बीच घास ढोयें?" उनके लिए यह असह्य हो उठा।

हम तीनों ने अपने सिरों से घास के भारी गट्ठर नीचे डाले। हम दोनों बहनें बैठकर अपनी गर्दनों व कमर को आराम देने लगीं, परन्तु ईजा तो तुरन्त गौशाला के भीतर जाकर भैंस की पीठ पर हाथ फेरने लगीं कि बाबूजी दनदनाते हुए आ गये। उनका रौद्र रूप देखकर हम घबरा गयीं।

"कहाँ है तुम्हारी ईजा? उसने आज हमारी इज़्ज़त लुटा दी। वह मेरी किशोर बेटियों को साधारण घरेलू कपड़ों में बाज़ार के बीच क्यों ले गयी? हम अपने घर-परिवार में सादे कपड़े पहनेंगे, ख़ूब श्रम करेंगे पर लोगों के बीच व्यवस्थित होकर ही निकलना है। हज़ार बार कहा है, पर इसकी मोटी बुद्धि में कुछ समाये तब न?

जीवनभर साथ रहकर इसे यह भी समझ में नहीं आया। हमें कहीं पर किसी से भी कम नहीं रहना है। मेरी सयानी बेटियों की इज़्ज़त भी इसकी समझ में नहीं आयी। उसे मैं घर में नहीं रहने दूँगा। वह अभी निकल जाय, नहीं तो मैं उसे मार दूँगा।"

भयंकर था वह ड्रामा। ऐसा हमने कभी नहीं देखा था, न उसके पूर्व न उसके पश्चात्। ईजा गौशाला से बाहर नहीं आयी और दो दिन तक बाबूजी के सामने भी नहीं गयी। हम बच्चे दहशत में थे। क्या बाबूजी सचमुच ईजा को मारेंगे? हमने उन्हें कभी भी ईजा को मारना तो दूर, मारने के नाम से छूते हुए भी नहीं देखा था, पर उस दिन उनका वह क्रोध, वह बड़बड़ाना बन्द ही नहीं होता था। जल्दी शान्त हो जाने वाला उनका दिमाग़ ठण्डा नहीं हो रहा था।

तीसरी सुबह स्नान-ध्यान और मन्दिर में पूजा करके बाबूजी अपने स्थान पर सग्गड़ (अँगीठी) के पास बैठे, तो उन्होंने शान्त स्वर में पूछा, "तुम्हारी ईजा कहाँ है?" ईजा आयी। बाबूजी ने उन्हें प्रेम से बैठने को कहा। सग्गड़ की आग की गरमाहट में दोनों बैठे। बाबूजी बोले, "तू तो भोली है। यह नहीं समझती कि हम यहाँ पराये लोगों के बीच रहते हैं। ये लोग अपने को हमसे श्रेष्ठ मानते हैं। केवल क़िस्म-क़िस्म के फ़ैशन करने से कोई श्रेष्ठ नहीं हो जाता, पर ये तो बस उसी को देखते हैं उसी को मानते हैं। हमें किसी भी मौक़े पर अपने को इनसे घटिया नहीं होना है। अपनी प्रतिष्ठा कम नहीं होने देनी है। इस समाज में भी अपना स्थान बनाकर रखना है। अब बच्चियाँ सयानी हो रही हैं। इनकी इज़्ज़त में ही हमारी इज़्ज़त है। इनको कोई हीनभाव से न देखे, इसका ध्यान हमें ही रखना है।" बाबूजी की इन बातों का कोई उत्तर ईजा ने दिया या नहीं, यह हमने सुना नहीं। हम पिछले कमरे से उनकी बातें सुन तो रही थीं, पर बातें अस्पष्ट-सी सुनाई देती थीं। यह भी लगा कि भावुकतावश दोनों शायद रोये भी थे। यह था बाबूजी का क्षमा याचना का अपना तरीक़ा।

आज समझ में आता है कि दूर मल्ला सालम पट्टी के धुर्का गाँव से आकर नैनीताल नगर की छाया में, उसके निकट बसे रामगढ़, जो अंग्रेज़ों की ऑर्चड्स सभ्यता में पला हो, में आकर बसने का प्रयास करना और अपना प्रतिष्ठापूर्ण स्थान बनाने की पुरज़ोर कोशिश करना कितना कठिन था? यह परिवार अपनी ग़रीबी के बावजूद इसी दिशा में संघर्ष किये जा रहा था, जिस संघर्ष के रहनुमा बाबूजी थे। इसको हम नहीं समझते थे। ईजा भी उस हद तक नहीं पहुँच पाती थीं। इसी से ऐसी सांस्कृतिक टकराहट की घटना परिवार में घटित हुई थी।

बाबूजी अपने जीवन काल के एक पीढ़ी समय में ही परिवार को कई पीढ़ियों का सफ़र करवाकर अगली मंज़िलों तक पहुँचा देना चाहते थे जबकि उनके

रिश्तेदार, चचेरे, ममेरे, फुफेरे, मौसेरे भाई व उनके परिवारजन बाबूजी के सपनों को अदूरदर्शी, अव्यावहारिक और अलाभकारी मानते थे। उनकी नज़रों में पुरानी लीक पर ही चलने और समय रहते अपने परिवार को उसमें डालकर स्वयं मुक्त मन हो जाना ही समझदारी से जीने का सर्वश्रेष्ठ मार्ग था।

ये मित्र व रिश्तेदार बाबूजी से कहते, "पाँच बेटियों के बाप हो। उनकी शादियाँ कब करोगे? रिटायर हो गये हो। अभी तक छह बच्चों में से किसी एक को भी जीवन की राह में स्थापित नहीं कर पाये। समाज के ढाँचे में उनकी ज़िन्दगी को जमाया नहीं।" इधर बाबूजी अपने सपनों के साथ अपने बच्चों के सपनों को भी समझ रहे थे और उन्हें साकार करने का प्रयास कर रहे थे। बेटे को विज्ञान विषय से स्नातक होना था। उस काल में हमारी जैसी आर्थिक व्यवस्था के लिए यह असम्भव-सी उड़ान थी। रामगढ़ में उस स्तर तक की शिक्षा व्यवस्था न थी। जहाँ स्तर था भी, तो वहाँ विषय न था, परन्तु बाबूजी को अपने बच्चों का आगे बढ़ने का सपना नहीं तोड़ना था। दाज्यू स्वयं अपने अभिक्रम पर आगे बढ़े और बरेली शहर के एक प्रतिष्ठित व पुराने बरेली कॉलेज में प्रवेश पा सके। बाबूजी ने उसमें प्रसन्नता की पुष्टि की। डिग्री कॉलेज में पढ़ना और छात्रावास में रहना, इस आर्थिक भार को बाबूजी उठा रहे थे। यह कठिन बोझ था, पर यह उनका मिशन था।

बेटी (यानी मैं) एक दूसरा सपना देख रही थी। उसे यूँ तो स्नातकोत्तर तक पढ़ना था, परन्तु अभी तो उसे आठवीं से आगे की राह ढूँढ़नी थी। बच्चों के सपने बाबूजी के मिशन के अनुकूल ही थे, पर उनके जीवन का यह कालखण्ड उनकी परीक्षा ले रहा था। मैं जीवन के एक चौराहे पर खड़ी थी। मुझे पढ़ना था, पर मेरे लिए शिक्षा प्राप्त करने के सब रास्ते बन्द हो चुके थे। महादेवी वर्मा का दिया एक सुझाव बार-बार मेरे मन को कुरेद रहा था। उन्होंने कहा था, प्रयाग महिला विद्यापीठ लड़कियों के लिए व्यक्तिगत परीक्षार्थी के रूप में 'विद्या विनोदिनी' की परीक्षा आयोजित करता है, जो यदि अडवांस्ड अंग्रेज़ी भाषा के साथ दी जाये तो वह दसवीं कक्षा के समकक्ष की मान्यता प्राप्त होती थी। मैंने इस परीक्षा के लिए स्वयं ही निर्णय लिया और खोज प्रारम्भ की कि इसके फ़ॉर्म कहाँ से और कैसे मँगाये जायें? रामगढ़ की 'डाकबंगलकि बाज़ार' में एक प्रतिष्ठित दुकानदार की परित्यक्ता बेटी प्रयाग महिला विद्यापीठ की 'प्रवेशिका' परीक्षा के फ़ॉर्म भरने वाली थी। उनको मदद कर रहे थे श्री सद्गुरुशरण जी, जो हल्द्वानी में रहते थे। मैं भी उनके साथ जुड़ गयी तो फ़ॉर्म भरने की व्यवस्था आसानी से हो गयी। पढ़ाई मुझे स्वयं ही करनी थी। उसमें गृहविज्ञान अनिवार्य विषय था। अपने घर की रसोई से लेकर गौशाला तक का सारा

कार्यभार और घर की स्वच्छता व सजावट की सारी कलापूर्ण कुशलता मुझे थी, पर परीक्षा में मेरा यह गृहविज्ञान कोई स्थान नहीं रखता था। गृहविज्ञान में सिलाई का व्यावहारिक ज्ञान मुझे न था। मैं तो केवल फटे कपड़े पर थेगली लगाना जानती थी और कपड़े की सिलाई उधड़ जाये तो उसे सिलना जानती थी। मुस्लिम गृहिणियाँ सिलाई में कुशल होती हैं, यह जानकारी मुझे मिली तो मैं ऐसी बहन की खोज में निकली। रामगढ़ में ही एक अच्छा प्रतिष्ठित मुस्लिम परिवार था। उनका एक फल बाग़ था, ऐसा भी मुझे कुछ याद आता है। मैं उस घर की गृहिणी तक पहुँची, बड़े संकोच से उनसे निवेदन किया। वे राज़ी हो गयीं, "अपने घर से पुराने पर धुले कपड़े लाना, उन पर तुम्हें कटाई सिखा दूँगी।" पर मेरे पास ऐसे साबुत पुराने कपड़े कटाई के लिए दे देने को न थे। उन्हें तो हम पहना करते थे। तब उस दयालु महिला ने कहा, "मैं अपने घर के पुराने कपड़ों पर सिखा दूँगी। केवल फाइनल नमूने के लिए तुम्हें नया कपड़ा लाना होगा। उसे तुम्हें परीक्षा में दिखाना होगा।" इस प्रकार सिलाई की नैया पार लगी।

परीक्षा केन्द्र हल्द्वानी के मोतीराम बाबूराम कॉलेज में आया। बाबूजी ने निर्णय लिया कि वे मुझे हल्द्वानी तक व उसके बाद पूरी परीक्षा के दिनों तक साथ देंगे। वह मई का महीना था। मेरे जाने की तैयारी भी बाबूजी ने ही की। शायद एक नयी सूती साड़ी ख़रीदी गयी क्योंकि मेरे पास स्कूल जाने की मात्र एक सूती साड़ी ही थी। बाबूजी ने सारा सामान अपने फ़ौजी रुकसैक में रख दिया। हमारे पास हल्द्वानी तक बस से जाने के लिए पर्याप्त पैसे न थे, अन्यथा हल्द्वानी में रहने का वह अत्यन्त मितव्ययी बजट गड़बड़ा जाता। ऐसी स्थिति में भी बाबूजी का उदार मन था कि बेटी ने तैयारी की है तो उसे ले जाना और परीक्षा दिलानी ही चाहिए।

बाप-बेटी अपना सामान उठाये पैदल चल पड़े। आकाश साफ़ था। धूप चमक रही थी। रामगढ़ की शीतल हवा व भुवाली की ठण्डक को पार करके जब भीमताल की घाटी में उतरे और भीमताल की सुन्दर झील को भी पार करके रानीबाग़ की ओर उतरने लगे तो मैं गर्मी से बेदम हो गयी। चेहरा लाल, बदन पसीने से लथपथ, टाँगें बढ़ाना कठिन होने लगा। बाबूजी ने मेरा सारा सामान अपने रुकसैक में रखा ही था जो उन्होंने पीठ पर उठाया था। मेरे कन्धे पर एक छोटा-सा झोला था। उसे भी बाबूजी ने मुझसे ले लिया। अब मैं अपनी साड़ी को दोनों हाथों से उठाये चलने लगी। सूर्य देवता ठीक सिर के ऊपर से चमक रहे थे या उनकी किरणें चिनगारियाँ ही बरसा रही थीं। 16 वर्ष उम्र की पहाड़ी कन्या के लिए यह यात्रा लम्बी ही नहीं, कठिन और एक अर्थ में एक ज़्यादती ही थी। इसे बाबूजी भी समझ रहे थे, पर मन मसोसकर

आगे चलते जाते थे। उनके पीछे पसीने से परेशान अपनी सूती साड़ी उठाये मैं भी चलती जाती थी, मानो जीवन के सपने को साकार करने के लिए प्रतिबद्ध मेरा मन सब कुछ सहकर मेरे तन को घसीटे ले जा रहा था।

दशकों बाद हमारे परिवार के अच्छे दिनों के माहौल में उस यात्रा की याद करते हुए बाबूजी ने कहा था, "मैं अपनी कोमल बेटी को मानो आग में चला रहा था। मैं स्वयं को अपनी इस निर्दयता के लिए कोसता जा रहा था, पर मैं मजबूर था। मैंने देखा, राधा का चेहरा गर्मी व थकान से बुरूंश के फूल की तरह लाल हो गया था। हम रानीबाग़ पहुँचने वाले थे। पास ही एक नहर पानी से लबालब भरी हुई बह रही थी। मैंने इससे कहा, 'इसमें नहा ले, गर्मी कुछ कम हो जायेगी।' फिर से हम हल्द्वानी के लिए चल दिये थे। हाँ ऽ ऽ हमने वे दिन भी देखे थे..."

इस प्रकार की यह यात्रा हल्द्वानी में तिकोनियाँ नामक स्थान में जाकर पूरी हुई। वहाँ पर बाबूजी के पहचान के एक दुकानदार थे, जिनकी किराने की एक छोटी-सी दुकान थी। दुकान से लगा हुआ पास ही एक गोदाम का कमरा था, जिसमें हमें रहना था। कमरे में कुछ बोरों के बंडल और थोड़े ख़ाली कनस्तर पड़े थे। बाबूजी ने झाड़ू पकड़ा ही था कि उसे मैंने ले लिया और कमरे का फ़र्श झाड़ दिया। बोरे, कनस्तर दीवार के पास ठीक से रख दिये। बाबूजी ने दो-चार बोरे बंडल में से निकाले और बिछा दिये। उनके ऊपर हमने अपने कन्धों व पीठ का सामान रख दिया। हम बाहर पेड़ की छाया में बैठ गये क्योंकि भीतर बहुत गर्मी थी। मेरा परीक्षा केन्द्र हमारे इस डेरे से निकट ही था। मोतीराम बाबूराम कॉलेज हल्द्वानी का प्रसिद्ध कॉलेज था। दूसरे दिन उसे खोजने में मुझे कुछ भी देर नहीं लगी।

सुबह अँधेरे में ही बाबूजी मुझे उठा देते और मैं नहर पार कर कहीं खुले में शौचादि के लिए जाती। पास में बहने वाली नहर के बहते पानी में स्नान कर लेती। कपड़े धोकर वहीं बंजर भूमि में सुखाने डाल देती। यह नहर कभी ख़ूब भरी होती तो मुझे ख़तरनाक लगती थी, परन्तु कभी उसमें बहुत कम पानी होता तो लोटे से पानी उठाकर नहा लेती। कमरे में आती तो बाबूजी गरम चाय का गिलास मेरे हाथ में थमा देते। पेड़ के नीचे खुली हवा में कुछ समय तक मैं परीक्षा सम्बन्धी पुस्तक के पन्ने पलटती, परन्तु सामने की सड़क पर वाहन चलने लगते थे तो उन्हें देखती रहती। एक साइकिल रिक्शा गया, पीछे से एक बस गयी, ट्रक निकल गया। इस प्रकार के वाहनों का कौतूहल मेरा ध्यान खींच लेता क्योंकि रामगढ़ के मेरे इलाक़े में हमें वाहन दिखते न थे।

परीक्षा केन्द्र में जाने का समय होते ही बाबूजी मुझे कल शाम की बनी रोटी गरम करके देते व पुनः एक गिलास चाय (क्योंकि दूध की सम्भावना न थी वहाँ)। चाय के साथ रोटी खाकर मैं चली जाती। साढ़े तीन घण्टे बाद दोपहर को मैं जब आती तो बाबूजी खाना बनाकर तैयार रखते और गरमागरम भात, दाल, सब्ज़ी और चटनी बहुत प्यार से खिलाते। शायद चटनी दुकानदार मित्र के घर से आयी होती थी, दिन का भोजन बाबूजी बनाते थे और रात का भोजन हम दोनों ही मिलकर बनाते थे। दो-चार ईंटों को रखकर कमरे के बाहर हमने एक चूल्हा बना लिया था। इस अस्थायी चूल्हे की ईंटें बार-बार गिर पड़ती थीं। उन्हें फिर से सँभालकर तवा जमाना पड़ता था। दिन में बाबूजी चूल्हे के लिए लकड़ी, आटा-चावल, राशन, सब्ज़ी आदि भोजन सम्बन्धी सामग्री ख़रीदकर सब प्रबन्ध करके रखते थे। दिन में गर्मी असह्य हो जाती थी। सामने की सड़क से धूल भी उड़ती थी।

रात को हम एक फीणा (चटाई) बिछाकर पास के उस पेड़ के नीचे खुली हवा में एक-एक चादर ओढ़कर सो जाते थे। एक रात की बात है। मैं और बाबूजी गहरी नींद में थे कि मेरी नींद मेरी चादर पर गिरे एक छोटे-से पत्थर के गिरने से खुल गयी। उसी ओर से एक दूसरा पत्थर आया। मैंने चारों ओर देखा। हमसे आठ-दस फ़ीट की दूरी पर एक चादर ताने कोई लेटा था। "हमारे सोते समय तक तो यहाँ कोई न था, कौन है यह?" मैं सोचने लगी। शायद दुकानदार का नौकर होगा। गर्मी बहुत थी, उस पर यह बला? मेरा मन कर रहा था, चादर हटाकर फेंक दूँ। नहीं, यह पत्थर फेंकने वाला न जाने क्या करे? मैं करवट बदलकर लेटी रही कि फिर एक कंकर। मैंने उसे सिखाने-पढ़ाने का निश्चय किया, पर बाबूजी की नींद में बाधा पहुँचाये बिना ही यह कार्य करना था। मैंने सिरहाने रखे लोटे से ख़ूब पानी अपने मुँह में भरा और चादर में लेटे-लेटे ही उस व्यक्ति पर पिचकारी की तरह ज़ोर-से थूक दिया। वह चम्म-से उठा और अपनी चादर सँभालता हुआ दूर चला गया। मैं आराम से सो गयी। शायद वह मूर्ख भी सो गया होगा। उसके बाद की हर रात निर्विघ्न रही। मैंने बाबूजी को इस सम्बन्ध में कुछ भी नहीं कहा, पर हर रात सोने से पूर्व अपने सिरहाने पानी से भरा लोटा रखना मैं हल्द्वानी रहते कभी न भूली।

गृहविज्ञान की व्यावहारिक परीक्षा का दिन आया। सिलाई की व्यावहारिक परीक्षा में मेरी गुरु मुस्लिम गृहिणी की बतायी बातें काम आयीं। तुरपन, बखिया, अस्तर जैसे शब्दों के बारे में मैं ठीक से बता पायी, और नमूने का ब्लाउज़ व पेटीकोट भी परीक्षिकाओं ने पसन्द किये। एक कठिन परीक्षा निपट गयी। अब पाककला की व्यावहारिक परीक्षा की घड़ी सामने थी। हमें घर से विभिन्न पकवान बनाकर

लाने थे। मुझे अपने चार ईंटों का चूल्हा याद आ रहा था। उसके ऊपर भला मैं क्या पकाऊँगी? पर मुझे आदेश मिला कि मैं लौकी के लच्छों का रायता बनाकर लाऊँ। उसके पूर्व मैंने ऐसे किसी रायते का नाम भी नहीं सुना था। हम पर्वतवासी अधिकतर ककड़ी, दही और तीखी राई व नमक-मिर्च मिलाकर ही रायता बनाते व वही खाते थे। लौकी के लच्छे किसे कहते हैं? वे कैसे होते होंगे? और उनका रायता कैसा बनेगा? उसमें क्या डालना पड़ेगा? मैं तो परेशान हो गयी।

बाबूजी मुझे अपने परिचित एक लालाजी के पास ले गये। लालाजी की पत्नी ने मुझे लौकी के लच्छों का रायता बनाने की पूरी विधि केवल बतायी ही नहीं, रायता बनाकर भी दिखाया। परन्तु जहाँ और जिस स्थिति में हम रह रहे थे, वहाँ ये सब साधन कहाँ से आते कि स्वयं से रायता बना लूँ? मेरा आत्मविश्वास डगमगा गया। मैं उदास हो गयी। दयालु महिला मेरी स्थिति समझ गयीं। उन्होंने तुरन्त कहा, "मैं सुबह छह बजे रायता बनाकर तैयार रखूँगी। किसी से मँगा लीजिए।" बाबूजी ने मँगाने की समस्या भी हल कर दी बोले, "बहुत मेहरबानी, मैं ख़ुद आकर रायता ले जाऊँगा।"

सुबह एक सुन्दर से पात्र में रायता लेकर बाबूजी आ गये। पैदल ही गये, पैदल ही वापस आये, परन्तु मेरे परीक्षा केन्द्र में जाने के पूर्व ही उन्होंने परीक्षा के लिए अत्यधिक वांछित पात्र मेरे हाथों में दे दिया। परीक्षिकाओं ने रायता बहुत पसन्द किया और मुझे अच्छे नम्बर भी दिये होंगे, पर यह तो मेरी मेहनत न थी। यह मेरे बाबूजी की मेहनत थी और उस दयालु महिला की मेहनत थी, जिसने यह रायता बनाया था। उस ज़माने में बिरले पिता ही अपनी बेटी के लिए इस प्रकार के सारे काम करते होंगे। जब इस परीक्षा का परीक्षाफल मेरे हाथों में आया, तो वह द्वितीय श्रेणी उत्तम यानी गुड सेकेंड डिवीज़न का था। मुझे लोग शाबाशी देते थे कि मैंने अपने अकेले दम पर एडवांस अंग्रेज़ी भाषा से 'विद्या विनोदिनी' की परीक्षा देकर एक वर्ष में ही नौवीं और दसवीं, दोनों कक्षाओं को पार कर लिया था। मैं इस सफलता के लिए ख़ुश थी, पर मैं दिल की गहराई से बाबूजी के अनमोल योगदान को याद कर रही थी।

मेरे वे वर्ष मेरे और मेरे परिवार के लिए द्वन्द्व भरे थे। समाज में मेरे बारे में कहानियाँ तैरने लगी थीं। बौद्धिक प्रखरता, श्रमशीलता, कर्मकुशल गृहसंयोजन और सौन्दर्यशाली व्यक्तित्व की बातें एक से दूसरे तक पहुँचायी जा रही थीं, अब यह भी जुड़ गया था कि आयु के सोलहवें पायदान में पैर रख दिया है। हमारी अनभिज्ञता में ही न जाने कहाँ से कहाँ तक ऐसी चर्चाएँ फैल गयी थीं। अत: न जाने किन-किन दिशाओं से लगभग हर सप्ताह ही हमारे घर पर ऐसे लोग बिना सूचना दिये पहुँचने

लगे थे, जिन्हें अपने युवा बेटों, भतीजों, भाइयों या भांजों के विवाह के लिए कन्या की ज़रूरत थी।

बेटी के पिता-माता, मेरे बाबूजी व मेरी ईजा उनके सत्कार में जुट जाते थे। दूसरी सुबह उनको विदा करते समय बाबूजी उनसे एक वाक्य कहते, "हम आप, आपके बेटे व आपके परिवार से सन्तुष्ट और आश्वस्त हैं। अगर हमारी बेटी इस रिश्ते के लिए राज़ी हो जायेगी, तो हम तुरन्त आपको सन्देश भेजेंगे तब शादी की तारीख़ तय करेंगे।"

"बेटी से क्यों पूछना है? बेटी 'हाँ' कहे या 'न' कहे, उसका विवाह तो पिता तय कर देता है और लड़की को शादी कर लेनी होती है। इस फ़ौजी को हमारी इन परम्पराओं का कुछ ज्ञान ही नहीं है, यह लगता है। सारी ज़िन्दगी फ़ौज में जो बितायी है। अपनी युवा बेटियों को घर में पाल रहे हैं। उन्हें तो तीन-चार वर्ष पहले ही विदा कर देना चाहिए था।" हमारे घर से विदा होकर डाकबंगलेकि बाज़ार में वे लोग चाय की दुकान में स्थानीय लोगों से ऐसी बातें करते थे, जो छन-छन कर बाबूजी के कानों तक भी पहुँच ही जाती थीं।

मैं सोचती हूँ, बाबूजी कम जानकार फ़ौजी मात्र न थे वरन् वे ज़माने से आगे चल रहे थे। उन्होंने अपने फ़ौजी जीवन में भी आदर्शों के लिए बड़े साहसिक क़दम उठाये थे। उनकी एक साहसभरी कहानी याद आ गयी, जो उन्होंने ही बतायी थी। वे बताते थे कि ब्रिटिश सेना के सख़्त अनुशासन और कड़ी सज़ा के प्रावधानों के बावजूद उन्होंने महात्मा गांधी के दर्शन किये थे। गांधीजी, जो ब्रिटिश सरकार की नज़र में राजविद्रोही नेता थे। वे बाबूजी की दृष्टि में भारत माता के एक महान पुत्र थे। उनके भाषण को सुनने का अवसर उनके जीवन का एक अनमोल अवसर था। वे नागपुर की छावनी में नियुक्त थे। एक रविवार उन्होंने सुबह के समाचार-पत्र में पढ़ा कि गांधीजी वर्धा में एक सार्वजनिक सभा को सम्बोधित करने वाले थे। उन्होंने मन-ही-मन उस विभूति के दर्शन करने व सुनने का निर्णय कर लिया।

यह ख़तरनाक क़दम था मानो वे आग से खेलने का मन बना रहे थे। रविवार की छुट्टी थी। उनकी कोई अतिरिक्त ड्यूटी भी न थी। उन्होंने अपनी एक सिविल पोशाक एक बैग में रख ली और रेलवे स्टेशन पहुँच गये। चुपके-से प्रतीक्षालय के स्नानागार में जाकर वह सिविल पोशाक पहन ली व सेना की पोशाक बैग में डाल दी। ट्रेन से वर्धा पहुँचे। गांधीजी के दर्शन एक श्रोता की तरह कुछ दूर से किये। उन्हें प्रणाम किया और आमजन के बीच बैठकर गांधीजी का भाषण सुना। पूर्ववत् अपनी पोशाक बदलकर वापस अपनी छावनी में पहुँचे। साथियों ने पूछा भी कि आज

दिनभर आप अपने क्वार्टर से बाहर नहीं निकले? उन्होंने कुछ जवाब दे दिया, पर अपने मन में एक महान आत्मा के दर्शन व सुनने का धन्यतापूर्ण आनन्द व गौरव उन्होंने सँजो लिया। मैं 1953 के अक्टूबर माह में पहली बार जब सेवाग्राम जा रही थी, तब बाबूजी ने वर्धा नाम सुनते ही मुझे अपना उक्त संस्मरण सुनाया था, "तुम भी उसी 'वार्धा' जा रही हो, जहाँ मैं गया था।" उन्होंने कहा था। वे वर्धा को 'वार्धा' उच्चारण करते थे। यह रोमन लिपि से पढ़ने का परिणाम था।

ऐसे साहसिक व्यक्ति की उड़ानें परम्पराओं की सीमा में ही बँधी हुई नहीं चलतीं। उस काल में उनकी और उनके बच्चों की आकांक्षाएँ एक ओर थीं और उनके रिश्तेदारों व निकट के भाई-बन्धुओं का दबाव दूसरी ओर। यह कशमकश की स्थिति अपने चरम पर थी। बाबूजी ने इसे डेढ़-दो वर्षों तक लगभग प्रतिदिन ही झेला था। इस समय दाज्यू हमारे नारायण स्वामी हाईस्कूल में विज्ञान के प्राध्यापक के रूप में काम करने लगे थे। एक दिन वे स्कूल से घर आये तो उन्होंने मुझे एक सुन्दर समाचार सुनाया कि हाईस्कूल के उच्चीकरण का आदेश शिक्षा विभाग से मिल चुका है। अब ग्यारहवीं कक्षा के लिए छात्रों को प्रवेश मिलने लगा है, परन्तु लड़कों की संख्या नयी कक्षा खोलने के नियमानुसार पर्याप्त नहीं हो पा रही। अतः मजबूरी में विद्यालय की कार्यसमिति ने लड़कियों को भी प्रवेश देने की घोषणा की है।

"तुम भी तो ग्यारहवीं कक्षा में प्रवेश पा सकती हो। कल चलो, तुम्हारा नाम लिखा दें।" दाज्यू ने कहा, मेरा तर्कशील मन बोल उठा, "तब तो हम आज से एक साल छोटी थीं और हमें लड़कों के साथ रहने से उन्हें ख़तरा लगता था। अब आज हम एक साल और भी जवान हो गयीं, तब वे हमें कैसे प्रवेश देने वाले हैं?"

दाज्यू ने मेरे तर्क का जवाब देना उचित नहीं समझा। वे दूसरे दिन मुझे साथ ले गये और ग्यारहवीं कक्षा में मेरा नाम लिखा दिया गया। मैं कॉलेज जाने लगी। मेरी कुछ पुरानी सहेलियाँ भी उस कक्षा में आ गयी थीं। अतः मेरा मन ख़ुश ही नहीं बहुत ख़ुश हो गया। यदि घर में रिश्ते माँगने वालों की आवाजाही नहीं रहती, तो मेरे वे दिन मेरे लिए सोने के दिन थे। मेरा मन तब ख़राब हो जाता था जब घर में कोई अपरिचित लोग आकर अपने बेटे व परिवार की गुणगाथा का बखान करने लगते। सम्भवतः मेरे बाबूजी भी इन रिश्ते माँगने वालों का सत्कार करते-करते कुछ थक तो गये ही होंगे, क्योंकि पिछले दो-ढाई वर्षों में कम-से-कम तीस-पैंतीस समूह तो हमारे घर में आ ही गये होंगे। यद्यपि बाबूजी ने कभी अपनी ऊब को व्यक्त नहीं किया था, पर मेरी समाज सेवा की हठ पर कभी-कभी वे खीझने लगे थे।

मेरे यह कहने पर कि "शादी नहीं करूँगी, मुझे समाज सेवा करनी है।" उन्होंने एक दिन झिड़ककर कहा, "क्या होती है यह समाज सेवा? सबकी लड़कियाँ शादी करती हैं। तुममें कौन-से सुर्ख़ाब के पर लगे हैं कि शादी नहीं करोगी? तू अपना 'लाइफ़ प्रोग्राम' लिखकर दे दे। देखूँ तो सही कि तू कैसे समाज सेवा करने वाली है?" यह सचमुच फ़ौजी आदेश ही था। सख़्त और शुष्क, और आज तक मुझे याद है कि यही अंग्रेज़ी शब्द 'लाइफ़ प्रोग्राम' वे बोले थे। न कोई हिन्दी शब्द और न कुमाउँनी। उनकी बेटी भी उसी धातु की बनी थी। उनके अंग्रेज़ी शब्द के रौब से घबराने वाली न थी, जबकि उन दिनों अंग्रेज़ी मेरे लिए कठिन भी थी और उसका एक रौब भी मन पर पड़ता था।

मैंने काग़ज़ व क़लम उठायी और प्रथम तल के उस कमरे में चली गयी जो हम पढ़ने वाले बच्चों के लिए निर्धारित था। मैं लिखने लगी, 'माई लाइफ़ प्रोग्राम'। बाक़ायदा बिन्दुवार लिखना प्रारम्भ किया। आज मुझे वे सभी दस बिन्दु याद नहीं आते, पर प्रथम बिन्दु तो ख़ूब याद है क्योंकि वह मेरा सबसे प्यारा सपना था। वह था, स्नातकोत्तर तक पढ़ाई करूँगी। यह भी था कि अपनी बहनों को भी पढ़ाऊँगी। शिक्षिका बनूँगी। बाद में स्वयं लड़कियों व महिलाओं के लिए एक विद्यालय खोलूँगी। उसमें भी शिक्षिका के रूप में पढ़ाऊँगी। तब मैं सोचती थी कि पर्वतीय महिलाएँ पढ़ लेंगी तो उनके जीवन के कष्ट कम हो जायेंगे। जीवनशैली बदल जायेगी, इसलिए महिला-शिक्षा ही मेरी नज़रों में समाज सेवा थी। ऐसे नौ बिन्दु लिख दिये थे, पर बिन्दु तो दस होने चाहिए। नौ तो अधूरा-सा है, यह मुझे लगा। अतः एक दसवाँ बिन्दु भी मेरे मन में आ गया। वह था, "विजय लक्ष्मी पण्डित जैसी बनूँगी।" मैंने उसे भी काग़ज़ पर लिख दिया। उसी जोश में उसे बाबूजी के हाथों में दे भी आयी मानो मैं बाबूजी से कह रही थी, "आप हुकुम करते हो तो लो उसका जवाब।"

याद आता है कि बाबूजी आरामकुर्सी पर बैठे थे। शायद सिगरेट पी रहे थे। चश्मा आँखों पर चढ़ाया था। एक हाथ में मेरा काग़ज़ थामा और आश्चर्य भरी नज़रों से मेरी ओर देखा। जैसे उनकी आँखें कहती हों, "इतनी जल्दी?" शायद उन्हें भी विश्वास नहीं हुआ होगा कि इस उम्र में मेरे मन में कोई पूरे जीवन का कार्यक्रम होगा भी? होगा भी तो उसे लिखना यह दूसरी कठिनाई होगी। उन्होंने ग़ुस्से में मुझे चुनौती दी थी, पर वे उसके गम्भीर उत्तर की अपेक्षा नहीं कर रहे थे। पर अब यह दस सूत्री पत्र उनके हाथ में था। वे पढ़ने लगे। मेरे सारे ही बिन्दु उन्हें हवाई उड़ान लगे थे, पर अन्तिम बिन्दु को पढ़कर पहले तो वे ज़ोर-से हँसे और बाद में

धिक्कार भरे स्वर में बोले, "मूर्ख लड़की, तू बनेगी विजय लक्ष्मी? विजय लक्ष्मी कितने अमीर घर में पैदा हुई है? उसने विलायत जाकर पढ़ाई की है। उसके बाप-दादा सब किस ऊँचे धनी घराने के रहे हैं। यह सब तू जानती नहीं और हवाई सपने देखती है।" यह कहकर उन्होंने मेरा काग़ज़ वहीं ज़मीन पर फेंक दिया। मैं यह सब सुनकर पुनः अपने उसी कमरे में गयी और मेरे आँसू देर तक बहते रहे मानो किसी ने मेरे सपनों के महल को बेरहमी से ढहा दिया हो।

दिन और महीने बीत रहे थे, परन्तु हमारा परिवार इस उलझन से बाहर नहीं निकल पा रहा था। बाबूजी को नैनीताल के चक्कर लगाने ही पड़ते थे। वे सुबह मुँह अँधेरे स्नान-पूजा करके एक गिलास चाय पीकर घर से पैदल निकल पड़ते। पहले गागर की चोटी तक चार मील की लगातार चढ़ाई, फिर भुवाली तक पाँच मील की उतराई। थक कर वे उर्वादत्तजी की चाय की छोटी पर साफ़ दुकान में बैठ गये। यह नैनीताल जाते हुए राह में उनका स्थायी पड़ाव था। "उर्विदा, चहा बणाओ हो।" उर्वादत्तजी को चाय बनाने के लिए कहकर वे बेंच पर बैठे।

"कुशल-बात ठीक ही होगी?" उर्वादत्त का प्रश्न था। "हाँ ऽऽ सब ठीक ही है... पर मेरी एक बेटी ने तंग कर रखा है। वो समाज सेवा करूँगी कहती है। इसलिए शादी करने को साफ़ मना करती है,...उर्विदा! ये समाज सेवा होती क्या है?" बाबूजी ने पूछा।

"यही तो हुई समाज सेवा जो ये कांग्रेसी करते हैं।" उर्वादत्तजी ने चट-पट जवाब दे दिया।

बाबूजी ने चौंककर उर्वादत्तजी का चेहरा देखा और कहा, "कांग्रेसी? ये कांग्रेस में कैसे जायेगी? "बाबूजी ने खोजना चाहा। उर्वादत्तजी ने तुरन्त बताया, "मैं एक कांग्रेस्याणी (कांग्रेसी महिला) को जानता हूँ। उसका नाम सरला बहन है। उसने कौसानी में लड़कियों की शिक्षा के लिए एक आश्रम खोल रखा है। वहाँ लड़कियों की पढ़ाई भी होती है और वे गाँवों में सेवा के काम भी करते हैं। आयुर्वेदिक दवाएँ बाँटते हैं। वहाँ के गाँवों के छोटे बच्चों को पढ़ाते हैं, उनको नहलाते हैं, गाँव को साफ़-सफ़ाई सिखाते हैं, वहीं भेज दो। सेवा करेगी आपकी बेटी, परन्तु वहाँ मोटा खद्दर का कपड़ा पहनते हैं। खाना बिना मिर्च व बिना तेज़ मसालों का खाते हैं। चाय नहीं पीते और खेत, गौशाला, जंगल—सब जगह ख़ूब मेहनत करते हैं।"

"मेहनत में तो मेरी बेटी किसी से कम नहीं है, पर मोटा कपड़ा व फीका खाना उसे नहीं चलेगा। चाय? वह चाय तो कई बार पीती है। बिना उसके कैसे रहेगी?" बाबूजी ने बताया।

बाबूजी शाम को नैनीताल से लौटकर घर आये तो बोले, "राधा के लिए समाज सेवा का इन्तज़ाम हो गया।" उन्होंने आश्रम जीवन का पूरे विस्तार से वर्णन किया और मुझसे पूछा, "जायेगी वहाँ?" मैं शादी से बचने के लिए कहीं भी जाने को तैयार थी, जहाँ या तो मैं स्वयं पढ़ सकूँ या लड़कियों व महिलाओं को पढ़ा सकूँ। घर पर रहना यानी कभी न कभी विवाह तय हो जाना, यह मुझे लगता था। किसी भी निमित्त से घर से कहीं दूर चली जाऊँ, यह मेरा मन था। यह आश्रम तो मेरे स्वप्नों के निकट था। लड़कियों व गाँवों की सेवा, अत: मैंने उत्साहपूर्वक बाबूजी के प्रश्न का उत्तर दिया, "हाँ, मैं जाऊँगी।" बाबूजी सरला बहन के आश्रम का पता भी ले आये थे। दूसरे दिन उन्होंने ख़ुद बोलकर मुझसे सरला बहन को पत्र लिखवाया। मैंने उसमें आश्रम में प्रवेश पाने का निवेदन किया था। बाबूजी ने विशेष रूप से एक वाक्य डलवाया था, "मैं आश्रम में जीवनभर के लिए आना चाहती हूँ।" यह लिखवाकर वे मेरे चेहरे की ओर देखते, किन्तु मुझे इस वाक्य से कोई फ़र्क़ ही नहीं पड़ता था। तब चेहरे का भाव भला क्या बदलता?

एकाध महीने तक पत्र-व्यवहार चला। आश्रम से स्वीकृति आ गयी। जीवनभर आश्रम में रहने की बात से वहाँ सरला बहन व अन्य बहनों को लगा कि शायद कोई विधवा होगी, जो यहाँ आश्रय लेना चाहती है। यह 1950 के दिसम्बर माह के दूसरे-तीसरे सप्ताह की बात है। बाबूजी ने तय किया कि दिसम्बर की आख़िरी तारीख़ में कौसानी को जायेंगे। उन्हें विश्वास था कि आश्रम, वहाँ का कपड़ा और सबसे बड़ा चाय का अभाव, मुझे वहाँ नहीं रहने देगा। अत: कॉलेज की शीतकालीन छुट्टियों के बाद कॉलेज में जा सकूँगी। शीतकालीन छुट्टियाँ चौबीस दिसम्बर से फ़रवरी प्रारम्भ तक होती थीं। बाबूजी सोचते थे, तब तक मेरा आश्रम अनुभव भी पूरा हो जायेगा। मैं एक ओर कॉलेज जाती रहूँगी और दूसरी ओर विवाह की प्रक्रिया भी चलानी ही पड़ेगी। अब तो उम्र भी आ ही गयी है। समय आ गया, विवाह करना ही पड़ेगा, अपना यह चिन्तन बाबूजी ने ईजा से साझा किया था।

भले ही बाबूजी का अनुमान था कि आश्रम में रहने का समय संक्षिप्त होगा, पर बाबूजी की 'इज़्ज़त' वाली मानसिकता यहाँ भी काम कर रही थी। घर से बाहर जाना है तो उपयुक्त वस्त्र, भरपूर बिस्तर और आवश्यकता की प्रत्येक वस्तु अपने साथ में होनी चाहिए, यह उनका सोचना था। मेरे लिए एक ऊनी लौंग कोट सिलवाया गया। बाबूजी ने अपना लोहे का आर्मी बॉक्स दिया। उसमें सारे कपड़े व पुस्तकें आदि रखी गयीं। होल्डॉल में रज़ाई-गद्दा, चादरें और तकिया आदि बिस्तर बाबूजी ने ही ठीक से रख दिया था। मैंने अपनी पाठ्य पुस्तकें व नोटबुक्स भी रख ली थीं। इस सारी

तैयारी में बाबूजी का मुख्य हाथ था। दिसम्बर की अन्तिम तारीख़ को मैं व बाबूजी ईजा के हाथों से टीका, अक्षत और दहीसगुन पाकर विदा हुए। कोई रोना-धोना नहीं हुआ, ऐसी मुझे याद है। शाम को दिनभर की थकाने वाली बस यात्रा के बाद हम कौसानी पहुँचे तथा चढ़ाई चढ़कर आश्रम में पहुँचे।

सरला बहन जी को देखकर मैं थोड़ा हिचकी। एक गोरी अंग्रेज़ महिला। ज़रूर वे हिन्दी बोल रही थीं, पर उच्चारण अंग्रेज़ी भाषा जैसा था। सलवार-कमीज़ पहने थीं। एक सामान्य क़द की प्रेमल इस महिला ने आत्मीयतापूर्वक हमारा स्वागत किया। बाबूजी सहज थे क्योंकि उन्हें अंग्रेज़ लोगों से बोलने की आदत ही थी। वे ही मुख्यत: बोलते रहे, मेरी शिक्षा, मेरी जीवन के प्रति आकांक्षा तथा हमारा घर-परिवार। सरला बहन आश्चर्यमिश्रित आनन्द में थीं कि एक विधवा नहीं एक कॉलेज गर्ल अपनी ज़िद से बिना किसी विवशता के आश्रम में समाज सेवा के लक्ष्य से शामिल होने आयी थी। मैं मुख्यत: बहन जी के कमरे की चौड़ी खिड़कियों से प्रभावित थी और उनके द्वारा बाहर का दृश्य जंगल व सब्ज़ियों का बग़ीचा देख रही थी। बाबूजी के साथ उनकी बातें पूरी हुईं तो मैंने उन्हें अपनी पाठ्य पुस्तकें दिखायीं और कहा, "मुझे यहाँ रहते हुए अपनी पढ़ाई भी चालू रखनी है।" इसमें बहन जी बिल्कुल स्पष्ट थीं। उन्होंने साफ़ कहा, "सरकारी शिक्षा से हमारा कोई सम्बन्ध ही नहीं है। हम सम्बन्ध रखना भी नहीं चाहते। हम यहाँ पर गांधीजी की नयी तालीम चलाते हैं।" कैसी प्रतिबद्ध निष्ठा? पर मैं तब इस निष्ठा को आँकने की शक्ति नहीं रखती थी। जीवन में बहन जी के साथ रहते उस निष्ठा का कुछ अंश मिला। तभी इस विचार में जीवन दे सकी, पर उस प्रतिबद्धता, उस ज़िद को निभाने में कहीं न कहीं तो मेरी शक्ति लचर थी। ख़ैर उस दिन बहन जी के प्रथम दर्शन पर उनकी दी स्पष्टता ने मुझे निराश कर दिया। मैं निराश हुई, यह बाबूजी ने पकड़ लिया। उन्हें मालूम था कि मुझे अपनी पढ़ाई का कितना मोह था? अत: बहन जी के कमरे से जब हम बाहर आये तो वे मुझे कहने लगे, "यहाँ तू पढ़ाई तो नहीं कर पायेगी, चलो वापस घर चले जायें।"

दूसरे दिन जब वे घर वापसी के लिए विदा होने लगे, तब भी उन्होंने मुझे वापस घर जाने का आग्रह किया।

"कैसी भी स्थिति आये, अब तुम रामगढ़ में बारहवीं तक तो पढ़ ही सकती हो।" यह उनका सहज तर्क था और बहुत स्वीकृति योग्य भी था। उन्होंने ख़ूब प्रयास किया कि मैं उनके साथ वापस चली चलूँ, पर वे जितना मुझे मनाते थे, मैं उतनी ही स्पष्ट थी कि मुझे घर से बाहर निकलने का यह मौक़ा गँवाना नहीं चाहिए।

"मुझे यहाँ अच्छा लग रहा है। मैं यहाँ रहूँगी।" मेरा यह निर्णय अन्त में उन्होंने मान लिया, और भरे दिल से उन्होंने एक पोस्टकार्ड पर हमारे घर का पता लिखकर मुझे दिया। अपने घर का पता तो मुझे मालूम था ही, किन्तु भावुक पितृहृदय ने वह कार्ड मेरे हाथ में थमाकर कहा, "जब भी तुझे लगेगा कि तेरा मन यहाँ नहीं लग रहा है या कोई भी तकलीफ़ होगी तो, इस कार्ड पर मात्र तीन शब्द लिख देना, 'मुझे घर आना है।' मैं पढ़ते ही तुम्हें लेने यहाँ आ जाऊँगा।" मुझे आज भी बिल्कुल स्पष्ट याद है कि वे आँसुओं से डबडबायी आँखें और फड़कते होंठ जब आश्रम के छोटे-से फाटक के बाहर जाकर मेरी ओर मुड़े तो मैंने जल्दी-से उनके चरणों में प्रणाम कर दिया, जिसका अर्थ था, मैं उनके साथ नहीं जाऊँगी, यह स्पष्ट हो गया। उन्होंने प्रत्युत्तर में आशीर्वाद के वचन "जी रये, पोथी" अपने भर्राये गले से मुश्किल से कहे।

वह पोस्टकार्ड कभी नहीं लिखा गया। घर से बाबूजी के पत्र बराबर आते रहे। 'मन न लगे तो लिखना,' यह वाक्य हर पत्र का अनिवार्य अंश होता था। मैं भी हर पत्र का विस्तृत उत्तर देती। घर भी मेरे बिना रहना सीख गया और मैं भी ईजा-बाबू, दाज्यू-बहनों के बिना रहना सीख गयी। अक्टूबर माह में हमारी वार्षिक छुट्टियाँ थीं। मैं कन्धे वाले खादी के एक बड़े झोले में खादी की दो साड़ियाँ रखकर छुट्टियाँ बिताने घर गयी। खादी का ही मोटा ऊनी शॉल ओढ़े थी व खादी की मोटी साड़ी पहने थी। रामगढ़वासियों की फ़ैशनपरस्त आँखों के लिए वह एक अजूबा ही था। वे बोले, "बेचारी राधा कम्बल ओढ़कर आयी है।"

घर पहुँची तो बाबूजी ने पूछा, "बक्सा और होलडॉल क्यों नहीं लायी?"

"बक्सा-होलडॉल क्यों लाती? एक महीने की छुट्टी के बाद वहीं तो जाना है!" मेरा उत्तर था।

"अब वहाँ क्यों जाना है? क्या समाज सेवा अभी पूरी नहीं हुई?" उन्होंने कुछ आर्द्रभाव से पूछा।

"आप ही ने तो लिखवाया था कि आश्रम में जीवनभर के लिए आना चाहती हूँ। मुझे तो जीवनभर वहीं रहना है।" उन्हीं के शब्दों के द्वारा मैंने उनको चुप करा दिया। उन्होंने भी समझ लिया और बाद को कभी घर वापस आने की बात नहीं की, वरन् कालान्तर में तो स्वयं आश्रम को प्रतिवर्ष बग़ीचे की आय से प्राप्त कुछ धनराशि सम्पत्ति दान के रूप में देते थे। विनोबा भावेजी ने भूदान यज्ञ आन्दोलन के प्रवाह में कई अन्य दानों के लिए बृहत् समाज का आह्वान किया था। आन्दोलन के आरोहण में ये दान स्वतः उद्भूत हुए, जैसे स्वयं भूदान आन्दोलन का आविर्भाव

स्वत: ही हुआ था। ये दान थे—सम्पत्तिदान, श्रमदान, सर्वोदय पात्र और ग्रामदान। बाबूजी ने स्वयं खादी वस्त्र पहनने प्रारम्भ किये। घर में सर्वोदय पात्र रखना शुरू किया और सर्वोदय विचार को गहराई से समझने के लिए विचार गोष्ठियों में भागीदारी करने बनारस, लखनऊ आदि स्थानों में जाने लगे। उस काल के सर्वोदय क्षेत्र में नेतृत्व प्रदान करने वाले कुछ जाने-माने लोग बाबूजी के मित्र हो गये थे और उनमें से कुछ हमारे घर पर भी आते थे।

बाबूजी का जीवन स्थानीय समाज में भी सार्वजनिक हो गया था। वे नारायण स्वामी इंटर कॉलेज के छात्रों को एक घण्टे शारीरिक व्यायाम (पी.टी.) कराने जाते थे। यह उनकी ओर से कॉलेज की नि:शुल्क सेवा थी, जिससे कॉलेज का वातावरण अनुशासित हुआ। साथ ही, बाबूजी कॉलेज ही नहीं, पूरे रामगढ़ के प्रतिष्ठित व्यक्तियों की गिनती में आ गये। किसी भी सामाजिक या राष्ट्रीय आयोजन में उनकी उपस्थिति महत्त्वपूर्ण मानी जाती। अपने फलबाग़ को वैज्ञानिक दृष्टि से उन्नत करने में परिश्रम करने वाले वे एक अच्छे बाग़वान भी माने गये। अब जीवन पटरी पर आ गया था। एक-एक करके उनकी बेटियाँ स्वनिर्णय द्वारा लक्ष्मी आश्रम में या तो शिक्षा लेने चली गयी थीं या वहाँ पर शिक्षिका के रूप में कार्य करने लगी थीं। उनके जीवन एक उदात्त व सार्वभौम विचारधारा में ढलने लगे थे।

मैं गांधी विचार प्रणीत सर्वोदय जगत् के देशभर के कार्यक्रमों में जाती। अपने उत्तराखण्ड की सर्वोदय विचार की जमात तब अच्छी व मज़बूत थी। उसके कार्यक्रमों, पदयात्राओं, अभियानों व आन्दोलनों में एक प्रमुख महिला कार्यकर्ता के रूप में भाग लेती थी तो कभी-कभी अख़बारों में नाम आता था। इससे बाबूजी गर्व महसूस करते थे और ख़ुश होते थे। एक बार मेरे चाचाजी ने बाबूजी से कहा, "राधा का नाम अख़बार में 'राधा भट्ट' लिखकर आता है तो गाँव में हम सब उसे पढ़ते हैं और कहते हैं, हम सब गाँव वाले भी यों तो भट्ट हैं, पर हम तो यूँ ही भट्ट पैदा हुए। सही भट्ट तो राधा ही है जिसका दुनिया में नाम है।" यह बात बाबूजी के मन को भी गर्व देती थी। बाहर से वे केवल हँस देते। मैंने देखा था वे दिल से मुझे प्यार ही नहीं, आदर भी देने लगे थे। इसी से उन्होंने दुर्गा सप्तशती की अपनी नित्य पठनीय पुस्तक के भीतर के पृष्ठ पर मेरा फ़ोटो लगा रखा था।

आश्रम से जुड़ने से बाबूजी के परिवार में एक नया मोड़ आया था। सहज उदार मन व नये विचारों के लिए ग्रहणशीलता बनाये रखने से उनकी बेटियाँ एक अपरम्परागत जीवनपथ पर चलने लगी थीं। बाबूजी को सरला बहन ने पत्र लिखा था, "भाई, आपने तो सर्वोदय की समाज क्रान्ति के लिए अपना परिवार दान किया है।"

यह उन्हें अपने लिए एक बड़ा मूल्यवान प्रमाण-पत्र लगता था। रामगढ़ के उन फल वृक्षों के बीच वे इस समाज क्रान्ति को पुष्ट करने पर विचार करते रहते थे। पहले भी वे श्रम करते थे एक आदत से। अब वे विचारपूर्वक श्रम करते थे। दुखियों विशेषतः दुखी महिलाओं को सहज भाव से न जाने कैसे भान हो गया था कि यह इन्सान दुखी को समझता है। अतः यथाशक्ति उन्हें मदद करता है। कोई न कोई दुखी माँ, परित्यक्ता युवती या युवा-विधवा आकर उन्हें अपना दुख बताते हुए कहती, "मकान जीर्णशीर्ण हो गया, बच्ची की शिक्षा के लिए क्या करूँ? परिवार ने समान बँटवारा नहीं किया, जाड़ों के लिए पर्याप्त बिस्तर नहीं हैं। क्या करूँ?" इन सबकी मदद के लिए बाबूजी के पास धन से भी अधिक दिल था। उसी के आधार पर वे इन महिलाओं की कुछ सहायता करते थे।

बाबूजी के रिश्ते-नाते व मित्र-बिरादर इस सबको व्यर्थ की बेवकूफ़ी भरा काम समझते थे। वे बाबूजी की प्रतिष्ठा को भी जानते थे। अतः मन ही मन कहते, "कई बेटियाँ थीं, उनकी शादियाँ समय पर नहीं की तो, उन्हें आश्रम में भेज दिया।" वे लोग आश्रम यानी गांधी विचारों के वाहक-आश्रम को पहचानते भी नहीं थे। उनके लिए आश्रम ग़रीबों, असहायों, अनाथों मात्र का एक आश्रय स्थल था, पर बाबूजी आश्रम के विचार व उसकी परिवर्तनकारी शक्ति को समझते थे। इसका प्रमाण एक घटना से मिला।

हमारी तीसरे नम्बर की बहन दुर्गेश के विवाह के लिए एक सर्वोदय विचारप्रधान परिवार से प्रस्ताव मेरे पास आया। दुर्गेश तब लक्ष्मी आश्रम विद्यालय में शिक्षिका थीं। मुझे यह बात घर जाकर बाबूजी को बतानी थी और उनकी स्वीकृति अथवा अस्वीकृति लेनी थी। मन में दुविधा की धुक-धुक चल रही थी, क्योंकि प्रस्तावक परिवार गुप्ता थे। बाबूजी जाति के इस अन्तर को शायद नहीं मानेंगे, क्योंकि वे धर्म के अपने नियम यानी पूजा-पाठ और व्रत-उपवास आदि का कड़ाई से पालन करते हैं, यह मेरी शंका थी। फिर मैं स्वयं ही अपने मन को तसल्ली देने के लिए एक घटना याद करने लगी थी।

वर्षों पहले की बात थी। ईजा-बाबूजी मकर संक्रान्ति के पर्व पर हरिद्वार स्नान के लिए गये थे। हमारी सबसे छोटी बहन कृष्णा ही तब ईजा-बाबूजी के साथ रहती थी। अन्य सभी बहनें-भाई या तो शिक्षा के लिए या काम के लिए रामगढ़ से बाहर जा चुके थे। हरिद्वार जाने पर वे कृष्णा को घर पर अकेले नहीं छोड़ सकते थे। उसी समय संयोग ही था कि मैं व मेरी बहन दुर्गेश अपनी-अपनी कक्षाओं की छात्राओं को लेकर नैनीताल ज़िले की तराई के एक भूदानी गाँव शान्तिपुरी में ग्रामसेवा शिविर

के लिए गयी थीं। अतः गंगा-स्नान के लिए जाते हुए वे कृष्णा को हमारे शिविर में छोड़ गये। वापसी में उसे अपने साथ ले जाने की दृष्टि से वे कैम्प स्थल पर आये। सुबह का समय था। हमने ईजा-बाबूजी से भोजन करने का आग्रह किया। वे राज़ी हो गये। मैंने सोचा, परम्परा के अनुसार वे कुमारी बालिका के द्वारा बनायी रसोई की रोटी-सब्ज़ी तो खायेंगे, भात-दाल नहीं खायेंगे। पर उन्होंने दुर्गेश से कहा, "बिटिया, तुम्हें दाल-भात बनाना तो आता ही होगा, क्योंकि आश्रम में तो तुम्हें यह सिखाया ही जाता है। मेरे व अपनी ईजा के लिए दाल-भात बना दो।"

हम लोग आश्चर्य करने लगे क्योंकि परम्परा के अनुसार अविवाहित कन्या के हाथों पकाया चावल-दाल सयाने लोग खाते नहीं थे। ईजा ने कुछ सवाल उठाये, परन्तु बाबूजी ने कहा, "भोजन बनाने में स्वच्छता व मन की श्रद्धा होनी चाहिए। अपनी बेटी से अधिक कौन हो सकती है जो हमें श्रद्धा और सफ़ाई से भोजन कराये? हम तीर्थ करके आये हैं। हमें इन मूल बातों को जीवन में महत्त्व देना है, रूढ़िगत परम्पराओं को नहीं। अपनी बेटी के बनाये भोजन से परहेज़ क्यों करें?" ईजा तो पहले भी बहुत सारे ऐसे बन्धनों को नहीं माना करती थीं। अतः सहज ही बाबूजी का यह प्रस्ताव भी उन्हें मान्य हो गया था।

मैं उस सकारात्मक घटना को याद कर रही थी, पर विवाह और जाति का सवाल इतना सरल नहीं था। इसमें परिवार ही नहीं, उसके इतर सारा समाज भी था, जो अपना दख़ल देता था। यों तो मैं हिम्मत व सर्वोदय गांधी विचार की अपनी समझ व प्रतिबद्धता को लेकर गयी थी, पर डर था कहीं ऊँची आवाज़ में बाबूजी यह न कह दें, "अब तुम जाति-धर्म का भी ध्यान नहीं रखतीं? क्या हो गया तुम्हारे विवेक को?"

इस दुविधापूर्ण मनःस्थिति के साथ मैं बाबूजी को बताने लगी। मैंने प्रस्तावक यानी हरदोई निवासी परिवार का पूरा वर्णन किया। होने वाले पति एडवोकेट, ससुर अवकाश प्राप्त न्यायाधीश और जेठ न्यायाधीश यानी एक बुद्धिजीवी परिवार की जानकारी दी। उनकी सर्वोदय विचार में निष्ठा व क्रियाशीलता का परिचय दिया। अन्त में धीरे-से कहा, "वे लोग गुप्ता हैं।" मैं यह कहकर चुप हो गयी। बाबूजी एक मिनट कुछ नहीं बोले। मेरे लिए एक मिनट मानो एक घण्टा हो गया। मैं प्रतीक्षा करने लगी किसी कड़क आवाज़ की और मैंने उसके लिए अपने मन को तैयार कर लिया, किन्तु मेरे आश्चर्य और आनन्द की सीमा न रही, जब बाबूजी ने गम्भीर वाणी में कहा, "ये जातियाँ तो समाप्त होने ही वाली हैं। समाज में इनका वजूद जल्द ही मिटने वाला है। क्यों न मैं ही जाति-बन्धनों को तोड़ने की पहल कर दूँ?"

कुछ ऐसी ही लीक से हटकर चलने की एक और घटना बाबूजी के जीवन की थी, जब मुझे 1965 में विदेश प्रवास का आमन्त्रण मिला था। मुझे डेनमार्क के एक फ़ोक हाईस्कूल में शीतकालीन सत्र के छह माह के कोर्स में बुलाया गया था, जिसमें निवास, भोजन आदि नि:शुल्क था, किन्तु यात्रा व्यय स्वयं वहन करना था। मैं घर पहुँची। बाबूजी से यात्रा व्यय का भार उठाने की माँग की। विदेश प्रवास की योजना का पूरा विवरण विस्तार से बताया कि आठ माह डेनमार्क में, दो माह अन्य देशों में तथा दो माह इंग्लैंड में जाने का मोटा अन्दाज़ा था। बाबूजी ने विचार किया और बोले, "हूँ, सात समुन्दर पार जाना होगा, वहाँ कल्चर ही अलग है, बेटा! तुम अपने को बचा सकोगी? तुम्हारे साथ जाने वाले अन्य कौन हैं?"

"प्रारम्भ में तो हम पाँच लोग थे, दो बहनें व तीन भाई, परन्तु अब कई कारणों से वे चारों नहीं जा रहे हैं। मैं अकेली ही जाने वाली हूँ।" मैंने बताया।

"अकेली?" वे दुविधा में शायद डर भी रहे थे। "लम्बी यात्रा है। तुमने आज तक विमान-यात्रा नहीं की है। क्या पता, कहीं विमान बदलना भी पड़े तो यह सब अकेली कर पाओगी?"

मैं किसी भी सूरत में यह नहीं चाहती थी कि मेरी उस पहली विदेश यात्रा में कोई बाधा पड़े। मैं तो बिना विमान के भी उड़ जाना चाहती थी। अत: बड़े साहस भरे स्वर में मैंने कहा, "हाँ-हाँ, ज़रूर कर लूँगी।"

"अभी तुम्हें सब दिक़्क़तों का अनुमान नहीं है।" मुझे लगा, वे अपनी युवा बेटी को एक अनजान देश में अकेले नहीं भेजना चाहते थे। तो भी अन्त में उनका मिशन उनके मन में उठ आया तो एकदम बोले, "हिम्मत के साथ जाओ। मैं तुम्हारी हवाई यात्राओं का पूरा व्यय वहन करूँगा। जो काम लड़के भी नहीं कर पाते, वह मेरी बिटिया करेगी, मुझे गर्व है।"

बाबूजी की जीवन संध्या निकट आ रही थी। उनकी पारिवारिक व्यवस्थाएँ सब स्वनियन्त्रित हो गयी थीं। उनके इकलौते बेटे को सेना की सेवा करते एक स्ट्रोक आया था, जिससे वे बच तो निकले थे, परन्तु सेना के ही नहीं, सामान्य जीवन के कामों के लिए भी सक्षम नहीं रहे थे। इस अप्रत्याशित विपत्ति को बाबूजी ने जीवन के अन्तिम प्रहर में बड़े साहस से लिया था, पर हर विपदा आदमी को कुछ तो तोड़ती ही है। यह दुख उन्हें सालता रहा होगा। हाँ, उनकी बेटियाँ स्नातकोत्तर तक की शिक्षा लेकर अपने पसन्द के विभिन्न कामों में अपनी प्रतिभा दिखा रही थीं। कुछों ने शादियाँ भी की थीं। उनकी बेटियाँ सुखी थीं, क्योंकि वे कुछ ऐसा काम कर

रही थीं जो समाज के लिए था। अतः बाबूजी को युवावस्था में पनपाये उनके सपनों या मिशन के सफल होने का सन्तोष था।

बाबूजी 75 से 80 की आयु में रहे होंगे, तब उनका स्वास्थ्य ख़राब हुआ। पहले एक माह उन्होंने स्वयं ही डॉक्टर के पास जाने की ज़रूरत नहीं समझी। बाद में नैनीताल के रैमजे हॉस्पिटल में लगभग एक माह इलाज करवाया, पर वह उपचार ग़लत रोग-निर्धारण के आधार पर चला तो बीमारी को मज़बूत होने व प्रगति करने का मौक़ा मिल गया। ठीक इस मौक़े पर मैं अस्पताल पहुँची। बाबूजी इलाज से सन्तुष्ट न थे। अतः उन्होंने वहाँ से छुट्टी ले ली। हम घर गये। मुझे लगा, ईजा-बाबूजी की उम्र तथा स्वास्थ्य को देखते हुए उन्हें एक सहृदय अपने व्यक्ति की सहायता की ज़रूरत थी। मेरे ऊपर लक्ष्मी आश्रम के संचालन की ज़िम्मेवारी थी। मैं उसकी सचिव थी, पर मैंने अपने साथी कार्यकर्ता भाइयों व बहनों पर संचालन का सारा भार डालकर स्वयं लम्बी छुट्टी ली। साथियों की आत्मीय सहायता के आधार पर मैं बाबूजी की सेवा करने लगी। ईजा की भी सेवा इसमें निहित थी अन्यथा अपनी वृद्धावस्था में वे अकेली ही पूरे समय बीमार की सेवा करती रही थीं।

मैंने एक प्रसिद्ध वैद्य से, जो भवाली में रहते थे। बाबूजी की आयुर्वेदिक चिकित्सा प्रारम्भ करायी। उससे बाबूजी ख़ुश हुए और स्वास्थ्य में कुछ सुधार भी आया, किन्तु अब उनके लीवर आदि इतने कमज़ोर हो चुके थे कि वे दवा को ग्रहण नहीं कर पाते थे। स्थिति बिगड़ती जा रही थी। मैं कमरा, बिस्तर तथा आसपास स्वच्छ और व्यवस्थित रखकर समय पर दवा-पानी और आराम देकर उन्हें सन्तुष्ट रखती। वे सन्तुष्ट होते, किन्तु उनकी तकलीफ़ बढ़ती ही जा रही थी। एक दिन उनको कष्ट से कराहते देख मैं दुखी हो गयी और मेरी आँखों से आँसू निकल पड़े। वे तुरन्त बोले, "अरे! रो रही हो? तुम्हारा 'गीता' का ज्ञान कहाँ गया? जो जन्मा है, उसकी मृत्यु तो निश्चित ही है। उसके लिए रोना क्यों?"

"हाँ! यह तो मैं जानती हूँ, किन्तु आपको यह कष्टपूर्ण वेदना जो हो रही है उसे हम कम भी नहीं कर पा रहे हैं। इसी से दुख हो रहा है।" अपने आँसू पोंछते हुए मैंने कहा।

"कष्ट और वेदना ही नहीं होगी तो मरूँगा कैसे? वेदना इसलिए है कि यह शरीर रूपी चोला पुराना और जीर्ण-शीर्ण हो गया है।" फिर अपने विशेष उच्चारण में 'गीता' का प्रसिद्ध श्लोक "वासांसि जीर्णानि यथा विहाय नवानि गृहणाति नरोपराणि..." बोलने लगे।

कठिन रोगशय्या से ही वे एक दिन अपना वसीयत-पत्र लिखाने लगे। सर्वोदय कार्य के प्रसिद्ध कार्यकर्ता करणभाई उनके मित्र थे। कई वर्षों पूर्व बाबूजी साधना केन्द्र, वाराणसी में शंकरराव देवजी के मार्गदर्शन में चल रहे सर्वोदय-विचार-शिविर में भाग लेने गये, तब उन्हें करण भाई से मिलने का अवसर मिला था। तब से दोनों की मित्रता चली आयी थी। बाबूजी की अस्वस्थता का समाचार सुनकर वे उन्हें देखने रामगढ़ चले आये थे। बाबूजी उन्हीं से यह वसीयत-पत्र लिखा रहे थे। उसमें बाबूजी ने उनकी चल-अचल सम्पत्ति का एक भाग मेरे नाम करने का उल्लेख किया, तो मैंने एतराज़ उठाया क्योंकि मैं विचारपूर्वक किसी मकान-ज़मीन आदि सम्पत्ति की मिल्कियत अपने नाम पर नहीं रखना चाहती थी। मैंने जीवनभर इसके अनुसार ही जिया था। "आप मेरी सामाजिक साधना में बाधा न डालें," मैंने कहा, "मुझे समाज पर पूरा भरोसा है। मैं विश्वास करती हूँ कि समाज मुझे मेरी मृत्यु तक प्रेम देगा, आश्रय भी देगा और मेरा योगक्षेम सँभालेगा। मुझे उससे अधिक कुछ नहीं चाहिए।"

बाबूजी आदर्श के प्रति मेरी प्रतिबद्धता से थोड़े ख़ुश हुए पर उन्हें मेरी वृद्धावस्था की चिन्ता फिर भी थी ही, अतः ख़ुशी से कई गुना अधिक दुखी हो गये। यह देख करणभाई ने उनकी वे सभी बातें लिख दीं जो वे वसीयत-पत्र के लिए डिक्टेट करा रहे थे और गवाह के रूप में स्वयं अपने हस्ताक्षर कर दिये। दूसरे हस्ताक्षर के लिए पड़ोस के सज्जन को बुलाकर उनके हस्ताक्षर करा दिये। बाबूजी सन्तुष्ट हो गये कि उनकी वसीयत विधिपूर्वक लिख दी गयी। बाबूजी से अलग करणभाई ने मेरे असन्तोष को समझकर मुझे बताया, "अभी तो यह वसीयत-पत्र नहीं काग़ज़ का एक टुकड़ा है। इसे रजिस्टर्ड कराना और लागू कराने का काम तुम्हें ही कराना होगा। यदि तुम इस वसीयत से सहमत नहीं हो तो इसे छोड़ दो। रजिस्ट्री नहीं कराओ, पर बाबूजी को उनकी इस अन्तिम अवस्था में सन्तोष देना आवश्यक था। इसलिए मैंने वह सब लिखा, जो वे कहना चाहते थे।"

वसीयत-पत्र मेरे हाथ में दे दिया गया। क्योंकि दाज्यू तो हमारे पुराने गाँव धुर्का में रहने गये थे, वे ही सारे चल-अचल सम्पत्ति के स्वाभाविक व क़ानूनी रूप में भी अधिकारी थे। मैंने बाबूजी के वसीयत-पत्र को फाड़ देने का कठिन और एक अर्थ में ग़लत काम किया और सम्पत्ति पर अपने दाज्यू के वैधानिक हक़ को अक्षुण्ण रखा।

इस कार्यवाही के चार एक दिन बाद ग्रीष्म की एक सुबह बाबूजी संसार से विदा हो गये। हमारा आँगन मित्रों-रिश्तेदारों से भर गया। ईजा विकल हो गयी थीं। अर्थी को उठाया गया। मैं कन्धा लगाकर चार क़दम चली ही थी कि मुझे ईजा को सँभालने के लिए लौट आना पड़ा। अर्थी उठाते ही वे भावोद्रेक में छटपटा गयी थीं क्योंकि उनके जीवनभर का आत्मीय साथी हमेशा के लिए विदा हो गया था।

7

बचपन

अपने बचपन की स्मृतियाँ मुझे सिलसिलेवार याद नहीं आतीं। कुछ ऐसी ही घटनाएँ याद आती हैं, जिनका मेरे बालमन पर गहरा असर पड़ा था। मेरा बचपन तीन स्थानों में बँटकर बीता था। कुछ भाग बीच-बीच में धुर्का गाँव व छाना में, कुछ सैनिक छावनियों मेरठ, बरेली आदि में व कुछ बाद के सालों में रामगढ़ में बीता था। कुछ प्रसंग दादा जी, ईजा व बाबूजी के बारे में लिखते हुए लिखे भी जा चुके हैं क्योंकि वे उनसे जुड़े हुए थे।

मेरा बचपन सपाट सीधी सड़क जैसा नहीं बीता है। वह तो ऊबड़-खाबड़ ऊँची-नीची पहाड़ी पगडण्डी है, उसमें दोष मेरे स्वभाव का भी है यानी मेरा स्वभाव शान्त नदी की तरह नहीं बहता। वह चट्टानों से टकराता, किनारों को काटता-बहाता, ऊँचाई से कूदने वाला एक पहाड़ी झरना है। जहाँ मेरे स्वभाव के कारण नहीं हो तो मेरी नियति भी कुछ उपद्रव आयोजित करती रही है। इसकी पहली कहानी है, छाना की एक मज़ेदार घटना। तब शायद मैं ढाई या तीन वर्ष की रही हूँगी। छाना की हमारी लगभग पचास नाली (ढाई एकड़) ज़मीन अच्छी उर्वरा भूमि थी। वह दो पहाड़ों से घिरी एक घाटी का सँकरा निचला भाग था। इसकी दोनों बाँहों पर दो बारहमासी गधेरे (छोटी पहाड़ी नदियाँ) बहा करती थीं। गधेरे के पार एक ओर जंगल था। शायद वह वन विभाग का आरक्षित वन रहा होगा। दूसरी ओर गाँव संचायती बंजरभूमि के ढलान-पहाड़ियाँ तथा गाँव को जाते विभिन्न रास्ते यानी पगडंडियाँ थीं। हमारी गायें व बकरियाँ इन दोनों जंगलों में चरतीं तथा दोनों गधेरों का पानी पीती थीं। हमारा अपना गाँव धुर्का भी वहाँ से डेढ़ या दो किमी. दूर था, ऐसा मेरा अनुमान है।

छाना घने जंगलों के बीच एक एकान्त, किन्तु अत्यन्त उपजाऊ स्थान था। उस भूमि की खेती के साथ हमारी 2 भैंसें, 3-4 गायें तथा 15-16 बकरियों की एक गौशाला थी। गौशाला की ऊपरी मंज़िल में एक लम्बे हॉलनुमा कमरे में परिवार

रहता था, जिसमें रसोई के लिए एक दीवार उठा ली थी, तो बच्चों व महिलाओं के सोने के लिए दूसरा कोना घेर दिया था। दादा जी के बैठने व सोने तथा आग सेंकने के लिए तीसरा हिस्सा था, जिसमें दीवार की जगह एक लम्बा भकार रख दिया था। शेष भाग लोगों के आने-जाने, बैठने, बातें करने के लिए खुला था। इस पूरे कमरे में एक ही दरवाज़ा था, जिससे उतरने को एक चौकोर बौनाव (चबूतरा) था। उस पर उतरकर उससे नीचे जाते सीढ़ियों से आँगन में पहुँचा जाता था। आँगन दिनभर के क्रिया-कलाप की मुख्य जगह थी। उसमें एक ओर ऊखल था, जहाँ अनाज कूटा जाता था। इसी आँगन में हम बच्चे, मैं, मेरे भाई, मेरी चचेरी बहन व मेरी बहनें सब खेला करते, लड़ते-झगड़ते और रोते-हँसते थे। इसी में दादा जी अपनी चिलम लेकर तम्बाकू पीते, आते-जाते लोगों को फीणे पर बैठाते व तम्बाकू पीने को देते। एक आम पगडण्डी थी जो बायीं ओर से आकर हमारे आँगन के किनारे घूमती हुई दायीं ओर को गधेरे को पार करती हुई जंगल के बीच से घाटी में नीचे उतर जाती थी। वहाँ दूरी पर दूसरे गाँव थे, जो अपेक्षाकृत बड़े थे। हमारे उस इकलौते मकान के पीछे की पहाड़ी पर भी एक रास्ता था, जो तेज़ चढ़ाई चढ़ता हुआ धुर्का गाँव के खेतों में जाता था और वहाँ से गाँव में जाने को दायीं ओर मुड़ता था और बायीं ओर मुड़ने वाली पगडण्डी पुनः चढ़ती हुई दुर्गा देवी के उस मन्दिर में पहुँचती थी, जो पहाड़ी की चोटी पर स्थित था और हमारा सारा गाँव उसका पुजारी था।

हाँ, तो घटना उस छाना के इस मकान में घटी थी। गर्मी के दिन थे। उस दिन गर्मी बहुत थी। रात भी गर्म ही थी। दादा जी ने घर का मुख्य दरवाज़ा खोलकर उसके सामने मिट्टी-गोबर से लिपे हुए साफ़ फ़र्श पर अपना बिस्तर लगा दिया था ताकि दरवाज़े से आती हवा से ठण्डक मिले। उन्होंने मुझे अपने बिस्तर में सुला लिया था। बाघ यानी तेंदुआ वहाँ रात ही नहीं, दिन में भी उस जंगल, गधेरों की झाड़ियों में तथा ऊपर-नीचे की बंजर भूमि में घूमता रहने वाला जंगली पशु था। वह कुत्तों, बकरियों तथा कभी-कभी बछड़ों को भी दबोच लेता था। उसकी एक कहानी हम 'मेरी दादी' वाले अध्याय में पढ़ चुके हैं। रात को वह घर व गौशाले के निकट जाता और मौक़ा पाकर घर में घुसकर भी अपने लिए शिकार जुटा लेता। बाघ का यह ख़तरा रोज़ का था वरन् कहना चाहिए, यहाँ उसी का राज्य था। मनुष्य ने तो उसके राज्य में अनाधिकार घुसपैठ की थी। साम्राज्य उसका था। मनुष्य को उसके साथ रहना सीख लेना था। इसीलिए दादा जी ने कुत्ते को उस लम्बे-से कमरे के सबसे भीतरी कोने में सुला दिया था। यद्यपि दादा जी जानते थे और बचपन से ही भली प्रकार जानते थे कि बाघ अपने शिकार को दूर से ही सूँघकर जान लेता है। उसने दरवाज़े के पास

सोये हम दो प्राणियों को लाँघा और अविश्वसनीय फुर्ती से कुत्ते को पकड़कर हमें पुनः लाँघकर बाहर कूद गया। कुत्ते की चीख़ सुनकर दादा जी जागे, समझ गये कि बाघ आया व कुत्ते को ले गया, पर उनकी नातनी? नातनी को छोड़ गया? दादा जी घबरा गये थे। उन्होंने बाघ के चले जाने के बाद मुझ सोयी बालिका को गोद में उठा लिया और कहा, "माँ रक्षाकारिणी, आपने बचा दिया इसे। आपको प्रणाम, माँ।"

इस घटना की याद मुझे रहे, यह तो सम्भव ही नहीं था। दादा जी, ईजा व बाबूजी ने यह घटना कई बार कही थी, तब मुझे याद रह गयी।

छाना की एक दूसरी अनुभूति है, जो न कही गयी न सुनी गयी वरन् स्वयं मैंने झेली थी। उसकी स्मरणानुभूति आज भी गहराई से मेरे मन में जमी हुई है। जब मैं आज गाँव में छह से आठ वर्ष की बालिकाओं को उनके छोटे भाई या बहन की ग्वाला (Baby sitter) बनी हुई देखती हूँ तो मेरे साथ घटी घटना व उसकी पीड़ा मेरे मन में टीस उठती है। मेरी तीसरी बहन पैदा हो गयी थी और वह शायद 7 या 8 माह की रही होगी। मैं अधिक-से-अधिक आठ वर्ष की रही हूँगी। असोज (आश्विन) का महीना था। फ़सल समेटने की अनियन्त्रित मेहनत के दिन थे। ईजा सुबह ही सबके साथ खेत में जातीं और छोटी बच्ची को मेरी गोद में छोड़ जातीं। एक बड़े से ढक्कनदार कटोरे में दूध-भात भी बच्ची के लिए रख जातीं। जब तक बच्ची सोती, उस अकेले घर में मैं भी या तो सोती या उसकी बड़ी-सी गहरी डलिया के पास बैठी अकेली ही खेलती रहती। वह जग जाती तो उसे दूध-भात खिलाती। मुझे याद नहीं कि उसकी शौच इत्यादि के लिए मैं किस प्रकार और क्या करती थी?

सबसे कठिन समय होता शाम का। जब सूर्यास्त हो जाता तब बच्ची माँ के लिए बुरी तरह रोती, पाँव को छटपटाती। उन दिनों एक फोड़ा मेरी कमर के पास निकल आया था। बच्ची मेरी गोद में रो रही थी। उसने अपने दोनों पैरों से छटपटाहट की तो उसकी एक लात मेरे फोड़े पर लगी और वह फूट गया। उससे ख़ून और मवाद बह निकला। अब मैं भी बच्ची के साथ-साथ और उससे भी ज़ोर-से रोने लगी थी। लम्बे समय के बाद ईजा आयीं। तब उन्होंने हम दोनों को सँभाला होगा। यह एक दिन की अप्रत्याशित घटना थी अन्यथा हर शाम को बच्ची का रोना व उसको अपनी छोटी-छोटी बाँहों में झुलाना, उठकर इधर-उधर चलते घूमते उसे चुप करने की कोशिश करना मेरे लिए रोज़ का काम होता था। मेरी बाँहें थक जाती थीं, पर वह चुप न होती थी। कुछ देर में घर के कोनों में अँधेरा छाने लगता। उन अँधेरे कोनों को देखकर मुझे डर लगने लगता। मैं घर से बाहर बच्ची को बाँहों में झुलाती हुई 'बौनाव' में खड़ी हो जाती। मैं रुआँसी हो उठती, ईजा को पुकारने लगती, "ईजा ऽऽ, जल्दी आ।

मुझे डर लग रहा है।" पर ईजा तो जवाब भी नहीं देतीं। शायद मेरी आवाज़ ही उन तक नहीं पहुँच पाती थी। बस, गधेरों के छलकते पानी का 'सणमण-सणमण' करता स्वर और जंगल की अँधेरी होती परछाइयों के बीच मेरी आवाज़ खो जाती। बच्ची का रोना मेरे लिए एक लगातार बढ़ता मनःपीड़ा-सा बोझ हो जाता। कितने कठिन थे वे क्षण जो मेरे हृदय पर हर पल अधिक बोझिल होते जाते थे।

फिर घर को आती पगडण्डी के किसी मोड़ पर एक आकृति प्रकट होती थी। घास के बड़े भारी गट्ठर के नीचे, दो टाँगें चलाती वह मूर्ति मुझे दिखती। घने हो रहे अँधेरे के बीच मैं उसे बिना चेहरा देखे ही पहचान लेती। वह मेरी ईजा थीं। मेरा डर, अँधेरे का भय तिरोहित हो जाता पर भावोद्वेग बढ़ जाता और मैं फूट-फूटकर रो उठती। ईजा अपने सिर का भारी गट्ठर गोठ के सामने फेंकतीं। मैं तो पहले ही रोती हुई बेचैन बच्ची को लिये वहाँ पहुँची रहती। मैं बच्ची को ईजा को देना चाहती थी, पर वे बिना हाथ-पाँव धोये और जलती आग के ऊपर अपनी हथेलियों को तपाये हुए बच्ची को गोद में नहीं लेती थीं ताकि बाहर की अला-बला छोटे बच्चे को न लगे। पहले ही अग्निदेव उनको जला दें।

मैं रोती बच्ची को बाँहों में पकड़े उनके पीछे-पीछे घूमती रहती। साथ में मैं भी सुबकती रहती। अन्त में जब घर में आमा के द्वारा दीया जला दिया जाता, तभी ईजा घर के अन्दर आ पातीं। फ़र्श पर बिछी चटाई पर बैठतीं। रोती हुई बच्ची उनके सीने से चिपककर चुप हो जाती। ईजा मुझे अपने घुटने से सटाकर बिठा लेतीं और मेरे सिर व पीठ पर अपना प्यारभरा हाथ फेरने लगतीं। यह प्यारभरा हाथ मेरे सारे श्रम, डर और सारी उद्विग्नता का शमन कर देता। मुझे तुरन्त भूख लग आती और, "ईजा भूख...?" कहते ही आमा मेरे सामने एक गरम मडुवे की सुन्दर रोटी और उसके ऊपर ताज़े, अपने घर के सफ़ेद मक्खन का बड़ा-सा लौंदा रख देतीं। मक्खन बड़ा होता, पर गुड़ का टुकड़ा छोटा-सा। क्योंकि गुड़ गाँव से कुल दो सौ मील दूर से लाना होता था और मक्खन तो अपने घर का अपनी मेहनत की उपज था।

फ़ौजी छावनियों में बिताये समय के दो संस्मरण पिछले अध्यायों में लिखे जा चुके हैं। एक और भी मुझे याद आ रहा है। बाबूजी पूरे परिवार को फ़ौजी घोड़ों की दौड़ दिखाने ले गये थे। फ़ौजियों के परिवार-स्त्रियाँ व बच्चे सब एक खुले मैदान में एकत्र हुए थे। हिन्दुस्तानी परिवार एक ओर क्रमशः ऊपर को उठते बेंचों में बैठे थे। अंग्रेज़ी परिवार उसी प्रकार के बेंचों में कुछ दूरी पर बैठे थे। अंग्रेज़ बच्चे थे और भारतीय बच्चे भी थे, पर दोनों अलग-अलग ही खेल रहे थे और दौड़ते हुए मस्ती कर रहे थे। उन दिनों मेरी छोटी बहन कान्ति शायद दो या तीन साल की रही

होगी। उसने एक सुन्दर फ्रॉक पहनी थी। वह मेरी उँगली छोड़ अंग्रेज़ बच्चों में कब घुस गयी, पता ही न चला। बस वह वहीं खेलने-दौड़ने लगी। उसके गोरे रंग व लाल-लाल गालों के कारण कुछ देर तक वह किसी की दृष्टि में भी नहीं आयी कि वह अंग्रेज़ नहीं भारतीय बच्ची है। देखते-देखते एक अंग्रेज़ ऑफ़िसर ने उसे गोद में उठा लिया। कान्ति डरी नहीं। उसकी मस्त हँसी से वह ऑफ़िसर भी ख़ुश हो गया और उसे उछालने तथा झुलाने लगा। मैं उसे देख रही थी और अब तो अधिक ही डर रही थी क्योंकि अंग्रेज़ ऑफ़िसर नाराज़ न हो जाये कि भारतीय बच्ची अंग्रेज़ बच्चों के साथ क्यों खेल रही थी तभी ईजा और बाबूजी की नज़र भी उस पर पड़ गयी। बाबूजी तुरन्त बड़े संकोच के साथ उसे लेने गये। अधिकारी से क्षमा माँगी और वापस भारतीय लोगों के बीच आ गये। ईजा ने मुझे डाँटते हुए कहा, "तुमने बहन का हाथ पकड़े रखना था। उसे अंग्रेज़ बच्चों के साथ क्यों जाने दिया? हमें उन बड़े लोगों के बीच नहीं जाना होता है, समझी?"

हमारे परिवार में इस घटना की चर्चा कुछ दिनों तक होती रही। सब इसमें अपनी ख़ुशनसीबी मानते थे कि अंग्रेज़ ऑफ़िसर कान्ति को गोद में लेकर ख़ुश था। वह बिगड़ा नहीं, नाराज़ होकर उसने झिड़का नहीं। आज मेरी समझ में आता है कि अंग्रेज़ों व हिन्दुस्तानियों में कितना भेदभाव था और उसके कारण हिन्दुस्तानियों के मन में डर भी कितना था?

हमारा परिवार दो स्थानों छाना व धुर्का में बँटा रहता था। कभी-कभी परिवार के सभी सदस्य एक स्थान पर भी रहते थे, विशेष रूप से सर्दियों में पूरे परिवारजन छाना रहते। वहाँ धुर्का की अपेक्षा ठण्ड कम होती थी व पशुओं के चुगने के लिए जंगलों व गधेरे के किनारों पर अच्छा चारा मिलता था। छाना में केला, पपीता तथा अमरूद आदि फल भी ख़ूब होते थे। पर्याप्त पानी होने से वहाँ साल भर सब्ज़ियों की अच्छी फ़सलें होती थीं। सर्दियों में लायी, पालक, मेथी जैसी सब्ज़ियों से घर के सामने के बाड़े (क्यारियाँ) लक-दक भरी रहती थीं। आने-जाने वालों को देने के लिए ये सब्ज़ियाँ एक सौगात के रूप में बाँटी जाती थीं।

एक बार केले के दो बड़े-बड़े 'चाख' एक साथ तैयार हो गये। एक ही चाख में मोटे-मोटे लगभग चालीस केले थे। चाचाजी ने एक गहरा गड्ढा खोदा, हम बच्चों से उन्होंने बड़म्योली (मुलायम मोटी पत्तियों वाली एक जंगली झाड़ी) की पत्तीदार टहनियाँ तोड़ लाने को कहा। यह केले पकाने का उपक्रम था। अत: बिना ना-नुकुर किये हम सब दौड़े और पास के जंगल से बाँहों में भर-भरकर बड़म्योली की हरी-हरी पत्तियाँ ले आये। इस काम में हमें विशेष उत्साह था क्योंकि पकने के बाद

केले हमें ही तो खाने को मिलने वाले थे। चाचा जी ने गड्ढे की भीतरी पूरी सतहों में बड़म्योली की गुदगुदी पत्तियाँ बिछा दीं। गड्ढे की ऊपरी कगार तक पत्तियों से ढक दिया गया। तब गड्ढे के बीच चाख से अलग-अलग घड़ियाँ तोड़कर करीने से बड़म्योली के मुलायम बिछावन के ऊपर रख दीं। केलों की परतों के बीच भी यही पत्तियाँ बिछा दी थीं। ऊपर से भी बड़म्योली की इतनी ही पत्तियों से केलों को ढक दिया गया था। उसके ऊपर मिट्टी बिछा दी गयी। गड्ढे के अन्दर केले बन्द हो गये। चाचाजी जानते थे कि कितने दिनों में वे गदराये हुए केले पूरी तरह पक जायेंगे। अत: वे निश्चिन्त थे, पर हम बच्चों को बड़ी उतावली थी। हम दिन में कई बार गड्ढे के पास जाते, चारों ओर घूमकर गड्ढे का निरीक्षण करते। गड्ढे के ऊपर बिछी मिट्टी के हर छोटे ढेले अथवा उसके नीचे से झाँकती किसी पत्ती का बारीकी से विश्लेषण करते। मेरे, कान्ति, लछीमा (चचेरी बहन) में दाज्यू सबसे बड़े थे। अत: वे अपने को बहुत बड़ा मानते थे। कभी कहते, "गड्ढे के भीतर से गरम हवा आ रही है। इसका मतलब है, केले उबल रहे हैं।" मैं उनकी इस बात को मानने से इनकार कर देती तो वे पलटकर कहते, "जब उबलेंगे, तभी तो पकेंगे केले। तेरी खोपड़ी में इतनी भी समझ नहीं है?" हम ऐसी ऊटपटाँग बातें करते हुए दिन में कई बार गड्ढे के चक्कर लगा आते। आख़िर हमारी प्रतीक्षा का अन्त हुआ और चाचाजी ने गड्ढा खोला।

सुन्दर पीले-पीले मुलायम और मोटे केले बाहर निकाले। हम विस्फारित नेत्रों से केलों को देखते और एक-दूसरे की आँखों में झाँकते और विस्मय को परखते। चाचाजी ने हर बच्चे को तीन-तीन केले बाँट दिये ताकि अगले दो-तीन दिनों तक हम उन्हें खाते रहें। बाक़ी सब केले घर के बड़ों सयानों को देने तथा गाँव में बाँटने तथा आने-जाने वालों को देने के लिए सँभाल दिये। हम बच्चों ने अपने-अपने केले किसी अलमारी में, भकार के कोने में या किसी अनाज के कुथले (एक प्रकार का बोरा) के पीछे छिपा दिये। दाज्यू ने अपना एक केला खा लिया, बाक़ी छिपा लिए। पर हम बहनों ने शाम को गरम दूध के साथ केला खाने की योजना बनायी। अधिक पका हुआ एक-एक केला चाचाजी ने हमें उसी समय खाने को दे दिया था। क्या स्वाद था। अहा!! ज़िन्दगी में आज तक ऐसा स्वादिष्ट केला कभी खाया हो, यह याद नहीं आता।

सोने से पूर्व दूध का कटोरा हाथ में आया तो मैं अलमारी के कोने से अपने केले लेने गयी। यों भी उनको एक बार देखना था ताकि मैं उन्हें याद करती हुई निश्चिन्तता की नींद सोऊँ, पर वहाँ एक भी केला न था। मैं ज़ोर-से चिल्लायी और रोने लगी।

"क्या हुआ? क्या साँप ने छू दिया?" किसी बड़े ने, शायद आमा ने कहा होगा। "मेरे केले?" मैं तो बुक्का फाड़कर रोने लगी थी। चाचाजी आये, "कल तुझे और केले दे दूँगा। गड्ढे में अभी बहुत केले रखे हैं। चुप जा और सो जा।"

मैं बिना केले का दूध पीकर सो गयी कि कल केले मिलेंगे, पर बड़ों की नींद मेरे दाज्यू ने आधी रात में खोल दी। जब उनके पेट में दर्द हुआ और पीछे से एक कै हुई तो खोये हुए केलों का रहस्य सभी को समझ में आ गया। आमा ने जल्दी-से अपनी चूरन की शीशी से दाज्यू को चूरन खिलाया और पीछे एक घूँट गरम पानी पिला दिया। दाज्यू सो गये और बड़े भी चैन पाकर अपने-अपने बिस्तरों में गये।

"छावनी गाँव नहीं होती" बाबूजी ने कहा। वे ईजा से रोज़ यह सुनते-सुनते थक गये थे, "राधा के नाक व कान छिदवाने हैं।" ईजा को इसकी चिन्ता थी क्योंकि यह उनकी ज़िम्मेवारी होती थी। उन्हें मालूम था कि कोमल शरीर में ही छिदवाना कम कष्टकारक होता है। मैं जैसे-जैसे बड़ी हो रही थी, ईजा बार-बार बाबूजी को याद दिलातीं और पूछतीं, "यहाँ छावनी में कौन है जो कान छेदने में 'अच्छा हाथ' रखती हो?" ईजा को गाँव की याद आ जाती। वहाँ एक महिला थी जो चाहे सुई-डोरे से छेदे या चाँदी की बाली से छेदे, बिल्कुल दर्द नहीं करती थी और उसका छिदा हुआ छेद बिल्कुल सीधा होता था। नस में भी नहीं होता था, इसलिए पकता भी न था। वैसी यहाँ कौन होगी? "आप पूछिए किसी से, कोई तो होगी ही।" ईजा ज़िद करतीं, पर बाबूजी टालते हुए कहते, "नाक-कान कभी न कभी छिद जायेंगे। नहीं भी छिदे तो क्या बिगड़ेगा?" ईजा जीभ को दाँतों से दबाती हुई कहती, "बिना नाक-कान में पहनी हुई स्त्री भी कहीं शोभा देती है? मेरी बेटी शादी के दिन नाक में नथ पहनेगी, कानों में कर्णफूल पहनेगी, इतनी सुन्दर तो है ही और भी सुन्दर दिखेगी।" यह बहस मैं सुनती रहती थी और ख़ुश होती थी कि कोई छेदने वाली नहीं मिल रही थी। क्योंकि छेदने में मुझे दर्द सहना पड़ेगा, इसका मुझे डर था, परन्तु एक दिन दूसरी कॉलोनी में कान छेदने वाली एक महिला की जानकारी ईजा को अपने पड़ोसन से मिल गयी।

ईजा ने उसी दिन पड़ोसन के साथ मुझे वहाँ भेज दिया। पड़ोसन आधे रास्ते में रुक गयी। उन्होंने मुझे रास्ता बताकर आगे भेज दिया। मैं रास्ते में एक जगह बैठ गयी क्योंकि मुझे घबराहट थी कि नाक व कान में दर्द होगा। ईजा की डाँट का डर अधिक प्रबल रहा होगा अतः आगे बढ़ी। महिला ने सुई की नोक पर तवे की कालिख ली और नाक व कान में निशान लगाये। तब मेरा ध्यान गया कि उनका तवा उल्टी तरफ़ से चूल्हे पर रखा था। मैंने नाक व कान दोनों छिदवा लिए। वापस आयी तो तवे के उल्टे होने की जिज्ञासा मेरे मन में बनी हुई थी। मैं सबसे

पूछती रही। शाम को बाबूजी ने ड्यूटी से वापस आकर बताया, "वह मुसलमान परिवार होगा, वे तवे को उसी तरह उपयोग में लाते हैं। वे तुम्हारे तरीक़े को उल्टा मान सकते हैं। इसमें उल्टे या सीधे की कोई बात नहीं है।" मुसलमान परिवार को देखना मेरे लिए इतनी नवीनता थी, मानो मैंने एक नयी दुनिया देख ली थी। ऐसा ही कुछ मुझे कई दिनों तक लगता रहा था।

बचपन के कुछ वर्ष परिवार से अलग पर दादा जी की स्नेहछाया में रामगढ़ में बीते थे। बाद में ईजा व बहनें भी रामगढ़ आ गयीं। हमारा अपना घर और अपना फल बाग़ था। अपनी गाय-भैंस और गृहस्थी थी। इस सबके साथ ही बचपन ने कब किशोरावस्था में क़दम रखा, पता ही न चला। बचपन के साथ 'खेल' सबसे आनन्दभरी प्रवृत्ति होती है। जिसमें कभी ऊब नहीं आती, उससे मन कभी अघाता नहीं। मुझे याद नहीं पड़ता कि मैंने 'दाणी' खेलना किस सहेली से सीखा था, परन्तु यह पक्की तरह से याद है कि यह रामगढ़ में सीखा था। मल्ला रामगढ़ की प्राइमरी पाठशाला में बरामदे के एक साफ़ चिकने भाग में हम चार लड़कियाँ पाँच गोल-मटोल चिकने पत्थर लेकर दाणी खेलने लगती थीं। कई वर्षों तक हमने यह खेल खेला था। एक दूसरा खेल था 'अड्डू' जो लड़कियों व लड़कों, दोनों में प्रचलित था।

मुझे याद है कि रामगढ़ निवास के प्रारम्भ में यानी जब हम 'खान' गाँव में किराये पर रहते थे, वहाँ भी मेरी एक सहेली थी जिसके साथ मैं प्राइमरी पाठशाला को जाती थी। पर खेलने को मैं दाज्यू के साथ ही जाती थी और वे लड़कों के साथ खेलने जाते थे। मैं भी लड़कों के साथ कबड्डी और गुल्ली-डण्डा जैसे खेल खेलती थी। इसकी याद मुझे ख़ूब स्पष्टता से है। लड़कों के साथ खेलने में एक ताक़त-आज़माइश जैसी होती थी। लड़की होते हुए भी मैं उनसे हर बार हारती नहीं थी। कई बार जीत जाती थी और मन ही मन गर्व भी करती थी। 'आती-पाती' और 'बोल मेरी मछली कितना पानी' तथा 'खो-खो' जैसे खेल मुझे ख़ूब पसन्द थे।

हाईस्कूल में जाकर ही मुझे पता चला कि खेल के साधन भी होते हैं और लड़के व लड़कियों के अलग-अलग खेल होते हैं। वहाँ हम लड़कियों के लिए कैरम बोर्ड, बैटमिंटन और बास्केटबॉल जैसे खेल थे, पर उन्हें खेलने के मौक़े हमें कम ही मिलते थे। खेलों में लड़के व लड़कियाँ कभी न कभी बेईमानी कर ही देते थे, तो झगड़ा हो जाता था। लड़कियों के बीच हुए झगड़े में हम तुरन्त अपनी छोटी उँगली (कनिष्ठा) आगे बढ़ाकर कुट्टी कर लेती थी। आपस में बोलना बन्द हो जाता था। मज़ेदार स्थिति तब होती जब जिससे अबोल होते और अनजाने में यदि उससे बोल पड़ते, तब वह या तो मुँह बिचका देतीं या कोई तो हल्के-से नीचे थूक देती।

'दगड़िया' (गहरी सहेली) बनाने का लड़कियों में बहुत शौक़ था। बिना 'दगड़िया' वाली लड़की मानो असफल इन्सान होती थी। हम छोटी-छोटी 12 वर्ष से छोटी आयु की लड़कियों के बीच ऐसी लड़की की ख़ूब टीका-टिप्पणी होती, जिसकी कोई दगड़िया नहीं होती।

उस उम्र की एक घटना याद आती है। बाबूजी के एक मित्र थे, अन्तीलाल साह। वे खादी की गांधी टोपी पहनते थे। शायद खादी का कुर्ता भी पहनते थे। यह आज भी पूर्णत: याद है कि हर समय उनके हाथ में कतुआ (ऊनी तकली) रहता था। वे ऊन की कताई करते रहते थे। कहीं भी दो-चार लोग बैठे तो अन्तीलाल साहजी उन्हें महात्मा गांधीजी की बातें बताते व सरकार के दोष भी बताते। लोग उन्हें 'गांधी का चेला' या 'कांग्रेसी' कहते थे। बाबूजी उनसे कहते, "अन्तीदा! कभी तुम्हें पुलिस पकड़ ले जायेगी तो कोई आश्चर्य नहीं। आप गांधी को मानें, पर यह गांधी टोपी पहनना छोड़ दो।" अन्तीलाल साहजी अपने विचारों में दृढ़ थे। इसलिए बाबूजी उनकी ख़ूब इज़्ज़त करते थे। उनसे अपनी मित्रता छोड़ते भी न थे।

उस दिन हम लड़कियाँ स्कूल की हाफ़-टाइम में पास की डाक बंगलैकि बाज़ार में एक डबल (पैसे) का काबुली चना ख़रीदने गयी थीं। तब देखा, अन्तीलाल साहजी ज़ोर-ज़ोर से "महात्मा गांधी की जय, भारत माता की जय" चिल्ला रहे थे और स्थानीय पटवारी तथा एक अन्य वर्दीधारी उनके हाथ बाँधकर उन्हें ले जा रहे थे और बीच-बीच में एक डण्डे से उनकी पीठ व टाँगों में मार भी रहे थे। हर चोट पर साहजी 'महात्मा गांधी की जय' का नारा लगाते थे। उनकी आवाज़ और उनके चेहरे पर जो तेज़ था, वह हमें विशेष लग रहा था। हम लड़कियों की आँखों से आँसू आ गये और महात्मा गांधी के उस आदमी के प्रति सहानुभूति का दरिया उमड़ पड़ा। साहजी को लगने वाले डण्डे हमारे बालमन के अनुसार मानो गांधीजी को ही लग रहे थे।

"ये कैसे आदमी हैं जो गांधीजी को मारते हैं? छि!" हम बच्चियाँ आपस में कह रही थीं। साहजी को लेकर पटवारी गया और हम स्कूल में आकर अपना दोपहर का नाश्ता चना चबाने लगीं, परन्तु कई दिनों तक हमारे मस्तिष्कों में साहजी की गिरफ़्तारी की सहानुभूतिपूर्ण याद बनी रही।

बचपन में रामलीला देखना एक कौतुकपूर्ण घटना होती थी। जिन सामान्य से लड़कों को सड़क पर, घर पर या बस्ता पकड़े हुए स्कूल जाते हुए हम देखती थीं, उन्हें ही राम-लक्ष्मण और सीता की वेशभूषा में सजे-सँवरे हुए मंच पर उतरते देखकर मुझे विचित्र-सा ही लगता था। हमारे साथ पढ़ने वाली कमला के

ताऊजी दशरथ बनकर विलाप करते दिखाई देते और उसके बाबूजी रावण के रूप में तलवार नचाते हुए अट्टहास करते थे। राम से युद्ध क्षेत्र में उतरने के पूर्व वे बड़े भावभरे बुलन्द स्वर में गाते थे, "वे दिन भी कितने सुन्दर थे, जब इस जीवन में बचपन थाऽ "...हमारे पीछे बैठी महिलाएँ कहतीं, "हाड़ी लै विचारैकि मौत उँणै, तब नानछना कि याद करणौ।" (हाय रे बेचारे की मौत आ रही है, तभी बचपन को याद कर रहा है...) कभी वह दृश्य भी आता था जब सीता हरण हो जाता था और राम-लक्ष्मण दोनों सीता को खोजते हुए वन-वन फिरते थे। ज्यों ही चौपाई का स्वर हारमोनियम पर छिड़ता, "घन घमंड नभ गरजत घोरा, प्रियाहीन डरपत मन मोरा..." गाते-गाते राम घुटनों के बल बैठ जाते, सिर झुका लेते और उनके हाथ का रूमाल उनकी आँखों तक चला जाता। यह देखते ही पलकों में बैठे हम लड़कियों के आँसू हमारी गालों पर बहने लगते। महिलाएँ भी बोल उठतीं, "शिबौऽऽ भगवान को भी रोना पड़ रहा है।"

रामगढ़ मल्ला की रामलीला एक खेत में होती थी, जिसमें वर्षा ऋतु में मक्का की फ़सल थी। फ़सल लेकर खेत साफ़ करके उस पर रामलीला का मंच बना दिया जाता था और खुले खेत में एक ओर लड़कियाँ और महिलाएँ बैठतीं व उसी के समानान्तर दूसरे छोर पर लड़के व पुरुष बैठते थे। अपने घरों से हम अपने बैठने के लिए एक बोरा लाते थे और जल्दी आकर आगे की पंक्ति में अपना बोरा बिछाने की होड़ लगाते थे। अधिकतर रामलीला स्थल के नज़दीक रहने वाली लड़कियाँ हमसे पहले आकर अपने बोरे बिछा लेती थीं। हम कभी दूसरी या तीसरी पंक्ति में बैठती थीं। बोरे के नीचे से मक्का के पौधे के काटे गये खूँटे चुभते रहते थे, पर हम ये कष्ट झेलते हुए भी सुन्दर साड़ी पहने हुए भवानीलाल के एकल नृत्य, उसकी पायलों की झनकार और चूड़ियों की खनक में मगन हुई रहती थीं। भवानीलाल अविवाहित युवा था। उसके घर-परिवार का हमें पता न था। वह बहुत ही स्त्रीभाव वाला था। इतना कि रामलीला के बारहों दिनों तक दिन-रात अपनी कलाइयों को चूड़ियों से भरी हुई रखता। हम बच्चों को अपनी सुन्दर चूड़ियाँ और मेहँदी रँगी हथेलियाँ दिखाता फिरता था। मंच पर नृत्य करने आता तो उसके होंठ लाल होते, माथे पर एक बड़ी-सी लाल बिन्दी होती, गालों और ठुड्डी पर चमकते सितारे चिपके होते। साँवला भवानीलाल मंच पर गोरा दिखता और अपनी काजल भरी आँखों को भी अपने नृत्य के भाव में नचाता था। इस सौन्दर्यपूर्ण कला को देखती हुई हमको खूँटों की चुभन कहाँ महसूस होती?

एक परेशानी और भी थी कि साथ में बैठी अन्य लड़कियाँ बैठे-बैठे इतना धकियातीं कि कभी-कभी मैं अपने बोरे से भी बाहर डाल दी जाती। ऐसे मौक़े पर

झगड़ा हो जाता। मुझे लगता वे हमारी छोटी बाज़ार की लड़कियाँ बहुत ज़बर्दस्त थीं। उनसे झगड़ा करना ही होता क्योंकि मौक़ा भी मिला होता था। मंच में रामलीला नहीं चल रही होती थी बल्कि रामलीला समिति के एक वक़्ता चंदा देने वालों के नाम घोषित कर रहे थे। हमारा झगड़ा इतना तेज़ हो जाता कि महिलाएँ कुछ सुन नहीं पाती थीं। तब वे आगे आकर हमारा झगड़ा निपटा देतीं और सब लड़कियों को उनके अपने-अपने बोरे में बिठा देतीं। जैसे ही रामलीला के पात्र मंच पर आते, उसके भावना ज्वार में झगड़ा विस्मृत हो जाता और अपने नीचे बोरा भी है या नहीं, इसका ख़याल भी नहीं रहता।

रामलीला बारहवें दिन पूरी हो जाती और हमको अपने पूर्व संचालित ढर्रे में आने में दिक़्क़त आती। साथ में अगले एक दो सप्ताहों तक पूरे गाँव में रामलीला की हवा तैरती रहती। उन दिनों हम बच्चे पइयाँ (जंगली चेरी) की डाली से धनुष व तीर बना लेते और अपने साथ के दो बच्चों, राम व लक्ष्मण के हाथों में दे देते। फटे चीथड़ों को एक डण्डे में लपेटकर बनायी हुई एक गदा हनुमान के हाथों में देते व जलावन की लकड़ी के ढेर से एक चीरी हुई लकड़ी रावण के लिए तलवार बना दी जाती। "अरे सुकुमार बालक, क्यों बरबस मृत्यु के मुँह में जाने को आतुर है? तेरा पाला महापराक्रमी लंका नरेश से पड़ा है।" एक बच्चा रावण बनकर अपनी कमर ठसकाते हुए पूरे गर्जन के साथ कहता, तो दूसरा राम बनकर कन्धे में धनुष व हाथ में बाण लेकर कहता, "दुष्ट रावण, तेरे पापों का घड़ा भर चुका है और तेरा काल सामने आया है।" हम कभी कैकेयी को मनाते, मुकुट धारण कर राजा दशरथ बनते, "सुमुखि, सुलोचनि पिकवयनी..." गाते हुए कैकेयी के कन्धे में हाथ रखते और कैकेयी उस हाथ को झटके-से दूर फेंकती और उठकर दूसरी जगह पर जाकर पीठ फिराकर खड़ी हो जाती। कभी हममें से कोई शूर्पणखा बने भवानीलाल की तरह नखरे करते हुए गाते... "मुझे वर लीजे...।"

कितनी छोटी सरल-सी उन बातों में हमारे जीवन का अद्भुत आनन्द समाया हुआ था? घण्टों भान भूलकर हम यह सब करते रहते जब तक कि ईजा की आवाज़ नहीं आती कि या तो हमें खाना खाने अथवा कुछ काम करने बुलातीं। आज आश्चर्यपूर्ण मन से वह सब याद करती हूँ तो हृदय भर आता है। सच ही है कि आनन्द वास्तव में हमारे अन्दर समाया होता है, वही बाहर छलकता है। बाहरी चीज़ें तो निमित्त बनती हैं।

यों तो हमारे बचपन में कष्टों की भी कमी नहीं थी, परन्तु हमने उस समय उनको सामान्य जीवन की अनिवार्यता मान लिया था। था भी ऐसा ही कि हमारे

आसपास के सभी बच्चे कमोबेश वैसा ही जीवन जी रहे थे। शायद हम बहनें गाँव की अन्य स्कूल जाने वाली लड़कियों से कुछ ज़्यादा श्रम करती थीं, करना ही होता था। बाँज ('ओक' वृक्ष, जो हिमालय क्षेत्र की अपनी अलग प्रजाति है) के पेड़ों पर चढ़कर चारे के लिए पत्तियाँ काटना मैंने किस उम्र में प्रारम्भ किया, यह मुझे स्पष्ट याद नहीं पड़ता। इतना याद है कि तब मेरी दादी जीवित थीं और उन्होंने मुझे पेड़ पर चढ़ने और पत्तियाँ काटने का पहला आध्यात्मिक पाठ पढ़ाया था।

इस तरह प्रारम्भ होकर यह काम मेरी किशोरावस्था का एक मुख्य काम बन गया था। मेरे साथ इस काम में अधिकतर कान्ति रहती थी। वह पेड़ पर से मेरे द्वारा काटी गयी उन छोटी टहनियों में से पत्तीदार फुनगियाँ तोड़कर इकट्ठा करती व गट्ठर बनाती। तब हम दोनों बहनें उन भारी गट्ठरों को सिर पर उठाये चढ़ाई-उतार वाली पगडण्डियों पर अपने पैर जमाती हुई घर को जातीं। वज़न उठाना गर्दन, पीठ और कमर को ठस कर देता था, पर हमें यह तो रोज़ ही करना था। जाड़ों में बाँज की हरी पत्तियों के गट्ठर, चौमासे में हरी घास के गट्ठर और हमेशा हर मौसम में सूखी लकड़ियों के गट्ठर ढोना हम पहाड़ की औरतों की निर्धारित क़िस्मत थी। वह बचपन से ही हमें भी विरासत में मिली थी।

जब तक बाबूजी ने नलों के द्वारा स्रोत का पानी हमारे घर के आँगन में नहीं पहुँचाया था, तब तक पानी ढोना हमारे लिए और भी एक कष्टकारी काम था। 'कष्टकारी' विशेषण तो उस काम के लिए आज की सुविधाओं के उपभोग के अनुभव के बाद में दे रही हूँ। तब तो वह कष्ट नहीं जीवन का एक अनिवार्य तरीक़ा था। विभिन्न मौसमों में विभिन्न स्थानों में प्रकट होने वाले जल स्रोतों के कारण हम कभी एक किमी. की चढ़ाई में अथवा कभी निकट के सीधे रास्ते से, कभी सर्दी के मौसम में पाले से ठिठुरती उँगलियों के साथ, तो कभी सिर पर पानी से भरे बरतन से छलकते पानी से भीगते कपड़ों के साथ कभी निकट से तो कभी दूर से पानी ढोती थीं। कपड़े धोने के लिए तो इससे भी दुगुनी दूरी पर बहती नदी पर गन्दे कपड़ों का गट्ठर लेकर जाती थीं, पर जब हमारे आँगन में पानी पहुँच गया तो ये सारे कष्ट तिरोहित हो गये।

उस ज़माने में पशुपालन जीवन का एक आवश्यक अंग था, जिसको सालभर समृद्ध रखने के लिए मेहनत अनिवार्य थी। यह पैसे पर टिका धन्धा न था, ख़रीदकर दाना चारा या दूध दही की प्राप्ति करने का रिवाज़ हमसे कोसों दूर था। साल भर घर में दूध-दही, छाछ-मक्खन चाहिए तो स्वयं मेहनत करो। सालभर गायों के थन में दूध चाहिए तो सूखे मौसम में भी कहीं से हरी घास, अच्छा चारा ढूँढ़कर लाओ।

कहीं पहाड़ों की चोटी पर चढ़ो या इसके लिए नदियों के प्रवाह को पार करो। पहाड़ की कितनी किसान महिलाएँ इस प्रयास में पहाड़ों से गिरकर या नदियों में बहकर जान गँवाती हैं। हमारे बचपन के समय में हमने हमेशा अपने घर में गौशाला देखी थी। हम उन पशुओं के साथ ही बड़े हुए थे।

रामगढ़ के दिनों की बात थी। हमारी गौशाला यानी घर के निचले तल 'गोठ' में हमारी एक गाय थी, जमुना। वह अन्य गायों व भैंस से भिन्न थी। बहुत चिकनी और सुन्दर क़द की थी वह प्रेमल सरल गैया। जब ईजा उसका दूध दुहने की स्थिति में नहीं होतीं, तो हम दो-तीन बहनें एक साथ दो-तीन बर्तन लेकर दूध दुहने जातीं। मैं एक हाथ से एक गिलास में दूध दुहती, दूसरी बहन बाल्टी पकड़े रहतीं, उसमें मैं गिलास का दूध डाल देती और फिर से दूसरे थन को गिलास में दुहने लगती, पर कभी नहीं हुआ कि जमुना ने पैर भी उठाया हो। बस, वह खड़ी रहती और हमारे अनगढ़ हाथों के खिलवाड़ सहती रहती। जमुना वास्तव में गऊ थी। उसकी सरलता के कारण ही मैंने दूध दुहना सीखा था।

हमारी ऐसी प्यारी गौमाता एक दिन बीमार पड़ गयी। उसने अयार वृक्ष की ऐसी कोमल पत्तियाँ खा ली थीं, जिनमें ज़हरीली भूसी अभी साफ़ नहीं हुई थी। इस भूसी का ज़हर उसे लग गया था। मुझे आज भी याद है, वह करुण दृश्य, जब जमुना धरती पर अपने चारों पैरों को फैलाये पड़ी थी और उसके मुख से झाग निकल रहा था। कभी-कभी वह छटपटा जाती, फिर लम्बी-लम्बी साँसें लेती। ईजा ने अपनी जानकारी का सारा इलाज, जड़ी-बूटी आदि घोल-पीसकर उसे पिला दिया था। किसी पास के जानकार को बुलाकर लाये तो उन्होंने भी अपने प्रयास किये, परन्तु जमुना में सुधार नहीं आया। वह तो मरणपथ पर ही जा रही थी। हम सब बच्चे और हमारी ईजा उसको घेरे हुए बैठे थे। उसकी कोमल गर्दन व सुन्दर पीठ तथा चेहरे पर हम हाथ फिरा रहे थे। ईजा ने एक काँटेदार टहनी द्वारा विष झाड़ने का प्रयास भी किया, क्योंकि पास के गाँव में रहने वाला विष झाड़ने का विशेष जानकार हमको घर पर नहीं मिला था। वह कहीं गया था। जमुना के लिए सब स्थितियाँ विपरीत हो रही थीं। उसकी कजरारी आँखों से आँसू बहने लगे, तो ईजा सहित हम सभी आँसुओं से नहा गयीं। जमुना की विदा वेला आ गयी थी। हम असहाय-से हो गये थे। तब रामगढ़ में कोई पशु चिकित्सा केन्द्र नहीं रहा होगा। जमुना के गले से घरघराहट की आवाज़ आने लगी। "बस, अब नहीं बचेगी मेरी गइया", कहती हुई फूट-फूट कर रोती हुई ईजा गौशाला के बाहर चली गयीं। मैं उनके पीछे-पीछे बाहर गयी, "ईजा, आपने जमुना को गोठ से बाहर खोला ही क्यों? गोठ में ही रहती तो अयांर की पत्ती

नहीं खाती हमारी जमुना..." मैं जमुना के बिना अपने घर-परिवार की कल्पना नहीं कर पा रही थी। "मैंने सोचा था थोड़ा चल फिर कर ताज़ी हो लेगी। मुझे क्या पता था कि मौत उसका पीछा कर रही थी?" ईजा ने भरे गले से उत्तर दिया था।

ईजा ने किंकर्तव्यविमूढ़-सी होकर आकाश की ओर देखा और कहा, "देख, चील हमारे घर के ऊपर मँडरा रही है। उसे पता चल गया है कि यहाँ कोई पशु मर रहा है।" जमुना अपनी कुछ माह की बेटी और हमको रोते हुए छोड़कर चली गयी। मैंने उस दिन सीखा कि गैया रोती भी है। विदाई का दुख उसकी आँखों से आँसू के रूप में बहता है और प्रत्यक्ष दिखायी न देते हुए भी चील जान जाती है कि कोई पशु मर रहा है। मैंने और भी देखा कि गाय की बछिया एक इन्सान में भी अपने लिए मातृत्व खोज लेती है। जमुना की बछिया गोठ में रहती तो रँभाती रहती। अन्य गाय-भैंसों के बीच उसे अपने लिए मातृत्व नहीं मिलता। इसीलिए ईजा रसोई बनाते या घर के अन्य काम करते समय बछिया को हमारे रहने के कमरों के पास के गलियारे में ले आतीं। बछिया मेरी ईजा में ही अपनी ईजा का प्यार पाती हुई चुपचाप बैठी रहती।

एक शीतकाल की बात है। हमारी गौशाला में एक नयी बछिया आयी। उस ज़माने में रामगढ़ से दूर के क्षेत्र के गाँवों के किसान खरीफ की फ़सल समेटकर गेहूँ की बुआई करते और तब अपने पशुओं सहित पूरे के पूरे परिवारजन अन्य परिवारों के साथ जाड़ा बिताने के लिए भाबर को चले जाते थे। तीन-चार माह वहाँ धूप भरे मौसम में रहकर होली के बाद पहाड़ के अपने गाँव के लिए आते थे। अपने गाँव से भाबर पैदल चलते हुए पहुँचने तक उन्हें राह में कई रात्रि-पड़ाव करने होते थे। तल्ला रामगढ़ उनका एक रात्रि विश्राम-स्थल होता था। नदी के किनारे वे किसी के खेत में रुक जाते थे। पशुओं के लिए आसपास से कुछ घास या हरी पत्तियों का चारा जुटाते। हर परिवार अपना चूल्हा जलाता, खाना बनाता, खाते और खुले आसमान के नीचे अपने बिस्तर लगाते। सुबह मुँह अँधेरे उठकर वे चल देते अगली मंज़िल के लिए, उनकी गायों-भैंसों के गलों में बँधी घण्टियाँ बज उठतीं, घनमन... घनमन...घनमन...। सुबह की मीठी नींद में हम घण्टियों का यह संगीत सुनते थे। ईजा इसी संगीत का सहारा लेकर हमें उठाती, "उठो-उठो, भबरिये चलने लग गये हैं, सुबह हो गयी है।"

एक दिन ईजा की नज़र मुख्य पैदल सड़क से हमारे घर की ओर आने वाली पैदल बटिया पर एक सफ़ेद-सी चीज़ पर पड़ी। वह एक सफ़ेद बछिया थी। पूरे दिन वह वहीं बैठी रही। कोई उसे लेने नहीं आया। शाम होने से पहले ईजा ने कहा, "गौमाता का पूत भूखा-प्यासा पड़ा है। वह शायद थक गयी होगी। इसलिए उसके

मालिक ने उसे छोड़ दिया है। मैं इन्तज़ार कर रही थी कि उसे लेने कोई आयेगा। अब कोई नहीं आयेगा। चलो, हम उसे ले आते हैं। पानी पिलायेंगे, घास खिलायेंगे।"

हम दो-तीन बच्चे ईजा के साथ गये। बछिया उठाने पर भी अपनी टाँगों पर खड़ी नहीं हो पाती थी। "थक गयी है। तभी इसका मालिक इसे छोड़ गया है।" ईजा ने उसे अपनी बाँहों में उठाते हुए कहा। हमने ईजा की बाँहों में उठाई उस बछिया का एक ओर किसी ने सिर थामा तो दूसरी ओर किसी अन्य ने उसकी टाँगों को पकड़ा। किसी तरह उसे घर पर लाये। ईजा ने उसे पानी दिखाया, पर वह सिर ही नहीं उठाती थी। तब ईजा ने उसका मुँह खोलकर उसमें धीरे-धीरे पानी डाला। बछिया की आँखों में कुछ तेज़ आया। उसे कुछ पुष्टिकारक खुराक चाहिए थी, यह सोचकर पानी की तरह ही उसके मुँह में दूध डाला। धीरे-धीरे बछिया में प्राण संचरित हो गये और अगले सालों में वह हमारी गौशाला की सुन्दर 'कलोड़' हो गयी।

पशुप्रेम बाबूजी में भी ख़ूब था। वे जब कार्यवशात कहीं बाहर न गये हों तो भैंसों को नहलाना, गायों की सेवा करना, उन्हें सुबह धूप में लाना व धूप तेज़ होने पर गौशाला के अन्दर ले जाना जैसे काम प्रेम से करते थे। जब कभी ज़रूरत पड़ी तो वे स्वयं गौशाला से गोबर साफ़ करना और बग़ीचे से उनके लिए घास का चारा काटकर लाने का काम भी करते थे, यह मैंने देखा था। ईजा का पशुओं के साथ लगाव विशेष आत्मीयता भरा था। द्वितीय विश्वयुद्ध व उसके बाद के समय में जब मनुष्यों के लिए अनाज का नियन्त्रण था। राशन की दुकान से सीमित अनाज मिलता था, वह भी गेहूँ और चावल नहीं, बाजरा व सड़ा-सा चावल। तब भी ईजा अपनी भैंस व गायों के लिए प्रतिदिन विशेष खुराक़ 'दौ' पकाने का क्रम नहीं तोड़ती थीं। परिवार को मिले आटे-चावल में से दो-चार मुट्ठी अन्न निकालकर उसमें हमारे सब्ज़ियों की क्यारियों की सब्ज़ियाँ या बिच्छू घास (बर्निंगनेटल्स, अंग्रेज़ी नाम, जंगली पौधा जिसकी पत्ती छू जाये तो जलन चौबीस घण्टे तक रहती। इस पौधे में लौह तत्त्व भरपूर हैं। इसका सूप और 'स्टू' स्वादिष्ट व पोषक है।) की पत्तियाँ डालकर बड़ी कढ़ाही में पशु आहार तैयार कर देतीं।

जब उस बड़ी कढ़ाही को भैंस व गायों के सामने ले जातीं तो वे सभी अपनी गर्दनें व सिर हिलाती हुई 'हूँ-फूँ' करने लगतीं। यह देखकर ईजा को बड़ा आनन्द आता। वे लाड़ भरे स्वर में कहतीं, "रुको-रुको, तुम्हें देने के लिए ही तो लायी हूँ।" उनके अलग-अलग पात्रों में 'दौ' डालती जातीं और उस भैंस या गाय से बातें करती जातीं। मैं उस छोटी उम्र में भी पशु और इन्सान के प्यार के इस आनन्द को पहचान पाती थी। स्वयं मुझे भी उसकी अनुभूति होती थी। इसे देखने व इस आनन्द को

अपने भीतर महसूस करने के लिए ही तो मैं ईजा के पीछे-पीछे गौशाला में जाती थी। आज सोचती हूँ, बिना मौखिक शब्दों के ईजा व बाबूजी के इन सहज जीवन कार्यों ने हमें कितने अनमोल जीवन मूल्य दिये थे। मानवेतर पशुओं के साथ यह स्नेह सम्बन्ध मेरे लिए अहिंसा का पहला पाठ था, ऐसा लगता है। इन सहज रोज़मर्रा के कामों ने हमारे जीवन को कण-कण जोड़कर गढ़ा था। एक-एक उदात्त रेशा जोड़कर हमारे मन, भावों व हमारे चरित्र के पट को बुना था। प्रतिदिन की छोटी दिखने वाली ये कणिकाएँ जीवन की बुनियाद को गढ़ रही थीं।

उसी क्रम में खाने सम्बन्धी अपनी स्वादपूर्ण यादों को भी लिख लिया जाये। हमारा परिवार ज़्यादातर दिन में तीन बार सामूहिक रूप से भोजन करता था। भोजन तैयार होने पर पहले बच्चों को खिलाया जाता, उसके बाद पुरुषों को और अन्त में महिलाएँ खाती थीं। हमारा 'कल्यो' (नाश्ता) अधिकतर रोटी, घी व गुड़ अथवा रोटी व दूध का होता था। दोपहर का भोजन दाल, भात, टपकियाँ (हरी सब्ज़ी), चटनी और कच्चा प्याज़ व कच्ची मूली का होता था। कभी काले भट (पहाड़ी दाल) के डुबके और भट का सुस्वादु चुड़कानी (दाल जैसा पदार्थ) हमारे स्वाद को बदल देता था। गेहूँ की रोटी, अपने खेत की सब्ज़ी और अपनी गौशाला से घी, दही—यह शाम का सामान्य भोजन था। हमारे खेतों में मक्का और मडुवा भी होता था। मक्का और मडुवा की रोटियाँ घी अथवा घर के मक्खन के साथ हमें एक मज़ेदार बदलाव लगता था। मक्के के भुट्टे कोयलों में भूनकर खाना तो हमारा एक प्यारा शौक़ था। भुट्टा खाने के लिए समय की कोई पाबन्दी न थी। जब चाहो तब खेत में जाओ, भुट्टा तोड़ो, छीलकर उसके बाहरी छिलके निकालकर गाय या भैंस के सामने उनके खाने के लिए डाल दो और अँगीठी में जल रही लकड़ी के कोयलों में उन्हें भूनकर साथ-साथ बैठकर गरमागरम भुट्टे खा लो। अभी भात दाल बनने में देरी है या शाम को घास काटकर गट्ठर ढोने से थकान व भूख लग गयी है, अभी शाम के भोजन को दो-ढाई घण्टों की देरी है तो यह गरमागरम भुट्टा एक अच्छा स्वादपूर्ण हल्का नाश्ता होता था।

हमारे घर में आर्थिक दिक़्क़तों वाले समय में भी कभी दूध, दही, घी, छाछ, मक्खन की कमी नहीं आयी। जब भैंसें या गायें ब्याई होतीं तो इफ़रात से धिनाली (दूध, दही, घी आदि) होती। छाछ पड़ोसी या रिश्तेदारों के घरों तक पहुँचा दी जाती। जब गायों, भैंसों में से कोई गाभिन होती तो दूध-दही कम होता ताज़ी छाछ नहीं होती न ही ताज़ा मक्खन होता। हाँ, ख़रीदा हुआ घी होता था। स्कूल के समय के अनुसार हमारे खाने का क्रम बदल जाता और हम स्कूल जाने के पूर्व ही मुख्य भोजन दाल-

भात खा लेते। दोपहर बाद स्कूल से आकर सुबह की रोटी को आग में गरम करके ऊपर से उसमें घी और गुड़ रखकर उसे मोड़ लेते। उसको खाने का मज़ा आज भी याद आता है। त्यौहारों व पर्वों पर हलुवा-पूड़ी से भी अधिक हमारे घर में खीर बनाने का रिवाज़ था। दाल के बड़े तो हर बार बनते क्योंकि वह शुभदिवस का शकुन माना जाता था। अन्य भी कुछ पकवान थे। 'पुवा' मीठा व मुलायम तथा 'छोलिया' रोटी जो त्यौहारों पर ही नहीं, कभी भी सबकी ख़ुशी के लिए बनती थी।

मेहमानों की दृष्टि से हमारे घर में सूजी हमेशा रखी रहती थी। उन्हें चाय के साथ सूजी तैयार करके देने की परम्परा ही बन गयी थी। कुमाऊँ की एक विशेष परम्परा है, मकर संक्रांति के दिन गेहूँ के मीठे आटे से 'घुघुते' बनाना और उनको तलकर अपने खाने के पूर्व कौवे को खिलाना। बड़े संयम की ज़रूरत होती थी हम बच्चों को कि गरम-गरम सौंधे घुघुते तब तक नहीं खाने होते थे, जब तक कौवा न आ जाये। यूँ तो खाने जितना ही मज़ा कौवे को 'काले-काले' कहकर बुलाने में भी आता था। जब वह आपके पास के 'घुघुते' को लेकर उड़ जाता तो आनन्द की सीमा नहीं रहती।

मुझे राशन की दुकान से ख़रीदे गये बाजरे की कड़वी रोटी खाने की भी याद है। द्वितीय विश्वयुद्ध का कुप्रभाव अगले कुछ वर्षों तक चला था। सरकारी गल्ले की दुकान से ही राशन मिल पाता था। हाथ में पैसा होते हुए भी सामान्य दुकानों से राशन नहीं मिलता था। गल्ले का बाजरा शायद पुराना था। ईजा उसे धोतीं, फिर सुखातीं और तब ऊखल में साफ़ करतीं। छींट-फटककर पनचक्की में पिसवातीं तो भी उस आटे की रोटियाँ कड़वी होतीं। ईजा रोटी के ऊपर अपनी भैंस के दूध से बना घी या मक्खन रखतीं, तो भी वह रोटी निगलने में गले में लगती थी। कुछ वर्ष ऐसे बीते। उसके बाद स्थितियाँ सुधरीं और गल्ले की दुकान से पल्ला छूट गया। बाजरा भी गया। हमारी तत्कालीन जीवनशैली ही ऐसी थी कि हर प्रकार के स्वादिष्ट खाने के पूर्व की प्रक्रियाओं में मेहनत करनी होती थी। ऊखल में कूटना, पनचक्की में पिसाई करवाना, अनाज को सूप से छींटना-फटकना—ऐसी प्रक्रियाएँ हम बच्चों के लिए सामान्य थीं। इनसे हमारे शरीर पुष्ट हुए, मन संस्कारित हुए और मस्तिष्क भी विकसित हुए। ऐसे तन-मन-मस्तिष्क को लेकर मैं शिक्षा पाने रामगढ़ के स्थानीय विद्यालय में गयी।

8

विद्यालयी जीवन

बेसिक प्राइमरी पाठशाला, मल्ला रामगढ़ से मेरी विद्यालयी शिक्षा प्रारम्भ हुई। मेरी पढ़ाई-लिखाई का प्रारम्भ यों तो घर में ही पण्डितजी के शिक्षकत्व में पहले ही हो चुका था, जिसका उल्लेख पिछले पृष्ठों में हो चुका है। विद्यालयी शिक्षा के लिए जब दाज्यू और मुझको रामगढ़ भेजा गया तो मेरा नाम इस बेसिक प्राइमरी पाठशाला में दूसरी कक्षा में लिखाया गया था। यह प्राइमरी पाठशाला ब्रिटिश सरकार ने कई वर्ष पूर्व प्रारम्भ करायी थी। इस पाठशाला के पास ख़ूब लम्बा-चौड़ा हल्की ढलान वाला मैदान था, जिसके एक किनारे से एक पैदल सड़क स्कूल से तनिक ऊँचाई पर स्थित डाकबंगले तक जाती थी। दूसरी ओर की ऐसी ही चौड़ी पैदल सड़क वहाँ की छोटी बाज़ार के लिए जाती थी। डाकबंगले के कारण ही इस बाज़ार को 'डाकबंगलैकि बाज़ार' कहते थे। इन दोनों सड़कों के किनारे जंगली चेस्टनट के बड़े-बड़े घने पेड़ थे। बसन्त ऋतु में इनमें फूल आते थे। सुबह आठ बजे स्कूल प्रारम्भ होता था। मैं इस सड़क से चलती हुई स्कूल को जाती तो एक मधु-सुगन्ध फैली रहती व भौंरों का गुंजन वातावरण को गुँजाये रहता। उस उम्र में भी मैं इस सौन्दर्य का आनन्द ले पाती थी।

प्रारम्भ में हम किराये के मकान में तल्ला रामगढ़ रहते थे। अतः मुझे पूरी चढ़ाई चढ़कर मल्ला रामगढ़ जाना होता था। दिन भर के स्कूल के दिनों में दादा जी सुबह ही दाल-भात जैसा पूरा भोजन खिला देते। उसके बाद चढ़ाई चढ़ना तो और भी कठिन लगता था। खान गाँव में रहने वाली मेरी सहेली व मैं कहीं बैठतीं, फिर उठकर चलने लगतीं। ऐसे में स्कूल पहुँचने में देर होना स्वाभाविक था। सहेली कहती, "अब तो बिल्कुल 'उज' (ऊर्जा) नहीं रही। देर भी हो गयी है, पण्डितजी बेंत लगायेंगे। चल, आज स्कूल नहीं जाते, यहीं छिपकर दिन बिता देंगी। शाम को घर चली जायेंगी।" मैं रामगढ़ में स्वयं को नयी मानती थी और मेरी वह सहेली तो रामगढ़ में ही पैदा हुई थी। मुझे वहाँ की विभिन्न चीज़ों, स्थानों और लोगों से परिचय

वही कराती थी। स्कूल न जाकर यह छिप जाना भी उसी ने सिखाया था। अत: मेरी भूमिका उसके पीछे चलने की बन गयी थी। वह छिपने को कहती तो मैं मान जाती और सारा दिन साथ खेलने, जंगली फल खाने, बातें करने व झगड़ा करके 'कुट्टी' करने व कुछ देर में ही 'सल्ला' करने में बिता देती। तीसरी कक्षा पूरी करने तक मेरे कई दिन स्कूल न जाकर इसी एकान्त आवाराग़र्दी में बीत गये थे, बस।

तीसरी कक्षा के शिक्षक सख़्त थे। उनके बोलने से पहले ही उनका बेंत चलता था। उनके पूछने का लहजा ही ऐसा था कि जवाब आता भी हो तो भी हमारी घिग्घी बँध जाती और शब्द ही नहीं निकलते। तीसरी कक्षा ज्यों-त्योंकर उत्तीर्ण की। मैं अगली कक्षा में चली गयी, पर मुझे पढ़ाई का मज़ा बिल्कुल नहीं आया जबकि मुझे पढ़ने की ख़ूब इच्छा थी। स्कूल न जाकर रास्ते में छिप जाना, क्लास में डरे रहना कि कब सिर या पीठ में बेंत लग जाये, सहेलियों से कुछ अजीब ऊटपटाँग-सी बातें सुनना, सब विशृंखल-सा था। कुछ भी क़रीने से नहीं हो रहा था। मेरी उम्र के दिन बीत रहे थे।

मैं चौथी कक्षा यानी अपनी पाठशाला की सबसे बड़ी कक्षा में पहुँच गयी। उस कक्षा के शिक्षक ने मेरे दृष्टिकोण में, मेरी पढ़ाई में ही नहीं मेरे मानस में भी पूरा परिवर्तन ला दिया। तीसरी कक्षा के अपने शिक्षक का नाम मैंने जान-बूझकर नहीं लिखा है जबकि वह नाम आज भी मेरी स्मृति में ज़िन्दा है, परन्तु चौथी कक्षा के शिक्षक यानी हमारे प्राइमरी स्कूल के हेडमास्टर का नाम मैं पूर्ण श्रद्धा व गर्व के साथ लिखना चाहूँगी। उनका नाम था, श्री बहादुर राम आर्य। साँवला रंग, स्फटिक सफ़ेद दन्त-पंक्ति और चेहरे पर एक कुदरती मुस्कान। मुझे याद है, जब मैं दूसरी कक्षा में पढ़ती थी, उन दिनों सुबह आठ या साढ़े आठ बजे स्कूल प्रारम्भ होता था। वह बरसात भरा दिन था। घास के बीच से पाठशाला को जाते हुए मेरी लम्बी फ्रॉक नीचे की ओर से भीग गयी थी। चढ़ाई चढ़ने से साँस फूली हुई थी। पाठशाला के आँगन में ही बड़े पण्डितजी (हेडमास्टर साहब) मिल गये। उन्होंने मुझे मेरे बस्ते सहित अपनी दोनों बाँहों में उठा लिया, "अरेरे सूबेदार सैप की चेली (बेटी), तेरी झगुली (फ्रॉक) तो भीग गयी है।" फिर मुझे चिढ़ाने के लिए कहने लगे, "ये तेरे सिर में दो सींग आ गये हैं।" सम्भव है, मैंने अपने बालों की दो लटियाँ बनायी होंगी। यह कहकर उन्होंने मुझे धरती पर उतार दिया और पीठ पर एक हल्की थपकी दे दी। मैं आनन्द विभोर होकर अपनी कक्षा के कमरे की ओर भाग गयी।

इनके द्वारा पढ़ाया गया एक-एक शब्द मुझे समझ में आता था। अत: तीसरी कक्षा में पिछड़ी पंक्ति की छात्रा मानी जाने वाली मैं चौथी कक्षा में धीरे-धीरे अच्छे

विद्यार्थियों में गिनी जाने लगी। मुझे स्कूल जाने के नाम से ही उत्साह उमड़ने लगा। वाचन करने की अपनी बारी की मैं प्रतीक्षा करती। मुझे वाचन के लिए उठने को कहते तो मैं ख़ुश होकर तुरन्त उठती और ऊँची आवाज़ में स्पष्ट उच्चारण करके पढ़ने लगती। पण्डितजी का 'शाबाश' शब्द सुनती तो गर्व मिश्रित आनन्द से मैं भर उठती। गणित का सवाल इतने मनोयोग व त्वरा के साथ करती कि सर्वप्रथम अपनी कॉपी लेकर पण्डितजी के पास चली जाती। वे लाल स्याही से एक बड़ा-सा सही निशान मेरी कॉपी में बना देते। वे इमला लिखाते तो मेरे लेखन में एक भी ग़लती नहीं आती और पण्डितजी 'बहुत अच्छा' लिख देते। मेरा दिन तो ख़ुशी-ख़ुशी में बीतता था।

मेरे विद्यालयी जीवन का मानो एक नया अध्याय प्रारम्भ हो गया था, जो 1950 के दिसम्बर की अन्तिम उस तारीख़ तक क़ायम रहा, जिस दिन मैंने विद्यालयी जीवन से विदा ले ली। इन समस्त वर्षों में मैं अपनी कक्षा में प्रथम स्थान पाती रही। केवल एक वर्ष बीमार होने से द्वितीय स्थान पाने से मुझे दुख झेलना पड़ा और मेरे प्रतिद्वन्द्वी छात्र को प्रथम स्थान का आनन्द मिला था। जीवन में जब मुझे लड़कियों को पढ़ाने का अवसर मिला तो मैंने अपने बचपन के उन पण्डितजी को याद किया और अपनी छात्राओं से निकटता स्थापित की। सौभाग्य था मेरा कि मैं बुनियादी तालीम की शिक्षिका थी और उसमें यह आत्मीयता लागू करना आसान था क्योंकि हम आश्रम जीवन जीते हुए अपनी छात्राओं के साथ ही रहती भी थीं। मैंने अपने सहयोगियों को भी बताया कि क्लासरूम पढ़ाई कराके केवल जानकारी दे देने या उन्हें लिखने-पढ़ने की योग्यता दिला देने में मेहनत करने से बच्चे की आन्तरिक शक्तियाँ, उसकी प्रतिभा प्रस्फुटित नहीं होती। उसके साथ आत्मीयता, निकटता व प्रोत्साहन का रस भी घोलना पड़ता है, जो बच्चे में निहित शक्तियों को स्वत: प्रकट कर देता है।

मैं पाँचवीं कक्षा में पढ़ने के लिए श्री नारायणस्वामी हाईस्कूल तल्ला रामगढ़ की बड़ी-सी सुन्दर इमारत में जाने लगी। लगभग ढाई सौ लड़कों के बीच हम केवल सात-आठ लड़कियाँ ही इस हाईस्कूल में पढ़ने जाती थीं। शायद बहुत सारी लड़कियाँ जो प्राइमरी पाठशाला में पढ़ने जाती थीं, चौथी कक्षा के बाद पढ़ाई छोड़ चुकी थीं। लड़की का बड़ा होना यानी किशोरावस्था में जाना, उन दिनों उसके लिए ही बन्धनकारक हो जाता था। शायद कुछ गिनी-चुनी लड़कियाँ, जो अमीर माता-पिता की बेटियाँ थीं, नैनीताल के कन्या हाईस्कूलों के कन्या छात्रावासों में रहकर पढ़ रही होंगी।

मैं कुछ और बड़ी हो गयी थी। अब शाम का भोजन मैं बनाती व सबको खिलाती, अत: स्कूल से दिया होमवर्क मैं रात को सोने के पूर्व ही कर पाती थी। पर हमेशा ही उसे पूरा करके ले जाती थी, चाहे उसके कारण मुझे देर से ही सोना पड़े। कभी किसी सहेली ने होमवर्क न किया हो तो वह स्कूल पहुँचने के बाद मेरी कॉपी से जल्दी-जल्दी अपनी कॉपी में लिख लेती थी। हम लड़कियों के बीच अच्छे मेल-मिलाप भरे सम्बन्ध थे। हम एक-दूसरे को मदद करती थीं। वस्तुओं का आदान-प्रदान करतीं और कभी-कभी खाने की कुछ चीज़ों को भी बाँट कर खातीं। एक तरह से हम अल्पसंख्यक लड़कियाँ बहुसंख्यक लड़कों के बीच अपना अच्छा स्थान बनाये रखने के लिए तनी रहती थीं।

हम लड़कियाँ पाठ्य विषयों की पढ़ाई के लिए लड़कों के बराबर सभी सुविधाएँ पाती थीं, किन्तु हमारे लिए खेलने का कोई अलग स्थान नहीं था। लड़कों के लिए बड़ा मैदान ही नहीं, कुछ खेलों के साधन भी थे, पर वहाँ हमारा प्रवेश मान्य नहीं था। हम मध्याह्न अवकाश के समय स्कूल की बड़ी इमारत के पिछवाड़े की सँकरी जगह में छोटा-मोटा खेल करने या बैठकर बातें करने में बिताती थीं। परन्तु पूरा स्कूल खेलकूद प्रदर्शन का सप्ताह मनाता तो हमारे लिए 'सूई में डोरा' दौड़ या तीन टाँग की दौड़ अथवा कुछ अन्य लड़कियों वाली रस्सी कूद-दौड़ जैसी खेल प्रतियोगिताएँ आयोजित की जाती थीं। बाद में हमारे लिए विशेष रूप से कैरम बोर्ड, बैटमिंटन तथा बास्केटबॉल आदि लाये गये, पर उनसे खेलने का समय हमें कम ही मिलता था, क्योंकि स्कूल में पढ़ाई पूरी होकर छुट्टी की घण्टी लगते ही हमें सीधे घरों को चल देना होता था।

अतिरिक्त प्रवृत्तियों के अन्तर्गत विद्यालय में प्रति शनिवार को बालसभा होती थी जिसमें वाक् प्रतियोगिताएँ होती थीं। मैं उनमें भाग लेती थी। मेरी सहेलियाँ भी भाग लेती थीं। उनमें भी कुछ अच्छी वक्ता थीं। मैं भी विद्यालय की एक उत्तम वक्ताओं में गिनी जाने लगी थी। इसी बालसभा में मैं अपनी काव्य रचनाएँ गाकर सुनाती थी। एक बार हमारे कला-शिक्षक, जो स्वयं एक अच्छे कवि भी थे, ने एक गीत-नाटिका की रचना की थी। उसमें अमेरिका, इंग्लैंड, रूस, पाकिस्तान, भारत आदि देशों की बालाएँ अपने-अपने देशों की गुण-गाथाएँ उसी देश की वेशभूषा धारण करके प्रस्तुत करती थीं। मैंने शायद इंग्लैंड की बाला की भूमिका अदा की थी। हमें जब इस प्रकार के प्रस्तुतीकरण के लिए मंच पर भेजा जाता, तो हमें लगता कि हम भी महत्त्वपूर्ण हैं।

हमारे कला-शिक्षक हमें बहुत प्रोत्साहित करते थे। जब मैं इस विद्यालय में प्रविष्ट हुई, तभी से श्री विद्यासागर दीक्षितजी हमारे प्रधानाचार्य थे। एक गरिमापूर्ण, विचारवान और जाग्रत व्यक्तित्व के धनी थे दीक्षित जी। उनका काला कोट, सफ़ेद पैंट और हाथ में एक काला रोलर, यह चित्र मेरी आँखों में आज भी उतर आता है। वे आदर्शों पर विश्वास करते थे। चरित्र व नीतिमत्ता उनके लिए शिक्षा का सबसे मूल्यवान आधारभूत तत्त्व था। प्रति सोमवार की प्रातः जब हम सभी विद्यार्थी ख़ूब तेज़ आवाज़ में 'दया कर दान भक्ति का हमें परमात्मा देना...' प्रार्थना गाकर नंगे फ़र्श पर बैठ जाते, तब उनका प्रवचन प्रारम्भ होता था। वे बहुत गम्भीर वक़्ता थे। जीवन कैसे ईमानदार, तेजस्वी, स्वस्थ और समाजोपयोगी बने, कैसे हम यशस्वी हों, किस उत्तम राह पर हमें परिश्रम करना और आगे बढ़ना चाहिए, इस प्रकार के चरित्र-गठन करने वाले उनके सम्बोधन मेरे मन में गहरा असर करते थे और दीक्षितजी के प्रति स्वतः आदरभाव उमड़ पड़ता था। उनका अनुशासन सख़्त था, पर वह उनके चारों ओर फैले उनके प्रभामण्डल से ही व्यवस्थित रहता था। उन्हें डाँटते-चिल्लाते मैंने कभी देखा हो, इसकी कोई याद मुझे नहीं है। मेरे किशोर मन को ऐसे आदर्श प्रधानाचार्य की छत्रछाया में शिक्षा पाना एक वरदान जैसा लगता था। नहीं-नहीं, मैं शायद ग़लत सोच रही हूँ। तब वरदान लगता था यह नहीं, तब मात्र उत्साह मिलता था और आज वरदान लगता है।

कभी इस बालसभा में अथवा सोमवार की सुबह के हवन के बाद महात्मा नारायण स्वामीजी प्रवचन करते थे। वे पचहत्तर वर्ष से अधिक आयु के वृद्ध थे, पर उनका शरीर सुगठित था और वाणी में गम्भीरता व मृदुता थी। उनके कई प्रवचनों में वे लड़कियों के लिए यह आह्वान दोहराते थे, "लड़कियाँ गार्गी और मैत्रेयी जैसी विदुषी और तेजस्वी बनें।" मेरे मन में उनका यह आत्मा को झकझोरने वाला वाक्य वर्षों तक के लिए गड़-सा गया था। स्वामीजी का एक छोटा-सा आश्रम था और उन्होंने रामगढ़ आकर आर्यसमाज मन्दिर की स्थापना की थी। स्वामीजी की हीरक जयन्ती हमारे इसी हाईस्कूल में मनायी गयी थी। वह अवसर मुझे भूले से भी नहीं भूलता। सर्वोत्तम बात थी कि उस एक सप्ताह के आयोजन में स्थानीय लोग भी उमड़कर आये थे। संयुक्त प्रान्त (अभी का उत्तर प्रदेश और उत्तराखण्ड) के मैदानी भागों से भी सैकड़ों आर्य-समाजी स्त्री-पुरुष शामिल होने पहुँचे थे। इस विशाल जनसभा में पानी पिलाने का काम हम लड़कियों को दिया गया था। हमारी छाती पर 'स्वयं सेवक' लिखा एक बिल्ला लटका रहता था। मेरे गौरवान्वित मन को वह बिल्ला मानो स्वर्णपदक जैसा लगता था। हम पास के धारे से सिर पर गागर

रखकर पानी ढोतीं और गिलासों के द्वारा लोगों को पानी पिलातीं। हमारे पैर एक क्षण के लिए भी रुकते न थे। मुझे तो लगता था कि मैं उड़ जाऊँ और सारी सभा को अकेली ही पानी पिला दूँ।

दूसरी बात जिसकी मुझे अभी इस उम्र तक याद है, वह है इसी समारोह में कन्या गुरुकुलों की छात्राओं को देखना। पूर्ण सादगी की मूर्तिमन्त प्रतिमाएँ-सी वे चमकते सफ़ेद वस्त्रों में जब हवन यज्ञ के समय मन्त्रोच्चार करतीं या उसके बाद समवेत स्वर में भजन गातीं तो आत्मविश्वास से दमकते उनके चेहरे मुझे मुग्ध कर देते। उनके विभिन्न व्यायाम और योगासनों के प्रदर्शन देखकर बार-बार मन में आता, काश! यह सब सीखने का अवसर हमें भी मिलता। हीरक जयन्ती के उस एक सप्ताह के भीतर हमने कितने ही विद्वान पुरुषों के भाषण सुने। पुरुषों ने ही नहीं, विदुषी महिलाओं ने भी विचारपुष्ट ओजस्वी भाषण दिये थे और वे पुरुषों से कम नहीं थीं। उनकी बातों पर तालियाँ बजती थीं तो मेरा मन उमंग से भर उठता था कि हम क्यों नहीं ऐसा कर सकतीं? सप्ताह पूरा हुआ, अतिथि आगन्तुक वापस गये, पर हम विद्यार्थियों ने इस सप्ताह के पूर्व भी कई दिनों तक तैयारियाँ की थीं, साज-सज्जा में समय लगाया था और आयोजन के समापन के बाद भी समेटने में समय दिया। तदुपरान्त हमें अपनी कक्षाओं में बैठना ही था। हमारी पढ़ाई चल पड़ी, पर हृदय में कहीं, मानो परदे के पीछे, हीरक जयन्ती का वह उत्साह धड़क उठता था।

छठी कक्षा की वार्षिक परीक्षाओं की तैयारियाँ चल रही थीं। तभी विद्यालय की प्रबन्ध समिति ने हम लड़कियों को सूचित किया कि छठी कक्षा से आगे लड़कियों को इस विद्यालय में शिक्षा पाने की अनुमति नहीं है। कारण बताया गया कि अब हम सयानी हो गयी थीं। हमें लड़कों के साथ नहीं रहना चाहिए। हम सभी लगभग बारह से चौदह वर्ष की बालिकाएँ थीं। यह समाचार हम सभी के लिए एक अप्रत्याशित दुर्घटना का जैसा आघात था, क्योंकि हमारे लिए अपनी शिक्षा को आगे बढ़ाने के कोई दूसरे मौक़े व स्थान नहीं थे। मेरे परिवार की आर्थिक स्थिति नैनीताल या कहीं अन्यत्र कन्या विद्यालय और कन्या छात्रावास में भेजने की सम्भावना से कोसों दूर थी। अपने मध्याह्न अवकाश के समय हम सभी लड़कियाँ विद्यालय की इमारत के पिछवाड़े बैठकर इस स्थिति पर विचार करती थीं। अन्त में हमने एक राह निकाली। हम सभी लड़कियाँ रविवार के दिन अपनी फ़रियाद लेकर महात्मा नारायण स्वामीजी के आश्रम में उनसे मिलने चली गयीं। उनके आश्रम के परिसर के उस छोटे-से फाटक के पास जाकर खड़ी हुई, तो उनके माली ने जो बग़ीचे में काम कर रहे थे, हमें टोका, "लड़कियो! यहाँ क्यों आयी हो?"

"स्वामीजी से मिलना है," हमारा उत्तर था। "तुम छोकरियाँ, और स्वामीजी से मिलोगी? उन्हें मिलने तो बड़े-बड़े सयाने लोग आते हैं। तुम भला उनसे क्या बातें करोगी?" उन्होंने आश्चर्यपूर्ण भाव से हमें कहा, क्योंकि हम बारह-चौदह वर्ष आयु की बालिकाएँ ही तो थीं। "जाओ-जाओ, यहाँ से जाओ।" माली ने ज़ोर से कहा। यह अन्तिम वाक्य माली ने तेज़ आवाज़ में कहा। इससे वह वाक्य आश्रम की पहली मंज़िल में बैठे स्वामीजी ने सुन लिया।

स्वामीजी उठ खड़े हुए और उन्होंने खिड़की से बाहर झाँका, बोले, "क्या है, मदनसिंह? किसे भगा रहे हो?"

"स्वामीजी, ये कुछ छोटी-छोटी लड़कियाँ आपसे मिलने आयी हैं। आप इनके लिए अपना समय क्यों बर्बाद करेंगे? है न?" मदनसिंह ने बड़ी समझदारी भरे स्वर में कहा। "नहीं-नहीं, बच्चियों को मेरे पास आने दो।" करुणापूर्ण शब्दों में स्वामीजी ने कहा। हमारी टोली स्वामीजी के सामने जाकर बैठ गयी, पर किसी के मुँह से वाणी नहीं फूटती थी। तब हमारे साथ की एक लड़की वीरबाला ने बात शुरू की। उसे अपने घर पर स्वामीजी से मिलने के अवसर मिला करते थे। वे वीरबाला के पिताजी से मिलने कभी उनके घर पर जाते थे। वीरबाला के पिताजी विद्यालय की प्रबन्ध समिति के सचिव थे। वीरबाला में यूँ भी झिझक कम थी। हमारी समस्या सुनकर और प्रबन्ध समिति द्वारा दिये गये हमारी शिक्षा को रोकने सम्बन्धी आदेश को जानकर स्वामीजी ने प्रबन्ध समिति के निर्णय को ही सही बताया, "सयानी लड़कियाँ, लड़कों का विद्यालय, साथ पढ़ना कैसे हो सकता है? तुम तो नैनीताल शहर के कन्या विद्यालय में पढ़ने जाओ।" उनकी इस सलाह से हम निराश हो गयीं, पर हमने अपने मुद्दे को छोड़ा नहीं। हमारे परिवारों की कमज़ोर अर्थव्यवस्था, लड़कियों की पढ़ाई के मामले में हमारे सयानों का संकुचित दृष्टिकोण, इस विद्यालय में पढ़ते हुए घर के काम धन्धे में मदद करने की सुविधा लड़कियों की शिक्षा के लिए परिवार की सकारात्मकता को बढ़ाती है आदि कई बातें हमने उनके सामने रखीं।

''यह प्रबन्ध समिति का निर्णय है। मैं प्रबन्ध समिति का सदस्य भी नहीं हूँ। अत: मैं उनके निर्णय को कैसे बदल दूँ?" स्वामीजी ने आख़िरी बात कह दी। अब हमारी बोलती बन्द हो गयी।

ख़ूब हिम्मत जुटाकर तब मैंने कहा, "आपने अपने प्रवचनों में कई बार हमसे कहा है कि गार्गी और मैत्रेयी जैसी विदुषी बनो। हमें पढ़ने, शिक्षा पाने का अवसर ही नहीं मिलेगा तो हम विदुषी कैसे बनेंगी?" स्वामीजी तुरन्त बोले, "लड़की,

तुमने तो मेरी ज़बान ही पकड़ ली। मैं प्रबन्ध समिति में जाकर तुम लड़कियों के पक्ष में बात रखूँगा।"

स्वामीजी का आशीर्वाद पाकर हम वापस अपने-अपने घरों को गयीं। प्रबन्ध समिति की बैठक के बाद हमें बताया गया कि हम सातवीं और आठवीं कक्षाओं में अपनी पढ़ाई चालू रख सकेंगी, किन्तु शर्तों के साथ। पहली शर्त थी कि घर से स्कूल को आते हुए रास्ते में तथा स्कूल में रहते हुए पूरे समय साड़ी के पल्लू या दुपट्टे से हमारे सिर हमेशा ढके रहने थे। दूसरी शर्त थी कि हमें पूरी आस्तीन के ब्लाउज़ पहनने थे, आधी आस्तीन के नहीं। तीसरी शर्त थी कि अपने घर से विद्यालय तक आने में कोई लड़की अकेली नहीं आयेगी। साथ में एक या दो अन्य छात्राएँ होनी चाहिए। हमें बाँधने वाली ये शर्तें हमें मंजूर हैं या नहीं, इसका कोई सवाल ही नहीं था, न ही हम कोई सवाल उठाने वाली ही थीं। हम आपस में स्वामीजी को धन्यवाद दे रही थीं और बेहद ख़ुश थीं कि आठवीं तक पढ़ने का अवसर मिल गया है।

इन दो वर्षों में मेरी शक्तियों का विकास तीव्रता से हुआ। मैं अपनी कक्षा के पच्चीस या तीस छात्र-छात्राओं में पढ़ाई के विषयों में प्रथम स्थान पर तो पहले से भी रहती थी। पूरे विद्यालय में मैं अच्छे वक़्ताओं में गिनी जाती थी। मेरी रची कविताएँ पसन्द की जाती थीं। सातवीं कक्षा में ही मेरी एक प्रसिद्ध कविता "तुम जान न पाये मैं क्या हूँ, पहचान न पाये मैं क्या हूँ..." विद्यालय की वार्षिक पत्रिका में छपी थी। उन दो वर्षों में ही विद्यालय के अन्य वक़्ता छात्रों तथा छात्राओं के साथ अपने उत्तर प्रदेश के अन्य विद्यालयों व कॉलेजों में वाक्-प्रतियोगिताओं में भाग लेने मुझे सीतापुर, भीमताल और अल्मोड़ा आदि स्थानों में भेजा गया था। हम लड़कियों के सीतापुर जाने के प्रस्ताव को शायद हमारे परिवारों ने स्वीकार नहीं किया था। हम दो छात्राएँ—वीरबाला तथा मैं तभी जा पायीं, जब हमारे सगे भाई हमारे साथ आये। आज इस बात को याद करती हूँ तो मुझे भी आश्चर्य होता है कि लड़की जैसे छूते ही कुम्हला जाने वाली बेल मानी जाती थी।

अल्मोड़ा कॉलेज का स्मरण मुझे स्पष्टता से याद आता है। श्री हीराबल्लभ तिवारी, हमारे एक शिक्षक हमारे छात्रसमूह के साथ थे। वे अल्मोड़ा के ही रहने वाले थे। हम उनके साथ रामगढ़ से नथुवाखान, शीतला, घुराड़ी पुल से होते हुए पैदल अल्मोड़ा पहुँचे थे। यह पूरे एक दिन की पदयात्रा थी। जहाँ तक मेरी स्मृति ठीक काम कर रही है, हम पोखरखाली में कहीं रात्रि निवास के लिए रुके थे। उस घर के सामने दूर सुयाल नदी और उसके पार पहाड़ी ढलान पर जलना गाँव दिखाई देता था, जिस पहाड़ की ऊपरी चोटी पर बानुड़ीदेवी का मन्दिर था। हमारे कला

शिक्षक ने मुझे बताया था कि शहर की बड़ी सभा के सामने मैं घबराऊँ नहीं, इसके लिए सुबह उठकर खुली हवा में ख़ूब गहरी साँसें लूँ। उस घर की पाथर वाली छत के ऊपर बैठकर मैंने ख़ूब लम्बी-लम्बी साँसें लेने और छोड़ने की क्रिया की थी। हम अल्मोड़े की बाज़ार से होते हुए नगर के दूसरे छोर पर स्थित अल्मोड़ा कॉलेज पहुँचे। कॉलेज की लड़कियाँ रंग-बिरंगे दुपट्टे फहराती हुई परिसर में घूम रही थीं। मैं स्वयं को उनके बीच बिल्कुल पिछड़ी-सी महसूस कर रही थी। मेरी सूती साड़ी पूरी आस्तीन का ब्लाउज़ व सिर पर पल्लू वाली वेशभूषा मुझे उस दिन पूरी तरह नागवार लग रही थी। शाम को सभा प्रारम्भ हुई। वाक् प्रतियोगिता में भाग लेने वाले लड़के व एक-दो लड़कियों को भी मंच पर स्थान दिया गया। मैं मंच की प्रथम पंक्ति में एक कोने पर सभाध्यक्ष तथा अल्मोड़ा नगर के अन्य गण्यमान नागरिकों के साथ अपनी सादी हल्के रंग की साड़ी का पल्लू सिर पर सँभाले हुए बैठी थी। पूरी आस्तीन के ब्लाउज़ के कारण मैं एक अनपढ़ गाँववासी ही लग रही थी। अल्मोड़ा नगर की आधुनिक वस्त्रों में सजी छात्राओं व महिलाओं के बीच मैं तो एक अजूबा ही लग रही हूँगी। कभी-कभी मेरी नज़र में मेरी ओर उठी उनकी उँगलियाँ भी आ जाती थीं। वे शायद मेरे बारे में ही कुछ कह रही होंगी, ऐसा मुझे लगता था। इससे मेरा मन घबराने लगा था।

जब वाक् प्रतियोगिता प्रारम्भ हुई और कुछ छात्र पीठिका पर जाकर बोले, तब मेरा आत्मविश्वास बढ़ने लगा। मुझे उनकी तर्क शक्ति कमज़ोर लग रही थी और उनमें कुछेक की बोलने की कला भी अच्छी न थी। सम्भव है, उनमें आत्मविश्वास की भी कमी थी। जब मेरा नाम बोला गया और बोलने को उठी तो मेरा आत्मविश्वास जाग्रत हो चुका था। पूरे आत्मविश्वास से मैंने एक नज़र पूरी सभा पर डाली और अपने कला शिक्षक का गुरुमन्त्र याद किया, 'जब बोलना प्रारम्भ करो तो सोचो कि सभा में बैठे इन सारे लोगों को वह बिल्कुल भी नहीं आता, जो मैं कहने जा रही हूँ।' पूरे आत्मविश्वास से मैं धाराप्रवाह बोलती गयी। कई बार तालियाँ बजीं। मुझे द्वितीय पुरस्कार दिया गया, जो हमारे शिक्षक श्री हीराबल्लभ तिवारीजी के अनुसार प्रथम पुरस्कार मानना चाहिए था, क्योंकि प्रथम स्थान तो आयोजक कॉलेज के छात्र को ही दिया जाना था। तिवारीजी ने मुझे ख़ूब शाबाशी दी। उन्होंने हमारे विद्यालय में आने पर मेरी वेशभूषा से हतोत्साहित और मेरे धाराप्रवाह बोलने से चमत्कृत होने वाली उस सभा का वर्णन पूरे विद्यालय की प्रार्थना सभा में किया।

आठवीं कक्षा को चलते एक माह हो गया था और मेरे पास पाठ्य-क्रम की पूरी पुस्तकें नहीं थीं। मेरी कक्षा के अधिकांश विद्यार्थी सेकेंड हैंड पुस्तकें लेकर

काम चलाते थे। ये पुस्तकें पिछले वर्ष के विद्यार्थियों से लेनी होती थीं। अधिकतर इन पुस्तकों की कोई क़ीमत नहीं ली जाती थी। कुछ पुराने छात्र अपनी उन पुस्तकों के ऊपर कुछ लिखे होते थे। कभी उनकी पुस्तकें बिना जिल्द लगाये काम में ली गयी होती थीं, अतः गन्दी, घिसी हुई व ज़्यादातर मुखपृष्ठ ग़ायब वाली होती थीं। मुझे ऐसी पुस्तकें नहीं चाहिए थीं और नयी पुस्तकें दुकान से ख़रीदने का व्यय मैं वहन नहीं कर सकती थी। एक दिन मैं, कमला व चन्द्रा के साथ स्कूल को जा रही थी कि एक महिला ने अपने घर से आवाज़ देकर कहा, "राधा, तुमको आठवीं की किताबें चाहिए क्या? मेरे बेटे गोपाल की किताबें हमने अभी तक किसी को नहीं दी हैं, आकर देख लो।" हम तीनों ने जाकर देखा, किताबें साफ़ थीं, पर उनके मुखपृष्ठ उखड़े हुए थे और पढ़ते समय हर पंक्ति को पेंसिल से अंडरलाइन किया था। मैंने पुस्तकें ले लीं। दो दिन तक मैंने उन पुस्तकों के मुखपृष्ठ 'लेई' से चिपकाये, उन पर बाबूजी के लाये अख़बार की जिल्दें चढ़ाईं और रबर से पेंसिल के निशान प्रत्येक पेज से मिटा दिये। इन पुस्तकों की कोई क़ीमत नहीं दी थी, पर कॉपियाँ तो दुकान से ख़रीदनी ही होती थीं। किताबें मुझे देने की प्रेरणा गोपाल को देने वाले श्री हीराबल्लभ तिवारी जी ही थे, क्योंकि उन पर मेरे अल्मोड़े की तक़रीर का असर था। पर कॉपियों के लिए ऐसी रियायत नहीं हो सकती थी। हम स्याही के घोल में होल्डर डुबोकर लिखा करते थे। होल्डर भी ख़रीदनी पड़ती थी और उसकी निब भी। निब को घिस-घिसकर हम अपनी लेखन पद्धति के अनुकूल उसका तिरछा टाँका बना लेते थे। काँच की दवातें ख़रीदी जाती थीं और नीली तथा लाल, दो प्रकार की स्याही की टिकियाँ भी दुकान से ही मिलती थीं। उन्हें ख़रीदकर आधी से भी आधी टिकिया को काग़ज़ के अन्दर पीस लेते व दवात में पानी व स्याही का घोल बना लेते। दो दवातें व दो होल्डर एक नीली व एक लाल, यह लिखने की सामग्री हो जाती। बस, अब स्याही की दवातों को सँभालकर रखना होता। उनकी स्याही दूसरे लड़के चुरा लेते थे। उन्हें सावधानी से ले जाना पड़ता अन्यथा उनसे स्याही गिर जाती और हमारे कपड़ों को लाल-नीली बना देतीं। हमारी उँगलियाँ तो शाम तक नीली हो ही जाती थीं। उन्हें घर पर जाकर मिट्टी में रगड़कर पानी से धोना होता था, तब कहीं हमें रसोई में आटा गूँधने की अनुमति मिलती थी।

लाल स्याही की बात के साथ मेरे मन की गहरी परतों में छिपी एक याद ऊपर आकर झाँकने लगी है। मेरी दो सहपाठिनें विद्यालय आने के लिए अपने चेहरों पर पाउडर-रूज़ और आँखों में काजल लगाकर आती थीं। मुझे उसकी बहुत ज़रूरत भी न थी, ना ही उसका कोई शौक़ था, पर एक कौतूहल था कि मैं भी ऐसा कुछ अपने

चेहरे पर लगाऊँ, पर हमारे घर में न तो फ़ेस पाउडर होता था न ही काजल। यहाँ तक कि बच्चों को काजल का डिठोना लगाने की भी कोई परम्परा मैंने अपने परिवार में नहीं देखी थी। मेरे किशोर मन ने अपने इरादे पूरे करने के लिए लाल स्याही को ही श्रृंगार सामग्री बना लिया। रूई के फ़ाहे से अपने गालों पर हल्की-हल्की लाल स्याही लगा डाली और कपड़े पहनकर खाना खाने ईजा के पास रसोई में गयी। ईजा ने भात-दाल परोसकर थाली सामने रखी और ग़ौर से मेरे गालों को देखा और कहा, "अरे! अभी-अभी तुम्हारे गालों को क्या हो गया? कुछ देर पहले तो वे ठीक थे, अब इतने लाल कैसे हो गये?" उन्होंने ये शब्द व्यंग्यात्मक मुस्कान के साथ कहे। मैं शर्म से गड़ गयी। खाने के बाद हाथ धोते समय गालों को भी साबुन से धो डाला। श्रृंगार का नशा उतर गया। तो भी मैं सुन्दर थी, यह लोग बिना किसी श्रृंगार के भी मानते तो थे ही।

एक घटना और है, अपने ग़ुस्से की और ग़लत शब्दों का विरोध करने की। अभी-अभी वह मेरी स्मृति में कौंध गयी है। जाड़ों के दिन थे। शायद दिसम्बर का प्रथम पक्ष रहा होगा। हमारी क्लासें बाहर धूप में लगती थीं। हम सभी छात्र-छात्राएँ अलग-अलग समूहों में बैठे बतिया रहे थे क्योंकि अभी हमारे शिक्षक क्लास में नहीं पहुँचे थे। हम चार लड़कियाँ एक छोर पर अलग से बातें कर रही थीं और दूसरी ओर लड़कों की बातें चल रही थीं। हमारे कानों में उनकी बातें भी पड़ रही थीं।

एक लड़के ने पूछा, "मोहन (बदला नाम) अरे! कल तुम नहीं आये। कहाँ गये थे?" मोहन बोला, "बारात में गया था। ख़ूब स्वादिष्ट भोजन किया। मिठाइयाँ, पूड़ी, कचौरी..." उसने चटकारे लेकर वर्णन किया। दूसरे लड़के ने टीका की, "अरे! खाना तो खाया ही होगा। क्या खाने में ही रहे या दुल्हन भी देखी या यूँ ही बुद्धू लौट के घर को आये?" उसके कटाक्ष को सुनकर मोहन को भी जोश आ गया। तेज़ी से बोला, "क्यों नहीं देखी दुल्हन, ख़ूब देखी। ज़ेवरों से लदी, सजी-धजी बिल्कुल इन्द्र की जैसी परी।" सब लड़के हँस रहे थे और हम लड़कियाँ सकुचाकर अपनी किताबों में व्यर्थ ही नज़र गड़ा रही थीं। मोहन रुका नहीं, लड़कों की हँसी से उत्फुल्ल हो वह आगे बढ़ गया। अपने वाक्य को पूरा करते हुए वह बोला, "परन्तु राधा प्यारी से ज़्यादा सुन्दर तो नहीं थी।" लड़के और भी ज़ोर से हँस पड़े।

इस 'प्यारी' शब्द पर और मेरी सुन्दरता का उल्लेख उसके मुँह से सुनकर मेरे सारे तन-बदन में मानो आग भड़क उठी। मैं अपनी जगह से उठी और सीधे मोहन के सामने गयी। वह कुछ समझ पाता, उसके पहले ही मैंने मज़बूत पंजे से कसकर दो थप्पड़ जड़ दिये। उसने अवाक् होकर अपना सिर पकड़ लिया। मैं रुकी नहीं।

तमतमाये चेहरे से और डबडबायी आँखों से मैं दौड़ी, सीढ़ियाँ चढ़ी और प्रधानाचार्य के ऑफ़िस पहुँच गयी। तब प्रधानाचार्य विश्वेश्वर प्रसाद सक्सेना थे। "क्या हुआ बिल्ली?" उन्होंने अपनी सहज शैली में कहा। वे लड़कियों को प्यार से 'बिल्ली' और लड़कों को 'बन्दर' कहा करते थे। "उसने मुझे गाली दी," मैंने ग़ुस्से-से तमतमाते हुए कहा। प्रधानाचार्य कुछ देर हक्के-बक्के-से रह गये। तब बोले, "क्या गाली दी?"

"उसने मेरे लिए 'प्यारी' शब्द क्यों कहा? मैंने उसे दो थप्पड़ मारे। आप भी उसे मारिये, उसे सज़ा दीजिए।" मैं कहती गयी। यह प्रधानाचार्य से बोलने का मेरा पहला मौक़ा था। प्रधानाचार्य ने मोहन को बुला लिया। बुलाना ही ख़ुद में एक सज़ा थी। लड़कों का आधा ख़ून प्रधानाचार्य के बुलाने पर ही सूख जाता था। प्रधानाचार्य ने उसे ख़ूब डाँटा, "लड़कियों से बद्तमीज़ी करता है, गाली देता है, उनके लिए बाज़ारू शब्द बोलता है?" शायद दो-चार बेंत भी उसकी कमर में लगाये थे। अन्त में कहा, "मैं तुम्हारा रिस्टिकेशन कर देता हूँ।" उसको डाँट और डण्डे लग जाने से मेरी त्वरा कुछ धीमी पड़ गयी होगी तो 'रिस्टिकेशन' का शब्द सुनकर मैं चौंक पड़ी और कहने लगी, "नहीं-नहीं, रिस्टिकेशन नहीं कीजिए। केवल इसको डण्डे लगाइये।"

मोहन का रिस्टिकेशन नहीं हुआ। वह प्रतिभाशाली तथा तेज़ बुद्धि का विद्यार्थी था। मैं क्लास की परीक्षाओं में प्रथम स्थान पाती थी तो वह दूसरे स्थान पर हुआ करता था और एकाध बार वह प्रथम रहा था और मैं द्वितीय रही थी। निश्चित ही उसने एक अच्छा जीवन पाया होगा, पर इस घटना ने उसे अवश्य दुखी कर दिया था।

हमारे विद्यार्थी काल में विद्यालय में आर्य समाजी संस्कृति का प्रचलन भरपूर जीवित था। आर्यसमाज महिलाओं को शिक्षित व विदुषी के साथ आत्मनिर्भर, स्वरक्षित तथा बहादुर भी बनाना चाहता था, अत: उन्हें लाठी चलाने के गुर भी सिखाता था। हमें भी कुछ समय तक लाठी चलाकर अपनी रक्षा करना सिखाया गया, परन्तु साड़ी का पल्लू या दुपट्टा सिर पर रखकर उसे सिर पर टिकाना और कूदकर लाठी भाँजना एक साथ नहीं हो पाते थे। यह मुश्किल हमारे प्रधानाचार्य सक्सेनाजी ने समझी तो उन्होंने उस समस्या का हल निकाला। उन्होंने हमारी ठुड्डी के नीचे पल्लू के दोनों छोरों को कसकर टिकाने के लिए एक सेफ्टी पिन लगा दी। तो भी कुछ मिनिटों के लिए हमारा सिर खुला रहे, यह उन्हें मंज़ूर न था। प्रबन्ध समिति का आदेश जो था। मुझे तो हर समय लगता था कि कोई अदृश्य आँखें मुझे देख रही हैं कि सिर ढका है या नहीं? हमारे लिए सिर ढकना गाँव-घरों की महिलाओं

जैसा आदतन सहज नहीं था। उसका बोझ लगता था या एक उलझन-सी होती थी तो भी मैं तो ख़ुश थी कि आठवीं तक पढ़ने का मौक़ा मिल गया था।

एक ओर ये शर्तें थीं, तो भी अपनी बन्दर वृत्ति को प्रमाणित करते हुए हम अपनी शैतानियों को जैसे-तैसे अंजाम दे ही देती थीं। मैंने ईजा से आग्रहपूर्वक अपने लिए एक जोड़ी सलवार-क़मीज़ और दुपट्टा बनवाया था। उसकी सुन्दर प्रिंट की रंगीन शालीनता मुझे अभी तक याद है। उसे पहनकर मैं विद्यालय जाती थी। कभी-कभी मध्याह्न अवकाश में हम स्कूल परिसर से बाहर नदी के कछार में दाड़िम के जंगली पेड़ों तक पहुँच जातीं। इन पेड़ों पर दाड़िम के फल पके होते थे। कुछ फल तो पककर फट भी गये होते थे। ऐसे फलों को पाने के लिए मैं पेड़ों की शाखाओं के काँटों की परवाह न करके भी पेड़ पर ऊँचे चढ़ती जाती थी क्योंकि पेड़ की ऊँची शाखाओं तक चढ़ना मैं ही कर पाती थी। मेरी सहेलियाँ तो पेड़ की निचली शाखाओं में भी डरते-डरते ही चढ़ पाती थीं।

एक दिन मैं पेड़ की सबसे ऊँची शाखा पर चढ़ गयी थी, और वहाँ से लाल दानों वाले फटे दाड़िम अपनी सहेलियों के दुपट्टों पर नीचे फेंक रही थी, तभी मध्याह्न अवकाश पूरा होने की घण्टी बज गयी। मैं तेज़ी से उतरने लगी तो पाँव फिसला और मैं तो धड़ाम-से नीचे ही गिर गयी होती, परन्तु मेरी सलवार पेड़ के एक तीखे खूँटे से फट गयी और उसका मज़बूत पहुँचा एक खूँटे पर अटक गया। मैं उल्टी लटक गयी। मेरी दाड़िमलोभी सहेलियाँ सब विद्यालय को भाग चुकी थीं। मेरी मदद करने वाली वहाँ कोई न थी, पर मेरे हाथ तो मुक्त थे ही। उनको इधर-उधर फेंककर मैं स्वयं ही सीधी भी हो गयी और उस खूँटे से अपनी सलवार भी निकाल ली। पेड़ से नीचे उतरी और दुपट्टे से सिर ढककर और फटी सलवार को छिपाते हुए अपनी कक्षा-कक्ष में जाकर अपनी जगह पर बैठ गयी। किसी को पता नहीं लगा कि हमने क्या दुस्साहस किया था?

पेड़ पर चढ़ने की एक दूसरी घटना भी है। विद्यालय से घर पहुँचने पर कुछ खाकर शाम को मैं और मेरी बहन कान्ति रोज़ ही बाँज की पत्तियों का चारा काटने जाती थीं। उस दिन मुक्तेश्वर-रामगढ़-भवाली की उस पैदल सड़क से कुछ दूर हटकर एक पतले-लम्बे बाँजवृक्ष पर चढ़कर मैं दराँती से बाँज काटने लगी थी। तभी अपने सांध्य भ्रमण पर निकले हमारे कला-शिक्षक श्री राजकरुण उस सड़क पर से गुज़रे और उनकी नज़र उस हिलोरे ले रहे पेड़ पर पड़ीं, जिसकी ऊँची चोटी पर से मैं बाँज की पत्तियाँ काट रही थी। उन्होंने रुककर देखा और मुझे पुकारा, पर मैं संकोच से गड़ गयी। हाथ भी थम गये और बोलती भी बन्द हो गयी। उन्होंने कहा,

"हम सोचते हैं, तुम्हें पढ़ने-लिखने में होशियार हमने बनाया है, पर ऐसे पेड़ों में चढ़ने में इतना हेशियार तुम्हें किसने बनाया है?" वे चले गये और पर्याप्त बाँज पत्तियाँ काटकर हम भी पत्तियाँ समेट उनका गट्ठर बनाकर उन्हें उठाये घर को चली गयीं। पर दूसरे दिन ही नहीं कई दिनों तक विद्यालय में उन मास्साब (मास्टर साहब) के सामने जाने में मेरा संकोच बना रहा क्योंकि मैंने उनको उत्तर नहीं दिया था। वह तभी गया, जब मेरी रची कविता में सुधार करने के बाद मुझे उसे समझाने के लिए उन्होंने मुझे अपने कमरे में बुलाया।

सातवीं-आठवीं में पढ़ते समय की उन दो वर्षों के बीच की यह एक अन्य घटना है। दीक्षितजी को विद्यालय से गये कुछ साल गुज़र गये थे। उनका वह ज़माना अपने साथ वह वातावरण वह विशिष्टता भी ले जा चुका था। प्रधानाचार्य विश्वेश्वर प्रसादजी प्रेमल व्यक्ति थे, पर उनका प्रभाव व व्यक्तित्व, दोनों ही नरम थे। मुझे याद है कि उनके कार्यकाल में एक बार छात्रों ने हड़ताल कर दी थी। कारण क्या था, आज तो मुझे याद नहीं पड़ता। इस हड़ताल का नेता दसवीं कक्षा का मुखर व तेज़-तर्रार छात्र प्रतापसिंह था। हम कुछ अवसरों पर प्रतापसिंह के साथ समूह में वाक्-प्रतियोगिताओं में भाग लेने विभिन्न स्थानों के कॉलेजों में गये थे। तभी हम लड़कियों ने उनको 'प्रताप भैया' कहकर पुकारना प्रारम्भ किया था। उन्होंने इस नाम को नहीं छोड़ा और अपने राजनीतिक जीवन में भी वे 'प्रताप भैया' के नाम से ही प्रसिद्ध हुए थे। वे एक समय उत्तर प्रदेश सरकार के मन्त्रिमण्डल में स्वास्थ्य मन्त्री भी रहे थे।

तो हाँ, प्रताप भैया और उनके समूह की आवाज़ पर सभी छात्र अपनी कक्षाओं से बाहर निकल आये। प्रधानाचार्य अपने कार्यालय के बाहरी बरामदे यानी ऊपरी मंज़िल से पुकारते रहे, "अरे! ये बन्दर कहाँ जा रहे हैं?" हमारी कक्षा से भी जब सभी छात्र एक-एक करके बाहर निकल गये, तो हम लड़कियों ने आँखों से ही एक-दूसरे को इशारा किया और अन्त में हम भी बाहर निकल पड़ीं। थोड़ा एक-दूसरे से ख़ुसफुस बात करके तभी लड़कों के पीछे चल पड़ी। अब तो प्रधानाचार्यजी और भी परेशान हो गये और ऊपरी बरामदे से ही कहने लगे, "बिल्लियो! आप कहाँ जा रही हो? कोई इन बिल्लियों को रोके!! ये वहाँ क्यों जा रही हैं? इन्हें रोको।" पर न हमें किसी ने रोका, न ही हम स्वयं रुकीं। हम सब यानी सारा स्कूल नदी के पार ख़ाली पड़े खेतों में चला गया। बाक़ायदा कक्षाएँ लग गयीं। हम कुछ लड़के-लड़कियों को पढ़ाने के लिए चयनित कर लिया गया। मैं भी पढ़ाने वालों की सूची में एक थी। मध्याह्न अवकाश तक वादानुसार पढ़ाई की गयी। उसके बाद छुट्टी कर दी गयी।

सब छात्र-छात्राएँ अपने घरों को चले गये। मुझे याद नहीं कि हड़ताल दूसरे दिन चालू रही हो। शायद छात्र नेताओं के साथ प्रधानाचार्यजी ने सुलह कर ली होगी।

एक कटु स्मृति भी है उस विद्यालयी जीवन की। प्राइमरी से लेकर कॉलेज तक के उस लम्बे अन्तराल में मुझे याद नहीं कि विद्यालय को जाते-आते किसी लड़के ने कभी कोई छेड़-छाड़ की हो। यद्यपि हम लड़कियाँ लड़कों से हटकर, उनसे न बोलते हुए और डरी हुई-सी अलग-अलग ही सारे रास्ते चलती जाती थीं। याद पड़ती है, प्राइमरी पाठशाला से घर को आते समय की केवल एक घटना। मैं तब तीसरी कक्षा में पढ़ती थी और वह लड़का चौथी कक्षा में पढ़ता था। वह अपनी कक्षा के छात्रों से उम्र में काफ़ी बड़ा था। एक बार उसने एक अश्लील हरक़त करके हम लड़कियों को इस क़दर डरा दिया कि हम सब रोती हुई अपने-अपने घरों को भागती हुई गयी थीं। हाईस्कूल में पढ़ते समय ऐसा तो कुछ नहीं हुआ, पर न जाने कौन-से लड़के पैदल मार्ग के किनारे के पत्थरों पर चौक से हम लड़कियों के नाम लिख देते और हर लड़की के नाम के साथ किसी एक लड़के का नाम भी लिख देते। यह आम रास्ता था। पूरी बस्ती के लोग व लड़कियों के परिवारजन भी इसी रास्ते से गुज़रते थे। हमारे लिए यह बड़ी शर्म की बात थी। एक बार संकोच के साथ हमने अपने शिक्षक को इसकी शिकायत की, तो उन्होंने प्रार्थना के बाद छात्रों को हिदायत दी कि सड़कों में कुछ न लिखा जाये अन्यथा सज़ा मिलेगी। उन दिनों इतना कहने का भी असर होता था। उन अनाम खुराफ़ाती छात्रों पर भी असर पड़ा था।

इस विद्यालयी जीवन में सबसे दुखद क्षण वह था, जब हमें जानकारी दी गयी कि आठवीं के बाद अगली कक्षा में पढ़ने के लिए हम लड़कियाँ इस विद्यालय में नहीं जा सकतीं। मेरे हाथों में आठवीं कक्षा के परीक्षा के परिणाम की अंक तालिका थी। उत्तम प्रथम श्रेणी के अंक मैंने पाये थे। अपनी कक्षा में मेरा प्रथम स्थान था और तालिका के अन्त में एक रिमार्क दिया था, 'होनहार बालिका' (A promissing girl)। मेरा हृदय उत्साह से छलक रहा था, पर इस सबको एक किनारे रखकर मैं 'आगे क्या होगा' की चिन्ता में पड़ गयी थी। इस प्रतिभा और विशेष योग्यता को आगे के अवसर देने को न विद्यालय का प्रबन्धन तैयार था, न ही परिवार। एक दिन आया जब उस विद्यालय के जीवन में से हम सभी लड़कियाँ बिना किसी हलचल के चुपचाप गुम हो गयीं। इस ओर शायद ही किसी का ध्यान गया हो कि एक तेजस्वी विद्यार्थी समूह उस विद्यालय में आने से रोक दिया गया था।

वे दिन मेरे लिए कठिन ही नहीं, अत्यन्त कठिन थे। मेरे विद्यालय जाने की सम्भावनाएँ पूरी तरह समाप्त हो गयी थीं। मेरी सहपाठिनों को आगे की शिक्षा प्राप्त

करने के लिए नैनीताल के कन्या इंटर कॉलेजों में भेज दिया गया था। वे कन्या छात्रावासों में रहती थीं। कभी छुट्टियों में रामगढ़ आतीं तो कहीं दीख पड़तीं। उनके रूप-रंग ही नहीं मन भी शायद कुछ बदल गये थे। वे अपने प्रकाशमान समय का गान करती थीं न कि मेरे अँधेरे पर सहानुभूति दिखातीं। उनमें से कुछ अपने किसी रिश्तेदार के पास रहकर पढ़ रही थीं, पर मैं तो कहीं भी नहीं जा सकती थी। ये ही वे दिन थे जब मेरे घर में शादी बनाम समाजसेवा का संघर्ष चल रहा था। यद्यपि मेरे बाबूजी मेरी सहमति के बिना किसी भी विवाह के प्रत्याशी को 'हाँ' नहीं कहते थे, पर मुझे डर बना रहता कि अब जब कि मेरी शिक्षा के दरवाज़े बन्द हो गये थे, तो स्थिति बदल गयी थी। आख़िर बाबूजी कब तक प्रतीक्षा करते? क्योंकि विवाहोत्सुक उम्मीदवारों की उनके पास कोई कमी न थी। वास्तव में यदि मेरा उद्देश्य विवाह करना होता, तो मेरी दृष्टि में भी योग्य, स्वस्थ, सुशिक्षित पात्र बाबूजी के सामने थे। मुझे शंका बनी रहती कि कहीं वे इनमें से किसी को 'हाँ' न कह दें। आख़िर उनकी बेटी अब पन्द्रहवें साल में प्रवेश कर चुकी थी। लोगों की दृष्टि से शादी की उम्र निकली जा रही थी। मेरे मन में एक घुटन थी। एक रिक्तताभरा ठहराव था, जो असह्य होता जा रहा था। मैं कहीं भी नहीं जा सकती थी। इसी छटपटाहट में मैं महादेवी वर्मा के पास गयी थी, जिनका उल्लेख मैंने पिछले अध्याय में किया है।

डूबते को तिनके का सहारा जैसे मुझे 'विद्याविनोदिनी' की परीक्षा के लिए अध्ययन करने का अवसर मिल गया था, पर वह विद्यालयी शिक्षा के समकक्ष कुछ भी न था। मुझे याद आता था, वह कविता पाठ, वाक् प्रतियोगिताओं में भाग लेने के लिए अपना दिमाग़ लगाना और परीक्षा में प्रथम स्थान प्राप्त करना आदि, जो विद्यालय में ही हो सकता था। दूसरी यह भी धारणा सुनने को मिलती थी कि 'विद्याविनोदिनी' मुझ जैसी किशोर बालिका के लिए नहीं, उन महिलाओं के लिए थी, जो उम्र के अगले पड़ावों में पहुँचकर किसी मजबूरी में पढ़ाई करना चाहती थीं। तो भी मैंने हाथ में लिए इस काम को अपना पूरा मन-मस्तिष्क दिया था। एडवांस अंग्रेज़ी भाषा बिना किसी की सहायता के स्वयं ही पढ़ना कोई आसान काम न था। इस परीक्षा को उत्तीर्ण करके मैंने एक वर्ष में दो कक्षाएँ लाँघ ली थीं और एक बार पुनः उसी विद्यालय की ग्यारहवीं कक्षा में प्रविष्ट होने का अवसर पा लिया था। यह एक सुसंयोग ही था। अब मैं एक कक्षा आगे के छात्र व छात्राओं के साथ बैठ रही थी।

लगा, जैसे मुझे फिर से नवजीवन ही मिल गया था। हम सबके लगभग एक से विषय थे, परन्तु भूगोल व इतिहास में से एक विषय लेना था। मैं भूगोल लेना

चाहती थी, पर हमारे भूगोल शिक्षक खरे साहब ने मुझे यह कहकर भूगोल के लिए नापास कर दिया, "इसमें हम नालों-गधेरों को बड़ी-बड़ी ज़ंजीरों से नापेंगे। पहाड़ चढ़ने होंगे, ताकि नदी का उद्‌गम जाँच सकें। उसका पानी नाप सकें। यह तुम लड़कियों के वश का काम नहीं है।" मैं जानती थी कि यह सब मेरे वश में था। मैं सब ख़ुशी-ख़ुशी कर सकती थी, पर शिक्षक को हमें नहीं लेना था, सो नहीं लिया। मुझे भूगोल विषय नहीं मिला। हिन्दी विषय में संस्कृत का अध्ययन मुझे बहुत भाता था। कालिदास का 'कुमारसम्भव' पढ़ाया जाता तो मैं सोचती कि अगले वादन की घण्टी न लगे तो अच्छा। कॉलेज के पुस्तकालय से मैंने कुछ अच्छी पुस्तकें भी उस कालखण्ड में पढ़ी थीं। अब उनके नाम याद नहीं आते। एक अवश्य याद है कि उनमें अच्छे रूसी लेखकों के कुछ उपन्यास भी थे। मुझे एक अध्ययनशील शोधार्थी बनने का मन कर रहा था, किन्तु यह सौभाग्य छह माह से अधिक नहीं टिका। एक दिन मैं उसी तरह पुनः विद्यालय के सैकड़ों छात्र-छात्राओं के समूह से गुम हो गयी, जैसे आठवीं कक्षा के बाद हुई थी।

मेरे विद्यालयी जीवन की पूर्ण इतिश्री मेरी उम्र के सोलह वर्ष तीन माह में हो गयी। अब जीवन को एक नयी अनजानी राह पर चलना था। यह नयी राह भले ही मैंने अपने आग्रह और पसन्दगी के साथ प्राप्त की थी, किन्तु थी तो पूर्णतः नयी और अनजानी ही। उच्चशिक्षा न पा सकने की एक कसक तो उस समय रह ही गयी थी। बाद में मैंने उच्चशिक्षा के उस अभाव को वरदान माना और यह नयी राह तो मेरी जीवन राह ही बनी। इसको मैंने ईजा-बाबूजी का आशीर्वाद समझा क्योंकि इस राह पर मुझे बढ़ने देने में उनकी अनुमति व सहयोग मिलता रहा।

9

मेरे यादगार प्रिय शिक्षक

प्राइमरी पाठशाला के प्रधानाचार्य और चौथी कक्षा के मेरे सहृदय शिक्षक श्री बहादुरराम आर्यजी के बारे में मैंने पूर्व में लिखा है। उन्हें मैं अपने प्रिय शिक्षक की तरह जीवन की इस संध्या में भी याद करती हूँ और यहाँ शिक्षिकाओं को एक सफल शिक्षक बनने के लिए उनकी कहानी बताती हूँ। यहाँ मुझे कुछ अन्य शिक्षकों के बारे में जितना याद रह गया है, उसे लिखने का मन है। उन सबकी सदाशयता ने मेरे जीवन को समृद्ध किया है। श्री नारायण स्वामी हाईस्कूल के प्रथम प्रधानाचार्य श्री विद्यासागर दीक्षितजी के गरिमापूर्ण, गम्भीर व्यक्तित्व ने श्री नारायण स्वामी हाईस्कूल के उन प्रारम्भिक वर्षों में एक ईमानदार, नीतिसम्पन्न वातावरण की बुनियाद डाली थी, जिसमें विद्यार्थियों के लिए विद्याध्ययन तथा चरित्रगठन ही मुख्य उद्द्देश्य था। उनके कार्यकाल में उनसे व्यक्तिगत सम्पर्क करने के लिए मैं बहुत छोटी थी—उम्र में ही नहीं, पहुँच में भी, पर उस छोटी उम्र में भी मैं उनके व्यक्तित्व की पहचान कर पाती थी। उनके आदर्श को समझ पाती थी और उनका दिल से आदर करती थी।

विद्यार्थी जीवन के दशकों बाद उनसे सम्पर्क का सुयोग बना था। दीक्षितजी के एक पुराने छात्र श्रीपाल प्रवीण ने उनके जीवन पर एक अभिनन्दन ग्रन्थ प्रकाशित करने के निमित्त से श्री नारायण स्वामी हाईस्कूल में दीक्षितजी के प्रधानाचार्य-काल में पढ़े छात्रों से सम्पर्क किया था। उन छात्रों से दीक्षितजी के बारे में अपने भाव लिखने का अनुरोध भी किया था। यह 1996 से बाद की बात रही होगी। मैं तब कस्तूरबा गांधी राष्ट्रीय स्मारक ट्रस्ट की महामन्त्री के रूप में इन्दौर, मध्य प्रदेश में व्यस्त थी। इन्हीं सज्जन श्रीपाल प्रवीण ने अपने एक पत्र में दीक्षितजी का मेरे नाम एक सन्देश लिख भेजा, “तुम समाज के लिए जो काम कर रही हो, उससे मुझे गर्व होता है कि तुम मेरी छात्रा रही हो।” इसको पाने के बाद तो दीक्षितजी को पत्र

लिखना मेरे लिए स्वाभाविक हो गया। कई पत्र मैंने लिखे और उन्होंने उनके उत्तर भी अपनी धीर गम्भीर वत्सलता के साथ दिये। वे सुबह चार बजे उठकर उस शान्त प्रभात वेला में मेरे लिए पत्र लिखते थे। उनमें अपना ज्ञान उड़ेलते थे और वात्सल्य से उसे सींचते भी थे। काश! वे सभी पत्र आज मेरे पास होते, पर उन्हें तो सिलवर फिश खा गयी। उनमें से एक पत्र बचा था, जो इस पुस्तक के परिशिष्ट में रखा गया है।

एक बार के अपने पत्र में एक सारगर्भित तथ्य उन्होंने भेजा था, जो मुझे आज तक याद है। उन्होंने लिखा था, "राधा को कृष्ण की प्रेयसी बताने वाले कृष्णभक्त समाज को ग़लत सन्देश देते हैं। राधा वास्तव में समाज से अन्याय व अधर्म को मिटाने वाले कृष्ण के उस अभियान की प्रधान सेनापति या संयोजिका थी, जो वे कंस के अत्याचारों के विरुद्ध चला रहे थे। कंस अपने राज्य का राजा था और उस युग में राजा के प्रति एक श्रद्धा होती ही थी। दूसरा यह कि उसके अत्याचार और लोगों पर किया गया अन्याय सबको मालूम नहीं पड़ता था। पड़ता भी था तो कंस का शासनतन्त्र उसे राजा के अनुकूल छवि देकर जनता को प्रभावित करता था। अत: वास्तविकता से आम जन को अवगत कराना बहुत आवश्यक था। यह काम मथुरा में उद्धव और ग्रामीण क्षेत्र में राधा करती थी। ये दोनों कंस के अत्याचारों के विरुद्ध समाज में वातावरण बना रहे थे, ताकि कंस का वध करने के बाद आम-जन अपने राजा के पक्ष में कोई उपद्रव न करें। कोई विद्रोह जैसा तो नहीं ही हो, वरन् लोग मुक्तता और प्रसन्नता महसूस करें। जन-नायक कृष्ण की यमुना किनारे होने वाली रासलीलाएँ वास्तव में रासलीला के नाम से अभियान की गुप्त बैठकें थीं, जिन्हें राधा ही आयोजित करती थी। वे आगे लिखते हैं तुम्हारे द्वारा चलाये जा रहे आन्दोलनों, जो समाज पर हो रहे अन्यायों के विरुद्ध तुम्हारा संघर्ष है, के समाचार जब मुझे मिलते हैं तो मुझे कृष्ण-काल की वह साहसी व प्रगल्भ राधा याद हो आती है।" इसे पढ़कर मेरे मन में एक प्रकाश फैल गया। लगा था कि यह मेरे गुरुवर का मेरे जीवनकार्य के लिए अमूल्य आशीर्वाद मिल गया। वे तब तक मुझे पत्र लिखते रहे जब तक उनकी आँखें अत्यन्त कमज़ोर नहीं हो गयी थीं। एक बार अपनी नॉर्वेवासी छोटी बहन देवी पाण्डे तथा अपनी बचपन से आज तक बनी रही मेरी सहेली वीरबाला रस्तोगी के साथ श्रीपाल प्रवीण के मार्गदर्शन में मैं मेरठ जाकर उनके दर्शन कर आयी। वे वृद्ध हो गये थे, पर उनकी वाणी में अभी भी तेज़ था। मेरे लिए वह उनके अन्तिम दर्शन थे।

मेरे प्रिय दूसरे शिक्षक थे, हमारे कला शिक्षक श्री राजपालसिंह 'करुण'। वे हमेशा शुद्ध खादी का सफ़ेद कुर्ता और पाजामा पहना करते थे। जो कोट, पैंट, शर्ट

की प्राथमिकता वाले उस माहौल में एक बहुत ही भिन्न, विशिष्ट और सादगीपूर्ण आकर्षण लगता था। तब मैं न तो खादी के विचार को समझती थी न सादगी को जीवन का उद्‌देश्य बना देने की मुझे कुछ जानकारी थी। आज वह सब समझ बनी है, तो मन में उनके प्रति आदर व श्रद्धा की वृद्धि हो जाती है। यह सादगी ही करुणजी की उज्ज्वल पहचान थी। वे कवि भी थे, और बड़े ओजस्वी तरीक़े से अपनी कविताओं को गाते थे। उनकी कविताएँ आत्मिक भावों, कुछ आध्यात्मिक छवि लिए हुए बड़ी झंकृत शब्दावली में लिखी होती थीं या फिर जोश-ख़रोश वाली देशभक्ति की कविताएँ होती थीं। उनकी कविताओं ने ही मुझे भी कविताएँ लिखने को प्रेरित किया था। मैं अपनी हर रचना उन्हें दिखाती। वे उसमें कहीं कुछ सुधार भी कर देते तथा मुझसे कहते, "इसे बालसभा में सुनाना।" जब सातवीं कक्षा में मैंने "तुम जान न पाये मैं क्या हूँ, पहचान न पाये मैं क्या हूँ" कविता की रचना करके उन्हें पढ़ने व सुधारने को दी, तो पढ़ने के बाद वे ख़ुशी से उछल पड़े और बोले, "तू तो मँजी हुई कवयित्री बन गयी, राधा बहन। क्या ओजपूर्ण भाव है इस कविता का!" मैं आज भी सोचती हूँ, अपने विद्यार्थी के प्रति वह कैसा अद्‌भुत प्रोत्साहन था उनका? बिरले ही शिक्षक होंगे जो छात्रों की सुप्त शक्तियों और प्रतिभा को इस प्रकार खोलते और पनपाते होंगे। वे ही पहले व्यक्ति थे, जिन्होंने मुझ सातवीं में पढ़ने वाली छोटी-सी छोकरी को 'राधा बहन' कहकर सम्बोधित किया था। बाद में तो मैं अपने जीवनभर इसी सम्बोधन से ही जानी जाती रही।

काव्य के अतिरिक्त वे हमें वाक् प्रतियोगिताओं के लिए भी तैयार करते थे। कभी-कभी पूरा भाषण लिखकर दे देते थे कि हम उसको याद कर लें। कभी हमें कुछ मुद्‌दे बताते ताकि हम उन्हें अपनी भाषा में प्रस्तुत कर सकें। सबसे बड़ी बात यह कि वे हमें ऐसी युक्तियाँ सिखाते थे, जिससे हम बड़ी सभा को देखकर घबरा न जायें। उनकी बतायी युक्ति को याद करके ही मैं एक ग्रामीण बालिका होने के बावजूद अल्मोड़ा के नगरीय छात्र-छात्राओं व नागरिकों की विशाल सभा में धड़ल्ले से बोल पायी थी और सभी को प्रभावित कर पायी थी।

मैं सातवीं कक्षा में थी, तभी एक दिन उन्होंने 'गोदान' मोटा ग्रन्थ मेरे हाथों में रख दिया। बोले, "इसको पढ़ना।" मैंने आश्चर्य से कहा, "प्रेमचन्द की 'गोदान'? मैं इसे समझ भी पाऊँगी?"

"अपने को कम मत आँको, तुम ख़ूब अच्छी तरह इसको पढ़ोगी और समझोगी भी।" उन्होंने दृढ़ स्वर में कहा था। शायद वे मुझे भविष्य में एक साहित्यकार बनाना चाहते थे। मैं उस मोटी पुस्तक को घर ले गयी और पढ़ना शुरू किया। उस उपन्यास

ने मुझे मानो पकड़ लिया। मैं हर शाम के कार्य-बँटवारे में कहती, "ईजा, आप लोग बाहर के कामों के लिए जाइये। मैं घर के काम निपटाऊँगी।" और जल्दी-जल्दी घर की सफ़ाई, बर्तन धोना व शाम के भोजन के लिए सब्ज़ियाँ काटकर तैयारी करना आदि पूरा कर देती। बस, तब बैठकर 'गोदान' पढ़ने लगती। ईजा के घर पहुँचने व दूध दुहना, चारा खिलाना आदि पशुओं के साथ के काम करने तक अँधेरा घिर आता। मैं उस अँधेरे में भी आँखें गड़ाये पढ़ती रहती। सम्भव है, एक या डेढ़ माह में मैंने उसे पूरा पढ़ डाला। मास्साब बीच-बीच में पूछते, कहाँ तक पढ़ा 'गोदान' या कुछ विनोद भाव में कहते, "क्या कर रहा है होरी?" मैं 'गोदान' के पात्रों से इतनी परिचित ही नहीं, संकलित भी हो गयी थी कि कह उठती, "बेचारा होरी...।" वे ख़ुश होकर कहते, "बिल्कुल ठीक तुमने ठीक पकड़ा है।" पूरा पढ़ चुकने के बाद मैंने उस ग्रन्थ को मास्साब को सौंप दिया। मुझे याद नहीं कि उन्होंने उस समय क्या कहा था, पर उनका मेरे प्रति विश्वास मैंने कुशलता से पूरा किया था। इसकी ख़ुशी उन्होंने अवश्य जतायी होगी।

उन दिनों हमें पत्र लिखने का बड़ा शौक़ था, पर किसे लिखें पत्र? जब बाबूजी फ़ौज में थे तो उन्हें पत्र लिखती थी। दाज्यू बरेली कॉलेज में पढ़ने गये, तो उन्हें लिखती थी। पर शायद एक साहित्यिक पत्र लिखने का मन किया होगा तो 'आदरणीय गुरुजी' सम्बोधन से मास्साब को ही पत्र लिख दिया। वह सर्दियों की छुट्टियों के दिन थे। एक किसी प्रश्न का निमित्त लेकर ही पत्र लिखा था, पर उसमें रामगढ़ की शीतकालीन प्रकृति का वर्णन भी किया था। वे सयाने तथा मेरे शिक्षक भी थे और मैं एक किशोर बालिका थी, पर उन्होंने मेरे पत्र का उत्तर पूरे मनोयोग से लिख भेजा था। ऐसा नहीं कि किसी बच्ची को लिखा हो, वरन् अपने हमउम्र किसी मित्र को लिखा हो; ऐसे भाव से लिखा था।

कुछ दशकों के अन्तराल में जब मैं समाज सेवा में गहराई से व्यस्त हो गयी थी, मेरे किसी सहपाठी से मुझे पता चला था कि मास्साब अरविन्द आश्रम के साधक बन गये थे। पश्चिमी उत्तर प्रदेश में मुज़फ़्फ़रनगर ज़िले के चरथावल नामक स्थान में एक छोटा अरविन्द आश्रम था। वे वहीं रहकर उन दिनों साधना कर रहे थे। घण्टों माँ की विशाल फ़ोटो के चरणों में सिर रखकर उनका ध्यान करते। अपनी सहेली वीरबाला रस्तोगी और अपनी बहन कान्ति को साथ लेकर मैं उन्हें मिलने चरथावल गयी। वे वैसे ही प्रेमल और नम्र थे जैसे श्री नारायण स्वामी हाईस्कूल में थे। मास्साब के साथ मेरा पत्र-व्यवहार फिर से चल पड़ा था। अब उनके पत्र पूरे आध्यात्मिक

विचारों से सम्पुष्ट होते थे। वे सब संग्रहणीय पत्र थे, पर तब तक मेरी जिन्दगी बहुत भाग-दौड़ भरी तथा व्यस्तता से छलकने लगी थी। वे पत्र एक बार ही नहीं दो-दो बार पढ़े गये और फिर किसी फ़ाइल में गुम हो गये। गुम होने से बचा एक पत्र परिशिष्ट में डाला गया है।

मेरे मन ही नहीं, अन्तरात्मा को स्नेह-श्रद्धा के भावों से भर देने वाले ऐसे शिक्षकों की यादों के बीच श्री ईश्वरीदत्त जोशीजी को भूल जाना उचित नहीं होगा। वे अल्मोड़ा नगर के निवासी थे। रामगढ़ में किराये के मकान में अकेले ही रहते थे। नगर-निवासियों का नाजुकपन उनके व्यक्तित्व और बोलने-व्यवहार में स्पष्ट झलकता था। शालीनता व शिष्टाचार हम उनसे सीखते थे, पर नगर जीवन का एक दोष भी उन्हें उनके जीवन में मिला था। वे मद्यपान करते थे। उनकी इस कमी को लोग कभी खुलकर नहीं कहते थे। बस, कानों में फुसफुसा लेते थे क्योंकि पीने के बाद वे कभी बाहर लोगों में नहीं देखे गये थे। अधिकांश शाम को पीकर वे अपने घर में बन्द ही रहते थे। वे अंग्रेज़ी साहित्य के बड़े अच्छे विद्वान थे। शेक्सपियर का उन्होंने बहुत अध्ययन किया था। वे बड़ी कक्षाओं को अंग्रेज़ी भाषा पढ़ाते थे। अंग्रेज़ी साहित्य व भाषा पर उनकी पकड़ इतनी अच्छी थी कि वे विश्वविद्यालयी छात्रों को पढ़ा सकते थे, पर शायद मद्यपान की इस आदत के कारण वे रामगढ़ जैसे एक गाँव के हाईस्कूल में पड़े थे।

तब शराब की दुकान भवाली में हुआ करती थी। रामगढ़ में कहीं भी किसी प्रकार की शराब नहीं मिलती थी। तब रामगढ़ में शराब पीने वाले भी इक्के-दुक्के ही होते होंगे। इसी से एक शिक्षक मद्यपान करे, यह लोगों को एक बड़ा अपराध जैसा लगता था। जोशीजी रविवार को भवाली की दस-बारह किमी. की पदयात्रा शराब की कुछ बोतलों के लिए किया करते थे। सुबह तड़के निकलकर शाम अँधेरे में ही घर पहुँचते थे।

उस दिन वे भवाली से लौट रहे थे। उनके कन्धे में एक बैग था। शायद उसके अन्दर बोतलें होंगी। रविवार का दिन था। घर के किसी आवश्यक काम से ईजा ने मुझे तल्ला रामगढ़ भेजा था। मैं अकेली ही वापस लौट रही थी। साँझ घिरने लगी थी। अत: मैं तेज़ क़दमों से चढ़ाई चढ़ रही थी। तभी पैदल सड़क के एक घुमावदार मोड़ पर अचानक जोशीजी कुछ ढीले-ढाले क़दमों से आते दिखाई दिये। मैं ठिठक गयी। मेरे हाथ नमस्कार के लिए अनायास ही जुड़ गये। वे मुझे देखकर ख़ुश हो गये और अपनी हल्की-सी लटपटाहट में बोले, "अरे... तुम यहाँ?" और फिर तो बोलते रहे। मैं रास्ते के दायें जाऊँ तो वे मुझसे बोलते हुए दायीं ओर और मैं अपनी

राह बनाने के लिए बायीं ओर जाऊँ तो वे ढीले-से क़दमों से उधर ही चले आते। कहीं ये मेरा रास्ता तो नहीं रोक रहे हैं? मेरे मन में शंका आयी और मैं घबरा गयी। ज़ोर-से चिल्लाने ही वाली थी कि मुझे रास्ता मिल गया और मैं जान बचाकर भाग निकली। तब तक मैंने शराब पिये हुए किसी व्यक्ति को देखा न था। मेरे शिक्षक और वह भी सयाने, शिष्ट और समझदार उनके ऐसे हाल देखकर मैं काँप-सी गयी थी।

दूसरे दिन विद्यालय में अन्तिम वादन में संगीत था। जोशी जी संगीत के शिक्षक भी थे। संगीत शिक्षा के लिए वे शान्ति से हमारी कक्षा में प्रविष्ट हुए। एक छात्र से हारमोनियम मँगाया। उनकी उँगलियाँ उस पर घूमने लगीं। तभी उन्होंने धीमी आवाज़ में सर्वप्रथम मुझे ही बुला लिया, "आओ...तुम गाओ।" जब कोई एक छात्र या छात्रा गाने जाता/जाती तो एक ओर जोशीजी उसे सिखाने में व्यस्त होते और दूसरी ओर शेष छात्र आपस में बातें करने लगते थे। मैं हमेशा गाने के लिए उत्साहपूर्वक आगे बढ़ने वाली, उस दिन मैं जोशीजी के सामने जाने में हिचक रही थी, पर...मास्साब ने बुलाया था तो जाना ही था, मैं गयी। उनकी उँगलियाँ धीमे स्वर में कोई धुन हारमोनियम पर बजा रही थीं। उन्होंने आँखें नीचे किये हुए ही कहा— "बिटिया! तुम मुझे माफ़ कर देना। कल मैंने तुम्हें डरा दिया। यह ग़लती मेरी थी। मुझे माफ़ कर दो।" उनके ये नम्र शब्द सुनकर मैं तो और भी शर्म से गड़ी जा रही थी। चेहरा लाल हो गया था और आँखें डबडबा आयी थीं। सिर झुकाये मैं खड़ी थी तब उन्होंने स्वस्थ होते हुए कहा, "गाओ, बिटिया" और एक भजन की धुन शुरू की जो कुछ दिनों पूर्व ही उन्होंने हमको सिखायी थी। वे स्वयं ही अत्यन्त आर्द्र स्वर में गाने लगे, "हे दयामय..." मुझे आज भजन के वे शब्द याद नहीं हैं, परन्तु भाव याद हैं। जो इस प्रकार था, "मैं अवगुण की खान मुझे क्षमा कर दो प्रभु।" वे गाते रहे। मैंने भी गला साफ़ करके उनके स्वर में स्वर मिलाया। उसके पहले दिन मेरे मन में जोशीजी मास्साब के लिए जो हेय भावना पैदा हो गयी थी, वह धुल गयी और मन उन नम्र व उदार व्यक्ति के लिए आदर से भर उठा अन्यथा अपनी छात्रा और एक छोटी-सी लड़की से कोई सयाने शिक्षक इस तरह कहीं क्षमायाचना करते हैं?

10

हमारा आश्रम : मेरी समाजसेवा का प्रारम्भ

आश्रम मेरी जीवन यात्रा में मेरे सपने यानी 'समाज सेवा' का प्रथम और अन्तिम पायदान भी है। ये दो छोर अलग-अलग नहीं थे। पहले क़दम से अन्तिम क़दम तक एक क्रम में जुड़े थे और इन सारे क्रमों का आधार 'आश्रम' था। मैं इसमें कई भूमिकाओं को निभाती रही। जब भी यहाँ रही, मैं हमेशा 'शिक्षिका' बनी रही। मेरी छात्राएँ बदलती रहीं। मेरे पढ़ाने के विषय बदलते रहे, पर मैं शिक्षिका प्रारम्भ में बनी, सो आज इन शब्दों को लिखने तक बनी ही हूँ। आश्रम में शिक्षिका पढ़ाने के साथ-साथ एक व्यावहारिक कार्य सँभालने वाली होती थी यानी उस विभाग की प्रमुख की ज़िम्मेवारी भी सँभालती थी। मैंने आश्रम के भीतर के लगभग सभी व्यावहारिक कार्य सँभाले थे। मैं छात्रावास में कमरे की दीदी, फिर छात्रावास की दीदी, कभी एक-दो वर्षों के लिए बग़ीचा प्रभारी, कभी राशन भण्डार की ज़िम्मेवार, विभिन्न विभाग मैंने छात्राओं को पढ़ाने के साथ-साथ सँभाले थे। जीवन के उनहत्तर साल आश्रम से जुड़कर बिताये और प्रयास किया अपनी शक्तियाँ जो कुछ भी भगवान ने दी थीं, वह इसे अर्पित किया जाये। जीवन के इस लम्बे विस्तृत फलक में मैं दुनिया के कई भागों तक पहुँची, किन्तु हमेशा ही यहाँ से मेरे पैर जुड़े रहे।

आश्रम में प्रवेश के बाद निरन्तर काम करते हुए आठ वर्ष होने के बाद मैं पहली बार आश्रम से बाहर ग्रामस्वराज्य की व्यावहारिक रचना के लिए पिथौरागढ़ ज़िले की पुंगराऊँ पट्टी के बौगाड़ गाँव गयी। फिर ज़रूरत पड़ी और मुझे वहाँ से आश्रम में बुला लिया गया। दूसरी कार्यकर्ता बहनों को वहाँ का काम सौंपकर मैं वापस आश्रम आकर काम करने लगी। 1965 में मुझे एक आमन्त्रण डेनमार्क के फ़ोक हाईस्कूल से मिला और मैं एक वर्ष का अवकाश लेकर यूरोप गयी। वहाँ मुझे कई वर्षों की अवधि तक रहकर एक शिक्षण संस्थान में काम करने का आमन्त्रण मिला, पर उसे नम्रतापूर्वक ठुकराकर मैं आश्रम में ही आयी और मेरे कन्धों पर यहाँ

का संचालन-कार्य आया। बाईस-तेईस वर्षों तक उस ज़िम्मेवारी को सँभालते हुए जीवन का एक लम्बा समय सार्थक बना। नयी पीढ़ी को खड़ी करने की विचारपूर्ण इच्छा से अपनी सहयोगी कार्यकर्ता बहनों को सचिव कार्य सौंपकर उनको वर्षों तक सहयोग देती रही, आश्रम की एक कार्यकर्ता के रूप में। डॉ. सुशीला नायर के आग्रहपूर्ण आमन्त्रण पर हिमालय की छाया छोड़ इन्दौर जाना पड़ा। जीवन के नौ वर्ष 'कस्तूरबा गांधी राष्ट्रीय स्मारक ट्रस्ट' के लिए काम किया और अन्त में 'गांधी शान्ति प्रतिष्ठान' के अध्यक्ष कार्य के लिए दिल्ली में भी नौ वर्ष रही।

प्रभुकृपा से इन संस्थाओं की मज़बूती के लिए अपनी शक्ति का कुछ अंश लगा पायी। राष्ट्रीय क्षेत्र में अथवा विश्वस्तर पर कुछ अहिंसा व शान्ति की गांधी विचार आधारित प्रवृत्तियों में मेरे योगदान का आधार भले ही ये राष्ट्रीय संस्थाएँ थीं, पर तब भी मेरा स्थायी घर आश्रम ही रहा। उन अवधियों में मैं महीनों बाद दो दिन के लिए आऊँ या दस दिन के लिए आऊँ, आश्रम में मेरा कमरा व उसका बरामदा सदा मेरे लिए तैयार रहता। ऐसा व्यवस्थित मानो मैं कल ही यहाँ से गयी हूँ। जैसे वह कमरा तैयार रहता, वैसे ही मेरी साथियों व संस्था की बालिकाओं के हृदय भी उसी ताज़गी भरे प्रेम से मेरे लिए तैयार रहते। मैं कभी इस आश्रम से दूर नहीं हुई। यह मेरे प्रेम या निष्ठा का प्रतिदान ही नहीं था, यह इस आश्रम, यहाँ की जीवन-शैली और इस विचार में रचे-पचे लोगों का मेरे जीवन के लिए एक वरदान था।

ऐसे आश्रम में मैं अपने बाबूजी के साथ 31 दिसम्बर, 1950 की शाम को पहुँची। मुझे जानकारी मिली कि 'कस्तूरबा महिला उत्थान मण्डल' की मुख्य प्रवृत्ति गांधीजी प्रणीत नयी तालीम का पर्वतीय जीवन के सन्दर्भ में प्रयोग करना है। इसके लिए 'लक्ष्मी आश्रम' नाम से एक परिसर की स्थापना सरला बहन जी ने की थी। इसी परिसर में सरला बहन जी ने उस शाम ख़ूब भावपूर्वक मेरा स्वागत किया था। वे चाहती ही थीं कि उनके आश्रम में उत्तराखण्ड की पर्वतीय घाटियों व पर्वत श्रेणियों से अनेकानेक बालिकाएँ, युवतियाँ और महिलाएँ आयें और इन्हीं की ऊर्जा से यहाँ के गाँवों के समाज को बदल दिया जाये। हम पहले दिन पहुँचे और दूसरे दिन बाबूजी मुझे वापस घर ले जाने को मनाते रहे। मैं नहीं मानी। वे भाव अश्रु बहाते वापस गये। उनके जाने के बाद मैंने एकाध घण्टा रोने में और कुछ समय उदास रहकर बिताया। बाद में मैं आश्रम की दिनचर्या में शामिल हो गयी।

शाम के भोजन के बाद जब बालिकाएँ आश्रम के अपने कमरों में डायरी लिखने और अध्ययन कर रही थीं, शिक्षिकाओं व कार्यकर्ता बहनों की बैठक बहन जी के निवास कमरे में हुई। मैं भी उसमें गयी या यों कहूँ विमला दीदी मुझे अपने

साथ ले गयीं। विमला दीदी उस समय आश्रम की एक वरिष्ठ शिक्षिका थीं। विमला दीदी और उनके साथ की दूसरी युवतियाँ आश्रम की बुनियाद की शिलाएँ थीं। विमला दीदी तब तक एकनिष्ठ होकर आश्रम के लिए काम करती रहीं, जब तक कि उनका विवाह श्री सुन्दरलाल बहुगुणा से न हुआ। वे समाज-परिवर्तन के गांधी विचारों के लिए जीवनभर रचना व संघर्ष के कामों की अग्रणी रहीं। मेरा सौभाग्य था कि मुझ पर उनका असीम प्रेम आजीवन बना ही रहा।

हाँ, तो मैं बैठक में गयी, पर मैं शिक्षिका तो नहीं थी, तो भी उनके साथ बैठी। उसी बैठक में बहन जी ने तय किया कि मैं तीसरी कक्षा की दीदी रहूँगी यानी उन्हें पढ़ाऊँगी। मुझे नयी तालीम के बारे में जानना ज़रूरी था। इसलिए बहन जी ने नयी तालीम की कई पुस्तकों व उनके लेखकों के नाम बताये, जिन्हें मुझे पुस्तकालय से खोजना था और पढ़ना था। उन्होंने आश्रम द्वारा लिखा गया नयी तालीम का पाठ्यक्रम भी मुझे अध्ययन के लिए दिया था। उसमें जितनी बौद्धिक विषयों की जानकारी दी गयी थी, उससे कहीं अधिक जीवन के प्रत्यक्ष कार्यों व उनसे मिलने वाले विषय-शिक्षण का वर्णन था। गांधी विचार की समग्र समाज व्यवस्था और अर्थ-व्यवस्था के परिचय के लिए 'स्थायी अर्थ-व्यवस्था' (लेखक जे. सी. कुमारप्पा) नाम की पुस्तक भी मुझे पढ़ने को दी थी। उसको समझे बिना नयी तालीम के लक्ष्य को समझना कठिन होता।

उसके अगले दिन सुबह नाश्ता करने के बाद विमला दीदी व मैं बालिकाओं की एक छोटी टोली के साथ जंगल से जलावन की लकड़ियाँ एकत्र करके लाने को गयीं। विमला दीदी बच्चियों को हर वृक्ष, हर फूल-पत्ती व घास के बारे में कुछ न कुछ बताती जा रही थीं। बच्चियाँ भी अत्यन्त आत्मीय रिश्ते से दीदी से प्रश्न पूछ रही थीं। वे अन्त में एक ठिठ ले आयीं, उसके बीज को निकालकर पूछने लगीं कि 'स्यूंत' (बीज) में पंख क्यों होते हैं? दीदी ने बताना शुरू किया कि बीज प्राकृतिक रूप से कितने प्रकार से फैलते हैं आदि। मैं सुन रही थी। विमलादी इस प्रकार नयी तालीम पद्धति की मूल बुनियाद यानी 'समवाय' की दृष्टि देने वाली मेरी प्रथम शिक्षिका सहज ही बन गयीं।

हमारे आश्रम में तब सबसे छोटी बच्चियाँ सात वर्ष की होती थीं। बहन जी का मनोवैज्ञानिक विचार था कि सात वर्ष तक बच्चे को अपने माता-पिता के साथ ही रहना चाहिए। वही उसकी प्रथम पाठशाला है। उन छोटी बच्चियों को सँभालने की ज़िम्मेवारी भी एक शिक्षिका को दी जाती थी। हम श्रम के बाद स्नान व कपड़े धोने जातीं। तब उन छोटे बच्चों की दीदी उन्हें नहला रही होती। छोटी गोल-मटोल

या दुबली-पतली, कोई गोरी, कोई साँवली छोटी लड़कियाँ नंगी होकर स्नान करती दिखाई देतीं। उनकी चपलता भरी मस्ती देखकर आनन्द आ जाता। मुझे आश्रम से जोड़ने में वे सारे दृश्य मददगार होते थे।

उस पहले ही दिन मैंने एक ऐसा काम सीखने का प्रयास किया जो मैंने अपने जीवन के सोलह वर्षों में कभी नहीं किया था। उसको सिखाने में मुझे तीसरी कक्षा की छात्राएँ सहायता कर रही थीं। वे तो पूरी कुशलता से अपने-अपने कतुओं पर कताई कर रही थीं, पर मैं कतुए की चक्रीय गति और इनमें से तागा निकालने की गति को सन्तुलित नहीं बना पा रही थी। यह नयी तालीम का मुझ नयी शिक्षिका के लिए एक ज़बरदस्त पाठ था कि तुम कुछ ज्ञान अपनी छात्राओं को दे सकती हो पर, यह नहीं भूलो कि वे कोरी नहीं हैं, वे भी तुम्हें कुछ कला सिखा सकती हैं। यह पहले दिन का प्रथम पाठ मेरे जीवन में बहुत काम आया। इसी भावना से मैंने गाँव की स्त्रियों को भी अपनी गुरु के रूप में पाया। मैं उसी नम्रता के साथ उनके चरणों में बैठ सकती थी और उनकी अनुभव जन्य बुद्धिमत्ता से सीखती थी। हाथ कताई के इसी समय में एक दूसरे कमरे में बोरगाँव के चर्खों की घरघराहट चल रही थी। जिन्हें कतुए पर कताई अच्छी तरह आ जाती थी, वे लड़कियाँ बोरगाँव में बने लकड़ी के बागेश्वरी पैडल चर्खे पर कताई करती थीं। मेरा मन चाहने लगा कि मैं कब चर्खे पर बैठूँ, पर मन ने कहा, "पहले कतुवा तो सीख लो।"

घण्टी की टनटनाहट गूँज उठी। देखा सब छात्राएँ, शिक्षिकाएँ, कार्यकर्ता और बहन जी भी रसोई की ओर चल पड़ी थीं। लड़कियों की तरह शिक्षिकाओं के हाथों में भी थाली व कटोरियाँ थीं। दृश्य बदलते देर नहीं लग रही थी। हम भोजनालय की चटाइयों में बच्चों के साथ बैठ गयीं। कल इसी स्थान पर बाबूजी और मैंने भी भोजन किया था, पर कल हमारी बगल में लड़कियाँ न थीं। आज मैं विमला दीदी के पास में बैठी थी और हमारे दोनों ओर बच्चियाँ बैठी थीं। सब एक स्तर पर एक सा भोजन और परोसने में एक-सा व्यवहार। मेरे लिए तो वह मानो मुग्धकारी दृश्य था, क्योंकि ऐसा तो अमूमन घरों में भी नहीं होता। हमारे साथ हमारी बहन जी भी बैठी भोजन कर रही थीं।

दोपहर बाद हुआ 'मिलन,' जिसे स्कूलों में 'असेम्बली' कहते हैं। 'मिलन' शब्द नया था, पर आकर्षक और कुछ काव्यात्मक था। 'मिलन' के बाद बालिकाएँ अलग-अलग स्थानों पर अपनी कक्षाओं में बिखर गयीं। मेरी तीसरी कक्षा एक पेड़ के निकट धूप में बैठी। उस पेड़ के नीचे लीप-पोत कर लड़कियों ने उसे सुन्दर बैठने का स्थान बनाया था। उसे देख मैं ख़ुश हो गयी, पर मेरे मन की रूढ़ अपेक्षा

के अनुसार वहाँ शिक्षिका के लिए धरातल के ऊपर कोई बैठने की अलग व्यवस्था न थी। बच्चियों की चटाइयों के ऊपर ही एक पतला चौकोर खादी का आसन रखा था। लड़कियाँ विशेष उत्साहित व चंचल-सी थीं। वे कहती जा रही थीं। "आज हमें नयी दीदी पढ़ाने आने वाली हैं।" प्रत्येक कक्षा को उनके पूरे विषय एक ही शिक्षिका पढ़ाती थी। विषय के अनुसार अलग शिक्षकों वाली पद्धति हमने उत्तर बुनियादी (दसवीं, ग्यारहवीं व बारहवीं) स्तर में प्रारम्भ की थी। तीसरी कक्षा की सात बालिकाओं के साथ तीन बालिकाएँ चौथी कक्षा की भी थीं। इस प्रकार यहाँ समूह रूप में पढ़ाने की पद्धति थी। कुल मिलाकर दस बालिकाओं का एक छोटा-सा प्यारा समूह मेरे सामने बैठा था। हँसता-मुस्कुराता जीवन्त समूह। उन्होंने सर्वप्रथम अपनी दैनन्दिनी की कॉपियाँ मेरे सामने रख दीं। मुझे उन्हें जाँचना था, पर उसी समय नहीं, बाद में अपने समय में। मैंने जीवन में पहली बार देखा था कि डायरियाँ प्रतिदिन लिखी जाती हैं।

जब मैंने इन बालिकाओं की डायरियाँ जाँचने के लिए शाम को खोलीं और पढ़ीं तो मुझे आश्चर्य हुआ कि तीसरी कक्षा की उन छोटी लड़कियों की अपने चारों ओर के जीवन, मौसम और घटनाओं को देखने-समझने यानी निरीक्षण की कितनी अच्छी क्षमता है। बच्चियों ने ही बताया कि सर्वप्रथम गणित का विषय होगा। पढ़ाई बिना पाठ्यपुस्तकों की होती थी, अत: शिक्षिकाओं को हर समय सजग, सूझ-बूझयुक्त और मौलिक समझ से परिपूर्ण होना था। मुझे लड़कियों ने ही सहारा दिया कि वे इन दिनों दशमलव पद्धति सीख रही हैं। बाद में शरीर विज्ञान और अन्त के आधे-पौने घण्टे में प्रश्न होंगे। मैं थोड़ा चौंकी कि गणित और शरीर विज्ञान तो मैं समझती हूँ, पर यह 'प्रश्न' क्या है? उन्होंने ही कहा, "बहुत दिनों से हमारा 'प्रश्न' वाला विषय नहीं हुआ है। हमारे पास बहुत सारे प्रश्न जमा हो गये हैं, हम उन्हें आपसे पूछेंगी।"

उनके प्रश्न अनेक थे और अनेक प्रकार के थे, जैसे मिट्टी किसने बनायी? मिट्टी कैसे बनी, यह तो मैं बता सकती थी पर 'किसने बनायी' यह मेरे लिए कठिन हो गया। आकाश में नीला-नीला क्या है? पेड़ों की पत्तियाँ झड़ क्यों जाती हैं? आदमी मरके कहाँ जाता है? अनेक दिशाओं के अनेक प्रश्न। मैंने कुछ के उत्तर आराम से दिये, पर एकाध प्रश्न के बारे में तो कहना ही पड़ा, "किसी से पूछकर या अध्ययन करके बताऊँगी।" इस तरह पहले दिन की पढ़ाई पूरी हुई।

बच्चियों को मज़ा आया था। वे कुछ देर और भी बैठी रहीं। कुछ मेरे घुटनों के पास आकर बैठ गयीं और पूछने लगीं, "आपका घर कहाँ है? परिवार कैसा है? माता-पिता, भाई-बहन?" उसके बाद उठकर अपनी टोलियों में काम करने चली गयीं।

जाते-जाते एक-दूसरे से कह रही थीं, "आज मैदान में खेलने जाना है। टोली का काम जल्दी पूरा करेंगी। नयी दीदी भी आयेंगी?"

"हाँ, मैं भी आऊँगी"

"ऐ", मैंने कहा तो वे उछल पड़ीं और भागकर टोली में जो भी काम था, जैसे सब्ज़ी काटना, पानी भरना, सफ़ाई करना बग़ीचे से सब्ज़ी तोड़कर लाना।

रात के भोजन के बाद हम सभी शिक्षिकाएँ बहन जी के पास बैठीं। यह बैठना क्या था, यह हमारी प्रशिक्षण क्लास ही थी। मुझ जैसी नौसिखिया शिक्षिकाओं को नयी तालीम की अच्छी शिक्षिका बना देने के लिए उसका सारा कौशल और ज्ञान इन्हीं बैठकों में दिया जाता था। हम शिक्षिकाएँ अपना दिनभर का अनुभव या जो हमसे नहीं हो पाया, सब सामने रखती थीं और अगले दिन को पढ़ाने के लिए जो जानना हो, वह भी पूछती थीं। विमला दीदी के पास बैठकर मैंने भी अपना कुछ अनुभव बताया था। याद नहीं कि वह क्या था? इतना याद आता है कि मैंने खेल, वह भी बिना खेल संसाधनों के, खेलने में कितना आनन्द आता है, यह तो कहा ही था, इतना मुझे याद है। मैं लम्बे समय तक विमला दीदी का आसरा नहीं छोड़ पायी थी। बाद में भी हम आजीवन मित्र बनी थीं।

इन सायंकालीन बैठकों में बहन जी अपने द्वारा संचयित बहुत-सी सामग्री हमें देती थीं। केवल शिक्षा सम्बन्धी ही नहीं प्रकृति, पर्यावरण, दुनिया के विशेष छोटे देशों के विशेष भूगोल, समाज-व्यवस्थाएँ व जीने के तरीक़े जैसी अनेक जानकारियाँ वे हमसे नोट कर लेने को कहतीं। बरसात में जब हमारे खेतों व रास्तों में ख़ूब जोंकें पैदा हो जातीं तो जोंक का जीवन-चक्र, गर्मी में मक्खी की शरीर रचना व उसका जीवन-चक्र तथा इसी प्रकार बन्दर, लंगूर, चिम्पैंजी, ओरांग ओटांग आदि के बारे में बतातीं क्योंकि हमारे खेतों से सब्ज़ियाँ चुराने बन्दर बहुत आते थे। विशेषत: खेती, जैविक खादें, उनके तत्त्व और गौपालन, उनकी आधुनिक व परम्परागत पद्धतियाँ, पशुओं के प्रति मानव का 'साथी' जैसा व्यवहार। यह सब सुनना व लिखना मुझे पसन्द आता।

उनके पास रेड इंडियंस और एस्किमो लोगों की लोककथाओं का अच्छा संकलन था। इन्हें भी हमने अच्छी मोटी कॉपियों में नोट करके संगृहीत कर लिया था। हम अनुकूल समय आने पर बच्चों को सुनातीं और उनसे इन कहानियों पर अभिनय भी कराती थीं। बसन्त पंचमी पर बच्चियों को 'परसैफ़नी' एक यूनानी लोक कथा सुनातीं या रेड इंडियंस की 'फ़िफ़्टीहौप' ख़रगोश की कहानी सुनातीं और उसका नाटक भी करातीं। लड़कियाँ ख़रगोश बनकर बुराँश के फूलों से सिर व गले

को सजाकर हर घर के दरवाज़े पर बासन्ती फूल रखकर बसन्त ऋतु के आगमन का सन्देश देतीं। यह शिक्षा थी, जिसमें प्राचीन संस्कृतियाँ थीं, उन देशों की प्राचीन व अर्वाचीन जीवन-शैलियाँ थीं। इतिहास व भूगोल था और जीवन को समग्रता से गढ़ने के मूल्यों का पूरा अवसर था। मैं धीरे-धीरे इसको समझ रही थी। प्रतिदिन बहन जी कुछ नया पढ़तीं, कुछ नया संचित करतीं और सन्दर्भ आने पर हमें परोसतीं। मैं इसे सकारात्मकता से ले पा रही थी। मुझे इसमें कुछ भारी या थकाने वाला नहीं लगता था, वरन हर ऐसी प्रवृत्ति से मैं कुछ ग्रहण करके अपना अनाड़ीपन मिटा रही थी। मैं सच में ही कुछ बातों में अनाड़ी थी और बताये जाने पर ही मैं समझ पायी और एक अधिक परिष्कृत जीवन-व्यवहार में प्रविष्ट हो पायी।

मैं बाग़-बग़ीचे, गौशाला और जंगल के कामों में बच्चों के साथ काम करती हुई रोज़ ही कुछ सन्दर्भित, सम्बिन्धत जानकारी उन्हें देती थी, जिसे बहन जी 'समवाय' कहतीं। बाद में नयी तालीम यानी बुनियादी शिक्षा के इस 'समवाय' के महत्त्व को मैं गांधीजी तथा अन्य गांधी विचार के विद्वान कार्यकर्ताओं द्वारा लिखी पुस्तकों से और भी विस्तार से जान पायी थी। गांधीजी ने तालीम की इस नयी धारा को 'जीवन द्वारा जीवन के लिए शिक्षा' कहा था। यह बिल्कुल सहजता से वास्तव में बच्चे की प्रारम्भिक उम्र से ही हो जाती है। मैं जब देश में हो रहे नयी तालीम के प्रत्यक्ष कार्यों को देखने गुजरात, महाराष्ट्र, दक्षिण भारत और पश्चिम बंगाल की शिक्षण संस्थाओं में गयी थी, तब मैंने 'समवाय' को छात्रों के प्रत्यक्ष व दैनन्दिन जीवन में व्यवहृत होते देखा था। 'लोकभारती' सणोसरा, भावनगर सौराष्ट्र, विश्वविद्यालय स्तर की नयी तालीम संस्था थी उसके छात्र-छात्राएँ तो किसानों के खेतों में मूँगफली खोदने व समेटने के काम करने भी जाते थे। एक श्रमिक की तरह दिनभर पसीना बहाकर श्रम करते व शाम को ग्रामीणों के साथ गरबा नाचते। इस प्रकार ग्रामीण जीवन, उसकी संस्कृति, उसका श्रम व उसकी अर्थ-व्यवस्था—सभी विषयों का समवाय होता था। मैंने ग्रेजुएशन ले रहे उन छात्रों द्वारा गेहूँ की नयी प्रजाति ईजाद होते हुए भी देखी थी, जिसे 'लोक-वन' के नाम से देश के किसानों में प्रसारित किया गया था। समवाय पर गुजरात के नयी तालीम शिक्षकों की बड़ी सभा में नयी तालीम में जीवन लगाने वाले, इसके विशेषज्ञ और गुजराती के प्रसिद्ध साहित्यकार मनुभाई पंचोली का 'समवाय क्यों?' पर सारगर्भित भाषण सुनने की भी मुझे आज तक अच्छी याद है।

पर मैं तो तब केवल सरल व सहज भाव से उन पर्वतीय बच्चियों को मिट्टी, पानी, पौधों व खाद आदि के बारे में सामान्य से ज्ञान की बातें बताया करती थी। हम एक पखवाड़े के बाद पनचक्की पर अपने आश्रम भोजनालय के लिए गेहूँ पिसवाने जातीं।

पनचक्कियाँ कोसी नदी के किनारे आश्रम से तीन या साढ़े तीन किमी. दूर थीं। हम सब दस या बारह छात्राएँ व मैं प्रत्येक एक थैला गेहूँ सिर पर ढोकर वहाँ ले जातीं। बारह-तेरह थैले अनाज पीसने में लगभग छह घण्टे लगते व दो-ढाई घण्टे जाने व आने में लगते, तो पूरा दिन इस कार्य में जाता था। पर वह बहुत आनन्दमय दिन होता था। अनाज पिसता था, धीरे-धीरे अपनी गति से। हम अनाज को 'ब्यान' में डालकर घट का 'फितौड़' ठीक जगह जमाकर बाहर बैठ जातीं। कोई एक पुस्तक निकाल लेतीं और पढ़ने में डूब जातीं। कोई छात्रा अपनी पतली सी कॉपी व पेन लेकर हमसे अलग गेहूँ के खेतों के बीच बैठ जाती। निश्चित ही घाटी की हरियाली से लक-दक सुन्दर हरी चूनर देख उसके मन में कोई कविता आ गयी थी। किसी ने अपनी डायरी की कॉपी खोल ली व डायरी लिखने बैठी थी। घाटी से ऊँचाई पर पहाड़ी ढाल पर बसे गाँव के सफ़ेद घर उसके आकर्षण का केन्द्र थे, पर दो बालिकाएँ स्वेटर बुनने की सलाइयाँ ले आयी थीं। वे दोनों गपशप के बीच स्वेटरें बिन रही थीं। घण्टे-दो घण्टे बीते होंगे कि गाँव की लड़कियों का एक दल आया। उन्होंने गेहूँ के खेतों में से मिझौव के फूल एकत्र किये थे। हमारे पास आते ही उन्होंने सारे फूल हमारे ऊपर डाल दिये। हम सिर से पैरों तक फूलों से भर गयीं। फूलों जैसी ही उन लड़कियों की हँसी थी, खिलखिलाती हुई मानो छोटी घण्टियाँ बज रही हों। वे सभी बैठीं। हम सभी साथ में बैठ गयी थीं। मैंने कहानी कहनी शुरू की 'प्योली की कहानी' यानी कुमाऊँ के पीले फूलों सम्बन्धी एक लोककथा। बालिकाएँ मग्न हो गयीं। मुझे किसी बालिका को याद दिलाना पड़ा कि वह पनचक्की में देखे कि पिसाई सब ठीक चल रही है या नहीं। कहानी जब पूरी हुई तब गेहूँ-पिसाई भी पूरी हो गयी थी। हमने पनाले का पानी दूसरी ओर को बहा दिया। अपने थैले बाँधे और सिर पर उठाकर आश्रम को चल दीं। घराट का भाग रखना हम भूली न थीं।

मुझे कहानी कहना पहले से ही बहुत भाता था। उसे सुनने में जितनी तन्मयता बच्चों में आती, सुनाने में उससे कम मुझे भी न आती। अतः मेरे पास आकर बच्चियाँ 'कहानी कहिए' की माँग करने लगतीं, चाहे मैं उनके साथ सब्ज़ियों की गुड़ाई कर रही होऊँ या सबसे छोटी बालिकाओं के साथ अनाज बीन रही होऊँ या शुक्रवार को कहीं दूर भ्रमण में उनके साथ पिकनिक मनाने गयी होऊँ। बहन जी ने आश्रम के बच्चों में कहानी सुनने का अच्छा स्वाद विकसित किया था। वह मुझे भी पसन्द था, क्योंकि कहानी कहना और उसे इस प्रकार प्रस्तुत करना कि सुनने वालों के सामने एक चित्र जैसा ही उपस्थित हो जाये, यह मुझे स्वयं ही आनन्ददायी लगता था।

मैं कहानी कहते हुए पूरे समय बच्चों के चेहरों पर आते भावों को, उतरते-चढ़ते और चरम पर जाते देखती रहती थी। उससे मेरा कहानी कहने का भाव गहरा जाता था।

मैं आज तो इस निर्णय पर पहुँची हूँ कि बच्चों के आनन्द के क्षणों यानी कहानी सुनने-सुनाने, खेल, भ्रमण और उनके साथ उन्हीं का जैसा भोजन करने तथा उनके ख़ाली समय में उनकी बातों को उन्हीं के स्तर पर साझा करने से उनके साथ शिक्षक की जो निकटता आती है, उससे शिक्षक के पढ़ाये हुए पाठ को भी बच्चे जल्दी व अच्छी तरह समझते हैं क्योंकि बच्चे शिक्षक के व्यक्तित्व से घुलमिल जाते हैं और उसके हर शब्द और हर भाव से सुपरिचित रहते हैं। आश्रम का वातावरण ऐसा ही था। उसकी शिक्षापद्धति ही ऐसी थी। कोई बालिका अपने घर को भी जाती तो आश्रम को छोड़ते हुए रोती थी। उसके जाने में अन्य बालिकाएँ भी रोती थीं। उन्हें समझाते हुए हम शिक्षिकाओं की आँखें भी भर आती थीं। बच्चियों के साथ उनमें से एक बनकर काम करना, घूमना, खेलना और खाना समाज-परिवर्तन के क्रान्तिकारी बीज उनके दिलों में बोने के लिए कितना प्रभावी हो सकता है, यह मैं तब नहीं जानती थी, पर उसके एक दशक बाद जब मैं डेनमार्क गयी तो मुझे उस देश के आम समाज के परिवर्तन का इतिहास बताते हुए विभिन्न फ़ोक हाईस्कूलों के वरिष्ठ व अनुभवी शिक्षकों ने बताया था कि फ़ोक हाईस्कूल नामक इस युवा अभियान के एक समर्पित मुख्य पुरोधा क्रिश्चयन कौल्ड का कहना था कि देश के ग्रामीण आम समाज को अर्थात् उन युवाओं के अपने समाज को, उसकी आर्थिक, सामाजिक और राजनैतिक दैन्यस्थिति से उबाकर देश के कर्णधार बनाने के सहकारी बीज उन ग्रामीण युवाओं के दिलों में मैंने किसी क्लासरूम या किसी भाषण प्रवचन द्वारा नहीं वरन् उस मुक्त समय में बोये थे, जब वे सोने के पूर्व छात्रावास में गप्पें लगा रहे होते थे क्योंकि मैं हमेशा ही उनके साथ रहता, सोता और खेलता था। इन्हीं फ़ोक हाईस्कूल से निकले युवाओं ने डेनमार्क को अपने दुग्ध-उद्योग, सहकारी समितियों और अपने लोकतन्त्र के लिए पूरी दुनिया में प्रसिद्ध कर दिया।

पन्द्रह दिनों में एक बार अपनी-अपनी कक्षा के साथ हम शिक्षिकाएँ बारी-बारी से अपनी कोसीघाटी के गाँवों में जाती थीं। गाँव से विद्यालय और विद्यार्थी का सतत सम्बन्ध बना रहे, यह बहन जी ने आश्रम-शिक्षा का आवश्यक अंग माना था। बाद में जब आश्रम विस्तृत रूप से पूरे उत्तराखण्ड से, उसके विभिन्न ग्रामक्षेत्रों से जुड़ गया तो अपनी घाटी के गाँवों के साथ वह नियमित सम्पर्क कम हो गया। स्वच्छता, स्वास्थ्य और बच्चों में संस्कार-सृजन हमारी मुख्य प्रवृत्तियाँ थीं, गाँव को सक्रिय

और स्वस्थ रखने के लिए। बच्चे बचपन से ही स्वच्छ और स्वस्थ आदतें सीख लेंगे तो गाँव का चेहरा बदल जायेगा, यह आश्रम का लक्ष्य था।

आश्रम में तब सात वर्ष तक की शिक्षा दी जाती थी। एक बार मुझे अपनी छात्राओं के साथ गाँव में जाना था। हमने पहले तय किया, गाँव की महिलाओं व बच्चों को बताएँगी कि खुले में शौच जाने से कौन-कौन-सी बीमारियाँ गाँव में फैलती हैं। महिलाएँ एक घर के आँगन में बैठीं। हमने उन्हें बताया। आश्रम की ग्रामसेवा कार्यकर्त्री नारायणी दीदी ने भी बताया। उसके बाद हमने रास्तों में पड़े उनके शौच को फावड़ों से उठाकर एक गड्ढे में डालना शुरू किया। कहीं रास्ते से बाहर उसे मिट्टी से ढक दिया। कुछ शर्मदार पुरुष हमारे साथ जुड़े। वे झाड़ू लगाते पर शौच-सफ़ाई में हाथ नहीं बढ़ाते। कुछ ऐसे भी महिला-पुरुष थे, जो हमें सफ़ाई करते देखकर कहते, "सरला बहन की लड़कियाँ सफ़ाई करने आ गयीं। चलो, सब कूड़ा रास्ते में डाल दो।" अपने घरों के पास का कचरा भी वे रास्ते में डाल देते। मुझे उनके इस कृत्य से इतनी क्षुब्धता आती कि तुरन्त मन उन्हें धिक्कारने को हो उठता, पर बहन जी की सलाह याद आ जाती कि हमारी नम्र सेवा व बार-बार उनको होने वाले रोगों के कारण समझाने से उनका मानस अवश्य बदलेगा। उनका हृदय-परिवर्तन होगा। वे स्वयं अपने गाँव को स्वच्छ रखने लगेंगे। स्वच्छता के अन्तर्गत अस्थायी शौचालय भी हम बनाती थीं और कुछ परिवारों ने ऐसे शौचालय बनाये थे।

गाँव में मुझे और मेरी छात्राओं को सबसे अच्छा लगता था, बच्चों के साथ का काम, जिसे हम 'बाल-संस्कार कार्यक्रम' कहते थे। वहाँ के सभी बच्चों को एकत्र करना, उन्हें पानी के धारे पर ले जाकर उनके हाथ-पैर व मुँह धुलाना, उनके नाख़ून काटना व उन्हें हाथ धोने, नाख़ून काटने आदि सफ़ाई की छोटी-छोटी सावधानियों की बातें बताना। फिर एक खेल खिलाना अथवा एक कहानी कहना। एक ओर यह बाल संस्कार-प्रवृत्ति चलती, दूसरी ओर नारायणी दीदी अपनी दवाओं की पेटी से लोगों को उनकी बीमारी के अनुसार आयुर्वेदिक दवाएँ बाँटतीं। उसी सन्दर्भ से उन्हें उनकी बीमारियों के कारण व उनसे बचने के लिए क्या करें, यह जानकारी भी देतीं। तब कौसानी में कोई चिकित्सालय नहीं था। अतः घाटी में बसे गाँवों के लिए आश्रम से मिलने वाली स्वास्थ्य-सेवा महत्त्वपूर्ण थी। मेरी छात्राएँ इन सब कार्यों से, जो हम उन्हें साथ लेकर गाँव में करती थीं, प्रत्यक्षत: बहुत कुछ सीखती थीं, और शेष कुछ न समझें तो दूसरे दिन क्लास में जाकर प्रश्न पूछती थीं। तब विस्तार से व वैज्ञानिक दृष्टि से बताया जाता था तो अधिक गहराई से भी जान लेती थीं। इस प्रकार हमने ग्रामसेवा को अपनी शिक्षा का एक महत्त्वपूर्ण विषय बनाया था।

हमारा साप्ताहिक अवकाश उन दिनों शुक्रवार को होता था। एक दिन तीसरी कक्षा की बालिकाओं ने कहा, "कल शुक्रवार की छुट्टी है और हमारी बारी घूमने जाने की है। आप हमारे साथ आयेंगी।" यह सब लड़कियों ने ही तय किया था कि वे बैजनाथ मन्दिर जायेंगी। ऐसी अनेक बातों में लड़कियों की निर्णय शक्ति अद्भुत थी। वे अपने निर्णय के पक्ष और विपक्ष में सब बिन्दुओं पर विचार कर लेती थीं। हम सुबह नाश्ता करके पैदल निकल पड़ीं। कहीं रुककर अपने साथ लाया हुआ नाश्ता कर लिया। विश्राम भी हो गया।

अब हम गरुड़ की बाज़ार को पार कर रही थीं। मैंने देखा, लड़कियाँ हर दुकान को देखतीं और उसके बारे में कुछ टिप्पणी भी करतीं, पर किसी भी दुकान पर रुकती न थीं न वैसी इच्छा बताती थीं। यही आदत मेरी भी थी। बिना ज़रूरत दुकान में जाना ही नहीं। उस उम्र की आम बालिकाओं से यह बिल्कुल भिन्न आदत अवश्य थी। कुछ ज़रूरत न भी हो तो भी दुकान में जाना, सामान देखना और कुछ पसन्द आ जाता तो ख़रीद लेना, बिना ज़रूरत के लोभ या आकर्षण में फँस कर ख़रीदना, यह बहुत-सी लड़कियाँ ही नहीं, बड़ी स्त्रियाँ भी करती थीं। पर मैंने अपनी लड़कियों को देखा कि वे पूरी बाज़ार बिना किसी दुकान में घुसे ही पार कर बैजनाथ मन्दिर पहुँची थीं। इस मन्दिर से कत्यूरी राजाओं का इतिहास जुड़ा था। पास ही तैलीहाट गाँव था, जो कत्यूरी राजाओं की राजधानी रह चुका था। मन्दिर में माँ पार्वती की मूर्ति विशेष थी। मैंने मन्दिर के बारे में वास्तविक इतिहास व किंवदन्तियों की सब जानकारी उस घाटी के समाज सेवक दीवानसिंह नेगीजी, जो कभी राजनीति में सक्रिय रहे थे पर अब हमारे आश्रम के मित्र थे, से जानी थीं। मन्दिर के प्रांगण में बैठकर मैंने बालिकाओं को यह सब बताया। उसके बाद तो वे नदी के जल और उसमें तैर रही मछलियों से खेलती रहीं। हमने एक साथ बैठकर अपने साथ लायी भाखरी और सब्ज़ी खायी और वापसी की यात्रा में चल दीं।

बहन जी की क्लास में इस भ्रमण की समीक्षा हुई। मैं धीरे-धीरे सीख रही थी कि आश्रम में जीवन का हर क्षण, हर क्रिया तथा हर घटना शिक्षा थी। बाद को मुझे पता चला कि इस शिक्षापद्धति में कभी-कभी ली जाने वाली जाँच परीक्षा जैसी कुछ कार्यवाही तो थी, पर उसके अंकों की विशेष महत्ता न थी। बच्चे की प्रगति उसके अंकों पर ही निर्धारित हो, यह न था। बालिकाओं के समग्र विकास अर्थात् बौद्धिक, भावनात्मक, शारीरिक, सामूहिक—सब पहलुओं को हमें प्रेमभरी नज़र से देखना भी था और वर्ष में एक बार ऐसी एक रिपोर्ट बालिका के लिए बनाकर हम बालिका को भी सुनाती थीं और जब वह वार्षिक अवकाश पर जातीं तो अपने अभिभावकों

के लिए भी उसे ले जाती थीं, ताकि वे भी उसे पढ़कर जान लेते थे कि उनकी बेटी का विकास कैसा हो रहा है? अक्टूबर-नवम्बर में दशहरे-दीपावली के बीच हमारे वार्षिक अवकाश का समय यह सोचकर तय किया गया था कि इन मुख्य त्यौहारों में बालिकाएँ परिवार के साथ आनन्द मनायेंगी, पर उससे भी महत्त्वपूर्ण माना गया था कि वह माह अशोज यानी फ़सल कटाई व 'गाज्यो' (शीतकाल के लिए पशुओं की खुराक) काटकर सुखाने और सँभालने का समय था। परिवार के व्यस्ततम सर्वाधिक परिश्रमपूर्ण दिनों में बालिकाएँ घर में रहकर इस श्रम की भागीदार बनें, यह एक विशेष दृष्टि थी, जिसकी मैंने कभी कल्पना ही नहीं की थी।

आज इन पंक्तियों को लिखते समय इसी प्रकार के एक अन्य स्कूल की स्मृति याद हो आयी है। डेनमार्क के फ्रीस्कूल आन्दोलन द्वारा संचालित फ्रीस्कूलों को देखने व समझने के लिए 90 के दशक में मैं दक्षिण सियेलैंड (डेनमार्क का एक मुख्य बड़ा द्वीप) के एक गाँव में एक फ्रीस्कूल में गयी थी। वह स्कूल लगभग सौ वर्ष पुराना था। उस काल की दृष्टि से स्कूल के भीतर रेलवे पटरी पर चलती एक ट्रेन थी, जिसे बच्चे चलाते थे। खेत था, जिसमें बच्चे खेती करते थे। पोस्ट ऑफ़िस, पंचायत घर, किराना दुकान और विधानसभा भवन, जिन्हें विद्यार्थी संचालित करते थे और यह उनकी शिक्षा का एक अंग माना जाता था। उस स्कूल के प्रधानाचार्य ने मुझे बताया था, कि इस स्कूल की परम्परा थी कि इसकी छुट्टियाँ तभी होती थीं, जब उनके किसान परिवार फ़सल समेटने व बोने के परिश्रमपूर्ण समय में व्यस्त होते थे। विद्यार्थी अपने घरों में जाकर कृषि कार्यों में जुटते थे और जीवन की जड़ों से उखड़ते न थे। उन्हें अपना जीवन्त रोज़गार भी समझ में आता था। आश्रम भी इसी प्रकार से स्थानीय जन-जीवन की बुनियादी शैली को महत्त्व देते हुए चल रहा था।

आश्रम की वार्षिक छुट्टियों के पीछे भी यही उद्‌देश्य था क्योंकि उसकी शिक्षा-शैली, स्थापना-उद्‌देश्य दोनों ही पर्वतीय लड़कियों को ग्रामजीवन के लिए तैयार करना था या तो ये बालिकाएँ ग्राम की जागरूक नागरिक के रूप में अथवा ग्रामसेविका के रूप में गाँव से जुड़ें। इन दोनों भूमिकाओं में उन्हें ग्राम समाज को बदलने, उसे ग्रामस्वराज्य का नमूना बनाने, एक स्वस्थ, समानतापूर्ण, सक्षम इकाई बनाने वाली रहनुमा बनना था। यह बात मुझे बहुत धीरे-धीरे समय बीतते-बीतते समझ में आयी।

बहन जी के मागदर्शन में एक ओर मैं आश्रम, उसके उद्‌देश्य और नयी तालीम के पूरे देश के लिए क्रान्तिकारी विचार को समझ रही थी। उसी काल में अपने

देश के दक्षिण (पोचमपल्ली, तेलंगाना, आन्ध्र प्रदेश) में भूदान यज्ञ की क्रान्तिकारी गंगा भी प्रवाहित हो गयी थी। हमें उसके समाचार बहुत आशान्वित व उत्साहित करते थे। उसमें भी आश्रम की पहल प्रारम्भ हुई थी। दूसरी ओर मेरा परिवार भी गांधी विचार की ओर अपने सम्भव क़दम बढ़ा रहा था। वे लोग स्वयं ही अपने को आश्रम का एक अंग जैसा महसूस करने लगे थे। यह इसलिए भी हुआ था, क्योंकि बहन जी नियमित रूप से मेरे बाबूजी को पत्र लिखा करती थीं। सचमुच बहन जी एक ज़बरदस्त पत्र लेखिका थीं। हर आने वाले पत्र का जवाब देती थीं और हर पत्र अपने हाथों से लिखतीं थीं। जब कभी आश्रम की वार्षिक छुट्टियों में किसी बालिका को अपने परिवार में जाने की सम्भावना नहीं रहती तो उसके लिए मेरे परिवारजन अपना दरवाज़ा खुला रखते। उसे वे अपनी बेटी की तरह छुट्टियों भर रखने को तैयार रहते थे। कुछ बालिकाओं ने अपनी छुट्टियाँ फलों के बग़ीचे के बीच हमारे घर पर आनन्द में बितायी थीं। बाबूजी ने जातिभेद को अपने मन से ही नहीं, अपने जीवन से भी निकाल दिया था। अत: उनके घर में किसी भी जाति की बालिका जाये, उसका वे स्वागत करते थे।

मेरी बहनों ने भी आश्रम में आकर आगे की शिक्षा, या शिक्षा पूरी हो गयी हो तो आगे का जीवनकार्य गांधी विचार की राह पर ले जाने का निश्चय किया था। उनकी शिक्षा के समय में रामगढ़ में लड़कियों को बारहवीं तक पढ़ने की सब सुविधाएँ हो गयी थीं। बाबूजी भी उन्हें पढ़ाने में आर्थिक रूप से सक्षम हो गये थे, पर आश्रम जीवन का आकर्षण मेरी बहनों को मेरे साथ खींच लाया था। कारण यह था कि मैं छुट्टियों में घर जाकर उन्हें बताती थी कि कैसे हम केवल दो-तीन घण्टों की बौद्धिक क्लास के अतिरिक्त बग़ीचे, जंगल व सामूहिक रसोई में मिलकर काम करती हैं और वह हमारी शिक्षा होती है। हर रोज़ हम पचास लड़कियाँ व शिक्षिकाएँ एक पंक्ति में बैठकर साथ-साथ भोजन करती हैं। इन सबसे आकर्षित होकर वे वहाँ के स्कूलों में पढ़ने के बदले आश्रम में एक सामूहिक शिक्षण, जो प्रवृत्तिपूर्ण-पद्धति से शिक्षा प्राप्त करने का अनोखा तरीक़ा था, की ओर खिंच आयीं।

सर्वप्रथम मेरी बहन दुर्गेश ने मेरे साथ आने की ज़िद की। वह चौथी कक्षा में पढ़ रही थी। तब किसी लड़के ने उसे इतनी ज़ोर-से थप्पड़ मारा था कि उसके एक कान में चोट आ गयी। बाद में उस कान से उसे कम सुनाई पड़ने लगा। वह सीधी-सरल बालिका थी। वह ऐसे स्कूल में जाने से डर गयी। अत: उसको मेरे साथ आने की ज़िद वाज़िब ही थी। वह एक अच्छी छात्रा सिद्ध हुई, क्योंकि वह पढ़ने-लिखने में तो बुद्धिशाली और एकाग्र मन थी ही, हस्तकला, कताई, बुनाई

और सिलाई आदि में भी बहुत कुशल थी। उसने उत्तर बुनियादी (बारहवीं कक्षा) तक शिक्षा पाकर आश्रम के विद्यालय में ही शिक्षिका के रूप में काम करना प्रारम्भ किया। उसने गुजरात-सौराष्ट्र की नयी तालीम की संस्थाओं का अध्ययन किया था, जिससे पढ़ाने के तरीक़ों में नवीनता लाने की उसकी दृष्टि बनी थी। बहन जी दुर्गेश को एक अच्छी शिक्षिका के रूप में पसन्द करती थीं।

कुछ समय के बाद अपनी कॉलेज की पढ़ाई पूरी करके मेरी दूसरे नम्बर की बहन कान्ति आ गयी। वह आश्रम शिक्षिका बनी, पर उसे आगे की शिक्षा पानी थी जो उसने कई वर्षों बाद गाँव में सेवा कार्य करते हुए पूरी की थी। साथ ही, बी.एड. भी किया और दुबारा आश्रम विद्यालय में शिक्षाकार्य से जुड़ गयी। बहन जी ने पाया था कि कान्ति बच्चों के साथ खेल, नृत्य, नाटक और संगीत अच्छा कराती है। कान्ति आज अपने रिटायरमेंट के बाद भी आश्रम में है।

चौथी बहन अपने पढ़ने की उम्र में ही आश्रम में आ गयी। वह यहाँ की छात्रा थी और बहुत प्रखर बुद्धिशाली थी। उसके लेख, कविताएँ और भाषण व गीत-संगीत सभी उत्तम स्तर के होते थे। आश्रम विद्यालय दो मासिक हस्तलिखित पत्रिकाएँ निकालता था, जिसमें छात्राएँ, लेख, अपनी कविताएँ, यात्रा-विवरण, कथा तथा विभिन्न चित्रों की रंगीन छवियाँ देती थीं। 'सूर्योदय' पत्रिका में बड़ी कक्षाओं की छात्राएँ और शिक्षिकाएँ अपनी रचनाएँ देतीं और 'विजय' पत्रिका में छोटी कक्षाओं की छात्राएँ और छोटी कक्षाओं के लायक विज्ञान, भूगोल तथा प्राकृतिक वर्णनों के सरल लेख शिक्षिकाएँ देती थीं। ऐसी सामग्री अधिकतर तो बहन जी ही दिया करती थीं। मेरी तीसरी बहन यानी देवी की इस प्रकार की साहित्यिक अभिरुचि विशेष योग्यतापूर्ण बन गयी थी। वह एक अच्छी लेखिका थी।

चौथी बहन का आश्रम-आगमन उसकी प्रबल इच्छा और उसके लिए किये गये सत्याग्रह की शक्ति से सम्भव हो पाया था। सबसे छोटी और सबसे लाड़ली थी, कृष्णा। मैं सोचती थी और सोचती हूँ कि उसका मेरे प्रति विशेष लगाव था। वह तराई के ग्रामदानी गाँव शान्तिपुरी में आश्रम छात्राओं के एक शिविर में आयी। तभी वह रामगढ़, घर पर न जाकर हमारे साथ आश्रम आना चाहती थी, किन्तु हम जानते थे कि अब घर में ईजा व बाबूजी ही अकेले रहते थे। उनके साथ कम-से-कम एक बच्ची तो रहे। दाज्यू अपनी बच्चियों और भाभी को कुछ सालों के लिए वहाँ ले गये थे जहाँ वे नौकरी में नियुक्त किये गये थे। अत: मैंने शान्तिपुरी से रामगढ़ के लिए रोती हुई कृष्णा को ज़बरदस्ती ईजा बाबूजी के साथ बस में बिठा दिया था, जबकि वह कौसानी जाना चाहती थी न कि रामगढ़, पर कृष्णा की कौसानी लगन न छूटी।

ईजा खाने की थाली उसके सामने रखती तो वह यह कहकर उठ जाती, "तुम्हारा खाना नहीं खाऊँगी। तुम तो मुझे कौसानी नहीं भेजते।" बड़े मान-मनौव्वल से ईजा उसको आधा-अधूरा खिला पातीं। सोने का समय आता तो कहती, "तुम्हारे बिस्तर पर नहीं सोऊँगी। तुम तो मुझे कौसानी नहीं भेज रहे।" एक छोटी-सी चटाई या कोई बोरा बिछाकर कमरे के किसी कोने पर सो जाती। जब उसे नींद आ जाती तब ईजा या बाबूजी उसे गोद में उठा लाते व बिस्तर में सुलाते।

ऐसे सत्याग्रह की जीत हुई और ईजा-बाबूजी ने स्वयं अकेले रहने का तय किया और कृष्णा को आश्रम में पढ़ने पहुँचा दिया। दोनों छोटी बहनों—देवी और कृष्णा ने आश्रम की पूरी शिक्षा यानी उत्तर बुनियादी स्तर तक कर लेने के बाद नयी तालीम में ही उच्च शिक्षा प्राप्त करने की इच्छा प्रकट की और उसके लिए लोकभारती (विश्वविद्यालय) सणोसरा, भाव नगर, सौराष्ट्र गयीं।

आश्रम में एक सद्भावपूर्ण नैतिक नियम था कि छात्राएँ अपनी शिक्षा पूरी होने पर आश्रमकार्य में सहायता देने के लिए अपना तीन साल का समय देती थीं। कभी किसी छात्रा के तीन वर्ष की यह अवधि सहज ही बढ़ती जाती और कई वर्षों तक भी आश्रम की पूर्व छात्राएँ कार्यकर्ता या शिक्षिका के रूप में कार्य करती रहतीं, पर कम-से-कम तीन साल की माँग तो आश्रम करता ही था। यह कोई कठोर नियम नहीं था। कई छात्राएँ या उनके माता-पिता इस नियम को नहीं भी पूरा करते थे। आश्रम आने वाली पीढ़ी की बालिकाओं को लाभ दे सकें, इसके लिए यह एक सहायक व्यवस्था होती थी। मेरी सभी बहनों ने इस सद्भाव को पूरा आदर दिया और 'लोकभारती' से ग्रेजुएशन व बी.एड. करने के बाद देवी व कृष्णा ने भी आश्रम विद्यालय में शिक्षिकाओं के रूप में काम किया। वे आमसमाज के युवाओं की तरह धनोपार्जन की मोहधारा में नहीं कूदीं। इन लोगो ने आश्रम कहूँ या गांधी विचार की राह कमोबेश मेरे आकर्षण से पकड़ी थी, इसलिए मैं यह भी इनकी जीवनधाराओं में खोजती हूँ कि इस विचार तथा संस्कारों का कोई प्रभाव इनके जीवन-कार्यों में परिलक्षित हुआ या नहीं? ये दोनों ही उद्देश्य सिद्ध हुए, यह मैं लिख सकती हूँ। मेरी बहन कान्ति ने स्नातकोत्तर की शिक्षा व बी.एड. पूरा करके विचारपूर्वक आश्रम के नयी तालीम विद्यालय में काम करना तय किया। पूरा जीवन गांधी विचार की राह चलकर एक सुयोग्य शिक्षिका के रूप में अपना जीवन अर्पित किया। दुर्गेश को 'सर्वोदय' का विचारवान परिवार मिला। वह स्वयं अपने परिवार में छुआछूत, अन्धविश्वास और जाति व धर्मभेद से मुक्त परिपूर्ण मानवप्रेमी गृहिणी बनी। देवी नॉर्वे देश में रंगभेद की समस्या का रचनात्मक हल निकालने के लिए प्रारम्भ किये अपने अभिक्रम यानी

अन्तर्राष्ट्रीय बालमन्दिर की संस्थापिका व संचालिका बनकर उस देश में प्रसिद्ध हो गयी। कृष्णा ने आम कृषक अथवा अन्य बेरोज़गार महिलाओं के हाथों में कृषि के पूरक या स्त्री के हाथों में आय का साधन देने वाले हस्त उद्योगों की कुशलता व उसकी व्यावसायिक समझ तथा उनकी सामूहिक शक्ति द्वारा जीवन को बेहतर बनाने का विश्वास पैदा करके उनको सशक्त किया है। ये सभी एक-एक पुरुषार्थभरी जीवन-कथाएँ हैं। दशकों पूर्व ईजा-बाबूजी द्वारा उठाये वे समाज की परम्परा से बाहर के अनचीन्हे-से साहसिक क़दम नयी पीढ़ी को इस रूप में अपूर्वबल व भाव प्रदान कर गये हैं, जिन पर परिवार व आश्रम, दोनों ही गर्व करते हैं।

मेरी बहनों के जीवनों की अपनी-अपनी उपलब्धियाँ हैं, जो एक अलग प्रकरण है। वह तो एक अलग पुस्तक ही हो सकती है। यहाँ तो इतना ही है कि किस प्रकार एक परिवार का पूरा वातावरण आश्रम के माध्यम से गांधी विचार या समाज की सेवा को समर्पित हुआ था।

11

अध्ययन यात्राएँ

बहन जी हमारी शक्तियों को पहचानने की कोशिश करती थीं और उन्हें बढ़ाने के मौक़े भी दिया करती थीं। अपनी पहली वार्षिक छुट्टी मैंने अपने घर पर बितायी थी, किन्तु दूसरे वर्ष की छुट्टियों के लिए बहन जी ने एक सुझाव दिया। हमारी चार सबसे बड़ी छात्राएँ 1952 के अप्रैल माह में अपनी उच्च शिक्षा यानी उत्तर बुनियादी शिक्षा के लिए हिन्दुस्तानी तालीमी संघ सेवाग्राम, वर्धा के नयी तालीम के महाविद्यालय, महाराष्ट्र भेजी गयी थीं। बहन जी ने मुझे पूछा, "अब छह माह बाद उन छात्राओं को मिलने जाना चाहिए। क्या तुम उन्हें देखने सेवाग्राम जाओगी? तुम चाहो तो वहाँ 'नयी तालीम' का प्रत्यक्ष व वैचारिक अनुभव भी ले सकोगी। उसके लिए एक माह की अवधि तक वहाँ रह सकती हो। यह वही संस्था है, जिसको 'नयी तालीम' के प्रथम प्रयोग के लिए बापूजी ने प्रारम्भ करवाया था। श्री आर्यनायकमजी व आशा बहन को बापू ने यह काम सौंपा था और उनके साथ मुझे भी जोड़ा था। तुम उनसे भी मिल पाओगी।"

मैं तब अट्ठारह वर्ष की रही हूँगी। सबसे बड़ी बाधा उम्र नहीं वरन ट्रेन से यात्रा करने के लिए अनुभव की कमी थी। यह उम्र ऐसी होती है, जो आग में चलने व हवा में उड़ने को तैयार रहती है। सेवाग्राम बापू का स्थान, उनकी कुटी और उनकी अनुपम देन, 'नयी तालीम' का उद्गम स्थल, मेरा मन तो उछल पड़ा, "जी हाँ! बहन जी, मैं ज़रूर जाऊँगी। मुझे छुट्टियों पर घर पर जाने, वहाँ छुट्टियाँ बिताने का कोई लोभ नहीं है।" मैंने उन्हें स्वीकृति दे दी। यह हम सभी कार्यकर्ता बहनों के लिए बहन जी का ऑफ़र था कि आप अपनी छुट्टियाँ दीजिए और 'नयी तालीम' या अन्य रचनात्मक कार्यों का अध्ययन करने जाइये। उस यात्रा का पूरा व्यय आश्रम-कार्यालय देगा। मैं उसके लिए तैयार हो गयी थी। उन दिनों यात्रा में पैसे और सामान को सुरक्षित रखना एक बड़ा काम होता था। पैसे की सुरक्षा के लिए बहन जी ने

खादी की एक छोटी पॉकेट सिल दी थी, जिसे पहने हुए कपड़ों के भीतर कन्धे से लटका लेती व उसमें रखे रुपयों की गड्डी को कमर में साड़ी के नीचे छिपा देती। सामान का एक ही बंडल था। एक दरी पर एक लोई, एक चादर और पहनने के कपड़े और उनका बंडल बना लिया और रस्सियों से उसे बाहर से बाँध लिया था। कन्धे में गांधी आश्रम का एक खादी का झोला था, जिसमें मेरी डायरी, पेन तथा एक पुस्तक यात्रा में पढ़ने के लिए रखी थी।

सबसे पहली बस में बैठी, जो सीधे हल्द्वानी को जाती थी। कुमाऊँ मोटर ऑनर्स यूनियन की बसें ही यात्रा की एकमात्र साधन थीं, जिनमें दिनभर यात्रा करना माने बीड़ी के धुएँ को साँस में लेना और पेट्रोल की बदबू सूँघना। सारे दिन के सात-आठ घण्टे बस में उल्टियाँ करते-करते जाना। यह बस यात्रा कठिन थी। हल्द्वानी से बरेली को जाने वाली रोडवेज़ की बस में मुझे शान्तिपुरी जाना था। मैं शान्तिपुरी गेट पर उतरी और अपना बिस्तर का बंडल सिर पर और झोला कन्धे में लटकाये मेहर दीदी के घर पर पहुँची। मेहर फर्दून्जी मूलतः भारतीय पारसी समुदाय से थीं। उनके माता-पिता अपनी युवावस्था में ही इंग्लैंड अपने काम के सिलसिले में चले गये थे। वहीं उनके बच्चों की शिक्षा हुई। मेहर बहन ने अपनी उच्च शिक्षा पूरी करने पर भारत आने व गांधी विचार के कार्यों में योगदान देने का निर्णय किया। यह किशोरावस्था से ही उनका एक सपना था। लक्ष्मी आश्रम आने से उन्हें कुमाऊँ की तराई में शान्तिपुरी नाम से एक नया ग्राम बसाये जाने की जानकारी मिली। यह ग्राम उत्तर प्रदेश गांधी स्मारक निधि के मार्गदर्शन में एक सहकारी व ग्रामदानी गाँव की पद्धति से बसाया गया था। कुमाऊँ क्षेत्र के भूमिहीन किसानों को इसमें बसाया गया था। मेहर दीदी एक स्वयंसेवक की तरह इस गाँव के बच्चों, महिलाओं और पुरुषों के साथ गांधी व विनोबा के विचारों को लेकर काम कर रही थीं।

मैं दो दिन मेहर दीदी के साथ रहकर उनके काम का अनुभव लेती रही। मेहर दीदी से अच्छी दोस्ती बन गयी और यह दोस्ती आज तक भी ज़ारी है। अपनी वृद्धा माता के एकाकी हो जाने के कारण उन्हें वापस इंग्लैंड जाना पड़ा। वे गांधी विचार की अपनी निष्ठा पर प्रतिबद्ध रहीं और उन्होंने लोगों को योग-शिक्षा व योगासन सिखाने का काम ले लिया। अपने छोटे से बग़ीचे में जैविक सब्ज़ियाँ उत्पादित करके उन्हें स्थानीय बाज़ार में पहुँचाने का कार्य भी वे निरन्तर आज तक करती रही हैं। इतने लम्बे अन्तराल में भी उनका आश्रम-प्रेम मुर्झाया नहीं है। वे दूसरे-तीसरे वर्ष भारत आती हैं और पन्द्रह-बीस रोज़ हमारे साथ आश्रम में अवश्य रहती हैं।

हाँ, तो शान्तिपुरी में दो दिन रहकर तीसरे दिन मुझे गोकुलनगर नाम के एक छोटे स्टेशन से आगरा फ़ोर्ट एक्सप्रेस ट्रेन लेकर मथुरा तक जाना था। मेहर दीदी ने उस नये गाँव के एकमात्र साइकिल रिक्शा को अमुक समय पर शान्तिपुरी से गोकुलनगर जाने को तय किया था, परन्तु वह दिये गये समय से आधा घण्टे की देरी से पहुँचा। तो भी मैंने ख़तरा उठाया। रिक्शे में सामान लादकर स्टेशन के लिए चल दी। तराई के घने जंगल को पार करके रिक्शा स्टेशन के पास पहुँचने ही वाला था कि आगरा फ़ोर्ट एक्सप्रेस प्लेटफ़ॉर्म पर से रेंगकर आगे निकलते हुए हमने देखी। गोकुलनगर का सुनसान छोटा-सा स्टेशन और रिक्शेवाले ने मुझे वापस शान्तिपुरी ले जाने से साफ़ मना कर दिया। बोला, "देखिये, ये घना जंगल और शाम घिरने लगी है। आप जैसी जवान महिला को लेकर तो मैं बिल्कुल ही नहीं जाऊँगा अन्यथा इस जंगल के डाकू आपको उड़ा ले जायेंगे और मेरा क़त्ल कर देंगे।" मैं भी यह सुनकर डर गयी। रिक्शे वाले को पैसा दिया और उसे विदा किया।

मैं रेलवे स्टेशन के अन्दर गयी। कहीं कोई न था। आगे एक कक्ष में दरवाज़े के ऊपर 'स्टेशन मास्टर' लिखा था। वहाँ एक व्यक्ति बैठे थे। वही स्टेशन मास्टर हैं, यह मानकर मैंने कहा, "कृपया वेटिंग रूम का ताला खुलवा दीजिए। मैं ट्रेन नहीं पकड़ पायी और मुझे बुख़ार भी आ गया है। मुझे रात को वेटिंग रूम में रहना पड़ेगा।" फिर से वही उत्तर मिला, "आप जैसी युवा लड़की को अकेले इस सुनसान स्टेशन में रखना ख़तरे से ख़ाली नहीं। एक दूसरी ट्रेन बरेली की ओर जायेगी और उसके बाद हम यह ऑफ़िस रात के लिए ताला लगाकर चले जायेंगे। इस स्टेशन पर कोई नहीं रहेगा और चारों ओर आप घनघोर जंगल देख रही हैं। यह डाकुओं-बदमाशों का अड्डा है। आप आने वाली ट्रेन में बरेली निकल जाइए। वहाँ महिला प्रतीक्षालय है। वहाँ आप बैठ सकेंगी और मथुरा-आगरा की ओर जाने वाली किसी ट्रेन में आगे की यात्रा कर लेंगी।" मैं बढ़ते जा रहे बुख़ार से परेशान थी। स्टेशन मास्टर ने कहा, "तीसरे दर्ज़े की कोच में भीड़ होगी, आपके लिए उसमें चढ़ना मुश्किल होगा। बेहतर होगा आप इंटर क्लास का टिकट ले लीजिए। उसमें आपको चढ़ना भी आसान होगा और बैठने को भी जगह मिलेगी।"

ट्रेन आने पर मैं अपना बिस्तर का बंडल और झोला लेकर इंटर क्लास की बोगी में बैठी। वह पूरी ख़ाली थी। मैं ख़ुश होकर अन्दर गयी। सामान अपनी सीट के नीचे रखकर पूरी बर्थ पर लेट गयी। अगले किसी स्टेशन पर एक अधेड़ व्यक्ति दो युवकों के साथ उसी बोगी में चढ़े। कुछ समय तक वे चुप रहे, पर बाद में आपस

में बोलने लगे, "कैसी बेख़बर सोयी है? पहाड़न लगती है।" मैं कहीं नेपथ्य से जैसे उनकी बातें सुन रही थी, किन्तु मुझमें उठकर बैठने की सामर्थ्य शायद नहीं थी। मैं पूर्ववत् लेटी रही। आँखें बन्द और बुख़ार से जलता शरीर। बाद में तो वे और भी ऊटपटाँग शब्दों में मेरी ही चर्चा करने लगे। मैं बैठ नहीं पा रही थी, पर उनकी बेहूदी बातों से घबराकर उठ बैठी। युवकों की आँखें मुझे घूरती रहीं। मैं घबरायी थी, पर ऊपर से निश्चिन्त और मज़बूत दिखाई देती थी। मन ही मन पछता रही थी कि ख़ाली बोगी में क्यों बैठी? ट्रेन अपनी रफ़्तार में थी। मैं सोच रही थी कि जल्दी बरेली का स्टेशन आ जाये। तभी उन्होंने मेरे साथ बातें शुरू कीं, "कहाँ जा रही हैं आप?" वह अधेड़ व्यक्ति बोला।

"आपको क्या मतलब?" मैंने रुक्षता के साथ जवाब दिया।

"आप अकेली सफ़र कर रही हैं?"

"आपको क्या मतलब?"

"आपको बुख़ार आया है, ऐसा आपके चेहरे से लग रहा है।" अधेड़ ने सहानुभूति दिखायी।

"आपको क्या मतलब?" वे तीनों मेरे इस अल्हड़ उत्तर का आनन्द लेने लगे थे।

"आप बुख़ार की स्थिति में सफ़र मत कीजिए। हम शाहजहाँपुर जा रहे हैं। वहाँ हमारा घर-परिवार है। आप हमारे साथ चलिए। हमारे घर पर आराम करिए। हम दवा ले आयेंगे। बुख़ार उतरने पर चली जाइयेगा।" अब तो अधेड़ व्यक्ति के इस सुझाव पर युवक भी "हाँ-हाँ, ठीक कहा" बोल उठे।

मैं यह सुनकर भीतर से काँप गयी, परन्तु और भी मज़बूत बनकर ऊँची आवाज़ में बोली, "चुप रहिए, मुझे सलाह मत दीजिए।"

मैं बरेली स्टेशन की तीव्रता से प्रतीक्षा करने लगी और सामान को सँभालने के बहाने उसे दरवाज़े की ओर खिसकाती रही, स्वयं भी दरवाज़े के निकट इस सावधानी से खिसक रही थी कि उन्हें न लगे कि मैं अपना बैठने का स्थान बदल रही हूँ। जैसे चूहे पर झपटने के लिए बिल्ली उस पर आँखें गड़ा देती है, दोनों युवकों की आँखें उसी प्रकार मेरी ओर गड़ी थीं मानो वे एक झपट्टे में मुझे निगल जायेंगे।

ट्रेन की गति कुछ धीमी होने लगी। अब वह प्लेटफ़ॉर्म पर धीमी गति से चल ही रही थी और मैं दरवाज़े के डण्डे को पकड़कर लगभग लटक गयी। अभी ट्रेन पूरी तरह रुकी भी न थी कि मेरे पैर प्लेटफ़ॉर्म को छू लिए। मैं मुँह के बल गिरने ही वाली थी। "कुली! मेरा सामान उतार लो।" मैंने उँगली से इशारा करके कहा।

कुली ने मेरा सामान यानी वह बिस्तर का बंडल उतार लिया। झोला तो मेरे कन्धे में लटका ही था। "लेडीज़ वेटिंगरूम" मैंने कुली को कहा। वेटिंगरूम में बहुत-सी महिलाएँ व बच्चे थे। मैं आश्वस्त होकर अपने बैठने के लिए स्थान खोज रही थी कि तभी देखा बोगी वाला वही युवक एक बड़ी-सी कुर्सी को खिसका लाया। मुझसे बोला, "इसमें आराम से बैठिए।" मुझे उस युवक से अब कोई डर नहीं था, पर उसकी उपस्थिति मुझे सह्य नहीं थी। "आप जाइए" मैंने तनकर झटके-से कहा। वह चला गया, परन्तु थोड़ी ही देर में एक प्याली चाय लेकर फिर से आया। "लीजिए, चाय" जैसे ही उसने कहा, मेरे मन में कौंध गया, 'इस चाय में इसने कुछ मिला न रखा हो?' मैंने प्लेट व प्याला पकड़ा और उसके मुँह पर ज़ोर-से पटकते हुए चिल्लायी, "हट बदमाश...निकल यहाँ से...नहीं तो पुलिस..." मैं जैसे ही चिल्लायी, महिलाएँ भी चिल्ला उठीं और मेरे साथ उसे खदेड़ने के लिए दरवाज़े से भी बाहर दौड़ गयीं। वह अँधेरे की ओर कहीं भाग गया। थोड़ी देर में ट्रेन ने सीटी बजायी और वह प्लेटफ़ॉर्म से निकल गयी।

बरेली से मथुरा की यात्रा कैसी रही, उसकी याद नहीं है। शायद ठीक ही रही होगी। मैं मथुरा में गांधी आश्रम में पहुँच गयी। मुझे उसका पता और पूरा मार्गदर्शन बहन जी ने लिखकर दे दिया था। गांधी आश्रम के व्यवस्थापक श्री शान्तिलाल त्रिवेदीजी ने देखा, खादी की दरी में लिपटा एक बड़ा-सा बंडल और कन्धे में खादी का झोला, वह भी सामान से भरा हुआ, उठाकर मैं उनके सामने पहुँची तो अपनी आदत के अनुसार होंठों को पूरा न खोलकर शब्दों को दबाते हुए उन्होंने कहा, "बहादुर लड़की! अकेली ही आ गयी।" शान्तिलालजी मूलतः गुजरात के निवासी थे। देश के स्वतन्त्रता आन्दोलन में अपनी युवा आयु में ही जुड़ गये थे। उनकी खादी कार्य व रचनात्मक कार्यक्रम के प्रति आस्था देख गांधीजी ने उन्हें कुमाऊँ की पहाड़ियों में खादी कार्य को स्थापित करने व बढ़ाने के लिए भेज दिया था। उन्होंने गांधी आश्रम चनौदा (ज़िला अल्मोड़ा) की स्थापना की और इसकी शाखाएँ इस तत्कालीन विशाल ज़िले के अनेक स्थानों में फैला दीं। मझोले क़द के दुबली-पतली काठी वाले शान्तिलालजी बड़े मज़बूत आत्मविश्वास व अपने विचार में एकनिष्ठ व्यक्ति थे। जब वे खादी के शुभ्र-श्वेत वस्त्र तथा सिर पर खादी की सफ़ेद टोपी पहनकर, जोकि उनकी स्थायी वेशभूषा थी, सभा आदि में बैठते तो वे बहुत गहरे व्यक्ति मालूम पड़ते थे। वे थे ही गहन गम्भीर।

वे आज़ादी के आन्दोलन के जोशीले सेनानी थे। तिरंगा झण्डा लहराने के संघर्ष में पुलिस की लाठियों ने उनकी पसली तोड़ दी थी, पर शान्तिलालजी के

जोश को वह रोक नहीं पाये थे। उन्होंने अपनी जवानी कृष्णभवन (जेल को गांधीजी द्वारा दिया नाम) में सालों बिताकर पूरी की थी। स्वराज्य आन्दोलन व उसके बाद भी वे कुमाऊँ के जनजीवन से ऐसे समरस हो गये, मानो जन्मजात यहीं के हों। शान्तिलालजी लक्ष्मी आश्रम की स्थापना से पूर्व स्वराज आन्दोलन काल से ही बहन जी के सर्वाधिक सहायक व मार्गदर्शक रहे थे। आश्रम की स्थापना व उसके भवनों के निर्माण के लिए धन एकत्र करने में उनका अपूर्व योगदान था। आश्रम-संचालन में भी बहन जी उनकी सलाह को बहुत महत्त्व देती थीं। वे आश्रम कार्यसमिति के सदस्य तो वर्षों तक रहे। उसके कोषाध्यक्ष भी रहे। जब मैं आश्रम की सचिव बनायी गयी, तब भी वे कोषाध्यक्ष के पद पर रहे थे। मुझे उनसे सलाह लेने में कोई हिचक नहीं होती थी। वे उसी प्रकार हमारे सुख-दुख, सफलता-विफलता और समस्याओं के हल करने के लिए स्नेहपूर्वक तत्पर रहते थे जैसे बहन जी के समय में रहते थे।

गांधी आश्रम से मुक्त हो जाने के बाद भी वे अपनी पत्नी भक्ति बहन जी के साथ अल्मोड़ा नगर के एक दूरस्थ छोर पर किराये पर रहते थे जबकि मुम्बई में उनके एकमात्र बेटे भीखूभाई त्रिवेदी अच्छी नौकरी करते हुए परिवार के साथ रहते थे। यह शान्तिलालजी का पर्वत प्रेम या हिमालय की सन्निधि में रहने का अन्तर्मुख भाव ही था कि वे मुम्बई में बेटे के आग्रह के बावजूद यहाँ रहते थे। उन्हें वृद्धावस्था में हृदय सम्बन्धी अस्वस्थता का कष्ट सहना पड़ा था। फिर भी वे आठ-नौ महीने अल्मोड़ा में रहते व केवल तीन-चार माह के लिए मुम्बई में अपने परिवार में जाते। एक बार मैं ही उन्हें व उनकी सहधर्मिणी भक्ति बहन जी को लेकर पहुँचाने उनके साथ मुम्बई गयी थी। जब ट्रेन से यात्रा कर रहे थे, तब उन्हें हृदय की तकलीफ़ हो गयी। छाती में दर्द था व साँस पूरी नहीं आती थी। भक्ति बहन जी तो असम्भव-सम्भव की कल्पना से हिल गयी थीं, पर फिर भी उनकी वाणी संयत व व्यवहार बहुत नियन्त्रित था। उस महिला की आन्तरिक शक्ति को देख मैं आश्चर्यचकित हुई थी।

मैंने जल्दी से टी.टी. को खोजा। सहयात्री सब सक्रिय हो गये थे। टी.टी. ने अगले स्टेशन को वायरलेस से सन्देश भेजा। टी.टी. दौड़कर हमारे पास आये व बताया कि अगले स्टेशन पर हृदय विशेषज्ञ डॉक्टर आयेंगे। मन में कुछ राहत महसूस हुई पर लगता रहा कि कब अगला स्टेशन आयेगा? अगले स्टेशन पर ट्रेन रुकी नहीं कि डॉक्टर ने हमारी बोगी में पाँव रखा। तुरन्त सॉर्बिट्रेट की गोली शान्तिलाल भाईजी की जीभ के नीचे रख दी। अगले ही क्षणों में उनको आराम महसूस होने लगा। कुछ और भी दवाएँ देकर और उनका रक्तचाप जाँचकर डॉक्टर ट्रेन से उतरे,

तब तक ट्रेन को रोके रखा गया था। हमने सभी को धन्यवाद दिया और मुम्बई तक की यात्रा सकुशल पूरी की। शान्तिलालजी बार-बार कहते रहे, "राधा बहन ने आज तो मेरी जान बचा दी।" देश और समाज को समर्पित ऐसे पुरुषश्रेष्ठ के साथ काम करने व अवसर पाकर उनकी सेवा करने का मुझे सद्भाग्य मिला। यह मेरे जीवन की सार्थकता थी।

हाँ, तो हम अपना पिछला सिलसिला पकड़ें। मैं मथुरा में गांधी आश्रम पहुँची व शान्तिलालजी ने प्यार भरा स्वागत किया। वास्तव में इस नरपुंगव शान्तिलालजी का गांधी आश्रम की निर्णायक व्यवस्था ने कुमाऊँ से मथुरा के लिए तबादला कर दिया था, जिससे वे उदास थे। वे कुमाऊँ से बिछुड़ने से दुखी थे और मैं एक कुमाउँनी लड़की मानो उनके लिए पूरा कुमाऊँ समेटकर वहाँ पहुँच गयी थी। अत: मैं उनके लिए उनकी एक महत्त्वपूर्ण अतिथि बन गयी। बस, उसी दिन वे स्वयं मुझे मथुरा में द्वारिकाधीश का मन्दिर दिखाने ले गये। दूसरे दिन वृन्दावन का बाँकेबिहारी का मन्दिर और उसी संध्या के सुन्दर संगम-काल में जब मन्दिरों में आरती हो रही थी, वे मुझे यमुना जी में नौका विहार को ले गये। मुझे याद है, नौका में बैठे वे आँखें मूँदकर गाने लगे थे, "सुने री मैंने निर्बल के बल राम...।" उन्होंने मुझे भी एक भजन गाने को कहा। मैंने गाया कबीर का एक भजन, "भेद न जाने कोई साहेब तेरो...।" उसके बाद उन्होंने एक कुमाउँनी गाना सुनना चाहा, तो मैंने यमुना जी की लहरों में चलती नाव में उन्हें रामगंगा का गीत सुनाया।

वे पुरानी स्मृतियों में खो गये। बताने लगे, जब वे थल में रामगंगा को पार करके उसके किनारे-किनारे चलते हुए नाचनी और उसके आगे कालामुनि की चोटी पार कर मुनस्यारी गये थे। "सरला बहन जी मेरे साथ थीं," उन्होंने बताया। गांधी आश्रम में आकर वे मुझे अपनी यात्रा-कथाएँ बताने लगे। जब वे आज़ादी के आन्दोलन को संगठित करने चौखुटिया-गेवाड़ के गाँवों में गये थे और गांधी आश्रम के लिए ऊन की बेल्चियाँ ख़रीद लाने को जौलजीवी तथा धारचूला गये थे। उनकी बातें व उनके स्वर का दर्द मानो उनकी व्यथा बयाँ कर रहा था मानो वे अपनी प्रिय भूमि से दूर वनवास भोग रहे थे और पुराने दिनों को याद कर रहे थे। श्रोता यदि सहृदय हो तो उम्र का भेद आड़े नहीं आता। शान्तिलालजी को भी एक श्रोता मिल गयी थी, जो उनके शब्दों में उनकी बिछुड़न को पहचान सकती थी। मथुरा का खारा पानी मेरी प्यास नहीं बुझाता था। यह देखकर शान्तिलालजी मेरे लिए फलों का रस ले आये थे।

दूसरे दिन शान्तिलालजी मुझे 'आधुनिक मीरा' के रूप में प्रसिद्ध उस भक्त युवती के पास ले गये, जो स्वयं ही भक्ति रस में सराबोर भजनों की रचना करती थीं,

उन्हें स्वर देती थीं और भावपूर्वक गाकर सुनाती थीं। उन्होंने विवाह नहीं किया था। जीवन इसी भक्ति को समर्पित था। आम नागरिक, स्त्री-पुरुष, साधु-सन्त और दूर-दूर से भी लोग उनके घर पर आते थे। कमरे में जाजम बिछा रहता। लोग आकर बैठते तो मीरा कृष्णभक्ति के भजन मधुर एवं भाव-विह्वल स्वर में गाने लगतीं। उनके दोनों भाई हारमोनियम व तबले पर संगत देते। पूरा स्थान उनके भक्तिभाव की लहरों और मुक्तस्वर की झंकार से उठती विद्युत तरंगों से झंकृत हो जाता था। मीरा की बन्द पलकों के पीछे से भक्तिरस की अश्रुधाराएँ प्रवाहित हो जातीं। शान्तिलालजी और मैं उस भक्तिसरिता में अवगाहन करके वापस गांधी आश्रम आये। हमने भोजन किया, पर शान्तिलालजी ने यात्रा में खाने के लिए कुछ रोटियाँ और आचार के कुछ टुकड़े मुझे एक काग़ज़ के डिब्बे में रखकर दिये और कहा, "सावधानी से यात्रा करना और पहुँचने पर मुझे पत्र लिखना।" एक पितृतुल्य व्यक्ति की कितनी सहृदयता?

उसी शाम जी.टी. एक्सप्रेस की तीसरी श्रेणी की बोगी में घुसकर मैंने वर्धा की यात्रा शुरू कर दी। बड़ी देर तक खड़ी-खड़ी यात्रा करने के बाद सीट के एक कोने में बैठने को जगह मिल गयी। वर्धा स्टेशन से सेवाग्राम नयी तालीम परिसर में पहुँची तो देवकी, कमला, इन्द्रा और खष्टी हर्ष विभोर हो गयीं। वे पहाड़ों से दूर महाराष्ट्र प्रदेश के शुष्क व गर्म हवामान में रहती हुई शिक्षण पा रही थीं।

सेवाग्राम यात्रा के अनुभवों ने मुझे दस साल आगे की जितनी परिपक्वता दी, और नयी तालीम का व्यावहारिक स्वरूप समझ में आया। परन्तु हिन्दुस्तानी तालीमी संघ सेवाग्राम के अनुभव के साथ ही नयी तालीम को समझने की मेरी शोध यात्राएँ थम नहीं गयीं, वरन् उनके लिए मेरा उत्साह और भी बढ़ गया। मैं इसके लिए अपनी प्रतिवर्ष की पूरी वार्षिक छुट्टी देने को तत्पर थी और बहन जी के पास मेरी यात्राओं के व्यय को आश्रम-कार्यालय से निकाल सकने की सम्भावना भी थी। सर्वप्रथम मेरी इन यात्राओं ने गुजरात का रुख़ किया। गुजरात के उत्तर-पश्चिमी भाग में अनेक लोकशालाएँ थीं और उनके केन्द्र में एक विश्वविद्यालय, लोकभारती, सणोसरा नामक गाँव में श्री नानाभाई भट्ट व उनके सहयोगियों श्री मनुभाई पंचोली आदि ने स्थापित किया था।

सर्वप्रथम मैं ग्राम दक्षिणामूर्ति, आँबला की लोकशाला के अध्ययन के लिए गयी। मेरी मुख्य जिज्ञासा नयी तालीम की 'समवाय' प्रक्रिया को समझने व उसके परिणाम जानने की थी। ग्राम दक्षिणामूर्ति में उनकी सामूहिक रसोई, छात्रावास, खेती व उद्योगशाला और अन्त में बौद्धिक क्लासें देखीं। समवाय की ओर शिक्षक-

शिक्षिकाओं का सम्पूर्ण प्रयास था और श्रम व उद्योग कार्यों में शिक्षक का विद्यार्थियों के साथ काम करना विशेष प्रभावी था। शिक्षक के साथ होने से ही 'समवाय' का क्रम व्यवहृत हो भी सकता था। शिक्षक की उपस्थिति ही नहीं, उसकी दृष्टि का पैनापन भी आवश्यक था, ताकि वह विद्यार्थियों को उद्योग से ज्ञान सीखने की ओर अभिमुख कर सकें।

ग्राम दक्षिणामूर्ति के आसपास के गाँवों में परम्परा से अमरूद की खेती नहीं हुआ करती थी। इस लोकशाला ने यह नया प्रयोग अपनी खेती में किया। अपनी शिक्षा पूरी करके उनके जो छात्र अपने घरों में गये, उन्होंने अपने खेतों में अमरूद के पौधे लगाये और दूसरे युवा कृषकों ने भी एक नयी शुरुआत का स्वागत किया और अपने खेतों में अमरूद के फल-बाग़ लगाये। इस प्रकार वहाँ अमरूद की खेती होने लगी। लोकशालाएँ कैसे समाज को बदल सकती हैं, इसके अन्य भी कई उदाहरण मुझे अलग-अलग लोकशालाओं में जानने को मिले। श्रमनिष्ठा के मूल्य मुझे सभी लोकशालाओं के शिक्षकों व विद्यार्थियों में देखने को मिले थे। सुबह की सामूहिक सफ़ाई हो या गौशाला व खेतों में किये जाने वाले काम, इनमें छात्र व शिक्षक जमकर मेहनत करते थे।

इनके बौद्धिक वर्ग हमारे आश्रम की तरह केवल दो घण्टों के न थे। वे तीन घण्टों से पाँच घण्टों तक की अवधि के होते थे और उनमें पाठ्यपुस्तक की तरह न सही मार्गदर्शक पुस्तकों के रूप में दो-चार पुस्तकें चयनित की गयी थीं। उनसे जानकारी प्राप्त की जा सकती थी, किन्तु उसमें से परीक्षा में प्रश्न नहीं आते थे। प्रश्न तो सामान्यत: जो पढ़ाया जाता था, उसमें से ही आता था। परीक्षाओं के भय जैसा कोई वातावरण न था। अगले वर्ग में जाने के लिए जितना बौद्धिक ज्ञान आवश्यक था, उतना ही श्रम, हस्तकुशलता और सामाजिक जीवन भी आवश्यक था, जो सालभर किये गये कार्य पर ही निर्भर था। लोकशालाएँ साबरकुंडला, खड़सली और मणार के अतिरिक्त अन्य कई थीं, जिन्हें मैंने जाकर अध्ययन किया था। पर आज तो मेरी स्मृति से उनके नाम ग़ायब हो गये हैं।

मेरी ऐसी अध्ययन यात्राओं का सिलसिला आगे दक्षिण गुजरात की ओर बढ़ा। सूरत ज़िले में रानीपरज (जो पहले 'कालीपरज' कहलाती थी) आदिवासियों के क्षेत्र में गये नयी तालीम के पुरोधा जुगतराम दवे व उनके सहयोगियों आदि ने उस प्रजा को 'काली प्रजा' नहीं, 'रानी प्रजा' नाम दिया था और शिक्षा के नयी तालीम-प्रभाव से उन्हें रानी प्रजा बनने के संस्कार भी दिये थे। जुगतराम दवे बुनियादी शिक्षा के शिक्षाशास्त्री थे। उस क्षेत्र में कन्याआश्रम, वात्सल्यधाम मढ़ी,

नयी तालीम संस्था—बेड़छी, स्वराजआश्रम, बारडोली में चलने वाला नयी तालीम विद्यालय, ऐसी ही अनेक संस्थाएँ फैली हुई थीं। मैं केवल प्रत्यक्ष हो रहे काम को ही नहीं देखती-समझती बल्कि उनको संचालित-संस्थापित करने वाले गुजरात प्रान्त के मूर्धन्य गांधी विचारकों तथा नयी तालीम के अनुभवी कार्यकर्ताओं से चर्चाएँ भी करती थी। अपने प्रश्न व जिज्ञासाएँ भी उनके सामने रखती थी। ऐसे प्रसिद्ध व मँजे हुए विचारक कार्यकर्ता थे जुगतराम दवे, ज्योतिभाई देसाई, मनुभाई पण्डित, अन्नपूर्णा बहन और कला शिक्षक हक्कूभाई साह। सौराष्ट्र क्षेत्र में मनुभाई पंचोली (उच्च कोटि के गुजराती साहित्यकार तथा नयी तालीम के उच्च क्षमतावान शिक्षक व संस्था संचालक), न.प्र. बुच तथा अनिल भट्ट आदि। इस प्रकार मेरे मस्तिष्क और हृदय के बौद्धिक व भावनामूलक दायरे बृहत से बृहत्तर होते गये। उक्त विद्वज्जनों से मिले ज्ञान व कार्य अनुभव मेरे काम के लिए बहुत मूल्यवान व सहायक अनुभव थे।

इन अध्ययनों की विस्तृत जानकारी मैं आश्रम में शिक्षिकाओं,. कार्यकर्ताओं और बहन जी के सामने एक संयुक्त बैठक में प्रस्तुत करती थी। उसमें जो कुछ हमारे अनुकूल तथा हमारे विद्यालय के स्तर को बढ़ाने वाला होता था, उसे हम क्रियान्वित भी करती थीं। कभी कुछ समय तक हमने अपनी बौद्धिक वर्गों की पाठशाला एक अलग भवन में चलायीं, ताकि छात्राएँ व्यवस्थित होकर अपने पढ़ाई सम्बन्धी पूरे सामान के साथ क्लास में पहुँचें। हमने उत्तर बुनियादी के कोर्स में वस्त्र-स्वावलम्बन के स्थान पर बिस्तर-स्वावलम्बन का निर्णय लिया था, जिसमें उत्तर बुनियादी कक्षा की प्रत्येक छात्रा एक कालीन, एक लोई, एक कम्बल तथा एक पुराने कपड़ों से बनायी गयी दरी तैयार करती थी। इनकी पूरी प्रक्रिया अर्थात् ऊन की कताई करके तागा बनाना, उसकी डिजाइन तय करना, उसके अनुसार तागे की रँगाई करना, ताना लगाकर उसकी कर्घे पर बिनाई करना आदि वे स्वयं करती थीं। एक वर्ष में ये चारों चीज़ें तैयार होती थीं। मैं चूँकि उत्तर बुनियादी वर्ग की शिक्षिका थी, अतः मैंने भी उनकी शिक्षिका होने के नाते बिस्तर-स्वावलम्बन का प्रयास किया था। उसमें कालीन, कम्बल व दरी मैं तैयार कर पायी, किन्तु लोई नहीं बना पायी थी।

हमने अपने सांस्कृतिक कार्यक्रमों को अधिक प्रभावी बनाने के प्रयास किये। उनमें गुजराती गरबा, डाँडियारास जुड़ गये। हमारी प्रार्थना में कुछ गुजराती भजन भी जुड़े। कभी हमने अपनी पाठ्यसामग्री को भी अधिक सहज बनाने का सामूहिक प्रयास किया। जो चुनी हुई कुछ विधियाँ हम विभिन्न लोकशालाओं अथवा संस्थाओं से सीखकर लायी थीं, उनमें से चयनित चीज़ें उसमें जोड़ीं। इन शिक्षण अध्ययन यात्राओं में मेरी अन्य सहयोगिनी शिक्षिकाएँ भी शामिल होने लगी थीं। उससे हम

पद्धति के पक्ष व विपक्ष को अधिक सूक्ष्मता से जाँच पाती थीं। एक बड़ा लाभ यह भी हुआ था कि हिन्दुस्तानी तालीमी संघ, सेवाग्राम तथा लोकभारती, सणोसरा में विद्वज्जनों व अनुभवी शिक्षाशास्त्रियों से मेरे अच्छे सम्बन्ध बन गये थे, जैसे सेवाग्राम के राधाकृष्णजी, देवी प्रसादजी, माँ आशा देवी आदि। 'लोकभारती' से मनुभाई पंचोली, अनिल भट्ट तथा दवेजी आदि को मैं पत्र लिखकर भी कुछ सलाह ले सकती थी।

इस सम्पूर्ण प्रक्रिया से हमारे विद्यालय में हमने उत्तर बुनियादी कक्षा प्रारम्भ की और शिक्षासत्रों को अधिक व्यवस्थित किया। हम पूर्णतः नयी तालीम की पद्धति चला रही थीं।

छात्राओं के बाह्यदर्शन दो तरह के होते थे। एक शिक्षण प्रवास, जो सभी उम्र के छात्रा समूह को उनकी उम्र और शैक्षणिक बौद्धिक स्तर के अनुसार दिये जाते थे, जो दस-पन्द्रह दिनों के होते थे। दूसरा, उत्तर बुनियादी की छात्राओं के लिए एक तीन माह का विशेष शिक्षण-प्रवास होता था, जो कई राज्यों की यात्रा करता था। दूसरे छोटे प्रवास विभिन्न आन्दोलनों व अभियानों के साथ जुड़कर भी होते थे, जैसे भूदान आन्दोलन, मद्यनिषेध आन्दोलन तथा चिपको आन्दोलन के सन्देशों को लेकर होने वाली पदयात्राएँ।

तीन माह के शिक्षण-प्रवास की ज़िम्मेवारी मेरे ऊपर आती थी। उत्तर बुनियादी कक्षा में 5 से 8 तक छात्राएँ हुआ करती थीं। एक बार 6 या 7 छात्राओं को लेकर हमारा प्रवास दिल्ली, राजस्थान और गुजरात की ओर गया था। हर प्रवास में हम गांधी-विचार की कुछ रचनात्मक संस्थाओं को देखतीं, वहीं हमारा निवास होता और वहीं से हम उस स्थान के ऐतिहासिक व महत्त्वपूर्ण स्थलों व कार्यों को देखने जाती थीं। नयी तालीम विद्यालयों को देखतीं। किसी स्थानीय सुप्रसिद्ध व्यक्ति से मिलने की भी चेष्टा करतीं। इस प्रवास की दो-तीन बातें ही मुझे अभी तक याद रही हैं। एक तो उस वर्ष का 'अखिल भारतीय सर्वोदय सम्मेलन' अजमेर के पास हटुंडी में एक संस्था के विशाल परिसर में हुआ था। हम उसमें शामिल हुईं। बालिकाओं को पहली बार आचार्य विनोबाजी से मिलने व सुनने का अवसर मिला। विनोबाजी भूदान-ग्रामदान आन्दोलन की अपनी पदयात्रा के क्रम में ही उस सम्मेलन में शामिल हुए थे। उन्हें निकट से मिलने, प्रणाम करने और बातें करने का सुअवसर छात्राओं के लिए जीवनभर की एक याद बनने वाली घटना थी।

दूसरी महत्त्वपूर्ण बात थी कि गुजरात में हम दांडी भी गयी थीं, जहाँ गांधीजी का इतिहास प्रसिद्ध 'नमक आन्दोलन' चला था और जिस समुद्र के जल से गांधीजी ने

मुट्ठीभर नमक उठाकर ब्रिटिश राज्य का नमक-क़ानून तोड़ा था, जिसने पूरे देश के शहरों के चौराहों पर नमक बनाने व बेचने और नमक क़ानून को 'सविनय अवज्ञा आन्दोलन' के अन्तर्गत तोड़ने के लिए प्रेरित किया था, जिससे भारत में ब्रिटिश राज्य की नींव हिल गयी थी। समुद्र के तट पर खड़ी हम हिमालय-कन्याएँ उस तट की रेत को छू रही थीं, जो कभी बापू ने अपने पैरों से छुई होंगी। तभी इकहरे शरीर वाले एक गौरवर्ण, श्वेत केश और धवल खादी वस्त्रों वाले व्यक्ति हमारे सामने आये। "क्यॉ थी आव्या?" (कहाँ से आयी?) उन्होंने पूछा और हमने हिन्दी में जवाब दिया। वह गुजरात के गांधी विचार के प्रसिद्ध कार्यकर्ता दिलख़ुशभाई दीवानजी भाई थे। जैसा नाम वैसा स्वभाव। प्रसन्नचित्त, सरल और गांधी के साथ बिताये दिनों के संस्मरणों के ख़ज़ाने के धनी। उन्होंने उस स्थान से जुड़ा इतिहास, प्रतिक्षण घटी घटनाओं का जीता-जागता चित्र खींचा और स्थानीय ग्रामवासियों की जीवनशैली के बारे में बताया, जो हमने सागर की रेती में बैठकर सुना। तब से दिलख़ुशभाई मेरे मित्र बन गये। उनके साथ पत्र-व्यवहार तब तक चलता रहा, जब तक अपनी बढ़ती आयु के दबाव से उनके लिए लिखना ही कठिन न हो गया।

एक दूसरी शिक्षण प्रवास यात्रा में हम उत्तर प्रदेश, बिहार और बंगाल तक गयीं। इस बार के प्रवास की दो स्मृतियाँ मन में सदा सजीव रहने वाली हैं। एक सुबह पाँच बजे जापानी बौद्धभिक्षु के डफ़लीनुमा धर्म-वाद्य की तालबद्ध आवाज़ और 'नम्यो हो रेंगे क्यों' के जाप के साथ हमारा समूह गृद्धकूट पर्वत के उस स्थान पर गया था, जहाँ भगवान बुद्ध ने तप किया था। हमारा निवास राजगीर में था। भोर का प्रकाश झलकने के पूर्व ही हम वहाँ से निकल गयी थीं। शान्तवाणी और शान्तचित्त से हमने कुछ किमी. की वह यात्रा एक आध्यात्मिक परिवेश में की थी और गृद्धकूट के उस शुद्ध नैसर्गिक वातावरण में कुछ समय बैठने के बाद हमने पूछा, "भन्ते! यहाँ के बारे में कुछ बताइये।" तो भिक्षुजी ने अपनी टूटी पर प्रेमभरी हिन्दी में बहुत शान्त स्वर में सारा इतिहास बताया। हमने वापस आकर उस खादी संस्था के युवा व्यवस्थापक को अपनी अद्‌भुत आनन्दानुभूति बताने का सोचा था, पर उनके सिर में बहुत दर्द था। हम अपने साथ होमियोपैथी की कुछ दवाएँ लेकर चलती थीं। अतः हमने व्यवस्थापक महोदय को 'बेलाडोना' देने की पेशकश की तो वे बोले, "ये क्या है तुम्हारी दवा (बड़े मुलायम स्वर में) 'बे ऽऽऽ ला डो ऽऽऽना' हमारी दवा तो है (ज़ोरदार आवाज़ में) 'सेरिडॉन, मैंने मँगायी है अभी सिर दर्द ग़ायब होगा।"

लड़कियाँ मुँह दबाकर हँसती हुई अपने स्थान पर चली गयीं और कुछ दिनों तक यह उनके लिए चर्चा का अच्छा विषय बन गया। हम सब एक हॉल में फ़र्श

पर खादी के गद्दे बिछाकर सोती थीं। उन्हीं पर बैठकर प्रतिदिन के अनुभवों से समृद्ध लम्बी डायरी भी लिखती थीं। इन डायरियों के आधार पर हम प्रवास के अन्त में अपनी लम्बी प्रवास-रिपोर्ट भी लिखने वाली थीं। डायरी को लिख लेने के बाद हम कुछ समय मुक्त स्वर से गातीं, कभी नक़ल लगातीं, कभी देवी की कविताएँ सुनतीं तो कभी श्यामा, 'बेलाडोना' व 'सेरिडॉन' की नक़ल लगाकर सबको हँसाती।

इसी यात्रा के अन्तर्गत कलकत्ता में हम एक दिन बेलूर मठ देखने गयीं। विशाल द्वार पर एक ब्रह्मचारी दिखायी पड़े। उनसे बेलूर मठ को देखने की अपनी इच्छा ज़ाहिर की, तो वे बोले, "पहले स्वामीजी को प्रणाम करने चलो, तब देखोगी सारा मठ व अन्य दर्शनीय प्रवृत्तियाँ।" हम ख़ुश हो गयीं क्योंकि स्वामीजी से मिलने का अवसर जो मिल गया था। स्वामीजी को प्रणाम करके फ़र्श में बिछे सुन्दर-स्वच्छ जाजम पर बैठ गयीं। स्वामीजी ने हमें देखा और तुरन्त पूछा, "तुम किसी पर्वतीय प्रदेश से तो नहीं आयी हो?" हमने नम्रता से, "कौसानी व आश्रम तथा सरला बहन जी" कहा ही न था कि स्वामीजी गद्गद होकर बोले, "कुमाऊँ से? मेरे कुमाऊँ के पर्वतों से आयी हो?" स्वामीजी मायावती आश्रम में कुछ वर्षों तक रहे थे। उस क्षेत्र से उनका लगाव उनके उद्गारों में प्रकट होने लगा। "पहले 'प्रसाद' पाओगी तब मिशन की सारी प्रवृत्तियाँ तुम्हें दिखायेंगे।" उन्होंने प्रेमपूर्ण शब्दों में कहा। 'प्रसाद' माने पूरा भोजन। हमें स्वादिष्ट भोजन प्रेम व आदर से दिया गया। स्वामीजी ने अपने एक भक्त की गाड़ी शहर से मँगा ली और उसमें दिन भर हमें मिशन की शिक्षण संस्थाएँ, काली माँ का मन्दिर और सभी औषधालय तथा हस्तकला प्रशिक्षण केन्द्र आदि दिखाकर शाम को हमें हमारे निवास स्थान पर पहुँचा दिया। रामकृष्ण मिशन को देखना और वह भी इतने प्रेम व आदर के माहौल में, हमें तो अपना दिन ही नहीं, पूरा प्रवास सफल लगने लगा।

लक्ष्मी आश्रम संघर्ष और रचना के दोनों पहियों के ऊपर अपने विचार की गाड़ी चलाता रहा है। अत: पदयात्राओं, शिविरों और गोष्ठियों तथा जनसभाओं का हमारी तालीम में एक शिक्षण-विषय की तरह पूरा स्थान था। इन सारी आन्दोलनात्मक प्रवृत्तियों को हमने शिक्षण का माध्यम बना दिया था। भूदान पदयात्राओं में हमारा छात्रा समूह जिस गाँव में हम रात्रिसभा करने वाले होते और रात्रि विश्राम भी जहाँ होना था, दिन में पदयात्रा वहाँ पहुँचती, छात्राएँ गाँव के महिला पुरुषों से उनके पास जाकर बातें करतीं और गाँव की पूरी ज़मीन का सर्वेक्षण कर लेतीं। कितनी नाली (एक एकड़=20 नाली, नाली यहाँ की भूमि की नाप है) तलाऊँ (सिंचित) और कितनी उपराऊँ (असिंचित)? कितने परिवारों के पास नाममात्र का भूमि हक़ और

कितनी नाली भूमि पर सर्वाधिक मालिकाना आदि का जायज़ा ले लेतीं। खाने के बाद हम बैठकर छात्राओं की इन जानकारियों का विश्लेषण करतीं। शाम के भोजन के बाद गाँव के सारे स्त्री-पुरुष व बच्चे एकत्र होते। यह सभा भाषणप्रधान नहीं होती। छात्राएँ टॉलस्टॉय की 'कितनी ज़मीन' कहानी तथा कई अन्य नाटकों का अभिनय करतीं। हमने स्थानीय भाषा में भूदान-ग्रामदान का सन्देश देने वाले गीतों व चाँचरी नृत्य के गीतों की रचना की थी। छात्राएँ उन्हें प्रस्तुत करतीं।

महिलाएँ कहती थीं, "तुम्हारे भाषणों व संवादों से ज़्यादा हमें बच्चियों के गीतों व नाटकों से समझ में आता है। सन्त विनोबा का सन्देश अच्छी तरह समझ में आया।" यद्यपि हमारे भाषण भी स्थानीय भाषा कुमाउँनी में ही होते थे, तो भी नाटकों की जीवन्तता उन्हें दिल में पहुँचती हुई लगती थी। इसी प्रकार 'चिपको आन्दोलन' में हम अपनी छात्राओं के साथ घाटी-घाटी, गाँव-गाँव रैणी गाँव की महिलाओं का पुरुषार्थ, उनका अहिंसक प्रतिरोध, उनकी सामूहिक शक्ति की कहानी तथा वनों पर गाँव की अधिकारपूर्ण व्यवस्था का सन्देश देते थे। इस सन्देश के नाटक व स्थानीय भाषा में लिखे हमारे गीतों, सामूहिक नृत्यों व नुक्कड़शैली के नाटकों द्वारा छात्राएँ आन्दोलन का सन्देश प्रस्तुत करती थीं। हमने नये नारे भी बनाये थे। हमारी छात्राएँ गाँव के पंचायती-ग्राम वन की जानकारी लेती थीं। महिलाओं को चारा व ईंधन के लिए कितनी दूर की पैदल यात्राएँ करनी पड़ती हैं, गाँव में जल व्यवस्था क्या है, खेती में कौन-सी खादें डालते हैं? इस प्रकार की पर्यावरण सम्बन्धी पूरी जानकारी एकत्र करती थीं। गाँव के लिए गौचर-पनघट की भूमि शेष रही या नहीं, यह भी जान लेती थीं। हमारा मुख्य लक्ष्य सम्बन्धित आन्दोलनों का प्रचार व दूरस्थ गाँवों तक एक नये आरोहण के लिए समाज को उत्साहित करने का होता था। हम स्कूल कॉलेजों में जाकर सामाजिक दृष्टि के साथ-साथ वैज्ञानिक दृष्टि से भी वनों व खेती की आबाद भूमि के समुचित अनुपात व सन्तुलन को बनाये रखने के महत्त्व की जानकारी देती थीं। वृक्ष की देन, हिमालय की संवेदनशील रचना और जलस्रोतों के सूखने के कारण आदि विषयों पर युवा पीढ़ी से चर्चाएँ करती थीं। इस सबकी चर्चा विद्यार्थी अपने गाँव में ले जाते थे।

ऐसी ही पदयात्राओं के क्रम में एक बार हम ज़िला पिथौरागढ़ की पुंगराऊँ घाटी की पदयात्रा कर रही थीं। यह 'चिपको आन्दोलन' प्रारम्भ होने से पहले का समय था। उस दिन बौंगाड़ गाँव हमारा पड़ाव था। शाम को सारा गाँव एक बाखली (अलग-अलग परिवारों के घरों की एक साथ बनी क़तार) के चौड़े आँगन में एकत्र हुआ। अर्धरात्रि तक हमारे कार्यक्रम नुक्कड़ नाटक, गीत, भाषण और संवाद चलते रहे।

जब गाँव की समस्याओं पर बातचीत हो रही थी, तब सभा में बैठी स्त्रियों के कोने से भी कुछ आवाज़ें उठीं। मुझे अच्छा लगा कि इस गाँव में स्त्रियाँ भी पूरे गाँव की समस्याओं की ओर ध्यान दे रही थीं। मैंने उन्हें प्रोत्साहित किया तो वे बोलीं, "हमारे गाँव के वन पंचायती छोटे-से जंगल की दुर्दशा हो गयी है। पड़ोसी गाँवों ने वहाँ के पेड़ों को भी कच्ची लकड़ी के लिए काट दिया है। हमारी वन पंचायत है, उसका सरपंच भी है, पर वे कुछ करते नहीं।" एक दूसरी महिला ने कहा, "हमारी हरिजन बस्ती के परिवार गेहूँ की फ़सल तैयार होने के पहले दस-पन्द्रह दिन भूखों रहने की नौबत झेलते हैं और घर-घर एक दिन के भोजन के लिए भीख माँगते हैं। इनके पुरुष और स्त्रियाँ भी हमारा ही काम तो करते हैं। फ़सल घर पर आने के बाद हम उनके काम के बदले उन्हें अनाज देते हैं। हमने उन्हें अपने खेतों में से एक-दो छोटे टुकड़े ज़मीन कमाने को भी दे रखी है। क्यों न हम उन्हें अधिक ज़मीन कमाने को दे दें और जो भीख माँगने पर हम उनको देते हैं, उतना वे ख़ुद ही कमाकर पैदा कर लें।"

मुझे स्त्रियों के दोनों बिन्दु बहुत सही व मज़बूत लगे थे, किन्तु पुरुषों ने दूसरी बातें प्रारम्भ करके स्त्रियों की चर्चा का मुद्दा ही ग़ायब कर दिया। अतः बात आयी-गयी हो गयी। दूसरी सुबह हम अगले गाँव की ओर पदयात्रा को बढ़ाने की तैयारी कर रही थीं। सुबह की प्रार्थना के लिए सब आँखें मूँदे बैठी थीं, 'ईशोपनिषद्' के प्रसिद्ध श्लोक "ईशोवास्यमिदं सर्वं यत्किंच जगत्यां जगत्..." के समवेत स्वर से प्रारम्भ करके सर्वधर्म प्रार्थना पूरी हुई तो गाँव के कुछ बच्चे अलग-अलग घरों में एक-एक लड़की को भोजन कराने ले जाने को आ गये। लड़कियाँ उनके साथ गयीं। मैं भी किसी घर में जाने ही वाली थी कि गाँव के कुछ सयाने पुरुष श्री बिशनसिंह कार्की के साथ मुझसे बातें करने आ गये। उन सभी ने बिशनसिंह कार्की से कहा, "आप ही हमारी माँग की बात दीदी से कहिए।" बिशनसिंह जी एक निवृत्त फ़ौजी थे और अपने ग्रामीण समाज की उन्नति के लिए अपनी पुंगराऊँ पट्टी ही नहीं, अपने बेरीनाग प्रखण्ड में ख़ूब सक्रिय थे। मुझे यदि सही याद है तो उन्हीं के आमन्त्रण पर हम पुंगराऊँ पट्टी की पदयात्रा पर गयी थीं। उन्होंने अपनी बात कहने के पूर्व थोड़ा स्वयं को तैयार करके अपने शब्दों का चयन करते हुए मानो भरोसा दिया कि वे कुछ बड़ी बात कहने वाले हैं। तब वे बोले, "बहन जी, आपकी 'टीम' पूरे एक दिन व एक रात हमारे गाँव में रही। पूरे गाँववासी आपके सन्देश से और आपकी छात्राओं की योग्यता, सभ्यता, बोलचाल और व्यवहार से बहुत प्रभावित हुए हैं। हम चाहते हैं कि आपकी संस्था से कोई एक बहन जी हमारे गाँव में आकर अपना केन्द्र खोले,

तो हमारी बच्चियाँ, बच्चे, महिलाएँ व पुरुष सभी लोग सभ्य-सुसंस्कृत बन सकेंगे। हम भी अपने गाँव में सुधार करके इसे बेहतर बना पायेंगे। क्या आश्रम की किसी बहन जी को आप यहाँ भेज सकेंगी?"

मैंने कहा, "आप अपने गाँव के लिए इस तरह सोच रहे हैं, यह तो बहुत बड़ी बात है। मैं आपकी यह माँग सरला बहन जी को बताऊँगी। वे ज़रूर आपके गाँव को मदद देने के लिए सोचेंगी।" वे लोग 'हाँ' में मेरा उत्तर सुनना चाहते थे, पर मैं इससे अधिक कुछ भी कह नहीं सकती थी। मैंने पास के घर में भोजन किया। हमने अपने-अपने पिट्ठू पैक कर लिए थे। बैनर, पर्चे और नाटक सामग्री अलग-अलग ज़िम्मेवारी देकर छात्राओं में बाँट दी थी। मैंने अपना पिट्ठू पीठ पर चढ़ाया व मेगा माइक कन्धे पर डाला। सभी छात्राओं के पिट्ठू भी उनकी पीठों पर थे।

'हमारा मन्त्र—जयजगत्, हमारा तन्त्र—ग्रामस्वराज्य, हमारा लक्ष्य—विश्व शान्ति' के नारे के साथ हमारे क़दम आगे बढ़ गये। हमारे आगे-पीछे बौंगाड़ गाँव के छोटे-छोटे बच्चे या तो चल रहे थे या दौड़ भी रहे थे। महिलाएँ कहीं रास्ते के किनारे के खेतों से पुकारकर कह रही थीं, "फिरि बेर आया" (फिर जल्दी से आइए)। बिशनसिंह जी व उनके साथ आये लोग हमारे साथ कातकनधारे तक चलते रहे। अब वे वापस जाने लगे तो सबसे सयाने व संजीदा व्यक्ति बहादुरसिंहजी ने एक बार पुनः मुझे कहा, "बहन जी, हमारी माँग ज़रूर याद रखकर पूरी कर दीजिए।" मैंने, "हाँ, कोशिश करूँगी," कहा और सामूहिक नारा लगाया "धन और धरती बँट के रहेगी—भूखी जनता अब न सहेगी।" दोनों हाथ जोड़कर उन्हें 'जयजगत्' कहा और हम चढ़ाई चढ़ने लगीं। एक बार धार (चोटी) पर जाकर हमने बौंगाड़ गाँव को सुनाया, "सबै भूमि गोपाल की, नहीं किसी की मालिकी।" यह नारा लगाकर हम बौंगाड़ गाँव से ओझल हो गयीं और हमारा नारा हमारे समवेत स्वरों में चढ़कर बौंगाड़ तक लहरा गया।

चलते-चलते मेरे मन में बौंगाड़वासियों का प्रस्ताव घूम रहा था। मुझे गांधीजी का वह सपना याद आ रहा था, जब वे आज़ाद भारत के निर्माण के सम्बन्ध में बोलते हुए कहते थे, "मुझे भारत के बीस लाख गाँवों में बीस लाख सेवक चाहिए।" साथ ही विनोबाजी का आह्वान भी मन में घूम जाता, जो उन्होंने भूदान ग्रामदान यात्रा की एक जनसभा में किया था। "कार्यकर्ता गाँवों में जनाधारित होकर रहें और हर गाँव में ग्राम स्वराज्य लाने में गाँववासियों का साथ दें।" धीरे-धीरे मेरे मन में यह विचार आने लगा कि मैं स्वयं ही बौंगाड़ में जनाधारित होकर काम करूँ। मेरे ऐसा सोचने का एक कारण और भी था। रामगंगा घाटी के दो गाँव, चल्मोड़ी

और बिलात ग्रामदानी गाँव बने थे। एक अन्य गाँव खनात को लेकर वहाँ आश्रम की तीन स्नातिकाएँ ग्रामस्वराज्य निर्माण के लिए काम कर रही थीं। मैं उन्हें देखने और मार्गदर्शन देने कभी-कभी जाया करती थी, पर मुझे बार-बार लगता था कि मैं स्वयं गाँव में सतत काम करने का अनुभव लूँ, तभी तो दूसरों को इस कार्य में सहायक हो सकती हूँ। बौंगाड़ में जनआधारित होकर काम करूँ तो मैं अपनी इस मंशा को और गांधी-विनोबा के उन आह्वानों को पूरा कर सकती थी, जिनके प्रति मेरा बहुत लम्बे समय से आकर्षण बना हुआ था।

पदयात्रा के समापन तक मैंने मन में तय कर ही लिया था कि बहन जी स्वीकृति दें, तो मैं बौंगाड़ में जनाधारित रहकर काम करने जाऊँगी। बहन जी को मिलते ही मैंने सर्वप्रथम बौंगाड़वासियों की माँग ही उनके सामने रखी और उसी सिलसिले में अपने मन की तैयारी भी। फिर क्या था? बहन जी की प्रसन्नता छलक उठी। मुझे तुरन्त स्वीकृति मिल गयी। "आश्रम का काम, शिक्षा की तुम्हारी ज़िम्मेवारियाँ हम लोग जो यहाँ हैं, सब सँभाल लेंगी। तुम तो जाओ। यह समय संस्थाओं में बँधे रहने का नहीं है। परन्तु तुम एक महीने के बाद जा पाओगी, क्योंकि सुन्दरलालजी (बहुगुणा) उत्तराखण्ड की एक पदयात्रा उत्तराखण्ड के सर्वोदय कार्यकर्ताओं को साथ लेकर करने वाले हैं। तुम हमारी ओर से उसमें शामिल हो सको, यह मैं चाहती हूँ।" बहन जी का चाहना हमारे लिए निर्विवाद आदेश जैसा ही होता था और मैं भी पदयात्रा जैसे अवसरों के लिए सदा तैयार ही रहती थी। यह उनका आदेश मेरे मन को भाने वाला था।

एक सप्ताह के बाद मेरा पिट्ठू पुनः तैयार हो गया और मेरी पीठ पर चढ़ गया। मैं बहुगुणाजी के साथ पदयात्रा के लिए निकल पड़ी। पदयात्रा उस समय पिथौरागढ़ ज़िले के किसी गाँव में पहुँची थी, जहाँ मैं उसमें जुड़ी। वे तीन लोग थे–बहुगुणाजी, धूमसिंह नेगीजी (या कोई दूसरे पुराने कार्यकर्ता साथी) और एक बिल्कुल नये युवक, जिन्हें मैं पहली बार देख रही थी। अब हम चार लोगों की टोली बन गयी थी। यह टोली रात जहाँ ठहरती थी, सुबह वहीं से दिनभर का भोजन करके आगे बढ़ती थी। रास्ते में पड़ने वाले हर गाँव, हर तोक में लोगों से मिलती। उन्हें ग्रामस्वराज्य, ग्रामदान व शराबबन्दी का सन्देश देते। कहीं-कहीं एक पर्चा भी बाँट देते या सर्वोदय विचार की कुछ सरल-सी पुस्तकें सामने रखते तो उनमें से कुछ बिक भी जातीं। कभी किन्हीं घने जंगलों के बीच से निकलते तो किसी सुरम्य स्थान पर बैठकर 'कार्यकर्ता पाथेय' या वैसी ही किसी पुस्तक

का वाचन-श्रवण व उस पर चर्चा करते। बहुगुणाजी इसे 'जंगम-विद्यापीठ' कहते थे। इस पदयात्रा की अधिक बातें मुझे याद नहीं हैं कि हम किन गाँवों से होकर गये थे। इतना मुझे याद है कि इसमें प्रतिदिन के पड़ाव बहुत लम्बे होते थे।

दिनभर चलने से और बोलने से मैं थक जाती थी। मेरा ज़िम्मा गाँव की महिलाओं से बोलने का भी था। कहीं-कहीं छोटी-छोटी सभाएँ आयोजित हो जाती थीं, तो बहुगुणाजी मुझे सर्वप्रथम उठाते, "एक गीत गाइए और पदयात्रा का उद्देश्य बताइए।" मैं एक-दो नारे लगाकर भूदान-ग्रामदान के किसी भी गीत को गाती। माइक का कोई सवाल ही न था, अत: ज़ोर गले पर ही पड़ता था। यह करते हुए शाम को पड़ाव पर पहुँचते-पहुँचते मैं पस्त हो जाती थी। रात के दस बजे के क़रीब मिलने वाले भोजन तक गाँववासी स्त्री-पुरुषों की अच्छी गोष्ठी चलती। इसमें भाग लेने के बाद चुप होते ही बैठे-बैठे ही मेरी आँखें नींद से बन्द होने लगतीं। सड़कों के निकट बसे गाँवों के पुरुष 'विकास' के मोहजाल में फँसे मालूम पड़ते थे। तब उन लोगों के सामने हिमालय क्षेत्र की संवेदनशील भू-रचना की बात व जंगलों के कटान से होने वाले नुक़सान की बात कहना, एक तरह से उल्टी धारा बहाना जैसा होता था। पर हम तथ्य व उदाहरणपूर्वक यह कहते ही थे। एक बार लोहारखेत (पिण्डारी ग्लेशियर के पैदल मार्ग पर स्थित गाँव) में मैंने कहा था, "मोटर रोड का निर्माण विकास नहीं है। वह मात्र एक सुविधा है, पर यह हमारे पहाड़ों से बहुत बड़ी क़ीमत लेने वाली सुविधा है। गाँव के लोग इस पर सोचें कि यह क्या लाभ देगी और क्या-क्या नुक़सान करेगी?" तो गाँव के पुरुष नाराज़ हो गये थे। महिलाएँ मेरे पक्ष में थीं, पर सभा की उन अल्पसंख्यकों को कौन सुनता? इस पदयात्रा में यह भी दिखता था कि विकास की दौड़ में लगे लोगों की विकास की परिकल्पना केवल पैसे की प्राप्ति से जुड़ी थी। वे तर्कशील होते थे। अत: उनकी गोष्ठियों में संवाद वाद-विवाद का स्वरूप भी ले लेता था, परन्तु सड़कों व बाज़ारों से दूर के गाँव स्वावलम्बन, सामूहिक जनशक्ति और सर्वसम्मति से निर्णय लेने की बातें अच्छी तरह समझते थे, क्योंकि उनकी जीवनशैली लगभग उक्त मूल्यों, स्वावलम्बन, सामूहिक जनशक्ति पर ही निर्भर थी। मैंने उस पदयात्रा के अन्तर्गत देखा था कि गाँव के गाँव शराबखोरी से त्रस्त थे। सरकार की शराबनीति यानी शराब की दुकानों की संख्या बढ़ाते जाने के कारण गाँवों में अधिक लोग विशेषत: युवा नशे की गिरफ़्त में जा रहे थे। कहीं-कहीं प्राइमरी विद्यालय की ज़रूरत थी तो कहीं माध्यमिक हायर सेकेंडरी विद्यालय चाहिए था। अस्पताल की सुविधा निकट आये, यह भी चाहना थी।

हम उन्हें बताते थे कि ग्रामस्वराज्य की व्यवस्था के द्वारा गाँव की सामूहिकता की शक्ति को बढ़ाएँ, तो इस प्रकार की समस्याओं को हल करने की क्षमता उनकी ऐसी ग्रामसभा में होगी, जो गाँव के प्रत्येक बालिग स्त्री-पुरुषों की सदस्यता से बनी होगी। गाँव के शत-प्रतिशत बालिगों की सभा और उसके सर्वसम्मति अथवा सर्वसहमति से होने वाले निर्णय, एक ऐसी सामाजिक और राजनैतिक ताक़त बना सकते थे, जो अपने द्वारा निर्धारित विकास कार्यक्रम स्वयं नियोजित कर सकते थे। इसके लिए गाँव का टैक्स गाँव-कोष में रहे तो वही पूँजी होगी। ऐसे व्यवस्था परिवर्तन के लिए प्रयास करने होंगे। प्राकृतिक संसाधनों को अपने गाँव की विरासत मानें और गाँव के हर परिवार को एक-सी गुणवत्ता के रोटी, कपड़ा, मकान, शिक्षा व स्वास्थ्य सेवा मिले, ऐसा समाज बनाया जाये, यह उद्देश्य हम उनके सामने रखते थे। इस समय गाँव वाले शायद ही सोचते थे कि उनका गाँव कैसा हो? वे यह भी कम ही आँक पाते थे कि ऐसी सामूहिक लोकशक्ति उनके भीतर पड़ी हुई है, जो गाँव में ऐसी लोकशाही ला सकती है। हमारी पदयात्रा उसी को जगाने की कोशिश कर रही थी। हर गाँव, हर घर, और हर व्यक्ति, स्त्री हो या पुरुष, हम इसी सोयी शक्ति को जगाने का प्रतिदिन प्रयास कर रहे थे। हमें विश्वास था कि उत्तराखण्ड के गाँवों में यह शक्ति थी और है। पदयात्रा में चलते-चलते, (15 से 50 व्यक्तियों की उपस्थिति वाली) गोष्ठियों को सम्बोधित करते हुए मैं निरन्तर सोच रही थी कि मुझे बौंगाड़ में भी इसी शक्ति को जगाना है। मेरा सपना तो बौंगाड़ गाँव ही बन गया था। इस प्रकार बीस-बाईस दिन पदयात्रा में शामिल होने के पश्चात् मैं आश्रम में आयी और तुरन्त ही बौंगाड़ जाने की तैयारी करने लगी। एक सप्ताह के पूर्व ही मैं आश्रम की स्नेहिल व सुरक्षित छाया से विदा हो गयी। आश्रम से विदा होने में मन भावुक तो हुआ, पर जनाधारित काम करने का मन पर अधिक क़ब्ज़ा भी था ही।

12

बौंगाड़ गाँव में जनाधारित सेवा

कौसानी से बागेश्वर जाने के लिए दिनभर में कई बसें थीं, पर वहाँ से कोटमन्या तक जाने के लिए बागेश्वर से सुबह छह बजे ही एक बस जाती थी। एक दिन मैं बागेश्वर से इसी सुबह छह बजे की बस में बैठकर गर्मी की भरी दोपहर में कोटमन्या पहुँच गयी। कोटमन्या तब छोटी-छोटी तीन-चार दुकानों की एक नाममात्र की स्थानीय बाज़ार थी। यहीं से नीचे घाटी की ओर देखा, तो बौंगाड़ पहाड़ों के कटोरानुमा घिराव के तल में कुछ घरों की एक छोटी बस्ती-सा दिखायी पड़ता था। कोटमन्या से तीन किमी. की दूरी ही मुझे चलनी थी, पर दोपहर का सूर्य और पीठ पर रखे बोझ ने मुझे पसीने-पसीने कर दिया था। मेरे पिट्ठू को मेरे कपड़ों, बिस्तर की चादरों-कम्बल तथा दैनिक ज़रूरतों की वस्तुओं ने भारी ही नहीं, बहुत भारी बना दिया था। कन्धे का झोला सामान्य आकार से कुछ अधिक बड़ा ही था। डायरी, पढ़ने के लिए कुछ पुस्तकें, कुछ लिखने की नोटबुक्स और पोस्टकार्ड, लिफ़ाफ़े, अन्तर्देशीय व अन्तर्राष्ट्रीय लिफ़ाफ़े, एकाध रजिस्टर आदि का बोझ मेरे कन्धों को दुखाने के लिए कम न था। पिट्‌ठू के ऊपर बाल-पुस्तकों का एक बंडल था तथा हाथ में होमियोपैथिक दवाओं की एक किट थी। यह सब लेकर पसीने से नहाती हुई और धूल से धूसरित बालों व कपड़ों को लिए मैं बिशनसिंह कार्कीजी के आँगन में पहुँची।

बिशनदा (मैं इसी सम्बोधन से उन्हें पुकारती थी) उस गाँव के ही नहीं, पुंगराऊँ की उस छोटी घाटी के गाँवों के सामाजिक कार्यों के लिए आगे बढ़ने वाले व्यक्ति थे। अतः उनके पास जाना ही मुझे सहज स्वाभाविक लगा था। मुझे सामने देखकर बिशनदा की मनोकामना पूरी हो गयी थी। वे भाव-विभोर हो गये थे कि सरला बहन जी ने अपने आश्रम की एक प्रमुख व ज़िम्मेवार कार्यकर्ता बहन को ही उनके गाँव में भेज दिया था। "धन्य हो बहन जी को और आपको भी धन्यवाद कि इस दूरस्थ गाँव में हम ग्रामीणों के साथ रहने का आपने निश्चय किया है।" वे अपनी आँखों

में चमक भरकर बोले। "इस गाँव का प्रेम ही मुझे खींच लाया है", मैंने कहा और माँग की कि यदि एक बाल्टी पानी मिल जाये तो मैं नहा लूँ। मैं सिर के बालों से पैर के तलुवों तक धूल से भरी थी क्योंकि तब बागेश्वर से थल, बेरीनाग को जाने वाली मोटर सड़क एकदम नयी और कच्ची थी। रास्तेभर यात्रियों के शरीर ही नहीं नाक, मुँह और कुछ अंशों में पेट भी धूल से भर जाते थे। बिशनदा ने अपने घर के पिछवाड़े आड़ में एक पाथर रखवाया और एक बड़ी बाल्टी भरकर पानी रखवा दिया। वहीं छिपकर मैंने अपने सिर व शरीर की धूल धोयी। लाल चावल का भात और साबुत मसूर की दाल रसोई में पककर तैयार थी। चूल्हे की आग से लकड़ियाँ हटा दी गयी थीं, अतः कमरे में घिरा हुआ धुआँ छँट गया था। लकड़ी के एक चौके (पटले) पर बिशनदा बैठे और दूसरे पर मुझे बैठने को कहा। मक्खियों से अपने भोजन को बचाते हुए हम दोनों ने एक ही फ़र्श पर बैठ कर भोजन किया। इसी प्रकार रसोई में बैठकर मुझे खाने की ऐसी ही अनुमति हर घर में मिलेगी क्या, खाते-खाते यह मेरे मन में आ रहा था, पर उस गाँव ने मुझे हमेशा आदर से रसोई में बिठाकर ही भोजन कराया।

बिशनदा का घर बहुत बड़ा नहीं था। वह गाँव की बाखलियों से दूर हटकर कुछ ऊँचाई पर स्थित था। उनके बाद ऊपरी पहाड़ पर कोई अन्य घर न थे। शायद शौच आदि के लिए घर के लोग उस ओर की बंजर भूमि में बिखरे जंगल में जाया करते होंगे, क्योंकि तब उनके घरों में न कोई शौचालय थे, न ही स्नानागार। इस घर के चारों ओर अच्छी सफ़ाई थी। बिशनदा घर की सफ़ाई व व्यवस्था के लिए बहुत सतर्क थे। ऐसे घर में भोजन के बाद मैंने उनके साथ गाँव में किये जानेवाले भावी काम की चर्चा छेड़ी, पर उनके सामने काम का कोई स्पष्ट चित्र न था। वे इसके लिए मुझ पर ही निर्भर थे। उनके मन में सरकारी ग्राम सेवकों जैसी ऊपरी स्तर से आने वाले आदेशों की पद्धति का ही ध्यान रहा होगा। मैं चाहती थी कि मैं बाहर से आयी कोई योजना या कार्यक्रम लेकर गाँव में न जाऊँ, वरन् गाँव ही अपनी आवश्यकता को महसूस करे और अपनी समस्या को व उसके निवारण हेतु किये जाने वाले कार्यक्रम को स्वयं ही खोजे। सामूहिक रूप से निर्णय ले और उसमें मैं भी जुड़ जाऊँ। मेरे विचार को समझकर बिशनदा ने उसी शाम को गाँव के लोगों की एक बैठक बुला ली।

शाम को बीस-पच्चीस पुरुष बिशनदा के घर पर एकत्र हो गये। कुछ वृद्ध थे, कुछ वयस्क और थोड़ी संख्या में युवा भी थे। इस गाँव के अधिकांश युवा पुरुष फ़ौज में थे। अतः गाँव के सभी युवा कहीं बाहर थे और मेरे सामने बैठे लोग अधिकांश तो फ़ौजी पेंशनर थे। लगभग तीस-बत्तीस परिवारों का छोटा-सा गाँव था,

तो मुझे लगा कि उस समय मेरे सामने हर परिवार से कोई न कोई उपस्थित था, किन्तु एक ही कमी थी कि महिला एक भी नहीं आयी थी। शायद उसका रिवाज़ ही नहीं रहा होगा। यह गाँव दूसरों की चिन्ता पहले करने वाली संस्कृति का वाहक था, ऐसा मुझे लगा, क्योंकि बिशनदा और मैंने बैठक का प्रारम्भ काम का मुद्दा उठाकर किया, परन्तु किसी ने भी उस पर कुछ न बोलकर मुझसे पूछा, "सबसे पहले बताइये कि आपके रहने-खाने का प्रबन्ध कैसा होना चाहिए? आपको कैसा पसन्द आयेगा? हम वैसी ही व्यवस्था करेंगे।" मैंने कहा, "आप मुझे जहाँ रखेंगे, वहाँ रहूँगी और जो खिलायेंगे, वह खाऊँगी। आपने मुझे बुलाया है, बस मैं आपके बीच आपकी तरह रहकर आपकी मदद करने आयी हूँ। मैं न कहीं से वेतन लूँगी न गाँव के किसी काम के लिए कोई अनुदान माँगूँगी। आप खिलायेंगे और मैं कताई कर अपने लिए कपड़ों की पूर्ति करूँगी। मुझे जेबख़र्च के लिए प्रतिमाह आश्रम से आठ रुपये मिलेंगे। वह साबुन, तेल और पत्र-व्यवहार के लिए होगा।" यह बात उनके लिए बहुत अटपटी थी। उन्होंने सोचने की मुद्रा में अपने माथे सिकोड़े।

उनमें से एक बोल पड़े, "विजयसिंह कार्की व भाइयों ने अपना नया मकान बना लिया है। उनका पुराना बाखलीवाला मकान दीदी के रहने के लिए कैसा रहेगा?" दो-तीन स्वर फूटे, "न हो, न-न, वह पुराना मकान जिसमें एक खिड़की नहीं है। भीतर का कमरा तो बिल्कुल 'अन्यारपट्ट' (पट्ट अँधेरा), 'केवल' धूर का जाला (छत में एक गोल छेद) वह भी वर्षा में बन्द करना पड़ेगा। बैठने-उठने को मात्र 'चाख' (बन्द बरामदा), जहाँ छज्जा है। यह तो इनके लिए कोई उपयुक्त निवास नहीं रहेगा।"

एक दूसरे व्यक्ति बोले "फिर इनके परिवार ने उसमें सूखी घास, पराल व भूसा रखना शुरू कर दिया है। कहीं चूहों ने अपने बिल न बना लिये हों। जहाँ चूहे वहाँ साँप भी आ ही जाते हैं। यह प्रस्ताव ठीक नहीं है।" इस बहस को रोकने के लिए मैं बीच में ही बोली, "अगर भूसा व घास को हटाने में कोई दिक़्क़त न हो तो भूसा हटाकर मुझे उस घर में रहने दें, तो मैं अवश्य उस पुराने घर में रहूँगी।"

विजयसिंह दूसरे ही दिन घास, भूसा हटाने को तैयार हो गये तो विवाद भी पूरा हुआ। खाने का सवाल उठाया गया। बोले, "उस घर में कहीं अलग से चूल्हे की जगह नहीं है। दीदी रसोई कहाँ बनायेंगी?" मैंने कहा, "मैं तो चूल्हे-चौके के फेर में नहीं पड़ने वाली हूँ, न ही राशन-पानी, नमक-तेल की ख़रीद-फरोख़्त करने वाली हूँ।"

"अरे रे! रे! उसकी फ़िकर आप क्यों करती हैं?" एक वृद्ध बोले, "हम फ़सल पर गेहूँ, धान और मसूर की दाल इकट्ठा करके आपके डेरे में रख देंगे। माफ़ करिये, हमारे यहाँ मसूर की दाल ही इफ़रात से होती है। अन्य दालें तो नाममात्र ही पैदा होती हैं। इस गाँव में सब्ज़ियाँ उगाने व लगाने की परम्परा ही नहीं है। हर घर में भैंसें हैं। किसी-किसी की केवल गायें हैं तो आपको दूध, दही, घी भी हम देंगे। अनाज कूटने-पीसने व पकाने के लिए एक सयानी लड़की आपके पास रख देंगे। आपको कुछ भी नहीं करना पड़ेगा। बेफ़िकर..."

मैंने उन्हें बोलने के बीच में रोकते हुए पूछा, "आप लोगों के घरों में भी तो खाना बनता ही है न?" कइयों ने हँसते हुए एक साथ कहा, "खाना एक बार नहीं, तीन बार बनता है। कभी बच्चों को भूख लग जाती है तो चौथी बार भी रोटी बन जाती है।" किसी दूसरे ने जोड़ा, "और चाय की केतली भी दो-तीन बार चढ़ने लगी है।"

"तब मैं भी आपके साथ आपके घर में ही खाऊँगी और वही खाऊँगी जो परिवार के लिए आप बनायेंगे। केवल मैं चाय नहीं पीऊँगी और मांस-अंडा नहीं खाती। रोटी-सब्ज़ी, दाल-भात ठीक होगा।" मैंने कहा पर उन्हें यह व्यवस्था एकदम अविश्वसनीय लगी।

बिशनदा गम्भीर हो गये। वे अपने फ़ौजी तरीक़े से बोले, "हमारे गाँव में ज़्यादातर घरों में ठीक भोजन मिले, पर हो सकता है किसी में 'पुअर क्वालिटी' भी हो सकती है, अतः मुझे आपका यह सुझाव 'प्रॉपर' नहीं लगता।"

"नहीं बिशनदा, कोई बात नहीं। मैं बारी-बारी से प्रतिदिन एक घर में सुबह, दोपहर, शाम का भोजन करूँगी। कभी पुअर होगा तो कभी 'रिच' भी होगा। सब बैलेंस हो जायेगा। मेरे लिए कोई अलग से विशेष खाना नहीं बनेगा। जो परिवार के लिए बना होगा, वही खाऊँगी। मैं गाँव में आपके साथ आपकी तरह रहना चाहती हूँ।" उसी क्षण मैं उस गाँव की बेटी बन गयी। काम की विशेष चर्चा नहीं हुई, पर उस गाँव से एक भी लड़की स्कूल में नहीं जाती थी, जबकि स्कूल बहुत दूर भी नहीं था। वे सब गायों व बकरियों को चुगाने दिनभर जंगल में जाती थीं। उनके बिना परिवार का पशुपालन कैसे चल सकता था, यह सवाल बैठक में आये युवाओं में से किसी ने उठाया और यह मेरे मन में बैठ गया, पर इस पर उस दिन अधिक चर्चा या निर्णय नहीं हुआ।

दूसरे दिन मैं गाँव को पूरी तरह देखने और लोगों से परिचय बढ़ाने गयी, विशेषतः महिलाओं के साथ मिलना था। हमारी पदयात्रा वाली बैठक में उनमें से किसी ने अच्छे सुझाव दिये थे व सवाल भी उठाये थे, पर कल शाम की बैठक में

वे नहीं आ पायी थीं। स्कूल व गायों की ग्वालिन बालिकाओं के अतिरिक्त गाँव के सारे बच्चों का झुण्ड तो मेरे साथ ही ग्राम परिक्रमा कर रहा था। किसी छोटे लड़के ने साहसपूर्वक मेरी उँगली भी पकड़ ली थी। मैंने उन सबके नाम पूछ लिए थे। दोस्ती की प्रारम्भिक पहल हो चुकी थी। गाँव के बीच में एक ऊँचे स्थान पर छुरमल देवता का स्थान बाँज के वृक्षों से घिरा हुआ था। "ये हमारा छुरमल का मड़ है।" एक बच्चे ने कहा। वह 'मड़' पूरी तरह मन्दिर तो न था, पर एक देवस्थान जैसी उसकी पहचान बनायी गयी थी। वहाँ से उतरते हुए हमारा दल नाघर बाखली में गया। विभिन्न घरों की जिस लम्बी क़तार के आख़िरी छोर वाले भाग में मुझे रहना था, उस कमरे की लिपाई-पुताई दो बहुएँ कर रही थीं। सारा घास-भूसा हटा दिया गया था। मैंने खोली (घर का मुख्य दरवाज़ा व उससे ऊपरी मंज़िल में 'चाख' तक जाने वाली सीढ़ियाँ) की सीढ़ियाँ चढ़कर झाँककर अन्दर देखा। कम चौड़ाई का एक छोटा 'चाख' था। उसी समय मैंने मन में तय किया कि यही होगा मेरे रहने-सोने, उठने-बैठने, पढ़ने-लिखने का स्थायी स्थान। छज्जे के दरवाज़े खोलकर पास में बैठ जायें तो पर्याप्त प्रकाश मिल जाता था। भीतर के कमरे में छत के ऊपर 'जाले' की पटाल खिसका देने के बाद भी इतना उजाला नहीं था कि उसमें कुछ काम किया जा सके। अत: वह कमरा तो अतिरिक्त सामान रखने के लिए ही ठीक रहेगा। यह सोचते हुए मैं बच्चों के साथ पुटोली बाखली की ओर जा रही थी।

यहाँ से कुछ दूरी पर 'श्यलखान' नाम की कुछ घरों की बस्ती दिखाई दे रही थी। यह भी बौंगाड़ गाँव का ही एक हिस्सा था। बौंगाड़ गाँव के दो कोनों पर दो हरिजन बस्तियाँ थीं। उनमें से एक यह 'श्यलखान' थी। बौंगाड़वासी इन परिवारों से रिश्ता जोड़कर बोलते थे। काका, बुबू (दादा), आमा (दादी), काखी (चाची), जेजा (ताई), बोजी (भाभी) तथा दाज्यू (बड़े भाई) आदि। पुटोली में मुझे गंगा दीदी मिली थीं। अच्छे, स्वस्थ शरीर व सम्यक क़द-काठी की गौरवर्ण युवती थीं। वे बालविधवा थीं। अत: मायके में रहती थीं। उनके रहने के लिए अपने मकान से जोड़कर एक अलग हिस्सा उनके पिताजी ने बना दिया था और उन्हें पढ़ने व बी.टी.सी. प्रशिक्षण के अवसर देकर उन्हें शिक्षिका बनने तक पहुँचा दिया था। गंगा दीदी व्यवहार से गम्भीर थीं। उनकी मुस्कराहट भी अत्यन्त संक्षिप्त होती थी मानो वे हँसने से डर रही हों। उन्होंने मुझे अपने कमरे में बैठाया। एक व्यवस्थित साफ़-सुन्दर कमरा था उनका, जिनमें दीवारों पर सीताराम, राधाकृष्ण, शिव-पार्वती के चित्र टँके थे। एक फ्रेम किया हुआ फ़ोटो गंगा दी और उनके स्वर्गीय पति का था, जिसमें गंगा

दी एक छोटी बालिका जैसी ही थीं। उन्होंने चाय के लिए पूछा, मैंने उसके लिए मना किया तो वे तुरन्त सुबह की बनायी छाछ लेकर आ गयीं।

इस गाँव के लिए गंगा दीदी एक अपवाद थीं, जो पढ़ी-लिखी शिक्षित महिला व एक शिक्षिका थीं। शायद जीवन की सामान्य राह बिखर जाने के कारण ही उन्हें यह प्रतिष्ठापूर्ण अवसर मिला था। मैं उसी दिन सोचने लगी, शिक्षा लड़की का अधिकार व जीवन का संस्कार नहीं, मानो जीवन पर आयी विपत्ति के साथ जीवन को धकियाने का एक साधन बन गयी थी। मैंने सोचा, मैं अवश्य इस गाँव की उन ग्वालिन बालिकाओं को पढ़ाऊँगी, संस्कारित करूँगी, जिनका हल्का-सा उल्लेख कल शाम की बैठक में हुआ था। उस पहली मुलाक़ात में ही गंगा दीदी ने कहा या एक तरह से पूछा कि वह रात को सोने के लिए मेरे साथ आयेंगी। "हाँ! हाँ! ज़रूर!! हम सोने से पहले कुछ अच्छी विचारपूर्ण पुस्तकें पढ़ेंगी।" मैंने उन्हें एक सुझाव दिया। गंगा दीदी राज़ी हो गयीं। दूसरे दिन ही उनका बिस्तर मेरे कमरे में लग गया।

मेरे साथ का बालक-दल आँगन में बैठा मेरी प्रतीक्षा कर रहा था। अत: मैंने गंगा दीदी से विदा ली और अगले घरों की ओर चल पड़ी। तल्ली बाखली, मल्ली बाखली, गिरिगाड़ा होती हुई, स्त्री-पुरुषों से मिलती हुई मैं 'कातकन' में बिशनदा के घर पहुँची। धूप चढ़ आयी थी और कुछ देर में भोजन तैयार होने वाला था। आज बिशनदा स्वयं ही रसोइया थे। "कैसा लगा हमारा गाँव और गाँव के लोग?" बिशनदा ने पूछा, तो मैंने उन्हें पूरी ग्रामयात्रा का वर्णन सुना दिया। वे बहुत ख़ुश हुए कि गंगा दीदी मेरे साथ रहने को इच्छुक हैं।

गाँव में पहुँचने के बाद का तीसरा दिन था। मैं अपने निर्धारित कमरे में रहने लगी थी। पुटोली प्रतापदा के घर पर मैंने नाश्ते की रोटियाँ खाकर भाभी से दराँती माँगी और पास के एक खेत में गेहूँ की फ़सल काट रही एक महिला के पास चली गयी। मैंने सोचा था कि मुझे गेहूँ की फ़सल काटना तो आता ही है, पर ऐसा न था। यहाँ गेहूँ काटने का तरीक़ा ही भिन्न था। उस युवा महिला यानी भाभी ने कहा, "लो मैं सिखाती हूँ गेहूँ लवाने का तरीक़ा।" उन्होंने रिंगाल की दो लकड़ियों से गेहूँ की बालियों को एकजुट किया और कमर में खोंसी हुई दराँती से उनके डंठलों को कुछ नीचे से काट दिया। उन्हीं डंठलों से बाली के गुच्छों को बाँध दिया। यह तरीक़ा मैंने पहली ही बार देखा था। हर नये काम को सीखने की मेरी प्रबल इच्छा के कारण मैंने तुरन्त उसी प्रकार से गेहूँ काटने का अभ्यास शुरू कर दिया। लगभग दो घण्टों तक मैं उनके खेत में काम करती रही। हम दोनों ने पूरे खेत के गेहूँ लवा दिये। दूसरी

ओर मेरे हाथ भी सध गये। भाभी और मैं, दोनों घरों को गयीं। उस दिन की डायरी में मैंने शाम को लिखा, "मैं इस गाँव को कुछ नया बताऊँगी। उन्हें कुछ सिखाने ही तो आयी हूँ, परन्तु आज प्रारम्भ में तो गाँव ने ही मुझे सिखाया है। सिखाने का अहंकार छोड़कर सीखने की नम्रता से गाँव में रहूँगी तो लोगों का विश्वास भी जीतूँगी और तभी वे मेरे किसी विचार या सुझाव पर भरोसा भी करेंगे।"

ग्रामवासियों के साथ प्रतिदिन के इस श्रम के नियम ने शीघ्र ही मुझे गाँव की महिलाओं के साथ अन्तरंगता से जोड़ दिया। लकड़ी, घास या पत्तियाँ लेने वे पन्द्रह-बीस महिलाएँ एक साथ जंगल को जाती थीं। मैं किसी घर से एक दराँती व रस्सी माँग लेती और उस महिला झुण्ड के साथ चल पड़ती। चढ़ाई में जाती पगडण्डी पर चढ़कर हम जंगल में जातीं तो वहाँ पहुँचकर एक स्थान पर विश्राम के लिए सभी बैठ जातीं। बैठकर कोई एक गाना गातीं तो कोई एक-दूसरे के सिर से जूँ ढूँढ़ती व कोई आपसी गपशप में व्यस्त हो जातीं। तब कोई भाभी मुझसे "गुस्याणा, के सुणाओ धैं (ननद, कुछ सुनाओ ना)" कहकर ख़ुद ही सूत्रपात करती थीं। मैं इस मौक़े का लाभ लेकर उन्हें कुछ बताने लगती। गाँव में स्त्री की मातृ-प्रधानता, बाल-संस्कार, परिवार का स्वास्थ्य, गाँव की आत्मनिर्भरता आदि गाँव के सन्दर्भ में उठने वाले विषयों से ही उन्हें कुछ व्यावहारिक दिशा देती। ऐसे अनेक विषय होते व रोज़मर्रा के जीवन व वहाँ की परम्पराओं से कई सन्दर्भ जुड़ते।

बालिकाओं को शिक्षा न मिलने से उनको जीवन में क्या-क्या कठिनाइयाँ झेलनी पड़ती हैं, यह बताती तो वे स्वयं ही अपनी घटनाएँ कहने लगतीं। कुछ सवाल उनकी ओर से भी उठ जाते थे। मैं कथा-कहानी के माध्यम से इन विषयों को उन्हें बताती तो उन्हें रुचि होती और बात समझ में भी आती। मैंने उस गाँव में महिलाओं की बैठकें तो कभी-कभार ही की होंगी, परन्तु श्रम करते हुए ही इसी प्रकार उन्हें काफ़ी बताया, जिससे उनमें वैचारिक, व्यावहारिक व सामाजिक दृष्टि से बहुत परिवर्तन आया। उनका आत्मविश्वास भी बढ़ा। उनका परिवर्तन इसी प्रकार की 'जंगल-बैठकों' साथ में कहीं आते-जाते अथवा खेत-खलिहान में साथ काम करते हुए किये गये संवादों के द्वारा होता था। जंगल से वापस आते हुए मैं भी एक गट्ठर घास, पत्ती या लकड़ियाँ ले आती और उस घर के आँगन में डाल देती, जिनसे दराँती और रस्सी ले गयी थी। वे ख़ूब ख़ुश हो जाते। जिनके घर पर भोजन करती, उस दिन उनके घर पर नहीं, वरन किसी दूसरे घर में श्रम करती ताकि मेरा श्रम मेरे भोजन के एवज़ में न माना जाये।

श्रम का अतिरेक उचित नहीं, यह समझ तब मुझे नहीं थी। बौंगाड़ गाँव के दोनों ओर दो छोटी नदियाँ बहती थीं। एक 'बरड़गाड़' कहलाती थी। उससे उनकी खेती को सिंचाई का लाभ शायद नहीं मिलता था, किन्तु दूसरी नदी जब वर्षा होने पर भर जाती और अन्य छोटे गधेरे व स्रोत फूट पड़ते तो उनकी बहुत बड़ी खेती को उससे भरपूर पानी मिलता था। जहाँ-जहाँ सिंचाई हो सकती थी, उनमें रोपनी का धान होता था। शेष असिंचित खेतों में बिना सिंचाई का बीज बोकर भी धान की खेती होती थी या दालें व मडुवा पैदा किया जाता था। रोपनी बड़े सहकारी तरीक़े से होती थी। कई परिवारों के युवक तथा महिलाएँ सब मिलकर एक परिवार की सारी रोपनी एक ही दिन में पूरी कर देते थे। उस गाँव की एक परम्परा उन युवाओं व पुरुषों ने क़ायम रखी थी कि वे अपनी नौकरियों से अवकाश लेकर रोपनी और रबी की फ़सल बोने से पूर्व खेतों में गोबर की खाद ढोने के मौक़ों पर गाँव में आ जाते थे। ये दोनों मेहनत के काम वे लोग एक साथ कई युवक जुटकर पूरे गाँव के लिए करते थे। इन दोनों कामों को सहकारी पद्धति से करने के कारण दोनों समय एक उत्सव का जैसा माहौल बन जाता था। कुछ दिनों पहले से ही हलचल हो जाती, "फलाँ का बेटा आज आ गया। कल उसका भाई आने वाला है, परसों किसी का पति पहुँचेगा और फलाँ दिन से रोपनी या पोसाई (खाद ढोना) प्रारम्भ होगी।" पूरे गाँव में ये जुमले सुनाई देने लगते थे। सब आ जाते तब काम प्रारम्भ होता, जिसमें ये युवा जमकर मेहनत करते थे।

हाँ, तो मेरे बौंगाड़ पहुँचने के कुछ महीनों बाद ही रोपनी का काम सामने आया। तरीक़ा यह था कि एक के बाद दूसरे परिवार की रोपनी पूरी की जाती थी। इस प्रकार सबके जुट जाने से पच्चीस-सत्ताईस दिनों में पूरे गाँव की रोपनी पूरी हो जाती। युवक बड़े-बड़े फावड़ों व कस्सी (मिट्टी खोदने का औज़ार) से बौल (पानी खेत में पहुँचाने के लिए कूल) निकालते, हल-बैलों की मदद से खेत की मिट्टी सानकर मुलायम करते। इस मुलायम सने हुए खेत में कमर झुकाये महिलाएँ तेज़ गति से धान के पौधों को रोपती जातीं। मैं इन्हीं महिलाओं की पंक्ति में उन्हीं की तरह धान रोपती थी। पतले-सँकरे खेत, फिर चौड़े और चकोर खेत, एक के बाद दूसरे तैयार होते जाते और हम 'पुतारों' (रोपने वालियों) की क़तार दौड़-दौड़कर वहीं पहुँच जाती ताकि सनी हुई खेत की मिट्टी पुन: जम न जाये। एक तरह से खेत तैयार करने वाले युवाओं और रोपनेवाली पुतारों में होड़-सी चलती थी और ज्योंही कोई टोली पिछड़ी कि मधुर व मज़ेदार व्यंग्य-बाण चलने लगते। हँसी-खिलखिलाहट दूर तक बिखर जाती। थोड़ी भी प्रतीक्षा के लिए कमर सीधी करते हुए महिलाएँ सीधी होतीं, तो वह

किसी गीत की एक पंक्ति गा उठतीं। दूर के खेतों में किसी दूसरे गाँव के किसी परिवार की रोपनी चल रही हो तो उन लोगों के साथ धताधात (ज़ोर-से पुकारना व बोलना) करते हुए हमारे खेत के युवा कुछ मज़ाक़ व विनोदभरी बातों से सबको मस्त कर देते थे। लगता था, यह श्रम व थकाने वाला काम नहीं वरन् आनन्द देने वाला श्रम था। इसी मस्ती के कारण सुबह के सात बजे से दोपहर के तीन बजे तक बिना विश्राम लिए काम करने की शक्ति मिलती थी।

जब तक काम तीन चौथाई से अधिक पूरा हो गया होता था, तब बड़ी-बड़ी छापरियों (बेंत की टोकरियाँ) और ढक्कनदार बाल्टियों में ग़रमागरम भोजन लेकर लड़कियाँ और घर की मालकिन खेत में पहुँच जातीं। कूल के पानी से हाथ धोकर हम सब जहाँ-तहाँ बैठ जाते। तिमिल (जंगली अंजीर) व केले की पत्तियों के ऊपर गरम पूड़ियाँ, हलवा, खीर, चटपटी सब्ज़ियाँ, दही,चटनी आदि व्यंजनों का दर्शन भी मज़ा देता था। तिमिल व केले के पत्तों में खाने से स्वादिष्ट खाने का स्वाद कई गुना बढ़ जाता था, परन्तु खाने के बाद काम की गति धीमी पड़ जाती थी। फिर भी काम शाम के छह बजे तक पूरा हो ही जाता था। तब हम फावड़े, कस्सी, हल, बैल, रस्सी, डलियाएँ लेकर पहाड़ी पगडण्डियों पर क़तारबद्ध वापस गाँव को जाते व बाद में अपने-अपने घरों को जाते थे।

मैं अगले दिन दूसरे परिवार की रोपनी में जाती। युवाओं द्वारा रात में आकर उन खेतों में पानी छोड़ा गया था। अत: काम करना आसान हो गया था, पर काम करने का वातावरण वही आनन्द व मस्ती का था। इस प्रकार पन्द्रह दिनों तक मैंने गाँव के साथ रोपनी लगायी। कभी-कभी कोई मेरी काखियाँ, जेजाएँ (ताइयाँ) खाना खाने के बाद मुझे ज़बर्दस्ती घर को भेज देती थीं ताकि मैं कमरे में जाकर आराम करूँ। रोपाई का काम कठिन तो था ही। आठ-आठ घण्टे कीचड़ में पैर डुबाये रखना सरल न था। चूँकि बौंगाड़ गाँव घाटी में बसा है, अत: वहाँ आषाढ़ की धूप तेज़ होती थी। सिर पर वह तेज़ धूप, नीचे खेत के पानी से उठती भाप जो चेहरे पर आती रहती थी, इस सबसे शरीर तो थका ही था। शीशे में झाँका, तो मेरा चेहरा भी काला हो गया था। सबसे बड़ी मुश्किल थी कि सिर के ऊपरी तल में दर्द रहने लगा था।

गाँव की रोपनी पूरी हुई और मैं बीमार पड़ गयी। अब मुझे आँखों से धूप या उजाले को देखना भी सह्य नहीं हो रहा था। अत: मैंने अपना बिस्तर भीतर के अँधेरे कमरे में डाल दिया था। मैं आँखें बन्द किये सिर पर गीली पट्टी रखकर दिनभर अँधेरे में पड़ी रहती थी। अपने होमियोपैथी के किट से जो समझ में आयी, वह दवा लेती थी। मैं स्वयं ही अपनी वैद्य बनी थी, पर गाँव के लोग मेरी अस्वस्थता से बेचैन थे।

बिशनदा ने हल्के ढंग से मुझे डाँट भी लगायी थी, "पन्द्रह दिनों तक लगातार रोपनी लगाने जाना, यह काम करने का कोई 'सिस्टम' होता है? वे पड़ोस के गाँव में किसी रिटायर्ड फ़ौजी कम्पाउंडर, जिन्होंने सेना के मेडिकल कोर में काम किया था, के पास जाने वाले थे, जो अपने पास ऐलोपैथिक दवाएँ रखते थे, पर मैंने ऐलोपैथिक दवाएँ लेने से इनकार किया तो विशनदा ने वहाँ जाने का इरादा बदल दिया।

गाँव की मेरी भाभियों (परिवारों की बहुओं) को जब-जब समय मिलता, वे कुछ मिनटों के लिए ही सही, दौड़े-दौड़े मेरे पास अवश्य आ जातीं। उनके प्रेमल खुरदुरे हाथ मेरे माथे को आराम देते। उनमें से कुछ अपने बच्चे को दूध पिलाने वाली होती थीं। वे अपनी छाती का दूध मेरे सिर में डालतीं। दिनभर में कई बार कई भाभियाँ मेरे सिर को दूध से भिगोती थीं। एक-दूसरे को सन्देश भेजकर उन्हें मेरे पास जाने को कहतीं और डेढ़-दो घण्टे में कोई बच्चे की माँ आती व मेरा सिर दूध से भिगो जाती। कैसा अनमोल सौभाग्य था मेरा? अपने परिवार को दोपहर का भोजन खिलाकर और स्वयं भी खाकर नाघर बाखली की जेजा मेरे पास आकर बैठ जातीं। मेरे सिर को सहलाती और कहती रहती, "कोई छल-छिद्दर (भूत आदि) की झपैक तो नहीं लग गयी? ये कैसा सिरदर्द है? चार दिन से लगातार दिन-रात चल रहा है। सिरदर्द तो एक दिन होता है, और दूसरे दिन चला जाता है। तुम तो आँखें भी नहीं खोल पा रही हो? क्या हुआ ऐसा?" जेजा अपने छुरमल देवता को मनाने लगतीं, "परायी बेटी हमारे यहाँ आयी है। इसको निक (अच्छा) कर देना, हे भगवानो।" उस माँ की गुहार सुनकर मैं मन ही मन गद्‌गद होती थी। उधर जूनियर हाईस्कूल पाखूँ में पढ़ने वाला किशोर उम्र का गोपाल अपने स्कूल से घर आने के बाद अवश्य एक बार मेरे कमरे तक आता और बाहर से ही पूछता "अभी भी ठीक नहीं हुई न दीदी?" किस दवा से या किस दूध से यह सिर दर्द दसेक दिनों बाद ठीक हो गया, कह नहीं सकती, पर तब मैंने बिस्तर छोड़ा और मैं पुनः काम पर जुट गयी।

धान रोपाई प्रारम्भ होने से एक माह पहले की बात है। मैंने किशोर बच्चों के सामने उनका एक 'किशोर मण्डल' बनाने का विचार रखा था, क्योंकि मेरे गाँव में आकर विधिपूर्वक एक कमरे में आ जाने के दिन से ही स्कूल से आने के बाद लड़के मेरे आँगन में ख़ुद-ब-ख़ुद एकत्र होने लगे थे। प्रारम्भ में मैंने उन्हें यों ही खेलने और बैठने दिया। वे खेलते कम झगड़ते ज़्यादा थे। उनकी बातें भी बेसिर-पैर की अधिकतर टकराहट वाली होती थीं। एकाध घण्टा मेरे आँगन में बिताकर वे चले जाते। बावजूद टकराहट व झगड़े के वे साथ ही रहते थे और साथ-साथ मेरे आँगन में हर शाम आते थे। मैं उनको देख व समझ रही थी। तब एक दिन मैंने "कितने भाई

कितने–आप कहें जितने" खेल खिलाया और बिना बेईमानी किये खेल में कितना आनन्द आता है, यह बताया। खेल भी एक ही नहीं, हर दिन एक नया सिखा देती। कभी बैठकर खेलने का, कभी खड़े होकर गोल घेरे में तो कभी कबड्डी, खो-खो तथा कभी भाग-दौड़ वाले खेल। फिर मैंने कहानियाँ सुनाना शुरू किया। प्रारम्भ में कुछ बच्चों को कहानी सुनने में मज़ा नहीं आता था क्योंकि उनकी कहानी को समझने की शक्ति विकसित नहीं हुई थी, पर बाद में उन्हें कहानी का रस समझ में आ गया। धीरे-धीरे बच्चों की संख्या बढ़ने लगी। हमको अधिक व्यवस्थित होने की ज़रूरत लगने लगी। खेल, कहानी के साथ हम बाल-सभा भी किसी दिन आयोजित करने लगे। साथ में हमने उन्हें अपने दिन भर के कामों का विवरण देना भी शुरू करवाया।

इसी प्रकार मेरे मन में 'किशोर मण्डल' का विचार आया और सयाने बच्चों गोपाल, भूपाल, नरेन्द्र, मोहन आदि ने उत्साहपूर्वक इस सुझाव को ले लिया। कुछ नटखट लड़कों की मुझे ख़ूब याद है। उनमें एक गोपाल का भाई गुलाब था। दूसरा, भूपाल का भाई ललित। ये छोटे थे, पर रोज़ ही कुछ ख़ुराफ़ात करके आते व 'किशोर मण्डल' में दिन का विवरण देते समय अपना ग़लत काम भी ईमानदारी से बता देते थे, ऐसे भोले-भाले थे वे किशोर। यों तो शाम को सब लड़के अच्छा काम बताने की खोज में दिन से ही जाग्रत रहते थे। बताने के लिए ही कुछ अच्छा काम कर भी देते, जैसे रास्ते पर पड़ा पत्थर किनारे पर रख दिया। बीच रास्ते में काँटेदार टहनी पड़ी थी, उसे हटा दिया। अपनी क्लास में किसी साथी को लिखने के लिए अपनी पेंसिल दे दी। ऐसे अनेक और अकल्पनीय अच्छे काम उनके विवरण में होते थे। हर दिन ऐसा एक काम करने का ध्यान उन्हें रहता था। यही तो उन्हें झगड़ालू व मारपीट करने वाले बच्चों से बदलकर अधिक सौम्य, अच्छाई की दिशा में बढ़ते, सच्चे व ईमानदार व्यक्ति बना रहा था।

इस पन्द्रह-सोलह लड़कों के 'किशोर मण्डल' ने धीरे-धीरे मज़बूत होकर अपने गाँव में अच्छे काम किये उन संस्मरणों को बाद में लिखूँगी। 'किशोर मण्डल' जैसा ही ग्वालिनों की पाठशाला एक दूसरा काम चलता था, जिसका विचार ग्रामजनों ने ही मुझे दिया था। शायद मुझे अपने गाँव बुलाने की माँग के पीछे उनके मन में आश्रम बालिकाओं जैसे संस्कार अपनी इन्हीं लड़कियों को देने की इच्छा थी, जो दिन भर ग्वाला जाती थीं और श्रम के अतिरिक्त उनके जीवन में दूसरा कुछ न था। मैंने रात के भोजन के बाद उन्हें मेरे पास आने को कहा तो वे सब दिनभर गायों-बकरियों को चुगाने, उनके साथ सारा दिन जंगल में रहकर, शाम का भोजन करके

अपने साथ एक-एक कम्बल लिये मेरे पास आतीं व रात को मेरे पीछे के कमरे में सोतीं। सोने के पूर्व लालटेन की रौशनी में मैं उन्हें स्वच्छता, स्वास्थ्य, नैतिकता, गाँव व समाज के प्रति ज़िम्मेवारी जैसे अनेक विषयों में मौखिक जानकारी देती। स्वच्छता का व्यवहार उनकी समझ ही नहीं, जीवन में भी आये, इस मक़सद से टाट के पर्दे के पीछे ट्रेंच शौचालय बनाया था। उसमें शौच जाकर तथा मिट्टी से रगड़कर वे हाथों को धोतीं। नमक और कोयला पीसकर बनाये मंजन से दाँत मलतीं, बालों को सँवारने में एक-दूसरे की मदद करतीं और हाथ, मुँह, पैर धोकर अपनी पाटी लेकर एक चटाई पर फ़र्श में बैठकर लिखना-पढ़ना सीखतीं। यह ऐसी स्थायी दिनचर्या थी जो नित्य ही चलती थी। सिरदर्द के इन दिनों में यह सब बन्द हो गयी थी।

दसेक दिनों में मैं ठीक हो गयी। मैंने गाँव की गहरी आत्मीयता की अनुभूति पायी थी। मैं उससे अभिभूत थी। मेरा आत्मविश्वास बढ़ा था कि यह गाँव कुछ कर सकेगा। यह भी सीखा था कि अति उत्साह में श्रम का अतिरेक उचित नहीं है। एक कार्यकर्ता के लिए लोगों के साथ अथवा स्वयं के साथ भी सन्तुलित व्यवहार ही वांछित है, किन्तु श्रम करने का जो क्रम मैंने महिलाओं के साथ रखा था, उसे प्रतिदिन ज़ारी रखा। यह उनकी जागरूकता की दृष्टि ही नहीं, मेरी तन व मन की स्वस्थता के लिए भी आवश्यक था। बिना श्रम किये भोजन करने का अधिकार भी मैं स्वयं को नहीं देती थी। "बिन श्रम खावे, चोर कहावे, 'गीता' की आवाज़ है", यह वाक्य मन में गहराई से जमा था। इस श्रम के द्वारा महिलाओं में गाँव के मामले में जागरूकता आने लगी थी। वे गाँव के मुद्दों को लेकर मेरे पास आने लगी थीं। एक दिन जेजा ने मुझसे यह सवाल किया, "इस गाँव की वन पंचायत है। उसका सरपंच भी चुन रखा है, पर हमारे वन के बाँज के पेड़ों को देखो तो वे पत्तियोंविहीन ठूँठ होते जा रहे हैं और अब इन ठूँठों की शाखाएँ भी दूसरे गाँव के लोग व कुछ हमारे गाँव के चोर भी काटने लगे हैं।"

यह कहती हुई वह बाखली से बाखली घूम गयी थी। "जबकि हमारी ईमानदार बहुओं को दूर जाकर चौकोड़ी के सेठ के जंगल से बाँज पत्ती व लकड़ियाँ लानी होती हैं। बता बिटिया, अब क्या किया जाये?" गर्मी के मौसम की शुरुआत थी। दोपहर का समय था। जेजा के पीछे दो-तीन अन्य महिलाएँ भी एक-एक करके टपकती रहीं। हम सभी चाख में बैठ गयीं। जेजा ने दीवाल से अपनी पीठ को सहारा दिया। उन्होंने ही बात आगे बढ़ायी। "मैं आज सुबह का सारा प्रहर वन पंचायत में घूम आयी। यह राधा ने कहा था, अपने घर की देखभाल करते हो, अपने गाँव की

सम्पत्ति की भी तो देखभाल करो, इसलिए मैं गयी अपने गाँव के जंगल को देखने। बस, अब बाँज के दस-बारह पेड़ों में ही कुछ पत्तियाँ शेष हैं। बाक़ी सैकड़ों पेड़ ऊपर चोटी से नीचे तक ताछि (पूरी शाखाएँ काटना) दिये हैं।"

"जंगल काटने वाली दूसरे गाँव की ही नहीं, हमारे गाँव की भी कुछ हैं।" एक महिला ने जोड़ा। दूसरी ने कहा, "अपने जंगल की यह हालत है। हम तो चौकोड़ी के जंगल से बाँज, पाल्यो (नयी पल्लवित पत्तियाँ) ला रही हैं।" थोड़ी गहरी साँस लेकर फिर से बोली, "दो साल पहले तक क्या ही सुन्दर जंगल था हमारा? पिछले साल से ही बर्बाद होने लगा। यह वाला सरपंच कुछ करता ही नहीं। जंगल में तो पाँव भी नहीं धरता।"

मैंने देखा, महिलाएँ अपने जंगल की बहुत चिन्ता कर रही थीं क्योंकि वह उनके रोज़मर्रा के कामों से जुड़ा था। मैंने कहा, "जब तुम महिलाएँ ही जंगल का उपयोग करती हो, तुमको उसकी चिन्ता भी है। तुम्हीं को कष्ट भी उठाना पड़ रहा है, तो अपने जंगल का दर्द महसूस करने वाली तुम ही सरपंच क्यों नहीं बनतीं और अन्य महिलाओं को जोड़कर अपनी वन पंचायत क्यों नहीं बनातीं?"

"दऽऽऽ ऐसा भी कहीं होता है? सरपंच तो मर्द लोग ही बनते आये हैं। वे ही मीटिंग-सीटिंग बैठाते हैं। चिट्ठी-पत्री करते हैं। हम औरतें क्या जानती हैं?" तीनों महिलाएँ एक साथ बोल पड़ीं। महिलाओं का हौसला बढ़ाने के लिए अधिकांशत: जो कहा जाता है, मैंने उदाहरण दे-देकर वही सब कहा। दूसरी जगहों पर महिलाओं के किये कामों की कहानियाँ बतायीं। "पुंगराऊँ की इस घाटी में यह नहीं हो सकता," कहकर वे एक-एक कर उठती गयीं।

जेजा पूरे समय चुप और गम्भीर होकर बैठी थीं। उसी मुद्रा में बैठे-बैठे उन्होंने कहा, "कुछ करना ही पड़ेगा; इस सरपंच के भरोसे नहीं रहना है।" यह कहती हुई वे खोली की सीढ़ियाँ उतरने लगीं। अपने सिर का पल्ला खींचती हुई "द भैट पैं च्येला" (बैठ, बिटिया) कहकर चली गयीं।

इस घटना को तीन दिन बीत गये थे। वन पंचायत के बारे में गाँव में कोई हलचल न थी। शाम की सर्वधर्म प्रार्थना में मेरे कमरे में बैठने वाले पुरुषों ने भी कुछ नहीं कहा। मैंने सोचा, बात आयी गयी हो गयी। हमने शाम की उस प्रार्थना बैठक में अद्यतन समाचारों की चर्चा की। 'किशोर मण्डल' के किशोरों ने अपने दैनिक विवरण दिये और अपने अच्छे काम भी बताये। सयाने लोगों ने विनोबाजी की पदयात्रा किस राज्य में चल रही है, यह जानना चाहा। वह मैंने विस्तार से बताया, पर बौंगाड़ के जंगल की जेजा द्वारा पूरे गाँव में घूमकर की गयी चर्चा का किसी

ने उल्लेख नहीं किया। खाने के बाद रात को गंगा दीदी आयीं। रोज़ की तरह हमने 'गीता' प्रवचन से कुछ पढ़ा। मैंने उन्हें गांधीजी के बारे में कुछ बताया और हम पास-पास में अपने-अपने बिस्तरों में सो गयीं। गंगा दीदी ने भी ग्रामवन, जेजा की व गाँव की महिलाओं की परेशानी की बात नहीं कही। मुझे आश्चर्य था कि यह गाँव इतना संवेदनशून्य कैसे हो गया?

चौथे दिन पता चला जेजा, पचास से अधिक उम्र की वह महिला दोपहर की धूप में कातकन-धारे के आसपास चक्कर लगाती घूम रही थीं। कुछ समय बाद पाल्यो (बाँज की मुलायम पत्ती) के भारी गट्ठरों को पीठ पर लिये चार-पाँच महिलाओं की क़तार सामने के रास्ते से आती दिखाई दी। जेजा ने एक-एक करके उनके गट्ठर ज़मीन पर गिरा दिये। "कहाँ से लाये हो ये पाल्यो?" जेजा ने कमर में हाथ रखकर खड़े-खड़े उनसे कड़ककर पूछा। "चौकोड़ी के जंगल से..." उनमें से एक ने डरते-डरते बोलने की कोशिश की। उन्हें बीच में ही टोककर जेजा उसी तेवर में बोलीं, "झूठ बोलती हो? ये हमारे ग्रामवन का पाल्यो है। है कि नहीं? रहे-सहे दो-चार पेड़ों को आज तुम मुन्यॉ (पत्तीविहीन करना) लायी हो। कोई अपनी गाय का दूध पहचान लेता था, मैं अपने जंगल की पत्तियाँ नहीं पहचानूँगी क्या?"

"क्यों नहीं, ओ ज्यू (सासजी) आपने ठीक कहा, हम अपने ग्रामवन से ही ये पत्तियाँ लायी हैं।" घस्यारी युवती ने कहा। सबने स्वीकार कर लिया, तो जेजा उनको वहीं बैठाकर ख़ुद सरपंच की बाखली की ओर दौड़ीं, जो गाँव के नीचे की ओर अन्तिम सिरे पर थी। सरपंच खेत में काम करके आया था तो चाख में ही फीणे पर सो गया था। जेजा, "शेरूआ, ओ शेरू!!" चिल्लाती हुई चाख में चली गयीं। उन्होंने शेरसिंह सरपंचजी का पैर का अँगूठा पकड़ा और उसे ज़ोर-ज़ोर से हिलाते हुए कहा, "ओ शेरू! उठ तो। तू ही जो सो गया है, तभी तो इस गाँव का भाग्य भी सो गया है।" शेरसिह गाँव के सभापति भी थे। लगभग पैंतालीस वर्ष के युवा थे, पर इन पदों के लिए बहुत कम सक्रिय थे। अच्छा खाता-पीता घर परिवार था। मेहमानदारी निभा सकते थे। बेरीनाग में प्रखण्ड ऑफ़िस में होने वाली बैठकों में भागीदारी कर लेते थे। यों तो बहुत सीधे व सरल व्यक्ति थे। तब गाँव में ऐसे पदों के लिए होड़ तो दूर कोई आकांक्षा भी नहीं थी। जेजा शेरसिंह सरपंच को अपने साथ बुला लायीं। उन्हें पाल्यो के गट्ठर दिखाये और बोलीं, "कल को पंचायत की बैठक बुला। ये जंगल नहीं बचा तो हमारी गाय-भैंस, बकरी का गोठ (गौशाला) नहीं बचेगा। गोठ नहीं रहा तो

मौ-मवासी (कुल परिवार) खेती-बाड़ी कहाँ बचने वाली है? कल ही फ़ैसला करो कि इस गाँव का मूल यह ग्रामवन कैसे बचेगा?"

शेरसिंह ने अपने सरपंच पद का रौब दिखाकर पाल्यो के गट्ठरों की ओर देखकर कहा, "पंचायत ने हर गट्ठर के लिए दो रुपया दण्ड तय किया है। तुम सभी को देना पड़ेगा।" वे घस्यारियाँ सभी एक-दूसरे का मुँह ताकने लगीं। बहुओं के पास दो रुपया भी कहाँ होता था? हो भी तो वह मेले के दिन के लिए सँजोकर रखा होता था। नयी रक़म तो तभी मिलेगी, जब उनके पति छुट्टी पर आयेंगे। अतः यह दो रुपया उनके लिए बहुत बड़ी चीज़ थी। जेजा यह अपनी सहृदय समझ से भाँप गयीं, अतः बोल उठीं, "आज पहली बार है, आज इन्हें माफ़ कर दे। अब आगे हमारे जंगल को नहीं काटेंगी बल्कि बाहर के गाँव वालों से भी बचायेंगी। इस पानी के धारे के पास वरुणदेव के सामने ये क़सम खायेंगी। ये आगे से पेड़ पत्ती काटने हमारे जंगल में नहीं जायेंगी, इसकी क़सम खायेंगी।" उन्हें क़सम दिलाकर जेजा ने उनके गट्ठरों सहित उन्हें घरों को भेज दिया।

जेजा के कहने के अनुसार शेरसिंह ने पंचायत ही नहीं, गाँव के सभी परिवारों से एक-एक सदस्य को बुलाकर बैठक आयोजित की। दोपहर यानी 'घाम समय' में बैठक बुलायी थी। अतः सभी आये क्योंकि वह काम का समय नहीं था। जेजा के साथ गाँव की कई महिलाएँ भी बैठक में पहुँचीं। महिलाओं का गाँव की बैठक में आना यह उस गाँव के लिए आठवाँ आश्चर्य था। इसके पूर्व महिलाएँ ऐसी पुरुषों की बैठकों में कभी बैठी भी नहीं थीं, पर इस बैठक में महिलाएँ बैठी ही नहीं ज़िम्मेवारीपूर्वक बोलीं भी। जब जंगल की चौकीदारी के लिए पुरुषों के बीच वाद-विवाद होने लगा, तो जेजा बीच में बोलीं, "तुम लोग जंगल को नहीं सँभाल सकते हो तो हमें सौंप दो। हम महिलाएँ चौकीदारी का इन्तज़ाम भी करेंगी और जहाँ चाहिए, वहाँ नये पौधे भी लगाएँगी।"

पुरुषों को महिला वन पंचायत का विचार ही नहीं जमता था। अतः एक ने कहा, "आपको लिखना-पढ़ना तो आता नहीं। वन पंचायत की चिट्ठी-पत्री कौन करेगा?" अन्य पुरुषों ने होंठ बन्द करके अपने सिर हिलाये मानो कहते हों, यह तो औरतों से हो ही नहीं सकता। पर एक महिला ने कहा, "यह सवाल क्यों उठा? हमारे पास पाँचवीं तक पढ़ी हुई महिला तो पहले से ही थी। अब इस किसानी-कारोबार में वह सब भूल गयी होगी, पर नयी बहुओं में आठवीं पढ़ी लड़कियाँ आयी हैं। क्या-क्या करना होता है, यह बता दोगे, तो वे सब कुशलतापूर्वक कर लेंगी।" अब पुरुषों को कुछ कहने को शेष नहीं रहा। कुछ पुरुषों का मन था कि वन पंचायत का झंझटभरा

काम, जिससे कोई पैसे सम्बन्धी आय तो होती नहीं, चलो महिलाओं के सिर डाल दें। इस महिला वन पंचायत को भी देख लें। अन्त में महिला वन पंचायत का विचार मान्य हो गया और उसी बैठक में नयी वन पंचायत गठित हो गयी। आज मुझे याद नहीं कि सरपंच किस महिला को बनाया गया था? वह उस क्षेत्र की पहली महिला वन पंचायत थी, जिसने दो वर्ष की अवधि में अपना ग्राम वन सरसब्ज़ करके दिखाया था। 'चिपको आन्दोलन' से भी पहले का वनसंरक्षण का यह एक बिरला उदाहरण था, जो लोकशक्ति द्वारा बनाया गया था, वह भी महिलाओं द्वारा। महिला वन पंचायत का भी यह उस काल का एक इकलौता उदाहरण था।

बौंगाड़ गाँव में उस समय तीस परिवार थे। इनमें अधिकांश या सभी संयुक्त परिवार ही थे। गाँव के कई युवक फ़ौज में सेवारत थे और कई वरिष्ठजन सेवानिवृत्त होकर गाँव में वापस आ गये थे। फ़ौजियों का एक विशेष वातावरण होता है। वे अच्छे मेहनती और मेहमाननवाज़ होते हैं। कोई दिक़्क़त में हो तो दिलोजान से उसकी मदद करने को तत्पर रहते हैं। मौक़ा पाने पर आपस में मिल-बैठकर ख़ूब आनन्द भी मनाते हैं। विनोदपूर्ण बातें, हँसी के ठहाके और एक-दूसरे की बातों की चुटकियाँ लेकर प्रेम भरी मस्ती करना, इस प्रकार बौंगाड़ का वातावरण बहुत मिलनसार था। मैं माह में एक दिन हर घर में भोजन के लिए पहुँचती थी। यों भी छोटे से गाँव में प्रतिदिन ही किसी न किसी निमित्त से किसी बीमार को देखने व दवा देने अथवा किसी से उनकी ज़िम्मेवारी में कुछ सलाह देने आदि जैसे कामों के लिए भी एक छोर से दूसरे छोर तक पहुँच जाती। श्रम तो रोज़ का काम था। वह गाँव के किसी भी हिस्से में मुझे ले जाता।

सालों साल लोगों के अलग-अलग घरों में भोजन करने का एक अलग ही अनुभव था। मैं उनके चूल्हे तक पहुँची थी तो उनके दिल तक भी मेरी पहुँच बनी थी। एक दिन एक भाभी ने सुबह नाश्ते के लिए मेरे सामने रोटियाँ रखीं और चुपके-से कहा, "गुस्याणा, तुम्हारे ददा (बड़े भाई) आजकल रोज़ ही शाम को शराब पी रहे हैं। मेरा कहना नहीं मानते। मैंने ग़ुस्सा भी दिखाया। प्रेम से हाथ जोड़कर भी कहा और मैं उनके सामने रोयी भी हूँ। वे मुझे डाँट देते हैं। उनको बोतल भी कहाँ से मिल रही है, इसका पता नहीं लगा पायी हूँ। हम तो नौकरी पेशा वाले नहीं हुए। फ़ौज में होते तो पेंशन मिलती। ऐसा तो कुछ भी नहीं हुआ। मिट्टी कुरेदकर (खेती करके) हमारी गुज़र-बसर है। पीने की आदत लग जायेगी तो क्या खायेंगे? क्या लगायेंगे? किससे बच्चों को पढ़ायेंगे? मैं तो अन्दर से काँप गयी हूँ। तुमने हमें शराब से गृहस्थी

बरबाद होने की इतनी कहानियाँ बतायी हैं। मुझे वे सब याद आने लगती हैं। तुम ही मुझे मदद करो, गुस्याणा! तुम्हारे ददा तुम्हारा बहुत आदर करते हैं। तुम कहोगी तो वे ज़रूर मानेंगे। यह बात मैंने किसी को नहीं बतायी है। बस, आज तुमसे ही कह रही हूँ।" भाभी की आँखें सजल हो आयी थीं।

जो किसी से नहीं कहना था, वह मुझे कहने वाला वह आन्तरिक विश्वास पाकर मैं गद्‌गद हो गयी। मैंने उस भाभी की पूरी मदद की और अपने उस ददा की प्रारम्भ में ही पनप रही नशे की आदत को छुड़ा दिया। यों तो फ़ौजी लोग शराब कुछ न कुछ पीते ही होंगे, परन्तु शराब के नशे का प्रदर्शन उस गाँव के शादी-ब्याह व दूसरे मंगल या गमी के अवसरों पर कभी नहीं हुआ था।

लोगों के घरों में जाकर खाने की और भी ऐसी ही मार्मिक स्मृतियाँ हैं। चौमासे के दिन थे। रात से ही वर्षा की मूसलाधार झड़ी निरन्तर चल रही थी। उस दिन मैं स्नान भी नहीं कर पायी थी क्योंकि मेरा स्नान तो खुले आसमान के नीचे ही होता था। मैंने अपने लिए एक ट्रेंच खोदकर शौचालय अवश्य बना लिया था, पर नहाने के लिए मैं नीचे गधेरे में ही जाती थी या फिर नौले से जोड़कर चार दीवारों से घिरे स्थान में नहाती थी, पर उस दीवारों से घिरे हुए स्थान की भी छत न थी। वह भी खुले आकाश वाला स्थान ही तो था। निरन्तर वर्षा के मौसम में गोठ में एक कोने पर नहाने की आपातकालीन व्यवस्था करनी पड़ती थी। हाँ, तो उस दिन तो सही में नहाना नहीं हुआ था। इधर-उधर आने जाने में वर्षा ने अपनी ज़ोरदार बूँदों से ही नहला दिया था। उस दिन मुझे गाँव के दूसरे छोर पर भोजन के लिए जाना था। समय पर छोटा गुलाब बिना छाता लिए ही दौड़ता, हाथों को नचाता हुआ मुझे लेने आ पहुँचा था। वह रास्ते भर ख़ुशी से चिल्लाता आ रहा था, "आज दीदी हमारे घर में खाना खाने आयेंगी। आहा हा...!" गुलाब व उसका बड़ा भाई गोपाल 'किशोर मण्डल' के सदस्य बच्चे थे। उनका परिवार उस समय सामान्य से कुछ कमज़ोर अर्थव्यवस्था वाला परिवार था। बाद में उनके बेटे नौकरियों में चले गये, तो घर की स्थिति अच्छी हो गयी थी।

मैं खाने के लिए चूल्हे के पास एक चौखे (पटले) पर बैठ गयी। माँ ने एक पीतल की तौली (बटलोई) का ढक्कन खोला। व मुझे उसमें से चावल परोसने ही वाली थी कि मेरी नज़र चूल्हे के ऊपर रखे उस लोहे के कड़ाह पर पड़ी। मैं जानती थी उस लोहे के भारी बरतन में क्या पकाया जाता है? मैंने तुरन्त पूछा, "इस छोटी तौली में क्या है?"

"भात।" माँ ने कहा। "मैं तो भात खाती ही नहीं इन दिनों।" मैंने यों ही कह

दिया; क्योंकि मैं समझ गयी थी कि इतनी छोटी बटलोई में केवल मेरे लिए ही विशेष रूप से वह चावल पकाया गया था।

"ओ ईजाऽऽ, अब मैं क्या खिलाऊँ तुमको?" वह हताश-सी हो गयी थी। "अरे, परेशान क्यों हैं? चूल्हे पर उस बड़े बर्तन में जो है, वह मुझे परोसिये न," मैंने आग्रह किया। "न-न-न" उन्होंने जीभ दबाते हुए कहा, वह तो ऐसा ही राजड़-माजड़ है। कुछ दाल, कुछ चावल, व कुछ आटा, ऐसा ही बनाते हैं, जिससे पेट भर जाये। बड़ा परिवार है न?" माँ ने संकोच से कहा। "हाँ-हाँ, वही ठीक है। मेरी थाली में वही परोसिये।" मेरी ज़िद पर माँ ने मुझे वही परोस दिया। उन्हें ग्लानि हो रही थी, पर मुझे अपने गाँव की इन स्थितियों को स्वयं अनुभव करना था और उनसे आत्मीयता जोड़नी थी। गाँव की वास्तविकता का अनुभव लें, तभी तो हम गाँव की सेवा कर सकते थे या सही अर्थों में मदद कर सकते थे।

गाँव के भोजन (जिसे मैं भी खाती थी) में मुझे सब्ज़ियों की कमी दिखाई दी, तो मैंने सब्ज़ियों के बीज आश्रम से लाकर उन परिवारों को दिये, जो अपने घर के पास की क्यारियों में उसकी खेती करने को तैयार थे। मैं आश्रम से टमाटर, बींस, भिंडी और बाकुला के बीज लायी थी। यही मैंने कुछ परिवारों में बाँट दिये थे। उन सभी ने बीज ले लिए, पर बोये नहीं। उन्हें सब्ज़ी में रुचि न थी, पर मैं उनमें रुचि पैदा करना चाहती थी। मैंने उन्हीं के बच्चों को सब्ज़ी का स्वास्थ्य में महत्त्व समझाया तो बच्चे एक स्वर से बोले, "तभी हमारे गाँव में ज़्यादातर लोगों के दाँत ख़राब हैं। वे हरी सब्ज़ी नहीं खाते। एक अपरिचित आदमी कहीं से आता है। धुआँ लगाकर दाँतों के कीड़े गिराता है और लोग उसको रुपये देते हैं। वह हमारे गाँव से एक दिन में ही कई सौ रुपये बना ले जाता है।" बौंगाड़ की नयी पीढ़ी पहली पीढ़ी से अधिक बुद्धिमान तथा व्यावहारिक बनने वाली है। इन किशोरों ने ख़ूब रुचि ली। बाड़ों में सब्ज़ियाँ पैदा हुईं। कुछों के बाड़ों में टमाटर गल रहे थे, पर परिवारजन उनकी सब्ज़ी नहीं बनाते थे। कुछ महिलाओं को उनका स्वाद व उनके लाल टुकड़े देखने में भी पसन्द न थे। यह मेरी बाखली में मेरी ही पड़ोस का क़िस्सा था। तब उनके बेटे ने किशोर मण्डल के अपने साथियों को टमाटर खाने की दावत दी। सब उसके बाड़े में गये। बाल्टीभर पानी ले गये। लाल-लाल सुन्दर टमाटर तोड़े, बाल्टी के पानी से धोये और वहीं बैठकर खाये। इन्हीं किशोरों ने अपनी माँओं को सब्ज़ी बनाने का आग्रह भी किया। धीरे-धीरे सब्ज़ियाँ उनके भोजन का एक अंग बन गयीं। मेरे बौंगाड़ पहुँचने के पूर्व दो या तीन परिवार थे जो हरी सब्ज़ियाँ—लायी, पालक, कद्दू, मूली आदि पैदा करते व अपने परिवार में उपयोग में लाते थे। अब लगभग पूरा गाँव सब्ज़ियों

का उपयोग बारहों मास करने लगा अन्यथा परम्परा से आया आलू, प्याज़ और दालों का स्वाद ही उन्हें भाता था।

'किशोर मण्डल' मेरा सबसे प्रिय काम था। बच्चे प्रेम को समझते थे और किसी काम को हाथ में लें तो उसके लिए अपनी पूरी ऊर्जा लगाकर जुट पड़ते थे। वे कभी-कभी बड़ों से भी अधिक काम कर देते थे। यह अनुभव मुझे 'किशोर मण्डल' के बच्चों के साथ आया था। ये सभी स्कूलों में जाने वाले लड़के थे। इन्हें मैंने कहा था कि "स्कूल से घर आकर जो भी खाने को रखा हो, वह नाश्ता करके घर का कोई न कोई काम करना, जैसे पीने का पानी धारे अथवा नौले से भरकर घर पर लाना अथवा आँगन व घर के आसपास की सफ़ाई करना या शाम का भोजन पकाने के लिए लकड़ियाँ रसोई घर में रख देना आदि, तब यहाँ मेरे पास 'किशोर मण्डल' में आयें।" इससे लड़के अपने घर के कामों के प्रति भी ज़िम्मेवार रहने लगे थे व मनमाना व्यवहार नहीं करते थे।

'किशोर मण्डल' को उन्हीं लड़कों ने काफ़ी व्यवस्थित बना लिया था। प्रतिदिन का कार्यक्रम तय किया था। कभी कहानी, कभी नाटक करना, कभी बालसभा, खेल तो प्रतिदिन होता। खेलों से उनका चरित्रगठन होता। खेल में ग़लती होने पर अब वे सीनाज़ोरी नहीं करते थे, वरन् ईमानदारी से ख़ुद ही बैठ जाते थे। यह गुण उन थोड़े से उद्दण्ड व झगड़ालू बच्चों में भी आ गया था जो पहले खेल में बेईमानी व झगड़ा ही किया करते थे। मैं उनको उनके गाँव के प्रति जागरूक भी किया करती थी, किन्तु उन पर बोझ नहीं डालती थी। एक बार मैंने उन्हें पूछा, "तुम्हें अपने गाँव में सबसे सुन्दर क्या लगता है?"

"छुरमल का मड़ (देवस्थल)" सब एक साथ चिल्लाये।

"और क्या?"

"बरड़ गाड़ (नदी)" किसी ने कहा।

"सबसे गन्दा क्या लगता है?" पूछा तो सब एक-दूसरे का चेहरा देखने लगे। किसी ने धीरे-से कहा, "नौले के नीचे की नाली," पर किसी ने ज़ोर से कहा, "हमारे रास्तों के गन्दे किनारे जहाँ लोग शौच करते हैं।" कुछ बच्चे "छी: छी:" कहने लगे।

"चलो, हम इन सभी रास्तों को रविवार के दिन सुबह को साफ़ करेंगे; इन्हें भी सुन्दर बनायेंगे। गाँव की बाखलियों से दूर हर घर के लिए उन्हीं के खेत में कच्चे शौचालय बना देंगे। हमारा गाँव पुंगराऊँ पट्टी का सबसे साफ़-सुन्दर गाँव बनना चाहिए।" मेरे इस आह्वान का ज़ोरदार स्वागत नहीं हुआ। कुछ मरे मन से नाक-भौं सिकोड़ते हुए वे राज़ी हुए। गोपाल उनमें कुछ बड़ा भी था और दिल से उत्साही था।

उसने कहा, "हाँ-हाँ, अपने-अपने घरों से फावड़े लेकर आयेंगे और काम के बाद घर जाकर स्नान करेंगे। अरे, अपने गाँव को चमकायेंगे हम लोग।"

रविवार की सुबह दिये गये समय से कुछ पहले ही मैं फावड़ा हाथ में लेकर और साड़ी के पल्लू से अपनी कमर बाँधकर निर्धारित जगह पर खड़ी हो गयी। किशोर लड़के फावड़े लेकर आने लगे। एक-दो करके सभी आ गये। हमने काम शुरू किया। रास्तों के ऊपरी मेंड़ से मिट्टी खोदकर रास्ते के निचले ढलान पर जहाँ शौच पड़ा हुआ था, मिट्टी डालनी शुरू की। इतनी मिट्टी डाली कि शौच पूरी तरह ढक गया। गाँव के सभी रास्ते के ऊपर मेंड़ ख़ुद जाने व नीचे की ओर मिट्टी बिछ जाने से वे साफ़ ही नहीं, सुन्दर भी दिखने लगे थे। बच्चों को काम कठिन नहीं लगा, घिनौना ज़रूर लगा। अत: सबने तय किया कि आज शाम को कहानी व अन्ताक्षरी नहीं करेंगे। हम गाँव में जायेंगे और कच्चे शौचालय खोदेंगे।

शाम को बच्चों को ज़्यादा काम नहीं करना पड़ा। स्वयं परिवारजनों ने शौचालय के लिए जगहें भी चयनित कीं और उन्हें खोदने का ज़िम्मा भी ले लिया। कुछ गड्ढे बच्चों ने खोदे जो बहुत अच्छे नहीं बन पड़े थे, पर परिवारों को एक विकल्प सुझाने के लिए पर्याप्त थे। मैं समझती हूँ कि इन शौचालयों का उपयोग घर के सयाने सदस्यों ने कभी नहीं किया होगा। शायद कभी रात को ज़रूरत पड़ी तो किया होगा। अधिकांश तो परिवार के बच्चों ने ही किया होगा, पर सयानों ने रास्तों में शौच जाना बन्द करके कोई अन्य दूर का स्थान चुन लिया होगा। भविष्य में धीरे-धीरे पक्के शौचालय भी बने, पर शौचालय बनाने की बुनियाद तो उसी दिन पड़ी थी। उस दिन गाँव वाले कितना दिल से समझे, कह नहीं सकती पर न समझते हुए भी शर्मो-शर्मी वे बच्चों के आदेश स्वीकार कर रहे थे क्योंकि उनके अपने बच्चे वह काम कर रहे थे जो उन्होंने कभी न किया था, न सोचा था।

अब आगे रास्ते साफ़ रहेंगे ही, इसका क्या भरोसा? इस सवाल पर 'किशोर मण्डल' में बहस हुई। किशोरों ने ही इसका रास्ता भी निकाल दिया। उन्होंने अपने घरों के पास के रास्तों की सफ़ाई की ज़िम्मेवारी अपने बीच बाँट ली कि वे रोज़ निगरानी करें कि उनमें कोई शौच न जाये। अब हर लड़के का एक रास्ता था। वह दिन भर साफ़ रहे, इसके लिए वह अपनी बाखली में सब परिवारजनों को कह देता था और एक बार सुबह उठकर अपने रास्ते का चक्कर लगाता था ताकि किसी को वहाँ शौच जाने का मौक़ा न मिले। 'किशोर मण्डल' में आते समय तो स्वाभाविक ही अपने रास्ते का निरीक्षण करके ही आता था। शाम के दैनिक विवरण में हर बच्चा एक वाक्य और जोड़ता था, "आज म्यर बाट साफ़ छु (मेरा रास्ता आज साफ़ है।)"

हमारा एक छोटा-सा सीधा-सादा सदस्य प्रारम्भ के दिनों में विवरण देते हुए शर्मिन्दा होकर कहता था कि उसका रास्ता साफ़ नहीं था। सुबह उठकर जब वह अपने रास्ते को देखने जाता तो उसके पूर्व ही कोई रास्ते के किनारे शौच किये रहता था। छोटे किशोर को हमने सुझाया कि उसे और जल्दी उठना पड़ेगा ताकि किसी के शौच करने रास्ते पर आने से पहले ही वह स्वयं रास्ते पर पहुँच जाये। उसने उस रात अपनी माँ को कहा, "जब आप उठेंगी, तभी मुझे भी जगा दीजिए।" दूसरी सुबह छोटे किशोर को जैसे ही माँ ने उठाया, वह आँखें मलता हुआ सीधे अपने रास्ते की ओर दौड़ा। अभी दिन का झुटपुट प्रकाश पूरी तरह फैला भी न था। उसी झुटपुटे प्रकाश में उसने देखा, कोई छाया अपना पानी का डिब्बा ज़मीन पर रखकर बैठने की तैयारी में था। छोटा चिल्लाया, "रुको-रुको, ख़बरदार! मेरे रास्ते को गन्दा नहीं करना।" छोटे ने निकट जाकर देखा तो वे उसके पड़ोस के ताऊजी थे। ताऊजी शर्मिन्दा हुए और उन्हें देखकर छोटा किशोर भी शरमा गया और घर को लौट आया। उस दिन से उसका रास्ता हमेशा साफ़ रहा। और वह भी गर्दन उठाकर सबकी तरह कहने लगा, "आज म्यर बाट साफ़ छु।"

बौंगाड़ गाँव के बीच से जाने वाले इन रास्तों से पांखू, डाडल, कोटगाड़ी आदि गाँवों के लोगों का कोटमन्या जाने का आम रास्ता भी था। अब इन रास्तों की सफ़ाई देखकर उन गाँवों के लोग 'किशोर मण्डल' के बच्चों को शाबाशी देते और मुझसे निवेदन करते, "दीदी, हमारे गाँव में भी 'किशोर मण्डल' बना दें।" इस प्रकार बौंगाड़ का प्रकाश दूसरे गाँवों तक फैलने लगा था।

किशोर मण्डल ने एक दूसरा महत्त्वपूर्ण काम भी गाँव में किया था। स्वच्छता के उपर्युक्त काम से बहुत पहले ही उन्होंने 'सर्वोदय पात्र' का प्रारम्भ अपने गाँव में कर दिया था। अपनी पूर्व में की गयी पदयात्रा के समय आश्रम बालिकाओं ने इस गाँव में रात्रि की सभा में एक नुक्कड़ नाटक 'सर्वोदय पात्र' के सम्बन्ध में किया था, जिसमें एक गाना भी गाया था, "मैं नहीं तब तक खाऊँ री मैया मैं नहीं तब तक खाऊँ, जब तक सर्वोदय पात्र में अन्न मुठी न पाऊँ।" गोपाल गानों को पकड़ने में बहुत तेज़ था। वह इन दो पंक्तियों को कभी-कभी दोहराता था। एक दिन उसने पूछ ही लिया, "यह सर्वोदय पात्र क्या होता है?" मैंने उस दिन ख़ूब विस्तार से सर्वोदय पात्र में जो साधनहीन व्यक्ति को मदद करने का करुणाभाव है, उसे ख़ूब मार्मिक शब्दों में उन सभी के सामने बताया। विनोबाजी को सर्वोदय पात्र द्वारा समाज में, विशेषत: बच्चों में जो सुसंस्कार सृजन की आकांक्षा थी, वह भी बतायी।

इसीलिए तो अपने खाने के पूर्व परिवार का एक छोटा बच्चा अपनी मुट्ठीभर अन्न एक बार सर्वोदय पात्र में डालेगा या एक सिक्का डालेगा। इससे दूसरों को खिलाकर तब स्वयं खाने का संस्कार उस बच्चे को तो मिलेगा ही, पूरे परिवार को भी अपने जीवन में उदारता, संवेदनशीलता और मित्रभाव का संचार होगा।

सभी किशोरों को यह विचार पसन्द आ गया। उस दिन उन्होंने अपनी प्रतिक्रिया नहीं व्यक्त की, परन्तु दूसरे दिन वे बोले, "हम भी अपने घर में सर्वोदय पात्र रख सकते हैं क्या?"

"ज़रूर!, ख़ुशी के साथ रखो!, पर पहले अपने परिवार में सबको समझा दो। सबकी मंजूरी ले लो, तब सर्वोदय पात्र रखकर उसे हमेशा चलाते रहोगे। एक बार प्रारम्भ करके उसे छोटे-मोटे कारणों से बन्द नहीं करना होता। उसे लगातार चालू रखना होगा।"

"हम हमेशा उसको चालू रखेंगे।" बच्चों ने उत्साह से कहा। इस प्रकार पहले 'किशोर मण्डल' के बच्चों ने अपने घरों में सर्वोदय पात्र रखे। उसके लिए एक समुचित स्थान यानी घर के भीतर बनाये गये, द्याप्ताथान (देवस्थान) को उन्होंने चुना। सर्वोदय पात्र किसी पीतल की बटलोई अथवा ताँबे के लोटे, कुछ न हो पाये जो एक टिन के डिब्बे में बनाये थे। लड़कों ने उसके चारों ओर से सुन्दर चित्र चिपकाकर सजावट भी कर दी थी। देवस्थान को हाथ-पैर धोकर ही छुआ जा सकता था। अतः सर्वोदय पात्र में एक मुट्ठी अन्न डालने के लिए भी यही नियम स्वतः ही आवश्यक हो गया। कुछ समय के बाद 'किशोर मण्डल' ने अपने गाँव में परिवार-परिवार के पास जाकर पूरे गाँव में सर्वोदय पात्र स्थापित कर दिये। उन्होंने सबको बताया कि जो भी हमारे गाँव में किसी कष्ट में पड़ेगा और उसके पास पैसे नहीं होंगे तो सर्वोदय पात्र के अन्न को बेचकर जो पैसा आयेगा, उससे मदद की जायेगी। यह 'किशोर मण्डल' की सर्वोदय पात्र के बारे में अपनी परिभाषा बन गयी। मैंने भी उसे स्वीकार कर लिया।

प्रतिमाह बच्चे पूरे गाँव के घर-घर जाकर सर्वोदय पात्र में डाला हुआ चावल एकत्र करते, उसे तौलते और जिन्हें चावल ख़रीदने की ज़रूरत होती, उनको बाज़ार भाव में बेच देते। उस पैसे को रखने के लिए मैंने पोस्ट ऑफ़िस में खाता खुलवा दिया था। प्रतिमाह का पैसा उसमें जमा हो जाता और किशोर मण्डल की शाम की बैठक में इसकी जानकारी दी जाती। किशोरों को इसमें बड़ा उत्साह था। वे सोचते थे कि वे एक बड़ा काम कर रहे हैं। जब इन पैसों को देने का अवसर आया तो

इन्हीं किशोरों ने एक ऐसे बालक का नाम सुझाया जो उनके साथ ही स्कूल में पढ़ता था, पर नयी कक्षा में जाने पर उसके पिता उसके लिए कॉपियाँ और किताबें नहीं ख़रीद पा रहे थे। इससे स्थिति ऐसी बन गयी थी कि वह स्कूल नहीं जा पा रहा था। उसकी पढ़ाई अधूरे में छूट रही थी। सर्वोदय पात्र के पैसे से उस बालक को पुस्तकें व कॉपियाँ ख़रीदकर दी गयीं। वह स्कूल जाने लगा और उसके पिता ने 'किशोर मण्डल' के बच्चों को शाबाशी दी। यह बात उस दिन शाम को सबने एक साथ चिल्लाकर मुझे बतायी।

ऐसी ही कुछ अन्य सहायताएँ सर्वोदय पात्र के पैसे से दी गयी थीं, जो मुझे अब याद नहीं हैं, पर यह याद है कि हर बार जब सहायता के लिए कोई नाम आता तो किशोरमण्डल के बच्चे उसके पक्ष व विपक्ष में ख़ूब बहस करते। सकारात्मक व नकारात्मक बिन्दुओं को प्रस्तुत करते। अन्त में एकमत होकर निर्णय लेते। ऐसे निर्णयों में मेरी भी पूरी भागीदारी होती थी। समाज के पैसे का विनियोग कितनी सावधानी से होना चाहिए, मैं यह बीज उनके मन-मस्तिष्क में अप्रत्यक्ष रूप से ही सही, डालना चाहती थी और सचमुच वे सयाने नागरिकों से भी अधिक ग्रहणशील थे। वे स्वयं को उस पैसे के ज़िम्मेवार व जवाबदार समझते थे क्योंकि जब चावल एकत्र करने जाते, तब जमा हुए पैसे का तथा सहायता में दिये पैसे का ब्यौरा वे ही सभी परिवारों को बताते थे। एक समय ऐसा भी आया कि इस सर्वोदय पात्र की जमा धनराशि का उपयोग उसी के लिए करना पड़ा, जो सर्वाधिक उत्साह से इस काम को करता था।

गर्मियों के महीनों में हमारे आश्रम में अखिल भारतीय सर्वोदय महिला शिविर का आयोजन होता था। उसकी तैयारी करने और उसमें शामिल होने के लिए मुझे बहन जी ने बुला लिया था। मैं भी ऐसे मौक़ों की प्रतीक्षा उत्सुकता से करती थी, क्योंकि गाँव में मुझे छोटों से लेकर बड़ों तक सबका प्यार व विश्वास भरपूर मिलता था ग्राम या क्षेत्र स्तर के मुद्दों की चर्चाएँ भी होती थीं और उनके लिए स्त्रियाँ अथवा पुरुष सक्रिय भी होते थे, पर मुझे वैचारिक बातें करने वाले वहाँ गाँव में कोई नहीं मिल पाते थे। उसकी पूर्ति आश्रम में आकर ऐसे शिविरों तथा गोष्ठियों में ही हो पाती थी।

शिविर पूरा हुआ। मैंने आश्रम के आरोग्य विभाग से होमियोपैथी की दवाएँ गाँव के लिए रखीं और पुरानी पत्रिकाएँ भी एकत्र कीं। गाँव में इनको पढ़ने के शौक़ीन कई पुरुष थे। लगभग एक माह के बाद मैं बौंगाड़ आयी। मैंने गाँव में प्रवेश किया ही था कि रास्ते में ही मुझे बताया गया कि गोपाल बीमार है। "वह बचेगा नहीं!"

किसी सहृदय महिला ने दुखी होकर कहा। मैं काँप-सी गयी। 'किशोर मण्डल' का ही नहीं अपने गाँव के हमउम्र बच्चों में सबसे प्रतिभावान और सक्रिय पन्द्रह-सोलह वर्ष का बालक, मेरे लिए प्राणनिछावर करने को तैयार, ऐसी उसकी प्रेमभरी श्रद्धा। मेरा भी उसके प्रति लगाव था। वह ऐसा गम्भीर बीमार है, सुनकर मन उदास हो गया। "उसके लिए क्या करूँ?" मन में आया। उसके घर जाकर उसे देख आती, पर शाम का अँधेरा घिर आया था। दिनभर की कठिन ऊबड़-खाबड़ बसयात्रा ने मुझे थका भी दिया था। मैं अपने चाख में गयी। पानी लेकर सबील (आँगन की नीची दीवार) पर जाकर हाथ-पाँव, चेहरे व बालों की धूल धोने लगी, तो देखा कि बाखली के उस छोर पर से कोई आदमी किसी को पीठ पर उठाये चला आ रहा है। वह मेरे दरवाज़े पर आकर रुका तो देखा वह आदमी गंगासिंह कार्की यानी गोपाल के बड़े भाई थे और पीठ पर था गोपाल। कंकाल-सा शरीर, आँखें गहरे गड्ढों में और चमड़ी काली पड़ गयी थी। वह बैठने में भी असमर्थ था।

गंगासिंह ने उसे चाख में ले जाकर ही उतारा जहाँ मैंने लालटेन जला दी थी और फ़र्श पर दरी बिछा दी थी। लम्बी साँस छोड़ते हुए गंगासिंह ने कहा, "इसने जैसे ही सुना कि आप आ गयी हैं, एक रट लगा दी, "मुझे दीदी के पास ले जाओ।" हमने इसे मना किया कि वे थकी-माँदी आयी होंगी, कल सुबह तुझे वहाँ ले जायेंगे, तो यह रोने लगा। बड़े-बड़े आँसू डालने लगा, और बोला, "मुझे अभी ले जाओ। कल तक मैं बचूँगा या नहीं, कौन जाने?" जब इसने यह शब्द बोले, तो मेरी ईजा बोलीं, "मरते समय इसकी आख़िरी इच्छा पूरी कर दो। दीदी इसे वापस भेज देंगी तो ले आना। यह दीदी के दर्शन कर लेगा।" मैं ले आया दीदी माफ़ कर दीजिए। मैं इसे वापस ले जाऊँगा आप इसके सिर पर हाथ रख दीजिए ताकि इसका मन शान्त हो जाये।" गंगासिंह ने अपनी बात पूरी भी नहीं की थी कि दरी पर लेटे-लेटे ही गोपाल क्षीण आवाज़ में रुक-रुककर बोलने लगा, "दीदी मुझे वापस नहीं... भेजिये। मैं आपकी गोद... में ही... मरूँगा।" अत्यन्त क्षीण कंकाल जैसे उस शरीर से ये शब्द निकले। लालटेन की रोशनी में उसका चेहरा व शरीर भयावह लग रहा था, तो भी मैंने गोपाल का कहा मान लिया। गंगासिंह की मदद से गोपाल को पानी पिलाया और उसके लिए बिस्तर लगवाया। उसे बायोकैमिक की कैलीफॉस 30 एक्स दवा दी, ताकि वह सो सके।

मैं पड़ोस की भाभी के घर पर खाने को गयी, तो उनसे पता चला कि गोपाल अपने बैलों को चुगाने अपने उन खेतों में ले गया था, जहाँ गेहूँ की फ़सल काट दी गयी थी। आसपास में दूसरों के खेत भी थे, जिनमें फ़सलें खड़ी थीं। किसी समय

उसका एक बैल दूसरों की फ़सल में घुसने ही जा रहा था कि दूसरों का नुक़सान न हो, इस प्रेरणा से प्रेरित गोपाल ऊपर के खेत से नीचे के खेतों में बेतहाशा कूदता और दौड़ता हुआ बैल को हाँकने ठीक समय से पहुँच गया। बैल ने भी किसी की फ़सल का नुक़सान नहीं किया, पर इसमें गोपाल का भारी नुक़सान हो गया। कूदते हुए उसे अपना दायाँ हाथ ज़मीन पर टिका कर स्वयं को गिरने से बचाना पड़ा। उसी समय खेत में शेष रहे गेहूँ के सूखे 'नलुए' (गेहूँ के पौधे के तने का भाग) का तीखा कोना चुभ गया। वह चूँकि अँगूठे व तर्जनी के बीच के भाग में नस में चुभा था, अतः दूसरे दिन वह हाथ सूज गया। हल्का रंग व तीख़ा-पतला टुकड़ा किसी तरह निकाला भी नहीं जा सकता था। लोगों ने सूई से छेदकर निकालने का प्रयास किया, कुछ दिखता न था। थोड़ा-सा सूई चुभाते ही ख़ून निकल आता था।

अस्पताल बेरीनाग में यानी दस-बारह किमी. दूर था, पर मुख्य समस्या यह न थी। गाँव में अस्पताल जाने की आदत ही न थी। उसे बुख़ार रहने लगा। उसकी एक बाँह सूख-सी गयी और नीली पड़ गयी। लगातार बुख़ार से वह स्वयं भी सूख गया। यह बताते हुए भाभी भावुक हो गयीं, बोलीं, "अब देखो सुन्दर पाला-पोसा बच्चा मौत के मुँह में जाने को...।" भाभी आगे नहीं बोल पायीं। उनकी वाणी अवरुद्ध हो गयी। वह मेरे साथ ही मेरे चाख में आ गयीं। कुछ देर बैठी रहीं। मैंने गोपाल के बिस्तर की बग़ल में अपना बिस्तर लगाया। उस चाख में अधिक चौड़ाई न थी। मुझे उस कंकाल जैसे अर्द्धमृत के निकट सोने का साहस नहीं हो रहा था। भाभी के छोटे-छोटे बच्चे घर में सोये थे। अतः वह देर तक मेरे साथ नहीं रह सकती थीं। वे बच्चों के पास चली गयीं।

मैंने अपने थके शरीर को बिस्तर पर डाला। मुझे नींद आ गयी, पर गोपाल कभी जग जाता और अपनी बाँह के दर्द से छटपटाहट में उसका हाथ मेरी ओर पड़ जाता। मुझे लगता मानो कोई शव ही मेरी पीठ पर हाथ रख रहा है। यह एक ओर से अच्छा भी था क्योंकि मुझे भरोसा हो जाता कि वह अभी जीवित है। सुबह हुई और मैंने निश्चय किया कि गोपाल को किसी अच्छे अस्पताल ले जाना चाहिए। बिशनदा को बुलाया। गोपाल के पिताजी भी आ गये। सबने मेरा सुझाव मान लिया। तब चिकित्सकीय अच्छी व विकसित सुविधाएँ नैनीताल में उपलब्ध थीं, शायद अल्मोड़ा नगर में कुछ रही होंगी। हमने तय किया कि इन दोनों नगरों में जाने का रास्ता कौसानी होकर ही था, अतः कौसानी आश्रम में जाना चाहिए। बहन जी की सलाह के अनुसार अस्पताल तय किया जाय। गोपाल के साथ उसके पिताजी और मेरा जाना तय किया गया। उसके पिताजी के पास यात्रा के लिए पैसा न था। इस

नाज़ुक घड़ी में सर्वोदय पात्र याद आया। उस दिन किशोर मण्डल के लड़के सुबह से ही मेरे आँगन में आ गये थे। एक तो उस दिन स्कूल की छुट्टी थी, दूसरे एक माह बाद मैं लौटकर आयी थी और तीसरे गाँव में बात फैली थी कि गोपाल अब नहीं बचेगा। वे बच्चे सब बेचैन थे। चाख में लेटे गोपाल को देखना चाहते थे, पर मैंने उन्हें एक साथ बिठा दिया और सर्वोदय पात्र के फण्ड से पैसा निकालने का प्रश्न सामने रखा। सारे बच्चों ने अपने प्रिय साथी ही नहीं, अपने 'हीरो' के लिए पैसे देने की सहर्ष स्वीकृति दे दी। खाते का हस्ताक्षरकर्ता अपने साथ एक साथी को लेकर पाखूँ गया और डेढ़ घण्टे में पैसा लाकर मेरे हाथ में रख दिया। उस ज़माने में छोटी-सी रक़म से भी काम चल जाता था।

दूसरे दिन हमारी यात्रा शुरू हुई। गोपाल बौंगाड़ से कोटमन्या तक पालकी में गया और वहाँ से कौसानी हमारे साथ अपने पिताजी की गोद में सिर रखकर बस में गया। शायद उसकी जीने की आशा पल्लवित हो गयी थी, अतः बस के ख़तरनाक झटकों से भी वह परेशान नहीं हुआ। मुझे ठीक से याद नहीं कि बस के बाद आश्रम में पहुँचने के लिए गोपाल कैसे गया था। शायद किसी की पीठ में गया होगा। कम-से-कम पालकी में तो नहीं गया था। बहन जी ने उसे नैनीताल डॉ. मायाराम जी के पास ले जाने की राय दी। उन्हें एक पत्र भी बहन जी ने लिख दिया।

गोपाल रूपी कंकाल को जब हमने डॉक्टर के सामने पेश किया, तो मैं साँस रोके खड़ी थी कि अब इसे देखकर डॉक्टर हमसे क्या कहेगा? सचमुच ही डॉक्टर स्वयं आश्चर्यचकित था कि इस लड़के के शरीर में प्राण कहाँ टिके हैं? डॉक्टर अपनी कुर्सी से उठ खड़े हुए और एक दूसरे डॉक्टर को बुला लिया। फिर मुझे देखते हुए एक ज़ोरदार डॉट लगायी "आप तो पढ़ी-लिखी लगती हैं। इस बच्चे की ऐसी हालत होने तक आप लोग कहाँ थे? इस मरणासन्न को कौन डॉक्टर हाथ में लेगा?" पर डॉक्टर मायाराम को लिखा बहन जी का पत्र था, इसीलिए डॉक्टर ने गोपाल का इलाज प्रारम्भ कर दिया। एक इंजेक्शन लगना था, वह बड़ी कठिनाई से लग पाया। उसके बाद हाथ में चीरा लगाया गया। ख़ून और मवाद एक साथ बहने लगा। गोपाल बेहोश हो गया। डॉक्टर भी घबराये। हम तो रोने ही लगे, पर चिलमचियाँ भरकर मवाद निकल जाने से उसे राहत मिली। उसने आँखें खोलीं। गोपाल को अस्पताल में भर्ती कर लिया गया। हम उसके सामने गांधी आश्रम के कार्यकर्ता निवास में रहने चले गये।

गोपाल स्वस्थ होने लगा। खाना खाने लगा। धीरे-धीरे हमें आता देखकर मुस्कराने भी लगा। हमने डॉक्टरों को बहुत धन्यवाद दिये और एक सप्ताह बाद हम वापस आये। सर्वोदय पात्र ने बौंगाड़ के एक होनहार नौनिहाल की जान बचा दी थी। उसका श्रेय उन उत्साही बच्चों को जाता था, जिन्होंने गाँव में सर्वोदय पात्र रखवाये भी और उनका सफल प्रबन्धन भी किया। गोपाल के वापस स्वस्थ होकर लौटने में जितनी ख़ुशी उसकी माँ व परिवार को हुई, उतनी ही हार्दिक प्रसन्नता 'किशोर मण्डल' के बच्चों को भी हुई।

धीरे-धीरे मेरा कार्यक्षेत्र बौंगाड़ की सीमाएँ लाँघकर पूरी पुंगराऊँ पट्टी में फैल गया था। कुछ अर्थों में बेरीनाग प्रखण्ड के कुछ भागों तक भी मेरी पहचान व औषधि-वितरण जैसे कार्यों का विस्तार होने लगा था। मैं बौंगाड़ आने के दिन से ही अपने साथ होमियोपैथी की किट, 'मेटेरिया मेडिका' जैसी कुछ पुस्तकें अपने साथ ले आयी थी। मैं कोई रजिस्टर्ड होमियोपैथ तो थी नहीं, ना ही दवा व रोगों का इलाज मेरा प्रमुख कार्य ही था। मैं तो छोटी-छोटी तकलीफ़ों, जैसे सर्दी, जुकाम पेटदर्द, दस्त, कब्ज़ आदि के लिए 'मेटिरिया मेडिका' को पढ़कर दवाएँ दे देती थी, पर कभी-कभी मेरे पास ऐसे केस आये जो सही में न तो मेरे वश के होते थे न ही मुझे उनको हाथ में लेना चाहिए था।

एक दिन मेरे आँगन में 'किशोर मण्डल' के बच्चे खेल रहे थे। बच्चों ने मुझे खेल में हरा दिया था। अतः मैं दीवार पर बैठी थी। तब तक अपने दस साल के बेटे का कटा अँगूठा पकड़े श्यलखाने की एक माँ मेरे सामने आ खड़ी हुई। लड़के ने गँड़ासे से चारा काटते हुए अपने बायें हाथ का अँगूठा ही काट दिया था। अँगूठे का नाख़ून वाला पूरा भाग कटकर गिर गया था। घाव से रक्त की धारा जल स्रोत की तरह भक्-भक् करके फूट रही थी। मैं घबरा गयी। ऐसे केस में मैं क्या कर सकती थी? मेरी क्या योग्यता थी ऐसे घाव का इलाज करने की? मेरे भीतर से आया कि यह ख़तरा मैं नहीं लूँगी, पर मैं उस माँ को कहाँ जाने को कहूँ? बच्चा रक्तस्राव से मर सकता है। माँ घबराहट से बेदम हो रही थी। बार-बार कहती, "म्यार छ्योड़ कैं बचै दियो भगवानो, तुमरि बलै ल्यूंल। के दवै लगै दियो यैक हातम।" (मेरे बच्चे को बचा दो भगवान, तुम्हारी बलायें लेती हूँ। इसके हाथ में कोई दवा लगा दीजिए।)

मैंने उसका इलाज करने का तय नहीं किया, पर मुझे बच्चे का सफ़ेद चेहरा ढकेलने लगा। सहज मेरे पैर कमरे में गये। भीतर से फिटकिरी का पावडर लायी। उसको घाव पर डालती रही। उसकी बाँह ऊपर को कर दी, जिसे माँ ने थाम रखा था।

उसकी कोहनी के ऊपर नीचे बिखरे से बाँध भी दिया। 'किशोर मण्डल' के बच्चे पानी ढोकर ला रहे थे और नीचे आँगन के पाथरों में गिरे ख़ून को धो रहे थे। बच्चे की माँ का हाथ थका तो 'किशोर मण्डल' के एक लड़के ने बाँह पकड़ ली थी। मैंने 'मेटेरिया मेडिका' खोलकर दवाएँ तय कीं और खाने की दवाएँ देनी शुरू कीं। शायद प्रारम्भ में आर्निकामौंट दी थी। बाद में कुछ अन्य दवाएँ रक्त को रोकने के लिए दीं। बच्चे का चेहरा पीला-सा दिखा तो मैंने उसकी माँ से पूछा। माँ ने निश्चिन्त मन से कहा, "उसका चेहरा स्वभावतः ऐसा ही है।" मैंने तीन घण्टे लगातार उस बच्चे की तीमारदारी की। जो पुस्तक बताती, वह किया और जो मुझे सूझता, वह करती रही। अन्त में कम होते-होते रक्तस्राव बिल्कुल बन्द हो गया। तब वह माँ बच्चे को घर ले गयी। उसे सख़्त हिदायत दी कि बच्चे का हाथ रात भर भी ऊँचा ही रखना था, जो उस परिवार ने बारी-बारी से रात भर जगकर किया था। सम्भवतः आठ-दस दिनों में वह ठीक हो गया। उन दस दिनों में भी मैं उसकी सहायता करती रही। कुछ दिनों बाद एक दिन उसकी माँ मेरे लिए खजिया के खाजे भेंटस्वरूप लेकर और बच्चे को साथ लेकर मेरे पास आयीं। मैंने बच्चे का अँगूठा देखा और भावविभोर होकर भगवान को धन्यवाद दिया और उस ग़रीब माँ के वे खाजे यानी चावल प्रेम से स्वीकार कर लिये, मानो वे सुदामा के तन्दुल थे।

ऐसी ही एक घटना बौंगाड़ के सामने की धार (पर्वत पृष्ठ) पर बसे एक गाँव ओडयूड़ा की है। यह गाँव एक हरिजन बस्ती थी। गर्मी के दिन प्रारम्भ ही हुए थे। ये दिन ग़रीबों के लिए भूख के दिन होते हैं। गेहूँ की फ़सल अभी किसानों के घर पर नहीं आयी थी। हलिया, मिस्त्री, बढ़ई आदि के परिवारों को फ़सल का भाग तभी मिलेगा, जब फ़सल घर में पहुँचेगी। इसके पूर्व उनका राशन समाप्त हो जाया करता था। उस गाँव में रहने वाली एक विधवा माँ का जवान बेटा सुबह भूखा ही कोटमन्या को गया था कि किसी का सामान ढोकर कुछ पैसा कमा लेगा और खाने का जुगाड़ हो जायेगा। उसे सामान मिल गया। उसे पीठ और कन्धे पर ढोते हुए वह जंगल के रास्ते अपने गाँव की ओर उतर रहा था कि उसे प्यास लगी। जंगल के बीच कुछ पत्थरों से घिरा हुआ पानी उसे दिखाई दिया। शायद वह वर्षा का पानी था जो कई दिनों से पत्थरों के बीच में रुका हुआ था। प्यास की तेज़ी में उस नवयुवक ने बिना सोचे-समझे अंजुलि भर-भरकर वह पानी पी लिया। घर के नज़दीक पहुँचते-पहुँचते उसके पेट में दर्द हुआ। उसे कै हुई और कुछ देर में दस्त हुआ। वह लड़खड़ा गया। कै और दस्त का सिलसिला लगातार चलता रहा। वह घर में लेट गया। अब कै

और दस्त वह लकड़ी के 'ढुड' में करने लगा। उसके शरीर की शक्ति क्षीण होती जा रही थी।

युवक की हालत ख़राब होते देख उसकी माँ ने अपने पड़ोसी को मेरे पास भेज दिया। मैं सुबह का श्रम करके लगभग साढ़े दस बजे कमरे में लौटी ही थी कि खोली पर आकर उस अपरिचित आदमी ने कहा, "जल्दी चलिये, बीमार गम्भीर हालत में है।" मैं हाथ-पाँव धोकर दवाओं की किट और 'मेटेरिया मेडिका' की पुस्तक लेकर उस आदमी के पीछे तेज़ क़दमों से चल दी। दोपहर की धूप तेज़ हो गयी थी। खेतों के बीच से होते हुए हम आधे घण्टे में उस घर पर पहुँचे, जो यूँ तो दो मंज़िला मकान था, पर उसमें एक ही बड़ा कमरा था जिसे एक ओर भकार से घेरकर दो हिस्सों में बना दिया था। भकार के ऊपर कुछ फटे-पुराने और कभी न धोये गये हों, ऐसे मैले-चीकट बिस्तर पड़े थे। वहीं फ़र्श पर बिछे किसी पुराने गद्दे में बीमार लेटा था। इसी कमरे के एक कोने में चूल्हा था, जहाँ कुछ जूठे बर्तन रखे थे, जिन पर मक्खियाँ भिनक रही थीं।

रोगी सचमुच गम्भीर स्थिति में पहुँचा हुआ था। उसके कै-दस्तों की बदबू उनके उस एकमात्र कमरे में फैली हुई थी। युवक की नब्ज़ देखी तो वह बहुत कमज़ोर एक धागे-सी सरक रही थी। आँखें गड्ढों में धँसी हुई थीं। उसके दस्त अभी भी चालू थे। शायद वह बिस्तर में उसकी माँ ने डाले कुछ चिथड़ों में ही शौच कर रहा था। मुझे उबकाई आने लगी और मन किया, कमरे से बाहर भाग जाऊँ। तभी नज़र पड़ी युवक की माँ पर। एक मैले से वस्त्रों में लिपटी वह झुर्रीदार चेहरे वाली माँ डबडबायी आँखों से मुझे आशान्वित होकर देख रही थी। उसने बुदबुदाते हुए कहा, "एक इसी के सहारे मैं जी रही हूँ। अन्य सब तो मुझे छोड़कर भगवान के घर चले गये। अब ये भी न चला जाये, आप इसे बचा लीजिए, दीदी।" मनुष्य की बौद्धिक कुशलताओं, सीखी हुई तकनीकों और सारे ज्ञान-विज्ञान से भी ऊपर अन्तर की एक ऊष्मा होती है जो ऐसी विकट घड़ी में इन्सान को इन्सान के लिए कुछ भी कर गुज़रने के साहस से भर देती है।

मैं अपनी पहली प्रतिक्रिया में उन दोनों को उनके गन्दे रहन-सहन के लिए कुछ कड़े शब्द कहकर वापस चली जाना चाहती थी, किन्तु मैंने वह नहीं किया, वरन किट में से नक्स वोमिका 30 की एक खुराक निकालकर उसके मुँह में डाल दी क्योंकि लग रहा था, कै होने में उसके प्राण भी उलटकर निकल न जायें। उसकी माँ को कहा कि उस लकड़ी के ढुड को बाहर रख दे और साफ़ कर दे। बीमार के

नीचे बिछाये गन्दे हो गये कपड़ों के चिथड़ों को बाहर खाद के ढेर में दबा दे। कुछ दूसरे फटे कपड़े बीमार के नीचे बिछा दे। बीमार बार-बार पानी माँग रहा था, पर माँ पानी नहीं दे रही थी, यह सोचकर कि इससे दस्त बढ़ जायेंगे। मैंने उससे पानी उबालकर उसे गुनगुना कराया थोड़ा-थोड़ा बार-बार पिलाया ताकि वह 'डिहाइड्रेट' न हो जाय।

उसकी नब्ज़ पर अपनी उँगलियाँ रखे हुए मेरी नज़रें 'मेटिरिया मेडिका' की पंक्तियों पर घूम रही थीं। लक्षणों के बदलाव के अनुसार दवाएँ भी मैं बदलती रही। किट में से दूसरी शीशियाँ निकालकर उसके मुँह में दवा डालती रही। उसकी कै बन्द हुई, पर उबकाई अभी भी आ रही थी। वह भी धीरे-धीरे कम हुई। पेट दर्द भी कम तीव्रता से हो रहा था, पर अभी तक था ही। उसके दस्त भी देर से हो रहे थे। मुझे उस बीमार के पास तीन घण्टे हो चुके थे। मेरी उपस्थिति ने भी उसको स्वस्थ होने में मदद दी होगी, इससे उसे व उसकी माँ को एक आश्वस्ति मिली थी। मैं यह भूल ही गयी थी कि मैंने खाना भी खाना था। जहाँ आज खाना था उसके परिवारजन मेरी प्रतीक्षा करते होंगे। मैं यहाँ आते समय किसी को यह भी तो नहीं कह पायी कि मैं कहाँ जा रही हूँ। तीन घण्टे बीत जाने पर मुझे यह सब याद आने लगा था।

युवक के दस्त लगभग रुक चुके थे। उसकी माँ ने उसको सूखे कपड़ों में सुला दिया था। गर्मी के दिन थे, पर युवक के पैर ठण्डे बर्फ़नुमा हो रहे थे। उसकी माँ आग से कपड़ा गरम करके पैरों को सेंक रही थी। दवाएँ बताकर और उबला पानी गुनगुना करके पिलाते रहने का निर्देश देकर मैं जाने के लिए उठ खड़ी हुई। मैंने उसके पड़ोसी को साथ लिया और मेरे पास से हॉटवॉटर बैग लाकर युवक के पैरों में लगाने को कहा। युवक की माँ को बार-बार कहा कि कल सुबह मुझे जानकारी दें कि अब तबियत कैसी है? हॉटवॉटर बैग भी वापस दे जायें। तीन बज चुके थे, तब मैं कमरे में पहुँची। हॉटवॉटर बैग उस आदमी को दी और उसको गरम पानी से भरने का तरीक़ा भी सिखाया। वह वापस गया और मैं स्नान करने गयी।

दूसरे दिन मैंने श्रम-कार्य रास्ते में पड़ने वाले खेत में ही करने का तय किया ताकि बीमार की जानकारी देने कोई आये तो मुझे यहीं दिखायी पड़ जाये। आसपास के खेतों में गाँव की अन्य महिलाएँ भी फ़सल समेट रही थीं। उन सभी को मैंने कहा कि वे सामने वाली धार पर बसे ओडयूड़ा गाँव की ओर ध्यान देती रहें। यदि वह युवक स्वस्थ न हो पाया तो रात को ही समाप्त हो सकता है। सब ध्यान दें कि कहीं

उसकी अर्थी न निकल रही हो। अब तक कोई सन्देश भी उनकी ओर से नहीं था, न हॉटवॉटर बैग ही वापस भेजी गयी थी। जैसे समय बीतता गया, मुझे विश्वास होने लगा कि युवक या तो गम्भीर स्थिति में है या फिर गुज़र ही गया होगा।

श्रमकार्य पूरा होते ही मैं अपने कमरे में न जाकर खेत से ही उस युवक के घर को चल दी। तेज़ धूप में हाँफते-हाँफते जब मैं उसके घर की सीढ़ियाँ चढ़कर दरवाज़े पर पहुँची तो देखा, युवक रसोई में बैठा भात खा रहा था। उसने गड्ढों से झाँकती अपनी आँखों और पिचके गालों के बीच अपनी बत्तीसी चमकाकर अपने स्वस्थ होने का परिचय मुझे दिया। माँ उसको खाना परोसना छोड़कर हाथ जोड़ती हुई आयी। "तुमने मेरे 'भौ' (बच्चे) को बचा दिया। मेरा यह एक ही बच्चा रह गया है। आप नहीं आतीं तो यह चला ही जाता। भगवान की दया-छाया से तुमको कभी कष्ट न आयें।" वह शरीर से भी झुक गयी। वाणी तो मानो नम्रता में भिगोयी हुई ही थी। मैंने उसको उलाहना दिया, "मुझे तुमने सन्देश क्यों नहीं भेजा? जैसी तत्परता से बुलाने को आदमी को भेजा था, वैसे ही बीमार ठीक है, का सन्देश भेज देतीं। इतना तो सीखो। मुझे भी तो चिन्ता लगी थी। तुम सन्देश भेज देतीं तो इस घाम में मुझे नहीं आना पड़ता।" ग़रीब माँ हाथ जोड़ती रही। वह और क्या करती? मैं वापस आ गयी। मैं इस घटना के बाद सोच रही थी, डॉक्टर्स कहते हैं कि बिना एंटीबायोटिक्स के संक्रमण नियन्त्रण में नहीं आ सकता, परन्तु उस युवक का हैज़ा जैसा वह संक्रमण कैसे होमियोपैथी की दवाओं से ठीक हो गया, यह आश्चर्य मुझे होता रहा था। इसके लिए मैं परमात्मा की शक्ति को धन्यवाद देती थी।

मुझ अप्रशिक्षित, किन्तु अभ्यासप्राप्त व्यक्ति के इलाज पर लोगों का विश्वास जम गया था और यही विश्वास था जो उन्हें स्वस्थ कर देता था। एक बार कभी बौंगाड़ से मेरे बाहर रहने की अवधि में जसुभाभी का बेटा दस माह का सतीष गुज़र गया था। मैं वापस गाँव में आयी तो यह दुखद समाचार मिला। दूसरे दिन जसुभाभी को मिलने गयी। वह रो रही थी। रोते-रोते कहने लगी, "आप यहाँ होतीं, गुस्याणा तो मेरे सतीश को आप बचा लेतीं।" मैंने उनको शान्त करने के लिए कहा, "जिसको जब जाना होता है, वह जाता ही है। उसको कोई नहीं रोक सकता, भाभी। अपना मन शान्त कीजिए।" पर भाभी को यह खटका लम्बे समय तक बना रहा कि मैं गाँव में होती तो उनका बच्चा नहीं जाता।

हमारी ग्वालिन पाठशाला नियमित रूप से चलती थी। ग्वालिनों में बाल सँवारने, दाँत प्रतिदिन मलने, प्रतिदिन प्रातः शौच एक निर्धारित स्थान शौचालय में ही जाने,

नाख़ून काटने व हाथ-पाँव साफ़ रखने जैसी स्वस्थता व स्वच्छता के संस्कार स्थायी आदतों के रूप में जुड़ गये थे। शाम को एक घण्टे का मौखिक रूप से दिया ज्ञान उनके पढ़ने की रुचि को विकसित कर चुका था। सुबह की पढ़ाई-लिखाई से वे बालिकाएँ अब कहानियों की सरल पुस्तकें पढ़ने लगी थीं। बहुत सारी लड़कियों को उनके परिवारजन स्कूल में पढ़ने भेजने लगे थे। दो बालिकाएँ जिन्होंने पांखू के प्राइमरी विद्यालय में अपनी पढ़ाई प्रारम्भ कर ली थी, बाद में आश्रम में आगे की शिक्षा प्राप्त करने आ गयी थीं। दोनों चचेरी बहनें अच्छी छात्राएँ और अपनी माताओं की तरह ख़ूब श्रमशील भी थीं। बड़ी बहन को उसके पिताजी ने मौक़ा दिया तो वह आश्रम में अपनी शिक्षा पूरी करके टीचर्स ट्रेनिंग के लिए गयी और शिक्षिका बन गयी। छोटी बहन ने दसवीं तक की पढ़ाई पूरी कर ली थी। तब उसके पिताजी ने एक ग्रेजुएट युवक को उसकी शादी के लिए ढूँढ़ लिया। उसके पिताजी फ़ौज की एजुकेशन कोर में सेवारत थे। जब छुट्टियों में गाँव में आते तो मेरे साथ बैठकर ख़ूब विचार-विनिमय और चर्चाएँ आदि करते थे। उनके विचार अपने गाँव के बारे में भी उन्नतिशील थे, पर अपनी बेटी की शादी के लिए वे आग्रही हो गये थे। शायद वे एक ग्रेजुएट युवक को छोड़ना नहीं चाहते थे। अतः उन्होंने अपनी बेटी की आगे बढ़ने की इच्छा के विरुद्ध उसे घर बुला लिया। तब उनकी बेटी ने भी स्त्री के अपने जीवन के बारे में अपना निर्णय लेने के विचार से अपने होने वाले पति से बातें करनी चाहीं ताकि वह स्वयं कैसा जीवन जीना चाहती है, उसका जीवन उद्‌देश्य क्या है, वह उनको बता सके।

जब बेटी ने अपनी माँ व दादी को अपना इरादा बताया कि उसके होने वाले जीवनसाथी को बुलाया जाये ताकि वह उनसे बातें कर सके, तो उसका परिवार ही नहीं, सारा गाँव ही आश्चर्य से उथल-पुथल-सा हो गया क्योंकि यह एक अविश्वसनीय क़दम था कि कोई युवती विवाह के पूर्व ही अपने होने वाले पति से बातें करे। उसकी दादी तो आश्चर्यचकित ही नहीं, दुखी भी हो गयीं और बोलीं, "राधा ने यह क्या सिखा दिया लड़कियों को?" युवती ने अपने भावी पति के सामने कुछ शर्तें रखी थीं, यह कि ग्रेजुएट होने के बावजूद वह नौकरी नहीं करेंगे। किसी भी धन्धे या काम के लिए इन गाँवों से पलायन नहीं करेंगे और यहाँ रहकर आजीविका का स्वावलम्बी कार्य तय करके समाज की सेवा विचारपूर्वक करेंगे, तथा अपनी पत्नी को भी समाजसेवा करने का अवसर देंगे। पर्वतीय पढ़े-लिखे युवकों व युवतियों के लिए युवती की यह शर्तें मानो एक चुनौती ही थी, क्योंकि

अधिकांश शिक्षित युवक नौकरी की खोज में पलायन करके मैदानी भागों या शहरों में चले जाते थे।

युवती को सन्तोष हुआ कि उसकी शर्तें भावी पति ने स्वीकार कीं और उनके लिए अपने विचारों की अनुकूलता भी बतायी। इस दम्पती ने अपने तरीक़ों से समाज के सरोकारों के लिए ही काम किया। युवती ने पर्वतीय गाँवों के निवासियों के साथ वैसा ही श्रमपूर्ण और सादगी भरा जीवन जिया, अपने बच्चों को सुशिक्षित ही नहीं सुसंस्कारित भी किया। जब मैंने बौंगाड़ में वहाँ की बालिकाओं को शिक्षा ही नहीं, संस्कार देने व उनके व्यक्तित्व को विकसित करने का प्रारम्भ ग्वालिन पाठशाला के रूप में किया था, तब वे बालिकाएँ विचारपूर्वक ऐसा बदलाव लायेंगी, इस कल्पना तक मेरी उड़ान शायद नहीं गयी थी, पर उन श्रमशील सरल बालिकाओं में वह शक्ति थी, जो उभरकर सामने आयी थी।

बौंगाड़ गाँव सर्वोदय के देशभर के कार्यकर्ता साथियों के लिए एक प्रेरणा का स्थान हो गया था। यहाँ सर्वोदय जगत् के कई साथी आते और गाँव के वातावरण से प्रभावित होते। उन साथियों के आने से गाँव के युवक भी लाभान्वित होते और इस विचार के अन्तर्गत कुछ काम करने का सोचने लगे थे। बौंगाड़ गाँव के दो युवक मोहनसिंह कार्की व नयनराम उ.प्र. गांधी स्मारक निधि से जुड़कर काम करने लगे थे। मेरा सम्पर्क आसपास के गाँवों से भी होने लगा। मैं पांखू स्थित प्राइमरी व जूनियर हाईस्कूल के बच्चों के साथ कुछ कार्यक्रम चलाती थी, जहाँ पुंगराऊँ घाटी के अधिकांश गाँवों के बच्चे पढ़ने आते थे। यद्यपि इन स्कूलों में लड़कियों की संख्या कम थी, पर उनका प्रवेश जूनियर हाईस्कूल तक तो हो ही गया था।

उन्हीं के बीच आठवीं में पढ़ने वाली एक प्रखर बालिका ने मुझे आकृष्ट किया था। वह सुन्दर, गोल चेहरे वाली गोरी-सी बालिका ख़ूब स्पष्ट बोलती थी। संकोच नहीं करती थी, निर्भीक थी। हर कार्य को फुर्ती और उत्साह से करती थी। वह संगौड़ गाँव की जानकी पाण्डे थी। जब मैं संगौड़ गयी तो जानकी के घर पर भी गयी। जानकी अपनी माँ की लाड़ली बेटी थी। माँ भी बड़ी सुघड़, सुन्दर, कर्मठ, कुशल व खुले विचारों की महिला थीं। आठवीं की पढ़ाई पूरी करके जानकी ने आश्रम में जाकर और आगे बढ़ने की इच्छा जतायी तो वह मेरे साथ आश्रम में आयी। वहाँ से उसे आश्रम की एक अन्य छात्रा के साथ शान्तिसेना विद्यालय कस्तूरबाग्राम, इन्दौर भेजा गया। वहाँ भी जानकी ने अपनी प्रतिभा से सबको प्रभावित किया। वह अपनी योग्यता व क्रियाशीलता के बल पर सर्वोदय आन्दोलन की प्रमुख नेत्री

निर्मला देशपाण्डे की पसन्दीदा कार्यकर्ता बन गयी। ग्रामदान आन्दोलन के सघन कार्यक्षेत्र बिहार में एक निष्ठावान कार्यकर्ता की तरह काम करते हुए उस समय उठ खड़े हुए बिहार आन्दोलन में वह भी एक जुझारू सैनिक की तरह जुड़ गयी। इन आन्दोलनों की सीढ़ियाँ चढ़ती हुई वह बिहार आन्दोलन के लोकनायक व सम्पूर्ण क्रान्ति के प्रणेता जयप्रकाश नारायण की मुँहबोली बेटी ही बन गयी, जिसने जे.पी. की अस्वस्थता में उनकी अन्तरमन से अथक सेवा की। जानकी की तेजस्विता ऐसी थी जो कहीं छिपी नहीं रह सकती थी। वह अपने खुले मधुर, पर जोश भरे स्वर से मंच पर गाये अथवा सभा में विचार-वक़्तृता दे, उसकी बात पर लोगों का मन टिकता था। हिमालय की अनजानी सी घाटी के एक गाँव से निकलकर कालान्तर में वह पूरे देश में छा गयी थी।

उसी गाँव संगौड़ से उसी कालखण्ड में एक युवक हमारे साथ जुड़े, नाम था हरिदत्त पाठक। एक हँसमुख उत्साही व विचारशील युवक, जिनकी निष्ठा अपनी स्थानीयता में थी। सर्वप्रथम उनसे मेरा मिलना शायद इस सन्दर्भ में हुआ था कि उन्होंने अपने गाँव में एक प्राइमरी स्कूल खोला था। उस इलाक़े के दो-चार गाँवों के बच्चों के लिए स्कूल उनके नज़दीक आ गया और वे आसानी से पढ़ने जाने लगे थे। हरिभाई उस उम्र में अपने करियर नौकरी-पेशा के लिए सोचने के बदले स्थानीय उन्नति के लिए सक्रिय थे। यह मुझे उनको मिलने का कारण बना था। उन्होंने हमारे साथ कई ज़िम्मेदारियाँ उठायीं। बाद में प्रखण्डस्तर पर वे ब्लॉक प्रमुख बने। ऐसे ही कुछ पदों का भार उन्होंने उठाया। राजनीति के क्षेत्र में भी उनकी कुछ पहल थी, पर वे हमेशा अपनी स्थानीयता से जुड़े रहे।

सुन्दरलाल बहुगुणाजी बौंगाड़ कितनी बार आये, इसकी अब मुझे याद नहीं है। कई बार कई विशेष अवसरों पर वे आये थे, ऐसा मेरा मन कहता है। बौंगाड़ में रहते हुए मुझे ढाई-तीन साल हो चुके थे। मैंने वहाँ का कोई भी कार्यक्रम स्वयं आगे होकर नहीं शुरू किया था। सब प्रवृत्तियाँ गाँव के पुरुषों, स्त्रियों व बच्चों ने प्रस्तावित करके प्रारम्भ करवाई थीं या स्वयं की थीं। मैंने शाम को होने वाली सर्वधर्म प्रार्थना अवश्य शुरू की थी, जो प्रतिदिन चलती थी। उसके बाद की विचार चर्चा व संवाद-कथा, समाचारों की जानकारी भी प्रार्थना में शामिल होने वाले पुरुषों के सुझाव पर ही शुरू हुई थी, जोकि गाँव के समाज-परिवर्तन की दिशा में बहुत उपयोगी साबित हुई थी। "हमारी लड़कियों को कुछ सिखाइये वे बेचारी दिनभर पशुओं के साथ जंगल में भटकती हैं।" यह कुछ स्त्रियों ने और कुछ संवेदनशील

पुरुषों ने हमारी पहली बैठक में कहा था। बिशनदा व उन अन्य सयानों की तो मुझे यहाँ बुलाने की पहली माँग ही यह थी, "आश्रम की छात्राओं जैसी संस्कारवान और विचारवान हमारे गाँव की लड़कियाँ भी बनें।" इसके कारण ग्वालिनों की एक घण्टे की पाठशाला प्रारम्भ हुई थी।

किशोर लड़के विद्यालय से आकर शाम को मेरे आँगन में बिना कुछ प्रस्तावित किये ही आ गये थे और मेरे चारों ओर मँडराने लगे थे। उनके प्रेमाक्रमण ने मेरा दिल सर्वाधिक जीता था और उससे ही मेरा प्रिय कार्यक्रम 'किशोर मण्डल' शुरू हो गया था। अब गाँव के पुरुष कहने लगे कि खेती, गौपालन के अतिरिक्त समय में हम कुछ हस्तउद्योग के काम करते, तो हमारे जीवन में कुछ नवीनता आती और हमारा कृषि कार्य भी कुछ पुष्ट व उन्नत होता। ऐसी कोई प्रवृत्ति प्रारम्भ की जाये।

कुछ समय बाद ही बहुगुणाजी दो-तीन दिनों के लिए बौंगाड़ आये और उन्होंने मुझे सुझाया कि गाँवों के लोगों को जोड़कर हम एक ग्रामोदय इकाई गठित करें। उसे खादी ग्रामोद्योग आयोग के पास पंजीकृत करा सकते थे। आयोग खादी व ग्रामोद्योगों को प्रारम्भ करने के कई सुझाव अपने परिपत्रों द्वारा देता था और उनको प्रारम्भ करने के लिए कुछ छोटी-सी मूल पूँजी भी देने का प्रावधान बताता था। मेरे जनाधारित कार्य में यह सर्वप्रथम ऐसा काम था, जिसमें हम गाँव के बाहर से पैसा मँगा सकते थे, पर हमने खादी ग्रामोद्योग आयोग से कभी इस ग्रामोदय इकाई के लिए कुछ पैसा नहीं माँगा था। तीन माह में हमको एक रिपोर्ट भेजनी होती थी। ऐसे सभी कामों के लिए हमने संगौड़ गाँव के युवक हरिदत्त पाठक को ज़िम्मा दिया था। वे अवैतनिक सेवा देते थे। इस इकाई के लिए हम बन्तोली के एक अकेले बड़े मकान में बैठते थे, जो दशोली गाँव के सेठजी का मकान था और उपयोग में नहीं आता था। यह इकाई वास्तव में पूरे पुंगराऊँ पट्टी के लिए थी और हमने दशोली, डाडल, चौसाला, दन्तोला, लोहाथल आदि गाँवों से भी वहाँ के कुछ नागरिकों को इसमें जोड़ा था। दशोली के बद्रीदत्त पाठक जी हमारी टीम के साथ पदयात्राओं और बैठकों में अवश्य जुड़ते थे। वे हमारी टीम के एक सक्रिय सदस्य बन गये थे। बन्तोली के बड़े मकान में बैठकर हम विभिन्न ग्रामोद्योगों की सम्भावनाओं पर चर्चाएँ करते थे। बाद में हमने उसके एक कमरे में इकाई का छोटा-सा साधन रहित सा ही सही, एक ऑफ़िस खोल दिया था।

अपने इन प्रयासों में हमने कुछ प्रत्यक्ष व उल्लेखनीय किया हो, यह मुझे याद नहीं पड़ता। बौंगाड़ में एक काम हुआ था। उस गाँव में खेती कार्य में रिंगाल की

डलियाएँ, पीठ पर खाद, घास व सामान ढोने के डोके, फ़सल व अनाज सुखाने तथा बैठने आदि के लिए बिछाई जाने वाली चटाई, जिसे 'मोस्टा' कहते थे, काम में आती थीं। ये सभी रिंगाल से बनती थीं। रिंगाल बाँस प्रजाति का एक पौधा है जो बाँस से ज़्यादा लचीला, पतला तथा सुन्दर होता है। दूर जंगलों से रिंगाल के कारीगर इसको काटकर लाते व अपने घर पर बैठकर इससे उक्त सभी सामान तैयार करते व उन्हें बेच देते थे। बौंगाड़ गाँव ने रिंगाल के पौधे अपने खेतों के अन्तिम छोरों पर और गहरी होती गधेरियों (नालियों) के दोनों किनारों पर रोपने का तय किया। जंगल से रिंगाल के छोटे पौधे लाये गये व अच्छी वर्षा होने के बाद उन्हें जगह-जगह रोपा गया। कुछ वर्षों बाद उसी रिंगाल से बनायी गयी डलियाएँ उन्होंने मुझे दिखायी थीं।

जब से मैं बौंगाड़ में थी, उस अवधि में मैं केवल एक बार ही अपने घर पर ईजा व बाबूजी आदि से मिलने जा पायी थी। तब मैंने बाबूजी को अपने अनुभव बताये थे। मेरे यह कहने पर उन्हें अटपटा लगा था कि मैं प्रतिदिन गाँव के विभिन्न घरों में खाना खाती थी। बाबूजी ने सवाल उठाया था, "तुम एक ही घर में क्यों नहीं खातीं? क्या तुम उन्हें अपने भोजन का पैसा नहीं दे सकतीं? ठीक है, तुम अवैतनिक काम कर रही हो तो हम यहाँ से तुम्हारे भोजन के लिए पैसे भेज देंगे। रोज़-रोज़ किसी घर में मुफ़्त खाना तो उचित नहीं है। ऐसे में तुम्हारी उस गाँव में क्या इज़्ज़त होगी?"

मैंने उनको जनाधार का विचार समझाने की कोशिश की थी। मालूम नहीं वे कितना समझे और कितना विश्वास कर पाये। "उन परिवारों के साथ खाने का अर्थ है, उस गाँव-समाज का अंग बन जाना। तब उनको हम पर हमारे विचार व काम पर विश्वास बैठता है। और वे उस काम को अपना समझकर उठा लेते हैं। मुझे मालूम है, विश्वास में ही आदर व इज़्ज़त भी समाई हुई है। यह मैं ख़ूब जानती हूँ कि उस गाँव ही नहीं उस पट्टी और उस प्रखण्ड के उन भागों में जहाँ हमारा काम पहुँचा है, मेरी अच्छी इज़्ज़त है। मुझे इज़्ज़त का अहं लेकर करना ही क्या है, पर इज़्ज़त अगर काम में सहायक है, तो वह चाहिए।" मैंने ईजा व बाबूजी को ऐसा ही कुछ बताया। मुझे लगा बाबूजी मेरी बातों से सन्तुष्ट नहीं हुए और उन्होंने अपने मन में कुछ दूसरा ही क़दम लेने का तय किया।

उसके बाद एक दिन बाबूजी बस से कोटमन्या में उतरे और बौंगाड़ गाँव की दिशा व राह पूछने लगे। बौंगाड़ की दिशा में जाने वाले कुछ ग्रामवासी उन्हें मिल गये, जो उसी राह से अपने गाँव जा रहे थे। बाबूजी को उन्होंने गाँव ही नहीं, मेरे कमरे तक पहुँचा दिया। बाबूजी का आगमन मेरे और पूरे गाँव के लिए अप्रत्याशित

था। बाबूजी सहज व आश्वस्त थे। शायद दूसरे गाँव के उन सहयात्रियों ने मेरे प्रति अपने प्रशंसाभाव व्यक्त किये होंगे। मेरे साथ बैठने के बाद वे शाम की प्रार्थना में शामिल हुए और उसमें शामिल होने आये बौंगाड़ के गाँववासियों को मिले। रात के लिए वे बिशनदा के साथ उनके घर में रहने चले गये। दूसरे दिन वे पूरे गाँव में मेरे साथ भी घूमे और बाद में बिशनदा के साथ भी घूमे। पुरुषों ने स्वयं फ़ौजी होने के कारण उनका एक फ़ौजी दोस्त के रूप में स्वागत किया, पर महिलाएँ उन्हें अपनी बेटी अथवा ननद के बाबूजी के रूप में स्नेहपूर्ण सम्बन्ध को लेकर चरणस्पर्श कर रही थीं।

उस दिन शाम की प्रार्थना में भी बाबूजी शामिल हुए। उन्होंने गाँव के घर-आँगन, खेत-खलिहान और गाय-भैंस के बारे में तारीफ़ के कुछ शब्द कहे और यह भी कहा कि आपके गाँव में फलों की कमी है। दूसरे दिन की सायंकालीन सर्वधर्म प्रार्थना में गाँव के सर्वाधिक पुरुष आये थे। हम बड़े कमरे में बैठे थे। दूसरे दिन प्रार्थना के बाद लोगों ने बाबूजी से कुछ बोलने को कहा। उन्होंने अपना गला ठीक किया और भावभरे शब्दों में बोलना प्रारम्भ किया, "मुझे यह पता न था कि मेरी बेटी का मायका आपके गाँव में है।" गला रुँध आया। "आपने उसे स्नेह ही नहीं दिया, आदर-सम्मान का ऊँचा सिंहासन भी दिया है। मैं आश्चर्य से सोच रहा था कि क्या ऐसा हो सकता है कि कहीं जनमी हुई लड़की दूर गाँव में आकर लोगों का इतना भरोसा-विश्वास प्राप्त कर ले? इस गाँव के पूर्वजों ने यह गाँव बड़े समृद्ध स्थान पर बसाया है। इस मिट्टी, यहाँ की हवा और पानी ने यहाँ के लोगों के दिल भी उदार बनाये हैं।" उसके बाद वे बातें कहीं, जो दो दिनों में उन्होंने देखी थीं। स्नेह की, प्रतिबद्धता की व विश्वास की वे बातें, वे लक्षण जो उन्होंने निरूपित किये थे। जिन पर उनका ध्यान गया था। अन्त में कहा, "मैं एक बाग़वान हूँ। मैं एक बार और आऊँगा। आपके हर परिवार के लिए आड़ू व ख़ूबानी के दो-दो पौधे लाकर आपकी भूमि में लगा दूँगा।"

दूसरी बार वे अपनी नर्सरी से साठ पौधे आड़ू और साठ पौधे ख़ूबानी के लाये, उनके लिए समुचित गड्ढे खुदवाकर व उनमें खाद डलवाकर स्वयं अपने हाथों से हर घर में दो फलदार पौधे लगा गये।

मेरी तीन वर्षों से कुछ अधिक की अवधि बौंगाड़ में रहते हुए बीत गयी थी। उनकी आमसभा में सर्वानुमति से निर्णय हुआ करते थे। मैं उनकी ऐसी बैठकों में कभी नहीं गयी, पर शाम की प्रार्थना सभा में सब मुद्दों की चर्चाएँ हो जाया करती

थीं और साथ ही आम सभा में क्या निर्णय हुआ, कैसे हुआ, किसने क्या कहा, यह भी पूरी बात सामने आ जाती थी। मैं अपना विचार इसी मौक़े पर देती थी। जो भूमिहीन थे यानी हलिया, लोहार या राजमिस्त्री, बढ़ई आदि जिनके पास घर बनाने को भूमि थी, पर खेती के लिए नहीं थी। रिवाज़ था कि उनको खेती करने के लिए ज़मीन का एक छोटा हिस्सा आम किसानों द्वारा दिया ही जाता था, पर वे उनके मालिक नहीं होते थे। घरों को बनाने की भूमि उनकी अपनी थी, पर खेती वाली नहीं थी। उन्हें यह ज़मीन पूरी तरह दे दी जाये, यह चर्चा या वाद-विवाद चल रहा था। गाँव के लोग बहुत ग्रहणशील बन गये थे। मैं उन्हें ग्रामस्वराज्य या भूदान आन्दोलन के बारे में पढ़कर सुनाती तो वे अपने गाँव की रीतियों से उसकी तुलना करते और कुछ कमी हो तो उसे दूर करने की बात ख़ुद ही उठाते थे। मैं सोचती हूँ, वहाँ सबसे अच्छी बात थी कि मतभिन्नता के बावजूद आपसी संगठन बहुत अच्छा व मज़बूत था।

उस काल में तब उत्तराखण्ड एक संविधानमान्य राज्य नहीं बना था, पर उत्तर प्रदेश उसके पर्वतीय भाग को हम सर्वोदयजन सब एक अलग इकाई की तरह 'उत्तराखण्ड' कहते थे। उसके लिए सर्वोदय कार्यकर्ता साथियों का एक अलग संगठन 'उत्तराखण्ड सर्वोदय मण्डल' भी था। मुझ जैसे कई कार्यकर्ता उसके सदस्य थे। जब देश में भूदान यज्ञ आन्दोलन की सफलता के अगले क़दम के रूप में 'ग्रामदान' आन्दोलन का मुख्य लक्ष्य बना, तब ग्रामदान द्वारा ग्राम स्वराज्य की सम्भावनाएँ बढ़ने लगी थीं। पूरे देश में ग्रामदान अभियान अर्थात् गाँवों को ग्रामदान के रूप में घोषित करवाना और उनमें ग्राम स्वराज्य के निर्माण की प्रक्रिया प्रारम्भ करना, यह काम तीव्र गति से चल रहा था। उत्तराखण्ड में भी ग्रामदान के व्यापक प्रचार के द्वारा प्रखण्डदान का सघन अभियान चला था। जहाँ-जहाँ प्रखण्ड के अस्सी प्रतिशत गाँव ग्रामस्वराज्य व्यवस्था के लिए राज़ी होते, हम उसमें एक प्रखण्ड स्तरीय ग्रामस्वराज्य मण्डल गठित कर उसे खादी ग्रामोद्योग आयोग से सम्बद्ध कराते थे। बेरीनाग प्रखण्ड में केवल तीन गाँव ही ग्रामदानी घोषित हुए थे, पर प्रखण्ड के शायद पचास प्रतिशत तक गाँवों में ग्रामस्वराज्य का विचार इस ग्रामदान अभियान के पूर्व से और उस अभियान काल में किये प्रयासों से लोगों तक पहुँचा था। ये तीन ग्रामदानी गाँव रामगंगा घाटी के चल्मोड़ी, बिलात व खनात थे। इन्हीं तीन गाँवों में आश्रम की तीन स्नातिकायें ग्राम स्वराज्य का लक्ष्य लेकर कार्यरत थीं। मैं उन्हें प्रत्यक्ष उनके गाँव में जाकर अथवा पत्रों के द्वारा अपने बौंगाड़ गाँव के अनुभवों से मार्गदर्शन देती रहती थी।

ये तीन गाँव ग्रामदान की सभी शर्तों पर न सही, पर गाँव की सामूहिक शक्ति द्वारा अपने गाँव के समाज में परिवर्तन लाने को एकमत बन चुके थे। कार्यकर्ताओं की अपनी सीमित शक्ति में लोकशक्ति की धारा जोड़कर उसकी सक्रियता बढ़ाने के लिए हमने पुंगराऊँ घाटी व बेरीनाग प्रखण्ड की कई पदयात्राएँ की थीं। इन यात्राओं में विषनदा, बद्रीदत्त पाठक व हरिभाई मेरे साथ थे। पदयात्राएँ बड़ी अच्छी सफलता के साथ चलीं। बाद में देश के कुछ कर्मठ व जाने-माने समर्पित साथियों की पदयात्राएँ भी उस प्रखण्ड में ही नहीं, पूरे ज़िले में आयोजित की गयीं। इससे वहाँ के गाँवों का उत्साह ख़ूब ऊँचाई पर चढ़ा था। इस वातावरण से प्रभावित होकर हमने ग्रामोदय इकाई को भी प्रखण्ड स्तरीय समिति में ही बदल दिया। उसको नाम दिया गया 'बेरीनाग ग्राम स्वराज्य मण्डल', जिसके प्रथम अध्यक्ष का ज़िम्मा बिशनदा (बिशन सिंह कार्की) को और सचिव का भार हरिदत्तभाई पाठक को दिया गया। उसका पहला केन्द्र बन्तोली के मकान का वही एक कमरा था। बाद में जब कुछ रचनात्मक काम गाँवों में होने लगा, तब इस केन्द्र को प्रखण्ड के मध्य में लाने की दृष्टि से उडियारी गाँव द्वारा प्रदत्त भूमि पर एक छोटा मकान बनाकर उसमें मण्डल का कार्यालय व सेवा केन्द्र प्रारम्भ किया गया। यह गाँव भौगोलिक दृष्टि से बेरीनाग प्रखण्ड के मध्य में पड़ता था। इस छोटे-से मकान में बेरीनाग ग्रामस्वराज्य मण्डल का केन्द्रीय कार्यालय व उसके दो-तीन कार्यकर्ताओं का निवास यानी छोटा-सा आश्रम बन गया था।

13

प्रखण्ड स्तरीय बेरीनाग ग्राम स्वराज्य मण्डल

बौंगाड़, पुंगराऊँ घाटी और बेरीनाग प्रखण्ड अखिल भारतीय सर्वोदय जगत् के साथियों के लिए देश के नक़्शे में उभरकर आ गये थे। कई प्रदेश व देश के स्तर के सर्वोदय कार्यकर्ता बौंगाड़ आते व इस गाँव के लोगों के साथ-साथ प्रखण्ड के व पुंगराऊँ के अन्य गाँवों को भी वैचारिक प्रेरणा देकर जाते थे। उन गाँवों के साथ हमारा यानी बेरीनाग ग्रामस्वराज्य मण्डल से जुड़ी टोली का लगातार सम्बन्ध बना रहता था।

एक बार अखिल भारत सर्वोदय मण्डल यानी सर्वसेवा संघ के अध्यक्ष श्री अमरनाथ भाई इस पुंगराऊँ घाटी व बेरीनाग प्रखण्ड की पदयात्रा पर आये। बौंगाड़ वासियों ने उनका कार्यक्रम बहुत व्यस्त बना दिया था। वे महिला वन पंचायत का जंगल देखने भी गये, क्योंकि महिलाएँ अपना काम दिखाना चाहती थीं। प्रार्थना के बाद उन्होंने गाँव किस-किस प्रवृत्ति में व कैसे स्वावलम्बी बनें, इस पर अच्छा विश्लेषण किया। आर्थिक ही नहीं राजनीतिक, प्रशासनिक व सामाजिक, सभी क्षेत्रों में सत्ता का केन्द्र गाँव बने, यह उनकी बात का केन्द्र बिन्दु था। लोग इसे समझे भी क्योंकि ये बातें मेरे द्वारा भी लगभग प्रतिदिन ही छेड़ी जाती थीं। जब 'किशोर मण्डल' के बच्चों ने इन्हें निवेदन किया, तो वे युवाओं की अहिंसक समाज निर्माण में क्या भूमिका हो सकती है, इस विषय में सरल भाषा में उनसे बोले। बच्चों ने आज तक गाँव के लिए जो भी किया था, वह अमरनाथ भाई को गर्व के साथ बताया। सर्वोदय पात्र, सब्ज़ियों की खेती, स्वच्छता का अभियान सब पूरी समझ के साथ बताया।

अमरनाथ भाई के साथ पुंगराऊँ घाटी में दस-बारह गाँवों में बैठकें हुईं। साथ ही, हम दोनों की पदयात्रा उडियारी, काँडे, किरौली यानी बेरीनाग प्रखण्ड के कुछ अन्य गाँवों में भी गयी। पदयात्रा में अमरनाथ भाई और मैं ही स्थायी पदयात्री थे, पर प्रतिदिन ही गाँव से कोई युवा या कोई सयाने व्यक्ति हमारे साथ चलने को स्वत:

तैयार हो जाते थे। राह में गाँव की महिलाएँ खेतों में काम करती हुई हमारी छोटी-सी पदयात्री टोली को पैदल चलते देखते ही बोले बिना नहीं रहती थीं। वे हमारी यात्रा का उद्देश्य पूछतीं, रात्रिविश्राम कहाँ करेंगे व कहाँ से आये हैं आदि पूछतीं। अमरनाथ भाई काशी से आये हैं, जानते ही श्रद्धा से काशी विश्वनाथ को अपने हाथ जोड़ देतीं। अगले गाँव में उनका मायका होता या उनकी बहन ब्याही होती अथवा ननिहाल होता तो पूरा नाम पता बताते हुए कहतीं, "उस गाँव में मेरे सम्बन्धी को ज़रूर मिलना।" अन्त में यात्रा के लिए शुभकामनाएँ देती हुई हमें आगे बढ़ने के लिए "द जाओ पें हाँ दीदी" (अब जाइए, दीदी) कहकर विदा देतीं। अमरनाथ भाई कहते, "हमारे मैदानी गाँवों की महिलाएँ कब इस प्रकार मुक्त मन से अपरिचितों से भी बातें कर पायेंगी?"

इन पदयात्राओं से पूरी घाटी व प्रखण्ड के कुछ भागों में एक वैचारिक परिवर्तन आ रहा था। मुझे हरेक गाँव में कोई व्यक्ति मिल ही जाते जो ग्रामस्वराज्य के विचार में विशेष दिलचस्पी लेते। अपनी डायरी में उनके नाम मैं लिख लेती। ऐसे ही एक बार देश के कर्मठ मूर्धन्य सर्वोदय सेवक श्री रविशंकर महाराज की ग्रामस्वराज्य पदयात्रा का कार्यक्रम था। महाराज (उन्हें देशभर में इसी नाम से सम्बोधित किया जाता था) गुजरात के निवासी थे। वे एक समृद्ध किसान थे। अपनी युवावस्था में ही गांधीजी के आन्दोलन के एक अहिंसक सेनानी बन गये। वे एक आन्दोलनकारी थे और रचनाधर्मी सेवक भी। उनकी युवावस्था में उन्होंने सुना कि गुजरात में एक गाँव है, जिसके लोगों का मुख्य धन्धा डकैती करना था। उस गाँव के लोग अपने गाँव में किसी बाहरी व्यक्ति को आने भी नहीं देते थे ताकि उनकी गुप्त रीति-नीति पुलिस तक न पहुँच जाय। बाहर के गाँववासी उनके गाँव में जाने में डरते थे, पर महाराज ने तय किया कि उस गाँव के लोगों के मन व पेशा, दोनों बदलने चाहिए। एक दिन वे अकेले ही उस गाँव में चले गये। वहाँ के आदमियों ने उन्हें बड़ी शंकाभरी नज़र से देखा। सोचा, ठेठ गुजराती किसान की जैसी धोती व कुर्ता पहने ये कौन? कहीं पुलिस का जासूस तो नहीं? महाराज गाँव के बीच में एक कुएँ की जगत पर बैठ गये। तब धीरे-धीरे सहमे-सहमे गाँव के लोग आये। "आप कौन?" उनका तीखा प्रश्न था। महाराज ने मुस्कराते हुए आराम से उत्तर दिया, "मैं एक डाकू हूँ। अपनी बिरादरी को देखने आ गया।"

"डाकू?" वे लोग सोचने लगे। "कौन से गिरोह के?" दूसरा प्रश्न आया। "गांधीजी के अहिंसक गिरोह का डाकू हूँ," महाराज ने कहा। "तुम्हारा और मेरा एक ही धन्धा है। चलो, आज मैं तुम्हारे ही पास रहूँगा।" वे लोग तैयार नहीं हुए।

"न जाने किस नीयत से आया है?" उन्होंने सोचा, पर डाकू है तो पास तो बैठ ही जायें। बातें हुईं। महाराज ने पूछा, "आपको डाका क्यों डालना पड़ता है?"

"क्योंकि ज़मीन में कुछ पैदा नहीं होता, ज़मीन में रेह जो है। हमारे बाप-दादा भी अन्त में डाका डालकर गुज़र करते रहे। जब तक रेह कम थी ज़मीन में वे कुछ खेती करते थे। गाय, भैंस भी पालते थे। पर अब तो रेह ने पूरी ज़मीन निगल ली है।" ग्रामीण डाकुओं ने बताया। दूसरे दिन से महाराज ने कुदाली हाथ में ली और एक खेत को रेह मुक्त करने के लिए उन्होंने उसे खोदना, उसमें पानी डालना, अच्छी सिंचाई करना और एक विशेष पत्ती की खाद खेतों की मिट्टी में मिला देना आदि करते रहे। जब खेत तैयार हो गया, उसमें बीज डाला। वह उग आया। फ़सल हो गयी। तब महाराज के साथ गाँव के लोग भी जुड़ गये। वे भी दिनभर मेहनत करते। अतः ख़ूब थकते। शाम को महाराज की गांधीवार्ता सुनते, मन भी बदल रहे थे। एक साल में खेतों की मिट्टी बदल गयी और लोगों के हृदय भी बदल गये।

बस, कोई एक-दो व्यक्ति डाका डालने जाते और शेष सब खेती करने लगे। महाराज उस गाँव में दो साल रहे और गाँव पूरी तरह बदल गया। पास-पड़ोस, निकट–दूर सब ओर उस गाँव व उसके निवासियों की छवि भी बदल गयी। वे ख़ूँख़ार डाकू नहीं, ईमानदार किसान कहलाने लगे। ऐसे निष्ठावान समर्पित महाराज कुमाऊँ की ग्रामस्वराज्य पदयात्रा में आये थे। पिथौरागढ़ व अल्मोड़ा, दोनों ज़िलों की पदयात्रा की ज़िम्मेवारी मेरी थी। गुजरात की समतल भूमि के रहने वाले महाराज अपनी उम्र के वार्धक्य की चिन्ता किये बिना हमारे गाँवों की पगडण्डियों में अच्छी गति से सावधान होकर, किन्तु सरलता से चलते थे। उनके ही आग्रह से "राधा बहन का सेवा क्षेत्र" यानी पुंगराऊँ पट्टी उनके पदयात्रा कार्यक्रम में जोड़ी गयी थी। उनकी पदयात्रा टोली में भाईदास भाई, सर्वोदय विचार को समर्पित तथा अहमदाबाद के एक बड़े और पुराने पुस्तक प्रकाशक व विक्रेता कम्पनी के मालिक थे और हरीश नाम के एक छात्र थे, जो विश्वविद्यालय में विज्ञान का अध्ययन कर रहे थे। हरीश के पास एक खच्चर होता था, जिस पर टोली का सामान लदा रहता था और हरीश उसे हाँकते थे। वे बड़े जिज्ञासु व प्रखर बुद्धि युवक थे। मैंने उस टोली का पिथौरागढ़ में स्वागत किया। पिथौरागढ़ के ज़िला अधिकारी ने उस रात को भोजन पर हमें आमन्त्रित किया था। महाराज बहुत कोमल और धीमे स्वर में बोलते थे। भोज में आये हर व्यक्ति महाराज से बातें करना चाहते थे और उनकी बात सुनना चाहते थे, परन्तु नगर के गण्यमान्य नागरिकों और कुछेक अधिकारियों की मिलने-जुलने की हलचल में वह सम्भव नहीं हो पा रहा था।

मैंने ज़िला अधिकारी को कहा कि भोजन प्रारम्भ करने के पूर्व सबको एक बार कुर्सियों में बैठने को कहें तो महाराज सबके सामने कुछ बोलेंगे। सब बैठे व महाराज ने नम्रता के साथ बोलना शुरू किया। वे स्वराज्य के बारे में बोल रहे थे। यह मुझे याद है, पर उसकी विस्तृत व्याख्या याद नहीं। इतना अवश्य याद है कि उन्होंने कहा, "आज़ादी के इतने वर्ष गुज़र गये, पर भारतीय किसानों, मज़दूरों, व्यापारियों, दुकानदारों, शिक्षकों व सभी नागरिकों ने यह नहीं जाना कि वे देश के मालिक हैं, और सारे ऑफिसरों, मन्त्रियों, सांसदों ने यह नहीं सीखा कि वे इन किसानों व नागरिकों के नौकर हैं। ये अपने को 'साहब' किस बूते पर कहलवाते हैं? जब तक यह रिश्ता बदलता नहीं, आज़ादी का सपना पूरा नहीं हो सकता। मैं ग्रामस्वराज्य की जड़ में यह बग़ावत लाना चाहता हूँ। लोगों में यही बग़ावत फैलाने के लिए मैं पदयात्रा कर रहा हूँ।" लोगों को विश्वास नहीं हुआ कि मुस्कराहट भरे चेहरे से मृदुल वाणी बोलने वाला यह वृद्ध ऐसी क्रान्तिकारी बातें ज़िले के ऑफिसरों को चुनौती देते हुए इतने वज्र जैसे आत्मविश्वास से बोल गया है।

भोजन पूरा हुआ। ज़िलाधिकारी मीठे व्यंजन की प्लेट लेकर महाराज के सामने गये, "महाराज, स्वीटडिश" उन्होंने निवेदन किया, पर महाराज ने कहा, "अब मैंने खाना पूरा करके कुल्ला कर लिया है। अब मैं मुँह में कुछ भी खाद्य पदार्थ कल सुबह स्नान आदि से निपटकर ही डालूँगा। क्षमा कीजिए, मेरे इस नियम का पालन मैंने दशकों से किया है।" उनकी ऐसी अनुशासित दिनचर्या थी, तभी तो उस उम्र में भी उनके शरीर में पहाड़ी चढ़ाइयाँ चढ़ने व विकट राहों पर उतरने का बल था। पदयात्रा में भी उनकी नियमितता भी काँटे की नोक पर चलती थी। प्रतिदिन निश्चित समय पर दोनों समय सर्वधर्म प्रार्थना और उसके बाद चर्खे पर सूत कताई, प्रतिदिन एक निश्चित समय पर नाश्ता और उसके आधे घण्टे बाद पदयात्रा पर निकल पड़ना, यह क्रम था।

अपने हाथों से काते गये सूत की धवल खादी का कुर्ता और घुटनों से नीचे तक की धोती, गुजराती आकार-प्रकार की सफ़ेद टोपी मानो एक लम्बे क़द का गुजराती किसान ही चला आ रहा हो। उनके साथ की उस पदयात्रा के कई संस्मरण याद आते हैं। एक दिन हमारी सभा और रात्रिविश्राम धरमघर में था। पुंगराऊँ पट्टी के लिए हमने थल से चौंसाला की चढ़ाई चढ़कर प्रवेश किया था। उसके अनेक गाँवों में सभाएँ करते बौंगाड़ में सभा व रात्रि विश्राम करके संगौड़, लोहाथल गाँवों में छोटी-छोटी बैठकें और कार्कीनगर में इंटर कॉलेज के छात्रों को सम्बोधित करके हम धरमघर पहुँचे थे। यहाँ की सभा को महाराज ने इस वाक्य से प्रारम्भ किया था,

"आपका और हमारा 'रक्त' एक ही है।" उन्होंने यह जानकारी प्राप्त कर ली थी कि कुमाउँनी भाषा में रक्त को 'ल्वे' कहते हैं, और गुजराती में 'लोई'। बस, इसी से उन्होंने ग्रामस्वराज्य, ग्राम स्वावलम्बन व लोकशक्ति की बात को जोड़ दिया था। सभा समाप्त हुई।

दूसरे दिन हमें बनलेख तक जाना था। धरमघर की सभा में आसपास के गाँवों से लोग आये थे। सभा के बाद अपने गाँव को वापस जाते हुए दूसरे दिन पदयात्रा की राह में पड़ने वाले एक गाँव के सयाने लोगों ने हमारी पाँच-छह लोगों की टोली को नाश्ते का आमन्त्रण दिया। महाराज ने स्वीकृति दी। सुबह धरमघर से निकलने व उनके गाँव में पहुँचने का समय उन्हें कई-कई बार बोलकर बता दिया गया, "बस-बस, आप तो कोई चिन्ता न करें। ठीक समय पर आपको नाश्ता 'रेडी' (तैयार) मिलेगा।" बड़े आत्मविश्वास से उन पुरुषों ने कहा। मैं जानती थी, नाश्ता वे नहीं तैयार करने वाले थे वरन् स्त्रियाँ तैयार करने वाली थीं। अतः ऐसी सुनिश्चितता तो वे ही दे सकती थीं; पर वे तो सभा में एक भी नहीं आयी थीं। ग्रामीण आमन्त्रक व्यक्ति ने बड़ी नम्रता से कहा, "महाराज, गाँव के लोग हमारे आँगन में पहले से आये रहेंगे। उन्हें दो मिनट में अपना आशीर्वाद भी दे दीजिएगा। आपकी चरणधूलि से हमारा गाँव पावन हो जायेगा।" महाराज उस गाँव जाने को राज़ी हो गये थे।

दूसरे दिन तय समय पर हम धरमघर से निकले। मैं सबसे आगे थी और हरीश अपने खच्चर के साथ सबसे पीछे थे। उस गाँव तक पहुँचने में हमें एक घण्टा लगना था। मेरे मन में शंका थी कि हमारी समयबद्धता का अनुमान शायद गाँव के लोग ठीक से नहीं लगा रहे होंगे। उन्हें सरकारी व विकास अधिकारियों तथा राजनेताओं की आदत होती है, जो दिये समय से घण्टे-दो-घण्टे देर में ही पहुँचते हैं। अतः मैं टोली के अन्य सदस्यों को उनकी गति से चलते छोड़कर स्वयं तेज़ गति से गाँव में समय से बीस मिनट पहले ही पहुँच गयी। जाकर देखा, कोई तैयारी न थी। मैंने झाड़ू पकड़ा। आँगन झाड़ने लगी। कुछ बालिकाओं ने घरों से बाहर निकलकर मेरे हाथ से झाड़ू ले लिया और आँगन साफ़ कर दिया। मैंने सबको जुटा दिया, उधर गृहस्वामी ने आँगन की सबीलों पर कालीन व आँगन में मोष्टे व दरी बिछा दी। "गाँव में धात (पुकार) लगाओ" कहकर मैं रसोई में गयी। पुकारते ही आसपास के घरों से पुरुष निकलकर आ गये। "केवल पुरुष नहीं, महिलाओं को भी बुलाओ।" मैंने धुएँ भरी रसोई के दरवाज़े से बाहर सिर करके कहा। तब अपने मुँह को अपने पल्लू से ढके कुछ महिलाएँ सकुचाती-सकुचाती आकर बिछायत के एक कोने में बैठ गयीं।

रसोईघर में दो महिलाएँ चूल्हे पर नाश्ता तैयार कर रही थीं। मैंने परोसने के लिए बर्तन तैयार कर दिये। पानी के लोटे व गिलास तैयार किये। मैं सुन रही थी, बाहर आँगन में महाराज लोगों को सम्बोधित कर रहे थे। सम्बोधन पूरा हुआ। पदयात्रा टोली के सदस्य घर के भीतर आये। धुआँ बुझ चुका था। बरामदे में दरियाँ बिछाई गयी थीं। वे बैठे और नाश्ता पेश कर दिया गया। सब व्यवस्थित ढंग से और समय पर सम्पन्न हो गया। गृहस्वामी हाथ जोड़कर मुझे अलग ले जाकर कहने लगे, "आप आ गयीं, इसलिए गाँव की लाज बच गयी।" गाँव के सब स्त्री-पुरुषों ने ख़ुश होकर हमें विदाई दी और हम आगे एक सँकरी-सी पगडण्डी से नीचे मुख्य पैदल मार्ग पर उतर गये।

एक गधेरे के किनारे एक बड़ी गोल चट्टान के पास महाराज रुक गये। मुझे भी रुकने को कहा। चट्टान के ऊपर एक दरार में एक छोटा-सा मज़बूत हरा पेड़ खड़ा था। उसका तना पतला था और छोटी-छोटी शाखाएँ थीं, जो पत्तों से लदी हुई थीं। उसकी जड़ें दरार के द्वारा चट्टान के भीतर समायी हुई थीं। महाराज इस पेड़ को दिखाते हुए बोले, "इस पेड़ को खड़ा व हरा-भरा रखने वाली जड़ें हैं, पर वे कहीं दृश्यमान नहीं हैं। ऐसी ही है स्त्री की अदृश्य शक्ति। वही समाज को हरा भी रखती है और खड़ा भी रखती है, पर उसे 'अबला' कहते हैं। मैं 'अबला' शब्द का अर्थ इस प्रकार लगाता हूँ, 'अबला' यानी जिसके बल की कोई नाप नहीं है, और जिस बल को दुनिया देख भी नहीं पाती, बल से भी ऊपर यानी 'अबल'। आज सुबह तुमने भी इसी प्रकार के बल का दर्शन हमें कराया। तुम्हारे उसी अदृश्य बल से हमें समय पर नाश्ता मिला। गाँव के लोगों को कुछ विचार-प्रसाद मिला और हमारी पदयात्रा समय पर आगे बढ़ी। तुम्हारे इस बल का किसी के पास कोई नाप है क्या? उस बल को किसी गिनती में लाया जाता है क्या?" महाराज के वे शब्द आज भी मेरे मन-मस्तिष्क में गूँजते हैं। सारी स्त्रियाँ इसी रूप में अपने बल को पहचानें, मैं यह चाहती हूँ।

हम ठीक समय पर बनलेख पहुँचे थे। इससे महाराज ख़ुश हो गये। बनलेख में गांधी आश्रम का एक ऊनी खादी का उत्पादन केन्द्र था। उन्होंने पदयात्रा टोली के निवास का प्रबन्ध एक स्कूल में किया था, जिसके फ़र्श पर पुआल बिछा दिया गया था और उसके ऊपर दरियाँ बिछी थीं। यह आठवाँ आश्चर्य था कि स्कूल के पास एक शौचालय भी था। महाराज ने दरी के ऊपर अपनी खादी की मोटी चादर बिछाई और उस पर बैठ गये, "राधा बहन, गीता प्रवचन पढ़िए" उन्होंने कहा। हम हर रोज़ पड़ाव पर पहुँचने के बाद 'गीता प्रवचन' का वाचन करते थे और उस पर चर्चा भी

करते थे। महाराज के मन पर यह वाचन इतना अंकित हुआ था कि प्रत्येक मौक़े पर जब भी मैं अहमदाबाद गयी और महाराज से मिली वे कहते, "तुम 'गीता प्रवचन' ऐसे पढ़ती थीं मानो पढ़ नहीं रही हो, वरन स्वयं उसे बोल रही हो।"

उनके मन पर एक़ और भी प्रशंसा जम गयी थी। कभी बहुत पहले बिहार में सूखा या बाढ़ राहत कार्य के लिए महाराज युवा छात्राओं की एक टोली लेकर गये थे। इस टोली में लोकभारती विश्वविद्यालय की छात्रा के रूप में मेरी बहन देवी भी गयी थी। महाराज कहते, "देवी राहत सामान वितरण में इतनी व्यस्त हो जाती थी कि उसे खाने की भी याद नहीं रहती थी। मैं उसे बुलाने जाता तो देखता, वह पसीने से तर होकर सामान बाँटती जा रही है। 'देवीबेन, भोजन?' मैं कहता। तब वह कहती, 'दादा, ये बेचारे?' "कितनी करुणाभावी और कितनी मेहनती? ऐसी थी देवी।" महाराज गद्‌गद कण्ठ से कहते। महाराज की यह ग्रामस्वराज्य प्रबोधन पदयात्रा अधूरी रही। हम गाँव-गाँव पदयात्रा करते हुए बनलेख से सरयूतट पर बागेश्वर तथा उसके आगे गोमती घाटी में चलते-चलते गाँवों में रुकते, सभाएँ करते कौसानी पहुँचे। यहाँ आश्रम में दो रोज़ रुकने तथा पास के सभी विद्यालयों में हमारा कार्यक्रम बना था। एक जनसभा कौसानी तथा दूसरी गांधी आश्रम चनौदा में आयोजित होने वाली थी। तभी गुजरात के एक गाँव से तार आया महाराज को वहाँ जाना आवश्यक लगा और वे दो दिनों के कार्यक्रमों को पूरा करके वापस गुजरात के लिए चले गये। काठगोदाम के रेलवे स्टेशन पर हरीश व मैंने महाराज और भाईदास भाई को विदा दी। महाराज ने मुझे स्नेहाशीर्वाद देते हुए अपने दोनों हाथ मेरे सिर पर रख दिये थे।

मैंने महाराज को उनकी पिचानवे या उससे भी अधिक उम्र में अन्तिम बार देखा था। वे बिस्तर पर लेटे थे। उन्हें आँखों से ठीक से दिखाई नहीं देता था। अतः आगन्तुक का हाथ थामते थे। प्रेम से मेरा हाथ थामते हुए उपर्युक्त दोनों प्रशंसाएँ उन्होंने दुहरायीं और उसको स्मरण करके स्वयं गद्‌गद हुए। सचमुच ही महाराज निम्नलिखित शास्त्रवाक्य की साक्षात् प्रतिमूर्ति थे—

काल जारणम्, गुण निवेदनम्
कटुकवर्जनम्, स्नेह साधनम्।।

यूँ तो मैं बौंगाड़ में रहती हुई बेरीनाग प्रखण्ड में अपने स्थानीय साथियों और देशस्तर के प्रबुद्ध कर्मठ व निष्ठावान सर्वोदय जगत् के कार्यकर्ताओं की पदयात्राएँ अथवा सभा-सम्मेलन करके एक वैचारिक वातावरण बनाने में मुख्यतः व्यस्त थी, पर मेरी भागीदारी उत्तराखण्ड स्तर पर भी बनी हुई थी। उस ज़माने में 'उत्तराखण्ड सर्वोदय मण्डल' के साथी कार्यकर्ताओं की टोलियों ने कई ज़िलों को मथ दिया था।

मैं भी इन टोलियों के साथ कभी-कभी जुड़ जाती थी। मेरे बौंगाड़ के स्थानीय साथी हरिभाई, बिशनदा आदि भी कभी टिहरी तो कभी चमोली या उत्तरकाशी की पदयात्राओं अथवा शिविरों व सम्मेलनों में जाया करते थे। प्रखण्ड ग्रामदान व उसमें ग्राम स्वराज्य का रचनात्मक कार्य हमारे इन कार्यक्रमों का लक्ष्य हुआ करता था। कौन थे ये कार्यकर्ता? मेरे जैसे गांधी संस्थाओं से जुड़े समर्पित कई युवा व वयस्क तो थे ही, साथ में गाँवों से निकले कुछ नये युवा भी थे, जैसे बेरीनाग प्रखण्ड से बिशनदा, बद्रीदत्त पाठक और हरिभाई, रामगंगा घाटी के हरिदेउपा तथा प्रेमानन्द आदि और कत्यूर घाटी व सालम क्षेत्र से घनश्याम, बद्रीप्रसाद व नाथूसिंह अधिकारी थे।

इसी प्रकार कई क्षेत्रीय कार्यकर्ता गढ़वाल के विभिन्न ज़िलों से भी निकले थे। हर शहर, क़स्बे, स्कूल या कॉलेज में ऐसे शिक्षक और नागरिक भी थे जो विचारपूर्वक हमारे साथ जुड़ जाते थे, जो पदयात्राओं में कुछ दिनों तक साथ चलते थे। पूरे उत्तराखण्ड में पन्द्रह-सोलह प्रखण्डों में ग्राम स्वराज्य मण्डल स्थापित और सक्रिय हो चुके थे। इन्हीं की पंक्ति में जुड़ता था हमारा बेरीनाग ग्रामस्वराज्य मण्डल, जिसका नेतृत्व करने के लिए मैं आज भी स्थानीय युवाओं को धन्यवाद देती हूँ। पहले इस मण्डल के सचिव रहे हरिभाई और बाद को सदन प्रसाद मिश्र और उन्होंने इस कार्य को अच्छी ऊँचाइयों तक पहुँचाया था। 1958 में बौंगाड़ गाँव में शुरू किये गये एक अनचीन्हे-से प्रयास का छोटा-सा बीज एक यशस्वी वृक्ष बन चुका था। बौंगाड़ व बेरीनाग प्रखण्ड में जनाधारित होकर काम करते हुए मुझे भी लगभग पाँच साल होने को आये थे, तभी मेरे सामने उस क्षेत्र को छोड़कर आश्रम में कार्य सँभालने की परिस्थिति आयी।

14

पुनः आश्रम में

मुझे लगता है वह 1963 का साल होगा, जब बहन जी ने शिक्षिकाओं व कार्यकर्ताओं की कमी हो जाने से आश्रम का कार्य सँभालने में दिक़्क़त आने की बात मुझे लिखी थी। पत्र पाते ही मैं आश्रम में गयी। बहन जी से बातें हुईं। एक ज़िम्मेवार कार्यकर्ता की नितान्त आवश्यकता महसूस हुई। अतः बहन जी का सुझाव था कि मैं बौंगाड़ का काम किसी अन्य कार्यकर्ता बहन को सौंपकर वापस आऊँ और आश्रम में काम सँभालूँ। मैं कुछ समय के लिए विचार में पड़ गयी क्योंकि मेरा मन बौंगाड़ क्षेत्र में था। वहाँ के सारे ही काम वहीं के स्थानीय साथियों द्वारा चल रहे थे, किन्तु उन्हें अभिप्रेरित करने वाले एक व्यक्ति की ज़रूरत भी शिद्दत से लगती थी। विशेषतः बेरीनाग ग्राम स्वराज्य मण्डल को दिशा देने की अधिक आवश्यकता थी, क्योंकि वह नया काम था और बौंगाड़ से अलग गाँव में उसका केन्द्र बनाया गया था। बहन जी के साथ दुबारा बातें करने पर मैंने वहाँ के काम के बारे में उन्हें विस्तार से बताया कि कहाँ-कहाँ हमारी ओर से एक अभिप्रेरक कार्यकर्ता की उन लोगों को आवश्यकता होगी। कहाँ-कहाँ क्षेत्र के लोग स्वयं सब तय करेंगे व चलायेंगे।

बहन जी ने वहाँ के वातावरण को बनाये रखने व सभी प्रवृत्तियों को प्रेरणा व मार्गदर्शन देने के लिए जिस कार्यकर्ता सुश्री दया बहन को भेजना तय किया और उनका नाम मुझे बताया तो मुझे अच्छा लगा, क्योंकि दया बहन गाँव में रहकर काम कर चुकी थीं और स्वभाव से ख़ूब मिलनसार थीं। यह भी तय हुआ कि मैं उन्हें मदद करने कभी-कभी कुछ समय के लिए बौंगाड़ या बेरीनाग ग्राम स्वराज्य मण्डल में जाया करूँगी। यह निर्णय लेकर मैं बौंगाड़ गयी। मैंने बौंगाड़ से विदा होने की तैयारी की। गाँव के सब लोगों, छोटों से लेकर बड़ों तक के मन यह सुनकर हिल-से गये। एक खलबली-सी मच गयी। सयाने लोग प्रार्थना में शामिल होते और बाद को यही कहते, "किसी प्रकार आपका ट्रांसफ़र रोका नहीं जा सकता क्या? हम बहन जी को

एक पत्र सबके हस्ताक्षरों से भेजें क्या? सच कहते हैं, हम आपके बिना अपने गाँव की कल्पना ही नहीं कर पाते।" बिशनदा बेरीनाग ग्राम स्वराज्य मण्डल के अध्यक्ष थे। अतः उन्हें चिन्ता थी कि वे कैसे उसे आगे बढ़ायेंगे? खादी ग्रामोद्योग आयोग के साथ सम्बन्ध जुड़ चुका था, पर उसे आगे बढ़ाने का सवाल था। अतः हम, हरिभाई, बिशनदा और बद्रीदत्त पाठकजी एक दिन इसकी चर्चा-विचारणा के लिए बैठे। उसके कुछ काम उन्होंने मुझे भी सौंपे। 'किशोर मण्डल' में गोपाल जैसा कोई अभिक्रमशील किशोर नहीं था। गोपाल की पढ़ाई का एक वर्ष उसकी बीमारी में बिगड़ गया था और वह उसी स्कूल में छोटी कक्षा में नहीं बैठना चाहता था। अतः उसे बनारस में उत्तर प्रदेश गांधी स्मारक निधि के विद्यालय में भेज दिया था। फिर भी 'किशोर मण्डल' को दया बहन ठीक से अभिप्रेरित कर सकेंगी, यह मुझे पूरा भरोसा था। जैसी भी स्थिति वहाँ थी, उसे सँभालने की क्षमता वहाँ के साथियों में भरपूर थी, यह मेरा विश्वास था और इस विश्वास से आश्वस्त होकर मैं आश्रम को जा रही थी।

वह दिन बहुत करुण था, जब मैं बौंगाड़ से विदा हुई। यों भी उन दूरस्थ घाटियों के लोग सरल, स्नेहिल, निश्छल व भावनाशील होते ही हैं। फिर मैं तो एक लम्बे समय तक उनके बीच उनमें से एक बनकर रही थी। बौंगाड़ के उन लोगों को छोड़ना मेरे हृदय पर भी भारी पड़ रहा था। उन दिनों कभी सोने के पूर्व जब मैं अपने चाख में अकेली लालटेन की मन्द रोशनी के बीच बैठी होती तो मेरा मन फफक-फफककर रोने को जैसा हो जाता था। यह बौंगाड़ मेरे जीवन में सर्वोदय विचार की साधना, जनाधारित समाजकार्य का एक प्रयोग तथा ग्राम स्वराज्य की परिकल्पना के लिए लोकशक्ति, लोक अभिक्रम जगाने का एक कार्यक्रम, एक रचना मात्र नहीं था। यह मेरी ममता का एक मोह-सम्बन्ध भी बन गया था। मुझे इसी मोह को जीतकर एक दिन बौंगाड़ को छोड़ना था। मैं अपने सामान का पिट्ठू लेकर जैसे वहाँ गयी थी, वैसे ही वहाँ से विदा हुई। मेरी भाभियों, चाचियों, जेजाओं और दीदी, बहनों ने मेरे जाने की बात जिस दिन सुनी, उसी समय से रोना शुरू कर दिया था। जाने के दिन सारा गाँव कातकन-धारे तक पहुँचाने आया। पहुँचाना क्या था? रोना और दुआएँ देना। "मेरि गुस्याणा तुमेरि बलै ल्यूल" (मेरी ननद, तुम्हारी बलिहारी जाऊँ) यह कहती महिलाओं की आँखें रो-रोकर लाल हो गयी थीं। पुरुषों की आँखें भी डबडबायी थीं। 'किशोर मण्डल' के बच्चों के गालों पर आँसू बह रहे थे। बच्चों में से कुछ बरड़ नदी तक हमारे पीछे-पीछे आये थे।

वर्षा के दिन थे। बरड़ का प्रवाह तेज़ था। उसके तट पर वे किशोर रुक गये थे। बिशनदा ने उस पहाड़ी नदी के तेज प्रवाह को पैर डालकर जाँचा और मुझे उसमें

पैर डालने से मना कर दिया। वे बोले, "मैं ही आपको नदी पार कराऊँगा।" वे मेरा पिट्ठू नदी के पार रखकर आये और मेरा हाथ कसके पकड़कर और उस धारा की ऊपरी दिशा में मुझे रखकर उन्होंने मुझे बरड़ के तीव्र प्रवाह से पार करा दिया। अब यह मेरे भावुक होने का मौक़ा था क्योंकि मुझे लगा था कि अब मैं बौंगाड़-सीमा से बाहर हो गयी थी। किशोरों ने हमें नदी पार करते देखा। वे नदी पार से चिल्लाये। नदी के घुघुआते घर्षण-भरे शोर को पार करके उनका समवेत स्वर मेरे कानों में आया, "दीदी बेरि आया, फिरि बै आया।" (दीदी जल्दी आयें, फिर से आयें)। जितना वे सारी महिलाएँ और बच्चे रोये थे, अपने चाख से क़दम उठाने के बाद से मैं भी उतना ही रोयी थी। उन बच्चों को वापस गाँव की ओर जाते देख मेरा हृदय मानो गले पर आ गया था। कोटमन्या की चढ़ाई चढ़ते हुए मैं गाँव की ओर पलटकर देखती जा रही थी। मैंने देखा, बड़ी देर तक महिलाएँ कातकन-धारे के पास बैठकर मुझे कोटमन्या की चढ़ाई चढ़ते हुए देख रही थीं। उनकी वह भावपूर्ण अपनत्वभरी विदाई मैं जीवन भर नहीं भूल पाऊँगी।

आश्रम में आकर मैं पूर्ववत् 'उत्तर बुनियादी' यानी विद्यालय की सबसे बड़ी छात्राओं की पढ़ाई और उनके लिए निर्धारित लक्ष्यों को पूरा करने के कामों के लिए ज़िम्मेवार बनायी गयी। इसके साथ ही मैं बहन जी के कार्यालयीन पत्र-व्यवहार को भी देखती थी। उन पत्रों के उत्तर भी मैं बहन जी की ओर से देती थी। आश्रम नयी तालीम को पर्वतीय जीवन के सन्दर्भ में क्रियान्वित करने के प्रयास पिछले पन्द्रह-सोलह वर्षों से कर रहा था। पर्वतीय जीवनशैली पर आधारित नयी तालीम तथा रचना व संघर्ष के आदर्श स्वरूप की दृष्टि से हमारा काम पूरे देश में एक जाना-माना काम हो गया था। उन्हीं वर्षों में 'साम्ययोगी परिवार' के विचारपूर्ण आधार पर आश्रम को चलाने का एक नया प्रयोग भी बहन जी के मार्गदर्शन में चल रहा था। इस दृष्टि से देशभर में चल रही नयी तालीम की अन्य संस्थाओं से हमारा काम कुछ विशिष्ट था। देशभर के सर्वोदय विचारकों, यहाँ तक कि विनोबाजी की नज़रों में भी उसका विशेष महत्त्व था। साम्ययोगी परिवार के प्रयोग से हमको वैचारिक सन्तुष्टि तो मिली थी, पर कुछ व्यावहारिक असन्तुष्टियाँ भी उसमें आयी थीं। इन सारी उपलब्धियों के साथ में हम में अपने काम को अधिक परिष्कृत करने का उत्साह भी बना ही था।

बहन जी ने गांधीजी के मार्गदर्शन में नयी तालीम का काम करने वाली टीम की एक सदस्या के नाते हिन्दुस्तानी तालीमी संघ सेवाग्राम में काम किया था। अत: वे जानती थीं कि नयी तालीम की क्या विशेषताएँ होनी चाहिए। उद्योग के माध्यम से शिक्षण नयी तालीम का एक विशिष्ट तत्त्व था। गांधीजी ने उसे पूरे शिक्षण के केन्द्र

में एक महत्त्वपूर्ण अंग के रूप में रखा था। गांधीजी ने उस विषय पर बोलते हुए कहा था, "जिस तरह रसायनिक प्रयोग में द्रव्यों को घटा-बढ़ा नहीं सकते, ठीक उसी तरह वर्धा योजना (नयी तालीम) की मूल बातों में से न तो किसी को हटाया जा सकता है और न उसमें किसी को शामिल किया जा सकता है। इस योजना की नवीनता यह है कि सारा शिक्षण किसी ग्रामीण दस्तकारी के माध्यम से ही होगा और हमारा यह उद्‌देश्य चालू पाठ्य-क्रम (सरकारी स्कूलों के पाठ्य-क्रम) में किसी ग्रामीण दस्तकारी का समावेश कर देनेभर से ही पूरा नहीं हो जायेगा।"

उद्योग द्वारा शिक्षा दी जाय, इस बात को बहन जी ने प्रारम्भ से ही महत्त्वपूर्ण गिना था। सब्ज़ियों व फलों की खेती व गौपालन मूल उद्योग माने गये थे और वस्त्रविद्या सहायक उद्योग थी। ये दोनों पिछले पन्द्रह वर्षों से निरन्तर क्रियान्वित हो रहे थे, पर पूर्णतः इन्हीं उद्योगों के माध्यम से शिक्षण दिया जाता हो, ऐसा न था। जीवन के हर कृत्य से मन-बुद्धि और हृदय का समग्र विकास हो, यह प्रयास चलता रहा था। साम्ययोगी परिवार के प्रयोग के पक्ष और विपक्ष में चर्चाएँ करते हुए हम नयी तालीम में अपनी प्रगति को भी तौलती थीं। हमें लगता था कि इस दिशा में कोई ग्रामीण दस्तकारी यानी ग्रामोद्योग हम प्रारम्भ नहीं कर पाये थे। बहन जी को सूझा कि क्या हम अखाद्य तेल उद्योग का प्रयास करें? हमारी भूमि और जलवायु में चर्बी का जंगली पेड़ और अरण्डी के पौधे उगाये जा सकते हैं, जिनके बीजों से अखाद्य तेल तैयार करके हम साबुन आदि निर्माण कर सकते थे।

'उत्तर बुनियादी' की छात्राओं और शिक्षिका को यह नया प्रयोग सौंपा गया। सर्वप्रथम पूरे प्रोजेक्ट को योजनाबद्ध करने के लिए छात्राएँ और सभी शिक्षिकाएँ साथ बैठीं। छात्राओं को इन पौधों की वानस्पतिक जानकारी दी गयी। अखाद्य तेलों के प्रकार और उनसे बनने वाले उत्पादों की प्रक्रिया व उन वस्तुओं के उपयोग आदि उनको बौद्धिक वर्ग में बताये गये। इस पठन सामग्री को खोजने में बहन जी ख़ूब मेहनत करती थीं। मैं भी पुस्तकों व खादी ग्रामोद्योग आयोग की प्रचार-पुस्तिकाओं आदि से बहुत सारी जानकारी जुटाती थी। प्रोजेक्ट का बौद्धिक भाग पूरी विस्तृत रीति से पूरा हुआ और व्यावहारिक पक्ष प्रारम्भ हुआ। हमें अपनी ज़मीन की सीमा पर अरण्डी के बीज लगाने के लिए खुदाई करनी थी। कहीं ज़मीन बंजर भी थी। इस नये कार्य के लिए उसे खोदने में समय लगता था। केवल दो घण्टों का श्रम जो हम पूर्वाह्न में करती थीं, इस नये कार्य के लिए पर्याप्त नहीं लग रहा था। हमें वर्षा प्रारम्भ होने के पूर्व ज़मीन तैयार कर देनी थी ताकि पहली वर्षा में हम बीज बो दें व

चर्बी के पौधे भी लगा दें। अतः छात्राओं व मैंने मिलकर तय किया कि दिन में दो बार हम श्रम करेंगी। फिर प्रश्न उठा बौद्धिक विषयों की क्लास कब होगी? इसके लिए सुबह पाँच से साढ़े छह, दोपहर दो से तीन बजे का समय निर्धारित किया। दोनों समय ताज़गी की दृष्टि से अनुकूल न थे, पर 'उत्तर बुनियादी' का कोर्स आराम से करने का नहीं था। छात्राओं में जोश भरने का काम था, वह उनमें पर्याप्त था ही। सुबह पाँच बजे के वर्ग मैं ही लिया करती थी। अतः साढ़े तीन या चार पर उठती और स्नान करके पाँच बजे पढ़ाने बैठ जाती। उस वादन में हम लिखने व संवाद जैसे काम करतीं ताकि छात्राओं को नींद न आये, पर कभी-कभी उन युवाओं की नींद फिर भी उनमें से किसी को आग़ोश में लेने में सफल हो जाती। तब हम उन नये प्रयाण गीतों को गाने लगतीं जो उन्होंने नये-नये सीखे थे और जिनका अभ्यास करने की ज़रूरत थी।

हमारी उद्योग सामग्री यानी कच्चा माल पैदा करने की प्रगति अच्छी थी। अपने पूरे परिसर की सीमाएँ हमने अरण्डी के बीज डालकर हरी कर दी थीं, पर चर्बी के पेड़ ठीक से नहीं पनपे थे। उससे आगे की प्रक्रिया तो प्रारम्भ भी नहीं हुई थी कि अप्रत्याशित घटना-क्रम के परिणामस्वरूप बहन जी आश्रम ही नहीं, उत्तराखण्ड को भी छोड़कर ग्रामदान आन्दोलन बिहार में शामिल होने चली गयी थीं।

'उत्तर बुनियादी' शिक्षा के दो-तीन वर्षों का वह कालखण्ड बहुत व्यस्त, खोजपूर्ण व विचारपूर्ण था। दुनिया के वाद-विचारों की खोज, साम्यवाद, समाजवाद, पूँजीवाद तथा नारीवाद व स्त्रीशक्ति जागरण हमारी पढ़ाई के विषय होते थे और स्वाभाविक था कि ग्रामदान में ग्रामस्वराज्य की सम्भावनाओं की चर्चाएँ व संवाद तो हम पूरी गहरायी से ख़ूब करती थीं। बहन जी विज्ञान और पर्यावरण (तब हम उसे 'प्रकृति-विज्ञान' कहते थे) के बारे में नये-नये तथ्य खोजकर लाती थीं। इससे नयापन बना रहता था। इस अवधि में मैं बेरीनाग ग्रामस्वराज्य मण्डल के लिए काम कर रहे साथियों बिशनदा, हरिभाई, बद्रीदत्तजी पाठक और बेरीनाग प्रखण्ड के अन्य मित्रों, जो मण्डल से जुड़े थे, से मिलने व मण्डल की बैठकों में शामिल होने जाती थी पर मण्डल का केन्द्र बौंगाड़ तो न था। अतः बौंगाड़ जाना कभी नहीं हो पाया। दया बहन इन बैठकों में आती थीं तो उन्हें जो भी पूछना या मुझे जो भी बौंगाड़ की प्रवृत्तियों के लिए सुझाना होता, वह वहाँ हो जाता था। बस, बौंगाड़ व उसकी वे प्रेमल महिलाएँ, सहयोगी, उत्साही किशोर, अद्‌भुत समझदार नागरिक मेरे जीवन से पुँछ जैसे गये थे।

15

प्रथम विदेश यात्रा

स्पष्ट याद आता है कि 1965 के प्रारम्भ में मुझे डेनमार्क के एक फ़ोक हाईस्कूल के शीतकालीन सत्र में शामिल होने के लिए निमन्त्रण मिला, जो नवम्बर की पहली तारीख़ को शुरू होने वाला था। मैं पश्चिमी दुनिया को देखने व समझने के लिए बहुत उत्सुक थी। अपने देश का बड़ा भाग मैं अपने काम यानी सम्मेलनों, प्रवासों, गोष्ठियों तथा पदयात्राओं आदि के सन्दर्भ से ही देख चुकी थी। शायद तब तक केवल उड़ीसा व दक्षिण के एकाध राज्यों में नहीं जा पायी थी। अब मेरे देश से भिन्न यूरोपीय देश कैसे हैं? उनकी संस्कृति व समाज कैसा है? क्यों हमारे लोग उसकी नक़ल करते हैं और क्यों हम उनकी आलोचना करते हैं, इन सारी बातों को प्रत्यक्ष देखने-समझने का मन था। यद्यपि बहन जी ने कहा था, "वहाँ तुमको कुछ भी सीखने को नहीं मिलेगा", परन्तु फिर भी मेरी उत्सुकता और उत्साह कम नहीं हुआ था।

मेरे सामने सर्वप्रथम भाषा का प्रश्न उठा। मैंने अंग्रेज़ी भाषा अपने शिक्षणकाल में दसवीं कक्षा तक ही पढ़ी थी और उसमें मैं कुशल भी थी, परन्तु वह लिखने-पढ़ने की अंग्रेज़ी थी। बोलने के अभ्यास को तो उसमें कभी अवसर ही नहीं मिला। आश्रम में आने वाले कुछ विदेशी मेहमानों से टूटी-फूटी अंग्रेज़ी बोल लेना पर्याप्त न था क्योंकि विदेश में मुझे अंग्रेज़ी बोलने का प्रवाह उससे कहीं अधिक चाहिए था। तब हमारे साथ आश्रम में विलियम मेकॉय एटकिंस यानी बिल भाई या हमारे बिलदा काम करते थे। बिलभाई मूलतः स्कॉटलैंड के रहने वाले थे। पर उनके माता-पिता व भाई-बहनें बर्मिंघम में रहते थे। वे अपनी शिक्षा पूरी करके गांधी को समझने और सेवा करने के भाव से भारत में आये। हमारे आश्रम में वर्षों तक एक स्वयंसेवक के रूप में काम करने वाले वे पहले व्यक्ति थे। अद्भुत परिश्रमी, सादगीपूर्ण जीवनशैली और प्रसन्नतापूर्ण मिलनसार स्वभाव ऐसे बिलदा हमें हमेशा याद रहेंगे और आज

भी हम उनके सम्पर्क में हैं। मैंने बिलदा से पूछा कि क्या वे प्रतिदिन आधा घण्टा मुझे अंग्रेज़ी भाषा सिखा देंगे, पर उनके व मेरे दिन भर के व्यस्त कार्यक्रमों में वह सम्भव न था। तब उन्होंने मुझे सुझाया कि मैं अपनी रोज़ की डायरी अंग्रेज़ी भाषा में लिखूँ और वे उसकी भाषायी ग़लतियों को सुधार देंगे।

बिलदा की इस मेहनत ने मेरे दिमाग़ में अंग्रेज़ी का शब्दकोश कुछ बढ़ा दिया, क्योंकि इन पन्द्रह वर्षों में बहन जी के हिन्दी प्रधान वातावरण में मेरे दिमाग़ से अंग्रेज़ी के शब्द धुल-पुँछ गये थे। बहन जी 'हमारा देश' यानी भारत और 'हमारी भाषा' यानी हिन्दी की प्रश्नरहित विश्वासी थीं। अतः आश्रम में आकर मैंने अंग्रेज़ी भाषा से कोई सम्बन्ध ही नहीं रखा था। हमारे पुस्तकालय में अंग्रेज़ी भाषा की अच्छी पुस्तकें थीं, पर मैंने वे नहीं पढ़ी थीं। डेनमार्क जाने की तैयारी में मैंने उनमें से कुछ पुस्तकें पढ़ने का ढीला-ढाला-सा प्रयास किया था। वास्तव में तब मुझे ख़याल न था कि डेनमार्क के लिए मुझे डेनिश भाषा भी सीखनी होगी। केवल अंग्रेज़ी से काम नहीं चलेगा। इसका ध्यान आया तो मुम्बई में मैंने डेनिश सीखने की एक पुस्तक ख़रीद ली थी।

डेनमार्क के रौस्किले फ़ोक हाईस्कूल ने भारत के एक समाजसेवी मित्र द्वारा चार-पाँच युवक-युवतियों को आमन्त्रित किया था। इन सबको अपने शीतकालीन सत्र में निःशुल्क निवास व भोजन व्यवस्था रौस्किले फ़ोक हाईस्कूल देने वाला था। मेरे अतिरिक्त वे चारों अन्य साथी सभी गुजरात से थे, पर अन्त में किसी न किसी कारण से वे नहीं जा सके थे। उनका अभाव मुझे खटक रहा था। यद्यपि उनके कारण मैंने अपनी यात्रा रद्द नहीं की थी। वे चारों साथी गुजरात से होने के कारण हमारी हवाई यात्रा मुम्बई से प्रारम्भ होने वाली थी। डेनिश कौंसुलेट भी मुम्बई में थी। जहाँ से मुझे लम्बे समय का शिक्षण वीज़ा प्राप्त करना था।

मैं कौसानी से दिल्ली शायद बस में गयी क्योंकि तब दिल्ली को सीधी ट्रेन की सुविधा नहीं हुआ करती थी। कुछ मित्रों ने दिल्ली से मुम्बई की यात्रा भी हवाई जहाज़ से करा दी थी, ताकि मुम्बई-कोपेनहेगेन की लम्बी विमान यात्रा एकदम नयी न लगे। इससे एयरपोर्ट, बोर्डिंग पास और सिक्योरिटी चैक आदि देखने व समझने का जीवन में पहला व नया अवसर दिल्ली एयरपोर्ट पर मिल गया था। अनेक नयी चीज़ों और सलाहों का ढेर मेरे मन में उलझन पैदा कर रहा था। मैं स्वयं को भटकती हुई-सी महसूस कर रही थी। चित्त स्थिर जैसा न था। नयी विदेश यात्री को बिन माँगे ही अनेक वस्तुओं के बारे में बताया जा रहा था। सलाहों का तो जैसे ढेर ही लग गया था। कुछ अनावश्यक-सी चीज़ों से मेरा सूटकेस का स्थान भर रहा था,

और कुछ आवश्यक चीज़ों का ध्यान ही न था। विदेश में एक वर्ष की अवधि तक रहने के लिए जेब ख़र्च कहाँ से आये, यह एक बड़ा सवाल था। मैं भारतीय मुद्रा को परिवर्तित कराके भी अमुक छोटी-सी रक़म से अधिक अपने साथ नहीं ले जा सकती थी, न ही बाद में मेरे लिए भेजी जा सकती थी। इसके लिए नियम बहुत कड़े थे। बहन जी ने जैसे मेरी यात्रा के पासपोर्ट आदि के लिए व्यवस्था की, उसी प्रकार जेब ख़र्च की रक़म के लिए भी एक व्यवस्था कर दी थी। बहन जी व हमारी मित्र मेरी ऑप्लीगर का अमेरिका में बैंक खाता था। वहाँ से उन्होंने कुछ धनराशि उनके परिचित हैदराबाद के मूल निवासी गोविन्द राव के डेनिश खाते में ट्रांसफ़र की थी। गोविन्द राव डेनिश नागरिक होकर कोपेनहेगेन के स्कोसबोर्ग में अपनी डेनिश पत्नी व बच्चों के साथ रहते थे। उनके पास पहुँचा पैसा भारत की दृष्टि से पर्याप्त हो सकता था, पर डेनमार्क की क़ीमतों के एवज़ में वह रक़म बहुत कम थी। इसीलिए भारत से सस्ता सामान ले जाने का मन मेरा भी होता व दूसरे भी सुझाते थे।

डेनिश कौंसुलेट मुम्बई में मैं 16 अक्टूबर 1965 के दिन 10 बजे पहुँची। पासपोर्ट पर नज़र डालते ही उस डेन ने तपाक से मेरा हाथ 'शेक' किया और कहा, 'हैप्पी बर्थ डे'। "अरे! यह क्या!! इसका तो मुझे सपने में भी ख़याल नहीं था" और इसलिए 'थैंक्यू' मैंने इतनी देर में कहा कि तब तक वह किसी अन्य काम में व्यस्त हो गया था। मैं समझ गयी कि ऐसी विलम्बित प्रतिक्रिया की ग़लतियाँ मुझसे इस प्रवास में कई बार होने वाली हैं।

जाने का दिन आ गया। एयरपोर्ट पर की जाने वाली सारी कार्यवाहियाँ मैं सतर्क होकर दूसरे यात्रियों को देख-देखकर करती रही और सब पूरा करके एयर इंडिया के विमान में अपने स्थान पर बैठ गयी। विमान पेरिस होते हुए लन्दन जा रहा था। मैंने मुम्बई से पेरिस तक की यात्रा में कुछ ग़लतियाँ कीं और कई व्यवहार दूसरों को देखकर सीख भी लिये, परन्तु मेरा नौसिखियापन कम-से-कम एयर होस्टेस की समझ में तो आ ही गया होगा।

पेरिस एयरपोर्ट पर दसवीं कक्षा तक पढ़ी मेरी पुस्तकीय अंग्रेज़ी भाषा की कठिन परीक्षा का समय आ गया, जो आश्रम में हमारे हिन्दी भाषा के आदर्शभरे आग्रह के कारण और भी कुपोषित थी। मुझे पेरिस एयरपोर्ट पर स्कैंडिनेवियन एयरलाइंस की कोपेनहेगन उड़ान का गेट पता करना था। एयरपोर्ट पर कार्यरत फ्रेंच कर्मचारी लड़कियों को इतना समय व धैर्य नहीं था कि वे मेरे अटपटे उच्चारण और हिन्दी में सोचे गये अंग्रेज़ी वाक्यों को समझने की कोशिश करें। अन्त में भटकते-भटकते, कइयों से पूछते-पाछते आधा-अधूरा बोलती हुई भी मैं अपने वांछित स्थान

पर समय से पहुँच गयी। कोपेनहेगेन के एयरपोर्ट पर उतरी, जहाँ ऑल्फ़ योहानसेन "डेनमार्क में आपका स्वागत है, राधा" कहते हुए मेरी अगवानी करने खड़े थे।

उनके घर पर उनकी जर्मन पत्नी इंगेबो योह्नानसेन ने दरवाज़ा खोला। एक सप्ताह के लिए वह मेरा घर बन गया तथा इंगेबो मेरी गुरु बन गयी। छुरी-काँटे से भोजन करना, वाशिंग मशीन में कपड़े धोना, सुखाना, वैक्यूम क्लीनर से फ़र्श साफ़ करना और डिशवाशर से बर्तन साफ़ करना जैसे सारे काम इंगेबो ने सिखाये। मैं उसके घर के चारों ओर के फूल के बग़ीचे में कुछ काम कर देती और उसके 'लॉन' की घास मशीन द्वारा काट देती थी। वह बड़े 'मॉल्स' में ख़रीददारी करने मुझे साथ ले गयी। 'सिटी इन नाइट' यानी रोशनी से नहाया शहर भी एक शाम मुझे दिखा लायी। वहीं सबसे पहले मैंने 'एस्केलेटर' में पाँव रखा। दिनभर इतनी नयी चीज़ों से परिचित होते-होते मैं शाम तक थक जाती, परन्तु शाम के भोजन के बाद की लम्बी शामें ही तो स्कैंडिनेवियन जीवन के दिन का सबसे महत्त्वपूर्ण कालखण्ड होती थीं।

उसी समय कोई पड़ोसी या कोई अन्य मेहमान रात की चाय पर आते थे। इंगेबो उस समय कुछ अधिक आकर्षक वस्त्र पहन लेती। होंठों व बालों को भी सजा लेती। घरेलू चप्पलें बदलकर ऊँची एड़ी वाले सैंडिल पहन लेती। कुछ सुगन्धि भी उसके तन-बदन से उड़ने लगती। फिर सोफ़े के सामने की मेज़ पर दो-तीन मोमबत्तियाँ चमक उठतीं। प्यालियाँ व चम्मचें तथा सुन्दर तश्तरियाँ मेज़ पर सजा दी जातीं। इसमें ऑल्फ़ भी मदद करते। फिर चाय व कॉफ़ी के गरमा-गरम 'पॉट' आते। इंगेबो छोटे-से अतिथि कक्ष का दरवाज़ा खटखटाकर पुकारती, "राधा, आर यू रेडी?" मैं कहना चाहती, "मैं तो सुबह स्नान के बाद से ही 'रेडी' हूँ" पर कुछ न कहकर मैं उसी साड़ी में बैठक के कमरे में चली जाती, जो मैंने दिनभर में पहनी थी। मुझे मालूम था कि तो भी मेरी साड़ी 'द मोस्ट ग्रेसफुल ड्रैस' थी। 12 बजे तक गप्पें चलतीं यहाँ-वहाँ की, कुछ डेनिश भाषा में, कुछ जर्मन व मेरे कारण अधिकांश अंग्रेज़ी भाषा में। मैं सामान्य साड़ी में भी उन मेहमानों की दिलचस्पी का केन्द्र होती। केवल साड़ी ही नहीं, मेरी बातें, आश्रम जीवन, चमकते हिमालय, हरी-भरी घाटियाँ और उछलती, तेज़ी से बहती सुन्दर नदियाँ, उनको बताने के लिए मेरे पास बहुत कुछ था, केवल पर्वतीय भाग से ही नहीं, पूरे देश से भी। मेरे पास शिक्षा की एक नयी पद्धति थी और गांधी विचार था। ऑल्फ़ को इन बातों में बहुत रुचि थी और यही समय था, जब उन्हें मुझसे इफ़रात से बातें करने का मौक़ा प्राप्त होता था।

ऑल्फ़ अपनी भारत यात्रा के संस्मरण भी सुनाते थे। मेहमान अपनी कुछ घटनाएँ सुनाते और महिलाएँ या तो आश्चर्य से आँखें विस्फारित करके हल्की

आवाज़ में चीख़ उठतीं या कभी खिलखिलाकर हँस पड़तीं। मैं इसलिए ख़ुश थी कि ऑल्फ़ व इंगेबो सहित अंग्रेज़ी भाषा सभी की कामचलाऊ ही थी। अत: मेरी कमज़ोर अंग्रेज़ी भाषा के लिए मुझे संकोच करने की ज़रूरत नहीं थी। कॉफ़ी या चाय के प्याले ख़ाली होते जाते और वह पुन: भरते जाते। कुछ ने दस बजे के बाद चाय-कॉफ़ी पीना बन्द कर दिया था ताकि वे एक बजे के बाद सो सकें, पर एक विशेष ब्रेड 'वियना ब्रेड' व स्मूअ बन (बन मक्खन) वे धीरे-धीरे खाते जा रहे थे। मेरी इन खाद्य वस्तुओं में कुछ भी रुचि न थी, क्योंकि यह खाने का नहीं, सोने का समय था। मेरे सोने का समय निकलता जा रहा था। बारह बज चुके थे और मुझे अपनी झपकती आँखों को ज़बरदस्ती जगाते रहना पड़ता था। अन्त में 12.15 बजे के आसपास मैं कहती, "माफ़ कीजिए, मैं सोने जाती हूँ।" शायद मेरी मेज़बान को यह अच्छा न लगता हो क्योंकि मुझे मिलाने की नीयत से ही तो पड़ोसियों और मित्रों को बुलाया गया था, पर ऑल्फ़ समझते थे कि भारत में हम जल्दी सोने के आदी होते हैं। वे इतनी देर बैठने और बहुत-सी बातें बताने के लिए मुझे 'मान्गो टाक' (बहुत धन्यवाद) कहते। सभी लोग इसके लिए अपनी प्रसन्नता जताते व अन्त में 'गुडनैट' (शुभरात्रि) कहकर हम विदा होते। प्रारम्भ में जीवनशैली के ये विभेद मेरे लिए कठिन होते रहे, पर मैं यही तो जानना भी चाहती थी। हर ऐसे मौक़े से मैं कुछ-न-कुछ जानती व सीखती थी।

एक सप्ताह पूरा हुआ और इंगेबो से विदा लेकर मैं फ़ोक हाईस्कूल के लिए निकली। ऑल्फ़ मुझे रौस्किले फ़ोक हाईस्कूल के रिसेप्शन (स्वागत कक्ष) में ले गये। स्कूल के प्रिंसिपल स्वयं अपने शिक्षकों के साथ आने वाले विद्यार्थियों के स्वागत में बैठे थे। मैं पहुँची तो प्रिंसिपल क्नुद हाइनेसेन ने उठकर हाथ मिलाया। मैंने हाथ जोड़कर अभिवादन किया। सब छात्रों के बीच दूर देश भारत से आयी एक महिला-विद्यार्थी का विशेष महत्त्व उन सब शिक्षकों ने व्यक्त किया। अधिकांश शिक्षक डेनिश भाषा में ही अपना भाव व्यक्त कर रहे थे, पर क्नुद हाइनेसेन तथा स्टीन सिलेमन (एक शिक्षक) ने अंग्रेज़ी में बोला तो मुझे उनसे बातें करने का मौक़ा मिल गया। गर्मजोशी से मिले स्वागत से मैं भी ख़ुश थी और ऑल्फ़ भी ख़ुश हुए थे।

शाम के भोजन के समय क्नुद (सारे विद्यार्थी शिक्षक सभी उनको नाम एवं 'तुम' के सम्बोधन से ही पुकारते थे। यह डेनमार्क की मित्रतापूर्ण समाज रचना का आम-व्यवहार था) मेरे पास आये। "तुम शाकाहारी हो न?" उनका प्रश्न था। "हाँ, शत-प्रतिशत, परन्तु मैं दुग्ध पदार्थ ले सकती हूँ।" मैंने कहा। "एक बड़ी राहत है कि दुग्ध पदार्थ तुम्हें मंज़ूर हैं, पर तुम हमारी रसोईदारिन लड़कियों को सिखा दो

कि वे कुछ शाकाहारी भोजन बनाएँ व तुम्हें परोस सकें।" वे आनन्दपूर्ण लहज़े में बोले और मुझे रसोई की लड़कियों के पास ले गये। मैंने युवतियों से पूछा, "तुम्हारी रसोई में क्या है जो शाकाहारी है?" उस दिन उनके पास चावल था। अतः मैंने उनको खीर बनाने को कहा। धीरे-धीरे उन्हें सब्ज़ियाँ व दालें बनाने की विधियाँ भी बतायीं, पर खीर तो कई महीनों तक विशेष भोजन के रूप में मेरी टेबिल पर रखी मिलती ही रही। सादे भोजन की आदी होने के कारण मुझे उबले आलू, जो डेनिश लोगों का प्रतिदिन का स्थायी भोजन था और प्रतिदिन ही भोजन की मेज़ पर होता था, मेरे लिए पर्याप्त होता था। वे लोग आलू को मांस के शोरबे के साथ खाते थे और मैं उसे मक्खन के साथ खाती थी। डिब्बाबन्द सब्ज़ियों का उबला संस्करण, डबल रोटी, मक्खन और दूध पर्याप्त मात्रा में रोज़ ही मिलता था, जो मुझे पूर्ण सन्तुष्टि देता था। अतः मैंने कभी भोजन के सम्बन्ध में कोई शिकायत नहीं की। इससे गृहपति के नाते क्नुद मेरी प्रशंसा करते थकते नहीं थे।

अगले सप्ताह क्नुद ने मुझे अपने ऑफ़िस में बुलाया। हमारे आश्रम व उसके काम तथा पूरे भारत में मेरे सम्पर्क व काम के बारे में पूछा। कौसानी में हिमालयी प्रकृति व पर्यावरण और वहाँ के लोकसमाज के बारे में हमारी लम्बी बातें हुईं। क्नुद प्रभावित हुए और उन्होंने कहा, "यह हमारे स्कूल का सद्‌भाग्य है कि समाजसेवा की इतनी अनुभवी व्यक्ति हमारे साथ हैं।" अब मैं अंग्रेज़ी भाषा में ठीक से बातें कर सकती थी, परन्तु इस फ़ोक हाईस्कूल का माध्यम डेनिश भाषा थी। अतः सारे भाषण, संवाद और व्यावहारिक कार्य डेनिश में ही होते थे। केवल एक अंग्रेज़ी की क्लास होती थी, जिसे अंग्रेज़ी में होना ही था। मैंने क्नुद से पूछा, "क्या मुझे डेनिश सीखने की कोई सुविधा मिल सकती है?" उन्होंने तुरन्त एक शिक्षक को मुझे डेनिश सिखाने का ज़िम्मा दे दिया। "और भी कोई परेशानी?" क्नुद ने बड़ी नम्रता से पूछा। "रात दस बजे के बाद मेरे कमरे के नीचे के बड़े हॉल में बजने वाला तेज़ ही नहीं, भीषण संगीत और कोलाहल के साथ होता नृत्य मुझे पढ़ने और बाद में सोने नहीं देता।" मैंने बिल्कुल भोलेपन से कहा। क्नुद ख़ूब हँसा। तब उसी लहजे में बोला, "डेनिश युवाओं के साथ यही समस्या है। वे रात को सो नहीं सकते और सुबह को उठ नहीं सकते हैं, जिससे वे न नाश्ते में पहुँचते हैं, न ही प्रथम सामूहिक सम्बोधन में, जोकि हमेशा महत्त्वपूर्ण विषय पर होता है। उस सम्बोधन के लिए हम महत्त्वपूर्ण और नये-नये लोगों को सम्बोधनकर्ता के रूप में बुलाते हैं। ये युवा उस सम्बोधन को भी छोड़ देते हैं। मेरे ख़याल से इनका नयेपन का उबाल कुछ दिनों तक ज़ोर-शोर से चलेगा, फिर ठीक हो जायेगा।" फिर बोले, "क्या तुम्हारा कमरा पुराने हॉस्टल में

बदल दूँ? नहीं...नहीं...वहाँ तुम्हें ठण्ड लगेगी। मैंने सोच-समझकर तुम्हें नये हॉस्टल में कमरा दिया है, जहाँ सेंट्रल हीटिंग की अच्छी व्यवस्था है। तुम पढ़ने की बात कह रही थीं। तुम क्या पढ़ रही हो?" क्नुद ने प्रश्न पूछते हुए अपनी बात पूरी की।

"मैं फ़ोक हाईस्कूलों के बारे में सब कुछ जानना चाहती हूँ। अभी उसका इतिहास पढ़ रही हूँ। मैं एन.एफ.एस. ग्रुंडवी और क्रिश्चेन कॉल्ड की जीवनी पढ़ रही हूँ, जिन्होंने फ़ोक हाईस्कूल पद्धति का विचार दिया और उसे व्यवहार में प्रत्यक्ष भी स्थापित किया था।"

"वाह, यह तो बहुत अच्छी बात है। मुझे विश्वास है, तुम वास्तव में अपनी इस यात्रा से पूरा लाभ उठाओगी। मैं भी इसमें तुम्हें सहायता करूँगा। तुम्हें मैंने एक ऐसी लड़की रूम पार्टनर के रूप में दी है जो अंग्रेज़ी भाषा बोल सकती है। उसके साथ तुम्हें कैसा लग रहा है?"

मैंने हँसते हुए कहा, "हैने के साथ बिल्कुल ठीक लग रहा है, क्योंकि वह कमरे में बहुत कम रहती है। मैं रात में सो जाती हूँ। उसके काफ़ी बाद में वह आधी रात के बाद ही देर से सोने आती है। सुबह मैं तैयार होकर नाश्ता व असेम्बली में शामिल होने चली जाती हूँ, तब तक वह सोती रहती है।" क्नुद यह सुनकर ज़ोर से हँस पड़े। हँसते-हँसते ही हम दोनों विदा हुए।

यह रौस्किले नगर के बाहरी छोर पर बसा हुआ फ़ोक हाईस्कूल सोशल डेमोक्रेटिक विचारधारा का था। समाजवादी लोकतान्त्रिक पार्टी डेनमार्क का एक बड़ा राजनैतिक दल था। क्नुद उससे जुड़े थे। स्कूल के पुस्तकालय में बहुत सारी पुस्तकें समाजवादी प्रजातन्त्र के बारे में डेनिश भाषा में थीं, किन्तु मुझे उसमें फ़ोक हाईस्कूलों के बारे में अंग्रेज़ी भाषा की पुस्तकें भी मिल गयी थीं। मैं उनको पढ़ रही थी। मेरे डेनिश शिक्षक भी क्नुद नाम के थे, केवल उनका सरनेम 'रिस्कौ' था। अतः सब उन्हें 'रिस्कौ' कहकर पुकारते थे। डेनिश भाषा को सिखाने के लिए उन्होंने मेरे कमरे में एक बड़ा-सा टेप रिकॉर्डर रख दिया था, जिसमें मेरे शिक्षक प्रतिदिन एक पाठ रिकॉर्ड कर देते थे, मैं उसे सुनकर व स्वयं वैसा उच्चारण करके सीखती थी। मेरे ख़ाली समय का ज़्यादा भाग यह पढ़ने में जाता था कि फ़ोक हाईस्कूल अभियान का डेनमार्क के इतिहास में कितना महत्त्व रहा था? मुझे यह जानकर बहुत उत्साहपूर्ण ख़ुशी हुई कि वर्तमान डेनमार्क, उसकी प्रजातान्त्रिक शासन व्यवस्था और उसके सहकारी दुग्ध बेकन व बीफ़ उद्योग की धाक दुनिया में जमाने में फ़ोक हाईस्कूल अभियान बुनियाद के पत्थर की तरह है।

एन.एफ.एस. ग्रुंडवी ने फ़ोक हाईस्कूल का विचार भी दिया और पहला फ़ोक हाईस्कूल अठारहवीं सदी में शुरू भी किया। उसके पूर्व डेनिश समाज ग़रीब व अशिक्षित किसानों, बड़ी-बड़ी ज़मीनों के मालिक ज़मींदारों तथा निरंकुश राजशाही, सामन्तशाही और उनके प्रशासनिक कर्मचारियों का था। आमजन सर्वशक्ति सम्पन्न राजा व राजशाही के अलावा कोई दूसरी पद्धति के बारे में सोच भी नहीं पाते थे। ज़मींदारों, सामन्तों, दीवानों व कुलीन कुलधारियों के जीवन के सब अवसर थे, पर मज़दूर के लिए मात्र उसकी दिहाड़ी थी और लघु किसान अपनी छोटी ज़मीन पर काम करके कमाते थे। वे ही किसान ज़मींदारों के लिए उनकी विशाल खेती पर भी मेहनत करते थे। इन छोटी खेती वाले किसानों के सुविधारहित गाँव आपस में संगठित अवश्य थे। अपने सामुदायिक कार्यों के लिए वे मिलकर सर्वसम्मत निर्णय लेते थे और सामूहिक ज़िम्मेवारियों को बारी-बारी से सँभालते थे। ऐसा यह लोकतन्त्र का बीज उनके जीवन में पड़ा हुआ था।

ऐसे उस काल में एन.एफ.एस. ग्रुंडवी डेनमार्क में पैदा हुए थे। वह एक विचारक या कहें एक क्रान्तिकारी विचारक, कवि, लेखक व प्रभावी वक़्ता थे। हमारे देश में जो प्रतिष्ठा गांधीजी की थी और है, वही ग्रुंडवी की डेनमार्क में थी। वह डेनिश इतिहास की एक महान हस्ती थे। वे अपने समाज के निचले तबक़े को उनकी शक्ति का दर्शन कराना चाहते थे और उनके सामूहिक हाथों में देश की बाग़डोर सौंपना चाहते थे। उन्होंने फ़ोक हाईस्कूल को इस समाज परिवर्तन का माध्यम बनाया था। फ़ोक हाईस्कूल को डेनमार्क में पूरब से पश्चिम और उत्तर से दक्षिण तक एक आन्दोलन का रूप देने का काम एक अन्य मानव विभूति ने किया। उनका नाम था, क्रिश्चेन कॉल्ड। वे ग्रुंडवी के विचारों से इतने प्रभावित हुए कि उन्होंने अपना पूरा जीवन इसी काम के लिए दे दिया। ग्रुंडवी व कॉल्ड को अपने आम लोगों का आत्मसम्मान बढ़ाना था। उनमें अपने देश के प्रति प्रेम व गर्व का भाव बढ़ाना था। अपनी धरती के गुण, अपने इतिहास का गहरा तत्त्व तथा इतिहास पुरुषों की गुणवत्ता की पहचान करानी थी। ग्रुंडवी ऐसे भावों से पूर्ण गीतों की रचना करते थे उसका एक नमूना यह है—

गगनचुम्बी पर्वत पृथ्वी पर जहाँ-तहाँ है,
पर यहाँ हमारे द्वीपों की समतल भूमि में नहीं।
हम अपनी जन्मभूमि में ख़ुशी-ख़ुशी रहते आये,
हमारी घाटियाँ, लहरदार ढलानें पर्वतों से कम तो नहीं,

हम बड़ी ऊँचाइयों व तूफ़ानों के लिए नहीं बने
क्योंकि शान्तिभरी घाटियों के बीजों से ही पैदा हुए हैं हम।।

ऐसे देश प्रेम, ऐतिहासिक गौरव तथा डेनिश प्राकृतिक सौन्दर्य सम्बन्धित गीत ग्रुंडवी ने लिखे और अन्य रचनाकारों के ऐसे ही अन्य गीतों के साथ फ़ोक हाईस्कूलों में समवेत स्वर में गाये जाने की परम्परा बनायी। 'हाईस्कूल-गीत पुस्तक' ऐसे सैकड़ों गीतों से समृद्ध पुस्तक थी, जिसकी अनेक प्रतियाँ लगभग हर फ़ोक हाईस्कूल में मैंने उनके सभाभवन में रखी हुई देखी थीं। वहीं होता था एक पियानो, जिस पर एक व्यक्ति एक गीत की धुन बजाने लगता और पूरा सभागार अनेकों की आवाज़ों का एक गम्भीर स्वर बनकर उन गीतों से गूँज उठता था।

ग्रुंडवी के ये शिक्षण विचार औपचारिक विषयों की पढ़ाई मात्र न थी। हर औपचारिक विषय से भी ये छोटे किसान यानी ये देश के आम युवक व युवतियाँ मात्र जानकारी ही एकत्र नहीं करें, पर उससे जीवन की प्रेरणा प्राप्त करें, इतिहास उनको झकझोर दे। उनके चिन्तन में ज्वार ला दे और उनकी आत्मा को जगा दे। उनके मन की अँधेरी गुफा में एक ज्योति जला दे। यह था फ़ोक हाईस्कूल का असली उद्देश्य।

वास्तव में फ़ोक हाईस्कूलों ने देश के हर वर्ग को अपने देश व समाज के लिए जगा दिया था। इन्हीं स्कूलों में साथ-साथ प्रबोधित होने वाले किसानों व उनकी सन्तानों ने सहकारी दुग्ध उद्योग समितियाँ बनायीं और चलायीं। देश से तानाशाही मिटाने को इन्होंने देश के हर धन्धे को सहकारिता के सिद्धान्त में संगठित किया था। पूरे देश में दूध एकत्र करने वाली दुग्ध सहकारी समितियों का जाल बिछा दिया गया था। दूध से मक्खन बनाने वाली और चीज़ (पनीर) बनाने वाली समितियाँ, इस सारे उत्पादित माल को निर्यात करने वाली समितियाँ, इस प्रकार बीफ़ व बेकन उत्पादक व निर्यातक समितियाँ तथा कृषि संसाधन सहकारी समितियाँ—एक तरह से देश का मुख्य व्यापार सहकारी समितियों के हाथों में लाया गया था।

जब मुझे मेरे प्रिंसिपल ने इन समितियों के अध्ययन करने के अवसर दिये, तब मुझे लगा कि करोड़ों का लेन-देन करने वाली इन समितियों को फ़ोक हाईस्कूलों के पूर्व छात्र गठित कर रहे थे, चला रहे थे और इनको व्यावहारिक रूप से नेतृत्व भी दे रहे थे। जो जीवनमूल्य तथा लोकतन्त्र की व्यावहारिक समझ उन्होंने फ़ोक हाईस्कूलों के प्रेरक भाषणों में सुनी थी, उसी को इन सहकारी समितियों की आधार भूमि बनाया था। हर समिति-सदस्य को एक मत का अधिकार था, चाहे उसकी डेरी में सौ गायें हों या केवल दस गायें, वह समिति को दूध की कम आपूर्ति करता हो या

अधिक करता हो, पर नागरिक का अधिकार, समान सत्ता, समान प्रतिष्ठा का मूल्य सबके लिए बराबर था। स्वयं सहकारी अभियान से वे आर्थिक आय को समान करने का लक्ष्य हासिल करना चाहते थे, जो सफलतापूर्वक सधा और इसी ने पूरे देश का वित्तीय ख़ाका खींचा था।

धीरे-धीरे व्यक्तिगत कम्पनियाँ भी समय के अन्तराल में व्यापार में पहुँचीं, पर तब तक सहकारी जीवन-मूल्य जड़ जमा चुके थे। एक समिति के लिए छोटा या बड़ा श्रमपूर्ण या बुद्धिप्रधान कोई भी काम करने वाला समिति की बैठक में एक ही प्रतिष्ठा पाता था और निर्णय व नीति निर्धारण में उसकी आवाज़ एक ही बल रखती थी।

इस देशव्यापी अभियान ने विश्व बाज़ार में अपना स्थान बनाया। समितियों के भीतर का परस्पर विश्वास विश्वस्तर पर भी अपना रंग जमा पाया। इसी आपसी विश्वास से उन्होंने ईमानदारी के मूल्य को स्थापित किया, जिससे इनका उत्पाद अपने उत्तम स्तर से एक अंक भी नीचे नहीं उतरा। डेनिश मक्खन और 'चीज़' को दुनिया आँखें मूँदकर ख़रीदने को तैयार हुई। यह उनकी गुणवत्ता के कारण सम्भव हुआ।

इसी प्रकार फ़ोक हाईस्कूलों के ये छोटे किसान-युवा परिवर्तनकारी एक्टिविस्ट बनकर राजनैतिक क्षेत्र में भी साथ-साथ उतरे। उन्नीसवीं सदी के उत्तरार्द्ध से देश की राज्य व्यवस्था में उनका प्रवेश दिखायी पड़ता है। वे राजनीति के स्थानीय स्तर और राष्ट्रीय स्तर, दोनों ही में उन्नीसवीं सदी के उत्तरार्द्ध से सक्रिय हो गये थे। उन्होंने डेनिश संसद में भी प्रभावशाली स्थान बनाया और उसमें नेतृत्व भी देते रहे। 1888 से संसद में उनकी उपस्थिति के आँकड़े दिखते हैं। उस वर्ष में 167 सांसदों के बीच 17 सांसद फ़ोक हाईस्कूलों के पूर्व विद्यार्थी थे यानी उनका अनुपात दस प्रतिशत था। 1902 में 180 सांसदों में 55 यानी 31 प्रतिशत और 1937 में 235 सांसदों में 53 सांसद यानी 24 प्रतिशत तथा मेरे डेनमार्क में रहते समय 1964 से अगले वर्षों तक 189 सांसदों में 44 यानी 35 प्रतिशत सांसद फ़ोक हाईस्कूलों के पूर्व छात्र थे। इससे डेनिश संसद में भी एक चारित्रिक, सांस्कृतिक और सामाजिक मानवीय मूल्यों से सम्बन्धित परिवर्तन आया।

इस इतिहास को पढ़कर मुझे लगा कि लोक-जागरण या युवा-जागरण के द्वारा आम देशवासियों की सामूहिक शक्ति एक देश को कई सीढ़ी ऊपर चढ़ा सकती है। केवल धन-वैभव की दृष्टि से ही नहीं, अपने समाज की चारित्रिक गुणवत्ता में भी और पूरे समाज के मानवीय सम्बन्धों के स्तर पर भी वह देशवासियों का मानस व चरित्र बदल सकती है। मेरे विचार में लोकशक्ति पर जो विश्वास पहले से बना

था, वह और भी सुदृढ़ हो गया। मैं इस बात के लिए अपना सौभाग्य मानने लगी कि ऐसे ऐतिहासिक अभियान की परम्परा के एक अंग रूप इस फ़ोक हाईस्कूल में मैं अगले छह माह रहूँगी व सीखूँगी। मेरा उत्साह द्विगुणित हो गया था। अब यह यात्रा मेरे लिए केवल यूरोपीय जीवन को देखने समझने का साधन मात्र ही नहीं थी, यह फ़ोक हाईस्कूलों की समाज-परिवर्तन में सामने आयी पहल को समझने की एक अध्ययन यात्रा बने, ऐसी कल्पना मैं करने लगी थी। स्कूल के अंग्रेज़ी भाषा शिक्षक स्टीन सिलेमन से मुझे यह भी जानकारी मिली थी कि फ़ोक हाईस्कूलों का विस्तार केवल डेनमार्क में ही नहीं पूरे स्केंडिनेवियन देशों में फैला है। नॉर्वे में उस समय 74, फ़िनलैंड में 82 तथा स्वीडन में 85 लोकसंचालित तथा 35 सरकार द्वारा संचालित किये गये फ़ोक हाईस्कूल थे। मेरा मन नॉर्वे, स्वीडन, फ़िनलैंड जाकर इन फ़ोक हाईस्कूलों को समझने के इरादे भी बनाने लगा था। उनको संचालित करने वाले विभिन्न विचारकों, कार्यकरों तथा नागरिकों से मिलने के सपने देखने लगा था। समय आने पर मेरे ये सपने भी पूरे हुए, पर उनका उल्लेख बाद में करना ही उपयुक्त होगा।

फ़ोक हाईस्कूलों की परम्परा के अनुसार हमारे स्कूल में भी स्कूल के मुखिया यानी प्रिंसिपल और उनके सहयोगी जिन्हें हम शिक्षक कहते थे, सपरिवार स्कूल परिसर में रहते थे। इससे स्कूल का वातावरण मित्रतापूर्ण, समानतापूर्ण तथा जनतान्त्रिक बन जाता था। क्नुद की पत्नी ओसऽ गुरुपत्नी के रूप में हमारे लिए माँ तो नहीं, बड़ी दीदी का भाग अवश्य अदा करती थीं। मुझे उनका सान्निध्य प्रारम्भ से ही मिला था। स्थानीय स्तर पर होने वाली समूह बैठकों में वे मुझे अपने साथ ले जाती थीं। कभी किसानों के किसी उत्सव में भी हम दोनों जाती थीं। क्नुद ने देखा कि मैं गम्भीरता से फ़ोक हाईस्कूलों के इतिहास को पढ़कर, शिक्षकों से पूछकर तथा स्कूल के पुस्तकालय में से खोजकर समझने की कोशिश कर रही थी, तो उन्होंने विभिन्न फ़ोक हाईस्कूलों में 2-3 दिनों के लिए जाकर प्रत्यक्ष देखने का प्रस्ताव मेरे सामने रखा। "अन्धा क्या चाहे? दो आँखें" वाली कहावत याद आ गयी। मैंने तुरन्त स्वीकृति दे दी और दूसरी सुबह मैं हैस्लेव स्थित इंटर मिश्यून फ़ोक हाईस्कूल के लिए चल दी।

'इंटर मिशन' ईसाई धर्म का एक अंग है, जिसको मानने वाली एक छोटी जनसंख्या डेनमार्क में है। उन्हीं के नियमों से चलने वाला यह फ़ोक हाईस्कूल था। यहाँ छात्रों पर अनुशासन कुछ सख़्त था। सोना, जागना, क्लासों में जाना समय से होना ही होता था। यहाँ के प्रिंसिपल हमारे प्रिंसिपल की तरह हँसते-खेलते

युवास्वभाव के नहीं वरन् गम्भीर चेहरे वाले व्यक्ति थे। भोजनालय में शिक्षक अलग, लड़के अलग व लड़कियाँ अलग हिस्सों में बैठते थे, जो रौस्किले फ़ोक हाईस्कूल की दृष्टि से तो अजीब ही था। मिलने-जुलने की वैसी मुक्तता नहीं थी, जो डेनिश जीवन के लिए बड़ा रूढ़िवादी वातावरण लगता था। अध्ययन के अधिकांश विषय उसी तरह के थे, किन्तु 'अपना धर्म' एक विशेष विषय था। इस स्कूल में छात्र युवकों व युवतियों की संख्या कम न थी। कुछ छात्र-छात्राएँ इंटरमिशन को मानने वाले परिवारों से अवश्य थे, पर अन्य सामान्य परिवारों से भी काफ़ी थे। रिंगक्वीबिंग शहर से एक युवती थी जिसने मुझे अपने घर पर आमन्त्रित किया था। तब मुझे वहाँ जाकर इंटरमिशन धर्मावलम्बी परिवार का भी अनुभव मिला था।

एक सप्ताह के बाद मुझे वापस रौस्किले जाना था। ओसऽ मुझे लेने आ गयीं। ऐसा वह कई बार करती थीं कि किसी सहकारी समिति को दिखाने ले जातीं या कभी किसी फ़ोक हाईस्कूल तक जाना होता तो वह अपनी कार से मुझे पहुँचा देती थीं। डेनमार्क की नियमित समयबद्ध सार्वजनिक यातायात व्यवस्था के द्वारा मैं स्वयं भी आराम से उन स्थानों तक पहुँच सकती थी, परन्तु ओसऽ मुझे साथ देने का मौक़ा चूकती न थीं। शायद मेरा जेबख़र्च बचाने की भी उनकी मंशा रहती होगी, क्योंकि उन्हें मालूम था कि मैं अपने देश से पैसा नहीं मँगा सकती थी। इसलिए मैं सप्ताहान्त में शनिवार की दोपहर बाद दो घण्टे एक शिक्षक के परिवार में उनके घर के फ़र्श, रसोई, शौचालय, स्नानगृह आदि का झाड़ू-पोंछा (वैक्यूम क्लीनर व इज़ी ब्रश के द्वारा) करती थी, उससे मैं अपना जेब ख़र्च अर्जित करती थी। इससे मेरे प्रति सभी शिक्षकों व उनके परिवारों का स्नेहादर भाव बढ़ गया था। सभी छात्रों की अपेक्षा मेरा ही सम्पर्क शिक्षकों व उनके परिवारों से सर्वाधिक था।

सम्पर्क बढ़ाने और डेनिश जीवन को घर बाहर सब ओर से समझने की मेरी उत्कंठा प्रारम्भ से ही मन में थी। इस सिलसिले में एक मज़ेदार घटना याद आती है। घटना तब की है जब मुझे फ़ोक हाईस्कूल में पहुँचे दो सप्ताह भी नहीं हुए थे। शायद वह नवम्बर का दूसरा सप्ताह रहा होगा। डेनमार्क का मौसम अत्यन्त ठण्डा तथा तेज़ हवा वाला था। तब तक मैंने ऊनी गरम 'लॉन्ग कोट' नहीं प्राप्त किया था। अपनी साड़ी के ऊपर एक पतला बम्बइया शॉर्टकोट पहने मैं फ़ोक हाईस्कूल के परिसर से बाहर घूमने निकल गयी थी। नवम्बर का महीना शीतकाल ही माना जाता है। तेज़ हवाएँ मेरी साड़ी को उड़ा रही थीं। कोट नाकाफ़ी था। इतने में एक डेनिश प्रौढ़ा सामने से आयी, उसने कुछ आश्चर्य मिश्रित स्वर में पूछा, "कौमेऽडू फ्रा इंडियन?" (क्या तुम भारत से आयी हो?) तब तक मैंने डेनिश भाषा के बोलचाल के

कुछ शब्द सीख लिए थे। उसी टूटी-फूटी भाषा के सहारे कुछ मिनट तक हम बोलती रहीं। उस महिला ने मुझे रविवार को अपने घर पर आने का आमन्त्रण दे दिया। घर का नम्बर, गली का नाम और वहाँ पहुँचने का नक़्शा भी दे दिया।

मैं रविवार को उस अपरिचित शहर में एक लगभग अपरिचिता को ढूँढ़ने निकल गयी। शहर के उस भाग में जो भी सड़क पर पैदल चलते मिलता, उसी से पूछ लिया। गली का नाम बताया और नक़्शा दिखा दिया, खोजते-खोजते घर मिल गया। घण्टी बजा दी, दरवाज़ा खुला और वह महिला ख़ुश हुई, परन्तु आश्चर्यचकित भी थी। "टिल ल्वीके, डू इयर बैल्डी एक्सपेडीसूनिस्ट" (बधाई है, तुम पक्की खोजक हो) मैं दो घण्टे उस महिला से बोलती रही। उसे अंग्रेज़ी भाषा का एक शब्द भी नहीं आता था। उसने अपनी लम्बी जीवन गाथा सुनायी। मुझे ही अपनी कमज़ोर ही नहीं, शुरुआती डेनिश भाषा पर ज़ोर डालना था, बोलने के लिए भी और समझने के लिए भी। मैंने सोचा, डेनिश पारिवारिक जीवन कितना एकाकी है? पति ने दूसरा घर बसा लिया, बेटे ने स्वीडिश लड़की से शादी की। वह स्वीडन के उत्तरी भाग में उमियो शहर में परिवार बनाकर रहता था। यह तलाक़शुदा महिला अकेली रहती है, सोशियल सिक्यूरिटी (सामाजिक सुरक्षा व्यवस्था) के द्वारा सरकार उसकी कुछ देखभाल करती है। मैंने उन दो घण्टों में बहुत सीखा। डेनिश भाषा के कुछ नये शब्द भी सीखे। मैं पैदल गयी थी, पैदल वापस आ आयी। मैं ख़ुश थी कि समाज को जानने का एक मौक़ा मिल गया था।

रौस्किले फ़ोक हाईस्कूल में रहकर उसके सभी क्रियाकलापों में भाग लेते हुए भी मैं उस स्कूल की चारदीवारी में बन्द नहीं थी। क्नुद मुझे विभिन्न फ़ोक हाईस्कूलों में अनुभव लेने भेजते रहते थे। मुख्यत: डेनमार्क में पाँच प्रकार के फ़ोक हाईस्कूल थे—एक लघु कृषकों का फ़ोक हाईस्कूल, दो आम विचार प्रबोधन वाले फ़ोक हाईस्कूल, तीन नर्सिंग फ़ोक हाईस्कूल, चार फ़िज़िकल ट्रेनिंग के फ़ोक हाईस्कूल तथा पाँच दिव्यांगों के लिए।

इनके अतिरिक्त हस्तकला, चित्रकला तथा इंटर मिशन जैसे कुछ एकाध विशेष फ़ोक हाईस्कूल भी थे। मैंने कुछ फ़ोक हाईस्कूल और कुछ सहकारी समितियाँ, जो रौस्किले के निकट थीं, अपने फ़ोक हाईस्कूल में रहते हुए ही देख ली थीं। यहाँ तक कि मैं एक गायों व सूअरों के मांस को निर्यात करने हेतु तैयार करने वाले सहकारी बूचड़खाने में भी गयी थी। वहाँ जाने के मेरे आग्रह पर क्नुद ने कहा था, "राधा, बूचड़खाना देखकर तुम्हें अच्छा नहीं लगेगा।" पर मैंने अपनी ज़िद में कहा था, "मुझे भले ही बुरा लगे, पर मैं जाकर देखूँगी अवश्य।" क्नुद ने हँसकर मुझे इजाज़त

दे दी थी। मैंने वह बूचड़खाना देखा, जहाँ गौपालक व सूअर पालक किसान अपनी गायों या सूअरों का वध कराने आये थे। बूचड़खाने के निदेशक से सफ़ाईकर्मी तक सबने हरे रंग की डांगरी पहनी थी। निदेशक व उसके सात मित्रों ने यह सहकारी समिति केवल दस वर्ष पूर्व प्रारम्भ की थी। "उसके पूर्व?" मैंने पूछा। "उसके पूर्व आठ माह हम सभी आठों लोग स्माल होल्डर फ़ॉर्मर्स (लघु किसानों) के फ़ोक हाईस्कूल में रहे थे। वहीं से प्रेरित होकर हमने मिलकर इस सहकारी उद्योग की योजना बनायी थी। हम आठों इसी बूचड़खाने में छोटे-बड़े विभिन्न काम कर रहे हैं और हमको समान वेतन मिलता है।" दस किमी. की परिधि में उन आठ लोगों की छोटी-छोटी ज़मीनें थीं, जहाँ उनकी गौशालाएँ या सूअरशालाएँ थीं। इसी बूचड़खाने के द्वारा उनके आसपास के कुछ अन्य किसानों को भी लाभ मिल रहा था। मुझे यह समझ में आया कि कैसे स्थानीय आवश्यकताओं की पूर्ति के लिए स्थानीय सहकारी समिति एक उद्योग प्रारम्भ करती है। कैसे फ़ोक हाईस्कूल उन ग़रीब तबक़े से आये युवाओं को केवल प्रेरित ही नहीं करता, उनकी हिम्मत भी बँधाता है। उनमें अपने उद्योग को सफल करने की बुद्धि व विवेक भी जाग्रत करता है। मैं तो डेनमार्क के इस करिश्मे पर मुग्ध हो गयी। मुझे वह मिला था जो मैं जानना चाहती थी।

फ़ोक हाईस्कूलों को प्रारम्भ करने में भी अठारहवीं शताब्दी से यही प्रक्रिया चली आ रही थी क्योंकि इसका अभियान विचारपूर्वक व्यक्तिगत अभिक्रम से चला था और सामूहिक अभिक्रम से भी। दोनों तरह से फ़ोक हाईस्कूल स्थापित भी किये गये थे, जिन्हें ग्रुंडवी व क्रिश्चेन कॉल्ड को सुनने का अवसर मिला अथवा बाद में छात्र के रूप में अपने प्रिंसिपल या अन्य वक़्ताओं के विचार सुनने को मिले। जिनकी विचार पर निष्ठा जम गयी, वे अपने-अपने स्थानों पर, अपने संसाधनों व अपने अभिक्रम से ही एक फ़ोक हाईस्कूल स्थापित करते थे या कुछ मित्र मिलकर शुरू कर देते थे। डेनमार्क में डेढ़ सौ वर्षों की अवधि तक भी ऐसे सामूहिक अभिक्रम द्वारा फ़ोक हाईस्कूल प्रारम्भ भी होते रहे और संचालित भी होते रहे। वे सरकार की सहायता और हस्तक्षेप के बिना और जन अभिक्रम से ही प्रसिद्ध होते रहे। शायद सैकड़ों-हज़ारों ही नहीं लाखों स्वयंसेवकों को ये फ़ोक हाईस्कूल अभिप्रेरित करते रहे थे। सरकारी मदद बाद में प्रारम्भ हुई और धीरे-धीरे उसकी रक़म भी बढ़ती गयी। इस प्रकार फ़ोक हाईस्कूलों तथा विभिन्न सहकारी समितियों का इतिहास बड़ा प्रेरक इतिहास है।

डेनमार्क में अँधेरी रातों की लम्बाई धीरे-धीरे बढ़ती गयी। सुबह की रोशनी साढ़े नौ बजे दिखने लगी और तीन बजे दिन ढल जाता या संध्या अन्धकार में घुलने

लगती थी। सूर्य के दर्शन तो दुर्लभ हो गये क्योंकि आकाश दिन-रात बादलों से घिरा रहता। मुझे कौसानी का वह नीला आकाश और जाड़ों की वह गुनगुनी धूप याद आती थी। ये डेनिश अँधेरे दिन मुझे खल जाते थे। मन उदास हो जाता था। इस अँधेरे का इलाज हमारी भोजन की मेज़ों पर तसलों पर रखी विटामिन 'डी' की गोलियाँ थीं। खाने के बाद सब उसमें से दो गोलियाँ उठाकर मुँह में डाल लेते थे, पर मैंने उस ओर कभी ध्यान नहीं दिया था। उसका कुपरिणाम मुझे तब भोगना पड़ा जब दिन लम्बे हुए, सूर्य का प्रकाश तेज़ हो गया। एक दिन मुझे बुरी तरह चक्कर आने लगे। उठना कठिन हो गया। डॉक्टर बुलाना पड़ा। डॉक्टर ने कहा, "विटामिन डी की कमी है।" दो दिन इलाज चला और जल्दी ही मैं सामान्य हो गयी, पर डेनमार्क के अँधेरे दिनों की याद स्थायी बनकर साथ रह गयी।

मैं डेनिश में बोलचाल करना सीख गयी थी। लम्बे डेनिश भाषण भी लगभग समझ लेती थी। असेम्बली में होने वाले प्रतिदिन के भाषण सुनने मैं अवश्य जाती थी। मैं भाषणों के बाद प्रश्न भी उठाती थी, तो वह अंग्रेज़ी भाषा में ही कह पाती थी। स्टीन सिलेमन अंग्रेज़ी भाषा सिखाने की क्लास लेते थे। उनका तरीक़ा बड़ा रोचक था। उनकी क्लास में हर छात्र-छात्रा जागरूक रहते क्योंकि स्टीन कहानियाँ भी सुनाते। उनकी यूरोपीय सन्दर्भ की कहानियाँ मुझे सिखाती थीं कि भिन्न संस्कृति में लोगों की प्रतिक्रियाएँ भी भिन्न होती हैं। कभी लतीफ़े भी सुनाते। मुझे लगता, हर देश का विनोद भी भिन्न होता है। उनकी क्लास बड़ी जीवन्त होती थी। स्टीन सिलेमन उनकी पत्नी मर्टल सिलेमन तथा उनकी बेटियों से मेरा सम्बन्ध बना ही रहा और आज भी बना है। उसी प्रकार ओसऽ और क्नुद परिवार तथा क्नुद रिस्को परिवार (जिनके घर पर मैं शनिवार को सफ़ाई करने जाती थी) आदि शिक्षकों से व कुछ छात्र और छात्राओं से भी उस पूरे प्रवासकाल में मेरी मित्रता जम गयी थी।

किन्तु मेरी रूम पार्टनर हैने से कभी मेरी आत्मीयता नहीं जुड़ी, क्योंकि उसे स्कूल के लोगों, शिक्षकों तथा मुझ जैसी दूर देश से आयी रूम पार्टनर में दिलचस्पी नहीं थी। लगे हाथों उसी की कहानी लिख दूँ। हैने दो विभिन्न दिशा में बिखर गये माता-पिता की इकलौती बेटी थी। शायद दो दिशाओं में जाने के पूर्व वे माता-पिता लड़ते-झगड़ते भी रहे होंगे, इससे हैने का बचपन कुण्ठित रह गया होगा। एक साल लन्दन में किसी परिवार को उनके बच्चे की 'बेबी सिटर' के रूप में मदद करके वह अपने देश लौट आयी थी। वह बड़े खुलेपन से मुझे बताती थी, "मेरे पास रहने को अपना कोई स्थान न था। अत: मैंने फ़ोक हाईस्कूल के लिए आवेदन कर दिया।

यहाँ आकर मेरी सर्वोच्च प्राथमिकता एक जीवन साथी ढूँढ़ने की है ताकि मुझे एक परिवार मिल जाये, एक घर मिल जाये और मेरी ज़िन्दगी एक राह पर चल पड़े।" मैं सोचने लगी, अपने देश के लिए बड़े ऊँचे इरादों को लेकर आने वाले व फ़ोक हाईस्कूलों व सहकारी समितियों को प्रारम्भ करने वाले दीवाने किस लक्ष्य से आये होंगे और यह हैने निपट व्यक्तिगत लक्ष्य को लेकर आयी थी। अपवाद होते ही हैं। हैने को जीवनसाथी मिल भी गया। इसका अनुमान मुझे इस बात से लगा कि अब वह रातों को कमरे में सोने को नहीं आती थी, रौस्किले शहर में ही रह जाती थी। एक दिन अंग्रेज़ी की क्लास में स्टीन सिलेमन का ध्यान हैने की ओर गया जो सींकों पर किसी छोटे बच्चे के लिए स्वेटर बुन रही थी। स्टीन सिलेमन नम्र व विनोदी शिक्षक थे। उन्होंने हैने को टोका नहीं, वरन् प्रेम से कहा, "हैने, बहुत व्यस्त दिख रही हो। क्या किसी आने वाले बच्चे की मौसी बनने वाली हो?"

"उससे भी बेहतर बनने वाली हूँ।" हैने ने उत्तर दिया। "ओह ये बात है? बधाई हो।" स्टीन ने कहा और हैने ने उनका इशारा समझकर बुनाई करना रोक दिया। पश्चिमी समाज में जाकर मुझे लगे कई सांस्कृतिक झटकों की क़तार में यह एक झटका भी जुड़ गया।

फ़ोक हाईस्कूल छात्रावास में छात्रों का भीषण संगीत धीरे-धीरे कुछ कोमल और मन्द होने लगा था। तब मैं भी कभी-कभी उनकी मजलिस में शामिल होने चली जाती थी। अधिकांश युवक और युवतियाँ अपने लिए बियर की बोतलें ले आते थे और उसकी एक-एक घूँट पीते हुए शाम को आनन्दमय बनाते थे। "बियर पीने के बाद ही हमें बोलने का उत्साह आता है।" यह उनका कहना था। मैं भारत के सुदूर ग्रामीण क्षेत्र से आयी थी। अत: मैंने महिलाओं को समाज में बैठकर सिगरेट पीते हुए नहीं देखा था। शाम के इस मुक्त सम्मेलन में मैंने युवतियों को सिगरेट पीते देखा तो मैं चौंक पड़ी। अधिक चौंकने का समय वह था जब एक युवती ने एक युवक से उसके होंठों पर लगी आधी सिगरेट से दो कश लगाने की माँग की। उससे भी अधिक आश्चर्य तब हुआ, जब युवक ने उसे दो कश के लिए भी सिगरेट नहीं दी। छात्रावास में युवकों को युवतियों के कमरों में जाने की छूट नहीं थी। उन्हें अपने खिलवाड़ का मौक़ा इस स्थान पर ही मिलता था। भले ही कोई चाहे तो यहाँ दो-चार साथियों के साथ बैठकर अच्छी विचार-चर्चा भी हो जाती थी। मैं जहाँ भी बैठती, ऐसी चर्चाओं का माहौल जुड़ जाता था। इसी स्थान पर मुझे सांस्कृतिक झटकों के दृश्य भी देखने को मिल जाते थे।

रौस्किले फ़ोक हाईस्कूल का यह शीतकालीन सत्र मेरे लिए सारगर्भित भी था तो विचित्रता से भरा हुआ भी था। मैंने इन छह महीनों का पूरा लाभ उठाने का प्रयास किया था। वहाँ के अधिकारी, जोकि मुझे अधिकारी बिल्कुल भी नहीं बल्कि 'दोस्त' जैसे लगते थे, ने भी मेरी जिज्ञासा समझी और मेरे समय का पूरा लाभ मुझे दिया था। फ़ोक हाईस्कूल के भीतर भी मेरे मित्र बन गये थे व बाहर समाज में भी मेरे कई मित्र बने थे, जिनका लम्बे वर्षों तक मेरे साथ सम्पर्क बना रहा था। फ़ोक हाईस्कूल की इस देन की पूँजी को समेटे मैंने आगे की प्रवास यात्रा प्रारम्भ की थी।

16

मेरे डेनिश मित्र

फ़ोक हाईस्कूल के उन छह महीनों में मैंने क्या-क्या पाया? इस प्रश्न पर सोचती हूँ तो याद आते हैं वे मैत्री भरे सम्बन्ध, जो उसी छह माहों के लिए नहीं, और भी कई वर्षों तक मेरे साथ चलते रहे। क्नुद व ओसऽ से प्रारम्भ करें। रौस्किले फ़ोक हाईस्कूल के लगभग दस वर्ष बाद डेनिश लायंस क्लब्स एसोसिएशन ने मुझे एक माह के लेक्चर टूर के लिए आमन्त्रित किया था। वह 1975 था यानी फ़ोक हाईस्कूल छोड़े क़रीब दस वर्षों के बाद मैं पुनः डेनमार्क गयी थी। लायंस क्लब्स ने मेरी सभाएँ आयोजित की थीं। मैं उनके साथ गांधी, अहिंसा, अहिंसक समाज रचना व पर्यावरण पर बातें करती थी व उनकी पुष्टि में 'स्लाइड चित्र' दिखाती थी। एक दिन मेरी मेज़बान इंगेमेरिया स्वरनसेन ने मुझे बताया कि क्नुद हाईनेसेन इस बार की डेनिश सरकार में वित्तमन्त्री बने हैं। उन्होंने मुझे पूछा, "तुमने हाईनेसेन दम्पति से फ़ोन पर बातें नहीं कीं? उनके साथ तुम्हारे अच्छे सम्बन्ध थे।"

"नहीं", मैंने उदासीनता पूर्ण स्वर में कहा, "अब वह वित्तमन्त्री हैं एक देश के। भला उन्हें मेरी याद भी क्या रही होगी? वे मुझसे बात करने में रुचि भी शायद ही लेंगे।"

"नहीं-नहीं, ऐसा कैसे हो सकता है? वे तुमको क्यों नहीं याद रखेंगे?" यह कहते-कहते इंगेमेरिया ने डायरेक्टरी से क्नुद के निवास का फ़ोन नम्बर खोज निकाला और तुरन्त डायल किया। ज्यों ही फ़ोन जुड़ा, मेरी मेज़बान इंगेमेरिया बोलीं, "राधा इज़ हियर, वुड यू लाइक टू टॉक टू हर?" (राधा से आप बात करना चाहेगी?)

"सेलफुल्ली" (ऑफ कोर्स) ओसऽ डेनिश में बोल उठी। फिर समझकर अंग्रेज़ी में बोली, "व्हाट ए प्लेज़ेंट सरप्राइज?"

ओसऽ से मेरी बातें हुईं। वह मेरी बड़ी दीदी जैसी वही फ़ोक हाईस्कूल की ओसऽ अभी भी थी। उन्होंने मुझसे वादा ले लिया कि आने वाले शनिवार को उनके घर पर शाम के भोजन के लिए अवश्य पहुँचूँगी।

"उस दिन तुम तो घर पर होगी ही ओसऽ, पर क्नुद तो नहीं रह पायेंगे। शायद वे शाम का भोजन हमारे साथ नहीं कर पायेंगे, क्योंकि वित्तमन्त्री हैं तो व्यस्त व्यक्ति हैं वे?" मैंने पूछ ही तो लिया था।

"नहीं, नहीं, कुछ तय मुद्दे या अन्य कार्यक्रमों की कोई जानकारी मुझे नहीं है। अचानक का काम आ जाये तो बात अलग है। वे तुमसे ज़रूर मिलना चाहेंगे। वे तुम्हें कई बार याद करते हैं।" ओसऽ ने अपना अनुमान बता दिया।

शाम को मेरी मेज़बान के फ़ोन की घण्टी बज उठी। फ़ोन पर स्वयं क्नुद थे। "मैं शनिवार की शाम के भोजन में तुम्हारे साथ अवश्य रहूँगा। तुमसे बहुत-सी बातें करनी हैं। बीच में यदि हमारे प्रधानमन्त्री का कोई फ़ोन आ गया तो मुझे अपने घर के उस विशेष टेलीफ़ोन पर उनसे बातें करनी होंगी। उसके अतिरिक्त पूरी शाम में तुम्हारे साथ रहूँगा।" मेरा भारतीय मन-मस्तिष्क आश्चर्य कर रहा था। वित्तमन्त्री और ऐसी मित्रतापूर्ण बातें व व्यवहार?

शनिवार को मैं ओसऽ के दिये पते पर कोपेनहेगेन नगर के 'हेलेरूप' नामक बड़े मुहल्ले में गयी। ओसऽ का निवास ऊपरी मंज़िल पर एक अच्छे बड़े फ़्लैट में था। वह फ़्लैट ही था, बंगला नहीं। नीचे की मंज़िल में उसी प्रकार के फ़्लैट में कोई अन्य नागरिक-परिवार रहता था। शायद अपेक्षाकृत धनी परिवार रहा होगा क्योंकि ये फ़्लैट कुछ महँगे तो दिखते ही थे। उस शाम हम तीनों घण्टों बैठे बातें करते रहे। अपने-अपने देशों की व्यवस्थाएँ, वहाँ की राजनीति, महिलाओं की भागीदारी, फ़ोक हाईस्कूलों का महत्त्व आज क्या है आदि मेरे कई प्रश्नों के उत्तर क्नुद ने सहजता से दिये थे और उसी प्रकार मुझसे कई प्रश्न पूछे भी। ओसऽ ने शुद्ध शाकाहारी भोजन बनाया था। हमने भोजन भी शुरू किया और बातों का सिलसिला तो चलता ही रहा था।

क्नुद ने पुराने दिनों को याद करते हुए कहा, "राधा, जब मैं फ़ोक हाईस्कूल के तुम्हारे समूह को डेनिश पार्लियामेंट दिखाने ले गया था, तब तुमने कहा था, "क्नुद एक दिन तुम यहाँ इस संसद में अवश्य पहुँचोगे।" तुम्हारी भविष्यवाणी सच निकली। आज मैं संसद में पहुँचा हूँ।" मुझे भी दस वर्ष पहले की वह बात याद हो आयी। क्नुद को और भी कई बातें याद थीं। मेरे बड़े भाई की बीमारी के बारे में भी उन्होंने पूछा। हमारे आश्रम के कार्यों व उनकी प्रगति जानने में भी उनको

दिलचस्पी थी। उन्होंने पूछा, "क्या तुमने आश्रम में फ़ोक हाईस्कूल जैसी कोई प्रवृत्ति प्रारम्भ की, क्योंकि तुमको फ़ोक हाईस्कूल पद्धति में बहुत रुचि थी?" मैंने उन्हें खादी कारीगर व कार्यकर्ता प्रशिक्षण के नाम से प्रारम्भ की गयी प्रवृत्ति और उसकी सफलता के बारे में उत्साह से बताया। ओसऽ को मेरी माँ व बहनों के बारे में अधिक पूछना था। इतना सब था बातें करने को कि लगता था, समय कम ही है।

क्नुद ने अपनी फ़िलीपींस की हाल की यात्रा के बारे में बताया। वहाँ मन्त्रियों द्वारा सरकारी वाहनों का कैसा दुरुपयोग होता है। सरकारी मुलाज़िम कितनी ऐश में रहते हैं और आम लोग किस प्रकार खटते-खपते हैं, इसका उन्हें जो अहसास हुआ था, वह बताया। लौटते हुए उनका विमान हिमालय के ऊपर से उड़ रहा था तो उन्होंने हिमाच्छादित शिखरों का दर्शन किया था। "उसे देखते ही हमें तुम्हारा स्मरण आया था। सोचा, यही कहीं तुम रहती होगी।" क्नुद व ओसऽ ने एक स्वर में कहा था।

रात्रि के 12 बज गये थे। मेरे जाने का समय हो गया था। क्नुद ने कहा, "माफ़ करोगी, राधा कि मेरे पास कोई निजी कार नहीं है। दिन में ऑफ़िस कार्यों के लिए मेरी ऑफ़िस कार है व उसका शोफ़र है। रात में भी कार्यालयी काम आ जाय, तो शोफ़र हाज़िर रहता है, किन्तु उसके अतिरिक्त शोफ़र शाम को कार ग़ैराज में बन्द करके जाता है। अपने व्यक्तिगत कामों के लिए मैं व ओसऽ सार्वजनिक टैक्सी या बस अथवा एस. ट्रेन (सबर्बन ट्रेन) का उपयोग करते हैं।" फिर विनोद में बोले, "क्या ही अच्छा होता कि मैं भी फ़िलीपींस जैसे देश में एक मन्त्री होता। तब तो उनके मन्त्रियों की तरह सब्ज़ी ख़रीदने को भी सरकारी गाड़ी ले जाता।" क्नुद ज़ोर से हँस पड़े। विनोद करना क्नुद का स्वभाव ही था।

मैंने तुरन्त ही कहा, "सोचिये, क्या आपकी आत्मा उसको स्वीकार करती?" ओसऽ बोली, "राधा, तुमने बिल्कुल ठीक समझा है। मन्त्री जैसे ज़िम्मेवार लोग ही तो फ़िलीपींस को समृद्ध नहीं होने देते। हम भला अपने देश के लिए ऐसा कैसे करते?"

मैं उठी, आने को तैयार हुई। क्नुद और ओसऽ भी उठे, उन्होंने कहा, "चलो, हम तुम्हें एस. ट्रेन में बिठायेंगे। हमारी सार्वजनिक सेवाएँ प्राइवेट वाहन की तरह ही नियमबद्ध व तेज़ हैं।" हम तीनों सड़क पर उतरकर पैदल रेलवे स्टेशन की ओर चल दिये। उसके कुछ माह पूर्व ऑल्फ़ पाल्मे, स्वीडिश प्रधानमन्त्री की हत्या कर दी गयी थी। तब वे इसी प्रकार रात को सड़क पर चल रहे थे। मुझे मन ही मन वह घटना याद आ गयी थी, पर क्नुद व ओसऽ निश्चिन्त होकर सहज भाव से मेरे साथ बातें करते चले जा रहे थे। हम रेलवे स्टेशन पहुँचे, तो क्नुद तत्परता के साथ टिकिट

ख़रीदने को टिकिट विक्रय खिड़की पर खड़े हुए। यह उस समाज का शिष्टाचार था कि महिलाओं के लिए पुरुषों को यह नम्रता बरतनी ही होती थी। फिर महिला अतिथि हो तब तो यह और भी लाज़िमी हो जाता था। क्नुद ने बुकिंग क्लर्क को अपनत्वभरा अभिवादन 'दाऊस' (गुड डे, गुड मॉर्निंग, गुड ईवनिंग आदि का सरल रूप जो निकट के साथी, मित्र पर सम्भवत: वह समान स्तर के सभी लोगों के बीच उपयुक्त होता है) कहा। क्लर्क किसी काग़ज़ में व्यस्त था। सिर झुकाये ही उसने अभिवादन का शालीन उत्तर दिया। "हमारी अतिथि के लिए एक टिकिट फलां स्टेशन का दीजिए जो डाइरेक्ट ट्रेन से हो।" क्नुद ने कहा।

क्लर्क अभी भी व्यस्त ही था। उसने ग्राहक का समुचित उत्तर दिया, "गन्तव्य स्टेशन के लिए यहाँ से डाइरेक्ट ट्रेन नहीं है, पर तुम्हारी अतिथि को इस कारण से कोई कष्ट नहीं होगा क्योंकि बीच के स्टेशन पर उतरेंगी तो उसी प्लेटफ़ॉर्म पर दूसरी ट्रेन दो मिनट में आ पहुँचेगी।"

क्नुद ने कहा, "ओह! वहाँ के लिए अभी भी डाइरेक्ट ट्रेन नहीं है, पर जब हमारी अतिथि अगली बार भारत से यहाँ आयेंगी, तब तक हम उस स्थान के लिए सीधी ट्रेन की नियमित सेवा प्रारम्भ कर देंगे।" बुकिंग क्लर्क झुककर टिकट निकाल रहा था। उसने अपने ग्राहक का चेहरा देखा ही न था, "माफ़ कीजिए, आप तो ऐसे बोल रहे हैं मानो आप ही देश के वित्तमन्त्री हों।" उसने टिकिट की प्रक्रिया पर नज़र गड़ाये ही कहा।

"सो तो हूँ मैं" क्नुद ने कहा। बुकिंग क्लर्क ने आँखें ऊपर उठायीं और मुस्कराकर बोला, "अरे हाँ, आप क्नुद हाईनेसेन ही तो हैं। मैंने आपकी ओर देखा ही नहीं था। लीजिए, ये आपका टिकिट।"

दोनों ने हँसकर एक-दूसरे को 'फौवेल' (गुडबाई) कहा और हम प्लेटफ़ॉर्म की ओर बढ़ गये। यह था क्नुद व ओसऽ के डेनमार्क का लोकतन्त्र और लोगों का आपसी समानतापूर्ण वातावरण, जहाँ मुझे शासक व शासित की मानसिकता से ग्रसित सुपीरियोरिटी व इंफ़ीरियोरिटी का लेशमात्र भी भाव नहीं दिखाई दिया था। यह घटना घटी। उसके कुछ दिनों बाद एक अन्य व्यक्ति से अप्रत्याशित तरीक़े से मिलना हो गया। वह थे आंकर योर्गसेन। मैं जब फ़ोक हाईस्कूल में थी, तब आंकर की भतीजी ज़ेनेथ हमारे साथ फ़ोक हाईस्कूल में थी। उसे राजनैतिक विषयों में अच्छी रुचि थी। भारत के स्वतन्त्रता-आन्दोलन व विशेषत: गांधीप्रणीत उन सत्याग्रहों को वह समझना चाहती थी, जैसे नमक सत्याग्रह। 'व्हाई सॉल्ट' (नमक ही क्यों?) वह समझना चाहती थी। मैंने ज़ेनेथ की जिज्ञासा देख उसे विस्तार से समझाया था। एक दिन उसने पूछा, "क्या तुम हमारे घर पर आना पसन्द करोगी? मेरे चाचा

तुमसे बात करके ख़ुश होंगे।" आंकर का नाम 'ट्रेड यूनियन लीडर' के रूप में मेरे कानों में पहले भी पड़ चुका था। ज़ेनेथ की ओर से आमन्त्रण पाते ही मैं तो स्वयं आंकर से मिलने को उत्सुक हो गयी थी। शुक्रवार की शाम को ज़ेनेथ अपनी कार (जो उसने उसी दिन के लिए अपनी माँ से माँगी थी) से मुझे अपने घर ले गयी। शाम को आंकर से लम्बी बातें हुईं। अन्त में उन्होंने मुझसे एक लेख लिखने का आग्रह किया था, जिसे डेनिश भाषा में अनुवादित करके वे ट्रेड यूनियन के मुखपत्र में छपवाना चाहते थे। छपने पर ज़ेनेथ उस पत्रिका को दिखाने के लिए मेरे पास भी लायी थी।

इस बार दस वर्षों के बाद लायंस क्लब के निमन्त्रण में मैं दूसरी बार डेनमार्क गयी, तो एक प्रदर्शनी में मुझे कुछ दूरी पर आंकर दिखाई दिये। "यह क्या? आंकर तो वर्तमान सरकार के प्रधानमन्त्री हैं। उन्हीं की कैबिनेट में क्नुद वित्तमन्त्री हैं। तब वे यहाँ कैसे घूम रहे हैं सामान्य नागरिकों की तरह?" मैं अपने मन की उलझन सुलझा भी नहीं पायी थी कि तब तक आंकर मेरे पास ही पहुँच गये। उनके साथ उनके कुछ मित्र भी प्रदर्शनी देख रहे थे। मैं थोड़ा हिचकी, 'हैलो' कहने को होंठ खुलने ही वाले थे कि मन में आया, ''शायद अब इतने वर्षों बाद वे मुझे पहचानेंगे भी नहीं।" परन्तु वे तो नज़र पड़ते ही दो क़दम आगे आये और उत्साह से बोले, "हाय, राधा! तुमसे मिलकर बहुत ख़ुशी हुई।" प्रदर्शनी देखने वाले लोग उस शक्तिमान समाजवादी व वर्तमान प्रधानमन्त्री को 'दाउ आंकर' कहकर आगे बढ़ रहे थे और हम दोनों थोड़ा हटकर बातें कर रहे थे। अन्त में आंकर और मैं विदा हुए तो कुछ दूर से उन्होंने फिर से मुड़कर मुझे पुकारकर कहा, "राधा, लायंस क्लब में अपने भाषणों में कहिए कि वे लोग गांधी जैसे सही समाजवादी बनें। उन्हें गांधी के ट्रस्टीशिप का सिद्धान्त समझना चाहिए।" और प्रधानमन्त्री आंकर योर्गसेन प्रदर्शनी देखने वालों की क़तार में अपने मित्रों के साथ शामिल हो गये।

मैं क्नुद व आंकर को उसके बाद फिर कहीं मिली होऊँ, ऐसी याद मुझे नहीं है। यद्यपि उस यात्रा के बाद मैं बीस से अधिक बार डेनमार्क कभी कुछ दिनों के लिए तो कभी कुछ महीनों के लिए गयी थी। मुझे यह बात ठीक से याद है कि क्नुद और ओसऽ के तलाक़ के बाद मैं ओसऽ से मिलने अवश्य गयी थी। तलाक़ का गहरा सदमा ओसऽ के दिल पर था। "मेरे परिवार में मैंने बचपन में न तो ऐसा माहौल अपने परिवार में देखा, न ऐसी परम्परा ही मेरे परिवार में रही थी। फिर हमारी (क्नुद और ओसऽ की) तो कभी न टूटने वाली जोड़ी मानी जाती थी। हमारे बीच कभी कोई भेद नहीं पैदा हुआ था, किन्तु जिस हद तक क्नुद उस युवती के बिना नहीं रह पा रहा था, मैं भी यह सहन करने की स्थिति में नहीं थी कि मेरे पति का दिल कहीं और

हो और उसका शरीर हमारे पास हो।" ओसऽ ने अकेले रहने का निर्णय लिया था। स्वयं न दूसरी शादी की न कोई अन्य मित्रता की बात ही सोची। ओसऽ एक अच्छे फ़्लैट में कोपेनहेगेन की एक अच्छी बस्ती में रह रही थी। "यहाँ यह ठीक फ़्लैट दिलाने में क्नुद ने ही मदद की है।" ओसऽ ने बताया और कहा, "मेरी बेटी सीनै मुझे मानसिक व व्यावहारिक, दोनों दृष्टियों से मदद देती है। वही मेरी सबसे निकट सहेली बन गयी है।"

ओसऽ की खिड़की के पैनल पर एक चीनी मिट्टी का फूलदान सजाकर रखा था। मैं उसे देख रही थी क्योंकि वह मुझे परिचित-सा लग रहा था। इतने में ओसऽ बोल उठी, "यह तुम्हारे द्वारा बनाया गया वही फूलदान है जो तुमने रौस्किले फ़ोक हाईस्कूल में मुझे भेंट में दिया था। बार-बार घर बदलने के बावजूद भी यह मैंने हमेशा अपने साथ रखा है। यह मेरी बैठक के कमरे में रोज़ रखा रहा। आज तुम आयी हो, इसलिए मैंने इसे यहाँ नहीं सजाया है। यह रोज़ मेरी बैठक में किसी न किसी महत्त्वपूर्ण स्थान पर रहता है। कभी जब मैं अकेली बैठी रहती हूँ तब इसे देखती हूँ और यह मुझे दूर देश तक ले जाता है।" यह कहते-कहते उसका स्वर कुछ गीला हो गया था।

रौस्किले फ़ोक हाईस्कूल में हम हस्तकला के नाम से कुछ मनपसन्द काम करते थे। उसके लिए पूरी सामग्री हस्तकला कक्ष में रखी जाती थी। मैं सिरामिक की वस्तुएँ और बटीक प्रिंटिंग के मेज़पोश बनाया करती थी। सिरामिक का यह फूलदान बनाकर मैंने ओसऽ को भेंट में दिया था। "मुझे याद है ओसऽ, तुम्हारे हेलरूप वाले घर में भी यह फूलदान सजाकर खिड़की की पैनल पर रखा गया था।" मैंने ओसऽ से कहा था।

ऐसी दीर्घजीवी थी ओसऽ की मित्रता, जिससे मैं अभिभूत थी, पर ओसऽ तो दीर्घजीवी नहीं रही। हँसती-मुस्कराती प्रेम से लबालब भरी हुई ओसऽ की आयु क्या थी, यह पता नहीं, किन्तु वह कम आयु में ही परलोकवासी हो गयी। शायद आज से दसेक साल पूर्व उसके निधन का समाचार मुझे मिला था। वह मुझसे चार वर्ष बड़ी रही होंगी। मैं तो अभी जीवित हूँ ही, वह भी जी सकती थी।

फ़ोक हाईस्कूल में बनी एक और पहचान थी जो मित्रता बन गयी थी, वह थी स्टीन और मर्टल सिलेमन की जोड़ी। फ़ोक हाईस्कूल छोड़ने के बाद वे रौस्किले शहर के पास एक गाँव में रहने लगे थे। मर्टल फ़ोक हाईस्कूलों के लिए कुछ विशेष पाठ तैयार करतीं व उनको पढ़ातीं तथा स्टीन अन्तर्राष्ट्रीय मज़दूर संगठन के किसी महत्त्वपूर्ण पद पर थे। दक्षिण एशिया के कुछ देशों में भी उन्हें इस काम से जाना होता था। तब एक दिन वे दिल्ली से एक टैक्सी लेकर हमें यानी मुझे व मेरे सहयोगी

को मिलने कौसानी आ गये थे। उन्हें आश्रम भी देखना था व हमें भी मिलना था। उनकी बेटी रूथ जब 17 वर्ष की उम्र में थी, तब उन्होंने उसे हमारे पास आश्रम में भेजा था और उसी सिलसिले से वह हमारी परिचित संस्थाओं को देखने पूरे देश में घूमी थी। आज भी रूथ से केवल हमारा सम्बन्ध है वरन् वह हमें मदद भी करती है। मैं डेनमार्क जाने पर कई बार उसके छोटे-से अपार्टमेंट में दो-चार दिनों के लिए रही भी हूँ। स्टीन व मर्टल को मिलने मैं उनके गाँव भी गयी थी। कई देशों के श्रमिकों व उसकी विशालकाय ट्रेड यूनियनों की सहायता करने वाला वह व्यक्ति व उनकी पत्नी गाँव के एक छोटे से सादगीपूर्ण घर में रहते थे। अध्ययन करते थे और मुफ़्त में श्रमिकों के संगठनों को सलाह देते थे। स्टीन अब नहीं रहे, पर रूथ व मर्टल हमारे साथ सम्बन्ध बनाये हुए हैं। पिछली बार की मेरी डेनमार्क यात्रा के समय तो उम्रदराज़ होते हुए भी मर्टल मुझे मिलने अपनी बेटी रूथ के निवास पर कोपेनहेगेन आयी थीं।

फ़ोक हाईस्कूल से बाहर भी मैंने एक मित्र संसार की रचना कर ली थी। भारत से जाते समय ही कुछ भारतीय मित्रों ने मुझे डेनमार्क के उनके कुछ मित्रों के पते दिये थे। डेनमार्क पहुँचकर मैंने उन सभी को पत्र लिखे थे, जिनके स्वागतभाव से भरे हुए उत्तर मुझे मिले, तो मैत्री का सिलसिला जुड़ गया। फ़ोक हाईस्कूल में रहते समय मैं उनमें से कइयों के पास सप्ताहान्त में मिलने चली जाती। बहन जी ने मुझे मेरिया थ्यूगर एक शिक्षिका व पुस्तक लेखिका का पता दिया था। उनका उत्तर मुझे एक साल के बाद वापस लक्ष्मी आश्रम आने पर मिला था क्योंकि जब मैं डेनमार्क में थी, तब मेरिया पूर्वी पाकिस्तान (बांग्लादेश) में स्वयंसेविका के रूप में सेवा करने गयी थीं। कालान्तर में मेरिया मेरी अच्छी घनिष्ठ मित्र बन गयीं। मेरी पुस्तक 'माना हिमालय की बेटी' को लिखने की प्रेरणा उन्होंने ही दी और उसका डेनिश अनुवाद भी उन्होंने ही किया था। यह पुस्तक सर्वप्रथम डेनिश भाषा में छपी तो वह भी मेरिया के ही प्रयास से। उसके बाद यह पुस्तक यूरोप में जर्मन व स्वीडिश भाषाओं में छपी।

भारत में हिन्दी में 'सिद्ध' संस्था मसूरी ने छपायी, मराठी में 'सकाल प्रकाशन' ने, मलयालम में 'पुर्णेन्दु प्रकाशन' ने और तमिल में 'तमिलनाडु सर्वोदय संघ' ने। मूल प्रेरणा तो मेरिया की ही थी। उन्होंने डेनिश भाषा में कई पुस्तकें लिखी थीं, जिनके पात्र तथा उनका जीवन क्षेत्र अधिकतर भारत ही रहा था। भारत में विशेषत: गांधी विचार मेरिया का सहायता व सेवा क्षेत्र रहा था। डेनमार्क में गांधी विचार ले जाने व फैलाने के लिए उन्होंने कितने ही कार्यक्रम वहाँ आयोजित किये थे और कई पुस्तकें लिखी थीं। सरला बहन पर डेनिश भाषा में लिखी उनकी पुस्तक में मैंने उन्हें

लेखन की सहायता दी थी। इसी प्रकार से मैं उनसे जुड़ी थी। विदेशों में गांधी विचार के लिए 'जमनालाल बजाज फ़ाउंडेशन' का प्रतिष्ठित अवार्ड उन्हें मिला था। आज भी सतानवे वर्ष की उम्र में मेरिया अपनी दैनिकचर्या स्वयं स्वावलम्बी होकर चलाती हैं और अपने घर में अकेली रहती हैं। इस संस्मरण के पुस्तक रूप में छपने से पूर्व मेरिया का अठानवे वर्ष की आयु में निधन हो गया है।

यूँ तो डेनमार्क में ही अनेक मित्र बने क्योंकि वहाँ जाने के अवसर भी मुझे इतने सारे मिले, पर यहाँ पर तो 1965-66 के उस सात-आठ महीनों की अवधि में जो मिले और अपने बन गये, ऐसे मित्रों के बारे में ही अपनी स्मृतियाँ लिख रही हूँ। ऐसी अपनी बन जाने वाली एक थीं, एग्नैस म्यूलर, जिनका पता मुझे गौतमभाई बजाज से मिला था। वह गौतमभाई की पैनफ्रेंड थी। मैं जब फ़ोक हाईस्कूल के समाज में समरस हो गयी, तब मैंने एग्नैस को पत्र लिखा, यह सोचकर कि गौतम जैसे युवा की पैनफ्रेंड युवा ही होगी, पर सुन्दर अंग्रेज़ी में लिखे उनके उत्तर ने वास्तविकता बतायी। उन्होंने लिखा था; 'I am a gray haired woman' (मैं एक श्वेतकेशी महिला हूँ)। उसी सप्ताहान्त में मैं ट्रानेगौस वाई 16 में पहुँच गयी। मझोले क़द की एग्नैस ऐसे मिलीं मानो वर्षों से वह मुझे जानती-पहचानती थीं। उसी दिन से वह मेरी आंटी (बुआ) बन गयीं। वे शाकाहारी थीं और आजीवन अविवाहित रही थीं। वे शिक्षिका थीं। डेनमार्क में ही नहीं, पेरिस में भी कुछ वर्षों के लिए रही थीं। मैं कभी-कभी सप्ताहान्त में उनके पास निःसंकोच चली जाती थी, क्योंकि वे ही थीं जो कहती थीं, "तुम बिना पूर्व सूचना के भी मेरे पास आ जाया करो। ऊपर की मंज़िल का वह एक कमरा हमेशा तुम्हारा है।"

मेरे बाबूजी का पत्र आया या नहीं, यह जानने के लिए कहतीं, "मेरे भाई का पत्र आया क्या?" आंटी और मेरे बीच बहुत-सी समानताएँ थीं। हमारी बातें जल्दी समाप्त नहीं होती थीं। आंटी ने गांधीजी की लिखी कुछ पुस्तकें पढ़ी थीं। उनकी आत्मकथा 'सत्य के प्रयोग' पढ़ी थी। गांधी से ज़्यादा उन्होंने रवीन्द्रनाथ टैगोर को पढ़ा था। पेरिस में उन्होंने अपनी फ्रांसीसी सहेली के साथ रविबाबू से भेंट भी की थी। 'वह भव्य मूर्ति' कहकर आंटी टैगोर का वर्णन करती थीं। रौस्किले फ़ोक हाईस्कूल का सत्र समाप्त होने के बाद मैं आंटी के पास पूरे एक माह तक रही थी। उसी समय मैंने कोपेनहेगेन के एक सवर्ब में एक शिशुगृह में काम किया था। एग्नैस म्यूलर से मेरा सम्बन्ध पत्रों द्वारा तथा जब-जब डेनमार्क गयी, उनसे मिलने जाकर निरन्तर बना रहा। तब तक बना रहा जब उन्होंने अन्तिम साँस ली व धरती से विदा हो गयीं।

लीलान की माँ का पता उड़ीसा के प्रो. चितरंजन दास ने दिया था। उनका नाम गेटरुद था, पर वह 'मुअ' (माँ) कहलाती थीं और वे सचमुच एक माँ थीं, सबकी माँ। मैंने उन्हें पूछा था, "लीलान के पिताजी के अल्पायु में देहान्त हो जाने के बाद आपने दुबारा विवाह क्यों नहीं किया?" उन्होंने बड़ी निष्ठाभरे शब्दों में कहा था, "मेरे लिए सारे विश्व में वही एक पुरुष था। मैंने मात्र उसी को स्नेह किया था। मैं उसी को समर्पित थी। मैं उसकी आत्मा को भी धोखा नहीं दे सकती थी।" डेनमार्क की आम संस्कृति में जहाँ विवाह, तलाक़ व पुनर्विवाह जीवन का बहुत सहज आम व्यवहार था, इस प्रकार की निष्ठा रखने का मेरी दृष्टि में बहुत विशेष महत्त्व था। इसीलिए उनके अपने बच्चे ही नहीं, मेरी तरह अन्य दूसरे देशों से आये उनके अतिथि सब उनको 'मुअ' (माँ) कहकर पुकारते थे।

लीलान कोपेनहेगेन के प्रसिद्ध मनोचिकित्सालय में सहायक चिकित्सक के रूप में बड़ी अच्छी नौकरी करती थीं, पर वह बहुत सादगीपूर्ण जीवन जीती थीं। सप्ताहान्त में दो दिन बिना प्रेस किये सादे सूती वस्त्र पहनती थीं। उनके पास एक इतनी छोटी कार थी, जिसमें ड्राइवर के साथ एक ही व्यक्ति बैठ सकता था। वह कार कम पेट्रोल में चलती थी और पार्किंग के लिए कम जगह घेरती थी। मैंने लीलान व उसकी माँ के साथ कुछ सप्ताहान्त बिताये थे। रौस्किले फ़ोक हाईस्कूल का सत्र समाप्त होने व स्कैंडिनेवियन देशों की यात्रा के बाद मुझे एक काम की खोज थी। डेनमार्क से मैं इंग्लैंड जाने वाली थी। वहाँ एक स्थान से दूसरी जगह जाने के लिए यात्रा व्यय मुझे अर्जित करना था। इसके लिए मुझे कोई लघुकालीन कार्य ढूँढ़ना था। प्रतिदिन लीलान सुबह का डेनिश समाचार-पत्र देखतीं, ग्रीष्मकाल में अनिवार्य छुट्टी में जाने वालों के एवज़ में दो-तीन सप्ताह के लिए काम करने वालों की माँग के विज्ञापन आते थे। ऐसे तीन-चार मेरे अनुकूल विज्ञापन लेकर लीलान व मैं उनकी कार से निकल पड़तीं, नगर में व उपनगरों में। हम दोनों एक साथ एक ऑफ़िस में जातीं। लीलान सीधे कहतीं, "आपके विज्ञापन में वर्णित रिक्त स्थान पर ये मेरी भारतीय मित्र काम करना चाहती है।" सामने वाला या वाली थोड़ा चुप रहती और कहती, "माफ़ कीजिए, वह रिक्त स्थान भर चुका है।" प्रतिदिन पाँच या छह स्थानों पर ऐसे उत्तर पाकर हम दोनों शाम को उन अनुभवों की समीक्षा करने बैठीं। "कहीं तुम्हें भारतीय जानकर तो लोग बहाने न बना रहे हों? लीलान ने अनुमान लगाया। "यह हो सकता है, तब क्या करें?" मैंने कहा। "कल मैं ही उनके ऑफ़िस में जाऊँगी आप मेरी कार में बैठी रहेंगी। जब मैं बुलाऊँगी तब आप आयेंगी," लीलान ने तरक़ीब निकाली।

दूसरे दिन हम एक शिशु केन्द्र के ऑफ़िस में खोज करने गयीं। लीलान ऑफ़िस में गयीं और उसे रिक्त स्थान पर काम मिल सकने की स्वीकृति मिल गयी। लीलान ने तुरन्त मुझे बुला लिया। शिशु-केन्द्र की निदेशिका ने मुझे देखा तो कुछ देर चुप रही। शायद पहले उसने समझा होगा कि स्वयं लीलान ही उस काम की प्रत्याशी थीं, फिर बोली, "काम कठिन है। फ़र्श सफ़ाई, बच्चों के शौचालयों की सफ़ाई और समय बचेगा, तब बच्चों के लिए भोजन बनाने और उन्हें भोजन खिलाने में मदद करना, अथवा बड़े बच्चों को खेल खिलाना।" मैंने तत्परता से कहा, "मैं यह सब काम कर सकती हूँ।" निदेशिका ने पूछा, "पार्ट टाइम करोगी या फुल टाइम?"

"मैं फुल टाइम काम करूँगी।" मैंने कहा। निदेशिका को मेरी कार्यक्षमता पर विश्वास नहीं आ रहा था, पर उन्होंने मुझे काम दे दिया।

लीलान का काम पूरा हो गया था। उसने मुझे मेरी आंटी (एग्नैस म्यूलर) के घर पर छोड़ दिया। मैंने दिल से अनेक धन्यवाद देते हुए लीलान से विदा ली। उसके बाद मैंने लीलान को कभी नहीं देखा। वह मानो मेरे जीवनपट से साफ़ पोंछ दी गयी। आंटी के घर ट्रानेगौस वाई 16 से एस ट्रेन का स्टेशन बहुत नज़दीक था और शिशु-केन्द्र ट्रेन द्वारा केवल दस मिनट की दूरी पर था। मुझे आठ बजे सुबह शिशु-केन्द्र पहुँच जाना चाहिए था, पर मैं प्रतिदिन आठ बजने से पाँच-छह मिनट पहले ही पहुँच जाती थी। इसके लिए मुझे सात बजे घर से निकलना होता था। 7.15 की ट्रेन के लिए दस-पन्द्रह मिनट पैदल चलकर स्टेशन पहुँचती और अन्त में आठ मिनट पैदल चलकर शिशु-केन्द्र पहुँचती थी। मिनट से मिनट का बँधा हुआ हिसाब था। एक मिनट की देर मेरे सारे कार्यक्रम को बिगाड़ देती और तब कहने को हो जाता कि 'भारतीय लोग समय पालन नहीं कर सकते।' पर मेरा सौभाग्य था कि मेरी आंटी मेरे लिए दोपहर का खाना दो-चार सैंडबिच बना देती थीं और ठीक सात बजे मैं उनके प्राचीन ज़मींदारों के जैसे विशाल घर के बाहरी दरवाज़े की देहली लाँघ कर बग़ीचे के बाहरी फ़ाटक से गुज़रकर फ़ुटपाथ पर चलने लगती थी। धन्यवाद था डेनिश एस. ट्रेन को कि वह एक दिन भी एक मिनिट के लिए भी विलम्बित नहीं हुई। दोपहर बाद तीन बजे छुट्टी मिल जाती थी। सफ़ाई करना तो मेरी हमेशा की हॉबी थी, अत: वहाँ भी उसमें मुझे कोई कष्ट हो ही नहीं सकता था।

ठीक आठ बजे सुबह साइकिल पर चढ़ी माताएँ साइकिल कैरियर में रखे पालने में छोटे बच्चे को सुलाये भागी-भागी आती थीं। कोई बच्चा गाड़ी में बच्चों को लेकर आती, कोई कुछ बड़े बच्चों को मैं लातीं। बच्चे को निर्धारित बिस्तर में रखतीं, शिशु-केन्द्र की हम कार्यकर्त्रियाँ बच्चों को सँभाल लेतीं। किसी को पालने में रखतीं, किसी को उम्र के अनुसार खिलौनों के बीच बिठा देतीं। बिछुड़ती माँ का अधिक

कष्ट बच्चे को न हो, यह प्रयास करने में हम सब जुट जातीं। आधे घण्टे में ही सब सहज, सुशान्त, हँसी-ख़ुशी का माहौल बन जाता। मैं सफ़ाई में जुट जाती। मेरी की गयी सफ़ाई में कोई नुक्स निकाले, ऐसी गुंजाइश रहती ही नहीं थी। शिशु-केन्द्र का हर कमरा साफ़ व व्यवस्थित हो जाता।

बिल्कुल छोटे बच्चों के लिए खाने को उबाले आलुओं से मैश्ड पोटैटो बनाते थे। कुछ बड़े बच्चों को मक्खन-ब्रेड खिलाते थे। यह तैयार करना कोई बड़ा काम न था। ख़ुशी-ख़ुशी मैं इसमें भी हाथ बँटाती और अन्त में उनको खेल खिलाती। मैंने एक डेनिश भावगीत सीख लिया था। "कम उद औ लाय, इ डी डाइली सोलस्किन वैय... वी स्कैल होप्प इ डी डाइली सोलस्किन वैय।" (चलो बाहर खेलें, इस प्यारे धूपभरे मौसम में हम कूदेंगे, इस सुन्दर धूपभरे मौसम में)। इस गीत में बच्चे ख़ूब हिलते-डुलते, थिरकते व हाथ नचाते थे। 'होप्प' शब्द गाने पर उछलते थे, तो उनके साथ उछलने-कूदने में मुझे भी ख़ूब मज़ा आता था। शिशु-केन्द्र की अन्य कार्यकर्त्रियाँ हमें नाचते, कूदते, खेलते देखकर ख़ूब ख़ुश होती थीं। उनमें से कोई तो हमारे साथ गाने-कूदने में शामिल हो जाती थीं।

ढाई बजे से माताएँ आने लगतीं। बच्चों को ले जाने के लिए वे दौड़े-दौड़े आतीं। सुबह वे जैसे भागी-भागी आती थीं और भागकर चली जाती थीं, शाम को वैसा न था। फिर भी ट्रेन के निर्धारित समय का कुछ दबाव तो रहता ही था, पर हम दो शब्द उनसे बोल सकती थीं। उनमें कोई ऑफ़िस में काम करती थीं। कुछ किसी विद्यालय में, कोई किसी छोटे कारख़ाने में और कोई दुकान या रेस्टोरेंट में। उस समय आधे घण्टे तक एक ही शब्द का कोलाहल होता था, 'फौवेल, फौवेल' (बाई-बाई)।

तीन सप्ताह पूरे हुए और मुझे प्रति सप्ताह के तीन हज़ार डेनिश क्रोनर के हिसाब से नौ हज़ार डेनिश क्रोनर मिले। तब डेनिश क्रोनर रुपये से बड़ा था। मैं निदेशिका से विदाई लेने गयी। उसने मुस्कराते हुए अपनी कुर्सी से उठकर मेरा स्वागत किया और मेरे कुछ बोलने से पूर्व ही बोली, "मैंने भारतीयों के बारे में अपनी धारणा बदल दी है।"

"वह कैसे?" मैंने पूछा, तो बोली, "मेरी धारणा थी कि भारतीय लोग शरीरश्रम के काम, सफ़ाई आदि करना पसन्द नहीं करते। उन्हें व्हाइट कॉलर जॉब चाहिए, पर तुम्हारी मेहनत और तुम्हारे काम की गुणवत्ता देखकर मैं ख़ुश हुई व प्रभावित भी हुई।"

"धन्यवाद, आपका यह प्रशंसाभाव मेरे जीवन के लिए एक प्रमाण पत्र की तरह मूल्यवान है। हम गांधी की जीवनशैली को मानने वाले हैं और हम श्रमनिष्ठ होते हैं। कोई काम हमारे लिए छोटा या गन्दा नहीं है", मैंने कहा, "मैंने यह भी सुना", "तुम हर काम ख़ुश होकर खुले दिल से करती थीं। मैं तुम्हारे भविष्य के

लिए शुभकामनाएँ देती हूँ।" निदेशिका ने ये अन्तिम शब्द कहे और 'फौवेल' कहते हुए अपना हाथ बढ़ाया। देर तक अपने मुलायम हाथ में मेरी मेहनतकश मज़बूत हथेली को पकड़े रखा।

शाम को निवास पर पहुँची तो आंटी ने बिच्छु घास का स्वादिष्ट सूप बनाकर रखा था और साथ में उनके मन में तैयार थी एक कहानी, जो बिच्छु घास (बर्निंग नेटल्स) की पौष्टिकता के बारे में थी। मैं दोनों का स्वाद लेने सोफ़े पर बैठ गयी और 'लो टेबल' पर आंटी ने सूप के बाउल्स रख दिये।

"राधा, अब यहाँ से अगले कार्यक्रम के लिए जाने के पूर्व तुम एक सप्ताह मेरे घर पर आराम करो। उसके पहले यहाँ से क़दम बाहर नहीं करना है। तुमने पिछले तीन सप्ताह बहुत मेहनत की है।" आंटी की भावपूर्ण देखभाल का यह एक नमूना था। वे बोलीं, "तुमने तीन सप्ताहों में दुहरी कमाई की है। पैसा तो मिला ही, प्रशंसा और सद्भाव भी मिला; और तुम्हारे कारण तुम्हारे देश को गौरव भी मिला।"

ईना और पीटर रहोदे प्रौढ़ उम्र के दम्पति 1966 में मेरे मित्र बने। ईना व पीटर भी प्रोफ़ेसर चितरंजन दास के मित्र रहे थे। पीटर डेनमार्क के एक जाने-माने विद्वान और बुद्धिजीवी थे। उनके लेख डेनिश लोगों में प्रसिद्ध थे। साथ ही, विश्वविद्यालय और अनुसन्धान संस्थान जैसी बड़ी संस्थाएँ उन्हें भाषण देने के लिए आमन्त्रित करती थीं। उनकी श्रवणशक्ति कुछ कमज़ोर हो गयी थी, अत: उन्हें कार चलाने की अनुमति नहीं थी। ईना ही उनको कार से सब स्थानों पर ले जाती थीं। जब से मेरी पहचान ईना से हुई, ऐसे मौक़े पर वह मुझे भी साथ ले लेती थी। औसत में ऐसी वार्ताएँ शुक्रवार की देर शाम को ही होती थीं; तब ईना मुझे दो दिनों के लिए अपने साथ ले जाती। पीटर गांधी-विचार, सत्याग्रह, भूदान-ग्रामदान तथा सविनय अवज्ञा आन्दोलन जैसे विषयों पर मेरे साथ विचार-विनिमय करते थे। इन विषयों में उनकी अच्छी पैठ थी, परन्तु अहिंसा के बारे में हमारे कुछ मतभेद रहते थे। अहिंसा जीवन में जीने का मूल्य है, उसके लिए जीवनशैली को ही बदलना पड़ता है, यह मैं कहती थी। पीटर अपनी जीवनशैली की सुविधाओं को कम करने की सम्भावना पर विश्वास नहीं कर पाते थे।

जब पीटर सभा में भाषण देते तो स्वाभाविक था, वह डेनिश भाषा में होता था। भाषा भी परायी और विषय भी गूढ़ मेरे लिए कठिन होता था, पर ईना सोचती थी कि मेरे लिए कठिन ही नहीं, दुरूह हो रहा होगा। हम श्रोताओं की पिछली पंक्ति में बैठी होती थीं। थोड़ी देर सुनने के बाद उनके डेनिश शब्द मेरे सिर के ऊपर से निकल जाते और मेरा मन कहीं अन्यत्र चला जाता। लगभग उसी समय ईना भी मेरा हाथ धीरे-से दबाते हुए इशारा करतीं, "चलें बाहर", हम लॉन में बैठ जातीं और ईना

पूछने लगती आश्रम जीवन, नयी तालीम, मेरा जीवन, विवाह क्यों नहीं किया? और वह स्वयं भी अपना जीवन बतातीं। पीटर के साथ शादी उनकी तीसरी शादी थी। उसमें ही उन्हें जीवन की सार्थकता मिली थी। उनके कथनानुसार, बाक़ी दो तो थोड़े समय की केवल खिलवाड़ थीं, उनमें जीवन के प्रति न कोई कल्पना थी न कोई गहराई। वह अपनी पहली शादी की मज़ेदार कहानी बताती थीं। ईना तब अठारहवें वर्ष में थी। माता-पिता की लाड़ली और आसान जीवन जीने वाली। एक दिन स्वीडन से जल मार्ग से डेनमार्क आ रही थीं। उसी स्टीमर में एक युवक भी यात्रा कर रहा था। ईना की नज़र उस युवक की उँगलियों पर पड़ी। सुन्दर, पतली कोमल उँगलियाँ ईना को पसन्द आ गयी थीं। वह कहती थीं, "मैं अठारह वर्ष की थी, पर दुनिया के बारे में छोटी बच्ची ही थी। बस, मैंने उस युवक से वहीं के वहीं शादी करने की बात कह दी। वह भी कम उम्र का ही था। शायद कम अनुभवी भी था। हमने बच्चों का सा खेल किया जो ज़्यादा चलना ही न था।" मुझे ईना जैसी गम्भीर महिला की इस पहली शादी पर ख़ूब हँसी आती। वह भी यह सब बताते हुए हँसती थी।

ईना के साथ मेरा पत्र-व्यवहार कई सालों तक चला। उसने एक बार अपने पत्र में पीटर के निधन का दुखद समाचार दिया। उसके बाद जब मैं डेनमार्क एक संक्षिप्त भेंट के लिए गयी, तो ईना से मिलने का प्रयास किया। देखा तो लगा, ईना बुझ-सी गयी थी। उन्होंने लिखना भी कम करते हुए बिल्कुल बन्द कर दिया था। बाद में हमारे एक साझा मित्र ने मुझे उनके देहावसान का समाचार उनकी मृत्यु के कई महीनों बाद दिया था।

डेनमार्क में एक और भी घर था जो मेरे लिए हमेशा खुला रहता था। वह था, गोविन्द राव का घर। गोविन्द मूलतः हैदराबाद के थे। युवावस्था में फ़ोक हाईस्कूल के किसी कोर्स में शामिल होने डेनमार्क गये। डेनिश युवती से विवाह करके डेनमार्क के नागरिक बन गये। वे डेनिश केन्द्रीय कारागार के सामाजिक सहायता विभाग के प्रमुख थे। उनके बैंक खाते में ही मेरे लिए जेबख़र्च की रक़म अमेरिकन महिला मेरी औप्लीगर ने डाली थी। गोविन्द को भारतीय मूल के होने के कारण अपने देशवासी की मदद करना स्वभावतः अच्छा ही लगता होगा, पर उनसे भी अधिक मदद करने को उत्सुक रहती थी, उनकी पत्नी रूथ राव। रूथ मेरे लिए गरम कपड़ों का प्रबन्ध कर देतीं। दुकानों में मेरे साइज़ का कपड़ा नहीं मिलता तो उन्हें काट-छाँटकर और सिलकर मेरे लिए फ़िट कर देती। मैं फ़ोक हाईस्कूल को जाने लगती तो मेरे लिए फल साथ में दे देती, बार-बार कहती, "तुम्हें यह नहीं लगना चाहिए कि तुम परदेश में हो।"

छह माह का सत्र पूरा होने को था। नयी मित्रताएँ नये परिचयों से समृद्ध मेरे सप्ताहान्त और जानकारियों से भरे सप्ताह मुझे सन्तोषभरा आनन्द दे रहे थे। मार्च

का माह जा चुका था। अप्रैल के दूसरे सप्ताह में सूर्य की किरणें चमकने लगी थीं। हमने एक अँधेरी ऋतु पूरी कर ली थी। हमारे हॉस्टल के लॉन में व पिछवाड़े के बाग़ में हरी-हरी घास झाँकने लगी थी। एक सफ़ेद फूल 'स्नोड्रॉप्स' जंगलों व सड़कों के किनारे खिलने लगे थे। शीतकाल की तेज़ हवाओं का अपनी नंगी शाखाओं से मुक़ाबला करने वाले बर्च के पेड़ों पर नयी कोपलें आने लगी थीं। हमारे स्कूल के सामने की फ़्योर्ड के ऊपर की बर्फ़, जो पिछले चार-पाँच महीने लगातार गहराई से जमी थी, जिस पर लोग घूमने भी चले जाते थे, वह अब गलकर मुलायम हो गयी थी। उसके किनारे पुलिस ने कई बोर्ड लगा दिये थे। उन पर लिखा था— 'पासपो (सावधान) बर्फ़ पर चलना प्राणों को ख़तरा है।' ज़्यादातर उदास-से दिखने वाले हमारे साथी छात्र अब मुस्कराने लगे थे, जो अँधेरे दिनों में भी मुस्करा रहे थे वे अब सीढ़ियाँ चढ़ते-उतरते गुनगुनाने लगे थे। सूर्य के साथ-साथ मानो उनमें प्राण की ऊर्जा भी संचार कर गयी थी।

ऐसे प्राणवन्त हो रहे वातावरण में क्नुद ने छात्रों की विदाई में रात्रिभोज के रूप में दावत दी। उसी शाम क्नुद ने मुझे बताया कि उन्होंने डेनिश सरकार से मेरे लिए छात्रवृत्ति मंजूर करा ली है ताकि मैं डेनमार्क, नॉर्वे, स्वीडन और फ़िनलैंड के फ़ोक हाईस्कूलों को देख सकूँ। फिर बोले, "मैंने इन विभिन्न फ़ोक हाईस्कूलों के प्रिंसिपलों को सूचित भी कर दिया है कि तुम अगले माह के भीतर उनके स्कूल में जाओगी। ये है उनके पतों की सूची, उनके फ़ोन नम्बर व वहाँ पहुँचने के साधनों की जानकारी। हर स्कूल तुम्हें अगले स्कूल को सूचित करने में मदद करेगा।"

मैं आह्लादित थी कि क्नुद ने मेरी अपेक्षा से भी अधिक मेरे लिए किया था। "टूजंट टाक (सहस्रों धन्यवाद) क्नुद, आपने मेरे लिए इतना सब कर दिया। अब मेरी यात्रा बहुत आसान हो जायेगी।" मैंने डेनिश भाषा में कहा था। "यही मैं चाहता हूँ कि तुम्हें यात्रा में कोई कष्ट न हो" उन्होंने मुस्कराते हुए कहा, "इस यात्रा के अन्त में हम फिर से यहीं स्कूल में मिलेंगे।"

दूसरे दिन मैं अपना सामान कैसे ले जाऊँ, इस उलझन में थी तो क्नुद का सन्देश आया, "जो यात्रा के लिए आवश्यक नहीं है, वह सामान यहीं छोड़ दो।" विदा होते समय उन्होंने फिर से दोहराया, "लौटकर आओ तब तुम इस छात्रावास में चाहो तो एक माह तक भी रह सकोगी। तब हम 'समरकोर्स' चलायेंगे। तुम्हें पसन्द होगा तो उसे भी देख सकोगी। शुभयात्रा।"

17

स्कैंडिनेविया के फ़ोक हाईस्कूल

रौस्किले फ़ोक हाईस्कूल के कई शिक्षकों व उनके परिवारों की शुभकामनाएँ लेकर मेरी यात्रा प्रारम्भ हुई। मैंने तीनों देशों के जिन फ़ोक हाईस्कूलों को देखना था, उनके अतिरिक्त उन लोगों को भी अपने कार्यक्रम की जानकारी दी थी, जो 'सर्वास होस्ट' थे या 'वार रेसिस्टर्स ग्रुप' से जुड़े थे ताकि मैं उन्हें भी इसी यात्रा के दौरान मिल सकूँ। वास्तव में फ़ोक हाईस्कूलों के इतिहास, उनके विभिन्न प्रकार, उनकी मूलधारणाएँ, आज उनकी उपयोगिता तथा उन देशों के विकास में इस शिक्षणधारा के योगदान को समझने की दृष्टि से यह यात्रा अत्यन्त सफल व समृद्ध हो गयी थी। इसको लिपिबद्ध कर एक पुस्तक बनायी जा सकती थी, पर भारत पहुँचते ही मुझे ऐसे काम का ज़िम्मा उठाना पड़ा था, जिसकी मुझे कल्पना भी नहीं थी। उस नयी ज़िम्मेवारी में लिखने का अवकाश ही कहाँ था?

स्कैंडिनेवियन देशों की इस पहली यात्रा में मुझे दुनिया के अत्यन्त सुन्दर इस उत्तरी भूभाग, इसके हिमाच्छादित पर्वतों, इसके सागरों, झीलों, फ़्योर्डों, झरनों, छोटी पर्वतीय नदियों, सघन जंगलों, सुन्दर चरागाहों व उन पर चरती भेड़ों व गायों को देखने का अपूर्व आनन्द मिला था। ग्रीष्म ऋतु थी, जो यहाँ के प्राकृतिक सौन्दर्य को द्विगुणित कर देती है। हर देश में और हर देश के हर स्थान में इतने मैत्रीपूर्ण लोग मिले थे, जो अपने स्थान या अपने देश का सर्वोत्तम स्थल, वस्तु या सर्वोत्तम रचना मुझे दिखाने को उत्सुक रहते थे। बिना मेरे निजी प्रयास के मैंने वे सब स्थान देखे थे। वे जानकारियाँ भी मैंने प्रयासपूर्वक समेटी थीं, जैसे विभिन्न देशों के लोकतन्त्र की लोकाभिमुखता, इन देशों की राजशाही की नम्रता, इन देशों के निवासियों की वेशभूषा, भाषा व संस्कृति आदि। वह समय स्कैंडिनेविया का स्वर्णकाल था। बेरोज़गारी नहीं के बराबर थी। अत: उस अर्थव्यवस्था की सफलता की नीति समझने का प्रयास भी मैंने किया था। समाज के हर नागरिक को मिलने वाली सामाजिक सुरक्षा ताकि कोई भूखा या निवासरहित न रहे, यह सब मेरे लिए स्पृहणीय व्यवस्थाएँ थीं,

जिन्हें सीखने-समझने का मानो स्वर्ण अवसर ही मेरे हाथ लगा था। मैं ऐसे नागरिक समुदाय के बीच घूम रही थी, जो फ़ोक हाईस्कूलों के बुद्धिजीवी शिक्षक थे अथवा अन्तर्राष्ट्रीय संगठनों से जुड़े जानकार लोग थे। अतः मेरे जिज्ञासा भरे प्रश्नों के उत्तर भी मिलते थे और हो सका, तो उसके प्रत्यक्ष प्रमाण देखने का मौक़ा भी मिल जाता था।

मेरी रौस्किले से रौस्किले तक की यह यात्रा अद्भुत और अनेक अनुभवों से पूर्ण थी। डेनमार्क सियेलैंड, फ्वीन और जटलैंड—इन तीन बड़े द्वीपों या भू-भागों से बना देश है। मैं सियेलैंड के कई फ़ोक हाईस्कूलों को रौस्किले फ़ोक हाईस्कूल में रहते हुए ही देख चुकी थी, अतः मैं फ़्वीन भू-भाग में सीधे रवीशलिंगे फ़ोक हाईस्कूल पहुँच गयी।

यह फ़ोक हाईस्कूल 1851 में स्थानीय सामान्य किसानों तथा ग्रामीणों के अभिक्रम से लोगों के विचार में आया और क्रिश्चेन कॉल्ड ने व्यावहारिक रूप से इसे प्रारम्भ किया या। एक सौ पन्द्रह वर्ष पुराना फ़ोक हाईस्कूल उमंग और उत्साह में एक युवा जैसा प्राणवन्त था। पहले ही दिन प्रिंसिपल ने कहा, "हमें आपसे गांधी की नयी शिक्षा प्रणाली के बारे में सुनना है।" शायद क्नुद ने अपने पत्र में मेरा परिचय देते हुए आश्रम व नयी तालीम के बारे में लिखा होगा। मैं तैयार हो गयी। दूसरे दिन पूरा स्कूल एक सभागार में एकत्र हुआ और मैंने देखा, वहाँ कुछ नागरिक भी उपस्थित थे, जो केवल भाषण सुनने की दृष्टि से ही आये थे। शायद मैं पैंतालीस मिनट तक बोली थी। उसके बाद कुछ प्रश्न पूछे गये और मैंने उनके उत्तर दिये। फ़ोक हाईस्कूलों की परम्परा के अनुसार, उन्होंने मुझे कुछ धनराशि मानदेय के रूप में दी। मुझे इसकी तो कोई कल्पना भी न थी। यह तो व्यय कम आय अधिक की लाभदायी योजना बन गयी। जहाँ भी फ़ोक हाईस्कूलों में मैं गयी, यह लाभदायी योजना चलती रही। साथ में एक लाभ और भी जुड़ जाया करता था कि कभी कोई शिक्षक अथवा कभी कोई छात्र उसी दिशा में अपनी कार से यात्रा करने वाले होते थे, जिस दिशा में मेरा अगला गन्तव्य होता था, तब मुझे उनकी कार में 'लिफ़्ट' ही नहीं, सम्मानपूर्वक स्थान मिल जाता था। वे ख़ुश होते कि राह में जाते-जाते भी कुछ बातें करने का लाभ मिलेगा, और मैं भी ख़ुश होती कि मुझे बिना पैसे सफ़र करने का लाभ मिलेगा।

फ़्वीन द्वीप का प्रमुख नगर ओदन्स हैन्स क्रिश्चेन एंडरसन नामक प्रसिद्ध बालकथा लेखक का नगर होने के कारण प्रसिद्ध था, जो 'रवीशलिंगे फ़ोक हाईस्कूल' से अधिक दूर न था। एंडरसन के निवास को व एंडरसन के संग्रहालय

को देखना मानो डेनमार्क के राष्ट्रीय साहित्य वैभव को देखना था। एक मध्यम आकार का इकतल्ला साधारण मकान, खपरैलों से छाया हुआ। भीतर बहुत ही थोड़ा सामान व एक खिड़की के सामने एक लकड़ी से बनी अति साधारण-सी मेज़ व लकड़ी की ही कुर्सी, जिस पर बैठकर हैन्स क्रिश्चेन एंडरसन ने वे प्रसिद्ध कहानियाँ बच्चों के लिए लिखी थीं। वह उत्कट-प्रेम की मूर्ति मत्स्यकन्या, धन के लोभ व ईर्ष्या के कारण मृत्यु को पहुँचने वाला बड़ा क्लाउज़ अथवा फाँसी के तख़्ते पर जाते हुए भी साहस न खोने वाला सिपाही, क्या ही कल्पनापूर्ण प्रतिभा का धनी था एंडरसन? उसकी ये कथाएँ विश्व की सभी मुख्य भाषाओं में कई-कई आवृत्तियों में छपी थीं। उनमें से कुछ कहानियों का हिन्दी अनुवाद करके बहन जी ने आश्रम बच्चों को सुनाने के लिए हमें भी बतायी थीं। कितनी पीढ़ियों के बच्चों ने एंडरसन की वे कथाएँ पढ़ीं और सुनी होंगी? ऐसा प्रसिद्ध कथा लेखक और यह लकड़ी की साधारण मेज़, यह खपरैलनुमा छतवाला अति सामान्य घर। प्रतिभाएँ वैभव की मोहताज़ नहीं होतीं। मैंने एंडरसन की कथा पुस्तकें पढ़ी थीं। अत: उनका संग्रहालय देखने में मुझे विशेष रुचि हुई थी।

ओदंस से रोदिंग फ़ोक हाईस्कूल दूर न था। यह डेनमार्क के सबसे बड़े द्वीप जटलैंड के दक्षिणी भाग में स्थित था। यह भाग कभी जर्मन शासन के क़ब्ज़े में भी रहा था। फ़ोक हाईस्कूलों के प्रादुर्भाव से पहले तक इस भाग पर जर्मन भाषा थोपी गयी थी। रोदिंग फ़ोक हाईस्कूल पहले पहल प्रारम्भ किये गये स्कूलों में से एक था, जिसमें ग्रुंडवी की उदार विचारधारा छोटे किसानों के बेटों की आत्माओं को प्रबोधित करने के लक्ष्य से प्रारम्भ की गयी थी, जिसका माध्यम थी, अपनी मातृभाषा डेनिश तथा तरीक़ा था 'लिविंग वर्ड' (जीवन्त शब्द) यानी अपने छात्रों से संवाद। शिक्षकों, प्रिंसिपल अथवा किन्हीं विचारवान के भाषणों को बाइबिल अथवा किन्हीं ग्रन्थों से अधिक महत्त्व दिया गया था। ग्रुंडवी का कहना था, "पहले मानव, बाद में ईसाई।"

रोदिंग, स्वेनैबोर्ग तथा और भी एक दो स्कूल उसी क्षेत्र में थे, जिन्हें देखने में मुझे अधिक समय नहीं लगा था। मुझे फ़ोक हाईस्कूल के एक शिक्षक ने इन स्कूलों के इतिहास को बताते हुए कहा था, "अठारहवीं-उन्नीसवीं सदी में जब शिक्षा का अर्थ था, बाइबिल से रटना और परीक्षा देना। तब शिक्षा को मानवीय विकास के खुले मैदान में लाना और वह भी उन युवाओं या सयानों के लिए, जो अज्ञान के अन्धकार में पड़े थे, यह एक रचनात्मक क्रान्ति ही थी। पहले-पहले छोटे किसानों के बच्चे जो अठारह-बीस व पच्चीस वर्ष उम्र के युवा थे इस फ़ोक हाईस्कूल में आये थे, वे घोड़ागाड़ी को हाँकते हुए पहुँचे थे। उसी में उनके सामान के पोटले भी लदे थे।

उनके बदन पर घर में काते व बुने गये कपड़े थे। वे इतने भोले थे कि केवल अपने निरंकुश राजा को जानते थे, अन्य कुछ भी नहीं। सभी 'धर्म' को भी नहीं जानते थे। कुछ थे जो बाइबिल और ईसाइयत को जानते थे। आज के फ़ोक हाईस्कूल में आने वालों को आपने देखा है? हाँ, अब वे सब कारों में आते हैं। किसी की अपनी निजी कार है, तो किसी की किसी से माँगकर लायी गयी है। अब उनका सामान बंडलों में बँधा नहीं वरन सूटकेस और वाटरप्रूफ़ बैग में रखा होता है।" मैंने कहा।

"परन्तु न भूलें कि वे घोड़ागाड़ी वाले ही आज की इस समृद्धि व ज्ञान को लाने वाले योद्धा थे। उनके दिलों में उतरी जागृति इस देश की मिटी हुई पहचान को फिर से विश्व स्तर पर चमका गयी।"

"अब तो इस देश में लघु किसान शायद नहीं होंगे?" मैंने पूछा।

"नहीं, अब सब समान किसान हैं और वे भी आधुनिक किसान हैं। सहकारिता के बल पर वे विश्व को निर्यात करने वाले वैश्विक किसान बन गये हैं।"

डेनमार्क के अनेक फ़ोक हाईस्कूलों में मैं पहुँची थी, पर सबके नाम अब याद नहीं हैं। एस्कोव एक प्रसिद्ध और बहुत बड़े परिसर व अनेक इमारतों वाला स्कूल था, जिसमें छात्रों की संख्या भी अधिक थी। मुझे विधिपूर्वक पूरा परिसर घुमाया गया था और सारा इतिहास और वर्तमान मैंने अपनी नोट बुक में लिख लिया था, किन्तु वहाँ मुझे कोई अपनत्व का अनुभव नहीं हुआ था। ऐसबियार्ग में एक तकनीकी विषयों का फ़ोक हाईस्कूल था। औरहूस डेनमार्क का कोपेनहेगन के बाद दूसरा बड़ा नगर है। जहाँ मुझे पत्र द्वारा एक परिवार के साथ रहने का आमन्त्रण मिला था। उसके पास ही दो-तीन स्थानों, टेस्ट्रुप और उलडम में मुझे फ़ोक हाईस्कूलों में भी जाना था। उलडम में तो वह पहला फ़ोक हाईस्कूल था, जिसे ग्रुंडवी ने प्रारम्भ कराया था कि उनके मानवतावादी, जनतन्त्र हिमायती और अपने राष्ट्र को समानता का आदर्श नमूना बना देने वाले उनके विचारों को जीवन्त व्यवहार में लाने का प्रयोग किया गया था।

उलडम फ़ोक हाईस्कूल के एक शिक्षक ने मुझे अपनी कार में लिफ़्ट दी थी और मुझे ओर्हूस के उपनगर ओबीहौय के वियकैगौस वाई 34 के दरवाज़े पर पहुँचा दिया। मेरा धन्यवाद लेकर वह गया और ऐरिक ब्यार्नस्टौफ़ ने दरवाज़ा खोला। मैं ऐरिक व लिस ब्यार्नस्टौफ़ के परिवार में थी। भारत प्रेमी परिवारों के पते मुझे खोज करने पर मिल ही जाते थे। ऐरिक गांधी विचार व उसके रचनात्मक कार्यों को समझने के लिए भारत की यात्रा कर चुके थे। वे औरहूस नगर के जनसेवा की दृष्टि से एक प्रतिष्ठित नाम थे। उदलैंड फंडन 'दी फंड फ़ॉर द फ़ॉरेन कंट्रीज़' नाम

की एक जन अभिक्रम की टीम के वे एक सक्रिय सदस्य थे। औहूस के एक बहुत पुराने प्रतिष्ठित हायर सैकेंड्री विद्यालय के वे शिक्षक थे। लिस अपने पति के सार्वजनिक कार्यों में निरन्तर पूरी भागीदारी करती थीं। घर में कितने ही अतिथि भोजन करने आ जायें, वे सबका हार्दिक स्वागत करतीं थीं। एरिक की माँ अपनी जवानी में ब्वॉय स्काउट्स के साथ जुड़ गयी थीं। शायद वह पूरे डेनमार्क में एकमात्र महिला थीं; जिन्होंने ब्वॉय स्काउट्स के रूप में पेड़ों पर चढ़ने, दौड़ने भागने, खाइयाँ लाँघने और कूदने-फाँदने, रस्सी के द्वारा पहाड़ चढ़ने आदि सभी साहसिक काम किये थे। वे अपनी वृद्धावस्था में भी अपनी जीवनभर पहनी गयी वह ब्वॉय स्काउट्स की पोशाक पहनती थीं। चेहरे पर वही दृढ़तापूर्ण पुरुषभाव दिखता था। हम एक बार उनके घर पर उन्हें मिलने गये थे, जोकि शहर से दूर ग्रामीण क्षेत्र में था।

ऐसे इस परिवार में मुझे केवल दो-चार रोज़ ही रुकना था, पर लिस के प्रेमाग्रह से मैं सात या आठ रोज़ वहाँ रुक गयी थी। लिस व ऐरिक की तीन बेटियाँ थीं। जो किशोरावस्था में या उससे छोटी ही थीं। मैं उन सबके साथ ऐसी घुलमिल गयी कि परिवार से बाहर की व्यक्ति ही नहीं रही। उन्हीं की बहन बन गयी। यहाँ तक कि उनकी सबसे छोटी बेटी हेलिना मुझे अपनी नयी स्कर्ट और जैकेट पहनाती थी। यह तो था पारिवारिक स्नेह, पर दिन में लिस मुझे उदलैंड फ़ंडन का काम दिखाने ले जाती, जिसका मुख्य कार्य अफ्रीका महाद्वीप के कुछ देशों में था। वहाँ के निवासियों के अपने रिवाज़ व विश्वास के अनुरूप बनायी हस्तकलाओं का एक बड़ा विक्रय केन्द्र था, जिसके लिए ऐरिक व लिस जैसे ही एक दम्पति स्कॉट और रूथ तथा कई अन्य लोग स्वैच्छिक काम करते थे। इन वस्तुओं के विक्रय से जो लाभ होता, उसे उन्हीं अफ्रीका स्थित गाँवों में सामुदायिक कामों के लिए भेज देते थे। लिस ने मुझे औहूस के कई प्रतिष्ठित व सामान्य महिला पुरुषों से परिचित कराया।

दिन बहुत उपयोगी व्यस्तता में बीत जाते। शाम को जब हम सब खाने के बाद बैठक के कमरे में बैठते तो हमारी गहन चर्चाएँ किसी वैचारिक गोष्ठी से कम नहीं होती थीं। ऐरिक समाजवाद के अध्येता थे। समाजवाद और गांधी विचार की तुलना में हम दोनों घण्टों तक व्यस्त रह लेते थे। ऐरिक डेनमार्क के इतिहास को केवल मौखिक ही नहीं, पुराने ग्रन्थों, चित्रों, फ़ोटोग्राफ्स तथा अपने ख़ानदान के पुराने दस्तावेज़ों व बड़े फ्रेमों में सजे उनके दादा-परदादा व उनसे भी पूर्व की पीढ़ी के ऐतिहासिक पुरुषों व स्त्रियों के फ़ोटो चित्रों द्वारा भी पुष्ट करते थे। ब्यार्नस्टौफ़ डेनमार्क की राजशाही के कालखण्ड में बहुत प्रतिष्ठित एक ख़ानदान था,जो राजपरिवार से दूसरी श्रेणी में आता था। ऐरिक उसी ख़ानदान में पैदा हुए थे,

पर उन्हें उस ख़ानदान से कुछ लाभ लेने का मन कभी नहीं हुआ। वे बहुत नम्र थे और सामान्य नागरिक की तरह रहते, व्यवहार करते, अपनी आजीविका के लिए भरपूर मेहनत करते व अपनी कमाई में से दूसरों को देने का अवसर पाकर ख़ुश होते थे।

मुझे जटलैंड के उत्तरी नगर फ्रैदरिक्स हावन से स्टीमर लेकर ओस्लो जाना था, परन्तु लिस उसकी तारीख़ को टाल रही थी। अन्त में स्टीमर की बुकिंग कर दी गयी और मैंने ओस्लो में यूलिया को पत्र द्वारा सूचित कर दिया। लिस अपनी कार से मुझे ट्रेन में बिठाने को निकली। लिस एक कुशल ड्राइवर तो थी ही, उन्हें ड्राइव करने का शौक़ भी ख़ूब था। मुझे लिस ने एक ऐसी ट्रेन में बिठा दिया जो फ्रैदरिकहाउन बन्दरगाह के पास ब्रो क़स्बे तक मुझे ले गयी। ब्रो के फ़ोक हाईस्कूल में मुझे चार-पाँच घण्टे रुककर देखना व प्रिंसिपल से बातें करनी थीं। ब्रो के रेलवे स्टेशन पर मुझे लेने कोई नहीं आये थे, पर मैं स्वयं ही राह पूछती हुई फ़ोक हाईस्कूल की ओर चल दी तो स्कूल के वरिष्ठ शिक्षक गुन्नार व उनकी श्रीमती आ पहुँचे। "वेल कम टिल" कहते हुए वे मुझे अपने घर ले गये।

ब्रो का यह फ़ोक हाईस्कूल नैतिकता व धार्मिक शिक्षण व स्वदेश की संस्कृति पर ज़ोर देने वाला स्कूल था। यह लघु किसानों की आवश्यकताओं को देखकर प्रारम्भ हुआ था और स्कूल आज भी उसी लक्ष्य की पूर्ति करता है। डेनमार्क के सुदूर क्षेत्र में मानसिक व सामाजिक अपेक्षाएँ भिन्न हैं, इसका अनुभव मुझको हुआ। स्कूल के छात्र व शिक्षक तथा वृद्ध प्रिंसिपल, सब शाम की कॉफ़ी के लिए एकत्र हुए और इसी में मुझे छात्रों से बात करने का अवसर मिला। छात्रों ने स्वागत-गीत भी गाये। 'अतिथि देवो भव:' कथन तो भारत का है, पर डेनमार्क के लोगों का व्यवहार इस कथन का प्रमाण बन गया क्योंकि केवल चार घण्टों की भेंट में आने वाली मुझको गुन्नार परिवार ने अपने साथ शाम का भोजन कराया। बाद में कार से मुझे पश्चिमी समुद्र तट की कई फ़ीट ऊँचाई तक उछलती लहरें दिखाने ले गये। पश्चिमी पवन बहुत ज़ोर से चल रही थी। कभी-कभी वह कार को भी कुछ सेंटीमीटर उड़ा देती थी। इसी साहसिक मौसम का आनन्द लेने कई कारें उस समुद्री रेत पर दौड़ रही थीं। रेलवे स्टेशन की ओर लौटते हुए गुन्नार ने बोर्लुम मॉनेस्ट्री की विशाल इमारत दिखायी व उसका अद्‌भुत इतिहास भी बताया। कैसे यहाँ की तत्कालीन जनता ने कर उगाहने वाले राजा को जटलैंड के दक्षिण से आगे ओदन्स नगर तक खदेड़ दिया था, जहाँ वह मारा गया। यह कथा मुझे सुनायी।

मैं ब्रो से छह बजे की ट्रेन से चलकर फ्रेदरिकहाउन 8:45 पर पहुँची। सूर्य उसी समय एक हल्की लालिमा छोड़कर पश्चिमी समुद्र में डूब रहा था। सुबह चार बजे से सूर्य की हमारे गोलार्द्ध की यात्रा प्रारम्भ हुई थी तो यह उसका लम्बा दिन था और लम्बी यात्रा भी थी। मैं स्टीमर में चढ़ गयी। अधिकांश यात्री डेक पर या भोजन कक्ष में बैठ गये थे। उन्हें खाना भी था और बातें भी करनी थीं। ये दो काम यहाँ कभी रुकते नहीं। मैं अपनी बर्थ में गयी। सागर गरज रहा था। एक गम्भीर घोष कानों को ही नहीं, गहरे अन्तर्तल तक भी अपनी गूँज पहुँचा रहा था। इन गर्जनाओं के बीच मुझे लिस ब्यार्नस्टौफ़ याद हो आयी थी। मुझे रेलवे स्टेशन पर विदा करते हुए उसकी छलक आयी आँखें और उसका विह्वल प्रश्न "क्या हम फिर से मिलेंगे?" मुझे याद हो आया था। मैंने उत्तर में 'मिलेंगे' अनायास ही कह तो दिया था, यद्यपि उसकी एक हल्की-सी आशा भी मेरे सामने कहीं नहीं थी।

दूसरे दिन सुबह पाँच बजे से मैं 'डेक' पर थी। अन्य कोई भी उस समय डेक पर न था क्योंकि वे अभी सोये थे। रात में मध्य रात्रि के बाद ही वे सोने को गये थे। चार बजे सूर्योदय हो चुका था। स्टीमर ओस्लो फ़्योर्ड में उसके पानी को काटता हुआ आगे बढ़ रहा था। समुद्री श्वेत पक्षी हमारे स्टीमर के पीछे उड़ते आ रहे थे। बीच में वे डेक की रेलिंग पर बैठ जाते। "जैसे उड़ि जहाज़ को पंछी पुनि जहाज़ पर आवे।" कवि की यह पंक्ति मेरे सामने प्रत्यक्षतः घटित हो रही थी। स्टीमर ओस्लो के तट पर पहुँचा। मुझे मालूम था कि यूलिया मुझको लेने नहीं आयेगी क्योंकि वह 'नर्वस ब्रेकडाउन' से पीड़ित रही थी। मुझे ख़ुद ही अपनी राह खोजनी थी। 9:30 पर मैं यूलिया के घर पर पहुँच गयी। मैं थक गयी थी। दरवाज़े पर यूलिया ने स्वागत किया। वह 'सर्वास' की मेज़बान थी। लक्ष्मी आश्रम कई दशकों से 'सर्वास' होस्ट रहा था। इसी सन्दर्भ से मैंने यूलिया को सम्पर्क किया था। यूलिया ने नॉर्वे के पश्चिमी तट पर बसे सुन्दर नगर बर्गन तथा उसकी दक्षिणी दिशा में बसे स्तावांगर नगर का एक राउंड टिकट अपने और मेरे लिए करा के रखा था। बर्गन और स्तावांगर में सर्वास परिवारों में हमारी रात्रि निवास की व्यवस्था भी की थी। साथ ही, आज शाम अपने घर पर ही पन्द्रह-बीस शिक्षक-शिक्षिकाओं को मेरे साथ आश्रम शिक्षा के बारे में बातें करने भी बुलाया था।

नॉर्वे जैसे इन देशों में मुझ जैसी युवती को आराम करने की छूट कोई नहीं देता। "चलो, नगर का सबसे प्रसिद्ध प्रस्तरपार्क देख आयें।" घर पर पहुँचकर एक गिलास फलों का रस पिलाते ही यूलिया ने कहा। मैंने पन्द्रह मिनट काक-स्नान करने में लगाये और हम उस प्रस्तर मूर्तियों वाले प्रसिद्ध पार्क को देखने निकल गयी,

जो मात्र एक व्यक्ति की रचना है। मानव के सभी भावों प्रेम, घृणा, रोष, जिजीविषा, ईर्ष्या, सहकार, रोना तो हँसना भी आदि को व्यक्त करते सैकड़ों पत्थर के रोते-गाते चेहरे व शरीरों की भाव-भंगिमा वहाँ पत्थरों पर उकेर करके रखी है। शायद दिन कुछ अधिक थकाने वाला हो गया था, अत: मैं सिरदर्द से परेशान हो गयी थी, पर शाम को शिक्षकों की बैठक में तो रहना ही था। आशा से अधिक रोचक और सफल हुई शाम की वह बैठक।

दूसरे दिन सुबह दस बजे हम बर्गन को जाने वाली ट्रेन में बैठ गयीं। ट्रेन की लम्बी-चौड़ी शीशों वाली खिड़की के पास बैठकर बाहर का दृश्य देखने में मैं इतनी तल्लीन हो गयी थी कि कभी-कभी भूल ही जाती थी कि मेरे साथ एक सहयात्री भी है, जिससे कभी कुछ बातें कर लेनी चाहिए। जब हम कुछ खाने-पीने को ट्रेन कैंटीन से ख़रीद लेतीं तो बातें प्रारम्भ हो जातीं। मेरी सहयात्री को मेरे काम, मेरी जीवन-गाथा आदि को जानने की सहज स्वाभाविक उत्सुकता थी। आठ घण्टों की यात्रा में उतनी बातें तो हो ही गयीं, पर मेरा अधिकांश समय नॉर्वे के उस प्राकृतिक सौन्दर्य को देखने में गया जो ट्रेन के बाहर बिखरा बिछा हुआ था। कभी ट्रेन से नीचे घाटी में एक नीली झील दिखती, जिसके चारों ओर हरे सँकरे ढलान होते और उन पर चुग रही होतीं सफ़ेद और काली भेड़ें। पहाड़ों के वे हरे ढाल, उनके ऊपर की ओर कुछ सदाबहार कोणीय जंगल और चोटियों पर फैली धवल हिम राशि। फ़्योर्ड की घुमावदार जलराशि ऐसी लगती थी मानो समुद्र बच्चों की तरह पर्वतों के बीच लुका-छिपी खेल खेलता हुआ, दम रोके पहाड़ों के पीछे छिपा हुआ हो। श्वेत फेनिल झरनों का एक के बाद दो-चार का दर्शन होना अद्‌भुत था।

ओस्लो से बर्गन की यह रेल यात्रा ऊँची चोटी मीरदल पर कुछ समय तक रुकी। चारों ओर लकड़ी के घर, सुन्दर प्रकृति के साथ मेल खाने वाले रंगों व आकार-प्रकारों से सज्जित थे। रेल की पटरी के ऊपर भी लकड़ी की ओवर ग्राउंड सुरंगें थीं, जो बर्फ़ की बाधा से ट्रेन को बचाती होंगी। अब ट्रेन उतार पर थी। अन्त में पश्चिमी सागर के तट पर कई फ़्योर्डों के सिरे पर बसे बर्गन रेलवे स्टेशन पर हम दोनों उतरीं। लोगों ने कहा था, "बर्गन में तीन सौ पैंसठ में से तीन सौ साठ दिन वर्षा होती है, पर आश्चर्य था कि सुन्दर धूप फैली हुई थी। क्या बिना वर्षा के पाँच दिनों में से एक दिन वही दिन था? इस नगर के मेयर का पता मुझे किसी से मिला था। अत: मेयर हमारी अगवानी के लिए खड़े थे। उन्होंने अपनी कार से हमें बर्गन नगर घुमाया। मेयर ने हमें नगर के बारे में बताया। यह नगर मछली उद्योग के लिए प्रसिद्ध रहा है। इसी उद्योग के लिए यह अस्तित्व में आया है, और इंग्लैंड के

निकट होने से उसकी संस्कृति से भी प्रभावित रहा है। किसी मित्र का तो यहाँ तक कहना था कि बर्गनवासी को नये कपड़े ख़रीदने हों तो वह न्यूकासिल और लन्दन की ओर जाता है। ओस्लो को ये लोग ग्रामीण जैसा मानते हैं। एक ओर समुद्र का नीला विस्तार और फ्योर्डो की घुमावदार जलराशि के तटों पर खड़ी नौकाएँ, स्टीमर और प्ले-बोट्स, दूसरी ओर चट्टानी पर्वत या सघन जंगलों से आच्छादित पर्वतीय ढलान, बर्गन तो मुझे प्रथम दर्शन में परीलोक-सा लगा।

मेयर नगर घुमाने के बाद हमें एक रेस्टोरेंट में ले गये और शाकाहारी भोजन कराया। अन्त में इत्रेअर्ना उपनगर में हमारे 'सर्वास' मेज़बान के घर पर हमें छोड़ दिया। हमने दिल से उनका बहुत आभार माना। हम दोनों ही लम्बी यात्रा व नगर भ्रमण से थक चुकी थीं, पर यूलिया एक प्याला चाय के लिए हमारे मेज़बान होलमन दम्पति की बैठक में सोफ़े पर बैठ गयी। जहाँ भी चाय पीने का मौक़ा आता, मुझे फल-रस पीने को मिल जाता था। यहाँ का 'ऐप्पल मॉस्ट' (सेब-रस) मुझे पसन्द था। वहाँ बैठे हुए मैंने देखा, बाहर सुन्दर धूप थी और इधर मेरी आँखों को घेर रही नींद के द्वन्द्व से मैं आश्चर्य में पड़ रही थी कि माजरा क्या है? मुझे दिन में ही नींद क्यों आ रही है? तब घड़ी देखी तो रात के 10:45 बजे थे। हम सोने के लिए उठीं तो घर की मालकिन उलीसा ने मुझे बुलाकर कहा, "तुम शाकाहारी हो न? अतः हमने तुम्हारे लिए नाश्ता व भोजन का प्रबन्ध क्या किया है, वह मैं तुम्हें दिखाना चाहती हूँ।" उसने फ्रिज खोलकर दिखाया तो उसमें एक मोटी मछली दिखायी पड़ी। "यह मछली हमने बाज़ार से नहीं ख़रीदी है। नीचे फ़्योर्ड का जो पानी दिख रहा है, वहाँ जाकर आज सुबह ही मेरे पति ने इसे मारा है। यही मैं तुम्हारे लिए बनाऊँगी।" उलीसा बोली। "ओह धन्यवाद उलीसा, पर मैं मछली नहीं खाती। कोई मांस नहीं, कोई अण्डा नहीं। मैं इन सबको मांसाहार ही मानती हूँ।" मैंने कहा तो मालकिन उलीसा परेशान हो गयी। बोली, "तब मैं तुम्हें क्या खिलाऊँगी? शाकाहारी खाना और क्या हो सकता है?" मैंने उन्हें सब्ज़ियाँ, ब्रेड, मक्खन, दूध, योगर्त (दही) सब गिना दिये, जो मैं खा सकती थी और उसके घर में पर्याप्त मात्रा में थे भी।

"नहीं-नहीं, ये सब मुख्य भोजन नहीं हैं। ये तो खाने के साथ जुड़ने वाले 'टिप्स' हैं।" श्रीमती होलमन ने कहा। हम सोने के कमरे की ओर बढ़े ही थे क्योंकि नींद के कारण हम गिरने को जैसी हो रही थीं। तभी मेरी सहयात्री यूलिया ने उलीसा से पूछा, "तुम्हारे पास चावल तो होगा न? उसकी निरामिष डिश बना देना।"

"उसे बनाने में कृपया मेरी मदद कर दोगी, यूलिया?", उलीसा को सहारा चाहिए था। यूलिया ने सहर्ष स्वीकृति दी।

सोये हुए एक घण्टा भी नहीं हुआ था कि एक शोर से मेरी आँखें खुल गयीं। मैंने खिड़की के शीशे के ऊपर का पर्दा हटाया और बाहर देखा, अभी दिन की धूप न थी पर रोशनी बनी हुई थी। घर से दस या पन्द्रह मीटर नीचे सड़क व उसके नीचे फ़्योर्ड के किनारे युवा लड़के-लड़कियों को मैं ठीक से देख पा रही थी। उन्होंने आग जलायी थी और उसके चारों ओर वे नृत्य कर रहे थे तथा चिल्लाकर कुछ गा भी रहे थे। बीच-बीच में उनकी हँसी के ठहाके भी सुनाई दे रहे थे।

"यह भला क्यों?" मेरे मन में प्रश्न उठ रहा था। यूलिया ने मुझे बाहर देखते हुए देख लिया था। वह बोली, "आज साल का सबसे लम्बा दिन है, मध्यरात्रि के सूर्य का दिन है।" मैंने मन ही मन सोचा, 'और हम इस लम्बे दिन पर उत्तरी गोलार्द्ध के उत्तर में नॉर्वे देश में हैं', मैं पुनः सो गयी।

स्तावांगर नगर में होते हुए हमें वापस ओस्लो जाना था। बर्गन से बोट द्वारा चल पड़े। बोट से ही इस देश में चलते जीवन का एक जायज़ा लिया जा सकता था। अब ऊनी वस्त्रों के कारख़ाने तथा लकड़ी, सीमेंट तथा पत्थर के कारख़ाने भी दिख रहे थे। फिर आया सेब के बाग़ानों का विशेष क्षेत्र हारडांगर। फ़्योर्ड में बोट चली जा रही थी कि एक विशाल झरना नज़र आया। लौतेफ़ॉस नाम का यह झरना दुनिया के प्रसिद्ध झरनों में एक गिना जाता है। रात यूथ हॉस्टल में रहकर दूसरे दिन स्तावांगर यानी नॉर्वे के पश्चिमी दक्षिणी समुद्र तट पर बसे एक बड़े नगर में पहुँचे। वहाँ के कैथेड्रल व चर्च देखे। मैं उनमें छिपे देश के इतिहास को समझने की कोशिश करती थी, जिसमें कुछ अधिक समय लगता था, पर यूलिया को इतना धैर्य नहीं रहता था।

एक जिज्ञासु अध्येता की तरह एक देश व उसके इतिहास को जानना मेरी रुचि का विषय था, पर मेरी यात्रा का उद्‌देश्य तो फ़ोक हाईस्कूलों का अध्ययन करना था। वही मेरे मन को बार-बार उत्प्रेरित करता रहता था, पर अभी तक नॉर्वे में मैं एक भी फ़ोक हाईस्कूल को नहीं देख पायी थी। ओस्लो में मेरी नयी 'सर्वास' मेज़बान थीं, यूरेन ग्रेमे। उन्होंने फ़ोक हाईस्कूल न सही रूडोल्फ़ स्टाइनर स्कूल में सम्पर्क किया था और उन्होंने उत्साहपूर्वक गांधी के देश से गांधी का काम करने वाली युवती का भावपूर्ण स्वागत किया था और चाहा था कि उनके विद्यालय में भारत व गांधी के बारे में भी मैं बताऊँ। मैं उन्हें यह बताने को तैयार थी और स्टाइनर जो कि एक बाल मनोवैज्ञानिक थे, के इस नये शिक्षा स्वरूप को समझने को भी उत्सुक थी।

हस्तकार्यों के द्वारा बच्चे के 'समग्र विकास' के सिद्धान्त पर आधारित यह शिक्षा थी जो बहुत महत्त्वपूर्ण सिद्धान्त को प्रस्तुत करती थी। चीनी कहावत के अनुसार "कान से सुना भूल गया, आँख से देखा याद रह गया और हाथ यानी शरीर

से किया तो समझ में आ गया।" यही स्टाइनर का भी मनोवैज्ञानिक विश्लेषण था। इस स्कूल में हस्तकार्यों का बड़ा-सा कक्ष अनेक कार्यों के साधनों से सुसज्जित था। हर कार्य के लिए पर्याप्त स्थान की सुविधा थी। कार्यों से सम्बन्धित कुछ चित्र व लिखित विषय सुन्दर बालचित्र पोस्टर्स में तैयार करके दीवालों पर लगे थे। हर प्रकार से हस्तकार्य को सम्पूर्ण महत्त्व दिया गया था। बच्चों को स्वप्रेरणा से अपने कामों को करते देखने का एक विशेष आनन्द था। शिक्षक ने धीरे व मन्द स्वर में कहा, "हस्तकार्य चीज़ों तथा जीवन के बीच स्नेह जोड़ता है।" गांधीजी की नयी तालीम भी बच्चे को बचपन से ही हाथों से कुछ करने को ही महत्त्व देती थी। उनके हस्तकार्य भारत के सन्दर्भ में थे। इतना ही फ़र्क़ था।

दो बजे मैं भारतीय दूतावास में पहुँची। मेरी यात्रा का उद्‌देश्य और दूतावास का ज़िम्मा, यह हमारी चर्चा के मुख्य विषय थे और भारत ही नहीं, उत्तराखण्ड के निवासी मैठानी ने मेरा स्वागत करके इस चर्चा को मौक़ा दिया था। मैठानी दूतावास के उपसंचालक थे। कुछ देर में राजदूत श्री अप्पा पन्त आये। वे महाराष्ट्र के एक जाने-माने विद्वान थे। वे इस बात से प्रभावित हुए कि मैं फ़ोक हाईस्कूल जैसे ऐतिहासिक और अद्यतन विषय को समझने का प्रयास कर रही थी। "तुम मुझे गम्भीर व समझदार लगती हो" उन्होंने कहा तो मैं इस अनपेक्षित वाक्य से कुछ चौंककर पूछ बैठी, "सो कैसे?"

"तुम बाहर, भीतर, पूरी भारतीय हो। तुम्हारा व्यक्तित्व, वेशभूषा और तुम्हारे विचार व तुम्हारा काम सब सौम्य व गम्भीर हैं।" उनके ये शब्द मानो मेरे लिए एक अलिखित प्रमाण-पत्र ही थे। उन्होंने कुछ भारत सम्बन्धी पुस्तकें मेरे हाथों में दीं और कहा, "देश का नाम ऊँचा करो।" मैं दूतावास से बाहर आयी। मेरे हाथों में ओस्लो का नक़्शा था। मैं सोनिया व लार्सलार्सन, दोनों पूर्व में अभिनेत्री व अभिनेता व वर्तमान के शान्ति कार्यकर्ता, को मिलने जा रही थी। उनका स्थान मुझे ढूँढ़ निकालना था। एक ट्राम से दूसरी में चढ़ते-उतरते तथा गलियों का नाम नम्बर देखते-देखते पैदल चलकर मैं उनके घर के सामने लॉन में पहुँच गयी। सोनिया, उसके जुड़वाँ बेटों को बच्चागाड़ी में लिए घर से बाहर निकली ही थी। मुझे देख वह लॉन में रुक गयी और हम वहीं हरी घास में बैठ गयीं। मैं उनके शान्तिकेन्द्रों की जानकारी लेने लगी। नॉर्वे में उनके शान्तिकेन्द्र आठ स्थानों में थे। उनका मुख्य कार्यक्रम युद्धविरोध और अणुशस्त्रों का विरोध था। उसके लिए बोलना, प्रचार करना और लेख लिखना। मैंने सोनिया को बताया कि विरोध से ही शान्ति स्थापित होगी और अहिंसा का वातावरण बन जायेगा, ऐसा नहीं है। उसके लिए समाज रचना को परिवर्तित करना होगा।

हिंसा की जड़ें हमारी समाज की व्यवस्था में हैं। युद्ध का कारण मानव के भीतर का लोभ, गलाकाट होड़ व प्रतिस्पर्धा इस भोगवादी जीवनशैली में प्रत्यक्ष रूप से विद्यमान है। उनको हटाये बिना युद्ध का केवल विरोध करने से सकारात्मक व स्थायी सक्रिय शान्तिपूर्ण मानव-समाज का सपना देखना सपना ही रह जायेगा। सोनिया की अभिनय कुशल सुन्दर आँखें यह सुनकर विस्फारित रह गयीं।

लार्स आ गये तो सोनिया ने लॉन में ही कॉफ़ी का आयोजन कर दिया। "तो क्या करें राधा, बताओ," सोनिया ने पिछली चर्चा को आगे बढ़ाया। मैंने गांधीजी की रचना व संघर्ष यानी विरोध के संयुक्त प्रयासों को विस्तार से बताया। रचनात्मक कार्यक्रमों का गांधीजी ने जो कुछ बताया है, उसी में सत्याग्रह का बीज है। वह अंकुरित होगा, उन्होंने कहा है। उत्तराखण्ड में किये अपने काम का उदाहरण देकर मैंने उन्हें समझाया। वे दोनों एक स्वर में बोल उठे, "राधा, तुम इन बातों को बताने कुछ वर्ष नॉर्वे में रह जाओ। यहाँ के हम शान्ति कार्यकर्ताओं को अहिंसा की बुनियादी बातें समझाने की ज़रूरत है।"

सूर्य चमक रहा था, पर शाम हो चुकी थी। मुझे योरेन के घर तक जाने में लम्बा समय लगने वाला था, अतः मैंने उनसे विदा ली।

दूसरे दिन साढ़े तीन घण्टों की बस यात्रा के बाद मैं रोमरिक फ़ोक हाईस्कूल के बस स्टैंड पर उतरी तो प्रिंसिपल हाराल्ड ब्यर्के के सौम्य शब्दों ने मेरा स्वागत किया। झील का रम्य किनारा, शान्त वातावरण, सुन्दर व शानदार स्कूल की इमारत। पहली नज़र में ही मन को सुकून देने वाले दृश्य थे। घड़ी भर बाद ही यह भी पता चल गया कि हाराल्ड की पत्नी कारिन, जुड़वाँ बेटे योर गिटार वादक, छोटा बेटा ओक तैराक व बेटी एन छोटे जानवरों को प्यार करने वाली पूरा परिवार ही सहयोगपूर्ण प्रेमल वातावरण की सृष्टि करने वाला था और मैं फ़ोक हाईस्कूल के अतिथिगृह में नहीं, इस परिवार के साथ दो दिन बिताने वाली थी।

नॉर्वेजियन फ़ोक हाईस्कूलों को देखने के पर्याप्त मौक़े मुझे नहीं मिलने वाले थे क्योंकि यह ग्रीष्मऋतु थी। फ़ोक हाईस्कूलों के शीतकालीन सत्रों का समापन हो गया था और अधिकांश में समरकोर्स नहीं चल रहे थे। ऐसे स्कूलों से क्षमा याचना के साथ मुझे निषेधात्मक उत्तर आ गये थे। रोमरिक फ़ोक हाईस्कूल में ही मुझे पूरे नॉर्वे के फ़ोक हाईस्कूलों की जानकारी लेनी थी। इसीलिए पहुँचते ही मैंने अपने प्रश्नों से घेरना प्रारम्भ कर दिया था।

नॉर्वे के फ़ोक हाईस्कूल, डेनमार्क के अनुसार, ग्रामीण किसानों के सामाजिक व सांस्कृतिक क्रान्ति के उद्देश्य को लेकर ही प्रारम्भ हुए थे। इसमें

प्रजातन्त्र के आह्वान को भी शामिल किया गया था। यह एक तरह से ग्रुंडवी के विचारों पर आधारित था, पर कुछ स्कूल उनके 'पहले मानव, बाद में ईसाई' वाले वाक्य पर विश्वास नहीं करते थे। वे क्रिश्चेन कोल्ड के विचारों के अनुसार हर पाठ के साथ ईसाई विश्वास को जोड़ लेते थे। नॉर्वेजियन कवि हेनरिक वेर्गेलैंड के जैसे शब्दों में फ़ोक हाईस्कूल का उद्देश्य इस प्रकार घोषित किया गया था, "नॉर्वेजियन किसानो! यह न सोचें कि हम तुम्हारे कन्धों पर फ़ोक हाईस्कूल को एक जुए की तरह रख रहे हैं, और इसके बाद तुम अपना हल छोड़ दोगे। वास्तव में हम तुम्हारे ख़ाली समय की रिक्तता को व आलस को दूर करना चाहते हैं। तुम अपने हल को गर्व के साथ चलाना सीखोगे। तुम एक आज़ाद मनुष्य की तरह चलने लगोगे न कि एक सुस्त, मस्तिष्कहीन ग़ुलाम की तरह।"

1864 में पहला नॉर्वेजियन फ़ोक हाईस्कूल प्रारम्भ हुआ। यह माना गया कि यह ग्रामवासी किसानों को उनकी समग्र शिक्षा या विकास के लिए प्रोत्साहित करने का माध्यम था। यहाँ के फ़ोक हाईस्कूलों के प्रारम्भ के कालखण्ड में 'सब अधिकार राजा के हाथों' में वाली स्थिति बदलने लगी थी। नॉर्वे का एक संविधान बन चुका था पर ऑफ़िसरों की ब्यूरोक्रैसी का अन्दरूनी प्रभाव अभी भी शेष था। इसमें आम नागरिक को अपने देश की समझ बने और स्वयं की आत्मशक्ति का दर्शन हो, यह फ़ोक हाईस्कूलों के संचालन का आम लक्ष्य बना था।

प्रिंसिपल हाराल्ड अपने फ़ोक हाईस्कूल के लिए अपने विचार भी बता रहे थे। यह स्कूल 1940 में प्रारम्भ हुआ था। अन्य नॉर्वेजियन फ़ोक हाईस्कूलों की तरह इस स्कूल में भी बौद्धिक विषय देश का इतिहास, देश का साहित्य, देश की राजनीति, दर्शन, प्रकृति विज्ञान आदि प्रमुख रहे थे। इनके साथ स्पोर्ट्स और हस्तकार्य विशेष विषय थे। इस स्कूल में तरणताल भी था, जो जाड़ों में भी चालू रहता था। गर्मी के लिए प्राकृतिक झील तो परिसर के भीतर ही थी। एक फिनलैंड की शैली का 'सावना' भी था।

हाराल्ड व कारिन मुझे स्कूल दिखाते हुए बता रहे थे कि इस फ़ोक हाईस्कूल में केवल छियासी छात्रों के लिए स्थान है, पर उनके पास दो सौ आवेदन-पत्र आते हैं। प्रिंसिपल उनमें से चुनाव करके सब प्रकार के यानी बुद्धिमान व साधारण, सुसंस्कृत परिवारों के व सामान्य परिवारों के तथा किसानों व नगर निवासियों के विभिन्न छात्रों को लेते हैं। हाराल्ड शान्ति कार्यों में सक्रिय व्यक्ति थे। इससे स्कूल को शान्ति विषय के अध्ययन द्वारा व शान्ति कार्यों की प्रत्यक्ष कार्यवाही द्वारा शान्ति

अभियान का वातावरण मिला करता था। इससे छात्रों को अन्तर्राष्ट्रीय सम्बन्धों की समझ भी बनती थी। शान्ति के प्रयास, प्रयासकर्ताओं की जीवनियाँ, शान्ति की राह की अड़चनें आदि छात्रों को बताते थे। असमानता क्यों है, यह भी उनकी चर्चा का विषय था। यह सब हाराल्ड मुझे बता रहे थे। तभी उन्होंने यह तय किया कि उस दिन शाम को मैं गांधी व उनकी अहिंसा पर छात्रों के साथ बोलूँ।

कारिन ने हमें बातों में मशगूल देखकर हमें बताये बिना ही भोजन तैयार कर दिया था। मेज़ पर भोजन लगाकर हमें बुलाया और कहा, "बेस्सगूड"। भोजन व बातें साथ-साथ चलने लगीं। इस फ़ोक हाईस्कूल का पुस्तकालय हमने देखा। उसमें नॉर्वेजियन पुस्तकों के साथ-साथ डेनिश पुस्तकों का भी अच्छा संग्रह था और अंग्रेज़ी की भी कुछ महत्त्वपूर्ण पुस्तकें थीं। हाराल्ड ने बताया कि पुस्तकालय, अख़बारों व पत्रिकाओं का छात्र अच्छा उपयोग करें, इसके लिए वे स्वयं उन पर काम करते हैं और उपयोगी लेखों, रोचक रचनाओं की सूची बनाकर पुस्तकालय में रख देते हैं, जिससे छात्रों को मदद हो जाती है।

भोजन के बाद मैंने छात्रों की सभा में गांधीजी व अहिंसा पर बोला। छात्रों व शिक्षकों को प्रश्न पूछने व टिप्पणी करने का मौक़ा दिया। प्रश्न व टिप्पणियों से लगा कि उनकी विषय के बारे में समझ बनी थी और वे उसमें प्रवेश करने की क्षमता रखते थे।

दूसरे दिन छुट्टी थी। मुझे मिलने दूसरे नगर से दो शान्ति कार्यकर्ता आ गये। दोनों विश्वविद्यालय के छात्र व छात्रा थे। उन्हें विश्व नागरिकता व सर्वधर्म समानत्व पर असीम रुचि थी। दोपहर बाद का समय हम सबने झील के पास ही बिताया, धूप में लेटकर या फिर पानी में तैरकर अथवा 'कनू' (छोटी नाव) में झील के चक्कर लगाकर। कई दिनों की दौड़-भाग व व्यस्तता के बाद मेरे लिए आराम भरे कुछ घण्टे आवश्यक भी थे।

शाम को रोमरिक फ़ोक हाईस्कूल के बारे में परिचय-पत्र, कुछ लेख आदि लिखित सामग्री हाराल्ड ने मुझे दी ताकि मैं अधिक गहराई से उसका अध्ययन कर सकूँ। अपने भावों को व्यक्त करने के लिए हाराल्ड ने एक छोटा-सा वाक्य कहा, "इट वॉज़ टू शॉर्ट टाइम" (यह बहुत कम समय था) यानी मेरी भेंट उन्हें बहुत संक्षिप्त लगी थी। "इफ़ यू कुड गिव फ़्यू इयर्स टू दिस फ़ोक हाईस्कूल, वी कुड मेक, ए ग्रेट चेंज एंड बूस्ट द रियल पीस वर्क इन नॉर्वे।" यह मेरे लिए नॉर्वे में कुछ वर्षों तक रहने का आमन्त्रण था, पर मैंने "क्षमा करें, यह सम्भव नहीं है" कहकर उस सहृदय और उत्साही युवा हाराल्ड को निराश कर दिया था।

दूसरे दिन ओस्लो पहुँचकर मैंने स्टॉकहोम के लिए ट्रेन पकड़ी। पूरे साढ़े आठ घण्टों की लम्बी यात्रा थी। मेरे साथ विश्वविद्यालय का किशोर छात्र हाराल्ड थीस भी स्टॉकहोम तक की यात्रा कर रहा था। उसे बहुत सारी जिज्ञासाएँ थीं। गांधी के रचनात्मक कार्यक्रम, शिक्षा की नयी पद्धति, नयी तालीम और आश्रम के पीछे पुराने गुरुकुलों का विचार—यह सब उसे देखने का मन था। "मैं अगले वर्ष फ़रवरी में आपके पास आऊँगा।" उसके किशोर मन से निकला। वह स्टॉकहोम में अपना पिट्ठू पीठ पर लादे चला गया। मैं उपसला की ट्रेन में बैठी। उपसला स्टेशन पर स्टीव याकब्सन अपनी चार वर्ष की बेटी सालोत्ता के साथ मेरी प्रतीक्षा कर रहे थे।

हम स्टीव के घर पर पहुँचे, तो उनकी पत्नी एलिज़ाबेथ ने भोजन तैयार रखा था। स्कैंडिनेवियन रिवाज़ के अनुसार भोजन के साथ व भोजन के बाद हम बातें करते हुए देर तक नहीं बैठे क्योंकि स्टीव को नगरपालिका की एक बैठक में जाना था। स्टीव याकब्सन 'वार रेसिस्टर्स इंटरनेशनल' के स्वयंसेवक के रूप में स्वीडन के लिए काम करते थे और एलिज़ाबेथ एक स्वास्थ्यकर्मी थीं व उपसला के एक अच्छे अस्पताल में काम करती थीं।

दूसरी सुबह मुझे 'विक' फ़ोक हाईस्कूल देखने जाना था। स्टीव अपनी बेटी सालोत्ता को साथ लेकर अपनी कार से मुझे ले चले। उपसाला से लगभग चालीस किमी दूर 'विक' फ़ोक हाईस्कूल के प्रिंसिपल के साथ स्टीव ने यह भेंट आयोजित की हुई थी। अतः प्रिंसिपल श्री स्टुयर फूलों के सुन्दर रंगीन ताज़े गुच्छे को लेकर प्रतीक्षा कर रहे थे। फूलों को मेरे हाथों में देकर उन्होंने सहजता के साथ एक अनौपचारिक प्रसंग की बात प्रारम्भ कर दी।

''इस वर्ष के शीतकालीन कोर्स में एक भारतीय विद्यार्थी हमारे स्कूल में थे। क्या किसी संयोगवश आप उनको जानती होंगी वैसे मेरी इस अपेक्षा का सम्भव होना कठिन है। भारत की चार सौ पचास लाख जनसंख्या में आप कैसे उन्हें जान सकती हैं?"

मैंने उनके इस अनुमान को सही मान लिया तो भी यूँ ही पूछ लिया, "वे कहाँ के रहने वाले थे?"

"हल्द्वानी" उन्होंने बताया। यह नाम सुनकर मेरी उत्सुकता जगी। "उनका क्या नाम था?" वे कुछ विशेष उच्चारण के साथ बोले, "गोपालदत्त बुढलाकोटी" ... उनका वाक्य पूरा होने के पूर्व ही मैं बोल उठी, "कभी वे मेरे शिक्षक रह चुके हैं।" स्टीव व कॉरपोस स्टुयर चकित होकर बोले, "तो सचमुच चार सौ पचास लाख

में तुम उस एक व्यक्ति को जानती हो? दुनिया कैसे छोटी हो जाती है?" स्टुयर ने वातावरण को मित्रतापूर्ण बना दिया था।

'विक' फ़ोक हाईस्कूल एक मध्यकालीन ज़मीदारी क़िले की इमारत में शुरू किया गया था। आज भी यह क़िला ही स्कूल की इमारत है। डेनिश फ़ोक हाईस्कूलों की तरह स्वीडिश फ़ोक हाईस्कूल भी उस काल में प्रारम्भ किये गये थे, जब स्वीडन कृषिप्रधान देश था। केवल चौदह प्रतिशत आबादी तब नगरों में रहती थी। इतिहास बताता है कि स्वीडिश किसान समाज एक स्वतन्त्र व स्वावलम्बी वर्ग था। वह केवल भावनाओं से प्रेरित होने वाला न था। उसे ठोस जानकारी व प्रत्यक्ष उदाहरण व स्वानुभव द्वारा सीखने के मौक़े चाहिए थे। डेनमार्क की तरह यहाँ 'जीवित शब्द' (लिव्ड वर्ड) की बातें नहीं चलने वाली थीं। अतः इन अर्थों में स्वीडन के फ़ोक हाईस्कूल प्रारम्भ से ही पद्धति में डेनिश फ़ोक हाईस्कूलों से भिन्न रहे थे, पर उद्‌देश्य में लगभग दोनों समान थे। स्वीडन के फ़ोक हाईस्कूल भी किसान परिवारों के युवकों द्वारा देश के स्तर पर एक बेहतर, जागरूक, ज़िम्मेवार स्थान का भाग अदा करने की तैयारी पेश करना चाहते थे। वे अपने छात्रों को बेहतर व्यक्तिगत जीवन के लिए हर प्रकार सुयोग्य उसी प्रकार अपने समाज के लिए भी सहकारी बना देना चाहते थे।

द्वितीय विश्वयुद्ध के बाद भी स्वीडिश फ़ोक हाईस्कूल तेज़ी से अपना महत्त्व बढ़ाते रहे। तब से केवल किसान युवक ही नहीं, औद्योगिक कारीगरों के परिवारों से भी युवा आने लगे। फ़ोक हाईस्कूल का कोर्स करने का अर्थ था, समाज में अपना एक स्थान बना लेना। स्वीडिश सरकार ने फ़ोक हाईस्कूलों को पूरी आर्थिक मदद भी देनी शुरू की थी और उसके शिक्षकों व प्रिंसिपलों की नियुक्ति भी सरकार ने अपने हाथों में ले ली थीं। इस दृष्टि से डेनिश फ़ोक हाईस्कूलों ने अपनी स्वायत्तता को बचाये रखा था, क्योंकि वहाँ सरकार का ऐसा दख़ल नहीं था।

मैंने स्टुयर के साथ की बातों से भी अधिक ऐसी जानकारी पुस्तकों से प्राप्त करने का प्रयास किया था, और मैं अपनी उस जानकारी से जुड़े सन्दर्भों को उठाती तो स्टीव व स्टुयर, दोनों ही प्रभावित होते कि मैं इस अध्ययन को गम्भीरता से करना चाहती थी। सबसे बड़ी बाधा यह थी कि ग्रीष्मकालीन अवकाश के कारण अधिकांश फ़ोक हाईस्कूल बन्द थे। स्टुयर बताते जा रहे थे, "हमारे फ़ोक हाईस्कूल में छात्र अपेक्षाकृत बड़ी उम्र में आते हैं जबकि नॉर्वे में अठारह वर्ष की बड़ी संख्या होती है और डेनमार्क में अठारह-बीस की औसत आयु है। हमारे यहाँ बीस से और बड़ी उम्र के ही छात्र आते हैं।" वे फिर बोले, "स्वीडिश स्कूलों की एक और भी विशेषता

है कि ये एक वर्ष के या उससे भी अधिक अवधि के कोर्स रखते हैं, जिसमें छात्र अपने चयनित विषयों का गहरा अध्ययन भी करते हैं।"

मेरा प्रश्न फ़ोक हाईस्कूल के ढाँचे नहीं, उनकी आत्मा खोजना चाहता था, तो प्रिंसिपल स्टुयर ने सीधे दो वाक्यों में मुझे उत्तर दिया, "स्वीडिश फ़ोक हाईस्कूल व्यक्तियों को दो प्रकार से विकसित करना चाहता है। पहला, उनका व्यक्तित्व और दूसरा, उनका नागरिकत्व। इसके लिए उन्हें अधिक अध्ययन करना है, अधिक समझ बनानी है और उन्हें अधिक प्रत्यक्ष अनुभव देना है। हमारे सारे स्कूल विभिन्न आन्दोलनों से भी जुड़े हैं। कोई ईसाई मत पर आधारित, कोई मानवतावादी, कोई मज़दूर आन्दोलन से जुड़े हैं। हमारा यह 'विक' फ़ोक हाईस्कूल छात्रों को प्रजातान्त्रिक सरकारों की ज़िम्मेवारी ले सकने की योग्यता देता है। उनकी समझ में जनता का राज कैसे बने, यह आना चाहिए।"

स्टुयर ने सभी छात्रावासों और सभागारों तथा अन्य अध्ययन सुविधाओं के स्थान खोल कर दिखाये। तब अपने निवास की ओर ले चले। उनकी पत्नी घर पर न थी तो भी स्टुयर कई एंटीक (अति प्राचीन) व कुछ नयी वस्तुओं से सजी उनकी बैठक कक्ष में ले गये। उन्होंने हमारा फलों के रस से स्वागत किया। अब हमारी चर्चाएँ गपशप का रूप ले चुकी थीं। स्टुयर गोपालदत्त बुढलाकोटीजी के बारे में कुछ अन्य संस्मरण भी बताने लगे, बोले, "वे बड़े सरल व अच्छे व्यक्ति थे, पर निर्णय लेने का अवसर आता तो हमेशा कहते, "एज़ यू से, सर" (आप जो भी कहें श्रीमान)। मैंने विनोद में कहा, "तो रौस्किले फ़ोक हाईस्कूल के प्रिंसिपल बड़े घाटे में रहे, क्योंकि उनको 'सर' कहकर सम्बोधित करना तो दूर, हमने कभी 'मिस्टर, हाईनेशन' भी नहीं पुकारा। मैं और अन्य सभी उनको 'क्नुद' कहकर ही पुकारते रहे।" स्टुयर व स्टीव, दोनों ही ज़ोर से हँस पड़े। छोटी सालोत्ता फूलों के बीच खेल रही थी। हँसी सुनकर वह भी हमारी ओर देखने लगी।

'विक' फ़ोक हाईस्कूल की भेंट से सन्तुष्ट होकर स्टीव व मैं तथा सालोत्ता वापस उपसाला आये। दोपहर बाद मैं अकेली ही उपसाला नगर के विशेष ऐतिहासिक स्मारकों आदि को देखने निकल गयी। उपसाला एक ऐतिहासिक स्थल है। केवल मानव सभ्यता ही नहीं, उसके पूर्व के भी कुछ प्राचीन प्रतीक यहाँ हैं। कुछ चर्च देखे जो सदियों पुराने हैं। 'हैरेब्रे' लकड़ी से निर्मित चर्च छत के भीतर की गयी कलाकृतियों के लिए प्रसिद्ध है। कुछ अति प्राचीन शिलाखण्ड थे, जिनमें कुछ लिखा गया है, जो कोई भी आज तक नहीं पढ़ पाया है। इस प्रकार के एक हज़ार शिलाखण्ड मात्र उपसाला में ही विद्यमान हैं। शेष एक हज़ार स्वीडन के विभिन्न स्थानों में हैं। नगर के बीच से एक लघु आकार की नदी बहती थी। उस पर बने

लकड़ी के पुराने पुल पर हिप्पी युवक-युवतियों का एक समूह खड़ा था। मुझे उनकी सूरतें आज भी याद हैं। लम्बे, पर गन्दे से बाल, दाढ़ी-मूँछों का झाड़-झंखाड़ तथा पुराने व मैले से कपड़े, अजीब अवांछित-सा रूप देखकर मुझे अच्छा नहीं लगा था।

उपसाला के सर्वाधिक पढ़े जाने वाले समाचार-पत्र की संवाददाता शाम के सात बजे मेरा इंटरव्यू लेने आयी।

अगले दिन की एक घटना विशेष है। स्टीव के साथ सिटी कौंसिल देखने गयी। स्टीव ने अपने कई परिचितों से मिलाया। वे सबसे बहुमत में रहने वाली सोशल डेमोक्रेटिक पार्टी के लोग थे। दूसरी राजनीतिक पार्टियाँ रेडिकल, लिबरल तथा कम्युनिस्ट हैं। मुझे उसमें अधिक रुचि न थी। शिक्षा विभाग के निदेशक से मिलकर यहाँ की आम शिक्षा व्यवस्था की जानकारी ली। उपसाला में पैंतालीस प्रारम्भिक स्कूल हैं जो नौवीं क्लास तक ही शिक्षा के लिए हैं। चार जिमनाज़ियम (बारहवीं क्लास तक) तथा एक विश्वविद्यालय है। पूरे नगर में केवल दो प्राइवेट स्कूल हैं। निदेशक महोदय प्रारम्भ में कुछ उदासीनता से बातें कर रहे थे, परन्तु बातें करते-करते वे एकदम रुचिपूर्वक सब बताने लगे। वे स्वयं बोले, "हमारा एक अच्छा पुस्तकालय है। बच्चों के लिए व शिक्षकों के लिए अच्छी पुस्तकें हैं।" मेरी उत्सुकता बढ़ी, पुस्तकालय देखने गयी। निदेशक महोदय ने विषयों के अनुसार करीने से सभी पुस्तकें दिखायीं। भूगोल की पुस्तकों को देखते हुए मैंने कहा, "यहाँ भारत के बारे में भी कोई पुस्तक होगी क्या?" उत्साहित होकर निदेशक बोले, "क्यों नहीं? लीजिए, यह है भारत के बारे में।" आगे पुस्तक में से पढ़ने लगे, "भारत का सबसे बड़ा नगर कलकत्ता है। यह दुनिया का भी सबसे बड़ा नगर है। इसमें आठ लाख जनता रहती है। नगर दो भागों में विभाजित है, एक शानदार बंगलों वाला भाग, खुला व सुन्दर स्थान, जहाँ अंग्रेज लोग रहते हैं तथा दूसरा गन्दा, घनी बस्ती व गन्दे घरों वाला भाग यानी 'स्लम्स', जहाँ भारतीय रहते हैं।"

मैं अपनी खीझ को अन्दर न दबा सकी। बीच में ही बोली, "जब आप शिक्षा की नयी पद्धति व नये साधनों पर इतना ख़र्च कर रहे हैं, तब क्यों इस प्रकार पचासों वर्ष पुरानी जानकारी अपने बच्चों को पिला रहे हैं? यदि भारत ऐसी ग़लती करे तो समझा जा सकता है। उसे पुस्तकों पर धन ख़र्च करने के पहले रोटी पर ख़र्च करना आवश्यक है, पर आप मुफ़्त और अनिवार्य शिक्षा द्वारा अपने बच्चों को पुराना और आज के लिए झूठा ज्ञान क्यों दे रहे हैं? क्या स्वीडन जैसे देश के लिए भारत की सही व वर्तमान सच्ची वास्तविकता का ज्ञान एकत्र करना कठिन काम है?" वे लज्जित हुए और ईमानदारी से ग़लती समझी।

स्वीडन में कुछ अधिक समय तक रहकर मैंने एक अन्य फ़ोक हाईस्कूल को देखने का मौक़ा प्राप्त किया था। वहाँ भी 'विक' फ़ोक हाईस्कूल जैसी घटना घटित हुई। उस स्कूल के प्रिंसिपल ने मुझे बताया था कि उनके शीतकालीन कोर्स में भारत से नारायणदत्त तिवारी नाम के एक छात्र शामिल हुए थे। मैंने जैसे ही कहा कि मैं उन्हें जानती हूँ, वे विस्मित हुए बिना नहीं रहे थे, "उन्हें कपड़े धोना नहीं आता था। ऐसे कामों में भारतीय पुरुष कितने लाचार होते हैं?" कहकर प्रिंसिपल हँस दिये थे। लाचार (Helpless) से उनका मतलब पर—निर्भर रहा होगा।

ग्रीष्मकाल में इससे अधिक फ़ोक हाईस्कूलों को देखना सम्भव न था। लगता था, पूरा स्कैंडिनेविया काम छोड़कर समुद्र तटों की रेत में धूप में पड़ा था, झीलों-तालाबों में तैर रहा था या अपने समर हाउस के लिए भागा जा रहा था। स्टीव तथा ऐलिज़ाबेथ, सालोत्ता व मुझे लेकर सौ किमी. दूर एक गाँव में अपने समर हाउस की ओर चल दिये थे। दो दिन मछुआरों के उस पुराने गाँव का आनन्द लेकर वापस उपसाला आयी तो उपसाला के एक आधुनिक स्कूल का निमन्त्रण स्टीव की फ़ोन रिकॉर्डिंग मशीन पर मिला। यह स्कूल को देखने का मौक़ा था, किन्तु मुख्यतः तो यह उस स्कूल द्वारा आयोजित युवा छात्र शिविर में भारत के बारे में बोलने का निमन्त्रण था। दूसरे दिन स्टीव ने मुझे कार से वहाँ छोड़ा और वे अपने काम से कहीं अन्यत्र चले गये। तीन वर्ष पूर्व स्थापित स्कूल आधुनिक साधनों से सज्जित था। शिक्षकों के लिए पाठ की तैयारी के लिए अच्छी नयी पुस्तकों का पुस्तकालय, टेपरिकार्ड्स बने बनाये पाठों के कैसेट, जीवशास्त्र के मूल्यवान नमूने, वैज्ञानिक यन्त्र, छात्रों के लिए सरल मशीनें। एक-एक मशीन पर केवल दो छात्र की पद्धति से काम होता था।

स्कूल में आठ सौ विद्यार्थी थे। पचहत्तर शिक्षक व तीस प्रशिक्षार्थी शिक्षक थे। डाग हैमरशोल्ड पुस्तकालय एक बड़ा पुस्तक घर ही था, जहाँ एक ओर बच्चों के लिए सामग्री थी तो दूसरी ओर सयानों के लिए। केवल पुस्तकें ही नहीं, फ़िल्में, कैसेट, पोस्टर और एलबम भी थे। पढ़ाने की पद्धति क्या है, यह मुझे जानना था, पर समयाभाव में वह रह गया। स्वीडन में मेरी व्यस्तता व फ़ोक हाईस्कूलों का गम्भीरता से किये जा रहे अध्ययन को देखकर स्टीव प्रभावित हुए थे, पर स्वीडन में शिक्षा के पूरे क्षेत्र के अध्ययन के लिए जो हो पाया, उसके लिए स्टीव को भी श्रेय जाता था। उन्हें धन्यवाद देकर मैं दूसरे दिन फिनलैंड के लिए निकली। स्टॉकहोम से हेलसिंकी के लिए रात्रिसेवा द्वारा जलयात्रा करनी थी। स्टीमर में मुझे सोने के लिए स्टीमर

के सबसे नीचे की मंज़िल में बर्थ मिली थी। सारे शयनकक्ष वहीं थे। लगता था, जैसे लहरें रातभर स्टीमर को पीट रही थीं। मानव जिस आक्रमणकारी तरीक़े से समुद्र को जीतने की कोशिश करता है, लगता था, उसका प्रतिकार करते हुए स्वयं समुद्र भी अपनी नाराज़ी प्रकट कर रहा था। उसकी अपनी प्राकृतिक गति, लहरों का तालबद्ध उठना व गिरना, उसकी स्वाभाविक जीवन लीला को यह तीव्र गति से चलने वाला भारी-भरकम स्टीमर निर्ममता से भंग कर रहा थ। यह उस पर अनाधिकार आक्रमण ही था। ऐसे में सागर का रोष स्वाभाविक था। मैंने यही सब सोचते हुए रात बितायी। नींद उस गर्जन में असम्भव थी।

मुझे याद नहीं कि हेलसिंकी में मैं कहाँ रही थी? शायद एक यूथ हॉस्टल में अथवा वैसी ही किसी दूसरी जगह में रही हूँगी। किसी सार्वजनिक वाहन से मैं विटाकीवी फ़ोक हाईस्कूल पहुँची। इस फ़ोक हाईस्कूल की याद मुझे ख़ूब स्पष्टता से है। मध्य फिनलैंड की सुदूर प्राकृतिक एकान्तता में बसा यह फ़ोक हाईस्कूल किसी एक बड़ी इमारत में नहीं चलता था। कुछ छोटी व कुछ मध्यम आकार की इकतल्ली, दुतल्ली इमारतों की हल्के-से वृक्षों तथा हरी घासों के बीच एक बिखरी-सी बस्ती में फ़ोक हाईस्कूल चलता था। इन्हीं घरों में शिक्षक-परिवार रहते थे और एक अपेक्षाकृत बड़ी इमारत छात्रों का छात्रावास था। एक बड़ा सभागार था और सालभर के प्रतिकूल मौसमों के बावजूद एक मुक्ताकाश सभास्थल भी था।

समर कोर्स के लिए लगभग पैंतीस युवक-युवतियाँ व कुछ प्रौढ़ दम्पति भी वहाँ आये थे। मुझे याद है, उनमें कुछ अच्छे विचारक व साहित्यिक रचनाकार भी शामिल थे, जिनके साथ शाम के बाद लॉबी या मुक्ताकाश सभास्थल में बैठकर दो-तीन घण्टे अच्छी चर्चाएँ होती थीं। मैं इन चर्चाओं के अन्दर फिनलैंड के फ़ोक हाईस्कूलों के बारे में अपने प्रश्नों को भी प्रस्तुत कर देती थी। इस प्रकार धीरे-धीरे मुझे एक देश के रूप में भी फिनलैंड की समझ बनी।

उन्नीसवीं सदी के प्रारम्भ यानी 1809 में फिनलैंड स्वीडन से अलग हुआ था, परन्तु वह स्वतन्त्र नहीं हुआ वरन् रूसी जार के अन्दर चला गया, जिससे उसकी स्थिति एक ड्यूक और उसकी छोटी रियासत जैसी बन गयी। वह 1917 तक उससे उबर नहीं पाया, परन्तु 1917 में वह एक स्वतन्त्र लोकतान्त्रिक देश बना था। उन्नीसवीं सदी में फिनलैंड की आम जनता की आजीविका के दो मुख्य धन्धे थे—एक खेती दूसरा वानिकी। श्रमप्रधान जीवन जीने वाली यह जनता अशिक्षित तो थी ही, वे यह भी नहीं समझते थे कि अपने राष्ट्र के लिए वे कितने क़ीमती और महत्त्वपूर्ण लोग थे। उनके भीतर कैसी शक्ति व क्षमता भरी पड़ी थी।

फिनलैंड में देश के आधे भाग में 'स्वीडिश-फिनिश' भाषा बोली जाती थी और समाज का आधा वह भाग जो मेहनतकश लोगों का था, अपनी मातृभाषा फिनिश भाषा बोलते थे। मातृभाषा का पुनरुद्धार व उसका गौरव बढ़ाने और समाज में समानता लाने के विचार का जॉन लुडवी रूनेबर्ग ने बीड़ा उठाया था। वह फिनलैंड का एक ऐतिहासिक महापुरुष था। तब किसान व वानिकी कर्मी स्वयं को राष्ट्र स्तर से जोड़कर देश के नागरिक गिने जाने की प्रबल भावना से अभिप्रेरित होने लगे थे। रूनेबर्ग की प्रेरणा से ऐसे एक राष्ट्रीय सामाजिक अभियान ने सिर उठाया था। एक प्रसिद्ध वाक्य समाज में सर्वप्रचलित हो गया था। 'जो ऊँची दीवार शिक्षित वर्ग को आम जनता से अलग करती है, उसे तोड़ देना होगा', इस वाक्य से प्रेरित होकर सबके लिए शिक्षा के अवसर बनाये जायें, ऐसा दबाव सरकार पर डाला जाने लगा था। इस प्रकार के राष्ट्रीय वातावरण के समय 1889 में पहला फ़ोक हाईस्कूल फिनिश भाषा-भाषी युवतियों के लिए 'कांगसाला' नामक स्थान में प्रारम्भ हुआ था तथा उसी का प्रतिरूप 'स्वीडिश-फिनिश' भाषा-भाषियों के लिए 'बोगो फ़ोक हाईस्कूल' भी उसी कालखण्ड में प्रारम्भ हुआ था, जो युवकों व युवतियों, दोनों के लिए था। दोनों स्कूलों पर डेनिश फ़ोक हाईस्कूल पद्धति का असर था। उसी प्रकार 'जीवन्त' शब्द की पद्धति द्वारा प्रेरित करते थे कि सबके सब कामों का मेहनताना समान यानी अधिकतम समान हो। साथ ही, फिनिश समाज व राष्ट्र को वहाँ का आमजन ठीक से चला सकता है, यह आत्मविश्वास पैदा करना था। उपर्युक्त इन्हीं विचारों से ये फ़ोक हाईस्कूल अनुप्राणित थे।

यह पूरा सार-संक्षेप एक सप्ताहभर तक उन सायंकालीन अनौपचारिक बातचीतों के बीच से निकाली मेरी समझ का विवरण है। यूँ तो वे गपशपें अनेक प्रकार की थीं। कभी हँसी-ठहाके, कभी मुझसे पूछे जाने वाले सवाल व उनके जवाब, कभी उनके गाँवों या क़स्बों का शब्द चित्रण व कभी उस दिन सुने गये भाषण की आलोचना-प्रत्यालोचना होती ही रहती थी। कुछ युवा मस्त अन्दाज़ में होते, कुछ सयाने लोग मुँह में धूम्रपान की पाइप दबाये थोड़ा दार्शनिक अन्दाज़ में बातें करते। कुछ के चेहरे-मोहरे देखकर मुझे फिनलैंड के धुर उत्तर में रहने वाले 'सामी' लोगों का ध्यान आता था। 'सामी' लोग अब फिनलैंड, स्वीडन, नॉर्वे व रूस के उत्तरी ध्रुवीय क्षेत्र के निवासी माने गये हैं। प्राचीन काल में उनका अपना सामीलैंड हुआ करता था, जिसे वे स्वयं 'सामीलैंड' कहते थे, पर दुनिया के लोग 'लॉपलैंड' कहते थे और सामियों को 'लॉप्स' कहते थे। उनका अपना राज्य, अपनी संस्कृति और अपना ज्ञान-विज्ञान था, पर अब वे विभिन्न देशों की सीमाओं में वहाँ की नागरिकता

में विभाजित कर दिये गये हैं और विभिन्न देशों के नियम-क़ानूनों से सीमित हो गये हैं। बर्फ़ के प्रदेश में उनकी जीवनशैली व रहन-सहन एक विशेष शुद्ध प्राकृतिक परम्परा थी। वीटाकीवी में वास्तव में समर कोर्स में कोई भी सामी प्रतिभागी नहीं था।

वीटाकीवी के इस स्कूल का माध्यम फिनिश भाषा थी और मैं उसका एक अक्षर भी नहीं समझ पाती थी। वह स्कैंडिनेवियन भाषाओं से कहीं भी साम्य नहीं रखती थी। मैं डेनिश समझती थी तो नॉर्वेजियन व स्वीडिश का भी अनुमान लगा सकती थी, पर फिनिश भाषा का कोई भी छोर मैं नहीं पकड़ पाती थी। इसी कारण उनके भाषणों तथा समूह चर्चाओं आदि में मैंने डेनमार्क व नॉर्वे के फ़ोक हाईस्कूलों की तरह भाग नहीं लिया। कुछ शिक्षिकाओं से मित्रता हो गयी। उनसे स्कूल की जानकारियाँ मिलीं तो लगा कि डेनमार्क के ग्रुंडवी और कौल्ड के विचारों से प्रेरित, किन्तु अपनी भूमिस्थ स्थानीय वास्तविकताओं के अनुकूल ये फ़ोक हाईस्कूल बने हैं, जिसमें साठ प्रतिशत किसानों व वानिकी कर्मियों के युवा व सयाने आते हैं। यह भी उन शिक्षिकाओं ने बताया कि फ़ोक हाईस्कूल से निकलकर बाहर जाने पर केवल पन्द्रह प्रतिशत ही वापस खेती में जाना चाहते हैं और वानिकीकर्मियों के तो केवल चार प्रतिशत ही अपने परम्परागत काम में वापस जाने का मन रखते हैं। 1965-66 के वर्ष में फिनलैंड के पूरे देश में बयासी फ़ोक हाईस्कूल चल रहे थे।

एक शाम एक शिक्षिका मुझे स्कूल परिसर के एक कोने पर झील के सामने बने 'सावना बाथ हाउस' में ले गयी। "आज सावना बाथ का आनन्द लीजिए" उन्होंने कहा। हम दोनों भीतर गयीं। वस्त्र उतारकर हम लकड़ी के बेंचों में बैठ गयीं। अग्निस्थल में बड़े-बड़े कोयले धधक रहे थे। शिक्षिका ने एक मुट्ठी ठण्डा पानी उन अंगारों पर छिटक दिया, तो भाप का गुब्बारा-सा कमरे में फैल गया। पूरा कमरा भाप से भर गया। हमारे हाथों में बर्चवृक्ष की पत्तीदार टहनियों के गुच्छे थमाये गये थे, जिनसे हम अपने शरीर को छपकाती थीं। बदन से पसीना छूटता था। आधा या पौन घण्टे पसीने से नहा लेने के बाद दरवाज़ा खोला और हमने दौड़कर झील के ठण्डे पानी में छलाँग लगायी। बाद में वस्त्र पहनकर हम भोजनालय की ओर चली गयीं। शरीर सुन्दर हल्का व गरम हो गया था। सावनाबाथ फिनलैंड के किसानों, वानिकीकर्मियों व मेहनतकशों का प्रत्येक शाम को लिया जाने वाला स्नान है, जिसे वे दिन भर खेतों, जंगलों, गौशालाओं या वर्कशॉप में काम करने के बाद अपनी थकान मिटाने और भोजन के पूर्व अपने को ताज़ा करने के लिए सदियों से लेते रहे हैं। इसके बाद भोजन, और भोजन की मेज़ पर गपशप का लम्बा दौर चलता था। शीतऋतु की अँधेरी शामों में तो यह लम्बा दौर बहुत आवश्यक भी रहा होगा।

वीटाकीवी से विदाई पर एक शिक्षक ने मुझे अपने परिसर के एक वृक्ष की शाखा से काटकर अपने स्कूल के हस्तकार्य कक्ष में रखे छोटे यन्त्र में उसे रगड़ कर बनाया 'वी' भेंट किया। उन्होंने कहा, "वी फ़ॉर वीटाकीवी।" इस भेंट को लेकर मैं हेलसिंकी और वहाँ से दिन के समय चलने वाले स्टीमर से डेनमार्क के लिए चल पड़ी। हेलसिंकी से कोपेनहेगन की जलयात्रा सुन्दर थी। कई छोटे द्वीप दिखाई दिये। अधिकांश बिना बस्ती के थे। फिर दायीं ओर स्वीडन का दक्षिणी तट और उस पर कई कारख़ानों की ऊँची चिमनियाँ, अन्त में डेनमार्क का पूर्वी तट और उसके किनारे पर बने समरहाउस अथवा मछली मारने की 'फ़िशिंग हट्स' सब देखते-देखते अच्छा लगा और थकान भी लगी। शाम देर से मैं रौस्किले फ़ोक हाईस्कूल पहुँची। यहाँ मेरे लिए कमरा था, भोजन था और लम्बी यात्रा के बाद आराम करने को पर्याप्त समय था, किन्तु मैंने उस समय का एक सप्ताह रौस्किले फ़ोक हाईस्कूल में चल रहे समर कोर्स को समझने में लगाया और तीन सप्ताह इंग्लैंड यात्रा के लिए कुछ धन कमाने लिए शिशु-केन्द्र में काम करने में लगा दिया, उसका वर्णन पहले ही कर चुकी हूँ।

इंग्लैंड की यात्रा प्रारम्भ करने के पहले का सप्ताह मैंने रौस्किले फ़ोक हाईस्कूल में बिताया था। डेनमार्क से विदा होने की पूर्व संध्या को भोजन के लिए ओसऽ ने अपने घर पर मुझे आमन्त्रित किया था। क्नुद व तीनों बच्चे पूरा परिवार भोजन की मेज़ पर थे। थोड़ी भावुक शाम थी, विशेषत: मेरे व ओसऽ के लिए। ओसऽ ने अच्छा शाकाहारी भोजन बनाया था और वह उसकी 'रेसिपी' एक कुकिंगबुक से मुझे दिखा रही थी कि क्नुद ने कहा, "राधा, मैं तुमको एक सुझाव या प्रस्ताव देना चाहता हूँ।"

"हाँ बताइये," मैंने कहा और ओसऽ और मैंने अपना ध्यान उनकी ओर किया। बच्चे खाना खाकर जा चुके थे। "तुमने स्कैंडिनेविया का अनुभव ख़ूब अच्छी तरह लिया है। तुमने अपनी फ़ोक हाईस्कूल यात्रा भी सफलतापूर्वक की है। हमारे फ़ोक हाईस्कूल छात्रों के समूह के साथ तुम पोलैंड भी गयी थीं। अब इंग्लैंड को भी समझोगी, परन्तु यूरोप का बहुत बड़ा भाग अभी भी शेष रह गया है। अत: यूरोप को देखने-समझने के लिए या तो इंग्लैंड के बाद पुन: यहाँ आ जाओ या तुम्हें घर की बहुत याद आ रही है तो एकाध महीना घर पर हो आओ और अक्टूबर के पहले सप्ताह में यानी शीतकालीन सत्र के प्रारम्भ होने के पूर्व यहाँ आ जाओ। तुम्हें सात-आठ वर्ष यहाँ बिताने चाहिए।" मैं कुछ समय के लिए स्तम्भित-सी रह गयी, क्योंकि प्रस्ताव मेरी कल्पना से दूर तक भी जुड़ा न था और एकदम अप्रत्याशित था।

कुछ थमकर मैं बोली, "यहाँ मैं क्या करूँगी और कहाँ रहूँगी?"

"तुम्हारे लिए इस फ़ोक हाईस्कूल में एक बहुत अच्छा स्थान है और काम की एक अच्छी सम्भावना भी है। मैं तुम्हें यहाँ एक शिक्षक बनने का अवसर देना चाहता हूँ। यहाँ भारतीय संस्कृति और महात्मा गांधी व उनके विचारों के विषय में तुम बख़ूबी पढ़ा सकती हो।"

मुझे इस प्रस्ताव का उत्तर देने में बिल्कुल भी देरी नहीं लगी। तुरन्त ही मैं बोली, "आपको भारतीय संस्कृति और महात्मा गांधी के बारे में बताने वाले अन्य भी कुछ लोग मिल जायेंगे, पर हमारे आश्रम में काम करने के लिए मेरे बदले में कोई मुश्किल से ही मिल पायेंगे, इसलिए मैं तो अपने आश्रम में ही जाऊँगी।"

"तुम बहुत विशेष हो, राधा," क्नुद ने कहा, "मैं ऐसे भारतीयों को जानता हूँ, जो यूरोपीय जीवन में आने के लिए लालायित हैं, पर तुम हो कि सामने दिये जा रहे अवसर को भी नहीं स्वीकार कर रही हो। अपने काम के प्रति तुम्हारी ऐसी प्रतिबद्धता? अनबिलीवेबल (अविश्वसनीय)!

मैंने ओसऽ की ओर देखा, उनकी आँखें गर्वित होकर चमक रही थीं। क्नुद को मैंने नम्रतापूर्वक "बहुत धन्यवाद" कहा। मेरी शक्तियों व क्षमताओं का अच्छा मूल्यांकन करने के लिए मैंने उनका तहेदिल से आभार माना। ऐसी बीती उस स्कैंडिनेवियन प्रथम यात्रा की मेरी अन्तिम संध्या, जो आज भी मेरे हृदय में हूबहू अंकित है।

18

इंग्लैंड में एक माह

दूसरे दिन मैं लन्दन के लिए गयी। लन्दन का आकर्षण मुझे विद्यार्थी जीवन में अंग्रेज़ी की पुस्तक में लन्दन के बारे में पढ़े एक पाठ से प्रारम्भ हुआ था, जिसमें मैंने सेंटपॉल कैथेड्रल, बिगबैन, हाइडपार्क व कुछ ऐसे ही नाम पढ़े थे। ब्रिटिश संसद को देखने का भी कौतूहल था तो टेम्स नदी पर खुलता-बन्द होता पुल भी देखने में मज़ेदार रहेगा, ऐसी कल्पनाएँ बनी थीं। पढ़ते समय तो सपने में भी नहीं सोचा था कि इन्हें प्रत्यक्ष देखना कभी सम्भव हो सकेगा, पर अब वह अवसर मिला था, तो मेरे मन में उसके प्रति एक अद्‌भुत उत्साह था। मैं लन्दन में देवीप्रसाद जी व जानकी बहन के घर पर ठहरी थी। इन दोनों को मैं हिन्दुस्तानी तालिमी संघ, सेवाग्राम से जानती थी। देवीप्रसाद जी ने ही मुझे उपसाला के स्टीव याकबसन का पता दिया था व मेरे बारे में उन्हें लिखा भी था। वार रेसिस्टर्स इंटरनेशनल (डब्ल्यू. आर.आई.) विश्व शान्ति के लिए काम करने वाली एक संस्था थी। उसने अपना एक विश्वशान्ति सम्मेलन हिन्दुस्तानी तालिमी संघ, सेवाग्राम, महाराष्ट्र में किया था। मैं सोचती हूँ, उसी अवसर पर डब्ल्यू.आर.आई. के अन्तर्राष्ट्रीय महासचिव की ज़िम्मेदारी देवीप्रसाद जी को सौंपी गयी थी। उसके पूर्व वे हिन्दुस्तानी तालिमी संघ सेवाग्राम के विश्वविद्यालय में कला के शिक्षक थे। वहीं मैं सर्वप्रथम देवीप्रसाद जी व जानकी बहन से मिली थी।

देवीप्रसाद जी देहरादून के रहने वाले थे और जानकी बहन केरल से आती थीं। हमारे पास बहुत कुछ साझा करने को था और स्कैंडिनेविया में देवीप्रसाद जी के बताये उनके परिचित लोगों से मिलकर और उनके घरों में रहकर मैं आयी थी, तो वह भी एक अनुभव था, जिसे देवीप्रसाद जी सुनना चाहते थे। हर शाम जब मैं शहर घूमने से वापस आती और देवीप्रसाद जी अपने ऑफ़िस से वापस आते, तब हम तीनों अपने अनुभवों का आदान-प्रदान करते। देवीप्रसाद जी एक अन्तर्राष्ट्रीय

संगठन के संचालन के अनुभव, विभिन्न राष्ट्रों के कर्णधारों की शान्ति व युद्ध के सम्बन्ध में मानसिकताएँ व प्राथमिकताएँ बताते। जानकी बहन लन्दन जैसे नगर में एक गृहिणी होने के सकारात्मक व नकारात्मक अनुभव बतातीं और मैं अपनी इस पहली विदेश यात्रा में स्कैंडिनेवियन देशों के अनुभव बताती। हमारे पास हर दिन का ताज़ा अनुभव भी होता था। इस प्रकार हर शाम हमारे लिए रोचक व मज़ेदार होती थी।

मैंने लन्दन की सिटी बसों का एक 'ऑल राउंड पास' एक माह के लिए ख़रीद लिया था। साथ में नगर का एक मानचित्र भी ले लिया था। मैं सुबह घर से निकल जाती, कन्धे पर अपना बैग व पानी की बोतल लटकाये। बैग के भीतर जानकी बहन का दिया सैंडविच का पैक, पैसा, पास और मानचित्र होता था। बस, सारे दिन का इन्तज़ाम पक्का। मैं एक बस में चढ़ती नगर को देखते-देखते हाइडपार्क पहुँच जाती और मन ही मन सोचती, ये भूमि, ये बैठने के बेंच या लम्बे-चौड़े लॉन कभी ऐसी सभाओं के साक्षी रहे होंगे, जिन्होंने इंग्लैंड ही नहीं, पूरे यूरोप और आंशिक रूप से पूरे विश्व में एक परिवर्तन लाने का प्रयास किया था। दूसरी बस से टेम्स नदी के किनारे जा पहुँचती और अपने सैंडविच खाते-खाते प्रतीक्षा करती कि कोई जलयान आयेगा और यह ऐतिहासिक पुल दो भागों में विभाजित होकर ऊपर उठ जायेगा। जलयान आता और पुल तुरन्त दो भागों में ऊपर उठ जाता। जलयान पुल को पार करके दूसरी दिशा में मन्थर गति से बढ़ जाता। मैं देर तक उसे देखती रहती। लन्दन अपनी पुरानी चीज़ों को तोड़ता व फेंकता नहीं। सड़कों के किनारे घोड़ों के पानी पीने की नादें आज भी बदस्तूर साबुत हालत में विद्यमान थीं। यद्यपि कभी लन्दन की सड़कों की शान होने वाले वे घोड़े अब सड़कों पर नहीं हैं। मैं कभी साउथ हॉल जाकर पंजाबी हलचल भरी जीवनचर्या देख आयी। कभी नगर की दौड़भाग भरी बदहवास-सी ज़िन्दगी के बीच सेंटपॉल कैथेड्रल पहुँच जाती तो उसके भीतर शान्ति और शीतलता का आनन्द लेती। लन्दन में मैं पूरी तरह एक पर्यटक बन गयी थी।

लन्दन ही नहीं, पूरे ही इंग्लैंड में यात्रा करना स्कैंडिनेविया जैसा आसान व मैत्रीपूर्ण नहीं था। बस या ट्रेन में मैं कई घण्टों तक की यात्रा बिना सहयात्री से एक शब्द बोले बिताती थी। कुछ आवश्यक पूछना ही पड़े तो किसी बस या ट्रेन कर्मचारी को ढूँढ़ना होता। सहयात्री को अपनी बैठने की जगह का चुनाव करने की सुविधा हो, तो वह मुझसे दूर का कोई स्थान चुन लेता था। लगता था, उस काल तक रंगभेद की हल्की-सी मानसिकता कुछ के मनों में रह गयी होगी। स्कैंडिनेवियन यात्राओं में यह मानसिकता और तद्नुकूल व्यवहार कहीं नहीं मिला था। जब सहयात्री अख़बार में चेहरा डाले व्यस्त हो, तो ऐसे ही किसी साधन में अथवा बाहर बिखरे जनजीवन,

प्राकृतिक संसार अथवा नये देश की नयी व्यवस्थाओं को देखने में मैं भी व्यस्तता ओढ़ लेती थी।

लन्दन में 'क्वेकर्स' के फ्रेंड्स सेंटर की यात्रा मैंने दो या तीन बार की थी। उनकी बैठकों व उनकी मौन प्रार्थनाओं में भी मैं शामिल हुई थी। उनका पुस्तकालय तथा पुस्तक विक्रय काउंटर भी देखा था। हर बार अलग-अलग व्यक्तियों से बातें करने का अवसर भी मिला था। वे लोग बहुत सहज व मैत्रीपूर्ण होते थे। मुझे कुछ धुँधली-सी याद है कि मैं लन्दन में कुछ अन्य लोगों से भी मिली थी, जिनसे मेरा सम्पर्क देवीप्रसाद जी ने कराया था। उन दिनों मेरी जिज्ञासा विश्वशान्ति एवं गांधी विचार यानी अहिंसा व सत्याग्रह के लिए किये जा रहे कामों को जानने व समझने की थी। अत: जो भी ऐसा सम्पर्क कहीं से मिलता, मैं उनसे मिलने में चूक नहीं करती। फ्रेंड्स सेंटर में इस प्रकार के बहुत-से लोगों से मैं मिली थी, जिनके पते भी मेरे पास थे और कुछ समय तक हमारा पत्र-व्यवहार भी चला था। पूरे माह का लन्दन-प्रवास बड़ा उपयोगी साबित हुआ था।

लन्दन से बर्मिंघम व वहाँ से मैनचेस्टर होते हुए चेशायर जाना था। बर्मिंघम में बिल भाई का परिवार रहता था। उनकी माँ, भाई और बहनों को मिलने के लिए मैं बर्मिंघम गयी। उसी नगर में 'वार ऑन वांट' के लिए काम करने वाले मित्रों का एक समूह भी था। उनका काम था, अभावग्रस्त लोगों की बुनियादी आवश्यकताओं की पूर्ति के लिए मदद करना। यह कोई बड़ा अन्तर्राष्ट्रीय संगठन नहीं था, पर मानवीय संवेदनशीलता का एक ईमानदार प्रयास था। बहन जी के पत्र-परिचय से उन्होंने दाताओं व नागरिकों की एक छोटी-सी सभा मेरे आगमन पर आहूत की थी। सत्तर-पचहत्तर स्त्री-पुरुषों की उस बैठक में बहुत अच्छा माहौल बना था। अच्छा संवाद भी हुआ। मुझे सभा में बैठने से पहले एक डर था अपनी अंग्रेज़ी भाषा की अकुशलता का, क्योंकि यहाँ मातृभाषा ही अंग्रेज़ी थी। स्कैंडिनेवियन देशों में भले ही मेरी अंग्रेज़ी भाषा चल जाती थी, पर इंग्लैंड में इंग्लिश लोगों के साथ इंग्लिश भाषा कम-से-कम समझने लायक तो होनी चाहिए, पर जब बातें शुरू हुईं तो मैंने सहजता से कहा, "अंग्रेज़ी भाषा मेरी मातृभाषा नहीं है। अत: उसकी अपूर्णता के लिए आप क्षोभ नहीं करेंगे। आपकी और हमारी संवेदनाएँ एक हैं, अत: आप मेरे भाव को समझेंगे, इसका मुझे भरोसा है।" वास्तव में 'वार ऑन वांट' से कुछ वर्षों पूर्व आश्रम का सम्बन्ध जुड़ा था।

'वार ऑन वांट' बर्मिंघम ने कभी कुछ मदद लक्ष्मी आश्रम को भेजी थी कि उसे अभावग्रस्त गाँव की बुनियादी सामूहिक आवश्यकताओं के लिए साधन जुटाने

के लिए व्यय किया जाय। आश्रम ने तराई में भूमिहीन किसानों को बसाने के लिए बनाये गये, नये गाँवों में पीने के पानी के लिए कुछ हैंडपम्प लगवाने में ख़र्च की। अत: बर्मिंघम के 'वार ऑन वांट' समूह और हमारी साझी समझ थी और एक साझी भूमिका भी थी। उस सभा में वार्ता व संवाद अच्छा जमा था। दूसरे दिन स्थानीय अख़बार में समाचार था, "शी स्पोक इन हर गुड इंग्लिश" मुझे यह पढ़कर आश्चर्य हुआ तो मुझे बताया गया कि तुम्हारी अंग्रेज़ी भाषा अच्छी इसलिए मानी गयी क्योंकि वह किताबी नहीं थी वरन बोलचाल की थी। इसीलिए सबकी समझ में आयी अन्यथा भारत से आने वाले कई अच्छे पढ़े-लिखे लोगों की अंग्रेज़ी भाषा समझनी कठिन हो जाती है क्योंकि वह पुस्तकीय होती है। यह बात सही थी कि मेरी अंग्रेज़ी भाषा डेनिश, नॉर्वेज़ियन, स्वीडिश और फिनलैंड वासियों के साथ बोलते-बोलते विकसित हुई थी और इनमें से कोई भी मूल अंग्रेज़ी भाषी न थे। जो भी हो, उक्त समाचार ने मेरे हौसले को गिरने से बचा लिया। बर्मिंघम में एटकिन्सन परिवार में एक या दो रात रहने का स्मरण आता है। उस परिवार के सब सदस्य बहुत सरल थे। बिलभाई की माँ पहले इस बात से शायद कुछ दुखी थीं कि उनका बेटा भारत जैसे अविकसित देश में गया है, वह भी किसी शहर में नहीं, दूर हिमालयी कठिन क्षेत्र के एक आश्रम में रहता है। कैसे व किन लोगों के बीच वह रहता होगा, उनका मन सवाल करता था। मुझसे मिलकर उन्होंने अपना यह दुख व्यक्त किया और पूछा, "क्या वहाँ और लोग तुम्हारे जैसे ही हैं?"

"हाँ, मेरे जैसे भी हैं और मेरे से अच्छे भी हैं।" मैंने उन्हें कहा, तो वे ख़ुश हो गयीं। उन्हें इस दृष्टि से भी मेरा उनके परिवार से मिलना बहुत लाभदायक लगा।

मैनचेस्टर के पास छोटा शहर चेशायर और उससे भी आगे एक बस्ती मालपस, जहाँ मेहर फर्दूनजी का जैविक बग़ीचा था और है। मुझे यहाँ पर तीन सप्ताह रहना था। मैं कैसे वहाँ तक पहुँची, यह याद नहीं है। मैनचेस्टर तक ट्रेन से गयी, यह स्पष्ट है, पर उसके आगे जैसे भी गयी, मेहर बहन के सब्ज़ी व फलों के बग़ीचे में स्थित एक दुमंज़िले मकान में पहुँच गयी। मैंने मेहर दीदी के बग़ीचे में श्रम करके उन्हें मदद करने का तय किया था। जर्मनी का एक युवक भी वहाँ था, जिसे अंग्रेज़ी भाषा और योग, अहिंसा, शान्ति व सर्वधर्म समभाव के विचार जानने का लाभ लेना था। मेहर दीदी के पास कई युवक इसी उद्देश्य को लेकर आते थे और उनके बग़ीचे में श्रम भी करते थे। प्रति सप्ताह तीन दिन वे योग की व्यावहारिक व सैद्धान्तिक क्लास लेती थीं, जिसका लाभ ये युवक और स्थानीय स्त्री-पुरुष लेते थे। इंग्लैंड की शान्ति अभियान संस्थाओं और क्वैकर्स से मेहर दीदी का अच्छा सम्पर्क था। अत: उनके पास रहते हुए मुझे कई क्वैकर्स से मिलने का अवसर मिला था। उनमें से एक थे

निकोलस गिलेट। वे तो मानो क्वैकर अभियान व उसके इतिहास के ज्ञानकोश ही थे। एक दिन मैं मेहर दीदी के साथ सब्ज़ी बेचने में मदद करने के लिए उस साप्ताहिक बाज़ार में गयी थी, जहाँ वे अपनी उत्पादित सब्ज़ियों व फलों की दुकान लगाती थीं। वह एक अच्छा अनुभव था। उस बाज़ार में अपने जैविक उत्पाद लेकर आये स्त्री-पुरुष आपस में एक-दूसरे को जानते थे। वे अपने ग्राहकों को भी जानते-पहचानते थे। अतः आपस में एक-दूसरे से 'हाय-हैलो' ही मात्र नहीं, अन्य बातें भी करते थे। "तुम्हारी माँ कैसी है?" "फिलिप कहाँ है?" "आपके बग़ीचे की ब्रोकलाइ तो बहुत स्वस्थ दिख रही है।" "पिछले सप्ताह क्यों नहीं आयी?" जैसे अनेक वाक्य एक छोटी अस्थायी दुकान से दूसरी दुकान की ओर उड़ते हुए पहुँच रहे थे। मैं भी मेहर दीदी की दुकान या यूँ कहें उनके 'फड़' पर खड़ी होकर ग्राहकों को सब्ज़ियाँ दिखा रही थी। शाम होने लगी। ग्राहकों की संख्या कम होने लगी। सभी अपने शेष रहे सामान को खोखों में पैक करने लगे। हमारा अधिक सामान बिक चुका था। मेहर दीदी ख़ुश थीं। बोलीं, "यह तुम्हारी साड़ी का कमाल है राधा, आज हमारी सबसे अधिक सब्ज़ियाँ बिकी हैं।" पैकिंग करने अपनी-अपनी 'पिकअप' या कारों के पिछले भाग में सब्ज़ियों के खोखों को रखकर दस मिनट के लिए सब विक्रेता एक साथ आये। खड़े-खड़े ही उनके आपस में जैविक उत्पादन कार्य के बारे में विचार विनिमय हुआ। किसी के पास कोई नयी जानकारी थी, तो वह सबके साथ साझा की गयी। कुछ दिक़्क़त आयी तो वह भी बतायी गयी। तब सब अपने-अपने वाहनों से अपने रास्तों पर जल्दी-जल्दी भाग निकले। हम दोनों भी मेहर दीदी की 'बन्द पिकअप' में बैठीं। मेहर दीदी ने स्टीयरिंग पकड़ा और अन्य लोगों की 'बाय-बाय' भी हवा में उड़कर हम दोनों के कानों तक पहुँची।

मालपस में बिताये वे दिन सन्तुलित श्रम व विचार, घूमना व गप्पें तथा मनोरंजन व अध्ययन की आदर्श जीवनचर्या के दिन थे। इसके साथ ही मेरे विदेश प्रवास का एक वर्ष सम्पूर्ण हुआ था। मेहर दीदी से जुड़ी आत्मीयता जो उनकी आश्रम-भेंट व शान्तिपुरी गाँव में अंकुरित हुई थी। इन तीनो सप्ताहों में गहरी जड़ें जमा चुकी थी। मैंने उन्हें प्रणाम किया और मेहर दीदी ने मुझे गले लगा लिया, कहा, "मेरे भारत और मेरे आश्रम को मेरा प्यार देना।" मेहर दीदी ने भारत के साथ और गांधी विचार परिवार के साथ अपना यही प्यार व लगाव बनाये रखा। वह बार-बार भारत आयीं और दिल्ली, उड़ीसा, गुजरात व उत्तराखण्ड में अपने मित्रों व प्रेमियों से मिलती रहीं। ऐसी इस व्यक्ति के सहवास ने मेरी विदेश यात्रा समृद्ध कर दी थी। मैं पूर्ण सन्तुष्ट और भावनाओं से लबालब होकर लन्दन के हीथ्रो एयरपोर्ट से बम्बई को जाने वाले विमान में बैठकर अपने वतन के लिए उड़ चली थी।

19

स्वदेश वापसी और वह बिन बादलों का वज्रपात

मैं भारत लौट आयी और सीधी एक भी दिन गँवाये बिना आश्रम में पहुँची। ट्रेन व बस की लम्बी यात्राओं में मेरा मन लगातार सक्रिय था। आश्रम के लिए कुछ नयी प्रवृत्तियों की योजनाएँ मेरे मस्तिष्क में ठोस रूप ले रही थीं, जो आश्रम में पहुँचकर आराम से बहन जी के साथ व्यावहारिकता की कसौटी पर कसनी थीं।

आश्रम में पहुँचने पर वही शाम मेरे व बहन जी के हाथों में थी क्योंकि दूसरी सुबह बहन जी इन्दौर के लिए जाने वाली थीं। "यह एक वर्ष की लम्बी यात्रा कैसी रही?" ऐसा ही एक सवाल बहन जी ने पूछा था। "स्वास्थ्य कैसा रहा?" यह बहन जी प्रमुखता से पूछा करती थीं, पर वह उन्होंने मुझसे नहीं पूछा था, शायद देख ही लिया था कि चेहरा चमक रहा था और शरीर किंचित मात्र भी नहीं घटा था बल्कि कुछ बढ़ ही गया था। एक लम्बी यात्रा की बात कहनी थी, "उसको आश्रम परिवार में तुम बताओगी ही, मैं भी तब ही सुनूँगी।" बहन जी ने अपनी व्यावहारिक बुद्धि चलाई थी, पर पूरी यात्रा का सार-संक्षेप जो मैंने उन्हें कहा था, वह लगभग यह था "वहाँ जाकर उन देशों की जीवनशैली देखकर मुझे अधिक गहराई से लगा कि गांधीजी की अहिंसक समाज-रचना व सादगीपूर्ण जीवनशैली का विचार उन देशों के लिए बहुत आवश्यक है।"

यह सुनकर बहन जी ख़ुश हुईं। उन्हें भरोसा हो गया कि यूरोपीय जीवन की चमक-दमक में मैं खो नहीं गयी। मैंने उन्हें यह भी बताया कि कई ऐसे समविचारी लोग भी मिले जो भौतिकवाद की अति को विनाश ही मानते हैं और धरती से जुड़कर सादा जीवन जीने की कोशिश करते हैं। वे कभी हमारे आश्रम को भी देखना व समझना चाहते हैं। इससे बहन जी और भी प्रसन्न हुईं। उन्होंने मुझे उसी महीने में होने वाले उत्तराखण्ड सर्वोदय सम्मेलन की तारीख़ें बतायीं और बताया कि यह सम्मेलन जोशीमठ (ज़िला चमोली) में होने वाला था। उसमें मैदानी भागों से कई वरिष्ठ सर्वोदय कार्यकर्ता, विद्वान विचारक आदि भी शामिल होने वाले थे। बहन जी ने मुझे

भी उस सम्मेलन में शामिल होने को कहा। वे स्वयं भी उस सम्मेलन में शामिल होने के लिए जाने वाली थीं, पर उसके पूर्व उन्हें इन्दौर में किसी बैठक में जाना था। "मैं इन्दौर से ही दिल्ली होती हुई जोशीमठ पहुँचूँगी", उन्होंने कहा था। तब उन्हें व हमें मालूम न था कि वहाँ कौन-सी भवितव्यता उनकी व हमारी प्रतीक्षा कर रही थी।

मैं निश्चित दिन को गाँवों में काम कर रही हमारी तीन कार्यकर्ता बहनों को साथ लेकर कौसानी से निकली और हम शाम को श्रीनगर (गढ़वाल) पहुँचीं। वहाँ दिल्ली से देवेन्द्र कुमार गुप्ता, वाराणसी से करणभाई, नेपाल से तुलसीमेहर पहुँचने वाले थे। बहन जी जीप व गाड़ी में देवेन्द्र कुमार गुप्ताजी के साथ आने वाली थीं। उस दिन श्रीनगर में कार्यकर्ताओं की भीड़ थी। हम बहनों को किसी बड़े हॉल के फ़र्श पर गद्दे डालकर सोना था। उसी हॉल में कुछ पुरुष कार्यकर्ता भी सोने वाले थे। करणभाई ने हम बहनों के लिए एक कोना निर्धारित करके हमारी व्यवस्था में मदद कर दी थी। श्रीनगर में मेरी भेंट बहन जी से नहीं हुई थी क्योंकि उनके रहने की व्यवस्था कहीं अन्यत्र की गयी होगी जिसकी हमें जानकारी नहीं मिल पायी थी।

दूसरी सुबह जल्दी ही जोशीमठ जाने वाली पहली बस से हमारी टोली निकल गयी। वहाँ पहुँचने के दो-तीन घण्टों बाद मुझे पता लगा कि बहन जी को श्रीनगर से आगे सीमान्त ज़िले चमोली में जाने की अनुमति सरकार से नहीं मिली थी। मैं सोचने लगी, नेपाल का नागरिक सीमान्त क्षेत्र में प्रवेश कर सकता है और भारत को जीवन देने वाली भारतीय लोगों को समर्पित बहन जी को क्यों अनुमति माँगने की ज़रूरत पड़ी और क्यों उन्हें अनुमति नहीं मिली? पर यह प्रश्नों में उलझने का समय न था। मैंने मानसिंह भाईजी से सुना, बहन जी अनुमति न मिलने से दुखी हुई थीं। वे अपमानित भी महसूस कर रही थीं और उन्होंने उत्तराखण्ड छोड़ देने का निश्चय कर लिया था। इसी तैयारी से वे विमला दीदी से विदा लेने सिल्यारा (ज़िला टिहरी गढ़वाल) में उनके पर्वतीय नवजीवन आश्रम को चली गयी थीं। मेरे लिए यह बिन बादलों के वज्रपात जैसी अनहोनी बात हो गयी थी।

मैं जानती थी कि 1962 में चीन द्वारा उत्तराखण्ड की सीमा से भारत पर किये गये आक्रमण के बाद भारत सरकार ने टिहरी ज़िले का सीमान्त भाग उत्तरकाशी, पौड़ी गढ़वाल ज़िले का सीमा से लगा भाग चमोली और अल्मोड़ा ज़िले के सीमान्त भाग पिथौरागढ़ को सीमान्त ज़िले घोषित कर दिया था और उनमें विदेशी नागरिकों को बिना सरकारी अनुमति के प्रवेश नहीं मिलता था। मैंने बहन जी से यह भी जाना था कि वे स्वयं राष्ट्रों की सीमाओं पर विश्वास नहीं करती थीं। वे स्वयं को 'विश्वनागरिक' मानती थीं, किन्तु यह भी शत-प्रतिशत इतना सुनिश्चित था जितना

पृथ्वी पर सूर्य का उदय होना कि बहन जी इस देश के प्रति पूर्ण समर्पित थीं। वे इतनी सत्यशील थीं कि वे भारत को धोखा कभी भी नहीं दे सकती थीं। उनके व्यक्तित्व के बारे में यह भी सच था कि वे किसी देश या व्यक्ति की अन्धभक्त नहीं थीं। तब उन्हें उसी उत्तराखण्ड के सीमान्त ज़िले में प्रवेश की अनुमति क्यों नहीं मिली, जिसकी सेवा में उन्होंने अपना जीवन का हर क्षण लगाया था? क्या यह सरकारों का अन्धत्व था? क्या उन्हें यह याद नहीं रहा कि वह इस देश की आज़ादी के लिए जेलों के कष्ट सहन करने वाली स्वतन्त्रता सेनानी थीं? वह देश के निर्माण के लिए गांधीजी के रास्ते पर चलने वाली रचनात्मक कार्यकर्ता थीं?

मैं दुख में डूबी इन प्रश्नों से उलझ रही थी। मानसिंह जी को बहन जी को दुख पहुँचाने वाला यह सन्देश देने का काम करना पड़ा था। इसके कारण वे भी दुखी थे। मानसिंह जी बहुत संवेदनशील, कोमल हृदय पर दृढ़निश्चयी व्यक्ति थे। मैंने तुरन्त निर्णय लिया कि मुझे बहन जी के पास सिल्यारा आश्रम जाना चाहिए। उत्तराखण्ड सर्वोदय सम्मेलन व उसमें आमन्त्रित देश के विद्वान कार्यकर्ता बन्धुओं में मेरा कोई आकर्षण नहीं रहा। मैं उसी दिन जोशीमठ से श्रीनगर व वहाँ से दो-तीन स्थानों पर बसें बदलती हुई सिल्यारा पहुँच गयी। विमला दीदी व सुन्दरलाल बहुगुणा जी का नवजीवन आश्रम मोटर रोड से कुछ ऊँचाई पर भिलंगना घाटी के सुन्दर दृश्य के सामने था। मैं पहले भी कई बार इस आश्रम में गयी थी, रही थी और इस घाटी में मैंने पदयात्राएँ की थीं, पर उस दिन नवजीवन आश्रम की पगडण्डी पर चढ़ना मेरे लिए बिल्कुल ही भिन्न था। मेरा दिल धड़क रहा था, आँखें भर आ रही थीं।

आश्रम में पहुँची और मिलने बहन जी के कमरे में गयी। वे पीड़ा से भरी हुई थीं। मैं जब भी उनके उत्तराखण्ड छोड़ने के निर्णय को बदलने का अनुरोध करती, वे आँसुओं में फूट पड़ती थीं। बहन जी को इस प्रकार रोते हुए देखने का यह मेरा प्रथम दुर्दिन था। उनके साथ मैं भी आँसू बहाती और हमारे स्वर बन्द हो जाते, परन्तु जब हम कुछ संयत हुए, तब बहन जी ने बताया था कि "उन्होंने बहुत पहले से ही उत्तराखण्ड के वरिष्ठ सर्वोदय कार्यकर्ता साथियों को बताया था कि वे 'इनर लाइन' के अन्दर सम्मेलन न करके श्रीनगर में सम्मेलन करें, जहाँ अनुमति माँगने का कोई झंझट नहीं होगा, पर इन आग्रही लोगों ने मेरी बात नहीं मानी।" यह वे नाराज़ी से भरे शब्दों में कहती थीं। "दूसरा, मैंने यह भी कहा था कि मुझे अनुमति लेनी होगी तो मैं स्वयं ही सरकार को लिखूँगी। यदि अनुमति मिली तो मैं 'इनर लाइन' के भीतर प्रवेश करूँगी। यदि नहीं मिली, तो मैं वहाँ पर बैठकर सत्याग्रह करूँगी, परन्तु

साथियों ने मेरी बात नहीं मानी।" इसके लिए वे साथियों से भी नाराज़ थीं और उन्होंने जो चेतावनियाँ उन साथियों को दी थीं, उसके अनुसार "यदि अनुमति आपके माँगने से नहीं मिली, तो मैं उत्तराखण्ड छोड़ दूँगी।" अब अपनी उसी बात पर बहन जी अटल थीं। मैं समझ गयी थी कि बहन जी के स्वाभिमान को गहरा आघात लगा था। यह आघात उन्हें उस समय भी पीड़ा देता था और वर्षों तक भी पीड़ा देता रहा था।

मैंने बहन जी से दूसरी विनती की कि जाना ही हो तो जाने से पहले कृपया कुछ दिनों के लिए आश्रम में आयें। बहुत सोच-विचार के बाद उन्होंने मेरी यह माँग स्वीकार कर ली। तब हम दोनों कौसानी के लिए चलीं। "मैं बच्चों के बीच जाने लायक नहीं हूँ। बच्चों के साथ हमेशा प्रसन्नचित्त होकर जाना चाहिए," कौसानी की ओर जाती बस में बहन जी ने मुझसे कहा था। "बच्चियों के बीच जाकर शायद आपका मन हल्का हो जायेगा" मैंने उन्हें कहा। "तुम नहीं समझतीं कि मुझे कितनी तकलीफ़ है? यह पीड़ा इस प्रकार आसानी से नहीं जाने वाली है। क्या भविष्य होगा, कौन जाने? एक समय था, आश्रम बनने के पूर्व जब मैं अनिकेत थी। आज फिर से बेघर हो गयी हूँ।" उन्होंने अपनी व्यथा व्यक्त की। जैसी भी मन:स्थिति थी, मुझे किसी न किसी प्रकार उन्हें आश्रम तक ले ही जाना था। एक धुँधली आशा मैंने मन में पाल ली थी कि शायद वहाँ आश्रम की बच्चियों के बीच उनका मन हल्का होगा और वे अपने इस कठोर निर्णय को बदल पायेंगी, पर वह तो नहीं हुआ।

मुझे जहाँ तक याद है, बहन जी चार या पाँच दिनों तक आश्रम में रहीं। उन्होंने सामूहिक रूप में आश्रम परिवार से अपने निर्णय यानी उत्तराखण्ड छोड़कर जाने की बात नहीं कही, परन्तु व्यक्तिगत बातों में ही यह जानकारी पूरे आश्रम में एक सनसनी की तरह फैल गयी थी। बहन जी ने अपने व्यक्तिगत सामानों, काग़ज़ों व फ़ाइलों को छाँटना प्रारम्भ किया, कुछ साथ ले जाने को और कुछ आश्रम में छोड़ जाने के लिए, जिन्हें उन्होंने मुझे सौंप दिया था। वे आश्रम के ऑफ़िस में बैठीं और फ़ाइलें निकालकर मुझे आश्रम की वित्तीय व्यवस्था समझाने लगीं कि अब तक सालभर आने वाली धनराशि का कितना भाग आ चुका है और कितना भाग शेष है, जो कि आना चाहिए। उसके लिए कब और कहाँ स्मरण-पत्र लिखना होगा आदि, सब समझाया।

आश्रम में रहते हुए तब तक उन सोलह-सत्रह वर्षों में मैंने कई ज़िम्मेवारियाँ निभायी थीं और मैं उनको ठीक से निभा पायी थी, किन्तु यह वित्त-व्यवस्था व संचालन, मैंने कभी सपने में भी नहीं सोचा था कि मुझे सँभालना होगा। दिल में एक

बोझ लिए मैं बहन जी की बतायी बातें सुनती रही और कुछ आवश्यक लगा तो उसे नोट भी करती रही। पूरे समय मेरा आत्मविश्वास डगमगा रहा था।

बहन जी की विदाई का दिन बहुत करुण था। बच्चों व बहनों से विदा लेते समय ही उनकी अश्रुधारा बहने लगी थी। बहनों ने उन्हें टीका लगाया। रास्ते के लिए भाखरी बनाकर उनके सामान में रख दी थी और आश्रम के मुख्य द्वार तक वे सब उन्हें छोड़ने गयीं और वहाँ पर उन्होंने रुँधे स्वरों व आँसुओं की धाराओं के बीच प्रयासपूर्वक कहा, "शुभयात्रा"। "बहन जी, जल्दी आइए।" बहन जी पड़ोसी परिवारों को भी मिलीं। वहाँ भी उनके आँसू रुकते न थे। लोग अ'वाक् थे कि इस धीर-गम्भीर स्त्री को क्या हुआ होगा? बहन जी इसी स्थिति में बस स्टेशन गयी थीं। मैं लगातार उनके साथ थी। उनका कुछ सामान उठाकर उन्हें बस तक ले गयी और मैंने ही उन्हें, यानी अपने सबसे बड़े वैचारिक, व्यावहारिक व सामाजिक मार्गदर्शक तथा आत्मिक अवलम्बन को बस में बिठाकर विदा कर दिया। कभी जिसकी पूर्ति नहीं हो सके, ऐसी रिक्तता और 'क्या और कैसे करूँगी?' इसकी घबराहट ने मेरे मन को घेर लिया था। विदेश प्रवास में उग आयी नये कामों की कल्पनाएँ कहीं लुप्त हो गयी थीं। पहले जो है उसे तो चलाएँ, यह लगने लगा था। उसे चलाना भी मेरे लिए एक नयी व कठिन राह पर चलना ही था।

बहन जी दूर-दूर बहुत दूर जा रही थीं, पर उनका हृदय हमारे पास था और हमारा मन-बुद्धि-हृदय सभी उनके ही पास था। योग-संयोग किस तीव्रता से बदल जाते हैं? मेरे जीवन की यह परीक्षा घड़ी ही थी।

20

आश्रम संचालन तथा स्वाभिमान रक्षा

बहन जी नैनीताल, हल्द्वानी व मेरठ आदि स्थानों से होकर लखनऊ पहुँचने वाली थीं। वहाँ विचित्र भाई (विचित्र नारायण शर्मा), जो उस समय आश्रम कार्यकारिणी के अध्यक्ष थे, रहते थे। अत: 'कस्तूरबा महिला उत्थान मण्डल' की कार्यकारिणी समिति की बैठक बहन जी ने वहाँ बुला ली थी। मुझे भी समिति की एक सदस्य के रूप में वहाँ बुलाया था। इस बैठक में वैधानिक प्रस्ताव पारित करके सचिव की ज़िम्मेदारी मुझे सौंप दी गयी। मुझे याद है कि उस समय मेरी आँखों से आँसू बहने लगे थे। तब विचित्र भाई ने अपने विनोदभरे मस्त लहजे में कहा था, "घबरा क्यों रही हो? हम तो हैं सभी। तुझे मदद करेंगे" और बहन जी ने कहा, "मुझे विश्वास है वह सब कर सकेगी", पर मेरा मन कहता था, शायद मैं नहीं कर सकूँगी।

बहन जी पैसे का ठीक उपयोग करना जानती थीं। उस उपयोग में भी आदर्श व सिद्धान्त निहित होता था। वे पैसे पर निर्भर भी नहीं रहती थीं। पैसा आयेगा, नहीं भी आया तो काम रुकेगा नहीं, यह उनका विश्वास था। उनकी ईमानदार छवि व जीवन में निहित तपस्या की शक्ति थी कि उन्हें अपने काम के लिए बिना माँगे भी पैसा मिलता था। उनका मानना था कि ज़रूरत से अधिक पैसे का संग्रह संस्था में भी नहीं होना चाहिए। असंग्रह का व्रत केवल व्यक्तिगत जीवन में ही नहीं, संस्था व परिवार में भी पालन करना चाहिए। इसलिए उनके जाने के बाद आश्रम के खाते का बैलेंस इतना रहता कि आश्रम को मिलने वाले जितने अर्थस्रोत थे, सब नियमित आते रहें, तो स्थिति सन्तुलित रहती थी। पर एक भी स्रोत बाधित हुआ तो मेरी रात की नींदें लुप्त हो जाती थीं।

प्रारम्भ के दो-तीन वर्ष कठिन थे। इसी अवधि में उत्तर प्रदेश गांधी स्मारक निधि ने अनुदान देना बन्द कर दिया। उनसे मिलने वाला वह पैसा हमारे लिए एक महत्त्वपूर्ण रक़म थी क्योंकि अन्य स्रोतों से आंशिक पूर्ति होने के बाद शेष व्ययराशि

की पूर्ति उत्तर प्रदेश गांधी स्मारक निधि ही करती थी। शायद गांधी स्मारक निधि के पुराने निर्णयकर्ता सदस्यों को मालूम था कि जिस निधि को वे दूसरों को अनुदान में दे रहे थे, उस निधि को एकत्र करने में बहन जी का भी योगदान था, परन्तु वर्तमान सदस्य उस निधि पर अपना एकाधिकार मानते थे। पर्वतीय बालिकाओं के लिए नयी तालीम का प्रयोग और महिलाजागृति या जनजागृति के आन्दोलन या अभियान उनके सामने महत्त्वपूर्ण न थे। उनका कहना था कि आश्रम भी खादी ग्रामोद्योगों के द्वारा अपनी आय पैदा करे और अपनी प्रवृत्तियाँ चलाये। विचित्र भाई उसके अध्यक्ष थे, जिन्होंने मुझे मदद देने का वचन दिया था, परन्तु वे भी निधि के सदस्यों के बहुमत के सामने दब गये थे।

बहन जी ने कभी सरकारी अनुदान के लिए आवेदन नहीं किया था, परन्तु स्वतन्त्रता संग्राम के उनके जेलवास के साथी केन्द्र व राज्य सरकारों में मन्त्री बने थे। ऐसे ही एक स्वतन्त्रता सेनानी श्री कालूलाल श्रीमाली केन्द्र सरकार में शिक्षा मन्त्री थे। उन्होंने आग्रह किया, "सरला बहन, असली शिक्षा का काम तो आप ही कर रही हैं।" उन्होंने आश्रम के शिक्षा कार्य के लिए प्रतिवर्ष ढाई हज़ार रुपये का अनुदान देना प्रारम्भ किया था। उस समय कौसानी में कोई अस्पताल न था, अत: आश्रम एक छोटा दवाख़ाना चलाता था, जिसमें आयुर्वेदिक दवाएँ व अन्य स्वास्थ्य सेवाएँ दी जाती थीं। कोसी घाटी के गाँव-गाँव में घूमकर भी स्वास्थ्य सेविकाएँ सेवा देती थीं। इन सेवाओं के लिए स्वास्थ्य विभाग से भी एक हज़ार पाँच सौ रुपये प्रतिवर्ष तथा बालिकाओं की छात्रवृत्ति के लिए हरिजन एवं समाज कल्याण विभाग से तीन हज़ार रुपये का अनुदान मिलता था। इन्हीं सब अनुदानों को मुझे आश्रम के लिए प्राप्त करने की कार्यवाही करनी थी।

लक्ष्मी आश्रम, कौसानी से जाकर बहन जी बिहार में विनोबाजी के ग्रामदान अभियान में जुड़कर काम करने लगी थीं। ग्रामदान द्वारा गाँवों में ग्रामस्वराज्य लाने पर उनका पूर्ण विश्वास था और उसमें समय देने की उनकी उत्कट इच्छा थी। अत: वे उत्तराखण्ड से विनोबाजी के पास बिहार ही गयी थीं। बाद में दक्षिण भारत में, विशेषत: कर्नाटक की सर्वोदय विचार को समर्पित कार्यकर्ता बहनों ने बहन जी को कर्नाटक बुलाया था, तो वे वहाँ ग्रामदान व स्त्रीशक्ति जागरण के कामों में व्यस्त हो गयी थीं। उनके साथ मेरा पत्र-व्यवहार नियमित रूप से चलता था।

वे छोटी से छोटी बात के लिए भी मुझे पत्रों द्वारा मार्गदर्शन देती थीं। मैं भी आश्रम की प्रवृत्तियों, उपलब्धियों व समस्याओं की पूरी जानकारी उन्हें देती रहती थी। वे मुझे सरकारी अनुदानों के बारे में भी समय पर चेताती रहती थी। कस्तूरबाग्राम

(इन्दौर) से 26 अप्रैल 1967 को लिखा उनका पत्र उनके स्वीकृति पत्र मार्गदर्शन का एक नमूना ही है। वे लिखती हैं, "प्रिय राधा, दवाख़ाने की ग्रांट का स्वीकृति पत्र और हिसाब पन्द्रह मई से पूर्व पेश करना चाहिए। मिनिट्स बुक साथ ले जायें। यदि ये तुम्हारी अधिकृत वैधानिकता के बारे में पूछे, तो मिनिट्स बुक से सचिव पद वाले प्रस्ताव की प्रतिलिपि उन्हें भेज दोगी। सभी काग़ज़ लखनऊ भेजने के बाद एक-दो महीने में नये साल की ग्रांट की मंज़ूरी न आवे, तो उन्हें खटखटाना शुरू कर देना। दवाख़ाने के हिसाब में वेतन और एक दो बड़े बिलों से हिसाब पूरा हो जाता है, सिर्फ़ डेढ़ हज़ार पूरा दिखाना होता है। हरिजन ग्रांट के बारे में भी अभी से कुछ हरक़त शुरू करनी चाहिए। पता नहीं, नये मन्त्रिमण्डल की इस सिलसिले में क्या नीति होगी? मन्त्री कौन हैं और उसका रुख क्या है, इस बात का पता लगा लेने की कोशिश कर लेना। किसके द्वारा उनका सम्पर्क करना ठीक होगा, यह भी पता लगाना चाहिए। यह राजनीतिक चक्र बड़ा गन्दा है।" ऐसे ही कुछ अन्य मार्गदर्शक पत्र मेरे पास आते रहे थे।

बहन जी एक महान विभूति थीं। उनके जीवन की पार्श्वभूमिका व तपस्या का प्रभाव सब पर था, परन्तु मैं उस दृष्टि से कुछ भी न थी। इन्हीं गाड़-गधेरों (नालों व घाटियों), उडियारों (गुफाओं) से निकली एक युवा पहाड़िन। इसी वजह से इन अनुदानों की खोज ख़बर लेना प्रारम्भ में मुझे कठिन लगा था। मुझे देखकर "सरला बहन के बदले ये लड़की?" लोगों की आँखें प्रश्न करती थीं। एक बार ज़िला हरिजन एवं समाज कल्याण अधिकारी के कार्यालय में अनुदान के सम्बन्ध में ही जाना पड़ा। मेरे साथ आश्रम के एक वरिष्ठ कार्यकर्ता देवीपुरस्कार भाई भी थे। अधिकारी महोदय बड़े सज्जन पुरुष तथा गांधी विचार का सम्मान करने वाले व्यक्ति थे। तो भी मैंने देखा, वे मेरी ओर अभिमुख होकर बोलते ही न थे। वे लगातार देवीपुरस्कार भाई से ही प्रश्न पूछते और उन्हें ही मेरे पूछे प्रश्नों के जवाब भी देते। अन्त में मुझे कहना ही पड़ा, "कृपया मेरी ओर देखिए। मुझसे बात करिए। मैं आपके प्रश्नों के उत्तर समझाकर बताती हूँ।" उस समय समाज में एक महिला, वह भी अविवाहित, को अपना स्थान बनाना कुछ कठिन ही था। इसका भी एक कड़ुवा अनुभव मुझे याद आता है।

समाज व प्रशासन के लोग मेरे नेतृत्व को समझने लगे थे। धीरे-धीरे उन पर मेरी मेहनत का प्रभाव भी पड़ा था और आश्रम में मेरी साथी व सहयोगियों की निष्ठा भी उन्होंने समझी थी, पर एक युवा महिला को अपने ही लोग बहुत मुश्किल से समझते हैं। साथ ही, सामाजिक कार्यों में लगे लोगों की तथाकथित नीति या

राजनीति, पसन्दगी या नापसन्दगी भी विकट होती है। हमारे क्षेत्र के पुरुष कार्यकर्ता साथियों में से कुछ बहुत संकीर्ण दृष्टि से ग्रसित थे। शायद वे सोचते थे कि समाज में काम करने वाली किसी महिला को भी घरों में बन्द मजबूर महिलाओं की तरह ही होना चाहिए। मेरा व्यवहार ऐसा न था और न ऐसा हो सकता था कि मैं आश्रम के भीतर ही बँधकर रहूँ। हमारे आश्रम की आर्थिक व सामाजिक सहूलियतों की माँग थी कि उनके लिए मैं दूर भी जाऊँ और आश्रम प्रवृत्तियों को विस्तार व विकास भी दूँ। इसमें पुरुषों से भी सम्पर्क आता था व महिलाओं से भी मतलब पड़ता था। संकीर्ण दृष्टि को यह मंज़ूर नहीं हो सकता था। हमारे सर्वोदय क्षेत्र के एक वरिष्ठ साथी के पास कुछ मनगढ़न्त बातें बड़े रहस्य की तरह बनाकर किसी कार्यकर्ता ने कह दीं और उस संकीर्ण मानस वाले व्यक्ति की तरह ही वरिष्ठ मित्र ने भी घटना की प्रामाणिकता जाने बिना बहन जी को लिख भेजा। शायद इसके द्वारा वे बहन जी की नज़रों में कुछ ऊँचा स्थान पाना चाहते हों।

बहन जी अद्‌भुत थीं। उन्होंने तुरन्त एक पत्र मेरे नाम भेजा, जिसमें मुख्य बात थी कि समाज में सेवा कार्य या समाज-परिवर्तन कार्य करना है तो समाज का विश्वास जीतना होता है। उन्होंने यह भी लिखा था कि मुझे पूरा भरोसा है कि यह शक्ति तुममें है। तुमने बौंगाड़ में उसका एक अच्छा नमूना अर्जित किया था, पर हमारा सर्वोदय परिवार विचित्र लोगों से बना है। यहाँ गाँव के जैसे सरल लोग नहीं हैं, अतः तुम्हें सावधानी से काम करना चाहिए।

मुझे बहन जी के शब्द याद नहीं हैं, पर भाव याद हैं, और हमारी बहन जी की सरलता की पराकाष्ठा थी कि उन्होंने हमारे वरिष्ठ सर्वोदयी साथी का शिकायती पत्र संलग्न करके मुझे भेज दिया था। पढ़कर मुझे ग़ुस्सा आया। किसी महिला की लोकप्रियता को रोकना हो तो उसके चरित्र पर प्रहार करना चाहिए, इस दुर्नीति का यह एक नमूना ही था।

कुछ महीनों बाद वरिष्ठ साथी कहीं जाते हुए हमारे आश्रम में आये। हमने पूर्ववत् उनका स्वागत किया। उन्हें जल्दी निकलना था, अतः उन्हें समस्त आश्रम परिवार से पहले भोजन कराया। उसके बाद ही मैंने उनके सामने आश्रम की चाबियों का गुच्छा फेंक दिया और शान्त किन्तु दृढ़ स्वर में कहा, "मैं अपना चरित्र व स्वाभिमान गँवाने के लिए यहाँ काम नहीं कर रही हूँ। ये आश्रम की चाबियाँ सँभालिए और आश्रम को आप ही चलाइए। मुझ पर कोई कुशंका थी,तो सही रास्ता तो यह होता कि आप पहले मुझसे कहते। फिर जो आपने अपनी आँखों से नहीं देखा,

उसको बहन जी तक पहुँचाने का आपको क्या अधिकार था? आप जानबूझ कर मुझे गिराना चाहते हैं क्या? आप लोग महिलाओं को इसी प्रकार हतोत्साहित करते हैं, पर मेरी अपनी मर्यादाएँ हैं। मैं उन्हें जानती हूँ। मैं अपने चरित्र के लिए स्वयं ज़िम्मेदार हूँ और उसके लिए मैं स्वयं को अपनी आत्मा के प्रति जवाबदार मानती हूँ, अन्य किसी के प्रति नहीं।" इस अप्रत्याशित आक्रमण से वे घबराये और उन्होंने क्षमा माँगी।

मुझे एक अन्य घटना भी याद आ रही है कि महिला के बढ़ते क़दम किस प्रकार इन साथियों को सहन नहीं होते थे। हमारे उत्तराखण्ड सर्वोदय मण्डल की एक दो दिवसीय बैठक कर्णप्रयाग में हुई थी। गोष्ठी के अन्तिम सत्र में सर्वोदय मण्डल के नये अध्यक्ष का निर्धारण होना था। कुछ लोगों ने बड़े उत्साह से मेरा नाम प्रस्तावित किया था।

अन्य लोगों ने भी उसी प्रस्ताव को ख़ुश होकर स्वीकार किया, किन्तु कुछ प्रभावशाली साथी चुप ही रहे। मुझे शंका तो हुई, पर उसकी कोई चिन्ता नहीं हुई क्योंकि मुझे पद प्राप्त करने की कोई आकांक्षा न थी न ही मैंने उसके लिए कोई प्रयास किया था। मुझे पद मिलने पर उसके लिए विशेष काम व मेहनत अवश्य करनी होती, वह करने को मैं तैयार थी। शाम को सामूहिक प्रार्थना में स्थानीय गाँव के लोग भी शामिल होते थे। प्रार्थना हुई और दिन भर की बैठकों की कार्यवाही बताते हुए उन्हीं वरिष्ठ साथी ने कहा, "उत्तराखण्ड सर्वोदय मण्डल के नये अध्यक्ष श्री अमुक भाई बनाये गये हैं।" मैंने सोचा, वे ग़लती में बोल गये हैं। अतः चुप रही, पर किसी साथी ने उन्हें सुधारते हुए कहा, "सभा में फलां भाई नहीं, राधाबहन को अध्यक्ष बनाया गया था।" वरिष्ठ साथी ने थोड़ी बेशर्मी से ही कह दिया, "अरे भाई...श्री अमुक भाई से तो हमने मिठाई भी खा ली है। अब इस बार वे ही अध्यक्ष रहेंगे।" यह कितना कमज़ोर कारण व तर्क दिया गया था, पर कुल मिलाकर इसमें महिला को पीछे खींचने का इरादा ही मुख्य था। अपने से छोटी आयु की महिला कार्यकर्ताओं को प्रोत्साहित करने की, आगे बढ़ाने की समझ इनमें नहीं थी।

किसी सार्वजनिक ही नहीं, उच्च विचार आधारित कार्यक्षेत्र में भी आगे बढ़ने में एक महिला को पुरुषों से तिगुनी शक्ति व क्षमता रखनी पड़ती है। मैंने यह निष्कर्ष ऐसे ही रोड़ों को अपने रास्ते से हटाते-हटाते अनुभव किया था। जैसे हम बचपन में रामलीला देखने जाती थीं, तो अपना बोरा साथ ले जातीं और अपना बोरा बिछाकर अपने लिए स्थान सुरक्षित कर लेती थीं, वैसे ही अपनी ईमानदारी व परिश्रम से यहाँ भी अपना बोरा बिछा देना पड़ता था। धीरे-धीरे मेरा बोरा बिछ ही गया। मैंने बहन जी से जिस स्वाभिमान का मन्त्र पाया था, उसे झुकने नहीं दिया।

ज़िले के सरकारी कार्यालयों में अधिकारी ही नहीं, कर्मचारी भी समझने लगे कि ये सरला आश्रम वाले घण्टों खड़े रहेंगे, कई बार आयेंगे, पर कभी एक पैसा रिश्वत नहीं देंगे न इनके काम में एक पैसे की भी भूल हमें मिलेगी। हमारा ऐसा मान एक स्तर तक यानी स्थानीय एवं ज़िला मुख़यालय तक बन गया था, परन्तु प्रदेश मुख़यालय यानी लखनऊ के विभागीय कार्यालयों में हमें कोई पहचानते भी न थे। एक बार हमारी घाटी के किसानों की एक सहकारी समिति के सदस्य हमारे पास आये। उनके पास आरक्षित वन की सीमा पर एक नापभूमि थी, जिसका उपयोग वे कभी नहीं कर पाये थे और आगे भी नहीं कर पायेंगे, यह उन्हें लगता था। दूसरी ओर उनकी समिति पर तीन हज़ार रुपये का ऋण था, जिसकी भुगतान की तारीख़ सामने आ गयी थी। वे हमारी संस्था को केवल तीन हज़ार रुपयों में वह ज़मीन दे देना चाहते थे। हमारे स्थान से उनकी वह भूमि कुछ निकट होती थी। इससे उन्हें लगता था, हम उसे आबाद कर पायेंगे। हमने आपस में कार्यकर्ताओं से सलाह की और अपने ही गाँव के किसानों को मदद करने के प्रमुख भाव से हमने वह ज़मीन ले ली।

बाद में लगने लगा कि आरक्षित वन से लगी हुई वह ज़मीन आश्रम से भी इतनी दूर थी कि हमारे लिए उसे आबाद करना कठिन था। हमने उस राजस्व भूमि को वन विभाग को देने व उसके बदले आश्रम परिसर की मुख्य भूमि से जुड़ी आरक्षित वन की भूमि प्राप्त करने का प्रस्ताव वन विभाग को भेजा। समय लगा, पर हमारा प्रस्ताव स्वीकृत हो गया। हमारी उस राजस्व भूमि का अधिग्रहण भी वन विभाग के द्वारा हो गया। साल दर साल बीतते गये, परन्तु हमारी राजस्व भूमि के बदले में हमें वनभूमि नहीं मिली। उसकी फ़ाइल लखनऊ के बड़े ऑफ़िस में पड़ी रही। हमारे पत्र अनुत्तरित रह जाते थे। जब-जब हम किसी अन्य काम से प्रदेश की राजधानी में यानी लखनऊ जाते तो वन विभाग के उक्त ऑफ़िस में अवश्य जाते और उन्हें याद दिलाते थे। उनको लिखे पत्रों की प्रतिलिपियों की अपनी फ़ाइल को खोलकर उन्हें दिखाते थे। हमारी राजस्व भूमि का वन विभाग को हुए हस्तान्तरण का पत्र भी दिखाते। हम अपनी फ़ाइल हमेशा साथ ले जाते, पर उस ऑफ़िस में हमारे मामले से सम्बन्धित अधिकारी से लेकर चपरासी तक ने मानो तय कर लिया था कि वे सब एक ही उत्तर देते, "आपकी फ़ाइल हमारे ऑफ़िस में नहीं मिल रही है।" एक बार मैं अपने मन में तय करके गयी कि जब तक उनकी फ़ाइल नहीं मिलेगी, मैं उनके ऑफ़िस से हटूँगी नहीं।

मैं सम्बन्धित अधिकारी के पास गयी और उनको अपना निश्चय बताकर सामने उनके ऑफ़िस के सोफ़े में बैठ गयी। ऑफ़िस खुलते ही मैं पहुँच जाती और

अधिकारी के आने पर उन्हें 'नमस्ते' कहती व शान्तिपूर्वक सोफ़े पर बैठ जाती। शाम को दफ़्तर बन्द होने पर मैं भी उठकर बाहर चली जाती। शायद चार-पाँच दिन बीतने पर अधिकारी ने मुझे कहा कि मैं अन्दर फ़ाइल सैक्शन में जाऊँ और उसके इंचार्ज से मिलूँ। मैं समझ गयी कि फ़ाइल सैक्शन का इंचार्ज मुझसे रिश्वत की माँग करेगा। मैंने कहा, "मैं सैक्शन ऑफ़िसर से निवेदन करूँ कि वह हमारी फ़ाइल खोज दें, इससे बेहतर होगा कि आप उन्हें आदेश दें कि वह कस्तूरबा महिला उत्थान मण्डल, कुमाऊँ की फ़ाइल निकालकर आपकी मेज़ पर रखें।" मैं जानती थी कि मैं फ़ाइल सैक्शन में जाती तो मुझसे मुद्रा की माँग की जाती। उस समय रिश्वत लेने की यह प्रचलित युक्ति थी कि छोटे कर्मचारी माँगते थे और अधिकारियों तक उसका बँटवारा होता था।

शायद पूरे आठ या दस दिन नियमित रूप से मेरा शान्त सत्याग्रह चला। अधिकारी महोदय मेरे धैर्य की परीक्षा ले रहे थे और मैं उनके धैर्य की परीक्षा ले रही थी। मुझे डर था कि किसी दिन वे चिल्ला उठेंगे, और कहेंगे "चपरासी, इन्हें मेरे ऑफ़िस से बाहर निकाल दो।" पर ऐसा नहीं हुआ। एक दो दिन और भी बीत गये, तो वे खीझकर बोले, "मैडम, आप फ़ाइल सैक्शन में क्यों नहीं जातीं ताकि आपकी फ़ाइल निकल सके?आप इस प्रकार मेरे ऑफ़िस में नहीं बैठ सकतीं, आपको मालूम है कि नहीं?" मैं नहीं कह सकती कि उनके शब्द मुझे पूरे के पूरे उसी तरह याद हैं या नहीं, पर उनके शब्दों से लगा कि उनके धैर्य का बाँध टूट गया था। मैंने अपनी नम्रता बनाये रखी, "हाँ महोदय, आप कृपया आदेश देकर फ़ाइल निकलवा लीजिए तो मुझे यहाँ आकर बैठने की कोई ज़रूरत ही नहीं रहेगी। आज तो फ़ाइल निकलवा ही दीजिए, प्लीज़।"

आख़िर दसवें या ग्यारहवें रोज़ मैं उनके ऑफ़िस में पहुँची तो अधिकारी महोदय ने आते ही सर्वप्रथम अपनी मेज़ पर हमारी फ़ाइल पर ही काम शुरू किया। उन्होंने अल्मोड़ा के प्रभागीय वनाधिकारी को पत्र लिखवाया और उसे तुरन्त टाइप करवाकर उसकी प्रतिलिपि मेरे हाथों में देते हुए कहा, "मैं मान गया आपकी शक्ति को।" मैंने प्रतिलिपि को पढ़ा, अल्मोड़ा पूर्वी वन विभाग की अमुक हेक्टेयर भूमि कस्तूरबा महिला उत्थान मण्डल को हस्तान्तरित की जाये, इसके स्पष्ट आदेश दिये गये थे। मैंने अधिकारी महोदय को हार्दिक धन्यवाद दिये और उस ऑफ़िस से निकल आयी।

सरकार के विभिन्न विभागों से आश्रम को मिलने वाले अनुदानों की छोटी-छोटी राशियों के लिए ज़िला स्तर के अधिकारियों व कर्मचारियों से हमारे ठीक व

समझदारीपूर्ण सम्बन्ध बन गये थे, परन्तु इन छोटी रक़मों का सरकारी ऑडिट तो होना ही था। इसके लिए इलाहाबाद से स्थानीय निधि लेखा विभाग के ऑडिटर्स की टोली कुमाऊँ के स्कूलों, कॉलेजों और अन्य सरकारी अनुदान प्राप्त संस्थानों का ऑडिट करने आती थी। तब वे हमें भी कहीं किसी स्कूल-कॉलेज में हमारी संस्था के हिसाब के समस्त काग़ज़ातों के साथ बुला लेते थे। भले ही अनुदान की रक़म डेढ़ हज़ार थी, परन्तु संस्था के सारे ही हिसाब को बक्सों में ढोकर वहाँ ले जाना होता था। एक बार इसी प्रकार ऑडिट कराने आश्रम के हिसाब नवीश हिम्मतसिंह भाकुनी तथा उनके साथ आश्रम के युवा कार्यकर्ता आनन्दभाई बागेश्वर के किसी कॉलेज में गये थे। हिम्मतसिंह जी एक प्रौढ़ स्वतन्त्रता सेनानी व विचारवान व्यक्ति थे। वे स्वतन्त्रता आन्दोलन में तब जेल में डाले गये थे, जब वे बालिग हुए ही थे। आनन्दभाई एक उत्साही युवक थे। ऑडिटर सरकारी राशि के उपयोग के अतिरिक्त अन्य हिसाब के वाउचरों को भी देख रहे थे, जिसकी वास्तव में उनको कोई ज़रूरत न थी, पर हमारे साथियों को उससे कोई एतराज़ न था।

"यह बोर्नविटा का वाउचर कैसा है?" ऑडिटर ने बड़ी तल्खी से पूछा। "हमारी एक छात्रा को बोन टीबी हो गया था। आप उसके लिए लायी दवाओं के वाउचर्स भी देख लीजिए और दूसरी फ़ाइल में डॉक्टर के प्रिसक्रिप्शन भी देख लें। उस लड़की को अधिक मात्रा में दूध पिलाना था, उसकी दूध पीने में रुचि बनी रहे, इसके लिए डॉक्टर ने दूध में मिलाने के लिए बोर्नविटा सुझाया था।" हिम्मतसिंह भाई ने नम्रतापूर्वक कहा। लगता था, ऑडिटर अत्यन्त लोभग्रसित था या फिर उसका स्वभाव ही उस दिन बिगड़ा था अथवा इस तरह का व्यवहार वे उन सभी के साथ करते होंगे जो उन्हें खाना भी और मुद्राएँ भी नहीं खिलाते हों। आश्रम नाम की संस्थाओं की उनके मन में कोई प्रतिष्ठा न थी। उन्होंने तड़ाक से कहा, "झूठ बोलते हो? यह बोर्नविटा सब तुम्हारे आश्रम की मन्त्री ने पिया है। पिया है कि नहीं, बोलो?"

झूठा इल्ज़ाम, प्रमाण स्वरूप दस्तावेज़ों की ओर नज़र भी नहीं डालना और यह उजड्ड भाषा? युवा आनन्दभाई तो तिलमिला उठे थे। प्रौढ़ हिम्मतसिंह जी ने धैर्य बनाये रखा और जैसा तीखा प्रश्न था, उतना ही नम्र, किन्तु स्पष्ट उत्तर दिया था।

"भाई, आप इस आश्रम की भूमिका को समझिये। यह गांधीजी के आदर्शों पर चलने वाली संस्था है। अनाथ आश्रम नहीं है। सरला बहन जी जैसी त्यागमूर्ति ने इसकी स्थापना की है और इसे संचालित किया है। उनकी परम्परा की राह पर चलने वाली वर्तमान मन्त्री इसका नेतृत्व कर रही हैं, जिन्होंने जीवनभर काम करने

के बाद भी अपने लिए एक छोटा-सा मकान नहीं बनाया है। भूमि का एक टुकड़ा भी नहीं ख़रीदा है। विचारपूर्वक जो सम्पत्ति जुटाने में विश्वास नहीं करतीं, वे एक बोर्नविटा के लिए बेईमानी करेंगी? आप ख़ुद सोचिए।" हिम्मतसिंह जी के हृदय से निकले शब्दों का ऑडिटर पर कोई सकारात्मक प्रभाव नहीं पड़ा। अन्त में उसने अपना अन्तिम तीर छोड़ ही दिया, "मैंने बहुत सारे आश्रम देखे हैं। उनके संचालक कई एकड़ ज़मीन और ऊँचे मकानों के मालिक हैं। मैंने बहुत सारे नारी निकेतन और अनाथ आश्रम देखे हैं, मैं...।" हिम्मतसिंह जी ने बीच में कहा, "यह अनाथ आश्रम नहीं है, यह गांधीजी की शैली का कन्या विद्यालय है। इसकी तुलना अनाथ आश्रमों से नहीं करिए।"

"बस-बस, तुम गांधी वाले ऑडिटर को एक कप चाय नहीं पिला सकते। आप अपना घर नहीं भरते हो तो क्या करते हो? अच्छा बोलो, मन्त्रियों को कितनी लड़कियाँ सप्लाई करते हो?" ऑडिटर आवेश में आ गया था।

इस अन्तिम पंक्ति ने धैर्यशील गम्भीर हिम्मतसिंह भाईजी को भी एक बार को हिला दिया। और युवा कार्यकर्ता आनन्दभाई का हाथ तो ग़ुस्से में पेपरवेट पर चला गया। वे भाईजी का इशारा पाकर शान्त हो तो गये। हिम्मतसिंह भाई ने दृढ़ स्वर में कहा, "यह कुकर्म करना तो दूर, हम यह शब्द भी नहीं सुन सकते।" फिर निर्णयात्मक स्वर में बोले, "बस, अब हम आपसे ऑडिट भी नहीं करवायेंगे। ऐसी घृणित दृष्टि व मानसिकता वाले व्यक्ति के पास एक क्षण रहना भी पाप है।" दोनों ने अपनी फ़ाइलें व रजिस्टर समेटे और वापस आये।

हम जानते थे, हमारे आर्थिक स्रोत बहुत सीमित थे। अत: हज़ार-दो हज़ार की रक़में भी हमारे लिए महत्त्वपूर्ण थीं, परन्तु हम अपने स्वाभिमान के लिए कोई भी कष्ट उठाने को तैयार थे। सर्वप्रथम, हमने ऑडिटर के नाम के साथ उसका कहा हर वाक्य लिखकर लेखा विभाग को एक पत्र भेजा। उसमें लिखा कि यदि आप इस प्रकार अपशब्द बोलने वाले अपने कर्मचारी को उसके ग़लत वक़्तव्य के लिए दण्ड नहीं देंगे तो हम इलाहाबाद आकर आपके ऑफ़िस में सत्याग्रह करेंगे। पत्र का उत्तर कुछ विलम्ब से आया, पर वह वास्तव में प्रधान अधिकारी का क्षमा-पत्र था। उन्होंने विश्वास दिलाया था कि उस ऑडिटर को निश्चित रूप से दण्ड दिया जायेगा। हमने पता लगाये रखा था। उस पर कार्यवाही चली थी। समय लगा, पर दण्ड स्वरूप उसका प्रमोशन रद्द किया गया।

दूसरी ओर से हमने अनुदानदाता हर विभाग को पत्र लिखे कि आज तक की उनकी दी गयी सहायता के लिए धन्यवाद, पर अब हम भविष्य में उनका

अनुदान नहीं चाहते। उन्हें यह भी लिखा कि अपमान व तिरस्कारपूर्ण भाषा बोलने वाले सरकारी ऑडिटरों को सही व्यवहार सिखाया जाये। हमने बाद को विश्वस्त व्यक्तियों से सुना था कि लेखा विभाग में उन मन्त्रालयों का दबाव भी गया था। इधर हमारी कार्यशैली पर भी प्रभाव पड़ा था। वह यह कि तब से हमने आश्रम संचालन के लिए सरकारी पैसा नहीं लिया। उसके स्थान पर संस्था के मित्रों व परिचितों से धन एकत्रित करना प्रारम्भ किया। निजी स्त्रोतों से धन एकत्रित करने में अधिक शक्ति व्यय करने और अधिक अनिश्चितता का सामना करने के रास्ते पर हम चल पड़े थे, परन्तु हम सन्तुष्ट थे कि हमें सदैव जागरूक रहना था और काम की गुणवत्ता को बनाये रखना था।

21

नयी तालीम के साथ समझौता व नये प्रयोग

नयी तालीम के शुद्ध स्वरूप को सिद्ध व सफल करने का प्रयास बहन जी के नेतृत्व में और उनके बाद भी हमने आश्रम में कुल 25 वर्षों तक निरन्तर और पूरी समझ से किया था। उसके परिणामस्वरूप आश्रम स्नातिकाएँ नयी तालीम की दूसरी मान्यता प्राप्त संस्थाओं में उच्च शिक्षा प्राप्त कर विश्वविद्यालय में प्रोफ़ेसर के पद पर भी पहुँच गयी थीं। वहाँ के प्रमाण-पत्र ने उन्हें शिक्षा की मुख्यधारा में शिक्षिका बनने के अवसर दिये थे। अनेक स्नातिकाएँ समाज सेवा की सफल रचनात्मक कार्यकर्त्रियाँ बनी थीं। बहुत सारी बालिकाएँ पर्वतीय ग्राम्य जीवन की अच्छी गृहिणियाँ भी बनी थीं और सर्वोदयी स्वैच्छिक संस्थाओं में संचालिकाएँ व कार्यकर्ता तो विशेष योग्यता के साथ बनी ही थीं। उनके आत्मविश्वास और उनकी समग्र योग्यता में कहीं कोई कमी नहीं आती थी, परन्तु हमारी तालीम के साथ एक बाधा थी ही कि नयी तालीम को सरकार से मान्यता नहीं मिली थी। दूसरी ओर, देश के शिक्षा जगत् में ही नहीं, पूरे स्वैच्छिक कार्यों में भी सर्टिफ़िकेट व डिग्री की प्रधानता बढ़ जाने से देशभर में नयी तालीम के प्रयासों पर विपरीत प्रभाव पड़ा था। या तो उन्हें बन्द करना पड़ा था या उन्हें सरकारी शिक्षाधारा में समा जाना पड़ा था।

गुजरात की प्रदेश सरकार ने अवश्य एक प्रयास किया था कि नयी तालीम की संस्थाओं के साथ बैठकर एक मिश्रित पाठ्य-क्रम बनवाया था, जो दोनों पक्षों को मान्य था। उसके अन्तर्गत नयी तालीम की संस्थाओं को सरकारी मान्यता व वित्तीय सहायता, दोनों ही प्राप्त थीं। अन्य किसी राज्य में ऐसी भी कोई मान्यता नहीं प्राप्त थी। बहन जी के मार्गदर्शन में मैं देश के सभी प्रदेशों में स्थित नयी तालीम संस्थाओं का अध्ययन करने कई वर्षों तक जाती रही थी। इनसे मेरा सम्पर्क बना हुआ था। उन्होंने भी शिक्षा के तत्कालीन सरकारी ढाँचे में अपने लिए कोई स्थान बना लिया था। आश्रम में हमें लगने लगा था कि शायद शुद्ध नयी तालीम का काम करने वाला

हमारा आश्रम ही देश की एकमात्र संस्था पर्वत की इस चोटी पर रह जायेगी, तो भी हमारे हौसले कम नहीं हुए थे। हमारी स्नातिकाएँ नयी तालीम पद्धति में उच्च शिक्षा व शिक्षक प्रशिक्षण लेकर वापस आश्रम की शिक्षा व्यवस्था सँभाल रही थीं। इन्हीं शिक्षिकाओं ने स्थानीय कन्या जूनियर हाईस्कूल की एकदम गिरी हुई स्थिति में शिक्षिकाओं के रूप में अपनी सेवाएँ देकर उसे पुनः मज़बूत और बेहतर बना दिया था। इससे स्थानीय जनसमाज और स्वयं हमको यह देखने को मिला था कि वे सरकारी शिक्षिकाओं से बेहतर साबित हुई थीं तो भी बदलते समाज व उसकी ज़रूरतों को देखते हुए हमारी शिक्षा पद्धति को एक मान्यता की ज़रूरत महसूस हो रही थी।

पहाड़ के समाज की मानसिकता में एक बड़ा परिवर्तन यह आया था कि अब लड़कियों के माता-पिता और पूरा समाज लड़कियों का नौकरी करना शान की बात मानने लगा था। माता-पिता अपनी बेटियों, सास-ससुर अपनी बहू तथा पति अपनी पत्नी के नौकरी करने में राज़ी ही नहीं, गर्व भी महसूस करने लगे थे। सरकार भी कुछ पदों के लिए महिला उम्मीदवारों को अधिक अवसर देती थी। इस कारण भी हमारी छात्राओं के अभिभावक सर्टिफ़िकेट की ज़रूरत को हमारे सामने पेश करने लगे थे। इन दबावों से हम डिगे नहीं थे क्योंकि हमें नयी तालीम के अच्छे अनुभव आये थे और हमें हमारी छात्राओं के समग्र विकास के परिणामों पर भरोसा था। परन्तु एक दुर्घटना ने हमें चिन्तित करने व निर्णय लेने को विवश कर दिया था। हमारी एक पूर्व छात्रा के पति का असमय ही यानी जब वे युवा ही थे, देहावसान हो गया था। उनके दो छोटे-छोटे बच्चे थे। उनके पालन-पोषण और शिक्षण की ज़िम्मेवारी पूरी तरह उस युवा माँ पर आ गयी थी। उसके पति के ऑफ़िस से उसे काम देने का प्रस्ताव आया, पर उसके लिए कम-से-कम दसवीं उत्तीर्ण का प्रमाण-पत्र पेश करना एकदम अनिवार्य था। वह बार-बार हमें पत्र लिखती रही। हम भी उसकी शिक्षा व योग्यता के अच्छे प्रमाण-पत्र उन्हें भेजते रहे, पर उस ऑफ़िस को तो सरकारी सर्टिफ़िकेट ही चाहिए था। अन्त में हमारे सुझाव पर उसने महिला 'कंडेंस्ड कोर्स' का एक वर्ष का अध्ययन किया। परीक्षा दी। वह बहुत अच्छे स्तर से उत्तीर्ण हुई और उसे दसवीं का प्रमाण-पत्र मिल गया। उस ऑफ़िस की मेहरबानी थी कि उन्होंने उस युवा माँ के लिए पूरे एक साल तक स्थान रिक्त रखा था।

इस घटना ने हमें सोचने को मजबूर किया कि हम अपनी छात्राओं के लिए ऐसी व्यवस्था बनायें कि उन्हें सर्टिफ़िकेट भी मिल जाये और नयी तालीम की समग्रता भी मिले। हम अपने विचार के अनुसार वास्तव में तो सर्टिफ़िकेट में नहीं वरन्

शरीर, हृदय व मस्तिष्क की योग्यताओं पर विश्वास करते थे और उन योग्यताओं को अपनी छात्राओं को देने का पूर्ण प्रयत्न करते थे। जिस सरकारी मान्यता की हमने पिछले पच्चीस सालों तक कोई परवाह नहीं की थी, बदली हुई स्थितियों तथा अनुभवों के कारण हम उसी मान्यता की अपेक्षा करने लगे थे। हमने गहराई से सोचा, मिलकर चिन्तन किया कि हमारी छात्राएँ ग्रामों से आती हैं। एक तो लड़की, वह भी ग्रामीण, उसके ऊपर उसकी प्राप्त शिक्षा का उसके पास कोई प्रमाण-पत्र नहीं, यह स्थिति उनके जीवन में उनकी योग्यता को सही स्थान नहीं दिला पायेगी वरन् उससे कम योग्यता वालों के सामने हमारी छात्रा को नीचे की सीढ़ी में डाल दिया जायेगा। हमें यह मंज़ूर न था, अत: समझौता करने की सोच जन्मी।

ऐसे नीति निर्धारण की चर्चाएँ हम सभी कार्यकर्ता बहनें व भाई मिलकर करती थीं। यूँ भी रोज़मर्रा के कामों के लिए भी हम सब साथ बैठतीं थीं और सर्वसम्मति या सर्वसहमति से निर्णय लेती थीं। संस्था की सचिव की अनपेक्षित ज़िम्मेवारी आने पर दो बातों के लिए मैं भाग्यशाली थी कि ऑफ़िस में हिसाब का ज़िम्मा सँभालने वाले हिम्मत सिंह भाकुनी भाई थे, जो समझते थे कि संस्था को टिकाने के लिए सफल कार्यक्रमों से भी अधिक महत्त्वपूर्ण पाई-पाई का सही व स्पष्ट हिसाब होता है। दूसरे गांधी विचार प्रणीत रचनात्मक कामों के अनुभवी केदारसिंह कुंजवाल थे, जिन्हें बहन जी ने उत्तर प्रदेश गांधी स्मारक निधि से दो वर्षों के लिए मुझे मदद करने के लिए माँग लिया था। एक साल के बाद एक और नवयुवक हमारे साथ काम में पुन: जुड़ने आ गये। वे थे देवीपुरस्कार। वे अपनी किशोरावस्था में बहन जी के साथ आश्रम में विचारपूर्वक श्रद्धाभाव से जुड़े थे। वे स्वयं आश्रम में प्रयुक्त समग्र नयी तालीम जैसी शिक्षा की कल्पना करते थे। यहाँ उसे मूर्त रूप में देखकर भाव-विभोर हो गये थे। बाद में उन्होंने देश भर में गांधी-विनोबा के विचार, सर्वोदय व उनके कर्म-जगत् का अनुभव लिया था। वे स्कैंडिनेविया के फ़ोक हाईस्कूलों का एक वर्ष तक अध्ययन करके वापस लौटे थे। इन अनुभवी साथियों का चिन्तन किसी भी निर्णय में सहायक होता था। हमने अपनी शिक्षा पद्धति में समझौता करने का तय किया। हमने सोचा, छात्राओं के समग्र व्यक्तित्व का विकास आश्रम विद्यालय की विभिन्न व्यावहारिक कार्यों की शिक्षण-प्रवृत्तियों से होगा। जैसे—टोली पद्धति से दैनिक सामूहिक कामों को मिलकर करना, अपने में समाज की ज़िम्मेवारियों की समझ बढ़ाने के लिए मन्त्रिमण्डल का संचालन, प्रमुख उद्योग, कृषि-बाग़वानी व गौशाला, सहायक उद्योग वस्त्र विद्या और ग्राम-सम्पर्क, प्रवास, भ्रमण आदि उनके व्यक्तित्व को सुगठित होने के सभी अवसर देंगे। साथ में वे सरकारी शिक्षा-बोर्ड की

परीक्षाओं में व्यक्तिगत परीक्षार्थी के रूप में शामिल होंगी तो अपने लिए सर्टिफ़िकेट भी प्राप्त कर लेंगी। हम प्रयास करेंगे कि नयी तालीम के जीवन मूल्य में कोई कमी न आये। इस विषय को निर्णय हेतु कार्यकारिणी समिति में रखा गया। हमने अपनी उस छात्रा की दुखद कथा भी सदस्यों के सामने प्रस्तुत की। सबने हमारे उक्त प्रस्ताव को स्वीकृति दी। बहन जी ने जो कहा, वह बहुत महत्त्वपूर्ण था। उन्होंने स्पष्ट शब्दों में कहा था, "मैं संस्था में काम को चला रही होती, तो मैं कभी भी समझौता नहीं करती। परन्तु अभी तुम लोग काम कर रहे हो। तुम समझौता करना चाहते हो तो कर लो। मूल्यों का शिक्षण आश्रम में होगा, इसके लिए आप सतर्क और सजग रहें।"

हम इस समझौते को अस्थायी हल मानकर दूसरे कुछ मार्गों की खोज करते रहे, जिसमें नयी तालीम के जीवन-मूल्यों के अनुरूप पाठ्यक्रम रहते हुए भी हमारी मान्यताओं के अनुसार प्रमाण-पत्र मिल सके। कुछ वैकल्पिक स्कूलों से सम्पर्क किया जो सरकारी पाठ्यक्रम से भिन्न और परीक्षा की अनिवार्यता से रहित शिक्षा का प्रयोग कर रहे थे। नयी तालीम की कुछ छोटी संस्थाओं से भी बातें कीं। हम मिलकर अपना शिक्षा-बोर्ड बनायें, उसकी एक उच्च स्तर की परीक्षा हो और उसका अपना प्रमाण-पत्र हो। इस प्रकार हमारा वैकल्पिक प्रमाण-पत्र अपनी विशिष्ट शैक्षणिक योग्यताओं के लिए अपना एक ऐसा स्थान बना ले कि सरकार ही नहीं, निजी क्षेत्र में भी उसको मौक़े मिल सकें। इस प्रकार की यह खोज आगे नहीं बढ़ पायी, यद्यपि उसकी ज़रूरत आज भी उतनी ही तीव्रता से होती है।

आश्रम में अच्छे साथियों के जुड़ जाने से काम के संचालन में मेरा आत्म-विश्वास मज़बूत हो रहा था। तब मुझे विदेश यात्रा में सोचे वे नये कामों के सपने याद हो आये। आश्रम छोटी व किशोर बालिकाओं की शिक्षा-दीक्षा का काम दशकों से कर रहा था, जिसमें एक श्रमनिष्ठ, समानतापूर्ण, शोषणमुक्त और अहिंसक समाज के मूल्यों के संस्कार देने का प्रयास किया जाता था। केवल विद्यार्थी जीवन में ही नहीं, भविष्य का जीवनकाल भी इन्हीं विचारों के साथ बीते, इसके लिए आश्रम की अनेक स्नातिकाओं के लिए इन्हीं जीवन मूल्यों और ऐसे ही अहिंसक समाज रचना के लिए जीवन अर्पित करने वाले जीवन साथी भी ढूँढ़े गये थे। उनके विवाह आश्रम प्रांगण में आदर्श विवाह विधि से किये गये थे, जो अत्यन्त सादगीपूर्ण तथा उच्च संस्कारों से अभिप्रेरित विधि थी जो केवल नवविवाहित दम्पति के लिए ही नहीं, पूरे समाज के लिए परिवर्तन का सन्देश थी, परन्तु कुछ बड़ी आयु की युवतियों तथा उन महिलाओं जिनके जीवन में कुछ बाधाएँ आ गयी हों या वैवाहिक सम्बन्ध बिखर गये हों,

के लिए कुछ व्यावहारिक और वैचारिक अवसर दिये जायें ताकि वे अपने जीवन का दैन्य भूलकर समाज में व्यवस्था-परिवर्तन का गांधी विचार प्रणीत काम करें।

मेरा विचार था कि डेनिश फ़ोक हाईस्कूलों की शैली पर हम ऐसी युवतियों व महिलाओं के लिए एक कोर्स चलायें। देवीपुरस्कार भाई स्वयं फ़ोक हाईस्कूल के विद्यार्थी रहे थे और उन्होंने स्कैंडिनेवियन फ़ोक हाईस्कूलों का अध्ययन भी किया था। अत: हमने मिलकर विचार किया और यह नया कार्यक्रम पुष्ट हो गया कि पर्वतीय युवा महिलाओं को अहिंसक समाज रचना के मूल्य फ़ोक हाईस्कूल की पद्धति से दिये जायें ताकि वे उन्हें अपने समाज में पहुँचा सकें। हमारे दिलो व दिमाग़ों में डेनिश फ़ोक हाईस्कूलों का वह पुराना इतिहास था, जब फ़ोक हाईस्कूलों में आये छोटे किसानों की युवा पीढ़ी ने अपने देश में सहकारिता का एक आन्दोलन खड़ा कर दिया था। देश के अधिकांश कारोबार को सहकारी उद्योग के रूप में विश्व के उच्चतम सोपान तक पहुँचा दिया था। अपने देश के लोकतन्त्र को भी समानता, बन्धुता की आदर्श स्थितियों तक ले गये थे। उत्तराखण्ड की युवा महिलाओं को केवल विचार देने से ही काम बनने वाला न था। वे केवल विचार के लक्ष्य से हमारे कार्यक्रम में शामिल भी नहीं होती थीं। यह सोचकर उसके साथ वस्त्रविद्या यानी कच्ची ऊन से कपड़ा बनाने तक की विद्या कोर्स में जोड़ी गयी। यह विद्या उत्तराखण्ड के पुराने आत्मनिर्भर गाँवों की कला रही थी, कालान्तर में जो धीरे-धीरे गाँवों से लुप्त हो गयी थी।

सबसे बड़ा सवाल वित्त व्यवस्था का था। आश्रम अपने वित्तीय साधनों से बीस-पच्चीस युवा महिलाओं के भोजन व रहन-सहन का व्यय भार नहीं उठा सकता था। खोज करने पर वित्तीय व्यवस्था खादी ग्रामोद्योग आयोग के दो कार्यक्रमों—एक 'बुनकर प्रशिक्षण' तथा दूसरी 'खादी कार्यकर्ता प्रशिक्षण' जैसी योजनाओं में हमें दिखाई दी। कताई-बुनाई व उसकी तकनीकी कुशलता के साथ हम उन युवतियों को ग्रामस्वराज्य, समानतापूर्ण स्वावलम्बी समाज और पर्यावरण सन्तुलन के विचार भी देते थे। इस प्रकार के 17 या 18 सत्र हम अठारह वर्षों तक चलाते रहे। अन्त में एक कटु अनुभव के कारण हमें खादी ग्रामोद्योग आयोग की वित्तीय सहायता का साथ छोड़ देना पड़ा। उस अनुभव को बाद में लिखना उचित होगा। पहले तो इन अठारह वर्षों के काम का परिणाम लिखा जाये। ग्रामों में जिस अहिंसक समाज व समता, बन्धुता पर टिके एक ईमानदार लोकतन्त्र की जो हवा हम पैदा करना चाहते थे, वह तो इन युवा महिलाओं के द्वारा पैदा नहीं हुई, परन्तु इनमें से कुछ इस विचार के लिए समर्पित अवश्य हुईं और इस लक्ष्य से गाँवों में जाकर रचनात्मक कार्यक्रम

करने लगीं। हमारे आश्रम को भी ऐसी समर्पित कार्यकर्त्रियाँ मिलीं, जिन्होंने आश्रम में निष्ठापूर्वक कार्य किया।

इन्हीं कार्यकर्त्रियों को साथ लेकर हमने धौलादेवी प्रखण्ड में ग्राम-अभिक्रम व स्वावलम्बन की हवा तो खड़ी की ही, गाँव के बच्चों के शिक्षण व सुसंस्कार तथा व्यक्तित्व विकास के लिए भी सक्रिय हुए। हर छोटे कार्य के लिए सरकार का मुँह ताकने वाले लोगों ने संगठित श्रम से बालवाड़ियों के घर इच्छापूर्वक उत्साह से निर्मित किये। बालवाड़ी घर निर्माण रूपी उस प्रथम पायदान के बाद अन्य कई ग्राम कार्यों को संगठित सामूहिकता के द्वारा उन्होंने किया। लगभग पचास गाँवों में चल रहे इन कामों का संचालन ये स्थानीय युवा महिलाएँ ही कर रही थीं। उनके साथ गाँव की किसान महिलाएँ भी सक्रिय हो गयी थीं। वे अपने गाँव व पूरे क्षेत्र के लिए सोचने लगी थीं। उनकी अभिक्रम जागरूकता व सामूहिक एकजुटता का नमूना था वह सफल शराबबन्दी आन्दोलन, जिसने अनियमित शराब के प्रचार व प्रचलन से एक बार तो अपने क्षेत्र के पुरुषों को मौत के मुँह से बचा ही दिया था और गृहिणियों को भी उनकी दर्दभरी त्रासदी से मुक्त किया था। किसान महिलाओं की एक बैठक में एक दिन उस क्षेत्र में बन्दरों व सूअरों द्वारा खेती को हो रही क्षति का दुर्दशापूर्ण चित्रण हो रहा था। खेती की इस बर्बादी से गाँव के कुछ परिवार खेती व गाँव छोड़कर पलायन कर गये थे। ऐसी सब निराशाजनक यानी रोने-धोने जैसी बातें चल रही थीं। तभी गौली गाँव की एक महिला खड़ी होकर बोलने लगीं, "पहाड़ की खेती है तो जंगली जानवर आयेंगे ही। कभी-कभी कम आते थे, अब ज़्यादा आने लगे हैं। हम मनुष्य हैं और वे पशु हैं। पशु के डर से हम अपनी खेती, घर-बार सब छोड़कर चलें जायें क्या? हमारे मनुष्य होने की पहचान ही क्या रह गयी? मैं तो नहीं जाऊँगी कहीं भी। यहाँ रहेंगे। जानवर भी खायेगा और हम भी खायेंगे। जो आज खेत छोड़कर भाग गये, कल को वे भी यहीं आयेंगे।" सारी चर्चाओं व बहसों का रुख बदल गया। सबका चिन्तन सकारात्मक हो गया। इस प्रकार महिलाएँ गाँव को ठीक समय पर सटीक नेतृत्व दे रही थीं। वे स्वयं सशक्त आत्मविश्वासपूर्ण और समाज के बारे में सोच-विचार करने लगी थीं। इस कार्य में हमें उन युवा महिलाओं की शक्ति का लाभ मिला जो 'वस्त्र-विद्या शिक्षण कोर्स' में विचार व प्रेरणा पा चुकी थीं।

युवा महिलाओं के वस्त्र-विद्या शिक्षण कोर्स में आसाम व जम्मू-कश्मीर से भी युवतियाँ आयी थीं। प्रशिक्षण पूरा होने के बाद उनमें से कुछ ने असम के गाँवों में खादी वस्त्र को गाँव की संस्कृति का एक अंग बनाया था। आसाम की पुरानी कला का पुनरुद्धार किया था। वे यान्त्रिक रूप से सुधरे करघे को लेकर उन गाँवों में जाकर

बैठी थीं। गाँव के पुराने करघों को उन्होंने निकलवाया था। उनकी धूल झाड़ी थी और अपनी जैसी युवतियों को अपने लिए 'मेखला' और 'चादर' (आसामी स्त्रियों का पहनावा) बनाने को प्रेरित किया था। जम्मू निवासी एक युवती भारत-पाकिस्तान की सीमा रेखा के पास पुंछ क्षेत्र के गाँवों में अपने परिवार सहित काम करने गयी थी। आज भी ये युवा महिलाएँ हिमालय के आम निवासियों के साथ रहकर हिमालय के समाज, पर्यावरण व उसके मनोबल को बचाने के मिशन में अपने स्थानों में डटी हैं।

मेरा अनुभव कहता है कि एक अच्छे काम को भी रोक देने की स्थितियाँ आती हैं और उसके स्वरूप को भी बदल देने का निर्णय लेना पड़ता है। इस युवा महिला कोर्स के साथ कुछ ऐसा घटित हुआ कि सुचारु रूप से चल रहे और जिसकी स्वैच्छिक सेवा जगत् में और आम समाज में ज़रूरत भी थी, ऐसे इस कोर्स को हमें बन्द करके उसका स्वरूप भी बदल देना पड़ा। हमारे पास विचार व उसके लिए कार्यक्रम था, पर उसके संचालन के लिए वित्तीय व्यवस्था नहीं थी। इसी कमी की पूर्ति के लिए हमें खादी ग्रामोद्योग आयोग का सहारा लेना पड़ा था।

एक बार आयोग के प्रशिक्षण विभाग के निदेशक महोदय हमारे इस काम को देखने के लिए आये। इसके पूर्व वे हल्द्वानी के अपने विभागीय प्रशिक्षण कार्यक्रम की प्रगति को देख चुके थे। सुना था, वे उससे सन्तुष्ट नहीं थे। उनके साथ प्रशिक्षण कार्यों से सम्बन्धित उनके मातहत अधिकारी भी थे। हमारे काम को ख़ूब विस्तार से देखने के बाद उन्होंने केवल सन्तुष्टि ही नहीं, प्रशंसात्मक भाव व्यक्त करते हुए कहा था, "ये हुआ काम। ऐसा ही काम होना चाहिए।" यह सुनकर हम ख़ुश हुए और उत्साह से उन्हें अपनी उद्योगशाला में बनी सभी वस्तुएँ भी दिखाने लगे। उनमें कालीन, आसन, लोइयाँ, स्वेटरें तथा सूती खेस आदि थे। निदेशक महोदय को उसमें एक कालीन पसन्द आया। उनके साथ आये एक अधिकारी ने हमारे उद्योगशाला प्रभारी को कुछ देर बाद कहा, "इस कालीन को 'सर' लेना चाहते हैं। इसे पैक कर दीजिए।"

प्रभारी तो ख़ुश हो गये कि पाँच-छह हज़ार रुपये की क़ीमती कालीन बिक रही है। जल्दी उसको पैक किया और कैशमेमो लिखने लगे। अधिकारी ने तुरन्त उन्हें रोकते हुए कहा, "आप समझते नहीं, निदेशक महोदय इसे ख़रीदेंगे नहीं। इसे तो वे आपकी संस्था से भेंट में लेंगे।"

"भेंट में?" प्रभारी ने आश्चर्य से चौंककर पूछा। फिर धीरे-से कहा, "तब तो मुझे संस्था की सचिव को बताना होगा।" प्रभारी को मालूम था, सचिव ऐसी भेंट देने की स्वीकृति नहीं देंगी और हुआ भी वही कि सचिव ने स्वीकृति नहीं दी। उन्होंने कहा,

"हमारे खेतों में बेलों में लटकी हुई अनेक ककड़ियाँ हैं। हम स्वेच्छा से उनमें से एक ही नहीं, कई ककड़ियाँ भेंट दे सकते हैं क्योंकि वे बाँटकर खाने की चीज़ है। पाँच-छह हज़ार का कालीन भेंट नहीं, रिश्वत की श्रेणी में आयेगा, जो हम कभी नहीं करेंगे।"

हमारे कामों से पूर्ण सन्तुष्ट ही नहीं अति प्रसन्न हुए निदेशक महोदय अन्त में एक प्रकार से अपमानित-सा महसूस करके पूर्ण असन्तुष्ट होकर चले गये। हमें इस घटना के दुष्परिणाम के लिए अधिक प्रतीक्षा नहीं करनी पड़ी। निदेशक महोदय ने अपने मुम्बई स्थित ऑफ़िस में जाकर शायद पहला पत्र लिखाया, वह सचिव, लक्ष्मी आश्रम के नाम ही था। उन्होंने लिखा था, "आपने हमारी अनुमति के बिना ही प्रशिक्षण का यह सत्र प्रारम्भ किया है। अत: इस सत्र की निर्धारित धनराशि आपको नहीं भेजी जायेगी।" हमने लौटती डाक से उन्हें उनके उस पत्र की प्रतिलिपि भेजी, जिसमें निदेशक महोदय के हस्ताक्षरों द्वारा हमें वर्तमान सत्र की स्पष्ट स्वीकृति दी गयी थी। इस प्रमाण को पाने के बाद तो उन्होंने हमारे पत्रों के उत्तर देना ही बन्द कर दिया। हम निरुपाय से हो गये थे, क्योंकि अब पैसा नहीं आ रहा था, पर हमारे मन इस असत्यपूर्ण अन्याय को यूँ ही सहन नहीं करने वाले थे। मैं सत्य को सिद्ध करने के लिए तन गयी थी। हमारा वाज़िब पैसा हमें मिलना चाहिए, उसे लेकर ही रहेंगे, यह मैंने ठान ली थी।

ऐसी स्थिति में मुझे खादी ग्रामोद्योग आयोग के अध्यक्ष से सम्पर्क करना पड़ा। वे मेरे पूर्व परिचित थे। उन्होंने तार द्वारा मुझे सूचित किया, "तुरन्त मुझे बम्बई में मिलिये। मैं केवल दो दिन यहाँ रहूँगा।" आश्रम के कार्य हेतु उस दिन मुझे पहली व अन्तिम बार दिल्ली से मुम्बई तक की हवाई यात्रा का व्यय करना पड़ा। मैंने प्रशिक्षण विभाग के आधिकारिक लैटर हैड पर लिखा निदेशक महोदय के हस्ताक्षरों से अंकित वह पत्र अध्यक्ष को दिखाया। साथ ही वह पत्र भी, जो निदेशक के हस्ताक्षरों सहित हमारे पास पैसा भेजने से इनकार करने के सम्बन्ध में भेजा गया था। उस दिन निदेशक महोदय अवकाश पर थे। अत: अध्यक्ष के बुलाने पर सहनिदेशक उनके ऑफ़िस से सम्बन्धित फ़ाइल लेकर आये। उनकी फ़ाइल से भी सत्र की अनुमति देने वाला पत्र अध्यक्ष ने पढ़ा। अध्यक्ष ने सहनिदेशक से भी राय ली कि पत्र की आधिकारिकता व प्रामाणिकता पर उनका क्या ख़याल है? सह निदेशक ने उस पत्र के अस्तित्व को पूर्णत: स्वीकारा तथा इसकी आधिकारिकता को भी उन्होंने पुष्ट किया। तब अध्यक्ष ने आदेश लिखा कि सारी वाज़िब धनराशि संस्था को भेजी

जाये। मेहनत करने के बाद सफलता मिलने पर एक विशेष आनन्द दिल में भर जाता है। मुझे उसी आनन्द की अनुभूति हुई, पर दूसरी ओर एक प्रतिकूलता भी उत्पन्न हुई थी। हमारे लिए अधिकारी से बिगड़े हुए सम्बन्धों के रहते हुए उस कोर्स को अगले सत्र में चलाना सम्भव न था, विशेषत: पूर्व में बने मित्रभाव रहित वातावरण में अब केवल पैसे के लाभ को देखने की हमारी मानसिकता नहीं थी। अत: हमने आयोग का साथ छोड़ दिया। युवा महिलाओं को ग्राम स्वराज्य का विचार तथा शोषण मुक्त जीवन मूल्य देने का हमारा कार्यक्रम छोटे रूप में आगे भी चलता रहा। कालान्तर में वह एक वैचारिक भूमिका में चल निकला था। पिछले पन्द्रह वर्षों से चल रहे उस आठ माह के कोर्स को हमने 'साधना कोर्स' (गांधी विचार आचरण प्रशिक्षण) नाम दिया था, जो आज भी चल रहा है।

22

गाँव में रचना-कार्य

कहते हैं, आवश्यकता ही आविष्कार की जननी है। अब तक हमने अपने आश्रम परिसर को ही शिक्षण-प्रशिक्षण सम्बन्धी अपने विचारों की प्रयोगशाला बनाया था। यद्यपि हमारे विचार और प्रयोग पर्वतीय स्थितियों में बसे इन गाँवों को स्थायी व स्वावलम्बी जीवन-व्यवस्था की दिशा दिखाने के लिए ही थे, पर शायद सीमित और एक परिसर के वातानुकूलित जैसे वातावरण में उसकी सही परख और सही वृद्धि को नहीं पहचाना जा सकता था। हम परिसर से बाहर समाज के बिखरे व विषम वातावरण में इस विचार-दिशा का प्रयोग करना चाहते थे। यह हमारी एक आवश्यकता थी। हमारी दूसरी आवश्यकता भी थी कि हमारी कुछ स्नातिकाएँ उनकी शिक्षा पूर्ति के बाद ग्रामों में जाकर सेवाकार्य करना चाहती थीं। मेरे मन में यह भी इच्छा थी कि उत्तराखण्ड में ढाई से पाँच वर्ष के बच्चों के लिए बालवाड़ी को समाज का एक स्थायी कार्यक्रम बनाना चाहिए, जैसा मैंने गुजरात में देखा था। मैं तो चाहती थी कि सरकारी शिक्षा की शुरुआत भी पाँच वर्ष के बाद क्यों मानी जाये, वह ढाई वर्ष की उम्र से ही खेल, गीत, कहानी के स्कूल के रूप में जुड़ जानी चाहिए। मेरे इस सपने को भी गाँवों में कहीं प्रत्यक्ष रूप से धरातल पर उतारना था। उसका प्रयोग हम स्वयं करेंगे, तभी दूसरों को या सरकार को भी बताया जा सकेगा। हमें इसके लिए एक क्षेत्र खोजना था। हमारी कोसी घाटी के गाँव उस दृष्टि से शिक्षा आदि में अपेक्षाकृत अधिक सुविधा सम्पन्न थे। हम कम विकसित या यूँ कहें, अधिक मौलिक क्षेत्र को ढूँढ़ रही थीं।

पर्वतीय विकास की सही दिशा के लिए किये गये विचार मन्थन, जिसका मार्गदर्शन बहन जी ने किया था, में उत्तराखण्ड सर्वोदय जमात के सभी साथियों ने यहाँ की भू-रचना व विशेष प्राकृतिक संवेदनशीलता के अनुकूल अनेक महत्त्वपूर्ण सुझाव पेश किये थे। उनमें एक पर्वतीय खेती के बारे में भी था और हम दशकों से

उत्तराखण्ड वासियों के बीच कहते आये थे कि पहाड़ की खेती में अपनी जनसंख्या को पालने की भरपूर शक्ति निहित है, पर लोगों की धारणा गढ़वाली कहावत के अनुसार, 'पहाड़ को बासो अर कुल को नाशो' या 'पहाड़ की मनीऑर्डर अर्थव्यवस्था', 'पहाड़ की खेती यानी सालभर की मेहनत और छह माह का खाना' वाली थी। इस सोच को बदलने की ज़रूरत लगातार बनी हुई थी। इसके लिए एक बात मेरे मन में व्यावहारिक रूप से सम्भव दिखती थी कि खेती के साथ हर कृषक परिवार के पास एक ग्रामस्तरीय उद्योग होना चाहिए ताकि कृषक खेती व उद्योग की सम्मिलित आय से एक सम्यक् प्रतिष्ठापूर्ण आजीविका प्राप्त कर सके। ऐसे काम क्या हो सकते हैं, जिनके कच्चे माल पहाड़ों में ही मिल सकें, यह भी देखना था। हमारी दृष्टि ऊन उद्योग पर गयी थी। तब तिब्बती ऊन की पूर्ति आसानी से हुआ करती थी और उच्च अक्षांशों में स्थित उत्तराखण्ड के गाँवों में भी भेड़ पालन हुआ करता था। पर्वतीय जीवन में लोगों को ऊनी वस्त्रों की आवश्यकता साल के अधिकांश महीनों में निरन्तर रहा करती थी। शीतकाल के चार-पाँच महीनों में भारी ऊनी वस्त्रों के रूप में तो अन्य महीनों में हल्के ऊनी वस्त्रों की शक्ल में, पर हमेशा ही वह पर्वतीय जीवन की नियमित आवश्यकता थी।

हम किसी क्षेत्र में ऊन उद्योग को खेती के पूरक धन्धे की तरह जोड़ने का प्रयोग करें, इस सोच के अन्तर्गत हम गाँवों के लोगों के बीच बातचीत करने लगे। कपकोट प्रखण्ड के सुदूर क्षेत्र लीती के एक जागरूक कृषक से बातें हुईं। वे बहुत उत्सुकता के साथ इसमें रुचि लेने लगे। हमने उनके गाँव जाने का निर्णय ले लिया। पत्रों द्वारा हमारे जाने की तारीख़ तय हो गयी। लीती यात्रा की कहानी बहुत दिलचस्प है। उसे विस्तार से लिखती हूँ ताकि यह भी पता लगे कि उस ज़माने की स्थितियों में गाँवों के लिए काम करना कैसा होता था? मेरी एक अच्छी डेनिश मित्र और आश्रम की भी लम्बे समय से हितैषी उन दिनों आश्रम में आयी थीं। उन्होंने भी हमारे साथ लीती गाँव में जाने की इच्छा प्रकट की। हमने अपनी उक्त मित्र मेरिया थ्यूगर को यात्रा की सम्भावित कठिनाइयाँ बतायीं। हमारी यात्रा स्थानीय बसों से होनी थी। मेरिया को ऐसी साहसिक यात्राएँ करने का आनन्द लेने का शौक़ था। कई बार वह हमारी कठिन यात्राओं में हमारे साथ रही भी थी, जहाँ न रहने का ठौर था न खाने का ठिकाना। लीती यात्रा में तो यात्रा प्रारम्भ करने के पहले ही हमें मालूम था कि लीती गाँव में अमुक व्यक्ति के घर पर हमारे रहने व खाने का ठौर ठिकाना तय था। बस के अन्तिम स्टेशन पर हमारे मेज़बान हमें लेने आने वाले थे क्योंकि हमने उन्हें अपने पहुँचने की तारीख़ दे रखी थी।

निर्धारित दिन की सुबह मेरिया, मैं और आनन्दभाई (जो उद्योगशाला प्रभारी थे और ऊनी वस्त्र विद्या के कुशल जानकार भी थे) कुमाऊँ मोटर ऑनर्स यूनियन की प्राइवेट बस में लीती के लिए जा रहे थे। बारिश के दिन थे, वर्षा यात्रा के प्रारम्भ से ही चल रही थी। जैसे-जैसे आगे बढ़े, बरखा का ज़ोर भी बढ़ने लगा। अब बस की छत भी टपकने लगी थी। स्वयं और अपने सामान को भीगने से बचाना कठिन होने लगा। शाम हो गयी, अँधेरा घिरने लगा था। बस अपने निर्धारित समय से देर करके ही पहुँचेगी, यह हमारा सुनिश्चित अनुभव इन पर्वतीय और निजी बसों में सदा से ही था। यहाँ कच्ची मोटर सड़क में हिचकोले खाती बस ने और भी विलम्ब किया और हमें शंका होने लगी कि कहीं हमारे मेज़बान हमारी प्रतीक्षा करते-करते ऊब कर वापस न चले जायें।

मूसलाधार वर्षा के बीच चारों ओर पानी व कीचड़ तथा घिरते अन्धकार के साथ एक छोटी-सी बस्ती के मकानों व दुकानों के सामने जाकर हमारी बस रुक गयी। इसके आगे को भी एक कच्ची सड़क की रूपरेखा दिखायी पड़ रही थी, पर उस पर अभी वाहन नहीं चलते थे। हमारी बस का यह अन्तिम पड़ाव था। हम छत से बह रही जलधाराओं को सिर पर सहते हुए उतर गये और एक छत के नीचे बरामदे में खड़े हो गये, जहाँ कुछ अन्य स्थानीय लोग भी खड़े थे, हम अपने मेज़बान को ढूँढ़ रहे थे। वह नहीं मिले। उनका नाम लेकर हमने आसपास के लोगों व दुकानदारों से पूछा, पर सभी ने कहा, "आज तो वह इधर नहीं दिखाई दिये।" वहाँ पर जो दो-चार लोग थे, वे धीरे-धीरे अपने गाँवों को निकल गये। अब एक दुकानदार और हम तीन ही उस छोटी-सी बस्ती में रह गये थे। यह छोटी-सी जगह मोटर रोड आने के कारण बसने वाली नयी बस्ती लगती थी। एक-दो पुराने मकान थे, जिन्होंने दुकानों का रूप ले लिया था और पास में कुछ अर्द्धनिर्मित छोटी-छोटी दुकानों के आकार खड़े थे, जिन्हें भविष्य में बाज़ार की शक्ल लेनी थी। बस, यही था बस्ती का सम्पूर्ण स्वरूप। लीती गाँव यहाँ से छह या सात किमी. दूर था। हमें वहाँ का रास्ता मालूम न था। "बिना समुचित मार्गदर्शन के आप रास्ता नहीं खोज पायेंगे। जंगल, जंगली पशु तथा ऊबड़-खाबड़ पगडण्डी है।" यह सभी हमको निरुत्साहित करने वाली सूचनाएँ हमें स्थानीय लोगों से मिली थीं। हम समझ गये कि हमें यहीं रात गुज़ारनी होगी।

"आप लोगों के सोने के लिए यहाँ तो कोई कमरा है नहीं," दुकानदार ने कहा। "कैसा भी कमरा हो, हम उसी में रात बिता लेंगे," मैंने साहसपूर्वक कहा। तब हमें उनकी दुकान के ऊपरी मंज़िल वाला कमरा मिला। यह कमरा निवास नहीं,

गोदाम था, जहाँ कुछ गत्ते के खोखों, टिन के कनस्तरों व लोहे के नलों को रख देने से अस्त-व्यस्तता थी और धूल भरी थी। सर्वप्रथम मैंने व आनन्दभाई ने उस सब खटर-पटर, कबाड़ को किनारे लगाया और झाड़ू से कचरा साफ़ किया तो मिट्टी की 'पाल' वाले फ़र्श पर तीन लोगों के सोने लायक जगह निकल आयी। उस पर बिछाएँ क्या? दुकानदार से माँगने पर मुश्किल से तीन-चार बोरे मिले। दुकानदार से ही माँग की कि वह हम तीनों के लिए रोटी-सब्ज़ी बना दे, पर हमारी यह नम्र माँग ठुकरा दी गयी। हमें मेरिया के लिए चिन्ता हो रही थी। उन्हें कहाँ बिठाएँ, कहाँ सुलाएँ और क्या खिलाएँ?

अन्त में 'आपण हाथ जगन्नाथ।' हमने एक सगड़ व जॉंती (खुली अँगीठी और उसमें रखने का लोहे का स्टैंड), एक तवा व एक कढ़ाही जुटायी। 'बनधारी' या छत से बहने वाला वर्षा का साफ़ पानी एक बर्तन में एकत्र किया। कुछ लकड़ियाँ तो मुफ़्त मिलीं। सब्ज़ी, आटा, नमक व तेल आदि हमने दुकानदार से ख़रीद लिया। मैंने एक थाली में आटा गूँधा व दोनों हथेलियों पर थपकाकर रोटी बना ली। कोयलों पर सिंकी गरम रोटियाँ अपने दोनों साथियों के हाथों में थमा दीं। मेरिया ने उन्हें थाली के बदले एक पुस्तक के ऊपर रख लिया। मैं रसोइया थी और दो खाने वाले। खाने के बाद मेरिया अपने स्लिपिंग बैग में घुसकर एक बोरे के ऊपर सो गयी। मैं एक शॉल ओढ़कर दूसरे बोरे पर सो गयी। मुझे नहीं याद कि आनन्दभाई ने क्या जुगाड़ किया था?

अगली सुबह हमारी आशा व प्रत्याशा को ठुकराते हुए वर्षा की झड़ी पूर्ववत् लगी ही थी। हम भीगते-भागते प्रात: क्रियाओं से खुले स्थानों में जाकर निवृत्त हुए। मेरिया को और कोई अन्य आवश्यकता नहीं थी, केवल एक गिलास खौलते पानी की ज़रूरत थी, जिसमें वह अपने बैग से निकालकर दो चम्मच कॉफ़ी डाल ले और वह काली कॉफ़ी का एक गिलास पीकर पूरे दिन के लिए तैयार हो जाये। वह उन्हें दिया और बाहर जाकर पूछताछ की। हमने देखा, सुबह 7 बजे बागेश्वर के लिए चलने वाली बस में कुछ ख़राबी आ गयी थी। वह नहीं हिली। हमें उस बरसते भौसम तथा अपने लीती निवासी मेज़बान के सम्भावित आगमन के लिए कम-से-कम कुछ समय देना ही चाहिए था। अत: हम बोरों पर बैठकर कुछ लिखते, पढ़ते, बातें करते हुए 10.30 तक प्रतीक्षा करते रहे, परन्तु न तो वर्षा थमी और न ही हमारे मेज़बान प्रकट हुए। अन्त में कपकोट से एक बस 11 बजे वहाँ पहुँची और 12 बजे बागेश्वर के लिए निकली। हम दुकानदार को उसके मना करते हुए भी कमरे का रातभर का कुछ पैसा थमाकर और धन्यवाद तथा नमस्कार कहकर उस बस में बैठ गये। लीती का सपना समाप्त हो गया।

हमें दूसरी सम्भावना की अनुकूलता धौलादेवी प्रखण्ड से थी। यह प्रखण्ड अल्मोड़ा नगर अर्थात् ज़िले की राजधानी से निकट था। इसलिए हमारी सुदूर क्षेत्र की सेवा करने की इच्छा यहाँ पूरी नहीं होने वाली थी। तो भी हम पनुवानौला गये। राजधानी से निकट होने से सरकारी विकास के कुछ लाभ इस क्षेत्र को मिले हों, ऐसा नहीं दिखता था। एक मोटर रोड अवश्य इस प्रखण्ड क्षेत्र के आर-पार पिथौरागढ़ नगर की ओर जाती थी, पर इस पर चलने वाली बसों की यात्रा कभी-कभी बड़ी विचित्र ही होती थी। कभी बस अल्मोड़ा से ही नहीं चलती थी। तब बोरों में भरी कच्ची ऊन के साथ अल्मोड़े में रात्रि निवास का स्थान खोजना पड़ता था और पिथौरागढ़ या धारचूला जाने वाली बस में जगह पाने के लिए अँधेरे में ही स्टेशन पहुँचना होता था। फिर भी बस की सभी सीटों में यात्री भर जाते व छत पर उनके सामान लद जाते थे। बस में न हमारे लिए जगह, न हमारे बोरों के लिए जगह। पनुवानौला की ज़्यादातर सवारियों को बस कंडक्टर बस से उतार देता। 'छोटी सवारी' नहीं चाहिए, लम्बी सवारी चाहिए यानी पिथौरागढ़ की लम्बी दूरी की सवारी चाहिए थी, न कि पच्चीस किमी. दूर पनुवानौला की।

एक दिन बस कंडक्टर ने मेरे ऊन के बोरे बस की छत से नीचे फेंक दिये। फिर मैंने ही ज़बरदस्ती वे बोरे पुनः छत पर चढ़ाये। एक बार तो बस अल्मोड़ा बस स्टेशन पर थी, पर न चालक था न बस की चाबी। स्टेशन इंचार्ज ने एक चालक को तैयार कर दिया, पर चाबी का क्या हो? उस बस के कंडक्टर ने हल निकाला। 2-4 यात्रियों से बस को धक्का लगाने को कहा और बिना चाबी के बस स्टार्ट हो गयी। हम चले। एक चढ़ाई पर चढ़ते हुए इंजन से भाप का फुहारा फूटने लगा। "ग़ज़ब, ग़ज़ब! जल्दी पानी लाओ," चालक चिल्लाया, पर बस में पानी नहीं था। आसपास सड़क के किनारे कोई जल स्रोत या पोखर या धारा न था। कंडक्टर तीन-चार खेत कूदता हुआ एक घर से बाहर रखे पानी के कनस्तर को उठा लाया। पानी डाला इंजन में और थोड़ी देर रुककर हमारी बस फिर से चल पड़ी। जान बची लाखों पाये मैं पनुवानौला पहुँच गयी।

हम गाँव में गये और गाँववासियों से बैठकर बातें कीं। हमने देखा, खेती का कुछ भी पूरक काम करने को वहाँ के स्त्री-पुरुष उत्साहित थे। उनकी कमज़ोर खेती यानी असिंचित भूमि की फ़सलों के कारण उनकी यह आवश्यकता अनुभूत आवश्यकता भी थी। यह स्थिति हमारे सुझाव को स्वीकार करने की अनुकूलता प्रदान करती थी। हमने इस क्षेत्र में काम करने का निर्णय ले लिया। पनुवानौला क्षेत्र के कई गाँवों में सम्पर्क करके और उत्तर वृन्दावन आश्रम में आध्यात्मिक महापुरुष

एवं पर्यावरण के अनुभवी अध्येता श्रद्धास्पद आशीष महाराज से मिलकर हम वापस कौसानी अपने आश्रम में आये, जहाँ हमें लीती के हमारे मित्र का क्षमा-पत्र मिला कि अत्यधिक वर्षा के कारण वे हमें लेने नहीं आ पाये थे। उन्हें आश्चर्य था कि मूसलाधार वर्षा के बावजूद हमने उस संवेदनशील, सुदूर स्थान की पूर्वनिर्धारित यात्रा स्थगित नहीं की थी। जो भी हो, हमें उन्हें लिखना पड़ा कि अब अध्याय बदल चुका था और लीती का पृष्ठ पीछे चला गया था।

पनुवानौला के पास के गाँव में ऊनी कताई, स्वेटर बुनाई काम में किसान महिलाओं व पुरुषों ने उत्साह से भाग लिया। आश्रम स्नातिकाओं के साथ वहाँ की स्थानीय महिलाएँ भी संयोजन के काम में आगे बढ़कर मदद करने लगीं। स्थानीय उत्पादित माल के साथ आश्रम उद्योगशाला में तैयार कम्बल, लोई, शॉल तथा ऊनी आसन आदि को जोड़कर हमने पनुवानौला की छोटी बाज़ार में एक खादी भण्डार यानी बिक्री केन्द्र प्रारम्भ किया, जिसमें विक्रेता के रूप में आश्रम स्नातिकाएँ काम करने लगीं। यह खादी की दुकान चलाना, उन युवतियों को व्यवसाय संचालन की समझ व अनुभव देने का व्यावहारिक शिक्षण था। कालान्तर में कुछ स्थानीय उत्पादन और कुछ सूती खादी मँगाकर इसी प्रकार सम्पूर्ण खादी भण्डार पनुवानौला, कौसानी, दन्या और सुवाखान में स्थापित किये। इनमें महिला विक्रेता ही काम करें, चाहे वह आश्रम की स्नातिकाएँ हों या वहाँ की स्थानीय युवतियाँ, यह तय किया गया। यह वहाँ के समाज के लिए एक बड़ा परिवर्तन था, क्योंकि उस काल में शौका-महिलाओं के अतिरिक्त आम कुमाउँनी किसान महिलाओं में व्यावसायिक कुशलता नहीं थी, न ही उसके परम्परागत अवसर उन्हें मिलते थे। इसी कारण वे ठगी भी जाती थीं। हमारा विचार था कि इस प्रकार के शोषण से महिलाओं को बचाने का प्रयास किया जाय। साथ ही, व्यवसाय पर पुरुषों का एकाधिकार तथा उसके कारण उनकी श्रेष्ठता व प्रधानता को भी चुनौती देने की ज़रूरत थी।

हमने युवतियों को दुकान चलाने, ग्राहक से व्यवहार करने तथा हिसाब रखने आदि की निपुणता सिखायी। ये खादी भण्डार व्यावहारिक हिसाबी ज्ञान की व्यावहारिक प्रयोगशालाएँ थीं। उस समय ग्रामीण क्षेत्र के लिए यह एक नया दृश्य था कि दुकानदार के स्थान पर पुरुष के बदले एक महिला बैठी थी जबकि वहाँ का आम दृश्य होता था कि कुछ महिलाएँ तो अपना सामान ख़रीदने भी दुकान के सामने नहीं जाती थीं, वरन् बाज़ार से बाहर ही रुक जातीं और किसी बच्चे से सामान ख़रीदवाती थीं। बाज़ार के प्रति इस संकोचभाव में स्वयं को दोयम मानने का भाव भी जुड़ा था और इस ग़लत मूल्य को तोड़ना आवश्यक था। धीरे-धीरे स्थितियाँ

बदलीं और स्थानीय युवा महिलाएँ भी खादी भण्डारों की विक्रेता बनने लगीं। यह एक सहज मौन क्रान्ति ही थी, जिसमें शनैः-शनैः प्रगति होती ही रही। हमने अपने रचनात्मक काम के द्वारा सामूहिक लोकशक्ति को जाग्रत करके उसे सुदृढ़ करने का लक्ष्य सामने रखा था। हम स्वयं से प्रवृत्तियों का विस्तार करने का प्रयास नहीं करते थे। किसी गाँव को प्रेरणा हो और वहाँ से माँग आये, तभी माँग करने वालों की सक्रियता व ज़िम्मेवारियाँ निर्धारित करते हुए हम उस गाँव में कार्यक्रम प्रारम्भ करते थे।

अपनी उक्त कार्यनीति के बावजूद उस ब्लॉक के तीस गाँवों में प्रौढ़ शिक्षा का काम हम स्वयं लेकर गये थे। इसके लिए ग्रामवासियों की कोई खुली सामूहिक आवाज़ नहीं उठी थी। जब हमने प्रौढ़ शिक्षा का काम प्रारम्भ किया, तो समाज के कुछ समूह विशेष थे, जिनको इसमें ख़ास रुचि भी पैदा हुई थी। उनके जीवन में लिखना-पढ़ना सीखने से उल्लेखनीय लाभ भी हुआ। पहला इच्छुक समूह उन गाँवों की बहुएँ थीं। गाँवों की उन निरक्षर बहुओं ने दिली प्रेरणा से लिखना व पढ़ना सीखा ताकि वे अपने परदेश गये पतियों को पत्र लिख सकें, जोकि गाँव से बहुत दूर कहीं सेना अथवा किसी नगर में जाकर आजीविका कमाते थे। अब वे उनके आने वाले पत्रों को पढ़ भी सकती थीं। दूसरे समूह थे वे छोटे दुकानदार, जो लाभान्वित हुए थे, वे इसके पूर्व ठीक से हिसाब नहीं लगा पाते थे और इस कारण ठगे जाते थे। हम इन लोगों को लाभ होता देखकर सन्तुष्ट थे। एक और भी लाभ हमें इस कार्यक्रम को चलाने से यह हुआ था कि हम उस क्षेत्र को अच्छी तरह जान गये। उन गाँवों में से प्रत्येक गाँव की क्षमताओं, संगठन शक्ति या गुटबन्दी तथा उस गाँव के समाजहित में नेतृत्व लेने वाले व्यक्ति तथा मिलकर काम करने की परम्परा आदि का पूरा ज्ञान हमारे साथियों को हो गया, जो हमें अगले कार्यक्रम में काम आने वाला था।

वहाँ एक विशेष बात सामने आयी, वह यह कि हमें अपने अगले कार्यक्रम का ज्ञान भी उन गाँवों की महिलाओं ने ही दिया। उन्होंने कहा, "आप 'बूढ़ों' को पढ़ाते हैं। चलो, यह भी ठीक है, पर वास्तव में आवश्यकता तो है हमारे बच्चों को शिक्षा की सुविधा देने की। हमारी नयी पीढ़ी को संस्कार देने की। क्या आप ऐसा नहीं कर सकते? आज हमारे गाँव में एक ग्रामसभा के अन्दर एक स्कूल है। हमारी ग्रामसभा जनसंख्या के आधार पर बनायी गयी है। तीन-चार छोटे गाँवों को मिलाकर एक ग्रामसभा बनी है, जो गाँव तीन या चार किमी. के लम्बे व चौड़े क्षेत्र में फैले हुए है। किसी अपेक्षाकृत बड़े गाँव में गाँव से हटकर किसी बंजर भूमि पर प्राइमरी स्कूल बना दिया जाता है, कई किमी. दूर जहाँ तक पहुँचने की पगडण्डी भी ऊबड़-खाबड़

व सीधी चढ़ाई वाली है। कहीं बच्चे के घर और स्कूल के बीच कई गधेरे आते हैं, जिन्हें पार करना छोटे बच्चों के लिए सम्भव नहीं। बरसात के मौसम में तो ये नाले ख़तरनाक रूप से उफ़ान पर होते हैं। इन कारणों से हमारे बच्चे उचित उम्र में अपनी शिक्षा प्रारम्भ नहीं कर पाते। बाद में भी स्कूल तक जाने की लम्बी चढ़ाई या उतार को पार करते-करते बच्चे थक जाते हैं। उनकी शक्ति पढ़ाई में लगने के बदले चलने में ही क्षीण हो जाती है। ऐसे में हमारे बच्चे आगे की पंक्ति में कैसे रह सकेंगे?" मुझे उन महिलाओं का यह पूरा विश्लेषण बहुत सूक्ष्मता से किये गये अध्ययन जैसा ठोस व मूल्यवान लगा था। उन्होंने अन्य और भी ऐसी ही व्यावहारिक असुविधाओं के कारण उनकी बड़ी उम्र के लड़कों द्वारा स्कूल व शिक्षा के बदले कहीं दूर जाकर किशोरावस्था में ही काम व कमाई पर लग जाने के कारणों को भी गिनाया था। पढ़ी-लिखी नहीं, किन्तु जीवन की कठोर वास्तविकता की पाठशाला से मिले ज्ञान की धनी इन महिलाओं की बात को ही हमने अपने अगले कार्यक्रम का आधार बनाया। बालवाड़ी के कार्यक्रम के अन्तर्गत उन्हीं दूर के गाँवों के बच्चों के लिए प्रारम्भिक शिक्षा संस्कार के अवसर बनाने का प्रयास किया था।

मैंने सदा ही यह अनुभव किया है कि गाँव की ऐसी अनुभवी महिलाओं की बातों को गहराई से सुनना चाहिए क्योंकि उसमें ही सही समझ व काम की सही दिशा मिलती है। मैंने अपने जीवन में ऐसी अनपढ़ पर अनुभवी बहनों से बहुत सीखा था और उनकी दिखाई दिशा में चलने का प्रयास भी किया था, जो मेरे काम की सही दिशा साबित हुई थी।

1992 में जब जमनालाल बजाज फ़ाउंडेशन ने स्त्रियों व बच्चों की उत्तम सेवा के लिए 'जानकी देवी महिला एवं बालविकास पुरस्कार' से मुझे सम्मानित किया था, तो मैंने वहाँ अपना यही अनुभव व्यक्त किया था। मैंने कहा था, "यह पुरस्कार उन ग्रामवासिनी महिलाओं को समर्पित है, जिन्होंने क़दम-क़दम पर मुझे समझ दी है और कन्धे से कन्धा जोड़े गाँव समाज के परिवर्तन कार्य में मेरे साथ चली हैं।" इसीलिए पुरस्कार में मिली धनराशि मैंने लक्ष्मी आश्रम को सौंप दी, क्योंकि वह उन्हीं पर्वतीय ग्रामीण महिलाओं व बालिकाओं के लिए काम कर रहा था।

23

पर्यावरण बालवाड़ियाँ

हाँ, तो हमने धौलादेवी प्रखण्ड के गाँवों में रहने वाली उन महिलाओं की बात मान ली और बाल शिक्षण यानी 'पर्यावरण बालवाड़ी' के नाम से काम शुरू कर दिया। हमने कहा और स्वयं अपने अन्तर्मन में माना कि बच्चा स्कूल तक नहीं पहुँच पा रहा है तो स्कूल को ही बच्चों के पास जाना चाहिए। अतः ग्रामसभा के स्तर पर नहीं, ग्रामसभा के प्रत्येक 'तोक' (हेमलेट) में जहाँ भी दस बच्चे हों, वहाँ बालवाड़ी प्रारम्भ करने का निश्चय किया। यद्यपि बालवाड़ी की आयु का निर्धारित स्तर ढाई वर्ष से पाँच वर्ष का होता है, पर हमारी इन बालवाड़ियों में दस वर्ष के निरक्षर लड़के-लड़कियाँ भी आते थे। वे छोटे बच्चों के साथ भाव-गीत, कहानी, समूह खेल, पौधों, पानी, जंगल और नदी-पर्वत आदि के बारे में प्रत्यक्ष रूप से सीखते व आनन्द तो लेते ही थे। साथ ही, ये बड़े बच्चे अपनी पाटी में स्वर-व्यंजन व गिनती आदि भी सीखते थे। ज्योंही वे स्कूल तक चलकर जाने के योग्य तथा बुद्धि तथा शरीर से सक्षम होते तो वे गाँव के प्राइमरी स्कूल में अपना नाम लिखा लेते। तब उनकी लिखने-पढ़ने की योग्यता के अनुसार वे दूसरी या तीसरी कक्षा में प्रवेश पा जाते थे। बालवाड़ी के संचालन के लिए औपचारिक दृष्टि से पढ़ी-लिखी और हृदय से बच्चों के प्रति संवेदनशील शिक्षिका का होना आवश्यक था। शायद ऐसी युवा महिलाएँ अन्यत्र कहीं दूर से हमें मिल जातीं, पर हमने इस काम को स्थानीय शक्ति से चलाने या बेहतर रूप में कहें तो स्थानीय शक्ति से ही चलाये, यह तय किया था। काम स्थानीय शक्ति से चले और काम के द्वारा स्थानीय शक्ति बढ़े, यह गाँव में रचनात्मक काम करने का हमारा आधार सिद्धान्त था। अतः इसके अनुसार हमने बालवाड़ी शिक्षिकाओं के लिए दसवीं अथवा बारहवीं तक पढ़ी बालप्रेमी युवा महिलाओं की खोज प्रारम्भ की। इन पर्यावरण बालवाड़ियों का प्रारम्भ दन्या बाज़ार के आसपास के गाँवों से हुआ था।

मुश्किल से दो-चार युवतियाँ मिलीं। एक बारहवीं व दूसरी बी.ए. तक पढ़ी दो युवतियाँ अपवाद स्वरूप ही मिल गयीं। अन्य तो आठवीं या पाँचवीं तक पढ़ी होती थीं। बारहवीं व बी.ए. तक प्राइवेट परीक्षा देने वाली युवतियाँ समझदार भी थीं, पर उनकी दूसरी समस्या थी। हम उनके माता-पिता से मिलीं और उनसे निवेदन किया कि अपनी बेटी को पड़ोस के गाँव में बालशिक्षिका के रूप में काम करने भेज दें। उनका दो टूक उत्तर था, "हम यहाँ दीवान परम्परा के ख़ानदानी परिवार हैं। हम अपनी बेटियों को घर से बाहर इस प्रकार गाँव-गाँव भटकने के लिए नहीं जाने दे सकते।" उनके मन को बदलने के लिए बार-बार जाकर तथा उनकी बेटियों के मान-अपमान के लिए स्वयं व्यक्तिगत ज़िम्मेवारी लेकर उन युवतियों को उनके पड़ोसी गाँव की पर्यावरण-बालवाड़ी से जोड़ा। बाद में उन दोनों ने अविवाहित रहकर बालशिक्षा व समाज सेवा को अपना जीवन मिशन बना लिया और वे इसके लिए पड़ोसी गाँव ही नहीं, पूरे देश में जाने लगीं। माता-पिता भी उनके ईमानदार कार्य और यशस्वी जीवन के लिए गर्व करने लगे। इसमें एक अनुकूल तत्त्व यह था कि दोनों युवतियाँ यानी चम्पा जोशी व रमा जोशी स्वयं बालवाड़ी कार्यक्रम के निमित्त से हमसे जुड़ना ही चाहती थीं। उनकी अभिलाषा समाज के लिए अपनी क्षमता का उपयोग करने की थी। चम्पा व रमा की उत्साहपूर्ण कार्यशैली और उससे उनको मिले जनसम्मान को देखकर वहाँ के समाज में अनुकूल प्रभाव पड़ा।

अब वहाँ की कई युवतियाँ तथा युवा महिलाएँ स्वयं और उनके परिवारजन भी अपनी बेटियों तथा बहुओं को इस काम से जोड़ने को उत्सुक होने लगे। हमने पच्चीस गाँवों के लिए पचास शिक्षिकाओं को जोड़ा। दूध में जामन की तरह दो-चार युवतियाँ आश्रम स्नातिकाएँ भी इनके साथ शामिल थीं। हमने बच्चों के विकास और उनको शिक्षा की मुख्यधारा से जोड़ने के लिए यह काम प्रारम्भ किया था। एक दृष्टि से यह हमारे आश्रम परिसर में चल रही नयी तालीम का क्षेत्र में फैलाव हो गया। दूसरी ओर स्थानीय युवा महिलाओं के विकास का भी यह एक सफल कार्यक्रम बन गया था। जो बाल शिक्षिकाएँ आठवीं उत्तीर्ण थीं, उन्होंने व्यक्तिगत परीक्षार्थी के रूप में दसवीं की परीक्षा उत्तीर्ण की। जो दसवीं उत्तीर्ण थीं, उन्होंने बारहवीं की परीक्षा उत्तीर्ण की। इस प्रकार उनका शिक्षा का स्तर भी बढ़ गया और काम के द्वारा उनका आत्मविश्वास भी बढ़ा। उन्हें बालशिक्षा प्रशिक्षण शिविरों में जाना होता था। इससे उनके ज़िम्मेवार व खुले हुए व्यक्तित्व का विकास हुआ। वे अपने मानदेय का पैसा अपने परिवार को देती थीं, तो परिवारों में उनका सम्मान उस दृष्टि से भी बढ़ा था। साथ ही, उन्हें परिवार से अधिक आज़ादी भी मिली थी। वे अब परिवार

के लिए एक महत्त्वपूर्ण व्यक्ति बन गयी थीं। दीवानशाही की वे ख़ानदानी ज़ंजीरें ढीली हो चुकी थीं।

मुझे इस काम में बहुत आनन्द आ रहा था। हमारी 'पर्यावरण बालवाड़ी' के विचार की जानकारी दिल्ली सरकार के मानव संसाधन मन्त्रालय तक पहुँची थी। बालवाड़ियों के बच्चे प्राइमरी स्कूल में जाकर अपने हम उम्र बच्चों से बेहतर योग्यता वाले सिद्ध हो रहे थे। पढ़ने, लिखने, बोलने, विचारने और गाने तथा नाटक करने—सभी प्रकार से वे बहुत सक्रिय थे। इससे हमारी बालवाड़ियाँ प्रसिद्ध होने लगीं। धौलादेवी प्रखण्ड के अन्य गाँवों से माँग आने लगी, "हमारे गाँव में भी पर्यावरण-बालवाड़ी शुरू कराइये।" हम ऐसी माँग करने वालों के सामने एक प्रश्न रखते, "आपका गाँव बालबाड़ी चाहता है, तो वह स्वयं इसके लिए क्या करने को तैयार है?" धौलादेवी प्रखण्ड में कुछ वर्ष पूर्व पाँच साल की एक पनार जलागम परियोजना पूर्ण हुई थी। उसके समापन के बाद ही हमने अपने इस नाम रहित काम को प्रारम्भ किया था। उस जलागम परियोजना ने प्रकृति संरक्षण और समाज (विशेषतः स्त्रियों) के जीवन को अधिक सुविधापूर्ण व पशुवत् श्रम से मुक्त कराने के कई प्रयास किये थे, किन्तु उन विचारों व प्रयासों की जड़ें यहाँ के समाज में जम नहीं पायी थीं। परियोजना ने ईंधन का कम मात्रा में उपयोग व उससे महिला श्रम में कटौती की दृष्टि से परिवारों को मुफ़्त प्रेशर कुकर दिये, जिन्हें अधिकांश परिवारों ने बेच दिया था।

कुछ को कुट्टी काटने (चारा काटने) की मशीनें दी थीं। वे भी लोहे के भाव बिक गयी थीं। जब भी परियोजना द्वारा महिला बैठकें होतीं उन्हें पैन व कॉपियाँ मिलतीं। उसके साथ एक झोला भी होता। यही पुरुषों की प्रत्येक बैठक में भी मिलता था, जिसे वे घर जाकर अपने स्कूल जाने वाले बेटे-बेटियों या नाती-नातिनियों को दे देते थे। इस प्रकार मीटिंग में जाने का तोहफ़ा बच्चों को भी प्रसन्नता देता था। ऐसे उदारता व इफ़रात के माहौल के बाद हमारा उक्त प्रश्न बालबाड़ी की माँग करने वाले ग्रामीणों के दिमाग़ को एकबारगी ही झनझना देता था।

"हम? गाँव वाले?... क्या करें? आप तो मास्टरनी भेज दीजिए। वह बालवाड़ी शुरू कर देगी।" वे कहते थे।

यह सही था कि बाल शिक्षिका का चयन हम ही करते थे। उसे प्रशिक्षण, मार्गदर्शन व मानदेय हम देते थे और बार-बार उनकी बैठकें लेकर उनके काम की रिपोर्ट भी हम लेते थे, परन्तु केवल शिक्षिका से ही बालवाड़ी नहीं चलती।

हमने ग्रामीणों से कहा, "केवल बालवाड़ी शिक्षिका से बालवाड़ी नहीं चलती। सर्वप्रथम उसके लिए एक स्थान चाहिए। ऐसा एक स्थान है क्या आपके गाँव में?"

"हाँ, कुछ दूरी पर एक बंजर जगह है। वहाँ पर बालवाड़ी चला लेंगे। वहाँ कुछ पेड़ भी हैं। धूप तेज़ होने पर बच्चे उन पेड़ों की छाया में बैठ जायेंगे।" ग्रामीणों ने आसान सा हल निकालकर कहा। "नहीं-नहीं, बच्चों को इस तरह टालिए नहीं। बच्चे ही तो गाँव का सबसे बड़ा धन हैं। बालवाड़ी के लिए कम-से-कम एक कमरा चाहिए। उनके खेलने के लिए सामने थोड़ी खुली जगह चाहिए। कोई ज़मीन देने को तैयार हो तो उसमें एक कमरा बनाइये। सामूहिक श्रम और स्थानीय संसाधनों से कमरा बनाना है। क्या प्रगति हुई, यह हमें बताइये। काम में कोई दिक़्क़त आये तो हम गाँव में सबसे बातें करके हल निकालने का प्रयास करेंगे।" यह कहकर हमने उनको वापस भेज दिया। वे ख़ुश न थे। उन्हें लगा था, हमने उन्हें टाल दिया था। कुछ भारीपन व उलझन लेकर वे वापस गये। किन्तु तीसरे ही दिन वापस आये। ख़ुश होकर बोले, "हमने गाँव में सबको बैठाया। सबने उत्साह दिखाया। गाँव के मन्दिर के नीचे की ओर एक संचायती ज़मीन है। उसके सभी हिस्सेदारों ने वहाँ पर बालवाड़ी कमरा बनाने की स्वीकृति दे दी। हमने उसके लिए पत्थरों की खदान भी शुरू कर दी। महिलाएँ पत्थर ढो रही हैं। पुरुष बुनियाद खोद रहे हैं और पत्थर तोड़ रहे हैं। गाँव का राजमिस्त्री बिना मज़दूरी लिए चिनाई कर रहा है, पर हमारे सामने कमरे की छत बनाने को न पाथर हैं और न कुछ और। क्या करें? यह छत डालना हमारे गाँव के बस से बाहर का काम है।" छत के लिए कमरे की नाप-जोख करके 'टिनशीट' देने का प्रबन्ध आश्रम की ओर से किया गया और गाँव में उत्साह फैल गया।

एक दिन बालवाड़ी प्रारम्भ हो गयी। ख़ूब चहल-पहल के साथ पूरा गाँव जुड़ा। हम भी उनके साथ थीं। पुरुषों ने कहा, "हमने पत्थर निकाले। ग्रामवन के पेड़ की कुछ लकड़ी थी, उससे दरवाज़े-खिड़कियाँ और छत की बल्लियाँ बनायीं।" महिलाएँ बोलीं, "हमने पत्थर ढोये और उन्हें सिर पर उठाकर खदान से गाँव तक लायीं।" राजमिस्त्री को सबने बहुत धन्यवाद दिये सामूहिक भागीदारी से एक सामूहिक चीज़ बनी थी। जिस पर सबका हक़ था। जिन्होंने अपनी भूमि दी थी, उनको भी सारा गाँव धन्यवाद दे रहा था और यह सबकी चीज़ बन गयी थी जहाँ सबके बच्चे आयेंगे, गायेंगे, नाचेंगे, सीखेंगे और आनन्द से प्रतिदिन अपना व्यक्तित्व बनायेंगे।

लगभग कमोबेश इसी प्रकार हमने गाँवों में बालवाड़ियाँ प्रारम्भ कर दीं। गाँव ने कहीं पंचायतघर में, कहीं अपने निजी मकान में और कहीं बालवाड़ी का नया

कमरा बनाकर स्वयं ही स्थान का प्रबन्ध किया। उसके संचालन के प्रति उसी गाँव की महिलाएँ सतर्क थीं। कहीं-कहीं महिला मण्डल गठित था, पर कहीं बिना औपचारिक संगठन के भी महिलाएँ मिलकर देखती थीं कि बालवाड़ी निर्धारित समय पर खुले व समय पर बन्द हो। पास के दूसरे गाँव से आने वाली शिक्षिकाएँ आने में देर न करें व जाने की जल्दी में निर्धारित समय से पहले ही बच्चों को उनके घरों को न भेज दें। वे महिलाएँ केवल अनुशासन ही नहीं रखतीं, अपने खेत से ककड़ी या फल आदि लाकर बच्चों व शिक्षिकाओं को देती भी थीं। कभी-कभी समय निकालकर आतीं बालभवन के सामने के मैदान में और बच्चों के भावगीत व खेल भी देखती थीं। बालवाड़ी गाँव जीवन का एक केन्द्र बन गया था। उसी सूत्र में जुड़ते हुए महिलाओं के संगठन बने थे, जो अपने जलस्रोतों, जंगलों व अपनी नयी पीढ़ी तथा अपने समाज के सम्बन्ध में विचार करने लगी थीं। उस पूरे कार्यक्रम ने उस क्षेत्र से सक्षम व सुयोग्य महिला कार्यकर्त्रियों को विकसित किया, जिन्होंने दूसरे स्थानों में जाकर भी अच्छा व तेजस्वी काम किया था।

एक स्वयंसेवी पुरानी संस्था उत्तराखण्ड सेवा निधि बालवाड़ी कार्यक्रम के लिए वित्तीय सहायता देने लगी थी, तो आश्रम को दूसरे स्रोतों से प्रबन्ध करने की ज़रूरत नहीं रही। केन्द्रीय सरकार के मानव संसाधन मन्त्रालय ने बालवाड़ी को शिक्षा के कार्यक्रम के रूप में मान लिया था और वह उत्तराखण्ड सेवा निधि को इस कार्य के लिए अनुदान देता था। वास्तव में इस मन्त्रालय व उत्तराखण्ड सेवा निधि की ओर से यह एक बड़ी सहायता थी। इसी क्रम में विकसित होते हुए एक ऐसा कालखण्ड आया, जब पूरे उत्तराखण्ड के सैकड़ों गाँवों में वहाँ की स्थानीय स्वैच्छिक संस्थाओं द्वारा बालवाड़ियाँ चलने लगी थीं। आश्रम की पद्धति पर ही इन संस्थाओं ने स्थानीय बाल शिक्षिकाओं को तथा उनकी मार्गदर्शिकाओं को इस काम के लिए ज़िम्मेवार बनाया था। इनको प्रशिक्षण देना एक बुनियादी काम था अन्यथा उनकी नयी तालीम के रूप में बनी शैक्षणिक गुणवत्ता क़ायम नहीं रहती। इस प्रशिक्षण के काम की ज़िम्मेवारी भी हमने यानी लक्ष्मी आश्रम ने उठाई थी। आश्रम लगातार दस-दस दिनों के प्रशिक्षण कोर्स चलाता था। कभी पौड़ी गढ़वाल तो कभी पिथौरागढ़, कभी नैनीताल तो कभी उत्तरकाशी से युवा महिलाओं के समूह आश्रम में आते रहते। दस दिन यहाँ रहकर प्रशिक्षण पातीं और वापस अपने क्षेत्रों को जाकर अपनी बालवाड़ियों में नया उत्साह ले आतीं।

वे दिन आश्रम की कार्यकर्ता बहनों के लिए बड़े व्यस्तता भरे होते थे। मैंने इस प्रशिक्षण के लिए विभिन्न पुस्तकों व बहन जी द्वारा दिये गये नोट्स से लेकर सामग्री

एक पुस्तक रूप में एकत्र की थी और उसको व्यवस्थित तरीक़े से लिखा भी था। उसी को एक पुस्तिका के आकार में उत्तराखण्ड सेवा निधि ने छपवा दिया ताकि हम हर प्रशिक्षार्थी युवती को यह पुस्तिका उनके कार्य में मार्गदर्शन लेने के लिए उनके हाथ में दे सकें। पूरे उत्तराखण्ड में हज़ारों बच्चे व सैकड़ों युवतियाँ इस प्रकार विकसित हो रही थीं। यह कार्यक्रम तब तक चलता रहा जब तक कि उत्तराखण्ड के प्रत्येक ज़िले में सरकार द्वारा संचालित आँगनवाड़ी कार्यक्रम बच्चों तथा उनकी माताओं के लिए अनेक गाँवों में प्रारम्भ नहीं हो गया। धौलादेवी प्रखण्ड में उन छोटे 'तोकों', में नये प्राइमरी स्कूल भी सरकार की ओर से खुल गये थे। इसमें हमें अपने कार्यक्रम की सफलता ही दृष्टिगोचर हुई थी, क्योंकि पहले बच्चे स्कूल तक नहीं पहुँच पा रहे थे, अब सरकारी स्कूल भी उनके पास पहुँच गया था।

उस प्रखण्ड में बड़ी संख्या में जागरूक युवतियों का एक अच्छा समूह तैयार हुआ था, जिनमें से कुछ के विवाह हुए तो लोगों ने कहा, "वे पहले की अपेक्षा अधिक अच्छा घर व वर तथा जीवन सम्भावनाएँ पा सकी थीं। बड़ी बात तो यह थी कि उनमें कई विवाहोपरान्त भी किसी स्वैच्छिक संस्था अथवा किसी प्रोजेक्ट या किसी सरकारी ग्रामीण योजना से जुड़कर समाज में कार्य करने लगी थीं।"

धौलादेवी प्रखण्ड के इस समग्र सेवा कार्यक्रम में ऊनी कताई-बिनाई व खादी भण्डार तथा बालशिक्षा कार्य चलते थे। उनके साथ ही महिलाओं द्वारा संचालित उक्त कार्यक्रमों में महिला जागरूकता का लक्ष्य पूरा होता ही था, पर स्त्रीशक्ति जागरण की प्रवृत्ति भी हमारा एक विशेष कार्यक्रम था। महिलाएँ गाँव-गाँव में महिला-मण्डलों में संगठित होती थीं। वे जल, जंगल व ज़मीन के संरक्षण की आवश्यकता के विचार को समझने लगी थीं और उसे स्थानीय जीवन की वास्तविकता से जोड़ती भी थीं। वे अपने गाँव के नौलों, धारों, गधेरों के संरक्षण के लिए सतर्क व सक्रिय हो गयी थीं। अपने ग्रामवन की रक्षा में उन्होंने अपनी भूमिका बदल दी थी। अब वे उनकी रक्षा के लिए प्रथम पंक्ति में रहती थीं। ये ही तीन बुनियादी तत्त्व, जल, जंगल व ज़मीन उनके ग्रामजीवन के स्थायी संसाधन थे। महिलाएँ ही इनकी आपूर्ति की सक्रिय संयोजिकाएँ भी थीं। अतः इसी दृष्टि से हमने 'हिमोत्थान परियोजना' नाम से वन, जलस्रोत तथा खेती व गौपालन के विकास के निमित्त से एक प्रोजेक्ट उस प्रखण्ड में चलाया था। इसमें महिला व पुरुषों ने अच्छा योगदान दिया। विशेषतः महिलाओं ने महिला दुग्ध सहकारी समिति के गठन व संचालन में प्रत्यक्ष भागीदारी निभायी। समिति के द्वारा उनके दूध की बेहतर क़ीमत भी उन्हें मिलने लगी। वे स्वयं उसके संचालन से अपनी व्यावसायिक समझ और व्यावहारिक आत्मविश्वास

प्राप्त करने लगीं। दूसरी ओर उन्हें नयी प्रजातियों का चारा, घासें व पौधे उगाने की तकनीक सीखने को मिली। अपने जल स्रोतों में जल की मात्रा बढ़ाने के तरीक़े समझ में आये। उसी प्रकार अपने ग्रामवनों को संरक्षित करने व उनका सन्तुलित उपयोग करने की पद्धतियाँ सामूहिक रूप से नियोजित करने का अभ्यास बढ़ा।

एक ओर वे महिलाएँ इन व्यावहारिक कार्यों को अंजाम दे रही थीं। दूसरी ओर उनका ध्यान पूरी तौर पर स्थानीय स्त्रियों की घरेलू हिंसा पर था तथा परिवारों की लड़खड़ाती वित्तीय व्यवस्था पर भी था। गाँव व उनके बाज़ारों के बिगड़ते माहौल की भी वे चिन्ता कर रही थीं। अमूमन इन तकलीफ़ों का मूल कारण थीं शराब की दुकानें। प्रतिदिन कोई झगड़ा, कोई मारपीट और ख़ून-ख़राबे के समाचारों की चर्चाएँ उनके महिला मण्डलों की बैठकों में हुआ करती थीं। तब एक दिन उन्होंने तय किया कि उन्हें शराब की दुकान का विरोध करना होगा और उसे अपने बाज़ार से हटा देना होगा। इस दृष्टि से जो शराब विरोधी महिला आन्दोलन दन्या में किया गया और बाद को उसी दुकान को काफ़लीख़ान के चौराहे से भी महिलाओं के नेतृत्व में हुए आन्दोलन द्वारा हटाया गया, उसकी कहानी आन्दोलनों के अध्याय में अलग से लिखूँगी।

इस प्रखण्ड स्तरीय काम का प्रारम्भ ही इस विचार से किया गया था कि गाँव की सामूहिक लोकशक्ति जगे। जो प्रवृत्तियाँ प्रारम्भ की जायें उनका प्रारम्भ भी ग्रामजनों के सामूहिक अभिक्रम से ही हो, और बाद में वे ही इन प्रवृत्तियों को स्वयं सामूहिक शक्ति के द्वारा चलायें। अत: हमने कालान्तर में स्थानीय महिलाओं व पुरुषों की एक संस्था 'उत्तराखण्ड शिवा शक्ति समिति' (ऊष्मा) के नाम से स्थापित की थी। उनके सदस्यों के सामूहिक निर्णय द्वारा आश्रम की अनुभवी कार्यकर्ताओं को भी उसमें सदस्य के रूप में लिया जाता रहा ताकि आवश्यकता पड़े तो कोई वांछित मार्गदर्शन आश्रम से भी मिलता रहे, परन्तु स्पष्टत: और वैधानिक रूप से भी 'ऊष्मा' संस्था व उसके सारे कार्य वहाँ की स्थानीय महिलाओं के द्वारा संचालित होने लगे।

तब धीरे-धीरे आश्रम वहाँ के प्रत्यक्ष कार्य से निकल आया। मुझे लगता था कि लोकशक्ति का पूरा स्वरूप व पूरी शक्ति खड़ी होने में अभी और समय लगने वाला था, पर वहाँ की वे स्थानीय युवतियाँ और महिलाएँ आज ऊष्मा के अन्तर्गत महिला सशक्तीकरण, कृषिकार्य को पूरक हस्तोद्योग देने और गौपालन द्वारा अपनी अर्थव्यवस्था सुदृढ़ करने का अंजाम दे रही हैं। इससे विश्वास होता है कि लोक शक्ति का उदाहरण वे पेश करेंगी।

24

जनान्दोलनों में हमारी भूमिका

आश्रम प्रारम्भ से ही रचना व संघर्ष के कामों को साथ-साथ चलाता रहा है। गांधी जी के इस विचार पर पूरी तौर पर हमें विश्वास था कि रचनात्मक कार्यक्रमों में से ही सत्याग्रह का जन्म होता है। मैंने अपने जीवन में भी यही अनुभव किया था। रचनात्मक काम करते हुए आम लोग अपनी अनुभूत आवश्यकताओं के अनुरूप समस्याओं के हल के लिए कोई रचना खड़ी करते हैं और उसके संचालन में अपना दिलोदिमाग़ पूरी तरह सम्पृक्त करते हैं। ऐसी रचना वैश्विक मानव समाज के अनुकूल जीवन की बेहतरी के लिए भी सर्वमान्य होती है। यह रचना-कार्य करते-करते विवेकरहित कोई बाधा किसी व्यक्ति, संस्था अथवा सरकारी नीति से डाली जाये, तो उसका सामना करने की अहिंसक शक्ति लोगों के अन्दर से उद्गमित हो जाती है। वे अपने सत्य को लेकर और उसके प्रति प्रतिबद्ध होकर अपने निर्भय आग्रह को सत्ता की परमशक्ति से मण्डित पक्ष के सामने रखने में भी हिचकते नहीं। आम समाज की इस अहिंसक शक्ति को पुष्ट करने के अवसर हमें अपने रचनात्मक कार्यक्रमों के माध्यम से मिलते रहे थे।

ऐसे आन्दोलनों के संस्मरण 1967 से 2010 के पूरे चार दशकों के काल-क्षेत्र में फैले हुए हैं। इन दशकों के अन्तराल में कई जनान्दोलन हुए जो पर्वतवासियों द्वारा पर्वतीय जीवन की दुश्वारियों को बढ़ाने वाली समस्याओं के विरोध में खड़े हुए थे। इनमें से कुछ आन्दोलन खड़े हुए और हम उनसे जुड़ गयीं, पर कुछ की सुगबुगाहट पहचान कर हमने ही उन आन्दोलनों को शुरू किया था व दिशा दी थी। मेरा मन है, पूरे चार दशकों के सभी आन्दोलनों के संस्मरण एक ही क्रम में लिख दूँ। उत्तराखण्ड में शराबबन्दी के आन्दोलन उक्त कालखण्ड और उसके बाद भी लगातार होते रहे हैं। यह शराब यहाँ के जन-जीवन के रक्त को चूसने वाली एक ऐसी जोंक रही है, जिसको छुड़ाने के अनेक ईमानदार, सामूहिक अहिंसक प्रयास हुए हैं, पर इससे

पूर्णत: मुक्ति नहीं मिल पायी है क्योंकि इसके पक्ष में सरकारों की सत्ता शक्ति है, तो शराब माफ़िया यानी धनवानों की धनशक्ति भी है और राजनेताओं की स्वार्थ भावना भी जुड़ी है। यह नशा कई दूसरे भयंकर अवांछित नशों को भी मनुष्य के जीवन में प्रारम्भ करा रहा है। यह जानते हुए भी शराब से मिलने वाले राजस्व से सरकारों का लोभ व मोह छूटता नहीं और समाज भी नशामुक्ति का एक साहसी व स्थायी क़दम नहीं उठा पाता, जबकि वह जानता है कि उत्तराखण्ड के आमजीवन में प्रगति न होने का एक कारण यह शराब का सत्यानाशी नशा है। समाज की इस स्थिति को समझते हुए जन समाज का अभिक्रम जाग्रत करने की आवश्यकता महसूस की गयी और शृंखलाबद्ध जनान्दोलन निम्न प्रकार से प्रारम्भ हुए—

1. शराबबन्दी आन्दोलन गरुड़, रवाँईखाल

मेरी स्मृति का पहला शराबबन्दी जनान्दोलन गरुड़ में यानी कत्यूरघाटी में हुआ था। यह 1967 फ़रवरी व मार्च के महीनों का समय रहा होगा। उसी घाटी के सिल्ली गाँव के स्वतन्त्रता सेनानी दीवानसिंह जी ने इसका प्रारम्भ किया था। वे हमारे आश्रम के एक स्थानीय मित्र थे। वे अपनी युवावस्था में ही कांग्रेस के साथ जुड़ गये थे और आज़ादी के राष्ट्रीय आन्दोलन के सैनिक बन गये थे। बाद को वे समाजवादी बन गये थे। उनके राजनीतिक विचार अपने में बड़े मज़बूत और आसानी से झुकने वाले नहीं होते थे। उसी प्रकार उनके निर्णय भी विशेष ही होते थे। कोई साथ दे न दे, वे अपने निर्णय पर चल निकलते थे। इसी प्रकार एक बार वे अकेले ही कैलाश मानसरोवर की यात्रा पर निकल गये थे। चलते-चलते कहीं उन्हें एक साधु मिल गये। वे भी कैलाश यात्रा पर निकले थे। एक-दो रोज़ उनके साथ यात्रा की, पर साधु थक गये थे तो वे एक दिन आराम के लिए रुक गये, पर दीवानसिंह जी अकेले ही आगे बढ़ गये और कैलाश मानसरोवर पहुँच गये। दीवानसिंह जी ऐसे दृढ़-निश्चयी तथा साहसी व्यक्ति थे।

ब्रिटिश राज के विरुद्ध चल रहे 'भारत छोड़ो' आन्दोलन में उन्होंने एक काम अपने दल के सामूहिक निर्णयों के विपरीत दुस्साहसपूर्वक गुप्त रूप से किया था। वह था टोटाशिलिंग के नीसा डिपो में आग लगा देने का दुस्साहसिक कार्य। किसी पदयात्रा में चलते-चलते उन्होंने अपनी यह दुस्सासपूर्ण घटना विस्तार से मुझे बतायी थी कि कैसे वे अपने सिल्ली गाँव से यानी कत्यूर घाटी से उस समय रात को निकले, जब गाँवों में लोग सो चुके थे। उन्हें जंगल के रास्ते ही चलना था, जहाँ कहीं-कहीं कोई पगडण्डी थी और कहीं वह भी नहीं थी। लीसा डिपो की ओर लक्ष्य करके वे

पहाड़ी चढ़ते रहे और दूसरी घाटी बोरारौ में जाकर लीसा डिपो के पास पहुँचकर एक शीशी में मिट्टी तेल में डुबाई कपड़े की चिन्दी को दियासलाई लगाकर डिपो की ओर फेंक दिया। स्वयं तीर की तरह जंगल की ओर चढ़ाई में दौड़ गये। डिपो की लपटों से पूरा जंगल रोशन हो गया था। वे किसी की नज़र में आ सकते थे। अतः चोटी में पहुँचने तक वे चढ़ाई में दौड़ते ही रहे, और चोटी में पहुँचने पर बेदम हो गये। वहाँ डिपो की आग का प्रकाश नहीं पहुँच रहा था। वे वहाँ के अन्धकार में घने जंगल के बीच गिर गये। साँस सम हुई तो फिर उतार में दौड़ पड़े अपने कत्यूर घाटी की ओर। खेत व बस्ती के मकान रास्ते में आये तो सहज गति से चलने लगे व गाँव में पहुँचकर चुपके-से अपने कमरे की खुली साँकल के दरवाज़े खोलकर अपने बिस्तर में घुस गये। सुबह उन्होंने भी आश्चर्य से सुना कि किसी ने कल रात यहाँ से बहुत दूर अगली घाटी में लीसा डिपो जला दिया। शायद उन्हें मालूम था कि इस प्रकार की आगजनी की सज़ा उस समय में केवल फाँसी ही थी। बाद में दीवानदा पर तो किसी को शक़ भी नहीं हुआ, पर गांधी आश्रम चनौदा के कार्यकर्ताओं पर इसकी गाज गिरी थी क्योंकि वे आन्दोलनकारी लीसा डिपो के सबसे निकट थे। अपनी युवावस्था में इस प्रकार के दुरूह कार्यों को अंजाम देने का साहस उनमें था। कत्यूर घाटी ही नहीं, पूरे अल्मोड़ा ज़िले में तथा बाद को तो पूरे उत्तराखण्ड में वे एक कर्मठ तृणमूल समाजसेवक के रूप में जाने जाते थे क्योंकि तब वे रचना कार्यों में जुट गये थे। अपने गाँव व घाटी में खेती व बाग़वानी में नये प्रयोग करने के वे अग्रणी व्यक्ति थे। उनकी कर्मठता जगज़ाहिर थी।

गरुड़ की देशी शराब की दुकान बाज़ार के एक पिछले छोर पर स्थित थी, जहाँ से गाँव को जाने का पैदल मार्ग गुज़रता था। दीवानसिंह जी इसी रास्ते से अपने गाँव को या गाँव से बाज़ार को जाते थे। शाम को दुकान के काउंटर पर लगी भीड़ में से अधिकांश को वे पहचानते ही नहीं, अच्छी तरह जानते भी थे। कई बार उन शराब पियक्कड़ों के बच्चे भूखे रह जाते थे। कई बार उनकी पत्नियाँ अपने हाथों व पाँवों पर पिटाई के नीले दाग दीवानसिंह जी के पास आकर दिखा चुकी थीं। गाँवों की यह दुर्दशा देख उन्हें लगा था कि शराब की यह दुकान हटानी ही है। यह निर्णय दीवानसिंह जी के मन में पुष्ट होने लगा था।

सर्वप्रथम उन्होंने पोस्टकार्ड लिखकर मुख्यमन्त्री उत्तर प्रदेश के नाम पर भेजना प्रारम्भ किया। दूसरा पोस्टकार्ड शराब की दुकान को हटाने के निवेदन के साथ प्रतिदिन अल्मोड़ा ज़िले के ज़िलाधिकारी को भेजते थे। शराब दुकान के ठेकेदार की अनियमितताओं व अवैधानिक कामों की शिकायतें लेकर लोग उनके पास आने

लगे थे, जैसे शराब विक्रेता नाबालिग किशोरों को भी शराब बेचता था, सरकार द्वारा निर्धारित समय से पहले दुकान खोलता तथा बहुत देर से बन्द करता था। दूर के गाँवों में शराब की बिक्री आदि के लिए घोड़ों, खच्चरों, ट्रकों, जीपों तथा अन्य प्राइवेट गाड़ियों से शराब की बोतलें दूर-दूर पहुँचा देता था। ये सारे ग़ैरक़ानूनी काम ठेकेदार अपनी आय बढ़ाने के लिए कर रहा था। यह सब समाचार दीवानसिंह जी के मन के निर्णय को और भी तीव्र कर रहे थे। छह महीनों के बाद उन्होंने शराब की दुकान के बाहर एक निर्धारित स्थान और निर्धारित समय यानी दोपहर बाद तीन बजे से दुकान बन्द होने तक मौन रहकर खड़े रहने का सत्याग्रह किया। इसका शराब बिक्री पर बड़ा दुष्प्रभाव पड़ा। उनके सामने रहते नाबालिगों को शराब बिक्री नहीं हो सकती थी। शराब के कई ग्राहक दीवानसिंह जी को वहाँ खड़ा देखकर ख़रीदने नहीं आते थे। कहते, "अरे यार! वहाँ दीवानदा खड़ा है।" स्थानीय सभी उनको 'दीवानदा' सम्बोधन से ही जानते व पुकारते थे।

उसी अवधि में जब दीवानदा व्यक्तिगत सत्याग्रह कर रहे थे, मुझे एक अविश्वसनीय अनुभव हुआ। हमारा आश्रम बोरारौ घाटी के गाँवों के लिए कौसानी में एक आयुर्वेदिक दवाख़ाना चलाता था, जो मोटर सड़क के पास गाँव के निवासी किसी व्यक्ति के मकान में किराये पर चलता था। उस समय तक कोई सरकारी स्वास्थ्य-सेवा कौसानी में प्रारम्भ नहीं हुई थी। अतः हमारा यह दवाख़ाना विशेषतः महिलाओं और बच्चों के लिए बहुत प्रचारित था। उस दिन प्रशिक्षित स्वास्थ्य सेविका कहीं गयी थी। उनके स्थान पर मैं दवाखाने में गयी थी। मुझे आश्चर्य हुआ कत्यूरघाटी की ओर से आने वाली एक बस दवाखाने पर रुकी और उसमें से दो पुरुष और एक युवा महिला उतरीं। पुरुष महिला को सहारा देकर दवाखाने में लाये। पता चला, वे कत्यूरघाटी के एक गाँव से आये थे जो कौसानी के निकट था। महिला चारापत्ती काटते समय पेड़ से गिर पड़ी थी। उसके कन्धों व पीठ पर गुम चोटें थीं और बाँहों तथा माथे पर खुले घाव भी थे। बाँहों से रक्त बहकर अब थम गया था, पर माथे के घाव से तब भी रक्त बह रहा था। मैं उसके घावों पर ड्रेसिंग, मरहम-पट्टी करने के लिए झुकी तो मुझे उसके मुँह से शराब की गन्ध सूँघने में आयी। मुझे आश्चर्य हुआ क्योंकि यहाँ गाँव की महिलाएँ शराब नहीं पीती थीं। मेरे लिए यह एक रहस्य बन गया, जिसकी वास्तविकता खोजने दो दिन बाद मैं उस महिला के गाँव गयी।

घायल महिला को देखने का एक निमित्त हमारे पास था ही। उसको मिलने और उसे कुछ दवा देने के बाद हम गाँव में घूमीं। युवा बहुओं ने पेड़ से गिरने का

सीधा-सादा कारण पैर फिसल जाना बताया, जो पहाड़ की किसान महिलाओं की मृत्यु का कारण कई बार बनता ही है, पर सामने बैठकर पूछने पर धीरे-धीरे सयानी महिलाओं ने दबे स्वर से गुप्त रहस्य को खोलते हुए बताया कि शराब की दुकान इसका कारण है। वे बोलीं, "ये मूर्ख बहुएँ यह नहीं जानतीं कि शराब पीने से हाथ-पाँव ढीले हो जाते हैं। जाड़ों के दिन हैं। सुबह धूप आने से पहले ही इन्हें बाँज काटने कौसानी के ऊँचे पहाड़ी जंगल की ओर जाना होता है। नंगे हाथ और नंगे पाँव पाले से ठिठुरने लगते हैं। शरीर में गर्मी लाने के लिए ये चाय की तरह ही दो घूँट शराब पी लेती हैं। शराब अब गाँव में भी मिल जाती है। गरुड़ की शराब ही धड़ल्ले से हमारे गाँवों तक पहुँचायी जा रही है। बहुएँ अन्न भकार से धान निकालकर ले जाती हैं और शराब की क़ीमत धान से चुकाती हैं। बस, शराब पीकर जंगल को निकल जाती हैं। इन सयानी महिलाओं ने यह भी बताया कि गरुड़ में स्कूल में पढ़ने वाले किशोर लड़के स्कूल की फ़ीस के पैसों से शराब पी लेते हैं। विक्रेता उन्हें उनकी अंजुलि में शराब डालकर थोड़ी पिला देता है और उनके पूरे पैसे ले लेता है। तब उस दिन लड़के पीकर कहीं लूटों (हेस्टेक्स) के पास धूप में सोये रहते हैं, स्कूल नहीं जाते।

हमारे लिए ये जानकारियाँ दिल को हिला देने वाली थीं। हमने दीवानदा के पास जाकर शराब के इस प्रकोप की जानकारी दी और उनके साथ विचार-विनिमय किया कि इससे समाज को मुक्त करने के लिए क़दम दर क़दम क्या करना चाहिए? शायद वह जनवरी का महीना था। हमने तय किया कि पूरे एक माह हम गरुड़ के चारों ओर के गाँवों में जाकर शराब की दुकान को हटाने का वातावरण बनायेंगी और दूसरी ओर ज़िलाधिकारी और मुख्यमन्त्री को प्रतिदिन पत्र हम भी भेजेंगी और ग्रामजन से भी भिजवायेंगी। फ़रवरी माह के मध्य से प्रत्यक्ष आन्दोलन यानी दुकान पर धरना देने का निर्णय लिया गया।

दूसरे ही दिन से हमारी एक टोली गरुड़ के आसपास के गाँवों में सम्पर्क करके शराब की दुकान की अनियमितताओं व अन्धाधुन्ध कमाई करने के लिए अवैधानिक रूप में दुकान के अतिरिक्त शराब की बिक्री करने तथा उससे हो रही समाज की बर्बादी की बातें बताने लगीं। हम उनको आन्दोलन व धरने में भाग लेने का निवेदन भी करने लगीं। गाँव में महिलाएँ शराब से हो रही हानि की ढेरों अन्य कहानियाँ भी बतातीं। परिवार में अशान्ति, शराबी द्वारा परिवार में हो रही मारपीट, पैसों की बर्बादी, बच्चों व बहुओं की बिगड़ती आदतें तथा पियक्कड़ों का बिगड़ता स्वास्थ्य और अल्पायु मृत्यु। सबसे ऊपर थीं वे कहानियाँ, जहाँ घरों की आर्थिक स्थितियाँ बिगड़ ही नहीं गयी थीं वरन् नष्टप्राय हो गयी थीं।

हम ग्रामों में स्त्रियों को इस दुकान के विरोध के लिए उठने को कहतीं तो वे बिल्कुल राज़ी नहीं होती थीं। उनका एक ही वाक्य सभी मुँहों से हम सुनती थीं, "हम मनुष्यों की किस गिनती में हैं? हम 'गोठ' (घर की निचली मंज़िल, जहाँ पर पालतू पशु बाँधे जाते हैं) में नहीं बँधीं तो 'पाण' (घर की पहली-दूसरी मंज़िलें, जहाँ मनुष्य रहते हैं) में बाँधी गयी हैं। महिलाएँ बाज़ार में जाने से भी कतराती थीं। कहतीं, "वहाँ मेरे ससुर, जेठ आदि मुझे शराब की दुकान पर बैठे देखेंगे तो क्या कहेंगे? न...न... यह तो बड़ी शरम की बात होगी।"

कुछ दिनों तक उन गाँवों में घूमने पर यह स्पष्ट हुआ कि महिलाएँ किसी न किसी रूप में शराब के कारण प्रताड़ित थीं, किन्तु स्वयं कोई भी आन्दोलन नहीं करना चाहती थीं। अन्त में एक वृद्धा माताजी तैयार हुईं। वे बोलीं, "मेरे कोई जेठ या ससुर नहीं हैं, जिनकी मुझे लिहाज़-शरम करनी हो। मैं बैठूँगी तुम्हारे साथ धरने में।" इस प्रकार प्रत्यक्ष आन्दोलन शुरू हुआ। तब तक मौन व्यक्तिगत सत्याग्रह कर रहे दीवानदा ने अब एक माइक लिया और वे एक ऊँची सीढ़ी पर बैठ गये। शराब की दुकान ने उस घाटी में जो भी तकलीफ़ें पैदा की थीं, जो अनियमितताएँ बढ़ती जा रही थीं, वे सब स्थानीय कुमाउँनी भाषा में दीवानदा ने सबको सुनाते हुए कहनी शुरू कीं। वे सज्जनों का भी आह्वान करते, उन्हें ललकारते और युवाओं और महिलाओं को भी आन्दोलन के लिए पुकारते। महिलाओं का अभिक्रम जगाने के लिए एक वृद्धा महिला ही पर्याप्त साबित हुई। उन्हें देखकर कुछ ही दिनों में प्रतिदिन महिलाएँ धरने में आने लगीं। बाद में तो उनकी संख्या साठ-सत्तर से सौ-सवा सौ तक पहुँचने लगी। कुछ पुरुष भी आने लगे। हमारे आश्रम के वरिष्ठ साथी केदारसिंह कुंजवाल पुरुषों को प्रोत्साहित करने में जुटे थे। उन्होंने अपने साथ युवाओं की टोली जुड़ा ली थी। रेवाधर कंसेरी व प्रेमसिंह भाई आदि नौजवानों को देखकर अन्य स्थानीय युवा भी जुड़ने लगे थे।

दीवानदा कत्यूरी वीरों की वीरता की ऐतिहासिक गाथाओं के साथ वर्तमान काल में हो रही बर्बादी का, साहसहीनता का और गये–गुज़रे आत्मबल का तथा कत्यूरी रक्त के शीतल हो जाने का मार्मिक चित्रण करते। कितना धन प्रतिदिन घाटी से बाहर जा रहा था और कितने पुरुष अपने शरीरों व मन बुद्धि को क्षीण कर रहे थे, इसका कुमाउँनी भाषा में ठेठ ग्रामीण लहजे में हुंकार भरकर वर्णन करते। कोई सुने न सुने, वे बोलते जाते। अपने दिल का दर्द बयाँ करते थकते न थे। हम शराब की दुकान के सामने बैठकर महिलाओं के साथ प्रेरणागीत या भजन गातीं। क्रान्तिगीत गातीं और नारे लगातीं। महिलाएँ शराब ख़रीदने आने वालों को समझाकर रोक देतीं।

किसी को मान-मनावन से, किसी को लज्जित कराके व किसी को धिक्कारते हुए वे हमेशा सफल होती थीं। महिलाएँ सुबह दुकान खुलते समय दो मुट्ठी चावल घर से लेकर आतीं। उसे सामने बिछी एक चादर में डाल देतीं। यह चावल ही चार-छह सेवकों के लिए भोजन होता। दिनभर बैठकर शाम का अँधेरा होने पर ही वे महिलाएँ घरों को वापस जातीं। शराब दुकान को बिक्री न होने से घाटा हो रहा था। अतः महिलाओं के वापस जाते ही वे शराबी जो दिन में बोतल नहीं ख़रीद पाये थे, तुरन्त दुकान पर टूट पड़ते। आधे घण्टे में ही कई बोतलें बिक जातीं क्योंकि दुकान क़ानूनन निर्धारित समय पर बन्द नहीं होती थी। पुलिस दिन भर आन्दोलनकारियों की निगरानी के लिए वहाँ रहती थी, पर शराब की दुकान से क़ानून का पालन कराने के लिए अपना फ़र्ज़ न निभाकर उसे छूट देकर वह भी चली जाती थी। हमने धरना देर तक चलाने का निर्णय लिया। एक पैट्रोमैक्स कहीं से जुटाकर उसकी रोशनी में निकट गाँवों की महिलाएँ और हम लक्ष्मी आश्रम की शिक्षिकाओं व छात्राओं की टोली देर तक धरने पर बैठती थी। अन्त में हारकर दुकान बन्द कर दी जाती थी।

यह स्पष्ट था कि दुकान की बिक्री नाममात्र रह गयी थी। आन्दोलन के कारण ग़ैर-क़ानूनी आपूर्ति के लिए दूर-दूर शराब भेजना भी नहीं हो पा रहा था। दुकान का ठेकेदार अपने व्यापारिक नुक़सान को देखकर चिढ़ गया था। अब वह शराबियों को मुफ़्त शराब पिलाकर आन्दोलनकारियों को गालियाँ दिलवाता, धमकियाँ दिलवाता और भय दिखाता कि महिलाओं को जेलों में ठूँस दिया जायेगा। जो महिलाएँ स्वयं को प्रारम्भ में 'गोठ' की पशु बताती थीं, वे इन धमकियों से न तो डरती थीं न इन गालियों व धमकियों का कोई जवाब देतीं। वे उन गाली देने वाले शराबियों को जानती थीं कि गाँवों में उनकी कोई इज़्ज़त न थी। हम किंचित शंका करते कि कहीं महिलाएँ दूसरे दिन सुबह धरने पर न आयें, पर नहीं, वे तो घर के कामों को निपटाकर या सौंपकर निर्भयभाव से पहुँच जाती थीं। एक दिन ठेकेदार के आदमियों ने आन्दोलनकारियों के पैट्रोमैक्स पर एक डण्डा मारा और उसके शीशे टुकड़े-टुकड़े होकर बिखर गये। मिट्टी का तेल फैल गया। महिलाएँ चौंकीं, पर घबरायी नहीं।

आन्दोलन की प्रतिदिन की जानकारी ज़िलाधिकारी को नियमित रूप से भेजी जाती थी। इसके लिए एक-दो बस ड्राइवर बहुत ज़िम्मेवार थे। वे ही पत्र अल्मोड़ा ले जाकर ज़िलाधिकारी के कार्यालय तक पहुँचाते थे, पर ज़िलाधिकारी की ओर से इन पत्रों की कोई पहुँच या प्रतिक्रिया नहीं व्यक्त होती थी। धरने में बैठी महिलाएँ ज़िलाधिकारी की इस बेरुख़ी की चर्चा करती थीं। एक दिन एक महिला ने कहा, "ज़िलाधिकारी बहरा है क्या? उन्हें हमारा आन्दोलन सुनायी नहीं देता?"

दूसरी ने कहा, "हमें उनके कानों में ज़ोर से बोलना पड़ेगा।" तीसरी ने कहा, "दीवानदा तो जायेंगे नहीं। उन्होंने खम बाँधकर आसन लगाया है और कहा है कि दुकान हटने तक यहाँ से उठूँगा नहीं। तब अन्य कौन जायेगा?" मनोरथ दुबेजी की पत्नी, जो उनमें सबसे उम्रदार थीं, ने कहा, "मैं जाऊँगी, और कौन जायेगा? मुझे इस गन्दी चीज़ से अपना मकान ख़ाली कराना है। मुझे गाँव की नयी पीढ़ी बचानी है, गाँव का धन लुटने से बचाना है, मुझे परिवारों में शान्ति लानी है।" उनकी उम्र की चार-पाँच अन्य महिलाएँ भी उनके साथ अल्मोड़ा ज़िलाधिकारी को मिलने जाने को तैयार हो गयीं।

"हमारे साथ तुम चलो। बस में टिकिट लेना होगा। जगह पर उतरना होगा। हमें ज़िलाधिकारी के पास ले जाना होगा। हमें यह सब तुम ही बताओगी।" उन महिलाओं ने मुझे यह एक तरह का सीधा-सपाट निर्णय दिया। न कोई अनुरोध, न कोई आग्रह। बस साफ़ व सीधा फ़ैसला।

चार महिलाएँ और मैं दूसरे दिन दोपहर बाद की स्थानीय बस से अल्मोड़ा को गयीं। आज शायद विश्वास नहीं हो पायेगा कि उनमें से दो महिलाएँ ऐसी थीं, जिन्होंने इससे पूर्व अल्मोड़ा नहीं देखा था। वे पहली बार जा रही थीं और ज़िलाधिकारी को भी शायद आमने-सामने तो उनमें से किसी ने भी नहीं देखा था। यह एक तरह से उनकी साहस-यात्रा ही थी। बस में चक्कर व उल्टियों के कारण महिलाएँ पस्त पड़ गयीं। रात उन्हीं के किसी परिचित के निवास पर हम सब रहीं। दूसरी सुबह सब महिलाएँ ताज़ी थीं और उत्साह से भरी थीं, तो भी मुझे सन्देह था कि ज़िलाधिकारी से बातें करने का उन्हें साहस होगा या नहीं? हम ज़िलाधिकारी के आवासीय कार्यालय में पहुँचीं। हमें ज़िलाधिकारी के सामने रखी कुर्सियों पर बैठना था। कुर्सियों में बैठने में महिलाओं को कुछ उलझन हुई, पर उन्होंने उसे ठीक-से सुलझा लिया। मैं ज़िलाधिकारी श्री धर साहब को अपनी इस भेंट का उद्देश्य बताने ही वाली थी कि उनमें से एक महिला बैठते ही बिना कोई भूमिका के बोल उठी, "आप शराब की अपनी उस सरकारी दुकान को हमारे गरुड़ बाज़ार के इलाक़े से हटा दीजिए।"

यह वार्तालाप ठेठ गाँव की महिलाओं व ज़िलाधिकारी के बीच सचमुच बहुत दिलचस्प था। अब तक मुझे वह शब्दश: याद भी है कि नहीं, कह नहीं सकती। जहाँ तक याद है, धर साहब ने प्रारम्भ में उनकी बात का कोई जवाब नहीं दिया था, पर उनके चेहरे पर एक सहज भाव था और वे शान्त दिखायी पड़ते थे।

महिलाएँ तो बोलती गयीं, "डेढ़ महीने से हमने दुकान पर धरना दे रखा है। हमारे घर शराब ने बरबाद कर दिये हैं। औरतों की तो हर तरह से मुसीबत है। बच्चे

भी बिगड़ रहे हैं। एक ही जगह बिकती तो कोई नियम तो होता, उसने तो सारी घाटी में गाँव-गाँव पहुँचा दी है। यह शराब, यह बरबादी की जड़ हमें अपने इलाक़े में नहीं चाहिए। उस ज़हर की दुकान को बन्द ही करना है। हमने आपको रोज़ चिट्‌ठी-पत्री की है, पर आप तो मानो हमारा दुख सुनना ही नहीं चाहते। अब आप उस दुकान को बन्द कर दीजिए।" तब धर साहब बोले, "आपके कहने से ही तो मैं दुकान को बन्द नहीं करवा दूँगा। आप मेरी 'बॉस' थोड़े ही हैं? दुकान को सरकार ने खुलवाया है। ऐसे तो वह बन्द नहीं की जायेगी।" यह सुनकर दुबेजी की पत्नी तेज़ हो गयीं, बोलीं, "आप नहीं बन्द करेंगे, तो मैं उसमें आग लगा दूँगी। मकान तो मेरा है। वह भी जलेगा तो जलेगा, परवाह नहीं।" अब धर साहब ने भी तेज़ी दिखायी, "आपको पता है, सरकार की सम्पत्ति को जलाना अपराध है। मकान आपका होगा। अभी तो वह सरकार का है। आप उसमें आग लगायेंगी तो मैं आपको जेल में डाल दूँगा।"

"हाँ-हाँ, हमको जेल में डाल दीजिए।" कुमाउँनी व हिन्दी भाषा के मिश्रित शब्दों में सभी महिलाएँ मुखर हो गयी थीं। "तुमने शराब खोलकर हमारे गाँव-घरों को ही जेल बना दिया है। अब हम तुम्हारी जेल में भी रह लेंगे। हमें जेल में डालने के लिए दो-चार हथकड़ी नहीं लाना, एक हज़ार हथकड़ी लाना। हम सब एक हज़ार औरतें जायेंगी तुम्हारी जेल में।"

धर साहब एक सहृदय व्यक्ति थे। वार्ता चरमबिन्दु पर पहुँची तो वे शान्त होकर बोले, "जो हो सकता है वह बोलो। मैं क्या करूँ, बताओ।" महिलाएँ एक स्वर में बोलीं, "कल हमारे यहाँ आओ। हम सब गाँव वालों की बात तो सुनो।" ज़िलाधिकारी ने कहा, "कल आऊँगा आपके पास।" मैंने औपचारिक धन्यवाद के दो शब्द कहकर उनसे विदा ली। महिलाएँ ख़ुश हुईं और उत्साहित भी हुईं। तुरन्त बस में बैठीं और दोपहर बाद तक गरुड़ पहुँचीं। उनके उत्साह का माद्‌दा इतना ऊँचा था कि एक क्षण विश्राम किये बिना वे सीधी धरना स्थल पर गयीं और उन्होंने दीवानदा के हाथों से माइक अपने हाथों में लिया। ज़िलाधिकारी के आने की सूचना तो उन्होंने दी ही, एक ललकारता हुआ आह्वान भी किया, "कल को डी.एम. को दिखाना है कि कत्यूरियों की ये घाटी इस ज़हर की दुकान को हटाकर दम लेगी। सब गाँवों के स्त्री-पुरुष आकर कल गरुड़ बाज़ार को 'छाप' दो (भर दो)। अपने-अपने गाँवों के ढोल-नगाड़े लाओ और इस घाटी को गुँजा दो।" उनके शब्दों ने लोगों की रगों में एक सनसनाहट भर दी। केवल ऐसा ज़ोरदार आह्वान देकर ही वे चुप नहीं बैठ गयीं। शायद उन्हें एक हज़ार हथकड़ियों के लिए एक हज़ार महिलाएँ लानी थीं।

उन्होंने गाँव-गाँव ख़बर भेजी। नज़दीक के गाँव में स्वयं गयीं कि महिलाएँ ज़रूर आयें और ज़्यादा संख्या में आयें।

सचमुच दूसरे दिन गरुड़ में जनसैलाब उमड़ आया। हर गाँव से स्त्री-पुरुषों की क़तारें घाटी में उतर रही थीं। उनके आगे-आगे उनके गाँव के ढोल और नगाड़े बज रहे थे। पचासों गाँवों के सैकड़ों मनुष्य और उन गाँवों के पचासों बाजे जब एक साथ बज उठे तो पहाड़ों से घिरी कत्यूर घाटी का आकाश झनझना उठा। हज़ारों स्वरों के नारों से धरती रोमांचित हो उठी। ज़िलाधिकारी ने कहा, "मैंने गांधीजी के सत्याग्रह आन्दोलनों के बारे में सुना है, पर उन्हें देखा नहीं। आज के इस दृश्य को और इस वातावरण को देखकर मुझे लगता है कि वे अहिंसक जनान्दोलन इसी प्रकार के होते होंगे," ज़िलाधिकारी ने शराब की दुकान को वहाँ से हटाने की घोषणा भी की। स्वयं अपने सामने उसे सीलबन्द भी करवा दिया। फिर भी यह न तो दुकान का अन्त था, न ही आन्दोलन का ही समापन। गरुड़ और कत्यूर घाटी को विजय मिल गयी थी। वे नाचते-कूदते अपने ढोलों को पीटते व नारे लगाते अपने गाँवों को वापस गये। पर हमारी आश्रम कार्यकर्ता बहनों की टोली दो दिन वहीं रुकी, दीवानदा व उनके सहयोगी कुछ मित्रों के साथ। तीसरे दिन हमें पता चला कि शराब दुकान की सील खोलकर उसका पूरा माल उस दिन निकालकर ले जाया जायेगा।

2. रवाँईखाल की जुझारू महिलाएँ

हमारे कानों में चिन्ता की बात यह आयी थी कि ज़िला प्रशासन के अधिकारियों ने गरुड़ से केवल दस किमी. दूर अपेक्षाकृत एक छोटी बाज़ार रवाँईखाल में इस शराब की दुकान को खोलने की व्यवस्था कर ली थी। यह सुनते ही हमारे साथी आन्दोलनकारी केदारसिंह कुंजवाल जी के साथ हम कुछ युवा और महिलाएँ रवाँईखाल को चल दीं। कुछ युवा साथियों को गरुड़ में छोड़ा कि वे रवाँइखाल को लायी जा रही शराब की जानकारी हमें उसके वहाँ पहुँचने से पूर्व ही देंगे। उस ज़माने में मोबाइल तो दूर लैंडलाइन फ़ोन भी सब जगहों पर नहीं थे। हमने माइक पर रवाँईखाल के आसपास के गाँवों में यह सूचना दी कि शराब की दुकान उनकी बाज़ार में पहुँचने वाली है। स्थानीय लोग वहाँ के एक छोटे-से मन्दिर में एकत्र हो गये। शराब दुकान खोलने के सब प्रबन्ध इतने गुपचुप हुए थे कि गाँववासियों को भी पता न था कि काफ़ी महीनों से ख़ाली रही एक दुकान के मालिक ने अपनी दुकान शराब के विक्रय के लिए दे दी थी।

कुछ लोग उस दुकान मालिक की लानत-मलामत उसी समय करने लगे। सबने तय किया कि शराब लेकर आ रहे वाहन की जानकारी मिले, तो तुरन्त उसका विरोध करने स्त्रियाँ व पुरुष दौड़कर आयें और शराब की पेटियाँ उतरने ही न दें। एक बार दुकान में माल पहुँच गया, तो उसे निकालना कठिन हो जायेगा। हमारी ज़िम्मेवारी निर्धारित की गयी कि हम उस वाहन की जानकारी रखें और स्थानीय लोगों को एकदम सूचना दें। सूचना देने का माध्यम बनायी गयी उस मन्दिर की बड़ी-सी घण्टी। उस घण्टी को पागलों की तरह लगातार ज़ोर-ज़ोर-से बजाना था। यह अस्वाभाविक घण्टा ध्वनि सुनकर जो ग्रामजन जहाँ हों, उन्हें सीधे भागकर बाज़ार आना होगा ताकि वाहन से शराब न उतारी जा सके। यही हुआ। एस.डी.एम. के.एम.ओ.यू. की एक पुरानी-सी हरी बस को लेकर गरुड़ पहुँचे और शराब की पेटियाँ व बोतलें उसमें लादी गयीं। आन्दोलन की हमारी युवा टोली वहाँ आसपास ही तत्पर थी। उन्होंने रवाँईखाल की ओर जाने वाले एक ट्रक में अपने लिए जगह बना ली थी।

शराब लदी, बस व एस.डी.एम. की जीप रवाँईखाल की ओर चली। उसके पहले ही यह ट्रक युवा टोली को लेकर चल पड़ा था। शराब के पहुँचने से दस मिनिट पहले ट्रक रवाँईखाल पहुँच गया। हमें सूचना मिली और हमने मन्दिर की घण्टी पगली गति से बजा दी। संध्याकाल था। कुछ ही देर में अँधेरा घिर जाने वाला था। ऐसे जनविरोधी काम अँधेरे में ही किये जाते हैं। सरकार के लोग भी जनविरोध से बचने के लिए तथा शराब के घातक व्यापार के लिए दुकान देने वाला दुकान का मालिक भी स्थानीय विरोध से बचने के लिए चुपके-से समाज के प्रति इस अन्याय को अंजाम देना चाहते थे। घण्टी की लगातार घनघनाहट सुनकर महिलाएँ हाथ का काम छोड़कर दौड़ पड़ीं। उनमें से किसी के हाथ में आटा लगा था, किसी की गोद में बच्चा था। किसी ने अभी ही लकड़ियों का गट्ठर सिर से घर पर उतारा था। पुरुष जो बाज़ार में रुक गये थे, वे भी एकत्र हो गये थे। कुछ पुरुष आधे घण्टे पूर्व इसी बाज़ार में थे। वापस घर पहुँचे भी न थे, फिर से भागकर आ गये थे।

शराब का वाहन रवाँईखाल बाज़ार के सामने पहुँच गया। पीछे से एस.डी.एम. की जीप भी पहुँच गयी। एस.डी.एम. जीप का दरवाज़ा खोलकर बाहर निकलने ही वाले थे कि महिलाएँ लपककर उनकी जीप के पास पहुँच गयीं। बिना कोई भूमिका बाँधे 'नमस्कार' मात्र कहकर वे उन पर बरस पड़ीं, "हमारे गाँव को उजाड़ने के लिए हमारे बाज़ार में शराब लाये हैं आप? शरम नहीं आती? ये सरकार पानी तो नहीं दे सकती, शराब पिलाती है।" महिलाओं ने जीप को घेर लिया। उनके पीछे पुरुषों

की पंक्ति खड़ी थी। कुछ लोगों ने बस को भी घेर रखा था। कुछ सड़क के ऊपर की दीवार पर खड़े थे, क्योंकि वह शराब बेचने को तैयार की हुई दुकान भी दीवार के उसी ऊपरी भाग में थी। उसका ताला बन्द ही था। हमारी आन्दोलनकारी टोली गाँववासी स्त्री-पुरुषों के सबसे पीछे खड़ी थी। कितने समय तक यह बहस एस.डी.एम. व महिलाओं के बीच चली, यह मुझे ठीक से याद नहीं है। शराब के वाहन की रक्षा के लिए तैनात दो पुलिसकर्मी भी सन्नद्ध होकर खड़े थे। उस बस का ड्राइवर कुछ शंकाशील-सा हो रहा था। उसे लग रहा था कि किसी प्रकार अपनी बस को सुरक्षित निकाल ले जाये। महिलाओं के लगातार चल रहे उलाहनों और फटकारों के बीच एस.डी.एम. क्या बोल रहे थे, यह पीछे खड़े होने से मेरे सुनने व समझने में नहीं आ रहा था। अँधेरे का लाभ लेकर कोई असामाजिक तत्त्व वाहन के साथ कुछ अनहोनी न कर दे यानी आग न लगा दे, इस भय से अन्त में एस.डी.एम. ने ड्राइवर को 'बागेश्वर चलो' का आदेश दिया और दोनों गाड़ियाँ लोगों की भीड़ के बीच से सावधानी से सरकती हुई सड़क के अगले घुमाव के पीछे को निकल गयीं।

कुछ दिनों बाद हमने सुना था कि रवाँईखाल की असफलता के बाद दूसरे दिन एस.डी.एम. ने बागेश्वर शहर के निकट के एक गाँव द्यांगण की सड़क पर बनी एक छोटी दुकान में यह शराब उतारने व वहाँ दुकान चलाने का मौक़ा ठेकेदार को देने का प्रयास किया था, पर पिछले कई महीनों से चल रहे गरुड़ व रवाँईखाल के शराबबन्दी आन्दोलन ने आम जन-मन को इतना जाग्रत किया था कि मोटर सड़क पर से किन्हीं लोगों ने द्यांगणवासियों की ओर चिल्लाकर कहा था, "नामर्दो! अब शराब का ज़हर तुम्हारे गाँव में पहुँचाया जा रहा है। तुम कहाँ सोये पड़े हो?" सुना था यह पुकार सुनते ही वहाँ की महिलाएँ अपनी दराँतियाँ व बड़ियाठ हाथों में लेकर सड़क पर आ गयी थीं, "कौन है हमारे गाँव में शराब लाने वाला? हम उसको चीरकर रख देंगी। हमारे हाथों से बचेगा तब तो शराब उतारेगा यहाँ।" महिलाओं की इस चुनौती के सामने किसका साहस टिक सकता था? उस गाँव में हमारे आन्दोलन व उसकी अहिंसक पद्धति का कोई स्पर्श नहीं पहुँचा था, पर शराब का विरोध गाँव के लोग कर सकते हैं, यह साहस पहुँच गया था। अतः उन्होंने अपने तरीक़े से अपने दम पर ज़ोरदार विरोध किया था। एस.डी.एम. को शराब के वाहन को पुनः एक रात बागेश्वर थाने की सुरक्षा में रखकर अन्त में अल्मोड़ा के केन्द्रीय गोदाम में जमा कर देना पड़ा।

आन्दोलन का संघर्ष पूरा हुआ और रचना का काम कत्यूर घाटी में शुरू कर दिया गया। पर्वतीय खेती को एक पूरक उद्योग की आवश्यकता है, यह अनुभव

गाँवों में लोगों के सम्पर्क में रहकर काम करते हुए हमने बेरीनाग प्रखण्ड में भी सीखा था और धौलादेवी प्रखण्ड में भी वहाँ के किसानों ने हमें यही अनुभव दिया था। इसकी चर्चा हम कर चुके हैं। यहाँ गरुड़ की इस घाटी में भी हमारे अनुभवों से बहुत पहले इसी प्रेरणा से दीवानदा ने खेती की पूरक प्रवृत्ति के रूप में कताई-बुनाई व ग्रामोद्योगों के संचालन की छोटी स्थानीय संस्था 'कत्यूर ग्राम स्वराज्य मण्डल' गठित कर ली थी। गरुड़ में जिस मकान में शराब बिक रही थी, उसे उक्त मण्डल ने ख़रीद लिया और उसमें चरखे-करघे, ऊन और ग्रामोद्योगी सामानों के उत्पादन व विक्रय की व्यवस्था व कार्यक्रम प्रारम्भ कर दिया। आन्दोलन से पैदा हुई ऊर्जा इन कामों में जुट गयी। एक समुचित अवधि तक यह मण्डल उस घाटी की एक सक्रिय और आदर्श संस्था थी, जहाँ खेती के पूरक उद्योग के रूप में और ग़रीबों के हाथों में एक रोज़गार के रूप में खादी व ग्रामोद्योग उपलब्ध था। बाद में धीरे-धीरे रचना-कार्य से मिलने वाले रोज़गार को मुद्रा के प्रलोभन ने दबा दिया। प्रतिस्पर्धा का प्रचण्ड तूफ़ान इन घाटियों तक भी पहुँच गया। सरकारी विकास योजनाओं में पैसों का स्वार्थ अधिक प्रभावित करने वाला था, जबकि ग्राम स्वराज्य, खेती, ग्रामोद्योग में पुरुषार्थ की आवश्यकता अधिक थी, धन की मात्रा तो सीमित ही थी। विकास के लिए चल रही योजनाओं में पैसों का लालच भरा हुआ था, जिससे मनुष्य लालच में बरबस खिंचता चला जाता था। हमने देखा कि आन्दोलन का वह पुरुषार्थी समाज अब अपने हर सामुदायिक काम के लिए पूछने लगा, "इसमें मुझे क्या मिलेगा? कितना पैसा?" इस प्रकार केवल पुरुषार्थी कत्यूर घाटी का मानस और जीवन मूल्य ही नहीं बदला था, पर्वतीय क्षेत्र के सभी प्रखण्डों, ज़िलों व राज्यों में यह मनोवृत्ति राष्ट्रीय हवा की तरह बढ़ती गयी थी।

दूसरी ओर स्वैच्छिक प्रयासों से अपनी समस्याओं को पहचान पाने और उसकी जड़ को समझकर उनका विरोध करने की शक्ति भी गाँव के लोगों में उद्‌भूत हो गयी थी। उसके लिए क्या करें, उसके विरोध में आवाज़ कैसे उठायें, यह जन भावना भी उत्तराखण्ड के एक छोर से दूसरे छोर तक प्रस्फुटित हो रही थी। उत्तराखण्ड एक प्रकार से एक आन्दोलन खण्ड बनता गया था। यहाँ के लोग सत्याग्रह यानी अहिंसक प्रतिरोध के लिए तैयार हो गये थे। सत्य व न्याय के लिए कष्ट सहने की उनमें अद्‌भुत क्षमता थी, विशेषत: महिलाओं में। मैं यहाँ पर पूरे उत्तराखण्ड के उन अनेकानेक आन्दोलनों का समयबद्ध इतिहास नहीं लिख रही हूँ। मैं तो अपनी उन स्मृतियों को लिख रही हूँ, जिन आन्दोलनों में मैं जुड़ी थी। यद्यपि इन आन्दोलनों के घटित होने का समय मेरी स्मृति में आगे पीछे हो रहा हैं, यह मुझे लग रहा है, पर

नवासी वर्षों की उम्र में पहुँच गयी स्मरण शक्ति से हम कितनी अपेक्षा रखें? इस स्मृति पर बने कई सुन्दर ऊर्जापूर्ण अंकन भी अब तो धुँधले हो गये हैं या काल की धाराओं से पूरी तरह धुल गये हैं।

3. शराबबन्दी आन्दोलन कोटद्वार व लैंसडाउन

अब कुमाऊँ से गढ़वाल की ओर चलें, क्योंकि मुझे मानसिंह रावत और शशिप्रभा रावत के नेतृत्व में चला कोटद्वार, सतपुली और लैंसडाउन का शराबबन्दी आन्दोलन याद आ रहा है। एक प्रकार से मानसिंह रावत, जिन्हें हम 'भाईजी' कहते थे, ने जीवनभर हर प्रकार के नशे की हानियों से आम लोगों को सावधान करने का पूरे उत्तराखण्ड में सतत काम किया था। उक्त शराबबन्दी आन्दोलन के लिए उन्होंने व उनकी सहधर्मिणी शशिप्रभा ने विशेष सघन काम कोटद्वार, सतपुली और लैंसडाउन के क्षेत्रों में किया था। उनके एक लम्बे समय तक के उद्बोधन कार्यों ने स्थानीय उत्साही व समर्पित नेतृत्व भी खड़ा किया था। इस आधार पर ही प्रत्यक्ष धरना-सत्याग्रह तीनों दूर स्थित स्थानों की शराब दुकानों पर एक साथ प्रारम्भ हो गया था। जब मुझे इन आन्दोलनों के समाचार मिले, तब तक वहाँ की स्थानीय आन्दोलन शक्ति काफ़ी बढ़ चुकी थी। उत्तर प्रदेश के तत्कालीन मुख्यमन्त्री की हठधर्मी से जनाकांक्षा और भुक्तभोगी महिलाओं एवं पुरुष समाज की ईमानदार माँग की उपेक्षा हो रही थी। ऐसी स्थिति में मानसिंह भाईजी ने गांधी विचार के आधार पर सत्याग्रह के अन्तिम क़दम 'उपवास' का सहारा ले लिया था।

मानसिंह जी गांधी विचार के निष्ठावान कार्यकर्ता थे। उनकी कथनी व करनी में कोई फ़र्क़ न था। सादगी की तो मानो वे प्रतिमूर्ति ही थे। कम-से-कम साधनों का उपयोग करके अधिक-से-अधिक काम करना, यह उन्हें सध गया था। उनका यह जीवन आदर्श पूर्णतः गांधी विचार आधारित था। मानसिंह भाईजी का मूल गाँव नयार घाटी का कैंडुल गाँव था, उनके परिवारजनों ने कोटद्वार नगर से कुछ दूरी पर मोटाढाँक गाँव में भी खेती की बड़ी अच्छी ज़मीन ख़रीद ली थी। भाबर की अच्छी खेती के साथ उनकी कुछ बसें भी चलती थीं। ऐसे एक सम्पन्न परिवार ने अपने सबसे छोटे भाई को टाटा इंस्टिट्यूट ऑफ़ सोशल साइंसेज़, मुम्बई में एम.एस. डब्ल्यू. करने भेजा था। प्रतिभा सम्पन्न युवक ने इसे प्रथम स्थान पाकर उत्तीर्ण किया। उनके निदेशक ने ख़ुश होकर उन्हें अच्छी नौकरी का प्रस्ताव पेश किया, पर वह तो उन्हें करनी ही न थी। अतः उन्हें अमेरिका जाकर एम.एस.डब्ल्यू. का एक विशेष उच्च शिक्षण पाने का अवसर दिया गया था।

वे इसके लिए राज़ी हुए व अमेरिका यात्रा की तैयारी करने लगे। तभी उन्हें कोटद्वार में सरला बहन जी से मिलने का संयोग बन गया। बहन जी पौड़ी व चमोली ज़िलों की बालिकाओं (जो आश्रम की छात्राएँ थीं) को उनके वार्षिक अवकाश पर उनके गाँव छोड़ने गयी थीं। उन्हें एक रात कोटद्वार में रुकना था, जहाँ मानसिंह जी ने ही उनके निवास की व्यवस्था की थी। बहन जी उस प्रतिभावान, विचारवान, प्रेमल तथा सरल युवक से प्रभावित हुईं। बातें हुईं। गांधी-विचार, रचनात्मक कार्यों द्वारा देश के निर्माण का अहम कार्य, उसमें युवाशक्ति के जुड़ने की राष्ट्रीय आवश्यकता तथा विदेशों की ओर नहीं, अपने देश के गाँवों की ओर जाने की सही दिशा, बहन जी की इन बातों ने मानसिंह जी के मानस पर गहरा असर डाला। इसी सन्दर्भ में बहन जी ने अपने आश्रम का उल्लेख किया, जिसमें वे नयी तालीम द्वारा समाज-परिवर्तन के लिए समर्पित युवतियों को तैयार कर रही थीं। मानसिंह जी बहन जी को ट्रेन पर छोड़ने गये, तो बहन जी ने पूछ लिया, "आपकी शादी हो गयी या नहीं?"

"नहीं, मैं शादी नहीं करना चाहता क्योंकि मैं समाज सेवा के लिए जीवन लगा देना चाहता हूँ और इसमें शादी बाधक होगी।"

"बाधक भी हो सकती है, पर यदि आपकी भाँति समाज के लिए जीवन देने वाली जीवनसाथी मिले तो आपकी शक्ति दुगुनी हो सकती है।" बहन जी ने अपना सुझाव दिया। उन्होंने बात पूरी करते हुए यह भी कहा, "यदि आपको ऐसी एक युवती का सुझाव दिया जाये, जो नयी तालीम की छात्रा रही हो और उसकी शिक्षिका भी हो, जिसने तय किया हो कि वह अपना जीवन गांधी विचार के अनुरूप समाज को अर्पित करेगी तो क्या आप उस पर विचार करेंगे?" मानसिंह जी का उत्तर था, "इस पर सोचूँगा।" ट्रेन चल दी और बहन जी एक विचार का बीज बोकर आगे बढ़ गयीं।

बहन जी उस समय आश्रम के नयी तालीम विद्यालय के प्रथम समूह की एक छात्रा शशिप्रभा के लिए एक समविचारीय जीवनसाथी ढूँढ़ रही थीं। जैसा कि स्वयं शशिप्रभा का विचार भी था, क्योंकि उनके परिवारजन उन पर विवाह करने के लिए ज़ोर डाल रहे थे। शशिप्रभा व मानसिंह जी के विवाह ने उत्तराखण्ड की सर्वोदय जमात को एक निष्ठावान, कर्मठ व सर्वोदय विचार को समर्पित कार्यकर्ता दम्पति दिया था। मानसिंह जी ने गढ़वाल के भाबर क्षेत्र की बोक्सा जनजाति के लिए सेवाकार्य करने का तय किया और वे नवविवाहिता शशिप्रभा को लेकर बोक्सा लोगों की जैसी ही एक झोंपड़ी में रहने उनके गाँव के बीच चले गये। उनके बड़े भाई की मनावन एक नहीं चली, कि घर पर रहकर भी बोक्सा जनजाति की सेवा

चल सकती है, "नहीं, सेवक को अपने सेव्य के जैसे ही रहना चाहिए," गांधी का यह वाक्य मानसिंह जी का मार्गदर्शक ध्रुवतारा था।

ऐसा सच्चा सेवक कोटद्वार की शराब दुकान के सामने उस ज़हर से समाज को बचाने के लिए उपवास में बैठा था। यह पता चलते ही मैं आश्रम के कुछ साथियों को साथ लेकर तुरन्त उनकी सहायता के लिए कोटद्वार पहुँची। उत्तराखण्ड की दूसरी स्वयंसेवी संस्थाएँ तथा कार्यकर्ता भाई व बहनें तथा खादी ग्रामोद्योग की विकेन्द्रित संस्थाओं से भी पुरुष व महिला कार्यकर्ता कोटद्वार पहुँचने लगे। कोटद्वार के नागरिक परिवारों ने इन सभी को अपने घरों में ससम्मान निवास और भोजन दिया। उन परिवारों की वे महिलाएँ दिनभर धरना स्थल पर सत्याग्रह करतीं और वापस घर जाकर आगन्तुक के भोजन आदि की व्यवस्थाएँ करतीं, पर उनके चेहरों पर एक शिकन भी न होती। कोटद्वार एक मध्यम आकार का नगर था। उसके प्रमुख बाज़ारों व आवासीय क्षेत्रों के स्त्री व पुरुष रोज़ आन्दोलन में, उसके धरने और जुलूसों, प्रदर्शनों में शामिल होते, परन्तु कुछ नगर के बाह्य छोरों की महिलाएँ नहीं आ रही थीं। मैं उन बस्तियों में गयी। एक मुहल्ले में गयी जहाँ सभी राजस्थानी समाज के व्यापारी वर्ग की गृहिणियाँ थीं, सम्मानित और अच्छे खाते-पीते परिवारों की पर्दानशीन भद्र महिलाएँ, जो घरों से बाहर यदा-कदा ही निकलती थीं। यूँ पूरे मोहल्ले की वे स्त्रियाँ आन्दोलन के पक्ष में थीं। उन्हें केवल सड़क पर आने का साहस देना था। मैं वही साहस उनको देकर आयी।

दूसरे दिन वे पच्चीस-तीस महिलाएँ एक साथ सड़क पर निकलीं, जिनके चेहरों पर घूँघट थे, बाँहों, कलाइयों, पैरों, बालों तथा कानों व गलों में परिवार की समृद्धि के प्रमाणस्वरूप आभूषण झलक रहे थे। पर वे सधे क़दमों से चलीं और धरनास्थल पर सत्याग्रह में शामिल हो गयीं। उन्हें बिठाने के लिए पुरुष कार्यकर्ता साथियों ने तुरन्त दरियाँ बिछा दीं और धूप से बचने के लिए एक अतिरिक्त शामियाना तान दिया। वह सँकरी-सी आवासीय बस्ती की लेन धरना करते सत्याग्रहियों से भर गयी। फिर भी पैदल चलने वालों के लिए स्थान शेष था ही। यूँ भी वह सँकरी सड़क सार्वजनिक वाहनों के लिए काम में नहीं आती थी। पुलिस अधिकारी, शायद दरोगा को लगा होगा कि बढ़ते आन्दोलन की उत्साहपूर्ण गतिशीलता को पुलिस और जेल का डर पैदा करके बाधित कर देना चाहिए। इस मक़सद से वे किसी ट्रक को बुला लाये और उसे सत्याग्रही महिलाओं व पुरुषों के बीच से ले जाने के लिए पथप्रदर्शित करने लगे। उन्होंने हमारा आज ही बढ़ाकर लगाया गया शामियाना एक झटके-से

तोड़ दिया। वह एक ओर लटक गया। तब मैं दौड़ी व मेरे पीछे दीक्षा बहन दौड़ीं (दीक्षा बहन आश्रम छात्रा व बाद में ग्राम सेवा की कार्यकर्ता थीं। वे एक कुशल ग्राम सेविका और संगठनकर्त्री थीं)। हमने नम्रतापूर्वक अधिकारी को रोकने का प्रयास किया, पर उनकी कार्यवाही योजनाबद्ध थी। उन्होंने हमें झिड़का और हमारी बात सुनी ही नहीं वरन एक झटके-से हम दोनों को गिरफ़्तार कर लिया। हम दोनों को घेरकर पुलिस कांस्टेबल पास में ही स्थित थाने में ले गये और थाने के पास खड़े एक पुलिस के विभागीय ट्रक में दोनों को डाल दिया। हम दोनों ख़ुश थीं। ट्रक हमें ज़िला जेल, पौड़ी के लिए ले चला, जो कोटद्वार से पचास किमी. दूर थी।

25

मेरी प्रथम जेल यात्रा

मेरी जेल यात्रा की चिरप्रतीक्षित आकांक्षा उस दिन पूरी हुई थी। मैंने गांधी साहित्य की उन कई पुस्तकों को पढ़ा था जिनमें स्वतन्त्रता सेनानी हँसते-हँसते जेल जाते थे और प्रत्येक पुलिस डण्डे पर 'भारत माता की जय' बोलते थे, 'महात्मा गांधी अमर रहे' का नारा लगाते थे। गांधीजी तो जेल को 'कृष्णभवन' कहते थे। मैं सोच रही थी, जहाँ हमारे भगवान अवतरित हुए थे, जन्म लिये थे, वह कारागृह तो पवित्र तीर्थस्थल ही है। किशोरावस्था में लिखी अपनी एक कविता मुझे याद आ रही थी। "*तुम जान न पाये मैं क्या हूँ, पहचान न पाये मैं क्या हूँ,*" यह उस कविता की प्रथम और मुख्य पंक्ति थी, पर उसकी दूसरी भी एक पंक्ति थी, जिसे मैं आज पौड़ी जेल की ओर जाती हुई मन ही मन गा रही थी। वह थी, "*कारागृह की दीवारों से मैं होड़ लगाने आयी हूँ।*" कारागृह की दीवारों से होड़ लगाने का मेरा वह किशोर सपना आज साकार हो गया था। मैं उन स्वतन्त्रता सेनानी गांधी के सत्याग्रहियों की पंक्ति के अन्तिम एक कोने में कहीं स्वयं को खड़ी करने का मन ही मन प्रयास कर रही थी।

ट्रक में हम दीक्षा बहन और मैं, दो ही थीं। उस बड़े ट्रक के पीछे के खुले भाग में बैठीं हम सड़क के हर मोड़ पर इधर से उधर लुढ़क जाती थीं। ख़ाली ट्रक ख़ूब उछलता था। झटके लगते थे, पर क़ैदियों को आराम थोड़े ही दिया जाता है? पहाड़ी मोटर सड़कों के किनारे जहाँ गाँव दिखाई देते या दो-चार दुकानें दिखाई देतीं तो हम दोनों पूरी ताक़त से चिल्लाकर और चेहरा बाहर को करके नारे लगातीं—

'उत्तराखण्ड की यही पुकार
दारू बन्द करे सरकार।'

'जनता शक्ति जागेगी
दारू दूर भगायेगी।'

'महिला शक्ति जागेगी
नशे को दूर भगायेगी।'

पौड़ी नगर पहाड़ की ऊँचाई पर बसा है। यहाँ कुछ ठण्ड लगने लगी थी, पर हमारे पास तो न कपड़े थे और न अन्य आवश्यक वस्तुएँ। उसका मौक़ा ही हमें नहीं दिया गया था। हम भी ऐसा कोई अनुभव नहीं रखती थीं कि पुलिस अधिकारी से अपना आवश्यक सामान साथ में लेने की माँग करतीं।

हमें पौड़ी जेल की एक छोटी कोठरी में डाल दिया गया। एक प्रौढ़ महिला कोठरी के बाहर स्टूल पर बैठी थी। उसने ख़ूब घूर-घूरकर गहरी नज़रों से हमें जाँचने का प्रयास किया। हम दोनों के सहज प्रसन्नभाव से शायद वह उलझन में पड़ गयी थी। जब हम कमरे में बैठ गयीं, तब उसने हम पर एक हिकारतभरी नज़र डालते हुए पूछा, "क्या कुकर्म करके आयी हो?" हमने शराबबन्दी आन्दोलन की बात बतायी तो उसने उपेक्षा से भौंहें सिकोड़कर कहा, "पाप करके आयी हो और झूठ भी बोलती हो? बिना अपराध के सरकार तुम्हें जेल में थोड़े ही डाल देती? किसी को मार के आयी हो? अपने पतियों की हत्या करके आयी हो? यहाँ ऐसी ही हत्यारिनें आती हैं। इस कोठरी में सालों सड़ती हैं।" हमने उसकी बात सुन ली, पर उसे बढ़ाने की कोशिश नहीं की।

हमने देखा, पुराने क़िस्म का भंगी द्वारा उठाया जाने वाला एक शौचालय कमरे से बाहर आँगननुमा एक छोटी-सी खुली जगह पर बना था। रात्रि में पेशाब जाने के लिए काटा गया कनस्तर का आधा भाग एक डिब्बे जैसी शक्ल में दरवाज़े के कोने में हमारे सोने, बैठने के फ़र्श से कुछ नीचे स्तर पर रखा था। फ़र्श पर एक खुरदुरी ऊन से बना टाट जैसा कम्बल बिछा दिया था। थोड़ी ही देर में वह अटेंडेंट उसी प्रकार के ही दो कम्बल ओढ़ने के लिए लेकर आयी, जिसके ऊनी मोटे रेशे झरते जा रहे थे। हम दोनों ने हँसकर कम्बल का स्वागत किया। अभी सूर्य चमक ही रहा था कि हमें रात का भोजन दे दिया गया। हम भूखी तो थीं ही, पर भोजन मिलने का यह कारण नहीं था। कारण था कि अटेंडेंट की ड्यूटी पूरी होने वाली थी। वह हमारे खाने के बाद हमें ताले में बन्द करके चाबी जेलर को सौंपकर अपने घर चली गयी।

खाना, दाल और दो-दो मोटी रोटियाँ थीं। दाल में दाल का एक भी दाना न था। केवल पतली दाल के रंग का नमकीन पानी था। रोटी जौ की थी शायद, क्योंकि गेहूँ की जैसी मुलायम न थी। मुझे इससे कोई निराशा नहीं हुई, क्योंकि यही चखने की प्रतीक्षा तो मैं कर रही थी। दीक्षा बहन का मन भी उच्च भावना से भरा था क्योंकि वह किसी चीज़ की कोई शिकायत नहीं कर रही थीं। हमें आपस में बातें करने को

बहुत-सी सामग्री थी, पर अँधेरा होने पर हमें सो ही जाना पड़ा क्योंकि कोठरी में रोशनी का कोई साधन नहीं था। जेल के बाहर की ओर की दीवाल पर लगे बिजली के एक बल्ब की रोशनी कमरे के रोशनदान से भीतर आती थी। कोठरी का सँकरापन ऐसा था कि एक दीवार से हमारे सिर छू रहे थे तो दूसरी दीवार से पैर टकरा रहे थे।

आदत के अनुसार हम सुबह जल्दी उठ गयीं, पर बैठे ही रहना पड़ा क्योंकि हमारे कमरे पर ताला लगा था। प्रातः क्रियाओं से निवृत्त होने हम तब तक नहीं जा सकती थीं, जब तक अटेंडेंट ड्यूटी पर आकर ताला न खोल दे। वह जल्दी-से जल्दी शायद सात बजे के बाद आयी थी। तब तक पेशाब के डिब्बे से उठती बदबू हमें परेशान करती रही। हम सोच रही थीं, एक दिन के अन्तराल में हमारी दुनिया पूरी तरह बदल गयी थी। अटेंडेंट देर से आयी। उसने हम पर एक उपेक्षापूर्ण उड़ती नज़र डाली और दरवाज़े का ताला खोल दिया। दिन में एक बार हमें जेलर के कार्यालय में बुलाया गया। पुलिस के एक आला ऑफ़िसर तथा एक स्थानीय राजनेता हमारे साथ नम्रता से बातें करते हुए आग्रह करने लगे कि हम क्षमा माँग लें, तो आज ही हमें रिहा कर दिया जायेगा। मैं जानती थी कि हमारी ओर से क्षमायाचना आन्दोलन को कमज़ोर कर देगी, "हमने कोई अपराध नहीं किया है वरन् अपराधों की जड़ को दूर करने के लिए सरकार की सहायता की है। हम क्यों और किसलिए क्षमा माँगें? सरकार हमें धन्यवाद दे और शराब की दुकानों को बन्द करे।" मेरा उत्तर था, जिससे वे आग्रहकर्ता खिन्न हो गये। हमें पूर्ववत् बन्द कर दिया गया।

दूसरे दिन आन्दोलनकारी सात महिलाओं की एक टोली भी गिरफ़्तार होकर कोटद्वार से आयी और उन्हें हमारी कोठरी में ही डाल दिया गया। छोटी कोठरी में नौ स्त्रियाँ सोयीं तो उनके बीच एक इंच का भी फ़ासला नहीं रहा। वे अच्छी नगरीय सुविधा में रहने वाली महिलाएँ थीं। उनके लिए वह बिस्तर और वह खाना तो कष्टकारी था ही, यह अनिश्चितता सबसे अधिक पीड़ादायी थी कि कब तक रहेंगे इस जेल में? यह सवाल उनके मनों को सर्वाधिक सन्ताप दे रहा था। बच्चे याद आ रहे थे कि उन्होंने खा लिया होगा कि नहीं? वे सोये होंगे कि नहीं? एक असुरक्षा का भाव उनके दिल को मथ रहा था। हम दिन में इमारतों की दीवारों से घिरे उस छोटे-से आँगन की पटालों पर बैठ जाती थीं। महिलाओं की वही दुर्बल चर्चाएँ, वही असुरक्षा का चिन्तन चलने लगता। धरने पर बैठने पर एक गर्व था, पर यहाँ यह जेल? उनके आपस में कोई भी महिला कोई उत्साह या साहस की बात नहीं कहती। तभी हमने जेल के बाहर हमारे नामों के नारे लगाती आवाज़ें सुनीं, "राधा दी, तुम संघर्ष करो, हम तुम्हारे साथ हैं," जैसे कई अन्य नारे सभी जेल यात्रियों के नाम लेकर लगाये

जा रहे थे। हमारी एक-दो आन्दोलनरत कार्यकर्ताओं ने पौड़ी के स्थानीय मित्रों को जोड़कर यह जुलूस प्रदर्शन ज़ारी किया था। इससे मेरे व दीक्षा बहन के मन में उत्साह भर उठा, परन्तु महिलाओं के मनों में विशेष फ़र्क़ नहीं पड़ा था।

जेलर के कार्यालय में स्थानीय विधायक तथा अन्य कुछ स्थानीय राजनेता आ गये थे। महिलाओं को एक-एक करके उनके पास बुलाया गया। विधायक की टोली द्वारा कोशिश होने लगी कि महिलाएँ क्षमा माँग लें और वचन दें कि अब वे आन्दोलन में नहीं शामिल होंगी, तब उन्हें जेल से रिहा कर दिया जायेगा। यह तो मानो एक संकट ही था क्योंकि महिलाओं के मन पहले ही विचलित थे। मैंने उन्हें बहुत प्रकार से समझाया और मानसिक शक्ति देने का प्रयास किया था। उसका कुछ प्रभाव तो पड़ा ही था। उन्होंने विधायक को जवाब दिया, "हम आपस में राय सलाह कर लें, तब निर्णय लेंगी।" उनमें से एक युवा महिला के पति किसी सरकारी विभाग में कार्यरत थे। विधायक ने उस महिला से कहा था, "तुम्हारे पति की नौकरी ख़तरे में पड़ जायेगी। तुम सरकार विरोधी कार्यवाही में क्यों पड़ीं? अच्छा है, अभी ही माफ़ी माँग लो। तुम रिहा हो जाओगी। तुम्हारे पति की नौकरी भी बच जायेगी।" महिला का चिन्तित होना स्वाभाविक था। फिर भी वह उसी दिन तो क्षमा माँगने का निर्णय नहीं ले पायी, यह सौभाग्य की बात थी, पर आगे के दिनों में क्या होगा, यह चिन्ता मेरे मन में आ गयी थी। मुझे लगा, इन महिलाओं का मनोबल मज़बूत करने के लिए मुझे कुछ करना चाहिए। मैंने जेल के पुस्तकालय से एक पुस्तक मँगायी, जिसका वाचन करके मैं महिलाओं को उनकी कमज़ोरीभरी चर्चाओं से विरत कर सकूँ और कुछ तेजस्वीभाव उनके अन्दर ला सकूँ। मेरे पास 'श्रीमद्‌भागवत' भेजी गयी। मैंने उसे ही उनके सामने पढ़ना प्रारम्भ किया।

दिन में तीन-चार घण्टे हम आँगन में बैठतीं और भागवत वाचन चलता। उसी के सन्दर्भ को पकड़कर मैं वीर, कर्मठ और संकल्पवान, आन पर मर मिटने वाली महिलाओं की कथाएँ भी जोड़ देती व उसमें अपना पूरा अन्तर्भाव उड़ेलकर उन्हें सुनाती। बचपन में मैंने राजपूत महिलाओं, रानी पद्मिनी, हाड़ी रानी आदि की बहुत सारी कहानियाँ पढ़ी थीं। आन पर मर मिटने वाली, जौहर रचने वाली उनकी कहानी को मैं आज के इस आन्दोलन की आन के साथ जोड़ देती या फिर धरासना के नमक आन्दोलन को नेतृत्व देने वाली सरोजिनी नायडू की कथा कहती, जो तिरंगा झण्डा हाथ में लगातार अठारह घण्टों तक थामे खड़ी रही थीं और साथियों का आह्वान करती रही थीं, कस्तूरबा माता की दक्षिण अफ़्रीका में हुई जेलयात्रा व वहाँ सुदृढ़ता से किया उपवास तथा हमारी सरला बहन जी की निर्भीकता की कहानियाँ

तथा उनकी जेलयात्राएँ—यह सब उन्हें सुनाती। इससे महिलाओं की चर्चाओं के बिन्दु बदल गये।

"हम पहाड़ी महिलाएँ कम थोड़े ही हैं? हम भी क्षमा नहीं माँगेंगी। भला कितने दिन रखेगी सरकार हमें जेल में? कुछ त्याग करके कुछ मिलता भी है।" अब वे इस प्रकार के शब्द बोलने लगी थीं। भागवत का यह कार्यक्रम पूरे पाँच दिन चलता रहा। एक दिन पुनः हमें बुला लिया गया। जेलर अपने ऑफ़िस में थे। हमारे जाते ही वे कुर्सी से उठे और दोनों हाथ जोड़कर मुझे 'नमस्कार' कहा। विधायक ने हमें खड़े रखकर एक काग़ज़ पकड़ाया, पर जेलर ने मुझे बैठने को स्वयं एक कुर्सी दी। काग़ज़ पर एक मजमून लिखा था, जिसमें पुलिस द्वारा मुझ पर लगाये आरोप लिखे थे। विधायक द्वारा मुझसे अनुरोध किया गया कि मैं इन आरोपों की स्वीकृति स्वरूप हस्ताक्षर कर दूँ, पर वे झूठे आरोप थे। मैंने पुलिस के साथ कोई हाथापाई नहीं की थी। उनकी वर्दी का कॉलर नहीं फाड़ा था। अतः मैंने विधायक से शान्ति व नम्रता से कहा, "यह सत्य नहीं है। मैं हस्ताक्षर नहीं करूँगी।"

मुझे जेलर का उठकर सरकार विरोधी क़ैदी को नमस्कार करना और बैठने को कुर्सी देना कुछ अस्वाभाविक तो लगा था, किन्तु मैं उसका कोई कारण नहीं खोज पायी थी। यह रहस्य तब खुला जब आन्दोलन की सफलता के बाद मैं कौसानी आयी और आश्रम के पते से जेलर का एक पत्र आया। भावना व आन्तरिक प्रशंसा से भरा पत्र था वह। उन्हें इस बात का गहरा प्रभाव पड़ा था कि मैंने 'भागवत' को पढ़ते हुए किस प्रकार वर्तमान जीवन से उसे जोड़ा था, जिसने आन्दोलनकारी महिलाओं में दृढ़ता व प्रतिबद्धता भरी थी। वे अपने ऑफ़िस से मेरा पूरा वाचन व उसके सन्दर्भ में कही घटनाएँ तथा कहानियाँ सुनते रहते थे। पत्र में उन्होंने मुझे दीदी बना लिया था और अपने परिवार की कुशल 'तुम्हारे भतीजे-भतीजी स्वस्थ हैं', लिखकर देते थे। उनका तबादला बाँदा को हुआ था। तब भी उनके पत्र आते रहे थे। मैं उनके हर पत्र का उत्तर देती थी। अधिकांशत: लम्बे अन्तराल के बाद वे पत्र लिखते, पर तब वे पत्र विस्तृत होते। उनका सोचने का स्तर बहुत ऊँचा व सार्वभौम था। जेलरभाई दिली इच्छा से अपने बच्चों को सच्चाई के मार्ग पर जीवन जीना सिखाना चाहते थे। मैंने चाहा भी था कि ऐसे नेक व्यक्ति, जो जेलर की नौकरी करते थे, किस प्रकार का वातावरण अपने परिवार में सृजित करते होंगे, यह देखने उनके परिवार में जाऊँ। इस नेक व्यक्ति की नेक इच्छा पूरी करूँ, पर मैं लगातार यात्राएँ करने वाली कई जगहों गयी पर उनके परिवार के पास नहीं जा सकी। कालान्तर में हमारा पत्र-सम्पर्क भी धीरे-धीरे रुक गया।

हाँ तो, हमने उन विधायकों व सरकार परस्तों की एक भी साज़िश नहीं चलने दी थी। इसलिए ये हमें जल्दी नहीं छोड़ेंगे, ऐसा हमको लग रहा था। तभी जेल में आने के दसेक दिनों के बाद हमारी रिहाई का सन्देश आया। बाद में पता चला, वह वास्तव में प्रान्तीय सरकार का निर्देश था कि आन्दोलनकारियों को रिहा कर दिया जाये। हम पौड़ी से कोटद्वार किस प्रकार वापस आयीं, यह मेरी स्मृतिपटल से एकदम ग़ायब हो गया है। आगे के घटना चक्र में यह याद है कि उस समय डॉक्टर सुशीला नायर कोटद्वार आन्दोलन में कुछ दिनों के लिए शामिल होने आयी थीं। वे उन दिनों 'अखिल भारतीय नशाबन्दी' परिषद् की अध्यक्षा थीं। वे बड़ी ओजस्वी महिला थीं। साथ ही, एक योग्य व सुप्रशिक्षित चिकित्सक भी थीं। वे गांधी जी के साथ उनके निजी चिकित्सक के रूप में रही थीं। आश्रम तथा जेल में वे बापू की बेटी व डॉक्टर ही नहीं, एक स्वतन्त्रता-सेनानी की तरह पुरुषार्थवान भी रही थीं। देश की आज़ादी के बाद कांग्रेस सरकार में वे स्वास्थ्य मन्त्री के पद पर रही थीं। वे बड़ी निर्भीक व कर्मठ महिला थीं।

26

सुशीला नायर बहन जी के साथ

सुशीला नायर कोटद्वार के आन्दोलन में एक-दो दिन रहकर लैंसडाउन के आन्दोलन में गयीं और मुझे अपने साथ ले गयीं। वहाँ किसी अधिकारी के अशिष्ट व्यवहार से क्षुब्ध होकर उन्होंने वहीं के धरने में बैठ जाने का निर्णय ले लिया था। वे वहीं से मुख्यमन्त्री उत्तर प्रदेश को मानसिंह जी के लम्बे उपवास से उठी चिन्ता तथा जनान्दोलन की बढ़ती हुई सुदृढ़ तीव्रता के बारे में लिखते हुए अनुरोधभरे पत्र भेज रही थीं कि वे इन तीनों शराब की दुकानों को बन्द करने के आदेश दें। मुख्यमन्त्री की उपेक्षापूर्ण प्रतिक्रिया से सुशीला नायर बहन जी ने मानसिंह जी के सहयोग में स्वयं उपवास लेने का निर्णय ले लिया।

मैं उनके साथ थी अतः मुझ पर ज़िम्मेवारी आ गयी कि मैं एक उपवासी की देखभाल भी करूँ और आन्दोलन को समुचित सहकार भी दूँ। मुख्यमन्त्री का सन्देश था, "मैं उपवासी लोगों से बात नहीं करता। उपवास छोड़ें, तब दुकानें बन्द होंगी या नहीं होंगी, इस पर बातें हो सकती हैं।" सुशीला नायर बहन जी व मानसिंह जी, दोनों ने ही आमरण उपवास शराब की दुकानें बन्द होने तक के लक्ष्य के साथ तय किये थे। अन्त में मुख्यमन्त्री ने अपना निर्णय भेजा कि डॉक्टर सुशीला नायर बातें करने लखनऊ आयें। नौ-दस दिनों के उपवास से नाज़ुक हो गये स्वास्थ्य के बावजूद वे ट्रेन द्वारा यात्रा करके लखनऊ जाने को तैयार हो गयीं। उन्हें लखनऊ ले जाने की ज़िम्मेवारी मेरे लिए एक कठिन कार्य थी, विशेषतः नज़ीबाबाद में ट्रेन को बदलने का काम टेढ़ा था। तब फ़ोन के द्वारा व्हील चेयर बुक करने की सुविधा भी न थी। पर यह अच्छा था कि दोनों ट्रेनों के बीच पर्याप्त अन्तराल था। नज़ीबाबाद में दौड़भाग करके एक व्हील चेयर का प्रबन्ध मैंने कर लिया और सुशीला बहन जी को दूसरी ट्रेन में चढ़ाने में मैं सफल हो गयी। दूसरे दिन हम लखनऊ के सर्किट हाउस में पहुँच गयीं।

एक पूरा दिन सर्किट हाउस में बीत गया, परन्तु हमारी पहुँच का सन्देश पाने के बाद भी मुख्यमन्त्री न तो मिलने आये, न ही उनका सरकारी डॉक्टर सुशीला बहन जी को देखने व जाँच करने आया। किसी प्राइवेट डॉक्टर को लाने से बहन जी ने इनकार कर दिया, "यह मुख्यमन्त्री की, उसके ऑफ़िस की ज़िम्मेवारी होती है।" उनका कहना था क्योंकि वे सरकारी मेहमान थीं। शाम तक कुछ भी नहीं हुआ तो वे नाराज़ हो गयीं, "क्या मुख्यमन्त्री मुझे अपने सर्किट हाउस का वैभव दिखाना चाहते हैं या सचमुच हमारे उद्देश्य को सम्मान देते हैं? मैं उनके इस सर्किट हाउस में नहीं रहूँगी।" उन्होंने निर्णय व्यक्त किया। मुख्यमन्त्री व बहन जी एक ही राजनीतिक दल से जुड़े थे, अतः मुझे लगा कि उनकी यह नाराज़ी एक तरह से रूठना जैसा ही था। जो आठ-दस दिनों से उपवासी महिला का अधिकार ही था। हम दोनों ने ही तय किया कि विचित्र नारायण शर्माजी के निवास में जाकर रहा जाये। मैं तुरन्त विचित्र भाईजी के पास गयी। उन्होंने सहर्ष अपने घर का एक कमरा मुझे दिखाया और कहा, "तुम निश्चिन्त रहो, सुशीला बहन जी की हम पूरी देखभाल करेंगे।" दूसरी सुबह विचित्र भाईजी ने अपनी गाड़ी सर्किट हाउस भेजकर हमारे जाने की व्यवस्था भी कर दी। मैं उस कार से सुशीला बहन जी को लेकर विचित्र भाईजी के घर पहुँची। उन्होंने दिल से बहन जी का स्वागत किया। बहन जी व उनके स्वास्थ्य के प्रति मेरी ज़िम्मेवारी का भार भी कम हो गया।

शाम को मुख्यमन्त्री चन्द्रभानु गुप्ता हाथ में एक काला रोलर घुमाते हुए आ गये। सुशीला बहन जी ने नमस्ते से भी पहले अपने रूठे अन्दाज़ में सीधे प्रश्न किया, "शराब की दुकानें बन्द करके आये हो या नहीं?" विचित्र भाईजी ने मुख्यमन्त्री को कुर्सी दी। वे आराम से बैठे, तब सुशीला बहन जी की ओर देखकर मुस्कराते हुए बोले, "यू लुक क्वाइट फ़िट।" यह बहन जी के उपवास पर एक विनोदभरा कटाक्ष था। वे किंचित मुस्करायीं और उसी पहले के लहज़े में बोलीं, "पहले मेरे सवाल का जवाब दो।" जब मुख्यमन्त्री ने कहा, "हाँ-हाँ, वह तो मैं करके ही आया हूँ। शराब की दुकानें बन्द करने के आदेश भेज दिये हैं। ये आदेश की प्रतिलिपि मैं तुम्हारे लिए लाया हूँ।" हम सबने मुख्यमन्त्री को धन्यवाद दिया और विचित्र भाईजी की बेटी ने सुशीला बहन जी के लिए सन्तरे का रस बनाया, जिसे मुख्यमन्त्री ने उन्हें पिलाया। सुशीला बहन जी को उनके घर पर दिल्ली में छोड़कर मैं कोटद्वार गयी। वहाँ से हम सभी कार्यकर्ता साथ-साथ आश्रम को गये।

शराबबन्दी आन्दोलनों ने समाज में विशेषतः महिलाओं में यह शक्ति व विश्वास तो पैदा कर दिया था कि अब वे हम जैसे गाँव से बाहर के नेतृत्व या सहायता के

लिए प्रतीक्षा किये बिना स्वयं संगठित होकर किसी भी प्रकार की शराब या अन्य नशा उनके समाज को हानि पहुँचाने पहुँचता तो उसके विरोध में वे खड़ी हो जातीं। लोकशक्ति का यह जागरण जनान्दोलनों व उनमें महिलाओं की प्रमुख भूमिका का सकारात्मक परिणाम था, परन्तु जिस प्रकार इन आन्दोलनों के बाद शराब व्यापारी 'माफ़िया शैली' में एकजुट और मज़बूत होने लगे और सरकारें राजस्व के प्रलोभन में शराब से श्रमशील ग़रीब आमजन की हो रही दारिद्र्यपूर्ण दुर्दशा को नज़रअन्दाज़ करती रहीं और दूर सुदूर गाँवों तक तथा एक ही छोटे नगर में कई शराब की दुकानों का जाल बिछाने लगीं, उससे शराब की विभीषिका फिर से उत्तराखण्ड को निगलने लगी। राजनैतिक नेता यानी जन प्रतिनिधि शराब माफ़ियाओं के चंगुल में फँसकर अपनी सत्ता हथियाने की मुहिम आबाद करने लगे। वातावरण पुनः पहले से भी अधिक विषाक्त हो गया।

उत्तराखण्ड के सर्वोदय कार्यकर्ता जब-जब विचार-विनिमय के लिए बैठते तो अपने आन्दोलनों की एक चूक को उभारते कि हमने जनता के साथ शराब की दुकान हटाने यानी शराबबन्दी का प्रयास किया, पर शराबमुक्ति का प्रयास गाँवों व नगरों में नहीं किया। यही कारण रहा कि नशे का मूल शराब की 'आकांक्षा' पुरुषों में बनी रही और अन्य वर्गों में भी फैलती गयी। बाद में 'नशा नहीं रोज़गार दो' युवा आन्दोलन बड़े साहस से आगे बढ़ा। यह हम सबके लिए आशा की एक प्रखर ज्योति थी। इन सब आन्दोलनों के बाद भी उत्तराखण्ड शराब के ज़हर से अभी भी मुक्त नहीं है। यह मेरे लिए एक चुनौती जैसी ही थी। इसीलिए जब किसान व आम महिलाएँ शराब के विरोध में पुनः जगह-जगह से उठ खड़ी हुईं तो उनकी हिम्मत बढ़ाने के लिए मैं पुनः उनके साथ जा खड़ी हुई थी।

27

चिपको आन्दोलन व महिलाएँ

हमारा आश्रम मूलतः उत्तराखण्ड की महिलाओं के लिए काम करने के लिए ही अस्तित्व में आया था। इसका नाम ही रखा गया था, 'कस्तूरबा महिला उत्थान मण्डल'। महिलाओं का उत्थान इसका मूल उद्देश्य था, परन्तु उत्थान की परिभाषा यहाँ वह नहीं थी, जो मैं बचपन से ही सुनती या अपने चारों ओर देखती आयी थी। मैंने देखा था, अपनी किशोरावस्था व युवावस्था के सर्वाधिक ऊर्जामय, शक्तिसम्पन्न और मनबुद्धि से सतेज जीवनकाल में युवतियाँ कॉलेज अथवा विश्वविद्यालयों के बुद्धिप्रधान वातावरण में डिग्रियाँ हासिल करतीं और बाद को समाज व परिवार के परम्परागत कार्य को हेय मानकर कुछ अन्य पेशा अख़्तियार कर लेतीं, ताकि जीवन अधिक परनिर्भर हो। अपने शरीर को श्रम न करना पड़े, कपड़े साफ़ रहते हों, उन पर मैल लगने के मौक़े जीवनचर्या में कम-से-कम हों पर मन में अहंकार व भेदभाव का मैल आने की अधिक शक्यता होती थी। इस प्रकार उनका जीवन अधिक परावलम्बी व शोषणकारी हो जाता था, जिसे हम और हमारा आश्रम 'महिला उत्थान' नहीं मानता था।

जिन महिलाओं ने उक्त राह पकड़ने में सफलता पायी, वे विकसित और सशक्त गिनी जाने लगीं और यदि उन्होंने पुरुषों के हाथों के परनिर्भर धन्धे, हिंसक व शोषण पर टिके व्यवसायों को उठा लिया तो वे उल्लेखनीय सशक्त महिला के रूप में सम्मान की अधिकारिणी बन गयीं। उनके ही नाम स्त्री सशक्तीकरण के उदाहरण बन जाते। मैंने आश्रम को समझते हुए पाया था कि उत्थान का अर्थ था, अपने श्रमशील ग्रामीण परिवेश के अनुकूल अपने समाज के हित में परम्परागत धन्धों की कुशलता को अधिक सुदृढ़ और अधिक मानवीय बनाना। श्रम से, माटी से, गाय व गोबर से, जंगलों व नदियों यानी प्रकृति व खेत-खलिहान के साथ एकरस जीवन आनन्द से जी सकना इतना ही नहीं, बुद्धिपूर्वक अनुभव से उसके लिए श्रद्धा

भी पैदा करनी थी। उसे विचारपूर्वक समझना भी था कि यही स्थायी अर्थव्यवस्था और जीवनशैली है। इस लक्ष्य से आश्रम भावी महिला नागरिकों को नयी तालीम की शिक्षा द्वारा ऐसी अहिंसक स्थायी अर्थव्यवस्था आधारित जीवनशैली के लिए तैयार करता था। साथ ही, जनान्दोलनों से जुड़कर जीवन में इस व्यवस्था को जी रही महिलाओं की सहायता के साथ उनके आत्मविश्वास को भी बढ़ाता था। उनके महत्त्व को भी चिन्हित करता था। उनके सामने आये किसी भी रोड़े को वे स्वयं हटायें, इसकी प्रेरणा देते हुए आश्रम उनका साथ देता था। उनके सामने संघर्ष की स्थिति आती तो आश्रम उनके सत्याग्रह व आन्दोलनों में जुड़ता था।

हम महिला के एकाकी सशक्तीकरण पर विश्वास नहीं करते थे। उसके परिवार व परिवेश को साथ लेकर उसके केन्द्र में महिला की सशक्त निर्णयात्मक स्थिति महिला के प्रकृति-प्रदत्त विशेष शक्तियों (प्रेम, करुणा, क्षमा, मेधा, धैर्य आदि) सहित बने, यह हमारा लक्ष्य था। इसमें महिला का उत्थान और समाज का समग्र विकास, दोनों ही शामिल थे। लोकशिक्षण व औपचारिक शिक्षण, दोनों एक-दूसरे के पूरक थे। ये विभिन्न आन्दोलन हमारी दृष्टि में लोकशिक्षण ही थे। पर्वतीय जीवन के लिए जल, जंगल, ज़मीन आधारभूत तत्त्व हैं। इन तत्त्वों को तथा पहाड़ों और घाटियों की शक्ति को सारा समाज पहचाने। इन नदियों और गधेरों तथा नौलों-धारों की जलराशि की तात्विक शक्ति व ऊर्जा को गहराई से जाने। यहाँ के वायु व धूप का वरदान जीवन में उजागर कर सके। ऐसे उत्थान की दिशा में केवल स्त्रियाँ ही नहीं, उनका सारा संसार उत्थित हो। और उनका समग्र परिवार व गाँव बढ़ सके, यह प्रयास था। उस प्रयास के ही संघर्ष व रचना, ये दो अंग थे।

यह 1970-80 का दशक रहा होगा, जब हमारा आश्रम जंगल, ज़मीन व जल तीनों को बचाने वाले उत्तराखण्ड में चल रहे आन्दोलनों का एक मुख्य अंग बना था, पर अभी मेरी स्मृति उससे भी पीछे के काल में जा रही है, जब हिमालयी वनों या पर्यावरण-सन्तुलन के विशिष्ट महत्त्व की कोई चेतना न थी। उस समय वर्ष में केवल एक दिन 'वृक्षारोपण दिवस' देशभर में मनाया जाता था, जो एक तरह से एक औपचारिक सरकारी आयोजन होता था। लक्ष्मी आश्रम का आदिनिवास चीड़ के आरक्षित वन की सीमा में स्थापित था। जब उसको अपने काम का विस्तार करने की आवश्यकता महसूस हुई तो वन विभाग द्वारा इसी आरक्षित वनभूमि में से उसे अपने आश्रम के लिए भूमि मिली थी। चीड़ के सम्पूर्ण वृक्षों को काट देने के बाद नंगी भूमि आश्रम को हस्तान्तरित की गयी थी। हमने अपने परिसर की इस भूमि पर बाँज के चौड़ी पत्ती वाले पौधों का वृक्षारोपण करना तय किया। यह भूमि दक्षिणी

ढाल और मूलतः चीड़ के जंगल की भूमि थी। यहाँ बाँज नहीं पनपेगा, यह वन विभाग के विशेषज्ञों ने हमको राय दी थी। स्वयं सरला बहन व हम सभी बाँज के वृक्ष पनपाने के लिए कटिबद्ध हो गयी थीं। हम पिनॉथ (जो लगभग छह किमी. दूर था) के बाँज जंगल के नीचे उगे छोटे पौधों को अपनी डलियाओं में रखकर अपने सिरों पर उठाकर लायी थीं। जंगल व गाँव की पगडण्डियाँ ऊबड़-खाबड़ चढ़ाई-उतार की थीं पर हमारी लगन भी कमज़ोर न थी। हमने वे बाँज के पौधे दक्षिणी ढाल व उत्तरी ढाल के कुछ हिस्सों में रोप दिये। उन्हें गर्मी के दिनों में शायद कुछ पानी भी देना पड़ा होगा, देखभाल तो चाहिए ही थी। उन प्राथमिक पौधों ने इन साठ वर्षों में एक सघन वन हमारे आश्रम परिसर में तैयार कर दिया। लिखने का अर्थ है कि आश्रम पर्यावरण-सन्तुलन व वन-संरक्षण के लिए लम्बे समय से सचेत था और सक्रिय भी।

तब देश में भूमि-क्षरण एक बड़ी समस्या के रूप में चर्चित था। उसके लिए भूमि संरक्षण की अनेक योजनाएँ सरकार समाज में दे रही थी। हमारे आश्रम परिसर व वन विभाग के आरक्षित वन की सीमा पर एक सूखा गधेरा था, जिसमें चौमासे में ख़ूब पानी तीव्र प्रवाह के साथ बहता था, प्रतिवर्ष अपने किनारों को काटता हुआ वह टनों मिट्टी बहाकर गधेरे को चौड़ा करता जाता था। हमने अपने सामूहिक श्रम से गधेरे में छोटे चैकडैम बनाकर दोनों किनारों को वृक्षपट्टी से ढककर और वहाँ पर गायों आदि का चुगान बन्द कराकर संरक्षित कर दिया। अब वर्षा में बरसात का पानी बढ़ता था, पर किनारे नहीं कटते और उसका पानी गँदला भी नहीं होता था। ऐसे कई छोटे पर्यावरण संरक्षण के काम हम बहुत पहले से ही करते रहे थे।

इन्हीं प्रयोगों से अभिप्रेरित मैंने बौंगाड़ गाँव में रचनात्मक कार्य करते हुए वहाँ की महिलाओं को प्रेरित किया था तो उन्होंने अपने बर्बाद हो गये ग्राम वन को सत्याग्रह करके कटने से भी बचाया और उसे दो-तीन वर्षों में ही पुनर्जीवित करके भी दिखाया था। उस गाँव के जीवन में उन्होंने पहली सफल 'महिला वन पंचायत' का संचालन भी किया था। ये घटनाएँ 1960-62 तक की हैं। तब तक देश विकास की गति पकड़ चुका था और विकास की अवधारणाएँ संरक्षण, संवर्द्धन तथा सन्तुलित प्रकृति व मानव मैत्री सम्बन्धों की नहीं थीं। वे तो पश्चिमी देशों का अन्धानुकरण करने वाली असीम उपभोग की थीं। कुमाऊँ के चीड़ वनों के टेढ़े वृक्षों को काटने का एक लम्बी अवधि का अधिकार सरकार द्वारा स्टार पेपर मिल, सहारनपुर को दे दिया गया था। प्रतिदिन स्टार पेपर मिल के ट्रक कुमाऊँ के चीड़ वनों से केवल टेढ़े ही नहीं, अच्छे सीधे वृक्षों को भी काटकर सहारनपुर पहुँचा रहे थे और हम खल्वाट होते पहाड़ों व उनके ढालों और तेज़ हिमालयी वर्षा में उनकी

मिट्टी को बेतहाशा बहते देख रहे थे। इस प्रकार हम अपनी वन सम्पदा के निर्मम शोषण के असहाय साक्षी बने हुए थे। तब सरकारों की वननीति संरक्षण की न थी। वे प्रतिवर्ष आयवृद्धि की एकमात्र दिशा में चलती थीं।

उधर 1970 की अलकनन्दा की बाढ़ का भीषण रूप और अकल्पनीय विनाश हमारे चमोली ज़िले में सर्वोदय कार्यों से जुड़े साथियों ने अपनी आँखों से देखा था। उस त्रासदी के कारण भी उन्हें समझ में आये थे। अलकनन्दा के जलागम क्षेत्र के हरे जंगलों की साफ़ हजामत को भी उन्होंने नोट किया था, जिसने गौनाताल को कई दिनों की मूसलाधार वर्षा के पानी से भर दिया था। इस पानी को रोकने वाले पेड़ वहाँ नहीं रहे थे, वरन् कटे पेड़ों के मोटे कुन्दों और लट्ठों ने ताल के निकास द्वार को अवरुद्ध कर दिया था। इससे ताल अपनी चरमसीमा से बाहर छलक गया था और तेज़ जल-प्रवाह के दबाव से फट पड़ा था। तो उसकी असीम जलराशि ने अलकनन्दा में आयी उसकी अपनी बाढ़ को भयंकर व कई गुना विकराल विनाश में बदल दिया था। गाँव बहे, पशु, मानव, खेत और जंगल, जो भी नदी के तट क्षेत्र में थे, सब बह गये थे, यहाँ तक कि बसें भी बहीं। यह प्राकृतिक नहीं, मानवकृत आपदा थी। इसका कारण वही उपभोग की सीमाएँ लाँघने वाला विकास का अभियोजन था। हमारे चमोली ज़िले के सर्वोदय के साथी कार्यकर्ताओं ने इस बर्बादी का मंज़र ही नहीं देखा था, वहाँ राहत देने के कार्य भी उन्होंने किये थे। उनके मनों में इस विनाशक बर्बादी की चिन्ता थी, तो कुमाऊँ में सर्वोदय कार्यकर्ताओं के सामने यहाँ के जागरूक युवाओं को प्रतिदिन कट रहे चीड़ वनों की चिन्ता एक बड़े अनुत्तरित प्रश्नचिह्न के रूप में खड़ी हो गयी थी। जागरूक युवा स्टार पेपर मिल पर जा रही अपनी वन सम्पदा की लूट को नहीं सह पा रहे थे। उन्होंने उन ट्रकों को रोकने का अभियान चलाया था, पर कटे पेड़ को रोकने में उनका विरोध तो प्रकट होता था, पर पर्यावरण का विनाश तो रुका नहीं था। जागरूक लोग इसी मानसिक छटपटाहट में थे।

तभी चमोली ज़िले की गौरा देवी तथा उनकी ग्रामवासी बहनों-बेटियों ने अपने पास के वन के वृक्षों को कटने से बचाने के लिए वृक्षों को गले लगाया था और उनके नेतृत्व में उनके गाँव की महिलाओं ने उनके साथ पेड़ के कटने के पूर्व अपने को कटने देने की साहसपूर्ण घोषणा की थी। उसके साथ ही उन्होंने मानव व वनों के भोगवादी, व्यावसायिक सम्बन्धों के विपरीत एक आत्मीय सम्बन्ध को प्रस्तुत किया था। उन्होंने कहा, “वन हमारा मायका है, हमारा मातृस्थान है।” यह वास्तव में विकास, उन्नति या प्रगति की राह की सारी अवधारणा को ही पलट देने वाला

सोच था, जो उन प्रकृति की गोद में जीने वाली महिलाओं ने अपनी सहज अन्तरात्मा की आवाज़ के रूप में कहा था। यही अवधारणा 'चिपको आन्दोलन' का हार्ट बनी थी। इस अभूतपूर्व घटना की जानकारी उत्तराखण्ड सर्वोदय मण्डल के वरिष्ठ साथी चण्डी प्रसाद भट्ट, उनके साथी आनन्द सिंह बिष्ट, चिरंजी लाल, शिशुपाल सिंह कुँवर आदि को मिली। उन लोगों ने घटना को 'चिपको' नाम दिया। ऐसा नाम जो कालान्तर में विश्व के बड़े विस्तार में फैल गया था।

'चिपको' को उत्तराखण्ड स्तर का आन्दोलन बनाने वाली 'उत्तराखण्ड सर्वोदय मण्डल' की बैठक हमारे आश्रम के आँगन में हुई थी। उत्तराखण्ड के सभी ज़िलों से कार्यकर्ता एकत्र हुए थे। वहीं चण्डीप्रसाद जी ने चिपको विधि से प्रतिरोध करने की वह घटना सबके सामने रखी थी और यह विचार भी दिया था कि इससे हम उत्तराखण्ड के निरन्तर कटते जा रहे जंगलों के हरे वृक्षों को बचा सकते हैं। वह बड़ी उत्साहपूर्ण बैठक थी, जिसमें सर्वोदय मण्डल ने तय किया था कि 'चिपको' को आन्दोलन के रूप में चलाया जाये। सरला बहन जी के मार्गदर्शन में सर्वसम्मति से 'चिपको आन्दोलन' को उत्तराखण्ड के उन सभी स्थानों में किये जाने का निर्णय हुआ था, जहाँ वैधानिक अथवा अवैधानिक तरीक़े से वनों का कटान हो रहा था और जन अधिकारों की अनदेखी की जा रही थी, और जहाँ संवेदनशील पर्यावरण को क्षति पहुँचने वाली थी। वैसी ही क्षति जैसी अलकनन्दा के तट पर बसे लोगों और उसके जलागम क्षेत्रों की हुई थी।

वास्तव में गौरा देवी व उनके साथ रैणी की महिलाओं के स्वयंभू साहसी अभिक्रम ने हम कार्यकर्ताओं की चिन्ताओं के सामने एक अहिंसक सत्याग्रह की राह खोल दी थी। बहन जी के मार्गदर्शन में तथा उनके विश्वस्त सिपहसालारों के नेतृत्व में 'चिपको आन्दोलन' पूरे उत्तराखण्ड में सर्वोदय कार्यकर्ताओं के प्रमुख आन्दोलन के रूप में बढ़ चला था। आन्दोलन के दो पहलू थे, संघर्ष यानी सत्याग्रह द्वारा हरे वनों को बचाना तथा दूसरा, रचना यानी नंगी धरती पर वृक्षों का रोपण व जनजागृति। 'भूदान ग्रामदान आन्दोलन' की तरह 'चिपको आन्दोलन' भी लक्ष्मी आश्रम की एक मुख्य प्रवृत्ति बन गया। हमने मुख्यत: रचना का पहलू पकड़ा था। इसमें छात्राओं की तालीम, समवाय, ग्राम पदयात्राएँ, गीत, नुक्कड़ नाटक, ग्रामवनों का सर्वेक्षण तथा वृक्षारोपण आदि प्रवृत्तियों की हमने एक रूपरेखा विकसित की थी। गीतों की रचना की थी। नुक्कड़ नाटकों को बनाया था। ग्रामों की ग्रामवन पंचायतों में ग्रामजनों के साथ वृक्षारोपण किये थे।

सरला बहन जी उत्तराखण्ड और शायद देश की भी पूरी सर्वोदय जमात में पर्यावरण व प्रकृति के बारे में जागरूक होने वाली पहली व्यक्ति थीं। उन्होंने आश्रम को प्रकृति, धरती और वृक्षों सम्बन्धी अनेक बुनियादी बातों से गहराई से परिचित किया था। मुझे याद है, 1950 के दशक में उन्होंने 'पृथ्वी की हरी-दरी' (The Green Carpet) नाम की पुस्तक का अनुवाद करके उसको हमारे साथ पढ़ा था व उस पर चर्चाएँ की थीं। हमने उस अनुवाद के आधार पर पूरी पुस्तक के नोट्स लिखे थे। उनके आधार पर अपनी विभिन्न स्तर की योग्यता वाली छात्राओं को पढ़ाने के लिए पाठ भी तैयार किये थे। आश्रम के लम्बे-चौड़े परिसर और उसकी सरहद से जुड़े चीड़ के जंगल और अपने पूरे परिवेश में हम बच्चियों को बताने के लिए प्रत्यक्ष उदाहरण भी ढूँढ़ लेती थी। मैं 'चिपको आन्दोलन' के द्वारा आयोजित वृक्षारोपण के ग्रामीण शिविरों में चमोली ज़िले व कुमाऊँ के कई ज़िलों में जाती थी। अपने साथी कार्यकर्ताओं व कभी छात्राओं को भी लेकर हमने पूरे क्षेत्र में एक माहौल बनाया था। जब 'चिपको आन्दोलन' उत्तराखण्ड से बाहर देशभर में फैल रहा था, लोग पर्यावरण के विषय व कार्य को समझने की कोशिश कर रहे थे, तब तो पूरे देशभर में ही मैंने कई सभा सम्मेलनों व सेमिनार गोष्ठियों तथा पदयात्राओं में इस आन्दोलन के उदाहरण से महिलाओं, ग्रामजनों व बुद्धिजीवियों को भी सम्बोधित किया था। 'चिपको' का सन्देश नाम से स्कैंडिनेवियन देशों में मेरी कुछ भाषण यात्राएँ वहाँ के पर्यावरण प्रेमियों ने आयोजित की थीं। कई सेमिनारों से आमन्त्रण मिलने पर पेरिस, कनाडा, नीदरलैंड्स, नेपाल व बांग्लादेश तथा अमेरिका में हार्वर्ड विश्वविद्यालय व बर्कले विश्वविद्यालय में जाकर सम्बोधित करने व अपने हिमालयी अनुभव बताने के अवसर आये थे।

हमारे 'चिपको आन्दोलन' के रहनुमा सुन्दरलाल बहुगुणा तथा चण्डीप्रसाद भट्ट केन्द्र व राज्यों की सरकारों के कर्णधारों को यह प्रतीति कराने का प्रयास कर रहे थे कि हिमालयी पर्वतों पर खड़ा एक-एक पेड़ देश का प्रहरी है। देश की नदियों, खेतों, बस्तियों का सन्तरी संरक्षक भी है। सरकारें इसे समझें और उन्हें काटने की अनुमति ही न दें, यह एक तात्कालिक लक्ष्य था और उसको तात्कालिक सफलता भी मिली, पर 'चिपको आन्दोलन' का स्थायी लक्ष्य प्राकृतिक विरासतों के बारे में मानव की दृष्टि व अवधारणा को ही बदल देने का था। उसके लिए बहुगुणाजी, चण्डीप्रसादजी व अन्य अनेक साथी तब से आज तक देश-दुनिया को अपनी व्यवस्थाओं व अवधारणाओं में एक आमूलचूल परिवर्तन के लिए प्रेरित करते रहे हैं।

मुझे 'चिपको' के इस केन्द्रीय बिन्दु पर विश्वास जम गया था, जिस पर मेरा काम केन्द्रित था और जो इस नारे के द्वारा आन्दोलनकारियों ने व्यक्त किया था—

क्या हैं जंगल के उपकार? मिट्टी पानी और बयार।
मिट्टी, पानी और बयार—ज़िन्दा रहने के आधार।

हमारा यह नारा जंगलों की उपयोगिता की मूल प्रकृति को ही बदल देने वाला था। दुनिया ने जंगलों को मुद्रा कमाने का ज़रिया समझा था, उसी प्रकार हमारे हिमालयी वनों से भी सरकारें अपने निम्नलिखित विपरीत नारे को सिद्ध करने में जुटी हुई थीं—

क्या हैं जंगल के उपकार, लीसा, लकड़ी और व्यापार।

मैंने यही बात जब स्वीडन में 'स्किनैलिंक रोड' के लिए कटने वाले वृक्षों को बचाने वाले आम स्त्री-पुरुषों और पर्यावरण प्रेमी कार्यकर्ताओं तथा स्वीडन की प्रसिद्ध लेखिका, पर्यावरण व अहिंसा को समर्पित, एक्टिविस्ट सारा लिडमैन के सामने कही, तो सभा में बेतहाशा तालियाँ बजने लगी थीं। सारा ने अपने भाषण में कहा था, "हिमालय की उन आम पहाड़ी ग्रामीण महिलाओं को मैं कितने धन्यवाद दूँ? उन्होंने सारे विश्व को बचाने का सन्देश हमें दिया है। मैं उन महिलाओं को सैल्यूट करती हूँ।" यह घटना तब की है जब स्वीडन की प्रसिद्ध गांधी समर्थक और किसानों, मछुवारों के बीच अपने पति ओल्फ़ फ्रीहोल्ट के साथ गांधी विचार का काम करने वाली ऐर्नी फ्रीहोल्ट ने मेरी भाषण यात्रा दक्षिण स्वीडन में गोथेनबर्ग से उत्तर में उमियो नगर तक के लिए आयोजित की थी। 'चिपको' का यह सत्याग्रह विश्व को कितना अनुप्राणित कर गया था, यह देखना मेरे लिए अद्भुत था।

विश्व को अनुप्राणित करने वाली इस 'चिपको' विचार की बुनियाद कहाँ थी? खोजती हूँ तो दिखता है, इसकी बुनियाद थीं पहाड़ की वे महिलाएँ, जो विश्व को नहीं जानतीं, पर जो प्रकृति के उस रिश्ते को जानती थीं, जिसके बल पर ही इस धरती पर प्राण है।

वृक्षों के लिए महिलाओं द्वारा कठिन श्रम किया गया था। वे वन खड़ा करने के लिए पौधों को रोपतीं, पहाड़ी के निचले ढलान से अपनी पीठों या सिर पर पानी के भारी बंठे (गागरें) उठाये चढ़ाई चढ़कर उन पौधों को सींचतीं और उसी प्रकार ढोकर उन्हें खाद देतीं और पूरा गाँव उन वृक्षों की रक्षा करता। कुमाऊँ और गढ़वाल में चल रहे इस रचना-पुरुषार्थ को मैं 'चिपको आन्दोलन' की बुनियाद मानती थी और मैं वहाँ उन ग्रामजनों के साथ होती थी।

दूसरी ओर उत्तराखण्ड के इन्हीं महिला-पुरुषों ने अपने वनों के वृक्षों को कटने से और उखाड़े जाने से बचाने के लिए महीनों तक के जो दिन-रात चलने वाले धरने दिये थे, प्रदर्शन किये थे और जो कष्ट सहे थे, उन सत्याग्रहों में उनकी संघर्षशक्ति का बेजोड़ नमूना 'चिपको' की पताका को ऊँचा उठाता था। मैं 'चिपको आन्दोलन' के इन रचना संघर्षों की सक्रिय साक्षी रही थी। इन्हीं की आधारशिला पर 'चिपको' विचार की इमारत खड़ी हुई थी। यह मेरी अनुभवजन्य समझ बनी थी।

मेरे इस संस्मरण का समय 1975 से बाद का रहा होगा। मैं किसी कृषक बैठक अथवा गोष्ठी के लिए देहरादून गयी थी। वहाँ मुझे उधर पास के गाँव नाहींकलाँ के एक कृषक मिले। सभा में विभिन्न आन्दोलनों पर चर्चाएँ चल रही थीं, तो वे धीरे-से मेरे निकट आ गये और मुझे अपने ग्रामवन में ख़ुद रही एक खान की बात बताने लगे। उनके आग्रह पर मैं उनके गाँव नाहींकलाँ गयी। खान देखी, उसका मलवा, बड़े-बड़े बोल्डर तथा टनों मिट्टी उस पहाड़ी ढलान पर बिखरी पड़ी थी, जो गाँव की संचायती भूमि थी। कुछ बड़े वृक्ष भी जड़ों से उखाड़े गये थे और उसी मलवे के साथ फेंके गये थे। संयोग था कि गाँव की कृषक महिलाओं का एक झुण्ड अपने हँसिये व रस्सियाँ लिए आ गया। वे पर्वतीय ढलान से चारा काटने आयी थीं, जिस पर मलवा बिखरा पड़ा था और ऊपर से अभी भी बड़े-बड़े पत्थर लुढ़क रहे थे। महिलाओं को मुझसे ज़्यादा नहीं कहना पड़ा। उनके ग्रामवन का विनाश मैं प्रत्यक्ष देख ही रही थी। मेरे भीतर की किसान भावना उन उखड़े वृक्षों व उनकी कोमल पत्तियों के सूखे कलेवर तथा मलबे की मिट्टी के नीचे दबी हरी-हरी घास को देखकर बुरी तरह आहत हो रही थी। महिलाओं से बातें कीं। वे खान को एक क्षण भी नहीं चलने देना चाहती थीं।

हम पूरे गाँव से बातें किये बिना कोई एक्शन शुरू नहीं कर सकती थीं, अत: मैं गाँव में रुक गयी कि उस शाम पूरे गाँव के स्त्री-पुरुष एकत्र हों, तब हम मिलकर निर्णय लेंगे और खान के ठेकेदार से भी बातें करेंगे। उस गाँव के प्रधान तथा सभी सयाने लोग ठेकेदार को व्यक्तिश: जानते थे। उन्हें विश्वास न था कि वह खान व उसके मलबे के बारे में हमारे सुझावों को मानना तो दूर, सुनने को भी तैयार हो जायेगा। तो भी गाँव के प्रधान व सयाने पुरुष तथा पाँच-छह प्रौढ़ महिलाएँ, गाँव का एक अच्छा प्रतिनिधिमण्डल दूसरे दिन खान पर गया। बहुत अच्छी गुणवत्ता का चूना-पत्थर निकल रहा था। मज़दूरों की गैती, सब्बल दनादन बड़े जोश से चल रहे थे। ठेकेदार वहाँ न था, पर अधिक प्रतीक्षा नहीं करनी पड़ी। ठेकेदार आया और हम पर बरस पड़ा, जैसे वह स्थान उसकी बपौती थी और गाँव के पीढ़ियों

से वहाँ रहने वाले-स्त्री पुरुष मानो अनधिकृत बाहरी लोग थे। सरकार व सरकारी परमिट ठेकेदार का सर्वाधिक मज़बूत कवच था। स्थानीय विधायक उसका संरक्षक था जबकि ग्रामीणों के पक्ष में अपने ग्रामवन को बचाने के लिए केवल सत्य के अतिरिक्त कुछ भी न था। उसी सत्य ने ज़ोर मारा और उन्होंने उसी जगह तय किया कि इस खान को बन्द कराना होगा। मलवा रोकना होगा अन्यथा अब उसके पत्थर व मलवा उनके जलस्रोत तक पहुँचने वाले थे, जो उसे भी दबा देंगे, तो गाँव पानी से भी वंचित रह जायेगा।

तीसरे दिन से धरना प्रारम्भ हुआ। महिला-पुरुष आये, धरने पर बैठे। ज्यों-ज्यों धरने पर संख्या बढ़ी, त्यों-त्यों खान खोदने वाले मज़दूरों की संख्या कम होने लगी। मैंने देहरादून के ज़िलाधिकारी को ग्रामप्रधान व ग्रामीणों की ओर से पत्र लिखाये। शायद उत्तराखण्ड सर्वोदय मण्डल के कार्यकर्ता व पदाधिकारी साथियों को मैंने ही स्वयं पत्र लिखे होंगे। धरना चार-छह दिन का ही हो पाया था कि धूमसिंह नेगीजी आ पहुँचे। वे भी देहरादून की उस गोष्ठी में उपस्थित थे। उन्हें भी नाहींकलाँ के उस ग्रामीण किसान भाई ने अपने गाँव आने का और खान के लिए कुछ कार्यवाही करने का आग्रह किया था। धूमसिंहजी ने बुद्धिमानी की थी कि अपने घर में जानकारी देकर आये थे, जबकि मैं ऐसी किसी तैयारी के बिना ही नाहींकलाँ पहुँची थी।

धूमसिंहजी के आने से मैं ख़ुश हो गयी। वे बड़े कर्मठ कार्यकर्ता व पुरुषार्थी किसान थे। 'चिपको आन्दोलन' में अपना सम्पूर्ण समय लगाने के लिए उन्होंने सरकारी विद्यालय के शिक्षक के पद से अपना स्थायी आजीविका का काम छोड़ दिया था और टिहरी-गढ़वाल में हुए उन अनेक वन बचाने के सत्याग्रह आन्दोलनों का संचालन उन्होंने सुन्दरलाल बहुगुणाजी के साथ किया था। वे बहुगुणाजी के दायें हाथ थे, विचारनिष्ठ व कर्मनिष्ठ। उनके नौकरी छोड़ने के इस क़दम ने उनके परिवार की अर्थव्यवस्था को डगमगा दिया था। उनकी कर्मठ पत्नी अकेली ही अपनी सारी खेती सँभालतीं व परिवारजनों की देखभाल करतीं। उन्होंने धूमसिंहजी को जनसेवा के इस प्रवाह विरुद्ध क्रान्तिकार्य के लिए पूरी मुक्तता दी थी। ऐसे चरित्रबल के धनी धूमसिंहजी के नाहींकलाँ के सत्याग्रह में आने से मेरा ख़ुश होना कितना स्वाभाविक था, यह आज भी मैं समझ पाती हूँ। दूसरा कारण था कि मैं संस्था की सचिव थी और कौसानी से नाहींकलाँ बहुत दूर था। मैं आश्रम में रहते हुए इस आन्दोलन को मदद नहीं कर सकती थी और बार-बार आना-जाना भी कठिन था। अत: मैं धूमसिंहजी जैसे सक्षम व सुयोग्य व्यक्ति पर आन्दोलन का भार छोड़कर वापस कौसानी को चली गयी। धूमसिंहजी ने जनसमाज के हौसले बढ़ाकर नाहींकलाँ का जनान्दोलन खान के बन्द होने तक सफलतापूर्वक संचालित किया।

28

खीराकोट खनन विरोधी आन्दोलन

मैं आश्रम के दैनन्दिन कार्यों में व्यस्त हो गयी थी। उस दिन मैं आश्रम के साग-सब्ज़ी के बग़ीचे में काम कर रही थी। 'खीराकोट गाँव से कोई ग्रामीण भाई मुझे मिलने आये हैं,' ऐसी सूचना मुझे मिली। मैंने कमर में कसा साड़ी का पल्लू ढीला किया और उसे कन्धे पर डाला, हाथ-पाँव की मिट्टी धो, हाथ की कुटली साफ़ की और छात्रावास में आयी। कुटली औज़ार घर में रखी व खीराकोटवासी उन वयस्क बन्धु से मिली। "मैं मालती देवी का सन्देश लेकर आया हूँ। उन्होंने आपको तुरन्त ही खीराकोट बुलाया है। उनका कहना है कि आप महिलाओं के हित के लिए काम करती हैं। अभी हमारे गाँव में किसान महिलाओं व उनकी खेती पर संकट आया है, अतः आप आइए। हमें मदद कीजिए।" उन्होंने मुझे बताया।

मैं सन्देशवाहक के साथ ही खीराकोट को चल दी। खीराकोट हमारे स्थान से लगभग चार किलोमीटर दक्षिण में कोशी नदी की घाटी का एक समृद्ध गाँव था। खीराकोट के ग्रामवन की कहानी मुझे मालूम थी। वह शायद 1973-74 का समय रहा होगा, जब खीराकोट के पड़ोसी गाँव बड़सीला के ग्रामवन के समस्त चीड़ वृक्षों को एक ठेकेदार ने पूरी तरह काट दिया था। इससे बड़सीला गाँव की महिलाओं के लिए ईंधन व पिरूल का अभाव हो गया था। अपनी आवश्यकतापूर्ति के लिए उन्हें या तो सरकारी आरक्षित वन में जाना होता था अथवा वे पड़ोस के पंचायती वनों से अपनी आवश्यकता की पूर्ति करती थीं। खीराकोट का ग्रामवन इस प्रकार दो गाँवों की आपूर्ति करने से क्षीण होता गया। यहाँ तक कि उसके पेड़ों के खूँटे व उनकी जड़ें भी ईंधन के लिए खोद दी गयीं। ऐसी स्थिति में मीलों दूर आरक्षित वन से ईंधन लाने के अतिरिक्त खीराकोट की महिलाओं के लिए कोई दूसरा विकल्प नहीं रहा। चढ़ाई के रास्तों से ईंधन के भारी बोझ लाना उनके लिए एकमात्र विकल्प था। एक गट्ठर ईंधन के लिए घण्टों का समय व्यय करना पड़ता। महिलाएँ तरसती नज़रों से गाँव के निकट स्थित अपने उस ग्रामवन के उजड़े-उखड़े रूप को देखती थीं।

तब मालती देवी का अभिक्रम जागा। वे बोलीं, "चलो, अपने पंचायती वन को पुनर्जीवित करें।" ग्रामसभा की बैठक में भी सन्देश पहुँचा दिया गया कि पंचायती वन से कोई कटान नहीं होगा। मालती देवी के द्वारा स्वयं चयन किया गया जागरूक-महिलाओं का एक समूह पंचायती वन की निगरानी भी करने लगा। प्रकृति ने महिलाओं की मदद की, जंगल पुनः हरा होने लगा। कुछ सालों में इतना बड़ा हो गया कि उसकी पतझड़ में गिरी सूखी पत्तियाँ यानी 'पिरूल' एकत्र किया जा सकता था। खीराकोट की महिलाओं को ख़ुशी हुई कि यह एक अच्छी सुविधा उनके ग्रामवन में बन गयी थी। उन महिलाओं के पुरुषार्थ की यह कहानी, मैं जानती ही थी, पर उस दिन मालती देवी के सन्देश पर खीराकोट पहुँचकर मालती देवी ने मुझे उससे आगे की स्थिति बतायी थी।

मालती देवी बोलीं, "हमारे जंगल में पेड़, झाड़ियाँ व घासें पनपने लगी थीं कि एक नया विनाश हमारे ग्रामवन के सामने आ गया था। वह था, खड़िया (Soap stone) की खुली खान का खनन। हमारा यह वन हमारे गाँव के पशुओं के लिए चारागाह भी था। कभी-कभी किशोर लड़के-लड़कियाँ स्कूल अवकाश के दिनों में अपने पशुओं को चराने को भी वहाँ जाते थे। कानपुर निवासी खान के ठेकेदार रामपाल सिंह कटियार ने खनन कार्य तीव्र कर दिया था। इससे खानें गहरी होती जा रही थीं, जिनमें अपने पशुओं व बच्चों के गिरने का डर हम गाँव के लोगों को बना ही रहने लगा था।"

मालती देवी मुझे बता रही थीं, "अपने सामने अपने पाले-पोसे पेड़ों को जड़ से उखड़ते देख हमारी छाती फटती थी। साथ ही, एक कठिन भविष्य की चिन्ता से दिल दहल जाता था, पर तब हमें साहस नहीं होता था कि खान-मालिक के ख़िलाफ़ कुछ बोलें, क्योंकि उसके पास खान खोदने का सरकारी परमिट था। दूसरे, वह खान-मालिक पैसे वाला था। सबसे बड़ी रुकावट यह थी कि हमारे गाँव के अधिकांश पुरुष उसकी और उसकी खान की तारीफ़ करते थे। हमारी समस्या व उसके बारे में बोलने का भला क्या असर होता? फिर पिछले चौमासे (वर्षा ऋतु) के बाद वह दुर्घटना हुई, जब हमारे पड़ोसी गाँव के दो ग़रीब युवक खान में मज़दूरी करते हुए खान में दबकर मर गये। उनकी मौत के मुआवज़े में मात्र कुछ हज़ार रुपये देकर उनके परिवारों को चुप करा दिया गया। किसी की ज़िन्दगी की क़ीमत क्या कुछ हज़ार ही होनी चाहिए, पर हमारे इन गाँवों के पुरुष तब भी चुप ही रहे। हम महिलाएँ इस अन्याय की रोषपूर्ण चर्चा आपस में करती थीं।

"फिर इस साल की पहली तेज़ वर्षा में खान का मलवा बहकर हमारे नौले व धारों के पेयजल को मटमैला कर गया। उससे गाँव के बच्चों को डायरिया हो गया। हमने पुरुषों से कहा कि बच्चों में यह डायरिया खान के कारण है, क्योंकि उसने हमारा पेयजल प्रदूषित कर दिया है, पर उन्होंने एक नहीं सुनी। वे इस बात से ख़ुश थे कि खान के स्थान से मोटर-रोड तक खड़िया ढोने का काम बहुत सारे ग्रामीण लोग अपने ख़ाली समय पर करने लगे थे। यहाँ तक कि यह काम तो किशोर बच्चे भी करते थे। स्कूल से आते तो अपना बस्ता फेंकते और एक छोटा बोरा उठाकर खान में पहुँच जाते। छोटे बच्चों को भी एक बोझ खड़िया सड़क पर पहुँचाने के लिए पाँच रुपये मिल जाते। पैसों के लोभ में कुछ बच्चों ने स्कूल से ग़ैरहाज़िर रहना भी शुरू कर दिया था। तब वे दिनभर में बीस या पच्चीस रुपये कमा लेते। उस पैसे को वे ख़ुद ही ख़र्च भी करते। पहले खाने की चीज़ें लाते थे, अब बीड़ी व माचिस लाने लगे हैं। मैंने सुना, किसी ने सोमेश्वर जाकर शराब की घूँट लगाना भी शुरू कर दिया है। दीदी, इस गाँव का सत्यानाश हो रहा है।" मालती देवी का दुख उनके चेहरे पर झलक आया था।

मैं भी उनके दुख से दुखी हो गयी थी, पर मालती देवी की ग़मज़दा कहानी अभी समाप्त नहीं हुई थी। वह फिर से सिलसिला जोड़ने लगीं, "दो युवाओं की जानें लेने के बाद स्थानीय मज़दूरों के बदले खान पर बिहारी मज़दूर दिखने लगे हैं, जो पहाड़ की आज़ाद स्वभाव, मेहनती महिलाओं को घटिया स्तर की समझते हैं और अभद्र शब्द बोलने से नहीं चूकते। उनकी नीयत का क्या ठिकाना? प्रतिदिन ही जंगलों में स्वतन्त्र होकर जानेवाली हमारी बहू-बेटियाँ असुरक्षित हो गयी हैं। अब अकेले-दुकेले कोई भी महिला जंगल की ओर जाने की हिम्मत नहीं करती क्योंकि आरक्षित वन को जाने का रास्ता भी तो उसी खान के क्षेत्र से जाता है। किशोर-बच्चे भी गायें चुगाने वहाँ नहीं जा रहे क्योंकि एक-दो बच्चों की चुगती हुई गायें खानों के गहरे गड्ढों में गिरकर मर गयी हैं। कैसे दुख की बात है कि जो जंगल हमारे लिए घर-आँगन, खेत-खलिहान जैसा खुला व प्यारा था, वही हमारे लिए दुश्मन बन गया है।" मालती देवी का गला भर आया था।

जिस दिन मैं गाँव में जाकर मालती देवी से मिली थी, उस दिन के पहले के दो दिनों व दो रातों तक लगातार वर्षा रही थी। मालती देवी ने अपनी दुख-दर्द कथा आगे बढ़ायी, "वर्षा बन्द होने के बाद कल दोपहर को हम अपने खेतों में गयीं। धान के खेतों की निराई करने हाथों में कुटलियाँ लिए खेतों में पहुँचीं तो हम हक्की-बक्की रह गयीं। खड़िया के मलबे ने खेतों में खड़े धान के हरे-भरे पौधों को मानो सीमेंट

के घोल से पाट दिया था। हमारी मेहनत की खेती बर्बाद हो गयी थी। हमारे बच्चों के पेट पर मारी गयी यह लात हम सहन नहीं कर पायीं। ज़बरदस्त आक्रोश हमारे अन्दर उबल गया। गाँव में आकर हमने हाथों की कुटली व दराँती आँगन में फेंक दी और सारे गाँव के लिए आवाज़ लगायी, "आज से हम अब खेती का कोई काम नहीं करेंगी। यदि आप गाँव के लोग इस खड़िया-खान को बन्द नहीं करते तो हम भी इस कुटली को हाथ में नहीं लेंगी। अभी गाँव की बैठक करिये और इस खड़िया-खान को बन्द कराइये।" मालती देवी के जेठ स्वतन्त्रता सेनानी हिम्मतसिंह जी ने उसी दिन गाँव की बैठक बुलायी। खड़िया 'खानविरोधी संघर्ष समिति' बनायी, जिसका अध्यक्ष हिम्मतसिंह जी को तय किया गया, जिनको पर्यावरण संरक्षण यानी वनों को बचाने के अन्य आन्दोलनों को प्रारम्भ करने व सफलतापूर्वक संचालित करने का अनुभव था ही। वे प्रतिदिन ही हमारे आश्रम के ऑफ़िस में काम करने आते थे और हम सभी उन्हें अपना एक वरिष्ठ साथी मानते थे। उनका उक्त संघर्ष समिति का अध्यक्ष बनना मुझको बहुत उचित लगा था। मालती देवी ने कहा, "हमने संघर्ष की चिंगारी फूँक तो दी है, पर बिना आपके हम इसे सफलता तक नहीं ले जा सकेंगी। इसलिए मैंने आपको बुलाया है।" मैंने मालती देवी को आश्वस्त किया और कहा, "मैं आपका साथ नहीं छोड़ूँगी, पर आन्दोलन की पहली पंक्ति में आप और आपकी महिला साथिनें रहेंगी, कोई पुरुष नहीं। मैं आप सबके पीछे रहूँगी।"

मैं हिम्मतसिंह जी से भी मिली। ज़िलाधिकारी से, प्रधानमन्त्री तक अनेक अधिकारियों को व कुछ गांधी संस्थाओं को और महिला संगठनों को पत्र लिखे गये।

अब खीराकोट ने खान का बहिष्कार कर दिया था और धीरे-धीरे पड़ोसी गाँव भी खान के बहिष्कार में शामिल हो गये थे। अब कोई भी ग्रामीण उनकी खड़िया मोटर सड़क तक नहीं ढोते थे। कटियार ने इस ढुलाई के लिए मुरादाबाद के खच्चर वालों को बुला लिया। महिलाएँ दोनों ओर दीवारों से घिरे जिस सँकरे रास्ते से अपने खेतों के लिए खाद की भारी टोकरियाँ लेकर अथवा खेतों से घास चारे के भारी बोझ लेकर आती-जाती थीं, उसी पर खच्चरों की क़तारें चलने लगी थीं। जब तक पचासों खच्चरों की क़तार निकल न जायें, महिलाएँ सिर पर भारी बोझ लिये प्रतीक्षा में रुकी रहतीं कि रास्ता ख़ाली हो तो वे उस पर चलें। अपने गाँव के रास्ते का यह अतिक्रमण देख वे दुखी हो गयीं। कुछ स्त्रियाँ इस समस्या का हल निकालने बैठीं।

मालती देवी के उर्वर दिमाग़ ने काम किया। गाँव के युवाओं को बुलाकर रास्ते के दोनों ओर की दीवालों की बगल में और भी पत्थर चिन दिये। इससे रास्तेभर खाली खच्चर जा सकते थे और बोझ से लदे हुए खच्चर उसमें फँस जाते थे। उन

अतिरिक्त पत्थरों को देख मुरादाबादी खच्चर वाले समझ गये कि यह गाँव का विरोध है। वे चिल्लाये तो स्त्रियों ने साहसपूर्वक कहा, "रास्ता हमारा है। पहले हम चलेंगी। तुम हमारी परवाह नहीं करते। इस रास्ते पर चलने की इजाज़त भी हमसे नहीं लेते। जाओ, अपने लिए नया रास्ता बना लो।" मालती देवी व संघर्ष समिति के नेतृत्व में गाँव से चनौदा तक जुलूस-प्रदर्शन जाता। वहाँ जनसभा होती, मैं हमेशा ही और हमारी छात्राएँ व शिक्षिकाएँ कभी-कभी इन प्रदर्शनों में शामिल होतीं। वे क्रान्तिगीत गातीं व खड़िया खान के विरोध तथा पर्यावरण व वनों के बचाव सम्बन्धी नारे लगाये जाते। महिलाओं को आन्दोलन में प्रत्यक्ष भागीदारी करते रहने के लिए प्रेरित करने का श्रेय मालती देवी को जाता था और अपने व पड़ोसी गाँवों के पुरुषों, बुजुर्गों व युवाओं को जोड़े रखने का काम संघर्ष समिति के अध्यक्ष करते थे। मैं कई रातें गाँव में ही रहती थी क्योंकि अगली योजनाओं को तय करने की बैठकें अधिकतर रात को ही होती थीं। दिन में महिलाओं को खेती-गृहस्थी के कामों के कारण मीटिंग के लिए समय नहीं होता था। दिन में आन्दोलनों के विभिन्न प्रत्यक्ष कार्य भी होते थे। खान पर धरना देना, सभाएँ, जुलूस प्रदर्शन आदि दिन में ही होते थे।

एक दिन मैं खीराकोट न जाकर अपने ऑफ़िस के काम निपटा रही थी। तब कटियार व उनके पीछे खीराकोट के पड़ोसी गाँव खकोली के एक सयाने व्यक्ति हाथों में एक ब्रीफकेस थामे हुए मेरे पास पहुँचे। हमारे आश्रम के सेवाकार्यों की प्रशंसा से कटियार ने बातें प्रारम्भ कीं। ऐसे सेवाकार्यों के लिए अपनी दानशीलता की गाथाएँ भी कहने लगे और मुझसे निवेदन करने लगे कि मैं अपने आश्रमकार्य के लिए उनको सेवा का मौक़ा दूँ। अन्त में मुख्य बात आयी कि मैं खीराकोट की महिलाओं को आन्दोलन से विरत कर दूँ। "वे आपको ही अक्षरशः मानेंगी, और किसी अन्य को नहीं।" कटियार को इससे अधिक मैं नहीं सुन सकती थी। अतः मैंने उनको आश्रम से बाहर का रास्ता दिखाने में सख़्त शब्दों का उपयोग करने में हिचक नहीं की। वे अपना ब्रीफकेस लिये वापस गये। उस नोटों भरे ब्रीफकेस को मेरे ऑफ़िस में खोलने का मौक़ा मैंने उन्हें दिया ही नहीं। मुझे अनुमान हो गया था कि उसमें मेरे ईमान को ख़रीदने के लिए हज़ारों हज़ार के नक़द नोट रखे गये थे। दूसरे दिन कटियार व उसके आदमियों ने चनौदा व सोमेश्वर की बाज़ारों में यह अफ़वाह फैला दी कि 'राधा बहन ने आन्दोलन छोड़ दिया है। वे अब उसमें नहीं आयेंगी। मैंने उनसे बातें कर ली हैं।' हिम्मतसिंह भाईजी ने गाँव से आकर मुझे यह बताया। मैं तो उसी दिन खीराकोट गयी और मालती देवी से मिलकर हमने ताबड़तोड़ जुलूस निकाला। गाँव से निकल यह जुलूस चनौदा बाज़ार तक गया। उसमें मैं मालती देवी

के साथ चली यानी उस दिन जुलूस की प्रथम पंक्ति में चली, जबकि हमेशा मैं जुलूस के अन्त में चलती थी। अफ़वाह से जो लोग निराश हुए थे और कटियार के द्वारा मुझे दी गयी रिश्वत की भी शंका कर रहे थे, उन सबमें पुनः आन्दोलन का उत्साह आ गया। उनके मन साफ़ हो गये और कटियार को अपनी चाल असफल होने से निराशा हुई। आन्दोलन और भी जोश से चलने लगा।

एक दिन स्कूल की छुट्टी होने पर मालती देवी के भतीजे को चनौदा में किसी ने बताया कि पुलिस मालती देवी को गिरफ़्तार करने आ रही है। उसने पुलिस की जैसी वर्दी में दो-तीन जवानों को वहाँ पर घूमते हुए भी देखा था। वह लड़का घबरा गया और भागा-भागा अपने घर पर न जाकर सीधे मालती देवी के पास गया और बोला, "चाची, तू ये आन्दोलन के झंझट में क्यों पड़ती है? आज तुझको गिरफ़्तार करने पुलिस आ गयी है।" लड़के की आँखों में आँसू थे, "मुझे गिरफ़्तार क्यों करेंगे? तुझे किसी ने बहका दिया होगा।" मालती देवी ने दृढ़ता से कहा।

बालक पूरी ताक़त लगाकर रुँधे गले से चिल्लाया, "मैंने ख़ुद अपनी आँखों से पुलिस के तीन-चार सिपाही देखे हैं। अब वे इधर आते ही होंगे।" मालती देवी ने गम्भीरता से सोचा। घबराहट, क्रोध या आवेश का नामोनिशान नहीं था जबकि इन सुदूरवर्ती गाँवों में गिरफ़्तारी चाहें पुरुष की ही क्यों न हो, एक भयंकर उल्कापात की तरह समझी जाती थी। एक स्त्री की गिरफ़्तारी वह तो मानो प्रतिष्ठा पर लगाया दाँव ही था, पर मालती देवी में सही ढंग से सोचने की शक्ति थी। धीर-गम्भीर मालती देवी ने शान्त स्वर में कहा, "ठीक है, चिन्ता नहीं कर। मैं अभी जाँचती हूँ कि जो तूने देखे वे कैसे सिपाही हैं, असली कि नक़ली? तू अपने पड़ोस से अपने साथ के दो लड़कों को चुपके-से बुला ला। हम बाज़ार से आने वाले रास्ते के ऊपर उस टेकरी पर जायेंगे।" लड़कों ने चुपचाप कुछ छोटे-छोटे पत्थर एकत्र किये। जब वे तीन-चार वर्दीधारी जवान उस टेकरी के नीचे की पगडण्डी पर दिखाई दिये तो मालती देवी ने लड़को के कानों में फुसफुसाया, "पत्थर मारो पर इस तरह फेंको कि रास्ते से दूर-दूर गिरें। उन लोगों को चोट न पहुँचाएँ। यदि वे असली पुलिस होंगे तो आवाज़ देंगे और बोलेंगे और सरकारी ऑर्डर को पूरा करने अवश्य गाँव में आयेंगे, नक़ली होंगे तो भाग जायेंगे।" सचमुच दो-तीन पत्थर गिरते ही वे कटियार के नक़ली पुलिस सिपाही वापस भाग गये।

मालती देवी की हिदायत मानकर बच्चों ने यह घटना किसी को नहीं बतायी। हर हलचल, हर घटना व हर दुख व सुख मुझसे साझा करने वाली मालती देवी ने यह मुझे भी नहीं बतायी। जब आन्दोलन समाप्त हो गया और हम पूरे गाँव के

पुरुष, स्त्रियाँ व बच्चे वनभूमि की उन खानों को बन्द कर रहे थे, तब मालती देवी ने यह कहानी मुझे बतायी। मैंने पूछा, "यह घटना तुमने मुझे तभी क्यों नहीं बतायी?" उनका उत्तर बहुत गहरा था, "यह बात लोगों में फैलती, तो वे कहते, आन्दोलन हिंसक हो गया और सरकार को दमन करने का बहाना मिल जाता। तब तो सफलता मिलनी कठिन हो जाती। इसलिए इस बात को मुँह से निकालना भी नहीं था।" मैंने सोचा, कौन कहता है कि किसान अनपढ़ महिलाएँ बुद्धिमान नहीं होतीं?

इस आन्दोलन की एक आख़िरी स्मृति। कटियार की खान में आन्दोलन के कारण काम बन्द पड़ा था। जो खुदी हुई खड़िया थी, वह धूप-पानी में बर्बाद हो रही थी। खड़िया पिसाई की मशीन बन्द थी। खच्चर वाले चार दिन ख़ाली रहकर वापस चले गये थे, पर कटियार चनौदा बाज़ार से हटा न था। खीराकोट खान के फिर से खुलने, आन्दोलन के अस्त होने, उस खान की बढ़िया खड़िया से मुनाफ़ा कमाने की प्रतीक्षा में वह रोज़ ज़िलाधिकारी के पास दौड़ता रहा। एक दिन पटवारी ने खीराकोट के पुरुषों को ख़बर दी कि कल डी.एम. साहब चनौदा (खीराकोट गाँव की बाज़ार) आयेंगे। आप पूरे गाँव के लोग (पुरुष) चनौदा आ जायें। डी.एम. आपसे बातें करना चाहते हैं। मालती देवी व महिलाओं ने कहा, "केवल पुरुष ही सभा में क्यों जायेंगे, हम भी जायेंगी।" पटवारी अपनी पुरानी आदत से केवल पुरुषों को आने की बात कहता था, क्योंकि तब तक अधिकारियों द्वारा गाँव की सारी बातों का निर्णय पुरुषों से मिलकर ही किया जाता रहा था। महिलाएँ संघर्ष समिति के अध्यक्ष के पास गयीं, तो उन्होंने कहा, "गाँव की सारी महिलाएँ डी.एम. की सभा में जायेंगी। काम महिलाएँ करेंगी और निर्णय पुरुष करेंगे, यह नहीं चलेगा।" गाँव के रिवाज़ के अनुसार सभा में दरी के ऊपर एक ओर महिलाएँ बैठीं व दूसरी ओर पुरुष बैठ गये।

ज़िलाधिकारी एक कुर्सी पर उनके सामने बैठे और खड़े होकर बोलने लगे। वे पुरुषों की ओर अभिमुख होकर कह रहे थे, "यह खान आप लोगों को रोज़गार और वह भी घर पर ही मिले, इसके लिए खोली गयी है। आप रोज़गार के दो पैसे कमाने दिल्ली-बम्बई कहाँ-कहाँ भटकते हैं। यह तो आपके गाँव में ही पैसे दे रही है। आप इसका विरोध नहीं करें। खान मालिक का सहयोग करें। कटियार जी दूर कानपुर से आपको रोज़गार देने के लिए यहाँ आये हैं।" पुरुष चुपचाप सुन रहे थे। ज़िलाधिकारी का विरोध करने का किसमें साहस था?

"रोज़गार?" मालती देवी के मन में यह शब्द तेज़ी-से चमका। वे डी.एम. की ओर बढ़ीं, पर डी.एम. भला महिलाओं को क्या गिनते? वे तो निर्णयकर्ता पुरुषों से ही बोल रहे थे और पुरुष मौन हो सुन रहे थे। कुछ उनकी बातों पर सिर भी हिला

रहे थे। मालती देवी ने डी.एम. की बाँह को धीरे-से पकड़कर उन्हें महिलाओं की ओर घुमा दिया और बोलीं, "आप किस रोज़गार की बात कह रहे हैं? आपका ये दो दिन का रोज़गार हमारे पीढ़ियों के रोज़गार का नाश कर रहा है। हमारा पहला महत्त्वपूर्ण रोज़गार है खेती और गाय-भैंसों को पालना, जिसके लिए हमें जंगल व खेत चाहिए। आपकी खान ने हमारे द्वारा पनपाये जंगल को ख़त्म कर दिया। खेतों की उपजाऊ मिट्टी के ऊपर खान का मलवा भर दिया। अपनी लाखों की विरासत गँवाकर हम दो पैसे का रोज़गार आपकी इस विनाशकारी खान पर माँगने क्यों जायें? आपका यह रोज़गार भी कितने दिन चलने वाला है? हमको ये खान बिल्कुल नहीं चाहिए। हम इसका विरोध करते रहे हैं और करते ही रहेंगे। या तो ये खान रहेगी या हमारी जान रहेगी।" मालती देवी ने निर्णय की दिशा दे दी थी। फिर घोषणा करते हुए बोली, "मैं कहती हूँ, यह खान नहीं चलेगी अन्यथा इसकी गैंती-सब्बलों के नीचे हम पड़ जायेंगी।"

इस स्पष्ट दृढ़ निर्णय की पुष्टि अध्यक्ष महोदय ने अपने शान्त व शिष्ट शब्दों में कर दी। डी.एम. को आने के लिए धन्यवाद भी दे दिया। ढाई वर्षों के संघर्ष के बाद आन्दोलन पूरा हो गया और मार्च 1982 को खान की लीज का नवीनीकरण भी सरकार द्वारा रोक दिया गया। गाँव ने मिलकर अपनी धरती के घाव यानी खान के गहरे गड्ढों को बन्द करने का काम सप्ताहों तक चले श्रमदान शिविर आयोजित करके किया। वह श्रमदान शिविर का एक मोहक दृश्य था, जब गाँव के युवा, वृद्ध, पुरुष व स्त्रियों के साथ एक सात वर्ष की बालिका भी तसले में मिट्टी भरकर उसे सिर पर उठाकर खान के गड्ढे में फेंकती थी। वह हर सुबह गाँव में लोगों से कहती, "देर क्यों कर रहे हो? मैं तो खान बन्द करने के शिविर में जा रही हूँ।" अपनी दुकानें बन्द करके कई पुरुष दिनभर खान से निकाली गयी चट्टानों को खान में पलटाकर डालते थे। थोड़े दिनों के लिए 'चिपको आन्दोलन' के रहनुमा चण्डी प्रसाद भट्ट भी इस श्रम शिविर में शामिल हुए थे। हर रोज़ लक्ष्मी आश्रम की छात्राओं के भिन्न समूह श्रमशिविर में शिरकत करते थे। कत्यूर घाटी से सर्वोदय सेवक व कुमाऊँनी भाषा के प्रसिद्ध कवि गोपालदत्त भट्ट ने इसमें समय दिया था। बाहर से आने वाले मित्रों के निवास व भोजन की व्यवस्था अलग-अलग परिवारों में होती थी। पूरा गाँव ही एक शिविर बन गया था। वर्षा ऋतु आयी तो महिला-पुरुषों ने मिलकर खान से बर्बाद हुई भूमि पर बाँज के पौधों का वृक्षारोपण किया। इस आन्दोलन के बाद खीराकोट गाँव की पंचायत में महिलाओं को स्थान स्वत: ही महत्त्वपूर्ण बन गया और महिलाओं की माँगों व कष्टों के लिए ग्राम पंचायत सहज ही सजग हो

गयी। उसके लिए उन महिलाओं का अधिकार माँगने का अभियान अलग से नहीं चलाना पड़ा था। इससे मेरा विचार बहुत दृढ़ हो गया कि समाज में सार्वभौम भले के लिए कर्तव्य निभाने वाले को अधिकार स्वतः ही मिलता है और मैं खीराकोट के इस अनुभव को पाने के पूर्व भी कहा करती थी कि अपने लिए अधिकार पाने का सकारात्मक तरीक़ा यह है कि पूरे समाज स्त्री व पुरुष सभी के हित में कुछ सामूहिक प्रयास करें तो अधिकारों की प्राप्ति अधिक सहजता से हो सकेगी। मुक़ाबले व टकराहट की क्षुब्धता समाज के मानस को उद्वेलित नहीं करेगी। यही बात अब मैं खीराकोट की महिलाओं द्वारा उठाये गये उक्त आन्दोलन का उदाहरण देकर सभी अधिकारवादी संघर्षकर्ताओं को अधिक मज़बूती से बताने लगी। मैंने स्वयं जीवन का एक बहुमूल्य पाठ इस आन्दोलन से सीखा।

29

जल व ज़मीन बचाने का संघर्ष : चौड़ास्थल

मालती देवी का जागरूक महिला समूह यह जानकारी भी रखता था कि कुमाऊँ के दूसरे किस क्षेत्र में खनन माफ़िया पर्यावरण की व गाँव की खेती आदि संसाधनों की बर्बादी कर रहा है। उन्हीं से पता चला था कि सरयू घाटी के उत्तरी भाग में खनन माफ़िया सक्रिय हो गया है। वे मुझे आग्रहपूर्वक कहने लगीं कि मैं तुरन्त वहाँ जाऊँ, पर मैं तुरन्त नहीं जा सकती थी। मुझे आश्रम की प्रवृत्तियों के संचालन की भी ज़िम्मेवारी थी। कुछ समय बाद मैं उस क्षेत्र के कई गाँवों में जा पायी। प्रारम्भ में गाँवों में जाकर मुझे निराशा ही हुई। वहाँ मालती देवी की महिला टीम जैसी प्रतिबद्ध न तो महिलाएँ थीं और न कोई पुरुष। ग्रामसभा के चुनावों ने गाँवों को गुटों में बाँट दिया था। कोई व्यक्ति प्रधान का चुनाव जीता था तो स्वाभाविक था कि दूसरा हांर गया था। वे दोनों पक्ष अब एक-दूसरे के शत्रु सरीखे बन गये थे। ऐसे गाँवों में एकजुटता लाना कठिन था और बिना एकजुटता के खनन का विरोध करना भी कठिन था। खान अभी अधिक नहीं खुदी थी, पर उसके द्वारा उनकी ग्राम-सम्पदा की बरबादी होने लगी थी। गौचरभूमि का विनाश, वनभूमि के चारा वृक्षों को जड़ से ही उखाड़ देना व खेतों में मलवा फैलाना, पीने के जलस्रोत दब जाना, ऐसी शिकायतें थीं, पर एकता न थी।

दूसरे दिन हम सौंग नाम की छोटी-सी बाज़ार तक गयीं। वहीं एक दुकानदार से पता चला कि चौड़ास्थल में ख़ुद रही खड़िया खान के विरोध में ग्रामीण लोग आन्दोलन कर रहे हैं। हम दो किमी. की चढ़ाई चढ़कर चौड़ास्थल पहुँचीं। राह में आने वाले गाँव लोहारखेत के कुछ पुरुष और बुदुली दीदी नाम की एक महिला भी हमारे साथ हो लीं। उन्होंने खान के ठेकेदार का नाम बताया। वह इस घाटी का सबसे अमीर व्यक्ति 'ऐठाणी' था। वह इस बात से नाराज़ हो गया था कि उसके खान खोदने वाले मज़दूरों के औज़ार गाँव वालों ने छीनकर खान का काम बन्द करा दिया था। "ऐसे ये गुफाओं में रहने वाले गँवार होते क्या हैं? मैं इन्हें देख लूँगा।"

यह उसकी सार्वजनिक घोषणा थी। लोहारखेत, पेठी आदि गाँवों के निवासियों ने ही इस आन्दोलन का बिगुल बजाया था। ये गाँव सुदूरवर्ती कहे जा सकते थे, पर इनके निवासी जानकारी में किसी से भी कम न थे। अधिकांश पुरुष सेना में रहकर देश व दुनिया देखे हुए थे। महिलाएँ प्रकृति-पर्यावरण का गहरा अनुभव अपने दैनन्दिन जीवनकार्यों से प्राप्त करती थीं। ऐसे समुदाय को गँवार कहा गया, यह उन गाँवों को चुभ गया था।

खान में बहुत उत्तम गुणवत्ता की खड़िया निकली थी। अत: ठेकेदार ने लोभ में आकर खान को इतनी गहराई तक खुदवा दिया था कि उसमें पानी निकल आया था। तुरन्त उसमें खान का मलवा फेंककर पानी को ढक दिया गया और पास में एक दूसरी खान शुरू कर दी गयी, पर खान में आये पानी का कुप्रभाव कहाँ छिपता? चौड़ास्थल एक पर्वत श्रेणी की लम्बी पीठ पर स्थित एक चौड़ा ढलुआ मैदान था, जहाँ आसपास के दस-बारह गाँवों के लोगों के मेले लगा करते थे। उसके पीछे की ढाल पर बसे गाँव की प्राकृतिक पेयजल की धारा अचानक उसी दिन सूख गयी, जिस दिन खान में पानी उतर आया था। गाँव के लोगों को पीने के पानी के लाले पड़ गये थे। इस क्षेत्र के गाँवों के पुरुष मुख्यत: सेना की सेवा में जाते थे। अब गाँव में सेना से पेंशन प्राप्त करके आये पुरुष ही अधिकतर रह रहे थे। जब उन्हें पता चला कि खान में पानी भरा और दूसरी ढाल का पानी सूख गया तो उन्होंने इस घटना के कारण को समझ लिया। वे खान ठेकेदार के पास गये और समस्या बतायी कि उनकी खान में स्रोत का बहाव आ जाने से एक गाँव की जनता अपने पेयजल से वंचित हो गयी है।

अमीरी की ऐंठ में उसने उन्हें "तुम लेफ़्ट-राइट करने वाले बुद्धू सिपाही पानी के विज्ञान को जानने वाले कब से हो गये?" ऐसा एक वाक्य कह दिया। उन स्वाभिमानी पर्वतवासियों ने सामूहिक निर्णय करके खान मज़दूरों के औज़ार छीनकर खान बन्द करा दी। उसी दिन से उन्होंने खान पर चौबीस घण्टों का धरना शुरू कर दिया। उनकी टोलियाँ बन गयीं। जब टोली बदलने का समय होता तो उनके पास एक बिगुल था, वह बजा दिया जाता। नयी टोली आ जाती। खान के पास उत्तम गुणवत्ता की खुदी हुई खड़िया का ढेर लगा था। ठेकेदार उसे ले जाने के लिए कई बार मज़दूरों व खच्चरों को लेकर आ गया था, पर ग्रामवासियों ने तय किया था कि यहाँ से चुटकीभर खड़िया भी नहीं ले जाने देंगे। इसीलिए चौबीस घण्टों का धरना चलता था। पास में गाँव का एक बहुत पुराने समय का देवस्थान उस चौड़ास्थल मैदान के एक किनारे बना था। यही मन्दिर धरने का स्थान बन गया था। उसके

सामने के धूनीस्थल पर चौबीसों घण्टे आग जलती रहती थी, जो धरना देने वालों को ठण्ड से भी बचाती थी और वन्य पशुओं से भी सुरक्षा देती थी।

मैं एक सप्ताह के अन्दर ही उनके धरने में शामिल होने अपने विद्यालय की छात्राओं की एक टोली को लेकर पहुँची। पहुँचते-पहुँचते रात हो गयी थी। धरने का सुन्दर प्रेरणास्पद दृश्य हमने दूर से ही देख लिया। उस धूनी की आग के चारों ओर पच्चीस-तीस महिलाएँ बैठी थीं। उच्च हिमालयी क्षेत्र की तीव्र ठण्ड से मुक़ाबला करने वाली उनकी विशेष भारी वेश-भूषा, दमकते चौड़े गोल चेहरों पर पड़ती आग की लपटों की तेज़ चमक व सामूहिक स्थानीय गीतों की मधुर व जानदार स्वर लहरी। मैं ख़ुश हो गयी। समझ गयी कि आन्दोलन पूरे ज़ोर पर था। खान का काम बन्द पड़ा था। अब दो-चार गाँव ही नहीं, उस क्षेत्र के दस-बीस गाँवों के स्त्री-पुरुष विशेषकर अवकाश प्राप्त सेना अधिकारी या सैनिक एकजुट हो गये थे। आश्रम की छात्राओं की टोली व हम सबके शामिल होने के कारण भी महिलाएँ उत्सुक होकर आ रही थीं। हमारी टोली गाँवों में भी जाती थी और धरनास्थल पर सत्याग्रह के नाटक, सामूहिक नृत्य व क्रान्ति गीत प्रस्तुत करती थी। मेरे लिए भी हिमालय के उच्च क्षेत्रों में बसे गाँवों में जाने का यह एक अच्छा मौक़ा था। मैंने पहली बार गाँवों में उनके निवासियों की सरलता व परस्पर मैत्रीभाव की प्रगाढ़ता का अनुभव किया था।

खान विरोधी संघर्ष समिति ने एक दिन बागेश्वर जाकर एस.डी.एम. को ज्ञापन देने का कार्यक्रम तय किया। उनकी माँग थी, खान को इस संवेदनशील क्षेत्र से निरस्त करें। सेना के प्रौढ़ों को अपनी जवानी का जलवा दिखाने का जोश था। उन्होंने तय किया कि वे पदयात्रा करते हुए बागेश्वर जायेंगे, जो लगभग तीस किमी. दूर था। पदयात्रा हुई। नारे नहीं लगे, परन्तु रास्तेभर बिगुल बजता था। इनमें कुछ पदयात्री आन्दोलनकारियों ने अपनी सेना की ड्रेस पहनी थी या कुछ ने अपनी सेना की टोपी ही पहन ली थी। उन्हें देखकर सरयू घाटी के दक्षिणी भाग के गाँवों में भी हलचल मच गयी। एस.डी.एम. एक समझदार, सहृदय युवा अधिकारी थे। उन्होंने समझ लिया कि ये कौन लोग थे, जो पैदल चलकर उनके पास अपनी माँग लेकर आये थे। ये देश की सीमाओं को बचाने के लिए अपनी जान व जीवन की बाजी लगा देने वाले सैनिक संकल्पी लोग थे। 'पेयजल समाप्त करना यानी जीने के मानवाधिकार का हनन,' इस मज़बूत दलील पर आन्दोलनकारी अड़े थे। इसे एस.डी.एम. भी दिल से समझते थे। "मैं आपके धरनास्थल पर जल्दी ही पहुँचता हूँ।" एस.डी.एम. का यह वचन लेकर यह जुलूस वापस अपने गाँव को आया।

मुझे एस.डी.एम. के समझदारी भरे रुख व सरकार की पर्यावरण संरक्षण विषय पर बनी सकारात्मक नीति को देखते हुए इस आन्दोलन के सफल होने का विश्वास होता था। इस आधार पर मैं आन्दोलनकारियों के उत्साह को बनाये रखने का प्रयास करती थी। उन सरल लोगों के लक्ष्य का सीधा-सा रिश्ता अपने पीने के पानी, अपने मेला मैदान तथा लोहारखेत गाँव के नीचे की ओर बने हुए प्रतिवर्ष की वर्षा में गिरते जाने वाले सक्रिय भू-स्खलन से जुड़ा था। दो दिन बाद ही एस.डी.एम.ढाई-तीन किलोमीटर की तीखी चढ़ाई चढ़कर धरनास्थल पर आये। उन्होंने धरनास्थल में आन्दोलन का व्यवस्थित मेला देखा। सैनिकों (भले ही अवकाश प्राप्त ही क्यों न हों) का पूरे आन्दोलन व उसकी पूरी व्यवस्थाओं पर प्रभाव देखा और बिना कोई स्पष्ट आश्वासन दिये वे वापस अपने स्थान को चले गये। "मैं लिखूँगा" उनके ये शब्द थे, जिनसे हमें उम्मीद भी बनती थी और निराशा भी हो सकती थी। इससे पुरुष कुछ विचलित हुए थे कि एस.डी.एम. ने कोई आश्वासन नहीं दिया, पर महिलाएँ आश्वस्त थीं। केवल यही बात महिलाओं की आशा को बनाये रख रही थी कि एस.डी.एम. इतनी तीखी चढ़ाई चढ़कर आये थे, तो कुछ करेंगे ही।

एस.डी.एम. ने अपने ज़िलाधिकारी को लिखा था। अवश्य ही उनका पत्र ठोस व सारगर्भित रहा होगा। बाद में एस.डी.एम. ने मुझे बताया था कि उन्होंने उस पत्र में लिखा था कि लोगों की बुनियादी आवश्यकता पेयजल का अतिक्रमण या नुक़सान मानवाधिकार की दृष्टि से बहुत बड़ा अपराध है, इसे लोगों ने समझ लिया है। इस मुद्दे पर अगर वहाँ बलवा खड़ा हो जाये, तो पूरे ज़िले के अवकाश प्राप्त फ़ौजी उसमें जुड़ जायेंगे। मैं उसका ज़िम्मेवार नहीं रहूँगा। अत: खान बन्द कर देना ही बुद्धिमानी होगी। जो भी हो, ज़िलाधिकारी ने आदेश भेजा कि खान पर हो रहा काम तुरन्त स्थगित करें। यद्यपि काम तो आन्दोलन ने प्रारम्भ से ही बन्द करा दिया था। आन्दोलन के प्रभाव से एक माह के बाद खान की लीज भी निरस्त हो गयी। गाँववासी ख़ूब ख़ुश हुए। उन्होंने ख़ूब बिगुल बजाया। महिलाओं-पुरुषों ने चाँचरी नृत्य किया। अब उस बेहद ढलुआ क्षेत्र के गाँववासियों ने अपने-अपने भू-स्खलनों को संरक्षित करना प्रारम्भ किया। मैं लोहारखेत के सक्रिय भू-स्खलन को रोकने के अभियान में जुट गयी।

चौड़ास्थल खनन विरोधी आन्दोलन से कई वर्ष पूर्व की बात है, मैं पिण्डारी ग्लेशियर देखने जाने वाली अपनी छात्राओं के साथ लोहारखेत गाँव में रुकी थी। लोहारखेत गाँव में पी.डब्ल्यू.डी. का एक बंगला है। उस दिन वह हमें निवास हेतु नहीं मिला था क्योंकि उस रात के लिए वह कुमाऊँ कमिश्नर व उनके सहकर्मियों

के लिए आरक्षित था। गाँव के लोगों ने पास में ही अपने घरों में हमारी एक रात्रि के निवास की व्यवस्था कर दी थीं। दोपहर बाद कमिश्नर अपने लाव-लश्कर के साथ पहुँचे। जैसे ही उन्हें पता चला कि मैं अपनी छात्राओं के साथ वहाँ हूँ, उन्होंने मुझे मिलने के लिए बुला लिया। मैं गयी। उसी समय लोहारखेत के प्रधान व कुछ अन्य पुरुष एक निवेदन लेकर कमिश्नर साहब के पास आये थे।

लोहारखेत गाँव के पैताने एक भू-स्खलन पिछले कुछ वर्षों से सक्रिय था। प्रति वर्षाऋतु में वह गाँव के एक-दो घरों, उनकी सामने की भूमि को गाँव से कुछ दूर नीचे बहती हुई सरयू नदी तक पहुँचा देता था। इस प्रकार गाँव के नीचे के छोर पर बसे दसियों घर भू-स्खलन की चपेट में आ गये थे। भू-स्खलन की दरारें पड़ने से पहले ही वे लोग अपने घर ख़ाली करके गाँव में किसी के घर में जगह माँगकर रहने लगते थे। हिमालय के उच्च क्षेत्रों की दो-तीन दिन की मूसलाधार वर्षा होते ही एक रात उनका घर अदृश्य हो गया होता था, जिसकी छत के पाथर पहले ही उतार लिये गये थे, पर दीवालों पर चिने गये सुन्दर कटाऊ पत्थर सरयू नदी तक भू-स्खलन के मलवे के ढलान पर जगह-जगह बिखरे पड़े दिखते थे। तब उस परिवार को गाँव के ऊपरी छोर पर एक जगह चुनकर नया घर बनाना पड़ता था। ग्रामीणों ने यह लम्बी कष्ट कथा तो कमिश्नर को नहीं बतायी, पर यह ज़रूर कहा; "वर्षाऋतु में यहाँ की भीषण वर्षा में हम रातभर सो नहीं पाते। डर से जगे रहते हैं। सर! कई इंजीनियरों को हमने मौक़ा कराके प्रत्यक्ष दिखा दिया है। वे सब इसे रोकने की कोई सम्भावना नहीं बता पाये। अब हम निराश हो गये हैं। इसीलिए निवेदन कर रहे हैं कि हमारे पूरे गाँव को ही कहीं भाबर-तराई में बसा दीजिए। यहाँ तो ज़िन्दगी दूभर हो गयी है।"

कमिश्नर ने पूरी बात धैर्यपूर्वक सुनी, पर जवाब बहुत छोटा-सा ही दिया, "वहाँ भी इतनी ज़मीन कहाँ है कि पूरा गाँव बसा दिया जाय।"

"या तो सरकार इस भू-स्खलन को ही रुकवा दे। यह हमारे बस की बात तो है नहीं। हमारी इस भूमि के नीचे खड़िया पत्थर है। इसीलिए ज़मीन आसानी से खिसकती जाती है। इस हालत में एक दिन सरयू नदी में हम सभी की समाधि बन जाने वाली है।" प्रधान ने दुखी स्वर में कहा था। "हम भी तो उन्हीं इंजीनियरों को पूछेंगे, जिन्होंने आपको बताया है।" कहकर कमिश्नर ने बात समाप्त कर दी।

यह घटना मुझे चौड़ास्थल आन्दोलन में भी याद आयी थी क्योंकि लोहारखेत के लोग आन्दोलन में शामिल हुए तब वे कहते थे, "एक ख़तरा हम वर्षों से झेल रहे हैं जो गाँव को नीचे की ओर से बरबाद कर रहा है। अब ऊपर की ओर से यह खड़िया खान ख़ुद रही है, तो यह हमारे गाँव को ऊपर से बरबाद कर देगी। इसीलिए

इसे तो बन्द कराना ही है।" चौड़ास्थल का आन्दोलन सफल होने के बाद हम उस सक्रिय भू-स्खलन को निष्क्रिय करने की चर्चा करने गाँव में बैठे। गाँव के लोग उच्च तकनीक व सरकार के अधिकारियों से काम कराना चाहते थे। उन्हें स्वयं पर कोई भरोसा नहीं था। यद्यपि चौड़ास्थल के आन्दोलन की सफलता ने उनके हौसले बढ़ाये थे, तो भी उनकी अपनी शक्ति को समझने के लिए उनके उत्साह को उभारना कुछ कठिन हो रहा था। पर मेरे बहुत उत्साहित करने व उनको झकझोरने पर गाँव के कुछ नौजवानों ने सोचा, "चलो, करके देखते हैं। हमसे होगा तो ठीक, नहीं हुआ तो छोड़ देंगे। पर हमें न जाने कितने दिन इसमें काम करना पड़ेगा?" अन्त में गाँव तैयार हुआ, किन्तु इस प्रोजेक्ट के लिए कुछ वित्तीय सहायता लाने की आवश्यकता बतायी। वह व्यवस्था तो मैं ही कर सकती थी। एक स्थानीय संस्था हमारे काम में जुड़ी थी, परन्तु उस पर यह बोझ नहीं डाला गया।

दिल्ली में सरकारी परती भूमि विकास बोर्ड की अध्यक्षा कमला चौधरी को मैंने पूरी समस्या समझायी और यह भी बताया कि हमारा प्रयास सफल भी हो सकता है और जैसा कि इंजीनियर्स कहते हैं, "भू-स्खलन को रोकना असम्भव है", तो हम असफल भी हो सकते हैं। पर मुझे लगता है, हमें ग्राम स्तर पर यह एक प्रयोग करना चाहिए। यह असमंजसपूर्ण बात सुनने के बाद भी कमला चौधरी ने हमारे प्रस्ताव के अनुसार हमें परती भूमि विकास बोर्ड से पैसा दिया था। अब काम शुरू करना था। पहले दिन उस वृक्ष की पूजा की गयी जो प्रति वर्ष के भू-स्खलन और मलबे के बाद भी उखड़ा या टूटा नहीं था और मिट्टी, पत्थर व चट्टानों वाले मलबे के उस विशाल ढेर के बीच हरा-भरा खड़ा था। उसको फूलों की एक माला पहनायी गयी। दीपक जलाया। घन, गैंती, सब्बल, छेनी, हथौड़ा आदि औज़ारों का पूजन अक्षत तथा फूलों से किया गया। बालिकाओं ने भजन गाये तथा पर्यावरण व वृक्षों सम्बन्धी गीत भी गाये। प्रसाद बाँटा और भू-स्खलन के मलबे की बड़ी चट्टानों को तोड़कर कम ऊँचाई की दीवारें बनायी गयीं। उन दीवारों के बीच पौधों व घासों का रोपण किया गया। गाँव में सबसे अनुभवी चिनाई करने वाले को हमने इस काम के लिए मार्गदर्शक भी तय किया था। वही हमारे विशेषज्ञ थे। दीवाल की बुनियाद, उसकी ऊँचाई और दीवालों की दूरियाँ वही तय करते थे। काम भू-स्खलन के पैताने से ऊपर को बढ़ता जाता था। गाँव के लोग अपनी भूमि की बनावट को अच्छी तरह जानते थे। उसमें नीचे की परत में खड़िया थी, जो दीवालों को टिकने नहीं देती थी। अत: दीवालों की बुनियादें गहरी डाली गयी थीं। स्थानीय वृक्षों व घासों का ही रोपण किया था।

जब काम लगभग भू-स्खलन के सिर पर पहुँच रहा था, तब वहाँ एक जलस्रोत सामने आया। ग्रामजनों ने कहा कि यही स्रोत का पानी वर्षाऋतु में बढ़ जाता है और आकाश से गिरती वर्षा के पानी के साथ मिलकर भू-स्खलन को गति दे देता है। इसके लिए हम क्या करें? सब लोग अपनी-अपनी राय देने लगे। कुछ लोग फिर से शिक्षित-प्रशिक्षित इंजीनियरों को याद करने लगे, पर आख़िर उन्हीं ग्रामजनों का अनुभव काम आया। भू-स्खलन की बायीं ओर एक नाला था। उन्होंने तय किया कि स्रोत की धारा को भू-स्खलन में नीचे की ओर जाने से रोक कर बायीं ओर धकेलते हुए नाले में पहुँचा दिया जाय। यह सही हल था, पर इसका चैनल कैसे बनाया जाय क्योंकि जल स्रोत का धक्का तो नीचे की ओर ही था। जल के धक्के का ज़ोर कम करने के लिए स्रोत के मुँह पर ही बड़े पत्थरों को चिना गया, और बहाव बायीं ओर को बनायी गयी चौड़ी नाली की ओर बदल दिया। अब उसमें सीमेंट लगाने की आधुनिक तकनीक ग्रामजनों के दिमाग़ में आयी। फिर उन्होंने ही सोचा, सीमेंट नहीं लगना चाहिए अन्यथा वह ढीली ज़मीन पर टिकेगा ही नहीं। तब पहाड़ी घरों की छतें पटालों द्वारा छाने वाला गाँव का कारीगर सामने आया।

ये कारीगर पटालों (स्लेटों) की इतनी मज़बूत और कुशल छतें बनाते थे कि वर्षों तक उनसे एक बूँद भी नहीं रिसती थी। कारीगर ने कहा, "चैनल में पटालें लगायी जायें तो एक बूँद पानी भी नहीं रिसेगा।" पटालें लगायी गयीं। पानी की प्रत्येक बूँद भू-स्खलन में आने से रोक दी गयी। मेरी समझ से भू-स्खलन की सक्रियता को रोकने की यही गुप्त चाबी थी। कई वर्षों बाद किसी अन्य मक़सद से उस ओर जाने का अवसर मुझे मिला था। स्थानीय संस्था के संचालक भी वहाँ थे। उन्होंने मुझे प्रेरित किया कि चलिए, अपने कामों को देख आयें। मैं भी उत्सुक थी ग्रामीण इंजीनियरी के उस काम की सफलता को देखने के लिए। घासें, झाड़ियाँ व पेड़ बड़े हो गये थे। चैनल में पानी बह रहा था और गधेरे समा रहा था। ग्रामजन तीव्र वर्षा की लम्बी चलती मूसलाधार वर्षा के समय इस चैनल को दिन में तीन बार देखने आते थे। भू-स्खलन की कोई छोटी-सी दरार भी कहीं दिख रही है या नहीं, इसकी जाँच करते थे। उनका परम्परागत ज्ञान इतना सुन्दर टिकाऊ परिणाम लाया था, यह देखकर वे गर्व भी करते थे। जिस दिन उस काम को पुन: देखा, मैंने भी गर्व किया था। मैंने देखा, वह बड़ा वृक्ष जिसकी हमने पूजा की थी, शान से अन्य छोटे वृक्षों से घिरा हुआ खड़ा था। उसके चारों ओर के भू-स्खलन के बड़े-बड़े बोल्डर अब घासों से ढक गये थे। 'ग्रामीण इंजीनियरी की जय हो', मेरे मुँह से निकला था।

30

शराबबन्दी आन्दोलन — दन्या

साठ व सत्तर के दशकों में कुमाऊँ और गढ़वाल, दोनों क्षेत्रों में हुए जन-आन्दोलन में टिहरी ज़िले के बादशाही थौल तथा टिहरी नगर में दो महत्त्वपूर्ण शराबबन्दी आन्दोलन हुए थे। टिहरी नगर के जनान्दोलन को सुन्दरलाल बहुगुणा तथा विमला बहुगुणा ने नेतृत्व दिया था। वहाँ भी अनेक आन्दोलनकारी महिलाएँ जेल गयी थीं। विमला दीदी अपने डेढ़ वर्ष के बेटे को गोद में लेकर उन महिलाओं के साथ सहारनपुर जेल में रही थीं। वह जनान्दोलनों का एक दौर था, जिन्होंने सरकार को प्रभावित किया था और गढ़वाल मण्डल को पूर्ण शुष्क तथा कुमाऊँ मण्डल के केवल ग्रामीण क्षेत्र को शुष्क घोषित करवाया था। इसके परिणामस्वरूप कुछ वर्षों में ही उत्तराखण्ड की ग्रामीण आबादी की क्रयशक्ति बढ़ गयी थी, इसको उन्होंने स्वयं महसूस किया था। फिर चुनाव आये और उत्तर प्रदेश की सरकार बदली, एक दूसरा राजनीतिक दल सत्ता में बैठा। मुख्यमन्त्री की क़लम की एक पंक्ति के द्वारा उत्तराखण्ड में शराब की दुकानें फिर से खुल गयीं जो प्रतिवर्ष बढ़ती ही गयीं। शराबखोरी के इस नये दौर में फिर से समाज में वही अशान्ति, महिलाओं की प्रताड़ना, परिवारों की बर्बादी का माहौल बन गया। उत्तराखण्ड में माफ़िया ठेकेदारों की पकड़ मज़बूत हो गयी। सरकार को राजस्व की अपनी आय का प्रलोभन बढ़ता गया था। राज्य में अपराधीकरण बढ़ गया था। आम नागरिक हैरान हुए। महिलाएँ मायूस हो गयीं। सरकारें अपने को टिकाये रखने के लिए ऊपरी मलहम लगाने जैसी कुछ कार्यवाही करतीं, पर सब अपराधों की जड़ इस शराब को उखाड़ फेंकने की किसी सरकार की साहसपूर्ण इच्छा न थी। राजनेता भी तो इन्हीं शराब माफ़ियाओं के हाथों में नाच रहे थे। इन्हीं के बल पर वे चुनाव लड़ रहे थे व जीत रहे थे। ऐसे लोग सरकार का अंग बनने के बाद शराब की दुकानों की नीलामी में 'दुकानें कम संख्या में खोली जायें' भी नहीं कह पाते थे और प्रतिवर्ष नयी जगहों पर नयी दुकानें खुलती जा रही थीं।

यह अस्सी का दशक था। मैं तब धौलादेवी प्रखण्ड के रचनात्मक कार्यों में व्यस्त थी। वहाँ बनाये गये महिला मण्डलों का बहुत पुरुषार्थभरा इतिहास बन रहा था। एक दिन महिला मण्डलों की कुछ सदस्याएँ हमसे मिलने आयीं। उनके विभिन्न मण्डलों की बैठकों में महिलाओं ने शराब के बढ़ते प्रकोप पर चिन्ता व्यक्त की थी और इसकी दुकान को हटाने के कुछ मण्डलों ने निर्णय भी लिये थे। इन मण्डलों ने उक्त महिलाओं को अपने मण्डल के प्रतिनिधि के रूप में हमारे पास भेजा था। दन्या, धौलादेवी प्रखण्ड के अन्तर्गत एक ग्रामीण बाज़ार था।

"दन्या की शराब की दुकान ने गाँव-गाँव की छोटी से छोटी दुकानों तक ग़ैर-क़ानूनी तरीक़े से शराब को पहुँचा दिया है। हमारे परिवारों का जो कुछ भी थोड़ा-बहुत पैसा है, वह शराब में डूब रहा है।" महिलाएँ एक साँस में कह गयीं। उन्होंने एक ब्राह्मण परिवार की महिला व बच्चों की दुर्दशा की सच्ची कहानी मुझे बतायी, जिस महिला का पुरोहित पति कुछ दिनों पूर्व शराब के नशे में गिरकर मर गया था। अब महिला कैसे अपने छोटे-छोटे बच्चों को पाले? वे आगे बोलीं, "हमारे पुरुषों का स्वास्थ्य तो बर्बाद हो ही रहा है, दन्या इंटर कॉलेज में पढ़ने वाले किशोर बच्चे भी इसके शिकार बन रहे हैं। कॉलेज में परीक्षा देने जा रहे पाँच किशोरों ने दुकान में शराब पी ली और दिन भर घास के लूटों के पास छिपकर सोये रहे। हम महिलाएँ दिनभर खेतों, जंगलों में शरीर तोड़ मेहनत करके इन लड़कों को खिलाती, पिलाती, पालती, पोसती हैं और कॉलेज को भेजती हैं। इन्होंने परीक्षा में अनुपस्थित रहकर अपना एक साल व्यर्थ गँवा दिया। इसकी जड़ हैं ये शराब की दुकान, जो नाबालिग बच्चों को भी शराब बेचती हैं। हमें इसे अपने बाज़ार से हटाकर फेंक देना है, आप हमें मदद करें।" एक महिला ने अपना दुख तथा महिला बैठकों के सामूहिक निर्णय को व्यक्त किया।

"शराब की दुकान को बन्द करना आसान नहीं होता। उसके ठेकेदार के पीछे पूरी सरकार होती है। राज्य सरकार भी उसके लिए ज़िम्मेवार होती है। आप बतायें, आन्दोलन के लिए आपकी क्या तैयारी है?" मैंने सभी से पूछा। "हम तो इसे आग लगा दें। इन ज़हर की बोतलों को तोड़कर चकनाचूर कर दें।" अपने दुख के उबाल में एक महिला ने कहा। मैंने उन्हें समझाया कि इस प्रकार दुकान तो बन्द नहीं ही होगी, पुलिस के पहरे में बिक्री होती रहेगी। केवल तुम लोगों पर मुक़दमे चलेंगे या तुम्हें जेल में डालेंगे। कोर्ट-कचहरी के चक्कर लगाने पड़ेंगे।

"नहीं, नहीं", रूवाल गाँव की सयानी व समझदार महिला हरिप्रिया जोशी ने कहा, "हमारे महिला मण्डल ने तय किया है कि हम आन्दोलन करेंगी, धरना देंगी।

तुम हमारे आगे चल दो तो हमारे आन्दोलन में गाँव की सारी महिलाएँ तुम्हारे पीछे चलने को तैयार हैं।" इसमें अन्य सभी महिलाओं ने अपनी 'हाँ' जोड़ दी।

"उसमें भी आपको जेल जाने की तैयारी रखनी होगी। क्या तुम्हारे गाँव की पचासों महिलाएँ जेल जाने को तैयार हैं?" मैं उनके निर्णय की मज़बूती को परख रही थी। "हम सब तैयार हैं", वे सब एक स्वर में बोलीं। "तुम्हारे जेल जाने के बाद धरना कौन देगी? आन्दोलन शुरू करने के पूर्व अपने क्षेत्र के बारह-पन्द्रह गाँवों में जाइए। वहाँ की महिलाओं को आन्दोलन की बात ठीक से समझाइए। गाँव से गाँव पदयात्रा कीजिये। यदि इन गाँवों की महिलाएँ और जो भी युवक गाँव में हैं, वे भी तैयार होते हों, तब धरना प्रारम्भ करेंगी। आप आगे रहेंगी और मैं तथा मेरी साथी कार्यकर्ता आपके पीछे रहेंगी, पर हम हमेशा आपके साथ रहेंगी।" महिलाएँ राज़ी हो गयीं और अपने गाँवों को गयीं। अगले बारह-पन्द्रह दिन उन्होंने पदयात्राएँ कीं। पूरे गाँव में शराबबन्दी आन्दोलन के लिए वह माहौल खड़ा कर दिया, जो अनुभवी नेता भी नहीं कर पाते। मैं उनकी हिम्मत देखकर बहुत ख़ुश थी। मेरी साथी कार्यकर्ताएँ भी ख़ुश हुईं कि महिलाओं ने हम पर निर्भर नहीं रहकर स्वयं अपने दम पर आन्दोलन का साहस गाँवों में भर दिया था। इस पदयात्रा ने उन्हें अपने निर्णय व अपने विचार पर अधिक मज़बूत बना दिया था, भले ही इन गाँवों में उन्हें शराबबन्दी के पक्ष व विपक्ष में कई प्रश्नों का सामना करना पड़ा था। कई तर्क व कुतर्क भी उनके सामने आये थे। उन्होंने उनके स्पष्ट उत्तर दिये थे। इससे महिलाएँ अपने संकल्प में मज़बूत भी हुईं और अनुभवी भी हो गयीं।

निर्धारित तारीख़ को शराब की दुकान के खुलने के पूर्व ही महिलाओं की टोलियाँ गाँवों से निकलकर शराब की दुकान पर पहुँचने लगीं। सैकड़ों महिलाओं ने दुकान के सामने का सँकरा ढलान तथा मोटर रोड का आधा भाग भी भर दिया था। वास्तव में दुकान के सामने बैठने का स्थान बहुत अपर्याप्त था, पर महिलाओं की मुखिया ने उसी में बैठने का प्रबन्ध कर दिया था। वे शराबबन्दी के गाने गा रही थीं। वे नारे लगा रही थीं। उनको कीर्तन-भजन गाने की अच्छी आदत अपने गाँव से ही थी और इसका ख़ूब अभ्यास था। धरने पर भी उन्होंने अपना माहौल जमा दिया था। जब विक्रयकर्ता ने घबराते हुए महिलाओं के बीच से जाकर दुकान खोली, तो ग्राहक आये ही नहीं। महिलाओं के सामने संकोचवश वे पास आकर भी वापस चले गये थे, जबकि हमारी आवाज़ व हमारी उपस्थिति न थी, उन्हीं महिलाओं की आवाज़ भी थी और वे ही प्रमुख भी थीं। कुछ आम नागरिकों के एकत्र हो जाने पर महिलाओं में से कुछ खड़ी होकर भाषण भी देने लगी थीं। युवक भी उपस्थित थे, पर वे कुछ दूरी

पर तत्परता से खड़े थे। जानकारी पाकर ठेकेदार आ गया था। अब मकान मालिक, ठेकेदार व उनके हिमायती थोड़े-से दलाल लोग धरने पर बैठीं महिलाओं की हिम्मत तोड़ने के अनेक हथकंडे उपयोग में लाने लगे थे।

वे कह रहे थे,''शराब की दुकान सरकारी है। तुम लोग उसकी बिक्री में बाधा डालकर ग़ैरक़ानूनी काम कर रही हो। तुम्हें जेल में डाल दिया जायेगा। वर्षों तक जेल से नहीं निकल पाओगी। तुम पर मुक़दमे चलेंगे। कोर्ट के चक्कर लगाते-लगाते थक जाओगी। घर का कारोबार चौपट हो जायेगा।" यह महिलाओं को डराने के लिए कहा जा रहा था ताकि वे धरने से उठकर चली जायें और दूसरे दिन वे आये ही नहीं। इसी प्रकार की अफ़वाहें इन शराब के पक्षधर लोगों ने गाँवों में भी फैला दी थीं। गाँव से आते या जाते ठेकेदार के आदमी महिलाओं का पीछा करने लगे व अपशब्द कहते हुए बहुत सारी धमकियाँ देते। कभी कहते, "धरने के लिए जाओगी तो हम तुम्हारी टाँगें तोड़ देंगे। अब हमने तय किया है कि जब तुम धरने पर बैठोगी तो छत पर से तुम्हारे ऊपर गरम उबलता पानी या गरम राख डाल देंगे।" कभी कहते,''तुम इज़्ज़तदार महिलाएँ नहीं रहीं। शराब के बाज़ार में शराबियों के साथ बैठती हो। गाती हो। मुँह फाड़कर नारे लगाती हो। बेशर्म होकर भाषण देती हो। तुम्हारी बेटियों से कौन शादी करेगा? ऐसी बेहया माताओं के बेटों को कौन अपनी बेटी देगा? तुम सम्मानित सद्गृहस्थ महिलाएँ नहीं रहीं। तुम्हारी बदनामी के चर्चे पूरे ज़िले में हो रहे हैं। दन्या कुलीन दीवान लोगों की सभ्य बस्ती थी। तुम कुलटाओं ने उसे कलंकित कर दिया है। कल धरने पर नहीं आना, नहीं तो हम तुम्हारी टाँगें तोड़ देंगे।"

ऐसी सारी धमकियों का वे ग्रामीण महिलाएँ एक ही जवाब देतीं, "आपकी सलाह के लिए धन्यवाद।" रोज़-ब-रोज़ नयी-नयी अफ़वाहें फैलायी जाती थीं, परन्तु पर्वतवासी महिलाओं ने पर्वत की तरह अडिग रहना सीखा था। वे दूसरे दिन पूर्ण निर्भयता से धरने पर आती रहीं। एक मन एकचित्त होकर बैठतीं। गाने, नारे व भाषण पूर्ववत् चलातीं। भाषण देने को रोज़ नयी-नयी महिलाएँ खड़ी होतीं। शराब की बिक्री व ठेके से परिवार पालने वालों को चेतावनी भी देतीं। भावातिरेक में आँखें व गला भर लाती। महिला आन्दोलन अपनी ख़ुशहाली या नारी अधिकार के लिए नहीं, समाज को अनेक दुर्दशाओं से बचाने के लिए चल रहा था, इस बात का प्रभाव ज़ोर पकड़ने लगा था। अल्मोड़ा नगर से आन्दोलन को मज़बूत करने सामाजिक कार्यकर्ताओं के दल प्रतिदिन आने लगे थे। सौ किमी. दूर कौसानी के लक्ष्मी आश्रम से भी आन्दोलन में जुड़ने को बहनें आयीं। इससे आन्दोलनकारी महिलाओं के उत्साह में मानो ज्वार आ गया।

अन्ततः सही या ग़लत जो भी हो, यह समाचार भी आ गया कि आन्दोलनकारियों को गिरफ़्तार किया जायेगा। महिलाओं के चेहेरे सख़्त हो गये। गाने बदल गये। अब वे अधिक क्रान्तिकारी गीत गाने लगीं। भाषणों व नारों में अधिक प्रतिबद्धता झलकने लगी। दूसरे दिन एक महिला ने आकर मुझे कहा, "मैं जेल जाने के लिए तैयार होकर आयी हूँ। अपनी भैंस के लिए एक माह की घास व चारा रखकर आयी हूँ। बच्चे के लिए खाने का प्रबन्ध पड़ोस में करके आयी हूँ। पड़ोसन मेरी भैंस को चारा पानी दे देगी। कितने दिन जेल में रखेंगे? आख़िर एक महीना? मैं तैयार हूँ।" एक अकेली महिला जिसके घर में एक सात-आठ वर्ष के बेटे के अतिरिक्त कोई न था। अन्य बेटे-बेटी घर से दूर पढ़ने या काम से चले गये थे। उसकी ऐसी हिम्मत देख मैं तो आश्चर्यचकित रह गयी। शराब की दुकान मोटर सड़क के एक किनारे पर थी और दूसरे किनारे दुकान के मकान मालिक का अपना घर था। एक दिन उसने धरने के समय अपने घर से बहुत तेज़ आवाज़ में बड़े भद्दे गीतों के रिकॉर्ड बजाने शुरू कर दिये। ऐसे गन्दे कि महिलाएँ उन्हें सुन ही न सकें। आन्दोलन के गीत, नारे, भाषण सब उस आवाज़ के सामने दब गये। यह हद पार करने जैसी अशिष्टता थी। मैंने जाकर नाराज़ी जताई तो मुझे उसने ग़ुस्से में कुछ वाक्य कहे, पर अन्त में अपना गन्दा संगीत बन्द कर दिया।

उसी दिन शाम को अल्मोड़ा ज़िला कार्यालय से एस.डी.एम. अचानक आ गये। उस समय तक शराब की दुकान बन्द हो गयी थी, क्योंकि धरने के कारण उसकी बिक्री लगभग बन्द ही थी। महिलाएँ ग्राहकों को वापस जाने के लिए निवेदन करती और समझाती भी थीं, पर उन्हें शराब ख़रीदने नहीं देती थीं। शाम हो गयी थी, अतः महिलाएँ भी धरने से उठ गयी थीं। एस.डी.एम. अपनी कार को एक डेढ़ फ़र्लांग दूर छोड़कर पैदल आ रहे थे। लोगों से पूछते हुए वे मेरे पास आ गये। हमने एक स्थानीय दुकान के बाहर उन्हें एक कुर्सी दी। वे बैठ गये। उन्होंने आन्दोलन को बन्द करने का निवेदन किया। मुझे मालूम था कि वे यही कहेंगे, पर हम नहीं मानेंगे। इसके लिए मैंने महिलाओं को तैयार कर दिया था। मैंने महिलाओं को ही सामने करने की नीति अपनायी। मैंने मुखिया महिलाओं से उन्हें मिला दिया। एस.डी.एम. का निवेदन सुन वे महिलाएँ उग्र हो गयीं और शराब की दुकान को बन्द कराने से कम में बिल्कुल राज़ी नहीं हुईं। धीरे-धीरे बहुत-सी महिलाएँ घिर आयीं और अपने तथा अन्य महिलाओं के उन कष्टों की बातें रोषपूर्वक एस.डी.एम. को बताने लगीं, जो उन्होंने शराब के कारण झेले थे। उनका रोष देखकर एस.डी.एम. कुछ फीके पड़ने लगे। महिलाएँ और निकट आ गयीं। एस.डी.एम. को उन्होंने चारों ओर से घेर

दिया था। वे उन पर दबाव डाल रही थीं कि वे शराब की दुकान बन्द कर देने की घोषणा करके ही जायें। घेरा कसते देख एस.डी.एम. घबराने लगे। अन्त में उन्होंने वचन दिया, "मैं आपकी पूरी बात डी.एम. साहब को कहूँगा। वे ज़रूर आपके हित में निर्णय लेंगे।"

दूसरे ही दिन अल्मोड़ा डी.एम. ऑफ़िस से निर्णय आया कि दन्या की देशी शराब की दुकान हटा दी गयी है। महिलाएँ ख़ुश हो गयीं और उन्होंने बाज़ार में जुलूस निकाला। आन्दोलन के सारे विरोधी व विघ्नकर्ता कहीं छिप गये थे। आन्दोलन के समय उसे सहयोग देने वाले सभी युवक जुलूस में जुड़ गये थे। महिलाएँ बाज़ार की हर दुकान में गयीं और प्रत्येक दुकानदार को चेतावनी दी कि अवैध या स्मगल करके शराब बेचेंगे तो महिलाएँ छापा मारकर उसे नहीं चलने देंगी। महिलाओं के हौसले आकाश छू रहे थे। आज वे दुकानदार पुरुषों से सख़्ती से बोल पा रही थीं, क्योंकि दन्या के इतिहास में यह एक ऐसा समाजहित में किया गया काम था जो महिलाओं के दम पर सफल हुआ था। इस बात को महिलाएँ समझती थीं और भविष्य में भी अपने समाज को शराब मुक्त रखना चाहती थीं, परन्तु स्वयं ज़िला प्रशासन उनकी इस सदिच्छा को सफल नहीं होने देता था। वही हुआ। दन्या की शराब की दुकान वहाँ से तो हटायी, पर यहाँ तक कि उनके धौलादेवी प्रखण्ड क्षेत्र से भी बाहर नहीं की गयी। इस दुकान के लिए सरकारी निर्णय क्या हुआ, उसे अगले अध्याय में पढ़िए।

31

काफ़लीख़ान में जनस्फूर्त-आन्दोलन

दन्या के महिला आन्दोलन के दो दिन बाद ही दन्या से पच्चीस किमी. की दूरी पर एक नया संघर्ष वहाँ की महिलाओं को प्रारम्भ करना पड़ा था। मैं व मेरी सहयोगी बहनें तीसरे दिन दन्या से बस द्वारा वापस कौसानी जा रही थीं तो देखा, काफ़लीख़ान में महिलाओं का जमघट लगा था। उनके धरने से हटकर सड़क के किनारे पुरुषों की भी एक पंक्ति खड़ी थी। हमारे पूछने पर पता चला कि दन्या की शराब की दुकान यहाँ खोल दी गयी है। काफ़लीख़ान मोटर सड़कों के तिराहे पर स्थित चार-छह दुकानों की एक बिल्कुल छोटी नाममात्र की जैसी बाज़ार थी, परन्तु मोटर सड़कों द्वारा यहाँ से तीन क्षेत्रों में शराब पहुँचायी जा सकती थी। काफ़लीख़ान के सबसे निकट के गाँवों—काफली व कभाड़ी की महिलाओं ने जैसे ही जाना कि तिराहे पर शराब पहुँची है, वे तुरन्त शान्ति देवी के नेतृत्व में तिराहे पर पहुँच गयीं। उन्होंने दुकान के बन्द दरवाज़ों पर अपना ताला डाल दिया। "शराब जैसी आयी है, वैसी ही वापस जायेगी। यहाँ एक बूँद भी शराब नहीं बिकेगी", उन्होंने घोषणा कर दी। उन्होंने दन्या की तरह केवल दिन का ही धरना नहीं तय किया, रात को भी धरना दिया ताकि चोरी-छिपे या पीछे के दरवाज़े से भी शराब न बिक सके। वे महिलाएँ रात को मशाल लेकर दुकान के पीछे की ओर भी जाकर पहरा देती थीं। इसमें स्वयं शान्ति देवी के पति और गाँव के अन्य पुरुष उनके मददगार थे। वे भी बारी-बारी से रात व दिन धरनास्थल के पास सहायक टीम के रूप में रहते थे। स्त्रियों व पुरुषों की धरने पर बैठने व सहायक टीम में ड्यूटी देने की पारियाँ बहुत समयबद्ध थीं। धरना इतना सख़्त था कि कोई ग्राहक शराब की दुकान पर फ़टक भी नहीं सकता था। आश्रम में पहुँचकर उसी रात कुछ आवश्यक ऑफ़िस कार्य करके मैं अपने साथ अपनी साथी कार्यकर्ता बसन्ती बहन को लेकर काफ़लीख़ान पहुँच गयी। हमारे पहुँचने से उन स्त्री-पुरुषों में दुगुना उत्साह आ गया। हमने उनको कोई सलाह

नहीं दी, न उनकी व्यवस्था में कोई सुझाव दिया। बस, हम उनके धरने में शामिल हो गयीं। वे पूर्ववत् अपना आन्दोलन चलाती रहीं। हमारी उपस्थिति मात्र उनके आन्दोलन को पुष्ट करती थी।

ठेकेदार की प्रतिदिन हज़ारों रुपयों की हानि हो रही थी। वह तिलमिला रहा था। एक दिन एक शराबी को ठीक से शराब पिलाकर धरना देती महिलाओं के बीच में उसने भेज दिया। उस शातिर ने शराबी का पहनावा व चेहरा भी डरावना बना दिया था। महिलाओं के बीच आकर वह शराबी कुछ-कुछ बकने लगा। उनके घेरे के बीच जाकर उनमें से किसी को छूने, हाथ पकड़ने जैसी बदतमीजी भी करने लगा। चार-पाँच महिलाओं ने उसे एक साथ पकड़कर उसके हाथ-पाँव बाँधकर, चेहरे पर कालिख लगाकर और घसीटकर सड़क पर डाल दिया और पुन: सब महिलाएँ शान्तिपूर्वक धरना देने लगीं। ठेकेदार ही नहीं, अन्य उसकी चौकड़ी के सभी लोगों ने समझ लिया था कि ये महिलाएँ किसी विशेष धातु की बनी थीं। सप्ताह बीत गया था पर उनके विरोध में रंचमात्र भी ढिलाई नहीं आ रही थी। ठेकेदार अधीर हो रहा था। एक सप्ताह की कमाई का नुक़सान? इसके पूर्व दन्या में भी तो नुक़सान ही झेलना पड़ा था। वह ज़िलाधिकारी के पास रोज़ ही दौड़ा जा रहा था।

एक दिन शाम को एस.डी.एम. अल्मोड़ा व उनके कुछ सहयोगी कर्मचारी सरकारी जीपों से आते दिखाई दिये। उन्होंने अपनी जीपें सड़क के पिछले मोड़ की आड़ में खड़ी कर दी थीं। स्वयं पैदल चलते हुए बड़े मित्रभाव से धरनास्थल पर पहुँचे। एस.डी.एम. ने न हमसे बातें की न ही शान्ति देवी और अन्य धरने पर बैठीं महिलाओं से ही कुछ कहा जबकि उनके स्वागत में सभी महिलाएँ खड़ी हुईं और उन्होंने आदरपूर्वक उन्हें हाथ जोड़कर नमस्कार भी किया। वे सीधे शान्ति देवी के पति के पास गये, जो कुछ दूरी पर अन्य पुरुषों के साथ खड़े थे। एस.डी.एम. ने उनसे हाथ मिलाया व हाथ पकड़कर बोलते हुए उन्हें अपने साथ ले लिया। वे उनका हाथ प्रेम से पकड़े हुए बातें करते-करते सड़क पर उस दिशा में चलते रहे, जहाँ उनकी जीपें खड़ी थीं। गाँव के दो अन्य महत्त्वपूर्ण व्यक्ति उन दोनों के पीछे-पीछे एस.डी.एम. के साथी कर्मचारियों के झुण्ड के बीच चल रहे थे। वे सब उनकी जीपों तक पहुँच गये, जो पहले से ही अल्मोड़ा की दिशा में जाने को तैयार थीं और एस.डी.एम. को देखते ही ड्राइवरों ने अपने इंजन चालू कर दिये थे। कर्मचारियों की मदद से शान्तिदेवी के पति को एस.डी.एम. की जीप में तथा अन्य दो को दूसरी गाड़ी में धकेलकर डाल दिया गया।

तुरन्त एस.डी.एम. आदि अपनी सीटों पर कूदकर बैठ गये और जीपें चल दीं। इस प्रकार आन्दोलन के तीन स्तम्भ समान साथियों को स्वयं सरकार ने अपहृत कर लिया था। उन तीनों को ज़िला मुख़यालय ले जाया गया। वहाँ पहुँचने के बाद शायद उनके वारंट लिखे गये होंगे और उन्हें अपराधी घोषित करना भी झूठ-मूठ में दिखाया गया होगा, अपराध भी गढ़ा गया होगा और उसके लिए धाराएँ लगाकर उन्हें जेल में ठूँस दिया गया। यह हमारा अनुमान था। यह ज़िलाधिकारी के दिमाग़ की उपज थी क्या? शराब माफ़िया जैसे क़ानून विरोधी काम करने वालों को संरक्षण देने के लिए निर्दोष पर अपने जीवन जीने के अधिकारों का हनन था। विधि-सम्मत अहिंसक आन्दोलन करने वाले अपने नागरिकों (जिनकी रक्षा का भार ज़िलाधिकारी के हाथों में है) को दण्ड देना, क्या ज़िलाधिकारी का स्वयं का अपराध नहीं था? उनके एस.डी.एम. तथा कर्मचारी, जिन्होंने अपहरण का कर्म किया था, क्या वे ही दण्ड पाने के पात्र नहीं थे, हमारे बीच यह चर्चा हो रही थी।

मेरे मन में तर्क न्याय व अन्याय की विवेचना घूम गयी थी। मुझे लगा, अब हमारे लिए आन्दोलन में सक्रिय भूमिका निभाने का क्षण आ गया। धरनास्थल पर इस अकल्पनीय कृत्य को देखकर महिलाएँ-पुरुष सब सन्न रह गये थे। यूँ तो उन्होंने हिम्मत नहीं हारी थी, पर उनकी समझ में नहीं आ रहा था कि क्या करना चाहिए? प्रतिरोध करना चाहिए तो किस रूप में? तब मैंने ही कहा, "हमें ज़िला मुख्यालय अल्मोड़ा जाकर ज़िलाधिकारी के कार्यालय पर धरना देना चाहिए और ग़ैर-क़ानूनी तरीक़े से अपहृत किये गये साथियों को छुड़ा लाना चाहिए।" महिलाओं में फिर से उत्साह भर गया। कुछ महिलाओं को यहाँ का धरना ज़ारी रख़ने का ज़िम्मा दिया गया और शेष महिलाएँ ज़िला मुख़यालय जाने को तैयार हुईं। जायें कैसे? इतना पैसा न था कि बसों से जा सकें। एक स्थानीय ट्रक को तय किया और दूसरी सुबह हम बीस-पच्चीस महिलाएँ सभी उस खुले ट्रक में अल्मोड़ा के लिए चल दीं। शान्ति देवी ने अपने साथ एक बोतल मिट्टी का तेल रख लिया था। वह ज़िलाधिकारी को धमकी देने वाली थी कि उनके पति व अन्य पुरुषों को छोड़ा न गया और शराब की दुकान बन्द न की गयी, तो वह आत्मदाह ज़िलाधिकारी के ऑफ़िस में ही कर लेंगी। पर हमने उसे समझाया यह अहिंसक आन्दोलन का तरीक़ा नहीं है। यह असत्य भी है और हिंसक भी होगा। वे मान गयीं।

ज़िलाधिकारी के ऑफ़िस के बाहर धरने पर महिलाओं के बैठते ही अल्मोड़ा नगर में तेज़ी से समाचार फैल गया और शराब या नशा विरोधी सामाजिक कार्यकर्ता और विशेषतः उत्तराखण्ड संघर्ष वाहिनी के साथी तुरन्त हमारे पास आ गये।

हमें ज़िलाधिकारी से संघर्ष करने की अपनी ताक़त बढ़ी हुई लगने लगी। विशेष रूप से संघर्षवाहिनी के अध्यक्ष व उत्तराखण्ड के जुझारू नेता डॉ. शमेशर बिष्ट के आने से और भी हिम्मत बढ़ गयी थी। ज़िलाधिकारी अभी तक अपने निवास के कार्यालय में ही बैठे थे, कोर्ट परिसर के अपने कार्यालय में नहीं आये थे। उनके सचिव द्वारा फ़ोन पर पूरा दृश्य बताने के बाद भी वे वहाँ से हिले न थे। तब उन्हें तेज़ धूप में बैठी महिलाओं व उनकी गोद के बच्चों का वर्णन डॉ. शमेशर बिष्ट द्वारा फ़ोन पर किया गया। इसके बाद ही सचिव ने बताया कि वे अवश्य यहाँ आयेंगे, क्योंकि एक आवश्यक सरकारी काम भी यहाँ उनकी उपस्थिति में होना है। लगभग आधे घण्टे बाद ज़िलाधिकारी आये। महिलाओं ने नारे लगाकर उनका स्वागत किया। "हमारे साथियों को रिहा करो तथा काफ़लीख़ान की शराब दुकान तुरन्त बन्द करो।" वे महिलाओं की ओर न देखते हुए अपने वर्दीधारी चपरासी के साथ अपने ऑफ़िस में घुस गये। कुछ देर में चपरासी ने कहा, "आन्दोलन की दो प्रमुख नेताओं को भीतर भेजो।"

मैंने शान्तिदेवी को साथ लेकर डी.एम. से बातें कीं और उन्हें बताया, "आपके कर्मचारी सज़ा के पात्र हैं, जो बिना वारंट के निर्दोषों को अपहरण करके लाये हैं। यहाँ आकर वारंट काटना और उस आधार पर उन्हें जेल में रखना कहाँ का न्याय है और कहाँ का विधान है?" शायद मैं व शान्ति देवी ज़्यादा ही तेज़ थीं। हम नम्र शब्दों में निवेदन करने के मूड में नहीं थीं। हमने धूप में बैठी महिलाओं व बच्चों के प्रति सहानुभूति रखकर तुरन्त निर्णय करने का आग्रह भी किया। "अन्यथा हम रात भी यहीं बितायेंगी। हमारी माँगें मानी जायेंगी, तभी यहाँ से हटेंगी।" हमने अपनी बातों में अपने दिल के रोष को दबाया नहीं था।

ज़िलाधिकारी धूप में बैठी महिलाओं व बच्चों के प्रति संवेदनशील होना तो दूर रहा, वे उनके ऊपर आक्रोशित हो गये। "ये महिलाएँ यहाँ आयीं क्यों? हमने उन्हें बुलाया नहीं है कि उनकी 'केयर' (परवाह) करें," बड़े रूखे स्वर में वे बोले, "वे तीनों पुरुष अपराधी हैं और अपराधी के रूप में दर्ज़ हैं। कोर्ट में उनके ऊपर मुक़दमा चलेगा। कोर्ट ही फ़ैसला करेगी कि उन्हें लम्बी सज़ा होगी या रिहा किये जायेंगे? तब तक वे जेल में रहेंगे। आज तो किसी सूरत में वे रिहा नहीं हो सकते। ये कोर्ट के हाथ में है, मेरे हाथ में नहीं। उन्हें सज़ा होनी ही चाहिए। बदमाशी करेंगे और छुप जायेंगे? ये औरतें नाहक यहाँ बैठी हैं। इनकी एक भी माँग नहीं मानी जायेगी। इनको सरकारी शराब की दुकान के सामने बैठकर सरकारी शराब की बिक्री में बाधा डालने की हिम्मत नहीं करनी थी। करेंगी तो इन्हें भी जेल में डाल दिया जायेगा। तुम लोगों

की अराजकता के कारण शराब की दुकान बन्द नहीं की जायेगी।" यह सरासर चोरी व सीनाज़ोरी थी। अन्त में हमने संक्षेप में निवेदन किया, "आप कम-से-कम एक बार बाहर बैठी महिलाओं के सामने तो आइए, उन्हें सुनिए या जो आपने हमें कहा है, वह उन्हें ही कह दीजिए।" वे चुप रहे।

हमने सोचा, शायद वे महिलाओं के सामने आयेंगे, पर ज़िलाधिकारी किसी भी रूप में मानवीयता दर्शाने वाले न थे। तब हमारी वार्ता तनावपूर्ण माहौल में हमारे इस वाक्य के साथ भंग हो गयी, "हम तब तक इस स्थान से हटने वाली नहीं हैं, जब तक आप हमारे निरपराध साथियों को रिहा नहीं करेंगे और काफ़लीख़ान की शराब की दुकान को जनहित में बन्द नहीं करेंगे।" हम जाकर पुनः महिलाओं के साथ धरने पर बैठ गयीं।

अब मेरे मन में ज़िलाधिकारी के अहंकारपूर्ण सोच व व्यवहार पर ज़्यादा ही नाराज़गी आ गयी थी। दोपहर का एक या डेढ़ बजने को था। मैंने तय कर लिया कि अब मैं ज़िलाधिकारी से बातें करने नहीं जाऊँगी। डॉ. शमशेर सिंह भाई को मैंने यह काम सौंप दिया। वे स्वयं प्रशिक्षित वकील भी थे, अतः क़ानून को भी समझते थे और नगर में उनका प्रभाव भी अच्छा था। मैं महिलाओं के साथ धूप में तपने बैठ गयी। तभी किसी ने कहा, "डी.एम. साहब ऑफ़िस के पिछले दरवाज़े से निकलकर अपने निवास पर जाने को निकल रहे हैं।" हमारी आश्रम की साथी कार्यकर्ता बसन्ती बहन कूदकर डी.एम. के पीछे दौड़ पड़ीं। उनके साथ कुछ महिलाएँ भी दौड़ीं। उन्होंने कोर्ट परिसर से नीचे जाती सीढ़ियों में उतरते ज़िलाधिकारी को पीछे छोड़ दिया और सीढ़ियों के बीच उनके सामने खड़ी होकर उनका रास्ता रोक दिया। ज़िलाधिकारी का यह प्रयास तो आन्दोलनकारियों को आग में घी डालने जैसा लगा था। उनकी इस करतूत की निन्दा ज़िला अधिकारी कार्यालय के परिसर के कर्मचारी भी करने लगे थे।

गाँव के मासूम बच्चों व महिलाओं को तेज़ धूप में तपते छोड़कर 'लंच' के लिए जा रहे ज़िलाधिकारी को वे बहनें घेरकर वापस खींच लायीं। तब मजबूरन ज़िलाधिकारी को धरने के सामने आना पड़ा। तब वे महिलाओं व बसन्ती बहन के घेरे के बीच धरने में बैठी महिलाओं के सामने आये। मुझे याद है, मैंने उस समय सार्वजनिक रूप से ज़िलाधिकारी की असंवेदनशीलता व ऐसे महत्त्वपूर्ण मुद्दे का निर्णय किये बिना लंच पर जाने की उपेक्षापूर्ण सोच तथा अपने नागरिकों का अपहरण करने की घटिया प्लानिंग करने के क्रूर दुस्साहस की निर्भय होकर खुले शब्दों में भर्त्सना की थी। मैं ज़िलाधिकारी को ऐसे डाँट रही थी, मानो वह एक

सत्ता व क़ानूनी अधिकारों से सम्पन्न सरकारी अधिकारी न होकर एक बच्चा ही हो। उन्होंने शराब माफियों के हित में अपने कर्तव्य के प्रति दुर्लक्ष्य बरता था और उनके सहायक अधिकारियों ने उन्हें सहयोग देकर जनता को धोखा दिया था। इसकी चुभन मैंने निर्भयता से व्यक्त की थी।

सम्भव है, मेरे शब्दों तथा मेरी आन्तरिक पीड़ा का ज़िलाधिकारी पर कुछ असर पड़ा हो। वे लज्जित तो हुए थे, पर बोले न थे। निःसन्देह उत्तराखण्ड संघर्ष वाहिनी के साथियों विशेषत: डॉ. शमशेर सिह भाई की मेहनत रंग लायी थी। अन्त में शाम को ऑफ़िस बन्द होने के पूर्व जेल में डाल दिये गये उन तीनों आन्दोलनकारियों की रिहाई का आदेश मिला। एक घण्टे के भीतर वे तीनों धरना स्थल पर उपस्थित कर दिये गये। साथ ही, काफ़लीख़ान से शराब की दुकान हटाने की घोषणा भी ज़िलाधिकारी ने की। महिलाओं ने रिहा हुए तीनों साथियों के गलों में फूल मालाएँ डालकर स्वागत किया और विजय का नारा लगाया, 'महिला शक्ति ज़िन्दाबाद।' हमने शमशेर सिंह भाई व अन्य साथियों को मदद के लिए बहुत धन्यवाद दिये। किन्हीं नागरिकों ने महिलाओं व बच्चों को बाज़ार से लाकर अल्पाहार कराया था। उन्हें विशेष शुक्रिया अदा किया और ज़िलाधिकारी को धन्यवाद देने के साथ अपने द्वारा दी गयी तकलीफ़ के लिए क्षमा याचना भी की।

उस दिन हमारी समझ में आया कि आज के शासनाधिकारी सब कर सकते हैं। बिना वारंट के ही उन्होंने उन तीन आन्दोलनकारियों को कारागार में डाल दिया था। बिना अपराध की धारा लगाये, उन्हें क़ैदी बनाया था। यदि ऐसा न था तो उन्होंने बिना कोर्ट सुनवाई के व बिना जज के फ़ैसले के उन्हें अवैधानिक तरीक़े से रिहा कैसे कर दिया था? यह भी हो सकता है कि यह सब कार्यवाहियाँ नक़ली तरीक़े से पूरी कर दी गयी थीं। जो भी हो, स्वयं क़ानून के रक्षकों ने अपने क़ानून की धज्जियाँ उड़ा दी थीं। जनता के ये सेवक जनहित में काम करने की शपथ लेते हैं, पर शराब माफ़िया के हित में ग़ैर-क़ानूनी काम करने तक से हिचकते नहीं हैं। प्रशासन का जनता से यह निर्मम रिश्ता? ये चाहें तो इसी प्रकार कितने ही निरपराधों को जेल में सड़ा डालेंगे।

जो भी हो, मेरी इस चिन्ता से बेखबर महिलाएँ शराबबन्दी के नारे लगाती हुई ज़िला मुख़यालय के परिसर से बाहर निकलीं, सीढ़ियाँ उतरीं और हम सब अपने ट्रक के पिछले भाग में लद गयीं, जो हमें काफ़लीख़ान को ले गया।

इतने जन पुरुषार्थी प्रयासों के बाद भी शराब उत्तराखण्ड के लिए एक अभिशाप के रूप में आज भी विद्यमान है। उत्तराखण्ड संघर्षवाहिनी के युवाओं ने भी महिलाओं के जैसा ही पुरुषार्थपूर्ण आन्दोलन किया था, 'नशा नहीं रोज़गार दो', पर सरकारें

हमारे सभी के प्रयासों की अनदेखी कर समाज व परिवारों की हो रही असीम हानि को देखने व समझने के बाद भी शराब को बढ़ाती जाती हैं। शराब ही नहीं, कई प्रकार के भिन्न नामों के नशों और मुँह का कैंसर पैदा करने वाले इन गुटकों को चलने देती है। सरकार ने अपने युवाओं को नहीं सुना। रोज़गार घटता गया और नशा बढ़ता गया। इन आन्दोलनों का यह लाभ अवश्य रहा है कि महिलाएँ इतनी जागरूक हुई हैं कि अब वे स्वयं आन्दोलन शुरू करती हैं और कठिन से कठिन विपरीत स्थिति आने पर भी स्वयं उससे निपटती हैं। उत्तराखण्ड में ऐसे आन्दोलन कहीं न कहीं प्रतिवर्ष चलते हैं। सरकार प्रतिवर्ष ही नयी शराब की दुकानें खुलवाती है और इससे उनकी संख्या बढ़ती जाती है। इससे लगता रहा है कि इस देश की किसी भी सरकार ने महिलाओं व युवाओं को, या कहें जनता के जीवन की कठिनाई को समझने में कोई अभिरुचि नहीं दिखायी है, वरन् उनका दमन ही किया है।

32

नदी-धाराओं को अविरल रखने की मुहिम

हम 'चिपको' के सन्देश को उत्तराखण्ड की नदियों व जलाशयों के लिए और छोटे-छोटे धारों व नालों के लिए भी लागू करना चाहते थे। मेरा विश्वास था कि ये नदियाँ एक जीवित सत्ता हैं। उनका जल व उनका प्रवाह, उनके किनारे व उनका तल, यह एक सत्य संसार है। एक अस्तित्व ही नहीं, एक प्राणपूर्ण व्यक्तित्व है। अतः मानव को इनके साथ बड़ी सावधानी व संवेदनशीलता से वह व्यवहार करना है जो इनके संसार को बाधा दिये बिना मानव की सीमित व मानवीय प्यास को बुझा सके। यह जल या ये नदियाँ मनुष्य की कभी तृप्त नहीं होने वाली सुविधाओं और पैसों की लोभ लालसा को पूरी करने के लिए नहीं हैं। केवल आपकी, आपकी खेती की, जानवरों, पशु-पक्षियों, वृक्षों व वनों की प्राकृतिक प्यास को बुझाने के लिए हैं, इसी सन्देश को देने के लिए हमें आज के तथाकथित सभ्यता के साथ दो और भी संघर्षों अथवा जनान्दोलनों की लड़ाई लड़नी पड़ी। एक था टिहरी बाँध-विरोधी आन्दोलन और दूसरा था, उत्तराखण्ड 'नदी बचाओ अभियान'। इन दोनों में ही नदियों को बचाने की जनता की जद्दोजहद परिलक्षित थी।

टिहरी बाँध विरोधी आन्दोलन में हम कार्यकर्ताओं की बहुत ऊर्जा लगी थी। बड़ा पुरुषार्थ जुड़ा था और उसमें हमारी विचारपूर्ण उमंग भी थी। हमें कष्ट भी ख़ूब मिले। सरकारों के झूठे वायदे व आश्वासन भी देखने को मिले। कम्पनी का वर्चस्व भी देखने को मिला था। बहुगुणाजी के नेतृत्व व मार्गदर्शन में प्रत्यक्ष आन्दोलन प्रारम्भ होने के पूर्व भी मैंने टिहरी नगर में वीरेन्द्रदत्त सकलानी जी, प्रसिद्ध अधिवक़्ता के घर पर जाकर उनसे बाँध विरोध की भूमिका समझी थी। सकलानी जी अपने क्षेत्र, ज़िले तथा देहरादून के एक लोकमान्य अधिवक़्ता थे। उन्होंने इस बाँध से होने वाली क्षतियों की स्पष्ट सम्भावनाओं से तभी सरकार को अवगत करा दिया था, जब यह केवल प्रस्तावित ही किया गया था।

प्रत्यक्ष सत्याग्रह के लिए सकलानी जी ने बहुगुणा जी से निवेदन किया था कि वे इसका नेतृत्व करें। मैं आश्रम कार्यों में व्यस्त थी, तब पता चला कि भागीरथी बचाने का बाँधविरोधी आन्दोलन तीव्रता लेने लगा है। आश्रम कार्यकर्ता बहनों की बैठक में सर्व सम्मत निर्णय लिया गया कि हमको इस आन्दोलन में अपनी शक्ति लगानी चाहिए। उसके दूसरे दिन डेढ़ दिन की बस यात्रा पर्वतीय विकट मार्गों से करके मैं भागीरथी तट पर उस धरनास्थल पर पहुँच गयी, जो टिहरी नगर से कुछ दूरी पर भागीरथी नदी पर बने एक पुराने पुल के पास बनाया गया था। टिनों व तिरपालों की एक अस्थायी आश्रय स्थली के नीचे बहुगुणा जी बैठे थे। दो-चार लोग उनके आसपास कुछ पुस्तकें, पत्रिकाएँ या उस दिन के समाचार-पत्रों के पन्ने पलट रहे थे।

मैंने उनके बीच प्रवेश किया और 'जयजगत्' कहकर बहुगुणा जी का अभिवादन किया। मुझे देखते ही बहुगुणा जी ने प्रसन्न होकर मुस्कराहट के साथ गर्दन ऊँची करके दोनों हाथ जोड़कर 'जयजगत्' कहा और "अच्छा हुआ, आप आ गयीं" कहकर अपना प्रशंसाभाव भी व्यक्त किया। उस समय बहुगुणा जी से लम्बी बातें नहीं हुईं। विमला दीदी से मेरी लम्बी बातें हुईं। उन्होंने मुझे बताया कि बहुगुणा जी व उन्हें चिन्ता थी कि टिहरी बाँध भिलंगना व भागीरथी, दोनों नदियों का विनाश जिस हद तक करने वाला है और घाटी में सघनता से बसे जितने गाँवों को डुबाने वाला है, उसकी पूरी जानकारी घाटी के गाँववासियों को ठीक से नहीं हुई है। वे कम्पनी द्वारा मुआवज़े के प्रलोभन में उलझा दिये गये हैं। गाँव-गाँव जाकर उन्हें होने वाले परिणामों की सही स्थिति बताने की ज़रूरत है। मैंने उन घाटियों में पूरे डूब क्षेत्र को घूमते हुए प्रत्यक्ष देखा था कि अपनी भूमि, भवन तथा अपनी घाटी के पर्यावरण को बचाने के लिए इतने बड़े बाँध का विरोध करने के बदले, बाँध निर्माता जयप्रकाश एण्ड कम्पनी के कारिन्दों की सलाह पर किसानों ने डूब क्षेत्र में आने वाली अपनी नापभूमि पर छोटे-छोटे मकाननुमा घरौंदों की चिनाई कर दी थी। दूर से देखने पर इन क़ब्रनुमा पत्थर समूहों या मुर्गियों के जैसे दड़बों की पंक्तियाँ बच्चों के गुड्डे-गुड़ियाओं के खेलघरों जैसी दिखती थीं। लोगों का विश्वास बना था कि डूब के मुआवज़े में इन्हें गौशाला दिखाकर अमुक राशि मिलेगी। जिनके दिमाग़ इस दिशा में भ्रमित हो गये थे, वे स्वयं को डूब से बचाने का प्रयास करने के लिए बाँध का विरोध क्यों करें? वे तो डूब को बुला रहे थे, उसका स्वागत कर रहे थे कि पत्थरों के ढेरों से भी पैसा बना लें।

पैसे का स्वाद बहुत प्रबल होता है। वह मानव की बुद्धि व विवेक को भी घुमा देता है। कभी-कभी वह पीढ़ियों तक को अपनी माया में भुलाये रहता है। ऐसी ही

मन:स्थिति उन घाटियों के कई गाँवों के पुरुष वर्ग की बन गयी थी, परन्तु ऐसा भी न था कि शत-प्रतिशत पुरुष उस प्रवाह में बह गये हों। महिलाएँ तो इस सारे प्रपंच से अभी तक अछूती थीं। वे बाँध के वास्तविक विनाश की जानकारी से भी अछूती ही थीं। इन गाँववासियों को बाँध के द्वारा होने वाले विनाश की सच्चाई बतानी थी। आन्दोलन को विशद जनान्दोलन बनाना था। यह आन्दोलन की मुख्य आवश्यकता थी। भागीरथी घाटी की डूब में विमला दीदी का गाँव मालीदेवल तथा बहुगुणा जी का गाँव मरोड़ा भी आने वाले थे। मेरे साथ कुछ अन्य साथी भी थे और हमने तय किया था कि भागीरथी की समृद्ध घाटी से ही हम प्रारम्भ करें। दूसरे ही दिन हम दो-तीन लोग मालीदेवल के एक प्राइमरी विद्यालय में गये। शिक्षकों से बातें कीं। वे स्वयं इस विकट प्रश्न के सामने अपने को असमंजस की स्थिति में पा रहे थे।

उन्होंने कहा, "किसी को लाखों का मुआवज़ा मिला है। उसने नयी चमकती हुई कार ख़रीद ली है। वह अब कार में ही जा रहा है गाँव से बाज़ार और बाज़ार से गाँव। आप तो हमें अच्छा पैसा दिलाइये और (मैदानी भाग में) ख़ूब अच्छी उपजाऊ ज़मीन दिलाइये। बाँध तो रुकने वाला नहीं। सरकारों के काम रुकने वाले नहीं होते।" हम पूरा गाँव घूमे। जो भी घरों में थे, सभी से मिले। पूरे गाँव में वही हताशा थी। एक वृद्ध अपने भागीरथी अभिमुख दरवाज़े पर बैठे थे। मैंने गढ़वाली भाषा में पूछा, "ऐ बोडाजी, क्यान करण लग्याँ?" (दादा जी, क्या कर रहे हैं?) वे तो मानो भरे हुए थे। बोले, "क्या करूँ? मैं अपने भाग्य को रो रहा हूँ। मैं अपने को भाग्यशाली मानता था कि मेरा जन्म भागीरथी की गोद में हुआ। लोग कितनी दूर से कितना पैसा ख़र्च करके इस माँ के पवित्र जल में एक डुबकी लगाने को आते हैं। उनको जीवन में एक बार यह पवित्र जल मिलता है और मैं तो रोज़ ही इस जल में नहाता हूँ। इसी जल को पीकर बचपन से आज तक पला हूँ, पर आज मेरा कैसा दुर्भाग्य है कि यही पालनहारा जल मुझे इस बुढ़ापे में घर से बेघर कर देगा। इस उम्र में जब मेरे हाथ-पैर थक गये हैं, मेरे लिए एक रोटी का जुगाड़ भी नहीं रहेगा।" सच ही तो था। विकास की उस धमा-चौकड़ी में ऐसे बूढ़ों को कौन पूछने वाला था? मुझे आश्चर्य हुआ कि कम्पनी के लोग गाँव-गाँव पहुँचकर ग्रामजनों के मनों को पलट गये थे और उनकी बातों पर लोगों का वैसा ही विश्वास भी जम गया था। मैंने उन वृद्ध सज्जन को कहा, "यह भागीरथी माँ के जल का दोष नहीं है। इस सत्यानाश का कारण तो यह विकराल बाँध है। आप उसका विरोध करिए।"

"नहीं-नहीं, मुझ बूढ़े से क्या होगा अब? जो लोग कुछ कर सकते थे, वे तो मुआवज़ा लेकर बैठे हैं।"

लोगों को आन्दोलित होने के लिए उठाना, उन्हें खड़ा करना कठिन था। उत्तराखण्ड के जुझारू लोगों को कम्पनी और सरकार ने सब्ज़बाग़ दिखाकर बरगला दिया था। इस घाटी के लोग पलायनवादी मानस के नहीं थे क्योंकि यह घाटी, इसकी भूमि और इसका जल स्वयं समृद्ध था। इन्हें अपनी भूमि से प्यार था, किन्तु इन वीरों की तेज़ धार को सरकार के विकास की आँखों को चौंधिया देने वाली झूठी चमक ने कुन्द कर दिया था। मैं सोच रही थी, कैसे कहीं जागृति की एक चिंगारी मिले कि फूँक मारकर प्रज्वलित हो उठे। एक दिन बाद हम भगीरथी की धारा की ऊपर की ओर उप्पु गाँव गये। राह में मरोड़ा गाँव में देखा, बहुत कम लोग घर पर थे। अतः फिर कभी वहाँ आकर बातें करने का विचार देकर हम आगे बढ़े। "ये सुन्दरलाल के आदमी हैं", कहकर महिलाओं का प्यार हमारे लिए उमड़ रहा था। उप्पु में भी गाँव के घरों में सुनसानी थी। बच्चे स्कूलों में व आदमी बाज़ार (टिहरी बाज़ार) में अथवा कहीं काम में थे। महिलाओं का एक बड़ा समूह खेत में प्याज़ खोद रहा था, हम वहीं चले गये। उनके प्याज़ खोदने में सहायक हो गये। तभी उनको बाँध से आने वाली डूब की बात बतायी। उप्पु अर्धडूब वाला गाँव था। उसके खेत डूबने वाले थे, पर ऊँचाई पर बसा गाँव व उसके मकान आदि नहीं डूबने वाले थे। भागीरथी तट और उससे क्रमशः ऊपर उठी भूमि पर बनी गाँव की खेती सब डूब जायेगी। हम सब कमर झुकाये प्याज़ खोदते हुए ये सब बातें करते जा रहे थे। "तब हम क्या खायेंगे?" एक महिला ने कमर सीधी करते हुए पूछा था। "बाँध बनाने वाली सरकार हमको गाँव में ही खिलायेगी क्या?"

"नहीं, तब सरकार कहीं दूर आपकी इस ज़मीन के बदले में आपको जैसी-तैसी ज़मीन दिलायेगी", उनको बताया। एक महिला ने एक हाथ में नीचे से मिट्टी उठायी। उसको दिखाते हुए बोली, "इस जैसी मिट्टी कौन-सी सरकार दे पायेगी? यह मिट्टी हमें भागीरथी माँ ने दी है। ऐसी मिट्टी जो बिना मेहनत के भी फल देती है।" उसने एक प्याज़ हाथ में लिया और कहा, "देखो ऐसा स्वस्थ बड़ा प्याज़ ये धरती हमें देती है।" सचमुच वह प्याज़ विशेष ही था। हम उसके पूर्व ही उस भूमि की उर्वराशक्ति पर आश्चर्य कर ही रहे थे। चर्चाएँ जीवन्त थीं, महिलाएँ ख़ूब बोल रही थीं। उन्हें बाँध के प्रभाव व कुप्रभाव की जानकारी सही तरीक़े से आज ही हुई थी। उन्होंने हवा में कई अफ़वाहें सुनी थीं। पर डूब क्या है? उसका उनके जीवन पर क्या प्रभाव पड़ेगा, इसको वे आज स्वयं ही टटोल रही थीं और समझ रही थीं। एक महिला बोल उठी, "'डाम' (बाँध) बने या डाम का बाप बने, हम अपना गाँव व अपनी ज़मीन छोड़ने वाले नहीं हैं। ऐसी सोने जैसी माटी और हीरे जैसा पानी हमें

और कहाँ मिलने वाला है? ये माटी किसी इन्सान ने किसी सरकार ने हमें नहीं दी है। यह तो हमें भागीरथी माँ ने दी है, उसी का यह पानी है, जिसे वह स्वर्ग से लायी है। यह मर्त्यलोक का जल नहीं है। ये जल, ये धरती, यहाँ की हवा सब उसका है, हमारा नहीं है। उसके सत् पर हमारी ज़िन्दगी सुख से बीत रही है। हम तो यहाँ से कहीं नहीं जायेंगे।"

मैं सोचने लगी, अपनी धरती व अपनी नदी से ये जो आत्मिक सम्बन्ध है, ये जो जीवनभर का साहचर्य है, उस साहचर्य में से उपजा आत्मीय एकत्व है और इस सम्बन्ध का जो माधुर्य है, उसको क्या कोई पुनर्वास योजना वापस दे सकती है? भौतिक विकल्प की बात सोचने वाले भौतिक विकल्पों को देने में भी सफल नहीं हो पाते। इन्सान को भीतर से समृद्ध करने वाला यह आत्मसुख वे कैसे पूरा करेंगे? मानवीय-विस्थापन पर आधारित यह विकास क्या सही में विकास है? सच्चाई में तो यह विनाश ही है। मैंने मानव व प्रकृति के इन माधुर्यपूर्ण सम्बन्धों का उदाहरण देकर कई मंचों से पूछा था, क्या सचमुच हम आज के तथाकथित विकास के इस मॉडल की गहरी विनाश प्रक्रिया को देख ही नहीं पा रहे हैं या देखकर भी अनदेखी कर रहे हैं? कनाडा के आदिवासी इन्यूत जब अपनी ग्रेटह्वेल नदी को नहीं बँधने देना चाहते थे, तो उन्होंने कहा था, "सरकार के काग़ज़ों में लिखे अनुसार यह नदी ग्रेटह्वेल हमारे भोज्य पदार्थों मात्र का महत्त्वपूर्ण अंग है। वास्तव में हमारी भोजन-शृंखला का महत्त्वपूर्ण अंग तो है ही, पर यह हमारे अध्यात्म व धर्म का आधार भी है।" इन्यूत सभा में उनके मंच से मैंने उप्पू की महिलाओं का गहन-दर्शन उन्हें बताया था। अपनी स्वीडिश भाषण यात्रा में मैं उन आम लोगों के बीच थी, जिन्होंने स्कैन्लिंक सुपरफास्ट मोटर रोड के नीचे अपने जंगल, झीलें व अपने घास के ढलानों को नष्ट नहीं होने देने के लिए सत्याग्रह किया था। उनके आन्दोलन द्वारा आयोजित 'गाला' के मंच से भी मैंने उप्पू की महिलाओं का नदी व माटी के साथ बनाया सहजीवन का आत्मिक रिश्ता उल्लिखित किया था और यह भी कहा था कि यही आत्मीय सम्बन्ध भविष्य में मानव जाति को बचायेगा। यही जीवनशैली मानव को जीनी होगी।

भागीरथी घाटी के गाँवों में हमारी बैठकें रात के बारह-एक बजे तक होती थीं। दिन भर हम गाँव-गाँव, घर-घर व गाँव की छोटी चार-छह दुकानों वाली बाज़ार में लोगों से मिलते, उनकी भी सुनते और अपनी भी कहते। भूगर्भ वैज्ञानिकों—डॉ. विनोद गौड़ तथा डॉ. के.एस. वल्दिया की टिहरी बाँध सम्बन्धी अध्ययन रिपोर्टों व बयानों के अंश भी हम उन्हें बताते थे। रुड़की स्थित सरकारी संस्थान

के भूगर्भ वैज्ञानिकों ने बाँध को सुरक्षित व भागीरथी में तीन टर्बाइन चलाने के लिए पर्याप्त जल की मात्रा बतायी थी, किन्तु उक्त दो वैज्ञानिक बाँध से होने वाली सीमित विद्युत उपलब्धि तथा उससे होने वाले नुक़सानों की तुलना करके क्षतियों का पलड़ा ही भारी बताते थे। गाँव में लोग बाँध के लाभों से परिचित थे। मुआवज़े की बड़ी रक़मों के कुछ आँकड़े जो उन्हें बताये गये थे, वे भी उन्हें आकर्षित करते थे, पर लम्बे समय में होने वाली सम्भावित आपदाओं व ग्रामजनों को होने वाले आर्थिक, सामाजिक और भावनात्मक नुक़सानों की पूरी जानकारी या उसका अनुमान उन्हें न था। वे क्या करें कि उन्हें अधिक लाभ हो सके? कई तो इसी उधेड़बुन में थे। स्त्रियाँ तो और भी अनभिज्ञ थीं, जोकि अपने गाँव, खेत, चरागाह, जल, जंगल तथा गायों-भैंसों के ऊपर अपने प्राण छिड़कती थीं। हम भागीरथी घाटी में चिन्यालीसौण तक प्रत्येक गाँव में गये। फिर भिलंगना घाटी में टिहरी नगर से घनसाली तक के गाँवों में भी हमने उसी तरह सम्पर्क किया था।

मैं 1995 की अपनी डायरी देख रही थी, उस दिन टिहरी नगर में एक बहुत बड़ा प्रदर्शन हुआ था। मेरी डायरी के शब्द इस प्रकार हैं—"दस दिनों तक गाँवों में किये सघन कार्य का परिणाम आज तब दिखाई दिया, जब अनेक गाँवों से हज़ारों महिला-पुरुष जुलूस के रूप में इन्द्राचौक (टिहरी नगर) में पहुँचे। उनका प्रदर्शन जुलूस वहाँ से धरनास्थल पहुँचा, जहाँ बहुगुणा जी के प्रवचन के बाद जुलूस कैम्प स्थल के लिए चल पड़ा। पी.ए.सी. ने दमन चक्र बहुत ज़ोरों से चलाया। समीर जैसे तेरह-चौदह वर्ष के बालक की भी बुरी तरह पिटाई की। उसे उठाकर उसके घर ले जाना पड़ा, क्योंकि वह चल भी नहीं सकता था। 'आज़ादी बचाओ आन्दोलन' के केशर सिराज, मनोज त्यागी तथा अन्य सभी को भी बेरहमी से पीटा। उधर प्रताप शिखर, कुँवर प्रसून, अरण्य रंजन तथा सारे साथी घायल हुए। मेरी बाँह पर भी इतनी ज़ोर-से लाठी मारी कि ख़ून की धारा फूट पड़ी। मालीदेवल के बाजा बजाने वाले का ढोल फेंक दिया गया। उसके सिर पर बहुत चोट लगी थी। सिर फट पड़ा था। गाँव के कई पुरुषों व स्त्रियों को चोटें लगीं।"

आन्दोलन का यह एक पराक्रमी दिन था, पर साथ ही यह एक दुखद दिन भी था। डायरी के इस संक्षिप्त पृष्ठ से लगता है कि डायरी लिखने तक उस दिन वापसी में घटी दुर्घटना का दुखद समाचार मुझ तक नहीं पहुँचा था अन्यथा उसका उल्लेख उसी पृष्ठ पर होता। उस शाम जब ग्रामों से आये आन्दोलनकारी अपनी बस से घरों को वापस जा रहे थे, तब धोखा देकर उस भरी बस को पर्वत से नीचे गिरवा दिया गया था। यह बाँध निर्माता कम्पनी का षड्यन्त्र था। मृतकों की संख्या कम थी, पर

घायल अनेक थे। किसी की बाँह टूटी तो किसी की टाँग टूटी थी। हमने सुना, तो हम हतप्रभ रह गये। अपने उन साथियों के दुख से हम भर उठे। मैं तुरन्त एक साथी को लेकर उन गाँवों की ओर बस में बैठकर निकल गयी, परन्तु विमला दीदी इतनी दुखी हो गयी थीं कि तीन दिनों तक बिस्तर से न तो उठ पायीं और न ही कुछ खा पायीं। बस, लेटे-लेटे ही अपने उन परिचितजनों, जिन्हें चोटें आयी थीं, के नाम ले-लेकर दुख प्रकट करती थीं, साथ ही उन षड्यन्त्रकारियों को कोसती थीं, जिन्होंने बस के ड्राइवर को शराब पिलायी और उसकी जगह पर स्वयं बस का स्टीयरिंग थाम लिया था। ठीक मौक़ा पाकर स्टीयरिंग छोड़ दिया था और स्वयं खिड़की से बाहर छलाँग लगा दी थी। स्पीड पर दौड़ती बस खाई में गिर पड़ी। यह अकल्पनीय घटना हमें दहला गयी थी।

विमला दीदी दो चिन्ताओं से घिर गयी थीं। एक ओर इस दुर्घटना के मृतकों के परिवारजनों व घायलों की बद्दुआएँ, जो आन्दोलन के नेतृत्व को लक्ष्य की जा रही होंगी। दूसरे, बहुगुणा जी का उपवास, जो पचास दिन पूरे कर चुका था। विमला दीदी चिन्ता में घुलने लगी थीं क्योंकि केन्द्र सरकार में कोई हलचल नहीं थी। वे बोलीं, "दीदी, आप दिल्ली जाइए। वहाँ हमारे आन्दोलन के पक्ष वाले मित्रों से मिलिए। यहाँ के संघर्ष की स्थिति का सही अन्दाज़ उन्हें भी नहीं है। आप सही स्थिति उन्हें बताइए। आज जो सरकार में सत्तारूढ़ हैं, वे इसके पूर्व तो बहुगुणा जी के विचारों व बाँध विरोधी आन्दोलनों के बिन्दुओं से सहमत थे। अब सत्ता में आकर आज वे चुप क्यों हो गये हैं? बाँध के बारे में कुछ फ़ैसला तो करें? उन्हें तो आन्दोलन की प्रतिदिन की ख़बर मिल रही है, फिर यह चुप्पी क्यों है?" मैंने कहा, "तब वे विपक्ष में थे। आज वे सत्ता में हैं। इसमें बहुत बड़ा अन्तर आ जाता है, दीदी। ये लोग सिद्धान्त या विचार के नहीं, सत्ता के कायल हैं। सत्ता में जाकर सब वादे या विचार भूल जाते हैं।" लगता है, मेरे मन में भी सरकार के प्रति खिन्नता व निराशा थी। तो भी विमला दीदी की चिन्ता देख मैं ऊसर में बीज बोने और उसके अंकुरण की अपेक्षा रखकर दूसरे ही दिन दिल्ली को गयी।

जॉर्ज फ़र्नांडीज़ से प्रारम्भ करके कई अन्यों से मिली। कुछ ने तो यहाँ तक कहा, "बहुगुणा जी ढाई माह तो खींच ले जा सकते हैं। आप लोग चिन्ता क्यों करती हैं? अभी तो उनके उपवास को एक माह तीन सप्ताह ही हुआ है।" यह सुनकर तो मैं ठगी रह गयी कि यह कैसी संवेदनहीन सोच थी? अन्य कुछ थे, जिनके शब्दों में संवेदना थी। मैं उनसे ही निवेदन कर रही थी कि आन्दोलन के पक्ष में यह छोटा ही समूह सही, यहाँ सक्रिय तो होवे। भागीरथी तट पर हो रहे सत्याग्रह के रोज़-रोज़ के

समाचार यहाँ बताये। रोज़ एक नोटिस सरकार को भी भेजे। उनके दिमाग़ों में एक धक्का रोज़ दिया जाये, तो शायद उस पर लटका ताला झटका खाकर खुल जाये, परन्तु ऐसा अभिक्रम किसी ने भी प्रकट नहीं किया था। तब मैं जॉर्ज फ़र्नांडीज़ को दुबारा मिली। उन्होंने कहा, "मैं टिहरी बाँध व उसके विरोध में चल रहे आन्दोलन के सवाल को सदन में उठाऊँगा। मुझे मिलने की अनुमति नहीं भी मिली तो भी मैं प्रधानमन्त्री के ऑफ़िस में 'भागीरथी बचाओ, सुन्दरलाल बचाओ' चिल्लाता हुआ घुस जाऊँगा। उन्हें तुम्हारे आन्दोलन का वाक़या खड़े-खड़े बताऊँगा। ये लोग जनान्दोलनों की अहमियत नहीं जानते। ये उनकी इज़्ज़त नहीं करते। इन्हें बताना ही होगा।"

मैं इसी आश्वासन को लेकर वापस भागीरथी तट पर बने धरनास्थल पर आ गयी। दिल्ली में की गयी मेरी मेहनत बिल्कुल बेकार तो नहीं गयी थी। शायद जॉर्ज फ़र्नांडीज़ ने वहाँ कुछ लोगों को व सरकार को हिलाने की कोशिश की थी। उसके बाद दिल्ली सरकार के नुमाइन्दे बहुगुणा जी के उपवास को छुड़ाने के लक्ष्य से आते रहे। हमारी बोलती बन्द करने को उनका सबसे बड़ा तर्क होता था कि बाँध निर्माण में अमुक करोड़ों की रक़म व्यय हो चुकी है। अब उसको बन्द करना राष्ट्र की बहुत बड़ी हानि करना होगा। यही भाषा व तर्क गाँव तक भी पहुँच जाता था, जिसके मुक़ाबले में बाँध से होने वाला इससे भी बड़ा जनजीवन और पर्यावरण का नुक़सान उन्हें अप्रत्यक्ष और दूर की बात लगती थी। मैं कहा करती थी, "यदि कढ़ाही भर दूध में ज़हरीला जीव पड़ जाये, तो क्या दूध जैसी क़ीमती चीज़ का नुक़सान बचाने के लिए उस ज़हरीले दूध को पी जाओगे या दूसरों को पिला दोगे? लोगों की जान जायें, इसे कम क़ीमत का मान लोगे?" प्रसिद्ध वैज्ञानिक विनोद गौड़ तथा के.एस. वल्दिया के उन शोधों का हवाला भी मैं देती कि भूकम्पीय बेल्ट होने से यदि कभी बाँध टूटा तो कुछ मिनटों में ही हरिद्वार-ऋषिकेष बाँध के पानी में डूब जायेंगे, परन्तु विकास बिजली और पैसे की प्रलोभन माया इतनी प्रबल थी कि सरकारें व उनके प्रतिनिधि इस ख़तरे की बात को टाल जाते। जनता के पुनर्वास और पुनर्स्थापन के सब्ज़बाग़ दिखाते, जबकि वे स्वयं अपनी लचर व्यवस्थाओं और भ्रष्ट पद्धतियों को जानते थे।

अन्त में लम्बे उपवास से कमज़ोर कृशकाय बहुगुणा जी को प्रधानमन्त्री देवेगौड़ा जी ने दिल्ली तक बुला लिया और राजघाट समाधि पर गांधीजी की आत्मा की सन्निधि में ऊँघते हुए प्रधानमन्त्री ने कुछ आश्वासन दिये। उपवास तुड़ा दिया।

हमें कुछ आशा बँधी कि कम-से-कम बाँध की ऊँचाई तो कम होगी। मैं सोचने लगी, उप्पू गाँव के कुछ खेत तो बच जायेंगे, सभी पूरी की पूरी ज़मीनें नहीं डूबेंगी। उप्पू जैसे कितने ही अन्य गाँवों की भी स्थिति में कुछ राहत मिलेगी, किन्तु आश्वासन शब्दों में ही रह गया। काग़ज़ पर तो ऐसा कुछ भी नहीं आया। यह कैसे राजनेता हैं? हम सभी अपने-अपने स्थानों को गये। आन्दोलन पूरा होने के बहुत दिनों बाद टिहरी ज़िले के रहने वाले आन्दोलन के हमारे साथी ने भर्राये हुए स्वर से फ़ोन पर मुझे बताया, "बाँध में पानी भरा जा रहा है। अनेक गाँवों से रोते-बिलखते लोग अपने घरों, खेतों, खलिहानों, गौशालाओं और मन्दिरों को बाँध में डूबने के लिए छोड़कर बाहर निकल रहे हैं। वे बार-बार गाँव को देखते व रोते जाते हैं। अत्यन्त करुण दृश्य है।"

मैं देहरादून के पास उन गाँवों में भी गयी थी, जहाँ बाँध विस्थापितों का पुनर्वास किया गया था। वे प्रारम्भिक कुछ वर्ष तो उन लोगों के लिए बहुत ही कठिन थे। वे मुझे अपने खेतों में गोल पत्थरों के ढेरों को दिखाने ले गये थे, जो उन्हें उस रेतीली ज़मीन में से निकालने पड़े थे ताकि ज़मीन को खेती के लायक तैयार कर सकें। ऐसी बंजर ज़मीनें उन्हें उनकी सोने जैसी उपजाऊ माटी के बदले में दी गयी थीं। वर्षों तक उसके काग़ज़ भी उनके नाम पर नहीं बने थे। यहाँ एक और कष्ट था, पीने के पानी के लिए तेज़ धूप में लम्बी क़तारों में खड़ी वे भागीरथी घाटी की स्त्रियाँ कहती थीं, "भागीरथी मैया, यह हमारे किन पापों का दण्ड है? क्या यह दण्ड इसलिए है कि हम तुमको बचा नहीं पायीं?" महिलाओं ने बताया था कि उनकी बहू-बेटियों और महिलाओं के लिए उनके अपरिचित व अलग-थलग इलाक़े बहुत असुरक्षित थे। पहाड़ों में मुक्त रहने वाली वे महिलाएँ यहाँ डर-डरकर रह रही थीं। मैंने देखा, हर दरवाज़े पर लोहे के ग्रिल लगे हुए थे। यहाँ भी पैसे वाले जल्दी जम गये थे और साधनहीन लम्बे समय तक अपनी धरती से उखाड़े जाने का कष्ट उठाते रहे। इन विस्थापितों में सभी के प्रथम वर्ष तो कष्टपूर्ण ही रहे थे।

कभी जब चम्बा से उत्तरकाशी को जाने वाली मोटर सड़क से गुज़रते हुए झील के पार की पट्टी के गाँवों की ओर मेरी नज़र गयी तो उन गाँवों की मिट्टी, खेत, जंगल आदि को बाँध में धँसते हुए देखा। पहाड़ी ढलान पर बसे गाँवों के निचले भाग को झील की विशाल जलराशि नीचे से काट रही थी। अब वे गाँव चिल्ला रहे थे। अपने प्राण बचाने की गुहार लगा रहे थे। जलाभाव से पीड़ित यह क्षेत्र कई बुनियादी सुविधाओं से पहले ही वंचित रहा था। टिहरी बाँध का प्रस्ताव आने के पूर्व यहाँ के

निवासियों की सामूहिक माँग पर तत्कालीन सरकार ने इनकी पेयजल असुरक्षा का हल तय किया था। भागीरथी में एक लिफ़्ट प्लांट को लगाने की समस्त सरकारी कार्यवाहियाँ पूरी हो गयीं थी। यह लिफ़्ट प्लांट योजना धरातल पर आने ही वाली थी कि टिहरी बाँध का प्रस्ताव सामने आ गया और भागीरथी के जल की हर बूँद बाँध में रहे व बिजली बनाये, यह अधिक महत्त्वपूर्ण माना गया तथा प्रतापनगर के उन गाँवों के सूखे गले बिजली की महत्ता वाले इस विशाल बाँध के प्रस्ताव के आने से सूखे ही रह गये। आज भी मेरे मन में प्रश्न उठता है, क्या बिजली का इफ़रात से उपयोग या दुरुपयोग करने वाले हम यह सोचते होंगे कि यह बिजली कितनों की आहों-कराहों के दर्द लेकर आयी है और वे बिजली का कैसा विलासिता प्रधान उपयोग कर रहे हैं? आज की विलासप्रधान आधुनिकता का यह कैसा निर्मम चेहरा है?

33

नदियों पर बन रहीं जल-विद्युत परियोजनाएँ

1. अलकनन्दा पर जल-विद्युत परियोजना

उत्तराखण्ड की कई नदियों पर कई बड़ी जल-विद्युत परियोजनाएँ आधी-अधबनी शेष थीं। श्रीनगर बाँध का निर्माण चल रहा था और उसमें की जा रही अनियमितताएँ सुनने को मिलती थीं। जिस अवैधानिक तरीक़े से सुरंगों के खुदान से निकले ढेरोंढेर मलबे को डम्परों में ले जाकर अलकनन्दा के किनारे डाला जा रहा था, वह नदी और उसके प्रवाह के निचले छोर पर बसे शहर श्रीनगर के लिए भयंकर परिणामों का खुला निमन्त्रण था। यह मैं बस से आते-जाते देखती थी। एक बार कुछ अन्य साथियों को लेकर हमने बाँध क्षेत्र का निरीक्षण करने का विचार किया। इसका अभिक्रम श्रीनगर क्षेत्र के निवासी एक युवा पत्रकार रणजीत जाखी ने लिया था। गाँवों में जाकर कई वास्तविकताएँ पता चलीं। गाँव की कई सामुदायिक भूमियों पर बाँध परियोजना ने अतिक्रमण किया था। कुछ निजी ज़मीनों के छोर भी अतिक्रमित हुए थे। उनकी क़ीमत का निर्णय ही नहीं होता था। बाँध निर्माता कम्पनी ने एक बड़े चतुर घाघ व्यक्ति को उस योजना का निदेशक यानी कर्ताधर्ता बनाकर भेजा था। अपनी नियुक्ति के दिन से ही उसने स्थानीय जनता की ग़रीबी का नाजायज़ लाभ उठाना प्रारम्भ किया था। लोगों की सरलता का बाँध के अवैधानिक हितों के लिए उपयोग करना प्रारम्भ किया था। उसने चारों ओर फैले गाँवों के मुँह पैसे से बन्द कर दिये थे। बच्चा बीमार हो, किसी ग़रीब की बेटी की शादी हो अथवा ऐसा ही कोई घरेलू अवसर हो या कोई कठिनाई हो, उसकी थैली का मुँह सदा खुला मिलता था। वह नगण्य-सी रक़मों से भोली जनता के विवेक व साहस को ख़रीद लेता था।

सामन्तवादी शैली में वह लोगों पर अपना मायावी प्रभाव डालकर उन्हीं की जड़ें काटता था। गाँव के लोग ही नहीं, वहाँ के प्रशासनिक अधिकारी भी उसके मायावी प्रभाव से मुक्त नहीं थे। अलकनन्दा नदी के जलीय किनारे तक बिना कोई

सुरक्षा दीवाल बनाये गाड़ियों से धकाधक मलवा गिराना उन अधिकारियों को दिखाई नहीं दे रहा था, तो क्या समझा जाये? जब बड़ी कोशिश के बाद एक टी.वी. चैनल के संवाददाता ने नदी तट पर जाकर कम्पनी के डम्परों द्वारा बिना सुरक्षा-दीवाल के नदी की जल सीमा पर मलवा गिराने व उसके बेतरतीब ढेरों के विशाल आकारों का वीडियो बना लिया, तब उन्होंने एस.डी.एम. का साक्षात्कार रिकार्ड किया। साहब ने बड़े आत्मविश्वास के साथ खुलकर कहा, "नदी तट पर नाजायज़ तरीक़े से कोई मलवा नहीं गिराया जा रहा। कोई अवैधानिक काम नहीं हो रहा। एव्रीथिंग इज़ इन कंट्रोल", संवाददाता ने इन शब्दों को गर्व से बोलते हुए एस.डी.एम. साहब तथा मलाब गिराते डम्परों का दृश्य समानान्तर रूप से एक साथ ही प्रदर्शित कर दिया। हमने भी टी.वी. पर देखा तो सरकारी अधिकारी की बेशर्मी पर तरस आया। ऐसा झूठ? ऐसी ग़ैर-ज़िम्मेदारी? जनता व जनहित में बने क़ानूनों का रक्षक ही भक्षक बन गया। यह दृश्य ही हमारी आत्मा को झकझोरने को पर्याप्त था।

श्रीनगर शहर के एक समूह ने बाँध निर्माता कम्पनी का विरोध करना प्रारम्भ किया। जब-जब यह समूह बुलाता, मैं उनके साथ शामिल होती और बाँध निर्माण की अनियमित कारगुज़ारियों का विरोध करने में उनके साथ जुड़ती। पर्यावरण विनाशक परिणामों के लिए समाज का आगाह करती। ज्योंही बाँध निर्माण का कार्य तेज़ी-से प्रगति करने लगा, धारीदेवी मन्दिर का सवाल सामने आ गया। यह प्राचीन मन्दिर एक बहुत बड़े क्षेत्र की जनता की श्रद्धा का स्थान था। इस मन्दिर का लम्बा ऐतिहासिक अस्तित्व था। अलकनन्दा के जल प्रवाह के बीच एक विशाल शिला पर इसका निर्माण किया गया था। बाँध का पानी जब अपने उच्चतम स्तर तक भरेगा, तब वह इस मन्दिर को डुबा देगा और शिला को भी डुबा देगा। बाँध निर्माता कम्पनी तथा सरकारी अधिकारियों का निर्णय आया कि धारीदेवी मन्दिर को पूरा का पूरा उठाकर ऊपर मोटर सड़क के निकट की ऊँचाई तक लाकर स्थापित किया जायेगा। यह निर्णय आम ग्रामवासियों को व विशेषत: महिलाओं को स्वीकार नहीं था। श्रीनगर का महिला समूह बाँध की अनियमितताओं के विरोध में पहले भी धरने पर बैठा ही था। अभी ज़ोर-शोर से धारी माँ को बचाने के लिए आवाज़ उठाने लगा। उनकी श्रद्धा मन्दिर पर तो थी ही, उस शिला पर भी थी। वह पवित्र शिला के रूप में मान्य थी जो अलकनन्दा की भयंकर से भयंकर बाढ़ों में अलकनन्दा मैया की गोद से बालभर भी नहीं हिली थी। साथ ही, उस जलराशि पर भी उनकी भक्ति थी, जो शिला के पाँव पखारती थी। उस स्थान की रमणीयता व स्थिरता, जो भूकम्पों के झटकों में भी

नहीं हिली थी, से ही वह वातावरण बना था, जिससे लोगों की श्रद्धा को बल मिलता था। जिस शिला पर अनेक भक्तों, साधु-महात्माओं तथा स्त्री-पुरुषों के चरण पड़े थे, आमजन व भक्त हृदय महिलाओं के लिए वह सभी महत्त्वपूर्ण था, पर धन के पूजकों व सत्ता धारकों के लिए यह सब 'इमोशनल' बातें थीं।

पैसे की माया ने उस गाँव के पण्डितजी को अपने चंगुल में ले लिया था। वे गाँव की दृष्टि से विद्वान माने गये थे। अब वे ही कहने लगे कि धारी माँ का मन्दिर तो पुराण काल से कई बार स्थान-परिवर्तन करता रहा है। अब फिर से उसके स्थान परिवर्तन का काल आ ही रहा है। इसलिए मन्दिर शिला से उठाकर ले जाने में कोई अधर्म नहीं है। पण्डितजी गाँव-गाँव घूमकर यही सन्देश लोगों को देने लगे थे। हम जिस दिन महिलाओं के जुलूस के साथ धारी मन्दिर गयीं, वहाँ का वातावरण सनसनाया हुआ था। मन्दिर के स्थान-परिवर्तन के विरोध में जितनी जनता थी, उतनी ही जनता स्थान-परिवर्तन के पक्ष में भी एकत्र थी बल्कि पक्षधर अधिक सम्पन्न थे। उनकी सभा में माइक व शामियाने की सुविधाएँ भी थीं। हमें समझ में आ गया कि यहाँ पैसा जीत जायेगा, श्रद्धा-भक्ति रह जायेगी। श्रीनगर समूह और महिलाओं का धरना-विरोध चल ही रहा था, परन्तु हमने एक दिन सुना कि धारीदेवी का मन्दिर तकनीकी कुशलता के द्वारा पावन शिला से उठा दिया गया और कुछ दिनों बाद बाँध के जल ने शिला को डुबा दिया।

इस समाचार को कुछ महीने बीते थे कि मानसून उत्तराखण्ड में पहुँच गया। हिमालयी घनघोर वर्षा, बादल फटने, नदियों का पानी ख़तरे के निशान तक पहुँचने आदि अख़बारी समाचारों के बीच श्रीनगर का भी समाचार था। "अलकनन्दा में भीषण बाढ़। श्रीनगर में अलकनन्दा के तटवर्ती सैकड़ों ही नहीं, हज़ारों की संख्या में घरों के अन्दर बाढ़ का पानी घुसा, जिसमें आये मलबे ने घरों, दुकानों व स्कूली इमारतों की निचली मंज़िलों को मिट्टी से भर दिया।"

श्रीनगरवासी समझ गये थे कि यह मलवा बाँध निर्माण का ही था। वे यह भी समझ गये कि मलबे के विशाल ढेरों के कारण ही बाढ़ के जल का आकार कई गुना बढ़ गया था और उसका विस्तार नगर के आधे भाग को कीचड़ से भर गया था। सैकड़ों घरों व दुकानों के सामान मलबे में दब गये थे। यह पूर्णरूपेण स्पष्ट होते हुए भी इस सत्य को केवल आन्दोलनकारियों की ज़बानें साहसपूर्वक कह रही थीं। बाक़ी सब चुप थे। सरकार के पास इसके और ऐसी सभी बेईमानियों पर लीपापोती करने के लिए एक बना बनाया शब्द था 'दैवी-आपदा' जबकि यह 'मानव निर्मित आपदा' थी।

2. पिंडर नदी की विद्युत परियोजनाएँ

सरकार को उत्तराखण्ड की हर नदी के पानी की हर बूँद में पानी नहीं, बिजली दिखाई देने लगी थी। चमोली ज़िले के देवाल क्षेत्र में पिंडारी ग्लेशियर से उद्गमित होने वाली पिंडर नाम की एक साफ़ नीले पानी वाली सुन्दर नदी बहती है। उस क्षेत्र में भी बाँध प्रस्तावित थे। जब उन पर हलचल प्रारम्भ हुई तो स्थानीय लोगों ने स्वयं ही मोर्चा सँभाल लिया था। बाँध-निर्माण कार्य प्रारम्भ करने के पूर्व एक जन-सुनवाई होनी आवश्यक होती थी। जन-सुनवाई यानी बाँध की पूरी जानकारी, उसकी लम्बाई-चौड़ाई व ऊँचाई और उसका डूब क्षेत्र, उसका लाभ, विस्थापित होने वाले गाँव और उनकी पुनर्वास योजना—सभी बाँध प्रभावितों के सामने बाँध निर्माण कम्पनी को रखनी थीं। सुनने वाले आम लोगों की शंकाओं का समाधान भी करना था। सुनवाई की लिखित रिपोर्ट उन एकत्र हुए श्रोताओं के सामने रखी जाती और समस्त श्रोताओं को उसमें हस्ताक्षर करने होते थे। कम्पनी द्वारा यही हस्ताक्षरित रिपोर्ट सरकारी विभाग में जमा करनी होती थी, तभी उसे निर्माण कार्य करने की अनुमति मिलती थी। पर कम्पनियाँ और स्थानीय प्रशासनिक कर्मचारी भी अपनी ही जनता के साथ कैसे धोखाधड़ी व जालसाज़ी करते थे, इसका एक नमूना मुझे याद आता है।

यह घटना किस परियोजना की जन-सुनवाई के सन्दर्भ में थी, यह मुझे याद नहीं पड़ता। कम्पनी के कारिन्दों ने एक बार आसपास के डूब क्षेत्र में आने वाले गाँवों के प्रमुख लोगों को चाय पर बुला लिया। लोगों ने पूछा, "ये चाय किस ख़ुशी में?" कारिन्दों ने बताया, "कम्पनी के वरिष्ठ अधिकारी आये हैं।" चाय का दौर चला। वरिष्ठ अधिकारी का नाटक करने कोई सूटेड-बूटेड, टाई-कॉलरधारी व्यक्ति लोगों के बीच आ बैठा। लोगों ने उससे बाँध सम्बन्धी जिज्ञासा व्यक्त की तो वह व्यक्ति चुप रहा व किसी बहाने से बाहर निकल गया। अन्त में चाय पार्टी के आयोजकों द्वारा काग़ज़ पर सबके हस्ताक्षर किये जाने लगे। "ये हस्ताक्षर क्यों?" पूछने पर बताया, "बस, चाय-पानी पर क्या ख़र्च किया, उसके लिए कितने लोग आये, इसका रिकार्ड रखना है।" इस प्रकार एक झूठी जन स्वीकृति की रिपोर्ट बना दी गयी। ये हस्ताक्षर उसमें नत्थी कर दिये गये और इस तरह हो गयी जन-सुनवाई और कम्पनी को परियोजना की स्वीकृति मिल गयी।

जब देवाल क्षेत्र की घाटी में बाँध प्रस्तावित हुए और वहाँ के स्थानीय समूह ने मोर्चा सँभाला हुआ था, तो उन्होंने मुझे अपने क्षेत्र में आम जनता को सम्बोधित करने, उन्हें बाँध के आयामों और निर्माता कम्पनियों की पद्धतियों के अनुभव साझा

करने के लिए आमन्त्रित किया। हम उस घाटी के गाँवों में घूमे और हमने सभाओं में जन-सुनवाई की धोखे भरी उक्त कहानी उन्हें बतायी। ऐसी जन-सुनवाइयों से सावधान रहने की बात कही। हर घाटी, हर क्षेत्र में कोई जनहितों की रक्षा के लिए प्रतिबद्ध व्यक्ति मिल ही जाते थे। वहाँ भी ऐसे एक व्यक्ति मिल गये थे। घाटी में बाँध से होने वाली हानियों की चर्चा चल पड़ी थी, पर विशेषत: संगठित विरोध मुखरित नहीं हुआ था। कुछ महीनों के अन्तराल में कम्पनी ने जन-सुनवाई के लिए चाय पार्टी ही नहीं, पूरी दावत का आयोजन किया। बड़े कड़ाहों में दाल, सब्ज़ी और भगौनों में भात बनने लगा। सुन्दर शामियाना तान दिया गया। बैठने की व्यवस्था कर दी गयी थी। गाँव के हर परिवार को आमन्त्रित कर लिया गया था।

तब गाँववासियों का एक दल गया और उन्होंने कड़ाहों को उलट दिया। दाल ज़मीन पर बहने लगी। भगौने पलट दिये, भात के ढेर मिट्टी में सन गये। शामियाना उखाड़ दिया और गाँवजनों ने ज़ोरदार आवाज़ में कहा, "एक दिन तुम्हारा भात खाएँ, और अपने खेत तुम्हें सौंप दें, ताकि तुम हर रोज़ घी-भात खाते रहो और हम जीवनभर अपने खेतों की दाल व सब्ज़ी तथा अपने खेतों के धान के लिए तरसते रहें? ऐसे मूर्ख हम नहीं हैं।" दावत के आयोजकों को उन्होंने दूर तक खदेड़ दिया था। गाँवजनों द्वारा अपने अभिक्रम से विरोध करने की इस घटना से हम ख़ुश हुए थे क्योंकि अन्तत: गाँव को स्वयं ही अपने को बचाना था। हमारा जनता के बीच काम करने का तरीक़ा ही था कि सोच-समझकर जनता ख़ुद क़दम बढ़ाये व ख़ुद ही आवाज़ भी उठाये। बाँधों से होने वाली जनजीवन तथा पर्यावरण की क्षति को समझते हुए जब जनता बाँधों का विरोध करती थी, तो सरकारें उनके विरोध को दमन करती और नयी-नयी जल विद्युत परियोजनाएँ बनाती जाती थीं। ऐसी परियोजनाएँ जनता के सिर पर थोप दी जाती थीं और योजनापूर्वक उनके मन भी भ्रमित कर दिये जाते थे। पर्वतों के कठोर जीवन की एवज़ में उन्हें सुविधापूर्ण आरामभरे जीवन के सपने दिखाये जाते थे। प्रलोभनों का चमकीला काल्पनिक दृश्य दिखाकर उनकी आँखों को भ्रमित कर दिया जाता था। अपनी समझ पर से उनका विश्वास ही डिग जाता था। यह वहाँ के भोले जनमानस का नाजायज़ लाभ लेना ही था।

3. महाकाली व सरयू पर पंचेश्वर जल-विद्युत परियोजना

सरयू और महाकाली नदियों के संगम पर प्रस्तावित पंचेश्वर बाँध के सम्बन्ध में हमें भ्रम में भुला दिये गये जनमानस का दर्शन हुआ था। तथाकथित विकास की हवाई कल्पनाओं से मुग्ध हो गये वहाँ के जन समुदाय का मूल्य-परिवर्तन हो गया था।

वर्षों पूर्व जब पंचेश्वर बाँध के निर्माण की प्राथमिक प्रक्रिया के अन्तर्गत वहाँ की चट्टानों की जाँच ही हो रही थी, तब मेरे साथ हिमालय सेवा संघ, नयी दिल्ली के सचिव मनोज पाण्डे व आश्रम-कार्यकर्ता बसन्ती बहन तथा डॉ. रमेश पन्त आदि एक दो अन्य साथियों (जिनके नाम मुझे याद नहीं रहे हैं) की टोली महाकाली घाटी में पदयात्रा कर रही थी।

महाकाली भारत और नेपाल की अन्तर्राष्ट्रीय सरहद बनाती है। नदी के उस पार का तट नेपाल का भाग है। हम पन्द्रह दिनों तक घाटी के भारतीय भाग में पदयात्रा करते रहे थे। पंचेश्वर बाँध दोनों देशों की भूमि पर बनने वाला था और दोनों देशों को विद्युत देने वाला था, परन्तु महाकाली घाटी में नदी के दोनों ओर के किसानों को क्या देने वाला था? केवल विस्थापन, जिसका पुनर्वास भारत में तो कभी भी शत-प्रतिशत, सन्तोषजनक व न्यायपूर्ण नहीं रहा, नेपाल की हमें जानकारी नहीं।

उस घाटी की सबसे बड़ी सुरक्षा थी महाकाली की दी हुई वह माटी, जिसने वहाँ के गाँवों को आत्मनिर्भर, समृद्ध और मेहनती किसान बनाया था। इसका गौरवपूर्ण अहसास भी तब उनको था। हमारी पदयात्रा में हर गाँव के स्त्री-पुरुष हमें कहते, "देखिए, हमारे खेतों में खड़ी ये फ़सलें, केले, अमरूद के पेड़ों पर लदे ये फल, पशुओं के लिए चारा, चूल्हे के लिए ईंधन, नदी से मिलने वाली बिना पैसे की स्वस्थ मछलियाँ यानी हमारे पास सब कुछ है। केवल एक मोटर रोड की ज़रूरत है। सरकार वह बनवा दे, बस। हमें यहाँ से कहीं जाना ही नहीं है। बाँध हमारे इस सुखमय जीवन को नष्ट करने आयेगा क्या?"

आज सुनती हूँ, वे ही गाँव मुआवज़े की राशि बढ़ाने के लिए आवाज़ें उठा रहे हैं। पुनर्वास कहाँ होगा, यह प्रश्न उछाल रहे हैं। नौकरियों की माँग कर रहे हैं। जीवन के प्रति पूरी घाटी का दृष्टिकोण ही बदल गया है और अब पंचेश्वर बाँध पर निर्माण कार्य तेज़ी से चल रहा है। तीन सौ पन्द्रह मीटर ऊँचाई का यह विशाल बाँध भारत के तकनीकी ज्ञान का एक नमूना होगा, यह सोचकर उत्तराखण्ड के सरकारपरस्त जनप्रतिनिधि, सरकारें और नौकरशाह सब छाती फुला रहे हैं। डूबने वाला पर्यावरण, वह महासीर मछली, वे विशेष प्रजाति के वृक्ष, सदियों से विनिर्मित वह उर्वरा माटी, जैव-विविधता और लोक-जीवन की आत्म-निर्भरता, उस आत्मतुष्टि के आनन्द को ही नज़रअन्दाज़ कर दिया है, केवल योजनाकारों व देश के कर्णधारों ने ही नहीं, लोक समाज ने भी। 'चिपको आन्दोलन' से जगी पर्यावरण चेतना से प्रेरित विचारधारा ही बाँधों के द्वारा होने वाले इस गहरे नुकसान को देख पा रही थी और

उस चेतना को समर्पित साथी आज भी महाकाली व सरयू की घाटी में पंचेश्वर बाँध के विरोध में घूम रहे हैं जबकि आयु-वार्धक्य की विवशता में मैं वहाँ नहीं जा पा रही हूँ।

इन घाटियों के निवासी भी सरकारी नौकरियों, नगरों के निकट होने वाला पुनर्वास, मोटर रोड, पहियेदार वाहन यानी शरीर पर कम-से-कम श्रम व अधिक-से-अधिक लाभ के सपनों में जी रहे हैं। अब टिहरी बाँध के विस्थापित अपनी मेहनत से नये स्थानों में रोटी, कपड़ा और मकान पा चुके हैं, पर अपने भागीरथी व भिलंगना तट पर बिताये पुराने दिनों की याद कभी-कभी उनके हृदयों के तारों को छू जाती है और वे टिहरी राज्य की राजकुमारी की तरह जो राजस्थान के राजघराने में ब्याही गयी थी और अश्रुपूरित आँखों व भरे गले से गाती थी, *'कना जाला विचारल बाबा जी टीरी की बाज़ारें जम।'* (मेरे पिताजी टिहरी की बाज़ार में कैसे तो जाते होंगे)। अपनी सोने सी माटी व हीरे से पानी को तथा उन जंगलों की आज़ाद हवाओं के साथ मुक्तकंठ से गाने की अपनी आज़ादी को याद करती ही होंगी। रोटी, कपड़ा, मकान व दवा-दारू से भी अधिक अपनी आत्मा के लिए गाने की, नाचने की, हँसने और हँसाने की वह आज़ादी अत्यन्त आवश्यक है। कुदरत के साथ का वह मधुर रिश्ता भी आवश्यक है अपनी अन्तरात्मा को अधिक सुदृढ़, शान्त व मुक्त महसूस करने के लिए। सरकारी विस्थापन में इसके लिए कोई स्थान नहीं है, पर विस्थापित लोगों ने इस बात का अनुभव स्वयं कर लिया है।

34

'उत्तराखण्ड नदी बचाओ' अभियान

उत्तराखण्ड की नदियों के संकट आज भी कम नहीं हुए हैं। पीढ़ियों से रहने वाले तटवासियों का नदी के जल पर प्रथम अधिकार को माना नहीं गया है। अब पानी लिफ़्ट होता है। नदी के पास का गाँव सूखा रह जाये, पर मीलों दूर के कैंट एरिया, शहर व राजधानियों में नदी का पानी अधिक प्राथमिकता के साथ मुहैया किया जाता है। विकास की बलिवेदी पर हरे विशाल वृक्षों का कटान नैतिक दृष्टि से भी मान्य हो गया है, क्योंकि हिमालय के हिमशिखर तक की तीर्थयात्रा भी मानव पेट्रोल का धुआँ उड़ाते हुए करना चाहता है। धर्म का सुख भगवान का प्रसाद बिना तपस्या के पा लेना चाहता है। चारधाम यात्रा में अपने शरीर के सुख को सुविधाओं से लपेटकर भगवान के चरणों का अमृत पा लेना चाहता है। स्थानीय लोग भी किसान कम रहे हैं, अधिक तो अब व्यवसायी मानस के बन गये हैं। वायुमण्डल प्रदूषण से गरमा गया है, पर लोगों का हर काम कम समय में त्वरित गति से होना चाहिए। हैलिकॉप्टर से होने वाली तीर्थयात्रा भी कोई तीर्थयात्रा है, पर मानव ने शरीर को सब कुछ समझ लिया है। वह शरीर भी भीतर से खोखला हो रहा है, पर बाहर से चिकना है तो उसे पर्याप्त माना जा रहा है। इस सारी उलटमति ने प्रकृति का सन्तुलन बिगाड़ दिया है।

नदियों को ऐसी अनेक समस्याओं को झेलना पड़ा था। नदियों के उद्‌गम क्षेत्र तथा उनके जलग्रहण क्षेत्रों के जंगलों में भी पेड़ कट रहे थे या उनकी टहनियाँ व पत्तियाँ कट रही थीं। गाँव के लोगों द्वारा भी व वन विभाग के कर्मचारियों, सभी को नदियों के जल पर होता इसका विपरीत प्रभाव दिखायी नहीं देता था।

2007 में मैंने अख़बार में प्रोफ़ेसर जे.एस. रावत, अल्मोड़ा कैम्पस, कुमाऊँ विश्वविद्यालय का शोधपूर्ण बयान पढ़ा। उन्होंने कोसी नदी के घटते जल प्रवाह को विभिन्न मौसमों में लगातार नापने के बाद मूल्यांकन किया था कि कोसी का जल इसी गति से घटता गया, तो अगले दस वर्षों में कोसी सूख जायेगी। यह चौंकाने वाला बयान हमारी नदी कोसी के बारे में एक वैज्ञानिक ने दिया था। कोसी नदी,

जिसकी सन्निधि में हम पिछले 6 दशकों से रह रहे थे, उसके बारे में ऐसी हिला देने वाली प्रामाणिक ख़बर पढ़कर उसे यों ही छोड़ा नहीं जा सकता था। इस विषय पर आश्रम के कार्यकर्ताओं के साथ मैंने गहराई से विचार-विनिमय किया और तय किया कि गाँव में महिला व पुरुषों से भी ये बातें की जायें कि वे कोसी बचाने को जुट जायें। साथियों ने कोसी जलागम को वनस्पतियों, पेड़ों व झाड़ियों तथा घासों से समृद्ध करके उसकी जलग्रहण क्षमता बढ़ाने का सुझाव भी दिया। गाँव में बालवाड़ियों तथा महिला संगठनों के लिए काम करने वाली आश्रम की कार्यकर्ता बसन्ती बहन को यह समाचार व सुझाव गाँव की महिलाओं को देने को कहा। ग्रामवासी महिलाओं ने इसे गम्भीरता से लिया और वे कोसी बचाने के मुहिम में शामिल होने को राजी हो गयीं।

"नदी न सूखे, इसके लिए हम महिलाएँ क्या कर सकती हैं?" उनकी इस जिज्ञासा की पूर्ति के लिए कोसी के जलागम यानी पिनॉथ पर्वत का बाँज का जंगल समृद्ध करना था। यह उन महिलाओं के लिए एक कठिन निर्णय था क्योंकि वे ही नहीं, घाटी के दसियों गाँवों की महिलाएँ उसी जंगल से दिन में दो-दो गट्ठर बाँज पत्ती अथवा कच्ची लकड़ियाँ काटकर लाती थीं। पत्तियाँ उनकी भैंसों के लिए होती थीं और लकड़ियाँ चूल्हे के लिए। वह उनके जीवन का दैनन्दिन काम था। उसे रोक देना और विकल्प खोजना एक कठिन पहेली थी, परन्तु बसन्ती बहन के नेतृत्व में उन महिलाओं ने ही यह निर्णय लिया कि पिनॉथ जंगल से बाँज की पत्तियाँ ही ली जायेंगी और टहनियाँ नहीं काटी जायेंगी। कच्ची लकड़ी तो बिल्कुल नहीं काटी जायेगी। इस कठिन निर्णय के साथ ही 'कोसी बचाओ अभियान' प्रारम्भ हुआ। घाटी के सभी महिला मण्डलों ने इस प्रस्ताव को सर्वसम्मति से पारित किया क्योंकि कोसी को बचाने से ही इन गाँवों के अस्तित्व को बचाने का लक्ष्य सिद्ध होता था। इस निर्णय के साथ ही महिलाएँ सक्रिय भी हो गयीं। उन्होंने बाँज वृक्षों की टहनियाँ काटने वालों पर जुर्माना तय किया। कुछ महिलाएँ स्वयं घूम-घूमकर निगरानी रखने लगीं। कोसी की घाटी में यह लोकशक्ति जागरण आज का काम न था। इस घाटी में लक्ष्मी आश्रम की स्थापना के पूर्व से ही सरला बहन जी ने आज़ादी के आन्दोलन के लिए काम किया था और बाद में मेरी पीढ़ी ने पदयात्राओं से जागृति का क्रम बनाये रखा था। आश्रम के काम पर महिला व पुरुषों को विश्वास था। 'कोसी घाटी बचाओ' के इस अभियान में महिलाओं की मुख्य भूमिका थी। उन्हें नेतृत्व दे रही थीं बसन्ती बहन और अभियान की प्रतिदिन की रिपोर्ट लेकर आगे की दिशा व स्वरूप का सुझाव देने वाले योजनाकार हम थे, परन्तु हमारे सुझावों पर भी महिला

मण्डलों में बहस होती और वहीं उसका व्यावहारिक स्वरूप निर्धारित किया जाता। उन्होंने तय किया कि वे जंगल से कच्ची लकड़ियाँ नहीं लायेंगी। किसी भी हरे पेड़ को नहीं काटा जायेगा। बाँज की चारा-पत्ती काटने पर भी उन्होंने स्वयं पर नियन्त्रण लगाया। दो गट्ठर बाँज पत्ती लाने की परम्परा हट गयी। अधिकांश महिलाओं ने नियन्त्रण को माना, क्योंकि ये उन्हीं के निर्णय थे। जिन्होंने कभी नहीं भी माना तो उनको अन्य महिलाओं की भर्त्सना झेलनी पड़ती थी। यह उत्साह पूरी घाटी में फैल गया। एक गाँव की महिलाएँ दूसरे गाँव जाकर वहाँ की महिलाओं को अपने द्वारा उठाये क़दमों की जानकारी देने लगीं। इससे 'जंगल बचाओ, कोसी बचाओ' का ज़ोरदार माहौल घाटी में धड़कने लगा। पुरुष बसन्ती बहन से कहते, "आप आश्रम के लोगों ने क्या मन्त्र फूँका कि ये महिलाएँ अब कच्ची लकड़ी ख़ुद भी नहीं ला रही हैं। दूसरे गाँवों को भी यही सिखा रही हैं। ये तो डी.एम. के कहने से भी अपना यह काम नहीं छोड़ने वाली थीं।"

अब ये ही ग्रामीण महिलाएँ पिनॉथ पर्वत के दूसरी ओर की लोदघाटी में पैदल जाकर महिलाओं को समझाने लगीं कि 'कोसी माँ को बचाना है।' वहाँ भी वही वातावरण उन महिलाओं ने बना डाला। महिलाओं द्वारा रचा गया उनका अपना वातावरण अपने ऊपर अनुशासन लाने में सफल हुआ था। कोसी की सहायक नदियों की घाटियों में भी न कोई कच्चा पेड़ काटता था, न ईंधन के लिए कच्ची हरी शाखाएँ कटती थीं, न बेतहाशा बाँज पत्तियों के लिए पेड़ों को ठूँठ बनाया जाता था। महिला मण्डलों की महिलाएँ वनरक्षा के लिए बिना वेतन की चौकीदार बन गयी थीं।

पिनॉथ जंगल के पास बसे एक गाँव के महिला मण्डल को एक दिन एक सनसनीख़ेज़ सन्देश मिला कि पिनॉथ के आरक्षित वन में चीड़ के कुछ हरे पेड़ गिराये गये हैं और रातों-रात उन्हें चीरकर इमारत के लिए तख़्ते व बल्लियाँ बना दी गयी हैं। महिलाएँ तुरन्त दौड़ीं और जंगल में पहुँच गयीं। काटने वाले अपने आरे व कुल्हाड़े लेकर भाग गये थे, पर वे तख़्ते व बल्लियों को नहीं ले जा पाये थे। महिलाओं ने वे सब ज़ब्त कर लिए और ढोकर अपने गाँव ले आयी। उन्हें महिला मण्डल की प्रधान के संरक्षण में रख दिया गया और आसपास सभी गाँवों में सूचना फिरा दी कि जिसने पेड़ों को काटा व तख़्ते बल्लियाँ चीरी हैं, वे आयें और अपनी चोरी का दण्ड भुगतान करके लकड़ियाँ ले जायें, परन्तु कोई नहीं आया। वन विभाग के क्षेत्रीय कर्मचारी उन तख़्ते-बल्लियों पर वन उपज के नाम से अपना दावा पेश करने अवश्य आये। महिलाएँ कच्ची न थीं। उन्हें समझ में आ गया कि इन्हीं कर्मचारियों ने पेड़ों को काटने के लिए चोरी-छुपे किसी को बेच दिया होगा।

महिला प्रधान ने उन्हें ख़ूब कड़ी डाँट पिलायी और इस प्रकार का काम भविष्य में न हो, इसका वचन लिया। याद दिलाया कि 'कोसी माँ को बचाना है तो एक-एक पेड़ को बचाना है।'

महिला-मण्डल ने वे तख़्ते व बल्लियाँ गाँव के एक व्यक्ति, जो नये मकान का निर्माण कर रहा था, को बेचकर उसकी धनराशि महिला-मण्डल के सार्वजनिक कोश में जमा कर दी। ग्रामीण महिलाओं पर सदा से धौंस जमाने वाले वन विभाग के कर्मचारी अब महिलाओं के अनुशासन में आ गये। गर्मी के दिनों में कभी जब जंगल के बीच वनाग्नि फूट पड़ती तो ये ही महिला प्रधान वन विभाग चौकी को फ़ोन करती, "अपने कर्मचारी तुरन्त जंगल में भेजें, हम महिलाएँ आग बुझाने जंगल में पहुँच गयी हैं। कर्मचारी भी आग बुझाने को आने में देर न करें।" कभी वन विभाग वृक्षारोपण कराता तो ये ही महिलाएँ उन्हें मदद करने भी जातीं। वन-रक्षा के लिए वन विभाग और गाँवजनों का जो सहयोगी सम्बन्ध बनना चाहिए था, इन तीनों घाटियों में वह स्थापित हुआ था। सरकार के उच्च स्तरीय अधिकारियों के आदेशों से जो वर्षों से नहीं हो पाया था, वह नीचे के स्तर से जन-अभिक्रम द्वारा सम्भव हो गया था।

गर्मी के दिन थे। पूरी घाटी सूखी दिखायी पड़ रही थी, परन्तु रेगिस्तान में 'नख़लिस्तान' की तरह बीच-बीच में धान की पौधशालाओं की हरियाली क़ायम थी, जिसको प्रतिदिन सींचना ज़रूरी था। कोसी नदी की घाटी में सैकड़ों ऐसी पौधशालाएँ चमक रही थीं। तभी कौसानी बाज़ार से एक वाटर टैंकर को नदी की ओर जाते हुए महिलाओं ने देखा। वे दौड़ीं और नदी पर पहुँचीं। वाटर टैंकर को रोका—पूछा, "पानी कहाँ ले जाओगे?"

"होटलों में।" उन्हें जवाब मिला। "प्रकृति की देन जल, मानव व वनस्पति के प्राणधारण करने के लिए है, व्यवसाय के लिए नहीं। गर्मी के कारण कोसी में जल प्रवाह बहुत कम रह गया है। प्राथमिकता देनी है इन धान की पौधशालाओं को, जो सालभर हमारे परिवारों को पालेंगी। फिर हमारी गायों व भैंसों की प्यास बुझाने को और तब इन गाँवों के नहाने-धोने जैसे अनिवार्य कामों को। तुम्हारा होटलों को पानी देने वाला टैंकर अन्तिम से भी अन्तिम स्थान में है। आज ले जाओ, पर कल से यहाँ पानी लेने नहीं आना।" महिलाओं ने प्राकृतिक विरासतों की उपभोग श्रेणियाँ सहजभाव में ख़ुद से ही निर्धारित कर दी थीं। इस प्रकार महिलाओं की आन्तरिक व मौलिक बुद्धिमत्ता का वह तेज़ फैल रहा था, जिसको सरकारी नीतियों के निर्धारण में भी महत्त्व नहीं दिया गया था, हमेशा नज़रअन्दाज़ किया गया था।

अपने कार्यकर्ता साथियों से सलाह-मशविरा करके मैंने तीनों घाटियों (कोसी घाटी, लोद घाटी और मन्सानाला) में 'कोसी बचाओ महिला पदयात्रा' का सुझाव दिया, जिसे सभी महिला मण्डलों ने सहर्ष और उत्साहपूर्वक स्वीकार कर लिया। हमारे ये महिला-मण्डल पूरे गाँव की प्रत्येक महिला की सदस्यता से बने थे, अत: महिला-मण्डल की स्वीकृति गाँव की समस्त महिलाओं की स्वीकृति बन जाती थी। शीतऋतु का मौसम था तो उनके पास खेती के कोई विशेष काम भी नहीं थे। घाटी की सैकड़ों महिलाएँ कोसी-उद्‌गम स्थल से कुछ नीचे नदी तट पर एकत्र हुईं। आश्रम से छात्राएँ और कार्यकर्ता बहनें मेरे साथ वहाँ पहले से ही उपस्थित हो गयी थीं। ऊँचे पर्वतों को काटती हुई राह बनातीं, कोसी की पहाड़ी धारा उछलती, पत्थरों को धकेलती, अपने गन्तव्य को पाने तेज़ी-से बह रही थी। उसके दोनों किनारों को घेरकर और उसके जल में खड़ी होकर हम सभी ने अपनी अंजलियों में कोसी का ठण्डा पानी उठा लिया था और हमने सामूहिक स्वर में शपथ ली थी कि "हम सब मिलकर माँ कोसी तुम्हारी हर तरह से रक्षा करेंगी।" बहुत भावप्रवण दृश्य था। हमारे संयुक्त स्वर उन चट्टानों ने सुने थे, उन वृक्षों ने सुने थे और स्वयं कोसी माँ ने सुने थे, पर वे शब्द व हमारे दिलों की एक रस हो गयी धड़कनें इतनी प्रभावशाली थीं कि कई महिलाओं की और स्वयं मेरी भी आँखें सजल हो आयी थीं। पदयात्रा की एक स्थायी टोली में आश्रम के विद्यालय की कुछ छात्राएँ और कार्यकर्ताएँ और परिवारों की ज़िम्मेवारी से कुछ मुक्त महिलाएँ भी थीं। अन्य सभी महिलाएँ दिनभर पदयात्रा में रहकर शाम को अपने परिवारों में वापस जाती थीं। दूसरी सुबह फिर से पदयात्रा में शामिल होने पहुँच जाती थीं।

पदयात्रा का नेतृत्व मैंने बसन्ती बहन को दिया था। आश्रम में काम करते हुए वह मेहनती व उत्साही कार्यकर्ता बन गयी थीं। उन्होंने बालवाड़ियों व महिला मण्डलों को चलाते हुए इन तीनों घाटियों की महिलाओं तथा पुरुषों का विश्वास जीता था। गाँव से गाँव चलते हुए, छोटी बैठकें करती हुई, नारे लगाती व गीत गाती हमारी यह विशाल टोली एक सप्ताह तक तीनों घाटियों के हर गाँव में पहुँची। कोसी को समृद्ध करने के लिए गाँव के सामूहिक धारे व अपने गाँव के पास के गधेरे को भी बचाने को जुट जाना था। उसे गन्दगी से बचाना था। उनके जलागमों को पेड़ों, झाड़ियों, घासों व वनस्पतियों से ढक देना था। हर रात एक गाँव में पदयात्रा टोली रुकती। रात को पूरा गाँव एकत्र होता। तब जल को कैसे बचायें कि वह भी हमें बचाये, इसकी चर्चाएँ होती। हमारी छात्राएँ गानों, नुक्कड़ नाटकों तथा सामूहिक लोकनृत्यों के द्वारा नदी बचाने का सन्देश देतीं। ग्राम्य महिलाएँ व बसन्ती बहन

नदी बचाने के अनुभव बतातीं और मैं नदी पर मानव की निर्भरता व मानव द्वारा नदी के साथ सम्मानपूर्ण व्यवहार का विचार विस्तारपूर्वक लोगों के सामने रखती। पदयात्रा के आख़िरी दिन तीनों घाटियों के केन्द्र स्थान व सबसे बड़े कस्बे सोमेश्वर में एक बृहत् सम्मेलन हुआ, जिसमें स्थानीय पुरुष, बच्चे व महिलाएँ—सब शामिल हुए। हमारी पदयात्रा द्वारा कोसी बचाने का काम मात्र महिलाओं का ही नहीं, पूरी घाटी का सामूहिक पुरुषार्थ बन रहा था।

'नदी बचाओ' के लिए जो कुछ कार्यक्रम गाँवों में आश्रम चला रहा था। उसके अनुभवों के आधार पर हम अपने आश्रम द्वारा कौसानी में विभिन्न अवसरों पर पूरे उत्तराखण्ड के समाजसेवी सर्वोदय कार्यकर्ताओं, स्वैच्छिक समाजसेवियों, वैज्ञानिकों, विशेषज्ञों व महिला कार्यकर्त्रियों तथा घाटी की महिलाओं आदि को आमन्त्रित करके उत्तराखण्ड व उसकी प्राकृतिक विरासतों पर गोष्ठियाँ आयोजित करती थीं। इस प्रकार 'कोसी बचाओ' की बात कई अन्य ज़िलों व कई घाटियों तक चली गयी थी। कुछ स्थानीय मीडिया द्वारा तो कुछ ज़बान से ज़बान और कान से कान होकर। उत्तराखण्ड में मुख्यतः दो प्रकार की नदियाँ थीं। एक, जो ग्लेशियरों से उद्गमित होती थीं और दूसरी, जो जंगलों से निःसृत होती थीं। यूँ तो उत्तराखण्ड में दोनों प्रकार की नदियों का जल-प्रवाह घट गया था, परन्तु जंगलों से निकलने वाली नदियों के पानी में विशेष रूप से क्षीणता आयी थी। इन नदियों के जल-प्रवाह भी घटे थे और नदी जल के उपयोग पर बड़ी बस्तियों का दबाव भी अधिक लदता जा रहा था। शहरों और छोटे-छोटे क़स्बों ने उन्हें कचरापेटी बना दिया था और गाँवों में उन्हें मल व मलवाघर बना रखा था।

इन वनों से उद्गम पाने वाली नदियों के जलागम क्षेत्र कमज़ोर हो गये थे। ग्लेशियर पीछे हट रहे थे तो बड़ी नदियों पर भी संकट के बादल मँडरा रहे थे। इस प्रकार दोनों प्रकार की नदियाँ संकट में थीं। ग्रीष्म ऋतु में यदि वर्षा एक बार भी न हो, तो छोटी नदियों के प्रवाह दयनीय स्थिति में चले जाते थे जबकि इन नदियों के किनारे ही गाँव की बसासतें थीं। इनकी छोटी-बड़ी घाटियों में ही खेती की अच्छी उपजाऊ भूमि थी। कोसी जैसी छोटी नदी के पानी की एक-एक बूँद जन उपयोग में आती थी। खेतों की सिंचाई के कारण ही इस घाटी की उत्तम फ़सलें होती थीं। सैकड़ों पनचक्कियाँ चलती थीं। दर्जनों लिफ़्ट पम्पिंग्स द्वारा ऊँचाई पर बसे गाँवों तक पेयजल पहुँचता था। अल्मोड़ा नगर व कौसानी पर्यटक स्थल इसके जल पर ही निर्भर थे। मुफ़्त में मिलने वाली मछलियों से प्रोटीन जैसे पोषक तत्त्वों की पूर्ति हो रही थी। अतः इन नदियों का जल घटे या सूख जाये, तो यह उसके तट पर

रहने वालों के जीवन-अस्तित्व पर टूट पड़ने वाला ख़तरा होता था, इस सच्चाई को ग्रामजन समझने लगे थे।

वर्षों पूर्व प्रसिद्ध भूवैज्ञानिक के.एस. वल्दिया ने अपने प्रत्यक्ष अध्ययन के आधार पर कहा था, "उत्तराखण्ड का पचास प्रतिशत जल सूख गया है। यहाँ के बारहमासी गधेरों और झरनों में से आधे अब केवल मौसमी रह गये हैं।" 'नदी बचाओ अभियान' की इन उत्तराखण्ड स्तरीय गोष्ठियों में विभिन्न नदी घाटियों तथा उनके जल ग्रहण क्षेत्रों से आये समाजसेवी कार्यकर्ता तथा ग्रामप्रमुख, पंचायतों के पदाधिकारी व महिला मण्डलों की महिलाएँ इस वैज्ञानिक तथ्य को अपने अनुभव से भी पुष्ट करके बयान कर रही थीं। 'नदी बचाओ अभियान' को उत्तराखण्ड की बड़ी नदियों—भागीरथी, यमुना, धौली, महाकाली, अलकनन्दा, मन्दाकिनी जैसी नदियों की चिन्ता तो थी ही, उन सहायक छोटी नदियों व गधेरों-झरनों, झीलों-तालाबों की अधिक चिन्ता थी क्योंकि ये ही छोटे स्रोत थे, जो बड़ी नदियों के पोषक थे और ये ही नदियाँ थीं, जो आम जनसमाज को पालती थीं। इनकी स्थिति पूरे उत्तराखण्ड में ही क्षीणता की ओर थी।

उत्तराखण्ड एक सूखे भविष्य की ओर अग्रसर था। अत: हमने 'कोसी बचाओ अभियान' को 'उत्तराखण्ड नदी बचाओ अभियान' बना दिया और दिसम्बर 2007 में एक बड़ी गोष्ठी आहूत की। उसमें ही 'उत्तराखण्ड नदी बचाओ' पदयात्राओं का आह्वान किया गया। जनवरी 2008 में पन्द्रह नदियों के तटों पर पन्द्रह पदयात्राएँ चल पड़ीं। इनमें भागीरथी, यमुना, अलकनन्दा और मन्दाकिनी जैसी बड़ी नदियाँ थीं तो कोसी, सरयू, गोमती, पिंडर, साई (भवाली) तथा गौला व रामगाड़ जैसी छोटी नदियाँ भी थीं। उत्तराखण्ड के जानेमाने समाजसेवक तथा पर्यावरणविद् इन पदयात्राओं का नेतृत्व कर रहे थे, जैसे रवि चोपड़ा, राजीवलोचन साह, शेखर पाठक, सदन प्रसाद मिश्र, लक्ष्मण सिंह नेगी, रघु तिवारी, सुनीता शाही, प्रेम पंचोली, सुरेश भाई, सुमन आर्या, कंचन भण्डारी और मैं स्वयं। इन सब पदयात्राओं ने समाज को झकझोर दिया। प्रत्येक घाटी या क्षेत्र के लोकप्रिय विशिष्ट लोग पदयात्रा में साथ चले। उत्तराखण्ड की प्रमुख स्थानीय भाषाओं—कुमाउँनी व गढ़वाली के कवि व गायक जुड़े। कोसी नदी पर चल रही पदयात्रा में कुमाउँनी के गिरीश तिवारी 'गिर्दा' और मन्दाकिनी पदयात्रा में गढ़वाली भाषा के कवि व गायक नरेन्द्र नेगी जुड़े। कोसी पर चल रही हमारी यात्रा में डॉ. शमशेर बिष्ट व डॉ. शेखर पाठक अपने साथियों को लेकर शामिल हुए थे। वे सभी जनसरोकारों के संघर्षकर्ता व जनान्दोलनों के प्रणेता थे। अभियान का बहुत सारा दैनन्दिन आवश्यक कार्य कस्तूरबा महिला

उत्थान मंडल, लक्ष्मी आश्रम की सचिव नीमा बहन व उनकी सहयोगी अर्चना बहुगुणा सँभाल रही थी।

हमारी पदयात्रा में पूरे समय पर्वतीय गाँवों के सरोकारों के लिए काम करने वाली 79 वर्षीया पैमेला चटर्जी चल रही थीं। मैं स्वयं 78 वर्ष पूरे कर चुकी थी। अपनी यह 'कोसी बचाओ' पदयात्रा हमने कौसानी बाज़ार के चौराहे पर नारों व गीतों के तुमुलनाद के साथ प्रारम्भ की थी। लक्ष्मी आश्रम की छात्राओं का एक समूह अपनी पीठों पर अपने पिट्ठू, बदन पर खादी वस्त्र तथा हाथों में एक बैनर, जिस पर 'कोसी बचाओ पदयात्रा—कौसानी से रामनगर' लिखा था, लिये थीं। हमारे कारवाँ में जुड़ीं पैमेला चटर्जी बहन पिछले पन्द्रह-बीस वर्षों से कौसानी के पास गाँव में रहने व गाँववासियों के लिए सेवा कार्य करने से पहाड़ी ही बन गयी थीं। हमारे पीछे कौसानी के समाज प्रेमी सज्जन कुछ दूर तक चले थे और सड़क के अगले मोड़ से ही गाँवों की महिलाएँ हमारे साथ जुड़ती गयीं। उनके झुण्ड के झुण्ड पदयात्रा में जुड़ने से यह एक रंग-बिरंगा जुलूस बन गया। ये वे ही महिलाएँ थीं, जिन्होंने अपने महिला मण्डलों द्वारा कोसी-जलागम क्षेत्र के वनों को बचाने के लिए पिछले वर्षों में निरन्तर सक्रिय रहकर सामूहिक परिश्रम किया था। ये ही पहाड़ों की चोटी लाँघकर अगली घाटियों में चेतना फैला आयी थीं। इनके सामूहिक अनुशासन ने ही कोसी जलागम के वनों को वनस्पतियों से सरसब्ज़ कर दिया था। इन्होंने ही कोसी के जल को अपनी अंजुलि में लेकर कोसी बचाने का संकल्प लिया था।

दमकते चेहरों व तेजस्वी वाणी वाली इन महिलाओं ने हमारी पदयात्रा की संख्या दो सौ तक कर दी थी, पर केवल संख्या ही नहीं बढ़ायी थी, आन्तरिक ऊर्जा भी बढ़ा दी थी। अब कोसी बचाने के लिए भाषणों, नारों, गीतों की ज़रूरत न थी। यह कर्मठ अहिंसक महिला दल, उनके प्रकाशमान चेहरे, उनके क़दमों की सुदृढ़ तीव्र गति उनके प्रतिबद्ध इरादों की अभिव्यक्ति कर रही थी। सोमेश्वर क़स्बे के चौराहे पर छात्राओं ने गाया, 'जंगल मत काटो, इनसे नदियों में पानी है।' हमने एकत्र हो गये ग्रामीणों को पदयात्रा का सन्देश दिया, 'अपने बच्चों के जीवन के लिए नदी बचायें। अपने वर्तमान व भविष्य की रक्षा के लिए कोसी की रक्षा करिये।' कुछ जागरूक नागरिक भी हमारे साथ अगली ऐसी ही सभा तक चले। हम कोसी तट पर हमारे निर्धारित पड़ाव वाले गाँवों में गयीं। ग्रामीण महिलाएँ अपने घरों को वापस गयीं। उनमें से एक दो महिलाएँ, जो पदयात्रा में रामनगर तक साथ रहने वाली थीं, हमारे साथ रहीं।

शाम को सारा गाँव जुड़ा, गीतों, नुक्कड़ नाटकों के साथ हमारी पदयात्री ग्रामीण महिलाओं ने कोसी के जलागम का संरक्षण-संवर्धन करने के अपने अनुभव बताये। जल, जंगल व ज़मीन पर प्रथम अधिकार उनके निकट रहकर उनसे आजीविका पाने वाली जनता का होना चाहिए, हमने इस सन्देश के द्वारा चर्चा-विचारणा प्रारम्भ की। दिन लम्बा और थकाने वाला हो गया था। सभा समाप्त हुई और हम अलग-अलग परिवारों में भोजन के लिए गयीं। पुनः सोने को एक ही कमरे में एकत्र हो गयीं। जनवरी की ठण्डी रात थी। हमने अपने पिट्ठुओं में से अपने-अपने स्लीपिंग बैग निकाले और फ़र्श पर बिछे पुआल पर एक साथ सब सो गयीं।

पदयात्रा का प्रत्येक दिन इसी प्रकार गुज़रता था। छोटी-बड़ी सभाएँ, गीत, नुक्कड़ नाटक आदि करते हुए लगातार नारों से गाँवों को गुँजाते हुए पन्द्रह दिनों में हमारी पदयात्रा कोसी के तट पर बसे रामनगर शहर में पहुँची। बहुत सकारात्मक दृष्टि से हमारे विचार को स्वीकार करने वाले लोग भी मिले और टीका-आलोचना करने वाले भी। परन्तु पदयात्रा ने उनकी सोच को एक दिशा दी थी, जो नयी थी और गाँव के अनुकूल थी। रामनगर के पर्यावरण प्रेमी मित्रों ने सम्मेलन के सभी प्रबन्ध किये थे। रामनगर सम्मेलन को सफल करने के लिए अपार सहयोग मिला था, जो हमारी अपेक्षा से भी अधिक था। वास्तव में तो नदियों का मुद्दा ही इतना ज्वलन्त था, जिसने स्वयं लोगों को खींच लिया था। दूसरी ओर उत्तराखण्ड ने आज तक अपने जल, जंगल और ज़मीन के प्रति जिस प्रकार निरन्तर संघर्ष किया था, वह एक ऐसा समर्पित नमूना था, जिसने देश-दुनिया को अभिप्रेरित किया था। आज भी उसी परम्परा में पन्द्रह दिनों तक उत्तराखण्ड की पन्द्रह नदियों की घाटियों में उत्तराखण्ड के पन्द्रह महत्त्वपूर्ण साथियों की अगुवाई में उन घाटियों की आम जनता, स्त्रियाँ और पुरुष, किसान व व्यवसायी, प्रोफ़ेसर व कामगार, युवक व युवतियाँ, लोकनायक व लोकगायक, युवा व वृद्ध सड़कों में पैदल चले थे। किसलिए? केवल नदियों के लिए, उनके जल के संरक्षण के लिए, जो सदियों से प्रवाहित होता रहा था। कोटि-कोटि प्राणियों को प्राण देता रहा था और इस देश की समृद्धि, यहाँ की ज़मीन, जंगलों तथा संस्कृति व समाज को पोसता रहा था। उसी को बचाने तथा उसके आसन्न संकट को दूर करने का आह्वान उच्च हिमालय से हुआ था।

सम्मेलन में स्वामी योगानन्दजी जैसे अध्यात्म गुरु पूना से आये थे तो देशभर की नदियों के संरक्षण के लिए अभियानात्मक ही नहीं, प्रत्यक्ष रचनात्मक कार्यों के पुरोधा जलपुरुष राजेन्द्र सिंह भी इसमें पहुँचे थे। गंगा के संरक्षण को समर्पित प्रोफ़ेसर जी.डी. अग्रवाल, जो बाद में संन्यासी ज्ञान स्वरूप सानन्द बने और गंगा मैया के

संरक्षण के लिए एक समर्पित अनुरक्त पुत्र की तरह सत्याग्रह करते हुए अपने प्राण न्यौछावर कर गये थे, भी पधारे थे। उत्तराखण्ड के सर्वोदय विचार के वरिष्ठ सेवक मानसिंह रावत, बहन शशिप्रभा रावत, रवि चोपड़ा, सदन प्रसाद मिश्र, सुरेश भाई, लक्ष्मण सिंह नेगी, प्रेम पंचोली, यहाँ के पर्यावरण संरक्षण संवर्धन के लिए तथा लोकहित के लिए प्रतिबद्ध युवा जननायक शमशेर बिष्ट, शेखर पाठक, 'नैनीताल समाचार' के सम्पादक राजीव लोचन शाह, रघु तिवारी, उमा भट्ट, बीजूनेगी, महिला समाख्या से बसन्ती पाठक, हमारी सहयोगी बहनें, पैमेला चटर्जी, नीमा वैष्णव, लोकगायक व कवि गिर्दा, 'नदी बचाओ' की प्रखर आन्दोलनकर्ता महिला, सुशीला भण्डारी व लक्ष्मी आश्रम की कार्यकत्री बसन्ती बहन व वहाँ की छात्राओं की टोली भी सम्मेलन में शामिल हुई। रामनगर के प्रतिष्ठित सहविचारी मित्र साहित्यकार मथुरादत्त जी मठपाल तथा अन्य स्थानीय युवक व नागरिक एवं आमजन इन सब उपस्थित हुए कर्मठ व्यक्तियों के रूप में उत्तराखण्ड की सभी प्रतिभाएँ व कर्मठता से तृणमूल में काम करने वाली शक्तियाँ आपस में समन्वित हो गयी थीं। इसके साक्षी और प्रोत्साहक थे—विधायक किशोर उपाध्याय और सांसद प्रदीप टम्टा।

पन्द्रहों पदयात्राएँ अपनी-अपनी नदियों का जल लेकर आयी थीं। उनको एक कलश में समर्पित करने को उनकी टोलियाँ अपनी नदी का गीत गाती हुई तथा अपना नारा दुहराती हुई मंच पर आयीं। इसके द्वारा ही सम्मेलन के उद्घाटन सत्र का श्रीगणेश हुआ। यह प्रतीकात्मक जलमिलन सभी नदी घाटियों व सभी साथी कार्यकर्ताओं के संयुक्त एकजुट प्रयास का बाह्य स्वरूप था।

सम्मेलन वैचारिक एवं संगठनात्मक रूप से बहुत मूल्यवान रहा था। यहाँ उत्तराखण्ड के पूरब से पश्चिम तक के हर ज़िले व हर घाटी के निवासी आमजन उपस्थित थे। साथ में रामनगर के नगर निवासी भी थे। यह एक विशाल सम्मेलन था। शायद इस अभियान को प्रारम्भ करते समय हमने यह कल्पना भी नहीं की थी कि अभियान को यह स्वीकृति मिल पायेगी। अब इसको आगे ले जाने का ज़िम्मा उन अनेक का हो गया था, जो वहाँ उपस्थित थे। इससे प्रेरित होकर हमने अपने उस निर्णय को सार्वजनिक रूप से घोषित किया, जो हमने 8 जुलाई 2007 को बहन जी की पुण्यतिथि मनाते हुए किया था कि 2008 के वर्ष को हम सभी 'उत्तराखण्ड नदी बचाओ' वर्ष के रूप में मनायेंगे। सम्मेलन की एक स्वर से स्वीकृति ने उसे पुष्ट किया।

दूसरा भी एक महत्त्वपूर्ण बिन्दु था। 28 दिसम्बर 2007 को अभियान प्रारम्भ होने की पूर्व संध्या पर हमने एक सभा आयोजित की थी। उसके माननीय मुख्य

अतिथि एवं मुख्य वक़्ता जलगुरु अनुपम मिश्र ने सभा को सम्बोधित करते हुए कहा था, "नदियों का काम राज व समाज, दोनों के मिलकर करने का काम है। राज भी अपनी ज़िम्मेवारी समझे और समाज भी अपनी कर्तव्यपूर्ति करने आगे आये। यद्यपि जल पर पहला अधिकार समाज का ही है, पर सरकार भी तो उसी की है।" सम्मेलन में हमने तय किया कि हम दोनों को ही झकझोर कर जगाएँगे। इसमें जन यानी जन-शक्ति को जगाना, समन्वित रूप से सक्रिय करना अपेक्षाकृत आसान था। उत्तराखण्ड के कई स्थानों में वे जगे भी थे, जल पर अपना प्रथम अधिकार पाने को सक्रिय भी हुए थे, पर सरकार को जगाना कठिन होता था क्योंकि वह सोयी न थी। जगी थी, पर सोये का बहाना किये थी। ऐसे व्यक्ति या व्यक्ति समूह को जगाना बहुत कठिन था। अभियान को यह कठिन काम भी करना था, यह सम्मेलन की एकमत आवाज़ थी।

अभियान की अभी तक की सफलता उल्लेखनीय थी। हर घाटी से पदयात्रा के समाचार आते थे। उन्होंने सरकार को झकझोरा तो था ही, सरकार को हमारे पत्रों व रिपोर्टों ने भी बार-बार याद दिलायी थी और सरकार का रुख़ हमारे अभियान की ओर अभिमुख हुआ था। हमने अभियान का उद्‌देश्य केवल नदी जल तक ही सीमित नहीं रखा, उसे पूरे जलतन्त्र को पुनर्जीवित करने के लिए तय किया। नदियों के जल के प्रवाह की शुद्धता व उसके सातत्य को अवसर प्रदान करवाने की दृष्टि से दो मुद्दे मुख्यतः विचारणीय थे। पहला संकट उत्तराखण्ड की कोसी, गगास, गोमती, सरयू, रामगंगा, नयार, जलकूर जैसी सैकड़ों उन नदियों पर था जो वर्षा पोषित थीं और हिमानियों रहित पर्वतों का वनाच्छादन ही उनकी समृद्धि का स्त्रोत था, जिससे वे उद्‌गमित होती थीं। इनके जलागमों का हरित परिधान क्षीण हो गया था। इनके सहायक तन्त्र यानी गधेरे, जो इनमें पानी लाते थे, सूख गये थे। इन्हें पुनः सरसब्ज़ करना था। यहाँ के धारे, नौले, झीलें, तालाब—सभी क्षीण होते जा रहे थे। इस पूरे तन्त्र को पुनर्जीवित करना अभियान का लक्ष्य बना था।

दूसरा संकट नदियों पर बन रही जल विद्युत परियोजनाएँ थीं। विद्युत उत्पादन सरकारों की प्राथमिकता थी। उनके लिए वही महत्त्वपूर्ण थी। मैदानी कृषि को सिंचाई की पर्याप्तता मुहैया करना व वहाँ के उद्योगों को बिजली प्रदान करना उनका मुख्य ध्येय था अर्थात् पर्वतीय सुन्दर उपजाऊ घाटियों का उनके लिए कोई मूल्य न था, जिन घाटियों ने यहाँ के समाज को आत्मनिर्भर बनाया था। इन विद्युत परियोजनाओं के निर्माण के लिए निजी कम्पनियों को आमन्त्रित करना तो मानो 'कोढ़ में खाज' की तरह एक अभिशाप ही था। इनकी कार्यशैली में ही निहित था आम जनता की

उपेक्षा, उनके अधिकारों, संस्कृतियों व विश्वासों का दमन तथा भ्रष्ट तरीक़ों से संसाधनों पर क़ब्ज़ा करना। पर्यावरण विनाश तो इन परियोजनाओं के मूल ढाँचे की बुनियाद ही थी। उस समय 'रन ऑफ़ द रिवर' मॉडल के नाम से जो परियोजनाएँ निर्मित हो रही थीं, उनमें किलोमीटरों लम्बी सुरंगें निर्माण की जाती थीं, जिनमें नदी का पानी मोड़ दिया जाता था। सुरंग के अगले छोर पर पानी को 'फॉल' देते और वहाँ विद्युत उत्पादन होता था। भूकम्पीय ज़ोन 5 तथा 6 में स्थित उत्तराखण्ड हिमालय में इतनी लम्बी सुरंगें पहाड़ को खोखला कर देतीं, उनके भीतर तेज़ी-से बहता पानी उसमें कम्पन पैदा करता। इन सुरंगों के ऊपर पीढ़ियों से बसे हुए गाँव थे। उनके पेयजल स्रोत इन सुरंगों के कारण अपना प्राकृतिक मार्ग बदलकर सुरंगों में बह जाते थे। उनके खेतों की आर्द्रता रिसकर सुरंगों में आ गयी थी। जोशीमठ के पास से बद्रीनाथ की ओर जाने वाले मार्ग के समीप मैंने स्वयं सुरंग के भीतर खेतों के रिसते हुए पानी को वर्षा की तरह मूसलाधार टपकते देखा था। किसानों के खेतों में खेती को पुष्ट करने के लिए धरती की आर्द्रता निकल गयी थी। अब उस ज़मीन में बचा ही क्या था? इसी प्रकार एक दूसरा दृश्य आज भी मेरी आँखों में जीता-जागता विद्यमान है। वह मई के दूसरे सप्ताह की बात है। हमारी प्रथम जलयात्रा 2008 भिलंगना नदी की घाटी में जा रही थी। भिलंगना खतलिंग ग्लेशियर से निकलती है। इसमें गाद की मात्रा अधिक है, फिर भी इस पर तथाकथित 'रन ऑफ़ दि रिवर' परियोजनाएँ बनायी जा रही थीं। सुरंग ख़ुद रही थी, उससे पानी की एक मोटी धारा छल-छल करती हुई बाहर को बह रही थी। यह उस सुरंग के ऊपर पीढ़ियों से बसे गाँव के पेयजल का पानी था। हमने देखा, दूसरी ओर पीठ पर पीतल के बन्ठे उठाये, ग्रामीण महिलाओं की क़तार चढ़ाई पर चढ़ रही थी। उनके माथों से पसीना बह रहा था। चढ़ाई तेज़ थी। एक बन्ठा पानी के लिए इतनी मेहनत क्यों? मेरे इस सवाल का उत्तर किसी ने दिया था, "वह सुरंग से बहने वाला स्वच्छ जल इसका कारण है। वह इन महिलाओं के गाँव का पेयजल था जो सुरंग में निकल आया है।" अब गाँव जलविहीन हो गया था और उन्हें मील भर नीचे उतर कर नदी से अपने जलपात्र भरने पड़ते थे और चढ़ाई में ढोने पड़ते थे। सुरंग उनके गाँव के नीचे से जा रही थी। लोगों को डर था कि कहीं उनके गाँव को भी चाँईं गाँव जैसा हादसा न झेलना पड़े, पर इस सुदूर क्षेत्र में उनकी शंकाओं का समाधान करने वाला भी कोई न था—न उनका जनप्रतिनिधि, न उनका प्रशासन और न उनकी सरकार।

यही सब हमें सरकार की नज़रों में लाना था। 'नदी बचाओ अभियान' ने अपना यह लक्ष्य निर्धारित किया था। परियोजनाओं से सम्बन्धित क्षेत्र में कम्पनियों

की अनियमितताओं, आम जन-जीवन में उपस्थित होने वाली बाधाएँ तथा उनके संसाधनों का शोषण-विनाश आम बात होती थी। कम्पनियाँ येन-केन प्रकारेण अपना हित साधने यानी मुनाफ़ा कमाने के लिए सामान्य नियम क़ानूनों का भी पालन नहीं करती थीं, तो भी सरकार व स्थानीय प्रशासन द्वारा उन्हीं को सहायता मिलती और उन्हीं का पक्ष मज़बूत किया जाता था। इस कारण लगता, मानो नदी घाटी में कम्पनी-राज का वातावरण ज़ारी हो गया है।

ये दोनों मुद्दे सम्मेलन की चर्चाओं में छाये रहे थे। इन्हीं के आधार पर 'उत्तराखण्ड नदी बचाओ' वर्ष 2008 का कार्यक्रम भी निर्धारित किया गया था। आन्दोलन को जन-जन तक पहुँचाना यानी उत्तराखण्ड के गाँवों व नगरों तक फैला देना मुख्य कार्यक्रम था। उसके लिए पदयात्राओं का सर्वसुलभ माध्यम तो था ही, जल यात्राओं के नाम से वाहन यात्राएँ आयोजित करने का निर्णय भी लिया गया। 2008 के अन्तर्गत एक गढ़वाल मण्डल और एक कुमाऊँ मण्डल में जल-यात्राएँ चलाने का निश्चय किया गया। देहरादून में द्वितीय सम्मेलन और विधायकों की गोष्ठी करने का भी निर्णय हुआ। राज्य सरकार के पास दोनों प्रकार की नदियों की समस्याओं व उनसे होने वाली जनता के हितों का व उनके अधिकारों के हनन की बात पहुँचायी जाये, ऐसे तीन-चार कार्यक्रम तय हुए। उत्तराखण्ड की कोई अपनी पुनर्वास नीति नहीं थी। हमारी माँग थी कि राज्य सरकार पुनर्वास नीति व जलनीति बनाये व केन्द्र सरकार सम्पूर्ण भारतीय हिमालय के लिए एक विशेष विकास नीति बनाये, जो यहाँ की संवेदनशील भू-रचना एवं पारिस्थितिकी के अनुकूल हो। आज की सरकारी विकास अवधारणा हमें मान्य न थी, क्योंकि वह पर्यावरण व प्रकृति का विनाश करने वाली थी।

उत्तराखण्ड की वर्षा-पोषित नदियों के संरक्षण के लिए हमारी एक विशेष माँग सरकार से थी कि नदियों के जलागम क्षेत्रों की पर्वत चोटियों और उनसे लगे पहाड़ों के ढलानों के ऊपर के भाग में चौड़ी पत्ती के वृक्षों, जैसे बाँज बुराँश के सघन आच्छादन विकसित करवाये। अमुक ऊँचाई से ऊपर चीड़ का एक भी वृक्ष पैदा न हो, यह प्रयास करे ताकि यह चौड़ी पत्तियों का वन नदियों के जलागम को अधिक जल दे सके और नदियाँ सदानीरा रह सकें। मुझे तो यहाँ तक विश्वास था कि पर्वतों पर का ऐसा सघन वन हिमानियों पर भी शीतलता भरा प्रभाव डालेगा। वे वैश्विक धरती ताप की शिकार कम बनेंगी।

इन प्रश्नों को लेकर हम रवि चोपड़ा के आयोजन के आधार पर मुख्यमन्त्री भुवनचन्द्र खंडूड़ीजी को मिलने गये। हिमपोषित तथा वर्षापोषित, दोनों प्रकार की

नदियों की सभी आँखों देखी दुर्दशाओं को और उनसे हो रही जन असुविधाओं को हमने उनके सामने अपनी पूरी समझ के साथ प्रस्तुत किया। उन्होंने सुना और समझा भी, परन्तु जल विद्युत परियोजनाओं की विनाशक क्रियाओं और उनसे उपजे जन संकट की बातों को वे टाल गये, यह कहकर कि वह केन्द्र सरकार की ज़िम्मेवारी है। परन्तु हमारी बातों को उन्होंने मनोयोग से सुना। वे बातें प्रत्यक्ष दर्शन यानी आँखों देखी वास्तविकताएँ थीं। कोसी की स्थिति का वर्णन वैज्ञानिक शोध पर आधारित था और अन्य घाटियों में बहने वाली छोटी नदियाँ जनजीवन के लिए व वहाँ के बाशिन्दों के लिए अस्तित्व का आधार थीं। उन्होंने यह सब समझा भी, अतः हमें लगा कि वे कुछ करेंगे ही। मुख्यमन्त्री ने मुख्य सचिव को कहा कि हमारी एक बैठक राज्य स्तर के सारे अधिकारियों के साथ करायी जाये। एस.के. दास मुख्य सचिव थे। उनकी अध्यक्षता में राज्य के सचिवों, आयुक्तों एवं अन्य उसी स्तर के अधिकारियों की बैठक 14 मई 2008 को राज्य सरकार के सभागार में की गयी। 'उत्तराखण्ड नदी बचाओ अभियान' के साथी रवि चोपड़ा, जोशीमठ से लक्ष्मणसिंह नेगी, अभियान में मेरे सहायक लक्ष्मी आश्रम के बसन्त पाण्डे, उत्तरकाशी से सुरेशभाई, मन्दाकिनी नदी पर बन रही विद्युत परियोजनाओं की विरोधी कर्मठ आन्दोलनकारी सुशीला भण्डारी तथा उसी रायड़ी गाँव के एक पूर्व शिक्षक और उक्त परियोजना का प्रतिरोध करने वाले गजपाल सिंह नेगी व मैं उक्त बैठक को सम्बोधित करने गये।

हमें अभियान के ठोस सुझाव सामने रखने की माँग उन श्रोताओं ने रखी, जो हम चाहते ही थे। हमने तीन-चार मुख्य सुझाव उनके सामने रखे। उत्तराखण्ड की सरकार अपने राज्य की एक पुनर्वास नीति तैयार करे और उसके लिए आम जनता से भी सुझाव ले। वर्षापोषित नदियों के जल संवर्धन के लिए पर्वतों की चोटियों तथा उनके ढलानों को अमुक दूरी तक चौड़ी पत्तियों के जंगलों से ढक दिया जाये ताकि उनके जलागम क्षेत्रों में प्रतिवर्ष अधिक-से-अधिक वर्षा जल का रिसाव हो, इसकी व्यवस्था वन विभाग करे। इस प्रकार की कुछ मुख्य माँगें हमने उनके सामने रखी थीं। जल विद्युत परियोजनाओं का सुरंग आधारित नमूना सर्वाधिक तथ्यों के साथ रखा गया था। सर्वाधिक वाद-विवाद भी जल विद्युत परियोजनाओं के सम्बन्ध में ही हुआ था। हमने प्रत्यक्ष देखे व समझे अपने अनुभव बताये तथा अनेक परियोजनाओं के सामने हो रहे जनान्दोलनों के सम्बन्ध में विशेष रूप से बताया। हमारा कहना था कि यह सुरंगों के निर्माण वाला मॉडल हिमालय की संवेदनशील भू-रचना, उस पर बसे गाँवों व उनके जल स्रोतों के लिए कितना ख़तरनाक है, अतः उसको तो बनना ही नहीं चाहिए। सरकार स्थानीय विद्युत-आपूर्ति का लक्ष्य रखे और ऐसी लघु जल

विद्युत प्रकल्प बनवाये, जिनसे स्थानीय गाँवों को प्रकाश व लघु उद्योग चलाने को ऊर्जा, दोनों ही मिलें। हमें मालूम था सरकार की नज़र में गाँववासी नहीं, भारी उद्योग व कॉरपोरेट जगत् था, पर हमारे इस सुझाव का विरोध भी किसी ने नहीं किया, न उसे स्वीकार ही किया। अत्यन्त विनम्र व सरल मुख्य सचिव ने हमारी सारी बातें मुख्यमन्त्री के पास पहुँचाने का वादा किया और सौजन्यपूर्वक हमें विदा किया।

पूरी चर्चा से हमें लगा था कि सरकार का ध्यान छोटी नदियों की ओर गया तो था, पर उन्होंने इसके लिए कोई विशेष स्कीम बनायी हो, ऐसा तो नहीं हुआ। एक दशक के बाद हमारी कोसी नदी पर खंडूड़ीजी के उत्तराधिकारी मुख्यमन्त्री ने नदी के जलागम क्षेत्र में एक लाख वृक्ष लगवाने का अभिक्रम लिया था जिस पर हमारे अभियान का कोई असर था, यह भी हम नहीं कह सकते थे, पर उस ओर अभिमुखता बढ़ाने में अवश्य अभियान का प्रभाव काम कर रहा था।

उस काल की बात आगे बढ़ायें। मुझे याद आती है हमारी प्रथम जलयात्रा, जो गढ़वाल मण्डल के लिए तय की गयी थी। उसे हमने बद्रीनाथ से प्रारम्भ किया था। यह पदयात्रा अलकनन्दा, मन्दाकिनी, भिलंगना, बालगंगा, भागीरथी, यमुना, टौंस और टौंस की सहायक नदियों, रुपिन व सुपिन की घाटियों में जाकर समाप्त हुई थी। इन नदियों की मुख्य समस्या जल-विद्युत परियोजनाएँ थीं। विष्णुप्रयाग परियोजना से धँस गया चाँईं गाँव हमारी टोली ने देखा। विद्युत परियोजनाओं के सुरंग आधारित मॉडल का यह सबसे ख़तरनाक नमूना था। मैं तो एक बार पहले, जब यह धँसाव हुआ था, तब ही इस गाँव में जा चुकी थी। तब पर्यावरण व ग्रामों की आत्मनिर्भरता के लिए अपनी स्वयंसेवी संस्था के द्वारा वहाँ की कई घाटियों में उत्साहपूर्वक काम करने वाले लक्ष्मण सिंह नेगी मेरे साथ थे। मैंने उनकी सहायता से चाँईं गाँव को हुए नुक़सान का विस्तृत अध्ययन किया था, किन्तु हमारे प्रयासों का कोई विशेष लाभ नहीं हुआ था। पीड़ितों को सरकार से जो भी राहत मिली थी, वह लक्ष्मण सिंह नेगी के प्रयासों से मिली थी। दसियों साल बाद हमारी जल यात्रा के समय तक भी चाँईं गाँव के सामने समुचित पुनर्वास, मुआवज़े व रोज़गार का सवाल मुँह बाये खड़ा था। इस गाँव को देखना यानी जल-विद्युत परियोजना के विनाशक रूप का प्रत्यक्ष दर्शन था। इस जलयात्रा में हमारे साथ पर्वतीय पर्यावरण के वैज्ञानिक विश्लेषणकर्ता रवि चोपड़ा थे। सामाजिक कामों के अनुभवी सुरेश भाई व लक्ष्मण सिंह नेगी थे। लक्ष्मी आश्रम के द्वारा महिला-संगठनों की अनुभवी कार्यकर्त्री बसन्ती बहन थीं और युवा पत्रकार लक्ष्मी आश्रम के बसन्त पाण्डे थे। सबके लिए चाँईं गाँव को देखना एक आवश्यक अनुभव था।

चाँईं की तरह ही रायड़ी गाँव में जाने का यह मेरा तीसरा या चौथा अवसर व अनुभव था। रायड़ी गाँव सिंगौली भटवाड़ी जल-विद्युत परियोजना से प्रताड़ित गाँव था। इस परियोजना का निर्माण लार्सन एण्ड टुब्रो कम्पनी कर रही थी। रायड़ी के उपजाऊ खेतों की ज़मीन पर सुरंग के मुहाने तक जाने के लिए यानी अपनी मशीनों को ले जाने के लिए मोटर रोड बनाने की ज़िद पर कम्पनी उतारू थी।

महिलाओं द्वारा पाले-पोसे चारे के जंगल के ऊपर कम्पनी के कर्मचारी बुलडोज़र चला रहे थे। रायड़ी की महिलाओं ने मशालें ले जाकर उनकी मशीनों को जला देने की धमकी दी तो वे सारे तगड़े-मुस्टंडे कर्मचारी भाग खड़े हुए। तब से उनका बुलडोज़र महिलाओं के क़ब्ज़े में था। ऐसी साहसी व प्रतिबद्ध महिलाओं का नेतृत्व कर रही थी, उसी गाँव की जागरूक किसान महिला सुशीला भण्डारी। वह पर्यावरण संरक्षण व इस बाँध का विरोध करने वाली सशक्त कार्यकर्ता (ऐक्टिविस्ट) बन गयी थी। इसी परियोजना का तीव्र विरोध करते हुए उन्हें गिरफ़्तार कर लिया गया था और वे एक माह पौड़ी के कारागार में रखी गयी थीं। मैं व डॉ. शमशेर बिष्ट उन्हें मिलने कारागार में गये थे, तो उसने जेल में रहते हुए जो आशापूर्ण, उत्साह से भरी हुई कविताएँ लिखी थीं, वह मुझे दिखायी थीं। कारागार की सज़ा भी सुशीला भण्डारी के उत्साह व अपने उद्देश्य के प्रति किये समर्पण भाव को नहीं दबा पायी थीं। ऐसी सुशीला भण्डारी भी हमारी जलयात्रा में जुड़ गयी थीं।

परियोजना से कुप्रभावित रायड़ी के आसपास के गाँव फलई, बस्सरी, कुण्ड आदि में जाने के बाद यात्रा आगे बढ़ी। दूसरी नदी घाटियों की ओर बढ़ते हुए गोरसली, सुराऊ, चानी, पुरोला, मोरीसाँकरी, थापी, विश्वाकी, माटगाँव बीना बगर जोगेड़ा, मलेथा, चक्रगाँव, सुनारगाँव, सिंहवालगाँव, ऊईना, जसपुर, धनक्यारा, पाला, कंजनगाँव, लाखामण्डल, साँकरी (टौंसघाटी)—इन गाँवों से सम्पर्क हुआ। उन सभी से छोटी-छोटी सभाओं में अच्छी बातें हुईं। उनकी अपनी नदियों पर आये संकट का जायज़ा भी लिया गया। कई दशकों से हम इन परियोजनाओं के प्रति सक्रिय थे व जन समस्याओं की समझ भी रखते थे, तो भी सरकारों द्वारा आयोजित इन तथाकथित विकास कार्यों द्वारा स्थानीय जनता को किस संकट और अभाव में डाल दिया था, उसके नये पहलू जानकर हमारी समझ और भी बढ़ी। हमारे मन अधिक ही द्रवित हुए। रुपिन व सुपिन की घाटियों में गोविन्द पशुविहार ने लोगों के अधिकारों को पूरी तरह सिकोड़ के रख दिया था। ऐसे अनेक नये तथ्यों की हमें समझ बढ़ी थी। मुझे इन सभी गाँवों के नाम तो याद नहीं हैं, पर वहाँ की समस्याओं और स्थानीय जनता द्वारा उनके लिए किये गये सामूहिक प्रयासों की अवश्य याद है।

उस समय की मेरी दैनन्दिनी और 'नदी बचाओ अभियान' के थोड़े-से दस्तावेज़ों ने उस काल का सारा इतिहास फिर से मेरे मस्तिष्क में ताज़ा कर दिया है। मेरी स्मृति में जो सदा ताज़ा रहा, वह था टौंस नदी का वह भव्य दृश्य। यह पर्वतीय नदी मानो मस्त अन्दाज़ में अपने लक्ष्य के लिए एकाग्र मन से दौड़ी जा रही थी।

यात्रा में देखे जनता पर आये सभी संकटों का ब्यौरा हमने राज्य सरकार व केन्द्र सरकार तक पहुँचाया था और 'नदी बचाओ सन्देश' नाम से अभियान के बुलेटिन से पूरे उत्तराखण्ड के साथियों को भेजा था। अब अभियान को नये-नये उत्साही साथी प्राप्त हो रहे थे, जो अपनी-अपनी घाटी क्षेत्र में सक्रिय थे। इन लोगों द्वारा अभियान के दो वर्षों के अन्तराल में अपने क्षेत्रों में 60 पदयात्राएँ की थीं, जिसमें कुल मिलाकर 3,200 किमी. की दूरी पार की थी। हमने दो राज्य स्तरीय सम्मेलन आयोजित किये थे। एक विधायकों की गोष्ठी भी आयोजित की, किन्तु उसमें विधायक उपस्थित नहीं हुए थे। हर घाटी में हमने किसानों व युवाओं की गोष्ठियाँ वहाँ के स्थानीय साथियों के द्वारा आयोजित करवायी थीं। इन गोष्ठियों में अधिकांशत: उपस्थिति अच्छी रही थी। तीन जलयात्राएँ की गयीं। गढ़वाल मण्डल की जैसी दूसरी जलयात्रा कुमाऊँ मण्डल की थी। जलयात्रा का यह द्वितीय चरण 16 से 26 सितम्बर 2008 तक चला था। ग्यारह दिनों की इस यात्रा में शमशेर बिष्ट, लक्ष्मण सिंह नेगी, पूरनचन्द्र तिवारी, रवि चोपड़ा, बसन्ती बहन और मैं थे। बसन्त पाण्डे ने इसका संयोजन किया था। कोसी नदी से प्रारम्भ करके पश्चिमी रामगंगा, गगास, भवालीगाड़, रामगाड़, पनार, सरयू, गोरीगंगा, महाकाली, कैल, पिंडर, गोमती, गरुड़गंगा की घाटियों में जाकर जनमानस को समझाने व उनसे जुड़ने का प्रयास किया था। वहाँ आम जन के अनुभूत ज्ञान को जानने का प्रयास किया और उनको नदी संरक्षण संवर्धन के लिए प्रेरित किया। द्वाराहाट में महिला एकता परिषद् की महिलाओं ने जलयात्रा का स्वागत किया था। यह संगठन जल, जंगल, ज़मीन के मुद्दों पर वर्षों से सक्रिय रहा था। 'नदी बचाओ अभियान' उनके उद्देश्य में ही जुड़ता था। वे महिलाएँ उत्साहित होकर हमारे अभियान से जुड़ी थीं। गगास घाटी का एक दूसरा संगठन 'दोसादगधेरा बचाओ मंच' ख़ूब काम कर रहा था। इस गधेरे के प्रभावक्षेत्र के 115 नौलों में से अब केवल 15 नौलों में पानी बचा था। इस गधेरे में कई घराट थे। वे आज भी हैं, पर चलते नहीं, क्योंकि उनके लिए गधेरे में जल शेष नहीं रहा था। इस गधेरे के संरक्षण-संवर्धन कार्य में गाँव के 880 परिवार जुड़े थे, जिन्होंने जलागम क्षेत्र में 500 चाल-खाल बनायी थीं। गधेरे के जलागम क्षेत्र में आने वाले आरक्षित वन की भूमि पर भी चाल-खाल खोदने की अनुमति उन्होंने वन

विभाग से ले ली थी। सच है, जल प्रतिबद्धता के प्रयास सरकार के नियमों को भी बदलवा सकते हैं।

'दोसाद गधेरा बचाओ मंच' व जगदीश भण्डारी के साथ जुड़े पुरुष और महिला मण्डलों की कहानी हम आगे की यात्रा में गाँव-गाँव, शहर-शहर कहते रहे थे। यह जनता के पुरुषार्थ व अपनी एकता के बल पर जनशक्ति को प्रोत्साहित करने का एक बेहतरीन उदाहरण मिला था। महाकाली व सरयू के संगम पर बनने वाला पंचेश्वर बाँध भारत व नेपाल के आमजन की चिन्ता का विषय बना था। 315 मीटर ऊँचा यह बाँध 6,480 मेगावाट बिजली पैदा करने वाला था, पर इस विद्युत को पाने के लिए स्थानीय भारतीय जनता को अपनी बहुमूल्य उपजाऊ माटी खो देनी होगी। चार नदियों की घाटी में बसे 120 गाँवों के सात हज़ार परिवारों के चालीस हज़ार लोग अपने घरों से बेघर होंगे। इसी प्रकार नेपाल की तेरह हज़ार हैक्टेयर श्रेष्ठ भूमि डूब जायेगी। उसके बीस हज़ार लोग विस्थापित होने वाले थे। विस्थापन के दंश का दर्द वही समझ पायेगा जो उसका कष्ट भोगता है। आराम से बंगलों में सोने वालों को कोई फ़र्क़ नहीं पड़ता, परन्तु महाकाली व सरयू घाटी में रहने वाले लोग बहुत भोले व विश्वासी थे। वे सरकारी अधिकारियों के झूठे वादों तथा आश्वासनों पर भी विश्वास करते थे और फिर भी कहते थे कि हम अपनी मिट्टी नहीं छोड़ेंगे।

महाकाली के बाद हम गोरीघाटी में गये। वहाँ बाँधों की एक श्रृंखला अर्धनिर्मित तथा प्रस्तावित थी। कम्पनियाँ गाँवों के भीतरी मामलों, जैसे पंचायतों के चुनाव आदि में भी दखल दे रही थीं ताकि इन परियोजनाओं के द्वारा किये जा रहे शोषण नुक़सान को समझने वाले लोग पंचायत का अधिकार न पायें। यह कम्पनियों की ओर से सरासर चेष्टा थी। फिर भी ऐसे स्थानीय लोगों का समूह, जो कम्पनी राज नहीं चलने देना चाहते थे, हार-मान नहीं हो गया था। हमारी यात्रा के आगमन ने उनको और अधिक प्रतिबद्ध और सुस्पष्ट कर दिया था। मल्लिका विर्दी और रामनारायण भाई के नेतृत्व में वहाँ के स्थानीय स्थायी निवासियों का यह समूह वहाँ के विकास के लिए रचनात्मक काम में भी व्यस्त रहता था। अतः उनकी जड़ें उस समाज में मज़बूत थीं। यह समूह लम्बे समय तक अपनी नदियों के संरक्षण की लड़ाई लड़ता रहा था।

हमारी यात्रा सरयू घाटी में पहुँची। इस घाटी में सौंगनाम के स्थान में, पिंडारी ग्लेशियर के यात्रा मार्ग पर स्थित मोटर रोड के अन्तिम छोर पर उभर आयी एक छोटी-सी बाज़ार थी। यह मोटर रोड आने के बाद ही इस रूप में बसी थी। इस क्षेत्र के गाँवों ने खड़िया खान से नष्ट हुए उनके पेयजल के विरोध में चौड़ास्थल में

संगठित होकर ज़बरदस्त और सफल आन्दोलन किया था। उन वर्षों में मैं आन्दोलन को गति देने के लिए लगातार उनके साथ इस क्षेत्र में रही थी, जिसका वर्णन पिछले पृष्ठों में आया है। इसी कारण इन गाँवों में मैं कई लोगों को जानती थी और बहुत सारे लोग मुझे भी जानते थे।

सरयू में बन रही जल-विद्युत परियोजनाओं का ख़तरा इस उच्च व संवेदनशील क्षेत्र में और भी अधिक था। यह क्षेत्र खड़िया पत्थर की बहुलता वाले तीखे ढलानों का था। खड़िया पत्थर चिकना होने से बहुत फिसलता है। यहाँ सौंग के पास ही वर्षों तक एक सक्रिय भू-स्खलन प्रतिवर्ष फिसलकर सरयू में समाता जाता था, जिसने लोहारखेत गाँव की कई एकड़ भूमि निगल ली थी। ग्रामीणों के साथ जुड़कर मैंने एक स्थानीय स्वैच्छिक संस्था को साथ लेकर उस भू-स्खलन को ग्रामीण इंजीनियरी के द्वारा रोक दिया था। अब ग्रामजनों को विद्युत परियोजनाओं की लम्बी सुरंगें ऐसे क्षेत्र को कैसी व कितनी हानि पहुँचाएँगी, यह चिन्ता थी। स्थानीय लोगों मोहन सिंह टाकुली, दुर्गा सिंह धानिक तथा प्रहलाद कोश्यारी आदि ने संघर्ष समिति का गठन किया था और आन्दोलन प्रारम्भ भी किया था। हमें जलयात्रा द्वारा इन्हीं स्थानीय सक्रिय लोगों को मज़बूत बनाना था। उन्हें यह अहसास देना था कि उनका संघर्ष मानवीय व वैधानिक है और 'उत्तराखण्ड नदी बचाओ' अभियान उनके साथ है।

पिंडर नदी बागेश्वर ज़िले से चमोली ज़िले में प्रवेश करती है तो उसकी पहली घाटी है, देवाल घाटी। देवाल में कैल नाम की एक छोटी नदी पिंडर में मिलती है। कैल नदी पर पाँच मेगावाट का एक लघु बाँध कुछ वर्ष पूर्व ही बन चुका था। देवाल व उसके आसपास के गाँवों के लोग उससे राज़ी थे; क्योंकि उसने कोई कृषिभूमि, जंगलक्षेत्र या बस्ती को अधिगृहीत नहीं किया था, लेकिन अब एक बड़ी 300 मेगावाट की नन्दकेसरी जल विद्युत परियोजना इसी घाटी में पिंडर नदी पर प्रस्तावित थी, जिससे भारी क्षति की आशंका जनता को थी। उसके विरोध की सुगबुगाहट उन गाँवों में विशेषत: देवाल में हो चुकी थी। उन्हें यह बहुत अच्छी तरह समझ में आया था कि अपने जल,जंगल और ज़मीन की क़ीमत पर उन्हें कोई विकास नहीं चाहिए था। हर क्षेत्र, हर घाटी में कोई उत्साही व्यक्ति मिलता ही था, जो आन्दोलन में सक्रिय होकर अपनी घाटी की ज़िम्मेवारी लेता था। देवाल क्षेत्र में हमें मदन मिश्र मिले। यूँ हमारे पुराने साथी सदन प्रसाद मिश्र भी मूलत: उसी क्षेत्र से थे और अब गोमती व गरुड़ नदियों की घाटी में रहते थे। उन्होंने अपने युवा साथियों के साथ उक्त दोनों नदियों की ज़िम्मेवारी लेकर अभियान में सक्रिय शिरकत की थी, पर

मदन मिश्र पिंडर घाटी के ही निवासी थे और सदनप्रसाद मिश्र के साथ होकर उस घाटी के जल, जंगल व ज़मीन को बचाने की इच्छा रखते थे।

हमारी जलयात्राओं में कुछ अच्छे क्रियात्मक सुझाव गाँव की ओर से भी मिलते थे। सदन प्रसाद मिश्र के नेतृत्व में कत्यूर घाटी के मित्रों ने पाँच छोटी नदियों, गधेरों, जो गरुड़ गंगा में मिलती थी को पुनर्जवित करने की योजना बनायी थी, जो गरुड़ गंगा जलागम क्षेत्र को समृद्ध करती थी। यह स्थानीय योजना स्थानीय अभिक्रम से ही पूरी होनी थी। कोसी जैसी ही सात-आठ अन्य नदियों का जलागम धार पानी धार (पिनॉथ श्रेणी से भटकोट श्रेणी तक) की पूरी पर्वत श्रेणी के जल संचय क्षेत्र को वर्षा जल के भू-रिसाव द्वारा संपृक्त करने के लिए एक व्यावहारिक प्रस्ताव लक्ष्मी आश्रम कौसानी द्वारा वन विभाग को भेजा गया था। उसमें घाटी के जन सहयोग को जोड़ने की पूरी ज़िम्मेवारी आश्रम की शिक्षिकाओं और छात्राओं ने ली थी। ये नदियाँ गोमती, गगास, पश्चिमी रामगंगा तथा कोसी आदि अपनी-अपनी सुन्दर उपज देने वाली सघन रूप से बसी हुई घाटियों की जीवन रेखाएँ थीं। इनका सूखना उनके अस्तित्व के लिए बड़ा ख़तरा था। हमने उक्त योजना के सम्बन्ध में कई बार डी.एफ.ओ. कार्यालय के चक्कर लगाये। डी.एफ.ओ. समझ भी गये और उन्होंने इस योजना को क्रियान्वित करने के लिए आवश्यक आर्थिक व्यवस्था के स्रोत भी खोज लिए थे। प्रोफ़ेसर जे.एस. रावत भी उक्त नदियों के जलागम पर्वत श्रेणी के वैज्ञानिक व भौगोलिक पहलुओं को डी.एफ.ओ. को समझाने हमारे साथ आये थे, पर ठीक इसी समय डी.एफ.ओ. का तबादला हो गया और नये डी.एफ.ओ. ऐसे अभिक्रमवान न थे। उन्होंने इसे समझने का प्रयास ही नहीं किया। ऐसी अनेक नयी व छोटी-छोटी योजनाएँ जगह-जगह से प्रस्तावित हो रही थीं। जो अधिकांशतः तो जनअभिक्रम से ही पूरी की जानी थीं। इनसे हम बहुत उत्साहित थे।

केवल नदी और नदी घाटियों से चलकर अब अभियान समस्त जल-स्रोतों तथा जल सम्पदाओं पर केन्द्रित हो गया था। साथ ही, इन सम्पदाओं पर पहला अधिकार उसके निकट रहने वाली जनता, जिनका जीवन उस पर निर्भर है, का होना चाहिए, पर ज़ोर दिया जा रहा था। कालान्तर में इस जल सम्पदा के साथ जंगल व ज़मीन भी जुड़ गये। ये ही प्राकृतिक संसाधन थे, जो पर्वतीय जीवन के आधार थे और इन पर ही पैसे वालों का हमला ज़ारी था, जिसे हमने जलयात्राओं के माध्यम से ख़ूब परखते हुए देखा था। इस दृष्टि से पूरा उत्तराखण्ड अशान्त था। वर्ष 2008 'नदी बचाओ' वर्ष के रूप में बहुत सक्रिय रहा था। उसकी यही सक्रियता वर्ष 2009 में भी बनी रही। हमने इस क्षेत्र के जानेमाने वैज्ञानिकों व वैज्ञानिक संस्थाओं से भी जुड़ाव किया था।

के.एस. वल्दिया, जे.एस. रावत, हेमवतीनन्दन बहुगुणा, विश्वविद्यालय श्रीनगर के मोहन पँवार, अरविन्द दरमोड़ा तथा गोविन्द बल्लभ पन्त पर्यावरण एवं विकास संस्थान कोसी कटारमल, विवेकानन्द पर्वतीय कृषि अनुसन्धान संस्थान, अल्मोड़ा से निरन्तर विचार-विनिमय बनाये रखा था। ये सभी इस अभियान के विचार में सहायक थे।

रामगाड़ नदी (कोसी की सहायक, ज़िला-नैनीताल) की घाटी में ज़मीन से जुड़ी एक नयी समस्या सामने आयी। यहाँ भू-माफ़िया का बहुत बड़ा जाल फैल गया था। कइयों की बात छोड़ें केवल एक नमूना ही पेश करूँ। 'क्लाउड नाइन' कम्पनी का मालिक, जिसने पच्चीसों के झूठे नामों से रामगढ़ क्षेत्र के सबसे ऊँचे स्थान पर एक पूरा सेब का बाग़ बंजर भूमि सिद्ध करके ख़रीद लिया था, उसमें पर्यटक हट बनाकर वह उस अद्‌भुत नैसर्गिक दृश्य उन हिममालाओं के पूरब से पश्चिम तक फैले नज़ारे और वहाँ की शुद्ध वायु तथा अनछुए पानी का पैसा बना रहा था। उसके इस काम के प्रारम्भ होने के बाद अचानक पास-पडो़स के गाँवों में बुरी तरह डायरिया फैल गया। गाँव के लोग चौंक गये थे। वे उसी गधेरे का शुद्ध पानी वर्षों से व आज तक पीते रहे थे, जो बाँज के जंगल से उद्‌गमित होकर बहता था। इसके पूर्व कभी ऐसी कोई बीमारी नहीं हुई थी। गाँव के लोगों ने खोज की, तो पाया कि उनके उस खुले गधेरे के सिरे पर क्लाउड नाइन बैठा था। उसके मज़दूरों के लिए झोपड़ियाँ बनी थीं, पर उनके लिए शौचालय न थे। वे इसी गधेरे को शौचालय बना चुके थे, जिसका पानी नीचे बहकर गाँव वासियों का पेयजल बनता था। ग्रामजनों ने पहले नम्रता से क्लाउड नाइन के मालिक से कहा। फिर समझाकर कहा और अन्त में नाराज़ी से कहा, "यह गन्दगी बन्द करें।" पर धनमद की असीम ताक़त ने कहा, "कर लो जो करना है।"

कुछ समय बीता। उसी गधेरे में क्लाउड नाइन पानी एकत्र करने के लिए एक टैंक बनाने लगा, जिसमें से लिफ़्ट करके वह अपने पर्यटक हट्‌स के भीतर पानी पहुँचाने वाला था। तब तो गाँवों की ओर पानी की एक बूँद भी नहीं जा पाती। यह ग्रामजनों के लिए प्यासे मर जाने की योजना थी। यह सरासर का अन्याय देख महिला समाख्या का स्थानीय महिला जागृति संघ सक्रिय हुआ। ग्रामीण महिलाएँ सामने आयीं। विरोध प्रखर हुआ, 'हमें अपना पानी बचाना है।' हम उसी समय 'नदी बचाओ अभियान' के लिए रामगढ़ के उसी क्षेत्र के महेश गलिया, गोपाल लोधियाल तथा जन मैत्री के बचीसिंह बिष्ट के आमन्त्रण पर 'नदी बचाओ, जल बचाओ' तथा 'नदी-जल, ज़मीन तथा जंगल पर पहला अधिकार उसके पास बसने वाले व उस संसाधन पर निर्भर आमजन का है', की मुहिम चला रहे थे। अतः इस महिला जागृति

संघ के आन्दोलन को हमने अपने कार्यक्रम में मान्य कर लिया था। हम गाँव की इस समस्या के हल में जुट गये। नैनीताल से महिला समाख्या की संयोजिका आयीं। उन्होंने व 'नदी बचाओ अभियान' ने ज़िलाधिकारी को क्लाउड नाइन की कुचेष्टा से अवगत कराया और स्वयं एक जुलूस में जाकर टैंक निर्माण के काम को बन्द करा दिया और महिला समाख्या की संयोजिका ज़िलाधिकारी से मिली। इसके कारण टैंक निर्माण का काम हमेशा के लिए स्थगित हो गया तथा पानी की शुद्धता के लिए उस जगह से मज़दूरों का निवास भी हटा दिया गया। गाँव के लोगों को उनके गधेरे यानी पेयजल का अधिकार मिल गया।

ज़मीन की मालकीयत को लेकर एक समस्या महिलाओं के जीवन को असहाय किये दे रही थी, वह थी उनके नाम पर भूमि व सम्पत्ति की मालिकी का न होना। इससे वह अपने नाम से न तो सरकारी ऋण ले सकती थीं, न अपने दम पर कोई स्वरोज़गार ही प्रारम्भ कर पाती थीं। उनके जीवन में अधिक संकट तब आता, जब या तो वे विधवा हो जातीं या उन्हें पति परित्यक्त कर देता। तब वह निपट असहाय होकर या तो ससुराल की अथवा माँ-बाप की दया पर जीतीं। उनकी क्षमताओं को भी पूरा अवसर नहीं मिलता। ऐसी अनेक महिलाएँ हमें हमारी जलयात्राओं तथा पदयात्राओं या शिविर गोष्ठियों में मिलती थीं। पहाड़ की खेती की रीढ़ मानी जाने वाली महिला केवल हाड़तोड़ मेहनत करने वाली एक मज़दूर मात्र थी। हमने समझा उत्तराखण्ड की किसान महिला की यह घोर उपेक्षा थी। किसान होती हुई भी वह किसान न थी। यह प्रश्न मुझे विशेषत: बहुत महत्त्वपूर्ण लगता था। अत: हमने जगह-जगह यह भी कहना प्रारम्भ किया कि विवाह के समय ही नयी वधू के नाम पर भूमि सम्पत्ति का उसका हिस्सा उसको वैधानिक रूप से देना चाहिए। उसकी रजिस्ट्री कर देनी चाहिए। यात्राओं के बीच जहाँ भी यह बात प्रस्तुत की गयी, इस विचार की आलोचना व टीका-टिप्पणियाँ बहुत होतीं। लोग इसे सहजता से स्वीकार करने वाले न थे। यहाँ तक कि कुछ सयानी महिलाएँ भी इसे परिवार तोड़ने वाला क़दम कहती थीं, पर हमारे लिए यह एक अहम मुद्दा था। अत: हमने उत्तराखण्ड सरकार को लिखा था कि महिला को उसके पति के साथ भू-सम्पत्ति पर उसका समुचित भाग वैधानिक रूप से मिले, ऐसा क़ानून बनाया जाये। सरकार से अपने पत्रों के उत्तर मिलने की तो आशा कम ही होती थी। साथ ही, यह मुद्दा भी ऐसा था जो सहज स्वीकार नहीं हो सकता था। क़ानून बनाने वाली विधानसभा में अधिकांशत: पुरुष प्रधान मानसिकता के ही आदमी थे, अत: हमारी बात यों ही रह गयी थी।

मैं स्वयं अपनी राष्ट्रीय कार्यों की ज़िम्मेवारी में व्यस्त हो गयी। 'नदी बचाओ अभियान' को प्रारम्भ करते हुए भी मैं गांधी शान्ति प्रतिष्ठान जैसी एक राष्ट्रीय संस्था की अध्यक्ष की ज़िम्मेवारी उठाये हुए थी। अनुकूलता यह थी कि वहाँ मेरे साथी कार्यकर्ता सहयोगी तथा संस्था के सचिव सब बहुत सहकार करने वाले थे। तो भी मेरी कुछ ऐसी ज़िम्मेवारियाँ होती थीं, जहाँ मुझे ही उपस्थित होना होता था। ऐसी स्थिति में कभी मैं दिल्ली में दिनभर काम करने के बाद रात की ट्रेन से देहरादून दूसरी सुबह पहुँचती। तुरन्त ही श्रीनगर, ज़िला पौड़ी गढ़वाल की ओर मोटर रोड से निकल पड़ती और दोपहर बाद से 'नदी बचाओ अभियान' की बैठकें अथवा गोष्ठियाँ या कभी-कभी रैली प्रदर्शन प्रारम्भ कर देती। उन दिनों के एक-एक पल में काम करते हुए दो रातें श्रीनगर में बिताकर तीसरी रात पुनः दिल्ली को निकल पड़ती और उसकी दूसरी सुबह गांधी शान्ति प्रतिष्ठान के काम से बंगलौर को चली जाती। अब मेरी आयु के 77 वर्ष पूरे होने को आये थे। अत: मैं सोचने लगी थी कि 'नदी बचाओ अभियान' की बागडोर दूसरे हाथों में सौंपी जाये। इस अभियान से जुड़े बहुतों से पूछा था, परन्तु कोई तैयार न था क्योंकि उन मित्रों की स्वैच्छिक संस्थाएँ थीं, जिनका काम स्वभावत: ही उनकी प्राथमिकता थी।

'उत्तराखण्ड नदी बचाओ अभियान' के सन्दर्भ में एक ओर मेरे मन में उन ग्रामीण महिलाओं की प्रतिबद्धता के प्रति हमारे अभियान की एक नैतिक ज़िम्मेवारी महसूस होती थी, जिन्होंने घाटी-घाटी में अपनी प्राकृतिक सम्पदाओं को बचाने का प्रण घोषित किया था, दूसरी ओर मेरी संस्थागत ज़िम्मेवारियों के कामों की विविधता और मेरी बढ़ती उम्र का अहसास मुझे हो रहा था। यह सच था कि इस अभियान ने कार्यकर्ताओं और आम लोगों के स्वयंस्फूर्त अभिक्रमों को बल दिया था, अत: अब अभियान अधूरे में छोड़ना मेरी ग़ैरज़िम्मेदारी हो सकती थी। मुझे याद आती थीं, मन्दाकिनी पर बसे रायड़ी गाँव की महिलाएँ व उनका मशाल जुलूस, जिसके द्वारा उन्होंने अपने पाले-पोसे वन को, बाँध के लिए मोटर रोड बना रही चलती अर्थमूवर मशीन के सामने खड़ी होकर बचा लिया था। भागीरथी घाटी की वे महिलाएँ, जिन्होंने भारी-भरकम जे.सी.बी. के सामने अपने प्राणों की परवाह किये बिना कूदकर सैकड़ों हरे लहलहाते वृक्षों के प्राण बचा लिये थे और बाँध का काम आगे नहीं बढ़ने दिया था। फलई-गाँव मन्दाकिनी घाटी में एल. एंड टी. कम्पनी के काम को रोक देने वाली बहनों का बुद्धिमत्तापूर्ण दर्शन मुझे याद आता था, जो कहती थीं, "हमारी खेती की ज़मीन हमारा बैंक बैलेंस है", और अपना संकल्प

दोहराती थीं "हम सिर दे देंगी, पर सेरा (गाँव की उपजाऊ भूमि) नहीं देंगी।" इस प्रकार की प्रतिबद्धता के पीछे उनका अनुभवजन्य तर्क भी साफ़ था, "हमें सरकार नहीं पालती। हम अपनी मेहनत व ज़मीन, जंगल तथा मन्दाकिनी मैया के जल से अपने को पीढ़ियों से पालते आ रहे हैं। क्या हमारी ज़मीन, जंगल व मन्दाकिनी मैया के पावन जल को हमसे छीनकर सरकार हमें खिलाने का ज़िम्मा ले रही है? क्या वह हमको पालने वाली है?"

इस प्रकार हमारी जीवन शैली के टिकाऊपन का जीवन दर्शन रखने वाली और प्रकृति व मानव के परस्परावलम्बी रिश्तों को दिलों की गहराई से समझने व जीने वाली महिलाओं की आवाज़ों को बल देना छोड़ दूँ, यह मेरी आत्मा गवाही नहीं देती थी। मुझे स्पष्ट अनुभूति हुई थी कि 'नदी बचाओ अभियान' ने इनकी आवाज़ों को भरपूर शक्ति दी थी और आगे भी ऐसी ही सहायता देने की आवश्यकता शेष थी, अन्यथा उत्तराखण्ड के लिए ऊर्जा-प्रदेश का सरकारी संकल्प इसे 'उजड़ा प्रदेश' बनाने में कसर नहीं छोड़ेगा।

इसी काल में स्वामी ज्ञानस्वरूप सानन्दजी (प्रो. जी.डी. अग्रवाल) ने भागीरथी के नैसर्गिक प्रवाह को गोमुख से धरासू तक अविरल बहने देने के संकल्प को लेकर सरकार से निरन्तर आग्रह-अनुरोध करते-करते उत्तरकाशी में सत्याग्रह पर बैठ जाने का व अनिश्चित कालीन उपवास करने का निश्चय किया था। 'नदी बचाओ अभियान' उनके साथ था। गंगा मैया उनके लिए 'माँ' थी। वे मानते थे कि वह इस देश-समाज की माँ है, वह मात्र एक नदी नहीं। वे उसी आस्थाभरी करुणा से द्रवित हो उपवास पर बैठे थे। आई.आई.टी. कानपुर के विद्वान प्रोफ़ेसर और मान्य पर्यावरणविद् स्वामी ज्ञानस्वरूप सानन्दजी गंगा मैया की दुर्दशा को रोकने के लिए कई बार उपवास में बैठे। उत्तरकाशी की स्थानीय पर्यावरण संरक्षण के लिए सक्रिय संस्था हिमालयी पर्यावरणीय शिक्षण संस्थान व उसके अध्यक्ष सुरेश भाई तथा सचिव हिमला बहन डंगवाल की 'नदी बचाओ अभियान' में सक्रियता तथा स्वामीजी के सत्याग्रह ने मिलकर ऐसी त्वरा निर्माण की थी कि भागीरथी पर निर्माणाधीन लोहारीनागपाला व पाला मनेरी, जल विद्युत परियोजनाओं को सरकार ने रद्द कर दिया था और गोमुख से धरासू तक के क्षेत्र को 'ईको सेंसिटिव ज़ोन (पारिस्थितिकीय संवेदनशील क्षेत्र) घोषित किया था। हम इससे सन्तुष्ट हुए थे पर हमें तब पता न था कि सरकारें घोषणाएँ भी स्वयं करती हैं और कालान्तर में वही सरकारें (पर भिन्न व्यक्ति) उन घोषणाओं को प्रभावहीन भी करते हैं, अपने तथाकथित विकास के नाम पर। ख़ैर! उस समय हम ख़ुश हुए थे।

मैं इस 'नदी बचाओ अभियान' की बागडोर किसी उत्साही साथी के हाथों में सौंपना चाहती थी, पर अपनी-अपनी संस्थाओं की प्रवृत्तियों की ज़िम्मेवारी उठा रहे लोगों को आंशिक समय देना तो सम्भव था, किन्तु पूरा समय चाहने वाले इस अभियान का नेतृत्व करना उन्हें स्वीकार न था।

वह 2010 का जून महीना था। मैं उत्तराखण्ड प्रशासनिक प्रशिक्षण संस्थान, नैनीताल में आयोजित एक सेमिनार में 'गांधी दर्शन की दृष्टि व प्रशासन' जैसे एक विषय पर बोलने आयी थी। सुबह दिल्ली में गांधी शान्ति प्रतिष्ठान से चली थी और दूसरी रात तक मुझे वापस वहीं पहुँचना आवश्यक था। मैं 'नदी बचाओ अभियान' को अपेक्षित समय नहीं दे पा रही थी। नैनीताल पहुँचकर सलाह-मशविरे के लिए अभियान के सक्रिय साथी और विचारक 'नैनीताल समाचार' के सम्पादक राजीव लोचन साह से मिली। उन्होंने कहा, "मेरा विचार तो है कि 'नदी बचाओ अभियान' को स्वैच्छिक संस्थाओं के क़ब्ज़े से बाहर निकालना चाहिए।" यह उन्होंने संक्षेप में किन्तु पूरी गहराई व तीव्रता से कहा था। मुझे उनका वह वाक्य विचारणीय लगा था। अभी तक अभियान लक्ष्मी आश्रम के द्वारा चला था। मैं उसकी एक कार्यकर्ता के रूप में ही इसका नेतृत्व कर रही थी। अभियान का सारा आय-व्यय का हिसाब लक्ष्मी आश्रम का कार्यालय ही सँभालता था। इसकी रिपोर्ट, बुलेटिन व प्रचार-पर्चे आदि भी इसी कार्यालय के द्वारा तैयार किये जाते थे। राजीव लोचन साह के वाक्य से मेरे नेतृत्व हस्तान्तरण का सोच पुष्ट होता था, मेरे मन को इसकी प्रतीति हो गयी।

उत्तराधिकारी की खोज पहले से ही प्रारम्भ हो गयी थी। अनुभवी मित्र जो इस अभियान में संलग्न थे, पूरे नेतृत्व का वांछित बोझ उठाने की स्थिति में नहीं थे। तब युवा पीढ़ी को टटोला और हेमा कबड्वाल दिखाई दी। एक युवती जो विचारवान तो थी ही, कुछ ही वर्ष पहले से सीधे क्षेत्र में काम कर रही थी। हेमा की कार्यपद्धति स्वैच्छिक संस्थाओं की जैसी भी न थी। हेमा के साहस भरे निर्णय से मेरी ज़िम्मेवारी पूरी हुई, किन्तु मेरी अभियान के साथ संलग्नता बनी रही। जहाँ तक मुझे याद है इसके बाद अभियान का विकेन्द्रित स्वरूप बढ़ा और उसका उत्तराखण्ड स्तर पर अभियानात्मक स्वरूप धीरे-धीरे कम होता गया। सरकार में नदियों व जल की चिन्ता जग तो गयी थी, पर उसके अनुसार न तो उनकी विकास नीति बदली थी न ही विद्युत उत्पादन के लिए नदी को घेरने की दृष्टि ही बदली थी। पंचेश्वर जैसे बड़े बाँध के लिए हिमालयी राज्य नेपाल में भी जन विरोध नहीं दिखाई दिया था। हिमालय के लिए सरकार की विकास नीति बदले, उसके लिए एक छोटा दस्तावेज़ 1977 में

सरला बहन जी ने लिखा था। उसके मार्गदर्शन में उत्तराखण्ड सर्वोदय मण्डल ने भी अपनी दिशा निर्धारित की थी। सरला बहन जी ने जिसे स्वयं अपने शब्दों में व्यक्त किया था, वही 'पर्वतीय विकास की सही दिशा' नाम की एक पतली-सी पुस्तिका हमारे हाथों में थी। उसका आधार लेकर 'हिमालय विकास जन नीति' नाम से हमने एक पुस्तिका तैयार की। इसे बनाने व भाषा देने में हम सबका योगदान था, किन्तु सर्वाधिक रुचि सुरेश भाई ने ली थी। इसको प्रधानमन्त्री, पर्यावरण एवं वन मन्त्रालय तथा योजना आयोग तक पहुँचाने की मेहनत भी उन्होंने की थी।

मैं देशभर में कुछ विस्तृत क्षेत्र में कार्यरत थी, परन्तु मेरा ध्यान व कुछ सक्रियता उत्तराखण्ड के अभियानों की ओर भी बनी रही थी। 'नदी बचाओ अभियान' भी उत्तराखण्ड की मुख्यधारा से हटकर दूर-दूर क्षेत्रों में चला गया था। वह छोटी नदियों के आसपास फैला हुआ था। उत्तराखण्ड में छोटी नदियाँ और उनकी घाटियाँ ही यहाँ के जन-जीवन के अस्तित्व की आधार थीं। कई स्वैच्छिक संस्थाएँ भी पूरी तरह से जल स्रोतों, नौलों, धारों और सहायक जलधाराओं के जल-संरक्षण तथा जल पुनर्जीवन के रचनात्मक कामों में लग गयी थीं। यह भी अभियान के उद्देश्य का एक महत्त्वपूर्ण भाग तो था ही, पर इससे अभियान प्रकट नहीं होता था।

हिमालय जो कभी देश-दुनिया का जल स्तम्भ माना जाता था, अब वह स्वयं ही जल विहीन हो रहा था। इसी हिमालयी जल तत्त्व पर पाकिस्तान से लेकर म्यांमार तक खेतों में पानी था और पेयजल था, साथ ही खेतों की उपजाऊ मिट्टी भी थी, अतः हम इस भू-भाग के भारतीय अंश पंजाब, हरियाणा, हिमाचल, उत्तर प्रदेश और बिहार-बंगाल तक जाकर हिमालयी जल व नदियों की यह वास्तविकता वहाँ के आम जन को समझाना चाहते थे ताकि वे भी उत्तराखण्ड हिमालय की नदियों को बचायें और अपनी स्थानीय छोटी नदियों को भी जलयुक्त और प्रदूषणमुक्त करें। तभी एक समृद्ध व आत्मनिर्भर भारत का उदय सम्भव होगा। भारत का सिन्धु, गंगा, यमुना, सरयू, ब्रह्मपुत्र का उत्तरी मैदान कम-से-कम समझे कि उनका वैभव हिमालय व उसकी नदियों की देन है। इस दाता के प्रति कुछ तो कृतज्ञता अर्ज़ करें।

इस आह्वान को लेकर गंगोत्री से गंगासागर तक की जलयात्रा हमारे साथियों ने सुरेश भाई के नेतृत्व में निकाली थी। मैं उसमें मात्र कुछ दिनों के लिए जुड़ पायी। इस यात्रा ने हमें कई अनुभव प्रदान किये। आमने-सामने प्रत्यक्ष यह अहसास हुआ कि मानव इतनी लघुदृष्टि व संकीर्ण सोच वाला है कि प्रकृति द्वारा निरन्तर मिल रही देनों को पहचानता भी नहीं। हज़ारों वर्षों से जिसने ऐसी अक्षुण्ण दौलतें हमारे लिए

निर्मित की हैं, उन्हें बाँधने, सुखाने, मैली करने व उन पवित्र विरासतों के व्यक्तित्व को खण्डित करने की तरक़ीबें लगाने में यह मानव अपने अहंकारी-कर्तृत्व के साथ जुटा ही रहता है। हमारे साथियों ने इस जलयात्रा में गंगा मैया के घाटों पर उमड़ती आस्था से भरी हुई मानवों की विशाल भीड़ों को भी देखा और गंगा के विषाक्त जल की रोमांचित कर देने वाली सत्य कथाएँ भी सुनीं। एक कथा नमूने के रूप में लिखने की इच्छा को मैं रोकूँगी नहीं—

अम्बाला की खादी संस्था के संचालक श्रद्धालु पुरुष तिवारीजी ने अपनी आप बीती हमें बतायी थी। वे कुम्भपर्व के अवसर पर टैंट लगाकर पूरे एक माह प्रयाग में गंगा तट पर रहे थे। बड़ी भावना के साथ माँ गंगाभक्ति में एक माह बिताने का सद्संकल्प उन्होंने लिया था। प्रतिदिन प्रात:काल गंगा स्नान करना, गंगाजल का आचमन लेना, सूर्य भगवान को गंगाजल का अर्घ्य देना, तब बैठकर गंगा मैया की लहरों के पारावार के सामने गंगास्तुति भाव-विभोर होकर पढ़ना। बाद में गंगा-माहात्म्य पर साधु-सन्तों के प्रवचन सुनना। टैंट में अपने परिवारजनों के हाथों से गंगाजल में बना सात्विक भोजन करना। सात्विक आनन्द से परिपूर्ण दिन गुज़र रहे थे। महीना पूरा होने को था। तब एक रात तिवारीजी के पेट में भयंकर दर्द उठा। उस शूल जैसे दर्द से वे तड़प उठे। घबरा गये। किसी भी कोशिश से वह दर्द रुकता न था। लगा, उनकी प्राणों की मुक्ति हो जायेगी।

तुरन्त ही डॉक्टर की शरण लेनी पड़ी। इंजेक्शनों की मदद से तीव्र पीड़ा का अस्थायी शमन किया गया। जाँचें की गयीं तो पता चला, इस रोगी की आँतें सैकड़ों प्रकार के कीटाणुओं और रोगाणुओं से भरी हुई थीं। ये सारे जीवाणु उन्होंने गंगाजल के एक छोटे-से आचमन में प्रतिदिन पिये थे। लम्बे इलाज के बाद डॉक्टर ने कहा, "मैंने दवाओं के द्वारा आपके पेट में मौजूद सभी हानिकारक कीटाणुओं को मार दिया है, पर एक अत्यन्त जबरदस्त कीटाणु अभी भी वहाँ है, जो जीवनभर तुम्हारे साथ रहेगा। उसको निकालना असम्भव हो गया था, पर तुम प्रदूषित जल से सचेत रहोगे व शुद्ध जल ही उपयोग में लाओगे, तो वह तुम्हें कष्ट नहीं दे पायेगा।"

हमारे साथियों ने गंगोत्री-गंगासागर यात्रा में इस प्रकार की गंगा मैया के जल प्रदूषण की अनेक कथाएँ सुनी थीं। हिमालयी परिसर के अनेक वानस्पतिक तत्त्वों से इतना पुष्ट था गंगाजल कि कभी सड़ता न था। ऐसा अमृतरूपी जल इस हद तक प्रदूषित हो गया कि उसके आचमन मात्र से ही लोग मरने लगे? ऐसी अन्य भी चुनौती भरी कहानियाँ थीं, जिनसे हमारा मन टूटता था कि जीवन की आधुनिक शैली का यह शैतान हमारे कमज़ोर प्रयासों से नष्ट भी होगा क्या? पर कुछ करने को मन

कसमसाता भी था। मेरी यह नदियों व उनको समृद्ध करने वाले गधेरों, जल स्रोतों, नौलों व धारों के शुद्ध व अविरल जल प्रवाह को अक्षुण्ण रखने की कसमसाहट लगातार बनी ही रही। जब जहाँ अनुकूलता हुई, अपनी कसमसाहट का बीज अन्य लोगों के मनों में बोने के लिए इसको भाषा में व्यक्त करती रही। अधिक सम्भव सम्भावना थी कि अपने परिवार में ही अपनी ही अगली पीढ़ी के मनों में उस बीज को डाला जाये। उनको दिया तो उस बीज को आश्रम की नयी पीढ़ी ने सँजोया, उगाया व पाला है। वे कोसी नदी की सहायक नदियों की दो लघु घाटियों में नौलों के सूख गये जलस्रोतों को प्रवाहित करने व उस जल को शुद्ध रखने के अभियान में लगी हैं। उत्तराखण्ड के कई अन्य अंचलों में भी ऐसे प्रयास हो रहे हैं, जिनकी मुझे जानकारी नहीं है, क्योंकि 'उत्तराखण्ड नदी बचाओ अभियान' की सम्पर्क-सूत्रता अब नहीं रही, जो तब हमने जोशभरी मेहनत से जोड़ी थी। आज उत्तराखण्ड के कई गाँव जब पेयजल की कमी से बेहाल होते हैं, तो तब उन्हें अपने वे पुराने नौले याद आने लगते हैं, जिन्हें उन्होंने सरकारी पेयजल योजनाओं के मोह में पड़कर उपेक्षित कर दिया था। ये अधसूखे नौले ही आज भी उन लोगों के कण्ठ को गीला कर रहे हैं, जबकि गाँवों में सरकारी पेयजल योजना में कम्पनियों के बनाये लोहे के नल हैं पर उनमें जल की बूँद भी नहीं है। हर गाँव के नौलों, धारों व गधेरों को पुनर्जीवित करना आज उत्तराखण्ड का एक प्रथमातिप्रथम काम बन गया है।

मैं अपने दिल की कसमसाहट को व्यक्त करने में कुछ बह गयी थी। अब अपने पुराने संस्मरणों की धारा में मुझे पुनः जुड़ना होगा, तो उसमें आगे बढ़ती हूँ।

35

जीवन की स्थितियाँ नसीब के सहारे

जीवन की स्थितियाँ नसीब की राह पर कैसे बदलती जाती हैं, यह मैंने उस समय अनुभव किया जब मैं नये विचारों व उत्साह से भरी हुई विदेश यात्रा से लौटी और अपनी जगह पर यानी आश्रम में आकर एक सप्ताह के भीतर ही मैं धार-धार आँसू बहा रही थी। मैं बहन जी को मना रही थी कि वे आश्रम को न छोड़ें। फिर एक माह के भीतर ही एक और भी अनचाही ज़िम्मेवारी का मानसिक बोझ मेरे कन्धों पर आ गया था। ऐसा भार, जो कभी मेरी कल्पना में भी नहीं आया था। वह था, संस्था-कस्तूरबा महिला उत्थान मण्डल की सचिव का पद मुझे दे दिया गया था। मैं देख रही थी, यह सब नसीब की प्रभावलीला ही थी, पर जो दिया गया, मैंने उसे स्वीकार करना ही था। मैंने यह अनुभव किया था कि व्यक्ति जब पूर्ण ईमानदारी से अपनी शत-प्रतिशत क्षमता लगाकर काम करता है, तो योग्यता उसके अन्दर से ही प्रस्फुटित होती है।

संस्था की सचिव के नाते ही मैंने गांधी विचार के राष्ट्रीय स्तर का परिचय पाया था। मैं अपने देश के सर्वोदय विचार क्षेत्र के पूरब से पश्चिम और उत्तर से दक्षिण तक के सभी कार्यकर्ता बहनों-भाइयों और विचारक विद्वान व्यक्तियों को जानने-पहचानने लगी थी। उनमें से कइयों के साथ मैंने देशव्यापी अभियानों में कार्य भी किया था। सभा गोष्ठियों में विचार-विमर्श किया था और कई सर्वोपरि संस्थाओं की कार्यशैली व उनके विचारवान संचालकों को देखा व समझा था। उन सभी अनुभवी विचारवान कार्यकर्ता मित्रों की निष्ठा भी अद्‌भुत थी, जिसका मेरे मन व व्यक्तित्व पर प्रभाव पड़ा था।

इनमें से कुछ को मैं पूर्व मैं बहन जी के द्वारा दिये गये अवसरों से भी जानती ही थी, जिनके साथ मैंने नयी तालीम और ग्रामों में रचनात्मक कार्यक्रमों के बारे में बहुत सारी जिज्ञासाभरी बातें की थीं व विचार स्पष्टता का मार्गदर्शन

लिया था। धीरेन्द्र मजूमदार (बिहार), सिद्धराज ढड्ढा (राजस्थान), ठाकुर दास बंग (महाराष्ट्र), चिमनभाई (गुजरात), ज्योतिभाई देसाई (गुजरात), मनुभाई (गुजरात), रतिभाई गौंधिया (गुजरात), विचित्र नारायण शर्मा (उत्तर प्रदेश), करणभाई (उत्तर प्रदेश), नारायणभाई (गुजरात), उत्तरा बहन (गुजरात), देबकी जैन, लक्ष्मी जैन (दिल्ली), ग.उ. पाटणकर विमला ठकार (महाराष्ट्र), अरुणांचलम जी (तमिलनाडु), अमलप्रभादास (आसाम), अन्नपूर्णा महाराणा (उड़ीसा) आदि कितनों के नाम गिनाऊँ? यह संख्या बढ़ती गयी थी। देश के सभी राज्यों तक मैं भी पहुँची थी और लक्ष्मी आश्रम का नाम व परिचय भी पहुँचा था। इस सबका लाभ हमारे काम के पुष्ट होने को भी मिला था।

मेरा हमेशा ही यह विचार था कि हमको लम्बे समय पद में नहीं रहना चाहिए। हम स्थान ख़ाली करेंगे, तो नयी पीढ़ी को आगे आने के अवसर मिलेंगे। सचिव की ज़िम्मेवारी सँभालते हुए मुझे जब पन्द्रह-सोलह वर्ष हो गये थे, तो मैंने सोचा, अब मैं पद छोड़ूँ और कोई नयी सचिव काम हाथ में ले ले। इसकी मुहिम मैंने प्रारम्भ की। मेरी साथी युवा कार्यकर्ताएँ मुझे सहयोग देने के लिए पूर्णतः राज़ी थीं, पर स्वयं सचिव बनने के लिए तैयार न थीं। यह मुहिम बहुत लम्बी चली। अन्त में मैंने ही एक चुनौती उनके सामने फेंकी, "यदि मेरी मृत्यु तक मुझे ही इसका संचालन करना हो और नयी पीढ़ी तैयार नहीं ही होने वाली है तो इस संस्था को बन्द कर देना ही मेरे लिए उचित क़दम होगा।" बन्द करने के नाम से ही चौंककर आश्रम की सभी युवा कार्यकर्त्रियों ने मिलकर अपने ही बीच से पुष्पा जोशी को तैयार किया। वह आश्रम में शिक्षित हुई थी और यहीं कार्यकर्ता भी बन गयी थी। कुछ वर्षों से आश्रम द्वारा ग्रामक्षेत्र में संचालित रचनात्मक कार्यों की प्रभारी रही थी। उन्होंने स्वीकृति दी व मेरे जीवन में नयी स्थिति का प्रारम्भ हुआ, पर यह बदलाव नसीब के सहारे नहीं, मेरे विचार से व मेरे प्रयासों के सहारे हुआ था।

1990 में मैं एक वर्ष के लिए 'पर्यावरण एवं मानव समाज तथा भारतीय संस्कृति' की शिक्षिका के रूप में एक छह माह के सत्र के लिए डेनमार्क स्थित इंटरनेशनल पीपुल्स कॉलेज (फ़ोक हाईस्कूल) का निमन्त्रण पाकर वहाँ काम करने चली गयी। इंटरनेशनल-पीपुल्स कॉलेज में मेरे उक्त विषय के लिए सर्वाधिक छात्र संख्या ने हस्ताक्षर किये थे, जिनमें युवा से प्रौढ़ तथा स्त्री व पुरुष लगभग चालीस लोग थे। मेरे इन चालीस छात्रों के लिए कॉलेज के किसी भी क्लासरूम में पर्याप्त स्थान नहीं होता था। किसी न किसी को खिड़की के स्लैब पर बैठना पड़ता था। एक महिला तो आग्रहपूर्वक तथा कॉलेज के प्रिंसिपल से लड़-झगड़ कर "राधा की

पर्यावरण क्लास में मुझे प्रवेश दीजिए ही" कहकर आधे सत्र में शामिल हुई थी। मेरे इस समूह के छात्र अधिकतर मेरे प्रत्यक्ष अनुभव सुनना चाहते थे। अतः मैं उन्हें उत्तराखण्ड में किये गये विभिन्न आन्दोलनों की कहानियाँ और पर्यावरण बचाने व संवर्धन के लिए किये गये रचनात्मक कार्यों के बारे में विस्तार से बताती थी। साथ ही, पुस्तकालयों से विभिन्न चार्ट, पोस्टर और नक्शों की सामग्री खोजकर लाती थी। उनका उपयोग भी करती थी। यही सब भारतीय संस्कृति के लिए भी करना पड़ता था।

मैं भारत सम्बन्धी सामग्री के लिए भारतीय दूतावास जाती, जो कोपेनहेगेन नगर में था। डेनमार्क में शिक्षिका की कार्य-शैली आसान तो न थी। हर पाठ के लिए परिश्रम करना होता था। कॉलेज में स्कैंडिनेविया के छात्र तो थे ही, चीन व जापान से भी अच्छी संख्या उस सत्र में थी। उस कॉलेज के सामाजिक जीवन में भी मुझ पर विश्वास रखा जा रहा था। जापानी युवती यूकी से प्रिंसिपल ने कुछ अभद्रता की थी, तो वह आगबबूला हो गयी और दौड़कर मेरे ही पास आयी थी। मैंने सीनियर शिक्षकों से कहकर उनके द्वारा शिक्षकों की एक बैठक बुलवायी। बैठक में यूकी की शिकायत का ब्यौरा सुनकर कॉलेज की महिला-शिक्षिकाएँ तो बहुत आक्रोशित हो गयीं, बोलीं, 'प्रिंसिपल को निकाल देना है।' प्रिंसिपल की पुरानी ग़लतियाँ भी बतायी जाने लगीं। कोई भी प्रिंसिपल को क्षमा करने की मनःस्थिति में नहीं था। तब मुझे लगा, कोई मध्यम मार्ग निकालना चाहिए क्योंकि माहौल आक्रोशपूर्ण था, जिसमें से कोई हल नहीं निकल रहा था। मैंने कुछ सहमकर नम्रतापूर्वक प्रस्ताव दिया कि प्रिंसिपल यूकी से क्षमा माँगे, परन्तु यह प्रिंसिपल से कौन कहे? इसके लिए स्वयं से कोई तैयार न थे क्योंकि यह भी ऐसी समझदारी से कहना था कि प्रिंसिपल बिदक न जाय। विचारपूर्वक समझाया जाय जिससे प्रिंसिपल समझ जाये। आख़िर वह कॉलेज का सर्वेसर्वा व्यक्ति था, यों ही एक लड़की से क्षमा याचना क्यों करता? यह ज़िम्मेवारी भी सभी शिक्षकों ने 'अहिंसावादी राधा' को सौंप दी। मेरे बायोडाटा को पढ़कर प्रिंसिपल का मन पहले से ही मेरे प्रति कुछ आदरयुक्त था। मैंने नम्रतापूर्वक विचार की भूमिका बनाकर दो बिन्दु कहे। एक, कि क्षमा माँगने वाला छोटा नहीं बनता वरन् ऊँचा चढ़ जाता है क्योंकि वह उदार होता है। दूसरे, एक क्षमा माँगने से आप कॉलेज को इस सत्र की एक बड़ी उथल-पुथल से बचा लेंगे। प्रभाव पड़ा। शिक्षक बैठक में प्रिंसिपल ने क्षमा माँगी। यूकी राज़ी हो गयी और शिक्षकों में मेरा रुतबा भी बढ़ गया।

कॉलेज के छात्रों के शिक्षण प्रवास में स्कूल के पूरे छात्र तथा जो चाहे, वे शिक्षक पोलैंड के प्रवास पर एक सप्ताह के लिए जायें, ये निर्देश हमें मिले थे। कई शिक्षक नहीं गये। मैं रौस्किले फ़ोक हाईस्कूल से भी ऐसे ही एक शिक्षण प्रवास में पौलैंड जा चुकी थी। मुझे दूसरी बार जाने की इच्छा भी थी कि ताकि मैं समझूँ पिछले तीन दशकों में वहाँ क्या फ़र्क़ आया है? वहाँ की दो घटनाएँ याद रह गयी हैं। एक तो वारसा नगर में एक बड़ी जनसभा में 'वालेसा' को पोलिश भाषा में भाषण देते हुए देखना व सुनना। दूसरी घटना यह कि हम एक घने जंगल के पास एक यूथ हॉस्टल में ठहरे हुए थे। रोज़ मॉर्निंग वॉक के लिए मैं उस जंगल में वन विभाग की पैदल सड़क पर घूमने जाती थी। एक दिन किसी स्थानीय युवक ने मुझे बताया कि मैं बिल्कुल भोर में जंगल न जाऊँ, क्योंकि इस जंगल में भालू रहते हैं, पर मैं अपने समय पर ख़ुशी-ख़ुशी घूमने निकल गयी। सुबह की ताज़ी हवा व आकाश में फैलती उषा की लालिमा मुझे भावविभोर कर रही थी। मेरे क़दमों की गति ख़ूब तेज़ थी। तभी उसी रास्ते पर दूर एक काला बिन्दु दिखाई दिया। कुछ देर में लगा, वह मेरी ओर ही आ रहा है। कुछ निकट आया तो लगा, वह मनुष्य नहीं जानवर था। 'भालू तो नहीं?' मेरे मस्तिष्क में कौंधा। उस स्थानीय युवा की बात याद आ गयी। मैं विद्युत गति से लौटी और पूरी शक्ति से दौड़ी। कुछ दूर जाकर पीछे देखा। वह जानवर मेरे पीछे दौड़ रहा था। अब तो मैं बेतहाशा दौड़ी और जंगल की सीमा से बाहर हो गयी, पर तब तक नहीं रुकी जब तक अपने कमरे में नहीं पहुँची। कमरे में मेरी कमरे की साथी शिक्षिका अभी सोयी ही थी। उसने मुझे बेदम होकर कुर्सी पर धड़ाम-से बैठते नहीं देखा।

इंटरनेशनल पीपुल्स कॉलेज का शीतकालीन सत्र पूरा होने के पूर्व मैंने कॉलेज में भारतीय ग्रामीण-जीवन प्रदर्शनी लगायी व भारतीय शाम आयोजित की। भारतीय शाम में मेरे मित्र गोविन्द राव और मेरिया थ्यूगर आये। गोबिन्द राव अपना तबला भी लाये व *'रघुपति राघव राजा राम'*... गाते हुए उसे बजाया भी। जापानी व फ़िनिश छात्राओं व ईरानी छात्रों ने मिलकर डाँड्या नृत्य किया। लड़कियों ने मेरी साड़ियों से लहँगे बनाकर पहने व लड़कों ने सिर पर गमछे बाँधे। प्रिंसिपल ने प्रदर्शिनी व शाम के आयोजन को देखकर कहा, "आई नेवर न्यू दैट यू आर सो स्किलफुल" (मुझे नहीं पता था कि आप इतनी कुशल हैं)। शीतकालीन सत्र पूरा हुआ। शिक्षकों ने एक विदाई बैठक आयोजित की। सबने पैसे जोड़े और बैठक एक छोटी चाय-दावत-सी बन गयी। सभी शिक्षकों ने इस सत्र में आये अपने अनुभव बोले। हम कुछ आमन्त्रित शिक्षकों ने भी कॉलेज की नयी अनुभूतियाँ बतायीं। अधिकांश तो सकारात्मक व

प्रशंसात्मक तथा सबसे मिले सहकार का ही वर्णन था। अफ्रीका महाद्वीप के किसी देश के निवासी आमन्त्रित शिक्षक जॉन ने एक मार्के की बात कही। (Myself I feel lucky that I got a chance to work with Radha, a lady of that high caliber.) मुझे इसकी अपेक्षा होना तो दूर इसकी कोई सम्भावना भी नहीं दिखती थी। मैं ख़ुश हुई कि साथियों ने मुझे पहचाना। जहाँ आलोचना होने की सम्भावना थी, वहाँ प्रशंसा मिली थी। गांधी विचार आधारित जीवनशैली का ही यह प्रभाव था।

डेनमार्क से वापस आकर मैं आश्रम में नयी सचिव के साथ काम करने लगी। ये दोनों क़दम, यानी स्वेच्छा से पद छोड़ना व नये व्यक्ति को सौंपना तथा बाद में उनके संचालन में जो काम दिया जाये, वह कार्यकर्ता की निष्ठा से करना, मेरी दृष्टि में हम सभी को यह करना चाहिए। यही समानता का व्यावहारिक आचरण है। पुष्पा जोशी मेरी छात्रा भी रही थीं और मेरे सचिव काल में कार्यकर्ता भी रही थीं। अत: उन्हें मुझको एक कार्यकर्ता और स्वयं को सचिव मानने में कुछ संकोच होता था, पर उसी मानसिकता को धो डालने के लिए मैं इस तरह काम कर रही थी। साथ में आश्रम का पारिवारिक जीवन व वातावरण सहायक था, जहाँ पदों व उनके ऊँचे-नीचे होने का प्रभाव ही नहीं था। सब अपनी ज़िम्मेवारियाँ निभाते और दीदी व भाई-बहनों की तरह साथ रहते थे। मेरे आश्रम से बाहर यानी उत्तराखण्ड ही नहीं, पूरे देश के स्तर और उससे भी बाहर विदेशों में पर्यावरण और गांधी मूल्यों की प्रस्तुति के लिए सम्मेलनों में जाने के कार्यक्रम बहुत थे। मैं आश्रम में अपना निर्धारित काम अथवा आश्रम के सामने आ गया कोई सम-सामयिक काम की ज़िम्मेवारी भी वहन करती थी, साथ में उत्तराखण्ड में पदयात्राएँ करके पर्यावरण संरक्षण अथवा नदियों व जल स्रोतों सम्बन्धी अभियान के लिए भी सक्रिय रहती थी।

इसी काल में दिल्ली की किसी राष्ट्रीय संगोष्ठी में एक दिन मेरी भेंट डॉ. सुशीला नायर से हुई थी। वे मुझे शराबबन्दी आन्दोलन लैंसडाउन और कोटद्वार के समय से जानती ही थीं। दोपहर भोजन के समय वे मेरे पास ही भोजन करने बैठी थीं। उन्होंने बड़े कोमल स्वर में मुझे कहा, "तुमने आश्रम की सचिव का पद अपनी सहयोगिनी को सौंप दिया है। अब तुम कस्तूरबा गांधी राष्ट्रीय स्मारक ट्रस्ट की सचिव बन जाओ। मैं ट्रस्ट के लिए एक उपयुक्त अनुभवी सचिव की खोज कब से कर रही हूँ।" डॉ. सुशीला नायर उक्त ट्रस्ट की अध्यक्षा थीं। मेरा एक ही उत्तर था, "राष्ट्र स्तर की और पूरे देश में फैले कार्यक्षेत्र वाली ऐसी बड़ी संस्था के संचालन का मुझे न तो अनुभव है और ना ही मेरी रुचि है। मैं एक छोटी संस्था को

छोटे कार्य क्षेत्र में संचालित कर रही थी। उतनी ही मेरी योग्यता है।" पर वे मेरे इस तर्क को नहीं मानीं। बोलीं, "मुझे पता है, तुममें योग्यता है। तुम अवश्य ट्रस्ट को सँभाल पाओगी।" पर मैंने उनका आग्रहभरा सुझाव स्वीकार नहीं किया। वे निराश हुईं। अगले एक वर्ष के अन्तराल में दूसरी बार सुशीला बहन जी से मिलने का अवसर आ गया। उन्हें तब तक भी कोई सचिव मिली न थी।

उन्होंने फिर से अपना आग्रह आर्द्र स्वर में दुहराया, "राधा, देखो! मैं इस उम्र में काम कर रही हूँ। तुम मेरी उम्र को देखकर तो मुझे सहायता करो।" उनकी आँखें सजल हो आयी थीं। मैंने सोचा, यह मेरा नसीब ही मुझे खींच रहा है। मेरा अपना निर्णय भले ही इसके पक्ष में न था, तो भी उस कर्मठ महिला को इस बार मैंने एक वर्ष के लिए ट्रस्ट की सचिव की तरह काम करने की स्वीकृति दे दी। शायद यह उनके अश्रुओं का असर था। उन्होंने बाद में मेरे लिए एक लिखित पत्र भेजा कि ट्रस्ट द्वारा ट्रस्टियों की सर्वसम्मति से मेरा सचिव के रूप में स्वागत किया गया है। मैदानी भाग में ग्रीष्म ॠतु के तीन-चार माह कैसे बीतेंगे, यह मेरी चिन्ता थी। मैंने अपने सुहृद देवी पुरस्कारजी से पूछा कि इन्दौर की गर्मी क्या मैं सह पाऊँगी? वे इन्दौर व उसके आसपास के क्षेत्र में वर्षों रहे थे। उन्होंने कहा, "इन्दौर मालवा में देश के सपाट स्थानों की अपेक्षा ऊँची भूमि में बसा है। वहाँ की गर्मी असह्य नहीं होगी। मालवा की शामें तो प्रसिद्ध हैं कि वे सुहावनी होती हैं।" देवी पुरस्कारजी को उस क्षेत्र से विशेष लगाव था, अत: उन्होंने मुझे वहाँ जाने के लिए प्रोत्साहित ही किया। मैंने जाने का निश्चय किया। मेरे आश्रम के साथियों ने मेरा नाम आश्रम कार्यकर्ताओं की सूची से हटाया नहीं। मैं सदा के लिए उनकी थी और वे मेरे थे। मैंने भी अपना नाम एक अवैतनिक कार्यकर्ता के रूप में रहने दिया। मेरे कमरे में भी कभी बदलाव नहीं किया गया। साल-छह माह बाद जब भी मैं आ पायी, मुझे मेरा निवास स्थान पूर्ववत् रहने के लिए साफ़-स्वच्छ व व्यवस्थित मिला।

36

राष्ट्रीय संस्था में पहला क़दम

यह मेरा प्रथम अवसर था जब मैं लम्बे समय रहने के लिए पहाड़ों से उतरकर मैदान में गयी थी। इन्दौर शहर से पाँचेक किमी. दूर ग्रामीण क्षेत्र में राष्ट्र के लगभग सभी राज्यों में जिस ट्रस्ट की शाखाएँ फैली थीं, उसका प्रधान-कार्यालय व मुख्य परिसर कस्तूरबाग्राम था। चार सौ एकड़ की विशाल भूमि में फैली इसकी अपनी प्रवृत्तियाँ थीं। बालिकाओं के लिए बालबाड़ी से लेकर पी.जी. स्तर तक की शिक्षा के विद्यालयों व छात्रावासों सहित सुन्दर व्यवस्था थी। एक ग्रामीण चिकित्सालय था, जहाँ विशेषत: महिलाओं की प्रसूतियाँ व उनकी अन्य रोगों की देखभाल विशेष रूप से होती थीं। असहाय महिलाओं का आश्रय स्थान 'बा का घर', सूती कताई, खादी बुनाई की बुनाईशाला, गीर नस्ल की दो-ढाई सौ गायों की गौशाला और पूरे देश के प्रत्येक राज्य से सम्पर्क रखने वाला ट्रस्ट का प्रधान कार्यालय। इन सब कार्यों से शेष बची लगभग 300 एकड़ भूमि पर होने वाली कृषि व उसको सँभालने वाला कृषि विभाग तथा कृषि विज्ञान केन्द्र था। हर विभाग अपने में एक पूर्ण संस्था के बराबर था। जब मैंने राज्य शाखाओं को देखने राज्यों में जाना प्रारम्भ किया, तो देखा हर राज्य की शाखाओं के प्रधानस्थल भी पक्की इमारतों, कृषि भूमि, गौशालाओं, बुनाई शालाओं, प्रशिक्षण केन्द्रों और लड़कियों के विद्यालयों आदि के साथ-साथ पूरे राज्य में फैले उनके सौ-सवा सौ सेवा केन्द्रों, स्वास्थ्य केन्द्रों, शिक्षा केन्द्रों और हस्तकला केन्द्रों से सज्जित थे। इन सभी राज्य शाखाओं और प्रधान कार्यालय परिसर कस्तूरबाग्राम की सभी इमारतें पक्की थीं, पर वहाँ के गाँवों के अनुरूप खपरैल की छतों वाली थीं।

मैं इस विशाल सेवा संसार को देखकर मुग्ध भी होती और इसकी विविधता में खो भी जाती थी। सोचती, अपनी जीवन-संगिनी की स्मृति में महात्मा ने कितना बड़ा संसार रच डाला था! कस्तूरबा माता शरीर से तिरोहित हो गयीं, किन्तु आत्मरूप में

इस सेवाकार्य में प्राणवन्त हो गयी थीं। कस्तूरबा ट्रस्ट में काम करने व रहने की लगभग साढ़े आठ या नौ वर्ष की अनेक स्मृतियाँ हैं। अधिकांश मुझे उत्साह देने वाली हैं। कभी-कभी ही कोई मौक़े आये होंगे, जब मुझे निराशा का सामना करना पड़ा हो।

मुझे इस प्रकार की सफलता देने वाली कुंजी थी कि दूसरों को आदेश देने के बदले मैं स्वयं हर सामूहिक काम के लिए अपने क़दम बढ़ाती थी। किसी अतिरिक्त काम को कराना हो तो उसका मैं हल भी कार्यकर्ताओं से ही निकलवाती थी। उन्हें अपना साथी मानकर सलाह लेती थी। ये दोनों चीज़ें मेरे स्वभाव में पहले से ही थीं और उस विशाल संस्था के संचालन में भी ये अच्छी तरह सफल हुई थीं। ट्रस्ट के परिसर में कार्यकर्ता सपरिवार रहते थे। और मेरे लिए अच्छी सुविधा थी कि यदि कभी कोई तकलीफ़ में हो या फिर उनके परिवार में कुछ ख़ुशी के अवसर हों, तब यदि मैं परिसर में उपस्थित होऊँ, तो वहाँ पहुँच ही जाती थी। मेरी उपस्थिति ही उन्हें बल व अपनत्व का वह अमूल्यभाव देती थी, जिसका लाभ मुझे कार्य-संचालन में मिलता था। उनके बच्चों से मेरी दोस्ती हो गयी थी। मैं किसी की मौसी तो किसी की नानी बन गयी थी। ऐसा करना सचिव की कोई ड्यूटी न थी, पर सब कार्य विभागों व प्रवृत्तियों को बिना घर्षण के चलाने में यह आत्मीय व्यवहार माहौल में एक सहजता तथा आसानी देता था। काम के लिए एक आन्तरिक उत्साह भी देता था।

प्रारम्भ से ही मैं किसी पूर्वाग्रह से ग्रसित नहीं होना चाहती थी। ट्रस्ट के कार्यकाल में मेरे वहाँ जाने के पूर्व एक ऐसा कालखण्ड आया था, जब किसी सयाने का मार्गदर्शन पूरी तौर पर कार्यकर्ता साथियों को नहीं मिला था। जैसा कि अमूमन संस्थाओं के वेतनमान सरकारी वेतनमान के सामने कम ही होते थे, तो कार्यकर्ताओं के मनों में एक असन्तोष रहता था। यद्यपि संस्था की ओर से उन्हें कुछ ऐसी सुविधाएँ प्राप्त होती थीं जो मुद्रा के रूप में न थीं, पर उनसे मुद्रा बचत तो होती ही थी। ऐसी मानसिकता के साथ जब कार्यकर्ताओं को ढीला माहौल मिलता है तो वे बिखर जाते हैं। वे भी बिखर गये थे और भटक भी गये थे। मुझे प्रारम्भ में ही बताया गया कि इन्होंने वर्कर्स यूनियन बनायी है, ये ट्रस्ट के विरोधी हैं। मेरे पहुँचने के पहले सप्ताह में ही मैं जब ट्रस्ट के खेतों के बीच शाम को सैर के लिए निकली थी, तब एक सहयोगिनी कार्यकर्ता मेरे साथ हो ली थी। हम फ़सलों से लदे, चौड़े-चौड़े खेतों की सौन्दर्यभरी छटा देख रही थीं, तभी मेरे साथ की कार्यकर्ता साथिन ने कहना प्रारम्भ किया कि प्रधान कार्यालय में कौन विश्वास योग्य है और किस पर मुझे बिल्कुल भी विश्वास नहीं करना होगा। "फलां से तो आप अभी से सावधान हो

जाइए। बिल्कुल विश्वास न करें।" उन्होंने अपने शब्दों पर ज़ोर देकर मुझे कहा था। मैंने उन बहन जी को एक वाक्य कहा और बात वहीं समाप्त हो गयी। मैंने कहा, "मेरे मन में किसी के प्रति पूर्वाग्रह नहीं पैदा कीजिए। मैं सब पर विश्वास करूँगी। हर व्यक्ति मेरे साथ अपना विश्वास पूरा निभायेगा। जब कोई नहीं निभायेगा तो मैं स्वयं अनुभव कर लूँगी कि किस पर विश्वास न करूँ? आप मेरे मन में यह ग़लत धारणा का बीज न डालें।"

मेरा यह दृष्टिकोण मेरे लिए एक ऐसी ढाल की तरह रहा, जिसने मुझे दूसरों की चुगली सुनने से बचाया। हरेक को लगा, मैं उस पर विश्वास करती हूँ। अतः वे भी मुझ पर विश्वास निभाकर दिखाना चाहते थे और इस प्रकार विश्वास की हवा बहती, विश्वास का ही वातावरण बनता था। विश्वास का वातावरण धोखा देने वाले को भी विश्वास में खींच लेता था। मैंने सर्वोदय विचार के आधार पर शान्ति अध्ययन के एक नये कार्य के अतिरिक्त अन्य कुछ नयी प्रवृत्तियाँ प्रारम्भ की हों, ऐसा मुझे कुछ भी याद नहीं पड़ता, पर पुराने ढुलमुल हो गये तरीक़ों व कार्यों को अच्छी गुणवत्ता वाला व प्रभावी बनाया था केवल कस्तूरबाग्राम परिसर में ही नहीं, राज्य शाखाओं में भी मैंने अथक मेहनत की थी। कस्तूरबाग्राम के परिसर में स्थित 12 विभागों तथा 18 राज्य शाखाओं में परिवर्तन लाने का प्रयास किया। राज्य शाखाओं और उनके दूर-दराज़ के केन्द्रों, स्वास्थ्य केन्द्रों, शिक्षा केन्द्रों और हस्तकला आदि के केन्द्रों में भी मैं गयी थी। अरुणाचल प्रदेश के दूरस्थ केन्द्रों, नागा-ख़ासी हिल्स में स्थित केन्द्रों में भी गयी थी, जहाँ सेविकाएँ एकदम भिन्न खान-पान, बोली-भाषा वाले लोगों के बीच सेवा केन्द्र चलाकर लोगों के साथ एक परिवारजन जैसी बनकर रहती थीं। केरल से कश्मीर तक व अरुणाचल से राजस्थान तक के सैकड़ों केन्द्रों को मैंने देखा था। आसाम के पच्चीसों केन्द्रों में जाकर मैं रही थी। मेरी यात्रा सार्वजनिक वाहनों से होती थी। इससे मुझे कष्ट लगता भी तो उन समर्पित सेविकाओं को देखते ही मेरा सारा कष्ट हवा में उड़ जाता था।

मैं वापस कस्तूरबाग्राम आती, तो मेरी प्रतीक्षा ऑफ़िस की मेरी मेज़ पर फ़ाइलों के ढेर करते थे। निपटाते हुए कभी रात के ग्यारह भी बजते, परन्तु मेरी दिशा निर्धारित थी और मुझे उस पर चलने में आनन्द था। मेरे साथी कार्यकर्ताओं को मेरी मेहनत का अहसास था और उस मेहनत का वे आदर भी करते थे। इसलिए मुझे अनुभूति होती थी कि वे अपने-अपने ढंग से मुझे प्रेम करते थे। यह प्रेम ही तो एक व्यक्ति को गतिमान रखने के लिए सबसे महत्त्व की चीज़ होती है। मैं प्रतिवर्ष ट्रस्ट के न्यासी मण्डल में अनुरोध रखती थी कि मुझे सचिव पद से मुक्त करें व नयी सचिव लायें,

परन्तु उस दिशा में कोई प्रगति नहीं हो रही थी। एक वर्ष के लिए मैंने समय दिया था और अब छठा वर्ष पूरा होने को आया था, फिर सातवाँ वर्ष भी जा रहा था। इस बार की बैठक में मेरे द्वारा मुक्त होने की माँग उठाते ही सारे ट्रस्टीजन अपनी जगहों पर खड़े हो गये और बच्चों की तरह एक स्वर में बोले, "हमें आपकी जैसी कोई दूसरी मिली ही नहीं, आपको कैसे मुक्त करें?" मैंने नम्रता से कहा, "मेरी जैसी नहीं वरन् आपको जैसी मिले, वैसी लाइये, पर अब मुझे मुक्त कर दीजिए।" वे सब हँसे। वास्तव में ऐसी रचनात्मक राष्ट्रीय संस्था के संचालन के लिए अनुभवी और विचारशील किसी व्यक्ति को पाना कठिन तो था ही, यह मैं भी समझती थी।

मुझे ब्लड प्रेशर रहने लगा था। दवाइयाँ लेना आवश्यक हो गया था। इस आठवें वर्ष में तो कहीं पेट के भीतर से अन्दरूनी रक्तस्राव होने लगा। शायद यह मेरे पुराने अल्सर के कारण था। मेरा सौभाग्य था कि मेरे कार्यक्रम में ट्रस्ट की अध्यक्ष पहले डॉ. सुशीला नायर थीं। उन्हें पूरा विश्वास था कि मैं पूरी समर्पण भावना तथा प्रतिबद्धता से काम कर रही थी। दूसरे अध्यक्ष थे धीरूभाई मेहता। मुझे लगता था कि उन्हें भी मुझ पर विश्वास था। वे मेरे सुझाव पर देश की अनेक राज्य शाखाओं में मेरे साथ जाते और उनके पास जैसा भी अतिथिगृह होता, उसमें रह लेते। यद्यपि उनकी जीवनशैली नगरों की थी व उस दृष्टि से भी ऊँचे स्तर की थी, पर हम जिन सेविकाओं की सहायता करने पहुँचते थे, हमें उनके स्तर पर ही रहना चाहिए था, यह मेरा आदर्श था। मैं तो उनसे भी अधिक सामान्य स्तर में रह सकती थी। मुझे उसमें आनन्द था। धीरूभाई सेविकाओं और उनको नेतृत्व देने वाली राज्य प्रतिनिधि बहनों की दिक़्क़तों को सहृदयता से समझते थे और भरसक कोशिश करके उनके निवारण का स्वयं प्रयास करते थे। इससे उन सेविकाओं का विश्वास व उत्साह मज़बूत होता था। जिस राज्य शाखा में ऐसी ज़रूरत होती, मैं धीरूभाई को अनुरोधपूर्वक वहाँ ले जाती। अन्य राज्य शाखाओं में मैं स्वयं ही जाती और उनकी समस्याएँ भी सुलझाती व उन्हें वैचारिक बल देती, प्रेरणा देती। मेरी उन सभी से निकटता इतनी बढ़ती कि मैत्री जम जाती थी और तब काम करने में उन्हें व मुझे, दोनों को आनन्द आता था। ट्रस्ट की सेवा प्रवृत्तियों में सदा एक प्रवाह चला रहता था। कुछ केन्द्रों का नया स्वरूप मेरे सामने गढ़ा गया था, जिनमें मेरी दृष्टि का भी असर था।

मेरा स्वास्थ्य मुझे मजबूर कर रहा था। आख़िर उसको धीरूभाई ने ही समझा और न्यासी मण्डल ने नयी सचिव के प्राप्त होने व आने से पूर्व ही मुझे अवसर दिया कि मैं अपने हिमालय स्थित आश्रम को जा सकूँ। मैं कस्तूरबा ग्राम से विदा हुई।

कस्तूरबाग्राम की मार्मिक विदाई मुझे बौंगाड़ गाँव से हुई मेरी भावुकतापूर्ण विदाई की याद दिला रही थी क्योंकि वहाँ मैं केवल ट्रस्ट की सचिव नहीं रही थी। वहाँ मैं किन्हीं की नानी, मौसी व सबकी दीदी तो थी ही, ट्रस्ट परिसर के बाहर गाँववासी मनीष के लिए भी मैं मौसी थी। कुमुद त्रिवेदी (अवकाश प्राप्त शिक्षक) के लिए मैं सगी बड़ी दीदी थी। विवेकभाई व अनीता जी के बेटे छोटे बाबू के लिए मैं बड़ी मौसी थी। इन रिश्तों के पीछे अपनत्व की भावना भरी थी। कम-से-कम मैं शासक तो नहीं ही थी। पिछले सात-आठ वर्षों में कस्तूरबाग्राम व राज्य शाखाओं में काम हुआ था, पर उसके साथ-साथ यह ममत्व भी जुड़ा था।

इन्दौर से दिल्ली को जाने वाली हमारी ट्रेन इंटरसिटी एक्सप्रेस चार बजे दिन को निकलने वाली थी, पर सुबह से ही मेरा घर मेरे सहयोगियों से भर रहा था। मैं एक बार प्रधान कार्यालय व अन्य विभागों तथा पूरे परिसर में जाकर सबसे विदा लेकर आयी थी, पर फिर सभी विभागों से कार्यकर्ता बहनें व भाई फिर से मेरे निवास पर आ गये थे। गीता (गीता बोरा, ट्रस्ट के प्रधान कार्यालय की एक कार्यकर्ता जो मेरे साथ रहती थी और मेरे खाने-रहने आदि की देखभाल भी कई वर्षों तक करती रही थी) ने सामान पैक किये थे। अब वह उसे गाड़ी में लदवाने लगी, तो सभी की अश्रुधाराएँ फूट पड़ीं। इनमें बच्चे थे, अधिकांश मेरी साथी कार्यकर्ता बहनें थीं, शिक्षिकाएँ थीं, प्राचार्या थीं और सभी विभागों के कार्यकर्ता भाई लोग भी थे। सबकी आँखों से वही आँसू झर रहे थे। किसी के गालों में बहे जा रहे थे, किन्हीं की आँखों में सिमटकर झलझला रहे थे।

उन साठ-सत्तर द्रवित लोगों को पीछे छोड़ मैं व गीता रेलवे स्टेशन के लिए निकल गयीं, पर उन सबके सामने बह रहे मेरे आँसू अभी भी थम नहीं रहे थे। ट्रेन में सामान लादा गया। मैंने देखा, कस्तूरबाग्राम के कई कार्यकर्ता यहाँ ट्रेन के सामने प्लेटफ़ॉर्म पर खड़े थे, उसी प्रकार अश्रुपूरित। मेरा तो बाँध टूट पड़ा था। गीता भी फफक रही थीं। अजीब स्थिति थी। यह क्या हो गया? इस जगह इन लोगों ने किस बन्धन में बाँध लिया था मुझे? मैं यहाँ सचिव बनने आयी थी, पर यहाँ केवल एक सचिव नहीं रही थी। उनके लिए मैं उनकी कोई आत्मीय थी और वे मेरे आत्मीय थे, जिनके साथ मैंने आठ वर्षों तक जीवन जिया था। इस प्रकार कस्तूरबा ट्रस्ट के उस मेरे सुन्दर परिच्छेद का पटाक्षेप हो गया था।

मैंने अपने उस कार्यकाल में इन्दौर नगर की महिलाओं व महिला संगठनों को जोड़ने का एक अभिनव प्रयास अवश्य किया था। ट्रस्ट के उद्देश्य में ग्रामों व ग्रामों के बच्चों और महिलाओं की हर पहलू से सेवा करनी थी। शिक्षा, स्वास्थ्य व

सामाजिक मुद्दे व स्त्री समस्याएँ—सब ग्रामीण महिलाओं के जीवन से जोड़कर ही थे, किन्तु नगर की महिलाओं के लिए ट्रस्ट को कुछ करने का कोई निर्देश न था। इसी कारण इन्दौर शहर ट्रस्ट के प्रधान-कार्यालय के इतने निकट होते हुए भी ट्रस्ट की सीधी प्रवृत्तियों से सीधे सम्पर्क में नहीं था। मेरे सामने मातृपक्ष 12 फ़रवरी का एक अवसर आया और हमने नगरीय महिलाओं की एक विचार गोष्ठी आयोजित की। महिलाएँ उत्साह से आयीं। उनमें नगर की विभिन्न महिला मण्डलों की स्त्रियाँ भी थीं। कोई अग्रवाल महिला समाज, तो कोई माहेश्वरी महिला मण्डल और इसी प्रकार एक नगर में पचासों महिला मण्डल या समाजों के नाम से बने संगठन थे परन्तु वे मेहँदी, रंगोली, बालसंगोपन, स्वास्थ्य नुस्ख़े, तीज-त्यौहार आदि के आयोजन ही प्रमुखत: आयोजित करती थीं। हमने कुछ सामयिक मुद्दों, जैसे सर्वधर्म समभाव, अहिंसक समाज, नगर स्वराज्य, ग्रामस्वराज्य, गांधीजी का सपना, स्त्री शक्ति जागरण आदि पर विचार-विनिमय किया, तो वे बहुत ख़ुश हुईं।

इस प्रकार हमारे अभिक्रम द्वारा नगर के तीस-पैंतीस महिला संगठनों का एक 'महिला महासंगठन' बना दिया गया था। ट्रस्ट की संयुक्त सचिव पुष्पा सिन्हा इस काम में बहुत रुचिपूर्वक मदद करती थीं। अगले सालों में मातृपक्ष पर उनके सारे संगठनों ने पन्द्रह दिनों तक अपने-अपने स्तर पर विचार गोष्ठियाँ आयोजित की थीं। सबने एक बड़ी प्रदर्शनी तथा महासभा करने का निर्णय लिया। मातृदिवस 22 फ़रवरी पर उन्होंने अपने-अपने संगठन की ओर से हस्तकलाओं आदि के प्रदर्शन स्टॉल तैयार किये। महासभा में सांस्कृतिक कार्यक्रम भी किये। इस सारे उत्सव के उद्घाटन के लिए इन्दौर के ज़िलाधिकारी को बुलाया था। वे प्रभावित हुए। उन्होंने कहा,''मैंने अपने दो-तीन वर्षों के सेवाकाल में इन्दौर में ऐसा आयोजन, सो भी महिलाओं द्वारा, कभी देखा नहीं। मैं बहुत प्रभावित हूँ।" इससे महिलाएँ गर्व से भर उठीं और भविष्य की हमारी योजनाओं के लिए उम्मीदभरी नज़रों से देखने लगीं। हम विनोबाजी की वाणी व प्रेरणा के अनुरूप इन्दौर को 'सर्वोदय नगर' की दिशा में वहीं की महिला शक्ति के द्वारा ले जाना चाहती थीं। इस सारे कार्य में ट्रस्ट की तत्कालीन संयुक्त मन्त्री पुष्पा बहन सिन्हा प्रारम्भ से अन्त तक सक्रिय रही थीं, परन्तु मैं इन्दौर से विदा हुई और ट्रस्ट के नये पदाधिकारियों को इस कार्य में रुचि नहीं हुई थी। अत: एक सक्रिय जनशक्ति का सपना अधूरा रह गया।

मैं अपना माल-असबाब का गट्ठर लेकर लक्ष्मी आश्रम में आ गयी। लगा, जैसे माँ की गोद में आ गयी। वही सुकून, वही आराम। मैंने मन में तय किया था कि अब मैं कुछ समय आराम व स्वास्थ्य लाभ करूँगी। इसका कुछ समय मुझे

मिला भी, परन्तु एक अन्तराल के बाद मुझे राजगोपालभाई की एक माँग टेलीफ़ोन पर आयी, "राधा बहन, कहाँ पहाड़ों में जाकर छिप गयी हो? यहाँ आइए और गांधी शान्ति प्रतिष्ठान की सचिव का कार्यभार उठाइए।" मैंने नम्रता और प्रेम से उनकी माँग को मानने में असमर्थता जतायी। वे उस समय गांधी शान्ति प्रतिष्ठान के उपाध्यक्ष थे। मुझे आराम से आश्रम में काम करने का कुछ और समय मिल गया। हम आश्रम के कुछ रुके और अटके हुए कामों को फिर से चलाने व सँवारने में जुटी थीं। उत्तराखण्ड में मैं ग्रासरूट महिलाओं यानी हिमालय क्षेत्र की किसान, पशुपालक और जंगलों व मिट्टी से जुड़ी आम स्त्रियों के संगठित नेतृत्व को आगे बढ़ाने का एक प्रयास भी कर रही थी। मेरा सम्पर्क काठमांडू नेपाल में 'इसीमोड' नामक एक अन्तर्राष्ट्रीय संगठन से बना था। उसकी प्रवृत्तियाँ हिन्दूकुश से म्याँमार तक के पूरे हिमालय के पर्यावरण उसके जल, ज़मीन व उनके निवासियों और उसके वैज्ञानिक तथ्यों से जुड़ी थीं। उसके कई सेमिनारों व गोष्ठियों में शरीक होने मैं काठमांडू नेपाल गयी थी और अपने साथ बसन्ती बहन को भी ले गयी थी, ताकि इस क्षेत्रीय कार्य के लिए भी हमारे आश्रम की सैकेंड-लाइन विकसित हो। हमारी युवा बहनों का दृष्टिकोण और परिचय विस्तृत हो। इसी प्रकार मैंने अपनी अन्य साथी महिलाओं को भी आगे बढ़ाया था। आश्रम आने के बाद ही बसन्ती सामन्त अपनी शिक्षा में भी आगे बढ़ी थीं और ज़िम्मेवारियों में भी बढ़ी थीं। उन्हें आगे बढ़ने के अवसर दिये गये थे। विभिन्न महिला संस्थाओं की कार्यकारी समितियों में सदस्य के रूप में भी मैंने उन्हें प्रवेश दिलाया था। वह एक ग्रासरूट महिला को आगे बढा़ने का प्रत्यक्ष नमूना थीं। इसीमोड में हिमालय के पर्यावरण व जीवनशैली के लिए कार्यरत अनुपम भाटिया को मेरा यह विचार अथवा अनुभव पसन्द आया था कि ग्रासरूट महिलाओं में सब क्षमताएँ निहित हैं। केवल उन्हें अवसर देने की आवश्यकता होती है। अपनी धरातलीय स्थितियों के प्रत्यक्ष ज्ञान के साथ वे अपनी अन्तर्निहित प्रतिभा को प्रस्फुटित कर सकती हैं। आश्रम में कई ऐसी महिलाओं अर्थात् युवा विवाहिताओं को विकसित होने के मौक़े मिले थे। जिनके जीवन अपनी परम्परागत राह के किसी मोड़ पर ठिठक गये थे और आम समाज की धारा से फिसल गये थे, उन्हें जीवन को पुन: एक नयी राह पर चलने और अपनी छिपी गुणवत्ता को चमकाने के मौक़े यहाँ मिले थे। जो एक छोटे प्रयोग में हो सकता है, वह एक खुले समाज में भी होगा, यह मेरा विश्वास था। मैं अपने इस विचार को आगे बढ़ाने में जुटी थी।

अपने इसी विश्वास को मैंने कई बड़े सम्मेलनों की समूह चर्चाओं में विश्लेषित किया था। पूरे भरोसे के साथ कई सभाओं, गोष्ठियों में भी प्रस्तुत किया था कि

ग्रासरूट महिलाओं की समस्याओं को उन्हीं के हाथों, उन्हीं के ज्ञान व उन्हीं की सूझबूझ व विवेक से हल करने के मौक़े देने होंगे। हम कार्यकर्ताओं का काम उनको साथ लाना है। उत्तराखण्ड की गाँववासी किसान महिलाओं के साथ का मेरा अनुभव था कि उनकी शक्ति समूह में प्रकट होती थी और तभी उसमें वे सफल भी होती थीं। एक बड़े उद्‌देश्य के लिए वे एक साथ आपस में जुड़ती थीं। अपनी नेता को बनाती थीं और उसे मानती भी थीं। मेरे इन विचारों को अनुपम भाटिया, चण्डी प्रसाद भट्ट तथा हिमालय क्षेत्र के पूर्व से पश्चिम तक की एक्टिविस्ट महिला साथियों ने और भी सुदृढ़ किया और परिणामस्वरूप 'हिमवन्ती' नाम से एक संगठन का प्रादुर्भाव हुआ था, जो हिन्दूकुश से म्याँमार तक की ग्रासरूट महिलाओं के नेतृत्व में चलने वाला एक अभियान था। हम कुछ महिला एक्टिविस्ट्स ने उसका एक विस्तृत ख़ाका कई दिनों तक मेहनत करके तैयार किया था। उसके लिए मैं कई बार काठमांडू गयी थी। अब सब याद नहीं कि उस संगठन के उस विस्तृत खाके में क्या-क्या नया था, पर इतना याद है कि उसमें बहुत कुछ नया तो था ही, अपरम्परागत भी था। एक बात स्पष्ट याद है कि उसमें था कि 'हिमवन्ती' की पदाधिकारी और कार्यकारी सदस्य केवल वे ग्रासरूट महिलाएँ ही बन सकती थीं, जिनका सम्बन्ध मिट्टी, खेती, जंगल, पशुपालन से हो, जो ग्रामस्तर पर ऐसी खेती व कारीगरों से जुड़ी महिलाओं के लिए काम करती हों। इस संगठन का मार्गदर्शन करने के लिए हिमालयी पर्यावरण, महिलाओं की स्थिति और पर्वतीय जीवन के लिए कार्य करने का अनुभव रखने वाले कार्यकर्ता साथियों का एक सलाहकार मण्डल बना था। एक सलाहकार की हैसियत से मैं भी इस मण्डल की बैठकों में जाया करती थी। 'हिमवन्ती' का कार्य क्षेत्र भी हिन्दूकुश हिमालय से म्याँमार में लुशाई हिल्स तक था। इसमें आने वाले विभिन्न राज्यों यानी देशों में 'हिमवन्ती' की इकाइयाँ प्रारम्भ करनी थीं। उत्तराखण्ड की इकाई के गठन व क्रियान्वयन के लिए बसन्ती बहन को तय किया था। इसके लिए उन्हें दो सालों तक देहरादून में रहना था। प्रदेश की राजधानी से प्रारम्भ हो, यह हिमवन्ती की कार्यकारी बैठकों का निर्णय था। मैं भी बसन्ती बहन के विकास के लिए इसे लाभकारी मानती थी और उत्तराखण्ड में पहले से ही जाग्रत ग्रासरूट महिलाओं के साथ उन्हें जोड़ना भी चाहती थी।

मुझे याद है, माया खनाल एक नेपाली ग्रासरूट कार्यकर्त्री हिमवन्ती की प्रथम अध्यक्ष या संयोजिका बनायी गयी थीं। शायद अगली अवधि तक भी वही अध्यक्षा बनी रही थीं। नेपाल से कुछ अन्य ग्रासरूट महिलाएँ व महिलाओं के लिए काम करने

वाली कार्यकर्त्री युवतियाँ 'हिमवन्ती' की सदस्याएँ थीं। उनमें कुछ ने अपनी ग्रामीण महिलाओं के लिए अच्छा काम किया था और इस कारण से उनका आत्मविश्वास काफ़ी ऊँचा था। ऐसी महिलाओं की आकांक्षाएँ भी ऊँची थीं। 'हिमवन्ती' उनके लिए एक अवसर था, कई हिमालयी राज्यों तक पहुँचने व यशस्वी होने का। हिमवन्ती की सक्रियता क्यों बन्द हो गयी, इसके कारण स्पष्टतः मुझे मालूम नहीं हुए और याद भी नहीं हैं, पर माया खनाल के संयोजिका रहते-रहते 'हिमवन्ती' नेपाल में ही बिखर गयी थी। हिमालयी ग्रासरूट महिलाओं का एक संगठन हिमालय को बचाने और उसके जल-जंगल-ज़मीन की प्राकृतिक विरासतों पर जीने वाली किसान महिलाओं के हाथों में इन स्रोतों का प्रथम अधिकार रहे, इसको पाने के लिए पुरुषार्थ भी महिलाएँ ही करें, ऐसा हमारा सपना अधूरा रह गया। मेरा विश्वास है कि यह सपना वास्तविक बनेगा, यदि ग्रासरूट महिलाएँ पद, पैसा व पुरस्कारों की माया में बहक न जायें और अपने लक्ष्य से भटक न जायें। एक बार भटक भी गयीं तो आगे समय और परिस्थितियाँ उनसे यह कार्य निश्चित रूप से कराएँगी। बीज पुष्ट होना चाहिए। समय लगेगा, पर वह अंकुरित अवश्य होगा।

37

गांधी शान्ति प्रतिष्ठान के नौ साल

मैंने हिमालय क्षेत्र में स्वयं को ख़ूब व्यस्त कर लिया था, तो भी राष्ट्रीय चिन्तन व चिन्ता सम्बन्धी बैठकों में भागीदारी भी मैं करती थी। गांधी शान्ति प्रतिष्ठान की न्यासी मण्डल की मैं कई वर्षों से सदस्या मनोनीत की गयी थी, पर कस्तूरबा ट्रस्ट की व्यस्तता के कारण मैं उसकी बैठकों में एक-दो बार से अधिक कभी उपस्थित नहीं हो पायी थी। शायद 2008 की बात थी। मुझे गांधी शान्ति प्रतिष्ठान से उसकी न्यासी मण्डल की बैठक में उपस्थित होने की सूचना मिली। साथ में धीरूभाई का फ़ोन भी आया कि इस बैठक में मुझे आना ही चाहिए। रवीन्द्र वर्माजी, पूर्व अध्यक्ष गांधी शान्ति प्रतिष्ठान, के देहान्त होने के बाद यह पहली बैठक थी। यद्यपि मेरे पास एजेंडे के रूप में कुछ नहीं पहुँचा था, पर मैं समझ गयी थी कि इस बैठक में अध्यक्ष का निर्धारण किया जायेगा। अत: मैंने धीरूभाई से पूछ ही लिया, "आपका विचार किसको अध्यक्ष बनाने का है?" उनके मन में कोई स्पष्ट नाम न था, परन्तु वे मेरा मन टटोलने लगे। मैं समझ गयी और मैंने साफ़ कह दिया, "मैं आठ-नौ वर्ष मैदानी भाग में रहकर अब पुन: मैदानी भाग में नहीं जाना चाहती। आप किसी अन्य नाम को खोज लें।" उन्होंने माना या नहीं माना, पर उन्होंने कोई प्रतिक्रिया नहीं दी। मैं निश्चिन्त हो गयी थी।

बैठक की पहली शाम प्रतिष्ठान के भावी अध्यक्ष के नाम पर अनौपचारिक चर्चाएँ हो रही थीं। नागालैंड में शान्ति कार्य व रचनात्मक कार्यक्रम चला रहे, गुजराती मूल किन्तु नागालैंड को समर्पित, गांधी शान्ति प्रतिष्ठान के न्यासी मण्डल के सबसे वरिष्ठ सदस्य नटवरभाई को दो-चार साथी मना रहे थे कि वे अध्यक्ष बनें। मैं भी उन्हीं में शामिल होकर उनसे अनुरोध कर रही थी, पर स्पष्ट निर्णय नहीं हुआ था। दूसरे दिन बैठक में उनके नाम पर सब तैयार न थे, पर हमारे पास दूसरा नाम भी न था। नटवरभाई ने बैठक में अपनी एक शर्त रख दी, "मैं बनूँगा तो मैं अपनी

पसन्द का अपना सचिव व सहायक रखूँगा।" यह बहुत-से सदस्यों को अच्छा नहीं लगा। मुझे तो बिल्कुल ही अच्छा नहीं लगा था क्योंकि उस समय भी प्रतिष्ठान के एक सचिव थे ही और उनका कार्यकाल पूरा नहीं हुआ था। इस शर्त को सुनकर नटवरभाई के प्रति मेरे मन में थोड़ी खिन्नता-सी भी आयी। तभी धीरूभाई ने मेरा नाम प्रस्तावित कर दिया और आश्चर्य कि कुछ सदस्यों ने तुरन्त ही उनके प्रस्ताव का समर्थन भी कर दिया। हमारे पूर्व प्रस्ताव से मेरा मन भी हट ही गया था। कुछ लोग जो शायद धीरूभाई के प्रस्ताव को पसन्द नहीं भी करते हों, तो भी उन्होंने कहा, "राधा बहन के नाम के लिए कौन सहमत नहीं होगा?" तब तो सर्वसम्मति हो गयी और मैं एक प्रतिष्ठित गांधी विचार की राष्ट्रीय ही नहीं, कई अर्थों में अन्तर्राष्ट्रीय संस्था की एक नाटकीय घटना-क्रम द्वारा अध्यक्ष बन गयी। अब मेरे सामने उसे अस्वीकार करने का कोई कारण नहीं था।

काम सामने आने पर अपने स्वभाव के अनुसार मैं पूरी शक्ति से इस नये काम में भी जुट गयी थी। प्रतिष्ठान की वित्तीय स्थिति बहुत नाज़ुक थी। मैं सोचने लगी, मेरे प्रारब्ध में बड़े उद्देश्य व अनमोल विचारों के लिए काम करने वाली, किन्तु कमज़ोर वित्त स्थिति में पहुँची संस्थाओं को सँभालने का काम क्यों आता होगा? दिल्ली स्थित इस नामदार संस्था को पुनः मज़बूत बनाने का कौन-सा रास्ता हो सकता है, यह मेरी समझ में नहीं आ रहा था। मैंने देखा, प्रतिष्ठान के केन्द्रीय कार्यालय में काम करने वाले साथी कार्यकर्ता संशय में पड़े हुए थे। उनकी मनोदशा ऐसी थी कि उनको संस्था की अत्यन्त क्षीण हो गयी अर्थव्यवस्था के कारण शायद अब यह स्थान छोड़कर दूसरा काम ढूँढ़ना पड़ेगा।

अन्त में मैंने सोचा कि प्रधानमन्त्री भारत सरकार को एक आवेदन भेजकर कौर्पस के लिए एक राशि माँगी जाय, उसके ब्याज से प्रतिष्ठान की प्रवृत्तियाँ चलाएँगे और वह राशि भविष्य में भी एक वित्तीय सम्बल बनी रहेगी। मेरे साथ प्रतिष्ठान के सचिव सुरेन्द्र कुमार जी थे। उन्हें मैंने यह विचार बताया। उन्होंने स्वीकृति दी और आवेदन के लिए संस्था के दस्तावेज़ एकत्र करने में जुट गये। हमने अपने कार्यकर्ता के हाथों से आवेदनपत्र प्रधानमन्त्री के कार्यालय में पहुँचवाया, ताकि हम सुनिश्चित हो जायें कि हमारा आवेदन जगह पर पहुँच गया है। बड़े लम्बे समय तक कोई उत्तर या पत्र प्राप्ति की कोई जानकारी नहीं आयी। हमें सन्देह होने लगा कि शायद हमारे काग़ज़ इतने महत्त्वपूर्ण नहीं माने गये कि प्रधानमन्त्री को दिये जायें। सुरेन्द्रभाई और मैं कुछ ऐसे सज्जनों को खोजने लगे, जो प्रधानमन्त्री कार्यालय से सम्पर्क रखते हों। उनमें से कुछ को हम दोनों मिलने भी गये, पर कहीं

कोई हलचल नहीं मालूम हुई। एक दिन सुब्बाराव जी (एस.एन. सुब्बाराव, जो युवा शिविरों के द्वारा देश और विदेश के युवाओं को प्रेरणा देने वाले विश्व प्रसिद्ध सर्वोदय कार्यकर्ता थे) प्रधानमन्त्री को मिलने जा रहे थे। वे 'गांधी शान्ति प्रतिष्ठान' के एक कमरे में अपने संगठन राष्ट्रीय युवा प्रोजेक्ट का कार्यालय भी चलाते थे और वहीं निवास भी करते थे। उन्हें प्रतिष्ठान का एक अंग ही माना जाता था। मैंने अपने आवेदन की एक प्रति का मोटा पुलिन्दा उनके हाथों में थमा दिया ताकि वे उसे प्रधानमन्त्री के हाथों में दे दें।

हम 'उत्तराखण्ड नदी बचाओ अभियान' के लिए पन्द्रह नदी घाटियों में पहली जनवरी 2008 से पन्द्रह पदयात्राएँ प्रारम्भ करने वाले थे और 30 दिसम्बर 2007 को अनुपम मिश्र भाई एक स्थानीय जनसभा में इस विचार व काम के महत्त्व को बताकर इसका उद्घाटन कौसानी में करने वाले थे। अतः मैं कौसानी (उत्तराखण्ड) के लिए चली गयी। पहली जनवरी की सुबह मैं आश्रम छात्राओं तथा घाटी की स्थानीय ग्रामीण महिलाओं की विशाल टोली के साथ नारे लगाती हुई पदयात्रा में निकल चुकी थी, तब मेरे फ़ोन की घण्टी बज उठी। मुझे सुरेन्द्र कुमार जी ने बताया कि संस्कृति मन्त्रालय के एक पत्र द्वारा 'गांधी शान्ति प्रतिष्ठान' को पाँच करोड़ की कौर्पस राशि मिलने की स्वीकृति आ गयी है। बाद में सुब्बाराव जी का फ़ोन भी आया, "राधा बहन, प्रधानमन्त्रीजी को व्यक्तिगत धन्यवाद पत्र लिख दीजिए। तुम्हारा आवेदन पत्र देते ही उन्होंने पूछा, यह किसका है?"

"राधा बहन का है। वे हमारे गांधी शान्ति प्रतिष्ठान की अध्यक्षा हैं।" सुब्बाराव जी ने कहा था। "यह वही राधा बहन तो नहीं हैं जो कुछ वर्ष पहले कस्तूरबा ट्रस्ट की सचिव थीं?" प्रधानमन्त्री ने पूछा।

"जी हाँ, वही हैं।" सुब्बारावजी ने उत्तर दिया था। "सच ए सिंसियर वर्कर, प्रधानमन्त्री ने कहा था और काग़ज़ थाम लिए।" यह सारा संवाद सुब्बारावजी ने फ़ोन पर मुझे कह सुनाया और दुबारा आग्रह किया कि मैं प्रधानमंत्री को व्यक्तिगत धन्यवाद पत्र लिखूँ।

मुझे यह अच्छा लगा था कि मैंने प्रतिष्ठान के लिए एक उपयोगी काम किया था। दूसरे प्रयास में मैं उसके तत्त्व प्रचार केन्द्रों को बेहतर बनाना चाहती थी, वह भी उन केन्द्रों पर काम में लगे साथियों के अभिक्रम व सूझबूझ के द्वारा ही। इसके लिए मैं देशभर में फैले तत्त्व प्रचार केन्द्रों को देखने-समझने गयी। कुछ में अच्छी सम्भावनाएँ निहित थीं। वहाँ के कार्यकर्ता साथियों में सूझबूझ थी और गांधी विचार के प्रति निष्ठा भी थी। सचिव श्री सुरेन्द्र कुमार जी व तत्त्व प्रचार केन्द्रों के मार्गदर्शक

रमेशचन्द्र शर्मा के साथ हमने तय किया था कि प्रतिष्ठान उत्तर-पूर्व के राज्यों में भी तत्त्व प्रचार केन्द्र प्रारम्भ करे। अरुणाचल प्रदेश, असम और मणिपुर में केन्द्र प्रारम्भ कर दिये गये। वहाँ प्रतिष्ठान के न्यासी नटवरभाई भी थे। उनकी अनुभवजन्य सहायता का लाभ हमें मिला था, पर त्रिपुरा के लिए हमने अपने हावड़ा के तत्त्व प्रचार केन्द्र से सहायता ली थी। वहाँ के संयोजक चन्दनपाल एक उत्साही एवं कर्मशील युवा थे। उनके द्वारा गांधी विचार का कार्यक्रम नगर में ही नहीं, गाँवों में भी चलता था और किसी भी प्राकृतिक आपदा, बाढ़, चक्रवाती तूफान व साम्प्रदायिक संघर्ष में यह केन्द्र राहत व सुलह की एक महत्त्वपूर्ण भूमिका निभाता था। सभी तत्त्व-प्रचार केन्द्रों के प्रथम परिचय में ही मैंने इस केन्द्र व चन्दनपाल भाई के अन्दर की क्षमता व योग्यता को पहचाना था। उन्हें ही त्रिपुरा में एक तत्त्व प्रचार केन्द्र की सम्भावना की खोज के लिए भेजा था।

त्रिपुरा का केन्द्र प्रारम्भ हो गया और मैं चन्दनपाल भाई के साथ 'त्रिपुरा गांधी शान्ति प्रतिष्ठान केन्द्र' द्वारा आयोजित कार्यक्रमों में भाग लेने अगरतला गयी। त्रिपुरा विश्वविद्यालय के साथ-साथ छोटे क़स्बों के कॉलेजों में भी वहाँ के त्रिपुरा तत्त्व-प्रचार केन्द्र के संयोजक जौयनाल हुसैन ने अच्छे कार्यक्रम आयोजित किये थे। जौयनाल हुसैन बड़े कर्मठ युवा थे। शान्त और मितभाषी, पर काम में निःसंकोच जुट पड़ने वाले अथक परिश्रमी व्यक्ति थे। उनका परिवार यानी माता-पिता, भाई-बहन एक सामान्य स्तर की आजीविका से सरल व सादा जीवन जीते थे। यह हम उनके घर पर जाकर देख आये थे।

अगरतला में हम अपनी प्रत्येक भेंट में त्रिपुरा के मुख्यमन्त्री को मिलने का अवसर निकालते ही थे। वे भी हमसे मिलने को इच्छुक रहते थे, वरन् जाते ही कहते, "इस बार आप काफ़ी दिनों बाद आये?" वे यह भी जानते थे कि अगरतला के नगर में तथा उसके बाहर गाँवों में कस्तूरबा ट्रस्ट की त्रिपुरा शाखा की प्रवृत्तियाँ चलती थीं और मैंने उन्हें देखने व मार्गदर्शन देने का ज़िम्मा कई वर्षों से निभाया था। मुख्यमन्त्री जौयवाल हुसैन का परिचय कराना व 'गांधी शान्ति प्रतिष्ठान' के केन्द्र और उसके कार्यक्रमों के बारे में बताना, हमारी भेंट का मुख्य उद्देश्य था। उनसे मिलना हमेशा ही आनन्ददायक होता था। इस बार हमने सोचा, क्यों न लगे हाथों इस राज्य के राज्यपाल से भी मिल लें। हमें उन्हें मिलने का समय भी आसानी से मिल गया था। हम राजभवन में गये। चन्दनपाल भाई व मैं जौयनाल हुसैन को साथ लेकर गये थे और राज्यपाल की प्रतीक्षा उनके प्रतीक्षाकक्ष में करने लगे थे।

राज्यपाल महोदय एक टीशर्ट व सामान्य-सी पैंट पहनकर आये और अपनी विशेष कुर्सी पर बैठ गये। उनकी वेशभूषा देखकर मुझे विश्वास ही नहीं हुआ कि वे ही राज्यपाल थे। हमने अपने परिचय दिये और जौयनाल हुसैन का विशेष परिचय दिया। गांधी शान्ति प्रतिष्ठान और उसके तत्त्व-प्रचार केन्द्रों की भूमिका विस्तार से बतायी। उन्होंने सब सुना, पर लगा, कुछ अनमने भाव से सुना। तब वे बोले और उनका पहला वाक्य था, "मैं आर.एस.एस. का आदमी हूँ।" मैं उसी क्षण चौंक उठी। सोचा कि राज्यपाल बनने के बाद राज्यपाल की कुर्सी पर बैठकर यह कहने की आवश्यकता ही क्यों है? फिर सोचा कि राज्यपाल बनते ही उन्हें तो महसूस ही नहीं करना चाहिए कि वे किस दल या किस संगठन के हैं? वे राज्यपाल की हैसियत से सभी के हैं और राष्ट्रपति के प्रति जवाबदार हैं। बातें और आगे चलीं। उन्होंने ही एक ऐतिहासिक सन्दर्भ का प्रश्न पूछ लिया, "गांधी जी नोआखाली क्यों गये थे?" मैंने बड़े उत्साह से उस समय के हिन्दू व मुसलमानों के बीच के भयंकर दंगे व अशान्ति के बारे में तथा गांधी जी द्वारा स्थापित शान्ति-सौहार्द की सफलता के बारे में बताया। वे उसका खण्डन करते हुए एकदम तड़पकर बोले, "गांधीजी मुसलमानों को बचाने नोआखाली तो गये, पर अमृतसर नहीं गये, जहाँ हिन्दू मारे जा रहे थे।"

मैंने फिर से उन्हें माउंटबेटन के वे शब्द बताते हुए सिद्ध करने का प्रयास किया कि "जो एक पूरी सेना नहीं कर पायी, वह गांधीजी ने यानी एक अकेले व्यक्ति ने अहिंसा के बल पर कर दिखाया था।" और यह भी कहा, "यह इतिहास में अंकित तथ्य है।" राज्यपाल महोदय तो अपने दृष्टिकोण व विश्वास में अत्यन्त अडिग थे। "सारे इतिहास ग़लत लिखे हैं। मैं यहाँ बैठकर लिख रहा हूँ सही इतिहास, और मैं यहाँ कुछ अन्य करने नहीं आया हूँ। देश व दुनिया को इस देश का सही इतिहास मिलना चाहिए।" उन्होंने पूरे गर्व के साथ कहा।

इससे आगे और कोई बात होनी सम्भव ही न थी, फिर भी हमने उठते हुए उन्हें पुनः अपने तत्त्व-प्रचार केन्द्र का स्मरण दिलाया। कुछ अन्य औपचारिक-सी बातें कीं और एक हल्की-सी ज़बरन मुस्कराहट के साथ उन्हें धन्यवाद देते हुए हाथ जोड़ दिये।

गांधीजी के बारे में भ्रम फैलाने वाली वह पहली बात मैंने सुनी थी। मैं कुछ परेशान हुई। यद्यपि मैं यह जानती ही थी कि इसी धर्मभेद बुद्धि वाली इस जमात ने गांधी के प्राण लिये थे, पर आज सत्यता के इतिहास को भी झुठलाने वाला एक नया झूठा इतिहास लिखने का अहंकारभरा दावा दुर्भाग्यपूर्ण था। यह हमारे इस देश में हो

रहा था। इससे मन कुछ दिनों तक खिन्न रहा। मेरे मन में आया, गांधीजी सत्य की राह पर थे, यह मुझे पूर्ण विश्वास है तो मुझे यह भी विश्वास करना चाहिए कि समय लगेगा पर सत्य ही जीतेगा, वही अमर रहेगा। तब मेरी क्या ज़िम्मेदारी है? अपनी ज़िम्मेदारी भी मैंने निर्धारित कर ली कि पहली बात, गांधी की राह नहीं छोड़नी; दूसरे उस राह पर जो काम हाथ में है, उसे अपनी पूरी क्षमता से और निरहंकार ईमानदारी से करना। यह विश्वास था कि समय आयेगा। अपनी जीवनशैली को गांधी-विचार के अनुकूल निर्भयभाव से जीने का प्रयास करते रहना आवश्यक है। इस भाव के आने से मेरी खिन्नता दूर हो गयी।

38

बोडो मुस्लिम सद्भावना अभियान

2012 के बोडो-मुस्लिम ख़ूनी संघर्ष के बीच मैंने अभिक्रम लेकर वहाँ शान्ति-कार्य करने का निर्णय लिया। असम के उस क्षेत्र में गांधी शान्ति प्रतिष्ठान का कोई केन्द्र नहीं था। 'हावड़ा गांधी शान्ति प्रतिष्ठान केन्द्र' के चन्दनपाल स्वयं ही अपना समय देकर यह शान्ति-सद्भाव सृजन का कार्य करना चाहते थे। चन्दनदा को बहुत सारे ऐसे कामों को करने का अनुभव भी था और उनके लिए उत्साह भी था। अत: उन्होंने मेरे साथ इस सारे काम का बीड़ा उठा लिया था। मैंने 'सर्वसेवा संघ' के अधिवेशन में कोकराझार में शान्ति कार्य को समय देने के लिए आह्वान किया, तो कई साथियों ने कोकराझार आकर इस शान्ति सद्भावना अभियान के लिए अपना समय देने की तैयारी दिखायी। गुजरात विद्यापीठ, गांधीजी द्वारा 1920 में प्रारम्भ किये गये विश्वविद्यालय की मैं ट्रस्टी थी। उन्हें भी निवेदन भेजा, तो वहाँ से एक प्रोफ़ेसर तथा कुछ उत्साही छात्र आये। चन्दनदा अपने साथ नटसूर्यभाई को लेकर आये थे, जो परिश्रमी व समर्पित कार्यकर्ता थे। इस प्रकार एक बड़ी टीम बोडो-मुस्लिम ख़ूनी संघर्ष को शान्ति व अहिंसा के कार्यक्रमों के बल पर शान्त करने को एकत्र हो गयी थी।

कस्तूरबा ट्रस्ट की असम शाखा की सेविकाएँ इस कार्य में सर्वाधिक उपयोगी सिद्ध हुई थीं। भाषा की अनुकूलता व यहाँ के ग्रामों की समझ उन्हें तथा हेमभाई के शान्ति साधना आश्रम की बहनों में थी, परन्तु इनमें से बहुत सारे साथी इस क्षेत्र में कुछ दिनों काम प्रारम्भ करके जाने वाले थे जबकि यह काम लम्बे समय की माँग करता था। उन प्रारम्भ के दिनों में हम बोडो तथा मुस्लिम राहत शिविरों में जाकर उन लोगों के मनों में बैठे भय को दूर करने का प्रयास करते थे। यह प्रारम्भिक क़दम था। इसी समय में हम कोकराझार ज़िले के ज़िलाधिकारी विनोद नरलीकरजी, बी.टी.ए.डी.के चीफ़ हंग्रामा मोहलरी व डिप्टी चीफ़ खम्पाबर्गलोई, ए.डी.सी.

शेषनजी व उस क्षेत्र के सभी विशेष लोगों से मिल रहे थे। असम राज्य के राज्यपाल पटनायकजी से तो हम प्रारम्भ में ही मिल चुके थे। उन्होंने पूरे सहयोग का वचन ही नहीं दिया था, उसका पूरे समय तक निर्वाह भी किया था। इसके फलस्वरूप हमारी टोली विभिन्न आयोजित कार्यों के लिए उन स्थानों को जाने के लिए हमें सरकारी वाहन मिल जाते थे। आम समाज में हमने हर गाँव के गाँवबूढ़ा अर्थात् ग्रामप्रधानों से सम्पर्क किया। वे सब हमारे विचार के साथ हो गये। तब उनमें से हरेक गाँव में लोगों के साथ बैठकें हुईं। इन बैठकों में युवा सामने आते। उनकी आँखें अविश्वास से भरी होती थीं, पर उनमें ही ऊर्जा भी दिखाई देती थी। अतः हमने उनके साथ काम करने का निर्णय लिया।

कोकराझार क्षेत्र में रहने वाले युवा बोडो, मुस्लिम, संथाल, राजवंशी, आदिवासी सभी समुदायों के थे। उनके कई संयुक्त शिविर हमने लिए थे, जिनमें वे सभी साथ रहते, साथ खेलते, साथ में ही अपने समाज में शान्ति स्थापना के विचार व तरीक़े सीखते, वे एक-दूसरे की मनोवृत्ति को सहानुभूतिपूर्वक समझने के प्रयास करते कि बोडो व मुस्लिम कैसे सहजीवन जी सकते हैं। वैचारिक प्रेरणा देने के प्रयास के साथ हमने गाने व खेलने को भी शिविर की दिनचर्या में उतना ही महत्त्व दिया था। पाँच-छह दिनों के शिविरों का यह प्रभाव था कि बोडो और मुस्लिम युवक व युवतियाँ आपस में पूर्ण सहज हो जाते। एक बार शिविर के अन्तिम दिन एक मुस्लिम युवा बोला था, "आश्चर्य है कि कल यानी शिविर से पहले तक हम बोडो युवाओं से डरकर दूर भागते थे। एक-दूसरे को देखना भी पसन्द नहीं करते थे और आज हम साथ बैठकर खाना खाते हैं, हम एक स्वर में गाना गाते हैं और साथ-साथ मैदान में खेल खेलते हुए आनन्द मनाते हैं। इतना बड़ा यह बदलाव अद्भुत है।"

ऐसे बीसियों युवा शिविर हमने किये और उन्होंने अपने गाँवों में यहाँ सृजित सद्भाव फैलाने के प्रयास किये। युवती अमीना बेगम बी.ए. प्रथम वर्ष की विद्यार्थी थी। उस दुबली-पतली युवती के उत्साह की कोई सीमा न थी। उसने हमें अपने गाँव में बुलाया। हमें प्रत्येक घर में घुमाते हुए गाँव के गाँवबूढ़ा यानी एक प्रौढ़ बोडो के घर पर ले गयी। जब तक गृह-स्वामिनी हमारे सामने आतीं, अमीना उनके भीतर जाकर वहाँ से कुर्सियाँ उठाकर लायी। हमें उनमें बिठाकर गृह-स्वामिनी के साथ हमारे लिए पीने का पानी और गिलास लेने चली गयी। मुझे लगा मानो अमीना इसी घर की बेटी है। बाद में उससे मैंने एकान्त में पूछा, "तुम्हें इस प्रकार बोडो घर में घुसने में डर या संकोच नहीं लगता?" अमीना मुस्कराकर बोली, "आपने ही तो

सिखाया है दादी माँ कि निर्भय बनो और सब पर समान प्रेम करो। तुम विश्वास करोगे तो सामने वाला भी तुम पर विश्वास करेगा।" अमीना परिवारजनों से ज़िद करके युवा साइकिल यात्रा में भी शामिल हुई थी।

उन्हीं युवाओं ने अपने व पड़ोसी चार ज़िलों में एक साइकिल शान्ति सद्भावना-यात्रा निकाली थी। एक वाहन उनके सामानों तथा कुछ नाश्ता सामग्री के साथ चलता था। मैं तो साइकिल चलाना ही नहीं जानती थी और मेरा साइकिल यात्रा में साथ रहना तो आवश्यक था। अत: सामान के लिए निर्धारित उसी वाहन में मैं भी बैठती थी। किसी युवा की साइकिल गड़बड़ा जाये, तो वह भी उस वाहन की छत पर रखी जाती थी और किसी युवक या युवती की टाँगें थक जायें, तो उसे भी उसी वाहन में बिठा लेते थे। उनमें सबसे छोटी उम्र का था सइदुल इस्लाम। वह सरल और कुछ नटखट-सा था। कहीं विश्राम के लिए साइकिलें रोककर कुछ देर के लिए सब बैठ जाते तो सइदुल धीरे-से मेरे पास आता और कहता, "दादी माँ, भूख लग गयी।" चन्दनदा द्वारा वाहन में कुछ सूखा नाश्ता या केले आदि फल हमेशा ही रखे होते थे। सइदुल के बहाने युवाओं को हल्का नाश्ता खाने को मिल जाता। चन्दनदा साइकिल चलाने में भी निष्णात थे। घण्टों लगातार युवाओं के साथ साइकिल चलाते और नटसूर्यभाई तो पच्चीस युवक-युवतियों के साइकिल दल को नेतृत्व देते थे। अपनी साइकिल को पच्चीस साइकिलों के आगे प्रथम नम्बर में रखकर वे दिनभर यानी छह से सात घण्टे साइकिल चलाते और पड़ाव में पहुँचकर वहाँ की व्यवस्थाओं में जुट जाते। मुझे मुस्लिम, बोडो और संथाली कन्याओं की शारीरिक व मानसिक शक्ति को देखकर भी आश्चर्य होता था। वे भी छह या सात घण्टों तक साइकिल चलाती थीं और ग्रामजनों की सभा में नि:संकोच बोलती भी थीं। इस साइकिल यात्रा ने डरे, सिमटे, अविश्वासग्रस्त समाज में एक नयी दिशा की हलचल मचा दी थी, एक उत्साह जगा दिया था।

युवाओं को अपना देश दिखाने का और अहिंसा की ऐतिहासिक स्थलियों की भेंट लेने के कुछ कार्यक्रम हमने युवाओं के दृष्टिकोण को और विस्तृत करने के निमित्त से आयोजित किये थे। इन यात्राओं के अनुभव उनके जीवन में गहरी छाप डालने वाले साबित हुए थे। वे गुजरात विद्यापीठ के उच्च शिक्षारत विद्यार्थियों की श्रमशीलता और सादगी को देखकर अभिभूत हुए थे। विद्यापीठ के छात्रों की नम्रता तो ऐसी कि कोकराझार जैसे दूर-दराज के छोटे कॉलेजों में पढ़ने वाले इन छात्रों को उन्होंने अपने छात्रावासों में एक महत्त्वपूर्ण अतिथि के जैसा आदर व स्नेहपूर्ण स्वागत दिया था। हमारी युवा टोलियाँ इस व्यावहार से बहुत प्रभावित हुई थीं। गांधीजी के

सेवाग्राम आश्रम की सादगी व स्वच्छता को उन्होंने सराहा था और बापू-कुटी का दर्शन माने जीवन की एक बड़ी उपलब्धि उन्हें महसूस हुई थी। ऐसी अनेक मूल्यवान अनुभूतियों ने इन युवक-युवतियों के व्यक्तित्व विचार व व्यवहार पुष्ट कर दिये थे। इन्हें समेटे ये अपने गाँवों में कुछ बदलाव लाने लगे थे। अपने कॉलेज में 2 अक्टूबर 'गांधी जयन्ती' मनाने के लिए इन्होंने अपने प्राचार्य महोदय को राज़ी कर लिया था और स्वयं उसके आयोजन में जुट गये थे। कॉलेज के प्राचार्य भी हमारे काम से इतने प्रभावित थे कि हर शिविर में कॉलेज से किन्ही छात्रों या छात्राओं को अवश्य भेजते थे। उन्होंने गांधी साहित्य की एक छोटी लाइब्रेरी भी कॉलेज में बना दी थी, जिसे छात्र ही संचालित करते थे।

39

कोकराझार से कश्मीर साइकिल शान्ति यात्रा

युवाओं का एक और भी सामूहिक पुरुषार्थ था, कोकराझार से कश्मीर शान्ति सद्भावना साइकिल यात्रा। यह आसान काम न था। हमें आठ राज्यों से होकर यात्रा करनी थी और हमारे साथ पच्चीस युवक व युवतियाँ साइकिलों पर थे। इस सबके लिए धन व जन, दोनों ही जुटाने थे। धन तो माँगने पर सर्वोदय-गांधी विचार के प्रति निष्ठा रखने वाले बजाज परिवार ने मुहैया कर दिया था, पर जन तो इन आठ राज्यों में बिखरे थे, जिन्हें हमारी यात्रा की व्यवस्थाएँ अपने-अपने स्थान पर करनी थीं। मेरे तथा चन्दनदा के देशभर में कार्य करने का परिचय व उन कार्यकर्ताओं का हम पर विश्वास काम आया। लगभग तीस लोगों के दल के रहने-खाने, सभा-गोष्ठी, विचार, प्रचार का ज़िम्मा इन राज्यों, पश्चिम बंगाल, बिहार, उत्तर प्रदेश के विभिन्न ज़िलों, दिल्ली प्रदेश, हरियाणा, पंजाब व जम्मू-कश्मीर के विभिन्न पड़ावों पर विभिन्न मित्रों व संस्थाओं ने सँभाला था।

कहीं हमारी रात ठेठ दूरस्थ गाँवों में बीती थी, कहीं संस्था के बने-बनाये सुविधापूर्ण वातावरण में, तो कहीं मन्दिर व धर्मशालाओं में। कई रातें विद्यालयों के लकड़ी के बेंचों पर दरी या खेस बिछाकर सोते रहे थे। कहीं फ़र्श पर एक ओर हम महिलाएँ व दूसरी ओर पुरुष भाई लोग रात बिताते थे, पर कहीं हम सभी को पूर्ण सुविधाजनक गद्दे व तकिये वाले बिस्तर से सज्जित अतिथि गृह प्राप्त होता था अथवा कहीं संस्था का विस्तृत सभागार मिल जाता था। ये अनुभव इन युवक व युवतियों को प्रतिदिन ही जोश दिलाते थे। जब सभाओं में उन्हें शान्ति निर्माता युवकों के रूप में हार पहनाये जाते, मंच पर स्थान दिया जाता और उन्होंने कैसे अपने समुदायों के बीच शान्ति सद्भाव व सौहार्द पैदा किया, यह सुनाने का अनुरोध किया जाता तो वे अपनी थकान भूल ही जाते। वे सप्ताहों से प्रतिदिन साइकिलें चला रहे थे, पर वे प्रतिदिन नये स्थान, नयी भाषा व नये लोगों से मिल भी रहे थे। वह उनके जीवन का अद्भुत संयोग था।

प्रतिदिन सुनिश्चित रूट पर यात्रा को आगे बढ़ाना और पड़ाव पर आयोजकों को दिये गये समय पर यात्रा को पहुँचाना, ठीक समय पर पड़ाव से पच्चीसों साइकिलों को चला देना, यह प्रतिदिन ही चन्दनदा निर्धारित समय पर करते रहे थे। जम्मू जाकर यात्रा समाप्ति के बाद साइकिलों को जम्मू में सुरक्षित स्थानों पर छोड़ना और युवा साइकिल यात्रियों को वापस उनके घरों तक पहुँचने की रेल यात्रा की व्यवस्था करना, साइकिलों को भी ट्रेन द्वारा उनके सम्बन्धित स्टेशनों तक पहुँचाना जैसे सभी कठिन व्यवस्था सम्बन्धी कार्यों को चन्दनदा ने पूरी कुशलता के साथ किया था। साइकिल यात्रा वह भी कोकराझार से कश्मीर, देश के पूरब से सुदूर पश्चिमोत्तर तक ऐसा महत्त्वाकांक्षी विचार भी उन्होंने ही दिया था और उसे सफलता तक पहुँचाने का श्रेय भी उन्हीं को था। हमें जम्मू से आगे जाने की अनुमति वहाँ के प्रशासन ने नहीं दी, तो हमें जम्मू नगर में दो-चार रोज़ रुकना पड़ा था। जम्मू में हमारी साइकिल यात्रा के मेज़बान एस.पी. वर्माजी ने इन सभी दिनों का सुन्दर उपयोग करवाया था। प्रतिदिन किसी कॉलेज में साइकिल यात्रियों का कार्यक्रम होता और जम्मू-कश्मीर के वातावरण को शान्त करने के कुछ महत्त्वपूर्ण सुझाव भी निकलते। साइकिल यात्रियों को कश्मीर न जा पाने का अफ़सोस रहा, पर इतनी लम्बी यात्रा (माइलेज मुझे याद नहीं है) निर्विघ्न पूरी हो गयी, इसका परम सन्तोष युवाओं व हम सभी को था।

शान्ति सद्भावना का यह अभियान हमने गांधी शान्ति प्रतिष्ठान और 'सर्व सेवा संघ', दो संस्थाओं के नाम को साथ लेकर किया था। 'सर्व सेवा संघ' सर्वोदय जगत् की सर्वोच्च संस्था या संगठन माना जाता था। उन दिनों मैं गांधी शान्ति प्रतिष्ठान व 'सर्व सेवा संघ' इन दोनों ही संस्थाओं की अध्यक्षा थी।

40

'सर्व सेवा संघ' के तीन साल

'सर्व सेवा संघ' की अध्यक्ष बनने की भी एक विचित्र नसीब आधारित कथा थी। मैं पहले से ही गांधी शान्ति प्रतिष्ठान की अध्यक्षा थी ही, पर जब 'सर्व सेवा संघ' के नये अध्यक्ष के चुनाव का समय निकट आया तो हमारे सर्वोदय विचारक्षेत्र से जुड़े साथी और 'सर्व सेवा संघ' की कार्य समिति के सदस्य, ऐसे कई मित्र मुझे आग्रहपूर्वक 'सर्व सेवा संघ' की भावी अध्यक्ष बनने के लिए कहने लगे। कुछ बुजुर्ग साथी तो कड़े शब्दों में कहते, "तुम्हें ही बनना है, 'न' नहीं कहना।" युवा साथी कहते, "दीदी, हमारा निवेदन मान लीजिए। हम आपको ही अध्यक्ष बनाना चाहते हैं।" मैं पदों की लालसा से तो बहुत दूर थी और एक संस्था की अध्यक्षता की ज़िम्मेवारी मेरे लिए काफ़ी थी। अतः मैं उन आग्रहकर्ताओं को कभी हँसकर, कभी सख़्त शब्दों में मना करती रही। अन्त में मैंने निश्चय किया कि अधिवेशन में ही नहीं जाना ताकि रस्सी ही कट जाये, पर कुछ होनी हमारे निर्णय से परे होती है। कई मित्रों के अनुरोध, निवेदन और प्रेमाग्रह आते रहे कि अब वे मुझे अध्यक्ष नहीं बनाएँगे, पर मैं उन्हें नये अध्यक्ष के चयन में मदद करने के लिए अधिवेशन में अवश्य जाऊँ।

अन्त में अमरनाथ भाई, जिनके साथ हमने वर्षों काम किया था, के अनुनय को मैं ठुकरा नहीं पायी। मैं अधिवेशन में चली गयी। अध्यक्ष के चुनाव के पहले दिन अमरनाथ भाई तथा कुछ अन्य वरिष्ठ साथियों की टोली के साथ पूरे शिविर में घूम-घूमकर हमने अनेक साथियों से बातें कीं कि वे सर्वसम्मति से एक सबको मान्य हो और 'सर्व सेवा संघ' की उलझनों में पड़ी डगमगाती नैया को कुछ स्थिरता दे सके, ऐसा एक व्यक्ति अध्यक्ष पद के लिए चुन लें। हमने लवणम भाई (नास्तिक केन्द्र, विजयवाड़ा) को उक्त दृष्टि से उपयुक्त व समझदार व्यक्ति मानकर अध्यक्ष बनने के लिए राज़ी करने की ख़ूब कोशिश की। वे एक अजीब हल निकालते थे। कहते थे, "तुम और मैं दोनों अध्यक्ष बनेंगे। यदि तुम कार्यकारी अध्यक्ष बनने को

राज़ी हो, तो मैं भी अध्यक्ष बनने को राज़ी हूँ। हम दोनों भाई-बहन संस्था को बेहतर स्थिति में ले जा सकेंगे, इसका मुझे विश्वास है।" यह अटपटा-सा सुझाव था, फिर मैं तो किसी भी सूरत में कैसी भी अध्यक्ष बनने को तैयार न थी। उनका सुझाव मुझे मान्य होना ही न था।

मुझे प्रेरणा हो रही है कि मैं 18-19 व 20 फ़रवरी 2011 की अपनी डायरी के अंशों को यहाँ उद्धृत करूँ ताकि बात अधिक समझ में आ सके कि नसीब किस प्रकार आपकी ज़िन्दगी को खींचता है।

रंगामाटिया अधिवेशन स्थल
18 फ़रवरी सायं

नौजवान साथी बार-बार मेरे पास आते रहे कि मैं अध्यक्ष बनने की स्वीकृति दे दूँ, परन्तु यह सत्य है कि मेरे अन्तरतम से मेरे मन में अध्यक्ष बनने की रंचमात्र भी प्रेरणा नहीं थी वरन् एक तरह का भय था कि ऐसी संस्था जो अनेक प्रकार की गुत्थियों में उलझी हुई हो और पिछले छह माहों में तो उसके सदस्यों की कार्यवाहियों ने इसकी छवि और भी बिगाड़ी थी, मैं अब इस आयु में, निवृत्ति की ओर बढ़ रही मेरी मानसिकता में, ऐसा एक काँटों का ताज जानबूझ कर अपने सिर पर क्यों चढ़ाऊँ? नहीं... नहीं, बस, एक 'नहीं' ही मेरा उत्तर था पिछले कई महीनों से। वही एक 'नहीं' आज भी है।

यहाँ आकर दोनों पक्षों को साथ लाने के लिए आज मैंने ख़ूब प्रयास किये हैं। दोनों ओर के तथा तटस्थ कार्यकर्ता-साथियों से बातें कीं कि वे व्यक्तिगत मान अपमान को छोड़कर गांधी विचार के वाहक इस संगठन की आज जो वैश्विक आवश्यकता है, उसे प्रमुख स्थान दें। अधिवेशन के मुख्य अतिथि के रूप में बोलते हुए भी मैंने यही कहा, "गांधी का स्वराज्य मॉडल विश्व के संकटों का उत्तर है। आर्थिक, पर्यावरणीय, सांस्कृतिक तथा सामाजिक विनाशक गतिविधियों से उठ रहे सवालों का जवाब है।" माइक से हटी और मंच से उतरी तो लवणम भाई ने तपाक से कहा, "बस, तुम्हें ही अध्यक्ष बनना चाहिए। तुम्हारी दृष्टि स्पष्ट है।" वही वाक्य बार-बार बोला जा रहा था, जिसे मैं नहीं सुनना चाहती थी।

भोजन के बाद मैं थक गयी थी तो जल्दी सोना चाहती थी। तभी लगभग 9.15 पर डॉ. रामजी सिंह, तपेश्वरभाई, महावीर त्यागी जी, महादेवभाई, कौलगी जी (कर्नाटक), जयपुर के वशिष्ठ जी, आदित्य पटनायक, रामधीरज भाई, शेख़ हुसैन, टी.आर.एन. प्रभु तथा कई अन्य जिनके नाम मुझे याद नहीं हैं, आ गये (ये वयस्क

साथी गांधी विचार जगत् के विशेष व्यक्ति थे)। मुझे अपने रात्रि लिबास में ही बाहर बैठक कमरे में आना पड़ा। सबका एक स्वर था कि मुझे ही 'सर्व सेवा संघ' का अध्यक्ष बनना है। संगठन को टूटने से बचाने का भाव भी शायद कहीं होगा, परन्तु ज़्यादा तो यह भी था कि कल के अधिवेशन में कहीं हार या जीत के क्लेश से बचा जाये। उस हार-जीत के द्वेष से पैदा होने वाले घमासान की कल्पना से मैं भी घबरा रही थी। पुरुषप्रधान 'सर्व सेवा संघ' में ऐसे मौकों पर धैर्य व सहिष्णुता की कमी दिखाई देती है। थोड़ी-सी बहनें अपनी जोड़ने वाली प्रेम शक्ति का प्रभाव नहीं दिखा पातीं।

यह सारा समूह तय करके आया था कि अध्यक्ष पद के लिए अभी तक चली आ रही मेरी निरन्तर 'न' को वे बन्द कर देंगे। लगभग एक घण्टे तक वरिष्ठ डॉ. रामजी सिंह से लेकर नौजवान साथी आदित्य तक सभी तर्क देते रहे, भावुकतापूर्ण शब्दावलियों में मुझे संगठन की भँवर में पड़ी नाव को बचा लेने का अनुरोध करते रहे। कभी कोई अपनी पुरुषोचित आदेशात्मक भाषा में ये भी कह रहे थे, "बस, अब आपको 'न' नहीं कहना है।" कभी 'मनाव' के शब्द उभरते थे। अन्त में मैं चुप हो गयी क्योंकि मैं थक गयी थी। रात्रि के ग्यारह बज रहे थे। तन व मन, दोनों थक चुके थे। मेरी चुप्पी को उन्होंने स्वीकृति मान लिया होगा और वे ख़ुश होकर चले गये।

तभी विश्वजीत भाई आये और उन्होंने कहा, "आपसे मिलने प्रशान्तभाई, शुभमूर्ति आदि आ रहे हैं।" मैं पुनः सोने जा रही थी, फिर-से रुक गयी। ये लोग राही जी व अमरनाथ भाई के ग्रुप से आये थे। प्रशान्त चुप ही रहे, केवल कभी-कभी मुस्कराये। मुख्य प्रवक्ता शुभमूर्ति थे। थोड़ा-बहुत विश्वजीत भी। उनकी एक ही बात थी कि हमारा समूह या तो आपको अध्यक्ष बनाने में सहमत है या फिर लवणम जी को। आप आपस में बातें करके निर्णय ले लें। हम लवणम भाई के पास नहीं जा रहे हैं, आपसे ही कह रहे हैं। अब मेरे पास चुप रहने के अलावा कोई चारा न था। मैंने केवल यही कहा, "आप लोग लवणम भाई को मनाइये। मुझे उनके अध्यक्ष बनने पर ख़ुशी होगी व राहत भी मिलेगी।" पर उनको अन्देशा था कि दूसरा ग्रुप शायद उन्हें न चाहे या उनसे अधिक मुझे ही चाहे। अतः उन्होंने ऐसी पहल नहीं की। रात के 12:15 हो चुके थे। मेरा सिर रक्तचाप से धड़कने लगा था। अतः मौन रहकर मैंने सोने जाने का उपक्रम किया और वे साथी भी चले गये।

19 फ़रवरी 2011 की सुबह अवधेश कुमार और विजयभाई आये और नाराज़ होने लगे कि बिहार प्रदेश बैठक में महादेवभाई के लिए (अध्यक्ष पद हेतु) पूर्ण स्वीकृति हो गयी थी। फिर बिहार के साथी स्वयं महादेवभाई आपके पास निवेदन

करने क्यों आये? मैं अध्यक्ष वाले इस मामले से थक गयी थी। मैंने स्वयं महादेव को ही बुला लिया। "मैं आपके लिए अपना नाम विड्ड्रॉ कर रहा हूँ" उसका कहना था।

19 फ़रवरी को मैं पंडाल में नहीं जाना चाहती थी। अत: उत्तराखण्ड के साथियों को 26 फ़रवरी को होने वाली रुद्रप्रयाग बैठक के लिए आवश्यक फ़ोन करती रही। अन्त में अधिवेशन के संयोजक स्वयं बुलाने आ गये। जिस प्रकार तीस-चालीस नाम अध्यक्ष पद के लिए प्रस्तावित हो रहे थे और सब चिल्ला रहे थे, उससे लवणम भाई दुखी हो गये थे। मैंने शुभमूर्ति को कहकर उन्हें बुला लिया व उनसे अनुरोध किया कि अभी भी वे अध्यक्ष बन जायें। मेरा प्रयास था कि 'सर्व सेवा संघ' की अपनी मूल परम्परा के अनुसार इस बार भी सर्व सम्मति से अध्यक्ष का निर्णय हो, पर लवणम भाई फिर भी अकेले अध्यक्ष बनने को तैयार नहीं थे। उन्होंने फिर वही कहा, "हम दोनों अध्यक्ष बनकर संयुक्त रूप से काम करेंगे। एक नया प्रयोग करेंगे। मैं पूरी तरह तुम्हारे साथ हूँ। भाई-बहन मिलकर एक नया नमूना पेश करेंगे।" (मुझे इस प्रयोग की व्यावहारिकता पर विश्वास न था, साथ ही अभी भी मुझे विश्वास था कि इतने सारे प्रस्तावित नामों के बीच मैं तो अध्यक्ष बनूँगी ही नहीं, बच जाऊँगी)। यह एक मेरे अनुकूल होने की ही बात न थी, यह दो अध्यक्ष का फ़ॉर्मूला सबको मान्य भी नहीं था। प्रस्तावित चालीस नामों में से अनेक विड्ड्रॉ कर लिए गये। मैं भी अपना नाम विड्ड्रॉ करना चाहती थी। माइक पर जाकर घोषणा करने को कई बार उठने का प्रयास किया, किन्तु अमरनाथ भाई व कुछ अन्य साथी मेरे चारों ओर बैठे थे। वे मुझे उठने ही नहीं देने थे। अन्त में पच्चीस लोग भीतर कमरे में बैठे। मुझे भी क़ैदी की तरह वहीं ले जाया गया। विवेकानन्द माथने ने सुझाव दिया, "राधा दीदी के पक्ष में हम सब अपने नाम वापस ले लें।" यह सभी को मान्य हो गया, पर दो साथियों, जो उत्तर प्रदेश से थे, को यह नहीं पसन्द था। उन्हें 'युवा' को अवसर मिले; इस तर्क पर महादेव का पक्ष पुष्ट करना था।

अन्त में मैंने ही कहा, "यदि सर्व सम्मति नहीं होती तो मुझे अध्यक्ष बनना मान्य नहीं है। महादेव मेरा भाई है। उन्हें ही अध्यक्ष...।" महादेव ने मेरा वाक्य पूरा भी नहीं होने दिया। वह उठे, मेरे निकट आये और बोले, "मुझे अध्यक्ष नहीं बनना है। मैं दीदी के चरणों में...।" और वह सचमुच ही मेरे पैरों पर झुक गये घुटनों के बल। मैंने उन्हें उठाया। वातावरण आर्द्र हो उठा। अमरनाथ भाई ने निर्णय सुनाया, "राधा बहन सर्व सम्मति से अध्यक्ष...।" पर मैं जैसे लहरों के ऊपर अनचाहे ही खींची जा चुकी थी। मेरा मन कुछ समझ नहीं पा रहा था, जिसके लिए मैं पिछले पाँच-छह माह से मना कर रही थी, जिसके लिए मेरे मन में रंचमात्र भी आकर्षण

नहीं था वरन् जिसकी झंझटभरी शैली मुझे पसन्द भी नहीं थी उसकी अध्यक्ष बनना, उसे बचाने के लिए अपने प्रिय साथियों के प्रेमवश हो जाना, यह कुछ अटपटी घटना जीवन में घट गयी थी।

...'मैं ईश्वर से पूछती हूँ, 'यह अनचाहा ही नहीं, जिससे दूर भाग रही थी, तहेदिल से जिसको मैं लेना नहीं चाहती थी, उसको मेरे सिर पर डाल देने की तेरी क्या मंशा है? क्या उद्देश्य है? क्या यह कि इसमें असफल होने पर तू मेरे अन्दर सफलता मिलने की जो चाहना सदैव रही है, उसे तोड़ना चाहता है या तू इस कार्य की बड़ी ज़िम्मेदारी ही नहीं, इसकी पेंचदार स्थितियों में डालकर मेरा अन्त ही कर देना चाहता है? अन्त होने के लिए भी तो कोई निमित्त बनना चाहिए। हे प्रभु, यह बोझ तू ही उठाना।' यह सोचती हुई मैं 20 फ़रवरी को काँटों का ताज लेकर आदित्य भाई घर से विदा हुई।' (18-19-20 फ़रवरी 2011 की डायरी के अंश)

इसकी पूर्व संध्या को ही मैंने गांधी शान्ति प्रतिष्ठान के सचिव सुरेन्द्र कुमार भाई को फ़ोन करके पूछ लिया था कि मैं अभी भी इस पद को मना कर सकती हूँ। यह दो संस्थाओं की अध्यक्ष एक साथ बने रहना मुझे नहीं जमता, पर उदारमना सुरेन्द्रभाई ने साफ़ शब्दों में कह दिया, "नहीं-नहीं, मना नहीं करिये। हम मिलकर दोनों को चला लेंगे। आप गांधी शान्ति प्रतिष्ठान की चिन्ता नहीं करिये। आपके मार्गदर्शन में उसे चलाएँगे।"

यह है वह विचित्र-सी कथा जो कभी मेरे जीवन में घटी थी। आज मैं आठ वर्षों के उपरान्त इसकी विचित्रता पर हँस लेती हूँ, पर तब तो इसने मुझे पीड़ा ही दी थी। आज हँसने का मौक़ा भी है क्योंकि मैं सभी राष्ट्रीय संस्थाओं से मुक्त होकर मगन मन रह पा रही हूँ।

उक्त तीनों संस्थाओं से मुक्त होने की घटनाएँ भी अलग-अलग हैं। कस्तूरबा ट्रस्ट को छोड़ना सबसे कठिन हुआ था। वहाँ का नियामक मण्डल भी मुझे नहीं छोड़ना चाहता था और न ही मेरे कार्यकर्ता साथी ही मुझे जाने देना चाहते थे। वे साथी तो कभी-कभार आज भी कह देते हैं, "दीदी, फिर से ट्रस्ट की मन्त्री बनकर आ जाइए" मैं हँसकर कहती हूँ, "अब? इस वृद्धावस्था में नहीं। अब इस शरीर और मेरे विरक्त मन से कुछ भी नहीं होगा।"

'सर्व सेवा संघ' को छोड़ना मेरे मन के लिए बहुत आसान था। मैंने अपने समय में अपनी क्षमता व समझ के अनुसार संघ के उद्देश्य को समझते हुए काम को अपना ईमानदार सहयोग दिया था। बहुत उखाड़-पछाड़ नहीं की थी, किन्तु गांधी विचार की दृष्टि से दो महत्त्वपूर्ण और बुनियादी समाज परिवर्तन के कार्य किये थे।

पहला था, कोकराझार का शान्ति सद्भावना अभियान और दूसरा था 'जल जंगल ज़मीन स्वराज्य यात्रा।' मेरे पद छोड़ने के बाद यह स्वराज्य यात्रा आगे नहीं बढ़ी, पर बढ़ती तो यह एक उल्लेखनीय काम होता।

गांधी शान्ति प्रतिष्ठान को मैं अपनी दूसरी कार्यावधि के बाद छोड़ देना चाहती थी। मुझे वहाँ अपनी सफलताओं से सन्तोष भी था कि प्रतिष्ठान की आर्थिक स्थिति मज़बूत कर दी थी, जिससे आगे आने वाले पदाधिकारियों के लिए निश्चिन्तता हो गयी थी। दूसरे, कार्यालय का वातावरण अधिक मानवीय व बन्धुभाव प्रेरित बन रहा था। इस अवधि में कुछ पुराने तत्त्व-प्रचार केन्द्रों को समुन्नत करने और कुछ नये केन्द्र प्रारम्भ करने के काम हुए थे। विशेषत: उत्तर-पूर्व भारत के सात राज्यों में प्रतिष्ठान का परिचय बढ़ा था। तत्त्व प्रचार केन्द्रों के प्रभारी रमेशभाई शर्मा अच्छे अनुभवी थे व उत्साहपूर्वक इन केन्द्रों को मार्गदर्शन दे रहे थे। कोकराझार के शान्ति-कार्य का श्रेय मुख्यत: प्रतिष्ठान को ही जाता था क्योंकि प्रतिष्ठान ने ही उसमें पूरी रुचि ली थी और आवश्यकता पड़ने पर कुछ वित्तीय व्यवस्थाएँ भी की थीं, पर गांधी शान्ति प्रतिष्ठान के नियामक मण्डल के थोड़े-से सदस्यों के मन राजनीतिक मूड में चल रहे थे। वे नकारात्मक दृष्टि से देखते हुए नेतृत्व परिवर्तन की कुचालें चल रहे थे जबकि मैं स्व-प्रेरणा से जाना चाहती थी। इसे वे 'हमने धक्का देकर हटाया' का स्वरूप देना चाहते थे। मैं इस अलोकतान्त्रिक भावना को सफल नहीं होने देना चाहती थी। मैंने स्वयं बैठक से पहले ही जाने व अध्यक्ष पद छोड़ने का माहौल बना रखा था।

फिर भी नियामक मण्डल के कुछ समझदार सदस्यों ने मेरा नाम अध्यक्ष पद के लिए प्रस्तावित भी किया और मुझसे आग्रहपूर्ण अनुरोध भी किया, तो मैं तीसरी बार गांधी शान्ति प्रतिष्ठान की अध्यक्ष बना दी गयी। गांधी शान्ति प्रतिष्ठान के पूर्व अध्यक्षों में कई अध्यक्ष बड़े लम्बे समय तक कोई तो अठारह वर्षों तक भी पद पर रहे थे, पर मुझे ऐसा करना पसन्द न था। साथ ही, मुझे पदों की लालसा कभी भी नहीं रही थी। अत: तीसरी कार्यावधि की पूर्ति के पूर्व ही मैंने नियामक मण्डल की बैठक से तीन माह पूर्व ही अपना सामान, पुस्तकें, ऊनी वस्त्र आदि कौसानी भेजने प्रारम्भ कर दिये थे यानी मैं स्वयं मानसिक रूप से अध्यक्ष पद से मुक्त हो गयी थी, परन्तु नियामक मण्डल के प्रस्ताव के अनुसार मैं 18 अक्टूबर 2015 को मुक्त हुई थी। कुछ पुरुषों के द्वारा मनमाने ढंग से नियामक मण्डल की बैठक की पूर्व रात्रि को ही तत्कालीन सचिव को ही नये अध्यक्ष के रूप में अनौपचारिक रूप से चुन लिया था। दूसरे दिन बैठक उन लोगों की उत्तेजनापूर्ण बातों के कारण एक हुड़दंग-सी बन

गयी थी। निवृत्त हो रहे अध्यक्ष को औपचारिक धन्यवाद देना भी वे लोग भूल गये थे। अध्यक्ष पद के लिए गांधी के ये अनुयायी कितने लालायित थे, इसका पहला दर्शन मुझे उस दिन के घटना-क्रम में देखने को मिला था। बाद में तो गांधी विचार दर्शन के अनुयायियों की पदलोलुपता के अन्य उदाहरण भी देखने को मिलते रहे थे।

मैं हर तरह से इस हुड़दंग से अलिप्त थी। उस समय मेरी आयु के तिरासी वर्ष पूरे हो चुके थे। मैं तीन वर्ष विलम्बित हो गयी थी। मेरे मन में तो अस्सी वर्ष में ही ऐसी ज़िम्मेवारियों से मुक्त होने की अन्तिम सीमा थी। प्रतिष्ठान कार्यालय के मेरे कार्यकर्ता साथियों ने स्वप्रेरणा से सामूहिक आयोजन करके मुझे विदाई दी थी। द्वार पर ड्यूटी देने वाले भाई, रसोई में काम करने वाली बहन तथा माली और कार्यालय के सभी साथी सभा में बोले थे। सबने अपने मन खोले थे। फिर कार्यालय अधीक्षक व वरिष्ठ साथी भी बोले। उन सबकी बातों से मुझे लगा था कि उन्होंने सरल शब्दों में यह अभिव्यक्त किया था कि काम का वातावरण कितना सहकारपूर्ण हो गया था। इसका उनके व्यवहार में सकारात्मक प्रभाव पड़ा था। साथियों के धन्यवाद और आभार व्यक्त करते हुए शब्द मेरे लिए अनमोल थे। किसी ने कहा, शुष्क वातावरण में रहे थे। ये पिछले नौ वर्ष मातृच्छाया की समझ व सहृदयता में रहकर हमने जाना कि यह सहृदयता कितनी पॉवरफुल होती है। हमें अपनी बात सुनने वाला एक व्यक्ति मिला था। हम दीदी के पास कह लेते तो मन हल्का हो जाता मानो समस्या का आधा हल हो गया। जो न्यासीमण्डल के सदस्य अपनी धमाचौकड़ी में विदाई का औपचारिक प्रस्ताव भी नहीं कर सके, वह सभी कार्यकर्ताओं ने इस प्रकार प्रेमपूर्वक किया था। राष्ट्रीय संस्थाओं में पदाधिकारी रहने का यह मेरा अन्तिम दिन था। मैं अपना बोरा-बिस्तर बाँधे लक्ष्मी आश्रम के अपने पुराने कमरे में और उसके 'ग्लेज़्ड' बरामदे में आ गयी।

41

हमारी बहन जी (सरला बहन)

संस्मरणों में बहन जी के बारे में मैंने अनेक जगहों पर उल्लेख किया है। उनके बिना मेरा जीवन ही क्या होता और उसके संस्मरण भी क्या हो सकते थे? वे जो मेरे जीवन के लिए इतनी महत्त्वपूर्ण थीं, उनके व्यक्तित्व एवं उन्हें जैसा मैंने समझा, वह तो मैंने कहीं लिखा ही नहीं। यह मन में आया तो इन पंक्तियों को लिखने बैठी हूँ।

मुझे बहन जी के व्यक्तित्व में सबसे प्रेरक व आकर्षक लगता है, उनका विश्वनागरिक का विचार। अपने जीवन में उसकी भूमिका और उसके प्रति उनकी प्रतिबद्धता, जिसके लिए उन्होंने जीवन में कष्ट सहे पर उससे रंचमात्र भी नहीं डिगीं। उनकी किशोरावस्था में प्रथम विश्वयुद्ध के कारण उन्हें राष्ट्रीयता के भेदभाव का सामना करना पड़ा था। वे जर्मनी की नागरिक नहीं थीं और इंग्लैंड की थीं, पर उन्हें इंग्लैंड अपना नहीं मान रहा था। इन राष्ट्रों को हमारी ज़रूरत नहीं है तो हमें ही इनकी आवश्यकता क्यों है? दोनों राष्ट्रों के पादरी उस 'एक' को घुटने टेक रहे थे कि युद्ध में उनके अपने राष्ट्र की ही विजय हो, पर दोनों का धर्म एक ही था। तब वह 'एक' किसकी मानेगा, बहन जी के मन में यह बुनियादी सवाल उठ रहा था। उनके मन ने अनुभव किया होगा कि राष्ट्र की यह अवधारणा कितनी बेबुनियाद है जो एक भ्रम तथा एक असत्य पर खड़ी है। इस राष्ट्रवाद ने सोलह वर्ष की बहन जी की जीवन के प्रति भावी आशाओं को कुचल दिया था। परिवार को बिखराकर तंगहाली में रहने को मजबूर कर दिया था। अपनी पढ़ाई बन्द होने से उन्हें नौकरी करने की विवशता में धकेल दिया था। इस सबसे उनका एकाकी हो गया जीवन निराशा में भी डूबा, पर उसी से उसमें सामाजिक विद्रोह का भाव बढ़ता गया था। इस घटना के 121 वर्षों बाद आज की दुनिया में भी मुझे यह राष्ट्रवाद उतना ही खोखला पर साथ ही ख़तरनाक व अमानवीय लगता है। आज भी यही राष्ट्रवाद युद्धों की जड़ बनता है, जिन युद्धों के लिए अरबों अरब रुपये प्रत्येक राष्ट्र प्रतिवर्ष ख़र्च करता है।

बहन जी महात्मा गांधी के क्रान्तिदर्शी विचारों से प्रभावित होकर भारत आयीं। गांधी के विश्वराष्ट्र की अवधारणा ने उन्हें आकर्षित किया था। गांधीजी का चिन्तन पश्चिम का वैश्वीकरण नहीं था। यह भारतीय विश्वकुटुम्बकम्...था। उसकी राह ऐसे विश्वराज्य की थी, जिसकी बुनियादी इकाई ग्राम था। वह ग्राम जो मानव समाज की एक प्राकृतिक इकाई थी। इस उदार व क्रान्तिकारी राष्ट्रदृष्टि ने बहन जी को भारत में अपना जीवन देने की प्रेरणा दी और एक विश्व नागरिक की महत्त्वपूर्ण भूमिका निभाती हुई, वह एक सही भारतीय बन गयी थीं। केवल नाम, वेशभूषा, भाषा और व्यवहार में ही नहीं, जीवन के गहरे केन्द्र में स्थित निष्ठा और आस्था से भी वे भारतीय बनीं। तभी तो सुचेता कृपलानी कहती थीं, "मैंने अपने जीवन में विदेश में जन्मे किसी व्यक्ति को तो क्या, अपने ही बीच के किसी ऐसे व्यक्ति को नहीं देखा, जिसने अपने भीतर सरला बहन से अधिक भारतीयता का अनुभव करके अपने आप को पूरी तरह सेवा के क्षेत्र में एकरूप किया हो।" इन शब्दों से भी अधिक दृढ़ शब्द भारत के उप प्रधानमन्त्री मोरारजी देसाई के थे, जो इसी अध्याय में आगे आयेंगे। मोरारजी भाई इस बात से आहत हो गये थे कि सरला बहन को विदेशियों के लिए लागू क़ानून के अन्तर्गत माना गया था। वे सोचते हैं, भारत सरकार व उसके प्रशासन को सरला बहन को जानना और गहराई से पहचानना चाहिए था। उनका सरला बहन के लिए 'भारतीय' के अतिरिक्त कुछ और सोचना ही ग़लत था। मेरी दृष्टि में बहन जी के व्यक्तित्व का यही सूक्ष्म सौन्दर्य है। यही बुनियादी भूमिका है, जहाँ से विश्वराष्ट्र का व्यवहार शुरू होता है। इसी बात को पुष्ट करते हुए 'सरला बहन-स्मृति ग्रन्थ' में देवी पाण्डेय, बहन जी के बारे में लिखते हुए कहती हैं, "ग्रामीण माँ (देवी पाण्डेय की माँ) के साथ ऐसी प्रेम की गाँठ जोड़ने की उनकी यह शक्ति बहुत महत्त्वपूर्ण है।... उनकी यही शक्ति हमारे सामने एक विश्वमानव के व्यक्तित्व को उजागर करती है। विश्व परिवार को मानने वाले, राष्ट्र की सीमाओं में न बँधने वाले व्यक्तित्व का आचरण, उसकी सूक्ष्म साधना कैसी होगी, यह दृष्टि बहन जी के इन्हीं सहज कार्यों से सामने आती है।"

मैं बहन जी के जीवन में यह भी देखती हूँ कि इस विश्व नागरिकत्व के लिए उन्हें अनेक मानसिक व शारीरिक कष्ट सहने पड़े थे, पर उन्होंने अपने निर्णय से क़दम नहीं डिगाये थे न ही किसी भी राष्ट्र की नागरिकता के लिए स्वयं निवेदन न करने के संकल्प से वे किंचित भी ढीली हुई थीं। उनकी इस दृढ़ता की कसौटी तब हुई थी जब सरकार ने उत्तराखण्ड के सीमान्त ज़िले विदेशियों के लिए प्रतिबन्धित कर दिये थे। बहन जी ने सोचा ही था वे उन प्रतिबन्धित क्षेत्रों में नहीं जायेंगी।

यदि वहाँ जाना अत्यावश्यक हो जाये तो वे ही स्वयं सरकार से अनुमति माँगेंगी। यह अनुमति नहीं मिली तो वे सत्याग्रह करेंगी। पर हमारे सर्वोदय परिवार के साथियों ने बहन जी की इस बात को नहीं समझा था। उन्होंने सरकार से बहन जी के लिए प्रतिबन्धित क्षेत्र में जाने की स्वयं अनुमति माँगी थी। बहन जी ने उनसे कहा था, "आपको यह अनुमति नहीं मिली तो मैं उत्तराखण्ड छोड़ दूँगी।" वही हुआ। अनुमति नहीं मिली और अपने वचनों के लिए दृढ़ बहन जी ने उत्तराखण्ड छोड़ दिया।

अब उन्हें उत्तराखण्ड के पर्वतीय ठण्डे प्रदेश से दूर मैदानी भागों में पूरे साल के सभी मौसम झेलने थे। प्रतिकूल मौसम के कारण घबराहट व्यक्त करने वाला उनका अप्रैल 1967 में लिखा पत्र इस प्रकार था, "जब दिन में लू में भुनती हूँ तो श्री...जी को याद करती हूँ व आशीर्वाद देती हूँ। अब तीन महीने तक भुनना है और तीन माह भाप में पकना है।" ऐसा पत्र मेरे मर्म को भेद जाता था। लगता था, यह कैसी एक बेबस टीस है, पर बहन जी के स्वतन्त्र व दृढ़ निश्चयी स्वभाव के सामने मैं कुछ कर नहीं पाती थी। अगले कुछ महीनों के अन्तराल में ही फिर से उन्होंने लिखा था, "देश (मैदानी भागों) का यह आरामतलब-जीवन न शरीर को न ही मन को भाता है, लेकिन क्या करें? जो भाग्य में लिखा है उसे भुगतना ही पड़ता है। अब इस जीवन में मेरे लिए भुगतने के सिवाय और क्या लिखा है? ख़ैर, जो कुछ भुगतना है भुगतना ही पड़ेगा, चाहे मानसिक चाहे शारीरिक।" इस प्रकार की हताशा बहन जी का मूल स्वभाव नहीं था, पर प्रतिकूल मौसम और एक मानसिक आघात के कारण मन की यह स्थिति बन गयी थी।

मैं उनकी मन:स्थिति और शारीरिक कष्ट को समझती थी, क्योंकि इतना तो उनके साथ बिताये उन तीन-चार दशकों में मैंने समझा ही था। उनकी स्थिति बदलने के लिए कुछ करने की सूझ-बूझ भी मैं नहीं रखती थी और उनके संकल्पपूर्ण दृढ़ स्वभाव के कारण भी मुझे कुछ करने का साहस नहीं होता था। मैंने सोचा था कि वे सीमान्त ज़िलों में बिना सरकारी अनुमति के नहीं जायेंगी, पर कौसानी आने में तो उनके लिए सरकारी दृष्टि से कोई रोक-टोक नहीं है, अत: उन्हें मैदानी क्षेत्रों की गर्मी और वहाँ के तन्द्रित वायुमान से बचाने कि लिए मैंने एक दूसरा रास्ता ढूँढ़ा।

जून 1967 में आश्रम ने 'उत्तराखण्ड के वन, पर्यावरण एवं कृषि' विषय पर एक राज्य (उत्तर प्रदेश) स्तरीय गोष्ठी का आयोजन किया। उस गोष्ठी में आने के लिए मैंने उन्हें निवेदनपूर्वक आमन्त्रित किया था। उत्तर में उन्होंने जो लिखा, वह उनके अडिग संकल्प का नमूना ही था, "इस समय तुम्हारा निमन्त्रण स्वीकार करना

दो कारणों से असम्भव है। एक तो मेरी वर्तमान परिस्थिति में मैं उत्तराखण्ड की ओर नहीं आऊँगी, यह बात निश्चित है"... जून 1967 में ही लिखे एक दूसरे पत्र में उन्होंने खिन्न मन से लिखा था, "सब लोग मेरी परिस्थिति के बारे में परेशान हैं, लेकिन किसी ने किसी प्रकार की कोशिश नहीं की कि परिस्थिति बदले। परिस्थिति भी शान्त नहीं रहने दी। उसे खुजलाते रहे और फिर मगर के आँसू बहाते रहते हैं। मेरा पक्का निश्चय है कि जब तक परिस्थिति न बदले, तब तक मेरी जो भी परिस्थिति (हालत) हो, मैं हिमालय की ओर क़दम बढ़ाने वाली नहीं हूँ। सन् 1942 में पाबन्दी की वजह से गर्मी को लखनऊ जेल में सहा। माफ़ी थोड़े ही माँगी? अब क्यों पीछे हटने लगूँ? लोगों को अपने आत्मसम्मान का ख़याल भले ही न हो, मुझे अपना तो है ही।"

बहन जी ये सारे शारीरिक कष्ट विश्व नागरिक की आन के लिए सह रही थीं। मैं जानती थी और वे तो जानती ही थीं कि उनकी सरकार को लिखी एक पंक्ति उन्हें भारतीय नागरिकता दिला सकती थी, पर वे विश्व नागरिक थीं। भारत राष्ट्र की सीमा में कैसे बँध सकती थीं? उन्होंने स्वयं तो नहीं ही लिखना था, मुझे भी कहा था, "तुम मेरी नागरिकता के निवेदन के सम्बन्ध में सरकार को नहीं लिखोगी। तुम्हारा लिखना भी मेरे लिखे के बराबर होगा।" यह भी एक कारण था कि बहन जी के ऐसे करुण व व्यथा भरे पत्रों को पाने के बाद भी मैं कुछ कर नहीं पाती थी। इस सबके बावजूद बहन जी के एक पत्र ने मेरा धैर्य तोड़ दिया था। उसे पढ़कर मैं चुप नहीं बैठ सकी।

वे सेवाग्राम से लिख रही थीं, "आज कल तबियत में कुछ गड़बड़ी है। एक हफ़्ते से चक्कर आ रहा है। आशा बहन समझती हैं कि 'लो ब्लड प्रेशर' हो गया। मुझे पहले भी अपनी कमज़ोरी व धीमी नब्ज़ देखकर उसकी शंका थी...। यदि यह बात है तो शायद गंगा को पहाड़ के ऊपर चढ़ना पड़ेगा या तो जितने वर्ष (उम्र के) बाक़ी हैं, (ईश्वर करे कि बहुत न हों) मैदान में ही किसी के ऊपर बोझ बनकर रहना पड़ेगा। लेकिन इससे तुम में निराशा पैदा हो, इसका कोई कारण नहीं है। तुम तो अपने ही देश में हो। जिस प्रकार के व्यवहार और प्रश्नोत्तरी का सामना अपरिचित जनता के साथ मुझे करना पड़ता है, वैसा तुम्हें तो कभी नहीं करना पड़ेगा। इसके पहले मैंने ऐसा कभी नहीं समझा, लेकिन आजकल मैं बहुत महसूस करती हूँ कि मैं विदेशी हूँ और साथियों से सब जगह पर जो प्रेम मिलता है, फिर भी उससे वह कलंक धुलता नहीं है। कुछ परिस्थितियाँ होती हैं जो जीवनभर साथ रहती हैं और बिल्कुल निकम्मी मालूम होती हैं।"

इस पत्र को पढ़कर मैं रह न सकी। दूसरे ही दिन पत्र को लेकर बस में बैठी और दिल्ली को गयी। केन्द्रीय गांधी स्मारक निधि के तत्कालीन सचिव देवेन्द्र कुमार गुप्ता को मैं अच्छी तरह जानती थी और उन पर भरोसा करती थी। उन्हें ही बहन जी का पत्र पढ़ाया। देवेन्द्र भाई बहन जी को बहुत आदर देते थे। उन्हें भी बहन जी के कष्ट की बातें सुनकर बहुत दुख हुआ।

बहन जी को भारतीय नागरिकता नहीं पर स्वतन्त्र होकर इस देश में रहने की अनुमति चाहिए, यह मैंने उन्हें बताया था। इसके लिए सरकार के सक्षम व्यक्ति से सम्पर्क करना था। यह सम्पर्क कैसे हो और किससे हो, यह मैं खोज रही थी। दूसरे दिन इसी के लिए मैं सुचेता कृपलानी के पास गयी। वे बहन जी को सालों से बहुत अच्छी तरह जानती थीं। साथ ही, उनकी प्रशंसक भी थीं। उस समय वे सांसद भी थीं। उन्होंने बहन जी के दुख में पूरी सहानुभूति दिखायी। कुछ करने का आश्वासन भी मुझे दिया, पर वह जल्दी में बनने वाला सुनिश्चित रास्ता नहीं था। अन्त में देवेन्द्र भाई ने एक राह सोची। बोले, "तुम लोगों ने उत्तराखण्ड में शराबबन्दी के कई सफल आन्दोलन चलाये हैं, जो देशभर में प्रसिद्ध हुए हैं। उप प्रधानमन्त्री मोरारजी देसाई से मिला जाये क्योंकि वे शराबबन्दी कार्यकर्ताओं के बहुत बड़े प्रशंसक हैं। इसलिए आशा है, तुमको मिलने का समय दे देंगे।" सही में यही हुआ था कि उसी शाम के लिए उत्तराखण्ड के शराबबन्दी कार्यकर्ताओं को उप प्रधानमन्त्री को मिलने का समय मिल गया। केन्द्रीय गांधी स्मारक निधि के अतिथि गृह में आये हुए कुछ कार्यकर्ता साथियों को एकत्र कर उन्हीं की शराबबन्दी कार्यकर्ता टोली बनाकर मैं उप प्रधानमन्त्री के कार्यालय में मिलने गयी।

प्रारम्भ में उत्तराखण्ड में शराबख़ोरी के दुष्परिणाम और शराबबन्दी के जनान्दोलन, उसमें हमारी भूमिका व सफलता की बातें करना ही आवश्यक था। मोरारजी भाई को उत्तराखण्ड आने का आग्रहभरा निमन्त्रण भी देना था, किन्तु मुझे मन में उतावली थी कि मैं बहन जी का पत्र उन्हें बताऊँ, और अनुरोध करूँ कि उन्हें भारतीय नागरिक की जैसी भूमिका मिले। मोरारजी भाई ने ही पूछ लिया, "सरला बहन कैसी हैं?" बहन जी के साथ घटी वह घटना किस प्रकार उन्हें सीमान्त ज़िले में एक सम्मेलन में शामिल होने की अनुमति नहीं मिली, वे उत्तराखण्ड छोड़कर चली गयीं और अब मैदानी भाग की गर्मी भटकते जीवन से कितनी परेशान हैं, यह सब मैंने उन्हें अपने आर्द्र हो आये स्वर में बता दिया और बहन जी का उक्त निराश पत्र उनके हाथों में थमा दिया। उसे पढ़ने के बाद सर्वप्रथम प्रतिक्रिया में उन्होंने सहज ही कहा, "लोगों के प्रश्नों से क्यों परेशान होना है? सामाजिक कार्यकर्ता का मन

तो गैंडे की खाल जैसा होना चाहिए।" मैंने बहन जी के पत्र में मेरे लिए लिखे भाव को ही दुहराकर मोरारजी भाई को कह दिया, "अपने देश में रहते हुए हम ऐसा कह सकते हैं और ऐसा मन भी बना सकते हैं, पर बहन जी की स्थिति तो दूसरी है।" तब तक मेरे शब्दों की आर्द्रता और पत्र में व्यक्त भावों का दुख शायद उनके मन में भीग चुका था। वे भावना भरे शब्दों में बोले, "सरला बहन की निष्ठा व सत्यता मैं जानता हूँ व समझता हूँ। वह कभी इस देश को बिट्रे (धोखा देना) नहीं करेंगी। हम भारतीय लोग भले ही करें, पर वह कदापि नहीं करेंगी। वह ऐसी सच्ची और सत्यनिष्ठ भारतीय हैं। उन्हें विदेशी कहना ही ग़लत है।"

उनके शब्दों से मेरा मन साहस से भर उठा। मैंने कहा, "जब आपको इतना विश्वास है तो आप उन्हें नागरिकता के अधिकार प्रदान क्यों नहीं करते, ताकि वे स्वतन्त्र होकर जीवन जी सकें, देश में आ-जा सकें।" मोरारजी भाई ने तत्परता के साथ कहा, "ज़रूर, मैं यह ज़रूर कर सकता हूँ। तुम अभी ही एक आवेदन लिखकर दे दो।"

"मुझे बहन जी ने इस विषय में नहीं लिखने को कहा है।" मैंने हिचकते हुए कहा, "पर मैंने सुना है कि आपके गृह मन्त्रालय में इस विषय की फ़ाइल शुरू कर दी गयी है। आप उस पर ही कार्यवाही कर दीजिए।"

"मैं यही करूँगा" उन्होंने दृढ़ स्वर में कहा। मेरे साथ आये लोग हाथ जोड़कर विदा होने के लिए उठने लगे थे, पर मैं अपनी जगह पर बैठी ही रही थी, जैसे मानो मेरा काम अभी पूरा नहीं हुआ हो। मोरारजी भाई मेरे इस भाव को भाँप गये थे। "तुझे मुझ पर विश्वास नहीं हो रहा है न?" उन्होंने कहा और उनका वाक्य पूरा होने से पूर्व ही उनका हाथ उनकी मेज़ पर रखे फ़ोन पर गया और वे गृहमन्त्री से मराठी भाषा में बोलने लगे, "सरला बहन की नागरिकता सम्बन्धी फ़ाइल कल सुबह मेरी टेबल पर पहुँचा दीजिए।" मुझे विश्वास हो गया। मैं धन्यवाद देकर उठी। मेरा विश्वास सही रहा था क्योंकि इस मुलाक़ात से ठीक एक माह में भारत सरकार के राष्ट्रमन्त्री का सरकारी पत्र आ गया कि सरला बहन भारतीय नागरिक की तरह भारत में कहीं भी जाने के लिए स्वतन्त्र हैं। शब्दशः वह शासनादेश क्या था, वह तो मुझे याद नहीं, पर भाव यही था, यह मुझे याद आता है। इसी आदेश के अनुसार बहन जी उत्तराखण्ड में पुनः आयीं। यहाँ उनके निवास की कुटिया बनी और जीवन के अन्तिम वर्ष यानी वृद्धावस्था के सात-आठ वर्षों की वह अवधि उन्होंने सन्तोषपूर्वक उसमें बितायी। अन्त में यहीं की माटी और वायुमण्डल में वे समा गयीं, पर मैंने मोरारजी भाई देसाई

के साथ की गयी अपनी भेंट का उल्लेख कभी भी उनसे नहीं किया, इस डर से कि वे कहीं यह न कह दें, "तुम्हें यह नहीं करना था।"

बहन जी के व्यक्तित्व को आसानी से समझने के लिए उन्हें एक बने-बनाये खाँचे में देखना हमारी भूल ही होती थी। उनके व्यक्तित्व के किसी पहलू को मातृत्व के किसी खाँचे में डालकर कोई उन्हें 'माँ' के रूप में देखते तो कोई उन्हें 'हठी' के रूप में और कोई किफ़ायतशार के रूप में। वे ये सब थीं, पर ये सब अधूरे 'खाँचे' थे। उन्होंने अपने लिए अपना ही मौलिक मॉडल गढ़ा था। सीमान्त ज़िले में जाने का आवेदन ठुकरा दिये जाने से उनके स्वाभिमान को मर्मान्तक आघात लगा था। उससे दुखी होकर जब उन्होंने जाने का मन बनाया था तो उन्होंने अप्रत्याशित तरीक़े से आश्रम छोड़ दिया था। यहाँ तक कि वे उस समय आश्रम में दो-चार दिनों के लिए भी आने को इच्छुक न थीं। लगता था, अपने दुख के आधिक्य में जैसे उन्होंने यह नहीं सोचा हो कि आश्रम में रह रहे हम सभी अचानक आयी विपत्ति को कैसे झेलेंगे? क्या उनका दिल इतना कठोर हो गया? बस, इस विदाई के दो सप्ताह के बाद ही उनके पत्र ने उनके स्वभाव का सही दर्पण हमें दिखा दिया था। अपने पहले ही इस पत्र में वे लिखती हैं, "वास्तव में इतनी जल्दी में जाना पड़ा और आश्रम की ऐसी नाज़ुक स्थिति में जाना पड़ा, यह मुझे अति बुरा लगा था। कुछ समझ में नहीं आता है, लेकिन इतना विश्वास है कि यदि हम सच्चाई से अपने काम व जीवन में लगे रहते हैं तो आख़िर में नतीजा सही निकलता है।" आगे फिर लिखती हैं, "हिम्मत से काम करती रहना और विश्वास करो कि जो कुछ भी होता है, हालाँकि हम हमेशा उस समय नहीं समझ पाते हैं, पर वह भलाई के लिए ही होता है।"

मुझे उनसे इन्हीं प्रोत्साहनभरे शब्दों की आवश्यकता थी। यह संवेदनापूर्वक उन्होंने समझा था, जिसके बल पर मैं कन्धों पर अचानक आ गये बोझ को सहने के लिए कमर सीधी कर सकती थी। बहन जी कहा करती थीं, "अक्सर पुरुष लोग डाइनामाइट लगाते हैं और पहाड़ टूटकर महिलाओं के कन्धों पर पड़ता है। उसे ही उस बोझ को ढोना होता है। इस मामले में भी...जी ने डाइनामाइट चलाया और पहाड़ बेचारी राधा के सिर में गिर गया।" इसको सुनकर तो मैं और भी तनावमुक्त सहज हो गयी थी। मेरी समझ में आ गया कि बहन जी मेरी स्थिति को समझ रही हैं और सहानुभूतिपूर्वक मेरे साथ खड़ी हैं। उन दो-तीन वर्षों में उनके सौ से भी अधिक पत्र आये होंगे और बहन जी अनुदान लेने की कार्यवाही, पुराने घर की मरम्मत के कार्य में सावधानी, खेत-बग़ीचा, गौशाला, उद्योगशाला व बालिकाओं की शिक्षा यानी आश्रम के हर विभाग के बारे में मुझे बताती रहीं कि उसे कैसे करना होगा।

हमारे पास कार्यकर्ता बहनों की कमी थी तो वे अपने घुमक्कड़ जीवन में जो भी उपयुक्त कार्यकर्ता बहनें उन्हें मिलतीं, उन्हें आश्रम में जाकर काम करने को तैयार करती थीं। इस सबकी जानकारी पत्रों द्वारा मुझे देती थीं। यह सब तटस्थ भाव से लिखती थीं। उन्होंने कभी कहा भी था, "मैं ऐसी सास नहीं हूँ कि काम बहू करे और मैं घर कोठार भण्डार की चाबियों का गुच्छा अपने क़ब्ज़े में रखूँ।" मुझे यह सब बताते हुए उनकी भाषा सलाह देने की ही होती थी। वे स्वयं तटस्थ रहती थीं। आश्रम में हमारे सामूहिक निर्णय को प्राथमिकता देती थीं।

सोलह वर्ष की उम्र में ही बहन जी को एक व्यापारिक संस्थान में हिसाब सँभालने का काम करना पड़ा था। वे भारत आयीं तो विद्याभवन, उदयपुर में भी उन्हें हिसाब-किताब के उसी काम से पाला पड़ गया था, और आश्रम में भी तो कई वर्षों तक संस्था का हिसाब वे ही सँभालती रहीं जबकि उन्हें बच्चों को पढ़ाना, कहानियाँ सुनाना व उनके साथ खेलना पसन्द था। साथ ही बग़ीचे में मिट्टी तथा पौधों के लिए काम करना तो उनका सबसे प्रिय काम था। उसमें वे आध्यात्मिक अनुभव पाती थीं। वे अपनी 'पर्यावरण संरक्षण' सम्बन्धी प्रसिद्ध पुस्तक 'संरक्षण या विनाश' का परिचय देती हुई लिखती हैं, "कौसानी में आश्रम में बच्चों के साथ स्वावलम्बी स्वाश्रयी जीवन की ओर बढ़ने के प्रयत्न में मैं पाती थी कि प्रकृति के साथ मिलकर, प्रकृति की प्रक्रियाओं को समझकर, उनके साथ सहयोग करने से प्रकृति के उत्पादन को बढ़ाने में मुझे एक आध्यात्मिक कार्य करने का अनुभव महसूस होता था।" आश्रम के कार्यों के बढ़ने पर उसके कार्यालय में हिसाब भी इतना बढ़ा कि उसे निपटाते हुए बहन जी को बग़ीचे में जाकर काम करने का समय मिलना कठिन हो जाता था। तब वे खिन्न होकर हमसे कहतीं, "इन काग़ज़ों से छुटकारा कब मिलेगा? तुम तो मुझे मरने के बाद इन्हीं काग़ज़ों में जला देना।" हिसाब कार्य से पैदा हुई उनकी थकान व अरुचि वे इन शब्दों में व्यक्त करती थीं। कभी शाम के सुहावने समय में हम दो-चार कार्यकर्ता बहनें साथ बैठी हुई सामने फैली सुन्दर घाटी के सौन्दर्य को निहार रही होती थीं तो वे कार्यालय से आकर हमारे साथ शामिल हो गयीं और एक लम्बी साँस छोड़कर बोलीं, What a life full of care, there is notime to stand and stair.

उस समय बहन जी की उम्र 60 वर्ष के आसपास रही होगी। उस उम्र में उनके ऊपर हिसाब का बोझ मुझे भी अन्याय ही लगता था। इसी भाव में मैंने बहन जी से पूछे बिना ही विचित्र भाईजी (विचित्र नारायण शर्मा, गांधी आश्रम के वरिष्ठ

अधिकारी) को पत्र लिख दिया कि वे गांधी आश्रम से किसी ऐसे हिसाबनवीस की सेवाएँ हमारे आश्रम को देने की कृपा करें, जो महिलाओं व बालिकाओं के इस स्थान में काम करने के लिए उपयुक्त हो। बहन जी से किंचित संकोच या 'वे मना न कर दें' का हल्का भय मेरे मन में रहा होगा। इसीलिए उन्हें न पूछा और न ही बताया कि मैं हिसाब से उनकी मुक्ति के लिए कौन-सा क़दम उठाने जा रही हूँ, पर विचित्रभाई ने सारी समस्या हल कर दी। उन्होंने मेरे पत्र का उत्तर बहन जी को ही लिख भेजा। उसमें गांधी आश्रम के स्थानीय कार्यकर्ता हिम्मत सिंह भाकुनी को लक्ष्मी आश्रम में डेपुटेशन पर भेजने के आदेश की प्रतिलिपि भी संलग्न थी।

बहन जी को अकस्मात् सामने आया यह बिना भूमिका का परिवर्तन चौंका गया। वे ख़ुश नहीं हुईं। उन्हें यह भी लगा होगा कि उन्हें पूछे बिना मैंने चेष्टा की थी, पर यह तो उन्होंने मुझे नहीं कहा, पर किफ़ायतशार बहन जी ने यह अवश्य कहा था कि डेपुटेशन पर भेजे गये व्यक्ति को उनकी संस्था गांधी आश्रम का ही वेतनमान हमें भी देना होगा। वह हमारे आश्रम के वेतनमान से निश्चित रूप से अधिक था। बहन जी तो व्यक्तिगत जीवन और संस्थागत जीवन, दोनों में ही पूरी किफ़ायतशार थीं। एक अच्छी अनुकूलता यह थी कि बहन जी हिम्मतसिंहजी को व्यक्तिश: जानती थीं। वे एक शालीन, शिष्ट और समझदार व्यक्ति थे और न केवल कुशल हिसाबनवीस थे समाज कार्यों के लिए भी सक्रिय रहते थे। अत: उन्होंने एक बहुत महत्त्वपूर्ण वाक्य कहा था, "आशा है, वे हमारे लिए एक ईमानदार हिसाबनवीस बनेंगे। यह तो मैं कह सकती हूँ कि वे हमारे आश्रम की बहनों के लिए एक अभिभावक होंगे।" इस बात से बहन जी ने राहत महसूस की थी। मैं भी ख़ुश हुई कि बहन जी को अब अनिच्छापूर्वक विवश होकर हिसाब में नहीं लगे रहना पड़ेगा। बहन जी को अपनी किफ़ायतशारी के टूटने का दुख रहा ही था। वे एक सजग किफ़ायतशार तो थीं ही, उसी प्रकार असंग्रही भी थीं। गांधीजी के एकादश व्रतों को निष्ठापूर्वक पालन करने का हर प्रयास उनकी जीवनशैली में परिलक्षित होता था। संस्था के दानदाताओं को वे कभी-कभी, "अभी हमारे आश्रम में पर्याप्त पैसा है ही, अत: अभी आप पैसा न भेजें। भविष्य में आवश्यकता होने पर आपको कष्ट दूँगी" ऐसा लिखकर भेजती थीं।

उनके द्वारा रखे गये हिसाब की परिपूर्णता की तीन घटनाएँ मुझे याद आती हैं। एक बार आश्रम के हिसाब का ऑडिट चल रहा था। भोजन की घण्टी लगी, तो बहन जी ऑडिटर को साथ लेकर खाने के लिए भोजनालय में आश्रम की छात्राओं और कार्यकर्ताओं के बीच आयीं। वे मेरे पास ही फ़र्श पर बिछी दरी में बैठ गयीं। कुछ उदास व गम्भीर-सी दिखाई दे रही थीं। मैंने पूछ लिया कि ऑडिट ठीक से

हो रहा है या नहीं? तो वे बोलीं, "हिसाब की बैलेंसशीट में एक पैसे का फ़र्क़ आ रहा है। यह एक पैसा कैसे और कहा गया, मेरी याददाश्त में नहीं आ रहा है। उसे हिसाब में खोजते-खोजते मैं हैरान हो गयी हूँ।" उनके वाक्य पूरा करने से पहले ही मेरे दिमाग़ में वह पैसा कौंध गया। मैं तुरन्त खेल के सामानों की अलमारी से एक लम्बी डोरी में बँधा वह ताँबे के एक पैसे का सिक्का, जिसके बीच में छेद हुआ करता था, ले आयी। मैंने डोरी समेत वह बहन जी के हाथों में दे दिया। वे ख़ुशी से उछल पड़ीं, और ज़ोर से बोल उठी, "याद आ गया। उस दिन बच्चों के साथ 'इन्डोर गेम्स' खेलते हुए मैं अपने कैशबॉक्स से जल्दी में यह पैसा उठा लायी थी। बच्चे इन्तज़ार कर रहे थे, इसलिए इसे कैशबुक में लिखना, दर्ज करना मैं भूल गयी। दौड़ के आयी, एक डोरी में पैसा बाँधा, तुरन्त बच्चों को इसका नया खेल खिलाने लगी थी। वाह, मिल गया! यह पैसा मिल गया।" कहती हुई वे बच्चों की तरह ख़ुश हो गयी थीं। चेहरा एकदम बदल गया था। यह था बहन जी का स्वभाव और यह था उनका पैसे-पैसे का हिसाब।

हिसाब में हिम्मतसिंह भी इतने ही सतर्क व ईमानदार थे। यह देखकर बहन जी ने एक दिन मुझे धन्यवाद कहा था, "तुमने हमारे लिए बिल्कुल सही व्यक्ति को जोड़ा है।" हिसाब व बहन जी के बारे में इसका एक दूसरा नमूना भी है। एक बार एक नियोजन अधिकारी बहन जी को मिलने मोटर रोड से आश्रम तक की चढ़ाई चढ़कर आये थे। वे बहन जी के प्रति श्रद्धावान रहे होंगे, पर शायद बहन जी के व्यक्तित्व को नहीं पहचानते होंगे। अधिकारी महोदय बहन जी को बताने लगे कि हरिजन एवं समाज कल्याण विभाग से मिलने वाली अनुदान राशि, जो बालिकाओं के भोजन व रख-रखाव के लिए दी जाती थी, का उपयोग बालिकाओं की कम संख्या होने पर बिना ख़र्च किये भी एक तरीक़े से व्यय दिखा दें। सुनते ही बहन जी रोष में लाल हो गयीं और लगभग चिल्ला उठीं, "मैं संस्था बन्द कर सकती हूँ, पर हिसाब में किसी प्रकार की गड़बड़ नहीं करूँगी। अनुदान का पैसा वापस जाये, मुझे परवाह नहीं।" नियोजन अधिकारी सकपका गये थे।

एक तीसरी घटना स्वयं मेरे साथ घटी थी। मैं उत्तर बुनियादी की शिक्षिका थी। उनके कोर्स के तीसरे वर्ष में एक तीन माह का शिक्षण प्रवास होता था। उस वर्ष हमारा यह प्रवास उत्तर प्रदेश, राजस्थान, गुजरात तक का था। हमें कहाँ-कहाँ जाना होगा, कौन-सी शिक्षण संस्थाओं एवं ऐतिहासिक स्थलों को समझना होगा, इसकी विधिवत् योजना मेरे साथ बहन जी ने बनायी थी। हमने उन शिक्षण व रचनात्मक संस्थाओं को सूचित भी किया था। इस प्रवास यात्रा के मध्य में गुजरात की किसी

शिक्षण संस्था में हमें मुम्बई की मणिबहन नानावटी मिलीं। वे हमारी छात्राओं से बहुत प्रभावित हुईं। मणिबहन गांधी विचार व रचनात्मक क्षेत्र में बहुत आदरणीय व्यक्ति थीं। उन्होंने छात्राओं को मुम्बई आने का निमन्त्रण दिया। मुम्बई नगर देखने के उत्साह में छात्राओं ने उसे स्वीकार भी कर लिया।

यह हमारी प्रवास-योजना में शामिल न था, पर मैंने छात्राओं की इच्छा के अनुसार सूरत से मुम्बई की रेल यात्रा का व्यय कर दिया था। इस व्यय को बहन जी ने आश्रम हिसाब में स्वीकार नहीं किया। उन्होंने मुझे यह शिक्षा दी, "शहरों से बच्चों को कोई ज्ञान नहीं मिलता। अत: शिक्षण प्रवास में ऐसे नगरों को शामिल करने का कोई लाभ नहीं होता। जो योजना में शामिल नहीं था, वह नहीं करना था। किया तो उसका व्यय स्वयं वहन करो।" यह मैंने समझ लिया। बहन जी का हिसाब रुपये ही नहीं, पाई-पाई बाहर से ही नहीं, अन्तरात्मा से भी साफ़ रहा। आश्रम कार्य को बहन जी की दी गयी हिसाब की सच्चाई मानो एक संजीवनी बूटी थी और है, जो आज भी तीसरी-चौथी पीढ़ी तक चल रही है। बहन जी की यह बूटी यदि आश्रम के पास रहेगी, तो आश्रम कार्य अगली कई पीढ़ियों तक भी जीवित रह सकेगा।

बहन जी की करनी व कथनी में भेद नहीं था। वे जो कहतीं, लिखती और बताती थीं, वह उनके दैनिक जीवन व्यवहार में, उनके खाने, सोने, पहनने, ओढ़ने व कार्यशैली में, उनके निर्णयों में शत प्रतिशत प्रकट होता था और उस पर उन्हें पूरा विश्वास होता था। गांधीजी के एकादश व्रत मानो उनमें मूर्तिमन्त हो गये थे। वे अपने कपड़ों को बहुत सावधानी से उपयोग में लाती थीं। पुराने होकर कहीं फट जाते तो उनमें थेगलियाँ भी स्वयं ही लगा लेती थीं। फिर से फट आते तो उसके साबुत हिस्सों के टुकड़ों का दूसरा उपयोग कर लेती थीं और अन्त में उसके अनुपयोगी हो जाने पर एक बड़े थैले में उसके चिथड़ों को रखकर उसे आश्रम की उद्योगशाला में दे देतीं ताकि उन कपड़ों से दरी बुनी जाये। यह असंग्रह व्रत का एक नमूना था। मुझे लगा है कि 'सत्य' तो उनके जीवन का मूलमंत्र ही था। चाहे व्यक्तिगत व्यवहार हो या संस्थागत, स्वतन्त्रता संग्राम कहाने वाला आन्दोलन अथवा बाद के वे कई भूमि या पर्यावरण सम्बन्धी आन्दोलन, वे बिना छिपाव-दुराव के सत्य ही बरततीं, सत्य ही बोलतीं व सत्य का ही व्यवहार करतीं। उनकी सत्यनिष्ठा ने उन्हें ग़ज़ब का निर्भयतापूर्ण व्यक्तित्व दे दिया था। उनकी इस निर्भयता से सत्ताधारी सरकारी अधिकारी भी डरते थे। बहन जी अपनी आत्मकथा में लिखती हैं, "जब ज़िलाधीश से यह पूछा गया कि वे मुझे नज़रबन्द रखने पर इतनी सख़्ती क्यों कर रहे हैं? तो उन्होंने

कहा, वह इस ज़िले की सबसे ख़तरनाक व्यक्ति है। उनके व्यवहार में दृढ़ता है।"

ब्रिटिशकाल के वे ज़िलाधीश वास्तव में राजा ही थे, पर उनके लिए भी बहन जी ख़तरनाक साबित हो रही थीं। इसका प्रमाण ये घटनाएँ थीं। बहन जी न सत्ताधीश मनुष्यों से डरती थीं और न ही वन्य जीवों से डरती थीं। ऐसी दो घटनाएँ हैं। एक बार बहन जी कई दिनों तक पैदल चलती कई गाँवों में घूमी थीं। रात को ग्रामीणों के अत्यन्त सामान्य-से घरों में उनके परिवारों के साथ रही थीं। उनका दिया भोजन किया था और उनको मदद करके उनका साहस बढ़ाकर आगे बढ़ीं। इस प्रकार जेल में डाल दिये गये स्वतन्त्रता सेनानियों के नीलामी व कुर्की से हताश कर दिये गये परिवारों को वे जीने का सम्बल देती थीं। इस पदयात्रा में पुलिस से बचने के लिए वे किसी घुमावदार और कम प्रचलित रास्ते से घूमती हुई रात के ग्यारह बजे अल्मोड़ा नगर में पहुँचीं। दूसरी सुबह कुछ खाकर वे दूसरी घाटी के गाँवों में जाने वाली थीं कि मेज़बान ने कहा, "घर को पुलिस ने घेर लिया है।" बहन जी ने भोजन पूरा किया और पुलिस ने उन्हें वारंट थमाया। वे उन्हें ज़िलाधीश के कार्यालय में ले गये। ज़िलाधीश अपवाद रूप से अंग्रेज़ नहीं थे। वे भारतीय ही नहीं, गढ़वाली थे। उन्होंने बहन जी को देखते ही अंग्रेज़ी भाषा में कहा, "स्वयं ब्रिटिश होते हुए तुम्हें ब्रिटिश-सरकार का विरोध करने में शर्म नहीं आती?" निर्भीक बहन जी हिन्दी भाषा में टके-सा जवाब देती हुई उनसे ही पूछने लगीं, "क्या आपको शर्म नहीं आती? स्वयं भारतीय होते हुए भारत देश को हानि पहुँचाने वाला विरोधी काम करने यहाँ बैठे हो?" शायद ज़िलाधीश ने ऐसा स्पष्ट सत्य कभी किसी से सुना भी नहीं होगा और ऐसे उत्तर की सपने में भी आशा नहीं की होगी। वे बेहद चिढ़ गये, "हटाओ इसे मेरे सामने से, मैं इसकी सज़ा लिखकर दे दूँगा।" बहन जी यह सोचकर भी नहीं दबी थीं कि न जाने चिढ़कर यह सत्ताधारी शासक कितनी लम्बी सज़ा न लिख दे। वे थीं और उनका सत्य था, जिसके लिए वे सब कुछ सहने को तैयार थीं।

वे 1942 के स्वतन्त्रता आन्दोलन के दिन थे। बहन जी बोरारौ व कत्यूर घाटियों, सालम पट्टी, सल्ट व चौखुटिया के क्षेत्र में उन परिवारों को मदद करने घूम रही थीं, जिनके पुरुष जेलों में डाल दिये गये थे। वे इस प्रकार आन्दोलनकारियों को मज़बूत कर रही थीं। सरकार ने क़ैदियों के परिवारों को दी गयी किसी भी मदद को अपराध घोषित किया था, पर बहन जी ब्रिटिश सरकार के ऐसे आदेशों को कहाँ मानने वाली थीं? आख़िर सरकार ने उन्हें उनके अपने निवास, कौसानी स्थित उनकी कुटिया में नज़रबन्द कर दिया था। तब भी उस निर्भय नारी को कंट्रोल करना सरकार के लिए कठिन था। उनको कुटिया में ही रहना था। उन पर नज़र

रखने वाला पटवारी कुटिया को जाने वाले मुख्य रास्ते पर मोटर रोड के पास एक दुकान में बैठकर दिनभर अपनी 'ड्यूटी' देता था। इधर कुटिया में बहन जी कांग्रेस के आन्दोलनकारियों की गुप्त मीटिंगों में शामिल होने के लिए अल्मोड़ा जाने को अपना पिट्ठू तैयार करती थीं।

दिन ढलता था! और रात घिरने लगती थी, तब बहन जी कुटिया के दरवाज़े का कुंडा लगाकर, सघन जंगलों के बीच से जानेवाली राह पर अल्मोड़ा को चल देती थीं। चीड़, बाँज, बुराँश, देवदार के सघन वृक्षों से आच्छादित वह जंगली पगडण्डी कहीं खो भी जाती थी और एक नयी पगडण्डी खोजनी होती थी। मीलों तक फैले इस वन में वन्य पशुओं का आवास था। केवल घुरड़, काँकड़ और बन्दर-लंगूर ही नहीं, हिमालयी काला भालू, तेंदुए और बाघ का यह स्थायी निवास था। कभी-कभी तराई की गर्मी से बेचैन होकर आ गया शेर भी वहाँ दिखता था। उस ज़माने में हिमालयी ये जंगल तराई के सघन जंगलों से किसी गलियारे द्वारा जुड़े भी थे। बहन जी रात भर ऐसे बियावान जंगल में अकेली चलती हुई, भोर का प्रकाश फैलने से पहले अल्मोड़ा में कांग्रेस कार्यकर्ता देवीदत्त पन्तजी के दरवाज़े पर पहले से निर्धारित एक निश्चित खटखटाहट करती थीं।

"सरला बहन आ गयीं" देवीदत्तजी व उनका परिवार समवेत स्वर में कहता और दरवाज़ा खुल जाता। दो-तीन दिनों के लिए वे वहाँ बन्द हो जातीं। उसी घर में कार्यकर्ताओं व आन्दोलनकारियों की बैठकें होतीं। आगे के कार्यक्रम तय होते। आन्दोलन सम्बन्धी पिछले कामों और उनके प्रभाव के विवरण दिये जाते और प्रसार के लिए पर्चे लिखे जाते। शाम घिर आने के बाद एक दिन बहन जी उसी राह से कौसानी चली जातीं। उधर पटवारी से कोई पूछता तो वह हर दिन यही कहता, "सरला बहन ऊपर कुटिया में ही हैं। कहाँ जायेंगी? जायेंगी तो इसी रास्ते से जायेंगी। रास्ता तो यही है, दूसरा कोई रास्ता नहीं।" दुनिया हर व्यक्ति को अपने खाँचे से ही नापती है न? उसे क्या मालूम कि बहन जी के अपने भिन्न रास्ते थे और उनके व्यक्तित्व का अलग ही अपना खाँचा भी था। उनका काम करने का अलग समय था, अलग राह थी और अलग उद्‌देश्य थे। वे हमारे खाँचों में समाती ही न थीं।

ऐसी अदम्य साहसिक ऊर्जा के साथ उनका एक मृदुल दिल भी था। विचारों में भी उसकी मृदुता झलकती थी। उसके कारण विचारों व सिद्धान्तों में कोई कमज़ोरी नहीं आती थी, परन्तु विचार में ही एक प्रकार की मृदुता समा जाती थी। वे आश्रम में बीमार हो गयी बालिका को रातभर स्वयं अपनी गोद में सुलातीं, दवाएँ पिलातीं, होमियोपैथी व आयुर्वेदिक पुस्तकों के आधार पर अलग-अलग दवाएँ खोजतीं कि

किसी तरह उसे आराम आये। जब तक वे आश्रम में थीं, प्रतिदिन गौशाले में गायों के पास जातीं, हर गइया के पीठ पर हाथ फेरतीं और हर बछड़े को प्यार करते हुए उससे कुछ बोलतीं। एक बार हमारी एक गाय स्वज्जू की बछिया गायों के साथ जंगल में चरने चली गयी थी तो उसको वहाँ से बाघ ले गया। सुबह जब बहन जी गौशाला गयीं तो सबसे पहले स्वज्जू के पास ही गयीं। स्वज्जू बार-बार हुंकार रही थी क्योंकि अन्य गायों का दूध दुहा जा रहा था, इसलिए अन्य गायों की बछियाएँ अपनी माँ का दूध पी रही थीं। बेचारी स्वज्जू अपनी बछिया के लिए हुंकार रही थी। बहन जी उसकी पीठ पर हाथ फिराते हुए उससे बोलने लगीं, "तुम अपनी बिटिया को बुला रही हो न? अब वह तुम्हारे पास कभी नहीं आयेगी। बेचारी छोटी बछिया अब इस धरती पर ही नहीं है। धैर्य रखो स्वज्जू, धैर्य रखो।" बहन जी आगे निकल गयीं। हमें शक हुआ था कि उनकी आँखें भर आयी थीं, जिन्हें वे हमें नहीं दिखाना चाहती थीं। आश्रम से जाने के बाद भी वे गायों को याद करती थीं।

10 दिसम्बर 1966 के पत्र में वे लिखती हैं, "कुसुम (गाय का नाम) कैसी है? अब तक ब्याई है या नहीं? और अन्य सब गायें? इतने दिनों तक उनका दूध पिया और आते समय उनसे नहीं मिल आयी। मुझे खलता है।" उनके लिए गायें, कुत्ते, बिल्ली और पेड़-पौधे—सब उनके साथी थे। हर पत्र में आश्रम के पालतू कुत्ते व पूसी को याद करतीं व आश्रम में विद्यालय की बच्चियों को महीने में एक या दो सामूहिक पत्र अवश्य लिखती थीं। लगता था, उनके सिद्धान्तों के दृढ़ परकोटे के अन्दर एक सुन्दर व कोमल दिल भी था, जो कमज़ोर, कुचले हुए समाज में नीचे माने गये वंचित लोगों, बीमारों व अशक्तों, बच्चों, पशु-पक्षियों के लिए विशेष रूप से पिघलता था। मैं देखती थी कि वे समाज को परिवर्तित करने के कामों के लिए अपने जीवन को लगा देना चाहती थीं। यदि तालीम वह काम करे, तो उन्हें उसमें दिलचस्पी थी। यदि नहीं तो वे ऐसी शिक्षा के लिए एक दिन भी अपना समय नहीं देना चाहती थीं। अपने उद्देश्य के लिए ऐसा सम्पूर्ण रूप से सन्नद्ध व शत प्रतिशत समर्पित था उनका अनुपम व्यक्तित्व। उनको इस रूप में समझने व उनके सान्निध्य में रहने का अमूल्य अवसर मुझे मिला था। आज भी मैं इसके लिए स्वयं को धन्य मानती हूँ।

अन्तिम चार-पाँच वर्ष उनकी अस्वस्थता के थे। दमा वास्तव में उनकी किशोरावस्था में हुई ब्रोंकाइटिस का ही फिर से उपज आया स्वरूप था। अपने प्रिय स्थान हिमदर्शन कुटीर धरमघर जैसे ठण्डे व नम स्थान में ही यह दमा उनके श्वाँस

संस्थान को कुप्रभावित करता रहा, जिसके लिए वे होमियोपैथिक दवाओं का सेवन और प्रतिदिन के जीवन में परहेज़ व सावधानी बरतती रही थीं। हिमदर्शन कुटीर दूर एकान्त में था। बहन जी को यही एकान्त पसन्द था किन्तु कर्मठ वैचारिकता और स्पष्ट दूरदृष्टि के साथ वे उत्तराखण्ड के सर्वोदयी साथियों की केन्द्रबिन्दु बनी हुई थीं।

जून माह की एक सुबह सदनभाई मिश्र का सन्देश लेकर सन्देशवाहक मेरे पास आया—"बहन जी गम्भीर रूप से अस्वस्थ हैं। मैं समझ नहीं पा रहा हूँ कि क्या करूँ?" यह सन्देश पाकर कौसानी में रहने वाले एक ब्रिटिश मित्र के वाहन की व्यवस्था कर मैं तुरन्त हिमदर्शन कुटीर के लिए निकल गयी। मैं बहन जी को कौसानी लाना चाहती थी, जहाँ उनकी सेवा मेरे सामने ही नहीं मेरे हाथों से बेहतर हो सकती थी। कौसानी के प्राथमिक चिकित्सालय में एक बहुत सहृदय व कुशल डॉक्टर थे, जिनके ऊपर मुझे बहुत भरोसा था। मैं बहन जी को कौसानी लाना चाहती थी, परन्तु मुझे दुविधा थी कि मेरे इस प्रस्ताव को बहन जी स्वीकार करेंगी या नहीं? हिमदर्शन कुटीर पहुँचकर मैंने देखा वहाँ का दृश्य एकदम भिन्न था। बहन जी अपने बिस्तर पर क्षीण शारीरिक स्थिति में अचेत-सी पड़ी हुई थीं। उनसे कुछ पूछे बिना ही मैंने उन्हें गोद में उठा लिया और गाड़ी में एक अच्छा बिस्तर बिछाकर सावधानी से उसमें डाल दिया। ब्रिटिश मित्र ने गाड़ी बहुत सावधानी से धीरे-धीरे चलायी, तो भी कहीं-कहीं सड़क के विषम गड्ढों को टायर के नीचे आने से बचाना असम्भव होता था। एक हल्का-सा झटका भी बहन जी के फेफड़ों को सहन नहीं हो पाता था और वे चिल्ला उठती थीं। मैं तुरन्त उन्हें सहलाती।

इस प्रकार पचास किलोमीटर की यात्रा पूरी हुई। स्वास्थ्य की ऐसी नाज़ुक स्थिति में उन्हें तीन फर्लांग की चढ़ाई पर लक्ष्मी आश्रम ले जाना बहुत संकटपूर्ण होता, अतः उन्हें अनासक्ति आश्रम में ले गयी और एक छोटे, पर खुले हवादार कमरे में उन्हें रखा। यहाँ से डॉक्टर का निवास व चिकित्सालय बहुत पास था। डॉक्टर ने उन्हें उसी समय से देखना शुरू किया। वे प्रतिदिन दो बार तो देखते ही थे। कभी कष्ट बढ़ा तो वे दिन हो या रात, उपस्थित हो जाते थे। आश्रम की दो बहनें बहन जी की सेवा के लिए चौबीसों घण्टे रहती थीं। बहन जी को देखने प्रतिदिन ही मैं वहाँ जाती व उनकी सेवा के लिए घण्टों वहाँ रहती। बहन जी को डॉक्टर का सौम्य स्वभाव व रोग व उसके निदान की गहरी समझ ने प्रभावित किया था। हमारी सेवा से भी वे आश्वस्त थीं। इस प्रकार तीन-चार माह मैं वे स्वस्थ होने लगीं, पर कमज़ोरी कम नहीं हो रही थी। वे आराम का मन बनाकर रह रही थीं।

कौसानी में रहते हुए उनकी अस्वस्थता का समाचार ज़्यादा तेज़ी-से दूर-दूर तक फैल गया था, यहाँ तक कि वह समाचार दिल्ली भी पहुँच गया था। तत्कालीन प्रधानमन्त्री श्रीमती इन्दिरा गांधी का सन्देश लेकर अल्मोड़ा ज़िले के परगनाधिकारी बहन जी के पास पहुँचे। बहन जी को श्रीमती इन्दिरा गांधी ने इलाज के लिए दिल्ली बुलाया था। यात्रा, इलाज व सेवा-शुश्रूषा का पूरा ज़िम्मा भारत सरकार उठाना चाहती थी। एस.डी.एम. साहब ने कौसानी से दिल्ली की यात्रा के लिए हैलिकॉप्टर का प्रबन्ध कर लिया था। बहन जी ने दिल्ली में जून माह की गर्मी का प्रश्न उठाया तो एस.डी.एम. ने वातानुकूलित निवास व्यवस्था का उत्तर दिया। वे हर हालत में बहन जी को दिल्ली पहुँचाना चाहते थे और बहन जी मुझे कहतीं थीं, "राधा, मुझे इस सरकारी जंजाल से बचाओ। मुझे शान्ति से यहाँ स्वास्थ्य लाभ करने दो।" उन्हें दमा के कारण अधिक बोलने की क्षमता भी नहीं थी। अन्त में उन्होंने प्रधानमन्त्री का निमन्त्रण स्वीकार करने में असमर्थता व्यक्त करते हुए एस.डी.एम. को धन्यवाद दिया और कहा, "मैं दिल्ली की प्रदूषित वायु में जीने की अपेक्षा हिमालय की स्वच्छ वायु और पवित्र पर्यावरण में मर जाना पसन्द करूँगी।" ये शब्द ही बहन जी के विचार व वास्तविक स्वभाव को बताते थे, मैं इसे समझती थी कि वे अपने विचारों के साथ समझौता किसी भी महत्त्वपूर्ण व्यक्ति या किसी भी भौतिक लाभ के लिए नहीं करती थीं। रोग से जूझते हुए भी विचारों की इस प्रतिबद्धता को एस.डी. एम. साहब समझ नहीं पाते थे। मैं उन्हें समझाने का प्रयास कर रही थी। इससे उन्हें शंका हुई और बोले, "सरला बहन तो तैयार हो ही जातीं, आप ही उन्हें नहीं भेजना चाहतीं।" मैं चुप हो गयी और परगनाधिकारी अपनी हार मानकर अल्मोड़ा को चले गये। मैं निरन्तर दिन का आधा भाग आश्रम के कार्यों में तथा आधा भाग अनासक्ति आश्रम में बहन जी की सेवा में देती रही।

हिमदर्शन कुटीर की वर्षा ऋतु व उसकी नमी की अपेक्षा कौसानी की नमी कुछ कम होते हुए भी उसका असर बहन जी के श्वास तन्त्र पर विपरीत परिणाम तो देता ही था, अतः उनके स्वास्थ्य सुधार की गति बहुत धीमी थी, पर पहले से काफ़ी बेहतर थी। एक डॉक्टर प्रतिदिन उनके साथ थे और हम सेवा में हमेशा तत्पर थीं, इस बात ने उनके मन को भी आश्वस्त किया था। पर्वतीय प्रकाशमान शरद ऋतु आयी तो नमी नहीं रही और खुले निरभ्र आकाश को देख बहन जी का मन प्रसन्न हो गया। उनके स्वास्थ्य में तेज़ी-से सुधार होने लगा। सर्वोदय क्षेत्र के उनके मित्र व साथी, उन्हें मिलने आने लगे। शरद के समशीतोष्ण तापमान में इस मैत्रीपूर्ण वातावरण ने उनके स्वास्थ्य में काफ़ी सुधार किया, किन्तु शीतऋतु का आगमन

फिर से उनके लिए कठिन हो उठा। उनकी बीमारी काफ़ी नियन्त्रित हो गयी थी, पर उनके क्षीण हो गये शरीर में ठंड सहने की शक्ति नहीं थी। बहन जी हिमालय क्षेत्र छोड़ना नहीं चाहती थीं, किन्तु हिमालय के पादक्षेत्र यानी कुमाऊँ की तलहटी में जाने के लिए राज़ी थीं, जो शीतऋतु में भी अपेक्षाकृत कम ठण्डा रहता था। ऐसे स्थान की खोज हम कर ही रहे थे। तभी बहन जी को याद आया कि उनके साथ लक्ष्मी आश्रम के पूर्व युवा कार्यकर्ता ने उन्हें अपनी संस्था में कुछ समय रहने के लिए आमन्त्रित किया था। उनकी संस्था कुमाऊँ के पर्वतीय क्षेत्र के चरणों में स्थित भाबर इलाक़े में कार्यरत थी। बहन जी ने स्वयं ही उन्हें पत्र लिखा व शीतऋतु वहाँ बिताने की इच्छा व्यक्त की। उनकी सहर्ष स्वीकृति आ गयी और मैंने कौसानी से रानीबाग़ की यात्रा की तैयारियाँ प्रारम्भ कर दीं। मैंने ज़िलाधिकारी अल्मोड़ा से सम्पर्क किया और उन्होंने एक आरामदेह कार से यात्रा करने की सुविधा बहन जी को दे दी। मैं उन्हें लेकर बहुत सन्तुलित गति से चलते हुए रानीबाग़ पहुँची।

मेज़बान को बहन जी की दुर्बल काया और बाधित होती साँसों को देखकर चिन्ता हो गयी। उन्होंने उनकी ऐसी अस्वस्थता की कल्पना नहीं की थी। ऐसी स्थिति में बहन जी की ज़िम्मेवारी उठाने को वे तैयार न थे, पर जब मैंने कहा कि बहन जी की सेवा की ज़िम्मेवारी मैं और निरन्तर उनके साथ रहने वाली सेविका बहनें उठाएँगी, तो वे निश्चिन्त हो गये। मुझे भी समझ में आ गया कि अब मुझे बहन जी को और भी अधिक समय देना पड़ेगा। यद्यपि रानीबाग़ के तीन अपेक्षाकृत कम ठण्डे, गुनगुनी गरमाहट वाले मौसम ने उनके तन को आराम दिया था और उनके मन को इस बात ने आराम दिया था कि वे हिमालय की तलहटी में खुले जंगल के प्रदूषणमुक्त वायुमण्डल में और बहती सुन्दर नदी के सान्निध्य में रह रही थीं, किन्तु उनकी शरीर की शक्ति कम हो रही थी। ऐसी स्थिति में उनको अधिक समय देने की आवश्यकता बढ़ गयी थी। बहन जी ख़ुद भी समझ रही थीं कि उन्हें ऐसी व्यक्ति की आवश्यकता थी, जो अनुभवी व वयस्क हो, जो उनके बाह्य शरीर की सेवा भी कर सके और उनकी मन:स्थिति को भी सँभाल सके। उनको बीमारी की तीव्रता से राहत मिली थी। मुझे संस्था-संचालन की ज़िम्मेवारी थी और उसके कारण मुझे रानीबाग़ से कौसानी के लिए सौ किमी. की भागदौड़ करनी पड़ती थी। मैं कुछ ग्लानि महसूस कर रही थी कि बहन जी मुझे अपनी सेवा के लिए पूर्ण समय देने को नहीं कह रही थीं। वे लक्ष्मी आश्रम में कार्य कर चुकी उन बहनों के नाम मुझसे पत्र लिखा रही थीं जो वर्षों पूर्व आश्रम में कार्यकर्ता रही थीं। वे अब वयस्क हो गयी थीं। वे बहन जी के नाज़ुक स्वास्थ्य को सँभालने का ज़िम्मा नहीं उठाना चाहती थीं।

मैंने यह भी अनुभव किया था कि जब-जब मैं बहन जी के पास रहती और उनकी सेवा आदि का पूरा भार उठा लेती तब-तब वे अधिक निश्चिन्त व सुरक्षित महसूस करती थीं। तभी वे अपने शरीर व मन के स्वास्थ्य की सारी स्थिति मुझसे साझा करती थीं। मैं भेंटकर्ता आगन्तुकों को भी बहन जी के स्वास्थ्य के सारे हाल बता पाती थी अन्यथा स्वयं बहन जी को ही वह सब बताना होता था, जिससे वे थक जाती थीं। उनकी सेवा में मेरे रहने से उन्हें आराम था, पर वे मुझे अपनी सेवा में चौबीसों घण्टे और लगातार महीनों तक रहने को नहीं कहती थीं।

मैंने अपने पिताजी की रुग्णता में तीन माह लगातार सेवा की थी। मैंने सोचा, बहन जी की बेटी कौन हो सकती है? मैं नहीं, तो और कौन? उन्होंने हम उत्तराखण्ड की लड़कियों व महिलाओं के लिए अपनी अमूल्य ज़िन्दगी लगा दी थी। हम ही तो उनकी बेटियाँ हो सकती हैं। अपनी जन्मभूमि तथा अपने रक्त सम्बन्धियों से इतनी दूर वे हमारे लिए ही तो खपी हैं और हमें उन्होंने जीवन की बुनियाद भी दी व आत्मबल भी दिया। आज वे रोग शय्या पर असहाय-सी होती जा रही थीं। तब हम उनकी सेवा न करें, यह कहाँ की मनुष्यता है? मैंने मन ही मन निश्चय कर लिया कि मैं बहन जी के साथ चौबीसों घण्टे रहकर उनकी सेवा व देखभाल सब करूँगी।

मैंने अपना निर्णय बहन जी को बताया। तो मुझे उनकी आँखों में प्रसन्नता व आश्वस्ति की प्रकाशमान चमक दिखी। पर दूसरे ही क्षण वह बुझ गयी और बहन जी बोलीं, "लक्ष्मी आश्रम का ज़िम्मा कौन उठायेगा?" मैंने कहा, "मेरे साथी कार्यकर्ता सब सँभालेंगे। मैंने उनसे बातें कर ली हैं। वे तैयार हैं।" इसको सुनकर उनके मन की अनिश्चितता मिट गयी। उनके चेहरे पर एक विश्रामपूर्ण मुस्कान फैल गयी। "मेरे लिए इससे अधिक अच्छा और क्या हो सकता है?" बड़े आराम से शान्त स्वर में वे बोलीं।

बहन जी का स्वास्थ्य सँभालने की अपना सोच व सिद्धान्त था। वे दवाएँ न लेकर प्राकृतिक तरीक़ों से अस्वस्थता को दूर करने पर निर्भर रहती थीं। उससे काम न चले व दवा लेना अनिवार्य हो जाये तो होमियोपैथी की दवाएँ उनकी प्राथमिकता होती थीं। उसके बाद आयुर्वेदिक दवाएँ और ऐलोपैथिक दवाएँ तो वे न स्वयं लेतीं न ही किसी के उपचार के लिए सुझाती थीं। एंटीबायोटिक दवाओं को तो वे 'ज़हर' ही कहती थीं। इस बार की बीमारी में एकाध बार जब उनकी तकलीफ़ सीमा पार करने लगी थी, तब हम लोगों की चिन्ता मिटाने के लिए हमारे आग्रह अनुरोध पर उन्होंने ऐलोपैथिक दवाएँ ली थीं, किन्तु कुमाऊँ की तलहटी रानीबाग़ में शीतऋतु बिताने के बाद अब वे चाहती थीं कि पुनः वे होमियोपैथिक दवाओं का सेवन करें

ताकि उनकी बीमारी के मूल कारण दूर हो सकें। मैंने एक अनुभवी होमियोपैथ की खोज प्रारम्भ कर दी। अनुभवी होमियोपैथ रानीबाग़ ही नहीं हल्द्वानी जैसे नगर में भी नहीं मिला। अन्त में एक कुशल होमियोपैथ के नैनीताल में होने की जानकारी मिली।

1982 का अप्रैल माह था। रानीबाग़ महीने के प्रारम्भ में ही गरम होने लगा था। दोपहर की गर्मी में बहन जी हाँफ जाती थीं। उनका शरीर शिथिल हो जाता था। कमज़ोरी से वे निढाल हो गयी थीं। तुरन्त ही उनको एक ऐसे ठण्डे स्थान की ज़रूरत थी जहाँ एक होमियोपैथ भी उपलब्ध हो। बहन जी गर्मी से घबरा गयी थीं, अत: उतावली हो उठी थीं। "अब हमें कौसानी जाना चाहिए क्योंकि इस जगह की गर्मी मैं सहन नहीं कर सकती। मैं लक्ष्मी आश्रम के पुराने मकान में रहूँगी, जहाँ से मुझे हिमालय के शिखरों के दर्शन भी मिलेंगे। तुम आश्रम का काम देखते हुए मेरी देखभाल भी कर सकोगी।" उन्होंने प्रस्ताव रखा था। यह मेरे लिए सबसे सुविधापूर्ण व्यवस्था होती। यह मेरी आन्तरिक इच्छा भी थी, पर बहन जी का स्वास्थ्य मेरी सर्वोपरि प्राथमिकता थी और उसके लिए सर्वप्रथम होमियोपैथ के पास जाना व उसकी सलाह लेना मेरी दृष्टि में आवश्यक था। मैं बहन जी को कौसानी के बदले नैनीताल को ले गयी। हमने सोचा था कि दो-तीन सप्ताह होमियोपैथ के निरीक्षण और जाँच में रहकर हम कौसानी जायेंगे। होमियोपैथ से फ़ोन द्वारा सम्पर्क रखेंगे और उनकी सुझाई हुई दवाएँ ख़रीद ली जायेंगी। यह सुझाव बहन जी को स्वीकार था क्योंकि बढ़ती गरमी के उस मौसम से नैनीताल में उन्हें आराम मिलने वाला तो था ही।

लक्ष्मी आश्रम की अध्यक्षा श्रीमती गंगादेवी जोशी ने अपने नैनीताल स्थित घर का एक अच्छा कमरा बहन जी के निवास के लिए दिया। मेरे साथ आश्रम की कार्यकर्ता बहन निर्मला थी। नैनीताल के ठण्डे मौसम में बहन जी के शरीर में ताज़गी व स्फूर्ति आयी। होमियोपैथ की जाँच का निष्कर्ष था कि हम उनके पास देर से पहुँची थीं। बीमारी गहरी हो गयी थी। तो भी वे बहन जी का इलाज करने को तैयार हो गये। दवाएँ प्रारम्भ कर दी गयीं। कुछ समय बाद ही डॉक्टर व हमें लगने लगा कि बहन जी के अनुमान के अनुसार एक छोटी अवधि के बाद ही नैनीताल को छोड़ने का सुझाव सम्भव नहीं होगा क्योंकि डॉक्टर को बहन जी के बदलते लक्षणों के अनुसार दवाएँ बदलनी पड़ती थीं। वे बड़ी सावधानी से लक्षणों का निरीक्षण करते, अपने ग्रन्थों का अध्ययन भी करते व तब दवाओं का निर्धारण करते थे। इस प्रकार तीन सप्ताह के बदले हमें नैनीताल में तीन माह यानी अप्रैल से जून तक रहना पड़ा।

बहन जी की सेवा अब और भी अधिक समय, सावधानी और सतर्कता की माँग करती थी। उनके लिए पथ्य भोजन बनाना, उनको खिलाना, नहलाना, शौचादि से

निवृत्त कराना, हाथ-मुँह धुलाना, बिस्तर में सुलाना व बिस्तर से उठाना—सब कुछ वे मेरे हाथों से ही चाहती थीं। निर्धारित समय पर उन्हें दवाएँ देना और भेंटकर्ताओं से बातचीत करना, इस तरह सारे दिन का एक-एक क्षण व्यस्त हो जाता था। आजीवन बहन जी दैनिक व्यक्तिगत कार्यों में ही नहीं बल्कि निर्णय लेने, व्यवस्था संचालन करने एवं वैचारिक निष्कर्ष निकालने में पूर्ण आत्मनिर्भर रही थीं। इतनी अधिक आत्मनिर्भर कि कभी-कभी लोग उन्हें ज़िद्दी समझ बैठते थे, पर उनके व्यक्तित्व का यही गुण था, जिसने उनके जीवन को इतना विशिष्ट बनाया था। अब बहन जी वह नहीं रह गयी थीं। वे हताशा में बार-बार कहतीं, "अब इस जीवन से क्या करूँ राधा?" बीमारी के सामने वह असहाय-सी हो गयी थीं। दमे के दौरे के दरमियान एक दिन उन्होंने कहा था, "मेरे इस खँडहर (शरीर) को उठाने की कोशिश तुम कर रही हो, परन्तु अब यह नहीं उठने वाला है। आज मेरी तबियत अधिक ख़राब है, रात अधिक कठिन होगी। अत: अकेली निर्मला को रात के लिए मेरे साथ नहीं रखना, तुम्ही मेरे साथ रहोगी।"

जब उनकी रातें बैठे-बैठे बीतती थीं और सिर बिस्तर पर रखने से साँस लेना असम्भव हो जाता था, तब उनके पास मैं बैठी रहूँ, कुछ दवा देती रहूँ, यह उनके मन का सहारा होता था। कितना कष्ट? नैनीताल के तीन माह हमारे लिए भी कठिन परीक्षा के दिन थे। मेरी अधिकांश रातें निरन्तर जागते हुए ही बीतती थीं। बहन जी के कष्ट को कम करने की असफल कोशिशों में समय बीत रहा था। दिन में उन्हें मिलने व देखने आने वालों के समय को नियन्त्रित करना, उनके सेवाकार्य के ऊपर एक और भी अतिरिक्त कार्य होता था। बहन जी की घटती शक्ति को बचाने के लिए उनका कम बोलना ज़रूरी था। एक दिन पूर्व प्रधानमन्त्री विश्वनाथ प्रतापसिंह मिलने आये। सुरक्षा और स्थानीय प्रशासन के अधिकारी सबको बाहर रखकर विश्वनाथ प्रतापसिंह जी को भी कम बोलने व भेंट को संक्षिप्त करने का प्रयास मेरे लिए कठिन हो गया था। बहन जी को मौक़ा मिला था—नयी तालीम और पर्यावरण संरक्षण की दृष्टि से शिक्षा नीति व वन नीति में बदलाव लाने के लिए पूर्व प्रधानमन्त्री को समझाने व प्रेरित करने का किन्तु उनकी उखड़ती साँस देखकर मुझे ही पूर्व प्रधानमन्त्री को स्वयं ही बहन जी के विचार संक्षेप में बताकर उन्हें विदा करना पड़ा था।

बहन जी के स्वास्थ्य में उतार-चढ़ाव आता रहता था, पर एक स्थायी सुधार नहीं आता था। मैं भीतर से कुछ निराश हो रही थी, किन्तु कभी-कभी बहन जी की

आशा बलवती हो जाती थी। "मुझे अभी भी कुछ लिखना है," वे कहती थीं। जून के तीसरे सप्ताह में मानसून ख़ूब ज़ोर-से बरसने लगा था। नैनी सरोवर के कारण मानसून की नमी और सघन हो गयी थी। दमा के रोगी के लिए यह अत्यन्त प्रतिकूल हवामान था। डॉक्टर चिन्तित हो गये और स्थान बदलकर नैनीताल से कम नमी वाले स्थान पर बहन जी को ले जाने का सुझाव अनुरोधपूर्वक देने लगे। वर्षा ऋतु में कौसानी भी कम नम तो नहीं। अन्त में बहन जी ने वर्षा के चार महीने बिताने के लिए अल्मोड़ा का चयन किया, जो अपेक्षाकृत कम नमी वाला स्थान था। मैं उनके रहने के लिए एक अच्छा स्थान ढूँढ़ने अल्मोड़ा गयी। बहन जी ने मुझे अल्मोड़ा के अपने पुराने मित्रों के नाम व पते भी दिये, जो बहन जी को आग्रहपूर्वक अपने घर में रात्रि विश्राम के लिए बुलाते थे। तब वह स्वस्थ, सक्रिय व ओजपूर्ण बहन जी थीं, पर आज अस्वस्थ, कमज़ोर, रोगग्रसित बहन जी को स्थान देने के लिए कोई साहस नहीं जुटा पाया। अन्त में एक स्विस मित्र के घर पर स्थान मिला और पहली जुलाई 1982 को हम बहन जी को श्री पियर ऑप्लीगर के चीड़ वृक्षों से घिरे बंगले में अल्मोड़ा लाये।

दोपहर बाद की हल्की धूप बादलों के बीच से छनकर बंगले के बरामदे में फैल गयी थी। बहन जी ने बरामदे में बैठने की इच्छा ज़ाहिर की और बाहर कुछ देर बैठकर वे धीरे-धीरे बरामदे में घूमने लगीं। हमारे आश्चर्य का ठिकाना नहीं था। यह चीड़ वृक्षों से आती हवा का प्रभाव था जो फेफड़ों के लिए बहुत स्वास्थ्यवर्धक मानी जाती है। उनके चेहरे पर लम्बे समय के बाद मुस्कान भी आयी। सोचती हूँ, शायद वह दीपक के बुझने के पूर्व उसकी लौ का तेज़ होना रहा होगा। वे रात को दो-एक घण्टों के लिए और दिन में भी एक घण्टे के लिए सो सकी थीं। हम आशान्वित हो गये।

जहाँ तक मुझे ध्यान है, वह 6 जुलाई थी जब उन्हें दमे का ज़ोरदार दौरा आया था। बहन जी के लिए उसे जीतना बहुत मुश्किल हुआ था। किसी दवा से मदद नहीं मिली और वे बेहोश-सी हो गयीं। उसी अवस्था में उन्होंने अंग्रेज़ी भाषा में स्पष्ट शब्दों में कहा, "टैल द गांधीयंस दैट, दे शुड बी ऑनेस्ट टू दैमसैल्व्ज़"। सामान्यत: बहन जी बहुत अनिवार्य होने पर ही अंग्रेज़ी भाषा बोलती थीं, अत: उनके इस अंग्रेज़ी वाक्य ने मेरे मस्तिष्क में ख़तरे की घण्टी बजा दी। क्या वे इतनी अचेत हो गयी थीं कि अचेतन दिमाग़ से बोल रही थीं? कहीं उनका अन्तिम क्षण निकट तो नहीं आ गया है? अगला दिन मृत्यु और जीवन के बीच झूलता रहा। उन्हें नींद नहीं आती थी, केवल बीच-बीच में अचेत हो जाती थीं। मैं और मेरी साथी दिन और

रात जगते रहे थे। ज़िलाधिकारी अल्मोड़ा ने डॉक्टर भेजे थे, पर वे भी कुछ नहीं कर पाये थे। 8 जुलाई 1982 की भोर में वे एकदम पस्त पड़ गयी थीं। इसी स्थिति में वे बुदबुदाने लगीं, "दो पेड़, दो पेड़" पहले कुछ स्पष्ट शब्दों में, परन्तु बाद को धीमे अस्पष्ट स्वर में केवल होंठों के भीतर। उस समय वहाँ शशिप्रभा रावत, दीक्षा बिष्ट और बीना कठायत मेरे साथ थीं। शशिप्रभा बहन ने उनको चम्मच से पानी पिलाया और उसके साथ ही बहन जी ने अन्तिम साँस ली।

उनकी मृत देह का अग्नि संस्कार करना था, जो बहन जी का पर्यावरण-विज्ञान सम्मत निर्णय मुझे ज्ञात था,पर कहाँ करें? मैं इस दुविधा में थी। तभी अल्मोड़ा नगर में बहन जी के परम मित्र शान्तिलाल जी त्रिवेदी व उनकी श्रीमती भक्ति बहन जी बहन जी के अन्तिम दर्शन हेतु ऑप्लीगर निवास में आ पहुँचे। उनके परामर्श से मृत देह का अन्तिम संस्कार आश्रम-परिसर में करने का तय हुआ। ज़िलाधिकारी को सूचना मिल चुकी थी। पुलिस जवान गार्ड ऑफ़ ऑनर देने पहुँचे। कौसानी तक मृत देह को पहुँचाने के लिए एक बड़ा ट्रक दरवाज़े पर खड़ा हो गया। नगर की जनता को बहन जी के अिन्तम दर्शन हो सकें, इसलिए उनके शव को नगर की मुख्य सड़क पर स्थित गांधी आश्रम के ऊँचे खुले बरामदे में रखा गया। वहाँ ज़िलाधिकारी ने प्रदेश सरकार की ओर से एक पुष्पचक्र अर्पित किया। बाज़ार में जिसने जहाँ सुना, वह वहीं से गांधी आश्रम की ओर दौड़ पड़ा। कोई हाथों में फूल लिये, कोई रीते हाथों, हाथ जोड़े बहन जी को अपनी श्रद्धा अर्पित कर रहे थे। गांधी आश्रम के कार्यकर्ताओं ने हाथ कते सूत की एक गुंडी उन्हें अर्पित की। अल्मोड़ा नगरवासियों ने सालोसाल बहन जी को अल्मोड़ा की पाथर पटी गलियों में खादी के भारी झोले कन्धों में लटकाये तेज़ी-से चलते हुए देखा था। कुछ पुराने लोगों ने उन्हें पुलिस की सुरक्षा में गिरफ़्तार होकर ज़िला जेल की ओर जाते भी देखा था। इसी नगर ने उन्हें शराबबन्दी के लिए निकले जनप्रदर्शन की अग्रिम पंक्ति में बढ़ते हुए भी देखा था। आज वे ही सक्रिय क्रान्तिकारी बहन जी निष्प्राण होकर पड़ी थीं। इतिहास के एक अध्याय का पटाक्षेप हो गया था।

हमने रामधुन के साथ मृत देह को ट्रक में चढ़ाया और रामधुन के हमारे स्वरों की छाया में बोरारौ घाटी से होती हुई यात्रा कौसानी को चली। पूरी राह में, बाज़ारों, दुकानों गाँवों या घरों में—जहाँ भी लोगों को सुनाई दिया कि सरला बहन की मृत देह अग्नि संस्कार के लिए कौसानी ले जाई जा रही है तो वे जो भी वाहन मिला, उसमें चढ़कर लक्ष्मी आश्रम के लिए चल दिये। उसके बाद तो बहन जी का स्ट्रेचर

आम लोगों के कन्धों पर ही रहा। मृत देह अनासक्ति आश्रम के उस खुले पोर्टिको में पहुँची, जहाँ 1929 में गांधीजी अपने निवासकाल में सोये थे और उस रात बघेरे ने उनसे भेंट की थी।

पूर्ववत् आमजनों के कन्धों में चढ़कर मृत देह लक्ष्मी आश्रम की चढ़ाई चढ़ी और उस खुले बरामदे में पहुँचायी गयी, जो कौसानी में उनका प्रथम निवास था। आश्रम की बहनों ने देह को स्नान कराया और उनके जीवन जैसा ही स्वच्छ खादी का श्वेत वस्त्र उन्हें ओढ़ा दिया। बोरारौ घाटी, कत्यूर घाटी तथा अल्मोड़ा व कौसानी के ग्रामीणजनों ने अन्तिम शय्या यानी अर्थी सजायी और उस पहाड़ी पर ले चले जहाँ बाँज वृक्षों के झुरमुट के बीच चिता सजायी गयी थी। उत्तराखण्ड के वरिष्ठ सर्वोदय कार्यकर्ता केदारसिंह कुंजवाल तथा दीवानसिंह नेगी ने मुखाग्नि दी और बहन जी की देहयात्रा मेरी आँखों के सामने ही समाप्त हो गयी। मुझे सन्तोष हुआ कि मैंने बहन जी की बेटी का कर्तव्य, उनकी सेवा और उनकी मृत्यु को प्रतिष्ठा प्रदान करते हुए पूरा कर दिया था, पर साथ ही एक गहरी रिक्तता से भी मैं भर उठी थी। दूसरे दिन सर्वोदय कार्यकर्ता सदनप्रसाद मिश्र ने बहन जी की चिता की राख में से उनकी अस्थियाँ चुनीं इस प्रकार उक्त तीन सर्वोदयी कार्यकर्ता भी बहन जी के बेटे बन गये। उन्होंने चिता स्थल के सामने दो पेड़ रोप दिये। दो सप्ताह बाद मैंने देश के सैकड़ों सर्वोदय साथियों को तथा बहन जी के मित्रों को आमन्त्रित किया। वे बड़ी संख्या में एकत्र हुए और विभिन्न पात्रों में उन्हें बहन जी की अस्थियाँ भारत की कन्याकुमारी से कश्मीर तथा नर्मदा से ब्रह्मपुत्र और गंगोत्री में गंगा से कावेरी तक सभी जलधाराओं में प्रवाहित करने के लिए दी गयीं। इस देश को अपनी जीवनभूमि बनाने वाली बहन जी की देह का कण-कण इस देश के जल, ज़मीन व वायु को समर्पित हो गया।

कालान्तर में उसी अग्नि संस्कार वाले वृक्षों के झुरमुट में बाँज वृक्षों की छाया तले एक छोटी-सी सौम्य सादी समाधि हम आश्रमजनों ने बना दी, जिसकी सन्निधि में बहन जी की पुण्यतिथि तथा जयन्ती पर हमारा आश्रम विद्यालय परिवार हवन व प्रार्थना करता है, जिसमें स्थानीय ग्रामवासी स्त्री-पुरुष भी जुड़ जाते हैं। संस्था के कार्य को देखने आने वाले देश-विदेश के दर्शकगण इस समाधि को भेंटते हैं। सरला नाम से सरल रहकर सादा जीवन जीने वाली बहन जी की यह एक सरल व सादी समाधि उनके अनुरूप ही है।

42

लक्ष्मी आश्रम के आदिनिवास में

आदिनिवास में रहते हुए मुझे अब पाँच वर्ष पूरे हो गये हैं। पिछले वर्ष मैंने कस्तूरबा गांधी राष्ट्रीय स्मारक ट्रस्ट, केन्द्रीय गांधी स्मारक निधि एवं गुजरात विद्यापीठ के न्यासी मण्डलों से प्रेमपूर्वक त्याग-पत्र दे दिया है। कुछ क्षेत्रीय संस्थाओं में अभी मैं हूँ। उनसे भी मुक्त होने की भूमिका बनायी है। मैं विश्वास करती हूँ कि मनुष्य को स्वयं ही अपने को मुक्त करने के प्रयास करने होते हैं। चाहे वह इस प्रकार के सांसारिक सामाजिक बन्धनों का सवाल हो या आध्यात्मिक स्तर के आन्तरिक प्रश्नों की बात हो, अपने दृढ़ संकल्प से प्रयास करना होता है। प्रयास जब स्वयं ही भीतर से विकसित होता है, तभी वह सफल भी होता है।

मैं सिन्धु तल से छह हज़ार फ़ीट की ऊँचाई वाले इस सुन्दर स्थान में रह रही हूँ। आश्रम के परिसर में स्थित यह स्थान मेरी दृष्टि में मेरे जीवन और दुनिया भर में देखे स्थानों में सबसे सुन्दर स्थान है। मैं अपने ग्लेज़्ड बरामदे में बैठी-बैठी ही उत्तर पश्चिमी छोर पर हिमालय के हिमाच्छादित शिखरों के दर्शन करती हूँ। वह बर्फ़ की चौकीनुमा चौखम्बा, उसकी दायीं ओर दो पर्वतों के बीच से झाँकता नीलकण्ठ यानी बद्रीनाथ मन्दिर का पर्वत, चौखम्बा के बायीं ओर के शिखर इन ऊँचे श्वेत, शिखरों के नीचे बुग्याल पर्वत दिखते हैं, जो शीतऋतु में हिममण्डित सफ़ेदी धारण कर लेते हैं। फिर एक पर्वत श्रेणी के पीछे दूसरी पर्वत श्रेणी के बाद अन्य श्रेणियों की शृंखला और मुझे पता है, इन श्रेणियों के बीच से हिमालयी तीव्र जल-धाराएँ यानी नदियाँ प्रवाहित हो रही हैं। यह महान हिमालय का अद्भुत विशाल दृश्य। वर्षा ऋतु में गहरे हरे रंग से लक-दक हमारे फल बग़ीचे के सीढ़ीदार खेत भी इसी बरामदे में बैठे-बैठे देखे जा सकते हैं।

फिर आती है शरद। शरद ऋतु में पइयाँ (जंगली चेरी) के हल्के गुलाबी रंग की कुसुमावलि से आसपास के कई वृक्ष लद जाते हैं। बसन्त ऋतु तो वन्य पुष्पों की

बहार ले आती है। पीली प्योली की बिछी रंगीली कालीन, बुराँश के लाल पुष्पों से लदे वृक्ष, शिलफोड़ा के गुच्छेदार फूल, चट्टानों की धरातल से झाँकते गुलबनप्शा व नीली आँखों वाले फूल। यह छोटा-सा घर चारों ओर से श्यामल पत्रावलि से ढके हुए बाँज, बुराँश के वृक्षों से घिरा है जो ग्रीष्म के सूर्य ताप को भी अपनी शीतलता प्रदान करते हैं। यहाँ मुझे प्रतिदिन अपनी सन्तुलित दिनचर्या चलाने की सब सुविधाएँ पास में ही मिल जाती हैं। सुबह परिसर के रास्ते को झाड़ने में 40-45 मिनट लगाती हूँ, फिर हमारी भूमि की सीमा से जुड़े चीड़ के घने जंगल में एक या डेढ़ घण्टा घूमने को मिलता है। शरीर श्रम का एक या डेढ़ घण्टा इस फल बग़ीचे में काम कर लेती हूँ। दोपहर बाद के दो या तीन घण्टे आश्रम की बालिकाओं को पढ़ा लेती हूँ। कभी ये ही एक दो घण्टे ख़ाली भी मिलते हैं, तो लिखने का काम अथवा स्वाध्याय का काम इस स्थान के अद्भुत रूप से शान्त वातावरण में कर लेती हूँ। मैंने अन्य बहनों को साथ लेकर इन बाँज वृक्षों की पतझड़ की सूखी पत्तियों को एकत्र करके खाद तैयार करने के कई ढेर बनाये हैं। घासें व काँटों आदि की झाड़ियाँ काटकर बग़ीचे को ख़ूब साफ़ किया है। तुलसी की खेती के लिए इन खेतों को खोदा है। यह सब मैं इस उम्र में भी कर पा रही हूँ, क्योंकि इसका यहाँ वातावरण है व करने की सुविधा उपलब्ध है।

कभी कुछ सुहृदय परिचित मित्र अथवा साथी कार्यकर्ता मिलने आ जाते हैं। प्रत्यक्ष सामने मिलने का जो एक अलग आनन्द है, वह मुझे मिलता है अन्यथा मोबाइल फ़ोन नाम का यह यन्त्र तो साथ है ही। देश ही नहीं, दुनिया में फैले अपने साथियों से प्रतिदिन के समाचार मिल जाते हैं, चाहे मैक्सिको से सोनिया बहन बोले अथवा ओस्लो से देवी बहन। विस्तृत समाचारों व कार्यवृत्तों की जानकारी ई-मेल से मिलती रहती है। कभी 'वेबिनार' द्वारा 'सर्व सेवा संघ' की कार्य समिति में शामिल होती हूँ तो कभी 'अज़ीमप्रेमजी फ़ाउंडेशन' के आयोजन द्वारा सैकड़ों शिक्षक-शिक्षिकाओं को सम्बोधित करके बुनियादी तालीम के अपने अनुभवों को साझा करती हूँ। शरीर से यद्यपि मैं दूर हिमालय क्षेत्र की इस पर्वत चोटी पर हूँ, पर मन-बुद्धि से भू-मण्डल के किसी भी कोने में पहुँच पा रही हूँ।

अक्टूबर से मुझे 90वाँ वर्ष प्रारम्भ होने वाला है। मेरे हाथ-पैर अभी भी चलते हैं। ठण्ड बेहद न बढ़े तो मैं अपने सभी काम स्वयं कर लेती हूँ। ऐसी समृद्ध जीवनचर्या व ऐसा उत्कृष्ट स्थान उन्हें भी मिलना कठिन होता है जो जीवनभर पैसा कमाते रहे हों, पर मुझे यह उत्तम स्थान रहने को मिला है, जिसने पैसा कमाने की राह ही नहीं पकड़ी। एक छोटा कमरा और उसके आगे एक सुन्दर ग्लेज़्ड बरामदा

तथा कमरे से जुड़ा स्नानागार व शौचालय। इन सबका किराया ही कितना नहीं होता? पर मैंने जीवन में पैसा नहीं कमाया, कुछ अन्य अनमोल कमाया जो उससे भी बहुमूल्य है। मैं अपने पूरे जीवन से भी पूर्ण सन्तुष्ट हूँ। मुझे एक सर्वोत्तम जीवन जीने को मिला है।

कभी-कभी इस बरामदे में अकेली बैठी मैं अपने पूरे जीवन पर एक नज़र डालती हूँ तो लगता है, मेरा जीवन बहुत समृद्ध रहा है। इस पूरे जीवन के लम्बे अन्तराल में एक ही अमूल्य तत्त्व मुझे दीखता है, वह यह कि मैंने लोगों से प्रेम पाया और लोगों पर प्रेम ही लुटाया। यही मेरे जीवन की समृद्धि थी। मैं जहाँ भी गयी, जो भी ज़िम्मेवारी लेकर बैठी, मेरी कार्यशैली इसी आन्तरिक प्रेम से अनुप्राणित थी। इसी से मुझे सफलताएँ मिली थीं। मुझे अपनी छोटी संस्था या राष्ट्रीय बड़ी संस्थाओं में कार्य संचालन की ज़िम्मेवारी तो निभानी ही पड़ी। उसके लिए कभी मुझे सख़्तीभरा निर्णय भी लेना ही पड़ा होगा जो संस्था कार्य के लिए आवश्यक व न्यायपूर्ण था। सख़्त निर्णय लेने में मुझसे कभी ग़लती नहीं हुई हो, यह भी मैं नहीं कह सकती, पर मुझे याद है कि ग़लती का पश्चात्ताप भी मुझे हुआ। मैं सोचती हूँ वह हुआ तो पश्चात्ताप प्रेमभाव से ही पैदा होता है। उस प्रेमभाव का ही परिणाम होता था कि व्यक्ति जो एक बार मेरे निर्णय से या मुझसे रुष्ट हो जाता था, कालान्तर में पूर्ववत् प्रेमल हो जाता था। मैं सोचती हूँ, यह आन्तरिक प्रेम मैंने रचा नहीं था। यह प्राकृतिक रूप से अन्तर की गहराइयों में पड़ा बीज था,जो अवसर पाकर अंकुरित व पल्लवित हुआ था। मैं तटस्थ होकर जीवन की उन घटनाओं का पुन:परीक्षण कर रही हूँ, जहाँ अदृश्य सा यह बीज मुझे अंकुरित होता दिखाई देता है।

तब रामगढ़ के एक प्राइमरी स्कूल में मैं तीसरी कक्षा में पढ़ती थी। विद्यालय के समस्त छात्रों के साथ विद्यालय भवन के बरामदे में हम आमने-सामने खड़े होकर प्रार्थना गा रहे थे। मेरी नज़र दूर के उस पहाड़ के एक तीखे ढलान पर पशुओं के चारे के लिए घास व पत्तियाँ काट रही एक महिला पर चली गयी। घास सूखी थी, ढलान चट्टानी सीधा था, पर वह उस पर से घास काटती हुई चढ़ती जा रही थी। मेरे मन में आया, कहीं वह फिसल न जाय और मेरी आँखों से अश्रुधारा बह निकली और बहती ही रही। प्रार्थना समाप्त हुई। उपस्थिति ली जाने लगी। मेरा नाम भी आया, पर मेरे मुँह से बोल नहीं निकल पाया, छात्रों ने कहा, "पंडितजी, वह रो रही है। उसको अपनी माँ की याद आ रही है।" हाँ, मुझे माँ की याद आ गयी थी कि वह भी दूर धुर्का गाँव में शायद इसी महिला की तरह काम करती होगी, पर मेरे करुणापूर्ण आँसू तो उस महिला के लिए ही बह निकले थे।

इसी तरह जब हाईस्कूल में प्रिंसिपल ने ग़लत बोलने वाले उस लड़के का रिक्टीकेशन कर देने का वाक्य कहा, तो अचानक मेरा मन क्यों व्यथित हो गया? मैं तो क्रोध में आकर उसे सज़ा दिलाने ही प्रिंसिपल के पास आयी थी, फिर वही प्रेमजनित करुणा ने साहस दिया कि मैं बोल पड़ी थी, "नहीं-नहीं। रिस्टीकेशन नहीं" इन जैसी घटनाओं से लगता है कि वह बीज जो कुदरत ने अन्तर में दिया था, अनजाने ही प्रस्फुटित व अंकुरित हो रहा था। इसी प्रेम से प्रभावित शायद मेरा अपने जीवन के लिए समाजसेवा करने का निर्णय भी रहा होगा, वह भी पहाड़ की महिलाओं के लिए था। मैं नहीं सोचती कि मेरे उस निर्णय में कहीं किसी आदर्श व सिद्धान्त का प्रभाव रहा हो। आर्यसमाज द्वारा बनाये उस विद्यालय के वातावरण ने मेरे उस भाव को पुष्ट अवश्य किया होगा। दूसरा तत्त्व जो मेरे भीतर प्रारम्भ से जीवनभर बना रहा, वह था रोष। मैं अपने जीवन के उस प्रारम्भिक काल का तटस्थ विश्लेषण करती हूँ तो देखती हूँ, मुझे मेरी समझ व विचार के विरुद्ध कोई बात करे तो नाराज़ी आती थी। कभी उसके परिणामस्वरूप मैं रोने लगती थी, कभी उसका टके-सा जवाब दे देती थी, कभी कोई जवाब न देकर दूसरों की सलाह मान तो लेती, पर चेहरा नाराज़ीभरा बन जाता यानी मैं रूठ जाती। अपने सत्य को ही सत्य मानने का यह हठ मुझे रोष तत्त्व के ही विभिन्न रूपों जैसे दिखायी पड़ते हैं। बुद्धि और विवेक का विकास होने पर यह रोष कुछ दूसरा स्वरूप ले लेता है। तत्त्वतः वह रोष ही है, पर उसमें बुद्धि की परिपक्वता व विवेक का नियन्त्रण आ जाता है। तभी तो शराब के व्यापार से बर्बाद होते पर्वतीय परिवार व उनकी नयी पीढ़ी तथा उससे प्रताड़ित होती उन महिलाओं को देखकर मेरे मन में एक तड़प उठी और मेरा तन-मन उस अन्याय के विरोध के लिए तैयार हो गया था। इसी तरह वृक्षों के बेतरह कटान, खड़िया खनन के द्वारा ग्राम संसाधनों की बर्बादी या फिर जल विद्युत परियोजनाओं की संचालक कम्पनियों द्वारा स्थानीय जल-जंगल-ज़मीन रूपी संसाधनों ही नहीं, उन गाँवों की परम्पराओं व उनके मानव अधिकारों का हनन देखकर भी मन विरोध कर उठा था। जीवन में ऐसे कितने ही संघर्षों को अपने उत्तराखण्ड में ही नहीं, अपने देश में और विदेशों में भी लड़ने का माद्दा मेरे अन्तर में विराजमान रोष तत्त्व ही तो देता होगा, भले ही विकसित आयु में उस रोष का स्वरूप भी परिष्कृत हो गया होगा।

अपने जीवन के बारे में मेरा निष्कर्ष कहता है कि यह प्रेम और रोष यानी रचना और संघर्ष द्वारा लिखी एक पटकथा है। दोनों एक-दूसरे में गुँथे हुए हैं और दोनों एक-दूसरे के पूरक रहे हैं। मुझे जीवन का कार्यक्षेत्र भी मेरे स्वभाव के अनुकूल ही मिला। गांधी विचार यानी उनकी सर्वोदय जीवनधारा की बुनियाद यह सार्वभौम प्रेम है।

सबके उदय की भावना से अभिप्रेरित मानव को कितने विशाल व उदार हृदय का आधार चाहिए? मुझे यह विचार अनुकूल लगा क्योंकि मेरे अन्तर में प्रेम तो था ही उसे सार्वभौम बनना था और वह पढ़ते-सुनते, चिन्तन करते विकसित भी होता गया और हाथ में आये जीवनकार्य में प्रकट भी होता गया। इस प्रकार गांधी विचार ने मेरे इन दोनों तत्त्वों को चरित्र के अनमोल गुणों में परिष्कृत कर दिया। उसने प्रेम व रोष दोनों को अहिंसा के जल से भिगोकर उनकी आक्रामकता को शान्त कर दिया। जिससे दोनों में करुणाभाव की सृष्टि हुई और दोनों तत्त्वों को मानव व मानवेत्तर प्राणियों के लिए हितकारी बना दिया। प्रेम व रोषरूपी इन तत्त्वों को देने वाली कुदरत और उन्हें सार्वभौमता का परिष्कार देने वाली विचारधारा को मेरे सविनय प्रणाम।

आयु के इस सांध्य पड़ाव में आज भी जब पढ़ती हूँ कि विश्व में करोड़ों मानवों की मृत्यु का कारण बनने वाली महामारी के रोगाणु के फैलने से रोकने वाली जैव विविधता को पूरे विश्वपटल से नष्ट करने का काम बहुराष्ट्रीय कम्पनियों ने किया है, तो उनके विरोध में आज भी सत्याग्रह करने का मन करने लगता है। इधर देखती हूँ कि अन्तर्राष्ट्रीय समझौतों में हस्ताक्षर करके ग्रीन हाउस गैसों को शून्य कर देने का वादा करने वाले मेरे ही देशवासी तथाकथित विकास के लिए लाखों वृक्षों को निर्ममता से कटवाते है, जोकि कार्बन व मीथेन जैसी गैसों को सोखकर ऑक्सीजन देने वाले प्रकृति माता के अद्‌भुत यन्त्र हैं। इसी विकास के नाम पर जंगलों व खेतों की फ़सलों को एकल रूप देते हैं, और महामारियों के रोगाणु हों या खेती को नष्ट करने वाले कीट, दोनों को ही रोकने वाली जैवविविधता समाप्त हो जाती है। तब महामारी विश्व के लाखों-करोड़ों मानवों का नरसंहार करती है। कीटों से फ़सल बचाने के उल्टे उपचार में किसान कीटनाशकों की ख़रीद करते-करते स्वयं ही उजड़ जाता है। इस विनाश बुद्धि को विश्वभर के नीतिकारों व कर्णधारों को समझाने का अभियान चलाने को भी ये ही दोनों तत्त्व मेरे मन में एक ज्वार उठा देते हैं। अपनी शारीरिक असमर्थता को जानते हुए मैं इस ज्वार को नयी पीढ़ी के दिलों में पैदा करने की कोशिश करती हूँ।

❑❑

परिशिष्ट-1

फोटो एलबम

राधा भट्ट का पैतृक गाँव धुर्का, ज़िला अल्मोड़ा

राधा की ईजा अपनी गाय के साथ

राधा के बाबू आशीर्वचन बोलते हुए

वर्तमान पैतृक घर, रामगढ़ (ज़िला नैनीताल)

राधा का प्राथमिक विद्यालय, रामगढ़ मल्ला (ज़िला नैनीताल)

राधा का नारायण स्वामी इंटर कॉलेज, रामगढ़ तल्ला (ज़िला नैनीताल)

नारायण स्वामी इन्टर कॉलेज के लोकप्रिय शिक्षक विद्यासागर दीक्षित का अभिनन्दन

राधा और विमला बहुगुणा, लक्ष्मी आश्रम की साथी कार्यकर्त्री

राधा : रोस्किले फोक हाईस्कूल डेनमार्क में (1965-66)

रोस्किले फोक हाईस्कूल में अन्य विद्यार्थियों के साथ

रोस्किले फोक हाईस्कूल का छात्रावास जहाँ राधा 7 माह रही थी

राधा की ईजा अपने पोते प्रभाकर गुप्ता के साथ

बद्रीविशाल दीक्षित व काका साहेब कालेलकर के साथ

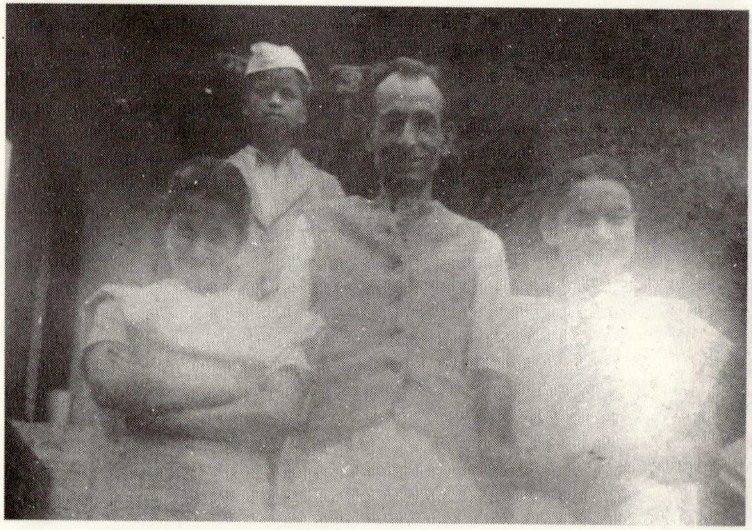

लक्ष्मी आश्रम के कार्यसमिति के संस्थापक सदस्य के साथ कौसानी में

लक्ष्मी आश्रम मित्र समूह का प्रारम्भ करने वाले दम्पत्ति स्वेन ऑटो और इंगेमेरिया स्वरन सेन के साथ कोपेनहेगन में

स्टीन सिलेमन और मर्टल सिलेमन के साथ। आप दोनों रोस्किले फोक हाईस्कूल में शिक्षक थे। दोनों 'लक्ष्मी आश्रम' के आजीवन मित्र बने रहे।

राधा के दाज्यू और भाभी जी

कस्तूरबा महिला उत्थान मण्डल कौसानी की प्रथम अध्यक्षा गंगा जोशी के साथ

1982 में सरला बहन के अस्थि विसर्जन हेतु प्रयाग में वहाँ के सर्वोदय कार्यकर्ताओं के साथ राधा की बायीं ओर बैठी हैं लक्ष्मी आश्रम की प्रथम कार्यकर्त्री श्रीमती मुन्नी देवी पाण्डे

दिवा भट्ट, क्षमा पांडे, कान्ति भट्ट तथा शशिप्रभा रावत के साथ राधा बहन

बहनें, बहन और भाई के परिवार के साथ

पाँचों बहनें : देवी, कृष्णा, राधा, दुर्गा, कान्ति

पर्यावरण संरक्षण गोष्ठी में सुन्दरलाल बहुगुणा के साथ

पर्वतारोही एडम्स कार्टर के साथ माउंट वॉशिंगटन चढ़ते हुए अमेरिका में

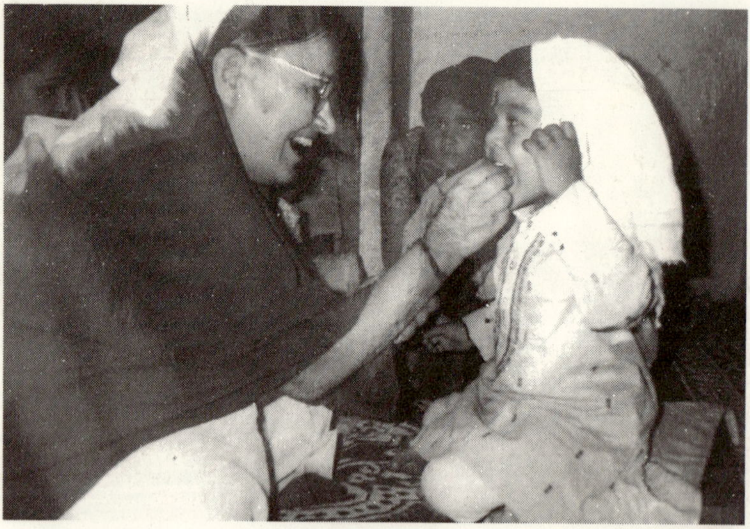

अमीय को जन्मदिन पर मिठाई खिलाते हुए

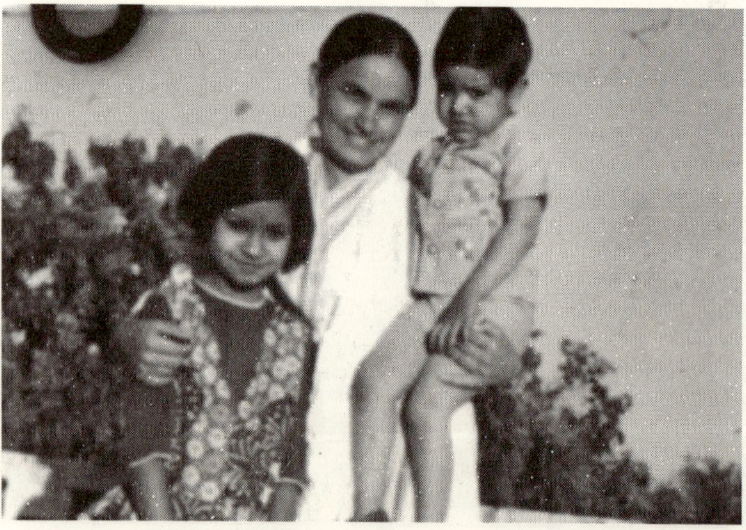

बहन के बच्चों के साथ हरदोई में चिरंजीवी प्रभाकर और उसकी दीदी वन्दना

जमना लाल बजाज पुरस्कार से सम्मानित मेरिया थ्यूगर के बग़ीचे में—कोपेनहेगन में

ब्रिटिश कोलम्बिया कनाडा के पुराने विशाल वृक्ष के साथ। वृक्ष बचाओ आन्दोलन में शामिल होने पहुँची (1992)

जानकी देवी बजाज सम्मान प्राप्त करने के अवसर पर सी. सुब्रह्मण्यम (राज्यपाल, महाराष्ट्र), रामकृष्ण बजाज तथा अन्य सम्मानितों के साथ (1992)

गुजरात विद्यापीठ स्नातक पदवी दान समारोह में जाते ट्रस्टीगण

'नक्सल समस्या तथा अहिंसक दृष्टि' सम्बन्धी राष्ट्रीय संगोष्ठी में, विजयवाड़ा

उत्तराखण्ड नदी बचाओ पदयात्रा

उत्तराखण्ड नदी बचाओ पदयात्रा—कोसी घाटी में

नदी बचाओ आन्दोलन में कोसी तट पदयात्रा में ग्रामीण महिलाओं के साथ गिर्दा के गीत 'मेरि कोसि हरेगे कोसि' में झोड़ा नृत्य करते हुए

मीरा बहन जन्मशताब्दी पदयात्रा गढ़वाल (उत्तराखण्ड) में

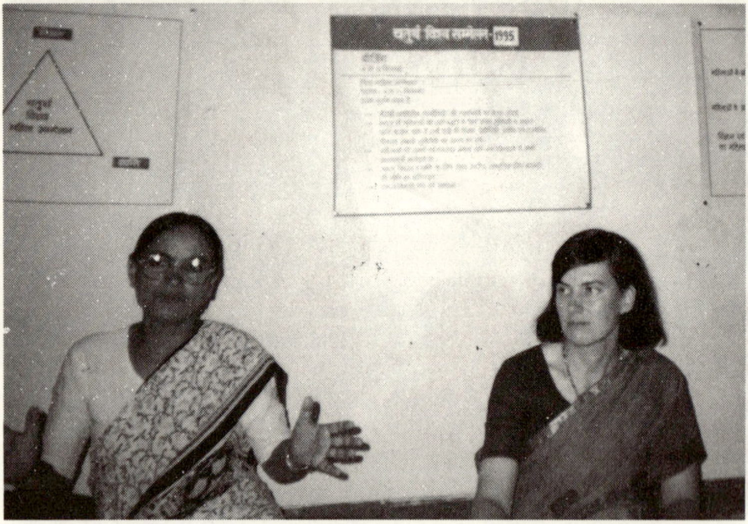

चतुर्थ विश्व महिला सम्मेलन से पूर्व उत्तराखण्ड महिला सम्मेलन को सम्बोधित करते हुए (1995) देहरादून में

नीदरलैंड में

खेलगाँव निर्माण में नदी के अधिकार की भूमि पर अतिक्रमण के विरोध में योजना बनाते साथियों राजेन्द्र सिंह, पी. वी. राजगोपाल तथा अन्य के साथ यमुना तट दिल्ली में

उत्तराखण्ड कार्यकर्ता सम्मेलन उत्तरकाशी (2006)

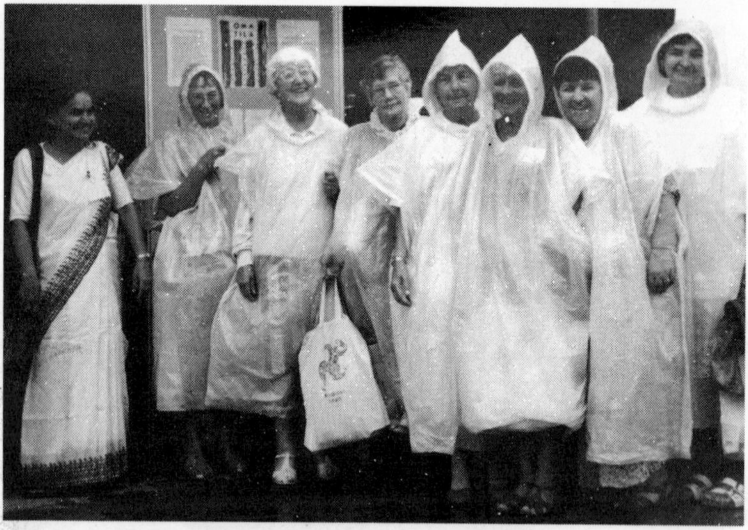

औब्यू फिनलैंड में एर्नी फ्रीहाल्ट तथा अन्य महिला सम्मेलन में उपस्थित विभिन्न देशों की महिलाओं के साथ

स्वीडिश शान्ति कार्यकर्ताओं के साथ योनशोपिंग (दक्षिण स्वीडन में) वर्ष 1966

रावलपिंडी पाकिस्तान में एक शोरूम में सोलर कार देखते हुए

मेहर फरदुंजी, उनके पति निकलस गिलेट तथा उनकी पड़ोसन के साथ चेशायर इंग्लैंड में

डेनिश आश्रम—मित्रों अन्ना रैमबुश, लोन पाउलसन व मेरिया थ्यूगर के साथ अलबर्स लुन्ड (डेनमार्क)

डेनमार्क में लक्ष्मी आश्रम के मित्रों की एक बैठक को सम्बोधित करते हुए

कस्तूरबा ग्राम इंदौर में सर्वोदय विचार अध्ययन करने के बाद अपने गाँव में कस्तूरबा गांधी सेवा आश्रम स्थापना करने वाली मेधावती व आश्रम कार्यकर्ताओं के साथ

गांधी शान्ति प्रतिष्ठान (दिल्ली) में अपने साथी कार्यकर्ताओं और अतिथियों के साथ पीछे की पंक्ति में अनुपम मिश्र

डेनमार्क के समाजसेवी गांधी मूल्यों के समर्थक मेरिया थ्यूगर एवं स्कॉट के साथ डेनमार्क में

अपनी परम मित्र मेरिया थ्यूगर के साथ काम करते हुए उनके निवास फारम, डेनमार्क में

कस्तूरबा ट्रस्ट में अमीय के जन्मदिन पर उसकी आरती उतारते हुए कस्तूरबा ग्राम, इन्दौर

कस्तूरबा ट्रस्ट अमृतसर शाखा में कृषकों को कैंचुवा खाद बनाने की विधि का प्रारम्भ करने के अवसर पर श्री धीरूभाई व ट्रस्ट की सेविकाओं (कार्यकर्त्रियों) के साथ

शिवानन्द आश्रम ऋषिकेश में स्वामी चिदानन्द जी महाराज के साथ आध्यात्मिक चर्चा करते हुए

न्यायमूर्ति चन्द्रशेखर धर्माधिकारी के साथ दीप प्रज्वलित करते हुए चेतना विकास, वर्धा, महाराष्ट्र में

सभा के मुख्य वक़्ता महात्मा गांधी के पौत्र राजमोहन गांधी के साथ, अहमदाबाद

सभा के मुख्य वक़्ता गोपालकृष्ण गांधी का स्वागत करते हुए,
गांधी शान्ति प्रतिष्ठान, दिल्ली में

आई.एस.एस.टी नयी दिल्ली के कार्यालय में इला भट्ट, देवकी जैन तथा कार्यकारिणी के सदस्यों के साथ

प्रसिद्ध अर्थशास्त्री एल. सी. जैन के साथ

बहन और बहनों के परिवार के साथ
चिरंजीव शुभांशु बिष्ट, चि. क्षमा पाण्डे तथा श्रीमती देवी पाण्डे के साथ

कस्तूरबा ट्रस्ट आसाम शाखा की प्रमुख शकुन्तला चौधरी एवं हेमा काकोती के साथ, गौहाटी में

एस. एन. सुब्बाराव के साथ, युवा शिविर, त्रिपुरा

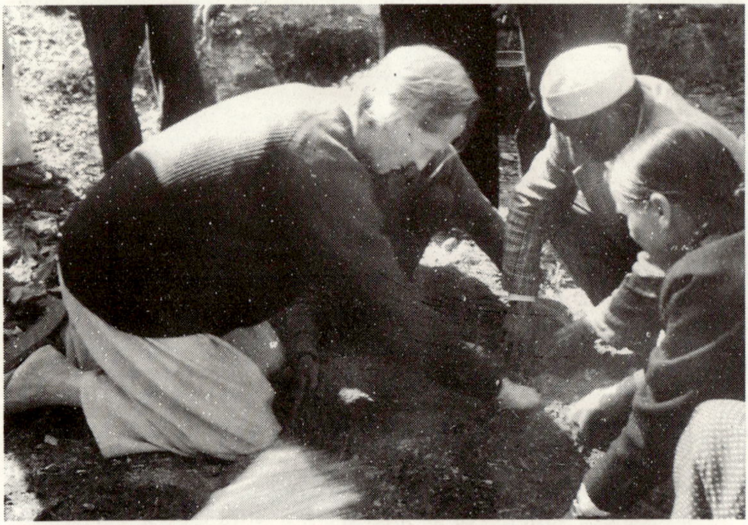

पर्यावरणविद् माधव आशीष के साथ गाँव में वृक्षारोपण करते हुए, धौलादेवी प्रखण्ड

कस्तूरबा ट्रस्ट आंध्र शाखा कार्यकर्ताओं के साथ

अपनी 75वीं वर्षगाँठ पर शेखर पाठक, शमशेर सिंह बिष्ट, उमा भट्ट और राजीव लोचन साह के साथ, कौसानी में

आईसीमोड हिमवन्ती की सभा में प्रार्थना करते हुए पद्मविभूषण चण्डीप्रसाद भट्ट तथा अन्य साथियों के साथ

क्रिश्चियन कम्युनिटी मैक्सिको द्वारा अर्पित पवित्र मिट्टी उनकी सामूहिक अभिलाषा के अनुसार गांधी के चरणों में अर्पण करते हुए, साथ में लक्ष्मी आश्रम की स्नातिकाएँ, गांधी स्मारक निधि के सचिव तथा गांधी समाधि संस्थान के प्रमुख (2019) गांधी समाधि, दिल्ली

आरोग्य सेविका प्रशिक्षणार्थी शपथ समारोह, कस्तूरबा ग्राम, इन्दौर

विनोबा जयन्ती पर विसर्जन आश्रम में पुस्तक मेला का उद्घाटन, इन्दौर
साथ में डॉ. करुणाकर त्रिवेदी, अध्यक्ष विसर्मन आश्रम

बीजिंग विश्व महिला सम्मेलन पूर्व की तैयारी सभा में सम्बोधित करते हुए, नयी दिल्ली में

कस्तूरबा ग्राम इन्दौर के आरोग्य सदन में आरोग्य सेविका
प्रशिक्षणार्थी एवं कार्यकर्ताओं के साथ—कस्तूरबा ग्राम, इन्दौर में

डॉ. वाई.एस. राजशेखर रेड्डी मुख्यमन्त्री आंध्र प्रदेश द्वारा कस्तूरबा ट्रस्ट आंध्र प्रदेश शाखा में बा और बापू की मूर्ति का अनावरण—हैदरशाकोटे में

कस्तूरबा ट्रस्ट की सम्मान सभा के अवसर पर प्रधानमन्त्री मनमोहन सिंह के साथ नयी दिल्ली में

लक्ष्मी आश्रम में क्रिसमस की रात्रि में सांता क्लाज के वेश में

सुप्रसिद्ध सर्वोदय कार्यकर्ता वयोवृद्ध ठाकुरदास बंग, विश्वमान्य सर्वोदय शान्ति कार्यकर्ता नारायण देसाई एवं गडकरी (पूर्व अध्यक्ष सेवाग्राम आश्रम प्रतिष्ठान) के साथ सेवाग्राम में (2012)

सरला बहन जी की अस्वस्थता के समय पूर्व प्रधानमन्त्री विश्वनाथ प्रताप सिंह ने नैनीताल में की भेंट (1981)

गांधी के निजी सचिव महादेव देसाई के सुपुत्र प्रसिद्ध गांधी विचारक एवं गांधी कथाकार नारायण देसाई के साथ

पीस मूवमेंट ऑफ़ ऑरस्ट (नॉर्थ वेस्ट स्वीडन) से जुड़े मछुवारों व किसानों द्वारा पीपुल्स नोबेल अवार्ड महात्मा गांधी के सम्मान को ओला फ्रीहोल्ट के हाथों से लेती हुई राधा भट्ट

गांधी शान्ति प्रतिष्ठान के समारोह में निर्वासित तिब्बती सरकार के प्रधानमंत्री श्री सम्दोंग रिनपोछे के साथ (2012)

इंटरनेशनल पीपुल्स कॉलेज का शिक्षक समूह

इंटरनेशनल पीपुल्स कॉलेज, हेलासिंग्योर (डेनमार्क) में भारतीय सांस्कृतिक संध्या आयोजित करते हुए राधा भट्ट

इंटरनेशनल पीपुल्स कॉलेज, हेलासिंग्योर (डेनमार्क) में भारतीय सांस्कृतिक संध्या आयोजित करते हुए अपने छात्रों के साथ

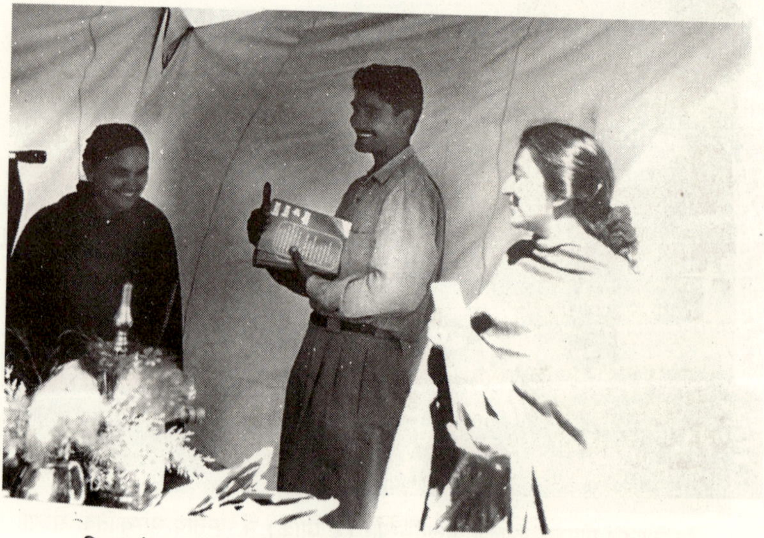

सिद्ध संस्था द्वारा आयोजित षष्टिपूर्ति समारोह के अवसर पर मसूरी में अनुराधा जोशी के साथ

आश्रम की छात्रा के साथ अनाज सफ़ाई करते हुए लक्ष्मी आश्रम में

धुर्का गाँव का जीवन केन्द्र दुर्गा मन्दिर

कनाडा भाषण प्रवास के अवसर पर ग्रेन्डप्लेटो ग्लेशियर (अलास्का) के दर्शन

पुत्रीवत मेघना और निखिल के विवाह के अवसर पर पौधारोपण करते हुए पूने में

गांधी शान्ति प्रतिष्ठान के अध्यक्ष रहने के दौर में एक कार्यक्रम में
लोकसभा अध्यक्ष मीरा कुमार के साथ

परिशिष्ट-2

विभिन्न दस्तावेज़ और पत्र

गुरुवर श्री विद्यासागर दीक्षित जी के पत्र का उत्तर

कौसानी
5-3-98.

परम श्रद्धास्पद पितृतुल्य गुरुवर,

आपके पत्र का उत्तर नहीं देना एक अक्षम्य अपराध है, आपका राधाष्टमी पर लिखा पोस्टकार्ड मुझे समय से मिल गया था, मैंने तब से अभी तक उसे पचासों बार पढ़ा होगा. पत्र हमेशा मेरी उस फाइल में रहा है जो मैं अपने साथ यात्रा में रखती हूँ. अत: कई बार ट्रेन में बैठे-बैठे भी मैंने पढ़ा है उसे, पर हर बार लिखने से पूर्व उस गहन-गम्भीर पत्र को ठीक से समझने का प्रयास करती थी, तो लगता था कि नहीं अभी भी, 'राधा' के उस महान उदात्त चरित्र को मैं पूरी तरह नहीं समझी हूँ, कुछ लिखने को सूझता नहीं था, तब फिर से पत्र को फाइल में रख कर मैं उस चिन्तन में डूब जाती थी जो राधा का वास्तविक स्वरूप था, याने अन्याय के प्रतिकार में कटिबद्ध हो कर राष्ट्र को न्यायपूर्ण शासन व्यवस्था व समाज व्यवस्था देना, आम जन को अस्त्र-शस्त्रों की अदम्य शक्ति के सामने जीत दिला कर सत्य की विजय का परचम फहराना, आज

...(1/2)

भी राष्ट्र को इसी प्रयास की जरूरत है, यह सही
है कि इसके लिए आज तो अनेक साधकों
व कृष्णों की धारें (सेनायें) चाहिए। जो
आततायी व्यवस्था के खिलाफ संघर्ष भी करें
और सहकार, साझेदारी और सेवा पर आधारित
नये समाज की रचना भी करें।

इस दिशा में हमारी पहल समुद्र में
बूँद के बराबर है, पर शायद इस एक बूँद का भी
महत्व तो होगा ही। आपको अपनी बेटी का प्रयास
पुरुषार्थ लगता है, यह वात्सल्य की ~~अधिक~~ अत्यधिक
मात्रा का परिणाम ही है। पर मैं आपके आशीर्वादों
के पुष्पों को अँजलि भर भर अपने सिर माथे पर
लेती हूँ।

मैं इस अर्थ में निश्चित रूप से भाग्यवान
रही हूँ, मुझे प्रेमामृत का दान सबसे भरभरकर
मिला है, गुरुजनों से, बड़ों से, विद्वतजनों से, आम ग्रामजनों,
ग्राम्या महिलाओं से, मेरी सहयोगी बहनों व
भाइयों से नन्हे मुन्ने बच्चों से और अपने
स्नेह संबन्ध पर आधारित परिवार से। एक जीवन
में प्रभु मुझे इससे अधिक और कितना देते।

प्रभु-कृपा से आप स्वस्थ होंगे। आदरणीय
माताजी भी स्वस्थ होंगी - मेरे प्रणाम उन्हें
निवेदित है।

...(2/2)

राधा का पत्र श्री विष्णुप्रभाकर जी को

लक्ष्मी आश्रम
कौसानी अल्मोड़ा

6.4.2007

परम आदरणीय प्रभाकर जी,

सादर प्रणाम्।

16 मार्च को आपके निवास पर आपसे मिलकर मुझे बहुत अच्छा लगा, एक साहित्यकार के जीवनरूपी बृहत्पट की मात्र कुछ रेखाएँ जानकर भी मन में आनन्द अनुभव हुआ, आपने उस दिन अपना समय, ध्यान और स्नेह दिया, इसके लिए मैं हृदय से कृतज्ञ हूँ। आज मैं पुनः आपको एक घटना लिख रही हूँ शायद आप उस पर चिन्तन करना पसन्द करेंगे,

मैं 22 मार्च 2007 को दिल्ली से राजधानी एक्सप्रेस के द्वारा अहमदाबाद जा रही थी, मेरे सामने की 'बर्थ' पर एक सयाने सरदार जी यात्रा कर रहे थे, कुछ समय बाद चालीस-पैंतालीस आयु का एक युवक भी वहाँ आकर बैठ गया, सरदार जी ने अपनी बड़ी सी गुलाबी रंग की पगड़ी को संवारते हुए अपनी सफेद दाढ़ी पर हाथ फेरा और युवक से वार्तालाप प्रारम्भ कर दिया,

'रेलगाड़ी का टिकिट लेने में क्या परेशानी हुई और अन्त में किस तरकीब से टिकिट और 'बर्थ' का आरक्षण मिल गया,' इस क्रम से बातचीत प्रारम्भ हुई, धीरे-धीरे सयाने सरदार जी उस युवक की विशेष 'यात्रा-तकनीकों' से प्रभावित होते गये, यात्रा प्रारम्भ करने के पूर्व अन्तिम क्षणों में भी यात्रा का टिकिट और उसके लिए 'बर्थ' भी किस प्रकार प्राप्त किये जा सकते हैं, इसकी चतुराई पूर्ण (मेरी समझ से बेईमानी पूर्ण) तरकीबें वह युवक बता रहा था, और सयानी वय के धनी सरदार जी विशेष उत्साहित होकर कह रहे थे;- "वाह यह तो बड़ी अच्छी बात आपने बताई, यह करने जैसी तरकीब है" इसी तरह की उनकी चर्चाओं के उबाऊ-विवरणों से मैं आपको थकाऊँ भी नहीं किन्तु उस

...(1/4)

एक बात मैं विशेष रूप से आपको अवगत कराना चाहती हूँ जिससे मेरा मन एक बारगी काँप सा गया था तथा चिन्तित हो गया था और आज भी चिन्तित है, युवक ने कहा," जब हमें यात्रा करनी होती है, तब हमें किसी भी कीमत पर उसी दिन, उसी समय और उसी ट्रेन से यात्रा करनी होती है। हमारा काम कम्पनी का काम है, जो महत्वपूर्ण है, अरे साहब, प्रधान मंत्री के काम जैसा ही महत्वपूर्ण है, क्योंकि हमारे पहुँचने से हमारी कम्पनी को लाखों करोड़ों का लाभ होगा और न पहुँचने से उतना ही नुकसान होगा, यह तो कम्पनी के लाभ-नुकसान की बात रही, पर हमें फोन के द्वारा मालिक का आदेश मिले और हम नियत समय पर नियत स्थान पर न पहुँचें, तब पक्का समझिये कि हमारी नौकरी तो गई, बस हमारी व हमारे परिवार की रोटी-दाल छिन गई, इसलिए हमारे सामने यात्रा करना, मानो जीवन-मरण का सवाल ही बन जाता है"।

बात को बढ़ाते हुए उसने कहा," एक दिन मैं बम्बई से ए. सी. (वातानुकूलित) ट्रेन में चढ़ा मेरे पास सामान्य द्वितीय श्रेणी का टिकट था, अपना छोटा सा सामान लिए मैं ट्रेन के एक डिब्बे के 'कौरीडोर' में खड़ा था, टी. टी. ई. आया, उसने कहा "आप ट्रेन से उतर जाइये, क्योंकि आपके पास उपयुक्त टिकिट नहीं है", मैंने कहा," आप मुझपर "पेनाल्टी" लगा दें पर मुझे बैठने व सोने को स्थान दे दें",

उसने कहा," मैं आपको जरूर स्थान देता पर इस ट्रेन में कोई भी स्थान खाली नहीं है, ऊपर से मेरे पास "आर. ए. सी." की एक लम्बी सूची पड़ी हुई है, अतः आपका और मेरा भला इसी में है कि आप इस ट्रेन से उतर जायें और उन ट्रेनों में बैठकर यात्रा करें जिनमें

...(2/4)

द्वितीय श्रेणी के डिब्बे हैं," मैं बोला," मुझे यहीं
खड़े रहने दें, मैं ऐसे ही यात्राकर लूँगा," और मैंने
सौ रुपये का एक नोट उसकी ओर बढ़ा दिया,
उसको तो मानो आग ने छू लिया हो इस प्रकार वह
छिटक कर कुछ दूर हट गया और तेज स्वर में बोला,"
नहीं, नहीं मैं यह नहीं करूँगा, आपको उतरना ही
पड़ेगा, अगले स्टेशन पर आप उतर जाइये, आपको
मालूम नहीं आपको बिना पर्याप्त टिकिट यात्रा करने
देने में मेरी नौकरी जा सकती है और उससे बढ़कर
मेरा ईमान चला जायेगा," यह कहकर टी॰टी॰ई॰
आगे बढ़ गया, मैं वहीं खड़ा रहा, अगला स्टेशन
आया मैं नहीं उतरा, उस स्टेशन पर दो और यात्री
चढ़े जो मेरी ही तरह अपर्याप्त टिकिट वाले थे,
ट्रेन चल दी, कुछ देर के बाद हमारे साथ अपर्याप्त
टिकिट वाले दो चार और भी जुड़ गये, उनके बीच
एक युवा-दम्पत्ति भी थे, हम सब उसी 'कोरीडोर' में
एक साथ खड़े हो गये, उन्होंने बताया कि टी॰टी॰ई॰
ने एक बार नहीं दो-दो बार उन्हें ट्रेन से उतर जाने
की चेतावनी दी है "कमबख्त पैसा भी नहीं लेता,"
ऐसी उनकी भी राय थी,

तब हमने मिलकर तरकीब सोची, फिर से टी॰टी॰ई॰
आया और इस बार वह नाराज होकर बोला "आप स्वयं
से उतर जाइये अन्यथा मैं पुलिस को बुलाऊँगा,"
तभी उस युवा पति ने तपाक से कहा, "साहब आप हमें
इस ट्रेन से यात्रा करने दीजिए, अन्यथा मैं शोर मचाता
हूँ कि आपने मेरी पत्नी का हाथ पकड़ा था, तब हम नहीं
बल्कि आप पुलिस के द्वारा नीचे उतारे जायेंगे,"
"अरे वाह, तो टी॰टी॰ई॰ ने क्या किया?" सरदार जी
ने पूछा, युवक बोला, "वह बोला पुलिस को बुलाने गया

...(3/4)

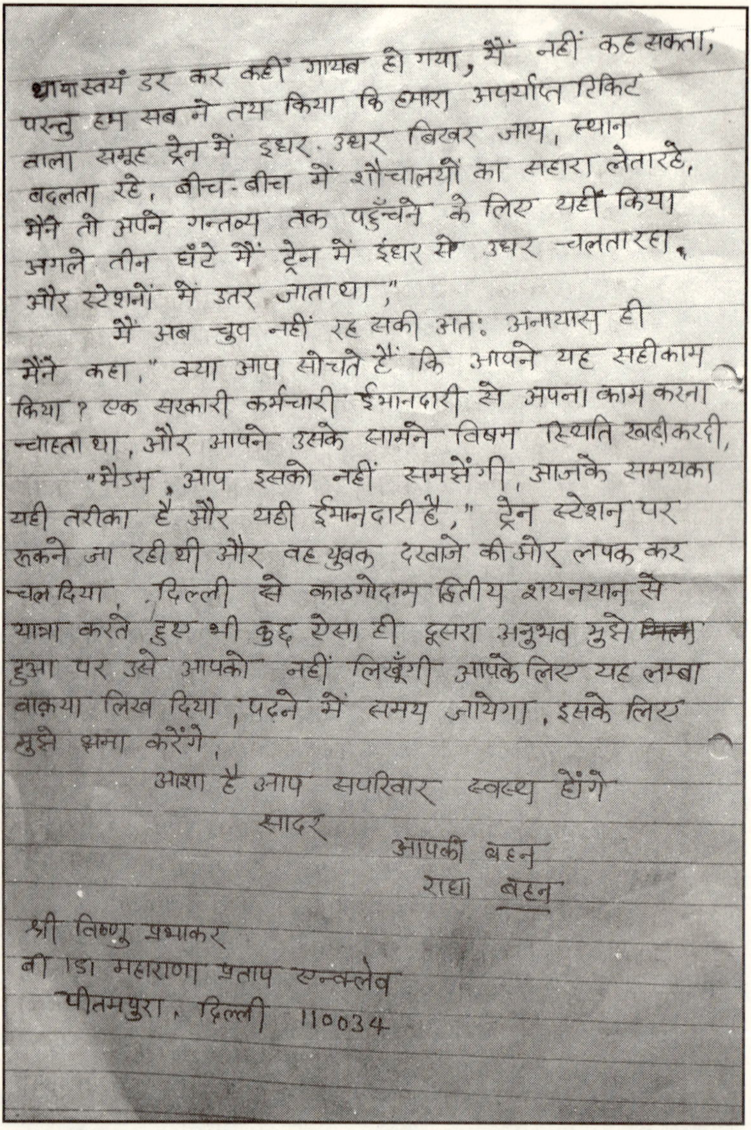

था या स्वयं डर कर कहीं गायब हो गया, मैं नहीं कह सकता,
परन्तु हम सब ने तय किया कि हमारा अपर्याप्त टिकिट
वाला समूह ट्रेन में इधर-उधर बिखर जाय, स्थान
बदलता रहे, बीच-बीच में शौचालयों का सहारा लेता रहे,
मैंने तो अपने गन्तव्य तक पहुँचने के लिए यही किया
अगले तीन घँटे मैं ट्रेन में इधर से उधर चलता रहा,
और स्टेशनों में उतर जाता था,"

मैं अब चुप नहीं रह सकी अतः अनायास ही
मैंने कहा," क्या आप सोचते हैं कि आपने यह सही काम
किया ? एक सरकारी कर्मचारी ईमानदारी से अपना काम करना
चाहता था, और आपने उसके सामने विषम स्थिति खड़ी कर दी,

"मैडम, आप इसको नहीं समझेंगी, आज के समय का
यही तरीका है और यही ईमानदारी है," ट्रेन स्टेशन पर
रुकने जा रही थी और वह युवक दरवाजे की ओर लपक कर
चल दिया, दिल्ली से काठगोदाम द्वितीय शयनयान से
यात्रा करते हुए भी कुछ ऐसा ही दूसरा अनुभव मुझे ~~मिला~~
हुआ पर उसे आपको नहीं लिखूँगी आपके लिए यह लम्बा
वाक़या लिख दिया, पढ़ने में समय जायेगा, इसके लिए
मुझे क्षमा करेंगे,

आशा है आप सपरिवार स्वस्थ होंगे

सादर

आपकी बहन

राधा बहन

श्री विष्णु प्रभाकर
बी । ८३ महाराणा प्रताप एन्क्लेव
पीतमपुरा, दिल्ली 110034

...(4/4)

श्री विष्णुप्रभाकर जी का पत्रोत्तर राधा को

Ph - 27156721
42458087

विष्णु प्रभाकर
डी-151, महाराणा प्रताप एन्क्लेव
पीतमपुरा, दिल्ली-34 110034
2.1.2007

प्रिय बहन,

आपका 22.12-07 का पत्र मिला। पढ़कर बहुत खुशी हुई।

हमारे जैसे लेखकों को इस तरह की कथाओं में हमेशा रुचि रही है। इसलिए मैंने आपको लिखा था और कोई विशेष बात नहीं। आप चिन्ता न करें।

आप जब दिल्ली आयेंगे तो अवश्य ही भेंट करके खुशी होगी।

95 वर्ष की आयु में मेरा स्वास्थ्य बहुत गड़बड़ा गया है। वात-रोग के कारण चलना-फिरना मुश्किल हो गया है। हाँ, फिर भी बैठे-बैठे कुछ न कुछ तो अवश्य ही करता रहता हूँ।

...(1/2)

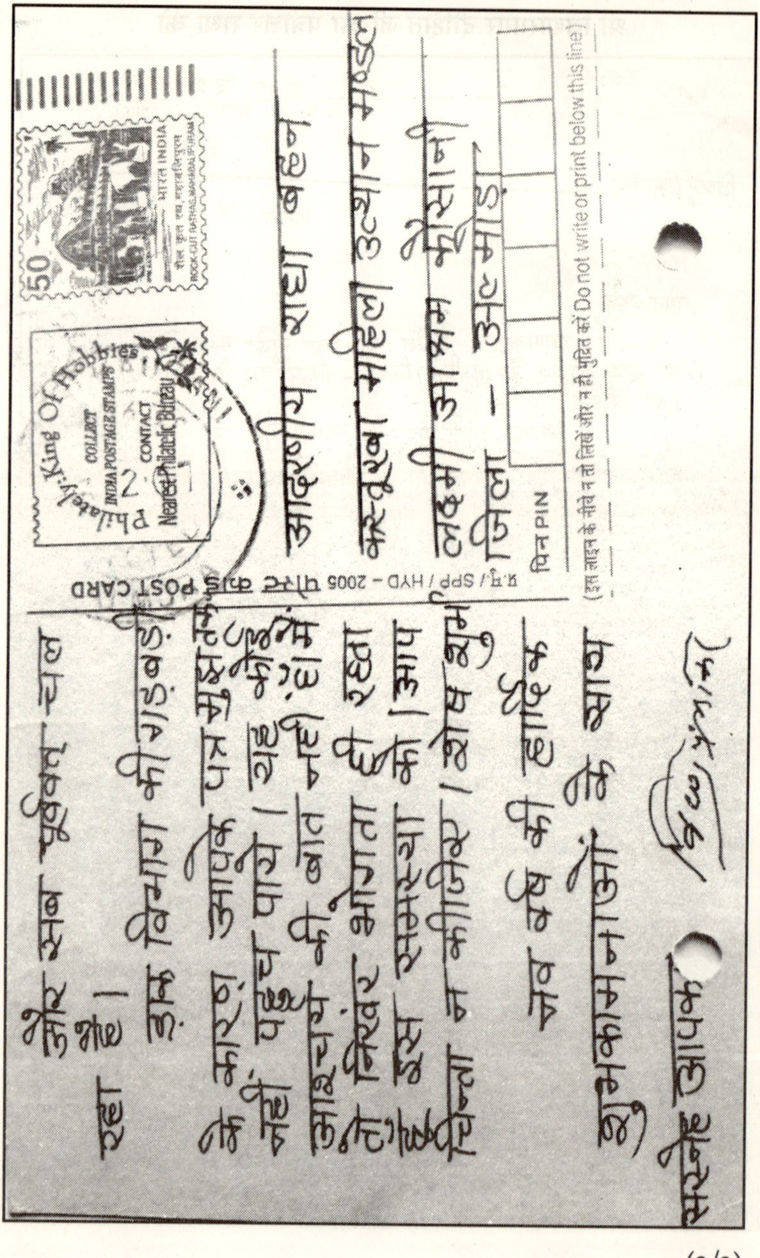
और सब पूर्ववत् चल रहा है।

डाक विभाग की गड़बड़ी के कारण आपके पत्र मुझ तक नहीं पहुंच पाये। यह कोई आश्चर्य की बात नहीं है। मैं तो निरंतर भोगता ही रहता हूं इस समस्या को। आप चिन्ता न कीजिए। शेष शुभ।

नव वर्ष की हार्दिक शुभकामनाओं के साथ

सस्नेह आपका

[signature]

आदरणीय राधा बहन
कस्तूरबा महिला उत्थान मण्डल
लक्ष्मी आश्रम कौसानी
जिला – अल्मोड़ा

...(2/2)

श्री विद्यासागर दीक्षित जी का पत्रोत्तर राधा को

बी–151, महाराणा प्रताप एन्क्लेव,
पीतमपुरा, दिल्ली–110034
दूरभाष : 27156721
: 42458087

विष्णु प्रभाकर

दिनांक 28 / 4 / 07

प्रिय बहन,

आपका 6 अप्रैल का पत्र मुझे कल मिला। कौसानी की एक मोहर तो लगी है। किसी-किसी पर तो मोहर भी नहीं लगी होती।

आपके इसी पत्र के साथ मुझे दो और पत्र मिले। लंबे अंतराल पर लिखे वे पत्र एक साथ ही पहुँचे। इससे आप समझ सकती हैं कि हमारी डाक-व्यवस्था कितनी लचर है। जिस देश की डाक-व्यवस्था ही अव्यवस्थित हो जाए उसे देश के दुर्भाग्य के बारे में और क्या कहना। बिना टिकट सफ़र करने का तो हमारा जन्मसिद्ध अधिकार है। ये सब देखता हुआ मैं अब 95 वर्ष का हो गया हूँ। हाँ बचपन में सन् 1925 की बात है। तब गाड़ियां खाली चलती थी मैं 13 वर्ष का था जिस किसी डिब्बे में आदमी दिखाई देता था और मैं दौड़ता रहता था एक डिब्बे से दूसरे डिब्बे में। हाँ मैंने वह समय भी देखा जब स्थान पाने के लिए जान तक लेने को तैयार रहते लोग आपस में।

मुझे याद है कोटा में मेरे एक रिश्तेदार रेलवे में काम करते थे। जब मैं कोटा से रवाना हुआ तो सभी ने कहा तुम्हारे चाचा तो रेलवे में काम करते हैं। तुम्हें टिकट लेने की क्या आवश्यकता है और मुझे गाड़ी में बैठा दिया। कुछ स्टेशन जाने के बाद मुझे लगा मैं कितनी बड़ी गलती कर रहा हूँ और

...(1/2)

- तब मैंने T.T. को बुलाकर कहा- मेरा टिकट बना दो मैं बिना टिकट नहीं जाऊंगा।" T.T.E हँस पडा तब उसने मेरा टिकट बना दिया। लेकिन आज का जो दृश्य है वह तो आप [illegible] देख चुकी है, तो विज्ञान की प्रगति का हमारे लिए क्या अर्थ है?

आपने अपने इस लंबे पत्र में जिस T.T.E की चर्चा की है वैसे अब दुर्लभ हो गये हैं वह एक अपवाद हो सकता है। लेकिन आगे की कहानी बड़ी रोचक है। मैंने भी कुछ ऐसे दृश्य देखे हैं लेकिन उस आदमी ने सही कहा था आज के समय का यही सही तरीका है और यही ईमानदारी है।

मुझे आपका पत्र पढ़कर थकान नहीं हुई अपितु प्रकाश मिला इस कथानक को मैं एक कहानी का कथानक भी बना सकता हूँ, हास्य रस की कहानी भी और एक गंभीर कहानी भी। लेकिन 75 वर्ष की इस आयु में सब कुछ सहज भाव से करना मुश्किल है। लेकिन यह एक विभाग की कहानी नहीं है यहाँ तो 'हर शाख पे उल्लू बैठा है अंजामे गुलिस्तां क्या होगा।'

कल की डाक से मेरे पास दो-दो पत्र ऐसे आये जो एक ही व्यक्ति के लिखे हुये थे लेकिन अलग-अलग तारीख पर लिखे गये थे। लंबा अंतराल था उन पत्रों में, एक पत्र में मैंने चैक भेजा था लेकिन वह तो अभी तक नहीं पहुंचा। डाकखाने वाले कह देंगे हम रजिस्टर्ड पत्र के लिए जिम्मेदार हैं तो बहन यहाँ तो आवा ही बिगड़ गया है। कौन किसकी शिकायत करे किससे करे, कब तक करे। तो अब खत्म करूं यह लंबी दास्तान। क्या परिणाम होगा बाद में लिखूंगा।

शेष शुभ। परिवार में सबको मेरा स्नेह

स्नेही - [illegible]

...(2/2)

राधा के शिक्षक श्री राजपालसिंह 'करुण' जी का पत्रोत्तर राधा को

नागपुर
12-5-01

मेरी प्यारी दुलारी राधा बिटिया,

स्वस्ति तेऽस्तु।

तुम्हारा श्रद्धा व प्रेम भरा पत्र पाकर मै गद् गद् हो गया। मुझे गर्व है कि तुमने अपने तपस्वी जीवन से एक महान जीवन प्राप्त कर लिया है। "श्रमेण तपसा सृष्टा [illegible]" यह ऋग्वेद का प्रारम्भिक मन्त्र है जिसका अर्थ है कि सृष्टा ने तप के बल से ही सृष्टि की रचना की और उसे ज्ञान पर आधारित कर दिया। पतंजलि ऋषि ने जो योगशास्त्र लिखा वह केवल एक सूत्र की व्याख्या है जो इस प्रकार है "तपः, स्वाध्याय-ईश्वर प्रणिधानानि, क्रिया योगः"। वही तप तुम्हारे उत्थान का अधार है। ईश्वर को तप के द्वारा ही अपने अन्दर किया जा सकता है। मुझे प्रसन्नता है कि तुमने सही मार्ग पकड़ लिया है। लक्ष्य की प्राप्ति का समय आने पर आनन्द ही आनन्द प्राप्त होगा। तुम्हारे द्वारा प्रेषित जन्म दिवस शुभकामना के लिए धन्यवाद् प्रभात गुरुकुल आश्रम में जिस प्रकार शोर मचाने वाली भीड़ को शान्त करके बिना उद्विग्नता के अपनी बात सुरुचिपूर्ण ढंग से तुमने रखी उसे देखकर मैं मुग्ध होगया हूं। तुम धन्य हो। तुम्हारे विचारों की परिपक्वता को देखकर अब तुम्हे दुलांरी बिटिया कहने में संकोच सा होता है परन्तु मैं स्वभाव से लाचार हूं। तुम्हारी छोटी बहिन देवी तथा वीरबाला बिटिया को देख कर मुझे बड़ी प्रसन्नता हुई जब तुम तीनों प्रिय प्रवीण के साथ मेरठ से हस्तिनापुर हमसे १३ जनवरी को मिलने आई थी परन्तु मुझे खेद है कि मै दीर्घायु जनित नेत्र ज्योति की क्षीणता के कारण तुम सभी का ठीक से दर्शन नही कर सका केवल आकार ही देख सका। ईश्वर तुम्हे यश लाभ कराए। प्रिय बिटिया देवी द्वारा प्रेषित फोटोग्राफ भी तुम्हारे पत्र में प्राप्त हुआ जिसमे प्रिय वीर बाला मुझे तुम सभी की ओर से आर्य समाज मंदिर की यज्ञवेदी पर शाल उढ़ा कर सम्मान कर रही है व चित्र में तुम व प्रवीण भी हो इस चित्र को सभी ने सराहा। जगदीश नमस्ते लिखती है। लिखाता

सुश्री राधा भट्ट
कस्तूरबा आश्रम
इन्दौर (म०प्र०)

सद्भावना सहित शुभेच्छु
वि. सा. दीक्षित
लेखक पाल प्रवीण
हस्तिनापुर

२०१. आचार्य श्री – स्मृति ग्रंथ

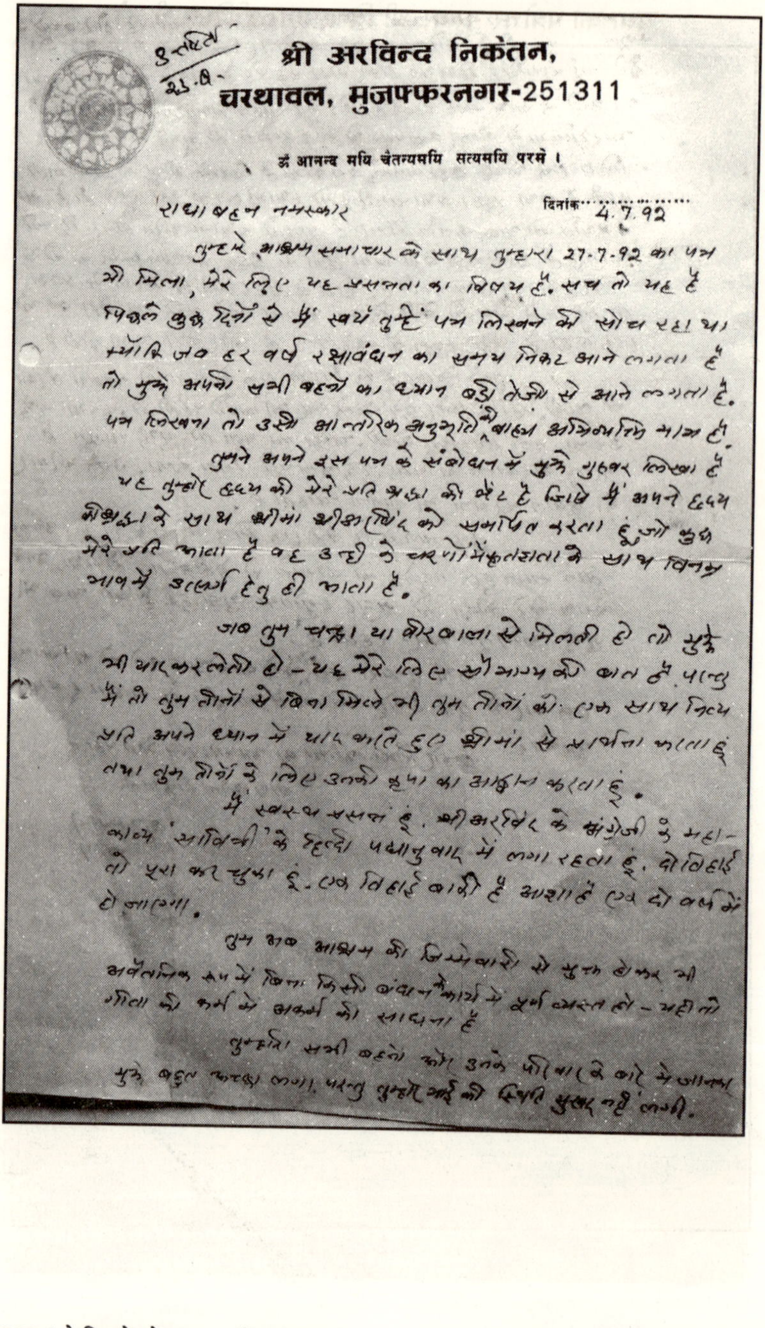

उत्तरित
23.8-

श्री अरविन्द निकेतन,
चरथावल, मुजफ्फरनगर-251311

ॐ आनन्द मयि चैतन्यमयि सत्यमयि परमे ।

राधा बहन नमस्कार

दिनांक 4.7.92

तुम्हारे आश्रम समाचार के साथ तुम्हारा 27-7-92 का पत्र भी मिला, मेरे लिए यह प्रसन्नता का विषय है. सच तो यह है पिछले कुछ दिनों से मैं स्वयं तुम्हें पत्र लिखने की सोच रहा था क्योंकि जब हर वर्ष रक्षाबंधन का समय निकट आने लगता है तो मुझे अपनी सभी बहनों का ध्यान बड़ी तेजी से आने लगता है. पत्र लिखना तो उसी आन्तरिक अनुभूति की बाह्य अभिव्यक्ति मात्र है.

तुमने अपने इस पत्र के संबोधन में मुझे गुरुवर लिखा है यह तुम्हारे हृदय की मेरे प्रति श्रद्धा की भेंट है जिसे मैं अपने हृदय की श्रद्धा के साथ श्रीमां श्रीअरविंद को समर्पित करता हूं जो कुछ मेरे प्रति आता है वह उन्हीं के चरणों में कृतज्ञता के साथ विनम्र भाव में अर्पण हेतु ही जाता है.

जब तुम चन्द्रा या वीरबाला से मिलती हो तो मुझे भी याद कर लेती हो - यह मेरे लिए सौभाग्य की बात है. परन्तु मैं तो तुम तीनों से बिना मिले भी तुम तीनों को एक साथ नित्य प्रति अपने ध्यान में याद करते हुए श्रीमां से प्रार्थना करता हूं तथा तुम तीनों के लिए उनकी कृपा का आह्वान करता हूं.

मैं स्वस्थ प्रसन्न हूं. श्रीअरविंद के अंग्रेजी के महा-काव्य 'सावित्री' के हिन्दी पद्यानुवाद में लगा रहता हूं. दो तिहाई तो पूरा कर चुका हूं. एक तिहाई बाकी है आशा है एक दो वर्ष में हो जायगा.

तुम अब आश्रम की जिम्मेवारी से मुक्त होकर भी अवैतनिक रूप में बिना किसी बंधन के कार्य में पूर्ण व्यस्त हो - यही तो गीता की कर्म में अकर्म की साधना है

तुम्हारी सभी बहनों को उनके परिवार के बारे में जानना मुझे बहुत अच्छा लगा, परन्तु तुम्हारे भाई की स्थिति सुखद नहीं लगी.

राधा का पत्रोत्तर गुरुवर श्री विद्यासागर दीक्षित जी को

कस्तूरबा गाँधी राष्ट्रीय स्मारक ट्रस्ट
कस्तूरबाग्राम 452020
इन्दौर म० प्र०
15-12-03

परम श्रद्धेय गुरू जी,

सादर प्रणाम,

आपके द्वारा लिखवाया हुआ पत्र मुझे यथासमय मिल गया था। मैं पिछले तीन महीनों के अन्तराल में भी आपके पत्र का उत्तर न दे सकी, इसके लिए बहुत शर्मिन्दा हूँ।

आपके पत्र का प्रथम अनुच्छेद बहुत ही महत्वपूर्ण है, सुख और दुख की बात आपने लिखी है, सही है कभी हमें संसार में सुख दिखाई पड़ता है, उसका आनन्द ही हमारा सार सर्वस्व बन जाता है पर अप्रिय, या कहें, अनचाही घटना से हम अत्यन्त दुखी हो जाते हैं, मनचाही होती रहे तो सुखी और अनचाही हो तो दुखी माने 'चाह' ही सुख व दुख का कारणभूत है और चाह का आधार हमारा मन है, इसके चाहे में सुख इसके न चाहा होने में दुख की अनुभूति होती है, पर मन को समझना आसान तो नहीं है, मैं तो यही प्रयास करती हूँ कि जागृत रहूँ इस मन की क्रियाओं प्रतिक्रियाओं के लिए, देखती रहूँ कि अभी यह खुश हुआ, अब दुखी हुआ, पल में क्रोधित हुआ, पल में फूल उठा,

...(1/2)

कौन जाने इस प्रकार से भी सुख दुखों से हम कितने मुक्त हो पाते हैं। हमारी साधना पर ही यह निर्भर है।

मुझे क्षमा करेंगे कि मैं आपको पत्र भी नहीं लिख पाई जिसके कारण आपको व्यग्रता हुई - अब आपका फोन नम्बर मिला है तो कभी फोन द्वारा आपके समाचार भी जानूँगी और मेरे समाचार भी आपको दे सकूँगी -

मेरी आशा है कि आपका स्वास्थ्य ठीक होगा. आँखों की ज्योति बिगड़ जाने से आपका प्रिय कार्य पढ़ना लिखना नहीं हो पाता होगा परन्तु कोई आपको पढ़कर सुनाते होंगे और कभी कभी आपके रचना व कृति की वार्तायें दूरदर्शन तथा रेडियो में आते होंगे उन्हें भी आप सुनते होंगे।

आपके दर्शन करने की इच्छा तो हमेशा रहती है किन्तु समय नहीं निकाल पा रही हूँ। अब मैंने भी 70 वर्ष पूरे कर लिये हैं। शायद कार्य शक्ति कुछ कम होने लगी है।

शेष सब प्रभु कृपा है। आपके स्वस्थ जीवन की मंगलकामनायें

आपके आशीर्वाद की आकांक्षी

सादर

आपकी बिटिया

राधा

...(2/2)

लक्ष्मी आश्रम की अध्यक्षा श्रीमती गंगा जोशी जी का पत्र राधा को

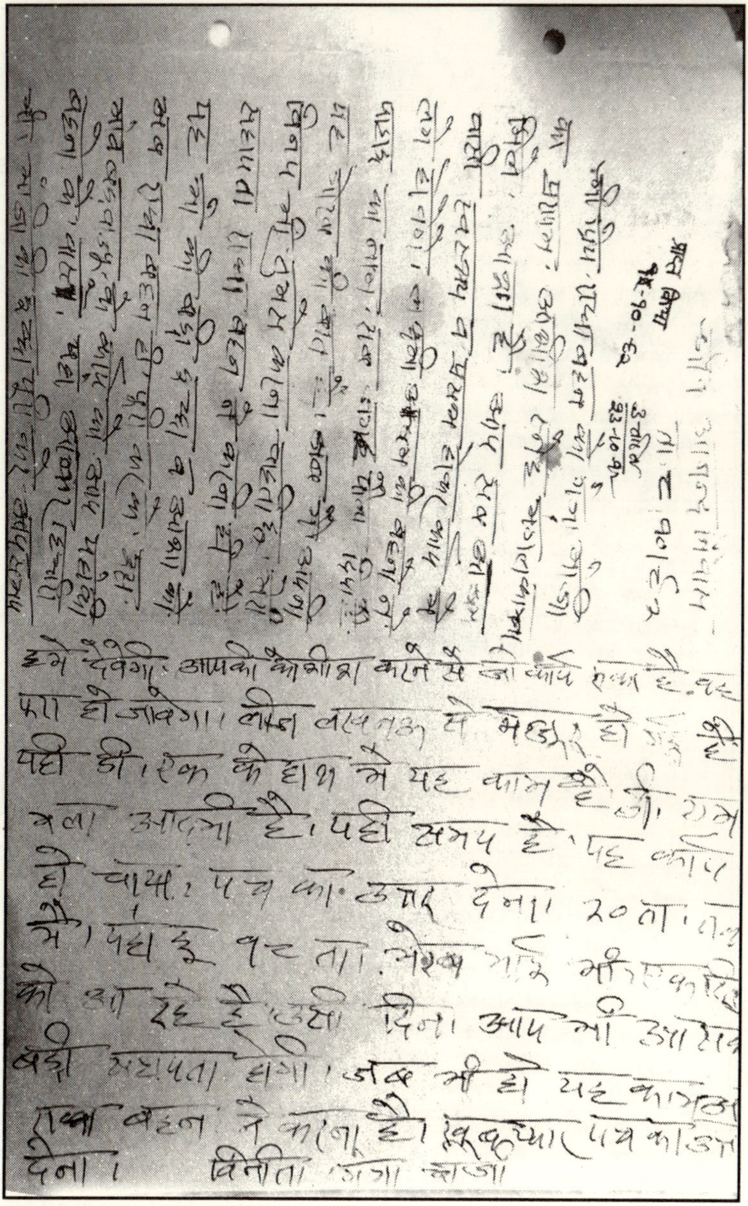

सरलाबहन का पत्र राधा को

22/7/62

प्रिय राधा,

आज बसंत। कल शाम को यहां पर पहुँचकर तुम्हारा विद्या बहन के हाथ से भेजा हुआ पत्र मिला था। दिन कि मनी ऑर्डर आया लेकिन मेरे नाम पर होने से सेवाग्राम रवाना हुआ गया। अब शायद 15/20 दिनों में वापस आएगा। यदि मेरे कहने के अनुसार विद्या बहन के साथ से पैसा होता, तो अच्छा रहा होता! जब मेरे लिये पैसे रख सकती थी। या मैं समझती हूँ कि तुम्हारा ही मनी ऑर्डर हुआ होगा। और कौन भेजता?

वैसा ही अपने जीवन से निराश होना, मुझे लगता है जिन परिस्थितियों में मुझे आजकल रहना पड़ता है स्वयंसिद्ध है। चले ही निकम्मी होती, तो कम से कम एक जगह रहकर, कुछ व्यवस्थित जीवन बितलाती। अब इस प्रकार भिन्न दिनों में आकर रहना - न व्यवस्थित जीवन न व्यवस्थित विचार। लेकिन उसका असर औरों पर नहीं पड़ना चाहिये, क्योंकि यह एक विशेष और व्यक्तिगत सवाल है। जहां तक काम और विचार का सवाल है - मैं न आशावादी हूँ न निराशावादी हूँ। मैं वास्तविकतावादी हूँ। इस विचार पर पक्का विश्वास है कि उसके सिवा दुनिया के लिये कोई दूसरा मार्ग नहीं है। लेकिन है दुनियां उसे अपनाएगी या नहीं? यह कौन कह सकता है? संस्था में काम करने में, तथा क्षेत्र में काम करने में, इसमें काफी अन्तर है, और क्षेत्र की कठिनाइयों और संस्था की कठिनाइयां कुछ भिन्न हैं। इसी प्रकार की चर्चा से शायद बिहारी लालजी ने समझा होगा कि मैं बहुत निराश हूँ। यदि मुझे अपनी शक्ति के अनुसार काम करने और जीवन बितलाने का अवसर मिलता, तो निराशा का कोई सवाल नहीं होता। लोग चलें ही और भोग करते या नहीं करते, यह हमारी जिम्मेवारी नहीं।

आजकल तबियत में कुछ गड़बड़ी है। एक हफ्ते से चक्कर आ रहा है - आशा बहन समझती है कि low blood pressure हो गया है - मुझे पहले भी अपनी कमजोरी और थोड़ी नब्ज देखकर इसकी शंका थी। अब यहां पर आकर प्राकृतिक चिकित्सा केन्द्र में अपनी जांच कराऊंगी। यदि यह बात है, तो शायद गंगा को पहाड़ के ऊपर चढ़ना पड़ेगा, या तो जितने वर्ष बाकी हैं (ईश्वर करे कि बहुत न हों)

208

...(1/2)

में दुगान में किसी के ऊपर बोझ बनकर रहना पड़ेगा।

लेकिन इससे तुम में निराशा पैदा हो, इसका कोई कारण नहीं है। तुम तो अपने ही देश में हो। जिस प्रकार के व्यवहार और प्रश्नोत्तरी का सामना अपरिचित जनता के साथ मुझे करना पड़ता है, वैसा तुम्हें तो कभी नहीं करना पड़ेगा। पहले मैंने ऐसा कभी नहीं समझा, लेकिन आजकल मैं बहुत महसूस करती हूं कि मैं 'foreigner' (विदेशी) हूं। और साथियों से, सब जगहों पर जो प्रेम मिलता है - फिर भी, मन से वह कलंक नहीं धुलता है। कुछ परिस्थितियां होती हैं, जो जीवन भर साथ रहती हैं, और बिलकुल निकम्मी मालूम होती हैं। शायद वास्तव में मेरे मन में आवश्यकता से ज़्यादा खुदी बैठी है।

यहां का कार्यक्रम निश्चित नहीं है। संभव है कि यहां से मैं उत्तर कर्नाटक की ओर जाऊं। वहां पर एक छोटी लेकिन बहुत अच्छी टोली काम कर रही है, वे भी पैसों के अभाव में और बड़ी हिम्मत से काम कर रही हैं - और प्रान्तीय कार्यकर्ता (जो ग्रामदान के प्रति उदासीन हैं) उनकी उपेक्षा करते हैं। कहते हैं कि वहां का मौसम अच्छा है, और इलाका सुन्दर है। मुख्य कार्यकर्ता - दादा भोंसले, मुझे पवनार में मिले, और अच्छे लगे।

पवनार और सेवाग्राम में वर्षा बहुत कम थी, और गरमी काफी रही। दिन रात पसीना चलता रहा। आखिरी दो-तीन दिनों में थोड़ी वर्षा हो रही थी, और हवा अच्छी चल रही थी, नहीं तो दिन रात वस्त्र पसीने से तर रहते थे।

इधर भी वर्षा कम बतलाते हैं, लेकिन बादल हैं - और अच्छी हवा चल रही है।

हाल ही में सरलाजी और सखी के पत्र मिले हैं, मान सिंहजी का भी। लेकिन बहुत दिनों से

...(2/2)

इस पत्र का आखिरी भाग प्राप्त नहीं हुआ है।

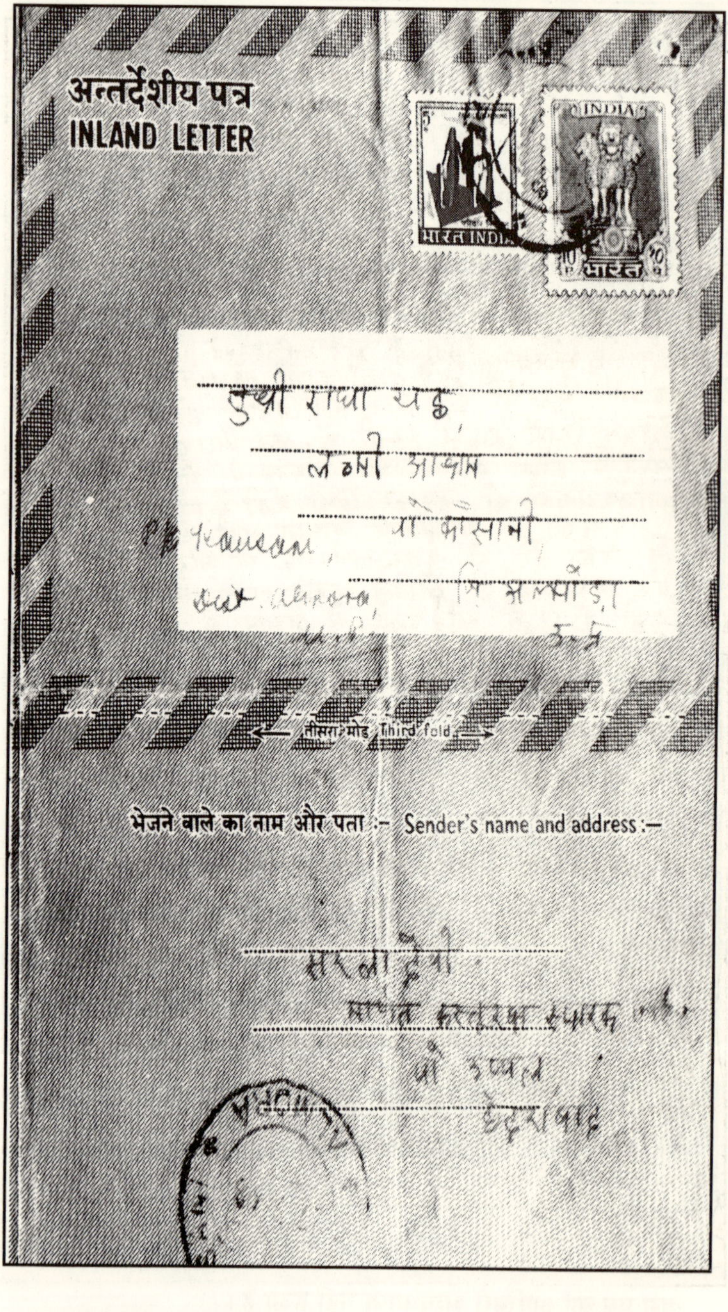
अन्तर्देशीय पत्र
INLAND LETTER
तीसरा मोड़ Third fold
भेजने वाले का नाम और पता :- Sender's name and address :-

उप्पल — 23/8/82

प्रिय राधा,

जय जगत। कल शाम को यहां पर पहुंचकर तुम्हारा विद्या बहन के हाथ से भेजा हुआ पत्र मिला था। दिन में मनी ऑर्डर आया लेकिन मेरे नाम पर होने से सेवाग्राम भेज दिया गया। अब शायद 15/20 दिनों में वापस आयेगा। यदि मेरे कहने के अनुसार विद्या बहन के हाथ से पैसा होता, तो अच्छा रहा होगा। वह मेरे लिये पैसे रख सकती थी। या मैं समझती हूं कि तुम्हारा ही मनी ऑर्डर हुआ होगा। और कौन भेजता?

जैसा ही अपने जीवन से निराश होना, मुझे लगता है, जिन परिस्थितियों में मुझे अटक कर रहना पड़ता है स्वाभाविक है। चले ही निकम्मी होती, तो कम से कम एक जगह रहकर, कुछ व्यवस्थित जीवन बितलाती। अब इस प्रकार अंतिम दिनों में आकर रहना — न व्यवस्थित जीवन न व्यवस्थित विचार। लेकिन उसका असर औरों पर नहीं पड़ना चाहिये, क्योंकि यह एक विशेष और व्यक्तिगत सवाल है। जहां तक काम और विचार का सवाल है — मैं न आशावादी हूं न निराशावादी हूं। मैं वास्तविकतावादी हूं। मेरे विचार पर पक्का विश्वास है कि उसके सिवा दुनिया के लिये कोई दूसरा मार्ग नहीं है। लेकिन दुनियां उसे अपनायेगी या नहीं, यह कौन कह सकता? संस्था में काम करने में, तथा क्षेत्र में काम करने में, इसमें काफी अन्तर है, और क्षेत्र की कठिनाइयां और संस्था की कठिनाइयां कुछ भिन्न हैं। इसी प्रकार की चर्चा से शायद बिहारी लाल जी ने समझा होगा कि मैं बहुत निराश हूं। यदि मुझे अपनी शक्ति के अनुसार काम करने और जीवन बितलाने का अवसर मिलता, तो निराशा का कोई सवाल नहीं होता। चले ही और लोग करते या नहीं करते, यह हमारी जिम्मेवारी नहीं।

आजकल तबियत में कुछ गड़बड़ी है। एक हफ्ते से चक्कर आ रहा है — आशा बहन समझती हैं कि low blood pressure हो गया है — मुझे पहले भी अपनी कमजोरी और धीमी नब्ज देखकर ऐसी शंका थी। अब यहां पर आकर प्राकृतिक चिकित्सा केन्द्र में अपनी जांच कराऊंगी। यदि यह बात है, तो शायद गंगा को पहाड़ के ऊपर चढ़ना पड़ेगा, या तो जितने वर्ष बाकी हैं (ईश्वर करें कि बहुत न हों)

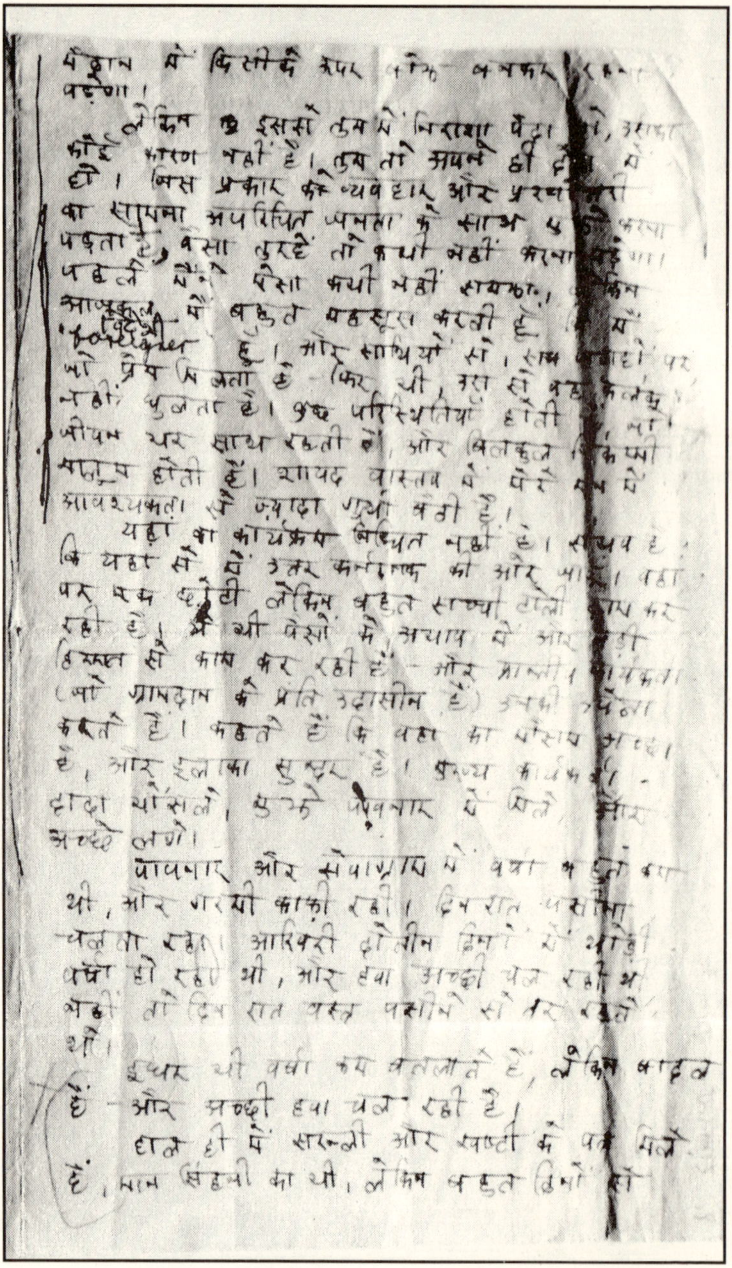
मैदान में किसी के ऊपर [illegible] बनकर [illegible]
पड़ेगा।

लेकिन इससे तुममें निराशा पैदा हो, इसका कोई कारण नहीं है। तुम तो अपने ही देश में हो। जिस प्रकार के व्यवहार और प्रश्नों का सामना अपरिचित जनता के साथ [illegible] करना पड़ता है, वैसा तुम्हें तो कभी नहीं करना पड़ेगा। पहले मैंने ऐसा कभी नहीं समझा, लेकिन आजकल मैं बहुत महसूस करती हूँ कि मैं 'foreigner' (विदेशी) हूँ। और साथियों से, सब जगहों पर भी प्रेम मिलता है – फिर भी, मन से वह [illegible] नहीं छूटता है। कुछ परिस्थितियाँ होती हैं, जो जीवन पर असर रखती हैं, और बिलकुल [illegible] मालूम होती हैं। शायद वास्तव में मेरे मन में आवश्यकता से ज़्यादा [illegible] बनी है।

यहाँ का कार्यक्रम निश्चित नहीं है। संभव है कि यहाँ से मैं उत्तर कर्नाटक की ओर जाऊँ। वहाँ पर एक छोटी लेकिन बहुत अच्छी टोली काम कर रही है। वे भी पैसों के अभाव में और बड़ी हिम्मत से काम कर रही हैं – और स्थानीय कार्यकर्ता (जो ग्रामदान के प्रति उदासीन हैं) उनकी उपेक्षा करते हैं। कहते हैं कि वहाँ का मौसम अच्छा है, और इलाका सुन्दर है। कन्नड़ कार्यकर्ता – दादा भोंसले, मुझे पवनार में मिले, और अच्छे लगे।

पवनार और सेवाग्राम में वर्षा बहुत कम थी, और गरमी काफी रही। दिन रात पसीना चलता रहा। आखिरी दो तीन दिनों में थोड़ी वर्षा हो रही थी, और हवा अच्छी चल रही थी, नहीं तो दिन रात वस्त्र पसीने से तर रहते थे।

इधर भी वर्षा कम बतलाते हैं, लेकिन बादल हैं और अच्छी हवा चल रही है।

हाल ही में सरला और [illegible] के पत्र मिले हैं, मान सिंहनी का भी। लेकिन बहुत दिनों से

सत्याग्रही या इस तरह के साथियों से कोई पत्र नहीं मिला। पता नहीं ये सब कैसे हैं? शायद ये चमोली के जिलादान में व्यस्त होंगे।

यदि मैं उत्तर कर्णाटक की ओर नहीं गयी, तब शायद मैसूर और ऊटी की ओर जाना पड़ेगा। पिछले वर्ष की तरह। कहीं एक स्थायी ठिकाना तो खोजना ही है।

वहां पर सब लड़कियाँ अच्छी तरह होंगी? वर्षा कितनी हो रही है? और फसलें भी कितनी हैं? क्या कुछ तरकारी हो रही है या नहीं? तुम्हारा समाचार पत्र मिला था।

पवनार और सेवाग्राम में काफी लोग तुम्हारी याद कर रहे थे। सुशीला बहन पूछ रही थी कि तुम कब शान्ति से कुछ समय पवनार में बिताओगी?

पूर्ण चन्द्रजी यहां पर आये हुए हैं। शायद वे मुझे कुछ अनुवाद का काम करने को देंगे। तब शायद मन कुछ ज्यादा लगेगा। जिन किताबों को मैं स्वाध्याय के लिये साथ लायी थी, वे सब 'दफ्तर' के साथ गायब हो गयी थीं!

और कोई विशेष समाचार नहीं है। शेष तुम्हारा पत्र आने पर फिर लिखूँगी। आशा है कि सब लोग स्वस्थ और प्रसन्न होंगी। सब को मेरी सप्रेम जय जगत।

तुम्हारी ही

सरला बहन

(209)

पहला मोड़ First fold

सुश्री राधा भट्ट के पत्र की प्रतिलिपि

परम श्रद्धेय गुरुवर,

आपका पत्र २४ सितम्बर ९८ को मिला, नेत्र ज्योति कम हो जाने के बाद भी मेरे लिए इतने दुलार पूर्ण आशीर्वाद भेजने हेतु ६ पेजों का पत्र लिखकर आपने मुझे गौरवान्वित एवं भाव विभोर कर दिया है। मेरा कितना सौभाग्य है। आपके पत्र ने जीवन को सावधानी और गहराई से जीने की कला व विज्ञान मेरे सामने प्रस्तुत कर दिया है। इन दिनों २-४ माह पूर्व से मेरे सामने अनेक बार ऐसे क्षण पेश हुए हैं जहां पर मुझे अपने अन्तर की गहराई में चिन्तन करके खोजना पड़ा है कि मेरा कदम कैसा उठना चाहिए? किस दिशा में चलने का निर्णय लेना है आदि और हर बार कहीं अन्तरतम से सही उत्तर मिला है। निर्भीक, निष्पक्ष और निर्द्वन्द्व सलाह या निर्णय प्राप्त हुआ है आज जब आपके पत्र में पढ़ा कि "अपने अन्तः मन में झांक कर देखो, प्रातः प्रार्थना में भगवान से बात करो" तो मन अत्यन्त आनन्द से भर उठा, सही रूप में प्रभु को अपना सखा, सारथी, दिशा दर्शक बना लेना शायद इसे ही कहते होंगे कि द्विविधा की घड़ी में अपने अन्दर की स्पष्ट आवाज को सुनना, वह सुनाई दे, इतना तटस्थ व शान्त हो जाना निराग्रही होकर सब उसको सौंप दिया हो मानो ऐसी निर्लिप्त मनः स्थिति बना देना, तब कहीं से एक ऐसा विचार उग जाता है, मानों किसी ने कानों में उसे बोल दिया हो। आपने मुझे "भीतर झांकने" के लिए कहा है इसी से आपको अपना उक्त अनुभव लिख रही हूं। आपका पत्र मैंने कई बार पढ़ा है, हर बार उससे मुझे बल मिलता है दिशा मिलती है और हरबार एक कृतज्ञता का भाव मनमें आता है कि प्रभुने आपके द्वारा मुझे कितने आशीर्वाद दिलाये हैं। अब मेरे मन की वृत्ति ऐसी बड़ी जिम्मेवारियां उठाने की ओर से विरत होती जा रही है जैसी अभी मेरे ऊपर हैं। सहज कुछ न कुछ कर्मशीलता तो कभी बन्द नहीं होगी, परन्तु बड़ी जिम्मेदारी जैसी अभी है अब छूट जाय, तो प्रभु की कृपा होगी। जिम्मेदारी देने व छुड़ाने वाला वही है पर अपनी मनोवृत्ति को समझना भी आवश्यक है, उसे मै बराबर बोलती रहती हूं द्रष्टाभाव से देखती रहती हूं।

१९२. आचार्य श्री – स्मृति ग्रंथ

सन् 2007

पत्रकारिता का राष्ट्रीय दायित्व

भारत में "पतिव्रता" शब्द तो युगों से चला आया है। किन्तु गांधीजी की आत्मकथा "सत्य के प्रयोग" में उन्होंने एक शब्द दिया, "पत्नीव्रत" याने अपनी पत्नी के प्रति एक निष्ठ वफादारी। मैं एक बहुत ही छोटे अर्से से श्री अवधेश कुमारजी को जानने लगी हूँ और इसी लघु अवधि में मुझे अवधेश कुमारजी के एकनिष्ठ पत्नीव्रत का एक विरला उदाहरण मिला है।

कंचन की स्मृति में आयोजित ये विचार गोष्ठियां उनकी उसी एकनिष्ठा की कभी धूमिल न होने वाली एक सतत बहती प्रकाशधारा है। ऐसी गहरी मानवीयभावनाओं से अभिप्रेरित इस आयोजन में शामिल होने का अवसर मुझे मिला, इसमें अपना सौभाग्य मानती हूँ।

मुझे विषय दिया है, "मीडिया का राष्ट्रीय दायित्व"। मेरी मीडिया में कोई पहुँच नहीं है। केवल गांधीजी के रास्ते से समाज के बीच, लोगों के बीच रहकर उनके मुद्दो को जानते-समझते हुए, कभी-कभी जब मन में हैरानगी होती थी तब कुछ लेखों के माध्यम से इस वृहत देश को झकझोरने के प्रयास अवश्य किये हैं। परन्तु वह मीडिया में मेरा प्रवेश भी नहीं है। वह तो दर्द से उपजे चिंतन को सामने रखने की एक व्यथा कथा ही है।

आज मीडिया का देश की जनता में प्रवेश और प्रभाव दोनों ही बहुत अधिक हैं। मीडिया की बहुत सी बातें अविश्वसनीय होते हुए भी उन पर लोगों का विश्वास अडिग है। उसकी एक छोटी सी चिनगारी पहले कदम पर ही आग लगा देती है। यह उसकी सामर्थ्य का प्रमाण है। और मैं मानती हूँ कि इसी सामर्थ्य को देखते हुए उसका महत्वपूर्ण दायित्व भी सुनिश्चित हो जाता है। हाथ में आई चिंगारी से समाज का दिलोदिमाग ऊष्मा ग्रहण करे या आक्रोश व रोष की आग पैदा करे, यह दायित्व मीडिया पर आता है।

गांधीजी ने पत्रकारिता के बारे में कहा है, "पत्रकारिता का सूक्ष्म तत्व सेवा है। पत्रकारिता जन भावना की अभिव्यक्ति, सद्भावों की उद्भूति और नैतिकता की पीठिका है। संस्कृति सभ्यता और स्वतंत्रता की वाणी होने के साथ ही यह जीवन में अभूतपूर्व क्रांति की अग्रदूतिका है।"

गांधीजी तो स्वयं ही एक पत्रकार थे। उन्होंने अपने चिंतन व जीवन के एक-एक अनुभव को लिखकर अपने पत्रों "यंग इंडिया" "इंडियन ओपीनियन" "नवजीवन" व "हरिजन" आदि के द्वारा जनता के सामने पेश किया था। उनके चिंतन की प्रगल्भता एवं प्रखरता के साथ ही देश की जनता गुलामी के कोहरे

...2/-

: 2 :

से बाहर निकलती गई थी । उनकी लेखनी में निहित सत्य ने लोगों को असत्य से सत्य की ओर अंधकार से प्रकाश की ओर तथा भय से निर्भयता की ओर कदम दर कदम आगे बढ़ाया था । इस देश ही नहीं विश्वभर की पत्र पत्रिकाओं के सामने उनकी पत्रकारिता एक उज्ज्वल स्तम्भ के रूप में खड़ी है । अन्याय व सत्य के सामने आवाज उसे बुलन्द करने का साहस इन्हीं पत्रों के माध्यम से लोक जगत में संचारित हुआ है । उन्होंने स्वयं इस प्रकार की पत्रकारिता की अनिवार्यता व उसकी महत्वपूर्ण भूमिका के बारे में कहा है: "मेरा ख्याल है कि ऐसी कोई भी लड़ाई जिसका आधार आत्मबल हो, अखबार की सहायता के बिना नहीं चलाई जा सकती । अगर मैंने अखबार निकालकर दक्षिण अफ्रीका में बसी हुई भारतीय जनता को उसकी स्थिति न समझाई होती और सारी दुनिया में फैले हुए भारतीयों को दक्षिण अफ्रीका में क्या हो रहा है इससे "इंडियन ओपीनियन" के सहारे अवगत न रखा होता तो मैं अपने उद्देश्य में सफल नहीं हो सकता था । इस तरह मेरा भरोसा हो गया है कि अहिंसक उपायों से सत्य की विजय के लिए अखबार एक महत्वपूर्ण और अनिवार्य साधन है ।"

जिस प्रकार गांधीजी के विभिन्न पत्र-पत्रिकाओं ने स्वतंत्रता की राजनीतिक चेतना देशवासियों के मनों में प्रस्फुटित की उसी तरह उन्होंने सामाजिक कुरीतियों, जातिभेद, सम्प्रदायभेद तथा नारी उत्पीड़न जैसे अन्यायों के उन्मूलन के द्वारा सामाजिक क्रांति लाने का बिगुल भी इन्हीं पत्रों के द्वारा बजाया था ।

ऐसी स्वस्थ पत्रकारिता समाज की रहनुमा बनती है और हर काल तथा हर युग में उसकी आवश्यकता होती है ।

गांधी युग की उस पत्रकारिता ने जो मानदंड स्थापित किये थे उनकी तुलना में आज की आम पत्रकारिता बहुत भटकी व दिशाहीन हुई सी लगती है । जहां उस पत्रकारिता को सत्यान्वेषण के लिए संकटों की परवाह नहीं थी । पत्र-पत्रिका से किसी व्यवसायिक लाभ का उद्देश्य नहीं था और समाज में उच्चतम चारिमिक मूल्यों की स्थापना का ही प्रयास निरंतर किया जाता रहा था । आज उसके विपरीत आम पत्र-पत्रिकाओं का प्रमुख लक्ष्य धनार्जन हो गया है । समाज की वैचारिक चारित्रिक व नैतिक शक्तियों की वृद्धि करने के बदले मानवीय कमजोरियों को प्रश्रय देने का सोचा-समझा उपक्रम चारों ओर फैल गया है । इसीलिए तो हर अखबार हर पत्रिका के पृष्ठों में प्रतिदिन अर्धनग्न स्त्रियों के चित्र अनिवार्य रूप से छपते हैं । सनसनीखेज वाकये, अपराधी घटनायें और अश्लीलतापूर्ण कथायें और चित्र इन पत्रों में अपना स्थायी स्थान बना चुकी है । ऐसी स्थिति में उदात्त राष्ट्रीय चरित्र

....3/-

: 3 :

का गठन कैसे होगा ? इस प्रकार की पत्रकारिता से "सेक्सी" धन लोलुप और हिंसक अपराधों की शिक्षा ग्रहण करके हम किस प्रकार के राष्ट्र-चरित्र का निर्माण करना चाहते हैं ? यह समझ में नहीं आता ।

आज देश में प्रत्यक्ष और अप्रत्यक्ष दो प्रकार की हिंसाओं का बोलबाला है । एक ओर इस देश के एक तिहाई जिलों में आतंकवाद प्रबल हो चुका है दूसरी ओर बढ़ती आर्थिक विषमता, याने गरीब की गरीबी बढ़ रही है और अमीर की अमीरी बढ़ रही है । घरेलू हिंसायें याने स्त्री पर प्रतिदिन प्रतिक्षण हो रहे हिंसक आक्रमण, दलितों का शोषण, सम्प्रदायों के संघर्ष आदि इस प्रकार की व्यवस्थागत हिंसा का विद्रूप आकार बढ़ता जा रहा है ।

ऐसे में हमारी व्यवसाय प्रधान मीडिया अपने बड़े-बड़े वातानुकूलित ऑफिसों में एक तरह से बड़े उद्योगों के जैसे ही समाचार, विचार, चरित्र और समाज का सत्य बेच रहे हैं । छोटी गली के किसी छोटे से कोने में दिन-रात मंद रोशनी में अपनी व देश की जड़ों को मजबूत करने के लिए समर्पित मिशन भाव से की जाने वाली पत्रकारिता आज स्वप्नवत हो गई है ।

द्वेषभाव से प्रेरित, दूसरों का चरित्र हनन करने या सत्ता की होड़ में दूसरों पर कीचड़ फेंकने के लिए पत्रों का उपयोग करना छिछली व उद्दण्ड पत्रकारिता आज का एक दूसरा रोग है । यह समाज की आस्था, विश्वास तथा निश्चिंतता का हरण करके एक उद्विग्न मानसिकता से सारे समाज को ग्रसित कर देती है । जो न नागरिक के हित में है न समाज और नहीं राष्ट्र के हित में है । एक स्वस्थ समाज व स्वस्थ देश के लिए जिस स्वस्थ पत्रकारिता की जरूरत है उसके लिए एक गम्भीर मुहिम छेड़ने की आवश्यकता है । एक मूल्य परक पत्रकारिता, जो समाज को ईर्ष्या द्वेष, उठा-पटक, धन लोलुपता, वासना-कामनाओं व अश्लीलताओं से ऊपर उठाकर उनके चिंतन, मनन व कर्मों को वसुधैव कुटुम्बकम् की दिशा में ले जा सके । उसके लिए पत्रकारिता को एक व्यवसाय नहीं एक साधना के रूप में करना होगा । हमारे लेखक से जन-मानस पर पड़ रहे विपरीत प्रभाव, कुत्सित व कामुक प्रेरणाओं के लिए स्वयं को हत्यारे जितना दोषी मानना होगा और इन पत्रों की निरन्तर प्रेरणा से रिश्वत खोरी, अपराधी गतिविधियों व पूंजीपतियों द्वारा हो रहे श्रम-समाज के शोषण व लूट की प्रक्रियाओं से विरत होने का दिशा बोध देना होगा । ये पत्र आमजन की आवाज बनें ताकि सत्ता, शासन व राजनीतिक दलों द्वारा बनाई जाने वाली नीतियां इस देश के 80% आमजनों की विरोधी एवं मात्र 20% धनिकों की हिमायती न बनें । इसके लिए पत्रकार को सत्यान्वेषी होना होगा - ऐसा सत्यान्वेषी जो किसी भी प्रलोभन या दंड के सामने सत्य की राह न त्यागे । ऐसे भावी पत्रकार

....4/-

: 4 :

के लिए गांधीजी ने "यंग इंडिया" के 2 जुलाई 1925 के अंक में लिखा था "मैं कभी क्षुब्ध होकर नहीं लिखता। किसी के प्रति मनोमालिन्य के भाव लेकर नहीं लिखता, मैं लोगों की भावनाओं को उत्तेजित करने के लिए भी नहीं लिखता। पाठकों के लिए यह कल्पना कठिन है कि प्रति सप्ताह मैं कितने संयम से काम ले पाया हूं। मुझे विषयों का चुनाव करने और उपयुक्त शब्दों में व्यक्त करने में कितना अनुशासित रहना होता है। एक प्रकार से इसके जरिये मेरा प्रशिक्षण होता है। अक्सर मेरा अहंकार कुछ ऐसा अभिव्यक्त करना चाहता है, जिससे आक्रोश की व्यंजना हो और उसके लिए किसी कठोर विशेषण का उपयोग आवश्यक हो जाता है। इसीलिए उसे धैर्यपूर्वक काट-छाँटकर और भाषा को तराश कर इन सब दुर्गुणों से बचना, बड़ा कठिन मानसिक व्यायाम होता है।"

इसी स्वस्थ साधना युक्त पत्रकारिता के द्वारा राष्ट्र को स्वस्थ, सुपुष्ट और निर्मल देश बनाना पत्रकारिता का दायित्व है।

काश! कंचना गई नहीं होती तो वह निसंदेह ऐसी पत्रकारिता की रहनुमा होती।

कोटेशन का स्रोत -
सर्वोदय का समकालीन सन्दर्भ पृष्ठ 336, 337 और 339.

Women need to realise their strength

THE KASTURBA Gandhi National Memorial Trust established in 1945 by Mahatma Gandhi mainly works for the women in areas like health, education, skill development and generating awareness on those issues which have direct bearing on the development and progress of women.

We regard the present trend of education as unsatisfactory. This type of education can provide women with money but cannot increase her confidence. As a result she fails to realise her inner strength. Inspite of registering her presence in different areas of work, her strength has not increased. Self-respect is a must for women and men should not take her status and existence for granted.

Patience, forbearance, calmness of temperament and nature all these and much more have been demanded of her at all times though, in reality, she has only been exposed to conditions capable of fostering the very opposite of these qualities. Our concept of development should be based on humanity, self enhancement and welfare rather than on monetary or economic considerations. Even the vision of having successful career caries restricted sense. There are people earning handsome salaries but are very poor in character, spirituality and humanity.

Radha Bhatt is the National Secretary of Kasturba Gandhi National Memorial Trust.(Indore)

As told to Ejaz Kaiser

Source :- "Your Voice" Hindustan Times Bhopal Alive of 29.01.2002

३८

□□□